U0165515

凝煉知識品味閱讀

租稅法規

第15版 理論與實務

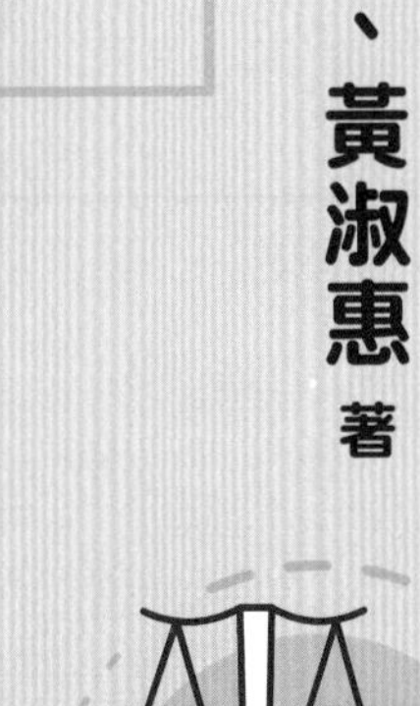

黃明聖、黃淑惠 著

五南圖書出版公司 印行

推薦序

追求「公平正義」是討論租稅制度良莠或主張租稅改革時最爲人關注的主題，最低限度是最熱門的說法。可能也就因爲這個概念的紅火度破表，因此任何不符完全正義、絕對公平的稅制，如果已經存在就得儘速廢棄，如果仍在研擬，就須改弦更張，容不得不公不義。也許因爲一般社會觀點或輿論向這個概念的日益傾斜，所以我國近年來稅制變動就顯得特別頻繁，因此以介紹、分析、討論我國租稅制度爲主題的書籍，就得配合改革，一版再版—這種情形，尤以受讀者歡迎，爲市場肯定的著作爲甚。黃明聖、黃淑惠和李瑞生三位教授合著的《租稅法規—理論與實務》一書，正是一個典型的例子，民國98年初版面世，今年已是第四版了。

其實，評估一個國家租稅制度是否能有效扮演「公平使者」角色之外，財政收入、經濟效率以及其他輔助功能的構面也不容完全忽視。個人以爲，吵了兩年的所謂「證所稅」的問題，不管成果如何，但總是導致數百億證交稅稅收短收的主因之一，就是一個固執一元，未顧大體的局面。評估衡量稅制稅政改革，不但要了解改革的內容，透澈本體元素，更須明白任何稅改都是在大局面、整體稅制下的變動，必須有總體宏觀的分析和探究。否則，就如瞎子摸象，各說各話；更嚴重的，更如瞎子摸獅，被咬得遍體鱗傷。

拜讀黃明聖主任等三位的大作，深慶在坊間多本同類的出版品中，黃著既詳細說明我國所有稅制的主要元素，更時有討論特定措施的利弊優劣，且通書結構完整、文字用語統一通達，尤見突出。不論是供大專院校的教學參考，或供投考公職的備試秘笈，抑或是供有興趣我國稅制人士的私下諮詢，都是一件合適而有效的工具，特爲序。

徐偉初 謹識

中華財政學會理事長

中國文化大學會計系教授

2013年8月

十五版序

誠摯感謝五南圖書，爲這本《租稅法規——理論與實務》出版第十五版。由於在第二版之前，曾用了《附冊》暫行一年，換言之，本書已經滿十四歲了。因此，值得欣慰，也值得檢討，再出發。

這悠悠十四年以來，租稅制度已有了很大的改變，本書也都及時修改更新。例如：實施「奢侈稅」、「房地合一所得稅」，調高菸稅及遺贈稅，取消「兩稅合一」，延長已實施十年的「產創條例」，實施「納稅人保護法」。

但是「逃漏稅」與「公司背信」等犯罪已被納入洗錢的「前置行爲」。各國近年來實施共同申報準則（Common Reporting Standard, CRS），就是在聯合世界各國，透過資訊交換，共同一起來海外追稅。

即使稅法變動如此之多，我們一直還是有「三個不變」。

第一，對本書的精進不變。每一版的內文、專題（BOX）、高普考題及解答，都是配合法條修改、時事發展，一字一句精確、辛苦雕鑿出來的。每年9月開學前準時出版，我們做到綱舉目張，條理井然，並保有學者一貫的本色，對現行租稅制度公正、獨立的批判。

第二，對學子的期許不變。杜牧的阿房宮賦，慨嘆「奈何取之盡錙銖，用之如泥沙？」用之如泥沙，正是財政問題的根源。但是，取之盡錙銖，則是其幫凶！所以，從「正向能量」上，我們還是要讀者能體會本書第四章「賣兒翁」的心情，學子未來當了官，享受著民膏民脂，還能多多爲納稅人著想。

第三，對讀者的感恩不變。有人認爲：每一個照面，都是前世修來的因緣。對於素未謀面的讀者，未嘗不是如此。我來爲種植，期待花早發。等待開花，以償宿願的心，恰似陳樂融老師的歌詞：「我還有多少愛，我還有多少淚。要蒼天知道，我不認輸。感恩的心，感謝有你。」那種讀者相挺、一路陪伴的感恩心情。

每當我在大眾運輸工具上，常常仔細端詳年輕的一代，發現他們的相貌比起我們上一代似乎好看多了。或許因為他們是在豐衣足食之環境下，順順利利的成長，活潑、自信，高大、開朗，已經告別了「阿信淒苦的年代」。倘若能夠再加入一些人文智慧、歷史關懷，未來的發展更是無可限量。

黃明聖　謹識

2024年7月8日

自 序 Preface

某一教授賣力演講「租稅」，演講完，一聽眾夢見周公恰也醒來，匆匆提問：「你講那麼多的稅，甚爲精彩，但爲何卻沒有講到租呢？」依據《說文》：「租，田賦也。稅，租也。」簡言之，稅即是租！若眞要細分，可依據學子識字的《急就篇》：「斂財曰賦，斂穀曰稅，田稅曰租。」

租稅制度之良窳關係國家的長治久安。歷史上，不公不義的租稅規範，往往引爆驚天動地的變局！例如：美國獨立革命、法國大革命皆與租稅息息相關。臺灣的朱一貴（1721 年）、林爽文（1787 年）、戴潮春（1863 年）、施九緞（1888 年）抗清事件，莫不導源於清國的橫徵暴斂。終戰後的 228 事件（1947 年）亦是肇因於賦稅之爭議。

本人自 1990 年回國之後，講授過「關稅」、「銷售稅研究」（研究所）、「所得稅理論與制度」、「所得稅申報」。積十餘年之經驗，對於租稅法的要義精微，漸有所悟，於是結合財稅、法律之專長，欣然與教學研究、實務豐富的黃淑惠教授、長期鑽研稅法的李瑞生教授，合撰《租稅法規》一書，委由五南出版付梓，以廣流傳。

本書分爲總論及各論。總論 3 章，概述租稅之原理及稅捐稽徵法。各論則採現代財政學者之說，分爲：所得稅 5 章、消費稅 5 章、財產稅 7 章等三大部分說明之。再加上相關稅法 2 章，因此全書共計 22 章。

本書特色有三：一、精簡、嶄新的內文。作者以最精簡的文字、最有系統的方式，表達出最新的租稅法規。當然，法規以外，亦有財政學理之論述。二、法律、實務之案例。行文之中，輔以法律案例，闡述爭議之重點所在，再加以引申論述，以彰明其義。三、完整的歷屆考題。所蒐集考試院之考題，鉅細靡遺，分門別類，近乎題庫，以利讀者專業進修、各種考試之用。

爲了讓剛硬的租稅法注入些許文學氣息，我們在每一章首，節錄了一首租稅詩；有臺灣的，有中國的。第六章選錄洪棄生的「賣兒翁」，感慨「吾台前日稱樂土，不知何人造巉巇？」詩末尚猶諄諄期許未來當官的讀書人，心要像光明燭，要燭光照遍窮苦的角落，莫讓百姓淪爲魚肉，讀來令人動容。

最後一章拙作「五月稅」的重點在「納怨徵憂」四字。由於經濟不景氣，納稅人無力繳稅，怨氣很大。另一方面，由於公共支出巨幅膨脹，稅務員無不爲「稅收配額」壓力倍增而憂。我們的讀者，未來的稅務官員，你從此體會到的心情又是如何？

租稅法規淵源流長，經緯萬端，而作者才疏學淺，雖然盡心盡力，斟酌損益，以期止於至善，但是疏漏之處，諒亦在所難免。尚祈方家賢達不吝指正，俟再版時一併修正焉。是爲序。

政大財稅研究中心主任

黃明聖 謹識

2009 年 6 月

目 錄 Contents

第 4 篇 財產稅 555

第 14 章 土地稅法 557

第 15 章 房屋稅 611

第 16 章 契 稅 629

第 17 章 遺產及贈與稅 637

第 18 章 證券交易稅與期貨交易稅 689

第 1 篇

總　論

第 1 章
租稅的意義、分類與內容

秋來千里憐遲暮，稅重三農久不堪；
獨上高樓增感慨，稿苗何日露華涵。

臺灣　黃欣「秋望」

有人戲說：「中華民國萬萬稅。」實際上我國只有17個稅目而已。諺云：人生有二件不可避免的大事——死亡和租稅。因此從最基本開始，本章要介紹租稅的意義、租稅的分類和租稅法規的內容。

1-1 租稅的意義（definition of taxes）

租稅（賦稅、稅捐、稅課）乃國家向人民課徵之資源[1]，其課徵目的在使政府得購買各種生產因素，據以向人民提供各種財貨與勞務，並在人民之間進行購買力重分配。但因課徵涉及「人民之權利與義務」，須藉法律明定之（中央法規標準法第5條）。國家所課徵的各種租稅，須由立法機關通過，無論政府課徵或人民納稅均以法律爲本，此稱爲「租稅法律主義」（principle of statutory taxpaying），故稅法構成一套組織完備、體系嚴謹的「租稅法規」。稅法的範圍尚包括財稅機關所發布之命令，例如規程、規則、細則、辦法、綱要、標準或準則等（中央法規標準法第3條）以及各項解釋函令（稅捐稽徵法第1-1條）。人民須深入瞭解，方能恪遵各項納稅義務，並監督國家之各項課稅行爲。

實務案例

租稅法律主義

依據司法院大法官釋字第622號解釋：憲法第19條規定，人民有依法律納稅之義務，係指國家課人民以繳納稅捐之義務或給予人民減免稅捐之優惠時，應就租稅主體、租稅客體、稅基、稅率、納稅方法及納稅期間等租稅構成要件，以法律明文規定。是應以法律明定之租稅構成要件，自不得以命令爲不同規定，或逾越法律，增加法律所無之要件或限制，而課人民以法律所未規定之租稅義務，否則即有違租稅法律主義。例如原所得稅法施行細則第21條之2規定納稅義務人依所得稅法第17條第1項第1款第4目規定減除扶養親屬免稅額，需以「同一戶籍」爲要件，被認爲是限縮母法之適用，有違憲法第19條租稅法律主義。大法官認爲能否申報扶養，重點在於有無共同生活之客觀事實，不應拘泥於是否登記同一戶籍。

---

1 賦稅（taxes）和稅負（tax burden）兩者不同，應予區別。前者包括租稅、公賣利益等。後者則爲租稅負擔。

1-2 租稅的分類（classification of taxes）

國家所課徵之租稅，種類甚多，爲研究方便可進行各種分類，有按課徵對象分爲所得稅、消費稅與財產稅；有按課徵主體（課徵機關）分爲國稅、直轄市及縣（市）稅（後面兩種可合稱爲地方稅）；有按租稅是否容易發生轉嫁，分爲不易轉嫁的直接稅與容易轉嫁的間接稅；亦有按「課稅時機」將租稅分爲在持有財貨與勞務時課徵的持有稅以及在財貨與勞務流通時課徵的流通稅。

例如稅捐稽徵法第 2 條規定：「所稱稅捐，指一切法定之國、直轄市、縣（市）及鄉（鎮、市）稅捐。但不包括關稅」，以及財政收支劃分法第 6 條規定：稅課劃分爲國稅、直轄市及縣（市）稅，均係按課徵主體分類。本書爲說明方便，擬按課徵對象分爲所得稅、消費稅與財產稅三篇分別進行討論，最後一篇再討論其他有關的租稅法律。

1-3 租稅法規的內容

在租稅法律主義之下，國家非依法律不得課稅，而人民亦依法始有納稅義務，因此各項稅法的內容至爲齊備，爲能把握其重點，可將其分爲稅制與稅額兩部分。

一、稅制

任何租稅的「稅制」，可藉三 W 表示之，第一個 W（what?）代表「課稅對象」（taxing object），或稱課稅客體，亦即各該租稅向什麼課稅，換個角度而言，等於在討論何種標的須納稅。第二個 W（who?）代表「納稅義務人」（taxpayer），亦稱租稅主體，課稅對象一般多爲財貨與勞務，但通常均由其權利人負責繳納。第三個 W（when?）係指「課稅時機」，一般可區分爲在持有財貨與勞務時課徵之，或在財貨與勞務流通時課徵之。

二、稅額

至於任何租稅「稅額」的計算均可依下列公式進行之：

稅額＝稅基 × 稅率－（＋）獎勵或懲罰

「稅基」（tax base）係指課徵對象的課稅價值；稅率乃納稅額與稅基的比率；然後再加減若干獎懲規定。

稅基的大小將影響稅收的多寡，而造成稅基侵蝕的主要原因有違法的逃漏稅，以及合法的稅式支出（tax expenditure）。前者係納稅義務人透過各種管道逃漏稅，嚴重侵蝕稅基，此除需加強租稅教育，建立嚴密的稽徵制度外，有賴政府加強查緝，並採重罰原則，以爲遏止。後者係稅法或特別條款之優惠減免規定，造成政府稅收的減少。若政府的優惠減免措施過於浮濫，或逃漏稅猖獗，將會造成稅基縮小，爲維持相等稅收，只有提高稅率，此有違公平原則，因此今後政府在擬定各項優惠減免措施時，需審愼爲之，期能達到課稅的政策目標，進而擴張稅基。

1-4 逃稅、避稅與稅式支出

一、逃稅與避稅

無論逃稅、避稅或稅式支出均會造成政府稅收的減少，所謂逃稅（tax evasion）係指納稅義務人違反稅法的規定，不繳納法律上所規定之應納稅額，因此逃稅是違法的行爲，要遏阻逃稅行爲的發生，需靠政府加強查緝、提高逃漏稅的罰款率、或擴大稅基，降低稅率（因爲稅率愈高，逃稅的邊際利益愈大，人民愈會鋌而走險），以減少逃漏的誘因；所謂避稅（tax avoidance）係指納稅義務人雖未違反稅法的規定，但卻違反立法精神，亦即納稅義務人鑽法律漏洞以達到降低稅負的目的，由於避稅並未違法，因此要遏阻避稅行爲的發生，只能透過政府修法以爲防杜。以上兩種情況，政府亦可透過租稅教育加強宣導，讓人民對逃稅產生罪惡感，並經常公告標示我國的公共建設是由稅金支應等相關標語，以強化國人誠實納稅的正確觀念。

二、稅式支出

若稅基中某些項目未列入課稅對象，將造成稅收損失，而所謂稅式支出（tax expenditure）係指政府透過立法，訂定各項租稅減免、優惠措施，形式上係給予納稅義務人租稅優惠，實質上造成政府稅收減少，形同政府的支出。例如所得稅中，有關免稅額、各項扣除額（標準扣除額、列舉扣除額及特別扣除額）、分離課稅及所得稅法第 4 條規定之各種免稅所得等均屬之，此外，爲促進產業創新，制定「產業創新條例」，提供相關優惠措施，亦爲稅式支出 [2]。政府訂定稅式支出的理由甚

[2] 稅式支出請詳見本書第 22 章，租稅優惠。

多，主要如下：

（一）最低生活費的保障：課徵所得稅係爲實現社會公平原則，因此所得稅具有量能課稅的優點，爲照顧低收入戶，並維持最低生活水準，故對最低生活費制訂免稅額及基本生活費差額，納稅義務人的所得在扣除最低生活費後尚有剩餘才需課稅。

（二）稅務行政效率的考量：課徵租稅需要支付稽徵成本，而所得稅的稽徵成本相較其他稅而言，顯得較高，若對低於某一水準的所得課稅，將不敷成本，爲降低稽徵成本以增加淨稅收，故對低於某一水準的所得免徵所得稅，而營業稅法亦有類似規定，例如營業稅法第 8 條規定：「肩挑負販沿街叫賣者銷售之貨物或勞務免徵營業稅」，此乃因其查稽困難，基於稅務行政效率的考量，故予免稅。

（三）選票的考量：稅負的高低向爲國民所關心，而免稅額、扣除額的高低會直接影響稅負的高低，故所得稅的免稅額、扣除額等即爲各黨各派爭取選票的工具。

（四）政府政策的運用：例如政府在所得稅法中訂定儲蓄投資特別扣除額，以鼓勵國民從事儲蓄；爲照顧身心障礙者，訂定身障特別扣除額，爲照顧無殼蝸牛等弱勢團體及提倡教育，給予房屋租金支出及教育學費之扣除，爲促進產業創新，制定「產業創新條例」，提供相關優惠措施。

焦點話題

GODIVA 巧克力傳奇——爲減稅而裸體的 Lady Godiva

你可能品嘗過 Lady Godiva 巧克力。為什麼叫做 Lady Godiva ？騎在馬上的女子，又是怎麼回事？

考古學家在英國英格蘭中部的科芬特里（Coventry）挖掘出一片 14 世紀的彩繪玻璃窗，上頭繪有一名美麗女子的面孔。這名美麗女子被認為就是當年因裸體騎馬，走過街市而聞名的葛黛娃夫人（Lady Godiva）。

BBC 新聞記者 Bob Chaundy 在 2001 年為您呈現這位裸體女騎士背後的真相（Lady Godiva: The naked truth）。

在諾丁漢知名的人物羅賓漢只是傳奇，葛黛娃夫人（Lady Godiva）不是一個傳說，她是確確實實存在過。

11 世紀，科芬特里最有權力的貴族之一，麥西亞伯爵—利奧夫里克（Leofric, Earl of Mercia）便是她的丈夫。

1043 年利奧夫里克伯爵和葛黛娃夫人注意到科芬特里地區仍缺少神職人員的教育機構，於是他們便在這裡蓋了一間大修道院，這是他們夫婦與科芬特里地區結緣的開始。

隨著科芬特里地區的發展，利奧夫里克伯爵在處理當地公共事務上的重要性也隨之增加。伯爵他開始掌控當時科芬特里地區的財政，並為了進行大量公共建設，而對人民加稅了。

根據故事，葛黛娃夫人比她丈夫年輕許多，她也是藝術的支持者，她相信藝術可以提升人民的心靈層次。但當時的農民只是辛辛苦苦的為求生活溫飽，根本無暇顧及什麼藝術。

面對加稅，葛黛娃夫人為民請命，向她不情願的丈夫要求降低稅收。她的丈夫雖然同意了，但他提出了一個條件。

他說：「在古希臘人、羅馬人的眼中，赤裸的人體是最能表達上帝傑作盡善盡美的方式（as a celebration of the perfection of God's work）。如果親愛的妻子真的相信自己口中的這場藝術聖戰，那就該以自己為先例。只要你願意在中午時分，裸體騎馬經過市集，以讚揚上帝完美的創作，我就願意廢除本地居民的所有馬稅。」

而出乎他的意料之外，葛黛娃夫人居然答應了。

到了指定的日子，所有民眾都依葛黛娃夫人要求，休市閉戶，躲在室內。

葛黛娃夫人裸身騎馬穿過市集，挺直腰桿，泰然自若，絲毫沒有因為自己的裸體而感到不自在。最後，伯爵也依約定，廢除了馬稅。

有一個裁縫師，名字叫 Tom。他在 Lady Godiva 經過時，從窗戶偷看了一下，很神奇的，他眼睛變瞎了。後來，「偷窺者」英文就叫做 Peeping Tom。

以上請參閱：政大財稅研究中心網站，首頁故事。Lady Godiva 的畫像如下。目前，科芬特里市的市徽如下。

John Collier's 19th century depiction of Godiva's ride

Coventry's municipal logo depicts Lady Godiva's ride

1-5 課稅對象

課稅對象乃各種租稅的課稅標的，一般可將其分為所得、消費與財產三種。該等標的大部分由納稅人所左右，納稅人本身的決策即影響其所得的高低，例如有人選擇不加班、不兼差等。此外，將所得分派為消費與儲蓄的比率亦由納稅人控制，一般人均須透過儲蓄才能累積財產，而消費的多寡即影響其財產，故三種課稅對象關聯至深。

按照課稅對象是否普遍，納稅又可分為「全面性課稅」（general tax）與「選擇性課稅」（selective tax）。前者指某項課稅對象須全部納稅，例如：各項所得均須納稅才能稱為全面性的所得稅。後者指課稅對象中僅有部分須納稅，例如貨物稅僅課及稅法中所規定的應稅貨物（貨物稅條例第 6 至 12 條），例如輪胎、水泥、飲料、平板玻璃、油氣、家用電器、車輛類等，但電腦即不必課稅，亦非全面稅。一般而言，營業稅是全面性的銷售稅，貨物稅是選擇性的銷售稅。

1-6 納稅義務人（taxpayer）

各種租稅雖有課稅對象，但仍須由其權利關係人負責繳納。例如所得稅由獲得所得者繳納，但為稽徵方便，可由所得產生機關就源扣繳（代繳）。又如地價稅係以土地所有權人或其他權利關係人繳納（土地稅法第 3 條），但納稅義務人行蹤不明或有其他無法繳納情事，主管稽徵機關得指定土地使用人負責代繳（土地稅法第 4 條）。

實務案例

納稅義務人

張三贈與女友阿美財產 1,000 萬元，贈與稅尚未核課即發生意外死亡，該筆贈與稅之納稅義務人為受贈人阿美，而不是張三的繼承人，因此不可對張三的繼承人補徵贈與稅。

1-7 納稅時機

凡屬於持有稅的租稅須定期繳納，稅捐稽徵機關為方便稅務行政以及均勻分配納稅人負擔，各個稅目可安排不同的徵收期間。例如地方稅中的房屋稅即在上半年繳納（每年 5 月），而地價稅在下半年繳納（每年 11 月）。相反的，凡屬於流通稅的租稅則須於流通完成後一定期限內申報，例如遺產稅應於被繼承人死亡之日起六個月內申報（遺產及贈與稅法第 23 條），而土地增值稅須於所有權移轉或設定典權三十日內申報（土地稅法第 49 條）。

1-8 稅基（tax base）

稅基乃課稅對象的課稅價值。一般的財貨價值多難以掌握，但在課稅時須加以確定。例如地價稅的課徵對象為土地，姑且不論土地可按面積、地目與等則、租金等稅基課稅，即使按價值課稅，亦因市價不易查證且經常有所變動，故目前均根據「公告地價」課徵，各筆土地的公告地價乘以其面積即其稅基。

1-9 稅率（tax rate）

「稅率」代表納稅額與稅基的比率，平均稅率（average tax rate, ATR）即總納稅額除以總稅基的比率，亦即：

平均稅率＝總納稅額／總稅基

而邊際稅率（marginal tax rate, MTR）係指總稅基的變動所引起總納稅額的變動，亦即：

邊際稅率＝△總納稅額／△總稅基

上式中的△代表「變動額」。任何租稅凡按平均稅率課徵者可稱為「比例稅率」（proportional tax rate）或稱為「單一稅率」（flat-tax rate），亦即納稅人不因稅基的變動而變更其適用的稅率，在此情況下，平均稅率等於邊際稅率。

若平均稅率隨稅基而變動，例如稅基愈大，納稅人所適用的平均稅率愈高，即稱爲「累進稅率」（progressive tax rate），在此情況下，平均稅率小於邊際稅率，（請詳見表 1-1 之數字）。相反的，稅基愈大，納稅人所適用的平均稅率愈低，即稱爲「累退稅率」（regressive tax rate），在此情況下，平均稅率大於邊際稅率。課稅級距（tax bracket）（所得稅法第 5 條）即指適用某一邊際稅率之稅基起迄範圍。茲以 2009 年（注意：2010 年已修法，請詳見本書第 5 章）臺灣營利事業所得稅的課稅級距爲例（以全年課稅所得額爲準）：

表 1-1　2009 年營利事業所得稅的邊際稅率及平均稅率

課稅級距	邊際稅率（%）	平均稅率（%）
5 萬元以下	0	0
10 萬元以下	15	15
10 萬元以上	25	20

註：以營利事業所得 20 萬元為例。

1-10 獎懲規定

國家爲推行經濟、文化或社會政策，除若干專門性的條例（例如產業創新條例及廢止前促進產業升級條例）外，常在各種租稅中訂有獎勵規定，例如爲振興工礦業，對於工業用地與礦業用地的地價稅稅率降爲 10‰（土地稅法第 18 條）。而爲了達成人民安居樂業，自用住宅用地的地價稅稅率更降爲 2‰（土地稅法第 17 條）。相反的，納稅義務人若違反規定，各項稅法中亦訂有懲罰規定，例如延遲申報：納稅義務人未依限辦理所得稅結算申報，應按核定應納稅額另徵 10% 滯報金；納稅義務人接到稽徵機關滯報通知書後仍未依限申報，應按核定應納稅額另徵 20% 怠報金（所得稅法第 108 條）。其他如不申請營業登記，不設置帳簿並記載，不接受調查等均訂有罰則。

1-11 各種稅法簡稱（abbreviation of tax laws）

本書所引用的各種稅法，除本章列出全名外，其餘各章均以簡稱代表之，以節省篇幅，茲將各種稅法全名以及簡稱分列如下：

稅法名稱全名	簡稱
所得稅法	所
所得稅法施行細則	所細
各類所得扣繳率標準	扣
稅捐稽徵法	稅
稅捐稽徵法施行細則	稅細
中央法規標準法	標
稅捐稽徵機關管理營利事業會計帳簿憑證辦法	帳
營利事業所得稅查核準則	查
營利事業資產重估價辦法	估
財政收支劃分法	財
地方稅法通則	地則
貨物稅條例	貨
貨物稅稽徵規則	貨稽
加值型及非加值型營業稅法	營
加值型及非加值型營業稅法施行細則	營細
統一發票使用辦法	統用
統一發票給獎辦法	統獎
兼營營業人營業稅額計算辦法	兼營
菸酒稅法	菸
娛樂稅法	娛
關稅法	關
關稅法施行細則	關細
海關緝私條例	緝
懲治走私條例	懲
遺產及贈與稅法	遺
遺產及贈與稅法施行細則	遺細
臺灣地區與大陸地區人民關係條例	岸
臺灣地區與大陸地區人民關係條例施行細則	岸細
土地稅法	土
土地稅法施行細則	土細
水源特定區土地減免土地增值稅贈與稅及遺產稅標準	水減

稅法名稱全名	簡稱
土地稅減免規則	土減
平均地權條例	平
平均地權條例施行細則	平細
房屋稅條例	房
臺北市房屋稅徵收自治條例	北房
高雄市房屋稅徵收自治條例	高房
契稅條例	契
證券交易稅條例	證
期貨交易稅條例	期
證券交易稅條例實施注意事項	證注
印花稅法	印
使用牌照稅法	牌
促進民間參與公共建設法	促參
獎勵民間參與交通建設條例	獎參
稅務違章案件減免處罰標準	違免
營利事業所得稅不合常規移轉訂價查核準則	移轉
所得基本稅額條例	所基
所得基本稅額條例施行細則	基細
菸酒稅稽徵規則	菸稽
政治獻金法	政獻
產業創新條例	產創
海關進口稅則	關則
稅籍登記規則	稅登
行政程序法	行
納稅者權利保護法	納保
納稅者權利保護法施行細則	納保細
都市計畫法	都計
特種貨物及勞務稅	奢
…	

法條的順序亦儘量簡化，例如「所得稅法第 1 條」，本書即簡稱為「所 1」。

歷屆試題

申論題

1. 我國綜合所得稅制中，可被定義爲「稅式支出」（tax expenditure）之項目有那些，其內容爲何？以課稅原則來評估，這些稅式支出項目之公平性爲何？（97 年地方特考三等）（請參見第一、四章）

選擇題（本書各章所附考題之答案均係依據考試當年度考選部所公布之答案）

（D）1.亞當斯密（Adam Smith）的四大租稅原則不包括：（A）確實原則（B）便利原則（C）節約原則（D）經濟發展原則（105 年普考）

（B）2.有效稅率又稱之爲：（A）邊際稅率（B）平均稅率（C）法定稅率（D）各國稅率（93 年特考）

（C）3.租稅的邊際稅率低於平均稅率的租稅結構最可能是一種：（A）比例稅（B）定額稅（C）累退稅（D）混合稅（93 年特考）

（B）4.下列何種稅制有助於縮小貧富差距？（A）比例稅制（B）累進所得稅制（C）累退稅制（D）單一稅制（93 年特考）

（A）5.根據租稅分類，所得稅與財產稅是屬：（A）直接稅（B）收益稅（C）流通稅（D）間接稅（93 年特考）

第 2 章

租稅法與租稅制度

門前咆哮鳴，屋後銀鐺聲。

父老不敢出門視，催科到處雞犬驚。

催科猙獰如狼虎，催科震怒如雷霆。

臺灣　洪棄生「催科役」

延續前一章之概述，本章將接著說明介紹二個主題：一是租稅制度；一是租稅法的性質及其基本原則。

2-1 國稅與地方稅

我國財政收支劃分法第 6 條明文規定，稅課劃分為國稅、直轄市及縣（市）稅，同法第 8 條詳細規定國稅之項目，第 12 條則明載直轄市及縣（市）稅。前者又稱中央稅；後者又稱地方稅。為便於瞭解，茲將條文規定之國稅與直轄市及縣（市）稅以表 2-1 說明如下：

表 2-1　我國國稅與地方稅稅目之劃分

國　稅	直轄市及縣（市）稅
1. 所得稅	1. 土地稅，包括：
2. 遺產及贈與稅	(1) 地價稅
3. 關稅	(2) 田賦（自民國 76 年下期起停徵）
4. 營業稅	(3) 土地增值稅
5. 貨物稅	2. 房屋稅
6. 菸酒稅	3. 使用牌照稅
7. 證券交易稅	4. 契稅
8. 期貨交易稅	5. 印花稅
9. 礦區稅	6. 娛樂稅
10. 特種貨物及勞務稅（奢侈稅）[1]	7. 特別稅課

應特別注意者，我國國稅與地方稅，係依法定稅目而為區分，並非按稅收係歸屬中央或地方來作劃分。例如財政收支劃分法第 8 條規定：「……所得稅總收入 10%、營業稅總收入減除依法提撥之統一發票給獎獎金後之 40% 及貨物稅總收入 10%，應由中央統籌分配直轄市、縣（市）及鄉（鎮、市）……」，由此可知雖然所得稅、營業稅、貨物稅均為國稅，但稅收並未完全歸屬於中央。另由於不動

1　特種貨物及勞務稅俗稱奢侈稅，係屬國稅，由財政部各地區國稅局稽徵之，其稅課收入優先撥供國民年金保險中央應補助之保險費及應負擔款項之用，必要時撥供支應其他經行政院核定之社會福利支出，我國財政收支劃分法第 8 條至今尚未修法將其列入國稅。

產不易移動，較不會產生租稅輸出的問題，而且符合受益原則，宜歸爲地方稅。例如房屋稅、土地稅均爲地方稅；而貨物稅、所得稅等流動性高，稽徵較爲困難，宜歸爲國稅。目前我國的國稅係由中央稽徵機關徵收，亦即由國稅局徵收；直轄市及縣（市）稅則由地方稽徵機關徵收，亦即由稅捐稽徵處辦理。例如納稅義務人要申報贈與稅或報繳營業稅或申報所得稅，應洽國稅局辦理；又例如某納稅義務人的房屋原本作營業使用，現變更爲住家使用，需塡寫房屋使用情形變更申請書向稅捐處（地方稅務局）申請改按住家用稅率（較優惠的稅率）課徵，如擬申請地價稅自用住宅優惠稅率，其相關事宜亦應洽稅捐處辦理。

2-2 直接稅與間接稅

如第一章所述，租稅可依預期能否轉嫁（是否容易發生轉嫁）而分爲直接稅（direct tax）與間接稅（indirect tax）。所謂直接稅是指繳納租稅與實際負擔租稅均爲同一人，亦即預期不會轉嫁的稅；間接稅是指繳納租稅與實際負擔租稅爲不同的人，亦即預期會發生轉嫁的稅[2]。

由於直接稅預期不會轉嫁，故一般採用累進稅率[3]，期望符合量能課稅的公平原則。唯採累進稅率的徵收成本較高，且容易引起人們的痛苦感，亦會影響國民的投資與工作意願。間接稅則由於會轉嫁，故多採用比例稅率，簡單易行，稽徵成本較低，且因稅負常隱含在消費行爲而轉嫁給消費者，故納稅人不易有痛苦的感覺，但一般大多認爲間接稅較不公平。因此先進國家的直接稅比重通常較高，且以所得稅爲主，咸認她是租稅之女王。國內亦有學者研究發現課徵綜合所得稅對改善所得分配的效果遠大於課徵財產稅或其他稅（林恭正、蔡玲玉，2009），唯近年來有部分國家開始對所得稅的公平性產生質疑，對影響工作誘因亦在求避免，故有轉向間接稅籌措財源之趨勢。茲將臺灣直接稅與間接稅列表如表 2-2 所示：

---

2 依據現代財政理論，只要生產要素可以自由移動，租稅課徵的最後結果，皆可能轉嫁給未被課稅者，因此若按前述定義，似乎已沒有眞正的直接稅。

3 遺產稅及贈與稅爲直接稅，原採累進稅率，且最高稅率爲 50%，唯於民國 98 年 1 月 21 日修正公布遺產贈與稅法，將遺產稅及贈與稅的最高稅率調降爲 10%，並簡化爲單一稅率；106 年 5 月 10 日再次修正公布遺產贈與稅法，將遺產稅及贈與稅稅率改爲累進稅率。詳見本書第 17 章。

表 2-2　臺灣的直接稅間接稅分類

直接稅	間接稅
1. 礦區稅	1. 關稅
2. 所得稅	2. 貨物稅
3. 遺產及贈與稅	3. 菸酒稅
4. 證券交易稅	4. 營業稅
5. 期貨交易稅	5. 印花稅
6. 土地稅：	6. 使用牌照稅
(1) 田賦	7. 娛樂稅
(2) 地價稅	
(3) 土地增值稅	
7. 房屋稅	
8. 契稅	

資料來源：財政部統計處（2008），《財政統計年報》。

2-3 轉嫁與歸宿

租稅課徵後，納稅義務人透過經濟交易（買賣）之過程，將賦稅移轉給他人負擔，稱爲租稅的轉嫁（shifting），而租稅的最後實際負擔者，即爲租稅的歸宿（incidence）。而租稅歸宿可分爲法定租稅歸宿與經濟租稅歸宿。前者是指根據法律規定需繳納租稅之人，亦即爲稅法規定的納稅義務人；而後者是指實際負擔租稅的人，亦即經由轉嫁後，實際負擔租稅的人。例如我國加値型及非加値型營業稅，其法定租稅歸宿爲營業人；經濟租稅歸宿爲消費者。而轉嫁依其性質大致有下列四種：

一、**前轉**：透過交易過程，由賣方將稅負移轉給買方負擔。

二、**後轉**：納稅義務人無法將稅負加入貨價中向前轉嫁，只好要求生產因素的提供者降低價格，將所繳租稅移轉給生產因素的提供者負擔。

三、**消轉**：利用改良生產技術、提高生產效率的方式以降低成本，將租稅負擔消弭於無形。

四、**租稅資本化**：買方預知將來需負擔某種租稅，而預先自其購入的資本財價値中扣除，嗣後雖由買方按期繳納，惟實際之租稅負擔仍爲賣方，此種轉嫁大都發生在財產稅。假設政府擬考慮提高地價稅的稅率，或提高地價稅的稅基（公告地價），導致地價稅的負擔加重，如此可能引發土地價格的下跌，因為買方會將未來增加的稅負，預先自買價中扣除。例如甲擁有土地一塊，打算出售，售價為 1,000 萬，而當時的政策預定要調高地價稅，今乙打算購買土地，由於乙考量到將來的地價稅負擔將加重，故不願意以 1,000 萬元購買，只願意支付低於 1,000 萬元之價格，而將未來增加的地價稅負擔自買價中扣除，因此，表面上地價稅是由乙（買方）負擔，實質上則轉嫁給甲（賣方）負擔。

2-4 所得稅與財產稅之比較

所得稅及財產稅都屬於「直接稅」，但是所得稅及財產稅兩者仍有相異之處，茲列表比較說明如下：

	所得稅	財產稅
1. 存量、流量	流量	存量
2. 課徵原則	量能原則 （地方所得稅，受益原則）	受益原則
3. 國稅、地方稅	國稅	大多為地方稅 （遺贈稅為國稅）
4. 申報、底冊	申報	底冊稅
5. 稅收多少	稅收多，占賦稅收入近 50%。	稅收少，占賦稅收入約 14%。
6. 稽徵技術	稽徵技術複雜，故較晚採行	稽徵技術簡單，故較早採行

2-5 臺灣的稅務行政組織

行政院財政部是我國最高稅務行政機關。臺灣的中央、地方稅務相關單位及其主要職掌如下：

- 財政部賦稅署：主管全國內地稅行政業務
- 財政部臺北國稅局：主管臺北市國稅稽徵業務
- 財政部高雄國稅局：主管高雄市國稅稽徵業務
- 財政部北區國稅局：主管新北市、桃園市、新竹縣市、基隆市、宜蘭縣、

花蓮縣、金門縣及連江縣國稅稽徵業務

- 財政部中區國稅局：掌管臺灣中部地區的國稅稽徵業務
- 財政部南區國稅局：主管臺灣南部地區、澎湖及臺東的國稅稽徵業務
- 關務署：主管全國關稅行政業務，設有基隆關、臺北關、臺中關、高雄關，主管全國關稅稽徵業務
- 稅制委員會：主管稅制、稅政研究發展業務
- 財政資訊中心：主管全國財稅資料處理業務
- 財稅人員訓練所：主管新進及在職財稅人員訓練業務
- 臺北市、新北市、臺中市、高雄市、臺南市[4]及桃園市政府財政局——稅捐稽徵處（地方稅務局）：負責稽徵直轄市稅
- 各縣（市）政府—地方稅務局[5]（稅捐稽徵處）：負責縣（市）稅稽徵業務
- 有關臺灣精省後，行政院在原臺灣省政府中興新村由各部會成立「中部辦公室」，其中原財政廳與稅務局負責財政類之大部分工作。賦稅業務 102 年中央政府組織精簡後併入財政部賦稅署，並考核監督全國稽徵機關稅捐稽徵業務。

2-6 租稅法之法律性質

一、**租稅法主要是國內法**：國內法係基於國家主權作用而制訂，並以該主權領域所及之範圍發生拘束力；國際法則在以國爲單位組成之國際社會中，以國家爲規範主體，規範國與國之間之權利義務關係。租稅法主要是規定國家對於符合要件之人民課徵稅賦，只適用於該國主權所及之範圍內，故租稅法主要是國內法。但應注意，國與國之間若簽訂租稅協定，該協定同時亦成爲租稅法之法源，此種租稅法亦例外的具有國際法之性質[6]。

二、**租稅法具有公法性質**：大陸法系國家之法律可以區分爲公法與私法，公法乃規範國家公權力之行使及其要件；私法則規定私人與私人間之私權關係。我國法制乃大陸法系，租稅法規定國家對於人民依法課徵稅賦之要件，係屬公權力關

---

4 臺南市爲財政稅務局。

5 目前許多縣市的稅捐稽徵處已更名爲地方稅務局或稅務局，惟尚有部分縣市仍維持稅捐稽徵處之名稱。

6 關於租稅協定之介紹請參閱葉維惇、陳志愷，「全面性租稅協定常見問題之探討」，《實用月刊》，第 342 期，2003 年 6 月，頁 61。

係之法律，故租稅法具有公法之性質[7]。

三、**租稅法是行政法**：行政法是規範國家行政權力以及國家行政組織之法規[8]。而租稅法係規範租稅之要件，由國家對納稅義務人課稅，具有行政權力之作用，故租稅法爲行政法之一種。

四、**租稅法具有強行法性質**：法律規定之權利義務關係，如涉及公益，當事人必須絕對遵守，無自由變更或選擇之餘地，謂之強行法；如無關乎公益，許當事人任意創設或變更，則爲任意法[9]。租稅法係涉及國家財政與公益有關，強制人民遵行納稅義務，故爲強行法。

五、**租稅法兼具實體法與程序法**：法律以規範權利義務關係內容，或規範實現權利義務之程序爲區分標準，可區分爲實體法與程序法[10]。租稅法規範之範圍遍及課稅之實體要件（課稅權之內容），以及國家實現課稅權之各項程序，故租稅法兼具實體法及程序法之性質。

六、**租稅法可能為普通法或特別法**：以法律效力所及之範圍區分，實施於任何地區、人民、事項之法律爲普通法；僅適用於特定地區、特定人、特定事項或特定期間之法律爲特別法[11]。普通法或特別法並非絕對，而是相對區分，例如所得稅法與所得基本稅額條例相比較，所得基本稅額條例規範享受個人與企業之最低基本稅額，顯然是特別法，而所得稅法爲普通法。

2-7 法令之生效日期

根據中央法規標準法第 12 條規定：「法規應規定施行日期，或授權以命令規定施行日期。」又該法第 13 條規定：「法規明定自公布或發布日施行者，自公布或發布之日起算至第三日起發生效力。」該法第 14 條規定：「法規特定有施行日期，或以命令特定施行日期者，自該特定日起發生效力」，例如中華民國 94 年 1 月 30 日以華總一義字第 09400016321 號令修正公布土地稅法第 33 條條文，同時土

7 公法與私法之區別在行政法學上是複雜之問題，詳細論述請參閱陳新民，《行政法學總論》，自版，1992 年 1 月，3 版，頁 43；陳敏，《行政法總論》，自版，2003 年 1 月，3 版，頁 33。

8 參陳新民，註 2 前揭書，頁 41。

9 關於強行法與任意法之説明，參閱楊東連，《法學緒論》，自版，1999 年 12 月，初版，頁 143。

10 關於實體法與程序法之説明，參閱李瑞生、蔡宜宏、丘怡新合著，《民法》，博明文化出版，2005 年 4 月，初版，頁 5。

11 參閱鄒建中、林文清合著，《法學緒論》，揚智文化，2004 年 6 月，初版，頁 43。

地稅法第59條規定：「本法自公布日施行。」則該法自94年2月1日生效，適用新法的規定。又如所得稅法第126條：「本法自公布日施行。但本法第五條之一增訂條文及第十七條修正條文，自中華民國八十二年一月一日施行；中華民國九十二年六月六日修正公布之第十五條第二項、第十七條第一項第一款及第二項規定，自中華民國九十一年一月一日施行。本法九十年五月二十九日修正條文施行日期，由行政院定之」；此外促進產業升級條例第72條規定：「本條例自中華民國八十年一月一日施行。本條例中華民國八十八年十二月三十一日修正條文，自中華民國八十九年一月一日施行；中華民國八十九年一月一日以後修正條文，自公布日施行。但第二章及第七十條之一施行至中華民國九十八年十二月三十一日止。」

2-8 租稅法之基本原則

一、租稅法律主義

又可稱爲租稅法定主義（principle of statutory taxpaying），乃源自於行政法學上之法律保留原則，因租稅涉及國家財政命脈及人民財產權之負擔，我國憲法特別重視，爰設有專條予以明文規定[12]。租稅法律主義有二層涵義，其一係指國家開徵任何租稅必須有法律根據，否則不得自行開徵任何租稅；其二在於人民僅有依法律所訂範圍納稅之義務，超出法定範圍則不負繳納義務[13]。

再者，法律未明文規定之租稅項目，不得比附援引或類推適用其他法令之規定，或者另以行政命令補充之；相同的，租稅法律未明文規定得免除或減輕人民之法定納稅義務者，亦不得比附援引或類推適用其他法令之減免規定，或者另以行政命令減免之，否則均屬違反租稅法律主義。

惟憲法第19條規定，人民有依法律納稅之義務，係指國家課人民以繳納稅捐之義務或給予人民減免稅捐之優惠時，應就租稅主體、租稅客體、稅基、稅率等租稅構成要件，以法律定之，惟法律之規定不能鉅細靡遺，有關課稅之技術性及細節性事項，尙非不得以行政命令爲必要之釋示。故主管機關於職權範圍內適用之法律條文發生疑義者，本於法定職權就相關規定予以闡釋，如係秉持相關憲法原則，無違於一般法律解釋方法，且符合各該法律之立法目的、租稅之經濟意義，即與租稅

12 租稅法律主義在憲法之法源爲憲法第19條：「人民有依法律納稅之義務」。

13 參閱關吉玉，《租稅法規概論》，自版，1975年9月，5版，頁65。

法律主義、租稅公平原則無違。

實務案例

租稅法律主義

根據土地稅法第 39 條之 2 第 1 項明定：作農業使用之農業用地，移轉與自然人時，得申請不課徵土地增值稅。但財政部函釋「取得免徵土地增值稅之農業用地，如經查明係第三者利用農民名義購買，應按該宗土地原免徵之土地增值稅額補稅。」究竟有無違憲？經大法官釋字第 635 號解釋並未違反租稅法律主義[14]。

誠如上述，法律之規定不能鉅細靡遺，故主管機關於職權範圍內適用之法律條文發生疑義者，本於法定職權就相關規定予以闡釋，如係秉持相關憲法原則，無違於一般法律解釋方法，且符合各該法律之立法目的、租稅之經濟意義，即與租稅法律主義、租稅公平原則無違。

補充說明：土地稅法第 39 條之 2 原規定：「農業用地在依法作農業使用時，移轉與自行耕作之農民繼續耕作者，免徵土地增值稅。」故有第三者利用農民名義購買之情事。嗣經 89 年 1 月 26 日修訂土地稅法，修法後：「作農業使用之農業用地，移轉與自然人時，得申請不課徵土地增值稅。」

二、法律優越原則

法律優越原則係指行政行爲或其他一切行政活動，均不得與法律相牴觸[15]。此原則揭示規範之位階意義在於，行政命令與行政處分等各項行政行爲，在規範位階上皆低於法律，換言之；法律之位階高於各項行政行爲。此原則不僅爲學理上之重要原則，我國憲法第 171 條：「法律與憲法牴觸者無效。」、172 條：「命令與法律或憲法牴觸者無效。」亦設有明文。租稅法爲行政法之一環，自不能逸出此原則之外，因此，租稅相關之行政命令、行政處分等行政行爲，均不得與法律相牴觸，否則將因違反本原則而無效。

應注意者，法律有時授權行政機關得發布命令，此即所謂授權命令或委任命令，此類命令固有補充法律之效力，但終究屬於行政機關之行政行爲，仍然不應

14 司法院大法官釋字第 635 號解釋。
15 參閱吳庚，《行政法之理論與實用》，自版，1975 年 9 月，5 版，頁 81。

牴觸上位階之法律，或增加原本法律所無之限制，否則均屬違反法律優越原則而無效。

實務案例

會計制不同　稅額暴增3千萬

依《聯合報》2014年6月28日報導，臺灣北區的壢新醫院負責人張煥禎於1999年申報1998年的綜所稅，他以「權責發生制」記帳，自行申報來自壢新醫院1998年的執行業務所得是0元，應納稅額因此爲0元。但是北區國稅局改以「現金收付制」，調整核定其執行業務所得爲7,575萬餘元，加上國稅局還查獲漏報其配偶租賃所得，所以合計要他補稅3,099萬餘元。然而，張煥禎醫師不服，一路提出行政救濟，最後向大法官申請釋憲，終獲成功。

大法官會議2014年6月27日做出第722號解釋，認定：財政部不准營業規模大到像一個公司的個人工作者，採用公司行號計算稅額的「權責發生制」記帳，違反憲法「平等原則」，財政部必須修改「執行業務所得查核辦法」。

大法官會議認定違憲，財政部必須修改「執行業務所得查核辦法」；至於個人執行業務所得究竟要大到什麼規模才能申請，須由財政部制定標準，以防藉此逃漏稅。

總之，依現行所得稅法的規定，個人綜所稅原則上採「現金收付實現制」，但是此次大法官會議認爲：在特殊條件下，應可申請改採「權責發生制」，以符憲法「平等原則」。

三、法律不溯既往原則

關於法律時之效力，原則上僅適用於該法公布實施之後，不應溯及該法公布實施以前，此乃「法律不溯既往原則」，此原則肇始於羅馬法，目的在於保護人民權利及維持法律秩序安定。租稅既然必須依據法律而課徵，當然必須於行爲時有明文規定，俾便徵、納雙方可資遵行[16]。應特別注意，此原則對於行政機關適用法律有嚴格之拘束，但對於立法機關制訂法律，則未必受其限制[17]。例如新修正之稅法對

16 參閱高永長，《稅務行政救濟實務》，自版，1988年10月，3版，頁7。

17 法律時之效力及其追溯問題，在行政法學上相當複雜，詳細論述請參陳敏，註2前揭書，頁126；翁岳生編，《行政法》，自版，2000年7月，2版2刷，頁191。

人民之權益有利，立法機關可於該稅法中明文規定追溯適用於未確定的案件；至於已確定之案件，基本上不溯及既往。

四、新法優於舊法原則及未確定案件適用有利原則

新法優於舊法原則亦有學者將之稱爲後法優於前法原則[18]，乃指對同一事項前後有兩種不同規定之法律存在，新法應優先適用。申言之；凡有新法規發布施行者，原有法規即應廢止而失其效力[19]，該項事務即應適用新法。行政命令有時亦會有前後不同規定之情形，此時適用原則亦同，學說上稱爲後令優於前令原則。

惟案件事實兼跨新舊法兩個時期，且於新法實施後尚未確定案件則應採有利原則。例如根據稅捐稽徵法第1條之1規定：「財政部依本法或稅法所發布之解釋函令，對於據以申請之案件發生效力。但有利於納稅義務人者，對於尚未核課確定之案件適用之。」此乃保護納稅義務人之權益，避免對納稅義務人間產生不公平的現象。

五、特別法優於普通法原則

就同一事項同時有不同之法律規定時，應比較各該法律之相對性，選擇特別法優先適用之，即爲特別法優於普通法原則[20]。特別法與普通法之區分是相對的概念，凡適用範圍較爲廣泛涉及所有之人、事、物者爲普通法，適用範圍較爲狹窄僅涉及特定之人、事、物者、或僅於特定時期生效者爲特別法，亦即前者適用於一般對象，後者僅適用於特定對象，例如所得稅法相對於廢止前促進產業升級條例而言，所得稅法適用對象較爲廣泛，爲普通法，而廢止前促進產業升級條例有其特定適用對象，故爲特別法。

此原則可再分爲三種情形：1. 同一時間內特別法與普通法同時有效之情形，此時當然優先適用特別法；2. 原先存在普通法，嗣後新發布特別法，此時亦應優先適用特別法；3. 原先存在特別法，嗣後新發布普通法，仍應適用舊特別法，亦即舊特別法仍優於新普通法；此種情形有學者認爲係屬另一「新普通法不能變更舊特別法原則」[21]，惟實際上特別法既然對於適用之人、事、物劃定其適用範圍，在此範圍內本就應排除普通法之適用，是否有必要另立一個法律原則，不無疑問。

---

18 關吉玉，《租稅法規概論》，自版，1975年9月，5版，頁121。

19 我國中央法規標準法第21條亦明文規定：「法規有左列情形之一者，廢止之：……四、同一事項已定有新法規，並公布或發布施行者。」

20 參中央法規標準法第16條：「法規對其他法規所規定之同一事項而爲特別之規定者，應優先適用之。其他法規修正後，仍應優先適用。」

21 關吉玉，註12前揭書，頁121。

固然特別法的適用應優先於普通法，但是爲保護人民之利益，有時在特別法中會明文排除特別法，而改採有利於人民之法，例如廢止前促進產業升級條例第 2 條規定：「促進產業升級，依本條例之規定；本條例未規定者，適用其他有關法律之規定。但其他法律規定較本條例更有利者，適用最有利之法律」。

考題範例

當民眾在申報綜合所得稅時，須額外考量納稅者權利保護法中每人基本生活費之相關規定。試問此做法乃何項原則之適用？（111 年初考）

答：特別法優於普通法原則

六、實體從舊程序從新原則

可分爲二部分敘述之：首先，實體從舊原則與前述法律不溯及既往原則內涵相同，均爲處理法律時之效力問題。所謂租稅實體法係指涉及課稅要件而直接影響納稅義務人租稅負擔之輕重者；包括：納稅義務人、課稅標的、減免之要件、稅率等。在稅法實體部分，應按納稅義務發生時（即行爲時）之稅法規定，亦即行爲後法律縱然有變更，仍應適用舊法之規定[22]。例如 98 年 5 月 27 日修正公布所得稅法第 5 條，將綜合所得稅稅率由 6%、13%、21%、30% 及 40% 調降爲 5%、12%、20%、30% 及 40%，並明訂自 99 年開始施行，因我國稅法係採實體從舊原則，故新稅率需自 100 年申報 99 年度所得稅時才能適用，99 年 5 月申報 98 年度綜合所得稅時仍須適用舊稅率。

再者；不影響稅負輕重，僅屬行政機關實現課稅權之方式、步驟等稽徵程序者，稱爲「租稅程序法」，例如租稅救濟、稽徵程序等。此種不影響稅負之稽徵報繳程序，由於其旨在便民利課，故適用報繳當時新的程序規定。

七、租稅罰法從新從輕原則

我國租稅法雖採實體從舊，程序從新原則，惟屬於租稅裁罰部分，與刑法同具有處罰人民之性質，刑法所規範者係屬惡性較重之犯罪行爲，其第 2 條第 1 項尚且明文規定採取從新從輕原則[23]，相較之下，租稅不法行爲之惡性比犯罪行爲輕，亦

[22] 林進富，《租稅法新論》，三民書局，2002 年 2 月，增訂 2 版 1 刷，頁 48。

[23] 參照刑法第 2 條第 1 項：「行爲後法律有變更者，適用裁判時之法律。但裁判前之法律有利於行爲人

宜採從新從輕原則；基此，稅捐稽徵法第 48 條之 3 規定：「納稅義務人違反本法或各稅法之規定，適用裁處時之法律。但裁處前之法律有利於納稅義務人者，適用最有利於納稅義務人之法律。」此即租稅罰法從新從輕原則。

惟應注意者，此原則僅適用於未確定之案件，對於已裁罰確定之案件，為保持法律關係安定，不宜反覆，不適用本原則。例如我國在民國 99 年 12 月 8 日修正公布營業稅法第 51 條規定，對營業人短報或漏報銷售額、虛報進項稅額等經查獲者，除追繳稅款外，按所漏稅額由原來處一倍至十倍罰鍰改為處五倍以下罰鍰，行政院並核定該條文自 100 年 2 月 1 日施行。因此，根據裁罰從新從輕原則，凡對於當時裁罰未確定案件，一律處罰較輕之五倍以下罰鍰。

八、租稅救濟程序優先實體原則

所謂「租稅救濟程序優先實體原則」，係指在租稅救濟程序中，必須先在程序上合法，才審理實體問題。此原則一體適用於行政救濟或司法救濟，換言之，行政或司法機關對救濟案件實體之審理，以符合程序規定者為前提，在程序上不合法者，縱然在實體上可能有理由，仍毋庸審理實體問題即應予以駁回[24]。例如依據訴願法第 14 條第 1 項之規定，訴願之提起，應自行政處分達到或公告期滿之次日起三十日內為之；此即行政救濟之規定程序。若納稅義務人未能遵守此項規定，超過 30 日後才提出訴願，則不問實際內容如何，訴願審理機關均不再審理實體逕以程序不合法駁回其訴願。

實務案例

租稅救濟程序優先實體原則

某甲合法申報綜合所得稅，該管國稅局卻誤認某甲漏列一筆所得，因而做出要求補稅之行政處分，某甲接獲該處分書之後申請復查，復查決定仍維持原補稅處分，甲收到復查決定書因後事忙超過 30 日訴願期間之後，才提起訴願，則訴願審議機關因甲逾越 30 日訴願期間，逕行程序駁回不需審查實體問題。

九、租稅行政罰以故意或過失為責任條件及行為罰與漏稅罰採擇一重處

所謂「租稅行政罰」，係指對違反稅法規定者，處以刑法所訂刑罰以外的制

者，適用最有利於行為人之法律。」

24 關吉玉，《租稅法規概論》，自版，1975 年 9 月，5 版，頁 122。

裁。包括：罰鍰、沒入、停業、撤銷登記、或加徵滯報金、怠報金等處分。民國80年3月8日司法院大法官做成釋字第275號解釋，一方面基於保障人權，行政罰應以有可歸責於行爲人之過失者，爲其裁罰條件，他方面爲維護行政目的之實現，採推定過失主義，將舉證責任加於行爲人，如其不能舉證證明自己無過失時，即應受處罰。例如，取得虛設行號發票，行爲人若無法證明自己無過失責任時，即按未依法取得憑證，處以發票金額5%之裁罰。反之，行爲人若能證明自己無過失且不知情時，即應免罰。

實務案例

租稅行政罰以故意或過失為責任條件

營利事業依法規定應給與他人憑證而未給與，應自他人取得憑證而未取得，或應保存憑證而未保存者，應就其未給與憑證、未取得憑證或未保存憑證，經查明認定之總額，處5%以下罰鍰。但營利事業取得非實際交易對象所開立之憑證，如經查明確有進貨事實及該項憑證確由實際銷貨之營利事業所交付，且實際銷貨之營利事業已依法處罰者，免予處罰。

前項處罰金額最高不得超過新臺幣100萬元（稅44）。

所謂租稅行爲罰，係針對「行爲」，納稅義務人應作爲而不作爲，或不應作爲而作爲者予以處罰；而所謂漏稅罰係針對「結果」，納稅義務人實際上已經發生漏稅之結果而給予處罰。租稅法分別就納稅義務人不法之「行爲」與「結果」，可能同時有不同之制裁，導致納稅義務人一行爲同時觸犯租稅行爲罰及漏稅罰，此時應採取「擇一從重處罰原則」，毋庸併罰。

例如甲公司銷貨給乙公司，甲公司應開立發票給乙公司，惟甲公司卻漏開發票，則甲公司在行爲罰方面，甲公司違反稅捐稽徵法第44條規定：營利事業依法應給與他人憑證而未給與，應就其未給與憑證，經查明認定之總額，處5%以下罰鍰，最高不得超過新臺幣100萬元；在漏稅罰方面，甲公司觸犯營業稅法第52條規定，營業人漏開統一發票逃漏營業稅，應就短漏開銷售額按規定稅率計算稅額繳納稅款外，處五倍以下罰鍰。但處罰金額不得超過新臺幣100萬元。一年內經查獲達三次者，並停止其營業。由於甲公司同時觸犯租稅行爲罰及漏稅罰，二者只能擇一從重處罰。此「一事不二罰」原則，乃現代民主法治國家之基本原則，符合法律安定原則、信賴保護原則以及比例原則。

實務案例

跳開發票之處罰

大智公司銷貨給大仁公司，大仁公司銷貨給大勇公司，就正常合法程序而言，大智公司應開立發票交付大仁公司；大仁公司應開立發票交付大勇公司。惟大智公司應大仁公司之要求直接將發票交付給大勇公司，大仁公司卻跳開發票，經被國稅局查獲，大智、大仁及大勇公司均將被罰，其相關之處罰規定如下：

大智公司：

1. 未依法給予憑證：依稅捐稽徵法第 44 條，處以 5% 以下罰鍰，最高不得超過新臺幣 100 萬元。
2. 幫助他人逃漏稅捐：依稅捐稽徵法第 43 條，處三年以下有期徒刑，併科新臺幣 100 萬元以下罰金。

大仁公司：

1. 未依法給予憑證：依稅捐稽徵法第 44 條，處以 5% 以下罰鍰，最高不得超過新臺幣 100 萬元。
2. 未依法取得憑證：依稅捐稽徵法第 44 條，處以 5% 以下罰鍰，最高不得超過新臺幣 100 萬元。
3. 漏開統一發票：營業人漏開統一發票或於統一發票上短開銷售額經查獲者，應就短漏開銷售額按規定稅率計算稅額繳納稅款外，處五倍以下罰鍰，但處罰金額不得超過新臺幣 100 萬元，一年內查獲達三次者，並停止其營業。

   上述「行爲罰」與「漏稅罰」採擇一從重處罰。（納稅義務人一行爲同時觸犯租稅行爲罰及漏稅罰，應採取「擇一從重處罰原則」，毋庸併罰。）
4. 逃漏營利事業所得稅：涉嫌逃漏營利事業所得稅，除依查得資料或同業利潤標準核定所得額補繳營利事業所得稅外，根據所得稅法第 110 條，處以所漏稅額 2 倍以下罰鍰。
5. 租稅刑事罰：依稅捐稽徵法第 41 條，納稅義務人以詐術或其他不正當方法逃漏稅捐者，處五年以下有期徒刑，併科新臺幣 1,000 萬元以下罰金。

犯前項之罪，個人逃漏稅額在新臺幣 1,000 萬元以上，營利事業逃漏稅額在新臺幣 5,000 萬元以上者，處一年以上七年以下有期徒刑，併科新臺幣 1,000 萬元以上 1 億元以下罰金。

大勇公司：

1. 未依法取得憑證：依稅捐稽徵法第 44 條，處以 5% 以下罰鍰，最高不得超過新臺幣 100 萬元。

2. 幫助他人逃漏稅捐：依稅捐稽徵法第 43 條，教唆或幫助犯第 41 條或第 42 條之罪者，處三年以下有期徒刑，併科新臺幣 100 萬元以下罰金。（102 年高考試題改編）

十、租稅刑事罰以故意為責任條件

所謂「租稅刑事罰」，係指對違反租稅法規定者，處以刑法所定自由刑或罰金等刑名之制裁。主要包括三種主刑：有期徒刑、拘役、罰金，及一種從刑：沒收；至於其他刑名，租稅處罰較少使用。這些租稅刑事罰既然已動用到刑罰，嚴重影響人權，應極其慎重，因此有必要以故意爲其責任條件。所謂故意，依據刑法第 13 條，係指行爲人對於構成犯罪之事實，明知並有意使其發生者。

例如稅捐稽徵法第 41 條規定，納稅義務人以詐術或其他不正當方法逃漏稅捐者，處五年以下有期徒刑，併科新臺幣 1,000 萬元以下罰金。犯前項之罪，個人逃漏稅額在新臺幣 1,000 萬元以上，營利事業逃漏稅額在新臺幣 5,000 萬元以上者，處一年以上七年以下有期徒刑，併科新臺幣 1,000 萬元以上 1 億元以下罰金。條文雖未直接提及「故意」，但分析其文義：施詐術者內心當然明知其「行爲之不誠實」以及「將導致稅捐機關陷於錯誤」之結果，因此該條文係處罰故意犯，要無疑義。至於是否構成故意，則以行爲時是否「明知」並且「有意使其發生」來判斷。

實務案例

租稅刑事罰

依據刑法第 33 條：「主刑之種類如下：一、死刑。二、無期徒刑。三、有期徒刑：二月以上十五年以下。但遇有加減時，得減至二月未滿，或加至二十年。四、拘役：一日以上，六十日未滿。但遇有加重時，得加至一百二十日。五、罰金：新臺幣一千元以上，以百元計算之。」而在稅法上由於死刑及無期徒刑過重，稅法之犯行罪不至此，故只使用三種，即有期徒刑、拘役及罰金。

十一、實質課稅原則

所謂實質課稅原則（substance versus form doctrine），是指從實質之經濟利益歸屬，來決定課稅內容。申言之；如果課稅構成要件之外觀形式與其實質之經濟利益歸屬不同，其課稅構成要件之認定不應拘泥於外觀形式，而應探求眞實的經濟利益歸屬，並據之課徵稅賦。此原則可從課稅主體與課稅客體兩方面來探討，而課稅主體係指納稅義務人，課稅客體則指課稅標的；就納稅義務人而言，雖然納稅義務人藉由形式上人頭戶分散所得，造成低所得之外觀，以規避稅負，如果稽徵機關可以查出眞實的納稅義務人，則應將其分散的所得歸併回去給眞實的納稅義務人，對其課稅。就課稅標的而言，只要「課稅標的」確實存在，不論該課稅標的之存在是否合法，均應對之課稅，例如稅捐處對違建之房屋課徵房屋稅，國稅局對密醫之不法所得課徵所得稅均屬之。

我國所得稅法第 43 條之 1：「營利事業與國內外其他營利事業具有從屬關係，或直接間接為另一事業所有或控制，其相互間有關收益、成本、費用與損益之攤計，如有以不合營業常規之安排，規避或減少納稅義務者，稽徵機關為正確計算該事業之所得額，得報經財政部核准按營業常規予以調整。」係實質課稅原則之明文，司法實務上以最高行政法院 98 年度判字第 359 號判決最新且具代表性。

實務案例

實質課稅原則

最高行政法院 98 年度判字第 359 號判決理由大略：「按稅法上之實質課稅原則，係強調稅法所重視者，應為足以表徵納稅能力之實質的經濟事實，而非其外觀之法律行為，否則勢將造成鼓勵投機或規避稅法之適用，無以實現租稅公平之基本理念及要求。」簡要的說：實質課稅原則不以外觀論斷，而是以骨子裡眞正的經濟利益是誰的，就對誰課稅。

例如依據遺產及贈與稅法第 16 條規定，約定於被繼承人死亡時，給付其所指定受益人之人壽保險金額不計入遺產總額，某甲為規避遺產稅，於死亡前一年以本人為要保人及被保險人，並指定其孫 (即繼承人) 為身故保險金受益人，以舉債躉繳方式繳納保險費 2,578 萬元（投保時約 77 歲），身故保險理賠金 2,509 萬 9,455 元，試圖規避遺產稅，基於實質課稅原則，經最高行政法院判決納稅義務人敗訴，需補繳遺產稅。（最高行政法院 98 年度判字第 1145 號判決）

歷屆試題

申論題

1. 租稅行政罰與租稅刑事罰二者的適用條件有何不同？若甲公司取得非實際交易對象所開立之憑證，甲公司是否會受到處罰？另若乙公司應保存憑證而未保存，乙公司是否會受到處罰？請依現行相關稅法規定申述之。（108 年普考）
2. 稅捐行政罰與稅捐刑罰，有何不同？不服如何救濟？（103 年普考）
3. 何謂行爲罰？何謂漏稅罰？某營利事業銷售貨物卻不依法開立發票，企圖逃漏稅捐，該營利事業可能會遭受那些懲罰？試請根據相關稅法的規定說明之。（102 年高考）

選擇題（本書各章所附考題之答案均係依據考試當年度考選部所公布之答案）

（D）1. 下列何者非爲直轄市及縣（市）稅？（A）土地稅（B）印花稅（C）娛樂稅（D）菸酒稅。（112 年地方五等特考）

（C）2. 下列何者爲國稅？①關稅②所得稅③貨物稅④菸酒稅⑤房屋稅（A）①②③⑤（B）①②③④⑤（C）①②③④（D）①②③。（112 年地方五等特考）

（C）3. 關於租稅法定主義之敘述，下列何者錯誤？（A）又稱租稅法律主義（B）法源依據爲憲法第 19 條（C）法律規定不周之處可由解釋函令增加規範使其周全（D）納稅者權利保護法第 3 條明定租稅法定主義。（112 年地方五等特考）

（A）4. 下列何者符合租稅法之特性？①公法②強制法③實體法④程序法⑤普通法⑥特別法（A）①②③④⑤⑥（B）①②③④⑤（C）①②③④（D）①②③。（112 年地方五等特考）

（A）5. 有關租稅罰法之規定，下列何者錯誤？（A）行政罰以過失爲責任要件（B）刑事罰以處罰故意行爲爲原則（C）納稅義務人若違反稅法相關規定，應以裁處時法律予以處罰。但裁處前之法律若有變更，則適用從新從輕原則予以處罰（D）租稅行政罰由各主管稅捐稽徵機關處理，刑事罰則是由稅捐稽徵機關移送法院偵辦。（112 年地方三等特考）

（A）6. 根據我國財政收支劃分法規定，稅課劃分爲國稅、直轄市及縣（市）稅，下列何者屬於國稅？①契稅②營業稅③娛樂稅④遺產及贈與稅⑤菸酒稅（A）②④⑤（B）①②⑤（C）①③④（D）②③⑤。（111 年高考）

（B）7. 當納稅義務人違反所得稅法規範，而所得稅法和稅捐稽徵法兩者的處罰規定不同時，以稅捐稽徵法優先適用，符合下列哪項租稅原則？（A）實體從舊程序從新原則（B）特別法優於普通法原則（C）程序優先實體原則（D）一行爲不二罰原則。（111 年地方五等特考）

（D）8. 依財政收支劃分法規定，下列何者爲直轄市及縣（市）稅？①地價稅②使用牌照稅③貨物稅④土地增值稅⑤遺產及贈與稅⑥娛樂稅（A）①②③⑥（B）①②④⑤（C）①②③④（D）①②④⑥。（111 年地方五等特考）

（A）9.有關「租稅行政罰」之敘述，下列何者錯誤？（A）以處罰故意行為為原則，由法院判決處罰（B）依性質可分成「行為罰」與「漏稅罰」，主要由稽徵機關裁罰（C）以課處罰鍰、滯納金、沒入貨物等方式為之（D）針對納稅義務人違反法令所規範之義務而為之處罰，不論是故意或過失均應受處罰。（111 年地方五等特考）

（D）10.有關租稅法的適用原則下列何者正確？（A）租稅刑事罰以處罰過失行為為原則（B）實體從新原則（C）程序從舊原則（D）租稅救濟程序優先實體原則（110 年地方五等特考）

（C）11.申請行政救濟之案件是否受理，應優先考慮下列何項原則？（A）實質課稅原則（B）新法優於舊法原則（C）程序不符實體不究原則（D）實體從舊程序從新原則（109 年高考）

（D）12.下列何者屬於租稅行政罰？①沒收②怠報金③罰金④撤銷登記⑤沒入（A）僅③④⑤（B）僅①②③④（C）僅①②③（D）僅②④⑤（109 年普考）

（C）13.若所得稅法於今年二月間通過調降稅率之修正，將結算申報之期限修改為 5 月 16 日至 6 月 30 日；若新法無特別規定，根據一般租稅法原則，今年所得稅申報之應納稅額與申報期限應根據下列何者？（A）均根據修正前規定（B）均根據修正後規定（C）前者根據修正前規定、後者根據修正後規定（D）前者根據修正後規定、後者根據修正前規定（109 年普考）

（D）14.稅捐稽徵法第 1 條之 1 第 4 項：「財政部發布之稅務違章案件裁罰金額或倍數參考表變更時，有利於納稅義務人者，對於尚未核課確定之案件適用之。」，上述條文最符合下列何項原則？（A）不利益變更禁止原則（B）程序優先實體原則（C）一行為不二罰原則（D）從新從輕原則（109 年地方四等特考）

（D）15.下列何項屬於租稅程序法的範疇？（A）納稅義務人（B）稅率結構（C）減免範圍（D）租稅救濟（108 年地方五等特考）

第3章 稅捐稽徵法及納稅者權利保護法

狗吠何喧喧？有吏來在門。披衣出門應，府記欲得錢。
語窮乞請期，吏怒反見尤。旋步顧家中，家中無可為。
思往從鄰貸，鄰人已言匱。錢錢何難得，令我獨憔悴！

常璩「稅怨」《華陽國志》

壹、稅捐稽徵法

稅捐稽徵法是對各稅目之稽徵，統一共同規範。而各稅目則通常採用分稅立法（一稅一法），分別規定。本章將先介紹稅捐稽徵法。其餘在下一章起介紹。

租稅立法可採「綜合立法」與「分稅立法」。前者係指所有賦稅均規定在一種法律中；而後者係指各種賦稅均單獨成立一種法律。我國除少數稅法，例如土地稅採多稅（地價稅、田賦、土地增值稅）一法之立法體制外，主要仍採「分稅立法」。然而因爲各稅在制訂或修訂時其社會背景或經濟環境不盡相同，以致各項稅捐之稽徵程序、罰則等規定均至爲分歧，關係人民權益之規定亦無劃一標準，例如，有的稅法規定每逾一日加徵 2% 的滯納金，亦有規定每逾二日加徵 1% 的滯納金。有鑒於此，政府乃於民國 65 年 10 月 22 日制訂公布「稅捐稽徵法」，將各種稅法在課稅時均會面臨的若干共同問題，在稅捐稽徵法作統一規定以利稽徵。根據稅捐稽徵法第 2 條規定，稅捐稽徵法之適用範圍包括一切法定之國、直轄市、縣（市）及鄉（鎮、市）稅捐。但不包括關稅（稅 2）。另根據稅捐稽徵法施行細則第 2 條規定：「本法所定稅捐，包括各稅依法附徵或代徵之捐。」（稅細 2）凡稅捐之稽徵，依稅捐稽徵法之規定；稅捐稽徵法未規定者，再依其他各種有關法律之規定（稅 1）。

此外，財政部依稅捐稽徵法或稅法所發布之解釋函令，對於據以申請之案件發生效力。但有利於納稅人者，對於尚未核課確定之案件適用之。

財政部發布解釋函令，變更已發布解釋函令之法令見解，如不利於納稅義務人者，自發布日起或財政部指定之將來一定期日起，發生效力；於發布日或財政部指定之將來一定期日前，應核課而未核課之稅捐及未確定案件，不適用該變更後之解釋函令。

本條中華民國 100 年 11 月 8 日修正施行前，財政部發布解釋函令，變更已發布解釋函令之法令見解且不利於納稅義務人，經稅捐稽徵機關依財政部變更法令見解後之解釋函令核課稅捐，於本條中華民國 100 年 11 月 8 日修正施行日尚未確定案件，適用前項規定。財政部發布之稅務違章案件裁罰金額或倍數參考表變更時，有利於納稅義務人者，對於尚未核課確定之案件適用之（稅 1-1）。

3-1 稅捐優先權（租稅債權）

納稅人有時須償還債務以致無力繳納稅捐，爲保障公權力及保全稅捐，故規定「稅捐之徵收，優先於普通債權」（稅6），此表示納稅人應先繳納各種稅捐，然後再償還債務，而且「土地增值稅、地價稅、房屋稅之徵收及法院、法務部行政執行署所屬行政執行分署（以下簡稱行政執行分署）執行拍賣或變賣貨物應課徵之營業稅，優先於一切債權及抵押權。經法院、行政執行分署執行拍賣或交債權人承受之土地、房屋及貨物，法院或行政執行分署應於拍定或承受五日內，將拍定或承受價額通知當地主管稅捐稽徵機關，依法核課土地增值稅、地價稅、房屋稅及營業稅，並由法院或行政執行分署代為扣繳」（稅6）。

上述土地增值稅、地價稅、房屋稅之徵收優先受償之規定，以該土地及建築物所應課徵之土地增值稅、地價稅、房屋稅為限（稅細3）。

例題 1

某甲109年滯欠的稅捐及積欠債務（均已到期）如下：

1. 向乙借款200萬元（未設定抵押）。

2. 向銀行辦理抵押借款500萬元。

3. 使用牌照稅20萬元。

4. 土地增值稅25萬元。

5. 房屋稅3萬元，地價稅4萬元。

清償順序：

某甲應清償之稅捐及債務順序依序為：(1)土地增值稅25萬元、房屋稅3萬元、地價稅4萬；(2)向銀行之抵押借款500萬元；(3)使用牌照稅20萬元；(4)向乙之借款200萬元。

考題解析

甲公司所有一般土地3筆，其中一筆土地有地上物（房屋），其債務經債權人移送執行，內容如下：

1. 甲公司於105年向金融機構辦理房屋抵押貸款2,500萬元，積欠本金計1,525萬元。

2. 甲公司於104年移轉一筆土地，於移轉後因故經稽徵機關補徵土地增值稅1,000萬元，滯欠本稅及利息1,015萬元。

3. 甲公司滯欠營業稅250萬元、房屋稅2萬元及地價稅28,000元（其中有地上物之土地地價稅爲 6,000 元）。

倘甲公司因強制執行事件，其地上物（房屋）及所坐落之土地遭法院拍賣，拍定價格爲 1,850 萬元，該地上物（房屋）拍賣之營業稅 32 萬 5,000 元，該拍賣土地之土地增值稅 385 萬元，則稅捐稽徵機關可獲分配之各項租稅債權（土地增值稅、地價稅、房屋稅、營業稅）分別爲多少？（105 年會計師）

擬答：

該被拍賣房地之土地增值稅、地價稅、房屋稅之徵收及法院、行政執行分署執行拍賣或變賣貨物應課徵之營業稅，優先於一切債權及抵押權。且以該土地及建築物所應課徵之土地增值稅、地價稅、房屋稅爲限，故其受償順序如下：

1. 土地增值稅 385 萬元＋房屋稅 2 萬元＋地價稅 6,000 元＋營業稅 32 萬 5,000 元＝420.1 萬元——優先受償
2. 拍定價格 1,850 萬元－420.1 萬元＝1,429.9 萬元 < 1,525 萬元——剩餘 1,429.9 萬元全部清償抵押貸款。
3. 綜上，稅捐稽徵機關可獲分配之租稅債權分別爲土地增值稅 385 萬元、地價稅 6,000 元、房屋稅 2 萬元、營業稅 32 萬 5,000 元。

此外，財團破產或公司重整，亦需按規定繳納稅捐，故規定：「破產財團成立後，其應納稅捐爲財團費用，由破產管理人依破產法之規定清償之」（稅 7），而且「公司重整中所發生之稅捐，爲公司重整債務，依公司法之規定清償之」。

3-2 納稅義務

一、**共有財產之納稅義務人**：共有財產由管理人負納稅義務；未設管理人者，由共有人各按其應有部分負納稅義務。其爲公同共有時，以全體公同共有人爲納稅義務人（稅 12）。

二、**清算人之納稅義務**：法人、合夥或非法人團體解散清算時，清算人於分配賸餘財產前，應依法按稅捐受清償之順序，繳清稅捐。清算人違反規定，應就未清繳之稅捐，負繳納義務（稅 13）。

三、**遺囑執行人等之納稅義務**：納稅義務人死亡，遺有遺產者，其依法應繳納之稅捐，應由遺囑執行人、繼承人、受遺贈人或遺產管理人，依法按稅捐受清償之順序，繳清稅捐後，始得分割遺產或交付遺贈。遺囑執行人、繼承人、受遺贈

人或遺產管理人違反前項規定，應就未清繳之稅捐，負繳納義務（稅 14）。

四、**營利事業合併後欠稅之承擔**：營利事業因合併而消滅時，其在合併前之應納稅捐，應由合併後存續或另立之營利事業負繳納之義務（稅 15）。

茲將納稅義務人彙總說明如表 3-1：

表 3-1　各種條件情況的納稅義務人

共有財產	分別共有	1. 管理人 2. 無管理人時，爲各共有人
	公同共有	全體共有人
解散	解散時之清算人	1. 法人 2. 合夥 3. 非法人團體
營業合併	合併後存續或另立之營利事業	
遺產稅	1. 遺囑執行人 2. 繼承人 3. 受遺贈人 4. 遺產管理人	

3-3 稅捐之保全與相當財產擔保

一、稅捐之保全

稅捐稽徵機關得依下列規定實施稅捐保全措施。但已提供相當擔保者，不適用之：

（一）禁止移轉或設定他項權利：納稅義務人欠繳應納稅捐者，稅捐稽徵機關得就納稅義務人相當於應繳稅捐數額之財產，通知有關機關，不得爲移轉或設定他項權利。

（二）限制減資：納稅義務人欠繳應納稅捐，其爲營利事業者，並得通知主管機關限制其減資之登記。

（三）實施假扣押：納稅義務人有隱匿或移轉財產、逃避稅捐執行之跡象者，稅捐稽徵機關得於繳納通知文書送達後，聲請法院就其財產實施假扣押，並免提供擔保；其屬納稅義務人已依法申報而未繳納稅捐者，稅捐稽徵機關得於法定繳納期間屆滿後聲請假扣押。

稅捐保全之解除：

納稅義務人之財產經依上述規定實施稅捐保全措施後，有下列各款情形之一者，稅捐稽徵機關應於其範圍內辦理該保全措施之解除：

1. 納稅義務人已自行或由第三人提供相當擔保。

2. 納稅義務人對核定稅捐處分依法提起行政救濟，經訴願或行政訴訟撤銷確定。但撤銷後須另為處分，且納稅義務人有隱匿或移轉財產、逃避稅捐執行之跡象，不辦理解除。

（四）限制出境：在中華民國境內居住之個人或在中華民國境內之營利事業，其已確定之應納稅捐逾法定繳納期限尚未繳納完畢，所欠繳稅款及已確定之罰鍰單計或合計，個人在新臺幣 100 萬元以上，營利事業在新臺幣 200 萬元以上者；其在行政救濟程序終結前，個人在新臺幣 150 萬元以上，營利事業在新臺幣 300 萬元以上，得由財政部函請內政部移民署限制其出境；其為營利事業者，得限制其負責人出境，並應依下列規定辦理。但已提供相當擔保者，或稅捐稽徵機關未實施上述第（一）款（禁止移轉或設定他項權利）或第（三）款規定（實施假扣押）之稅捐保全措施者，不適用之：

1. 財政部函請內政部移民署限制出境時，應同時以書面敘明理由並附記救濟程序通知當事人，依法送達。

2. 限制出境之期間，自內政部移民署限制出境之日起，不得逾五年。

納稅義務人或其負責人經限制出境後，有下列各款情形之一者，財政部應函請內政部移民署解除其出境限制：

1. 限制出境已逾前項第 2 款所定期間（五年）。

2. 已繳清全部欠稅及罰鍰，或向稅捐稽徵機關提供欠稅及罰鍰之相當擔保。

3. 納稅義務人對核定稅捐處分依法提起行政救濟，經訴願或行政訴訟撤銷須另為處分確定（撤銷原處分，而須另為新處分確定）。但一部撤銷且其餘未撤銷之欠稅金額達前項所定標準，或納稅義務人有隱匿或移轉財產、逃避稅捐執行之跡象，其出境限制不予解除。

4. 經行政救濟及處罰程序終結，確定之欠稅及罰鍰合計金額未達前項所定標準。

5. 欠稅之公司或有限合夥組織已依法解散清算，且無賸餘財產可資抵繳欠稅及罰鍰。

6. 欠稅人就其所欠稅款已依破產法規定之和解或破產程序分配完結。

關於稅捐之徵收，準用民法第 242 條至第 245 條、信託法第 6 條及第 7 條規定（稅 24）。

（五）提前開徵：有下列情形之一者，稅捐稽徵機關，對於依法應徵收之稅捐，得於法定開徵日期前稽徵之。但納稅義務人能提供相當擔保者，不在此限：

1. 納稅義務人顯有隱匿或移轉財產，逃避稅捐執行之跡象者。

2. 納稅義務人於稅捐法定徵收日期前，申請離境者。

3. 因其他特殊原因，經納稅義務人申請者。

又納稅義務人受破產宣告或經裁定爲公司重整前，應徵收之稅捐而未開徵者，於破產宣告或公司重整裁定時，視爲已到期之破產債權或重整債權（稅 25）。

二、相當財產擔保

如上所述，稽徵機關對於逃稅、漏稅案件，如發現納稅義務人有隱匿或移轉財產逃避執行，得敘明事實，聲請法院進行假扣押，並免提擔保（稅 24、所 110-1）。另得於法定開徵日前稽徵之（稅 25），但納稅義務人已提供相當財產保證，或覓具殷實商保者，應即聲請撤銷或免爲假扣押（稅 24、所 110-1）。

所稱相當財產擔保，係指相當於擔保稅款之下列擔保品：

（一）黃金，按九折計算，經中央銀行掛牌之外幣、上市或上櫃之有價證券，按八折計算。

（二）政府發行經規定可十足提供公務擔保之公債，按面額計值。

（三）銀行存款單摺，按存款本金額計值。

（四）易於變價、無產權糾紛且能足額清償之土地或已辦妥建物所有權登記之房屋。

（五）其他經財政部核准，易於變價及保管，且無產權糾紛之財產。

前項第（一）款、第（四）款與第（五）款擔保品之計值、相當於擔保稅款之認定及其他相關事項之辦法，由財政部定之（稅 11-1）。

立法理由

一、第一項第（一）款針對有價證券，將「核准上市之」修正爲「上市或上櫃之」；另將後段之計值辦法等規定文字，予以刪除。

二、按提供納稅擔保之目的在於確保稅款之徵起，並期擔保品能在短期內處分變現，考量土地或房屋尚非不易變現，如其價值已相當於擔保之稅款，應能足額清償，爰增訂第一項第（四）款條文，以資明確。

三、考量第一項第（一）款、第（四）款及第（五）款擔保品種類繁多，且實務上土地或房屋亦有設定地上權、抵押權或他項權利等情形，爰增訂第二項條文，授權由財政部訂定擔保品之計值、相當於擔保稅款之認定及其他相關事項之辦法，以符實務需要。

3-4 稽徵程序

各種租稅的稽徵程序可按流程圖所述的各項步驟表示之。本章以下各小節即按該等步驟分別說明之。

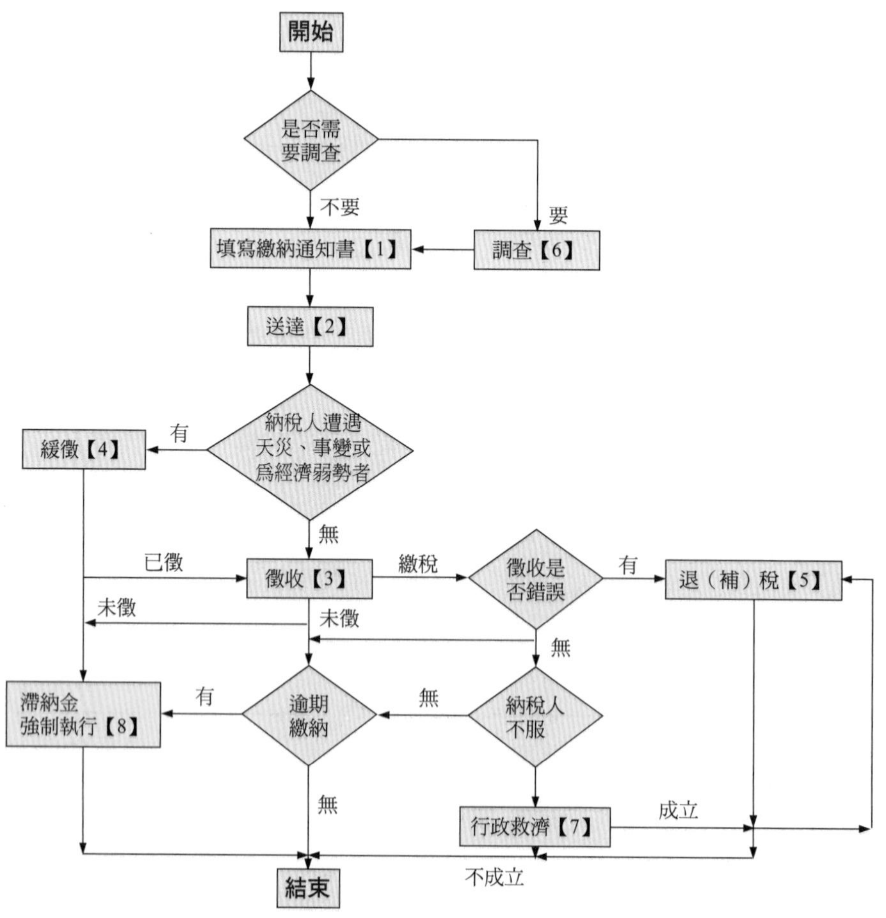

資料來源：作者自行歸納。

圖 3-1 稽徵程序圖

3-5 填寫「繳納通知書」

繳納通知文書，應載明繳納義務人之姓名或名稱、地址、稅別、稅額、稅率、繳納期限等項，由稅捐稽徵機關填發（稅 16）。

納稅義務人如發現繳納通知文書有記載、計算錯誤或重複時，於規定繳納期間內，得要求稅捐稽徵機關，查對更正（稅 17）。

3-6 送達

我國爲一致適用行政程序法之相關規定，並符合簡政便民之施政方針，其有關送達之規定如下：

一、**開徵前送達**：繳納稅捐之文書，稅捐稽徵機關應於該文書所載開始繳納稅捐日期前送達（稅 18）。例如地價稅是底冊稅，其繳納期間爲每年的 11 月 1 日至 11 月 30 日，故稅捐處應根據稅籍底冊開立地價稅單，並應於 11 月 1 日以前送達納稅義務人。如納稅義務人在 11 月 1 日前未收到地價稅單，可逕向稅捐稽徵處洽詢，並要求補開稅單。

二、其他應受送達人

（一）爲稽徵稅捐所發之各種文書，得向納稅義務人之代理人、代表人、經理人或管理人以爲送達；應受送達人在服役中者，得向其父母或配偶以爲送達；無父母或配偶者，得委託服役單位代爲送達。

（二）爲稽徵土地稅或房屋稅所發之各種文書，得以使用人爲應受送達人。

（三）納稅義務人爲全體公同共有人者，繳款書得僅向其中一人送達；稅捐稽徵機關應另繕發核定稅額通知書並載明繳款書受送達者及繳納期間，於開始繳納稅捐日期前送達全體公同共有人。但公同共有人有無不明者，得以公告代之，並自黏貼公告欄之翌日起發生效力。

（四）稅捐稽徵機關對於按納稅義務人申報資料核定之案件，得以公告方式，載明申報業經核定，代替核定稅額通知書之塡具及送達。但各稅法另有規定者，從其規定。

（五）前項案件之範圍、公告之實施方式及其他應遵行事項之辦法，由財政部定之[1]（稅 19）。

---

[1] 參見立法說明。本書其他部分的立法理由亦源自同一出處，本書將不再贅述。

立法理由

1. 鑒於繳款書對全體公同共有人個別送達，恐影響稅款徵起、租稅安定性及行政效能，爰定明納稅義務人爲全體公同共有人者，繳款書得僅向其中一人送達。
2. 爲避免繳款書對公同共有人之一送達，其他未受送達之公同共有人未能知悉稅捐處分之內容，另規定稅捐稽徵機關應另繕發核定稅額通知書並載明繳款書受送達者及繳納期間，於開始繳納稅捐日期前送達全體公同共有人，使其知悉稅捐處分。受送達繳款書之公同共有人倘無繳納稅捐意願，有繳納稅捐意願之其他公同共有人，可持核定稅額通知書逕向稅捐稽徵機關申請補發繳款書繳納或逕洽收受繳款書之公同共有人協議繳納稅捐，以保障其權益，並符正當法律程序。
3. 考量公同共有人人數眾多，時有變動或成員不明，稅捐稽徵機關掌握不易，如有稅捐稽徵機關縱已進行相當之調查程序，仍無法或顯難查得其他公同共有人之情形，爲符正當法律程序，爰增訂第 3 項但書規定稅捐稽徵機關對於公同共有人有無不明者，得以公告取代個別送達核定稅額通知書，並自黏貼公告欄翌日起發生效力，該公告之內容與核定稅額通知書之內容相同。
4. 對於稅捐稽徵機關按納稅義務人申報資料核定之案件，考量核定內容與納稅義務人申報內容相同，於該次核定時尚無應補稅款情形，應不致發生後續提起行政救濟情形；又納稅義務人於稅捐稽徵機關核定後如發現申報資料有適用法令錯誤或計算錯誤情形，亦得依修正條文第 28 條第 1 項規定，於繳納之日起十年內申請退還，尚不影響其救濟權益。又所得稅法第 81 條第 3 項及加值型及非加值型營業稅法第 42 條之 1 第 3 項亦有類似之規定，施行迄今，均不生徵納爭議。爲節省徵納雙方成本及稽徵作業簡便，爰增訂第四項，定明稅捐稽徵機關對於按納稅義務人申報資料核定之案件，得以公告方式通知納稅義務人，免個別填具及送達核定稅額通知書。但各稅法另有規定者，從其規定。
5. 增訂第 5 項，定明第 4 項案件之範圍及公告之實施方式等事項之辦法，授權由財政部定之。

三、**送達處所及方式**：根據行政程序法第 72 條：送達，於應受送達人之住居所、事務所或營業所爲之。但在行政機關辦公處所或他處會晤應受送達人時，得於會晤處所爲之。對於機關、法人、非法人之團體之代表人或管理人爲送達者，應向其機關所在地、事務所或營業所行之。但必要時亦得於會晤之處所或其住居所行之。應受送達人有就業處所者，亦得向該處所爲送達。

1. 留置送達：根據行政程序法第 73 條：於應送達處所不獲會晤應受送達人時，得將文書付與有辨別事理能力之同居人、受雇人或應送達處所之接收郵件人員。

前項規定於前項人員與應受送達人在該行政程序上利害關係相反者，不適用之。應受送達人或其同居人、受雇人、接收郵件人員無正當理由拒絕收領文書時，得將文書留置於應送達處所，以爲送達。

2. 寄存送達：送達，不能依前二條規定爲之者，得將文書寄存送達地之地方自治或警察機關，並作送達通知書兩份，一份黏貼於應受送達人住居所、事務所、營業所或其就業處所門首，另一份交由鄰居轉交或置於該送達處所信箱或其他適當位置，以爲送達。

前項情形，由郵政機關爲送達者，得將文書寄存於送達地之郵政機關。

寄存機關自收受寄存文書之日起，應保存三個月（行 74）。

四、公示送達：對於當事人之送達，有下列各款情形之一者，行政機關得依申請，准爲公示送達：

1. 應爲送達之處所不明者。

2. 於有治外法權人之住居所或事務所爲送達而無效者。

3. 於外國或境外爲送達，不能依規定辦理或預知雖依該規定辦理而無效者。

有前項所列各款之情形而無人爲公示送達之申請者，行政機關爲避免行政程序遲延，認爲有必要時，得依職權命爲公示送達。

當事人變更其送達之處所而不向行政機關陳明，致有第一項之情形者，行政機關得依職權命爲公示送達（行 78）。

公示送達應由行政機關保管送達之文書，而於行政機關公告欄黏貼公告，告知應受送達人得隨時領取；並得由行政機關將文書或其節本刊登政府公報或新聞紙（行 80）。

公示送達自前條公告之日起，其刊登政府公報或新聞紙者，自最後刊登之日起，經二十日發生效力；於外國或境外爲公示送達者，經六十日發生效力（行 81）；但行政程序法第 79 條之公示送達（公示送達後，對於同一當事人仍應爲公示送達者），自黏貼公告欄翌日起發生效力。

3-7 「稅捐」徵收

一、滯納金

納稅義務人應於繳納通知書送達後，如期繳稅；逾期繳納稅捐者，應加徵滯納金，每逾三日按滯納數額加徵 1% 滯納金；逾三十日仍未繳納者，移送強制執行，但因不可抗力或不可歸責於納稅義務人之事由，致不能依第26條、第26條之1規定期間申請延期或分期繳納稅捐者，得於其原因消滅後十日內，提出具體證明，向稅捐稽徵機關申請回復原狀並同時補行申請延期或分期繳納，經核准者，免予加徵滯納金。

中華民國110年11月30日修正之本條文施行時，欠繳應納稅捐且尚未逾計徵滯納金期間者，適用修正後之規定（稅20）。

例如使用牌照稅之繳納期限爲4月1日至4月30日止，在5月1、2、3日繳納者免罰；5月4、5、6日繳納者罰1%滯納金；5月7、8、9日繳納者罰2%滯納金；5月10、11、12日繳納者罰3%滯納金，以此類推，最高加徵至10%爲止。又111年使用牌照稅繳納期間原自111年4月1日起至同年4月30日（星期六）截止，繳納期間末日適逢例假日又因應銀行業於5月2日（星期一）勞動節補假，繳納期間截止日順延至同年5月3日（星期二），5月4、5、6日繳納者免罰；5月7、8、9日繳納者罰1%滯納金，以此類推。

此外，各項稅捐截止繳納日期，如遇銀行決算日停止對外營業，准予比照例假日順延一天[2]。按民法第122條：「於一定期日或期間內，應爲意思表示或給付者，其期日或其期間之末日，爲星期日、紀念日或其他休息日時，以其休息日之次日代之。」之規定，係專指期限末日爲例假日時，其截止日期之計算方法；至業已逾期之案件，並無期限末日問題，其逾期日數之計算，自不得援用該條規定將繳納前一日之例假日予以扣除[3]。

納稅義務人於徵期內以支票繳納稅款，應視爲如期繳納；該支票縱於交換通過後已逾繳納期限，亦不得加收滯納金[4]。惟支票因存款不足退票，因退票而逾期補繳稅款部分，仍應依規定加徵滯納金及加計利息[5]。

例題2

民國112年地價稅之繳納期間為112年11月1日至11月30日（該日非例假日），惟某甲對於應納稅額50,000元，遲至同年12月15日始向公庫繳納，則應加徵滯納金為2,000元，茲計算如下：

50,000×4% ＝ 2,000元

---

2 財政部85/01/31臺財稅第850035768號函。
3 財政部53臺財稅發第9044號令。
4 臺灣省財政廳63/03/13財稅四字第43627號函。
5 財政部68/08/22臺財稅第35822號函。

二、核課期間與追徵時效

政府課徵租稅的權限，可區分爲核課權利與徵收權利兩種。前者爲確定納稅義務人納稅義務之權利；後者係對已確定之納稅義務，要求納稅義務人履行之權利，所謂核課期間，係指政府行使核課權利之期間，係規定稅捐稽徵機關得就課稅事實在一定期間內，發單徵收應徵或補徵之稅捐，逾此期間（亦即在一定時間內，稽徵機關未發單徵收應徵或補徵之稅捐）即不再有核課的權利，故納稅義務人縱有短、漏稅之行爲，在超過核課期間後，即使被稽徵機關查獲，亦無補稅或受罰之義務；而追徵時效則指政府可行使徵收權之期間，政府對經核課而確定之稅款（亦即稽徵機關已發出稅單，而納稅義務人未繳納），經過一段期間，稽徵機關仍未徵起者即不再徵收。政府規定核課期間與追徵時效的目的，係爲便利徵納雙方，維持社會秩序及稅法安定性，並減輕稅務行政之負擔，避免納稅義務人一直處於不安定狀態。

（一）核課期間

稅捐之核課期間，依下列規定：

1. 依法應由納稅義務人申報繳納之稅捐，已在規定期間內申報，且無故意以詐欺或其他不正當方法逃漏稅捐者，其核課期間爲五年。

2. 依法應由納稅義務人實貼之印花稅，及應由稅捐稽徵機關依稅籍底冊或查得資料核定課徵之稅捐，其核課期間爲五年。所稱應由稅捐稽徵機關依稅籍底冊或查得資料核定課徵之稅捐，指地價稅、田賦、房屋稅、使用牌照稅及查定課徵之營業稅、娛樂稅（稅細7）。因此，房屋稅納稅義務人未依規定期限內辦理申報房屋現值及使用情形，核課期間仍爲五年。

3. 未於規定期間內申報，或故意以詐欺或其他不正當方法逃漏稅捐者，其核課期間爲七年。

在前項核課期間內，經另發現應徵之稅捐者，仍應依法補徵或並予處罰；在核課期間內未經發現者，以後不得再補稅處罰。

稅捐之核課期間屆滿時，有下列情形之一者，其時效不完成[6]：

---

6 所謂時效不完成，依民法第139條：「時效之期間終止時，因天災或其他不可避之事變，致不能中斷其時效者，自其妨礙事由消滅時起，一個月內，其時效不完成。」詳言之，時效期間快要終止時，因爲發生了不可抗力的狀況或是法律規定的事由，使得原本應該完成的時效，於不可抗力或是法律規定事由終止後一定期間內暫緩完成，以促使權力人儘快行使權力；所謂時效中斷，依民法第129條規定：「消滅時效，因下列事由而中斷：一、請求。二、承認。三、起訴。…」，又依民法第137條規定：「時效中斷者，自中斷之事由終止時，重行起算。…」，二者不同之處在於時效不完成係讓時效在將完成的時候，先不讓時效完成；時效中斷係讓時效重新起算。

1. 納稅義務人對核定稅捐處分提起行政救濟尚未終結者，自核定稅捐處分經訴願或行政訴訟撤銷須另為處分確定之日起算一年內。
2. 因天災、事變或不可抗力之事由致未能作成核定稅捐處分者，自妨礙事由消滅之日起算六個月內。

核定稅捐處分經納稅義務人於核課期間屆滿後申請復查或於核課期間屆滿前一年內經訴願或行政訴訟撤銷須另為處分確定者，準用前項第 1 款規定。

稅捐之核課期間，不適用行政程序法第 131 條第 3 項至第 134 條有關時效中斷之規定。

中華民國 110 年 11 月 30 日修正之本條文施行時，尚未核課確定之案件，亦適用前三項規定（稅 21）。

立法理由

一、增訂第 3 項有關稅捐核課期間時效不完成之規定：

（一）現行核課期間之規定，造成受理訴願機關或行政法院認為納稅義務人主張有理由時，為避免核定稅捐處分一經訴願或行政訴訟撤銷確定即逾核課期間，影響稅捐稽徵機關依判決意旨重為審酌空間，於實務上多僅撤銷復查決定，而未包含核定稅捐處分，致遭外界質疑法制未臻完備及影響行政救濟有效性。

（二）參酌國內學者通說及國外立法例，核課期間宜定性為公法上請求權之消滅時效，並採時效不完成作為核課期間適用時效之配套措施，以兼顧納稅義務人權益及國家租稅債權，爰參考國內學者意見及德國租稅通則第 171 條規定，增訂二款有關核課期間屆滿時之時效不完成事由，其中第 1 款定明納稅義務人對核定稅捐處分提起行政救濟尚未終結者，自核定稅捐處分經訴願或行政訴訟撤銷須另為處分確定之日起算一年內時效不完成；第 2 款定明因天災、事變或不可抗力之事由致未能作成核定稅捐處分者，自妨礙事由消滅之日起算六個月內時效不完成。另第 1 款所稱「行政救濟尚未終結」，包含核課期間屆滿時，「復查、訴願決定或判決尚未作成」、「已作成復查決定，提起訴願之法定期間經過前」、「已作成訴願決定，提起行政訴訟之法定期間經過前」及「行政法院已作成裁判，提起上訴或抗告之法定期間經過前」。

二、對於納稅義務人於核課期間屆滿後始依限對核定稅捐處分申請復查，經訴願或行政訴訟撤銷須另為處分之確定案件，或將逾核課期間始經訴願或行政訴訟撤銷核定稅捐處分須另為處分之確定案件，為利稅捐稽徵機關依訴願決定或行政法院判決撤銷意旨重為審酌，避免影響國家租稅債權及稽徵公平，爰增訂第四項，定明是類案件準用第三項第一款法律效果，自核定稅捐處分經訴願或行政訴訟撤銷須另為處分確定之日起一年內，其時效不完成。

三、按核課期間係在要求稅捐稽徵機關儘速行使核課權，性質上不宜採時效中斷而重新起算五年或七年，避免課稅法律關係長期處於不確定狀態，爲期明確，爰增訂第 5 項，定明稅捐之核課期間，不適用行政程序法第 131 條第 3 項至第 134 條有關時效中斷之規定。

四、本條修正施行時，核定稅捐處分尚未確定者，應適用第 3 項至第 5 項規定，爰增訂第 6 項，定明是類案件於過渡期間之適用原則。

（二）核課期間之起算

核課期間之起算，依下列規定：

1. 依法應由納稅義務人申報繳納之稅捐，已在規定期間內申報者，自申報日起算。

2. 依法應由納稅義務人申報繳納之稅捐，未在規定期間內申報繳納者，自規定申報期間屆滿之翌日起算。

3. 印花稅自依法應貼用印花稅票日起算。

4. 由稅捐稽徵機關按稅籍底冊或查得資料核定徵收之稅捐，自該稅捐所屬徵期屆滿之翌日起算（稅 22）。

5. 土地增值稅自稅捐稽徵機關收件日起算。但第 6 條第 3 項規定案件（經法院、行政執行分署執行拍賣或交債權人承受之土地、房屋及貨物），自稅捐稽徵機關受法院或行政執行分署通知之日起算。

6. 稅捐減免所依據處分、事實事後發生變更、不存在或所負擔義務事後未履行，致應補徵或追繳稅款，或其他無法依前五款規定起算核課期間者，自核課權可行使之日起算（稅 22）。

（三）追徵時效（徵收期間）

稅捐之徵收期間爲五年，自繳納期間屆滿之翌日起算；應徵之稅捐未於徵收期間徵起者，不得再行徵收。但於徵收期間屆滿前，已移送執行，或已依強制執行法規定聲明參與分配，或已依破產法規定申報債權尚未結案者，不在此限。

應徵之稅捐，有第 10 條、第 25 條、第 26 條至第 27 條規定情事者，前項徵收期間，自各該變更繳納期間屆滿之翌日起算。

依第 39 條暫緩移送執行或其他法律規定停止稅捐之執行者，第 1 項徵收期間之計算，應扣除暫緩執行或停止執行之期間。

稅捐之徵收，於徵收期間屆滿前已移送執行者，自徵收期間屆滿之翌日起，五年內未經執行者，不再執行；其於五年期間屆滿前已開始執行，仍得繼續執行，但自五年期間屆滿之日起已逾五年尚未執行終結者，不得再執行。

本法中華民國96年3月5日修正前已移送執行尚未終結之案件，自修正之日起逾五年尚未執行終結者，不再執行。但截至106年3月4日納稅義務人欠繳稅捐金額達新臺幣1,000萬元或執行期間有下列情形之一者，仍得繼續執行，其執行期間不得逾121年3月4日：

1. 行政執行分署依行政執行法第17條規定，聲請法院裁定拘提或管收義務人確定。
2. 行政執行分署依行政執行法第17條之1第1項規定，對義務人核發禁止命令（例如禁止進入特定之高消費場所消費、禁止贈與或借貸他人一定金額以上財物、禁止每月生活費用超過一定金額等）（稅23）。

三、小額稅捐免徵、免予移送強制執行

依稅捐稽徵法或稅法規定應補或應移送強制執行之稅捐在一定金額以下者，財政部得視實際需要，報請行政院核定免徵或免予移送強制執行（稅25-1）。

爲節省稽徵成本、減輕退補稅作業負荷及提高欠稅案件執行效益，稅捐稽徵法第25條之1原規定小額稅捐免徵、免退並免予移送，惟納稅是人民的義務，退稅是人民的權利，財政部不應以減少人力或金錢成本爲由，被動退還溢繳小額退稅款，造成人民權利、義務不對等，有違社會觀感亦不符合公平正義原則，爰修正本條，取消財政部得針對退稅訂出免退限額之規定[7]。

實務案例

小額稅捐免徵

財政部爲符合民眾利益及兼顧稽徵實務，對於小額稅捐免徵、免予移送強制執行：一、綜合所得稅、營利事業所得稅、遺產稅、贈與稅、營業稅、貨物稅、菸酒稅、證券交易稅、期貨交易稅、地價稅、土地增值稅、房屋稅、使用牌照稅、契稅、特種貨物及勞務稅之本稅及各該稅目之滯納金、利息、滯報金、怠報金及罰鍰，每次應補徵金額於300元以下者，免徵。二、娛樂稅之本稅、滯納金、利息及罰鍰，每次應補徵金額於200元以下者，免徵。三、印花稅之滯納金

7 摘自立法院立法理由。

及利息，每次應補徵金額於200元以下者，免徵。四、綜合所得稅、營利事業所得稅、遺產稅、贈與稅、營業稅、貨物稅、菸酒稅、證券交易稅、期貨交易稅、地價稅、土地增值稅、房屋稅、使用牌照稅、印花稅、契稅、娛樂稅、特種貨物及勞務稅之本稅及各該稅目之滯納金、利息、滯報金、怠報金及罰鍰，每案免移送強制執行限額爲300元以下。

四、辦理之事項及提出文件之方式

（一）依本法或稅法規定應辦理之事項及應提出之文件，得以電磁紀錄或電子傳輸方式辦理或提出；其實施辦法，由財政部訂之。

（二）財政部應配合國家政策積極獎勵或輔導納稅義務人使用電子支付，以維護政府稅基、增加稅收，並達租稅公平（稅11-2）。

立法理由

發展電子支付爲國際趨勢，我國目前電子支付占個人消費支出之比率爲28%，觀察鄰近國家如韓國爲77%、香港爲64%、中國爲56%、新加坡爲53%，均遠低於鄰近國家，政府機關應將推動電子支付爲重要工作要點。有關推動電子支付之最大效益爲驅動地下經濟檯面化，預估一年得增加1,080億元營業稅，可作爲長照或社會福利之主要財源。爲加速電子支付發展，爰於第二項明定財政部應配合國家政策積極獎勵或輔導納稅義務人使用電子支付，以維護政府稅基、增加稅收，並達租稅公平。

焦點話題

新冠肺炎後，贊同課徵「糖稅」？

英國首相強生（Boris Johnson），原先標榜自由主義，堅決反對政府干預。但是強生罹患新冠肺炎，由於肥胖導致肺炎的致死率較高，歷經生死交關、大病一場之後，徹底領悟到肥胖（BMI 為 36 大於 30）導致糖尿病風險大增，他 2019 年原先每多批評的「糖稅」，2020 年轉而接受了！

英國 2018 年開始對「無酒精飲料」含糖飲料課稅（Soft Drink Industry Levy, SDIL）。除了純果汁、乳製品、小生產商不會被徵稅之外，只要廠商生產的飲料含糖量愈高，就會被徵收愈高的稅，且在生產和進口時都會被課稅。這個政策預計可以增加英國境內約 5.2 億英鎊（約新臺幣 192 億元）的稅收，而這筆收入也將做為當地國中的體育運動財源。

像「皮古稅」矯正外部性一樣，就「高熱量、高糖分」的食品額外徵稅，其實就是「食品健康稅捐」。好處：一為增加保健財源，二為減少醫療支出。目前（曾）實施「糖稅」的國家，除了美國以外，丹麥 1930 年代實施（2013 年廢除），匈牙利 2011 年實施，法國 2012 年，墨西哥 2014 年，泰國於 2017 年實施（2019 年稅率提高一倍），愛爾蘭 2018 年，馬來西亞、南非 2019 年實施。

支持者認為：糖稅將使消費者減少購買，生產者改變配方。

依據《英國醫學期刊》（British Medical Journal, BMJ）的調查，墨西哥在 2014 年開始施行「含糖飲料稅」，該年底的飲料銷售額就減少了 12%，而水、非稅飲料的購買比例也增加了 4%。有專家指出，墨西哥的這項政策在未來十年將可預防 18 萬個糖尿病案例產生，而可以節省醫療費用 9.83 億美元（約新臺幣 295 億元）。而生產者，例如可口可樂，已調整其含糖成分。

反對者認為：消費者轉而購買其他垃圾食物，影響就業機會。

若非雙管齊下，消費者可能因價格上漲而不購買含糖飲料，卻無意識地轉而購買高油脂食品。另外，像臺灣之光「珍珠奶茶」，養活了不少就業人口。一旦對此課稅，不免影響其就業生計。丹麥自 1930 年代就課徵糖稅，卻在 2013 年宣布取消。丹麥政府表示這是為了創造更多就業機會，並且彌補「跨境交易」而產生的損失。

現實考量：課稅技術困難。

臺灣是否要課徵「含糖飲料稅」已經爭議多年，國健署署長王英偉表示，台灣「含糖飲料市場獨特」，尤以私人手搖杯店家居多，在課稅上也有一定的難度。

坊間手搖杯目前只課營業稅，未課貨物稅。既然未課貨物稅，若加課包裝「含糖飲料稅」，似乎也還算公平。另外，為何只課含糖飲料，不課蛋糕呢？是否蛋糕已有課貨物稅？

其實不少 PTT 網友都支持「含糖飲料稅」。有人表示「糖的危害和抽菸不相上下」、「含糖飲料和速食店全課」、「愈甜要課愈貴」，認為這個稅「應該要課」。

絲曼莎（2020），「肥胖稅台灣非首例！」，《網路溫度計》，5 月 27 日。

黃敬翔（2020），「徵收「糖稅」真的能打擊肥胖問題嗎？」，《食力 foodnext》，1 月 6 日。

葉家興（2020），「首相與「糖稅」—從敵人到盟友的啓示」，《奔騰思潮》。

焦點話題

貿稅（包稅）可行嗎？

當各國「公營事業民營化」，正在進行，徵稅業務是否也可以民營化？

聖經（馬太福音九章 10-11 節，和合本）記述著：「耶穌在屋裡坐席的時候，有好些稅吏和罪人來，與耶穌和他的門徒一同坐席。法利賽人看見，就對耶穌的門徒說：『你們的先生為什麼和稅吏並罪人一同吃飯呢？』」

耶穌和「罪人」一同吃飯受到批評，我們可以理解，但耶穌與「稅吏」一同吃飯又有什麼不可以？他們不是公務人員嗎？巴勒斯坦猶太人把「稅吏」與「罪人」列為同一等級，視他們與罪人等同是社會上的敗類，究竟是怎麼回事？

事實上，在耶穌那個時代，「稅吏」並不是真正的公務人員。他們雖然替政府收稅，卻沒有政府公務員的身分。他們算是包商（民間機構），目的在賺錢，而且用詐術的方法額外收稅，因此常常引起民怨，才會與「罪人」同列，也被視為當時社會的敗類。

為了避免「稅吏」受到誤解，所以現代中文聖經譯本（Today's Chinese Version）把稅吏譯為「稅棍」。「棍」的意涵是壞蛋、無賴，例如惡棍、賭棍、神棍，表示在某一層面惡名昭彰。「稅棍」形容的是收稅者的品德惡劣（向羅馬帝國效忠，卻欺負自己猶太同胞），但他們所從事的也是一般社會承認的合法工作。

為表示該工作的合法性及其特殊性質，現代台語譯本（Today's Taiwanese Version）使用「貿稅者」（Bauh-sòeê）一詞。

「貿稅」比較接近現代中文譯本的「收稅」一詞，但貿稅則比收稅更能彰顯其特色。如前所述，耶穌時代的課稅，採用包辦方式徵收。承包者是廠商，承包的目的是為了賺錢。因此，包辦與獲利這兩個特質必須表現出來。而「貿」（bauh）恰能同時滿足這兩方面的需求。

凱撒大帝被刺殺後，他的養子屋大維（奧古斯都）（西元前 63~ 西元 14），組成「三巨頭」，收拾安東尼，在西元前 27 年統一帝國。

1. 共和羅馬的包稅制

羅馬共和「包稅制」的課稅，是把全國劃分為若干區域。每個區域由當地的包稅商出價競標，出額最高者得標。包稅商只對羅馬負責，只要繳得出原先承諾的數額，究竟是用什麼手段收取，收取之公平性如何，羅馬中央一概不予過問。

包稅制是共和羅馬行政上無法完全掌握各行省，不得不採取的作法。畢竟，羅馬中央對地方的掌握度，怎麼比得上在地方長久經營的包稅商？但也因為這個落後的制度，包稅商成為「尾大不掉」的豪強階級。對上，包稅者可以影響共和制選票、影響中央財源。對下，包稅者可以決定管區之內的收稅分配，培植自己的政治實力，並且橫徵暴斂而富霸一方。

2. 屋大維改爲文官稅務員

奧古斯都長達41年統治，最大功績是廢除了這個階級，代之以帝國所雇用，給固定薪水的「稅務員」。《聖經》裡面的馬太，本職就是這新興帝國的稅務員。

除了廢除包稅制以外，奧古斯都也制訂了明確的稅收制度。如下表所示。

	本部（義大利半島）	行省
直接或間接	「間接稅制」	「直接稅制」
稅 目	奴隸交易稅、拍賣時的營業稅、遺產稅等	抽取一成的所得稅
服 役	羅馬公民有徵兵動員之義務	不服兵役 （升格爲公民，須服役）

沒想到，被屋大維廢除的包稅制，1600年後，荷蘭人卻在台灣推行「贌社」。

翁修恭（2008），「貿稅者」，《聖經季刊》，8卷2期（總25期），2008年6月。

勝者的迷思（2017），「屋大維算是一個有名的歷史人物嗎？」，4月24日。

後藤典克（2015），《來當一日羅馬人》，臺北：時報文化。

3-8 緩繳

一、延期或分期繳納之申請

因天災或事變而遲誤繳納稅捐期間者，該管稅捐機關得視實際情況，延長繳納期間，並公告之（稅10）；納稅義務人因天災、事變、不可抗力之事由或爲經濟弱勢者，不能於法定期間內繳清稅捐者，得於規定納稅期間內，向稅捐稽徵機關申請延期或分期繳納，其延期或分期繳納之期間，不得逾三年。前項天災、事變、不可抗力之事由、經濟弱勢者之認定及實施方式之辦法，由財政部定之。上述規定係基於避免鉅額稅賦反而新增社會問題之風險，民眾長期欠稅亦非財政機關所樂見，故在原條文增訂民眾實際經濟需要之規定（稅26）。

二、分期繳納稅捐之適用情形

納稅義務人有下列情形之一，不能於法定期間內繳清稅捐者，得於規定納稅期限內，向稅捐稽徵機關申請分期繳納：

1. 依法應繳納所得稅[8]，因客觀事實發生財務困難。
2. 經稅捐稽徵機關查獲應補徵鉅額稅捐。
3. 其他經直轄市政府、縣（市）政府或鄉（鎮、市）公所認定符合分期繳納地方稅之事由。

前項經核准分期繳納之期間，不得逾三年，並應自該項稅款原訂繳納期間屆滿之翌日起，至繳納之日止，依各年度 1 月 1 日郵政儲金一年期定期儲金固定利率，按日加計利息，一併徵收；應繳稅款個人在新臺幣 100 萬元以上，營利事業在新臺幣 200 萬元以上者，稅捐稽徵機關得要求納稅義務人提供相當擔保。但其他法律或地方自治團體就主管地方稅另有規定者，從其規定。

第 1 項第 1 款因客觀事實發生財務困難與第 2 款鉅額稅捐之認定、前項納稅義務人提供相當擔保之範圍及實施方式之辦法，由財政部定之；第 1 項第 3 款分期繳納地方稅之事由及實施方式之辦法，由各級地方政府依社會經濟情況及實際需要定之（稅 26-1）。

立法理由

一、爲協助有繳納意願之納稅義務人繳納稅捐，避免逾期繳納加徵滯納金或移送強制執行，發生不可恢復之損害，參酌財政部 98 年 6 月 18 日台財稅字第 09804545380 號函及同年 7 月 13 日台財稅字第 09804545500 號函意旨及現行各地方政府對於主管地方稅自行訂定分期繳納作法，爰增訂第 1 項，定明納稅義務人得分期繳納稅捐之適用情形。另考量營業稅、貨物稅、菸酒稅、證券交易稅及期貨交易稅等稅目，屬代徵或代扣性質，繳納稅捐者非實際租稅負擔者，不宜分期繳納，第 1 款定明納稅義務人因客觀事實發生財務困難之情形，限於所得稅始有適用。

二、爲因應國家財政支出，稅捐分期繳納之期間不宜過長，又爲避免分期繳納對依法如期繳納者造成不公及納稅義務人因延遲繳納稅捐獲有消極利益，並與第 26 條規定之分期繳納有所區別，爰於第 2 項本文定明稅捐稽徵機關依第 1 項核准分期繳納之期

---

[8] 考量營業稅、貨物稅、菸酒稅、證券交易稅及期貨交易稅等稅目，屬代徵或代扣性質，繳納稅捐者非實際租稅負擔者，不宜分期繳納，故定明納稅義務人因客觀事實發生財務困難之情形，限於所得稅始有適用。

間，不得逾三年，並應加計利息；倘應繳稅款達一定金額以上者，稅捐稽徵機關於必要時，得要求納稅義務人提供相當擔保，以確保稅捐之徵起。另為使其他法律就個別稅目之分期繳納期間、利息加計方式或擔保金額門檻有不同規定之彈性空間，並基於尊重地方財政自主權，爰增訂但書，倘其他法律或地方稅之地方自治團體另定較長分期繳納期間、其他利息加計方式、擔保金額門檻、免加計利息或免提供擔保之規定者，從其規定。

三、為使稅捐稽徵機關辦理分期繳納有一致性準據，第 3 項就分期繳納相關事項之辦法，分別授權財政部及各級地方政府定之[9]。

三、緩繳權力之停止

又納稅義務人對核准延期或分期繳納之任何一期應繳稅捐，未如期繳納者，稅捐稽徵機關應於該期繳納期間屆滿之翌日起三日內，就未繳清之餘額稅款，發單通知納稅義務人，限十日內一次全部繳清；逾期仍未繳納者，移送強制執行（稅27）。

3-9 適用法令錯誤或因計算錯誤而溢繳稅款之處理及退稅

一、因適用法令、認定事實、計算或其他原因之錯誤，致溢繳稅款者，納稅義務人得自繳納之日起十年內提出具體證明，申請退還；屆期未申請者，不得再行申請。但因可歸責於政府機關之錯誤，致溢繳稅款者，其退稅請求權自繳納之日起十五年間不行使而消滅[10]。

二、稅捐稽徵機關於前項規定期間內知有錯誤原因者，應自知有錯誤原因之日起二年內查明退還。

---

[9] 參見立法院立法理由。

[10] 司法實務多認原第 1 項及第 2 項有關退還溢繳稅款之規定具有公法上不當得利性質，配合行政程序法第 131 條第 1 項有關人民公法上之請求權，因十年間不行使而消滅之規定，爰修正第 1 項可歸責於納稅義務人之錯誤，致溢繳稅款者，申請稅款退還期間為「十年」。另考量人民相較於政府機關處於訊息劣勢，為保障民眾權益而設，爰參考民法第 125 條有關十五年請求權時效規定，增訂但書定明因可歸責於政府機關之錯誤，致溢繳稅款者，其退稅請求權自繳納之日起十五年間不行使而消滅（參閱立法院立法理由）。

三、納稅義務人對核定稅捐處分不服，依法提起行政救濟，經行政法院實體判決確定者，不適用前二項規定[11]。

四、第 1 項規定溢繳之稅款，納稅義務人以現金繳納者，應自其繳納該項稅款之日起，至填發收入退還書或國庫支票之日止，按溢繳之稅額，依各年度 1 月 1 日郵政儲金一年期定期儲金固定利率，按日加計利息，一併退還。

五、中華民國 110 年 11 月 30 日修正之本條文施行時，因修正施行前第 1 項事由致溢繳稅款，尚未逾五年之申請退還期間者，適用修正施行後之第 1 項本文規定；因修正施行前第 2 項事由致溢繳稅款者，應自修正施行之日起十五年內申請退還。

六、中華民國 110 年 11 月 30 日修正之本條文施行前，因修正施行前第 1 項或第 2 項事由致溢繳稅款者，於修正施行後申請退還，或於修正施行前已申請尚未退還或已退還尚未確定案件，適用第 4 項規定加計利息一併退還。但修正施行前之規定有利於納稅義務人者，適用修正施行前之規定。

七、行爲人明知無納稅義務，違反稅法或其他法律規定所繳納之款項，不得依第 1 項規定請求返還，例如買賣不實發票、虛增營業額向銀行詐貸或營造業登記證提供他人不法投標開立發票等情形，倘允許事後得依本條申請退稅，無異鼓勵其以不法行爲圖謀私利，顯已逾越退稅請求權之立法意旨，有違租稅公平正義，故不得請求返還（稅 28）。

納稅義務人應退之稅捐，稅捐稽徵機關應先抵繳其積欠，並於扣抵後，應即通知該納稅義務人（稅 29）。稅捐稽徵機關依規定，就納稅義務人應退之稅捐抵繳其積欠者，應依下列順序抵繳：

一、同一稅捐稽徵機關同一稅目之欠稅。
二、同一稅捐稽徵機關同一稅目欠繳之滯納金、滯報金、怠報金、利息及罰鍰。
三、同一稅捐稽徵機關其他稅目之欠稅。
四、同一稅捐稽徵機關其他稅目欠繳之滯納金、滯報金、怠報金、利息及罰鍰。
五、同級政府其他稅捐稽徵機關各項稅目之欠稅。
六、同級政府其他稅捐稽徵機關各項稅目欠繳之滯納金、滯報金、怠報金、利息及罰鍰。

---

[11] 考量核定稅捐處分如經行政法院實體判決駁回而告確定者，基於尊重實體判決之既判力，不宜再由稅捐稽徵機關退還溢繳稅款破壞實體判決之既判力，爰增訂第 3 項，定明是類案件不適用第 1 項及第 2 項規定；又如納稅義務人對核定稅捐處分申請復查，經稅捐稽徵機關以復查逾期爲由駁回後，賡續提起訴願及行政訴訟，經行政法院審認其復查申請確實逾第 35 條規定期間，判決駁回者，非屬前述所稱實體判決，如有第一項規定事由，仍得申請退還溢繳稅款。所稱行政法院，包括地方法院行政訴訟庭（行政訴訟法第 3 條之 1 規定參照）。

七、其他各項稅目之欠稅及欠繳之滯納金、滯報金、怠報金、利息及罰鍰。

依前項規定抵繳，同一順序應以徵收期間屆至日期在先者先行為之；徵收期間屆至日期相同而分屬不同稅捐稽徵機關管轄者，按各該積欠金額比例抵繳。

納稅義務人欠繳應納稅捐，已逾限繳日期，而於稅捐稽徵法第 35 條第 1 項第 1 款及第 3 款所定申請復查期間，尚未依法申請復查者，應俟其期間屆滿後，確未申請復查，再依規定辦理退稅抵欠（稅細 10）。

3-10 調查、搜查、保密與公告納稅人姓名

一、調查

稅捐稽徵機關或財政部賦稅署指定之調查人員，為調查課稅資料，得向有關機關、團體或個人進行調查，要求提示帳簿、文據或其他有關文件，或通知納稅義務人，到達其辦公處所備詢，被調查者不得拒絕。

前項調查，不得逾課稅目的之必要範圍。

被調查者以調查人員之調查為不當者，得要求調查人員之服務機關或其上級主管機關為適當之處理。

納稅義務人及其他關係人提供帳簿、文據或其他有關文件時，該管稽徵機關或財政部賦稅署應掣給收據，除涉嫌違章漏稅者外，應於帳簿、文據或其他有關文件提送完全之日起，三十日內發還之；其有特殊情形，經該管稽徵機關或賦稅署首長核准者，得延長發還時間三十日，並以一次為限（稅 30）。

二、搜查

稅捐稽徵機關對逃漏所得稅及營業稅涉有犯罪嫌疑之案件，得敘明事由，聲請當地司法機關簽發搜索票後，會同當地警察或自治人員，進入藏置帳簿、文件或證物之處所，實施搜查；搜查時非上述機關人員不得參與。經搜索獲得有關帳簿、文件或證物，統由參加搜查人員，會同攜回該管稽徵機關，依法處理。

司法機關接到稽徵機關前項聲請時，如認為有理由，應儘速簽發搜索票；稽徵機關應於搜索票簽發後十日內執行完畢，並將搜索票繳回司法機關。其他有關搜索及扣押事項，準用刑事訴訟法之規定（稅 31）。

三、保密

稅捐稽徵人員對於納稅義務人之財產、所得、營業及納稅等資料，除對下列人

員及機關外，應絕對保守秘密：

1. 納稅義務人本人或其繼承人。

2. 納稅義務人授權代理人或辯護人。

3. 稅捐稽徵機關。

4. 監察機關。

5. 受理有關稅務訴願、訴訟機關。

6. 依法從事調查稅務案件之機關。

7. 經財政部核定之機關與人員。

8. 債權人已取得民事確定判決或其他執行名義者。

稅捐稽徵機關對其他政府機關、學校與教研人員、學術研究機構與研究人員、民意機關與民意代表等爲統計、教學、研究與監督目的而供應資料，並不洩漏納稅義務人之姓名或名稱，且符合政府資訊公開法規定者，不受前項之限制。

由於稅捐稽徵機關擁有納稅義務人之相關資料，係珍貴的公共財，政府有必要也有責任促使其做最充分的利用，發揮最大的效益，以符合「Big Data」的施政理念。原條文只允許稅捐稽徵機關對其他政府機關爲統計目的而供應資料，可不受保密之限制，此一規定似有過度嚴苛之嫌。爲發揮資訊動態與決策功能，在不洩漏納稅義務人之姓名或名稱下，稅捐機關應擴大開放資料運用機會予學術研究單位與民意機關，爰修正原條文爲：「稅捐稽徵機關對其他政府機關、學校與教研人員、學術研究機構與研究人員、民意機關與民意代表等爲統計、教學、研究與監督目的而供應資料，並不洩漏納稅義務人之姓名或名稱，且符合政府資訊公開法規定者，不受前項之限制。」

第 1 項第 4 款至第 8 款之人員及機關，對稅捐稽徵機關所提供第 1 項之資料，不得另作其他目的使用；第 1 項第 4 款至第 7 款之機關人員或第 8 款之人員，如有洩漏情事，準用第 43 條第 3 項洩漏秘密之規定（稅 33）。

四、公告納稅人姓名

1. 財政部或經其指定之稅捐稽徵機關，對重大欠稅案件或重大逃漏稅捐案件經確定後，得公告其欠稅人或逃漏稅捐人姓名或名稱與內容，不受上述保密之限制。

2. 財政部或經其指定之稅捐稽徵機關，對於納稅額較高之納稅義務人，得經其同意，公告其姓名或名稱，並予獎勵；其獎勵辦法，由財政部定之（稅 34）。

3. 所稱確定，指有下列情形之一者：

(1) 經稅捐稽徵機關核定之案件，納稅義務人未依法申請復查。

(2) 經復查決定，納稅義務人未依法提起訴願。

(3) 經訴願決定，納稅義務人未依法提起行政訴訟。

(4) 經行政訴訟終局裁判確定（稅 34）。

3-11 復查、訴願、行政訴訟等「行政救濟」

一、復查

納稅義務人對於核定稅捐之處分如有不服，應依規定格式，敘明理由，連同證明文件，依下列規定，申請復查：

1. 依核定稅額通知書所載有應納稅額或應補徵稅額者，應於繳款書送達後，於繳納期間屆滿之翌日起三十日內，申請復查。例如甲公司於 107 年 8 月 1 日接獲國稅局寄發之 105 年營利事業所得稅核定稅額通知書，須補繳稅額 120 萬元，補繳期間為 107 年 8 月 16 日至 8 月 30 日，若該公司不服，應於 8 月 31 日起 30 日內申請復查。
2. 依核定稅額通知書所載無應納稅額或應補徵稅額者，應於核定稅額通知書送達之翌日起三十日內，申請復查。
3. 依第 19 條第 3 項規定受送達核定稅額通知書或以公告代之者，應於核定稅額通知書或公告所載應納稅額或應補徵稅額繳納期間屆滿之翌日起三十日內，申請復查。
4. 依第 19 條第 4 項或各稅法規定以公告代替核定稅額通知書之填具及送達者，應於公告之翌日起三十日內，申請復查。

前項復查之申請，以稅捐稽徵機關收受復查申請書之日期為準。但交由郵務機構寄發復查申請書者，以郵寄地郵戳所載日期為準。

納稅義務人或其代理人，因天災事變或其他不可抗力之事由，遲誤申請復查期間者，於其原因消滅後一個月內，得提出具體證明，申請回復原狀（程序回復至天災事變前之狀態），並應同時補行申請復查期間內應為之行為。但遲誤申請復查期間已逾一年者，不得申請。

稅捐稽徵機關對有關復查之申請，應於接到申請書之翌日起二個月內復查決定，並作成決定書，通知納稅義務人；納稅義務人為全體公同共有人者，稅捐稽徵機關應於公同共有人最後得申請復查之期間屆滿之翌日起二個月內，就分別申請之數宗復查合併決定。

前項期間屆滿後，稅捐稽徵機關仍未作成決定者，納稅義務人得逕行提起訴願（稅 35）。

二、訴願及行政訴訟

納稅義務人對稅捐稽徵機關之復查決定如有不服，得依法提起訴願及行政訴訟（稅 38）。在地方稅方面：不服各轄區稅捐稽徵處處分者，得向縣（市）政府（直轄市政府）提起訴願；在國稅方面：不服國稅局處分者，得向財政部提起訴願。

訴願之提起，應自行政處分達到或公告期滿之次日起三十日內為之；訴願人應繕其訴願書經由原行政處分機關向訴願管轄機關提起訴願。原行政處分機關對於前項訴願應先行重新審查原處分是否合法妥當，其認為訴願有理由者，得自行撤銷或變更原行政處分，並陳報訴願管轄機關。

納稅義務人經提起訴願而不服其決定，或提起訴願逾三個月不為決定，得向高等行政法院提起行政訴訟。對於高等行政法院之終局判決，除法律別有規定外，得上訴於最高行政法院，又行政救濟期限之計算應扣除在途期間。

根據行政訴訟法第 229 條規定，關於稅捐課徵事件涉訟，所核課之稅額在新臺幣 40 萬元以下者，適用簡易程序。凡適用簡易訴訟程序之事件，以地方法院行政訴訟庭為第一審管轄法院，上訴審為高等行政法院。茲將內地稅之行政救濟受理機關與辦理期限列表說明，如表 3-2：

表 3-2　內地稅行政救濟受理機關與期限

項目	復查	訴願	行政訴訟：一審	行政訴訟：上訴審
國稅	各該轄區國稅局	財政部	高等行政法院	最高行政法院
地方稅	直轄市稅捐稽徵處 各縣市稅捐稽徵處	直轄市政府 各縣市政府	高等行政法院 高等行政法院	最高行政法院 最高行政法院
適用簡易訴訟程序之事件（國稅）	各該轄區國稅局	財政部	地方行政法院（高等行政法院地方行政訴訟庭）	高等行政法院（高等行政法院高等行政訴訟庭）
適用簡易訴訟程序之事件（地方稅）	直轄市稅捐稽徵處 各縣市稅捐稽徵處	直轄市政府 各縣市政府	地方行政法院（高等行政法院地方行政訴訟庭）	高等行政法院（高等行政法院高等行政訴訟庭）
申請期限	繳納期限屆滿翌日起算 30 日內	收到復查決定書後 30 日內	收到訴願決定書後 2 個月內	收到高等行政法院判決書後 20 日內
決定期限	2 個月，必要時得延長 2 個月	3 個月，必要時得延長 2 個月	3 個月，必要時得延長 3 個月	3 個月，必要時得延長 3 個月

附註：適用簡易訴訟程序之事件係指所核課之稅額在新臺幣 50 萬元以下者。

3-12 行政救濟後應退、補稅額之處理

納稅義務人對稅捐稽徵機關之復查決定如有不服，得依法提起訴願及行政訴訟。

一、應退還稅款者

經依復查、訴願或行政訴訟等程序終結決定或判決，應退還稅款者，稅捐稽徵機關應於復查決定，或接到訴願決定書，或行政法院判決書正本後十日內退回；並自納稅義務人繳納該項稅款之日起，至填發收入退還書或國庫支票之日止，按退稅額，依各年度 1 月 1 日郵政儲金一年期定期儲金固定利率，按日加計利息，一併退還。

二、應補繳稅款者

經依復查、訴願或行政訴訟程序終結決定或判決，應補繳稅款者，稅捐稽徵機關應於復查決定，或接到訴願決定書，或行政法院判決書正本後十日內，填發補繳稅款繳納通知書，通知納稅義務人繳納；並自該項補繳稅款原應繳納期間屆滿之次日起，至填發補繳稅款繳納通知書之日止，按補繳稅額，依各年度 1 月 1 日郵政儲金一年期定期儲金固定利率，按日加計利息，一併徵收（稅 38）。

3-13 復查與更正之區別

納稅義務人如發現繳納通知文書有記載、計算錯誤或重複時，於規定繳納期限內，得要求稅捐稽徵機關，查對更正。（稅 17）此與上述所言行政救濟之復查不同，茲將兩者的不同點分述如下：

一、適用情況不同

復查係因徵納雙方對課稅內容有爭議，或引用法條不同所造成；而更正係因記載、計算錯誤或重複所產生。

二、行使期限不同

復查需於繳納期間屆滿翌日起算三十日內，或核定稅額通知書送達後三十日內，申請復查。而更正則必須在納稅期間內爲之。

例如臺中公司最近接到國稅局寄發之營利事業所得稅核定稅額通知書，發現國稅局誤將應納稅額 10 萬元填為 100 萬元，可申請更正，且繳納 10 萬元即可。但若稅單所載稅額並無錯誤，而係臺中公司認為國稅局引用法條有爭議，則須依行政救濟程序申請復查。

3-14 未繳稅捐之強制執行

納稅義務人應納稅捐，於繳納期間屆滿 30 日後仍未繳納者，由稅捐稽徵機關移送強制執行。但納稅義務人已依第 35 條規定申請復查者，暫緩移送強制執行。

前項暫緩執行之案件，除有下列情形之一者外，稅捐稽徵機關應移送強制執行：

一、納稅義務人對復查決定之應納稅額繳納三分之一，並依法提起訴願。

二、納稅義務人依前款規定繳納三分之一稅額確有困難，經稅捐稽徵機關核准，提供相當擔保。

三、納稅義務人依前二款規定繳納三分之一稅額及提供相當擔保確有困難，經稅捐稽徵機關依第 24 條第 1 項第 1 款規定，已就納稅義務人相當於復查決定應納稅額之財產，通知有關機關，不得為移轉或設定他項權利。

中華民國 110 年 11 月 30 日修正之本條文施行前，稅捐稽徵機關已移送強制執行或依修正施行前第二項規定暫緩移送強制執行者，適用修正施行前之規定（稅 39）。

又稅捐稽徵機關，認為移送強制執行不當者，得撤回執行。已在執行中者，應即聲請停止執行（稅 40）。

3-15 自動補稅可加息免罰

政府為鼓勵逃漏稅之納稅義務人於被查獲前自首，自動補報並補繳所漏稅款，特於稅捐稽徵法第 48 條之 1 規定：納稅義務人自動向稅捐稽徵機關補報並補繳所漏稅款者，凡屬未經檢舉、未經稅捐稽徵機關或財政部指定之調查人員進行調查之案件，下列之處罰一律免除；其涉及刑事責任者，並得免除其刑：

一、第 41 條至第 45 條之處罰。

二、各稅法所定關於逃漏稅之處罰。

營利事業應保存憑證而未保存，如已給與或取得憑證且帳簿記載明確，不涉及逃漏稅捐，於稅捐稽徵機關裁處或行政救濟程序終結前，提出原始憑證或取得與原應保存憑證相當之證明者，免依第 44 條規定處罰；其涉及刑事責任者，並得免除其刑。

第 1 項補繳之稅款，應自該項稅捐原繳納期限截止之次日起，至補繳之日止，就補繳之應納稅捐，依各年度 1 月 1 日郵政儲金一年期定期儲金固定利率，按日加計利息，一併徵收。

納稅義務人於 110 年 11 月 30 日修正之本條文施行前漏繳稅款，而於修正施行後依第 1 項規定自動補報並補繳者，適用前項規定。但修正施行前之規定有利於納稅義務人者，適用修正施行前之規定（稅 48-1）。

焦點話題

司法院大法官解釋——釋字第 642 號

——營利事業應保存憑證而未保存之處罰規定

營利事業如確已給與或取得憑證且帳簿記載明確，而於行政機關所進行之裁處或救濟程序終結前，提出原始憑證或取得與原應保存憑證相當之證明者，即已符合立法目的，而未違背保存憑證之義務，自不在該條規定處罰之列。於此範圍內，該條有關處罰未保存憑證之規定，與憲法第 23 條比例原則及第 15 條保護人民財產權之意旨尚無牴觸。

3-16 情節輕微免罰及罰法從新從輕原則

爲避免罰則過於嚴苛，導致納稅義務人因不諳稅務法令規定或一時疏忽而受罰，故於稅捐稽徵法第 48 條之 2 規定：依本法或稅法規定應處罰鍰之行爲，其情節輕微，或漏稅在一定金額以下者，得減輕或免予處罰。

前項情節輕微、金額及減免標準，由財政部定之（稅 48-2）。

又稅捐稽徵法第 48 條之 3 規定：納稅義務人違反本法或稅法之規定，適用裁處時之法律。但裁處前之法律有利於納稅義務人者，適用最有利於納稅義務人之法律（稅 48-3）。

例如：

一、綜合所得稅

綜合所得稅納稅義務人依所得稅法第 110 條規定應處罰鍰案件，有下列情事之一者，免予處罰：

（一）屬該條第 1 項及第 2 項規定案件

1. 納稅義務人依規定向財政部財政資訊中心或稽徵機關查詢課稅年度所得及扣除額資料，並憑以於法定結算申報期間內透過網際網路辦理結算申報，其經調查核定短漏報之課稅所得，屬財政部財政資訊中心或稽徵機關依規定應提供而未能提供之所得資料。

2. 納稅義務人採用稽徵機關提供之綜合所得稅結算申報稅額試算作業，並依規定於法定結算申報期間內完成結算申報，其經調查核定短漏報之課稅所得，屬稽徵機關依規定應提供而未能提供之所得資料。

3. 納稅義務人於中華民國 89 年 1 月 27 日以前購買之農地，因土地法第 30 條之限制，而以能自耕之他人名義登記，於 89 年 1 月 28 日以後，未向該農地登記所有人行使所有物返還登記請求權，而將土地移轉於第三人所獲取之所得。

4. 納稅義務人未申報或短漏報之所得不屬前三目規定情形，而其經調查核定有依規定應課稅之所得額在新臺幣 25 萬元以下或其所漏稅額在新臺幣 15,000 元以下，且無下列情事之一：

(1) 配偶所得分開申報逃漏所得稅。

(2) 虛報免稅額或扣除額。

(3) 以他人名義分散所得。

（二）屬該條第 5 項規定案件，納稅義務人虛增所得稅法第 15 條第 4 項規定可抵減稅額，經調查核定所漏稅額或溢退稅額在新臺幣 15,000 元以下。

前項第 1 款第 1 目規定自 95 年度綜合所得稅結算申報案件適用之（違免3）。

二、營利事業所得稅

營利事業所得稅納稅義務人未申報或短漏報所得額，有下列情事之一者，免予處罰：

（一）依所得稅法第 110 條第 1 項及第 2 項規定應處罰鍰案件：

1. 經調查核定所漏稅額在新臺幣 1 萬元以下。

2. 使用藍色申報書或委託會計師查核簽證申報案件，經調查核定所漏稅額在新臺幣2萬元以下。

3. 已依所得稅法規定辦理申報，且利用電子支付機構管理條例規定之電子支付帳戶收款之營業收入淨額占當年度全部營業收入淨額之比率在5%以上，或利用該帳戶付款之進貨淨額占當年度全部進貨淨額之比率在5%以上者，經調查核定所漏稅額在新臺幣2萬元以下。

（二）依所得稅法第110條第4項規定應處罰鍰案件：

1. 103年度以前及107年度以後案件：

(1) 經調查核定短漏之所得額依當年度適用之營利事業所得稅稅率計算之金額在新臺幣1萬元以下。

(2) 使用藍色申報書或委託會計師查核簽證申報案件，經調查核定短漏之所得額依當年度適用之營利事業所得稅稅率計算之金額在新臺幣2萬元以下。

(3) 已依所得稅法規定辦理申報，且利用電子支付機構管理條例規定之電子支付帳戶收款之營業收入淨額占當年度全部營業收入淨額之比率在5%以上，或利用該帳戶付款之進貨淨額占當年度全部進貨淨額之比率在5%以上者，經調查核定短漏所得額依當年度適用之營利事業所得稅稅率計算之金額在新臺幣2萬元以下。

2. 104年度至106年度案件：

(1) 經調查核定短漏所得額之所漏稅額半數在新臺幣1萬元以下。

(2) 使用藍色申報書或委託會計師查核簽證申報案件，經調查核定短漏所得額之所漏稅額半數在新臺幣2萬元以下。

(3) 已依所得稅法規定辦理申報，且利用電子支付機構管理條例規定之電子支付帳戶收款之營業收入淨額占當年度全部營業收入淨額之比率在5%以上，或利用該帳戶付款之進貨淨額占當年度全部進貨淨額之比率在5%以上者，經調查核定短漏所得額之所漏稅額半數在新臺幣2萬元以下。

（三）依所得稅法第110條第3項規定應處罰鍰案件，其納稅義務人爲獨資、合夥組織者，因營業虧損，致加計短漏之所得額後仍無應納稅額（違免3）。

三、稅捐稽徵法

依稅捐稽徵法第44條規定應處罰鍰案件，有下列情事之一者，免予處罰：

（一）每案應處罰鍰在新臺幣2千元以下。

（二）營利事業購進貨物或勞務時，因銷售人未給與致無法取得合法憑證，在未經他人檢舉及未經稽徵機關或財政部指定之調查人員進行調查前，已提出檢舉或已取得該進項憑證者；或已誠實入帳，且能提示送貨單及支付貨款證明，於稽徵機關發現前，由會計師簽證揭露或自行於申報書揭露，經稽徵機關查明屬實。

（三）營利事業銷售貨物或勞務時，未依規定開立銷售憑證交付買受人，在未經他人檢舉及未經稽徵機關或財政部指定之調查人員進行調查前，已自動補開、補報，其有漏稅情形並已補繳所漏稅款及加計利息。

（四）營利事業銷售貨物或勞務時，誤用前期之統一發票交付買受人，在未經他人檢舉及未經稽徵機關或財政部指定之調查人員進行調查前，已自動向主管稽徵機關報備，其有漏報繳情形並已補報、補繳所漏稅款及加計利息。

（五）小規模營利事業購進貨物或勞務時，未依規定取得或保存進項憑證（違免2）。

四、加值型及非加值型營業稅

依加值型及非加值型營業稅法第 51 條規定應處罰鍰案件，其漏稅金額符合下列規定之一者，免予處罰：

（一）每期所漏稅額在新臺幣 2 千元以下。

（二）海關代徵營業稅之進口貨物，其所漏稅額在新臺幣 5 千元以下。

依加值型及非加值型營業稅法第 51 條規定應處罰鍰案件，有下列情事之一者，免予處罰：

（一）使用電磁紀錄媒體申報營業稅之營業人，因登錄錯誤，其多報之進項稅額占該期全部進項稅額之比率及少報之銷項稅額占該期全部銷項稅額之比率，均在 5% 以下。

（二）使用網際網路申報營業稅之營業人，因登錄錯誤，其多報之進項稅額占該期全部進項稅額之比率及少報之銷項稅額占該期全部銷項稅額之比率，均在 7% 以下。

（三）開立電子發票之份數占該期申報開立統一發票總份數之比率在 5% 以上之營業人，其少報之銷項稅額占該期全部銷項稅額之比率在 7% 以下。

（四）開立電子發票之份數占該期申報開立統一發票總份數之比率在 5% 以上之營業人，其開立雲端發票之份數占該期申報開立電子發票總份數之比率在 15% 以上，且少報之銷項稅額占該期全部銷項稅額之比率在 10% 以下（說明：爲建構全面電子化之稅務環境，提高營業人開立雲端發票意願，爰增訂此款）。

（五）接收電子發票之份數占該期申報進項統一發票總份數之比率在 5% 以上之營業人，其多報之進項稅額占該期全部進項稅額之比率在 5% 以下。

（六）申報進口貨物短報或漏報完稅價格，致短報或漏報營業稅額，而申報進口時依規定檢附之相關文件並無錯誤，且報關人主動向海關申報以文件審核或貨物查驗通關方式進口貨物之案件。

（七）利用電子支付機構管理條例規定之電子支付帳戶收款之銷售額占該期全部銷售額之比率在 5% 以上之營業人，其少報之銷項稅額占該期全部銷項稅額之比率在 7% 以下。

（八）利用電子支付機構管理條例規定之電子支付帳戶付款之進項金額占該期全部進項金額之比率在 5% 以上之營業人，其多報之進項稅額占該期全部進項稅額之比率在 5% 以下（違免 15）。

3-17 罰則

稅法對於逃漏稅以及未給予、未取得或未保存憑證、未設置帳簿、拒絕調查等均訂有罰則，茲說明如下：

一、逃漏稅

（一）逃漏稅捐之處罰

1. 納稅義務人以詐術或其他不正當方法逃漏稅捐者，處五年以下有期徒刑，併科新臺幣 1 千萬元以下罰金（稅 41）。

2. 犯前項之罪，個人逃漏稅額在新臺幣 1 千萬元以上，營利事業逃漏稅額在新臺幣 5 千萬元以上者，處一年以上七年以下有期徒刑，併科新臺幣 1 千萬元以上 1 億元以下罰金（稅 41）。

立法理由

一、對於納稅義務人一行爲同時觸犯刑事法律及相關稅法規定，鑑於原逃漏稅相關刑事處罰過低，致部分案件發生刑罰與行政罰輕重失衡情形，爰將刑事處罰由「處五年以下有期徒刑、拘役或科或併科新臺幣 6 萬元以下罰金」，修正爲「處五年以下有期徒刑，併科新臺幣 1 千萬元以下罰金」，以有效遏止逃漏稅，維護租稅公平。

二、原條文對於納稅義務人逃漏稅額情節重大者未有加重罰則，爲避免依第1項處罰仍有刑罰與行政罰輕重失衡情形，爰增訂第2項加重處罰規定，處一年以上七年以下有期徒刑，併科新臺幣1千萬元以上1億元以下罰金。**另參考同法第34條第1項稅捐稽徵機關公告重大欠稅之金額標準，**爰以個人查獲逃漏稅額在新臺幣1千萬元以上，營利事業逃漏稅額在新臺幣5千萬元以上作爲逃漏稅額情節重大之認定標準[12]。

（二）違反代徵或扣繳義務之處罰

1. 代徵人或扣繳義務人以詐術或其他不正當方法匿報、短報、短徵或不爲代徵或扣繳稅捐者，處五年以下有期徒刑、拘役或科或併科新臺幣6萬元以下罰金。
2. 代徵人或扣繳義務人侵占已代繳或已扣繳之稅捐者，亦同（稅42）。

（三）教唆或幫助逃漏稅捐之處罰

1. 教唆或幫助犯第41條或第42條之罪者，處三年以下有期徒刑，併科新臺幣100萬元以下罰金[13]。
2. 稅務人員、執行業務之律師、會計師或其他合法代理人犯前項之罪者，加重其刑至二分之一。
3. 爲落實課稅資料之保密，稅務稽徵人員違反第33條第1項規定（稅捐稽徵人員對於納稅義務人之財產、所得、營業、納稅等資料，除對特定人員及機關外，應絕對保守秘密）者，處新臺幣3萬元以上15萬元以下罰鍰（稅43）。

二、未給予未取得或未保存憑證

（一）憑證保存年限：依稅法規定應自他人取得之憑證及給予他人憑證之存根或副本，應保存五年（稅11）。

（二）違反給予、取得或保存憑證之處罰：

1. 營利事業依法規定應給與他人憑證而未給與，應自他人取得憑證而未取得，或應保存憑證而未保存者，**應就其未給與憑證、未取得憑證或未保存憑證**，經查明認定之總額，處5%以下罰鍰。但營利事業取得非實際交易對象所開立之憑證，如經查明確有進貨事實及該項憑證確由實際銷貨之營利事業所交付，且實際銷貨之

[12] 摘自立法院立法理由。

[13] 提高逃漏稅刑事處罰，將教唆或幫助犯逃漏稅處罰由「處三年以下有期徒刑、拘役或科新臺幣六萬元以下罰金」，修正爲「處三年以下有期徒刑，併科新臺幣一百萬元以下罰金」，以有效遏止教唆或幫助他人逃漏稅，維護租稅公平（參閱立法院立法理由）。

營利事業已依法處罰者，免予處罰。

2. 前項處罰金額最高不得超過新臺幣 100 萬元（稅 44）。

立法理由

參酌司法院釋字第 685 號解釋意旨，以經查明認定未給與、未取得或未保存憑證總額之固定比例為罰鍰計算方式，於特殊個案情形，可能造成個案顯然過苛之處罰，致有嚴重侵害人民財產權之不當後果，爰將罰鍰計算方式由經查明認定之總額處「百分之五」修正為處「百分之五以下」，俾符罪責相當[14]。

實務案例

處罰上限 100 萬元

民國 97 年 5 月 9 日大法官會議釋字第 642 號解釋，營利事業依法規定應給與他人憑證而未給與，應自他人取得憑證而未取得者，應就其未給與憑證、未取得憑證，經查明認定之總額，處 5% 罰鍰（現已修訂為：處 5% 以下罰鍰），其處罰金額未設合理最高額之限制，而造成個案顯然過苛之處罰部分，逾越處罰之必要程度而違反憲法第 23 條之比例原則，與憲法第 15 條保障人民財產權之意旨有違，應不予適用。

又依統計，95 年至 97 年間，營利事業依第 1 項處罰之罰鍰金額合計為新臺幣 24 億 8 千萬餘元，其中處罰金額逾新臺幣 100 萬元案件之合計處罰金額，約占總處罰金額之 90%。經參酌稽徵實務及上開統計數據，爰對稅捐稽徵法第 44 條進行修法，增訂第 2 項，將第 1 項處罰金額之上限定為新臺幣 100 萬元，以符比例原則[15]。

三、未設置帳簿

依規定應設置帳簿而不設置，或不依規定記載者，處新臺幣 3,000 元以上 7,500 元以下罰鍰，並應通知限於一個月內依規定設置或記載；期滿仍未依照規定

[14] 摘自立法院立法理由。

[15] 摘自立法院立法理由。

設置或記載者，處新臺幣 7,500 元以上 1 萬 5,000 元以下罰鍰，並再通知於一個月內依規定設置或記載；期滿仍未依照規定設置或記載者，應予停業處分，至依規定設置或記載帳簿時，始予復業。

不依規定保存帳簿或無正當理由而不將帳簿留置於營業場所者，處新臺幣 1 萬 5,000 元以上 6 萬元以下罰鍰（稅 45）。

四、拒絕調查

拒絕稅捐稽徵機關或財政部賦稅署指定之調查人員調查，或拒不提示有關課稅資料、文件者，處新臺幣 3,000 元以上 3 萬元以下罰鍰。

納稅義務人經稅捐稽徵機關或財政部賦稅署指定之調查人員通知到達備詢，納稅義務人本人或受委任之合法代理人，如無正當理由而拒不到達備詢者，處新臺幣 3,000 元以下罰鍰（稅 46）。

五、罰則的適用對象

稅捐稽徵法關於納稅義務人、扣繳義務人及代徵人應處刑罰之規定，於下列之人適用之：

（一）公司法規定之公司負責人。
（二）有限合夥法規定之有限合夥負責人。
（三）民法或其他法律規定對外代表法人之董事或理事。
（四）商業登記法規定之商業負責人。
（五）其他非法人團體之代表人或管理人。

前項規定之人與實際負責業務之人不同時，以實際負責業務之人爲準（稅 47）。

六、停止並追回租稅優惠之待遇

納稅義務人逃漏稅捐情節重大者，除依有關稅法規定處理外，財政部應停止並追回其違章行爲所屬年度享受租稅優惠之待遇。

納稅義務人違反環境保護、勞工、食品安全衛生相關法律且情節重大，租稅優惠法律之中央主管機關應通知財政部停止並追回其違章行爲所屬年度享受租稅優惠之待遇。

依前二項規定停止並追回其違章行爲所屬年度享受租稅優惠之待遇者，財政部應於該停止並追回處分確定年度之次年，公告納稅義務人姓名或名稱，不受第 33 條第 1 項限制（稅 48）。

3-18 國際間稅務用途資訊交換

一、互惠原則

財政部得本互惠原則，與外國政府或國際組織商訂稅務用途資訊交換及相互提供其他稅務協助之條約或協定，於報經行政院核准後，以外交換文方式行之。

與外國政府或國際組織進行稅務用途資訊交換及提供其他稅務協助，應基於互惠原則，依已生效之條約或協定辦理；條約或協定未規定者，依本法及其他法律規定辦理。但締約他方有下列情形之一者，不得與其進行資訊交換：

（一）無法對等提供我國同類資訊。

（二）對取得之資訊予以保密，顯有困難。

（三）請求提供之資訊非爲稅務用途。

（四）請求資訊之提供將有損我國公共利益。

（五）未先盡其調查程序之所能提出個案資訊交換請求。

財政部或其授權之機關執行第 1 項條約或協定所需資訊，依下列規定辦理；應配合提供資訊者不得規避、妨礙或拒絕，並不受本法及其他法律有關保密規定之限制：

（一）應另行蒐集之資訊：得向有關機關、機構、團體、事業或個人進行必要之調查或通知到財政部或其授權之機關辦公處所備詢，要求其提供相關資訊。

（二）應自動或自發提供締約他方之資訊：有關機關、機構、團體、事業或個人應配合提供相關之財產、所得、營業、納稅、金融帳戶或其他稅務用途資訊；應進行金融帳戶盡職審查或其他審查之資訊，並應於審查後提供。

財政部或其授權之機關依第 1 項條約或協定提供資訊予締約他方主管機關，不受本法及其他法律有關保密規定之限制。

前二項所稱其他法律有關保密規定，指下列金融及稅務法律有關保守秘密規定：

（一）銀行法、金融控股公司法、國際金融業務條例、票券金融管理法、信託業法、信用合作社法、電子票證發行管理條例、電子支付機構管理條例、金融資產證券化條例、期貨交易法、證券投資信託及顧問法、保險法、郵政儲金匯兌法、農業金融法、中央銀行法、所得稅法及關稅法有關保守秘密規定。

（二）經財政部會商各法律中央主管機關公告者。

第 1 項條約或協定之範圍、執行方法、提出請求、蒐集、第 3 項第 2 款資訊之內容、配合提供之時限、方式、盡職審查或其他審查之基準、第 4 項提供資訊予締約他方之程序及其他相關事項之辦法，由財政部會商金融監督管理委員會及相關機關定之。

本法中華民國 106 年 5 月 26 日修正之條文施行前已簽訂之租稅協定定有稅務用途資訊交換及其他稅務協助者，於修正之條文施行後，適用第 2 項至第 4 項及依前項所定辦法之相關規定（稅 5-1）。

二、未配合提供資訊之罰則

有關機關、機構、團體、事業或個人違反第 5 條之 1 第 3 項規定，規避、妨礙或拒絕財政部或其授權之機關調查或備詢，或未應要求或未配合提供有關資訊者，由財政部或其授權之機關處新臺幣 3,000 元以上 30 萬元以下罰鍰，並通知限期配合辦理；屆期未配合辦理者，得按次處罰。

未依第 5 條之 1 第 3 項第 2 款後段規定進行金融帳戶盡職審查或其他審查者，由財政部或其授權之機關處新臺幣 20 萬元以上 1,000 萬元以下罰鍰（稅 46-1）。

3-19 其他

一、滯納金、利息、滯報金、怠報金及罰鍰之準用規定

滯納金、利息、滯報金、怠報金及罰鍰等，除本法另有規定者外，準用本法有關稅捐之規定。但第 6 條關於稅捐優先及第 26 條之 1 第 2 項、第 38 條第 2 項、第 3 項關於加計利息之規定，對於滯報金、怠報金及罰鍰不在準用之列。

中華民國 110 年 11 月 30 日修正之本條文施行前，已移送執行之滯報金及怠報金案件，其徵收之順序，適用修正施行前之規定（稅 49）。

二、檢舉獎金之核發與限制

檢舉逃漏稅捐或其他違反稅法規定之情事，經查明屬實，且裁罰確定並收到罰鍰者，稅捐稽徵機關應以收到之罰鍰提成核發獎金與舉發人，並爲舉發人保守秘密。

檢舉案件有下列情形之一者，不適用前項核發獎金之規定：

（一）舉發人爲稅務人員。

（二）舉發人爲執行稅賦查核人員之配偶或三親等以內親屬。

（三）公務員依法執行職務發現而為舉發。

（四）經前三款人員告知或提供資料而為舉發。

（五）參與該逃漏稅捐或其他違反稅法規定之行為。

第 1 項檢舉獎金，應以每案罰鍰 20%，最高額新臺幣 480 萬元為限。

中華民國 110 年 11 月 30 日修正之本條文施行時，舉發人依其他法規檢舉逃漏稅捐或其他違反稅法規定之情事，經稅捐稽徵機關以資格不符否准核發檢舉獎金尚未確定之案件，適用第 2 項規定（稅 49-1）。

立法理由

鑑於現行各稅法對於核發檢舉獎金及資格限制規定不一或未有規定，致稽徵實務迭有爭議。基於給與舉發人獎金係為維護國家稅收及防止逃漏稅捐等公共目的，不宜因稅目而異，為利各稅目一體適用，爰參考所得稅法第 103 條、證券交易稅條例第 7 條、契稅條例第 32 條及遺產及贈與稅法第 43 條規定，於第 1 項定明稅捐稽徵機關就檢舉案件經查明屬實，且裁罰確定並收到罰鍰者，稅捐稽徵機關應以收到之罰鍰提成核發獎金與舉發人，並為舉發人保守秘密。

三、考量具有稅務人員資格或其他公務員依法執行職務發現違章案件逕行舉發，乃屬其應盡之義務，並為避免前揭人員及執行稅賦查核人員利用他人名義舉發迂迴套取獎金，或變相鼓勵參與不法行為，爰於第 2 項定明不予核發檢舉獎金，以資周延。

四、為使稅捐稽徵機關辦理核發檢舉獎金有一致性準據，參考財務罰鍰處理暫行條例第 3 條及第 4 條規定，於第 3 項定明檢舉獎金核發基準及上限，俾供遵循。

五、第 4 項定明本條修正施行時，舉發人依其他法規檢舉逃漏稅捐或其他違反稅法規定之情事，經稅捐稽徵機關以資格不符否准核發檢舉獎金尚未確定案件之適用原則，以資明確[16]。

貳、納稅者權利保護法

我國憲法第 15 條規定，人民之生存權、工作權及財產權，應予保障；此外，稅捐稽徵亦可能對營業自由、資訊自主等其他自由權造成侵害，因此立法目的尚包

16 參見立法院立法理由。

含保護其他相關基本權利；《經濟社會文化權利國際公約》亦規定各締約國應維持勞工及其家屬符合基本生活水準，自不得以租稅方式限制之。爰參酌上開規範之意旨，制定本法[17]，並於民國 105 年 12 月 28 日公布。

一、立法目的及優先適用規定

爲落實憲法生存權、工作權、財產權及其他相關基本權利之保障，確保納稅者權利，實現課稅公平及貫徹正當法律程序，特制定本法。

關於納稅者權利之保護，於本法有特別規定時，優先適用本法之規定（納保 1）。

二、主管機關

本法所稱主管機關：在中央爲財政部；在直轄市爲直轄市政府；在縣（市）爲縣（市）政府（納保 2）。

三、稅捐法定主義

納稅者有依法律納稅之權利與義務。

前項法律，在直轄市、縣（市）政府及鄉（鎮、市）公所，包括自治條例。

主管機關所發布之行政規則及解釋函令，僅得解釋法律原意、規範執行法律所必要之技術性、細節性事項，不得增加法律所未明定之納稅義務或減免稅捐（納保 3）。

四、最低生活費不受課稅權利

納稅者爲維持自己及受扶養親屬享有符合人性尊嚴之基本生活所需之費用，不得加以課稅。

前項所稱維持基本生活所需之費用，由中央主管機關參照中央主計機關所公布最近一年全國每人可支配所得中位數百分之六十定之，並於每三年定期檢討。

中央主管機關於公告基本生活所需費用時，應一併公布其決定基準及判斷資料（納保 4）。

所稱維持基本生活所需之費用，不得加以課稅，指納稅者按中央主管機關公告當年度每人基本生活所需之費用乘以納稅者本人、配偶及受扶養親屬人數計算之基本生活所需費用總額，超過其依所得稅法規定得自綜合所得總額減除之本人、配偶及受扶養親屬免稅額及扣除額合計數之金額部分，得自納稅者當年度綜合所得總額中減除。

---

17 參見立法院立法理由。

前項扣除額不包括財產交易損失及薪資所得特別扣除額。

財政部應於每年 12 月底前，依本法第 4 條第 2 項規定公告當年度每人基本生活所需之費用，其金額以千元爲單位，未達千元者按百元數四捨五入（納保細 3）。

五、量能課稅原則

納稅者依其實質負擔能力負擔稅捐，無合理之政策目的不得爲差別待遇（納保 5）。

六、租稅優惠不得過度

稅法或其他法律爲特定政策所規定之租稅優惠，應明定實施年限並以達成合理之政策目的爲限，不得過度。

前項租稅優惠之擬訂，應舉行公聽會並提出稅式支出評估（納保 6）。

其立法理由乃基於有關稅捐優惠措施，難免違反課稅公平原則，因此應以達成政策目的所必要的合理手段爲限，亦即應符合比例原則，以免過於浮濫。且應明定實施年限，並舉行公聽會提出稅式支出評估，俾檢驗租稅優惠之成效[18]。

七、實質課稅與租稅規避責任

涉及租稅事項之法律，其解釋應本於租稅法律主義之精神，依各該法律之立法目的，衡酌經濟上之意義及實質課稅之公平原則爲之。

稅捐稽徵機關認定課徵租稅之構成要件事實時，應以實質經濟事實關係及其所生實質經濟利益之歸屬與享有爲依據。

納稅者基於獲得租稅利益，違背稅法之立法目的，濫用法律形式，以非常規交易規避租稅構成要件之該當，以達成與交易常規相當之經濟效果，爲租稅規避。稅捐稽徵機關仍根據與實質上經濟利益相當之法律形式，成立租稅上請求權，並加徵滯納金及利息。

前項租稅規避及第 2 項課徵租稅構成要件事實之認定，稅捐稽徵機關就其事實有舉證之責任。

納稅者依本法及稅法規定所負之協力義務，不因前項規定而免除。

稅捐稽徵機關查明納稅者及交易之相對人或關係人有第 3 項之情事者，爲正確計算應納稅額，得按交易常規或依查得資料依各稅法規定予以調整。

第 3 項之滯納金，按應補繳稅款百分之十五計算；並自該應補繳稅款原應繳納

---

18 參見立法院立法理由。

期限屆滿之次日起，至塡發補繳稅款繳納通知書之日止，按補繳稅款，依各年度1月1日郵政儲金一年期定期儲金固定利率，按日加計利息，一併徵收。

第3項情形，主管機關不得另課予逃漏稅捐之處罰。但納稅者於申報或調查時，對重要事項隱匿或爲虛僞不實陳述或提供不正確資料，致使稅捐稽徵機關短漏核定稅捐者，不在此限。

納稅者得在從事特定交易行爲前，提供相關證明文件，向稅捐稽徵機關申請諮詢，稅捐稽徵機關應於六個月內答覆。

本法施行前之租稅規避案件，依各稅法規定應裁罰而尚未裁罰者，適用第3項、第7項及第8項規定；已裁罰尚未確定者，其處罰金額最高不得超過第7項所定滯納金及利息之總額。但有第8項但書情形者，不適用之（納保7）。

八、財政資料公開

主管機關應於其網站，主動公開下列資訊，並供查詢、下載及利用：

（一）全體國民之所得分配級距與其相應之稅捐負擔比例及持有之不動產筆數。

（二）稅式支出情形。

（三）其他有利於促進稅捐公平之資訊（納保8）。

九、解釋函令及行政規則之公開

主管機關就稅捐事項所作成之解釋函令及其他行政規則，除涉及公務機密、營業秘密，或個人隱私外，均應公開。

解釋函令未依行政程序法第160條第2項、政府資訊公開法第8條或其他適當方式公開者，稅捐稽徵機關不得作爲他案援用。

中央主管機關應每四年檢視解釋函令有無違反法律之規定、意旨，或增加法律所無之納稅義務，並得委託外部研究單位辦理（納保9）。

十、正當程序保障

主管機關應主動提供納稅者妥適必要之協助，並確保其在稅捐稽徵程序上受到正當程序保障（納保10）。

十一、稅捐稽徵機關或財政部賦稅署指定人員之調查

稅捐稽徵機關或財政部賦稅署指定之人員應依職權調查證據，對當事人有利及不利事項一律注意，其調查方法須合法、必要並以對納稅者基本權利侵害最小之方法爲之。

稅捐稽徵機關就課稅或處罰之要件事實，除法律別有明文規定者外，負證明責任。

稅捐稽徵機關或財政部賦稅署指定之人員違法調查所取得之證據，不得作爲認定課稅或處罰之基礎。但違法取得證據之情節輕微，排除該證據之使用明顯有違公共利益者，不在此限。

稅捐稽徵機關爲稅捐核課或處罰前，應給予納稅者事先說明之機會。但有行政程序法第 103 條或行政罰法第 42 條但書所定情形者，不在此限。

稅捐稽徵機關所爲課稅或處罰，除符合行政程序法第 97 條所定各款情形之一者，得不記明理由外，應以書面敘明理由及法律依據。

前項處分未以書面或公告爲之者，無效。未敘明理由者，僅得於訴願程序終結前補正之；得不經訴願程序者，僅得於向行政法院起訴前爲之（納保 11）。

十二、受調查者之權利

稅捐稽徵機關或財政部賦稅署於進行調查前，除通知調查將無法達成稽徵或調查目的者外，應以書面通知被調查者調查或備詢之事由及範圍。被調查者如委任代理人，該代理人應於接受調查或備詢時，出具委任書。

被調查者有選任代理人或偕同輔佐人到場之權利，並得於其到場前，拒絕陳述或接受調查。但代理人或輔佐人經合法通知，無正當理由逾時到場或未到場者，不在此限。

被調查者得於告知稅捐稽徵機關後，自行或要求稅捐稽徵機關就到場調查之過程進行錄影、錄音，稅捐稽徵機關不得拒絕。但有應維持稅捐調查秘密性之正當理由，且經記明筆錄者，不在此限。

稅捐稽徵機關有錄影、錄音之需要，亦應告知被調查者後爲之（納保 12）。

十三、申請閱覽抄寫複印核課資料之權利

納稅者申請復查或提起訴願後，得向稅捐稽徵機關或受理訴願機關申請閱覽、抄寫、複印或攝影與核課、裁罰有關資料。但以主張或維護其法律上利益有必要者爲限。

稅捐稽徵機關或受理訴願機關對前項之申請，除有行政程序法第 46 條第二項或訴願法第 51 條所定情形之一，並具體敘明理由者外，不得拒絕或爲不完全提供（納保 13）。

十四、推計課稅

稅捐稽徵機關對於課稅基礎，經調查仍不能確定或調查費用過鉅時，為維護課稅公平原則，得推計課稅，並應以書面敘明推計依據及計算資料。

稅捐稽徵機關推計課稅，應斟酌與推計具有關聯性之一切重要事項，依合理客觀之程序及適切之方法為之。

推計，有二種以上之方法時，應依最能切近實額之方法為之。

納稅者已依稅法規定履行協力義務者，稅捐稽徵機關不得依推計結果處罰（納保 14）。

十五、禁止過度原則

稅捐稽徵機關或財政部賦稅署指定之人員依職權及法定程序進行稅捐調查、保全與欠繳應納稅捐或罰鍰之執行時，不得逾越所欲達成目的之必要限度，且應以對納稅者權利侵害最少之適當方法為之（納保 15）。

十六、減責事由

納稅者違反稅法上義務之行為非出於故意或過失者，不予處罰。

納稅者不得因不知法規而免除行政處罰責任。但按其情節，得減輕或免除其處罰。

稅捐稽徵機關為處罰，應審酌納稅者違反稅法上義務行為應受責難程度、所生影響及因違反稅法上義務所得之利益，並得考量納稅者之資力（納保 16）。

十七、訴願審議委員會

中央主管機關依訴願法設置訴願審議委員會之委員，其中社會公正人士、學者、專家不得少於三分之二，並應具有法制、財稅或會計之專長（納保 17）。

十八、稅務專業法庭

最高行政法院及高等行政法院應設稅務專業法庭，審理納稅者因稅務案件提起之行政訴訟。

稅務專業法庭，應由取得司法院核發之稅務案件專業法官證明書之法官組成之。

辦理稅務案件之法官，每年應接受一定時數之稅務專業訓練或在職研習。

稅務專業法庭之組成、稅務案件專業法官證明書之核發標準、辦理稅務案件法官每年所應受之訓練及相關辦法，由司法院定之（納保 18）。

十九、納稅者權利保護諮詢會

中央主管機關爲研擬納稅者保護基本政策之諮詢意見，應設置納稅者權利保護諮詢會。

納稅者權利保護諮詢會，辦理事項如下：

（一）納稅者權利保護基本政策及措施之研擬。

（二）納稅者權利保護計畫之研擬、修訂及執行結果檢討。

（三）納稅者權利保護之教育宣導。

（四）協調各機關間有關納稅者權利保護事宜。

（五）檢討租稅優惠及依本法規定應公開資訊之執行情形。

納稅者權利保護諮詢會以本法中央主管機關首長爲主任委員，並以相關政府部門代表、公會、團體或學者專家爲委員，其中政府部門代表之比例不得超過三分之一。其組成人數、任期、選任及組織相關辦法由中央主管機關定之（納保 19）。

二十、納稅者權利保護官

稅捐稽徵機關應主動提供納稅者妥適必要之協助，並以任務編組方式指定專人爲納稅者權利保護官，辦理下列事項：

（一）協助納稅者進行稅捐爭議之溝通與協調。

（二）受理納稅者之申訴或陳情，並提出改善建議。

（三）於納稅者依法尋求救濟時，提供必要之諮詢與協助。

（四）每年提出納稅者權利保護之工作成果報告。

前項所定之納稅者權利保護官於辦理納稅者權利保護事項，得爲必要之調查。

稅捐稽徵機關應將納稅者權利保護官之姓名及聯絡方式報財政部備查，並於網站公告之；人員有所變動時，亦同。

第 1 項辦理情形，財政部得隨時派員抽查之，並列入年度稽徵業務考核項目（納保 20）。

二十一、納稅者行政救濟之保障

納稅者不服課稅處分，經復查決定後提起行政爭訟，於訴願審議委員會決議前或行政訴訟事實審言詞辯論終結前，得追加或變更主張課稅處分違法事由，受理訴願機關或行政法院應予審酌。其由受理訴願機關或行政法院依職權發現課稅處分違法者，亦同。

前項情形，稅捐稽徵機關應提出答辯書狀，具體表明對於該追加或變更事由之意見。

行政法院對於納稅者之應納稅額，應查明事證以核實確認，在納稅者聲明不服之範圍內定其數額。但因案情複雜而難以查明者，不在此限。

納稅者不服課稅處分、復查或訴願決定提出行政爭訟之案件，其課稅處分、復查或訴願決定自本法施行後因違法而受法院撤銷或變更，自法院作成撤銷或變更裁判之日起逾十五年未能確定其應納稅額者，不得再行核課。但逾期係因納稅者之故意延滯訴訟或因其他不可抗力之事由所致者，不在此限。

滯納金、利息、滯報金、怠報金及罰鍰等，準用前項規定（納保 21）。

二十二、施行日

本法自公布後一年施行（納保 23）。

屆試題

申論題

1. 甲營利事業設於臺中市，110 年度之營利事業所得稅經稽徵機關核定後，甲營利事業不服，遂提起行政救濟，假設本案係適用簡易訴訟程序之稅務案件，其行政救濟可分爲那幾個階段？受理機關爲何？納稅義務人的申請期限爲何？請將下表繪製於試卷上作答。（112 年地方三等特考）

行政救濟階段				
受理機關				
申請期限				

2. 請依我國稅捐稽徵法規定，回答下列問題：
   （1）納稅義務人不能於法定期間內繳清稅捐者，在哪些情形下得於規定納稅期限內，向稅捐稽徵機關申請分期繳納？若核准分期繳納，該如何加計利息？
   （2）納稅義務人逾期繳納稅款應如何加徵滯納金？在何種情況下得免予加徵滯納金？（112 年高考）
3. 何謂核課期間？我國稅法規定核課期間的目的爲何？稅捐之核課期間屆滿時，有哪些情形，其時效不完成？請依稅捐稽徵法之規定說明之。（111 年高考）
4. 我國對於溢繳稅款之退稅規定爲何？又行爲人明知無納稅義務，違反稅法或其他法律規定所繳納之款項，其退稅請求權爲何？請依稅捐稽徵法之規定說明之。（111 年普考）
5. 依據我國稅捐稽徵法第 41 條至第 43 條規定，納稅義務人、代徵人或扣繳義務人以詐術或不正當方法逃漏稅捐或短報匿報；教唆或幫助他人以詐術或不正當方法逃漏稅捐等行爲應如何處罰？試依法條規定逐條說明之。（111 年地方四等特考）
6. 依據我國稅捐稽徵法的規定，試說明何謂核課期間？何謂徵收期間？兩者有何不同？又兩者規定的期限分別爲多久？（110 年高考）
7. 110 年房屋稅課稅所屬期間爲 109 年 7 月 1 日至 110 年 6 月 30 日，並於 110 年 5 月 1 日開徵，繳納期限至 110 年 5 月 31 日屆滿，試問 110 年的房屋稅之核課期間與徵收期間各爲何？（110 年高考）
8. A 公司爲了逃漏所得稅，取得乙個人的身分證資料，虛列薪資費用，並如期辦理營利事業所得稅結算申報。回答下列問題：
   （1）依所得稅法規定，A 公司將遭受何種處罰？
   （2）依稅捐稽徵法規定，若乙事前知情，協助 A 公司逃漏稅，將遭受何種處罰？
   （3）依稅捐稽徵法規定，若執行業務之會計師丙教唆 A 公司逃漏稅之方法，丙將遭受何種處罰？（109 年會計師）
9. 租稅之行政救濟分成那三個階段程序？請針對地方稅的三階段程序，分別說明其法令依據爲何？受理機關爲何？納稅人申請之期限爲何？（109 年地方三等特考）

選擇題（本書各章所附考題之答案均係依據考試當年度考選部所公布之答案）

（A）1. 甲營利事業自 110 年 9 月 1 日起至 110 年 10 月 31 日依法規定應給與他人憑證而未給與，以及應自他人取得憑證而未取得，經國稅局於 111 年 1 月 20 日查獲，國稅局於依稅捐稽徵法第 44 條規定論處違章時，下列敘述何者為正確？（A）國稅局應就查獲當次查明認定之總額，就甲營利事業未依法規定給與他人憑證及取得憑證之金額，分別依該條第 1 項規定之罰鍰額度計算罰鍰金額後，分別適用該條第 2 項關於處罰金額最高不得超過新臺幣（下同）100 萬元之規定（B）國稅局不須區分甲營利事業未依法規定給與他人憑證及取得憑證之金額，直接就查獲當次查明認定之總額，依該條第 1 項規定之罰鍰額度計算罰鍰金額，並適用該條第 2 項關於處罰金額最高不得超過 100 萬元之規定（C）國稅局於計算罰鍰金額時，須就經查明認定之總額，裁處百分之五罰鍰，但最高不得超過 100 萬元（D）國稅局於計算罰鍰金額時，可就經查明認定之總額，裁處百分之五以下罰鍰，但最高可超過 100 萬元（112 年會計師）

（A）2. 依稅捐稽徵法規定，下列何種情形，稅捐稽徵人員對於納稅義務人之財產、所得、營業、納稅等資料應絕對保守秘密？（A）債權人持拍賣抵押物裁定，向稅捐稽徵機關申請查調該抵押人之所得資料（B）債權人持金錢給付之確定判決，向稅捐稽徵機關申請查調判決所載債務人之財產資料（C）法務部行政執行署所屬行政執行分署因辦理公法上金錢給付義務執行事件之需要，經財政部核定後函請稅捐稽徵機關提供納稅義務人之財產、所得、營業及納稅資料（D）納稅義務人死亡，其繼承人向稅捐稽徵機關申請查調該納稅義務人之財產及所得資料（112 年會計師）

（B）3. 下列何者非屬稅捐稽徵法第 24 條規定之租稅保全措施？（A）辦理禁止處分登記（B）向法院聲請裁定拘提管收（C）向法院聲請裁定假扣押（D）限制出境（112 年會計師）

（C）4. 依稅捐稽徵法及相關法令規定，關於限制出境，下列敘述何者正確？（A）營利事業欠繳營業稅 150 萬元，或個人欠稅 100 萬元，惟有脫產之虞，應予限制出境（B）對於限制出境處分不服，應向財政部訴願會提起訴願（C）個人應先執行禁止財產移轉或設定他項權利，或申請實施財產假扣押，始得函請內政部限制出境（D）個人或營利事業負責人限制出境期間最長不得超過 7 年（112 年會計師）

（A）5. 納稅義務人 112 年就稅捐案件申請復查，經復查決定後仍有應納稅款未繳納者，下列何種情形，納稅義務人雖已依法提起訴願，惟稅捐稽徵機關仍應依稅捐稽徵法第 39 條第 2 項規定移送強制執行？（A）納稅義務人無財產可供擔保（B）納稅義務人繳納之稅款已達復查決定應納稅額之 1/3（C）經稅捐稽徵機關核准，納稅義務人已就復查決定應納稅額之 1/3，提供相當擔保（D）納稅義務人繳納稅款確有困難者，稅捐稽徵機關已就相當於復查決定應納稅額之財產，通知有關機關，不得為移轉或設定他項權利。（112 年記帳士）

（C）6. 某國稅局查得我國居住之個人甲及乙分別欠繳稅款 80 萬元、200 萬元，我國公司 A、B 分別欠繳稅款 220 萬元、300 萬元，均屬確定案件，因納稅義務人均未提供擔保且國稅局已採取稅捐保全措施，依稅捐稽徵法第 24 條規定，何者得由財政部函請內政部移民署限制其出境？（A）甲、乙（B）A 公司負責人、B 公司負責人（C）乙、A 公司負責人、B 公司負責人（D）甲、乙、A 公司負責人、B 公司負責人。（112 年記帳士）

（C）7. 財政部或經其指定之稅捐稽徵機關依稅捐稽徵法第 34 條第 1 項規定，公告重大欠稅案件或重大逃漏稅捐案件之欠稅人或逃漏稅捐人姓名或名稱與內容，下列何種案件，不包括在內？（A）經稅捐稽徵機關核定之案件，納稅義務人未依法申請復查者（B）經復查決定案件，納稅義務人未依法提起訴願者（C）經訴願決定案件，納稅義務人已依法提起行政訴訟者（D）經最高行政法院裁判確定，納稅義務人已依法提起再審者。（112 年記帳士）

（B）8. 納稅義務人以詐術或其他不正當方法逃漏稅捐，應依稅捐稽徵法規定處以刑罰者，下列敘述何者錯誤？（A）個人逃漏稅額在 1 千萬元以下者，處 5 年以下有期徒刑，併科 1 千萬元以下罰金（B）營利事業逃漏稅額在 1 千萬元以上者，處 1 年以上 7 年以下有期徒刑，併科 1 千萬元以上 1 億元以下罰金（C）幫助納稅義務人以詐術或其他不正當方法逃漏稅捐者，處 3 年以下有期徒刑，併科 1 百萬元以下罰金；幫助犯爲會計師者，加重其刑至 1/2（D）納稅義務人爲公司，且公司負責人與實際負責業務之人不同者，以實際負責業務之人爲受處罰對象。（112 年記帳士）

（C）9. 有關稅捐稽徵法申請延期或分期繳納稅捐之規定，下列敘述何者正確？（A）納稅義務人因客觀事實發生財務困難，不能於法定期間內繳清稅捐者，得向稅捐稽徵機關申請延期 5 年繳納稅捐（B）納稅義務人因遭受天災，依稅捐稽徵法第 26 條申請延期繳納稅捐，經稅捐稽徵機關核准者，應自原訂繳納期間屆滿之翌日起，至繳納之日止，加計利息一併繳納（C）納稅義務人對核准分期繳納之任一期應繳稅捐，未如期繳納者，應就未繳清之餘額稅款一次全部繳清（D）納稅義務人經稅捐稽徵機關查獲應補徵鉅額稅捐並裁處罰鍰者，不得申請分期繳納稅捐。（112 年記帳士）

（B）10. 下列機關、人員向稅捐稽徵機關索取財稅資訊情形，依稅捐稽徵法第 33 條規定，何者不得提供？（A）監察院因調查需要，查詢特定人士 111 年所得資料（B）市議員因質詢需要，查詢該市市長 111 年納稅資料（C）國立大學因受託研究需要，索取 111 年度全國綜合所得稅結算申報件數及納稅義務人年齡級距分布情形（D）繼承人爲申報遺產稅需要，查詢被繼承人死亡年度財產資料。（112 年記帳士）

（C）11. 下列有關法院執行拍賣或交債權人承受之土地、房屋及貨物之稅捐稽徵規定，何者錯誤？（A）該拍定之土地、房屋應課徵之土地增值稅、地價稅及房屋稅，優先於一切債權及抵押權（B）該拍賣貨物應課徵之營業稅，優先於一切債權及抵押權（C）法院應於拍定或承受 5 日內，將拍定或承受價額通知當地主管稅捐稽徵機關，由稽徵機關通知納稅義務人繳納土地增值稅、地價稅、房屋稅及營業稅（D）營利事業拍定之貨物爲特種貨物者，所繳納之特種貨物及勞務稅，應列爲該貨物之進貨成本或製造成本。（112 年記帳士）

（C）12. 甲公司經 A 稅捐稽徵機關核定 111 年度營利事業所得稅結算申報有應退稅款，惟該公司已積欠稅款如下：① A 稅捐稽徵機關核定 110 年度營利事業所得稅之罰鍰② B 稅捐稽徵機關核定 109 年度營利事業所得稅之應補繳稅款③ A 稅捐稽徵機關核定 110 年營業稅應補繳稅款④ A 稅捐稽徵機關核定 109 年營業稅之罰鍰。依稅捐稽徵法及其施行細則有關納稅義務人退稅之抵欠順序規定，下列何者正確？（A）①②③④（B）①③②④（C）①③④②（D）②①③④。（112 年記帳士）

（C）13. 依稅捐稽徵法第 49 條之 1 有關檢舉逃漏稅捐核發獎金規定，下列那些檢舉人不得領取獎金？①依公司指示逃漏稅捐之員工②稅務人員③因執行職務發現而為舉發之公務員④經分析網路公開資訊而為舉發之民眾（A）僅①②（B）僅②③（C）①②③（D）①②③④。（112 年記帳士）

（B）14. A 公司給付員工薪資所得，扣繳義務人已依規定扣繳稅款，惟未依規定期限按實填報扣繳憑單，依所得稅法及稅捐稽徵法規定，何者錯誤？（A）經稽徵機關查獲者，應依所得稅法規定裁處罰鍰（B）扣繳義務人已自動按實填報扣繳憑單，且屬未經檢舉、未經稅捐稽徵機關或財政部指定之調查人員進行調查之案件，得依稅捐稽徵法規定，免除行為罰（C）扣繳義務人逾規定期限繳納所扣稅款者，應依稅捐稽徵法規定加徵滯納金（D）經稽徵機關查獲扣繳義務人侵占已扣繳稅款者，應依稅捐稽徵法規定，處以刑罰。（112 年記帳士）

（A）15. 陳先生民國 112 年之地價稅繳納通知書經臺北市稅捐稽徵處文山分處核定，於 112 年 10 月 25 日送達，繳納期間為 112 年 11 月 1 日至 112 年 11 月 30 日（週四），該地價稅核定應納稅額為 35,000 元，若陳先生於 113 年 1 月 10 日始繳納該稅款，應加徵多少滯納金？（A）3,500 元（B）4,200 元（C）4,550 元（D）5,250 元。（112 年地方五等特考）

（C）16. 拒絕稅捐稽徵機關或財政部賦稅署指定之調查人員調查者，將處以下列何種罰則？（A）處新臺幣 3 千元以上 7 千 5 百元以下罰鍰（B）處新臺幣 1 萬 5 千元以上 6 萬元以下罰鍰（C）處新臺幣 3 千元以上 3 萬元以下罰鍰（D）處新臺幣 3 千元以下罰鍰。（112 年地方五等特考）

（D）17. 因可歸責於稅捐稽徵機關之錯誤，導致納稅義務人溢繳稅款，在請求權時效內，經稽徵機關發現者，應如何處理？（A）納稅義務人得自繳納之日起 10 年內提出具體證明，申請退還（B）稅捐稽徵機關應通知納稅義務人提起更正（C）納稅義務人依法提起行政救濟（D）稅捐稽徵機關應自知有錯誤原因之日起 2 年內查明退還。（112 年地方五等特考）

（A）18. 根據所得稅法規定，檢舉納稅義務人逃稅，舉發人可得到檢舉獎金之規定，下列何者錯誤？（A）稽徵機關應於裁罰確定並收到罰鍰後 5 日內，通知原舉發人，限期領取（B）稽徵機關須為舉發人保守秘密（C）獎金為罰鍰的百分之二十（D）舉發人不可為公務員。（112 年地方五等特考）

（D）19. 下列納稅義務何者錯誤？（A）法人解散清算時，清算人於分配賸餘財產前，應繳清稅捐（B）營利事業因合併而消滅，其在合併前之應納稅捐，由合併後存續或另立之營利事業負繳納之

義務（C）共有財產，由管理人負納稅義務（D）公同共有財產，共有人各按其應有部分負納稅義務。（112 年地方四等特考）

（D）20. 張小姐發現其民國 112 年臺南市地價稅稅單計算錯誤，應如何處理？（A）向臺南市政府申請復查（B）向臺南市政府地方稅務局申請復查（C）向臺南市國稅局查對更正（D）向臺南市政府地方稅務局查對更正。（112 年地方四等特考）

（D）21. 依稅捐稽徵法規定，檢舉逃漏稅捐案件不適用核發獎金規定者，下列何者錯誤？（A）公務員依法執行職務發現而爲舉發（B）參與該逃漏稅捐者所爲之舉發（C）舉發人爲執行稅賦查核人員之配偶或三親等以內親屬（D）經該逃漏稅捐公司的內部人員告知或提供資料而爲舉發。（112 年地方四等特考）

（B）22. 稅捐稽徵法關於納稅義務人稅捐延期或分期繳納之規定，下列敘述何者錯誤？（A）經核准分期繳納之期間，不得逾 3 年（B）應繳稅款不論多寡，稅捐稽徵機關皆得要求納稅義務人提供相當擔保（C）納稅義務人經稅捐稽徵機關查獲應補徵鉅額稅捐，不能於法定期間內繳清稅捐者得適用之（D）分期繳納期間應依各年度 1 月 1 日郵政儲金 1 年期定期儲金固定利率，按日加計利息。（112 年地方四等特考）

（C）23. 依稅捐稽徵法規定，下列何項稅捐之徵收，非優先於一切債權及抵押權？（A）地價稅（B）房屋稅（C）適用房地合一新制之房地交易所得稅（D）土地增值稅。（112 年地方四等特考）

（A）24. 法人、合夥或非法人團體解散清算時，尚未繳清之稅捐，應如何處理？（A）清算人於分配賸餘財產前，應依法按稅捐受清償之順序，繳清稅捐（B）清算人於分配賸餘財產前，應依欠稅金額由高至低順序，繳清稅捐（C）負責人於分配賸餘財產前，應依法按稅捐受清償之順序，繳清稅捐（D）負責人於分配賸餘財產前，應依欠稅金額由高至低順序，繳清稅捐。（112 年地方三等特考）

（C）25. 納稅義務人如發現繳納通知文書將房屋稅計算錯誤時，應如何處理？（A）於繳納期限屆滿後 30 日內，向稅捐稽徵機關進行查對更正（B）於繳納期限屆滿後 30 日內，向稅捐稽徵機關進行復查（C）於規定繳納期間內，向稅捐稽徵機關進行查對更正（D）於規定繳納期間內，向稅捐稽徵機關進行復查。（112 年地方三等特考）

（A）26. 稅捐稽徵機關對逃漏那些稅捐，認爲涉有犯罪嫌疑之案件，得聲請司法機關簽發搜索票後，進入處所實施搜查？（A）所得稅、營業稅、貨物稅（B）營業稅、土增稅、印花稅（C）營業稅、貨物稅、遺贈稅（D）所得稅、印花稅、娛樂稅。（112 年地方三等特考）

（B）27. 依納稅者權利保護法之規定，下列何者錯誤？（A）納稅者爲維持自己及受扶養親屬享有符合人性尊嚴之基本生活所需之費用，不得加以課稅（B）稅法或其他法律所規定之租稅優惠，爲達成其特定政策目的，得免限定實施年限（C）主管機關就稅捐事項所作成之解釋函令及其他行政規則，除涉及公務機密、營業秘密或個人隱私外，均應公開（D）中央主管機關爲研擬納稅者保護基本政策之諮詢意見，應設置納稅者權利保護諮詢會。（112 年地方三等特

考）

（D）28.下列核課期間之起算，何者錯誤？（A）111年綜合所得稅於112年5月15日申報，其核課期間自112年5月15日起算（B）111年綜合所得稅於112年6月15日申報，其核課期間自112年6月1日起算（C）111年地價稅於111年12月5日繳納，核課期間自111年12月1日起算（D）土地增值稅自契約訂約日起算。（112年高考）

（C）29.納稅義務人或其負責人經限制出境後，下列哪一情形，得解除其出境限制？（A）限制出境已逾3年（B）欠稅之公司或有限合夥組織已依法解散清算（C）納稅義務人對核定稅捐處分依法提起行政救濟，經訴願或行政訴訟撤銷須另爲處分確定（D）經行政救濟及處罰程序終結，確定之欠稅及罰鍰合計金額爲350萬元。（112年高考）

（B）30.納稅義務人向稅捐稽徵機關申請分期繳納之規定，下列何者錯誤？（A）核准分期繳納之期間，不得逾三年（B）因客觀事實發生財務困難，應繳納之遺產稅可申請分期（C）應依各年度一月一日郵政儲金一年期定期儲金固定利率，按日加計利息（D）個人在新臺幣100萬元以上，營利事業在新臺幣200萬元以上者，稅捐稽徵機關得要求納稅義務人提供相當擔保。（112年高考）

（B）31.納稅者權利保護法對於稅捐稽徵機關推計課稅之規定，下列敘述何者錯誤？（A）納稅者已依稅法規定履行協力義務者，稅捐稽徵機關不得依推計結果處罰（B）有二種以上之方法時，應依金額最低之方法爲之（C）應斟酌與推計具有關聯性之一切重要事項，依合理客觀之程序及適切之方法爲之（D）對於課稅基礎，經調查仍不能確定或調查費用過鉅時，爲維護課稅公平原則，方能推計課稅。（112年高考）

（B）32.民國110年12月17日修正公布之稅捐稽徵法第41條，對於納稅義務人以詐術或其他不正當方法逃漏稅捐金額達一定門檻者，可處1年以上7年以下有期徒刑，併科新臺幣1千萬元以上1億元以下罰金；該門檻爲下列何者？（A）個人或營利事業逃漏稅額在新臺幣1千萬元以上者（B）個人逃漏稅額在新臺幣1千萬元以上，營利事業逃漏稅額在新臺幣5千萬元以上者（C）個人或營利事業逃漏稅額在新臺幣5百萬元以上者（D）個人逃漏稅額在新臺幣5百萬元以上，營利事業逃漏稅額在新臺幣1千萬元以上者。（112年高考）

（C）33.有關徵收期間的規定，下列何者錯誤？（A）徵收期間是指對已確定之稅款，行使徵收權的期間（B）稅捐之徵收期間爲五年，自繳納期間屆滿之翌日起算（C）稅捐之徵收，於徵收期間屆滿前已移送執行但未開始執行者，自徵收期間屆滿之翌日起，不得再執行（D）應徵之稅捐未於徵收期間徵起者，除特別規定，不得再行徵收。（112年普考）

（A）34.下列何者最優先受償？（A）地價稅（B）所得稅（C）遺產與贈與稅（D）普通債權。（112年普考）

（B）35.有關納稅者權利之規範，下列何者法律位階最高？（A）稅捐稽徵法（B）納稅者權利保護法（C）所得稅法（D）所得稅法施行細則。（112年普考）

（B）36. 有關核課期間的規定，下列何者錯誤？（A）在核課期間內未經發現應徵之稅捐，以後不得再補稅處罰（B）依法應由納稅義務人申報繳納之稅捐，已在規定期間內申報，且無故意以詐欺或其他不正當方法逃漏稅捐者，其核課期間爲三年（C）依法應由納稅義務人實貼之印花稅，及應由稅捐稽徵機關依稅籍底冊或查得資料核定課徵之稅捐，其核課期間爲五年（D）未於規定期間內申報，或故意以詐欺或其他不正當方法逃漏稅捐者，其核課期間爲七年。（112 年普考）

（B）37. 關於納稅者權利保護法之敘述，下列何者錯誤？（A）納稅者違反稅法上義務之行爲非出於故意或過失者，不予處罰（B）納稅者爲維持自己及受扶養親屬享有符合人性尊嚴之基本生活所需之費用，不得加以課稅。而維持基本生活所需之費用，由中央主管機關參照中央主計機關所公布最近一年全國每人可支配所得中位數百分之五十定之，並於每二年定期檢討（C）主管機關應於其網站，主動公開全體國民之所得分配級距與其相應之稅捐負擔比例及持有之不動產筆數之資訊（D）稅捐稽徵機關或財政部賦稅署指定之人員違法調查所取得之證據，不得作爲認定課稅或處罰之基礎。（112 年普考）

（D）38. 稅捐稽徵法規定納稅義務人應納稅捐，於繳納期間屆滿三十日後仍未繳納者，由稅捐稽徵機關移送強制執行。但於某些條件下暫緩移送強制執行，下列何者錯誤？（A）已依稅捐稽徵法第 35 條規定申請復查者（B）納稅義務人對復查決定之應納稅額繳納三分之一，並依法提起訴願（C）納稅義務人對復查決定之應納稅額繳納三分之一稅額確有困難，經稅捐稽徵機關核准，提供相當擔保（D）已依稅捐稽徵法提起行政訴訟。（112 年普考）

（B）39. 用來擔保稅款之下列四項擔保品，按八折計值者有幾項？①銀行存款單摺②黃金③中央銀行掛牌之外幣④上市或上櫃之有價證券（A）1（B）2（C）3（D）4。（111 年高考）

（B）40. 下列敘述何者錯誤？（A）法務部行政執行署所屬行政執行分署執行拍賣或變賣貨物應課徵之營業稅，優先於一切債權（B）抵押權優先於法務部行政執行署所屬行政執行分署執行拍賣或變賣貨物應課徵之營業稅（C）稅捐之徵收，優先於普通債權（D）土地增值稅、地價稅、房屋稅之徵收，優先於一切債權及抵押權。（111 年高考）

（B）41. 納稅人因自身誤用法令而申報錯誤，因而溢繳稅款，得於繳納後多久向稅捐稽徵機關申請退還？（A）無期限限制（B）10 年（C）5 年（D）1 年。（111 年高考）

（A）42. 依據我國稅捐稽徵法之規定，納稅義務人以詐術或其他不正當方法逃漏稅捐，且個人逃漏稅額在新臺幣 1 千萬元以上，營利事業逃漏稅額在新臺幣 5 千萬元以上者，應如何處罰？（A）處 1 年以上 7 年以下有期徒刑，併科新臺幣 1 千萬元以上 1 億元以下罰金（B）處 5 年以下有期徒刑，併科新臺幣 1 千萬元以下罰金（C）處 5 年以下有期徒刑、拘役或科或併科新臺幣 6 萬元以下罰金（D）處 3 年以下有期徒刑，併科新臺幣 1 百萬元以下罰金。（111 年普考）

（B）43. 依據我國稅捐稽徵法之規定，納稅義務人對復查決定之應納稅額繳納多少比例並依法提起訴願，才能避免被移送強制執行？（A）五分之一（B）三分之一（C）二分之一（D）無須先

繳稅即可提起訴願，也不會被移送強制執行。（111 年普考）

（A）44. 依據我國稅捐稽徵法第 6 條之規定，下列何種租稅未優先於一切債權及抵押權受償？（A）營利事業所得稅（B）土地增值稅（C）行政執行分署執行拍賣或變賣貨物應課徵之營業稅（D）地價稅。（111 年普考）

（D）45. 甲 107 年綜合所得稅結算申報，經國稅局查獲漏報其他所得，向其補徵稅額新臺幣 50 萬元，繳款書繳納期間為 109 年 9 月 1 日至 109 年 9 月 10 日。嗣甲因受風災影響，依稅捐稽徵法第 26 條規定，於 109 年 9 月 2 日向國稅局申請延期繳納，經國稅局核准延期繳納，變更繳納期間為 109 年 9 月 11 日至 109 年 12 月 10 日，該筆稅款之徵收期間於何時屆滿？（題目及選項之期日或期間末日均非例假日）（A）114 年 9 月 9 日（B）114 年 9 月 10 日（C）114 年 12 月 9 日（D）114 年 12 月 10 日。（111 年會計師）

（B）46. 甲公司因漏開統一發票致短漏報銷售額，經國稅局補徵營業稅新臺幣（下同）100 萬元，該筆稅款繳納期間為 111 年 3 月 1 日至 111 年 3 月 10 日，甲公司未提起行政救濟且於繳納期間屆滿 30 日後仍未繳納，該筆稅款應加徵之滯納金為何？（A）15 萬元（B）10 萬元（C）7 萬 5 千元（D）5 萬元。（111 年會計師）

（C）47. 依稅捐稽徵法規定，甲於 111 年 5 月 15 日繳納 111 年房屋稅，嗣發現稅捐稽徵機關適用稅率錯誤，致溢繳稅款，其得自繳納之日起幾年內提出具體證明，申請退還？（A）5 年（B）10 年（C）15 年（D）無期限。（111 年會計師）

（B）48. 依稅捐稽徵法規定，甲於 109 年度綜合所得稅結算申報，因短漏報所得經國稅局補徵稅額，核定稅額通知書及補繳稅款繳款書業合法送達，該筆稅額繳納期間為 111 年 1 月 11 日至 111 年 1 月 20 日，甲於繳納期間屆滿 30 日後仍未繳納。對於該筆應納稅額應否移送強制執行之敘述，下列何者正確？（A）甲已依法申請復查中，國稅局仍應移送強制執行（B）甲依法申請復查後，對復查決定不服依法提起訴願，並就復查決定之應納稅額依限繳納三分之一，國稅局應暫緩移送強制執行（C）甲依法申請復查後，對復查決定不服依法提起訴願，但對復查決定之應納稅額並未繳納，亦未提供相當擔保，經國稅局就甲相當於復查決定應納稅額三分之一之財產，通知有關機關，不得為移轉或設定他項權利者，應暫緩移送強制執行（D）甲依法申請復查後，對復查決定不服依法提起訴願，並就復查決定之應納稅額依限繳納三分之一，但對復查決定提起訴願時，已逾訴願之提起期間，國稅局仍應暫緩移送強制執行。（111 年會計師）

（C）49. 甲因受風災影響，不能於法定期間內繳清稅捐新臺幣（下同）2,000 萬元，爰依稅捐稽徵法第 26 條規定，向稅捐稽徵機關申請分期繳納，經稅捐稽徵機關核准分 10 期繳納，每期繳納 200 萬元。甲繳納 2 期後，再因受地震影響，就未清繳之餘額稅款依上述規定向稅捐稽徵機關申請分期繳納，稅捐稽徵機關可核准分期繳納期數最長為何？（A）0 期（B）10 期（C）34 期（D）36 期。（111 年會計師）

（C）50. 依稅捐稽徵法規定，對於納稅義務人申請復查之敘述，下列何者正確？（A）納稅義務人對核定稅捐之處分申請復查時，應先繳納應納稅額或應補稅額之二分之一，稅捐稽徵機關始得受理其復查（B）依核定稅額通知書所載有應納稅額或應補徵稅額者，納稅義務人申請復查之期限係自收到繳款書之翌日起算 30 日內（C）納稅義務人復查之申請，係交由郵務機構寄發復查申請書者，以郵寄地郵戳日期為準（D）納稅義務人不服稅捐稽徵機關就其財產通知有關機關，不得為移轉或設定他項權利之處分，應向該稅捐稽徵機關申請復查。（111 年會計師）

（B）51. 依稅捐稽徵法規定，納稅義務人逾期繳納稅捐加徵滯納金者，每逾__①__日按滯納數額加徵 1%，總加徵率最高為__②__%。上述①、②分別為：（A）2、10（B）3、10（C）2、15（D）3、15。（111 年記帳士）

（D）52. 有關稅捐稽徵法新增之核課期間不完成事由，下列敘述何者錯誤？（A）核課期間屆滿後申請復查，自核定稅捐處分經訴願或行政訴訟撤銷須另為處分確定之日起算 1 年內（B）核課期間屆滿前 1 年內經訴願或行政訴訟撤銷須另為處分確定者，自核定稅捐處分經訴願或行政訴訟撤銷須另為處分確定之日起算 1 年內（C）核課期間屆滿時，行政救濟尚未終結者，自核定稅捐處分經訴願或行政訴訟撤銷須另為處分確定之日起算 1 年內（D）核課期間屆滿時，因天災、事變或不可抗力之事由致未能作成核定稅捐處分者，自妨礙事由消滅之日起算 1 年內。（111 年記帳士）

（B）53. 某甲於民國 111 年 5 月 10 日完成 110 年度綜合所得稅申報和繳納，核課期間之起算日為下列何者？（A）111 年 5 月 1 日（B）111 年 5 月 10 日（C）111 年 5 月 31 日（D）111 年 6 月 1 日。（111 年記帳士）

（C）54. 甲公司和乙公司合併後另設立丙公司，甲公司合併前有應納地價稅，乙公司合併前有應退營利事業所得稅，合併前兩公司之應納和應退稅捐如何處理？（A）應納之地價稅由甲公司繳納（B）應退之營利事業所得稅退還乙公司（C）應納之地價稅由丙公司繳納，應退之營利事業所得稅退還丙公司（D）應納之地價稅由丙公司繳納，應退之營利事業所得稅退還乙公司。（111 年記帳士）

（C）55. 因適用法令、認定事實、計算錯誤而溢繳稅款者，納稅義務人得自繳納之日起__①__年內申請退還；但因可歸責於政府機關之錯誤，__②__年內申請退還。上述①、②分別為下列何者？（A）5、無期限（B）5、10（C）10、15（D）15、15。（111 年記帳士）

（D）56. 下列何者為稅捐稽徵法第 49 條但書所列不在稅捐準用之範圍？①罰鍰②滯納金③滯報金④利息⑤怠報金（A）僅①（B）②④（C）①②④（D）①③⑤。（111 年記帳士）

（B）57. 有關稅捐稽徵法針對逃漏稅捐之刑事處罰，下列敘述何者錯誤？（A）納稅義務人施以詐術者，處 5 年以下有期徒刑，併科新臺幣 1,000 萬元以下罰金（B）營利事業逃漏稅額在新臺幣 2,000 萬元以上者，處 1 年以上 7 年以下有期徒刑，併科新臺幣 1,000 萬元以上 1 億元以下罰金（C）營利事業逃漏稅額在新臺幣 5,000 萬元以上者，處 1 年以上 7 年以下有期徒刑，併科新臺幣 1,000 萬元以上 1 億元以下罰金（D）教唆或幫助逃漏稅捐者，處 3 年以下有期徒刑，併科新臺幣 100 萬元以下罰金。（111 年記帳士）

（B）58. 依所得稅法，納稅義務人提供帳簿文據，若無特殊情形，稽徵機關應於帳簿文據提送完全之日起，多久內發還？（A）5 日（B）7 日（C）14 日（D）30 日。（111 年記帳士）

（B）59. 納稅義務人應納稅捐，於繳納期間屆滿 30 日後仍未繳納者，由稽徵機關移送強制執行，但若納稅義務人對核定稅捐處分不服，申請復查，經復查決定後並依法提起訴願，可就復查決定應納稅額先繳納多少，即可暫緩移送強制執行？（A）二分之一（B）三分之一（C）四分之一（D）五分之一。（111 年地方五等特考）

（B）60. 依現行稅捐稽徵法規定，因適用法令、認定事實、計算或其他原因之錯誤，致溢繳稅款者，納稅義務人得自繳納之日起幾年內提出具體證明，申請退還；屆期未申請者，不得再行申請？但因可歸責於政府機關之錯誤，溢繳稅款者，其退稅請求權自繳納之日起幾年內不行使而消滅？（A）5 年、10 年（B）10 年、15 年（C）5 年、無限期（D）10 年、20 年。（111 年地方五等特考）

（B）61. 依現行稅捐稽徵法規定，稅捐稽徵機關就檢舉案件經查明屬實，且裁罰確定並收到罰鍰者，稅捐稽徵機關應以收到之罰鍰提成核發獎金與舉發人，並爲舉發人保守秘密。試問此獎金提成數爲多少？上限爲多少？（A）10%、480 萬元（B）20%、480 萬元（C）10%、1,000 萬元（D）20%、1,000 萬元。（111 年地方五等特考）

（C）62. 依稅捐稽徵法規定，納稅義務人對於經稽徵機關核定之案件，於收到稅額核定通知書所載有應納稅額或應補徵稅額如有不服者，應於繳款書送達後，於繳納期限屆滿之翌日起，多久內申請復查？（A）2 個月內（B）3 個月內（C）30 日內（D）40 日內。（111 年地方五等特考）

（B）63. 根據稅捐稽徵法規定，下列有哪些稅捐之徵收優先於一切債權及抵押權？①所得稅②房屋稅③土地增值稅④地價稅⑤貨物稅⑥遺產及贈與稅⑦行政執行分署執行拍賣或變賣貨物應徵之營業稅（A）①⑤⑥⑦（B）②③④⑦（C）①②③④（D）①②③⑥⑦。（111 年地方五等特考）

（C）64. 依現行稅捐稽徵法規定，逾期繳納稅捐應加徵滯納金，每逾幾日按滯納數額加徵 1% 滯納金；逾 30 日仍未繳納者，移送強制執行？（A）1 日（B）2 日（C）3 日（D）5 日。（111 年地方五等特考）

（C）65. 依稅捐稽徵法規定，納稅義務人依法提起訴願，並對復查決定之應納稅額繳納若干，稽徵機關可暫緩移送強制執行？（A）全部（B）半數（C）三分之一（D）四分之一。（111 年地方四等特考）

（D）66. 依稅捐稽徵法規定，個人以詐術逃漏 111 年度房屋稅 1 千萬元，應如何處罰？（A）5 年以下有期徒刑，併科新臺幣 1 千萬元罰金（B）1 年以上 5 年以下有期徒刑，併科新臺幣 1 千萬元以上罰金（C）7 年以下有期徒刑，併科新臺幣 1 億元以下罰金（D）1 年以上 7 年以下有期

徒刑，併科新臺幣 1 千萬元以上 1 億元以下罰金。（111 年地方四等特考）

（C）67. 下列關於行政救濟之敘述何者正確？（A）對於營利事業所得稅之核定處分如有不服，應向財政部申請復查（B）關稅之行政救濟依據爲稅捐稽徵法（C）對於復查決定如有不服，得於接獲復查決定書之次日起 30 日內，提起訴願（D）稅捐稽徵機關對復查之申請，應於接到申請書之日起 2 個月內復查決定，並作成決定書，通知納稅義務人。（111 年地方四等特考）

（D）68. 納稅義務人自動向稅捐稽徵機關補報並補繳所漏稅款者，凡屬未經檢舉、未經稅捐稽徵機關或財政部指定之調查人員進行調查之案件，不能免除何種處罰？（A）納稅義務人以詐術或其他不正當方法逃漏稅捐者之處罰（B）各稅法所定關於逃漏稅之處罰（C）營利事業依法規定應給與他人憑證而未給與，應自他人取得憑證而未取得，或應保存憑證而未保存者，應就其未給與憑證、未取得憑證或未保存憑證，經查明認定之總額，處百分之五以下罰鍰（D）拒絕稅捐稽徵機關或財政部賦稅署指定之調查人員調查，或拒不提示有關課稅資料、文件者之處罰。（111 年地方四等特考）

（B）69. 陳先生接獲國稅局的核定稅額繳款書，應納稅款爲 60,000 元，繳納期限爲 111 年 6 月 30 日（星期四），因忙碌忘了繳納，直到 111 年 7 月 11 日繳納時才發現稅單已逾繳納期限，試問陳先生此時應加徵的滯納金爲多少？（A）1,200 元（B）1,800 元（C）2,400 元（D）3,000 元。（111 年地方三等特考）

（D）70. 下列關於稅捐稽徵法相關說明，何者錯誤？（A）稅捐稽徵法所稱之稅捐不包含關稅（B）依法應由納稅義務人申報繳納之稅捐，已在規定期間內申報，且無故意以詐欺或其他不正當方法逃漏稅捐者，其核課期間爲 5 年（C）核課期間之計算依法應由納稅義務人申報繳納之稅捐，已在規定期間內申報者，自申報日起算（D）爲稽徵土地稅或房屋稅所發之各種文書，納稅義務人爲全體公同共有人者，繳款書應送達全體公同共有人。（111 年地方三等特考）

（A）71. 有關稅捐稽徵法之規定，下列何者正確？（A）租稅救濟中案件實體之審理，以已符合程序規定者爲前提，程序不合即無庸審理而逕自予以退回（B）財政部依稅捐稽徵法或稅法所發布之解釋函令，對於據以申請但尚未核課確定之案件均發生效力（C）稅捐稽徵法的實施範圍包含所有國稅及地方稅（D）租稅行政罰以故意或過失爲責任條件，由法院判決處罰（110 年高考）

（B）72. 陳先生於 110 年 5 月 6 日辦理 109 年度綜合所得稅結算申報，試問依稅捐稽徵法之規定，其核課期間應自何時起算？（A）110 年 5 月 1 日（B）110 年 5 月 6 日（C）110 年 5 月 7 日（D）110 年 6 月 1 日（110 年高考）

（C）73.「納稅者權利保護法」所稱維持基本生活所需之費用，係以最近一年全國每人可支配所得中位數的百分之多少定之？（A）40%（B）50%（C）60%（D）70%（110 年高考）

（D）74. 有關核課期間之起算日，下列何者錯誤？（A）地價稅從 12 月 1 日起算（B）房屋稅從 6 月 1 日起算（C）非營業用汽車之使用牌照稅從 5 月 1 日起算（D）所得稅一律從 6 月 1 日起算

（110年普考）

（A）75. 甲君於110年5月15日申報109年度個人綜合所得稅，且無故意以詐欺或其他不正當方法逃漏稅捐，請問其核課期間至何時截止？（A）115年5月14日（B）115年5月15日（C）117年5月14日（D）117年5月15日（110年普考）

（A）76. 依稅捐稽徵法規定，納稅義務人因欠繳稅捐，經財政部函請內政部移民署限制其出境，自限制出境之日起，不得逾幾年？（A）5年（B）7年（C）10年（D）15年（110年會計師）

（B）77. 依稅捐稽徵法及相關法令規定，有關稅捐的受償順序，下列敘述何者正確？（A）營利事業所得稅優先於使用牌照稅（B）稅捐之徵收，優先於普通債權（C）土地增值稅、契稅之徵收優先於一切債權及抵押權（D）營業稅之徵收優先於一切債權及抵押權（110年會計師）

（D）78. 甲未依規定辦理108年度綜合所得稅結算申報及繳納，嗣經國稅局查獲甲漏報108年度財產交易所得，本件核課期間於何時屆滿？（A）114年5月31日（B）114年6月30日（C）116年5月31日（D）116年6月30日（110年會計師）

（A）79. 贈與稅繳款書記載繳納期間屆滿日為110年2月17日，納稅義務人如對核定贈與稅處分不服，至遲應於何時提出復查申請？（A）110年3月19日（B）110年3月20日（C）110年3月17日（D）110年3月16日（110年會計師）

（D）80. 依稅捐稽徵法規定，有關解釋函令的適用原則，下列敘述何者錯誤？（A）財政部依稅法所發布之解釋函令，對據以申請之案件發生效力（B）解釋函令的法令見解變更時，如有利於納稅義務人者，對於已核課確定的案件不適用之（C）稅務違章案件裁罰金額或倍數參考表變更時，如有利於納稅義務人者，適用於尚未核課確定的案件（D）解釋函令的法令見解變更時，如不利於納稅義務人者，一律自發布日起，發生效力（110年會計師）

（B）81. 納稅義務人應納稅捐逾30日仍未繳納，應由稅捐稽徵機關移送強制執行，其依現行法可以暫緩強制執行者，下列敘述何者錯誤？（A）已依稅捐稽徵法第35條規定申請復查者（B）對於復查決定之應納稅額繳納三分之一，依法提起訴願者（C）就應納稅額提供相當擔保，經稽徵機關核准者（D）稽徵機關已就納稅義務人相當於復查決定應納稅額之財產，通知有關機關，不得為移轉或設定他項權利者（110年記帳士）

（C）82. 甲君因欠繳綜合所得稅導致其所有之土地遭法院拍賣，假設甲君尚未繳納或償還之項目包括：①欠繳之所得稅②該筆土地的地價稅③銀行抵押債務④普通債務則以上債權之清償順序應為下列何者？（A）①②③④（B）①③②④（C）②③①④（D）②①③④（110年記帳士）

（A）83. 有關稅捐核課期間之敘述，下列何者錯誤？（A）依法應由納稅義務人申報繳納之稅捐，未在規定期間內申報，其核課期間為五年（B）依法應由納稅義務人實貼之印花稅，核課期間為五年（C）應由稅捐稽徵機關依稅籍底冊或查資料核定課徵之稅捐，其核課期間為五年（D）故意以詐欺或其他不正當方法逃漏稅捐者，其核課期間為七年（110年記帳士）

（D）84. 有關納稅義務人對核定之稅捐如有不服，其申請復查之期限，下列敘述何者錯誤？（假設以下日期均非例假日)(A)核定稅額通知書有應納稅款,繳納期限爲4月25日者,復查期限爲5月25日(B)核定稅額通知書有應納稅款,繳納期限爲10月15日者,復查期限爲11月14日(C)核定通知書無應納稅款,核定通知書於5月1日送達者,復查期限爲5月31日(D)核定通知書無應納稅款,核定通知書於9月15日送達者,復查期限爲10月14日(110年記帳士)

(D)85. 擔保稅款之擔保品計價,下列何者錯誤?(A)黃金,按九折計算(B)政府發行經規定可十足提供公務擔保之公債,按面額計值(C)經中央銀行掛牌之外幣,按八折計算(D)上市或上櫃之有價證券,按九折計算(110年記帳士)

(A)86. 納稅義務人已於110年5月30日申報綜合所得稅,且無故意以詐欺或其他不正當方法逃漏稅捐,核課期間至何時截止?(A)115年5月29日(B)115年5月30日(C)115年5月31日(D)115年12月31日(110年記帳士)

(C)87. 依稅捐稽徵法規定,納稅義務人爲經濟弱勢者,不能於法定期間內繳清稅捐者,得於規定納稅期間內,向稅捐稽徵機關申請延期或分期繳納,其延期或分期繳納之期間,最長爲幾年?(A)1年(B)2年(C)3年(D)5年(110年地方五等特考)

(A)88. 依納稅者權利保護法有關納稅者權利之內容,下列敘述何者錯誤?(A)基本生活費之額度,係參照中央主計機關所公布最近一年全國每人可支配所得中位數60%定之,並於每3年定期檢討(B)稅捐稽徵機關查獲租稅規避案件,按應補繳稅款加徵15%滯納金及利息(C)主管機關應於其網站,主動公開稅式支出情形(D)當納稅義務人租稅規避案件有提供不正確資料,稅捐稽徵機關得就短漏核定稅捐加以處罰(110年地方五等特考)

(B)89. 甲收到綜合所得稅之核定稅額通知書及繳款書,繳納期間自110年10月21日起至30日止,因受COVID-19疫情影響,無法於期限內繳清稅款,向國稅局申請延期6個月繳納,經國稅局核准延期繳納期限至111年4月30日,甲同時對於國稅局核定應補稅額不服,申請復查最後期限爲何時?(A)110年11月28日(B)110年11月29日(C)111年5月29日(D)111年5月30日(110年地方五等特考)

(C)90. 依稅捐稽徵法施行細則規定,稅捐稽徵機關按稅籍底冊課徵或查得資料核定課徵之稅捐,不包括下列何者?(A)地價稅(B)房屋稅(C)土地增值稅(D)查定課徵之營業稅(110年地方五等特考)

(C)91. 下列哪一項稅捐之徵收不能優先於抵押權?(A)行政執行處執行拍賣或變賣貨物應課徵之營業稅(B)行政執行處執行拍賣房屋之應納土地增值稅(C)納稅義務人欠繳之營利事業所得稅(D)行政執行處執行拍賣房屋之應納房屋稅(110年地方五等特考)

(B)92. 我國稅捐稽徵機關爲欠稅保全之目的,得依稅捐稽徵法之規定,對納稅義務人作限制出境之處分,試問此限制出境處分之限制期間爲何?(A)3年(B)5年(C)7年(D)無限期(110年地方五等特考)

（B）93. 依稅捐稽徵法規定，下列哪些稅目係依稅籍底冊核定課徵？①地價稅②房屋稅③綜合所得稅④使用牌照稅⑤土地增值稅（A）②④⑤（B）①②④（C）①②④⑤（D）③⑤（110 年地方四等特考）

（C）94. 下列關於稅捐稽徵法徵收期間之敘述，何者正確？（A）稅捐之徵收期間為 5 年，自繳納期間屆滿之翌日起算；應徵之稅捐未於徵收期間徵起者，得再行徵收（B）於徵收期間屆滿前，已移送執行，或已依強制執行法規定聲明參與分配，或已依破產法規定申報債權尚未結案者，不得再行徵收（C）依稅捐稽徵法規定暫緩移送執行或其他法律規定停止稅捐之執行者，其徵收期間之計算，應扣除暫緩執行或停止執行之期間（D）因天災、事變而遲誤依法所定繳納稅捐期間者，該管稅捐稽徵機關，得視實際情形，延長其繳納期間，並公告之。前項徵收期間，自各該變更繳納期間屆滿之日起算（110 年地方四等特考）

（A）95. 甲因為個人投資失利，無力繳納房貸，導致其名下房屋遭受法拍。同時，甲有下列①～⑤項之欠稅及債務，①該房屋之土地增值稅、地價稅②強制執行費用③欠繳之所得稅④銀行抵押貸款⑤積欠朋友之借款。試依據稅捐稽徵法中稅捐徵收之規定，該房屋拍賣所得價款之分配順序為何？（A）②①④③⑤（B）①②③④⑤（C）③④①⑤②（D）④③①②⑤（110 年地方四等特考）

（B）96. 稅捐稽徵法第 44 條規定，營利事業依法應保存憑證而未保存者，應就其未保存憑證經查明認定之總額，處以多少罰鍰？（A）處百分之三罰鍰，但最高不得超過新臺幣 100 萬元（B）處百分之五以下罰鍰，但最高不得超過新臺幣 100 萬元（C）處百分之十罰鍰，但最高不得超過新臺幣 100 萬元（D）處百分之十罰鍰，但最高不得超過新臺幣 200 萬元（110 年地方三等特考）

（A）97. 下列有關課稅要件之敘述，何者錯誤？（A）認定課徵租稅之構成要件事實時，應以實質經濟事實關係及其所生實質經濟利益之歸屬與享有為依據，納稅義務人就該事實負舉證之責任；但稅捐稽徵機關應依稅捐稽徵法及稅法規定負擔協力義務（B）稅捐稽徵機關對涉及租稅事項之法律，其解釋應本於租稅法律主義之精神，依各該法律之立法目的，衡酌經濟上之意義及實質課稅之公平原則為之（C）納稅義務人基於獲得租稅利益，違背稅法之立法目的，濫用法律形式，規避租稅構成要件之該當，以達成與交易常規相當之經濟效果，為租稅規避（D）稅捐稽徵機關查明納稅義務人及交易之相對人或關係人有租稅規避之情事者，為正確計算應納稅額，得按交易常規或依查得資料依各稅法規定予以調整（110 年地方三等特考）

（B）98. 下列何者非稅捐稽徵法所稱之稅捐？（A）特別稅課（B）關稅（C）契稅（D）娛樂稅（110 年地方三等特考）

（A）99. 下列有關稅捐核課期間起算方式之敘述，何者錯誤？（A）依法應由納稅義務人申報繳納之稅捐，已在規定期間內申報者，自申報日之翌日起算（B）依法應由納稅義務人申報繳納之稅捐，未在規定期間內申報繳納者，自規定申報期間屆滿之翌日起算（C）印花稅自依法應貼用印花稅票日起算（D）由稅捐稽徵機關按稅籍底冊或查得資料核定徵收之稅捐，自該稅捐所屬徵期屆滿之翌日起算（110 年地方三等特考）

（D）100. 有關租稅規避行為之敘述，下列何者錯誤？（A）納稅義務人為獲得租稅利益，濫用法律形式安排，規避課稅要件之該當，以達成與交易常規相當之經濟效果，為租稅規避（B）納稅義務人濫用私法上法律形式的行為，以進行租稅規避，該私法上行為在私法上仍然有效（C）稽徵機關得否認納稅義務人之濫用法律形式之行為，而按交易常規依法予以調整（D）租稅規避行為，並未違反法律，僅屬於鑽法律漏洞行為，故應受私法上契約自由原則以及善意信賴保護原則之保護（109 年高考）

（C）101. 109 年地價稅之徵期為 11 月 1 日至 11 月 30 日，其核課期間之起算日為 109 年何日？（A）11 月 1 日（B）11 月 30 日（C）12 月 1 日（D）6 月 1 日（109 年高考）

（A）102. 納稅義務人因不可抗力之事由，不能於法定期間內繳清稅捐者，所作之相關處理，下列敘述何者正確？（A）於規定納稅期間內，向稅捐稽徵機關申請延期或分期繳納，其延期或分期繳納之期間，不得逾 3 年（B）於規定納稅期間內，向稅捐稽徵機關申請延期或分期繳納，其延期或分期繳納之期間，不得逾 2 年（C）於規定納稅期間屆滿後，向稅捐稽徵機關申請延期或分期繳納，其延期或分期繳納之期間，不得逾 3 年（D）於規定納稅期間屆滿後，向稅捐稽徵機關申請延期或分期繳納，其延期或分期繳納之期間，不得逾 2 年（109 年高考）

（B）103. 根據稅捐稽徵法之規定，財政部或經其指定之稅捐稽徵機關，對重大欠稅案件或重大逃漏稅捐案件經確定後，得公告其欠稅人或逃漏稅捐人姓名或名稱與內容；此處所謂之確定，並不包括下列何種情形？（A）經稅捐稽徵機關核定之案件，納稅義務人未依法申請復查者（B）經訴願決定，不論納稅義務人是否依法提起行政訴訟者（C）經行政訴訟判決，納稅義務人未向司法院大法官會議請求解釋者（D）經行政訴訟判決，納稅義務人並向司法院大法官會議請求解釋者（109 年普考）

（B）104. 依稅捐稽徵法規定，有關限制出境之敘述，下列何者錯誤？（A）在中華民國境內之營利事業，其已確定之應納稅捐逾法定繳納期限尚未繳納完畢，所欠繳稅款及已確定之罰鍰單計或合計在新臺幣 200 萬元以上者，得限制其負責人出境（B）限制出境之期間，自欠稅確定之日起，不得逾五年（C）納稅義務人或其負責人經限制出境後，向稅捐稽徵機關提供欠稅及罰鍰之相當擔保者，財政部應函請內政部移民署解除其出境限制（D）納稅義務人經限制出境後，欠稅人就其所欠稅款已依破產法規定之和解或破產程序分配完結者，財政部應函請內政部移民署解除其出境限制（109 年普考）

（A）105. 根據稅捐稽徵法罰則規定可處以徒刑者，下列何者錯誤？（A）納稅義務人拒絕稅捐稽徵機關或財政部賦稅署指定之調查人員調查（B）代徵人以詐術或其他不正當方法匿報、短報、短徵或不為代徵稅捐（C）扣繳義務人以詐術或其他不正當方法匿報、短報、短徵或不為扣繳稅捐（D）納稅義務人以詐術或其他不正當方法逃漏稅捐（109 年普考）

（A）106. 依稅捐稽徵法規定，納稅義務人對核准延期或分期繳納之稅捐，未如期繳納者，稅捐稽徵機關應如何處理？（A）未如期繳納任何一期稅捐，應就未繳清之餘額稅款，發單通知納稅義務人，限10日內一次全部繳清（B）未如期繳納稅捐累計達三期者，應就未繳清之餘額稅款，發單通知納稅義務人，限10日內一次全部繳清（C）未如期繳納稅捐累計達三期者，應就未繳清之餘額稅款，發單通知納稅義務人，限分三次繳清（D）逕行移送強制執行（109年會計師）

（C）107. 依稅捐稽徵法規定，下列有關繳納通知文書之敘述何者正確？（A）納稅義務人如發現繳納通知文書有計算錯誤，應於繳納期間屆滿之日起30日內，向稅捐稽徵機關申請查對更正（B）應受送達人在服役中，無父母或配偶者，得委託戶籍地兵役課代為送達（C）為稽徵土地稅或房屋稅所發之各種文書，得以使用人為應受送達人（D）納稅義務人為全體公同共有人者，繳款書應向全體公同共有人送達（109年會計師）

（B）108. 依稅捐稽徵法規定，有關加徵滯納金之敘述，下列何者正確？（A）徵收至納稅人繳納稅款止（B）逾30日仍未繳納，移送強制執行（C）逾45日仍未繳納，移送強制執行（D）逾2個月仍未繳納，移送強制執行（109年會計師）

（A）109. 依稅捐稽徵法規定，違反稅法規定應處罰鍰者，由下列何者處分之？（A）主管稽徵機關（B）財政部（C）高等行政法院（D）法務部行政執行署（109年會計師）

（A）110. 下列有關核課期間之敘述，依稅捐稽徵法規定何者錯誤？①在核課期間內，經另發現應徵之稅捐者，仍應依法補徵或並予處罰②對已確定的租稅債權，政府向人民請求履行繳稅之期間③如地價稅繳納期間為11月1日至11月30日，其核課期間為12月1日起算5年④綜合所得稅已於5月15日誠實申報，其核課期間自5月15日起算5年⑤公司營利事業所得稅於5月30日申報但故意逃漏稅捐者，其核課期間自5月31日起算7年（A）②⑤（B）④⑤（C）①④（D）②③（109年記帳士）

（B）111. 依稅捐稽徵法規定，在中華民國境內居住之個人欠繳稅款達一定金額將被限制出境，但已提供相當擔保者，應解除其限制。依同法規定，所稱相當擔保，包括下列何者？①黃金，按九折計算②上市之有價證券，按九折計算③上櫃之有價證券，按八折計算④易於變價、無產權糾紛且能足額清償之土地⑤銀行存款單摺，按存款本金加計利息計值（A）①②④（B）①③④（C）②③⑤（D）③④⑤（109年記帳士）

（B）112. 依稅捐稽徵法第5條規定，財政部依互惠原則與外國政府或國際組織商訂稅務用途資訊交換；如果有關機關、機構未依規定進行金融帳戶盡職審查或其他審查並提供締約他方之資訊，依稅捐稽徵法第46條之1將由財政部或其授權之機關作何種處罰？（A）新臺幣30萬元以上1千萬元以下罰鍰（B）新臺幣20萬元以上1千萬元以下罰鍰（C）新臺幣20萬元以上1千萬元以下罰金（D）新臺幣30萬元以上1千萬元以下罰金（109年記帳士）

（D）113. 依據稅捐稽徵法第48條之1，納稅義務人已向稅捐稽徵機關補報並補繳所漏稅款者，符合一定條件可以免除其相關之處罰，下列何者非屬該條文之相關規定？（A）屬未經檢舉之案件（B）屬未經稽徵機關或財政部指定之調查人員進行調查之案件（C）補繳之應納稅捐，應按繳納稅款期間屆滿之日，依郵政儲金匯業局之 1 年期定期存款利率按日加計利息（D）屬情節輕微，或漏稅在一定金額以下者（109 年記帳士）

（D）114. 依稅捐稽徵法規定，下列敘述何者正確？（A）納稅義務人欠繳應納稅捐者，稽徵機關得直接函請內政部移民署限制該欠稅人出境（B）納稅義務人欠繳應納稅捐，但已提供相當財產擔保者，稽徵機關得免提供擔保，直接向法院聲請就欠稅人財產實施假扣押（C）營利事業行政救濟案件欠稅金額在新臺幣 200 萬元以上者，得由財政部函請內政部移民署限制負責人出境（D）營利事業欠繳應納稅捐者，稽徵機關得通知經濟部限制該營利事業減資或註銷之登記（109 年記帳士）

（D）115. 依稅捐稽徵法規定，財政部得予外國政府或國際組織進行稅務用途資訊交換及提供其他稅務協助，但締約他方有下列何種情形，不得與其進行資訊交換？（A）能夠提供同類對等資訊（B）請求資訊能夠提升雙方的公共利益（C）與我國無正式邦交國家（D）對取得之資訊無法保密（109 年記帳士）

（D）116. 下列何者不是稅捐稽徵法所稱，應由稅捐稽徵機關依稅籍底冊核定課徵之稅捐？（A）地價稅（B）房屋稅（C）使用牌照稅（D）營業事業所得稅（109 年記帳士）

（C）117. 依照納稅者權利保護法規定，財政部所頒布的稅務解釋函令有無違反法律規定、意旨，或增加法律所無之納稅義務，應多久檢視 1 次？（A）每 1 年（B）每 2 年（C）每 4 年（D）每 10 年（109 年地方五等特考）

（A）118. 稅捐稽徵機關對有關復查之申請，應在接到申請書翌日起多久之內，作成復查決定？（A）2 個月內（B）3 個月內（C）6 個月內（D）1 年內（109 年地方五等特考）

（C）119. 甲君透過線上直播，販售虛擬寶物，平均月營收都超過 30 萬元卻未辦稅籍登記。稽徵機關對甲君補徵營業稅的核課期間有多長？（A）3 年（B）5 年（C）7 年（D）10 年（109 年地方五等特考）

（C）120. 欠稅人某甲的不動產遭到法院拍賣，下列何項欠稅的受償順序最為優先？（A）因拍賣不動產所需繳納的房地合一稅（B）往年積欠的個人所得稅（C）往年積欠的房屋稅（D）因繼承該不動產尚欠的遺產稅（109 年地方五等特考）

（C）121. 有消費者向稅捐稽徵機關檢舉某知名餐廳並沒有按照實際消費金額開立發票，疑似逃漏稅。該餐廳是否涉有短開發票的違章事實，應由何者負擔證明責任？（A）檢舉人（B）遭檢舉的餐廳（C）受理檢舉的稅捐稽徵機關（D）該管納稅者權利保護官（109 年地方五等特考）

（C）122. 某乙不服南投縣政府稅務局核課土地增值稅之復查決定，請問應向那個機關提起訴願？（A）財政部（B）南投縣政府稅務局（C）南投縣政府（D）行政院（109 年地方五等特考）

（B）123. 某甲於 109 年 8 月 30 日自某乙處取得一筆土地所有權，未於公告地價期間內自行申報地價；稅捐稽徵機關因為誤對某乙開徵當年度地價稅，於後續年度始發現某甲為 109 年度地價稅之納稅義務人，請問下列有關核課期間之敘述，何者正確？（A）屬可歸責於稅捐稽徵機關之錯誤，核課期間為 5 年（B）屬稅捐稽徵機關依稅籍底冊核定課徵之稅捐，核課期間為 5 年（C）屬某甲未於規定期間內申報地價之情形，核課期間為 7 年（D）屬某甲故意以詐欺或其他不正當方法逃漏稅捐之情形，核課期間為 7 年（109 年地方五等特考）

（D）124. 稅捐稽徵法第 5 條及第 5 條之 1 規定，財政部得本互惠原則，與外國政府商訂互免稅捐，或與外國政府或國際組織商訂稅務用途資訊交換及相互提供其他稅務協助之條約或協定。我國與 A 國依據前開法律授權簽署租稅協定，及商訂稅務用途金融帳戶資訊自動交換協議，請問下列敘述何者錯誤？（A）有關機關、機構、團體、事業或個人應配合提供相關之財產、所得、營業、納稅、金融帳戶或其他稅務用途資訊；未配合提供者，處新臺幣 3,000 元以上 300,000 元以下罰鍰（B）應進行金融帳戶盡職審查或其他審查之資訊，應由我國境內之金融機構於審查後提供，未依規定進行審查者，處新臺幣 200,000 元以上 10,000,000 元以下罰鍰（C）財政部執行與 A 國簽署之協定所需資訊，應配合提供資訊者不得規避、妨礙或拒絕，並不受各項法律有關保密規定之限制（D）因金融帳戶資訊保密特性，財政部依協定提供資訊予 A 國主管機關，受相關法律有關保密規定之限制，爰應經金融機構主管機關金融監督管理委員會同意後始得正式進行交換（109 年地方五等特考）

（C）125. 小玉因不服臺北國稅局原處分核定及復查決定其應補繳 107 年度綜合所得稅 50,000 元，經依法向財政部提出訴願遭駁回，爰擬提出行政訴訟，保障自身權益。請問小玉應該向那個機關提出？（A）最高行政法院（B）臺北高等行政法院（C）臺北地方法院行政訴訟庭（D）行政院（109 年地方五等特考）

（C）126. 下列有關稅捐徵收期間規定之敘述，何者正確？（A）稅捐之徵收期間為 5 年，自繳納期間屆滿之日起算（B）應徵之稅捐於徵收期間屆滿前，已移送強制執行且已開始執行，得延長 5 年（C）應徵之稅捐因天災、事變而遲誤依法所定繳納稅捐期間，經稅捐稽徵機關延長其繳納期間，其徵收期間，自變更繳納期間屆滿之翌日起算（D）納稅義務人已依規定申請復查並暫緩移送強制執行者，徵收期間之計算，應包括該暫緩執行之期間（109 年地方五等特考）

（D）127. 陳先生於 108 年 6 月 5 日申報其民國 107 年度之綜合所得稅，試問該次稅捐之核課期間為幾年？（A）5 年（B）3 年（C）4 年（D）7 年（109 年地方四等特考）

（D）128. 依稅捐稽徵法規定，經法院、行政執行處執行拍賣或交債權人承受之土地、房屋及貨物，依法由執行法院或行政執行處代為扣繳，應依法核課之稅捐，不包括下列那一項？（A）土地增值稅（B）地價稅（C）房屋稅（D）貨物稅（109 年地方四等特考）

（B）129. 稅捐之徵收期間為 5 年，自繳納期間屆滿之翌日起算；應徵之稅捐未於徵收期間徵起者，不得再行徵收。但於徵收期間屆滿前，符合下列何種情形，仍可徵收？①有隱匿或移轉財產之跡象者②已依強制執行法規定聲明參與分配者③已依破產法規定申報債權尚未結案者④已移送執行者（A）①②③（B）②③④（C）①②④（D）①③④（109年地方四等特考）

（C）130. 在下列何種情況下，財政部不得停止並追回納稅義務人違章行爲所屬年度享受租稅優惠之待遇？（A）逃漏稅捐情節重大（B）違反環境保護相關法律（C）違反專利法（D）違反食品安全衛生相關法律（109年地方三等特考）

（A）131. 依稅捐稽徵法之規定，抵押權優先於下列那一稅目之徵收？（A）綜合所得稅（B）房屋稅（C）地價稅（D）土地增值稅（109年地方三等特考）

（B）132. 依稅捐稽徵法之規定，下列何者並非稅捐稽徵機關所採取之租稅保全方式？（A）限制營利事業減資之登記（B）禁止其歇業（C）限制欠稅人出境（D）對納稅義務人之財產實施假扣押（109年地方三等特考）

第 2 篇

所得稅

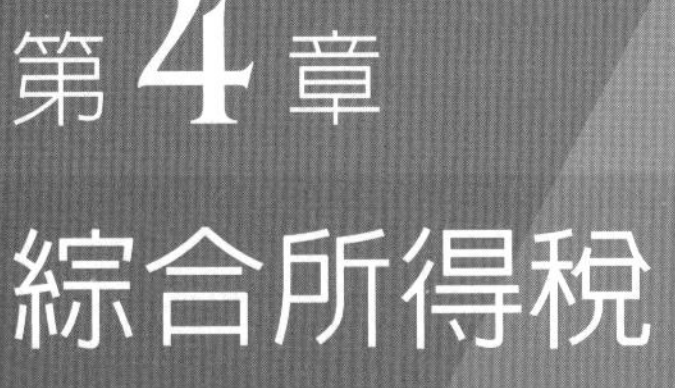

第4章 綜合所得稅

男者奴，女者婢，田園稼穡生荊杞。
昨日催科到閭里，求生不生死不死。
老妻典盡禦寒衣，老農賣盡耕春耜。
今日家中已無餘，所未盡者惟有子。

臺灣　洪棄生「賣兒翁」

臺灣的所得稅可分爲個人綜合所得稅（individual income tax）與營利事業所得稅（business income tax）。由於所得稅的課稅主體爲人、課稅客體爲所得，故人有所得即應課徵所得稅。惟人有自然人與法人之分。對自然人在一定期間（通常爲一年）之所得所課徵的稅，稱爲綜合所得稅。對法人之所得所課徵的稅稱爲法人所得稅。我國除對法人課稅外，亦將獨資、合夥一併納入，故稱爲營利事業所得稅。一般國家課徵個人所得稅皆採累進稅率，以期達量能課稅、平均社會財富之目的。

我國的綜合所得稅採收付實現制。營利事業所得稅原則上採權責發生制；除非其爲非公司組織，得因原有習慣，或因營業範圍狹小，申報該管稽徵機關，採用現金收付制。因此如果某營利事業 110 年 12 月份之薪資，係於 111 年 1 月份支付，就綜合所得稅而言，該所得爲員工 111 年度之所得，員工應於 112 年 5 月申報綜合所得稅。但就營利事業所得稅而言，此薪資費用爲該營利事業 110 年度之費用，營利事業應於 111 年度 5 月申報營利事業所得稅。

4-1 課稅對象與範圍

一、屬地主義與中華民國來源所得

我國綜合所得稅本可採屬人主義，亦即只要具有中華民國國籍者，如有所得，均應繳納我國綜合所得稅，惟此舉恐將影響華僑的愛國情操，使其不願再保有中華國國籍，故我國綜合所得稅係採屬地主義（territorial principle），亦即只對中華民國來源所得課稅。因此，凡有中華民國來源所得之個人，無論其是否具有中華民國國籍，無論其是否爲居住者，均應就其中華民國來源所得課徵綜合所得稅（所 2）。

二、大陸地區來源所得

依「臺灣地區與大陸地區人民關係條例」第 24 條規定，臺灣地區人民有大陸地區來源所得者，應併同臺灣地區來源所得課徵所得稅。但其在大陸地區已繳納之稅額，得自應納稅額中扣抵。惟扣抵之數額，不得超過因加計其大陸地區所得，而依其適用稅率計算增加之應納稅額。依「臺灣地區與大陸地區人民關係條例」第 2 條規定，所稱臺灣地區人民係指在臺灣地區設有戶籍之人民，因此若在臺灣未設有戶籍，即不是「臺灣地區與大陸地區人民關係條例」第 2 條之臺灣地區人民，不需併入大陸地區所得。

三、香港或澳門來源所得

臺灣地區人民有香港或澳門來源所得者，依香港澳門關係條例第 28 條規定，其香港或澳門來源所得，免納所得稅。

四、所謂中華民國來源所得，係指下列各項所得（所 8）

（一）營利所得：凡依中華民國公司法規定設立登記成立之公司，或經中華民國政府認許在中華民國境內營業之外國公司所分配之股利；中華民國境內之合作社或合夥組織營利事業所分配之盈餘。

（二）薪資所得：在中華民國境內提供勞務之報酬。但有下列兩點例外：

1. 非中華民國境內居住之個人，於一課稅年度內在中華民國境內居留合計不超過九十天者，其自中華民國境外雇主所取得之勞務報酬，不屬於中華民國來源所得。（在境內提供勞務之例外）

2. 中華民國政府派駐國外工作人員，及一般雇用人員在國外提供勞務之報酬，則為中華民國來源所得。（在境外提供勞務之例外）

（三）利息所得：自中華民國各級政府、中華民國境內之法人及中華民國境內居住之個人所取得之利息。

（四）租賃所得及權利金所得：前者指在中華民國境內之財產因租賃而取得之租金。例如，張三在美國有一棟房屋出租，其租金收入則不屬於中華民國來源所得；後者指專利權、商標權、著作權、秘密方法及各種特許權利，因在中華民國境內供他人使用所取得之權利金。

（五）財產交易所得：在中華民國境內財產交易之增益。

（六）營業盈餘：在中華民國境內經營工商、農林、漁牧、礦冶等業之盈餘。

（七）競技競賽及機會中獎所得：在中華民國境內參加各種競技、競賽、機會中獎等之獎金或給與。

（八）其他所得：在中華民國境內取得之其他收益。

4-2 納稅義務人

綜合所得稅的納稅義務人為有中華民國來源所得，且應申報或繳納所得稅之個人。綜合所得稅之納稅義務人可分為兩種類型（所 7）：

一、居住者：中華民國境內居住之個人，簡稱居住者，以辦理結算申報方式來履行納稅義務。所稱居住者，係指下列兩種情形之個人：

（一）在中華民國境內有住所，並經常居住中華民國境內者。

（二）在中華民國境內無住所，而於一課稅年度內在中華民國境內居留合計滿 183 天。所謂一課稅年度係指每年 1 月 1 日至 12 月 31 日，故 183 天不能跨年度計算。

二、**非居住者**：非中華民國境內居住之個人，簡稱非居住者，以就源扣繳（tax withheld at source）方式來履行納稅義務，而不需再辦理結算申報（所 2）。所稱非居住者，係指第一點規定以外之個人。

三、**中華民國境內居住個人之認定原則**：自 102 年 1 月 1 日起，所得稅法第 7 條第 2 項第 1 款所稱中華民國境內居住之個人，其認定原則如下：

（一）個人於一課稅年度內在中華民國境內設有戶籍，且有下列情形之一者：

1. 於一課稅年度內在中華民國境內居住合計滿 31 天。

2. 於一課稅年度內在中華民國境內居住合計在 1 天以上未滿 31 天，其生活及經濟重心在中華民國境內。

（二）前點第 2 款所稱生活及經濟重心在中華民國境內，應衡酌個人之家庭與社會關係、政治文化及其他活動參與情形、職業、營業所在地、管理財產所在地等因素，參考下列原則綜合認定：

1. 享有全民健康保險、勞工保險、國民年金保險或農民健康保險等社會福利。

2 配偶或未成年子女居住在中華民國境內。

3. 在中華民國境內經營事業、執行業務、管理財產、受僱提供勞務或擔任董事、監察人或經理人。

4. 其他生活情況及經濟利益足資認定生活及經濟重心在中華民國境內（財政部 101.09.27 臺財稅字第 10104610410 號）。

焦點話題

美國海外追稅 FATCA 來了！

美國財政困窘，推出「肥咖條款」，對其「稅務居民」，撒下天羅地網，海外追稅，追追追，還要外國配合演出。

「肥咖條款」（FATCA），正式名稱為《外國帳戶稅收遵從法案》（Foreign Account Tax Compliance Act, FATCA），2014 年 7 月 1 日將在臺灣上市。

該法案規定：各國金融機構都必須對美國公民及持有綠卡者餘額達 5 萬美元以

上個人帳戶、25 萬美元以上法人帳戶、保單現金價值達 25 萬美元者，進行客戶身分辨識、判別該帳戶是否為美國人或潛在美國帳戶。

各國因應，目前計有二個模式。南韓與新加坡傾向洽簽「模式一」，由金融機構先向該國政府申報資訊，再提供給美國內地稅局 IRS。

臺灣原則上將採「模式二」，由金融機構自行向美國內地稅局 IRS 申報資訊，假若客戶不願揭露個人資訊給美國政府，將被認定為「不合作帳戶」。臺灣金融機構將不須對其進行扣繳稅款，但有義務提供總戶數及總金額給美國內地稅局 IRS 參考。此模式應可降低臺灣的銀行業執行扣繳與強制關戶可能產生的法律糾紛與遵循成本。

然而，因為金融機構交出美國帳戶的作法，與各國法令似有違背，因此各國都必須與美國簽訂跨政府合作協議（IGA）。此協議等同法律，即可排除各國金融機構對客戶個資保密等規定。

該法案納稅義務人為「美國稅務居民」，包括：一、美國公民；二、非美國公民（持有綠卡、實質居留）。持有綠卡，不論居住美國境內或境外，抑或境內居住天數為何，除非放棄綠卡，該外國人持續負有申報美國所得稅之義務。

對海外美國納稅人追稅，是屬人主義。實質停留超過 183 天，是屬地主義。因此，美國個人所得稅是採「屬人兼屬地主義」。

FATCA 影響層面不是只在銀行業，還包括境外基金、壽險等，牽連甚廣，因此幾乎所有國家都要與美簽署協議。若不簽署，規定從 2017 年開始，所有在美總收益要被扣 30%。舉例而言，臺灣投資了美國的境外基金 1 億元，如果贖回時，不管是賺是賠，贖回的金額全數要被扣稅。

海外追稅，真是「強國的遊戲，誰敢不從」！

註：模式一，計有英國、法國、德國、中國等 83 國。
　　模式二，計有臺灣、日本、香港、瑞士等 13 國。

焦點話題

CRS——全球版肥咖條款

美國版的肥咖條款，如前所述。共同申報準則（Common Reporting Standard, CRS）則是「全球版的肥咖條款」。CRS 是一份政府與政府之間的協議，主要目的在建立國際間「金融帳戶」資訊交換的機制，透過資訊交換，全球一起來追稅。

2014 年 OECD 發布 CRS，2017 年 53 個國家實施，包括中國。臺灣則於 2019 年上路，2020 年將第一次資訊交換。日本為臺灣第一個 CRS 資訊交換國家，日臺雙方將可掌握了本國稅務居民的金融帳戶，促進稅務資訊透明。

肥咖條款與 CRS 仍有些不同，茲比較如下表：

	肥咖條款	CRS（台版肥咖）
對象與範圍	美國稅務居民（公民、綠卡持有），在臺灣之金融帳戶	外國稅務居民 2019 年起新開户之金融帳户
盡職審查		高資產帳户（帳户餘額 100 萬美元以上），在 2019 年底完成審查。
申報時點	每年 3 月底之前	每年的 6 月份整個月（第一次：2020 年 6 月）
申報者	金融機構	金融機構
向誰申報	美國內地稅局（IRS）	台灣財政部國稅局
後續	美國進行海外追稅	與租稅協定國，資訊交換
未盡職調查者	不配合美國之金融機構，在美國總收益課稅 30%	罰鍰新臺幣 20 萬～1,000 萬元

各國撒下天羅地網，連租稅天堂也導入 CRS，不再是天堂了。為避免落入「稅務不合作黑名單」，英屬維京群島（BVI）、開曼（Cayman）群島等地政府，已分別於 2018 年底立法通過「經濟實質法令」（Economic Substance Act），並自 2019 年 1 月 1 日起生效。只有在該國從事實質經濟，才得以公司登記。

看來「藏富海外」愈來愈難了！

4-3 稅基

我國綜合所得稅係對個人一年之綜合所得淨額課稅，所謂綜合所得淨額是指綜合所得總額減除全部免稅額以及全部扣除額而得之。綜合所得總額就是本人、配偶及申報受扶養親屬其全年取得下列各項所得之合計，但不包括納稅義務人依所得稅法第 15 條第 5 項規定選擇分開計算應納稅額之股利及盈餘合計金額（所細 24-7），共有十大類（所 14）：

第一類：營利所得：為配合廢除兩稅合一設算扣抵制度，爰修正營利所得之規定[1]。所稱營利所得係指公司股東所獲分配之股利、合作社社員所獲分配之盈餘、其他法人出資者所獲分配之盈餘、合夥組織營利事業之合夥人每年度應分配之盈餘、獨資資本主每年自其獨資經營事業所得之盈餘及個人一時貿易之盈餘皆屬之。

合夥人應分配之盈餘或獨資資本主經營獨資事業所得之盈餘，應按核定之營利事業所得額計算之。

1. 所稱一時貿易之盈餘，指非營利事業組織之個人買賣商品而取得之盈餘，其計算準用所得稅法關於計算營利事業所得額之規定（所細 12）。

2. 所稱其他法人，指依有限合夥法設立之有限合夥及依醫療法經中央主管機關許可設立之醫療社團法人（所細 10-2）。

自中華民國 107 年 1 月 1 日起，個人獲配公司、合作社及其他法人分配 87 年度或以後年度之股利或盈餘，應就下列方式擇一課稅：

1. 合併計稅：全戶股利及盈餘併入綜合所得總額課稅，就全戶股利及盈餘合計金額按 8.5% 計算可抵減稅額，抵減當年度綜合所得稅結算申報應納稅額，每一申報戶每年抵減金額以 8 萬元爲限。
2. 分開計稅：全戶股利及盈餘不計入綜合所得總額，以全戶股利及盈餘合計金額按 28% 單一稅率分開計算應納稅額，由納稅義務人合併報繳（所 15）。

第二類：執行業務所得：律師、會計師、建築師、技師、醫師、藥師、助產士，著作人、經紀人、代書人、工匠和表演人及其他以技藝自力營生者的業務收入或演技收入，減去必要費用或成本後的餘額。

（一）執行業務者之收入或演技收入，減除業務所房租或折舊、業務上使用器材、設備之折舊及修理費，或收取代價提供顧客使用之藥品、材料等之成本、業務上雇用人員之薪資、執行業務之旅費及其他直接必要費用後之餘額爲所得額。執行業務者至少應設置日記帳一種，詳細記載其業務收支項目；業務支出，應取得確實憑證。帳簿及憑證最少應保存五年；帳簿、憑證之設置、取得、保管及其他應遵行事項之辦法，由財政部定之。

（二）個人取得稿費、版稅、樂譜、作曲編劇漫畫及演講的鐘點費收入，全年合計不超過 18 萬元者，得全數扣除，但超過限額者，就超過部分減除成本及必要費用後，以其餘額申報爲執行業務所得。

---

1 參見立法院立法理由。

例題 1

夫李明易 112 年度稿費收入 15 萬元，妻張惠芬稿費收入 12 萬元，作曲收入 10 萬元，著作人費用標準為 30%，夫妻合併申報執行業務所得為 2 萬 8 千元，茲計算如下：（102 年稅務特考三等）

夫：15 萬元－ 18 萬元＝ 0

妻：（12 萬元＋ 10 萬元）－ 18 萬元＝ 4 萬元

4 萬元 ×（1 － 30%）＝ 2 萬 8,000 元

焦點話題

「某女藝人的薪事」——執行業務所得或薪資所得？

名模林志玲涉嫌漏報 2003 至 2005 年度的綜所稅「薪資所得」1,734 萬元。國稅局認定她的收入屬於「薪資所得」，只能扣除薪資特別扣除額，不能核定為「執行業務所得」而可扣除 45% 費用，因此要求林志玲補稅 684 萬元，及罰鍰 135 萬餘元，合計 819 萬元。林志玲不服國稅局的課稅決定，提出復查、訴願均失敗，最後進行行政訴訟救濟。

林志玲提起行政訴訟後，引起社會關注，立委也為此召開了公聽會。2011 年 5 月本案官司雖然還沒有判決，但是財政部賦稅署已經搶先增訂了「林志玲條款」，將模特兒等十類表演者，明訂「表演人當中，演員、歌手、特技表演人、模特兒等十項職業，認定為「執行業務所得」，收入可以先扣除 45% 的費用後，再行課稅」，和當時一般上班族的薪資所得特別扣除額差很大！

模特兒等表演人的收入，何者認定為薪資所得，何者可視為執行業務所得？

認定為薪資所得。模特兒的收入會被認定為薪資所得，通常是：(1) 以經紀公司名義簽約接案，再指派模特兒演出；(2) 經紀公司、模特兒彼此之間存在「僱傭關係」；且 (3) 由公司負擔成本費用。

視為執行業務所得。只要 (1) 自行接案，或委託經紀公司以本人名義接案。模特兒與經紀公司可重新簽約或加訂附約，委託經紀公司為代理人洽談工作，再以模特兒名義簽約；(2) 沒有僱傭關係；且 (3) 模特兒有負擔成本費用的事實，自負盈虧。其收入即可視為執行業務所得。

2011 年 8 月 25 日，臺北高等行政法院審理，支持國稅局的看法，認定林志玲受僱於凱渥公司，由凱渥對外簽約，林志玲的收入不符合「執行業務所得」，應屬「薪資所得」。但法官認為，林志玲並非故意認定錯誤，只判需補稅 684 萬餘元，

不需繳罰鍰 135 萬元。最高行政法院駁回林志玲上訴，全案定讞。林志玲表示「尊重司法判決，立即補繳」，她說六年的爭取終於告一個段落，也感謝政府立法將模特兒視為表演人員身分。

第三類：薪資所得：凡公、教、軍、警、公私事業職工薪資及提供勞務者之所得。

（一）薪資所得之計算，以在職務上或工作上取得之各種薪資收入，減除第 17 條第 1 項第 2 款第 3 目之 2 薪資所得特別扣除額後之餘額爲所得額，餘額爲負數者，以零計算。但與提供勞務直接相關且由所得人負擔之下列必要費用合計金額超過該扣除額者，得檢附相關證明文件核實自薪資收入中減除該必要費用，以其餘額爲所得額：

1. 職業專用服裝費：職業所必需穿著之特殊服裝或表演專用服裝，其購置、租用、清潔及維護費用。每人全年減除金額以其從事該職業薪資收入總額之百分之三爲限。
2. 進修訓練費：參加符合規定之機構開設職務上、工作上或依法令要求所需特定技能或專業知識相關課程之訓練費用。每人全年減除金額以其薪資收入總額之百分之三爲限。
3. 職業上工具支出：購置專供職務上或工作上使用書籍、期刊及工具之支出。但其效能非二年內所能耗竭且支出超過一定金額者，應逐年攤提折舊或攤銷費用。每人全年減除金額以其從事該職業薪資收入總額之百分之三爲限。

考題解析

甲從事攝影工作，111 年度薪資收入總額 900 萬元。爲工作上之需要，當年 1 月 1 日實際負擔購置專供工作上使用之攝影器材等費用 90 萬元（效能非 2 年內所能耗竭且支出超過 8 萬元），按平均法分 3 年攤提折舊。甲最低須申報 111 年度之薪資所得爲多少？（111 年度綜合所得稅之薪資所得特別扣除額，每人每年扣除數額以 20 萬 7,000 元爲限。）（112 年高考）

擬答：

90 萬元 ÷3 = 30 萬元

900 萬元 ×3% = 27 萬元 < 30 萬元

900 萬元 – 27 萬 = 873 萬元

（二）依前款規定計算之薪資所得，於依第 15 條規定計算稅額及依第 17 條規定計算綜合所得淨額時，不適用第 17 條第 1 項第 2 款第 3 目之 2 薪資所得特別扣除之規定。

（三）第 1 款各目費用之適用範圍、認列方式、應檢具之證明文件、第 2 目符合規定之機構、第 3 目一定金額及攤提折舊或攤銷費用方法、年限及其他相關事項之辦法，由財政部定之。

（四）第 1 款薪資收入包括：薪金、俸給、工資、津貼、歲費、獎金、紅利及各種補助費。但爲雇主之目的，執行職務而支領之差旅費、日支費及加班費不超過規定標準者，及依第四條規定免稅之項目，不在此限。

（五）依勞工退休金條例規定自願提繳之退休金或年金保險費，合計在每月工資百分之六範圍內，不計入提繳年度薪資收入課稅；年金保險費部分，不適用第 17 條有關保險費扣除之規定。

（六）自 99 年度起公司辦理員工分紅配股應於交付股票日按該股票之時價計算員工薪資收入，依所得稅法第 88 條規定辦理扣繳。

立法理由

一、依 106 年 2 月 8 日公布之司法院釋字第 745 號解釋，所得稅法第 14 條第 1 項第 3 類第 1 款及第 2 款、第 17 條第 1 項第 2 款第 3 目之 2 關於薪資所得之計算，僅許薪資所得者就個人薪資收入減除定額之薪資所得特別扣除額，而不許其於該年度之必要費用超過法定扣除額時，得以列舉或其他方式減除必要費用，於此範圍內，與憲法第 7 條平等權保障之意旨不符。

二、基於現行薪資所得依第 17 條第 1 項第 2 款第 3 目之 2 規定採減除薪資所得特別扣除額方式，薪資收入低於該扣除額，可全額減除，薪資收入超過該扣除額者，減除該額度，所得人無須舉證費用，對中低所得者較爲有利，具徵納兩便效果，宜予維持。另考量部分所得人賺取薪資收入之必要費用可能高於該扣除額，爲符合上開司法院解釋意旨，新增得採舉證費用核實減除方式，爰修正第 1 項第 3 類第 1 款序文，明定薪資所得之計算，以全年薪資收入減除薪資所得特別扣除額後之餘額爲所得額，並增訂但書就與提供勞務直接相關且實際由所得人負擔之特定必要費用超過該扣除額者，得檢附相關證明文件核實自薪資收入中減除，以其餘額爲所得額，不得再重複減除上開扣除額。

三、有關得舉證自薪資收入減除之特定費用項目，參考其他國家規定，應符合與提供勞務直接相關且必要、實質負擔、重大性及共通性四大原則，爰增訂第 1 項第 3 類第 1 款第 1 目至第 3 目費用項目：

（一）第一目職業專用服裝費

所得人因從事職業所必需穿著之特殊服裝或表演專用服裝，非供日常穿著使用者（如因工作內容具危險性，須穿著加強防護之服裝、受僱律師出庭所穿著之法袍或模特兒舞台表演專用服裝等），其支付購置、租用、清潔及維護費用且由所得人自行負擔部分，得舉證核實減除；至因工作或開會所穿著之西裝、套裝或禮服等，如仍可供日常穿著使用者，其相關費用不得減除。另為避免奢侈非必要性支出或浮濫、虛報情形，參照105年度營利事業所得稅結算申報與勞務相關行業及104年度執行業務所得申報統計資料，主要費用（包括旅費、訓練費、文具用品費、運費等）占收入之比率約百分之五至百分之七，考量個人受僱提供勞務與自力營生或經營商業之成本費用尚有不同，且支出規模相對較小，爰規定職業專用服裝費每人全年減除金額以其從事該職業薪資收入總額之百分之三為限。

（二）第二目進修訓練費

所得人為維持現行工作條件、品質或提升薪資水準，參加符合規定之機構開設職務上、工作上或依法令要求所需特定技能或專業知識相關課程，所支付之訓練費用且由所得人自行負擔部分，得舉證核實減除。另參考國外立法例（新加坡及香港之進修訓練費定有減除金額上限），本項費用應與所從事職業具關聯性，且為避免浮濫或虛報非必要支出，爰比照前目酌定上限比率為薪資收入總額之百分之三。

（三）第三目職業上工具支出

所得人因職業上需要所購置專供職務上或工作上使用書籍、期刊及工具之支出且由所得人自行負擔部分，得舉證核實減除，該工具之效能如非二年內所能耗竭且支出超過一定金額者，參照執行業務所得查核辦法第23條有關修繕或購置固定資產攤提折舊之規定，應逐年攤提折舊或攤銷費用。另考量職業上工具支出與職業專用服裝費性質相近，比照職業專用服裝費上限比率明定以所從事該職業薪資收入總額百分之三為限。

四、依修正後第1項第3類第1款規定薪資收入應減除薪資所得特別扣除額或特定費用金額後之餘額為所得額計入綜合所得總額，於計算綜合所得淨額及稅額時，不得再重複減除薪資所得特別扣除額，爰增訂第1項第3類第2款，明定依第15條規定計算稅額及第17條規定計算綜合所得淨額時，不適用薪資所得特別扣除之規定。

五、增訂第1項第3類第3款，明定第一款各目費用之適用範圍、認列方式、應檢具之證明文件、第2目所定符合規定機構、第3目所定一定金額及攤提折舊或攤銷費用方法、年限及其他相關事項之辦法，授權由財政部定之，以利徵納雙方遵循。

六、原第1項第3類第2款及第3款移列為第4款及第5款，並酌作文字修正。

七、配合第1項第3類規定之修正，原第1項第9類序文「薪資所得」用語修正為「薪資收入」。

八、第2項至第4項未修正。

考題解析

1. 某名模將模特兒收入以「執行業務所得」報稅，主張收入全都花在治裝等費用，列舉費用扣除後，她沒有賺到錢，應該不用繳稅；惟遭國稅局追稅，認定她的收入是「薪資收入」，不能列舉扣除必要費用，該名模不服，經提起復查、訴願程序，均維持原處分，爰向桃園地院提起行政訴訟，當時的承審法官認爲稅法確實不合理，裁定停止審理，並聲請釋憲。經大法官會議作成第745號解釋，認定違憲，請問大法官宣告違憲的理由爲何？行政機關如何因應？
2. 設某甲111年度薪資收入總額新台幣（下同）600萬元，其相關費用如下：購置專供工作上使用之工具48萬元，按平均法分三年攤提折舊，無殘值、支付職業專用服裝費15萬元、因工作需要之交通費10萬元；又甲爲增進技能，參加勞工局所辦訓練課程，學費20萬元。所有支出均取有合法憑證，111年度薪資所得特別扣除額207,000元，若以對甲最有利的方式報稅，試問甲111年度之薪資所得爲多少？（112年高考財稅法務）

擬答：

購置工作使用之工具：48萬 ÷3 = 16萬 < 600萬 ×3%= 18萬

治裝費：15萬 < 600萬 ×3% = 18萬

進修訓練費：20萬 > 600萬 ×3% = 18萬

16萬 + 15萬 + 18萬 = 49萬元

600萬 – 49萬 = 551萬元

考題解析

錢先生於106年10月19日取得甲上市公司員工分紅配股3,000股，每股面額10元，甲上市公司股票於106年10月19日的收盤價爲50元，則錢先生申報106年度綜合所得稅時應如何認列？（106年地方五等特考）

擬答：列薪資收入15萬元（50元 ×3,000 = 15萬元）

（七）醫師所得係屬執行業務所得或薪資所得之劃分：醫療機構與醫師間不具駐診拆帳或合夥法律關係，應認屬僱傭關係。自101年度起，除私立醫療機構申請設立登記之負責醫師及聯合診所之個別開業醫師，其執行業務收入減除成本及必要費用後之餘額，應依所得稅法第14條第1項第2類執行業務所得課稅外，公私立醫療機構、醫療法人及法人附設醫療機構所聘僱並辦理執業登記之醫師從事醫療及相關行政業務之勞務報酬，應依所得稅法第14條第1項第3類薪資所得課稅（財政部101.01.20臺財稅字第10000461580號）。換言之，自行開業之醫師所得係屬執行業務所得；而受僱醫師之所得係屬薪資所得。

第四類：利息所得：凡公債、公司債、金融債券、各種短期票券、存款及其他貸出款項利息之所得：

（一）公債包括各級政府發行之債票、庫券、證券及憑券。

（二）有獎儲蓄之中獎獎金，超過儲蓄額部分，視爲存款利息所得。

（三）短期票券指期限在一年期以內之國庫券、可轉讓銀行定期存單、公司與公營事業機構發行之本票或匯票及其他經目的事業主管機關核准之短期債務憑證。短期票券到期兌償金額超過首次發售價格部分爲利息所得，除依所得稅法第88條規定扣繳稅款外，不併計綜合所得總額。

（四）依金融資產證券化條例或不動產證券化條例規定分離課稅的受益證券或資產基礎證券分配的利息所得，按所得稅法第88條規定扣繳稅款，不併計綜合所得總額，亦即免予申報，已扣繳的稅款，亦不得抵繳應納稅額或申報退稅。

（五）郵局的存簿儲金利息，不併計綜合所得總額。

（六）採分離課稅之利息所得：

1. 自中華民國96年1月1日起，個人持有公債、公司債及金融債券之利息所得，應依所得稅法第88條規定扣繳稅款，扣繳率爲10%，不併計綜合所得總額。

2. 自中華民國99年1月1日起，個人取得下列所得，應依所得稅法第88條規定扣繳稅款，扣繳率爲10%，不併計綜合所得總額：

(1) 短期票券到期兌償金額超過首次發售價格部分之利息所得。

(2) 依金融資產證券化條例或不動產證券化條例規定發行之受益證券或資產基礎證券分配之利息所得。

(3) 以前項或前二款之有價證券或短期票券從事附條件交易，到期賣回金額超過原買入金額部分之利息所得。

(4) 與證券商或銀行從事結構型商品交易之所得（注意：此款屬其他所得）。

3. 第1項及前項第(1)款至第(3)款之利息所得，不適用所得稅法第17條第1項第2款第3目之3儲蓄投資特別扣除之規定。亦即採分離課稅，不併計綜合所得總額。該利息所得不適用儲蓄投資特別扣除之規定；其扣繳稅額亦不得自納稅義務人綜合所得稅結算申報應納稅額中減除（所 14-1）。

實務案例

遺產或所得

定期存款自存款人死亡之翌日起，至存款屆滿日止，依該被繼承人原訂定期存款契約而由繼承人於繼承開始後所取得之利息，究應認係該被繼承人之財產而計入其遺產課稅，或應認係繼承人本人之利息所得，而課繼承人個人之綜合所得稅，依財政部 86 年 4 月 23 日臺財稅第 861893588 號函釋示，關於被繼承人死亡日後所孳生之利息，係屬繼承人之所得，應扣繳個人綜合所得稅，司法院大法官於 94 年做成釋字第 597 號解釋指出，該利息並非被繼承人死亡時遺有之財產，自非屬應依遺產及贈與稅法第 1 條第 1 項規定課徵遺產稅範圍，財政部前揭函釋符合前開遺產及贈與稅法與所得稅法之立法意旨，與憲法所定租稅法律主義並無牴觸。

第五類：租賃所得及權利金所得：凡以財產出租之租金所得，財產出典典價經運用之所得或專利權、商標權、著作權、秘密方法及各種特許權利，供他人使用而取得之權利金所得：

（一）財產租賃所得及權利金所得之計算，以全年租賃收入或權利金收入，減除必要損耗及費用後之餘額為所得額。

（二）合理而必要的損耗及費用，包括折舊、修理費、地價稅、房屋稅及其附加捐、以出租財產為保險標的物所投保的保險費、向金融機構借款購屋而出租的利息等，可逐項舉證申報；如不逐項舉證申報，可依規定的必要費用標準，以租金收入的 43% 作為損耗及費用，但出租土地的收入僅得扣除該土地當年度繳納的地價稅，不得扣除 43% 必要的損耗和費用。

（三）將住宅出租予符合住宅法第 15 條規定接受各項租金補貼者或符合同法第 23 條規定的單位供社會住宅使用，於住宅出租期間取得的租金收入，每屋每月在 1.5 萬元以內部分，免稅；超過 1.5 萬元者，就超過部分減除該部分之必要損耗及費用後之餘額為租賃所得。該必要損耗及費用可逐項舉證申報，如不逐項舉證申報，必要費用標準為應稅租金收入的 43%；但出租予符合同法第 23 條規定的單位供社會住宅使用，必要費用標準為應稅租金收入的 60%。

例題 2

假設租予符合住宅法第 23 條規定的單位供社會住宅使用，每月租金 3 萬元，一年的租賃所得為 72,000 元。

計算式：（3 萬－ 1.5 萬）×12 ＝ 180,000 元
180,000 元 ×（1 － 60%）＝ 72,000 元

（四）個人住宅所有權人依租賃住宅市場發展及管理條例第 17 條規定，將住宅委託代管業或出租予包租業轉租，契約約定供居住使用 1 年以上者，得依下列規定減徵所得稅：

1. 出租期間每屋每月租金收入不超過 6 千元部分，免納所得稅。
2. 出租期間每屋每月租金收入超過 6 千元者，就超過部分減除該部分之必要損耗及費用後之餘額爲租賃所得。該必要損耗及費用可逐項舉證申報，如不逐項舉證申報，每屋每月租金收入超過 6 千元至 2 萬元部分，必要費用標準爲應稅租金收入的 53%；每屋每月租金收入超過 2 萬元部分，必要費用標準爲應稅租金收入的 43%。

例題 3

假設租予適用租賃住宅市場發展及管理條例第 17 條規定者，每月租金 4 萬元，一年的租賃所得為 215,760 元。

計算式：（2 萬－ 6 千）×12×（1 － 53%）＝ 78,960 元
（4 萬－ 2 萬）×12×（1 － 43%）＝ 136,800 元
（78,960 元＋ 136,800 元）＝ 215,760 元

（五）財產出租收取押金或任何款項類似押金者，或以財產出典而取得之典價者，應按當地銀行業通行之一年期存款利率，計算其租賃收入，於每年辦理結算申報時，由納稅義務人自行計算申報（所細 87）。

例題 4

張先生 101 年將房屋出租預收一年租金 36 萬元，押金 9 萬元，一年期存款利率為 1.2%，102 年 4 月 30 日租期屆滿退回押金 9 萬元，依所得稅法相關規定，則

張先生辦理102年度綜合所得稅結算申報時，應申報租金收入（尚未減除必要費用）為多少元？（102年記帳士）

擬答：

90,000×1.2%×4/12 = 360元

說明：因為綜合所得稅係採收付實現制，因此102年度僅有收取押金而設算的租金收入。

（六）將財產無償借與他人供營業或執行業務者使用，應按照當地一般租金情況，計算租賃收入。

（七）將財產無償借與本人、配偶及直系親屬以外的個人，且非供營業或執行業務者使用，除能提出無償借用契約（將財產無償借與他人使用者，應由雙方當事人訂立無償借用契約，經雙方當事人以外之二人證明確係無償借用，並依公證法之規定辦竣公證（所細88））供核外，應按照當地一般租金情況，計算租賃收入。

實務案例

房租所得　有何課稅優惠

安得廣廈千萬間，庇天下寒士盡歡顏。文化大學學生2018年遭遇了宿舍的問題。「無殼蝸牛」也年年有租屋的問題。茲列出個人房東自行經營（招租）的一般住宅，及出租給領有租金補貼的房客之「公益出租人」之課稅問題。先以月租金2萬元，個人所得稅稅率20%爲例說明。

表4-1　個人房東自行經營

	一般住宅	公益出租人
綜合所得稅	必要費用減除率爲43%	・每月租金收入免稅額度15,000元 ・必要費用減除率爲43%
舉例	每月稅額 20,000×(1−43%)×20% = 2,280	每月稅額 [15,000×0% + 5,000×(1−43%)]×20% = 570
房屋稅	非自住住家用 稅率2.4%	按自住稅率課徵， 稅率1.2%
地價稅	非自用住宅稅率爲千分之十	授權地方政府，得按自住稅率課徵

	一般住宅	公益出租人
優惠之法源依據		住宅法 房屋稅條例

2017 年 12 月公布，2018 年 6 月實施「租賃專法」很重要的立法目的，是希望透過法制化的建立，讓租屋體系進入到專業化、產業化，也讓房東和房客在比較專業的市場底下，得到更好的服務，長期發展之下，體系會愈來愈健康。

租賃專法對「委託代管業代管」或「出租給包租業轉租」1 年以上的個人房東祭出所得稅減免優惠。茲以月租金 2 萬元，個人稅率 20% 爲例說明。

表 4-2 個人房東委託包租、代管

	出租一般住宅	出租社會住宅
綜合所得稅	・每月租金收入免稅額度 6,000 元 ・月租金 6,000 至 20,000 元部分，必要費用減除率爲 53%	・每月租金收入免稅額度 15,000 元 ・必要費用減除率爲 60%
舉例	每月稅額 [6,000×0% + 14,000×(1−53%)]×20% = 1,316	每月稅額 [15,000×0% + 5,000×(1−60%)]×20% = 400
房屋稅	授權縣市政府「得」予以適當減徵	授權縣市政府「得」予適當減免
地價稅	授權縣市政府「得」予以適當減徵	授權縣市政府「得」予適當減免
優惠之法源依據	租賃住宅市場發展及管理條例（租賃專法）	住宅法

「租賃專法」預期的結果：

1. 房東的綜所稅稅負減少，房屋稅、地價稅（非自用自住）增加。（租稅減徵年限 5 年，得延長一次）
2. 房東對曝光出租宅仍有疑慮，主因是稅捐稽徵法對「補稅的追溯期爲 5 到 7 年」。

第六類：自力耕作、漁、牧、林、礦之所得：自力耕作、漁、牧、林、礦之所得是指以自己的勞力從事農業耕作、漁撈、畜牧、造林、採礦等所得到的各種收入，減除成本及必要費用後的餘額爲所得額。目前成本及必要費用標準爲收入的

100%，也就是免所得稅。

第七類：財產交易所得：凡財產及權利金因交易而取得之所得。

（一）本法所稱財產交易所得及財產交易損失，係指納稅義務人並非爲經常買進、賣出之營利活動而持有之各種財產，因買賣或交換而發生之增益或損失。

（二）土地爲財產，其交易所得自屬財產交易所得，本應課徵綜合所得稅，惟因已課徵土地增值稅，爲避免重複課稅，故不再納入綜合所得總額課稅；但交易損失亦不得自所得中扣除。

（三）房地合一課稅：自中華民國 105 年 1 月 1 日起房屋、土地之交易所得按新制課徵所得稅。換言之，個人自中華民國 105 年 1 月 1 日起交易房屋、房屋及其坐落基地或依法得核發建造執照之土地（以下合稱房屋、土地），符合下列情形之一者，其交易所得應依規定課徵所得稅，不適用所得稅法第 4 條第 1 項第 16 款出售土地免納所得稅之規定：

1. 個人交易中華民國 105 年 1 月 1 日以後取得之房屋、土地，其交易所得應依規定課徵所得稅。

2. 視同房屋、土地交易：個人於中華民國 105 年 1 月 1 日以後取得以設定地上權方式之房屋使用權或預售屋及其坐落基地，其交易視同前項之房屋、土地交易。

3. 個人交易其直接或間接持有股份或出資額過半數之國內外營利事業之股份或出資額，該營利事業股權或出資額之價值百分之五十以上係由中華民國境內之房屋、土地所構成者，該交易視同第 1 項房屋、土地交易。但交易之股份屬上市、上櫃及興櫃公司之股票者，不適用之。

4. 排除規定：所定房屋之範圍，不包括依農業發展條例申請興建之農舍（所 4-4）。

（有關房地合一稅之詳細內容請參閱第 23 章第二節）

（四）自中華民國 79 年 1 月 1 日起，證券交易所得停止課徵所得稅，證券交易損失亦不得自所得額中減除（所 4-1）。

（五）個人購買或取得股份有限公司之記名股票或記名公司債、各級政府發行之債券或銀行經政府核准發行之開發債券，持有滿一年以上者，於出售時，得僅以其交易所得之半數作爲當年度所得，其餘半數免稅（所 14）。所稱持有滿 1 年以上，指自取得之日起算至轉讓之日止，滿 1 年以上（所細 17-1）。

（六）期貨交易所得暫行停止課徵所得稅；其交易損失，亦不得自所得額中減除。

（七）112 年度個人出售房屋之財產交易所得計算規定

我國自 105 年起實施房地合一按實價課徵所得稅新制，個人交易中華民國 105 年 1 月 1 日以後取得之房屋、土地，應按新制計算房地交易所得。112 年度出售之房屋如非屬新制課稅範圍，應依所得稅法第 14 條第 1 項第 7 類及同法施行細則第 17 條之 2 規定核實計算適用舊制之財產交易所得申報課稅；其未申報或未能提出證明文件者，稽徵機關得依財政部核定標準核定之，爲利徵納雙方遵循，財政部爰發布「112 年度個人出售房屋之財產交易所得計算規定[2]」如下：

A.個人出售房屋，已提供或稽徵機關已查得交易時之實際成交金額及原始取得成本者，其財產交易所得額之計算，應依所得稅法第 14 條第 1 項第 7 類相關規定核實認定。

B.個人出售房屋，未依前點規定申報房屋交易所得、未提供交易時之實際成交金額或原始取得成本，或稽徵機關未查得交易時之實際成交金額或原始取得成本者，稽徵機關應按下列標準計算其所得額：

1. 稽徵機關僅查得或納稅義務人僅提供交易時之實際成交金額，而無法證明原始取得成本，如符合下列情形之一，應以查得之實際房地總成交金額，按出售時之房屋評定現值占公告土地現值及房屋評定現值總額之比例計算歸屬房屋之收入，再以該收入之 17% 計算其出售房屋之所得額：

(1) 臺北市，房地總成交金額新臺幣 6 千萬元以上。

(2) 新北市，房地總成交金額新臺幣 4 千萬元以上。

(3) 桃園市、新竹縣、新竹市、臺中市、臺南市及高雄市，房地總成交金額新臺幣 3 千萬元以上。

(4) 其他地區，房地總成交金額新臺幣 2 千萬元以上。

2. 除前款規定情形外，按下列標準計算其所得額：

直轄市部分：

(1) 臺北市：依房屋評定現值之 45% 計算。

(2) 新北市：

① 板橋區、永和區、中和區、三重區、新店區、蘆洲區、新莊區及土城區：依房屋評定現值之 41% 計算。

② 林口區、汐止區及樹林區：依房屋評定現值之 38% 計算。

③ 泰山區：依房屋評定現值之 35% 計算。

④ 五股區及三峽區：依房屋評定現值之 29% 計算。

⑤ 淡水區：依房屋評定現值之 27% 計算。

---

[2] 財政部 113 年 2 月 16 日台財稅字第 11200712470 號令。

⑥ 八里區：依房屋評定現值之 24% 計算。
⑦ 深坑區：依房屋評定現值之 23% 計算。
⑧ 鶯歌區：依房屋評定現值之 21% 計算。
⑨ 金山區、三芝區及萬里區：依房屋評定現值之 19% 計算。
⑩ 瑞芳區：依房屋評定現值之 15% 計算。
⑪ 石碇區、烏來區、平溪區、坪林區、石門區、雙溪區及貢寮區：依房屋評定現值之 14% 計算。

(3) 桃園市：
① 桃園區及中壢區：依房屋評定現值之 28% 計算。
② 龜山區、蘆竹區及八德區：依房屋評定現值之 27% 計算。
③ 平鎮區及龍潭區：依房屋評定現值之 23% 計算。
④ 楊梅區：依房屋評定現值之 22% 計算。
⑤ 大園區：依房屋評定現值之 21% 計算。
⑥ 大溪區：依房屋評定現值之 20% 計算。
⑦ 新屋區：依房屋評定現值之 15% 計算。
⑧ 觀音區：依房屋評定現值之 13% 計算。
⑨ 復興區：依房屋評定現值之 8% 計算。

(4) 臺中市：
① 南屯區及西屯區：依房屋評定現值之 33% 計算。
② 北屯區：依房屋評定現值之 29% 計算。
③ 西區及東區：依房屋評定現值之 28% 計算。
④ 北區及南區：依房屋評定現值之 27% 計算。
⑤ 中區：依房屋評定現值之 24% 計算。
⑥ 烏日區及太平區：依房屋評定現值之 22% 計算。
⑦ 潭子區、大雅區及大里區：依房屋評定現值之 21% 計算。
⑧ 豐原區及霧峰區：依房屋評定現值之 20% 計算。
⑨ 后里區：依房屋評定現值之 19% 計算。
⑩ 沙鹿區：依房屋評定現值之 18% 計算。
⑪ 神岡區、龍井區、大肚區及大甲區：依房屋評定現值之 17% 計算。
⑫ 梧棲區及清水區：依房屋評定現值之 15% 計算。
⑬ 外埔區：依房屋評定現值之 13% 計算。
⑭ 新社區、東勢區及大安區：依房屋評定現值之 11% 計算。

⑮ 石岡區：依房屋評定現值之 9% 計算。
⑯ 和平區：依房屋評定現值之 8% 計算。
(5) 臺南市：
① 北區及安平區：依房屋評定現值之 27% 計算。
② 東區及中西區：依房屋評定現值之 26% 計算。
③ 安南區：依房屋評定現值之 25% 計算。
④ 南區及永康區：依房屋評定現值之 23% 計算。
⑤ 新市區：依房屋評定現值之 21% 計算。
⑥ 善化區：依房屋評定現值之 20% 計算。
⑦ 仁德區及歸仁區：依房屋評定現值之 18% 計算。
⑧ 安定區：依房屋評定現值之 17% 計算。
⑨ 官田區、新營區、柳營區、關廟區、西港區及佳里區：依房屋評定現值之 15% 計算。
⑩ 新化區：依房屋評定現值之 14% 計算。
⑪ 麻豆區及學甲區：依房屋評定現值之 13% 計算。
⑫ 下營區、山上區、六甲區、後壁區及鹽水區：依房屋評定現值之 12% 計算。
⑬ 七股區及玉井區：依房屋評定現值之 11% 計算。
⑭ 白河區：依房屋評定現值之 10% 計算。
⑮ 將軍區：依房屋評定現值之 9% 計算。
⑯ 龍崎區、大內區、東山區、左鎮區、北門區、楠西區及南化區：依房屋評定現值之 8% 計算。
(6) 高雄市：
① 鼓山區及三民區：依房屋評定現值之 35% 計算。
② 左營區、苓雅區及前鎮區：依房屋評定現值之 33% 計算。
③ 楠梓區、小港區及前金區：依房屋評定現值之 31% 計算。
④ 新興區：依房屋評定現值之 30% 計算。
⑤ 鳳山區：依房屋評定現值之 27% 計算。
⑥ 鹽埕區：依房屋評定現值之 26% 計算。
⑦ 仁武區：依房屋評定現值之 22% 計算。
⑧ 鳥松區、橋頭區及路竹區：依房屋評定現值之 21% 計算。
⑨ 旗津區：依房屋評定現值之 20% 計算。

⑩ 岡山區及燕巢區：依房屋評定現值之 19% 計算。

⑪ 大社區、大寮區：依房屋評定現值之 17% 計算。

⑫ 大樹區：依房屋評定現值之 16% 計算。

⑬ 梓官區及林園區：依房屋評定現值之 15% 計算。

⑭ 阿蓮區：依房屋評定現值之 14% 計算。

⑮ 湖內區、美濃區、彌陀區、茄萣區及永安區：依房屋評定現值之 13% 計算。

⑯ 旗山區：依房屋評定現值之 12% 計算。

⑰ 田寮區、甲仙區、六龜區、桃源區、茂林區、杉林區、內門區及那瑪夏區：依房屋評定現值之 8% 計算。

其他縣（市）部分：

(1) 市（即原省轄市）：

① 新竹市：依房屋評定現值之 27% 計算。

② 基隆市及嘉義市：依房屋評定現值之 21% 計算。

(2) 縣轄市：

① 新竹縣竹北市：依房屋評定現值之 32% 計算。

② 嘉義縣太保市：依房屋評定現值之 19% 計算。

③ 屏東縣屏東市：依房屋評定現值之 18% 計算。

④ 嘉義縣朴子市及宜蘭縣宜蘭市：依房屋評定現值之 17% 計算。

⑤ 苗栗縣頭份市、彰化縣彰化市、員林市、南投縣南投市、雲林縣斗六市及臺東縣臺東市：依房屋評定現值之 16% 計算。

⑥ 花蓮縣花蓮市：依房屋評定現值之 15% 計算。

⑦ 苗栗縣苗栗市及澎湖縣馬公市：依房屋評定現值之 14% 計算。

(3) 鄉鎮：

① 新竹縣新埔鎮、苗栗縣竹南鎮、嘉義縣中埔鄉及屏東縣長治鄉、潮州鎮、萬丹鄉：依房屋評定現值之 16% 計算。

② 彰化縣溪湖鎮、南投縣埔里鎮、屏東縣九如鄉及金門縣金寧鄉：依房屋評定現值之 15% 計算。

③ 苗栗縣苑裡鎮、後龍鎮、彰化縣和美鎮、伸港鄉、大村鄉、二林鎮、溪州鄉、鹿港鎮、南投縣草屯鎮、屏東縣新園鄉、宜蘭縣礁溪鄉、頭城鎮及金門縣金湖鎮：依房屋評定現值之 14% 計算。

④ 新竹縣寶山鄉、新豐鄉、竹東鎮、彰化縣埔心鄉、嘉義縣民雄鄉、屏東縣

東港鎮、內埔鄉、枋寮鄉、宜蘭縣羅東鎮及金門縣金城鎮：依房屋評定現值之 13% 計算。

⑤ 新竹縣芎林鄉、湖口鄉、彰化縣秀水鄉、埔鹽鄉、北斗鎮、社頭鄉、永靖鄉、田中鎮、福興鄉、南投縣鹿谷鄉、嘉義縣大林鎮、水上鄉、屏東縣麟洛鄉、里港鄉、崁頂鄉、鹽埔鄉、萬巒鄉、佳冬鄉、宜蘭縣員山鄉、三星鄉、五結鄉、花蓮縣壽豐鄉、吉安鄉、新城鄉及金門縣烈嶼鄉、烏坵鄉、金沙鎮：依房屋評定現值之 12% 計算。

⑥ 苗栗縣公館鄉、頭屋鄉、銅鑼鄉、彰化縣芬園鄉、線西鄉、埤頭鄉、南投縣水里鄉、名間鄉、雲林縣虎尾鎮、斗南鎮、西螺鎮、麥寮鄉、莿桐鄉、北港鎮、二崙鄉、土庫鎮、崙背鄉、嘉義縣番路鄉、屏東縣南州鄉、恆春鎮、林邊鄉、高樹鄉及宜蘭縣冬山鄉、壯圍鄉、蘇澳鎮：依房屋評定現值之 11% 計算。

⑦ 苗栗縣三義鄉、通霄鎮、彰化縣花壇鄉、雲林縣古坑鄉、嘉義縣新港鄉、竹崎鄉及臺東縣卑南鄉：依房屋評定現值之 10% 計算。

⑧ 新竹縣關西鎮、苗栗縣大湖鄉、造橋鄉、彰化縣田尾鄉、竹塘鄉、二水鄉、芳苑鄉、南投縣集集鎮、竹山鎮、雲林縣大埤鄉、林內鄉、元長鄉、嘉義縣梅山鄉、屏東縣琉球鄉、竹田鄉、車城鄉、花蓮縣玉里鎮、鳳林鎮及臺東縣成功鎮：依房屋評定現值之 9% 計算。

⑨ 其他：依房屋評定現值之 8% 計算。

（八）自 105 年 1 月 1 日起適用房地合一課稅規定，有關房地合一稅之詳細內容請參閱第 23 章第二部分。

焦點話題

房地合一課稅？

1. 財富稅範圍較大，財產稅範圍小。財富稅（wealth tax），通常對個人財富之淨值（net wealth），即資產減去負債，課稅；財富涵括金融性資產、負債，範圍較大。美國財產稅（property tax）則對房、地產課稅，範圍較小。

2. 臺灣對房地財產之持有、交易所得、移轉課稅。臺灣現今課稅情形，如下表所示。

	土地	房屋
持有課稅	地價稅	房屋稅
交易所得課稅	土地增值稅	綜所稅（財產交易所得）
移轉課稅	契稅、印花稅	契稅、印花稅

3.「持有」房地合一課稅？美國已將持有房地合一課稅，即 property tax。臺灣持有房地則分別課地價稅、房屋稅。基本上，國外案例合一課稅是常態，但房與地歸屬於不同所有權人，也是有可能的；且合一時，稅負是否過於集中在一次繳納，增加痛苦感。合一後，地方政府稅收能否增加，並沒有把握。

4.「交易所得」房地合一課稅？104 年 1 月財政部提出「房地合一稅改方案」，主要包括：房地合一買賣以實價課徵較輕的 17% 單一稅率、近五年買進者才適用的「日出條款」、持有二年以上即視為長期可享減徵優惠、自用住宅限一屋且要二千萬元以下才能免稅等，同時停徵「奢侈稅」。

亦即將房地交易之差額（此次賣價－前次買價）扣除「土地漲價金額」後，再適用單一稅率（17%），計算該稅額。

此種交易所得房地合一課稅，屬於國稅，但即使合一，仍必須先繳一次土地增值稅（地方稅）。合一之效益仍宜再多作宣導。

該方案引起社會輿論很大的爭議，大多批評此為輕稅方案，是向建商、投資客等利益團體妥協，既不合理又不公平（非累進）的不當作法。

經過幾度調整，立法院於 104 年 6 月 5 日通過「房地合一課徵所得稅制度」，詳見第 23 章第二部分「房地合一稅」。

第八類：競技、競賽及機會中獎之獎金或給與：凡參加各種競技比賽及各種機會中獎之獎金或給與皆屬之。

（一）參加競技、競賽所支付之必要費用，准予減除。

（二）參加機會中獎所支付之成本，准予減除。

（三）競技競賽機會中獎獎金或給與按給付全額扣取 10%。例如大友百貨公司週年慶舉辦抽獎活動，B 君幸運抽中頭獎保時捷（Porsche）跑車乙部，大友百貨公司除依規定按 10% 扣繳稅款外，B 君需將該筆所得計入綜合所得總額課稅。但政府舉辦之獎券中獎獎金，例如統一發票、公益彩券中獎獎金等，則採分離課稅，按給付全額扣取 20%，不併計綜合所得總額。亦即每聯（組、注）獎額不超過新臺幣 5 千元者，免予扣繳。每聯獎額超過新臺幣 5 千元者，由扣繳義務人按 20% 扣繳稅款後，不再併入綜合所得總額課稅。

第九類：退職所得：凡個人領取之退休金、資遣費、退職金、離職金、終身俸、非屬保險給付之養老金及依勞工退休金條例規定辦理年金保險之保險給付等所得。但個人歷年自薪資所得中自行繳付之儲金或依勞工退休金條例規定提繳之年金保險費，於提繳年度已計入薪資所得課稅部分及其孳息，不在此限：

（一）一次領取者，其所得額之計算方式如下：

1. 一次領取總額在 15 萬元乘以退職服務年資之金額以下者，所得額為零。

2. 超過 15 萬元乘以退職服務年資之金額，未達 30 萬元乘以退職服務年資之金額部分，以其半數為所得額。

3. 超過 30 萬元乘以退職服務年資之金額部分，全數為所得額。

退職服務年資之尾數未滿六個月者，以半年計；滿六個月者，以一年計。

（二）分期領取者，以全年領取總額，減除 65 萬元後之餘額為所得額。

（三）兼領一次退職所得及分期退職所得者，前二款規定可減除之金額，應依其領取一次及分期退職所得之比例分別計算之。

但我國為消除通貨膨脹對納稅義務人因名目所得增加，而造成稅負的增加，故採物價指數連動法，每遇消費者物價指數較上次調整年度之指數上漲累計達 3% 以上時，按上漲程度調整之。因此經按物價指數連動法調整後，113 年度退休人員其退職所得的標準如下（納稅義務人於 114 年辦理 113 年度綜合所得稅結算申報時可適用）：

一、一次領取退職所得者，其所得額之計算方式如下：

（一）一次領取總額在新臺幣（下同）198,000 元乘以退職服務年資之金額以下者，所得額為 0。

（二）超過 198,000 元乘以退職服務年資之金額，未達 398,000 元乘以退職服務年資之金額部分，以其半數為所得額。

（三）超過 398,000 元乘以退職服務年資之金額部分，全數為所得額。

二、分期領取退職所得者，以全年領取總額，減除 859,000 元後之餘額為所得額[3]。

---

[3] 參見財政部公告。

表 4-3　112 年度退職所得之計算

項目	級距	應申報退職所得
一次領取退職所得	不超過 188,000 元 × 年資	0
	188,000 元 × 年資～ 377,000 元 × 年資	以半數爲所得額
	超過 377,000 元 × 年資	全數爲所得額
分期領取退職所得	領取總額減除 814,000 元	以其餘額爲所得額
兼領一次及分期退職所得	依其領取一次及分期退職所得之比例分別計算之	

表 4-4　113 年度退職所得之計算

項目	級距	應申報退職所得
一次領取退職所得	不超過 198,000 元 × 年資	0
	198,000 元 × 年資～ 398,000 元 × 年資	以半數爲所得額
	超過 398,000 元 × 年資	全數爲所得額
分期領取退職所得	領取總額減除 859,000 元	以其餘額爲所得額
兼領一次及分期退職所得	依其領取一次及分期退職所得之比例分別計算之	

例題 5

某乙於 113 年 1 月 20 日自臺北公司退休，他在臺北公司的服務年資為 25 年，退休時領取一次退休金 3,000,000 元，此筆退休金因一次領取總額在 4,950,000（198,000×25 年）元以下，故應課稅所得額為 0。

例題 6

承上題，若某乙於 113 年 1 月 20 日退休，領取之一次退休金為 10,000,000 元，則此筆退休金應課稅所得額為 2,550,000 元。

198,000×25 ＝ 4,950,000 ------ 免稅

〔398,000×25 － 198,000×25〕＝ 5,000,000

5,000,000÷2 ＝ 2,500,000 ----- 半數課稅

10,000,000 －（398,000×25）＝ 50,000---- 全數課稅
2,500,000 ＋ 50,000 ＝ 2,550,000 元

例題 7

某甲於 113 年 1 月退休，服務年資為 30 年 4 個月，領取月退俸，每月 75,000 元（無自行繳付之儲金）；則甲應申報之退職所得為 41,000 元，茲計算如下：

75,000×12 － 859,000 ＝ 41,000 元

第十類：其他所得：不屬於上列各類之所得均屬之，例如個人經營補習班的所得。其他所得係以其收入減去因取得此項收入而支付的成本和必要費用的餘額爲所得額。但職工福利委員會發給的福利金，無成本及必要費用可供減除。告發或檢舉獎金、與證券商或銀行從事結構型商品交易之所得，除依所得稅法第 88 條規定扣繳稅款外，不併計綜合所得總額。又公司依證券交易法或公司法規定發行員工認股權憑證，員工依公司所定之認股辦法行使認股權取得股票，依財政部 93 年 4 月 30 日台財稅字第 0930451436 號令規定，執行權利日標的股票之「時價」超過員工認股價格之差額部分；公司依證券交易法或公司法規定，將收買之股份轉讓予員工，交付股票日標的股票之「時價」超過員工認股價格之差額部分，屬所得稅法第 14 條第 1 項第 10 類規定之其他所得，應計入執行年度或交付股票年度員工之所得額，依法課徵所得稅。

4-4 變動所得（fluctuating income）

個人綜合所得總額中，如有下列所得（經長期累積而成，卻集中在一年內實現，稱爲變動所得），得僅以半數作爲當年度所得，其餘半數免稅（所 14）。

1. 自力經營林業之所得（屬自力耕作所得）。

2. 受僱從事遠洋漁業，於每次出海後一次分配之報酬（屬薪資所得）。

3. 因耕地出租人收回耕地或政府徵收依平均地權條例第 77 條或第 11 條規定取得的地價補償（屬其他所得）。

4. 個人非因執行職務而死亡，其遺族依法令或規定一次領取之撫卹金或死亡賠償與

退職所得合併計算後，超過定額免稅的部分（屬其他所得）。

此乃因爲上述所得係經過多年長期累積而成，而所得卻集中在一年實現，在綜合所得稅的累進稅率下，對該類所得非常不利，例如自力經營林業可能需十年才能有所成，前面九年可能毫無收入，全部收入集中在第十年實現，卻要在第十年適用高的累進稅率，甚不合理，基於公平的考量，故對以上性質的所得（變動所得）給予減半課稅。

4-5 按法定比例推計（presumption）所得

所得稅的課稅客體係所得，而一般所得的計算係以收入總額減除賺取此收入所必要之成本及費用，惟有些成本及費用不易估算，只好採用收入的某一百分比以推算其所得額，此即按法定比例推計所得。

在綜合所得稅方面有：

1. 租賃所得，係以租金收入減去合理而必要的損耗和費用後的餘額做爲所得，合理而必要的損耗及費用可逐項舉證申報；亦可不逐項申報，直接以租金收入的43% 作爲必要的成本及費用，後者即爲按法定比例推計所得。

2. 各項執行業務所得、成本及費用無法核計者，得依財政部頒佈之執行業務者收入標準及費用標準之規定核計所得。

3. 自力耕作、漁、牧、林、礦之成本及必要費用標準爲收入之 100%，故其所得額爲 0，亦即不必納稅。

在營利事業所得稅方面有：

1. 營利事業因帳載簿據不完備，經稽徵機關按同業利潤標準核定所得額。

2. 總機構在中華民國境外之營利事業，在中華民國境內經營國際運輸、承包營建工程、提供技術服務或出租機器設備等業務，其成本費用分攤計算困難者，可申請按在臺營業額 10%（國際運輸業務）或 15%（其餘業務）計算所得額（所25）。

3. 國外影片事業在臺設有營業代理人者，以其在臺營業收入之 50% 作爲所得額（所 26）。

4-6 減免項目

我國所得稅法在修法前對現役軍人之薪餉以及托兒所、幼稚園、國民小學、國民中學、私立小學及私立初級中學之教職員薪資均予以免稅，但按現役軍人薪餉及國民中小學以下教職員薪資所得免稅規定，係基於身分別、職業別之免稅，有違所得稅量能課稅及租稅公平原則。為促進稅制合理化，爰刪除所得稅法第 4 條第 1 項第 1 款及第 2 款有關現役軍人薪餉及國民中小學以下教職員薪資所得免稅規定。茲將修訂後第 4 條的免稅規定說明如下：

一、免稅所得：下列各項所得免納所得稅（所 4）：

（一）（刪除）

（二）（刪除）

（三）傷害或死亡之損害賠償金，及依國家賠償法規定取得之賠償金。

（四）個人因執行職務而死亡，其遺族依法令或規定取得之撫卹金或死亡補償。個人非因執行職務而死亡，其遺族依法令或規定一次或按期領取之撫卹金或死亡補償，應以一次或全年按期領取總額，與退職所得合計，其領取總額以不超過退職所得規定減除之金額為限。

（五）公、教、軍、警人員及勞工，所領政府發給之特支費、實物配給或其代金及房租金津貼。公營機構服務人員所領單一薪俸中，包括相當於實物配給及房租津貼部分。

（六）依法令規定，具有強制性質儲蓄存款之利息。

（七）人身保險、勞工保險及軍、公、教保險之保險給付。

（八）中華民國政府或外國政府、國際機構、教育、文化、科學研究、團體、或其他公私組織為獎勵進修、研究，或參加科學或職業訓練而給予之獎學金及研究、考察補助費等。但受領之獎學金或補助費，如係為授與人提供勞務所取得之報酬，不適用之。

（九）各國駐在中華民國使領館之外交官、領事官及其他享受外交官待遇人員在職務上之所得。

（十）各國駐在中華民國使領館及其附屬機關內，除外交官、領事官及享受外交官待遇之人員以外之其他各該國國籍職員在職務上之所得。但以各該國對中華民國駐在各該國使領館及其附屬機關內中華民國籍職員，給予同樣待遇者為限。

（十一）自國外聘請之技術人員及大專學校教授，依據外國政府機關、團體或教育、文化機構與中華民國政府機關、團體、教育機構所簽訂技術合作或文化教育交換合約，在中華民國境內提供勞務者，其由外國政府機關、團體或教育、文化機構所給付之薪資。

（十二）個人出售土地，或個人出售家庭日常使用之衣物、家具，其交易所得。但個人交易中華民國 105 年 1 月 1 日以後取得之房屋、土地，其交易所得應依規定課徵所得稅（所 4-4）。

（有關房地合一稅之詳細內容請參閱第 23 章第二部分）

又個人出售中華民國 62 年 12 月 31 日前所持有股份有限公司股票或公司債，其交易所得額中，屬於中華民國 62 年 12 月 31 日前發生之部分。

（十三）自中華民國 79 年 1 月 1 日起，證券交易所得停止課徵所得稅，證券交易損失亦不得自所得額中減除。

（十四）依期貨交易稅條例課徵期貨交易稅之期貨交易所得，暫行停止課徵所得稅；其交易損失，亦不得自所得額中減除（所 4-2）。

（十五）因繼承、遺贈或贈與而取得之財產。因該部分所得依規定需繳納遺產及贈與稅，爲避免重複課稅，所以不再納入綜合所得總額課稅。但取自營利事業贈與之財產，不在此限。

（十六）個人稿費、版稅、樂譜、作曲、編劇、漫畫及演講之鐘點費之收入。但全年合計數以不超過 18 萬元爲限。

（十七）政府機關或其委託之學術團體辦理各種考試及各級公私立學校辦理入學考試，發給辦理試務工作人員之各種工作費用。

（十八）公共設施保留地因依都市計畫法第 49 條第 1 項徵收，取得之加成補償。

（十九）營利事業提供財產成立、捐贈或加入符合規定之公益信託者，受益人享有該信託利益之權利價值免納所得稅（所 4-3）。

焦點話題

公務人員主管加給免稅的公平性
——公務人員主管職務加給，不應免稅

100 年 3 月羅淑蕾委員曾質疑，民間的薪水不管是加給或是津貼，只要有領取 1 塊錢的都要繳稅，「為什麼民間機構的職務加給要繳稅，公務員的不用？」

財政部在 76 年 10 月發布一紙行政命令指出，全國軍公教人員待遇支給辦法第

4 條第 2 款第 1 目規定支給的「主管職務加給」，既已在條文內加註：「即原主管特支費」字樣，應准繼續適用特支費規定，免納所得稅。在此之前，主管職務加給原本也沒有課稅。（經濟日報 100-09-13）

根據人事行政局所訂「公務人員主管職務加給表」，公務人員按職等不同，主管職務加給的金額也有高低之別。以高考等新進五職等稅務員為例，其每月主管職務加給為 4,190 元；14 職等常務次長每月可領取的職務加給為 4 萬 410 元。

表 4-5　公務人員主管職務加給表

單位：新臺幣元

官等	職等	級別	月支數額
簡任（派）	14	第 1 級	40,410
	13	第 2 級	32,740
	12		29,520
	11	第 3 級	19,130
	10	第 4 級	13,110
薦任（派）	9	第 5 級	9,710
	8	第 6 級	7,520
	7		5,750
	6		4,720
委任（派）	5	第 7 級	4,190

註：1. 本表依公務人員加給給與辦法第 13 條規定訂定。

2. 本表自民國 113 年 1 月 1 日生效。

以 14 職等事務官每月領取 4 萬餘元主管職務加給為例，一年的「免稅所得」13.5 月（含年終獎金），即達 54 萬元，如按適用稅率 30% 計算，一年省了所得稅達 16 萬元。

茲將主管職務加給、主管特支費比較，列如表 4-6。最重要的是，主管職務加給乃固定每月領取，屬於常態性薪資，官員的主管加給不課稅，實在沒有道理。

表 4-6　主管職務加給、主管特支費比較

	主管職務加給	主管特支費
預算／會計性質	人事費	業務費
預算／會計科目	「人事費」預算科目項目下的「薪水」。 固定每月領取，屬於常態性薪資	「業務費」的子科目，必須完全要用在公務上。 非固定領取，且需要單據實報實銷
給予對象	給予個人，屬於薪水	給予職位，屬於使用權，無所有權。
沿革	以前稱爲：主管特支費	
有否課稅	官方不課；且可加發年終獎金 1.5 個月。 民間須課。	不需課稅

二、免稅額（所 17）

納稅義務人按規定減除其本人、配偶及合於下列規定扶養親屬之免稅額；納稅義務人及其配偶年滿七十歲者，免稅額增加 50%。依所得稅法規定免稅額每遇消費者物價指數較上次調整年度之指數上漲累計達 3% 以上時，由財政部按上漲程度計算調整後公告，因採物價指數連動法，民國 112 年免稅額爲每人全年 92,000 元，年滿七十歲者爲 138,000 元。113 年免稅額調高爲每人全年 97,000 元，年滿七十歲者爲 145,500 元，亦即 114 年申報 113 年綜合所得稅時，免稅額適用 97,000 元與 145,500 元。

納稅義務人之扶養親屬包括：

1. 納稅義務人及其配偶之直系尊親屬，年滿六十歲，或無謀生能力，受納稅義務人扶養者。其年滿七十歲受納稅義務人扶養者，免稅額增加 50%。
2. 納稅義務人之子女未成年，或已成年[4]而因在校就學、身心障礙或無謀生能力受納稅義務人扶養者。
3. 納稅義務人及其配偶之同胞兄弟、姊妹未成年，或已成年而因在校就學、身心障礙或無謀生能力受納稅義務人扶養者。

上述第 1 目至第 3 目關於減除扶養親屬免稅額之規定，不以受扶養親屬與納稅義

[4] 配合民法成年年齡下修爲 18 歲，並使適用納稅義務人扶養親屬免稅額規定之受扶養親屬成年與否之認定回歸民法規定，爰將「未滿 20 歲」及「滿 20 歲以上」修正爲「未成年」及「已成年」。

務人同居爲要件。

4. 納稅義務人其他親屬或家屬，合於民法第 1114 條第 4 款及第 1123 條第 3 項之規定，未成年，或已成年而因在校就學、身心障礙或無謀生能力，確係受納稅義務人扶養者。至於能否申報扶養，大法官認爲重點在於有無共同生活之客觀事實，而不應拘泥於是否登記同一戶籍。

實務案例

納稅義務人申報扶養已成年親屬的免稅額時，受扶養者必須符合「在校就學」、「身心障礙」或是「無謀生能力」之其中一項要件，並確係受納稅義務人扶養者，才可列報。若是失業、服兵役或因補習考國考等原因，依所得稅法第 17 條規定均無法認列[5]。

焦點話題

大法官釋字第 415 號解釋──租稅法律主義

一、解釋爭點

原所得稅法施行細則第 21 條之 2 規定：「本法第十七條第一項第一款第四目關於減除扶養親屬免稅額之規定，其為納稅義務人之其他親屬或家屬者，應以與納稅義務人或其配偶同一戶籍，且確係受納稅義務人扶養者為限」，是否違憲？

二、解釋文

家者，以永久共同生活之目的而同居為要件，納稅義務人與受扶養人是否為家長家屬，應取決於其有無共同生活之客觀事實，而不應以是否登記同一戶籍為唯一認定標準。所得稅法施行細則第 21 條之 2 規定：「本法第十七條第一項第一款第四目關於減除扶養親屬免稅額之規定，其為納稅義務人之其他親屬或家屬者，應以與納稅義務人或其配偶同一戶籍，且確係受納稅義務人扶養者為限」，其應以與納稅義務人或其配偶「同一戶籍」為要件，限縮母法之適用，有違憲法第 19 條租稅法律主義，其與上開解釋意旨不符部分應不予援用，爰刪除所得稅法施行細則第 21 條之 2 規定。

5　參閱北區國稅局宣導資料。

實務案例

免稅額

子女已成年於大陸地區未經認可學校就學，不能列報免稅額，違憲

簡先生92年及93年度綜合所得稅結算申報，以其女在北京大學就學，列報扶養已成年子女免稅額7萬4,000元，均經財政部北區國稅局以北京大學學歷當時並未經教育部認可，依財政部函釋意旨予以剔除並補徵應納稅額。簡先生不服，先後提起行政訴訟，均遭駁回；乃聲請大法官解釋，經大法官會議釋字第692號解釋宣告違憲，認爲財政部第841657896號函限縮上開所得稅法之適用，增加法律所無之租稅義務，違反憲法第19條租稅法律主義，應自本解釋公布之日起不再援用。

年度中結婚、生子、死亡或離境：無論在年度中結婚或生子，其免稅額均可按全額計算，但個人於年度進行中死亡或離境者，其免稅額及標準扣除額之減除，應分別按該年度死亡前日數，或在我國境內居住日數，占全年日數之比例，換算減除（所17-1）；惟如由配偶合併申報課稅或由符合規定之納稅義務人列爲受扶養親屬者，其免稅額及標準扣除額之減除，均得按全額計算扣除（所細25-1）。

三、扣除額（所17）

扣除額包括一般扣除額及特別扣除額，納稅義務人得就一般扣除額中之標準扣除額或列舉扣除額擇一減除，並減除特別扣除額。各項扣除金額如下：

（一）一般扣除額：分爲標準扣除額及列舉扣除額，二者只能擇一，不得併用。

1. 標準扣除額：112年標準扣除額爲納稅義務人個人扣除124,000元；有配偶者加倍扣除之，爲248,000元。因採物價指數連動法，自113年度起標準扣除額調高爲納稅義務人個人扣除131,000元；有配偶者加倍扣除之，爲262,000元。亦即114年申報113年度綜合所得稅時，標準扣除額適用131,000元與262,000元。

2. 列舉扣除額：下列各種費用有確實的證明或收據，且不超過法定限額部分，可申報減除。

(1) 捐贈：納稅義務人、配偶及受扶養親屬對於教育、文化、公益、慈善機構或團體之捐贈總額最高不超過綜合所得總額20%爲限。但有關國防、勞軍之捐贈及對政府之捐獻，不受金額之限制。

非現金捐贈：

納稅義務人、配偶及受扶養親屬以非現金財產捐贈政府、國防、勞軍、教育、文化、公益、慈善機構或團體者，納稅義務人依規定申報捐贈列舉扣除金額之計算，除法律另有規定外，應依實際取得成本爲準。但有下列情形之一者，由稽徵機關依財政部訂定之標準核定之：

①未能提出非現金財產實際取得成本之確實憑證。

②非現金財產係受贈或繼承取得。

③非現金財產因折舊、損耗、市場行情或其他客觀因素，致其捐贈時之價值與取得成本有顯著差異。

前項但書之標準，由財政部參照捐贈年度實際市場交易情形定之（所 17-4）。

本法中華民國 105 年 7 月 12 日修正之條文施行前，納稅義務人、配偶及受扶養親屬已以非現金財產捐贈，而納稅義務人個人綜合所得稅尚未核課或尚未核課確定之案件，其捐贈列舉扣除金額之計算，適用第 1 項規定（所 17-4）。

立法理由

一、鑑於過去非現金財產捐贈列舉扣除金額之計算係依解釋令辦理，與憲法第 19 條租稅法律主義不符，因其涉及稅基之計算標準，攸關列舉扣除額得認列之金額，並非僅屬執行所得稅法規定之細節性或技術性事項，而係影響人民應納稅額及財產權實質且重要事項，自應以法律或法律具體明確授權之命令定之。

二、考量所定列舉扣除額，應以實際支付金額（即取得成本）作爲列報基礎，避免捐贈者因捐贈之非現金財產實際取得成本與其捐贈時實際市價交易價值兩者間之差額未課徵所得稅而享有租稅利益之流弊，以符租稅公平。另爲避免納稅義務人利用捐贈因折舊、損耗、市場行情或其他客觀因素（如公司經營虧損，致其股票幾無市場價值）致其捐贈時之價值與取得成本有顯著差異之非現金財產，套取租稅利益，該等捐贈列舉扣除金額，尚不宜一律以實際取得成本減除，應視實際市場交易情形作合宜之認定。至法律另有規定，例如文化藝術獎助條例第 28 條就以具有文化資產價值之古物、古蹟捐贈政府，其價值之認定定有明文，即依該法規定辦理。

三、爲使第 1 項但書標準之訂定客觀有據，於第 2 項授權財政部參照捐贈年度實際市場交易情形定之，並考量非現金財產捐贈態樣多元，該標準應明定倘納稅義務人捐贈之財產非所列項目範圍，納稅義務人可向該管稽徵機關申請核定捐贈之數額，該管稽徵機關受理後應予核定，俾利遵循[6]。

6　參見立法院立法理由。

(2) 保險費：納稅義務人、配偶或受扶養直系親屬之人身保險、勞工保險、國民年金保險及軍、公、教保險之保險費，每人每年扣除數額以不超過 2 萬 4 千元爲限。但全民健康保險之保險費不受金額限制。例如林先生 112 年健保費 32,000 元，公保費 18,000 元，另購買郵局人壽保險，保費 100,000 元。則林先生 112 年綜合所得稅可列報的保險費爲 56,000 元（32,000 元＋ 24,000 元）。

(3) 醫藥及生育費：納稅義務人、配偶或受扶養親屬之醫藥費及生育費，以付與公立醫院、全民健康保險特約醫療院、所，或經財政部認定其會計紀錄完備正確之醫院者爲限。但受有保險給付部分，不得扣除。

自中華民國 101 年 7 月 6 日起，綜合所得稅納稅義務人本人、配偶或受扶養親屬，因身心失能無力自理生活而須長期照護（如失智症、植物人、極重度慢性精神病、因中風或其他重症長期臥病在床等），所付與公立醫院、全民健康保險特約醫療院、所或其他合法醫療院、所之醫藥費，適用綜合所得稅醫藥及生育費列舉扣除規定（財政部 101.11.07 臺財稅字第 10100176690 號）。

(4) 災害損失：納稅義務人、配偶或受扶養親屬遭受不可抗力之災害損失。但受有保險賠償或救濟金部分，不得扣除。所稱不可抗力之災害，指震災、風災、水災、旱災、寒害、火災、土石流、海嘯、瘟疫、蟲災、戰爭、核災、氣爆，或其他不可預見、不可避免之災害或事件，且非屬人力所能抗拒者爲限（所細 10-1）。

(5) 購屋借款利息：納稅義務人、配偶及受扶養親屬購買自用住宅，向金融機構借款所支付之利息，其每一申報戶每年扣除數額以 30 萬元爲限。但申報有儲蓄投資特別扣除額者，其申報之儲蓄投資特別扣除金額，應在上項購屋借款利息中減除。亦即購屋借款利息支出（ZK）減除儲蓄投資特別扣除額（ZD）後之金額不得超過 30 萬元（0 ≦ ZK—ZD ≦ 300,000）；納稅義務人依上述規定扣除購屋借款利息者，以一屋爲限。購屋借款利息之扣除，應符合下列各要件：①以納稅義務人、配偶或受扶養親屬名義登記爲其所有；②納稅義務人、配偶或受扶養親屬於課稅年度在該地址辦竣戶籍登記，且無出租、供營業或執行業務使用者；③取具向金融機構辦理房屋購置貸款所支付當年度利息單據（所細 24-3）。

(6) 對政黨、政治團體及擬參選人之捐贈：①依政治獻金法第 19 條規定，個人對政黨、政治團體及擬參選人之捐贈，得於申報所得稅時，作爲當年度列舉扣除額，每一申報戶可扣除之總額，不得超過當年度申報之綜合所得總額 20%，其總額並不得超過新臺幣 20 萬元；②對政黨之捐贈，政黨於該年度全國不分區及僑居國外國民立法委員選舉、區域及原住民立法委員選舉推薦候選人之得票率，均未達 1%，不適用前項之規定。該年度未辦理選舉者，以上次選舉之得票率為準；新成立之政黨，以下次選舉之得票率為準（政獻 19）；③依政治獻金法第 18 條規定，對同一（組）擬參選人每年捐贈總額，不得超過新臺幣 10 萬元（政獻 18）。

(7) 候選人之競選經費：候選人自選舉公告之日起至投票日後 30 日內，所支付與競選活動有關之競選經費，於規定之最高限額內減除接受捐贈後之餘額，得列舉扣除。應檢附文件：

①開立政治獻金專戶接受政治獻金者，應檢附向監察院申報的會計報告書影本及經費支出憑證影本或證明文件。

②未開立政治獻金專戶接受政治獻金者，應依政治獻金法第 20 條將競選經費分別列示，並檢附經費支出憑證影本或證明文件。

(8) 對私立學校之捐贈：依私立學校法第 62 條規定，教育部為促進私立學校發展，得成立財團法人私立學校興學基金會，辦理個人或營利事業對私立學校捐贈有關事宜。

個人透過前項基金會對學校法人或本法中華民國 96 年 12 月 18 日修正之條文施行前已設立之財團法人私立學校之捐贈，於申報當年度所得稅時，得在不超過綜合所得總額 50%，作為列舉扣除額。

個人透過第一項基金會，未指定捐款予特定之學校法人或學校者，於申報當年度所得稅時，得全數作為列舉扣除額。

對教育捐贈之補充說明：

1. 個人透過財團法人私立學校興學基金會，未指定捐款予特定之學校法人或學校者，於申報當年度所得稅時，得全數作為列舉扣除額。

2. 個人透過財團法人私立學校興學基金會，指定捐款予特定之學校法人或學校者，於申報當年度所得稅時，得在不超過綜合所得總額 50%，作為列舉扣除額。

3. 個人未透過財團法人私立學校興學基金會，直接對私立學校之捐贈總額最高不超過綜合所得總額 20% 為限。

4. 個人對公立學校之捐贈，不受金額之限制，得全數作為列舉扣除額。

（二）特別扣除額

1. 財產交易損失：納稅義務人、配偶及受扶養親屬財產交易損失，其每年度扣除額，以不超過當年度申報之財產交易之所得為限；當年度無財產交易所得可資扣除，或扣除不足者，得以以後三年度之財產交易所得扣除之。

2. 薪資所得特別扣除：納稅義務人、配偶或受扶養親屬之薪資所得，每人每年扣除數額以 20 萬元為限，全年薪資收入未達 200,000 元，僅得就其全年薪資收入總額全數扣除。因採物價指數連動法，112 年度薪資所得特別扣除額調高為 207,000 元，自 113 年度起薪資所得特別扣除額調高為 218,000 元，亦即 114 年申報 113 年度綜合所得稅時，薪資所得特別扣除額適用 218,000 元。

焦點話題

大法官釋字第 745 號
——【薪資所得未許實額減除費用是否違憲案】[7]

凱渥名模林若亞將模特兒收入以「執行業務所得」報稅，指收入全都花在治裝等費用，列舉費用扣除後，她沒有賺到錢，應該不用繳稅；但遭國稅局追稅，指她的收入是「薪資收入」，不能列舉扣除必要費用，林若亞向桃園地院提出行政訴訟，當時的承審法官錢建榮認為稅法確實不合理，裁定停止審理，並提出釋憲案。大法官會議於 106 年 2 月 8 日作出第 745 號解釋，認定現行規定薪資所得不能像執行業務所得一樣扣除必要成本違憲，相關機關應自本解釋公布日起 2 年內檢討修法[8]。

大法官釋字第 745 號解釋文主要內容如下：所得稅法對於執行業務所得之計算，採實額減除成本及必要費用方式；就薪資所得之計算，則未容許列舉減除超過法定扣除額之必要費用，且以單一額度特別扣除額方式，一體適用於全部薪資所得者，不僅形成執行業務所得者與薪資所得者間之差別待遇，亦形成薪資所得者間之差別待遇。與憲法第 7 條平等權保障之意旨不符，相關機關應自本解釋公布之日起二年內，依本解釋之意旨，檢討修正所得稅法相關規定。

惟財政部考量我國每年薪資所得申報戶數已達 500 萬戶以上，遠多於執行業務所得申報戶數，如主管機關對個案之薪資所得均須逐一認定，其行政成本將過於龐大。若採與必要費用額度相當之定額扣除法，使薪資所得者無須設置個人帳簿或保存相關憑證，即得直接定額扣除其必要費用，主管機關亦無須付出審查之勞費，當可簡化薪資所得者之依從成本及國家之稽徵成本（財政部 102 年 11 月 4 日台財稅字第 10200147460 號函附件說明參照）。

爰此，我國於 107 年 2 月 7 日修正公布所得稅法，將薪資所得特別扣除額由 128,000 元提高至 200,000 元，自 107 年度施行。

---

7 中華民國 106 年 2 月 8 日 院台大二字第 1060003592 號。
8 2017.02.09 自由時報。

3. 儲蓄投資特別扣除：納稅義務人、配偶及受扶養親屬於金融機構之存款利息、儲蓄性質信託資金之收益及公司公開發行並上市之記名股票之股利，合計全年扣除數額以 27 萬元為限。惟自兩稅合一制度實施後，自 88 年 1 月 1 日起取得公司公開發行並上市之記名股票股利，不再適用儲蓄投資特別扣除之規定（所 17-3）。又依郵政儲金匯兌法規定免稅之存簿儲金利息及本法規定分離課稅之利息，不包括在內。

4. 身心障礙特別扣除：為適度減輕特殊境遇家庭租稅負擔，自 107 年度開始，身心障礙特別扣除調高為每人每年扣除 20 萬元。亦即納稅義務人、配偶或受扶養親屬如為領有身心障礙手冊或身心障礙證明者，及精神衛生法第 3 條第 4 款規定之病人，每人每年得扣除 20 萬元，因採物價指數連動法，112 年度身心障礙特別扣除額調高為 207,000 元，自 113 年度起身心障礙特別扣除調高為 218,000 元，亦即 114 年申報 113 年度綜合所得稅時，身心障礙特別扣除適用 218,000 元。

5. 教育學費特別扣除：納稅義務人就讀大專以上院校之子女之教育學費每人每年之扣除數額以 25,000 元為限。但空中大學、專校及五專前三年及已接受政府補助者，不得扣除。申報教育學費特別扣除額者，應檢附繳費收據影本或其他足資證明文件（所細 24-5）。

6. 幼兒學前特別扣除：自民國 113 年 1 月 1 日起，納稅義務人六歲以下之子女，第一名子女每年扣除 15 萬元，第二名及以上子女每人每年扣除 22 萬 5 千元。

7. 長期照顧特別扣除：自民國 108 年 1 月 1 日起，納稅義務人、配偶或受扶養親屬為符合中央衛生福利主管機關公告須長期照顧之身心失能，每人每年扣除 12 萬元。

8. 房屋租金支出特別扣除：自民國 113 年 1 月 1 日起，納稅義務人、配偶及受扶養直系親屬在中華民國境內租屋供自住且非供營業或執行業務使用者，其所支付之租金減除接受政府補助部分，每一申報戶每年扣除數額以 18 萬元為限。但納稅義務人、配偶或受扶養直系親屬在中華民國境內有房屋者，不得扣除。

又依所得稅法第 71 條規定應辦理結算申報而未辦理，經稽徵機關核定應納稅額者，均不適用上述列舉扣除額之規定。

納稅義務人有下列情形之一者，不適用長期照顧特別扣除及房屋租金支出特別扣除之規定：

(1) 經減除長期照顧特別扣除額及房屋租金支出特別扣除額後，納稅義務人或其配偶依第 15 條第 2 項規定計算之稅額適用稅率在 20% 以上。

(2) 納稅義務人依第 15 條第 5 項規定選擇就其申報戶股利及盈餘合計金額按 28% 稅率分開計算應納稅額。

(3) 納稅義務人依所得基本稅額條例第 12 條規定計算之基本所得額超過同條例第 13 條規定之扣除金額（113 年度爲 750 萬元）。

茲將免稅額及扣除額列表如下：

表 4-7　112、113 年度綜合所得稅免稅額及扣除額彙總表

項　目		112 年度金額	113 年度金額
免稅額		92,000 元	97,000 元
納稅義務人本人、配偶年滿七十歲者，或年滿七十歲受納稅義務人扶養之直系尊親屬免稅額增加 50%		138,000 元	145,500 元
標準扣除額	單身	124,000 元	131,000 元
	有配偶者	248,000 元	262,000 元
列舉扣除額	捐贈	20% 或不限（國防等）	20% 或不限（國防等）
	保險費	24,000 元；健保費不限	24,000 元；健保費不限
	醫藥及生育費	實際發生金額減除保險給付	實際發生金額減除保險給付
	災害損失	實際發生金額減保險賠償	實際發生金額減保險賠償
	自用住宅購屋借款利息	ZK-ZD ≦ 300,000 元	ZK-ZD ≦ 300,000 元
	房屋租金支出	120,000 元	--
	對競選經費之捐贈	20 萬、20%；10 萬元	20 萬、20%；10 萬元
	競選經費	規定最高限額內減除接受捐贈	規定最高限額內減除接受捐贈
	對私立學校之捐贈	20%、50% 或不限（透過興學基金會＋未指定）	20%、50% 或不限（透過興學基金會＋未指定）
特別扣除額	薪資所得特別扣除額	207,000 元	218,000 元
	儲蓄投資特別扣除額	270,000 元	270,000 元
	教育學費特別扣除額	每人每年 25,000 元	每人每年 25,000 元
	身心障礙特別扣除額	207,000 元	218,000 元
	財產交易損失扣除額	以財產交易所得爲限	以財產交易所得爲限
	幼兒學前特別扣除額	每人每年扣除 120,000 元	150,000 元、225,000 元
	長期照顧特別扣除	每人每年扣除 120,000 元	每人扣除 120,000 元
	房屋租金特別扣除	--	每户上限 180,000 元

考題解析

請依所得稅法規定回答下列問題：

（一）113 年度甲（60 歲）及其配偶（71 歲），扶養同戶籍下列親屬，則該申報戶可申報之免稅額總額最高爲多少？（提示：當年度之免稅額基準爲每人全年 9.7 萬元）

1. 就讀於國外公立學校研究所之妹妹（40 歲）。

2. 全年在服兵役之兒子（24 歲）。

3. 113 年 6 月畢業之女兒（22 歲）。

4. 無謀生能力之舅舅（80 歲）。

（二）113 年度乙與配偶合併申報撫養未成年之女兒一人及領有身心障礙手冊之胞兄一人，當年度有下列費用（均取具合法憑證），則該申報戶可列舉扣除之金額爲多少？（提示：上限額度：保險費 2.4 萬元，購屋借款利息 30 萬元，租金支出 18 萬元，儲蓄投資特別扣除額 27 萬元）

1. 每人之人身保險費（非全民健保費）均爲 10 萬元，總共 40 萬元。

2. 每人之全民健保費均爲 3 萬元，總共 12 萬元。

3. 該胞兄之醫藥費 3 萬元，獲保險公司給付 1 萬元。

4. 女兒因就學所需，在北部租屋，租金共 12 萬元。

5. 購買自用住宅利息支出 50 萬元，另有銀行存款利息收入 30 萬元。

（108 年會計師高考試題改編）

擬答：

（一）9.7 萬 ×4（甲、妹妹、女兒、舅舅）＋9.7 萬 ×1.5（配偶）＝533,500 元

（二）保險費 2.4 萬 ×3（乙、配偶、女兒）＋健保費 3 萬 ×3（乙、配偶、女兒）＋胞兄之醫藥費（3 萬－1 萬）＋購屋借款利息（50 萬－27 萬）＝412,000 元

焦點話題

長照財源的籌措

通常長期照顧之財源有二大類型：（一）長照保險；（二）稅收融通。

為回應高齡化社會，參考荷、德、日、韓作法，在 2016 年之前，政府以長照保

險方式進行規劃。理由是：1. 自助互助；2. 財源穩定；3. 足夠規模。[9] 保費約為健保費的四分之一。納保對象為全民，保險費由民眾、僱主及政府三方分擔。以月薪新臺幣 5 萬元的民眾為例，平均每月保險費需繳納 180 元左右。[10]

強制納保的長照保險，表示青壯年勞動人口繳了保費，替現在的長照使用者（大多數為年長者）支付長照費用。雖然有部分的繳費者家中已有失能或失智家人立即受益，但是由於財務風險，很可能繳費者真的等到他需要長照的那一天，長照保險已經無法提供足額的保障，甚至破產了。

2016 年 5 月政黨輪替後，長照政策改弦更張為稅收制。因為採取稅收制，民眾、企業雇主、政府都不會有定期繳納保費的「痛苦感」。

2016 年年底小英政府為實現其競選政見，端出「長期照顧十年 2.0 計畫」，從 2017 年 1 月實施。目標在建構「找得到、看得到、用得到」的長照服務，希望將長照層面加以擴大。

在服務對象上，從「長照 1.0」的 51 萬人，增加至「長照 2.0」的將近 74 萬人，成長約 44%。在服務項目上，則從原本的 8 項增加至 17 項，向前延伸至預防階段、向後延伸至安寧服務。[11]

2017 年 1 月「長照服務法」修法第 15 條，長照基金之財源有：1. 遺贈稅稅率調升增加之稅收；2. 菸稅加稅（每包菸加稅 20 元）增加之稅收；3. 政府預算撥充，例如房地合一稅；4. 菸捐收入；5. 捐贈；6. 孳息。2018 年長照基金預算目標為 321 億元，已順利達成。但是，仍一直被批評：長照仰賴指定用途的稅收，財源並不穩定且不充足。

立法院院會於 2019.7.1 三讀通過《所得稅法》第 17 條修正案，增訂長照扣除額每人每年新臺幣 12 萬元，因為長照服務（照顧服務、專業服務、交通接送服務、輔具及居家無障礙環境改善服務、喘息服務），除了低收入戶以外，仍需部分負擔。因此和醫療的自負額一樣，這種扣除額都屬於稅式支出（tax expenditure）。自負額的付費者，可得到完全對等報償的所得扣除。（繳健保費，未必對等報償！）

---

9 參閱維基百科「長期照顧保險」條。

10 參閱維基百科「長期照顧保險」條。

11 周恬弘（2017），「長照財源，怎樣才撐得夠「長」？」，https://opinion.cw.com.tw/blog/profile/322/article/5258。

4-7 物價指數連動法

我國爲消除通貨膨脹對納稅義務人因名目所得增加，而造成稅負的增加，故對綜合所得稅之免稅額、標準扣除額、薪資所得特別扣除額、身心障礙特別扣除額、退職所得及課稅級距金額等實施物價指數連動法。其中免稅額、標準扣除額、薪資所得特別扣除額、身心障礙特別扣除額、退職所得等項目金額每遇消費者物價指數較上次調整年度之指數上漲達 3% 以上時，按上漲程度調整之。調整金額以千元爲單位，未達千元者按百元數四捨五入（所 5、5-1、14）。課稅級距之金額每遇消費者物價指數較上次調整年度之指數上漲累計達 3% 以上時，按上漲程度調整之。調整金額以萬元爲單位，未達萬元者按千元數四捨五入。綜合所得稅免稅額及課稅級距之金額，於每年度開始前，由財政部依規定計算後公告之。所稱消費者物價指數，指行政院主計處公布至上年度 10 月底爲止十二個月平均消費者物價指數（所 5）。免稅額、標準扣除額、薪資所得特別扣除額、身心障礙特別扣除額，應依所得水準及基本生活變動情形，每三年評估一次（所 5-1）。

4-8 分離課稅

所謂分離課稅係指某種所得可不併入綜合所得總額按累進稅率計稅，而另按其他稅率計稅，並採就源扣繳的課稅方式，就該部分的所得，納稅義務人無須再辦理結算申報。我國目前採分離課稅者有：

一、短期票券利息所得：短期票券到期兌償金額超過首次發售價格部分之利息，按給付額扣取 10% 後，不再併入個人綜合所得總額課稅（所 14）。

二、公債、公司債或金融債券利息所得：

（一）自中華民國 96 年 1 月 1 日起，個人持有公債、公司債及金融債券之利息所得，應依第 88 條規定扣繳稅款，不併計綜合所得總額。亦即按給付額扣取 10%，不併計綜合所得總額。

（二）自中華民國 99 年 1 月 1 日起，個人取得下列所得，應依所得稅法第 88 條規定扣繳稅款，扣繳率爲 10%，不併計綜合所得總額：

1. 短期票券到期兌償金額超過首次發售價格部分之利息所得。

2. 依金融資產證券化條例或不動產證券化條例規定發行之受益證券或資產基礎證券分配之利息所得。

3. 以前項或前二款之有價證券或短期票券從事附條件交易，到期賣回金額超過原買入金額部分之利息所得。

4. 與證券商或銀行從事結構型商品交易之所得（屬其他所得）（所 14-1）。

三、**中獎獎金**：政府舉辦之獎券中獎獎金，由扣繳義務人按 20% 扣繳稅款後，不再併計綜合所得總額課稅（所 14）。

四、**出售土地之增益**：出售土地之增益係屬財產交易所得之一，本應合併申報所得稅，惟因我國已對其課徵土地增值稅，為避免重複課稅，不再併入綜合所得總額內，因此，土地增值稅乃成為所得稅之分離課稅。

五、分離課稅在營利事業所得稅亦有類似規定，例如總機構在中華民國境外之營利事業，因投資於國內其他營利事業，所獲配之股利淨額或盈餘淨額，除依規定扣繳稅款外，不計入營利事業所得額（所 24）。

4-9 綜合所得稅之投資稅額抵減及盈虧互抵

一、投資抵減稅額

根據獎勵民間參與交通建設條例第 33 條規定，個人原始認股或應募本條例所獎勵之民間機構因創立或擴充而發行之記名股票，其持有股票時間達二年以上者，得以其取得該股票之價款 20% 限度內，抵減當年度應納綜合所得稅額；當年度不足抵減時，得在以後四年度內抵減之。

前項投資抵減，其每一年度得抵減總額，以不超過該個人當年度應納綜合所得稅額 50% 為限。但最後年度抵減金額，不在此限（獎參 33）。

二、盈虧互抵

根據所得稅法第 16 條規定，計算個人綜合所得總額時，如納稅義務人及其配偶經營兩個以上之營利事業，其中有虧損者，得將核定之虧損就核定之營利所得中減除，以其餘額為所得額。該項減除，以所營營利事業均係使用「藍色申報書」申報且如期申報綜合所得稅者為限（所 16）。所稱經營二個以上之營利事業，指獨資經營或合夥經營，其盈虧互抵之規定，應以同年期為限，其投資於公司、合作社、有限合夥及醫療社團法人，不適用本法第 16 條之規定（所細 20）。

4-10 重購自用住宅房屋可扣抵或退還稅額

一、適用舊制之重購自用住宅房屋之稅額扣抵或退還（所 17-2）

納稅義務人出售自用住宅之房屋，所繳納該財產交易所得部分之綜合所得稅額，自完成移轉登記之日起 2 年內，如重購自用住宅之房屋，其價額超過原出售價額者，得於重購自用住宅之房屋完成移轉登記之年度自其應納綜合所得稅額中扣抵或退還。但原財產交易所得已依規定自財產交易損失中扣抵部分不在此限。納稅義務人之自用住宅如係先購屋再出售原有房屋，其在 2 年內者，亦可適用扣抵或退還之規定（所 17-2）。其計算方式如下：

（一）首先計算包括出售自用住宅房屋（不含土地）財產交易所得在內之應納稅額。

（二）其次計算不包括出售自用住宅房屋（不含土地）財產交易所得在內之應納稅額。

（三）將上述二者相減，即爲因增列該財產交易所得所增加的所得稅額，此乃可申請扣抵或退還之所得稅額上限。

例題 8

張三在民國 99 年 2 月出售自用住宅房屋一幢，房屋售價 500 萬元（不含土地），並於民國 100 年 10 月重購一幢新的自用住宅，不含土地之房價為 700 萬元，假設張三在 99 年度（出售年度），包括出售自用住宅房屋之財產交易所得在內之應納稅額為 22 萬元，不包括出售自用住宅房屋之財產交易所得的應納稅額為 10 萬元，則重購自用住宅之房屋可扣抵或退還之稅額為 12 萬元。

綜合所得稅節稅小叮嚀

1. 納稅義務人出售自用住宅房屋，於 2 年內重購樓房乙棟，其中第 1 層出租或供營業使用，第 2、3 層供自用住宅使用，如該 2、3 層之房屋價款超過原出售自用住宅價款者，仍可以適用重購抵稅。
2. 納稅義務人以本人或其配偶名義出售自用住宅之房屋，而另以其配偶或本人名義重購者，仍得適用重購自用住宅扣抵稅額之規定。
3. 申請扣抵或退還年度，先售後購者，爲重購之所有權移轉登記年度；先購後售，爲出售之所有權移轉登記年度。

二、適用房地合一稅（新制）之房屋、土地（所 14-8）

交易之房屋、土地係於 105 年 1 月 1 日以後取得。

重購退稅（換大屋：全額退稅；換小屋：比例退稅）

個人出售自住房屋、土地依規定繳納之稅額，自完成移轉登記之日或房屋使用權交易之日起算 2 年內，重購自住房屋、土地者，得於重購自住房屋、土地完成移轉登記或房屋使用權交易之次日起算 5 年內，申請按重購價額占出售價額之比率，自前開繳納稅額計算退還。

個人於先購買自住房屋、土地後，自完成移轉登記之日或房屋使用權交易之日起算 2 年內，出售其他自住房屋、土地者，於依規定申報時，得按前項規定之比率計算扣抵稅額，在不超過應納稅額之限額內減除之。

前二項重購之自住房屋、土地，於重購後 5 年內改作其他用途或再行移轉時，應追繳原扣抵或退還稅額（所 14-8）。（詳見第 23 章房地合一稅）

4-11 稅率及稅額計算

一、稅率

綜合所得稅稅率係採超額累進制，為配合促進產業升級條例租稅減免措施施行至 98 年 12 月 31 日止，在財政負擔許可範圍內，適度減輕中低所得及薪資所得者租稅負擔。爰修正所得稅法第 5 條第 2 項，將稅率 6%、13% 及 21%，分別調降為 5%、12% 及 20%，另將課稅級距金額調整之（所 5）。

又為解決課稅級距之金額按物價指數連動之累計上漲率 10%，未能及時反映物價上漲致「虛盈實稅」之問題，爰修正第 3 項，將累計上漲率適度調降為 3%[12]。因此我國於民國 98 年 5 月 27 日以總統華總一義字第 09800129131 號令修正公布所得稅法第 5 條條文；明訂綜合所得稅課稅級距之金額每遇消費者物價指數較上次調整年度之指數上漲累計達 3% 以上時，按上漲程度調整之。調整金額以萬元為單位，未達萬元者按千元數四捨五入，並自公布日施行；另修訂綜合所得稅的課稅級距及累進稅率，其稅率結構由原來的 6%、13%、21%、30%、40% 等，調降為 5%、12%、20%、30%、40%，自 99 年度施行[13]（所 5）。

---

[12] 摘自立法院立法理由。

[13] 為配合促進產業升級條例租稅減免優惠措施施行至 98 年 12 月 31 日止，本法第 126 條第 1 項規定新修

我國爲反映人民實質納稅能力，實施物價指數連動法，已如前述，又我國爲改善所得分配情形，提高高所得者對國家財政之貢獻，爰將所得稅法第 5 條綜合所得稅課稅級距由五級調整爲六級，增訂第 6 款綜合所得淨額超過 1 千萬元部分，適用 45% 稅率之規定，以達量能課稅及適度縮小貧富差距目標[14]，並自 104 年度施行，修正後稅率結構如下（所 5）：

104、105 年度綜合所得稅速算公式			
級　別	級　距	稅率	累進差額
1	0 ～ 520,000 元	5%	0
2	520,001 ～ 1,170,000 元	12%	36,400 元
3	1,170,001 ～ 2,350,000 元	20%	130,000 元
4	2,350,001 ～ 4,400,000 元	30%	365,000 元
5	4,400,001 ～ 10,000,000 元	40%	805,000 元
6	10,000,001 元以上	45%	1,305,000 元

資料來源：財政部

我國因採物價指數連動法，依所得稅法第 5 條第 3 項規定，綜合所得稅課稅級距之金額每遇消費者物價指數較上次調整年度之指數上漲累計達 3% 以上時，按上漲程度調整之。故自 106 年度起，適用稅率結構如下（所 5）：

106 年度綜合所得稅速算公式			
級別	級距	稅率	累進差額
1	0 ～ 540,000 元	5%	0
2	540,001 ～ 1,210,000 元	12%	37,800 元
3	1,210,001 ～ 2,420,000 元	20%	134,600 元
4	2,420,001 ～ 4,530,000 元	30%	376,600 元
5	4,530,001 ～ 10,310,000 元	40%	829,600 元
6	10,310,001 元以上	45%	1,345,100 元

資料來源：財政部

正之第 5 條自 99 年度起開始施行。又：本法第 11 條第 6 項規定所得稅課稅年度係指每年 1 月 1 日起至 12 月 31 日止，故「99 年度施行」是指 99 年 1 月 1 日起之所得稅課稅級距及累進稅率即應適用新修正之規定。詳細立法說明請參立法院公報，第 98 卷第 26 期 3712 號，頁 103。

14 參見立法院立法理由。

但自 107 年度起，又將課稅級距由六級改爲五級，刪除最高級距稅率 45% 之規定，納稅義務人於 108 年辦理 107 年度綜合所得稅結算申報時適用，修正後稅率結構如下：

107 年度綜合所得稅速算公式			
級別	級距	稅率	累進差額
1	0 ～ 540,000 元	5%	0
2	540,001 ～ 1,210,000 元	12%	37,800 元
3	1,210,001 ～ 2,420,000 元	20%	134,600 元
4	2,420,001 ～ 4,530,000 元	30%	376,600 元
5	4,530,001 元以上	40%	829,600 元

資料來源：財政部

前項課稅級距之金額每遇消費者物價指數較上次調整年度之指數上漲累計達 3% 以上時，按上漲程度調整之。調整金額以萬元爲單位，未達萬元者按千元數四捨五入。因消費者物價指數較上次調整年度之指數上漲累計已達 3%，自 113 年度起，稅率結構調整如下：

113 年度綜合所得稅速算公式			
級別	級距	稅率	累進差額
1	0 ～ 590,000 元	5%	0
2	590,001 ～ 1,330,000 元	12%	41,300 元
3	1,330,001 ～ 2,660,000 元	20%	147,700 元
4	2,660,001 ～ 4,980,000 元	30%	413,700 元
5	4,980,001 元以上	40%	911,700 元

資料來源：財政部

綜合所得稅免稅額及課稅級距之金額，於每年度開始前，由財政部依據第 1 項及前項之規定計算後公告之。所稱消費者物價指數，指行政院主計總處公布至上年度 10 月底爲止十二個月平均消費者物價指數（所 5）。

二、稅額的計算

單身或夫妻所得合併計算稅額者，綜合所得稅應納稅額計算公式如下：

1. 綜合所得總額＝十大類所得的合計（營利所得＋執行業務所得＋薪資所得＋利息

所得＋租賃所得及權利金所得＋自力耕作漁牧林礦所得＋財產交易所得＋競技競賽及機會中獎的獎金或給與＋退職所得＋其他所得）

2. 綜合所得總額－全部免稅額－全部扣除額－基本生活費差額＝綜合所得淨額（又稱為課稅所得額）
3. 綜合所得淨額 × 稅率－累進差額＝應納稅額
4. 應納稅額－投資抵減稅額－重購自用住宅扣抵稅額－扣繳稅額－大陸地區已納所得稅可扣抵稅額＝結算申報應自行繳納或應退稅額

三、基本生活費差額

（一）我國於 105 年 12 月 28 日公布納稅者權利保護法，並自公布後一年施行，根據納稅者權利保護法第 4 條規定：

1. 納稅者為維持自己及受扶養親屬享有符合人性尊嚴之基本生活所需之費用，不得加以課稅。
2. 前項所稱維持基本生活所需之費用，由中央主管機關參照中央主計機關所公布最近一年全國每人可支配所得中位數百分之六十定之，並於每二年定期檢討（納保4）。
3. 112 年度經公告的每人基本生活所需的費用為 202,000 元。

（二）所稱維持基本生活所需之費用，不得加以課稅，指納稅者按中央主管機關公告當年度每人基本生活所需之費用乘以納稅者本人、配偶及受扶養親屬人數計算之基本生活所需費用總額，超過其依所得稅法規定得自綜合所得總額減除之本人、配偶及受扶養親屬免稅額及扣除額合計數之金額部分，得自納稅者當年度綜合所得總額中減除。

前項扣除額不包括財產交易損失及薪資所得特別扣除額。

財政部應於每年 12 月底前，依納稅者權利保護法第 4 條第 2 項規定公告當年度每人基本生活所需之費用，其金額以千元為單位，未達千元者按百元數四捨五入（納保細 3）。

（三）基本生活費差額之計算

基本生活費差額＝基本生活費總額－基本生活費比較項目合計數

基本生活費總額＝每人基本生活費 × 納稅者本人、配偶及受扶養親屬人數

基本生活費比較項目合計數＝全部免稅額 + 一般扣除額（標準扣除額或列舉扣除額）+ 儲蓄投資特別扣除額 + 身心障礙特別扣除額 + 教育學費特別扣除額 + 幼兒學前特別扣除額 + 長期照顧特別扣除額

例題 9

林先生已婚，育有 2 名分別就讀大二與大三的長子與次子，並扶養其 80 歲的母親，112 年度林先生薪資收入 1,538,500 元，長子暑假打工收入 10,000 元，另林先生有利息所得 118,000 元，營利所得 175,500 元。林家全部免稅額為 506,000 元（92,000×4 ＋ 138,000）、假設林家的一般扣除額為 248,000 元（適用標準扣除額）及薪資所得特別扣除額為 217,000 元。則林先生 112 年度基本生活所需費用總額為 1,010,000 元；基本生活費差額為 88,000 元；應納稅額為 34,600 元。

基本生活所需費用總額：202,000 元 ×5 人（納稅者、配偶及受扶養親屬人數）＝ 1,010,000 元

基本生活費比較項目合計數＝全部免稅額 506,000 元 + 標準扣除額 248,000 元 + 儲蓄特別扣除額 118,000 元 + 教育學費特別扣除額 50,000 元＝ 922,000 元

基本生活費差額＝基本生活所需費用總額 1,010,000 元—922,000 元＝ 88,000 元

說明：基本生活費差額若為負數則填寫「0」。

綜合所得淨額＝綜合所得總額 1,625,000【薪資（1,538,500—207,000 元）＋薪資（10,000 元—10,000 元）＋利息 118,000 元＋營利 175,500 元】—全部免稅額 506,000 元—全部扣除額 416,000 元（儲蓄特別扣除額 118,000 元＋標準扣除額 248,000 元＋教育學費特別扣除額 25,000 元 × 2 人）—基本生活費差額 88,000 元＝ 615,000 元

應納稅額＝綜合所得淨額 615,000 元 × 稅率 12%—累進差額 39,200 元
＝ 34,600 元

考題解析

假設納稅義務人張三（64 歲）單身，領有身心障礙手冊，户籍設於臺中市且爲中華民國境内居住之個人，未有扶養親屬或家屬。112 年度之所得及相關申報資料如下：

1. 任職於事務所，事務所給付薪資收入 300 萬元，扣繳稅款 30 萬元。張三因工作所需負擔相關必要費用：往返工作地點計程車費 15 萬元、職業專用服裝費 5 萬元、進修訓練費 20 萬元、職業上所須專業書籍費 10 萬元，並取得合法收據。
2. 全年買賣上市股票合計交易所得有 50 萬元、獲配股利有 300 萬元。
3. 郵局存簿儲金存款 95 萬元，按活期利率計算之利息 1,200 元。

4. 8月1日出售位於臺中市土地一筆，售價1,500萬元，該土地於105年10月以1,200萬元購得，相關費用總計50萬元，申報土地增值稅之漲價總數額爲80萬元，繳納土地增值稅爲16萬元。

5. 9月份對中統一發票獎金4萬元，領獎時已繳納8,000元稅金。

6. 10月份由事務所退休，一次領取退休金1,200萬元，假設無扣繳稅款，年資共計29年10個月。

7. 列舉扣除額合計10萬元（均取得合法憑證）。

請依112年度我國所得稅法及相關法規規定，以最有利（稅額最低）方式，計算並回答112年度綜合所得稅結算申報時之下列問題：退職所得、綜合所得總額、綜合所得淨額、應補（退）稅額（計算題請詳細列出計算式）。

提示：設112年度綜合所得稅之免稅額及扣除額規定及稅額速算公式如下：

一般個人免稅額每人92,000元；標準扣除額單身者12.4萬元；薪資所得特別扣除額每人上限20.7萬元；儲蓄投資特別扣除額每戶上限27萬元；身心障礙特別扣除額每人20.7萬元；每人基本生活費20.2萬元。退職所得免稅基準：18.8萬元、37.7萬元。（110年記帳士試題改編）

112年度綜合所得稅稅額速算表（單位：新臺幣元；%）

級別	稅率	課稅級距	累進差額
1	5%	0～560,000	0
2	12%	560,001～1,260,000	39,200
3	20%	1,260,001～2,520,000	140,000
4	30%	2,520,001～4,720,000	392,000
5	40%	4,720,001以上部分	864,000

擬答：

1. 退職所得：29年10個月以30年計算

18.8萬元×30＝564萬元；（37.7萬－18.8萬）＝567萬元（減半課稅－283.5萬元）

37.7×30＝1,131萬

退職所得：1,200萬－1,131萬＝69萬元（全數課稅）

283.5萬＋69萬＝352.5萬元—(1)

薪資所得：300萬－20.7萬＝279.3萬＞300萬－（5萬＋9萬＋9萬）＝

277 萬元

故薪資所得爲 277 萬元

2. 綜合所得總額：薪資所得 277 萬＋退職所得 352.5 萬＝ 629.5 萬元—(2)

3. 綜合所得淨額：629.5 萬 – 9.2 萬（免稅額）– 12.4 萬（一般扣除額）–（20.7 萬特別扣除額）＝ 587.2 萬—(3)

適用 40% 稅率

故股利 300 萬採 28% 分開計稅合併報繳較爲有利。

基本生活費差額＝ 20.2 萬 – 9.2 萬 – 12.4 萬 – 20.7 萬＝ – 22.1 萬＜ 0

587.2 萬 ×40% – 864,000 ＝ 1,484,800

4. 應補稅額：1,484,800 元＋股利 300 萬元 ×28% – 扣繳 30 萬元＝ 2,024,800 元—(4)

考題解析

（一）甲先生今年 52 歲，與配偶離異多年，育有 1 女乙 24 歲，現就讀研究所 1 年級，甲在台北市擁有二間房屋，一間自住，一間出租。甲 112 年度相關的所得如下：全年薪資收入 500 萬元、銀行存款利息收入 35 萬元、公司債利息收入 20 萬元、現金股利 200 萬元、上市公司股票之證券交易所得 300 萬元、房屋租金收入 60 萬元（採標準費用率）、統一發票中獎獎金 200 萬元、稿費收入 30 萬元，稿費收入費用率爲 30%。此外，乙有稿費收入 15 萬元。112 年度甲的支出如下：購屋借款利息 75 萬元（自住房屋的借款利息 45 萬元，出租房屋的借款利息 30 萬元）；付與健保特約醫院及診所之醫藥費 5 萬元；健保費 20 萬元、勞保費 10 萬元、人身保險費 10 萬元；捐贈給經合法立案之公益、慈善團體 70 萬元。乙的支出如下：乙因就學所需，在外租屋供自住，全年房屋租金支出 15 萬元；全年學費 5 萬元；健保費 12 萬元；付與健保特約醫院及診所之醫藥費 3 萬元。甲全部扣繳稅額 40 萬元，乙無扣繳稅額。若以最有利於納稅義務人方式申報，試問甲申報 112 年度綜合所得稅時，其綜合所得總額、一般扣除額、綜合所得淨額、應自行繳納（退還）稅額各爲多少？

提示：假設個人免稅額每人 9.2 萬元；標準扣除額單身者 12.4 萬元；薪資所得特別扣除額每人上限 20.7 萬元；每人基本生活費 20.2 萬元。

112年度綜合所得稅速算公式			
級別	級距	稅率	累進差額
1	0～560,000元	5%	0
2	560,001～1,260,000元	12%	39,200元
3	1,260,001～2,520,000元	20%	140,000元
4	2,520,001～4,720,000元	30%	392,000元
5	4,720,001元以上	40%	864,000元

（二）個人對私立學校之捐贈，於申報綜合所得稅時，可認列扣除額的規定為何？請依透過財團法人私立學校興學基金會（簡稱興學基金會）與未透過興學基金會之捐贈分別說明之？（112年記帳士）

擬答：

（一）

1. 綜合所得總額：

   薪資479.3萬元（500萬元－20.7萬元）＋利息收入35萬元＋租金收入34.2萬（60萬元×（1-43%））＋稿費收入8.4萬元（（30萬－18萬）×（1-30%））＝556.9萬元--(1)

   股利200萬元選擇分開計稅，單一稅率28%。

   公司債利息收入按10%分離課稅，統一發票中獎獎金按20%分離課稅，不併計綜合所得總額。

2. 列舉扣除額：捐贈70萬元（上限556.9萬元×20%＝111.38萬）＋保險費34.4萬元（健保費20萬＋2.4萬＋健保費12萬）+醫藥費8萬元（5萬＋3萬）＋購屋借款利息18萬元（借款利息45萬元－儲蓄扣除額27萬元）＝130.4萬元—(2)一般扣除額

   特別扣除額：儲蓄扣除額27萬元＋教育學費扣除額2.5萬元＝29.5萬元

3. 綜合所得淨額＝綜合所得總額＝556.9萬元－免稅額18.4萬元（9.2×2）－列舉扣除額130.4萬元－特別扣除額29.5萬元－基本生活費差額0元＝378.6萬元—(3)綜合所得淨額

   應納稅額：378.6萬元×30%－累進差額39.2萬=74.38萬元

   股利：200萬×28%＝56萬元

   74.38萬元＋56萬元－扣繳稅額40萬元＝90.38萬元—(4)應自行繳納稅額

基本生活費差額

基本生活所需費用：20.2 萬元 × 2 人（納稅者及受扶養親屬人數）＝ 40.4 萬元

基本生活費比較項目合計數＝全部免稅額 18.4 萬元＋列舉扣除額 130.4 萬元＋儲蓄特別扣除額＋教育學費扣除額 29.5 萬元（27 萬元＋ 2.5 萬元）＝ 178.3 萬元

基本生活費差額＝基本生活所需費用總額 40.4 萬元－基本生活費比較項目合計數 178.3 萬元＝ -137.9 萬元

說明：基本生活費差額若爲負數則塡寫「0」。

（二）

1. 個人透過財團法人私立學校興學基金會，未指定捐款予特定之學校法人或學校者，於申報當年度所得稅時，得全數作爲列舉扣除額。
2. 個人透過財團法人私立學校興學基金會，指定捐款予特定之學校法人或學校者，於申報當年度所得稅時，得在不超過綜合所得總額 50%，作爲列舉扣除額。
3. 個人未透過財團法人私立學校興學基金會，直接對私立學校之捐贈總額最高不超過綜合所得總額 20% 爲限。

4-12 納稅程序

一、扣繳（詳見第五章 5-15）

二、結算申報

（一）辦理結算申報時間：納稅義務人應於每年 5 月 1 日起至 5 月 31 日止，透過二維條碼或網際網路辦理申報，或填具綜合所得稅結算申報書，向戶籍所在地主管稽徵機關申報上一年度之個人綜合所得稅。

（二）當年度結婚、離婚或分居之申報：當年度結婚或離婚者，可選擇合併或分別申報；納稅義務人與配偶分居，得各自依本法規定辦理結算申報及計算稅額（所 15）。若扶養親屬當年度成年，亦可自由選擇合併或分開申報。

（三）應辦結算申報者

1. 中華民國境內居住之個人全年綜合所得總額不超過當年度規定之免稅額及標準扣除額之合計數者，得免辦理結算申報。但申請退還扣繳稅款及第 15 條第 4 項規定之可抵減稅額，或依第 15 條第 5 項規定課稅者，仍應辦理結算申報（所 71）。

爲配合廢除兩稅合一設算扣抵制度，增訂所得稅法第 15 條第 4 項與第 5 項規定如下：

(1) 第 15 條第 4 項規定：自中華民國 107 年 1 月 1 日起，納稅義務人、配偶及合於第 17 條規定得申報減除扶養親屬免稅額之受扶養親屬，獲配第 14 條第 1 項第一類營利所得，其屬所投資之公司、合作社及其他法人分配 87 年度或以後年度之股利或盈餘，得就股利及盈餘合計金額按 8.5% 計算可抵減稅額，抵減當年度依第 2 項規定計算之綜合所得稅結算申報應納稅額，每一申報戶每年抵減金額以 8 萬元爲限（所 15）。

(2) 第 15 條第 5 項規定：納稅義務人得選擇就其申報戶前項股利及盈餘合計金額按 28% 之稅率分開計算應納稅額，由納稅義務人合併報繳，不適用第 2 項稅額之計算方式及前項可抵減稅額之規定（所 15）。

實務案例

節稅小撇步：股利所得課稅新制

個人獲配公司、合作社及其他法人屬 87 年度或以後之股利或盈餘，改採股利所得課稅新制，即「合併計稅減除股利可抵減稅額」、「單一稅率分開計稅」二擇一擇優適用。

從 107 年 1 月 1 日起，個人居住者獲配之股利改採股利所得課稅新制，即下列方式二擇一，納稅義務人可選擇有利之方式適用：方式一「合併計稅減除股利可抵減稅額」，個人將其股利所得與其他各類所得合併加總，計算應納稅額後，並按股利金額的 8.5% 計算可抵減稅額，每一申報户抵減上限爲 8 萬元；方式二「單一稅率分開計稅」，指個人將其股利所得按單一稅率 28% 分開計算稅額。

案例一：

沈先生單身，112 年度有股利所得 20 萬元及薪資收入 70 萬元，適用稅率 5%，則 2 種計稅方式如下，沈先生選擇方式一課稅較爲有利：

一、方式一（股利所得合併計稅）：

1. 股利所得 20 萬元＋薪資所得（70 萬元—薪資特別扣除額 20.7 萬元）＝ 69.3 萬元
2. 69.3 萬元—免稅額 9.2 萬元—標準扣除額 12.4 萬元 ＝ 47.7 萬元
3. 47.7 萬元 ×5% ＝ 23,850 元——應納稅額

4. 23,850元－股利可扣抵稅額17,000元（20萬元×8.5%＝17,000元，未超過8萬元，全數認列）＝6,850元－應自行繳納稅額

二、方式二（單一稅率28%分開計稅）：

1. 股利所得20萬元×28%＝56,000元
2. 薪資所得（70萬元－20萬元）－免稅額9.2萬元－標準扣除額12.4萬元＝27.7萬元
3. 277,000元×5%＝13,850元
4. 13,850元＋56,000元＝69,850元——應自行繳納稅額

案例二：

林先生單身，112年度有股利所得100萬元及薪資收入550萬元，適用稅率40%，則2種計稅方式如下，林先生選擇方式二課稅較爲有利：

一、方式一（股利所得合併計稅）：

1. 所得總額：（100萬元＋550萬元－薪資特別扣除額20.7萬元）＝629.3萬元（629.3萬元－免稅額9.2萬元－標準扣除額12.4萬元）×40%－累進差額86.4萬元＝1,566,800元
2. 100萬元×8.5%＝8.5萬元——超過8萬元，只能認列8萬元
3. 1,566,800元－8萬元＝1,486,800元——應自行繳納稅額

二、方式二（單一稅率28%分開計稅）：

1. 【薪資所得（550萬元－薪資特別扣除額20.7萬元）－免稅額9.2萬元－標準扣除額12.4萬元】×40%－累進差額86.4萬元＝1,166,800元
2. 股利所得100萬元×28%＝28萬元
3. 1,166,800元＋28萬元＝1,446,800元——應自行繳納稅額

結論：

高所得者（適用30%及40%稅率），股利所得選擇分開計稅較有利。

中低所得者（適用5%、12%、20%稅率），股利所得選擇合併計稅較有利。

2. 個人於年度中死亡或於年度中廢止在中華民國境內居所或住所離境者，除依法由配偶合併申報課稅或由符合規定之納稅義務人列爲受扶養親屬者外，其應申報課稅之所得，如不超過當年度規定之免稅額及標準扣除額，按本法第17條之1規定換算後之合計數者，依本法第71條第3項規定，免辦結算申報。但申請退還扣繳稅款及本法第15條第4項規定之可抵減稅額，或依本法第15條第5項規定

課稅者，仍應辦理結算申報（所細 57-1）。

3. 自民國 107 年 1 月 1 日起，公司股東、合作社社員或其他法人出資者，獲配其所投資國內公司、合作社或其他法人分配之股利或盈餘，依下列規定辦理：

(1) 中華民國境內居住之個人獲配之股利或盈餘，屬所投資之公司、合作社或其他法人以其 87 年度或以後年度盈餘所分配者，應依本法第 15 條第 4 項或第 5 項規定課稅；以其 86 年度或以前年度之盈餘所分配者，應計入綜合所得總額，依本法第 15 條第 2 項規定課稅（所細 10-3）。

(2) 非中華民國境內居住之個人或總機構在中華民國境外之營利事業獲配之股利或盈餘，由扣繳義務人依本法第 88 條規定扣繳稅款（所細 10-3）。

4. 獨資、合夥及小規模營利事業

自 107 年度起，亦即納稅義務人於 108 年申報 107 年度所得時，獨資、合夥組織之營利事業應依規定辦理結算申報，無須計算及繳納其應納之結算稅額；其營利事業所得額，應由獨資資本主或合夥組織合夥人依第 14 條第 1 項第一類規定列爲營利所得，依本法規定課徵綜合所得稅。但其爲小規模營利事業者，無須辦理結算申報，由稽徵機關核定其營利事業所得額，直接歸併獨資資本主或合夥組織合夥人之營利所得，依本法規定課徵綜合所得稅（所 71）。

獨資、合夥及小規模營利事業所得稅結算申報新舊制之比較

組織型態	舊制（104 年度～ 106 年度）	新制（自 107 年度起）
獨資及合夥	1. 以其全年應納稅額之半數，減除尚未抵繳之扣繳稅額，計算其應納之結算稅額，於申報前自行繳納。 2. 其營利事業所得額減除全年應納稅額半數後之餘額，應由獨資資本主或合夥組織合夥人依規定列爲營利所得，課徵綜合所得稅。	1. 應依規定辦理結算申報，無須計算及繳納其應納之結算稅額。 2. 其營利事業所得額，應由獨資資本主或合夥組織合夥人依規定列爲營利所得，課徵綜合所得稅。
小規模營利事業	1. 無須辦理結算申報。 2. 其營利事業所得額，應由獨資資本主或合夥組織合夥人依規定列爲營利所得，課徵綜合所得稅。	1. 無須辦理結算申報。 2. 由稽徵機關核定其營利事業所得額，直接歸併獨資資本主或合夥組織合夥人之營利所得，依規定課徵綜合所得稅。

立法理由

一、配合廢除兩稅合一設算扣抵制度，及修正條文第 15 條第 4 項增訂個人股利所得得選擇合併計稅減除股利可抵減稅額制度，爰修正第 1 項，定明該可抵減稅額得自納稅義務人全年應納稅額中減除，並刪除第 1 項但書有關營利事業獲配股利總額或盈餘總額所含之可扣抵稅額不得減除之文字。

二、國際間對於獨資、合夥組織之所得多不課徵公司（或法人）所得稅，其所得係直接歸課獨資資本主或合夥人綜合所得課稅。考量我國營利事業所得稅倘改爲公司（或法人）所得稅，涉本法架構及相關作業需大幅配合修正，影響層面甚鉅，爲求變動幅度降至最低，爰修正第 2 項，定明獨資、合夥組織之營利事業辦理結算申報，無須計算及繳納其應納之結算稅額，以資簡政便民。另配合稽徵實務，獨資、合夥事業屬小規模營利事業，由稽徵機關按其查定課徵營業稅之營業額依規定核定營利事業所得額，直接歸併其資本主或合夥人之綜合所得總額，爰修正第 2 項但書，以資明確。

三、配合修正條文第 15 條第 4 項及第 5 項增訂公司、合作社或其他法人之股東、社員或出資者所獲配之股利或盈餘之課稅方式，改採二擇一制度，爰修正第 3 項但書，明定納稅義務人之所得雖達免辦理結算申報標準，但申請退還可抵減稅額，或選擇採單一稅率分開計稅者，仍應辦理結算申報。

四、配合廢除兩稅合一設算扣抵制度，刪除原第 4 項[15]。

（四）課稅單位：有關綜合所得稅的課稅單位，各國稅法規定不一，有採個人單位制（individual unit system），由家庭成員單獨申報課稅；亦有採消費單位制（consumption unit system），由夫妻及受扶養子女合併申報所得稅。我國係以消費單位制爲主，自民國 103 年 1 月 1 日起，納稅義務人、配偶及合於第 17 條規定得申報減除扶養親屬免稅額之受扶養親屬，有第 14 條第 1 項各類所得者，除納稅義務人與配偶分居，得各自依本法規定辦理結算申報及計算稅額外，應由納稅義務人合併申報及計算稅額。納稅義務人主體一經選定，得於該申報年度結算申報期間屆滿之次日起算六個月內申請變更。

前項稅額之計算方式，納稅義務人應就下列各款規定擇一適用：

1. 各類所得合併計算稅額：納稅義務人就其本人、配偶及受扶養親屬之第 14 條第 1 項各類所得，依第 17 條規定減除免稅額及扣除額，合併計算稅額。

2. 薪資所得分開計算稅額，其餘各類所得合併計算稅額：

[15] 參見立法院立法理由。

(1) 納稅義務人就其本人或配偶之薪資所得分開計算稅額。計算該稅額時，僅得減除分開計算稅額者依第 17 條規定計算之免稅額及薪資所得特別扣除額。

(2) 納稅義務人就其本人、配偶及受扶養親屬前目以外之各類所得，依第 17 條規定減除前目以外之各項免稅額及扣除額，合併計算稅額。

3. 各類所得分開計算稅額：

(1) 納稅義務人就其本人或配偶之第 14 條第 1 項各類所得分開計算稅額。計算該稅額時，僅得減除分開計算稅額者依第 17 條規定計算之免稅額、財產交易損失特別扣除額、薪資所得特別扣除額、儲蓄投資特別扣除額及身心障礙特別扣除額。

(2) 納稅義務人就前目分開計算稅額之他方及受扶養親屬之第 14 條第 1 項各類所得，依第 17 條規定減除前目以外之各項免稅額及扣除額，合併計算稅額。

(3) 納稅義務人依前 2 目規定計算得減除之儲蓄投資特別扣除額，應於第 17 條第 1 項第 2 款第 3 目之 3 所定扣除限額內，就第 1 目分開計算稅額之他方及受扶養親屬符合該限額內之所得先予減除；減除後如有餘額，再就第 1 目分開計算稅額者之所得於餘額內減除。

第 1 項分居之認定要件及應檢附之證明文件，由財政部定之（所 15）。

自中華民國 107 年 1 月 1 日起，納稅義務人、配偶及合於第 17 條規定得申報減除扶養親屬免稅額之受扶養親屬，獲配第 14 條第 1 項第一類營利所得，其屬所投資之公司、合作社及其他法人分配 87 年度或以後年度之股利或盈餘，得就股利及盈餘合計金額按 8.5% 計算可抵減稅額，抵減當年度依第 2 項規定計算之綜合所得稅結算申報應納稅額，每一申報戶每年抵減金額以 8 萬元為限。

納稅義務人得選擇就其申報戶前項股利及盈餘合計金額按 28% 之稅率分開計算應納稅額，由納稅義務人合併報繳，不適用第 2 項稅額之計算方式及前項可抵減稅額之規定（所 15）。

說明：

1. 有關財產交易損失扣除額部分，選擇各類所得分開計稅者，其財產交易損失僅得減除其個人之財產交易所得，不得減除其他人之財產交易所得。

2. 有關儲蓄投資特別扣除額部分，選擇各類所得分開計稅者，如全戶利息所得超過 27 萬元，由分開計稅者之他方及受扶養親屬就其利息所得在 27 萬元限額內先予減除，減除後如有剩餘，再由分開計稅者減除；如全戶利息所得在 27 萬元以下，則各自就其利息所得部分減除。

立法理由

一、101 年 1 月 20 日司法院釋字第 696 號解釋，以原條文第一項規定夫妻就非薪資所得合併計算所得淨額後，適用累進稅率之結果，其稅負有高於分別計算後合計稅負之情形，因而形成以婚姻關係之有無而爲稅捐負擔之差別待遇。該解釋文同時指出，該項規定旨在反映家計單位節省效果、避免納稅義務人不當分散所得、考量稽徵成本及財稅收入等因素，惟有關夫妻非薪資所得強制合併計算，較單獨計算稅額，增加其稅負部分，與上述立法目的之達成欠缺實質關聯，有違憲法第七條平等原則，應自該解釋公布之日起，至遲於屆滿二年時失其效力。

二、以該解釋係針對夫妻非薪資所得合併計算稅額，較之單獨計算稅額，增加其稅負部分之規定宣告違憲，並未質疑家戶單位制，亦未論及受扶養親屬各類所得之計稅方式與其免稅額及扣除額之減除方式。是以，爲兼顧租稅效率、租稅公平及簡政便民等面向，經考量稅制及稅政變動幅度最小、稅收衝擊較小等因素，我國綜合所得稅課稅單位制度，仍宜維持以家戶爲課稅單位。

三、鑑於以家戶爲課稅單位，納稅義務人、配偶及受扶養親屬有第十四條第一項各類所得者，應由納稅義務人合併申報及計算稅額，爰原條文第一項配合酌作文字修正，並明文自 103 年 1 月 1 起適用，至稅額之計算方式則於第二項定明。另考量納稅義務人與配偶倘因感情不睦或婚姻暴力等因素分居，致客觀上無法共同生活，納稅義務人與配偶合併申報及計算稅額確有實際上之困難，爰於第一項增列除書規定渠等得各自依本法規定辦理結算申報及計算稅額，以資兼顧，並配合增列第三項，授權財政部訂定上開分居之認定要件及應檢附之證明文件，以利徵納雙方遵循。

四、綜上，規劃三種稅額計算方式併行，俾確實消除夫妻非薪資所得強制合併計算稅額，較之單獨計算稅額所增加之稅負，符合上開司法院解釋意旨[16]。

焦點話題

夫妻一定合併申報嗎？

臺灣的民法既然允許夫妻「分別財產制」，所得稅法卻要夫妻所得一定合併申報。似與民法的夫妻財產制規定不一致。

美國的所得稅制，則是採四個方式，在每一個稅率，分別規定其課稅級距。它們分別為：一是單身；二是結婚合併申報；三是結婚分別申報；四是家戶戶長制（例

16 參見立法院立法理由。

如：單親家長）。有趣的是，結婚合併申報的課稅級距剛好是結婚分別申報課稅級距的兩倍。請詳見表 4-8。

表 4-8 美國 2013 年所得稅邊際稅率

Marginal Tax Rate	Single	Married Filing Jointly or Qualified Widow(er)	Married Filing Separately	Head of Household
10%	$0 – $8,925	$0 – $17,850	$0 – $8,925	$0 – $12,750
15%	$8,926 – $36,250	$17,851– $72,500	$8,926 – $36,250	$12,751 – $48,600
25%	$36,251 – $87,850	$72,501 – $146,400	$36,251 – $73,200	$48,601 – $125,450
28%	$87,851 – $183,250	$146,401 – $223,050	$73,201 – $111,525	$125,451 – $203,150
33%	$183,251 – $398,350	$223,051 – $398,350	$111,526 – $199,175	$203,151 – $398,350
35%	$398,351 – $400,000	$398,351 – $450,000	$199,176 – $225,000	$398,351 – $425,000
39.6%	$400,001+	$450,001+	$225,001+	$425,001+

以上所列是採「超額累進」，亦即所得若落在第三級距時，將分別適用第一、第二及第三個邊際稅率，不是全部以第三個稅率計算稅額。

聯邦（中央）所得稅強調的是「量能原則」，夫妻分別申報未必就是違反「量能原則」。另外美國的州政府、地方政府也對個人課徵所得稅，那是基於「受益原則」。兩者用意不同，應予區別。

（五）簡式申報書或一般申報書：綜合所得稅結算申報書，分一般申報書及簡式申報書兩種；其格式及使用範圍，由財政部定之。若所得只有薪資、利息、公司分配之股利、合作社分配之盈餘、取自職工福利委員會的福利金，以及全年收入在 18 萬元以下的稿費，採標準扣除額，且無投資抵減稅額、重購自用住宅扣抵稅額或大陸地區來源所得者，使用簡式申報書，其餘的使用一般申報書。

三、自繳及退稅

（一）繳稅或退稅：納稅義務人有結算應自行繳納稅額者，可利用納稅義務人本人或其配偶或申報扶養親屬，在金融機構或郵局之存款帳戶（塡寫 5 月 31 日到期之繳稅取款委託書），或由跨行自動櫃員機或支票、信用卡、晶片金融卡、現金、行動支付工具繳納。其應繳納稅額在 2 萬元以下者，亦可至財政部稅務入口網登錄列印繳款書，向便利商店繳稅。如結算申報有應退稅額時，可利用納稅義務人或其配偶或申報扶養親屬，在金融機構或郵局之存款帳戶，辦理劃撥退稅。

（二）加計利息：綜合所得稅納稅義務人結算申報所列報之免稅及扣除項目或金額、投資抵減稅額，超過本法及附屬法規或其他法律規定之限制，致短繳自繳稅款，經稽徵機關核定補繳者，應自結算申報期限截止之次日起，至繳納補徵稅款之日止，就核定補徵之稅額，依第 123 條規定之存款利率，按日加計利息，一併徵收。但加計之利息，以一年爲限。依規定應加計之利息金額不超過 1,500 者，免予加計徵收（所 100-2）。

4-13 獎勵與罰則

一、**舉發獎金**：告發或檢舉納稅義務人或扣繳義務人有匿報、短報或以詐欺及其他不正當行爲之逃稅情事，經查明屬實者，稽徵機關應以罰鍰 20%，獎給舉發人，並爲舉發人絕對保守秘密（所 103）。

二、**滯納金**：納稅義務人逾限繳納稅款者，每逾二日按滯納之金額加徵 1% 滯納金；逾三十日仍未繳納者，除由稽徵機關移送強制執行外，其爲營利事業者，並得停止其營業至納稅義務人繳納之日止。但因不可抗力或不可歸責於納稅義務人之事由，致不能於法定期間內繳清稅捐，得於其原因消滅後十日內，提出具體證明，向稽徵機關申請延期或分期繳納經核准者，免予加徵滯納金。

前項應納稅款，應自滯納期限屆滿之次日起，至納稅義務人繳納之日止，依第 123 條規定之存款利率，按日加計利息，一併徵收。

本法所規定之停止營業處分，由稽徵機關執行，並由警察機關協助之（所 112）。

三、**短漏報之處罰**：納稅義務人已依本法規定辦理結算申報，而對依本法規定應申報課稅之所得額有漏報或短報情事者，處以所漏稅額二倍以下之罰鍰（所 110）。

四、未辦理結算申報之處罰：納稅義務人未依本法規定自行辦理結算申報，而經稽徵機關調查，發現有依本法規定課稅之所得額者，除依法核定補徵應納稅額外，應照補徵稅額，處三倍以下之罰鍰（所 110）。

五、為因應股利所得課稅新制：選擇適用合併計稅者，得計算可抵減稅額於限額內自應納稅額中減除，爰增訂第 5 項，以防杜納稅義務人藉虛增可抵減稅額逃漏所得稅，其增訂第 5 項之內容如下：

綜合所得稅納稅義務人有下列情形之一，致虛增第 15 條第 4 項規定可抵減稅額者，處以所漏稅額或溢退稅額一倍以下之罰鍰：

（一）未依第 15 條第 4 項規定之抵減比率或上限金額計算可抵減稅額。

（二）未依實際獲配股利或盈餘金額計算可抵減稅額。

（三）無獲配股利或盈餘事實，虛報可抵減稅額（所 110）。

六、一定金額以下免罰：綜合所得稅納稅義務人未申報或短漏報之所得，其經調查核定有依規定應課稅之所得額在新臺幣 25 萬元以下或其所漏稅額在新臺幣 1 萬 5 千元以下，且無下列情事者，免予處罰：

（一）配偶所得分開申報逃漏所得稅。

（二）虛報免稅額或扣除額。

（三）以他人名義分散所得（違免 3-1）。

4-14 不當規避逃漏稅之處理

個人、營利事業或教育、文化、公益、慈善機關或團體與國內外其他個人或營利事業、教育、文化、公益、慈善機關或團體相互間，如有藉資金、股權之移轉或其他虛僞之安排，不當爲他人或自己規避或減少納稅義務者，稽徵機關爲正確計算相關納稅義務人之所得額及應納稅額，得報經財政部核准，依查得資料，按實際交易事實依法予以調整。

公司、合作社或其他法人如有以虛僞安排或不正當方式增加股東、社員或出資者所獲配之股利或盈餘，致虛增第 15 條第 4 項之可抵減稅額者，稽徵機關得依查得資料，按實際應分配或應獲配之股利或盈餘予以調整（所 14-3）。

立法理由

一、股利所得課稅新制下，不同身分納稅義務人間，有關可抵減稅額與股利或盈餘課稅規定各不相同，爲防杜個人、營利事業或教育、文化、公益、慈善機關或團體與國內外其他個人或營利事業、教育、文化、公益、慈善機關或團體相互間，利用課稅身分轉換，例如我國居住者個人持股轉換爲非居住者持股（即假外資），或藉適用稅率及課稅規定差異，將高稅率者應獲配之股利或盈餘移轉爲低稅率者所有，以降低應納稅額並享有可抵減稅額，或以資金或股權移轉等方式不當爲他人或自己規避或減少因獲配股利或盈餘所產生之納稅義務，減損政府稅收，有違租稅公平，爰將原條文列爲第一項，並參照原第66條之8規定，將營利事業或教育、文化、公益、慈善機關或團體不當規避稅負情形納入適用範圍，使稽徵機關爲正確計算相關納稅義務人之所得額及應納稅額，得報經財政部核准，按實際交易事實依法予以調整。

二、因應股利所得課稅新制採二擇一制度，依修正條文第15條第4項規定選擇合併計稅減除股利可抵減稅額者，得計算可抵減稅額於限額內自應納稅額中減除。爲防杜公司、合作社及其他法人以虛僞安排或不正當方式增加股東、社員或出資者所獲配之股利或盈餘，如利用財務會計盈餘與課稅所得額之差異，虛增財務會計盈餘（例如虛增停止課徵所得稅之所得、免徵所得稅之所得、不計入所得額課稅之所得或無須繳納所得稅之財務會計所得等），該盈餘因未計入課稅所得額繳納營利事業所得稅，嗣分配時，獲配股利或盈餘之股東、社員或出資者仍得計算可抵減稅額，虛抵其綜合所得稅應納稅額或退稅，爰增訂第2項，明定稽徵機關得依查得資料，按實際應分配或應獲配之股利或盈餘予以調整[17]。

4-15 負所得稅

個人之綜合所得稅，係就個人綜合所得總額，減除免稅額、扣除額及基本生活費差額後之綜合所得淨額（課稅所得）按規定稅率計徵之。因此，課稅所得爲正數時，才須課稅。若課稅所得爲負數時，亦即全年綜合所得總額低於最低生活水準（免稅額及扣除額之和），則就其低於最低生活水準之差額部分，依規定之負稅率計算，向政府領取補助款，此爲負所得稅（negative income tax）。故負所得稅制是一種濟貧的社會福利政策，而非所得稅制，我國則尙未採行此制。

---

[17] 摘自立法院立法理由。

[18] 參見立法院立法理由。

爲避免影響低所得者之勞動誘因，實務上，採行「勞動所得租稅抵減」（earned income tax credit, EITC）。立法院法制局（2008）指出，應優先健全稅制、充實財源後再實施，並須與其他同性質社會福利救濟措施整合全盤考量，避免資源重複浪費，並提防稅務行政成本過高，也應建立財務監控機制，防止政府財政惡化失控。

4-16 信託課稅原則

一、信託成立時之課稅原則

委託人爲營利事業之信託契約，信託成立時，明定信託利益之全部或一部之受益人爲非委託人者，該受益人應將享有信託利益之權利價值，併入成立年度之所得額，依本法規定課徵所得稅（所 3-2）。

前項信託契約，明定信託利益之全部或一部之受益人爲委託人，於信託關係存續中，變更爲非委託人者，該受益人應將其享有信託利益之權利價值，併入變更年度之所得額，依本法規定課徵所得稅。

信託契約之委託人爲營利事業，信託關係存續中追加信託財產，致增加非委託人享有信託利益之權利者，該受益人應將其享有信託利益之權利價值增加部分，併入追加年度之所得額，依本法規定課徵所得稅。

前三項受益人不特定或尚未存在者，應以受託人爲納稅義務人，就信託成立、變更或追加年度受益人享有信託利益之權利價值，於第 71 條規定期限內，按規定之扣繳率申報納稅；其扣繳率由財政部擬訂，報請行政院核定發布之（所 3-2）。

二、信託不課徵之情形

信託財產於左列各款信託關係人間，基於信託關係移轉或爲其他處分者，不課徵所得稅：

（一）因信託行爲成立，委託人與受託人間。

（二）信託關係存續中受託人變更時，原受託人與新受託人間。

（三）信託關係存續中，受託人依信託本旨交付信託財產，受託人與受益人間。

（四）因信託關係消滅，委託人與受託人間或受託人與受益人間。

（五）因信託行爲不成立、無效、解除或撤銷，委託人與受託人間。

前項信託財產在移轉或處分前，因受託人管理或處分信託財產發生之所得，應依第 3 條之 4 規定課稅（所 3-3）。

三、信託收益課稅原則

信託財產發生之收入，受託人應於所得發生年度，按所得類別依本法規定，減除成本、必要費用及損耗後，分別計算受益人之各類所得額，由受益人併入當年度所得額，依所得稅法規定課稅。

前項受益人有二人以上時，受託人應按信託行為明定或可得推知之比例計算各受益人之各類所得額；其計算比例不明或不能推知者，應按各類所得受益人之人數平均計算之。

受益人不特定或尚未存在者，其於所得發生年度依前二項規定計算之所得，應以受託人為納稅義務人，於第 71 條規定期限內，按規定之扣繳率申報納稅，其依第 89 條之 1 第 2 項規定計算之已扣繳稅款，得自其應納稅額中減除；其扣繳率，由財政部擬訂，報請行政院核定。

受託人未依第 1 項至第 3 項規定辦理者，稽徵機關應按查得之資料核定受益人之所得額，依所得稅法規定課稅。

符合第 4 條之 3 各款規定之公益信託，其信託利益於實際分配時，由受益人併入分配年度之所得額，依本法規定課稅。

依法經行政院金融監督管理委員會核准之共同信託基金、證券投資信託基金、期貨信託基金或其他信託基金，其信託利益於實際分配時，由受益人併入分配年度之所得額，依所得稅法規定課稅（所 3-4）。

4-17 其他—小規模營業人與直銷業者綜所稅之計算

一、小規模營業人如何報繳綜合所得稅？

所謂小規模營業人，係指每個月營業額未滿 20 萬元之小店戶，其負責人要如何申報綜合所得稅？由於小規模營業人使用收據，每三個月收到一次營業稅單，營業稅率為 1%，例如得意商行係經營衛浴設備批發零售之小店戶，其擴大書審之純益率為 6%，112 年每季之營業稅為 5,100 元，其應申報 112 年度綜合所得稅之營利所得為 122,400 元，茲計算如下：

5,100 元 × 4 = 20,400 元 -------------------- 全年營業稅

20,400 元 ÷ 1% = 2,040,000 元 ------------- 全年銷售額

2,040,000 元 × 6% = 122,400 元 ------------- 應申報綜合所得稅之營利所得

二、個人從事多層次傳銷（直銷），應如何報繳綜合所得稅？

個人參加直銷其所得包括三大類：

（一）營利所得：個人參加人銷售商品或提供勞務予消費者，所賺取之零售利潤，除經查明參加人提供之憑證屬實者，可核實認定外，稽徵機關得依參加人之進貨資料按建議價格（參考價格）計算銷售額，如查無上述價格，則參考參加人進貨商品類別，依當年度各該營利事業同業利潤標準之零售毛利率核算之銷售價格計算銷售額，再依一時貿易盈餘之純益率 6% 核計個人營利所得予以歸戶課稅（財政部 83.3.30 台財稅第 831587237 號函）。

多層次傳銷事業之個人參加人（以下簡稱參加人）銷售商品或提供勞務予消費者，自 105 年度起，其全年進貨累積金額在新臺幣（下同）77,000 元以下者，免按建議價格（參考價格）計算銷售額核計個人營利所得；全年進貨累積金額超過 77,000 元者，應就其超過部分依財政部 83 年 3 月 30 日台財稅第 831587237 號函規定，核計個人營利所得課徵綜合所得稅。

（二）執行業務所得：指個人直銷商因下線向公司進貨累積達一定積分，由公司發給的獎金或各種補助費，係屬佣金收入，依財政部 112 年度執行業務者費用標準所核定一般經紀人之必要費用為 20%，故於申報綜所稅時可減除 20% 之必要費用。

（三）其他所得：係指個人直銷商直接向公司進貨累積達一定積分，由公司發給的業績獎金[19]。

4-18 綜合所得稅申報範例

例題 10

設張三為五口之家，有妻子及子女三人，民國 112 年資料如下：老大就讀研究所一年級，有薪資收入 6 萬元，全年學費 5 萬元；老二就讀五專四年級，學費 4 萬元；老三就讀五專二年級，學費 3 萬元；張三有薪資收入 120 萬元，扣繳稅額 5 萬元，銀行存款利息 30 萬元，扣繳稅額 3 萬元；張三因購置自用住宅，向金融機構借款所支付之利息為 11 萬元，另有醫藥費共計 3 千元，張三之保險費共計 11 萬元（包括健保費 3 萬元；勞保費及其他人身保險之保險費 8 萬元），妻子健保費

[19] 參閱財政部北區國稅局網站。

為 5 千元、其他人身保險之保險費 3 千元，小孩健保費每人各 5 千元，均有合法憑證。張三這一申報户於 113 年 5 月申報 112 年度綜合所得稅時，其綜合所得淨額為 265,000 元，應退還稅額為 66,750 元。

（應注意列舉扣除額與標準扣除額何者有利，以及基本生活費差額）

採標準扣除額，茲計算如下：

列舉：醫 3 千＋保費（3 萬＋2.4 萬＋5 千 ×4＋3 千）＋（11 萬—27 萬＜0）＝ 80,000 元

標準扣除額：248,000 元 >80,000 元，故採標準扣除額。

一般扣除額：248,000 元

(1) 綜合所得總額：（120 萬元—20.7 萬元）＋ 30 萬元＋（6 萬元—6 萬元）＝ 129.3 萬元

(2) 基本生活所需的費用：112 年度每人基本生活所需的費用為 202,000 元。

基本生活費總額：1,010,000 元（202,000 元 ×5）

基本生活費比較項目合計數：全部免稅額 460,000 元＋一般扣除額 248,000 元＋儲蓄投資特別扣除額 270,000 元＋教育學費特別扣除額 50,000 元（25,000×2）＝ 1,028,000 元

基本生活費差額：基本生活費總額 1,010,000 元－ 1,028,000 元＝ 0

說明：基本生活費差額若為負數則填寫「0」。

(3) 綜合所得淨額：綜合所得總額 1,293,000 －免稅額 460,000（92,000×5）－標準扣除額 248,000 －儲蓄投資特別扣除額 270,000 －教育學費特別扣除額 50,000（25,000×2）－基本生活費差額 0 元＝ 265,000 元

(4) 應納稅額：265,000×5% ＝ 13,250 元

(5) 應自行繳納稅額或應退還稅額：13,250 元－扣繳稅額（50,000 ＋ 30,000）＝ 66,750 元⋯應退還稅額

說明：老大、老二教育學費扣除額各 25,000 元，老三就讀五專二年級，依規定不得扣除教育學費扣除額。

例題 11

假設除張三自用住宅購屋借款之利息為 50 萬元外，其他情況均與例題 10 相同，則張三 112 年度綜合所得淨額為 203,000 元；應退還稅額為 69,850 元。

列舉：醫 3 千＋保費（3 萬＋2.4 萬＋5 千 ×4＋3 千）＋（50 萬—27 萬）＝ 310,000 元

標準扣除額：248,000 元 < 310,000 元，故採列舉扣除額。
以採列舉扣除額較為有利。

(1)（120 萬元—20.7 萬元）＋ 30 萬元＋（6 萬元—6 萬元）＝ 129.3 萬元

(2) 基本生活所需的費用：112 年度每人基本生活所需的費用為 202,000 元。

基本生活費總額：1,010,000 元（202,000 元 ×5）

基本生活費比較項目合計數：全部免稅額 460,000 元＋採列舉扣除額 310,000 元＋儲蓄投資特別扣除額 270,000 元＋教育學費特別扣除額 50,000 元（25,000×2）＝ 1,090,000 元

基本生活費差額：基本生活費總額 1,010,000 元－ 1,090,000 元＝ 0

說明：基本生活費差額若為負數則填寫「0」。

(3) 綜合所得淨額：綜合所得總額 1,293,000 元－免稅額 460,000 元（92,000×5）－列舉扣除額 310,000 元－儲蓄投資特別扣除額 270,000 元－教育學費特別扣除額 50,000 元（25,000×2）－基本生活費差額 0 元＝ 203,000 元

(4) 應納稅額：203,000 元 ×5% ＝ 10,150 元

(5) 應自行繳納稅額或應退還稅額：10,150 元－扣繳稅額（50,000 ＋ 30,000）＝ 69,850 元…應退還稅額

說明：保險費每人每年扣除數額以不超過 24,000 元為限。但全民健康保險之保險費不受金額限制。

例題 12

假設張三民國 112 年有大陸地區所得 120,000 元，在大陸地區已納所得稅 24,000 元，另有香港地區所得 50,000 元，其他情況均與例題 11 相同，則張三之綜合所得淨額為 323,000 元；應退還稅額為 69,850 元。

一、含大陸地區來源所得應納稅額：

列舉：醫 3 千 ＋ 保 費（3 萬 ＋ 2.4 萬 ＋ 5 千 ×4 ＋ 3 千 ）＋（50 萬 － 27 萬 ）=310,000 元

標準扣除額：248,000 元 < 310,000 元，故採列舉扣除額。

(1) 綜合所得總額：（120 萬元—20.7 萬元）＋ 30 萬元＋（6 萬元—6 萬元）＋ 12 萬元＝ 141.3 萬元

(2) 基本生活所需的費用：112 年度每人基本生活所需的費用為 202,000 元。

基本生活費總額：1,010,000 元（202,000 元 ×5）

基本生活費比較項目合計數：全部免稅額 460,000 元＋採列舉扣除額 310,000 元＋儲蓄投資特別扣除額 270,000 元＋教育學費特別扣除額 50,000 元（25,000×2）＝ 1,090,000 元

基本生活費差額：基本生活費總額 1,010,000 元－ 1,090,000 元＝ 0

說明：基本生活費差額若為負數則填寫「0」。

(3) 綜合所得淨額：綜合所得總額 1,413,000 元－免稅額 460,000 元（92,000×5）－列舉扣除額 310,000 元－儲蓄投資特別扣除額 270,000 元－教育學費特別扣除額 50,000 元（25,000×2）－基本生活費差額 0 元＝ 323,000 元

(4) 應納稅額：323,000 元 ×5% ＝ 16,150 元 ------ 含大陸地區來源所得應納稅額

二、不含大陸地區來源所得應納稅額

(1) 綜合所得總額：（120 萬元—20.7 萬元）＋ 30 萬元＋（6 萬元—6 萬元）＝ 129.3 萬元

(2) 綜合所得淨額：綜合所得總額 1,293,000 元－免稅額 460,000 元（92,000×5）－列舉扣除額 310,000 元－儲蓄投資特別扣除額 270,000 元－教育學費特別扣除額 50,000 元（25,000×2）－基本生活費差額 0 元＝ 203,000 元

(3) 應納稅額：203,000 元 ×5% ＝ 10,150 元 ------ 不含大陸地區來源所得應納稅額

三、16,150 元（含大陸所得應納稅額）－ 10,150 元（不含大陸所得應納稅額）＝ 6,000 元

6,000 元＜24,000 元，故大陸地區已納所得稅可扣抵之稅額為 6,000 元

四、應自行繳納稅額或應退還稅額：16,150 元－扣繳稅額（50,000 ＋ 30,000）－ 6,000 元＝ 69,850 元…應退還稅額

說明 1：臺灣地區人民有大陸地區來源所得者，應併同臺灣地區來源所得課徵所得稅。但其在大陸地區已繳納之稅額，得自應納稅額中扣抵。惟扣抵之數額，不得超過因加計其大陸地區所得，而依其適用稅率計算增加之應納稅額。

說明 2：臺灣地區人民有香港或澳門來源所得者，免納所得稅。

非裝訂處請依序裝訂於申報書前且**勿黏貼**：
繳稅取款委託書、自動櫃員機轉帳繳納交易明細表。2.自繳稅款繳款書證明聯。3.綜合所得稅聲明事項表及附件。4.個人及其關係人持股明細表及附表。5.個人受控外國企業(CFC)營利所得計算表。6.其他明文件（屬國外文件應自行節譯註記）。

簡式

中華民國 112 年度綜合所得稅結算申報書

(自 112 年 1 月 1 日至 12 月 31 日取得的所得都要申報)　　單位：新臺幣元

（本欄納稅義務人不必填寫）

格式	機關	服務區	箱冊號	頁號
11				

納稅義務人與配偶分居，屬符合民法第 1010 條第 2 項難以維持共同生活，不同居已達 6 個月以上，向法院聲請宣告採用分別財產制，同法第 1089 條之 1 不繼續共同生活達 6 個月以上，或法院裁定未成年子女權利義務之行使或負擔，或屬依家庭暴力防治法規定取得通常保護令，得各自辦理結算申報及計算稅額者，請打✓，並請檢附相關文件(BF)。(請看說明三)

合上開規定，而無法合併申報者(不包含因工作因素分隔兩地或戶籍地不同等情形)，請打✓，並於申報書上配偶姓名及身分證統一編號(BD)。如須「分別開單計稅」者，請於此【　】打✓。

聯絡電話(請詳填)	1. (02)2311-3711
	2.

□納稅義務人為大陸地區人民，112 年度在臺居、停留合計滿 183 天者，請打✓。
【申報注意事項詳背面說明十八】

姓名			國民身分證統一編號	出生年次	身心障礙者請打✓	身心失能者請打✓
納稅義務人 DD	李大華		A100000111	60		
配偶 SS	劉美美		A200000222	63		

申報時戶籍地(請詳填)	臺北市 萬華區 仁德里 4 鄰 桂林路 段 巷 弄 52 號 4 樓之 (室)	戶籍地是否承租	1.□承租 2.☑自有 3.□其他
退補稅通知送達處(住居所)	臺北市 萬華區 仁德里 4 鄰 桂林路 段 巷 弄 52 號 4 樓之 (室)	住居所是否承租	1.□承租 2.☑自有 3.□其他

扶養親屬

登錄代號		親屬姓名	國民身分證統一編號(未成年子女請閱戶口名簿)	稱謂	出生年次	是否同居	是否在學	身心障礙者請打✓	身心失能者請打✓
D	01	李阿貴	A100000333	父	35	是	否	√	√
D	02	李曉華	A100000444	子	90	是	是		
D	03	李曉美	A200000555	女	95	是	是		
D	04								

免稅額：年滿 70 歲之納稅義務人、配偶及受扶養直系尊親屬，每人免稅額 138,000 元，共：1 人，計：138,000 元
未滿 70 歲之納稅義務人、配偶及非屬上項之受扶養親屬，每人免稅額 92,000 元，共：4 人，計：368,000 元
全部免稅額 DM 506,000 元
基本生活費：每人基本生活費 202,000 元，共：5 人，計：DB 1,010,000 元
稽徵機關審核 ＿人 ＿人

綜合所得總額

薪資

所得人姓名	收入總額(1)	薪資所得特別扣除額(2)(每人上限 207,000 元)	所得總額(1)-(2)(若為負數請填寫"0")	扣繳稅額
李大華	1,200,000	207,000	993,000	30,000
劉美美	300,000	207,000	93,000	3,600

納稅義務人薪資所得總額 ZQ　配偶薪資所得總額 ZS　全部受扶養親屬薪資所得總額 ZT

利息所得

所得人姓名	所得總額	扣繳稅額
李大華	56,000	0
劉美美	20,000	0
李大華	300,000	0
劉美美	800,000	0

營利所得：公司、合作社及其他法人分配股利或盈餘（詳說明二之二）　合計金額 A_{91} 1,100,000

☑選擇合併計稅【股利及盈餘併入綜合所得總額課稅，按全戶股利及盈餘合計金額的 8.5%計算可抵減稅額，每戶可抵減金額以 8 萬元為限，續填計算式第 4 之(1)欄】。
□選擇分開計稅【股利及盈餘不計入綜合所得總額，以全戶股利及盈餘合計金額按 28%單一稅率分開計算稅額，續填計算式第 4 之(2)欄】。

3 萬元以下稿費

所得人姓名	全年總收入		扣繳稅額

納稅義務人各類所得總額	YM	1,349,000
※配偶各類所得總額	YN	913,000
※綜合所得總額	AA	2,262,000
全部扣繳稅額	AG	33,600

※選擇股利及盈餘合併計稅者，「納稅義務人各類所得總額 YM」、「配偶各類所得總額 YN」及「綜合所得總額 AA」含「股利及盈餘合計金額 A_{91}」。
※選擇股利及盈餘分開計稅者，「納稅義務人各類所得總額 YM」、「配偶各類所得總額 YN」及「綜合所得總額 AA」不含「股利及盈餘合計金額 A_{91}」。

扣除額

項目	說明	小計	稽徵機關審核
1.儲蓄投資特別扣除額	有利息所得者，納稅義務人、配偶及受扶養親屬，全年合計不超過 27 萬元者，得全數扣除；超過 27 萬元者，以扣除 27 萬元為限。選擇各類所得分開計稅者，如全戶利息所得超過 27 萬元，由分開計稅者之他方及受扶養親屬就其利息所得在 27 萬元限額內先予減除，減除後如有剩餘，再由分開計稅者減除；如全戶利息所得在 27 萬元以下，則各自就其利息所得部分減除。納稅義務人 李大華 全年利息所得總額 YR 56,000 可扣除額 56,000；配偶 劉美美 YS 20,000 可扣除額 20,000；全部受扶養親屬 YU	ZD_1(≦27 萬) 76,000	ZD_2
2.標準扣除額	□(1)單身者 124,000 元。(採用列舉扣除額者，請使用一般申報書申報) ☑(2)與配偶合併申報者 248,000 元。	ZA_1 248,000	ZA_2
3.身心障礙特別扣除額	納稅義務人、配偶或受扶養親屬為領有身心障礙證明者或精神疾病嚴重病人，每人可扣除 207,000 元。共 1 人。	ZE_1 207,000	ZE_2
4.教育學費特別扣除額	納稅義務人申報扶養之子女就讀大專以上院校之教育學費，每人最多扣除 25,000 元。已接受政府補助者，應以扣除該補助之餘額列報。但就讀空大、空專及五專前 3 年不適用本項扣除額。共 1 人。	SU_1 25,000	SU_2
5.幼兒學前特別扣除額	納稅義務人申報扶養 5 歲以下之子女，每人每年可扣除 120,000 元。共＿人。	SV_1	SV_2
6.長期照顧特別扣除額	納稅義務人、配偶或受扶養親屬為符合衛生福利部公告須長期照顧之身心失能者（請看說明十二），每人每年可扣除 120,000 元。共 1 人。	SW_1 120,000	SW_2
	但經減除 5.及 6.後，全年綜合所得稅適用稅率在 20%以上，或採本人或配偶之薪資所得分開計稅適用稅率在 20%以上，或選擇股利及盈餘按 28%單一稅率分開計稅，或基本所得額超過 670 萬元者，不適用 5.及 6.扣除。		
全部扣除額 (1+2+3+4+5+6)		AB_1 676,000	AB_2
基本生活費比較項目合計數 (全部免稅額 DM+1+2+3+4+5+6)		AJ_1 1,182,000	AJ_2

基本生活費差額：基本生活費總額 DB 1,010,000 減 基本生活費比較項目合計數 AJ_1 1,182,000 等於 基本生活費差額（若為負數請填 0，詳說明十四）DX_1 0　DX_1　DX_2

綜合所得淨額：綜合所得總額 AA 減 全部免稅額 DM 減 全部扣除額 AB_1 減 基本生活費差額 DX_1 等於 綜合所得淨額 AE
※綜合所得淨額 AE 若為負數請填寫 "0"

無配偶者，請填寫第 1 欄計算式；有配偶者，可就下列三種稅額計算式選擇較有利者。請於選用欄□打✓：
□選擇納稅義務人及配偶所得採合併計算稅額者，請填寫第 1 欄計算式。□選擇納稅義務人或配偶之薪資所得分開計算稅額者，請填寫第 2 欄計算式。□選擇納稅義務人或配偶之各類所得分開計算稅額者，請填寫第 3 欄計算式。

1 合併計算稅額：綜合所得淨額 AE 乘 稅率 TT_1 % 減 累進差額 等於 應納稅額 AF
※應納稅額請計算至元為止，不足元者無條件捨去。

2 薪資所得分開計算稅額：
薪資分開計稅者之薪資所得(ZQ 或 ZS) AD 減 薪資分開計稅者之免稅額 等於 薪資分開計稅者之薪資所得淨額；薪資分開計稅者之薪資所得淨額 乘 稅率 TT_1 % 減 累進差額 等於 薪資分開計稅部分之應納稅額
綜合所得淨額 AE 減 薪資分開計稅者之薪資所得淨額 等於 不含薪資分開計稅部分之所得淨額；不含薪資分開計稅部分之所得淨額 乘 稅率 TT_2 % 減 累進差額 等於 不含薪資分開計稅部分之應納稅額
薪資分開計稅部分之應納稅額 加 不含薪資分開計稅部分之應納稅額 等於 應納稅額 AF
※應納稅額請計算至元為止，不足元者無條件捨去。

3 各類所得分開計算稅額：

各類所得分開計稅者之各類所得總額(YM 或 YN)	減	各類所得分開計稅者之免稅額	減	各類所得分開計稅者之儲蓄投資特別扣除額	減	各類所得分開計稅者之身心障礙特別扣除額	減	各類所得分開計稅者之長期照顧特別扣除額	等於	各類所得分開計稅者之各類所得淨額	各類所得分開計稅者之各類所得淨額	乘 稅率	減 累進差額	等於 各類所得分開計稅部分之應納稅額
YT 913,000		92,000		20,000		0		0		801,000	801,000	TT_1 12%	39,200	56,920

綜合所得總額	減	各類所得分開計稅者之各類所得總額(YM 或 YN)	減	免稅額(不含各類所得分開計稅者之免稅額)	減	扣除額(不含各類所得分開計稅者已減除之扣除額)	減	基本生活費差額	等於	不含各類所得分開計稅部分之所得淨額	不含各類所得分開計稅部分之所得淨額	乘 稅率	減 累進差額	等於 不含各類所得分開計稅部分之應納稅額
AA 2,262,000		YT 913,000		414,000		656,000		DX_1 0		279,,000	279,,000	TT_2 5%	0	13,950

各類所得分開計稅部分之應納稅額 56,920 加 不含各類所得分開計稅部分之應納稅額 13,950 等於 應納稅額 AF 70,870
※應納稅額請計算至元為止，不足元者無條件捨去。

※無股利及盈餘者，請填(1)式，D_9 欄請填 "0"。

4 (1)合併計稅(股利及盈餘併入綜合所得總額課稅)：應納稅額 AF 70,870 減 全部扣繳稅額 AG 33,600 減 股利及盈餘可抵減稅額(A_{91}×8.5%，上限 8 萬元) D_9 80,000 等於 應退稅額 AI 42,730 或 應自行繳納稅額 AH　稽徵機關審核

(2)分開計稅(股利及盈餘按 28%單一稅率分開計算稅額)：應納稅額 AF 加 股利及盈餘分開計稅應納稅額(A_{91}×28%) E_9 減 全部扣繳稅額 AG 等於 應退還稅額 AI 或 應自行繳納稅額 AH　稽徵機關審核

本欄帳號資料限供直撥退稅使用，如欲提供存款帳戶辦理繳稅，請另填寫繳稅取款委託書（詳說明十七之(二)2）

利用存款帳戶退稅：限本申報書之納稅義務人、配偶或申報扶養親屬帳戶
金融機構：總機構：台北富邦　分支機構：　稽徵機關標符
存款人姓名：李大華　(BM)身分證統一編號：A100000111
帳號：分行別　科目　編(戶)號　檢支號　012-xxxxxxxxxxxx
郵局：H:存簿儲金　局號　帳號　J：劃撥儲金帳號

退稅款不利用直撥退稅轉入存款帳戶或退稅款無法轉入存款帳戶者，國稅局會直接寄送退稅憑單（支票）或退稅通知，納稅義務人不必至自動提款機前操作或輸入任何資料。
□經國稅局核定退稅金額 30 元以下且不利用直撥退稅轉入存款帳戶或退稅款無法轉入存款帳戶者，同意不領取該筆退稅款 (BY)。

利用信用卡繳稅：限申報書內納稅義務人、配偶名義持有之信用卡　BV 0　授權號碼(6 位)　持卡人：□納稅義務人(DD)　□配偶(SS)

備註：納稅者如有依納稅者權利保護法第 7 條第 8 項但書規定，為重要事項陳述者，請另填報「綜合所得稅聲明事項表」（附表）並檢附相關證明文件。(詳說明廿一)

納稅義務人簽名或蓋章 李大華
1.如郵寄申報時，請於信封左下角註明「綜合所得稅申報書」，並掛號逕寄戶籍所在地之國稅局所屬分局、稽徵所或服務處。
2.逾期申報者，僅得送（寄）戶籍所在地國稅局。

☑無附件
□附件：
1.繳稅取款委託書、自動櫃員機轉帳繳納交易明細表　張
2.自繳稅款繳款書證明聯　張
3.綜合所得稅聲明事項表及附件　張
4.其他證明文件（屬國外文件應自行節譯註記）　張
□個人及其關係人持股明細表及附表　張
□個人受控外國企業（CFC）營利所得計算表　張

113 年 5 月 31 日前採「人工申報」之退稅案件，經稽徵機關核定退稅者，將於「113 年 10 月底」撥付退稅款。

稽徵機關收件戳記、日期

(掛號郵寄申報，郵局收據黏貼處)

收到 李大華 先生/女士 (　市縣　區鄉鎮市　村里　鄰　路街　段　巷　弄　號　樓之　(　室))
112 年度綜合所得稅結算申報書及
☑無附件
□附件：
1.繳稅取款委託書、自動櫃員機轉帳繳納交易明細表　張
2.自繳稅款繳款書證明聯　張
3.綜合所得稅聲明事項表及附件　張
4.其他證明文件（屬國外文件應自行節譯註記）　張
□個人及其關係人持股明細表及附表　張
□個人受控外國企業（CFC）營利所得計算表　張

1.本聯請自行填寫。
2.為保障權益，本收據請保存 7 年，以便日後查考。
3.如郵寄申報，請撕下自存。

113 年 5 月 31 日前採「人工申報」之退稅案件，經稽徵機關核定退稅者，將於「113 年 10 月底」撥付退稅款。

稽徵機關收件戳記、日期

附件裝訂處請依序裝訂於申報書前且**勿黏貼**：
1.繳稅取款委託書、自動櫃員機轉帳繳納交易明細表。2.自繳稅款繳款書證明聯。3.個人薪資費用申報表及附件。4.綜合所得稅結算一般申報書附表及附件。5.個人所得基本稅額申報表及附件。6.綜合所得稅聲明事項表及附
7.個人及其關係人持股明細表及附表。8.個人受控外國企業(CFC)營利所得計算表。9 其他證明文件（屬國外文件應自行節譯註記）。

+

一般

中華民國 112 年度綜合所得稅結算申報書

（自 112 年 1 月 1 日至 12 月 31 日取得的所得都要申報）　　單位：新臺幣元

（本欄納稅義務人不必填寫）

格式	機　關	服務區	箱　　冊　　號	頁號
10				

☐納稅義務人與配偶分居，屬符合民法第 1010 條第 2 項難於維持共同生活，不同居已達 6 個月以上，向法院聲請宣告採用分別財產制、同法第 1089 條之 1 不繼續共同生活達 6 個月以上，經法院裁定未成年子女權利義務之行使或負擔，或屬依家庭暴力防治法規定取得通常保護令，得各自辦理結算申報及計算稅額者，請打✓，並請檢附相關文件（BF）。（請看說明六之一）
☐不符合上開規定，而無法合併申報者（**不包含因工作因素分隔兩地或戶籍地不同等情形**），請打✓，並於申報書上填寫配偶姓名及身分證統一編號(BD)。如須「分別開單計稅」者，請於此【　】打✓。

出生年次｜身心障礙者請打√｜身心失能者請打√

聯絡電話（請詳填）：1.(02)2311-3711　2.

☐ **納稅義務人為大陸地區人民，112 年度在臺居、停留合計滿 183 天者，請打**

【申報注意事項詳說明七（十七）】

1 納稅義務人及免稅額

姓名		國民身分證統一編號	出生年次
納稅義務人 DD	王雯柔	A 2 0 0 0 0 0 2 2 2	59
配偶 SS	林莊敬	A 1 0 0 0 0 0 1 1 1	57

申報時戶籍地（請詳填）：臺北 市 萬華 區 仁德 里 4 鄰 桂林 路 段 巷 弄 52 號 4 樓之（ 室）　戶籍地是否承租：1.☐承 2.☑自 3.☐其

退補稅通知送達處（住居所）：臺北 市 萬華 區 仁德 里 4 鄰 桂林 路 段 巷 弄 52 號 4 樓之（ 室）　住居所是否承租：1.☐承 2.☑自 3.☐其

扶養親屬：

登錄代號	親屬姓名	國民身分證統一編號（未成年子女請閱戶口名簿）	稱謂	出生年次	是否同居	是否在學	身心障礙者請打√	身心失能者請打√
D 01	林祖德	Q 1 0 0 0 0 0 3 3 3	父	35	是	否		√
D 02	林大華	A 1 0 0 0 0 0 6 6 6	子	92	是	是	√	

免稅額：年滿 70 歲之納稅義務人、配偶及受扶養直系尊親屬，每人免稅額 138,000 元，共：1 人，計：138,000 元
未滿 70 歲之納稅義務人、配偶及非屬上項之受扶養親屬，每人免稅額 92,000 元，共：3 人，計：276,000 元
全部免稅額 DM 414,000 元
基本生活費：每人基本生活費 202,000 元，共 4 人，計：DB 808,000 元
稽徵機關審核

2 綜合所得總額（請看說明七之（一））

③薪資所得（請看說明七之(四)）

所得人姓名	所得發生處所名稱或扣繳單位統一編號	收入總額(1)	薪資所得特別扣除額(2)（每人上限 20.7 萬元）	必要費用(2)（個人薪資費用申報表 HA₁ 欄）	所得總額(1)-(2)（若為負數請填寫"0"）	扣繳稅
林莊敬	大信投資信託股份有限公司	20,000,000		600,000	19,400,000	509,0
王雯柔	大義股份有限公司	589,000	207,000		382,000	21,54

（請按各別所得人全年薪資收入就下列兩欄擇一減除）

納稅義務人薪資所得總額 ZQ　配偶薪資所得總額 ZS　全部受扶養親屬薪資所得總額 ZT

3

④利息所得（請看說明七之(五)）

所得人姓名	所得發生處所名稱或扣繳單位統一編號	所得總額	扣繳稅額	所得人姓名	所得發生處所名稱或扣繳單位統一編號	所得總額	扣繳稅
林莊敬	華南銀行	460,000	46,000				
王雯柔	彰化銀行	170,000	17,000				

4

①營利所得（含股利、盈餘）（請看說明七之(二)1）

所得人姓名	所得發生處所名稱	所得總額
林莊敬	大人股份有限公司	104,302
林祖德	大中股份有限公司	37,562

公司、合作社及其他法人分配股利或盈餘（詳說明七之(二)2.）合計金額 A₉₁ 141,864
☐選擇合併計稅【股利及盈餘併入綜合所得總額課稅，按全戶股利及盈餘合計金額的 8.5%計算可抵減稅額，每戶可抵減金額以 8 萬元為限，續填申報書背面第 13 之(1)欄】。
☑選擇分開計稅【股利及盈餘不計入綜合所得總額，以全戶股利及盈餘合計金額按 28%單一稅率分開計算稅額，續填申報書背面第 13 之(2)欄】。

①股利所得（僅供含有借入有價證券所分配之股利者填寫，請看說明七之（二）3.）

所得人姓名	所得發生處所名稱或扣繳單位統一編號	股利金額(1)	借券轉開之股利金額(2)	應申報之股利金額(1)-(2)	出借人名稱或統一編號

5

請勾選☐是☐否屬執行業務設帳者(BK)	所得人姓名	所得發生處所名稱或扣繳單位統一編號	收入總額(1)	必要成本及費用(2)	自願提繳退休金(3) 提繳退休金者(BR)，請打✓：☑	所得總額(1)-(2)-(3)（若為負數請填寫"0"）	扣繳稅額
②'執行業務所得（請看說明七之(三)）							
②''稿費、版稅、樂譜、作曲、編劇、漫畫及講演之鐘點費收入總額	王雯柔 280,000 總收入 減除 18 萬元後之餘額列入收入總額		100,000	30,000	16,800	53,200	28,000

6 （請看說明七之（一））

如有⑤租賃所得及權利金所得(適用住宅法或租賃住宅市場發展及管理條例規定者，請分別填入⑤'或⑤''欄)、⑥自力耕作漁牧林礦所得、⑦財產交易所得、⑧競技競賽及機會中獎之獎金或給與、⑨退職所得、⑩其他所得，請分別填寫下列各欄。（詳說明七之(六)(七)(八)(九)(十)(十一)(十二)）
註：1.租賃收入之合理而必要損耗及費用採逐項舉證申報者，請將背面附表一之可扣除金額小計，填入各該筆租賃收入之必要費用欄。
2.申報房屋或土地租賃所得須填寫房屋稅籍編號(請參見該屋之房屋稅繳款書之「稅籍編號」抄填，如 A01237654321)或地段號。

所得代號	所得種類	所得人姓名	所得發生處所名稱、出租房屋或土地的坐落地址及稅籍編號或地段號（見上註 2.）	收入總額(1)	必要費用及成本(2)	所得總額(1)-(2)	扣繳稅
5	租賃所得	王雯柔	臺北市文山區木柵路 10-1 號(A11350266000)	201,248	86,537	114,711	
7	財產交易所得	林莊敬	臺北市文山區木柵 510-5 號房屋	5,270,000	4,850,000	420,000	
⑨退職所得							

租賃所得	所得人姓名	出租房屋的坐落地址及稅籍編號	每月租金	給付月數		應課稅收入(1)
⑤'適用住宅法規定者					每屋每月租金收入超過 1.5 萬元部分	
⑤''適用租賃住宅市場發展及管理條例規定者					每屋每月租金收入超過 6 千元至 2 萬元部分	
					每屋每月租金收入超過 2 萬元部分	

7

※選擇股利及盈餘合併計稅者，「納稅義務人各類所得總額 YM」、「配偶各類所得總額 YN」及「綜合所得總額 AA」含「股利及盈餘合計金額 A₉₁」。
※選擇股利及盈餘分開計稅者，「納稅義務人各類所得總額 YM」、「配偶各類所得總額 YN」及「綜合所得總額 AA」不含「股利及盈餘合計金額 A₉₁」。

※納稅義務人各類所得總額	※配偶各類所得總額	※綜合所得總額	全部扣繳稅額	稽徵機關審核
YM 719,911	YN 20,280,000	AA 20,999,911	AG 621,540	

租賃所得採列舉必要損耗及費用者，請打√　BX　1.☐是
財產交易所得依實際交易價格申報者，請打√　BB　1.☑是

8 扣除額（請看說明七之(十五)）

項目	小計	稽徵機關審
1.一般扣除額：（下列兩項扣除額僅可選擇一種，請於選用項目☐中打✓） ☐標準扣除額：單身者 124,000 元，與配偶合併申報者 248,000 元。 ☑列舉扣除額：（依法可扣除之項目請填背面附表二）。	ZA₁ 362,800 元	ZA₂
2.財產交易損失扣除額：依法可扣除金額（含前 3 年度財產交易損失未扣除餘額）以不超過本年度申報之財產交易所得額為限。選擇各類所得分開計算稅額者，其財產交易損失僅得減除其個人之財產交易所得，不得減除其他人之財產交易所得。	ZC₁ 元	ZC₂
3.儲蓄投資特別扣除額：納稅義務人、配偶及受扶養親屬之利息所得，全年合計不超過 27 萬元者，得全數扣除；超過 27 萬元者，以扣除 27 萬元為限。選擇各類所得分開計稅者，如全戶利息所得超過 27 萬元，由分開計稅者之他方及受扶養親屬就其利息所得在 27 萬元限額內先予減除，減除後如有剩餘，再由分開計稅者減除；如全戶利息所得在 27 萬元以下，則各自就其利息所得部分減除。	ZD₁（≦27 萬）270,000 元	ZD₂
4.身心障礙特別扣除額：納稅義務人、配偶或受扶養親屬為領有身心障礙證明者或精神疾病嚴重病人，每人可扣除 207,000 元。共 1 人。	ZE₁ 207,000 元	ZE₂
5.教育學費特別扣除額：納稅義務人申報扶養之子女就讀大專以上院校之教育學費，每人最多扣除 25,000 元。已接受政府補助者，應以扣除該補助之餘額列報。但就讀空大、空專及五專前 3 年不適用本項扣除額。共 1 人。	SU₁ 25,000 元	SU₂
6.幼兒學前特別扣除額：納稅義務人申報扶養 5 歲以下之子女，每人每年可扣除 120,000 元。共____人。	SV₁ 元	SV₂
7.長期照顧特別扣除額：納稅義務人、配偶或受扶養親屬為符合衛生福利部公告須長期照顧之身心失能者（請看說明七(十五)2.(6)），每人每年可扣除 120,000 元。共____人。	SW₁ 元	SW₂
全部扣除額（1+2+3+4+5+6+7）	AB₁ 864,800 元	AB₂

財產交易損失：

姓名	財產交易損失	全年財產交易所得	可扣除額(視計稅方式而定)
納稅義務人	YV	YZ	
配偶	YW	YP	
全部受扶養親屬	YX	YQ	

儲蓄投資特別扣除額：

	所得人姓名	全年利息所得總額	可扣除額(視計稅方式而定)
納稅義務人	王雯柔	YR 170,000	0
配偶	林莊敬	YS 460,000	270,000
全部受扶養親屬		YU	

但經減除 6.及 7.後，全年綜合所得稅適用稅率在 20%以上，或採本人或配偶之薪資所得或各類所得分開計算稅額適用稅率在 20%以上，或選擇股利及盈餘按 28%單一稅率分開計稅，或基本所得額超過 670 萬元者，不適用 6.及 7.扣除。

9 基本生活費差額

基本生活費比較項目合計數〔DM+(第 8 欄扣除額之項次 1+3+4+5+6+7)〕　AJ₁ 1,278,800 元　AJ₂

基本生活費總額	減	基本生活費比較項目合計數	等於	基本生活費差額
DB 808,000	－	AJ₁ 1,278,800	＝	DX₁ 0

（DX₁ 若為負數請填寫"0"）詳說明七(十六)　DX₁ 0 元　DX₂

112 年度綜合所得稅速算公式

單位：新臺幣元

級別	綜合所得淨額	×	稅率	－	累進差額	＝	全年應納稅額
1	0～560,000	×	5%	－	0	＝	
2	560,001～1,260,000	×	12%	－	39,200	＝	
3	1,260,001～2,520,000	×	20%	－	140,000	＝	
4	2,520,001～4,720,000	×	30%	－	392,000	＝	
5	4,720,001 以上	×	40%	－	864,000	＝	

各國稅局暨其分局、稽徵所、服務處之名稱、地址及聯絡電話，另有單張一覽表備索。國稅局免費服務電話：0800-000-

哪些申報戶應申報個人所得基本稅額請詳說明一之一。

（左側已裁切）身者，請填寫第 10 欄計算式：有配偶者，可就下列三種稅額計算式選用較有利者。請於選用欄項□打√：□選擇納稅義務人及配偶所得採合併計算稅額者，請填寫第 10 欄計算式。□選擇納稅義務人或配偶之薪資所得分開計算稅額者，請填寫第 11 欄計算式。□選擇納稅義務人或配偶之各類所得分開計算稅額者，請填寫第 12 欄計算式。**請將計算之應納稅額直接填寫於第 13 欄計算式，以計算應自行繳納（或退還）稅額（應納稅額請計算至元為止，不足元者無條件捨去）。**

身者或納稅義務人及配偶所得採合併計算稅額

綜合所得總額	減	全部免稅額	減	全部扣除額	減	基本生活費差額	減	投資新創事業公司減除金額（附表 A）	等於	綜合所得淨額		綜合所得淨額	乘	稅率	減	累進差額	等於	應納稅額
AA	－	DM	－	AB_1	－	DX_1	－	CO_1	＝	AE		AE	×	TT_1 %	－		＝	AF

※AE 若為負數請填寫“0” ※應納稅額請計算至元為止，不足元者無條件捨去。※請將「應納稅額(AF)」直接填寫於稅額計算式第 13 欄，以計算應自行繳納（或退還）之稅額。

納稅義務人或配偶之薪資所得分開計算稅額

綜合所得總額	減	全部免稅額	減	全部扣除額	減	基本生活費差額	減	投資新創事業公司減除金額(附表 A)	等於	綜合所得淨額
AA	－	DM	－	AB_1	－	DX_1	－	CO_1	＝	AE

※AE 若為負數請填寫“0”

薪資分開計稅者之薪資所得（ZQ 或 ZS）	減	薪資分開計稅者之免稅額	等於	薪資分開計稅者之薪資所得淨額		薪資分開計稅者之薪資所得淨額	乘	稅率	減	累進差額	等於	薪資分開計稅部分之應納稅額
AD	－		＝				×	TT_1 %	－		＝	

綜合所得淨額	減	薪資分開計稅者之薪資所得淨額	等於	不含薪資分開計稅部分之所得淨額		不含薪資分開計稅部分之所得淨額	乘	稅率	減	累進差額	等於	不含薪資分開計稅部分之應納稅額
AE	－		＝				×	TT_2 %	－		＝	

薪資分開計稅部分之應納稅額	加	不含薪資分開計稅部分之應納稅額	等於	應納稅額
	＋		＝	AF

※應納稅額請計算至元為止，不足元者無條件捨去。
※請將左欄「應納稅額(AF)」直接填寫於稅額計算式第 13 欄，以計算應自行繳納（或退還）之稅額。

納稅義務人或配偶之各類所得分開計算稅額

各類所得分開計稅者之各類所得總額（YM 或 YN）	減	各類所得分開計稅者之免稅額	減	各類所得分開計稅者之財產交易損失扣除額	減	各類所得分開計稅者之儲蓄投資特別扣除額	減	各類所得分開計稅者之身心障礙特別扣除額	減	各類所得分開計稅者之長期照顧特別扣除額	減	各類所得分開計稅者之投資新創事業公司減除金額（附表 A）	等於	各類所得分開計稅者之各類所得淨額
YT 719,911	－	92,000	－		－		－		－		－		＝	GK 627,911

各類所得分開計稅者之各類所得淨額	乘	稅率	減	累進差額	等於	各類所得分開計稅部分之應納稅額
627,911	×	TT_1 12%	－	39,200	＝	36,149

※有關財產交易損失扣除額部分，選擇各類所得分開計稅者，其財產交易損失僅得減除其個人之財產交易所得，不得減除其他人之財產交易所得。
※有關儲蓄投資特別扣除額部分，選擇各類所得分開計稅者，如全戶利息所得超過 27 萬元，由分開計稅者之他方及受扶養親屬就其利息所得在 27 萬元限額內先予減除，減除後如有剩餘，再由分開計稅者減除；如全戶利息所得在 27 萬元以下，則各自就其利息所得部分減除。

綜合所得總額	減	各類所得分開計稅者之各類所得總額(YM 或 YN)	減	免稅額(不含各類所得分開計稅者之免稅額)	減	扣除額（不含各類所得分開計稅者已減除之扣除額）	減	基本生活費差額	減	投資新創事業公司減除金額（不含各類所得分開計稅者之投資新創事業公司減除金額）（附表 A）	等於	不含各類所得分開計稅部分之所得淨額
AA 20,999,911	－	YT 719,911	－	322,000	－	864,800	－	DX_1 0	－		＝	GL 19,093,200

不含各類所得分開計稅部分之所得淨額	乘	稅率	減	累進差額	等於	不含各類所得分開計稅部分之應納稅額
19,093,200	×	TT_2 40%	－	864,000	＝	6,773,280

各類所得分開計稅部分之應納稅額	加	不含各類所得分開計稅部分之應納稅額	等於	應納稅額
36,149	＋	6,773,280	＝	AF 6,809,429

※應納稅額請計算至元為止，不足元者無條件捨去。
※請將左欄「應納稅額(AF)」直接填寫於稅額計算式第 13 欄，以計算應自行繳納（或退還）之稅額。

※無股利及盈餘者，請填(1)式，D_9 欄請填"0"。應辦理個人所得基本稅額申報者，請將另行填報之「個人所得基本稅額申報表」計算結果(AM_1)填寫於本欄 AM_1，以計算應自行繳納（或退還）之稅額。
※有投資新創事業公司減除金額、重購自用住宅扣抵稅額、投資抵減稅額及大陸地區已繳納所得稅可扣抵稅額者，請另填報「綜合所得稅結算申報書附表」並檢附相關證明文件。

	應納稅額	減	投資抵減稅額（附表 C）	加	基本稅額與一般所得稅額之差額扣抵海外已繳納所得稅可扣抵稅額後之餘額	減	重購自用住宅扣抵稅額(附表 B)	減	全部扣繳稅額	減	股利及盈餘可抵減稅額(A_{91}x8.5%，上限 8 萬元)	減	大陸地區已繳納所得稅可扣抵稅額(附表 D)	等於	應退還稅額	或	應自行繳納稅額	稽徵機關審核
(1)合併計稅(股利及盈餘併入綜合所得總額課稅)	AF	－	AC_1	＋	AM_1	－		－	AG	－	D_9	－		＝	AI	或	AH	

	應納稅額	加	股利及盈餘分開計稅應納稅額(A_{91}x28%)	減	投資抵減稅額（附表 C）	加	基本稅額與一般所得稅額之差額扣抵海外已繳納所得稅可扣抵稅額後之餘額	減	重購自用住宅扣抵稅額(附表 B)	減	全部扣繳稅額	減	大陸地區已繳納所得稅可扣抵稅額(附表 D)	等於	應退還稅額	或	應自行繳納稅額	稽徵機關審核
(2)分開計稅(股利及盈餘按 28%單一稅率分開計算稅額)	AF 6,809,429	＋	E_9 39,721	－	AC_1	＋	AM_1 0	－		－	AG 621,540	－		＝	AI	或	AH 6,227,610	

帳號資料**限供直撥退稅使用**，如欲提供存款帳戶辦理繳稅，請另填寫繳稅取款委託書（詳說明五之(二)2.）

用存款戶稅	限本申報書之納稅義務人、配偶或申報扶養親屬帳戶		金融機構	總機構： 分支機構：	稽徵機關標符	郵局	H：存簿儲金	局號 帳號
	存款人姓名		帳號	分行別 科目 編（戶）號 檢支號			J：劃撥儲金帳號	
	(BM)身分證統一編號							

退稅款不利用直撥退稅轉入存款帳戶或退稅款無法轉入存款帳戶者，國稅局會直接寄送退稅憑單（支票）或退稅通知，納稅義務人不必至自動提款機前操作或輸入任何資料。
☑ 經國稅局核定退稅金額 30 元以下且不利用直撥退稅轉入存款帳戶或退稅款無法轉入存款帳戶者，同意不領取該筆退稅款 （BY）。

用信用卡繳稅 | 限申報書內納稅義務人、配偶名義持有之信用卡 | BV 0 | 授權號碼（6 位） 2 4 5 2 4 9 | 持卡人：☑納稅義務人(DD) □配偶(SS)

可扣除金額 / 項目 出租房屋坐落地址	折舊	修理費	地價稅	房屋稅及其附加捐	向金融機構借款購屋而出租之利息	財產保險費	可扣除金額小計	稽徵機關審核
可扣除金額合計								

項目	實際發生金額	登錄代號	可扣除的金額	稽徵機關審核	項目	實際發生金額	登錄代號	可扣除的金額	稽徵機關審核
1.1 捐贈土地予政府（請填註 3）		YH_1		YH_2	5.自用住宅購屋借款利息（請填註 1 自用住宅資料）	ZK	ZJ_1		ZJ_2
1.2 捐贈現金(對政府捐贈等，詳說明十五(1)(2)①A)		YA_1		YA_2	6.房屋租金支出（請填註 2 出租人資料）	YL	YD_1		YD_2
1.3 捐贈實物(對政府捐贈等，詳說明(十五)1.(2)①A)(請填註 3)		YJ_1		YJ_2	7.依政治獻金法規定對政黨之捐贈	YE	ZR_1		ZR_2
1.4 捐贈現金(一般，詳說明十五(1)(2)①B)	YB 134,000	ZF_1	134,000	ZF_2	8.依政治獻金法規定對政治團體之捐贈	YF	ZP_1		ZP_2
1.5 捐贈實物(一般，詳說明十五(1)(2)①B)(請填註 3)	YC	ZZ_1		ZZ_2	9.依政治獻金法規定對擬參選人之捐贈	YG	ZL_1		ZL_2
2.1 人身保險費(不含全民健康保險費)	72,000	ZG_1	72,000	ZG_2	10.依公職人員選舉罷免法規定候選人之競選經費		$Z2_1$		$Z2_2$
2.2 人身保險費(僅限全民健康保險費)	51,800	YK_1	51,800	YK_2	11.依公職人員選舉罷免法規定之罷免案支出		$Z7_1$		$Z7_2$
3. 醫藥及生育費	205,000	ZH_1	105,000	ZH_2	12.依私立學校法規定之捐贈	YI	$Z8_1$		$Z8_2$
4. 災害損失		ZI_1		ZI_2	合計	462,800	ZA_1	362,800	ZA_2

註 1 列報自用住宅購屋借款利息者請填寫	所有權人姓名		設戶籍者姓名（BZ）		註 2 列報房屋租金支出者請填寫	出租人姓名		房屋稅籍編號	FE
	身分證統一編號					身分證統一編號	FD	承租房屋坐落地址	
	房屋稅籍編號	FG	房屋取得日期		註 3 捐贈實物取得來源為買入者請填寫	出售人姓名		受贈人名稱	金額（FC）
	房屋坐落地址					統一編號(FA)		統一編號(FB)	

註 納稅者如有依納稅者權利保護法第 7 條第 8 項但書規定，為重要事項陳述者，請另填報「綜合所得稅聲明事項表」（附表）並檢附相關證明文件。（詳說明八）

□無附件
☑附件：1.繳稅取款委託書、自動櫃員機轉帳繳納交易明細表 張
2.自繳稅款繳款書證明聯 張
3.綜合所得稅聲明事項表及附件 張
4.其他證明文件（屬國外文件應自行節譯註記） 5 張
☑個人薪資費用申報表及附件 張
□綜合所得稅結算申報書附表及附件 張
□個人所得基本稅額申報表及附件 張
□個人及其關係人持股明細表及附表 張
□個人受控外國企業（CFC）營利所得計算表 張

義務人簽名或蓋章 王雯柔

郵寄申報時，請於信封左下角註明「綜合所得稅申報書」，並掛號逕寄戶籍所在地之國稅局所屬分局、稽徵所或服務處。
申報者，僅得送（寄）戶籍所在地國稅局。

113 年 5 月 31 日前採「人工申報」之退稅案件，經稽徵機關核定退稅者，將於「113 年 10 月底」撥付退稅款。

稽徵機關收件戳記、日期

王雯柔 先生 女士（ 市 縣 區市 鄉鎮 里村 鄰 路 街 段 巷 弄 號之 樓之 （ 室））

（掛號郵寄申報，郵局收據黏貼處）

請自行填寫。
保障權益，本收據請保存 7 年，以便日後查考。
郵寄申報，請撕下自存。

112 年度綜合所得稅結算申報書及
□無附件
☑附件：1.繳稅取款委託書、自動櫃員機轉帳繳納交易明細表 張
2.自繳稅款繳款書證明聯 張
3.綜合所得稅聲明事項表及附件 張
4.其他證明文件（屬國外文件應自行節譯註記） 5 張
☑個人薪資費用申報表及附件 張
□綜合所得稅結算申報書附表及附件 張
□個人所得基本稅額申報表及附件 張
□個人及其關係人持股明細表及附表 張
□個人受控外國企業（CFC）營利所得計算表 張

113 年 5 月 31 日前採「人工申報」之退稅案件，經稽徵機關核定退稅者，將於「113 年 10 月底」撥付退稅款。

稽徵機關收件戳記、日期

歷屆試題

申論題

1. 請回答下列問題：

（1）甲今年 52 歲，與配偶離異多年，育有 1 女乙 24 歲，現就讀研究所 1 年級，甲在臺北市擁有二間房屋，一間自住，一間出租。甲 112 年度相關的所得如下：全年薪資收入 500 萬元、銀行存款利息收入 35 萬元、公司債利息收入 20 萬元、現金股利 200 萬元、上市公司股票之證券交易所得 300 萬元、房屋租金收入 60 萬元（採標準費用率）、統一發票中獎獎金 200 萬元、稿費收入 30 萬元，稿費收入費用率為 30%。此外，乙有稿費收入 15 萬元。112 年度甲的支出如下：購屋借款利息 75 萬元（自住房屋的借款利息 45 萬元，出租房屋的借款利息 30 萬元）；付與健保特約醫院及診所之醫藥費 5 萬元；健保費 20 萬元、勞保費 10 萬元、人身保險費 10 萬元；捐贈給經合法立案之公益、慈善團體 70 萬元。乙的支出如下：乙因就學所需，在外租屋供自住，全年房屋租金支出 15 萬元；全年學費 5 萬元；健保費 12 萬元；付與健保特約醫院及診所之醫藥費 3 萬元。甲全部扣繳稅額 40 萬元，乙無扣繳稅額。若以最有利於納稅義務人方式申報，試問甲申報 112 年度綜合所得稅時，其綜合所得總額、一般扣除額、綜合所得淨額、應自行繳納（退還）稅額各為多少？

提示：假設個人免稅額每人 9.2 萬元；標準扣除額單身者 12.4 萬元；薪資所得特別扣除額每人上限 20.7 萬元；每人基本生活費 20.2 萬元。

112 年度綜合所得稅速算公式			
級別	級距	稅率	累進差額
1	0-560,000 元	5%	0
2	560,001-1,260,000 元	12%	39,200 元
3	1,260,001-2,520,000 元	20%	140,000 元
4	2,520,001-4,720,000 元	30%	392,000 元
5	4,720,001 元以上	40%	864,000 元

（2）個人對私立學校之捐贈，於申報綜合所得稅時，可認列扣除額的規定為何？請依透過財團法人私立學校興學基金會（簡稱興學基金會）與未透過興學基金會之捐贈分別說明之？（112 年記帳士）

2. 甲小姐（居住者）112 年度課稅資料如下：

（1）甲小姐有兩份工作：受僱於 S 公司從事音樂表演工作，全年薪資收入共 400 萬元；受僱於 T 公司從事稅務規劃工作，全年薪資收入共 600 萬元。今年花費 23 萬元購置專為表演之服裝、47 萬元參加職業訓練課程，均取具合法憑證。

（2）甲小姐持有兩家公司之股票：境內乙公司（持股比例 90%）、境外 A 公司（持股比例 20%）；乙公司亦持有 A 公司之股票（持股比例 80%）。乙公司今年有虧損、A 公司當年度之稅後淨利（換算成新臺幣）為 5,000 萬元，乙公司與 A 公司當年度均未分配盈餘給股東。

請回答下列問題：

（1）甲小姐之全年度薪資所得為多少元？（註：112 年度之薪資所得特別扣除額為 20.7 萬元）

（2）依所得基本稅額條例第 12 條之 1 規定，在何種情況下，A 公司會被視為甲小姐之關係企業，且其盈餘應計入個人基本所得額？

（3）承上題，若 A 公司符合上述規定，則甲小姐在計算基本所得額時，應計入之國外來源所得為多少元？（112 年地方四等特考）

3. 請依我國所得稅法規定，回答何謂「就源扣繳」、「分離課稅」、「分開計稅合併報繳」？「就源扣繳」、「分離課稅」在居住者、非居住者間有何異同？（112 年高考）

4. 何謂盈虧互抵？請依我國所得稅法之相關法令規定，說明適用盈虧互抵的條件與限制。（111 年高考）

5. 請就下列資料，依所得稅法及所得基本稅額條例相關法令規定，計算邱君 110 年度個人基本所得額、基本稅額、一般所得稅額及基本稅額與一般所得稅額之差額：

（1）邱君申報全戶綜合所得淨額 300 萬元（不含股利），應納稅額 80 萬元；股利 200 萬元，採稅率 28% 分開計算稅額。

（2）邱君 110 年出售一棟位於香港之房屋、土地，獲利 200 萬港幣，換算新臺幣為 760 萬元，已繳納香港利得稅，換算新臺幣為 60 萬元。

（3）邱君配偶蔡君 110 年自境外匯回 2 筆資金，一筆為 105 年源於英國之投資利得 10 萬英磅，換算新臺幣為 400 萬元，已繳納英國所得稅，換算新臺幣為 20 萬元；一筆為 110 年於日本之投資本金 100 萬日幣，換算新臺幣為 27 萬元。

（4）邱君 110 年出售 1 檔證券投資信託基金之受益憑證 1 萬單位，實際成交價格 50 萬元，原始申購價格 30 萬元，手續費 1 萬元。

（5）邱君之父 110 年 10 月過世，其生前（100 年）投保 1 筆人壽保險，要保人及被保險人為邱父、受益人為邱君，保險死亡給付為 4,000 萬元。

（提示：死亡給付每一申報戶免予計入基本所得額之金額為 3,330 萬元；計算基本稅額時，基本所得額得扣除之金額為 670 萬元。）（111 年會計師）

6. 甲文具店為一家位於臺北市之獨資的小規模營利事業，負責人（資本主）王先生設籍於臺北市且為中華民國境內居住之個人，單身、60 歲，111 年度所得及相關資料如下：

（1）甲文具店：

A. 出售新竹市土地（於 106 年 1 月以 1,500 萬元購得，持有期間 5 年 6 個月，所有權人登記為資本主王先生），售價 2,000 萬元，相關費用總計 50 萬元（取得合法憑證），申報土地增值稅之漲價總數額為 100 萬元，繳納土地增值稅為 20 萬元。

B. 不包含上述土地交易所得，核定之營利事業所得額為 20 萬元。

（2）王先生：

A. 稿費收入 10 萬元（費用率 30%）。

B. 出租座落於信義區房屋（評定現值 210 萬元，耐用年數 20 年），租金收入 30 萬元，此房屋支付銀行貸款利息 7 萬元、支付房屋稅及地價稅合計 2 萬元、火災及地震險 1 萬元；假設必要費用標準 43%。

C. 刮中公益彩券獎金 20 萬元，領獎時繳納 2 萬元稅金。

D. 參加百貨公司抽獎活動，抽中汽車價值 200 萬元，領獎時繳納 20 萬元稅金；

E. 拍賣符合中央主管機關認可文化藝術事業之藝術品，有交易所得 50 萬元。

F. 出售 104 年取得之房屋，核計有財產交易損失 8 萬元。

G. 扶養父親，85 歲，符合中央衛生福利主管機關公告須長期照顧之身心失能者，全年看護費用 30 萬元（取得合法憑證）。父親未領有身心障礙手冊或證明者。

H. 列舉扣除額合計 27 萬元（取得合法憑證）。

請依 111 年度我國所得稅法及相關法規規定，以最有利（稅額最低）方式，計算並回答民國 111 年度綜合所得稅結算申報時之下列問題：

（1）甲文具店此 2 筆所得該如何申報繳納所得稅、營利事業所得稅應納稅額（稅率 20%）為若干？

（2）王先生綜合所得總額、綜合所得淨額、應納稅額、應補（退）稅額各為若干？（111 年記帳士）

提示：設 111 年度綜合所得稅之免稅額及扣除額規定及稅額速算公式如下：

一般個人免稅額每人 92,000 元；標準扣除額單身者 12.4 萬元；儲蓄投資特別扣除額每戶上限 27 萬元；長期照顧特別扣除額每人上限 12 萬元；每人基本生活費 19.6 萬元。

民國 111 年度綜合所得稅稅額速算表（單位：新臺幣元）

級別	稅率	課稅級距	累進差額
1	5%	0 ～ 560,000	0
2	12%	560,001 ～ 1,260,000	39,200
3	20%	1,260,001 ～ 2,520,000	140,000
4	30%	2,520,001 ～ 4,720,000	392,000
5	40%	4,720,001 以上部分	864,000

7. 張君一家 7 口，成員為張君、配偶陳君、3 名分別就讀大學一年級、研究所二年級及 3 歲之子、與張君年滿 70 歲之父母。

109 年度所得內容：

（1）自力耕作所得：張君父母具自耕農身分，109 年自行生產農作物收入新臺幣（下同）30 萬元。

（2）薪資所得：張君—180 萬元（扣繳稅款 2 萬元）、陳君—200 萬元（扣繳稅款 5 萬元）。

（3）利息所得：陳君—10 萬元（A 銀行存款利息，扣繳稅款 1 萬元）、張父—8 萬元（公債利息，扣繳稅款 0.8 萬元）、張母—9 萬元（B 銀行存款利息，扣繳稅款 0.9 萬元）。

（4）租賃所得：張母—20 萬元房屋租賃收入，無法提具租賃費用之確實證據。

（5）競技、競賽及機會中獎所得：張君就讀大學之子，參加校內英文寫作比賽，獲得 6 萬元獎金、陳君 109 年 11-12 月統一發票中獎，獲得 10 萬元獎金（扣繳稅款 2 萬元）。

109 年支出內容：

（1）張君現金捐贈某國立大學 5 萬元。

（2）張君人身保險費 3 萬元（要保人爲張君）、陳君人身保險費 2 萬元（要保人爲陳君）、張父人身保險費 2 萬元（要保人爲張君之弟）、張母人身保險費 3 萬元（要保人爲張君）。

（3）張君醫藥費 10 萬元（獲得保險給付 2 萬元）。

（4）陳君名下文山區房屋（符合自用住宅之要件）之房屋貸款利息 25 萬元（原始借款 1,000 萬元，借款銀行爲 A 銀行）。

（5）張君就讀大學一年級及研究所二年級之子，其 109 年度學費分別爲 4 萬元及 5 萬元。

問題：（以張君爲納稅義務人，全家 7 人合併申報，假設計稅方式採各類
所得合併計算稅額方式）

（1）張君辦理 109 年度綜合所得稅結算申報，其申報戶之綜合所得總額爲何？

（2）張君申報戶之列舉扣除額項目及個別金額？

（3）張君不得申報幼兒學前特別扣除額之情況有哪些？（110 年會計師）

8. 假設納稅義務人張三（64 歲）單身，領有身心障礙手冊，戶籍設於臺中市且爲中華民國境內居住之個人，未有扶養親屬或家屬。110 年度之所得及相關申報資料如下：

（1）任職於事務所，事務所給付薪資收入 300 萬元，扣繳稅款 30 萬元。張三因工作所需負擔相關必要費用：往返工作地點計程車費 15 萬元、職業專用服裝費 5 萬元、進修訓練費 20 萬元、職業上所須專業書籍費 10 萬元，並取得合法收據。

（2）全年買賣上市股票合計交易所得有 50 萬元、獲配股利有 300 萬元。

（3）郵局存簿儲金存款 95 萬元，按活期利率計算之利息 1,200 元。

（4）8 月 1 日出售位於臺中市土地一筆，售價 1,500 萬元，該土地於 105 年 10 月以 1,200 萬元購得，相關費用總計 50 萬元，申報土地增值稅之漲價總數額爲 80 萬元，繳納土地增值稅爲 16 萬元。

（5）9 月份對中統一發票獎金 4 萬元，領獎時已繳納 8,000 元稅金。

（6）10 月份由事務所退休，一次領取退休金 1,200 萬元，假設無扣繳稅款，年資共計 29 年 10 個月。

（7）列舉扣除額合計 10 萬元（均取得合法憑證）。

請依 110 年度我國所得稅法及相關法規規定，以最有利（稅額最低）方式，計算並回答 110 年度綜合所得稅結算申報時之下列問題：退職所得、綜合所得總額、綜合所得淨額、應補（退）稅額。（110 年記帳士）

提示：設 110 年度綜合所得稅之免稅額及扣除額規定及稅額速算公式如下：

一般個人免稅額每人 88,000 元；標準扣除額單身者 12 萬元；薪資所得特別扣除額每人上限 20 萬元；儲蓄投資特別扣除額每戶上限 27 萬元；身心障礙特別扣除額每人 20 萬元；每人基本生活費 19.2 萬元。退職所得免稅基準：18 萬元、36.2 萬元。

110 年度綜合所得稅稅額速算表（單位：新臺幣元；%）

級別	稅率	課稅級距	累進差額
1	5%	0 ～ 540,000	0
2	12%	540,001 ～ 1,210,000	37,800
3	20%	1,210,001 ～ 2,420,000	134,600
4	30%	2,420,001 ～ 4,530,000	376,600
5	40%	4,530,001 以上部分	829,600

9. 個人參加多層次傳銷之相關課稅規定為何？請說明之。（110 年記帳士）

10. 甲小姐（居住者）於 110 年依稅法計算之綜合所得總額為 450 萬元、綜合所得淨額為 400 萬元（均不包含股利所得），無任何扣繳稅款，其他資料如下：

（1）獲配境內乙公司之現金股利 80 萬元；獲配境外 A 公司之現金股利 100 萬元。

（2）出售境內上市公司丙公司之股票，獲利 260 萬元；出售境外未上市公司 B 公司之股票，獲利 20 萬元。

（3）出售國內私募投資基金之受益憑證損失 100 萬元。

（4）因交通事故而受傷，獲得境內丁保險公司之保險給付 50 萬元；此外，獲得境內戊保險公司之年金保險給付 4,000 萬元。上述保險之要保人與受益人均非屬同一人，保險開始日均在 100 年。

請問：

（1）若其依法選擇將股利所得合併於綜合所得總額中計稅，則應繳或應退稅額為多少元？

（2）若其依法選擇將股利所得分開計稅，則依所得基本稅額條例計算之一般所得稅額為多少元？

（3）若其依法選擇將股利所得分開計稅，則依所得基本稅額條例計算之基本稅額為多少元？（110 年地方三等特考）

提示：

110 年度綜合所得稅速算公式（單位：新臺幣元）

級距	應納稅額＝綜合所得淨額 × 稅率－累進差額
1	0 ～ 540,000×5% – 0
2	540,001 ～ 1,210,000×12% – 37,800
3	1,210,001 ～ 2,420,000×20% – 134,600
4	2,420,001 ～ 4,530,000×30% – 376,600
5	4,530,001 以上 ×40% – 829,600

選擇題（本書各章所附考題之答案均係依據考試當年度考選部所公布之答案）

（A）1. 依所得稅法規定，納稅義務人 111 年度綜合所得稅結算申報時，符合下列那一種情形，不得列報長期照顧特別扣除額或幼兒學前特別扣除額？（A）採各類所得分開計算稅額方式，經減除該 2 項扣除額後，本人與其配偶適用稅率分別為 20%、12%（B）基本所得額 650 萬元（C）符合衛生福利部公告須長期照顧之身心失能者領有身心障礙證明（D）納稅義務人列報之子女於 106 年 1 月 1 日出生（112 年會計師）（113.1.3 修法取消幼兒學前特別扣除額排富規定）

（C）2. 甲無配偶，育有 2 名就讀空中大學的子女，甲於 112 年 5 月辦理 111 年度綜合所得稅申報時，列報項目包括免稅額計 27.6 萬元、標準扣除額 12.4 萬元、特別扣除額 - 薪資所得 20.7 萬元、教育學費 5 萬元、財產交易損失 5 萬元，111 年度每人基本生活所需費用為 19.6 萬元，甲得自綜合所得總額中減除之基本生活費差額為何？（A）0 元（B）8.8 萬元（C）18.8 萬元（D）23.8 萬元（112 年會計師）

（B）3. A 公司 111 年 1 月向我國居住者個人甲承租房屋供倉庫之用，每月給付租金 20 萬元，押金 40 萬元，租期 2 年，嗣甲經稽徵機關依所得稅法規定核定該屋 111 年度當地一般標準租金 300 萬元，下列敘述何者錯誤？（A）A 公司每月給付甲之租金淨額為租金減除扣繳稅款後之餘額 18 萬元（B）A 公司 111 年度得列報租金支出 300 萬元（C）甲收取之押金應按郵政儲金一年期定期儲金固定利率計算租賃收入（D）甲經稽徵機關調整之標準租金部分，得減除必要損耗及費用。（112 年記帳士）

（D）4. A 公司適用勞動基準法並依勞工退休金條例提繳勞工退休金，該公司 111 年給付員工薪資總額 180 萬元，提繳退休金 10.8 萬元，2 名員工自願從各自薪資 60 萬元中提繳退休金 2 萬元，下列敘述何者錯誤？（A）A 公司 111 年度可認列退休金費用為 10.8 萬元（B）2 名員工自願提繳 2 萬元退休金，不計入薪資收入課稅（C）A 公司申報該 2 名自願提繳員工 111 年度薪資所得扣繳憑單時，不包括其自願提繳退休金 2 萬元（D）2 名員工退休時領取原自願提繳之退休金，免併入計算退職所得。（112 年記帳士）

（C）5. 我國國民甲 110 年 1 月 1 日以其境內財產成立以其子女乙為受益人之信託契約，乙取得美國國籍且長期居住國外，信託財產運用收入包括：① 111 年 6 月 30 日銀行給付存款利息 100 萬元，已扣繳稅款 10 萬元② 112 年 6 月 30 日出售適用房地合一稅制房屋、土地，獲利 200 萬元，受託人於 113 年將信託利益給付予乙，依所得稅法有關信託所得課稅規定，下列敘述何者正確？（A）乙應將享有信託利益之權利價值，併入 110 年度之所得額，自行辦理申報納稅（B）受託人應於給付乙利益時，以信託財產運用之收入計算所得，向稽徵機關列單申報 113 年度所得憑單（C）乙取得信託利益屬房地合一稅制之交易所得，應按稅率 35% 課徵所得稅（D）乙取得之信託利益應以受託人為納稅義務人辦理申報納稅。（112 年記帳士）

（C）6. 我國居住者個人甲 112 年取得收入如下：①薪資收入 200 萬元②統一發票中獎獎金 1 千萬元③借錢給朋友乙收取利息 5 萬元④檢舉賄選取得法務部獎金 10 萬元⑤ A 銀行給付存款利息 12 萬元⑥出售適用房地合一稅制之房屋、土地之利得 250 萬元⑦取得美國債券利息 20 萬元。依所得稅法規定，112 年度綜合所得總額及儲蓄投資特別扣除額金額各為何？（A）196.3 萬元、17 萬元（B）227 萬元、17 萬元（C）196.3 萬元、12 萬元（D）226.3 萬元、12 萬元。（112 年記帳士）

（A）7. 依所得稅法規定，下列何種所得免納所得稅？①個人出售上市公司股票所得②因繼承而取得之財產③國立大學校長所領主管特支費④上市公司幹部所領主管特支費⑤個人接受公司贈與所取得之財產⑥出售未發行股票之股權憑證所獲所得（A）①②③（B）②③⑤（C）②⑤⑥（D）④⑤⑥。（112 年記帳士）

（A）8. 依所得稅法有關綜合所得稅之免稅額規定，下列何者得列報為受扶養親屬？（A）就讀軍校之已成年子女（B）已成年，在補習準備國考的子女（C）服役中之已成年子女（D）大學畢業被資遣，目前待業中的子女。（112 年記帳士）

（D）9. 對於非居住中華民國境內之個人有中華民國來源所得者，依據所得稅法應如何處理？（A）不課徵綜合所得稅（B）合併課稅再進行扣抵（C）結算申報（D）就源扣繳。（112 年地方五等特考）

（A）10. 所得稅法規定，綜合所得稅最低稅率____%，第二級稅率____%：（A）5；12（B）6；13（C）6；12（D）5；13。（112 年地方五等特考）

（A）11. 下列所得何者採分離課稅？①檢舉獎金②公債利息③分配給居住者之股利④有獎儲蓄之中獎獎金超過儲蓄額部分（A）①②（B）①②③（C）①②④（D）①②③④。（112 年地方四等特考）

（D）12. 下列綜合所得稅之扣除額，何者為定額扣除？①儲蓄投資扣除額②教育學費扣除額③保險費④長期照顧扣除額⑤幼兒學前扣除額（A）③④⑤（B）①②③（C）②③④⑤（D）④⑤。（112 年地方四等特考）

（A）13. 李先生於 111 年度有下列利息所得：（1）短期票券到期兌償金額超過首次發售價格部分的利

息所得 20,000 元（2）公司債利息所得 30,000 元（3）郵政活期存簿儲金利息所得 6,000 元（4）臺灣各商業銀行的存款利息所得共計 15,000 元（5）私人借貸之利息所得 8,000 元。試問李先生當年度個人可列報多少的儲蓄投資特別扣除？（A）15,000 元（B）21,000 元（C）23,000 元（D）29,000 元。（112 年地方四等特考）

（D）14. 下列各項列舉扣除額之適用，何項僅限於納稅義務人本人、配偶或其受扶養直系親屬才可列舉扣除？（A）捐贈（B）災害損失（C）購屋借款利息（D）房屋租金支出。（112 年地方四等特考）

（C）15. 臺北市陳先生於 110 年度有財產交易損失 5 萬元，該年度無任何財產交易所得；而其於 111 年度則分別有財產交易所得 7 萬元及財產交易損失 4 萬元。試問陳先生於辦理 111 年度所得稅申報時，可申報多少的財產交易損失特別扣除？（A）4 萬元（B）5 萬元（C）7 萬元（D）9 萬元。（112 年地方四等特考）

（C）16. 依所得稅法規定，我國居住者個人及營利事業持有發票日在民國 99 年之後的短期票券，其利息所得應如何課稅？（A）個人按 10% 稅率分離課稅；營利事業按 15% 稅率分離課稅（B）個人按 10% 稅率分離課稅；營利事業按 20% 稅率分離課稅（C）個人按 10% 稅率分離課稅；營利事業計入營利事業所得額課稅（D）個人按 15% 稅率分離課稅；營利事業計入營利事業所得額課稅。（112 年地方四等特考）

（D）17. 所得稅法有關「災害損失」扣除之規定，下列敘述何者正確？①不論是否受有保險賠償或救濟金部分，均得扣除②指納稅義務人、配偶或受扶養親屬遭受不可抗力之災害③災害，指地震、風災、水災、旱災、蟲災、火災、竊盜及戰禍等④應於災害發生後 30 日內檢具損失清單及證明文件，報請該管稽徵機關派員勘查（A）②③④（B）①②（C）③④（D）②④。（112 年地方三等特考）

（D）18. 依現行所得稅法，下列何者非屬個人營利所得？（A）公司股東所獲分配之股利（B）獨資資本主每年自其獨資經營事業所得之盈餘（C）個人一時貿易之盈餘（D）個人出售手中持有之股份有限公司記名股票，取得之所得。（112 年地方三等特考）

（A）19. 依現行法規，下列何項個人境內所得，免納所得稅？（A）勞保年金給付（B）退休金所得（C）參加政府舉辦獎券之中獎獎金（D）銀行利息所得。（112 年地方三等特考）

（D）20. 依現行所得稅法，下列何種情況，不得扣除幼兒學前特別扣除額及長期照顧特別扣除額？（A）經減除幼兒學前特別扣除額及長期照顧特別扣除額後，納稅義務人或其配偶依第 15 條第 2 項規定計算之稅額適用稅率為 12%（B）納稅義務人依第 15 條第 5 項規定選擇將其申報戶股利及盈餘合計金額併入綜合所得總額計算應納稅額（C）納稅義務人依所得基本稅額條例規定免申報基本稅額（D）納稅義務人依規定應申報基本稅額，但其一般所得稅額大於基本稅額者。（112 年地方三等特考）（113.1.3 修法取消幼兒學前特別扣除額排富規定）

（B）21. 基本生活費差額之計算，不會考慮納稅者申報之下列何項金額？（A）全部免稅額（B）薪資

所得特別扣除額（C）儲蓄投資特別扣除額（D）列舉扣除額。（112 年高考）

（C）22. 下列應納入個人所得課徵綜合所得稅之給付，何者錯誤？（A）營利事業對員工醫藥費之補助給付（B）職工福利委員會發放之生日禮券（C）公教軍警人員所領取之主管職務加給（D）員工分紅配股股票時價超過面額之差額。（112 年高考）

（C）23. 甲從事攝影工作，111 年度薪資收入總額 900 萬元。為工作上之需要，當年 1 月 1 日實際負擔購置專供工作上使用之攝影器材等費用 90 萬元（效能非 2 年內所能耗竭且支出超過 8 萬元），按平均法分 3 年攤提折舊。甲最低須申報 111 年度之薪資所得為：（111 年度綜合所得稅之薪資所得特別扣除額，每人每年扣除數額以 20 萬 7,000 元為限。）（A）900 萬元（B）879 萬 3,000 元（C）873 萬元（D）870 萬元。（112 年高考）

（A）24. 下列何者並非執行業務所得？（A）法人股東派員擔任董監事，法人所具領之車馬費、董監事酬勞（B）執業會計師代理公司申請復查所收取之費用（C）在臺灣拍攝、剪輯影片、上傳影片之個人 Youtuber，接獲廠商業配合作之所得（D）個人仲介透過不動產買賣收取的仲介報酬。（112 年高考）

（C）25. 下列何者非屬可列舉扣除項目？（A）候選人競選經費之支出（B）災害損失（C）財產交易損失（D）房屋租金支出。（112 年高考）

（D）26. 下列何種利息為個人應稅所得，但採分離課稅？（A）銀行存款利息（B）私人借貸之利息（C）郵局定期存款利息（D）短期票券利息。（112 年普考）

（B）27. 下列何者不屬於營利所得？（A）與人合夥經營早餐店之盈餘（B）醫生自行開設診所之獲利（C）股東所獲分配之公司股利（D）合作社社員所獲分配之盈餘。（112 年普考）

（D）28. 租屋族可享有綜合所得稅房屋租金支出列舉扣除額之條件，下列敘述何者錯誤？（A）承租房子為自住（B）扣除金額依繳納租金證明，每戶上限為 12 萬元（C）與購屋借款利息擇一（D）納稅義務人、配偶及受扶養直系親屬在中華民國境內租屋設籍。（112 年普考）（113.1.3 已修法將房屋租金支出改為特別扣除額，每戶以 18 萬元為限）

（D）29. 關於個人存股配息課稅的敘述，下列何者正確？（A）課綜合所得稅；採合併課稅的方式（B）不課綜合所得稅（C）課綜合所得稅；採分離課稅的方式（D）課綜合所得稅；採分離課稅或合併課稅的方式。（112 年普考）

（A）30. 下列三項敘述中，錯誤的共有幾項？①委託人為營利事業之信託契約，信託成立時，明定信託利益之全部或一部之受益人為非委託人者，該受益人應將享有信託利益之權利價值，併入成立年度之所得額，依所得稅法規定課徵所得稅②前項信託契約，明定信託利益之全部或一部之受益人為委託人，於信託關係存續中，變更為非委託人者，該受益人應將其享有信託利益之權利價值，併入變更年度之所得額，依所得稅法規定課徵所得稅③信託契約之委託人為營利事業，信託關係存續中追加信託財產，致增加非委託人享有信託利益之權利者，該受益人應將其享有信託利益之權利價值增加部分，併入追加年度之所得額，依所得稅法規定課徵

所得稅（A）0（B）1（C）2（D）3。（111年高考）

（C）31. 個人與證券商或銀行從事結構型商品交易之所得：（A）依所得稅法第4條規定免納所得稅（B）依所得稅法第4條之1規定，停止課徵所得稅，其交易損失亦不得自所得額中減除（C）依所得稅法第88條規定扣繳稅款，不併計綜合所得總額（D）應併計綜合所得總額，按規定申報納稅。（111年高考）

（A）32. 張先生於民國110年度有下列幾項利息所得：①短期票券到期兌償金額超過首次發售價格部分之利息所得 \$2,000，②依金融資產證券化條例規定發行之受益證券分配之利息所得 \$2,000，③郵政之存簿儲金利息 \$2,000，④臺灣銀行之存款利息 \$2,000。試問張先生於民國111年5月申報110年度綜合所得稅時，應併計綜合所得總額之金額爲何？（A）\$2,000（B）\$4,000（C）\$6,000（D）\$8,000。（111年高考）

（A）33. 張先生之兄嫂已亡，兄嫂之子甲現年19歲就讀某國立大學，受張先生扶養，則張先生申報綜合所得稅時（選擇列舉扣除額），其所扶養親屬甲之下列支出，可申報爲扣除額者有多少？①保險費 \$10,000，②於健保醫院支付之醫藥費 \$10,000，③就讀大學之教育學費 \$50,000。（A）\$10,000（B）\$20,000（C）\$45,000（D）\$70,000。（111年高考）

（C）34. 中華民國境內之合作社因投資於國內其他營利事業，所獲配之股利或盈餘，應否課徵營利事業所得稅？中華民國境內居住之個人獲配前述合作社之股利或盈餘應否課徵綜合所得稅？（A）合作社應稅；個人應稅（B）合作社應稅；個人免稅（C）合作社免稅（不計入所得額）；個人應稅（D）合作社免稅（不計入所得額）；個人免稅。（111年高考）

（B）35. 假設綜合所得稅同一申報戶3人，夫的利息所得15萬元，妻的利息所得10萬元，合併申報的長子利息所得8萬元。請問，若採用夫爲納稅義務人，妻各類所得分開計稅，下列何者正確？（A）妻可減除之儲蓄投資特別扣除額爲9萬元（B）妻可減除之儲蓄投資特別扣除額爲4萬元（C）妻可減除之儲蓄投資特別扣除額爲10萬元（D）妻可減除之儲蓄投資特別扣除額爲8萬元。（111年高考）

（B）36. 張三於110年有出售未上市公司股票之交易所得50萬元，出售高爾夫球會員證所得30萬元，另有出售坐落臺中市於90年購入之房屋交易損失60萬元，張三均依規定申報，則當年度可列報之財產交易損失特別扣除額爲何？（A）0元（B）30萬元（C）60萬元（D）20萬元。（111年高考）

（B）37. 張木的妹妹張雲於110年時，年紀40歲，就讀於臺灣大學研究所，兼任助理年收入12萬，無其他收入。若張木將張雲申報爲扶養親屬，請問下述何者正確？（A）張雲爲張木妹妹，因其屬成年，且有收入，故不可以列爲扶養親屬（B）張雲在學中，可列爲扶養親屬。張雲的醫藥費可申報爲列舉扣除額（C）張雲在學中，可列爲扶養親屬。張雲的人身保險費可申報爲列舉扣除額（D）張雲在學中，可列爲扶養親屬。張雲的房租支出可申報爲列舉扣除額。（111年高考）

（A）38. 下列哪些扣除額之額度，並無上限之規定？①醫藥及生育費②災害損失③財產交易損失④儲蓄投資特別扣除（A）①②（B）①②③（C）①④（D）②③④。（111 年普考）

（B）39. 依所得稅法第 4 條規定，下列哪些為免稅所得？①自力耕作、漁、牧、林、礦所得②個人全年講演鐘點費 15 萬元③出售 108 年取得土地之交易所得 100 萬元④個人因執行職務而死亡，其遺族依規定領取之撫卹金。（A）①②④（B）②④（C）①③（D）①④。（111 年普考）

（D）40. 依據我國所得稅法之規定，取自營利事業贈與之財產應如何課稅？（A）個人取自營利事業贈與之財產，應由個人申報贈與稅（B）營利事業取自營利事業贈與之財產，應由贈與之營利事業申報贈與稅（C）個人取自營利事業贈與之財產免納所得稅（D）營利事業取自營利事業贈與之財產，應由受贈之營利事業申報所得稅。（111 年普考）

（C）41. 甲為中華民國境內居住之個人，其於 110 年 7 月 1 日死亡，依所得稅法相關規定，下列敘述何者正確？（A）甲遺有之配偶乙長期居住國外，乙仍應與甲合併辦理 110 年度綜合所得稅結算申報（B）甲之子丙辦理 110 年度綜合所得稅結算申報時，得將甲列為扶養親屬，惟甲之免稅額應按其該年度死亡前日數占全年日數之比例，換算減除（C）甲之子丙依所得稅法第 71 條之 1 規定就甲之 110 年度所得辦理結算申報時，甲適用之基本生活所需之費用，應按該年度死亡前日數，占全年日數之比例換算（D）甲之子丙依所得稅法第 71 條之 1 規定就甲之 110 年度所得辦理結算申報時，甲適用之薪資所得特別扣除額，應按該年度死亡前日數，占全年日數之比例換算。（111 年會計師）

（C）42. 下列何種情形，依所得稅法規定得免計算租賃所得課徵綜合所得稅？（A）甲將房屋借與他人使用，除簽約時收取押金，約定期滿免返還外，租賃期間未另外收取租金（B）乙自行開設公司，將自有房屋作為辦公室使用，未收取租金（C）丙將房屋供朋友居住使用，未收取租金（D）丁將房屋供朋友經營小吃店，除由朋友負擔該房屋之房屋稅外，未收取租金。（111 年會計師）

（C）43. 未婚之甲 110 年度之所得為股利 100 萬元及薪資所得 120 萬元，其申報扶養之父母各有股利 6 萬元及 4 萬元，該申報戶邊際稅率為 20%，有關甲 110 年度綜合所得稅結算申報，下列敘述何者正確？（A）該申報戶之股利，父母可各自選擇合併計稅減除股利可抵減稅額或單一稅率分開計稅（B）該申報戶之股利全數適用單一稅率分開計稅，較為有利（C）該申報戶之股利全數適用合併計稅減除股利可抵減稅額，較為有利（D）該申報戶之全部股利，可抵減之稅額為股利合計數之 8.5%。（111 年會計師）

（C）44. 下列何者符合所得稅房屋租金支出列舉扣除規定？①每一申報戶每年最多可扣除 12 萬元②納稅義務人在中華民國境外租屋自住可扣除③申報有購屋借款利息者，不得扣除④申報受扶養的叔父，租屋自住租金可扣除（A）①②（B）③④（C）①③（D）②④。（111 年記帳士）
（113.1.3 已修法將房屋租金支出改為特別扣除額，每戶以 18 萬元為限）

（D）45. 綜合所得稅課徵時的基本生活所需費用，係參照最近一年全國每人可支配所得的何者決定？

（A）平均數；50%（B）最大數；60%（C）中位數；50%（D）中位數；60%。（111 年記帳士）

（B）46. 受益人不特定或尚未存在之信託財產發生收入，年度所得稅的納稅義務人為下列何者？（A）委託人（B）受託人（C）未來之受益人（D）委託人之配偶。（111 年記帳士）

（B）47. 下列何者屬於所得稅的特別扣除額項目？①長期照顧②災害損失③子女大學學費④購屋借款利息（A）①②（B）①③（C）②③（D）②④。（111 年記帳士）

（A）48. 甲君 110 年度薪資收入總額 2,800,000 元，當年度發生與提供勞務直接相關且由所得人負擔的必要費用如下：職業專業服裝費 90,000 元、進修訓練費 85,000 元、職業上工具支出 20,000 元，試問甲 110 年度申報之薪資所得為多少？（A）2,600,000 元（B）2,605,000 元（C）2,612,000 元（D）2,625,000 元。（111 年地方五等特考）

（C）49. 110 年度甲君綜合所得總額為 8,000,000 元，並有下列捐贈，依現行所得稅相關規定，甲君當年度可申報扣除的捐贈金額？①捐贈予某國立大學 1,000,000 元②透過財團法人私立學校興學基金會對特定私立大學捐款 2,000,000 元③直接對某私立大學捐款 2,500,000 元（A）2,600,000 元（B）3,000,000 元（C）4,600,000 元（D）5,000,000 元。（111 年地方五等特考）

（C）50. 依現行所得稅法規定，下列何者在申報綜合所得稅時，其免稅額可以增加 50% 之金額？①年滿 70 歲本人②年滿 70 歲配偶③受納稅義務人扶養年滿 70 歲之父親④受納稅義務人扶養年滿 70 歲之岳母⑤受納稅義務人扶養年滿 70 歲無謀生能力之哥哥（A）①②（B）①②③（C）①②③④（D）①②③④⑤。（111 年地方五等特考）

（B）51. 依現行所得稅法相關規定，個人與營利事業對於發票日在 99 年 1 月 1 日以後之短期票券利息所得課稅方式，下列敘述何者正確？（A）個人與營利事業皆採分離課稅（B）個人採分離課稅，營利事業計入營利事業所得額課稅（C）個人計入綜合所得額課稅，營利事業採分離課稅（D）個人計入綜合所得額課稅，營利事業計入營利事業所得額課稅。（111 年地方五等特考）

（C）52. 根據所得稅法規定，下列何種所得免納所得稅？（A）公務人員出租私人不動產所收取之租金（B）個人稿費全年收入 200 萬元（C）人身保險、勞工保險及軍、公、教保險之保險給付（D）公司贈與給個人之財產。（111 年地方五等特考）

（D）53. 下列有關我國綜合所得稅之敘述，何者錯誤？（A）我國綜合所得稅採屬地主義，凡有中華民國來源所得之個人，應就其中華民國來源之所得，依所得稅法規定，課徵綜合所得稅（B）自中華民國 79 年 1 月 1 日起，證券交易所得停止課徵所得稅，證券交易損失亦不得自所得額中減除（C）納稅義務人應於每年 5 月 1 日起至 5 月 31 日止辦理結算申報（D）課稅級距之金額每遇消費者物價指數較上次調整年度之指數上漲累計達 10% 以上時，按上漲程度調整之。調整金額以萬元為單位，未達萬元者按千元數四捨五入。（111 年地方五等特考）

（A）54. 綜合所得稅之列舉扣除項目中的「購屋借款利息」扣除規定，下列敘述何者正確？①每一申報戶扣除上限為新臺幣 12 萬元②借款利息支出應先扣除當年儲蓄投資特別扣除額③每一申報戶以一屋爲限④以購買自用住宅借款爲限⑤該屋僅限爲納稅義務人名義登記爲其所有（A）②③④（B）①②④（C）②③④⑤（D）①②③④。（111 年地方四等特考）

（C）55. 下列綜合所得稅項目何者遇消費者物價指數較上次調整年度之指數上漲累計達 3% 以上時，財政部會按上漲程度調整並公告？①免稅額②標準扣除額③列舉扣除額④薪資所得特別扣除額⑤身心障礙特別扣除額（A）①②（B）①②③（C）①②④⑤（D）①②③④⑤。（111 年地方四等特考）

（C）56. 綜合所得稅特別扣除額相關規定中，設有排富條款的項目爲何？①財產交易損失特別扣除②儲蓄投資特別扣除③身心障礙特別扣除④教育學費特別扣除⑤幼兒學前特別扣除⑥長期照顧特別扣除（A）①②③④⑤⑥（B）④⑤⑥（C）⑤⑥（D）③④⑤⑥。（111 年地方三等特考）（113.1.3 修法取消幼兒學前特別扣除額排富規定）

（B）57. 依所得稅法規定，個人財產出租收有押金 3 萬元，假設郵政儲金一年期定期儲金固定利率爲 2%，其押金應如何課徵綜合所得稅？（A）將押金設算利息 600 元計入其他所得中課稅（B）將押金設算利息 342 元計入租賃所得中課稅（C）將押金總額 3 萬元計入租賃所得中課稅（D）將押金總額 3 萬元計入其他所得課稅。（111 年地方三等特考）

（C）58. 根據所得稅法及相關法規規定，假設納稅義務人 110 年度綜合所得稅結算申報計算「薪資所得」時，薪資收入爲 300 萬元，交通費爲 2.4 萬元，伙食費 3 萬元，職業專用服裝費 5 萬元，供職務使用之書籍、期刊支出 10 萬元，進修訓練費 20 萬元，請問以最有利的計算方式其薪資所得額爲多少元？（A）259.6 萬元（B）280 萬元（C）277 萬元（D）239.6 萬元。（111 年地方三等特考）

（D）59. 依現行法規，下列何項所得免計入個人綜合所得總額課稅？①郵政定期存款之利息②出售日常使用家具之所得③國立大學辦理研究所入學考試發給試務工作人員之工作費用④參加公司尾牙摸彩中獎獎金⑤出售國內上市櫃股票之獲利（A）①②⑤（B）①④⑤（C）②③④（D）②③⑤（110 年高考）

（C）60. 依現行所得稅法，若綜合所得稅納稅義務人選擇就其本人或配偶之各類所得分開計算稅額，針對個人專屬部分，分開計稅方可扣除下列何者？①薪資所得特別扣除額②免稅額③一般扣除額④基本生活費差額⑤財產交易損失（A）②③⑤（B）①②④（C）①②⑤（D）①③④（110 年高考）

（C）61. 非公益信託之信託財產所發生之收入，扣繳義務人應於給付時，以何人爲納稅義務人辦理扣繳？（A）免予扣繳（B）信託行爲之委託人（C）信託行爲之受託人（D）信託行爲之受益人（110 年高考）

（B）62. 下列何者非所得稅法第 8 條規定之中華民國來源所得？（A）在中華民國境內之財產因租賃而取得之租金（B）國內 A 公司派駐國外之工作人員在國外提供勞務之報酬（C）在中華民國境內供他人使用之專利權所取得之權利金（D）民國 109 年在中華民國境內居留 70 天之非居

住者，自中華民國境內雇主所取得之勞務報酬（110 年普考）

（A）63. 申報綜合所得稅時，下列何項扣除額之上限係以戶爲單位？（A）房屋租金支出（B）教育學費（C）長期照護（D）保險費（110 年普考）

（A）64. 居住者甲君出租房屋給乙公司，約定租期爲 109 年 1 月 1 日至同年 12 月 31 日，並於 108 年 12 月 23 日預收前半年租金共新臺幣 60 萬元。有關甲君申報綜合所得稅之敘述，下列何者正確？（A）應申報爲 108 年所得（B）修繕費用可以「房屋租金支出」申報列舉扣除額減除（C）乙公司於給付租金時應協助分離課稅之義務（D）甲君可委任乙公司依規定扣繳率申報完稅（110 年普考）

（D）65. 納稅義務人甲君有中華民國戶籍，且一課稅年度內入境居留滿 300 天，有關甲君綜合所得稅申報，下列敘述何者錯誤？（A）應就其中華民國來源所得申報繳納稅款（B）原則應採合併結算申報（C）於中華民國境內提供勞務但由境外雇主給付之報酬新臺幣 30 萬元應計入所得總額（D）取得尾牙摸彩獎金新臺幣 2 萬元應按 20% 就源扣繳分離課稅（110 年普考）

（B）66. 下列何者屬中華民國境內來源所得？（A）非居住者萊恩獲配美國 A 公司分配之 109 年股利 2 萬美金，換算新臺幣約爲 58 萬元（B）非居住者約翰在國內參加統一發票盃路跑比賽獲得獎金新臺幣 10 萬元（C）居住者吳小美出售一棟位於香港之房屋，獲利 100 萬港幣，換算新臺幣約爲 378 萬元（D）我國 B 公司爲拓展業務，於美國聘僱華僑鄭小春在該地工作，每月給付薪資新臺幣 8 萬元（110 年會計師）

（C）67. 有關 109 年度所得稅之課稅規定，下列敘述何者正確？（A）個人居住者若選擇將股利所得納入綜合所得中課稅，則每人可享有 8.5 萬元之扣抵稅額上限（B）個人居住者取得境內公司發放之股利所得，可選擇以就源扣繳方式分離課稅（C）外國機構投資人之股利所得扣繳率爲 21%，但若其所屬國家與我國簽有租稅協定者，則扣繳率依協定之規定（D）境內公司因轉投資境外營利事業而取得之股利收入免稅（110 年會計師）

（D）68. 依所得稅法及相關法規規定，有關納稅義務人 109 年度綜合所得稅結算申報計算「薪資所得」時，薪資收入減除必要費用之敘述，下列何者正確？（A）計算薪資所得，可減除自行負擔之上下班交通費，以其從事該職業薪資收入總額之 3% 爲限（B）計算薪資所得，可減除雇主負擔之職業專用服裝費，以其從事該職業薪資收入總額之 3% 爲限（C）計算薪資所得，可減除供職務與家庭使用之工具支出，以其從事該職業薪資收入總額之 3% 爲限（D）計算薪資所得，可減除法令要求所需專業知識之課程訓練費用，以其薪資收入總額之 3% 爲限（110 年會計師）

（D）69. 下列何者屬於綜合所得稅申報之特別扣除額項目？（A）災害損失（B）房屋租金支出（C）競選經費（D）財產交易損失（110 年記帳士）

（B）70. 個人購買短期票券，其到期兌償金超過首次發售價格部分，應如何計徵綜合所得稅？（A）屬於利息所得，應併計到期日當年度之綜合所得總額（B）屬於利息所得，除依規定辦理扣繳外，不併計綜合所得總額（C）屬於證券交易所得，除依規定辦理扣繳外，不併計綜合所得總額（D）屬於證券交易所得，依所得稅法第 4 條之 1 規定，停止課稅（110 年記帳士）

（B）71. 依據所得稅法第 110 條之規定，納稅人未辦理結算申報，而經稽徵機關調查有應課稅之所得額者，除補徵稅款外，應照補徵稅額處幾倍以下之罰鍰？（A）2 倍以下（B）3 倍以下（C）4 倍以下（D）5 倍以下（110 年記帳士）

（B）72. 依據所得稅法第 14 條之規定，著作人自行出版銷售著作之收入屬於何種所得？（A）營利所得（B）執行業務所得（C）財產交易所得（D）其他所得（110 年記帳士）

（C）73. 依所得稅法相關規定，下列何項特別扣除額係以個人爲單位？①長期照顧②儲蓄投資③教育學費④保險費⑤幼兒學前（A）①②③（B）①③④（C）①③⑤（D）①③④⑤（110 年記帳士）

（D）74. 依現行所得稅法規定，有關所得類別之敘述，下列何者正確？（A）與證券商從事結構型商品交易之所得，屬於財產交易所得（B）受僱於台大醫院之醫師所領取之酬勞屬於執行業務所得（C）有獎儲蓄券之中獎獎金爲機會中獎所得（D）警察破案獎金屬於薪資所得（110 年記帳士）

（C）75. 依現行所得稅法規定，下列何項所得必須併入綜合所得總額課徵綜合所得稅？①出售上市股票之交易所得②個人取自營利事業贈與之財產③百貨公司周年慶中獎獎品④國家考試命題酬勞⑤銀行利息所得（A）①②③（B）①③④（C）②③⑤（D）③④⑤（110 年記帳士）

（C）76. 陳先生與陳太太夫妻綜合所得稅係採合併計稅合併申報，陳先生有作詞收入 25 萬元及演講收入 12 萬元，陳太太有作曲收入 10 萬元，依所得稅法相關規定，夫妻二人今年應課稅收入爲多少萬元？（A）47（B）29（C）19（D）7（110 年記帳士）

（C）77. 綜合所得稅之各類所得計算，下列何者無必要成本及費用之減除？①自力耕作、漁、牧、林、礦之所得②競技、競賽及機會中獎之獎金③薪資所得④退職所得⑤股利所得（A）②③④⑤（B）③④⑤（C）④⑤（D）①④⑤（110 年記帳士）

（D）78. 張翠山一家人 110 年有股利所得如下：張翠山 40 萬元、其妻殷素素 50 萬元、其子張無忌（19 歲）20 萬元，其 110 年股利所得可抵減稅額爲多少元？（A）100,000（B）93,500（C）85,000（D）80,000（110 年記帳士）

（C）79. 依現行稅法之規定，下列稅目何者採累進稅率？①地價稅②綜合所得稅③契稅④遺產贈與稅⑤加值型與非加值型營業稅（A）①②③（B）②③④（C）①②④（D）②④⑤（110 年地方五等特考）

（A）80. 依所得稅法現行規定，境內居住者出售下列何種財產的交易所得，應併入綜合所得總額？（A）104 年以前購入之房屋（B）110 年取得之上市上櫃有價證券（C）105 年 1 月 1 日以後取得之房地（D）經中央主管機關認可之文化藝術事業，在中華民國境內拍賣活動之文物或藝術品（110 年地方五等特考）

（C）81. 甲與配偶在 110 年之個人稿費及講演鐘點費收入分別爲 25 萬元及 8 萬元，請問其申報 110 年綜合所得稅時，此部分所得合計在新臺幣多少元內免稅？（A）33 萬元（B）36 萬元（C）26 萬元（D）18 萬元（110 年地方五等特考）

（B）82. 依所得稅法規定，個人財產出租收有押金者，其押金應如何課徵綜合所得稅？（A）將押金設算利息計入其他所得中課稅（B）將押金設算利息計入租賃所得中課稅（C）將押金總額計入租賃所得中課稅（D）將押金總額計入其他所得課稅（110 年地方五等特考）

（C）83. 綜合所得稅財產交易損失當年度扣除不足時，得在以後幾年內之財產交易所得中扣除？（A）1 年（B）2 年（C）3 年（D）5 年（110 年地方五等特考）

（D）84. 綜合所得稅免稅額遇消費者物價指數較上次調整年度之指數上漲累計達多少時才調整？其調整金額以多少爲單位？（A）10%；萬元（B）10%；千元（C）5%；千元（D）3%；千元（110 年地方五等特考）

（C）85. 依相關法規，110 年 8 月 1 日甲將房子出租給租金補貼戶（簡稱公益出租人），可享有租稅優惠，下列敘述何者錯誤？（A）房屋稅稅率可按 1.2%（B）地價稅稅率可按千分之二（C）申報綜合所得稅租金收入每年免稅額度爲 1 萬元，超過部分可減除 43% 費用（D）申報綜合所得稅租金收入每年免稅額度爲 1.5 萬元，超過部分可減除 43% 費用（110 年地方五等特考）

（A）86. 依納稅者權利保護法施行細則之規定，爲維持基本生活所需之費用，不得加以課稅，指納稅者按中央主管機關公告當年度每人基本生活所需之費用乘以申報戶人數計算之基本生活所需費用總額，超過其依所得稅法規定得自綜合所得總額減除申報戶之免稅額及扣除額合計數之金額部分，得自納稅者當年度綜合所得總額中減除。前項扣除額不包括：①財產交易損失②儲蓄投資特別扣除額③身心障礙特別扣除額④薪資所得特別扣除額⑤教育學費特別扣除額⑥幼兒學前特別扣除額⑦長期照顧特別扣除額（A）①④（B）①③（C）②⑤（D）⑥⑦（110 年地方四等特考）

（C）87. 甲爲中華民國境內居住之個人，110 年度有下列所得，請問何者不須併入綜合所得總額結算申報納稅？（A）出售 104 年取得之房屋一棟，計有房屋交易所得 50 萬元（B）郵局定期存款利息所得 30 萬元（C）樂透彩券中獎獎金 20 萬元（D）百貨公司周年慶抽中現金 10 萬元（110 年地方四等特考）

（B）88. 依所得稅法之規定，下列何者有不得共同適用之限制？①自用住宅已申報財產交易損失 / 重購自用住宅退稅②一般扣除額 / 特別扣除額③身心障礙特別扣除額 / 長期照顧特別扣除額④自用住宅購屋借款利息 / 租金支出（A）僅④（B）①④（C）②③④（D）③④（110 年地方四等特考）

（C）89. 下列何者非屬免稅所得之範疇？（A）依法令規定具有強制性儲蓄存款之利息（B）因繼承而取得之財產（C）李四參與政府獎勵進修研究計畫，爲政府提供勞務所取得之補助費（D）個人非因執行職務而死亡，其遺族領取之撫卹金，與退職所得合計，其領取總額不超過退職所得規定減除之金額者（110 年地方四等特考）

（A）90. 下列贈與模式①～④中之納稅義務人及其應納之稅捐，何者正確？①自然人甲贈與自然人乙：納稅義務人為自然人甲，需繳納贈與稅②自然人甲贈與法人丙：納稅義務人為法人丙，需繳納營利事業所得稅③法人丁贈與自然人乙：納稅義務人為自然人乙，需繳納綜合所得稅④法人丁贈與法人丙：納稅義務人為法人丁，需繳納營利事業所得稅（A）①③（B）②④（C）②③（D）①④（110 年地方四等特考）

（D）91. 依我國稅法規定，有關所得之課稅範圍，下列何者正確？（A）綜合所得稅採屬人主義，不論國內、外所得皆屬課稅範圍（B）個人所得基本稅額採屬地主義，國內所得方屬課稅範圍（C）營利事業所得稅採屬地主義，國內所得方屬課稅範圍（D）營利事業所得稅採屬人主義兼屬地主義（110 年地方三等特考）

（C）92. 下列何者所得，非屬於我國所得稅法之免納所得？（A）各級政府公有事業之所得（B）依法經營不對外營業消費合作社之盈餘（C）個人存放在銀行定存單而取得之利息（D）人身保險、勞工保險及軍、公教保險之保險給付（110 年地方三等特考）

（B）93. 甲為受僱演員，110 年度接演古裝劇的薪資收入 300 萬元，非表演的薪資收入 100 萬元，當年度自行訂製表演專用服裝支付費用 15 萬元、購置演出使用之道具支付費用 5 萬元、參加政府訓練機構開設進修課程支付費用 5 萬元。請問甲 110 年度應申報薪資所得金額為何？（A）400 萬元（B）380 萬元（C）375 萬元（D）373 萬元（110 年地方三等特考）

（C）94. 有關綜合所得稅之課稅，下列敘述何者錯誤？（A）所得係淨資產增加，如果納稅者被詐騙遭受財產損失，並無所得（B）課稅所得採取所得實現原則，財產單純帳面增值，所得尚未實現，仍不課稅（C）犯罪所得之物，經檢察官或法院發還被害人後，仍應納入犯罪行為人之所得課稅（D）個人所得歸屬年度，採取收付實現原則，以實際取得所得之日期為準（109 年高考）

（D）95. 司法院釋字第 745 號解釋對於薪資所得課稅之解釋以及後續修法處理，下列敘述何者錯誤？（A）本於量能課稅原則，所得課稅應以收入減除成本及必要費用後的客觀淨值，而非所得毛額，作為稅基（B）有關客觀淨值作為課稅所得之要求，於各類所得之計算均應有其適用。以定額扣除額為必要費用之總額推估，亦應符合上開要求（C）關於薪資所得之計算，僅許定額扣除，而不許薪資所得者於該年度之必要費用超過法定扣除額時，得以列舉或其他方式減除必要費用，與執行業務所得課稅計算方式比較，形成顯然之差別待遇，而與憲法第 7 條平等權保障之意旨不符（D）現行所得稅法為遵照司法院釋字第 745 號解釋客觀淨值之課稅原則，納稅義務人為獲得薪資收入所需投入之各項費用，均可列舉扣除（109 年高考）

（D）96. 律師某甲在臺北市執行業務，於民國 107 年度每個案件每一審級代理訴訟收費新臺幣（以下亦同）8 萬元，當年度共辦理 30 件代理訴訟案件，利用自己住家辦公，並僱用助理一名，因為節省費用開支並未記帳，假設當年度因為執行業務疏失賠償當事人 100 萬元。於 108 年間申報 107 年度綜合所得稅時，按照財政部規定 107 年度執行業務者收入及費用標準，每件申報收入4萬元，合計120萬元，費用按照收入30%申報扣除36萬元，另外申報扣除損失100萬元，故當年度申報虧損16萬元，試問下列敘述何者錯誤？（A）財政部規定執行業務者收入及費用標準，不得作爲納稅義務人短漏報所得之依據（B）某甲當年度收入以多報少，涉及短漏報所得，其應申報實際收入應爲240萬元（C）納稅義務人未保持帳簿憑證，律師執行業務所得之計算，得按照收入30%推估其費用金額（D）某甲進行租稅規劃，屬於合法節稅行爲（109年高考）

（C）97.納稅義務人某甲爲獲得收入而投入之成本費用；下列何種成本費用支出，在所得稅法上不得作爲成本費用扣除之減項？（A）某甲參與投標政府採購案而投入備標費用，但某甲並未得標（B）某甲爲了接洽營業客戶而搭乘計程車之費用（C）某甲出差期間因赴約洽公遲到而闖紅燈，被裁處交通違規之罰鍰（D）某甲爲營業使用而購置小汽車一部，偶而於假日期間也可能開車搭載家人郊遊（109年高考）

（D）98.綜合所得稅之扣除額中，下列何者之扣除額度每人每年可扣除金額之上限最高，且不隨著消費者物價指數作調整？（A）非健保之保險費（B）身心障礙特別扣除（C）教育學費特別扣除（D）長期照顧特別扣除（109年高考）

（C）99.林先生將其名下房屋無償借與朋友開律師事務所，應該如何課徵綜合所得稅？（A）林先生若能提示無償借用契約，則免計入綜合所得稅申報納稅（B）林先生若能提示無償借用契約，則依10%分離課稅（C）應參照當地一般租金情況，計算租賃收入，繳納所得稅（D）應參照當地一般租金情況，計算租賃收入，減半繳納所得稅（109年高考）

（C）100.依現行規定，下列那些捐贈項目在結算申報綜合所得稅時，列舉扣除額額度不得超過綜合所得總額之20%？①指定捐贈特定運動員②私立學校興學基金會，指定捐款特定學校③對公益、慈善機構或團體④出資贊助維護或修復古蹟（A）①②③（B）②③（C）①③（D）②④（109年高考）

（B）101.有關股利及盈餘可抵減稅額計算比例與金額上限，下列何者正確？（A）8.5%、每人每年8萬元（B）8.5%、每一申報戶每年8萬元（C）20%、每人每年8萬元（D）20%、每一申報戶每年8萬元（109年普考）

（D）102.依現行所得稅法規定，下列何者免納所得稅？①勞工保險之保險給付②取自營利事業贈與之財產③因繼承而取得之財產④個人108年出售土地之交易所得，該土地係10年前取得⑤委託人爲營利事業之信託契約，信託成立時，明定信託利益之全部或一部之受益人爲非委託人者，該受益人享有信託利益之權利價值（A）僅①③④⑤（B）僅①③（C）僅②④⑤（D）僅①③④（109年普考）

（C）103.依現行所得稅法規定，下列何者每遇消費者物價指數較上次調整年度之指數上漲累計達百分之三以上時，按上漲程度調整之？①標準扣除額②教育學費特別扣除額③房屋租金支出④課稅級距之金額⑤身心障礙特別扣除額（A）僅②③⑤（B）僅①②④⑤（C）僅①④⑤（D）

僅①②③④（109 年普考）

（B）104. 依所得稅法規定，中華民國境內居住之個人與非中華民國境內居住之個人，原則上各採取下列何種方式履行綜合所得稅納稅義務？（A）前者採就源扣繳；後者採結算申報（B）前者採結算申報；後者採就源扣繳（C）均採就源扣繳（D）均採結算申報（109 年會計師）

（B）105. 下列那些項目應計入綜合所得總額合併計稅？①領取醫療保險給付 20 萬元②抽中百貨公司舉辦之活動獎金 50 萬元③母親贈與現金 250 萬元④年終獎金 15 萬元⑤公司給付每月伙食費 2,400 元，全年合計 28,800 元（A）①③⑤（B）②④（C）①②（D）①②④⑤（109 年記帳士）

（C）106. 依據所得稅法規定，下列所得分類何者正確？（A）政府舉辦獎券中獎獎金屬於競技、競賽及機會中獎之獎金，計入綜合所得總額（B）職工福利委員會發放之福利金屬於薪資所得，計入綜合所得總額（C）中華民國境內居住之個人與證券商從事結構型商品交易之所得屬於其他所得，按 10% 稅率分離課稅（D）出售民國 100 年度購買之土地，獲得利益，屬於財產交易所得，按 20% 稅率分離課稅（109 年記帳士）

（A）107. 依稅法相關規定，居住者 109 年度取得下列各類所得計入綜合所得總額之金額，何者錯誤？（A）個人出售境內上市櫃公司獲得證券交易所得 50 萬元，應計入總額 50 萬元（B）多層次傳銷事業個人參加人銷售商品或提供勞務予消費者，全年進貨累積金額達新臺幣 75,000 元，應計入總額 0 元（C）個人取得稿費 10 萬元，版稅 9 萬元，應計入總額 0.7 萬元（D）個人全年領取銀行利息所得 7 萬元，應計入總額 7 萬元（109 年記帳士）

（B）108. 納稅義務人申報 108 年度綜合所得稅時，股利所得採分開計稅之居住者，依所得稅法規定，下列何種扣除額不得減除？①身心障礙特別扣除額②幼兒學前特別扣除額③長期照顧特別扣除額④教育學費特別扣除額⑤儲蓄投資特別扣除額（A）①②（B）②③（C）④⑤（D）③⑤（109 年記帳士）

（C）109. 王先生 109 年度薪資收入 300 萬元，因職業需要花費治裝費 10 萬元，進修費用 5 萬元，均取得合法憑證。試問為使所得稅負最低，王先生申報 109 年度薪資所得金額為何？（A）286 萬元（B）285 萬元（C）280 萬元（D）266 萬元（109 年記帳士）

（D）110. 納稅義務人申報綜合所得稅時，計算下列何種所得不得減除必要之成本或費用？（A）每人稿費版稅超過 18 萬元之所得（B）個人參加人因下層直銷商向傳銷事業進貨達一定標準自該事業取得之業績獎金（C）醫生受僱於某公立醫院獲得之薪資收入（D）月領退休金 7 萬元，超過定額免稅部分（109 年記帳士）

（B）111. 章君 108 年度申報綜合所得稅其綜合所得總額為 400 萬元，當年度直接對國內某私立學校捐贈 100 萬元，公立學校 50 萬元，又捐贈予某一個合法政黨 30 萬元，試問章君申報列舉扣除額之捐贈金額為若干元？（A）130 萬元（B）150 萬元（C）170 萬元（D）180 萬元（109 年記帳士）

解析：80 萬 (400×20%) + 50 萬 + 20 萬 = 150 萬

（C）112. 王先生109年度綜合所得稅申報採用標準扣除額，請問下列那些項目無法列入扣除額？①健保費②儲蓄投資扣除額③身心障礙扣除額④就讀私立大學兒子的教育學費扣除額⑤捐贈⑥財產交易損失（A）①②③（B）④⑤⑥（C）①⑤（D）②⑥（109年記帳士）

（B）113. 下列何者非屬稅法規定之個人變動所得？（A）自力經營之林業所得（B）保險公司一次給予之保險死亡給付（C）受僱從事遠洋漁業，於每次出海後一次分配之報酬（D）因耕地出租人收回耕地，而依平均地權條例規定給予之補償（109年記帳士）

（D）114. 下列何項規定自108年度起開始實施？（A）未分配盈餘稅率加徵5%之營利事業所得稅（B）股利及盈餘合計金額按8.5%計算可抵減稅額（C）幼兒學前特別扣除額（D）長期照顧特別扣除額（109年記帳士）

（B）115. 依所得稅法規定，金融資產證券化條例發行之受益證券或資產基礎證券發放之利息所得，對於境內居住之個人及營利事業分別如何課稅？（A）個人應併入綜合所得總額，營利事業採分離課稅扣繳率20%（B）個人採分離課稅扣繳率10%，營利事業須併入營利事業所得額（C）個人及營利事業均採分離課稅扣繳率10%（D）個人應併入綜合所得總額，營利事業須併入營利事業所得額（109年記帳士）

（A）116. 下列何者屬於國稅且採累進稅率之稅目？①綜合所得稅②遺產稅及贈與稅③土地增值稅④非加值型營業稅（A）①②（B）①③④（C）①②③（D）①③（109年記帳士）

（B）117. 甲君將家中不用的古董傢俱賣給舊貨商，得款10萬元。請問這筆收入應當如何申報綜合所得稅？（A）免稅所得，毋須申報（B）應稅所得，按收入的6%計入綜合所得課稅（C）應稅所得，按收入的50%計入綜合所得課稅（D）應稅所得，按收入的10%來分離課稅（109年地方五等特考）

（B）118. 我國個人綜合所得稅採用超額累進稅率課徵，符合下列何項租稅原則？（A）財政收入原則（B）社會公平原則（C）稅務行政原則（D）中性原則（109年地方五等特考）

（D）119. 王小明是我國居住者，109年10月間與銀行從事結構型商品交易之所得，其所得類別及課稅方式爲何？（A）利息所得，併計綜合所得總額課稅（B）利息所得，按10%扣繳率分離課稅（C）其他所得，併計綜合所得總額課稅（D）其他所得，按10%扣繳率分離課稅（109年地方五等特考）

（D）120. 下列有關綜合所得稅長期照顧特別扣除額之敘述，何者錯誤？（A）納稅義務人或配偶之綜合所得稅稅率爲5%或12%者得適用之（B）符合衛生福利部公告須長期照顧之身心失能者（C）每人每年扣除12萬元（D）適用對象包括納稅義務人、配偶或受扶養直系親屬（109年地方五等特考）

（C）121. 小華108年1月10日出售持有超過20年自用住宅房屋一棟，該房屋買進成本爲500,000元，賣出價額爲650,000元（不包括土地價款），應申報之財產交易所得爲150,000元，小華又於108年11月8日購買自用住宅房屋一棟，價額爲750,000元，其108年度綜合所得總額（包括出售自用住宅之財產交易所得 150,000 元）爲 600,000 元，免稅額單身 88,000 元，扣除額（包括標準扣除額 120,000 元及薪資所得特別扣除額 200,000 元）爲 320,000 元，請問小華 108 年度綜合所得稅之出售自用住宅扣抵稅額金額爲何？（A）0 元（B）2,100 元（C）7,500 元（D）9,600 元（109 年地方五等特考）

（B）122. 小花受僱於某演藝公司，109 年度因從事表演活動之薪資收入 400 萬元，兼職美妝產品銷售之薪資收入 200 萬元；當年度購置表演專用服裝費用 20 萬元，赴國外教育部認可之大專校院進修表演訓練課程費用 18 萬元，購置表演專用之道具費用 15 萬元，請問小花當年度得自薪資收入減除之必要費用金額爲何？（A）36 萬元（B）42 萬元（C）51 萬元（D）53 萬元（109 年地方五等特考）

（B）123. 我國國民張先生民國 109 年度的薪資收入爲 100 萬元，設張先生可提供其職業專用服裝費 6 萬元，進修訓練費 8 萬元，及職業上工具支出 10 萬元等證明文件，上述三筆支出皆爲與其薪資勞務直接相關且由張先生自行負擔之必要費用，試問最有利於張先生的薪資所得申報金額爲多少？（A）76 萬元（B）80 萬元（C）87 萬 2 千元（D）100 萬元（109 年地方四等特考）

（B）124. 依據與所得稅課徵相關之法律規定，我國國民取得下列地區或國家的來源所得，何者應計入綜合所得總額課稅？（A）新加坡來源所得（B）大陸地區來源所得（C）香港來源所得（D）美國來源所得（109 年地方四等特考）

（A）125. 所得稅法第 17 條規定，自中華民國 108 年 1 月 1 日起，納稅義務人、配偶或受扶養親屬爲符合中央衛生福利主管機關公告須長期照顧之身心失能者，每人每年得扣除的長期照顧特別扣除額爲多少？（A）12 萬元（B）12 萬 8 千元（C）18 萬元（D）20 萬元（109 年地方四等特考）

（C）126. 若民國 108 年度甲（55 歲）及其配偶（71 歲），扶養同戶籍下列親屬，則該申報戶申報民國 108 年綜合所得稅之免稅額總額最高爲多少？（提示：當年度之免稅額基準爲每人全年 8.8 萬元）1. 就讀於國外公立學校研究所之妹妹（40 歲）；2. 全年在服兵役之兒子（24 歲）；3.108 年 6 月畢業之女兒（22 歲），尚在補習班補習，同時尋找工作中；4. 無謀生能力之舅舅（80 歲）。（A）528,000 元（B）616,000 元（C）484,000 元（D）440,000 元（109 年地方四等特考）

（D）127. 我國營利事業甲公司贈與財產給居住在我國境內的自然人 B，應如何課稅？（A）甲公司課徵營利事業所得稅（B）自然人 B 免稅（C）自然人 B 繳納贈與稅（D）自然人 B 繳納綜合所得稅（109 年地方四等特考）

（D）128. 依所得稅法規定，申報綜合所得稅時，下列何項扣除額限納稅義務人本人、配偶以及受扶養直系親屬才可適用？①房屋租金支出②長期照護扣除額③醫藥費④保險費（A）①②（B）①③（C）②③（D）①④（109 年地方三等特考）

（B）129. 在計算綜合所得總額時，依現行稅法規定，下列那一類所得無相關成本及費用之減除規定？

（A）薪資所得（B）利息所得（C）財產交易所得（D）其他所得（109 年地方三等特考）

（C）130. 夫妻若採各類所得分開計算稅額，有關財產交易損失之說明何者正確？（A）夫之財產交易損失可扣抵妻之財產交易所得，扣抵不足者尚可後延（B）夫之財產交易損失可扣抵妻之財產交易所得，扣抵不足者不可後延（C）夫之財產交易損失不可扣抵妻之財產交易所得；但夫之財產交易損失可後延扣抵（D）夫之財產交易損失不可扣抵妻之財產交易所得；且夫之財產交易損失亦不可後延扣抵（109 年地方三等特考）

第5章 營利事業所得稅

吾臺前日稱樂土，不知何人造崄巇？
量盡田園增盡賦，地無膏腴民無脂；
人事天災一齊下，哀鴻嗷嗷何所之？
重以役胥如貙虎，削朘不得須臾遲。

臺灣　洪棄生「賣兒翁」

營利事業所得稅係對營利事業之所得（盈餘）課稅，屬於國稅，且為直接稅，其性質與國外所實施之「法人所得稅」或「公司所得稅」類似。惟我國營利事業所得稅之課徵對象，除公司法人外，尚包括獨資、合夥及合作社，故其範圍較廣。我國營利事業所得稅原則上係採屬人主義，但亦兼採屬地主義。至於營利事業的會計基礎為：公司組織者，應採用權責發生制；其非公司組織者，得因原有習慣或因營業範圍狹小，申報該管稽徵機關採用現金收付制（所 22）。

依國際股利所得課稅制度改革趨勢，原採兩稅合一設算扣抵制度之國家，如德國、法國、義大利、芬蘭、挪威、土耳其、英國及西班牙等，近年改採部分免稅法或分離課稅法，或上開兩法擇一或併同適用之方法課稅。

我國為建立符合國際趨勢且具競爭力之公平合理所得稅制，參考前開國際稅制改革趨勢，廢除兩稅合一設算扣抵制度，公司、合作社或其他法人營利事業之股東、社員或出資者因投資獲配之股利或盈餘，其計算應納稅額方式改採合併計稅減除股利可抵減稅額與單一稅率分開計稅之二擇一制度（以下簡稱二擇一制度），營利事業繳納之營利事業所得稅不再併同盈餘分配予其股東、社員或出資者扣抵其綜合所得稅應納稅額，爰刪除所得稅法第 3 條之 1[1]。所稱其他法人，指依有限合夥法設立之有限合夥及依醫療法經中央主管機關許可設立之醫療社團法人（所細 10-2）。

5-1 課稅對象與範圍

一、課稅對象：凡在中華民國境內經營之營利事業，均須依法課徵營利事業所得稅（所 3）。所稱營利事業係指公營、私營、或公私合營，以營利為目的，具備營業牌號或場所之獨資、合夥、公司及其他組織之工、商、農、林、漁、牧、礦、冶等營利事業（所 11）。

二、課稅範圍：我國營利事業所得稅係採屬人兼屬地主義。

（一）屬人主義

依據我國所得稅法第 3 條第 2 項之規定，營利事業所得稅原則上係採屬人主義，對於總機構設在中華民國境內之營利事業，應就其中華民國境內外全部營利事業所得，合併課徵營利事業所得稅。同項但書為防止內外國對境外所得重複課稅，乃明訂其來自中華民國境外之所得，已依所得來源國稅法規定繳納之所得稅，得由

1 參見立法院立法理由。

納稅義務人提出所得來源國稅務機關發給之同一年度納稅憑證，並取得所在地中華民國使領館或其他經中華民國政府認許機構之簽證後，自其全部營利事業所得結算應納稅額中扣抵。扣抵之數，不得超過因加計其國外所得，而依國內適用稅率計算增加之結算應納稅額。其計算公式如下（所細 2）：

國內所得額與國外所得額之合計數依國內適用稅率計算之全部所得額應納稅額
－國內所得額依國內適用稅率計算之國內所得額應納稅額
＝因加計國外所得而增加之結算應納稅額

亦即：

1.（國內所得額＋國外所得額）× 稅率＝全部所得額應納稅額

2. 國內所得額 × 稅率＝國內所得額應納稅額

3. 全部所得額應納稅額 － 國內所得額應納稅額＝因加計國外所得而增加之結算應納稅額

依據臺灣地區與大陸地區人民關係條例第 24 條規定，臺灣地區法人、團體或其他機構有大陸地區來源所得者，應併同臺灣地區來源所得課徵所得稅。但其在大陸地區已繳納之稅額，得自應納稅額中扣抵。臺灣地區法人、團體或其他機構，經主管機關許可，經由其在第三地區投資設立之公司或事業在大陸地區從事投資者，於列報第三地區公司或事業之投資收益時，其屬源自轉投資大陸地區公司或事業分配之投資收益部分，視爲大陸地區來源所得，依上述規定課徵所得稅。但該部分大陸地區投資收益在大陸地區及第三地區已繳納之所得稅，得自應納稅額中扣抵。扣抵數額之合計數，不得超過因加計其大陸地區來源所得，而依臺灣地區適用稅率計算增加之應納稅額。

此外，依「香港澳門關係條例」第 28 條規定，臺灣地區法人、團體或其他機構有香港或澳門來源所得者，應併同臺灣地區來源所得課徵所得稅。但其在香港或澳門已繳納之稅額，得併同其國外所得依所得來源國稅法已繳納之所得稅額，自其全部應納稅額中扣抵。扣抵之數額，不得超過因加計其香港或澳門所得及其國外所得，而依其適用稅率計算增加之應納稅額。

按實際管理處所（PEM）認定營利事業居住者身分：

依外國法律設立，實際管理處所在中華民國境內之營利事業，應視爲總機構在中華民國境內之營利事業，依本法及其他相關法律規定課徵營利事業所得稅；有違反時，並適用本法及其他相關法律規定。

依前項規定課徵營利事業所得稅之營利事業，其給付之各類所得應比照依中華民國法規成立之營利事業，依第 8 條各款規定認定中華民國來源所得，並依本法及其他相關法律規定辦理扣繳與填具扣（免）繳憑單、股利憑單及相關憑單；有違反時，並適用本法及其他相關法律規定。但該營利事業分配非屬依第 1 項規定課徵營利事業所得稅年度之盈餘，非屬第 8 條規定之中華民國來源所得。

第 1 項所稱實際管理處所在中華民國境內之營利事業，指營利事業符合下列各款規定者：

1. 作成重大經營管理、財務管理及人事管理決策者爲中華民國境內居住之個人或總機構在中華民國境內之營利事業，或作成該等決策之處所在中華民國境內。
2. 財務報表、會計帳簿紀錄、董事會議事錄或股東會議事錄之製作或儲存處所在中華民國境內。
3. 在中華民國境內有實際執行主要經營活動。

前三項依本法及其他相關法律規定課徵所得稅、辦理扣繳與填發憑單之方式、實際管理處所之認定要件及程序、證明文件及其他相關事項之辦法，由財政部定之（所 43-4）。

立法理由

按實際管理處所（Place of Effective Management，以下簡稱 PEM）認定營利事業居住者身分已爲國際趨勢，旨在避免營利事業於租稅天堂設立紙上公司，藉納稅義務人居住者身分之轉換規避屬人主義課稅規定（即境內外所得合併課稅）之適用，以減少納稅義務。基此，爲符合國際稅制發展趨勢、保障我國稅基及維護租稅公平，爰參考國際實務做法，於第 1 項定明依外國法律設立之營利事業，其 PEM 在我國境內者，視爲總機構在我國境內之營利事業，應依本法及其他相關法律規定（例如稅捐稽徵法、所得基本稅額條例等）課徵營利事業所得稅，如有違反時，並適用本法及其他相關法律規定，以維護租稅公平。又企業透過居住者身分之認定，得適用我國與其他國家簽署之租稅協定（議），有助於保障臺商權益[2]。

[2] 摘自立法院立法理由。

例題 1

大安公司之總公司設在臺北，分公司設在美國，112年度其總公司所得為5,000,000元，分公司所得3,000,000元，分公司已納美國所得稅新臺幣750,000元，則大安公司在美國所繳之稅，可在112年度我國營利事業所得稅中扣抵之數為600,000元，應納我國營利事業所得稅為1,000,000元。

全部所得額應納稅額：（5,000,000＋3,000,000）×20%＝1,600,000元

國內所得額應納稅額：5,000,000×20%＝1,000,000元

可扣抵最高限額：1,600,000－1,000,000＝600,000元

實際可扣抵稅額：由於750,000 > 600,000元，故可扣抵之數為600,000元

應自行繳納稅額：1,600,000元－600,000元＝1,000,000元

例題 2

甲公司之總公司設在高雄，112年度其總公司之所得額為5,000,000元，另有大陸地區來源所得3,000,000元，大陸地區已納稅款新臺幣500,000元，則甲公司112年度在大陸所繳之稅，可在我國營利事業所得稅中扣抵之數為500,000元，應納我國營利事業所得稅為1,100,000元。

全部所得額應納稅額：（5,000,000＋3,000,000）×20%＝1,600,000元

國內所得額應納稅額：5,000,000×20%＝1,000,000元

可扣抵最高限額：1,600,000－1,000,000＝600,000元

實際可扣抵稅額：由於500,000 < 600,000元，故可扣抵之數為500,000元

應自行繳納稅額：1,600,000元－500,000元＝1,100,000元

例題 3

台北公司112年度營利事業所得稅申報相關資料如下：

1. 台北公司總機構設於臺北市木柵，本年會計所得為1,000萬元。

2. 另台北公司於荷蘭設立A子公司，本年受配現金股利新臺幣180萬元（已扣除股利扣繳稅款20萬元）。

3. 另台北公司於美國設立B分公司，本年稅後所得新臺幣280萬元（已扣除所得稅120萬元）。另於日本設立C分公司，本年度虧損新臺幣150萬元。

4. 另台北公司於大陸設立之D分公司，本年稅後所得新臺幣400萬元（已扣除所得稅100萬元）。

試計算台北公司本年度營利事業所得稅結算申報之：（一）已納稅額可扣抵稅

額；（二）應納稅額。（記帳士試題改編）

擬答：

（一）已納稅額可扣抵稅額

1. 全部含境內外及大陸：

臺灣 1,000 萬元＋荷蘭 200 萬元＋美國 400 萬元—日本 150 萬元＋大陸 500 萬元＝ 1,950 萬元

1,950 萬元 ×20% ＝ 390 萬元 (A)

2. 臺灣加大陸：臺灣 1,000 萬元＋大陸 500 萬元＝ 1,500 萬元

1,500 萬元 ×20% ＝ 300 萬元 (B)

3. 臺灣：1,000 萬元

1,000 萬元 ×20% ＝ 200 萬元 (C)

(A)—(B)：390 萬元—300 萬元＝ 90 萬元—境外所得可扣抵上限

小結：90 萬元＜境外國家已扣稅額 140 萬元（荷＋美），以 90 萬元計。

(B)—(C)：300 萬元—200 萬元＝ 100 萬元—大陸所得可扣抵上限

小結：100 萬元＝大陸已扣稅額 100 萬元，以 100 萬元計。

4. 可扣抵稅額合計：90 萬元＋ 100 萬元＝ 190 萬元

（二）應納稅額

加計全部境外所得之課稅所得額：

＝臺灣 1,000 萬元＋荷蘭 200 萬元＋美國 400 萬元—日本 150 萬元＋大陸 500 萬元＝ 1,950 萬元

∴應納稅額＝ 1,950 萬元 ×20% ＝ 390 萬元

例題 4

甲公司（總公司在中華民國境內）會計年度為曆年制，於 106 年 7 月 10 日設立，106 年度有課稅所得 8 萬元。107 年初為拓展營運，於香港及大陸分別設立一分支機構，107 年度總公司課稅所得額為 300 萬元；香港分支機構同年度所得額為 200 萬元，已納當地所得稅 33 萬元；大陸分支機構同年度所得額為 150 萬元，已納當地所得稅 37.5 萬元。不考慮扣繳稅額及暫繳稅額之抵減。請依所得稅法相關規定分別列式計算甲公司 106 年度及 107 年度實際應繳納之營利事業所得稅額各為多少元？（107 年記帳士）

擬答：

（一）106 年

80,000 元 ×12/6 ＝ 160,000 元

（160,000 元－ 120,000 元）×1/2 ＝ 20,000 元

20,000 元 ×6/12 ＝ 10,000 元 --- 應納稅額

（二）107 年

1. 全部含境內外及大陸：

臺灣 300 萬元＋香港 200 萬元＋大陸 150 萬元＝ 650 萬元

650 萬元 ×20% ＝ 130 萬元　　　　　　　　　　（A）

2. 臺灣加大陸：台灣 300 萬元＋大陸 150 萬元＝ 450 萬元

450 萬元 ×20% ＝ 90 萬元　　　　　　　　　　（B）

3. 臺灣：300 萬元

300 萬元 ×20% ＝ 60 萬元　　　　　　　　　　（C）

（A）－（B）：130 萬元－ 90 萬元＝ 40 萬元—境外所得可扣抵上限

小結：40 萬元＞香港已納稅額 33 萬元，以 33 萬元計。

（B）－（C）：90 萬元－ 60 萬元＝ 30 萬元—大陸所得可扣抵上限

小結：30 萬元＜大陸已納稅額 37.5 萬元，以 30 萬元計。

可扣抵稅額合計：33 萬元＋ 30 萬元＝ 63 萬元

應自行繳納稅額：130 萬元－ 63 萬元＝ 67 萬元

考題解析

設甲公司國內總公司 107 年度所得額爲新臺幣（以下同）2,500 萬元，在香港分支機構當年度所得額爲 1,500 萬元，已納當地所得稅 247.5 萬元，在美國分支機構當年度所得額爲 2,000 萬元，已納當地所得稅 420 萬元，則甲公司當年度應納營利事業所得稅爲多少元？（108 年身障特考 5 等）

擬答：

(1)（2,500 萬元＋ 1,500 萬元＋ 2,000 萬元）×20% ＝ 1,200 萬元

(2)2,500 萬元 ×20% ＝ 500 萬元

(3)可扣抵上限：1,200 萬元－ 500 萬元＝ 700 萬元

(4)247.5 萬元＋ 420 萬元＝ 667.5 萬元

(5)1,200 萬元－ 667.5 萬元＝ 532.5 萬元

考題解析

甲公司 109 年於中華民國境內所得新臺幣 500 萬元，美國分公司所得折合新臺幣 1,000 萬元，已在美國繳納美國分公司所得稅折合新臺幣 250 萬元，請問

甲公司申報繳納我國 109 年度營利事業所得稅時可使用國外稅額扣抵上限爲多少元？（110 年普考）

擬答：

（500 萬 + 1,000 萬）×20% ＝ 300 萬元

500 萬 ×20% ＝ 100 萬元

300 萬元－100 萬元＝ 200 萬元

200 萬元＜ 250 萬元；可扣抵上限爲 200 萬元

（二）屬地主義

依據我國所得稅法第 3 條第 3 項之規定，營利事業之總機構在中華民國境外，無論在我國境內有無固定營業場所或營業代理人，其有中華民國來源所得者，應就其中華民國境內之營利事業所得，依規定課徵營利事業所得稅（所 3）。

由上可知，我國營利事業所得稅係以屬人主義爲原則，兼採屬地主義。

焦點話題

產後護理機構（月子中心）

依護理人員法、同法施行細則及護理機構分類設置標準設立之私立產後護理機構，其應辦理稅籍登記及報繳營業稅者，屬所得稅法第 11 條第 2 項所稱營利事業，自 106 年度起，應依所得稅法相關規定課徵營利事業所得稅。

產後護理機構的所得額過去都列為負責人的「其他所得」申報綜合所得稅。自 106 年度起，應辦理稅籍登記及報繳營業稅之私立產後護理機構，屬所得稅法第 11 條第 2 項所稱營利事業，應依所得稅法規定申報營利事業所得稅。

換言之，應辦理稅籍登記及報繳營業稅之產後護理機構，自 106 年度起，應依所得稅法相關規定課徵營利事業所得稅。不論醫療勞務收入及非醫療勞務收入均應申報為營業收入，減除相關成本費用後，計算所得額及應納之結算稅額繳納營利事業所得稅[3]。

3 參閱財政部 106.10.06. 台財稅字第 10600624960 號令及臺北國稅局 107.2.26 新聞稿。

產後護理機構之課稅

稅目	收入	說明
營業稅	醫療勞務不課	如護理評估、護理指導及處置、醫療診療及醫療諮詢等。
	非醫療勞務要課	日常生活服務費用，包含住房費、嬰兒奶粉及尿布、清潔衛生用品及一般飲食等。
營利事業所得稅	上述兩類收入均應申報為營業收入，減除相關成本費用後，計算所得額及應納之結算稅額繳納營利事業所得稅。	

5-2 納稅義務人

我國營利事業所得稅的課稅主體爲營利事業，課稅客體爲所得，故營利事業即爲營利事業所得稅的納稅義務人。

5-3 會計年度

一、**曆年制與非曆年制**：會計年度有採曆年制與非曆年制，曆年制爲每年1月1日起至12月31日止，依所得稅法第23條規定，營利事業會計年度應爲每年1月1日起至12月31日止。但因原有習慣或營業季節之特殊情形，呈經該管稽徵機關核准者，得變更起訖日期（所23）。營利事業所得稅之課稅年度與營利事業會計年度之起訖日期相同；而綜合所得稅則一律採曆年制（所11）。

二、**非曆年制各項申報期限之推算**：所得稅法所規定之結算申報期限係以曆年制爲主，因此採非曆年制之營利事業須自行推算各項申報期限。例如所得稅法第71條規定，納稅義務人應於每年5月1日起至5月31日止，填具結算申報書，向該管稽徵機關，申報營利事業所得稅（所71）。如採四月制者（會計年度爲4月1日至次年3月31日），其結算申報期限則爲8月1日至8月31日；如採七月制者（會計年度爲7月1日至次年6月30日），其結算申報期限則爲11月1日至11月30日。另依所得稅法第67條規定，營利事業應於每年 9 月 1 日起至 9 月 30 日止，辦理暫繳申報；如採四月制，則暫繳申報期限爲 12 月 1 日至 12 月 31 日；如採七月制，則爲 3 月 1 日至 3 月 31 日（所 67）。

5-4 帳簿憑證

一、營利事業應設置之帳簿

（一）凡實施商業會計法之營利事業，應依下列規定設置帳簿（帳 2）：

1. 買賣業：日記簿、總分類帳、存貨明細帳、及其他必要之補助帳簿。

2. 製造業：日記簿、總分類帳、原物料明細帳、在製品明細帳、製成品明細帳、生產日報表、及其他必要之補助帳簿。

3. 營建業：日記簿、總分類帳、在建工程明細帳、施工日報表、及其他必要之補助帳簿。

4. 勞務業及其他各業：日記簿、總分類帳、營運量紀錄簿、及其他必要之補助帳簿。

（二）不屬實施商業會計法範圍而須使用統一發票之營利事業，應依下列規定設置帳簿（帳 3）：

1. 買賣業：日記簿、總分類帳、存貨明細帳或存貨計數帳。

2. 製造業：日記簿、總分類帳、原物料明細帳或原物料計數帳、生產紀錄簿。

3. 勞務業及其他各業：日記簿、總分類帳、營運量紀錄簿。

（三）凡經核定免用統一發票之小規模營利事業，得設置簡易日記簿一種（帳 5），所稱小規模營利事業係指規模狹小，交易零星，平均每月營業額不滿新臺幣 20 萬元，經稽徵機關核定免用統一發票，按查定課徵營業稅者。

（四）攤販得免設置帳簿（帳 6）。

二、帳簿憑證之保管

（一）留置營業場所：營利事業之帳簿憑證，除爲緊急避免不可抗力災害損失、或有關機關因公調閱或送交合格會計師查核簽證外，應留置於營業場所，以備主管稽徵機關隨時查核（帳 25）。

（二）帳簿保存期限：營利事業設置之帳簿，除有關未結會計事項者外，應於會計年度決算程序辦理終了後，至少保存十年。但因不可抗力之災害而毀損或滅失，報經主管稽徵機關查明屬實者，不在此限（帳 26）。

（三）會計憑證保存期限：營利事業之各項會計憑證，除應永久保存或有關未結會計事項者外，應於會計年度決算程序辦理終了後，至少保存五年（帳 27）。

5-5 稅率

我國營利事業所得稅係採累進稅率計算稅額，98 年度之起徵額、課稅級距及累進稅率如下（所 5）：

一、全年課稅所得額在新臺幣 5 萬元以下者，免徵營利事業所得稅。

二、全年課稅所得額在新臺幣 10 萬元以下，就其全部課稅所得額課徵 15%。但其應納稅額不得超過營利事業課稅所得額超過 5 萬元以上部分之半數。

三、超過新臺幣 10 萬元以上者，就其超過額課徵 25%。

自 99 年度起（民國 100 年申報 99 年度營利事業所得稅時適用）營利事業所得稅起徵額、課稅級距及稅率如下（所 5）：

一、營利事業全年課稅所得額在 12 萬元以下者，免徵營利事業所得稅。

二、營利事業全年課稅所得額超過 12 萬元者，就其全部課稅所得額課徵 17%。但其應納稅額不得超過營利事業課稅所得額超過 12 萬元部分之半數。

但自 107 年度起（民國 108 年申報 107 年度營利事業所得稅時適用），營利事業所得稅起徵額及稅率如下：

一、營利事業全年課稅所得額在 12 萬元以下者，免徵營利事業所得稅。

二、營利事業全年課稅所得額超過 12 萬元者，就其全部課稅所得額課徵 20%。但其應納稅額不得超過營利事業課稅所得額超過 12 萬元部分之半數。

三、營利事業全年課稅所得額超過 12 萬元未逾 50 萬元者，就其全部課稅所得額按下列規定稅率課徵，不適用前款規定。但其應納稅額不得超過營利事業課稅所得額超過 12 萬元部分之半數：

（一）107 年度稅率為 18%。

（二）108 年度稅率為 19%。

例題 5

某營利事業 112 年度之所得額為 8 萬元，則應繳納 112 年度的營利事業所得稅為 0 元，因為全年所得額在 12 萬元以下免稅。

例題 6

某營利事業 112 年度之所得額為 15 萬元，則應繳納 112 年度的營利事業所得稅為 15,000 元，茲計算如下：

(150,000 － 120,000)×1/2 ＝ 15,000 元 ------- 營利事業所得稅

150,000×20% ＝ 30,000 元；30,000 元 > 15,000 元（取低者）

說明：超過 12 萬元未逾 50 萬元者，107 年度稅率為 18%；108 年度稅率為 19%；109 年度起稅率為 20%。

例題 7

某營利事業 112 年度之所得額為 90 萬元，則應繳納 112 年度的營利事業所得稅為 180,000 元，茲計算如下：

900,000×20% ＝ 180,000 元 ------- 營利事業所得稅

焦點話題

節稅實務篇——設立公司，可以節稅（廢除兩稅合一前）

王小明去年從某國立大學畢業後，其婚前生涯規劃，想開一家補習班。若從節稅的角度，他應該以個人的名義或以公司名義開設補習班呢？

表 1　個人與公司設立補習班 102 年度節稅效果比較

項目	個人名義設立班習班		公司名義附設
帳務處理方式	設帳	不設帳	設帳
預估年度營業收入 (A)	1000 萬	1000 萬	1000 萬
印花稅 (B) = (A)*0.4%	4 萬	4 萬	開發票不用貼印花
營業稅	不適用	不適用	免徵營業稅

項目		個人名義設立班習班		公司名義附設
所得稅	所得申報方式	按書審純益率標準核定	依財政部分訂標準核定	按書審純益率標準
	純益率 (C)	18%	50%	10%
	年度所得 (D) = (A)×(C)	180 萬	500 萬	100 萬
	申報年度預估稅額 (E)	19.7 萬 （綜所稅）	112.9 萬 （綜所稅）	17 萬 （營所稅）
年度稅額合計 (F) = (B) + (E)		23.7 萬	116.9 萬	17 萬
兩稅合一效果		不適用	不適用	可退稅 10.6 萬
整體稅額		23.7 萬	116.9 萬	6.4 萬

以公司名義所附設的補習班

假設 102 年度收入為 1,000 萬元，並使用統一發票代替收據，並同意按純益率 10% 標準核定，則補習班營利事業所得為 100 萬元，營利事業所得稅為 17 萬元。

二稅合一實施後，營業事業若有盈餘須全數分配，否則須加徵 10% 未分配盈餘稅。假設該公司於 103 年股東會決議公司稅後盈餘全數分配。則受分配股東於 104 年將 100 萬元營利所得（內含 17 萬元可扣抵稅額）併入 103 年個人綜所稅申報後，個人應繳 6.4 萬元，（100 萬 － 8.5 萬免稅額 － 7.9 萬標準扣除額）×12% － 36,400 = 63,920，將可退稅 10.6 萬元。

整體而言，以公司名義設立補習班，總稅負只有 6.4 萬元。總稅負最低，一因書審的純益率最低，二因兩稅合一之效果。

焦點話題

財團法人、社團法人醫院之租稅比較

醫院分為公立醫院（台大）、醫療財團法人、醫療社團法人、私人醫院。

依「醫療法」第 5 條規定，醫療法人包括「醫療財團法人」及「醫療社團法人」。所謂醫療財團法人，係指以從事醫療事業辦理醫療機構為目的，由捐助人捐助一定財產，經中央主管機關許可並向法院登記之財團法人。醫療社團法人，則係指以從事醫療事業辦理醫療機構為目的，經中央主管機關許可登記之社團法人。二者之租稅待遇比較如下：

	醫療財團法人	醫療社團法人
1. 成立出資	由發起人捐贈 （捐贈者可抵綜所稅）	由社員出資
2. 盈餘分配	不可分配盈餘	可分配盈餘
3. 法人結束註銷	全數繳回政府機關	可分配剩餘資產
4. 屬性	非營利性	營利性
5. 舉例	長庚、馬偕、新光、國泰、亞東、彰化基督教醫院、奇美、慈濟	
6. 營業稅	免稅	免稅
7. 營所稅	1. 銷售財貨或勞務之所得，應課徵營所稅 2. 其餘，免納營所稅＊	比照營利事業
8. 盈虧互抵	1. 銷售貨物或勞務，可以盈虧互抵 2. 其餘，不可	可盈虧互抵
9. 兩稅合一	不可 （免設置股東可扣抵稅額帳户，並無兩稅合一之適用）	原可扣抵，但是 2018 年起已取消兩稅合一。

＊「銷售財貨或勞務」所得，例如：醫療收入、藥品收入、病房收入，需要課徵營所稅。但是此部分若有節餘，可以擴充醫療設備，以達節稅效果。結餘、擴充，循環結果，造成長庚等教學醫院「獨大」。

「非銷售財貨或勞務」所得，例如：捐贈、利息收入、股利收入等，如果用於如醫療、社會服務等符合法人成立目的之活動支出比率超過 60%，其節餘可免納營所稅。

焦點話題

內外資的股利所得稅負不同

在以前，外資的股利所得 20% 分離課稅，內外資的稅負相同。

因為（1）營所稅稅率 25%；（2）綜所稅率 40%；（3）兩稅完全合一。

外資：營所稅 100 元 × 25% = 25 元

綜所稅 75 元 × 20% = 15 元　　合計 40 元

內資：營所稅 100 元 × 25% = 25 元

綜所稅（100 元 × 40%） – 25 元 = 15 元　　合計 40 元

2017 年底前，外資的股利所得 20% 分離課稅，內外資稅負很不相同。

因為（1）營所稅稅率 17%；（2）綜所稅率 45%；（3）兩稅部分合一（只能扣抵 50%）。

外資：營所稅 100 元 × 17% = 17 元

綜所稅 83 元 × 20% = 16.6 元　　合計 33.6 元

內資：營所稅 100 元 × 17% = 17 元

綜所稅（100-8.5 元 × 45%）= 41.175

41.175 – 8.5 = 32.675 元　　合計 49.675 元

因此內、外資稅負差距高達 16 元以上，備受批評。究竟要提高外資分離課稅的稅率？還是內資也要一起分離課稅呢？財政部於 2017 年提出改革方案。

2018 年初，立法院三讀通過「所得稅制優化方案」，包括（1）營所稅稅率提高為 20%；（2）綜所稅可分離課稅；（3）取消兩稅合一。

外資：營所稅 100 元 × 20% = 20 元

綜所稅 80 元 × 21% = 16.8 元　　合計 36.8 元

內資：營所稅 100 元 × 20% = 20 元

綜所稅 80 元 × 28% = 22.4 元　　合計 42.4 元

修法之後，內、外資稅負仍有差距，但差距已大幅減少為 5.6 元。

5-6 營業收入與統一發票差異之調節

由於營利事業之營業收入承認時點與統一發票之開立時限有所差異，造成營業收入與營業稅銷售額間之差異，故營利事業應於營利事業所得稅結算申報書第 1 頁，針對本年度結算申報營業收入總額與總分支機構銷售額之差異予以說明，茲將應調節項目列示如下：

本年度結算申報營業收入總額________元與總分支機構申報營業稅銷售額________元相差________元

說明如下：

總分支機構申報營業稅銷售額（開立統一發票金額）	________元
加：上期結轉本期預收款	________元
本期應收未開立發票金額	________元
其他	________元
減：本期預收款	________元
上期應收本期開立發票金額	________元
視爲銷貨開立發票金額	________元
本期溢開發票金額	________元
佣金收入	________元
租金收入	________元
出售下腳廢料	________元
出售資產	________元
代收款	________元
因信託行爲開立發票金額	________元
其他	________元
結算申報營業收入總額	________元

說明：

調節加項：

1. 上期結轉本期預收款：上期已開立發票，惟收入在本期實現，故爲調節加項。

2. 本期應收未開立發票金額：應於本期認列收入，惟因本期未收款而尚未開立發票，故爲調節加項。

3. 其他。

調節減項：

1. 本期預收款：本期已開立發票，惟收入未實現，故爲調節減項。

2. 上期應收本期開立發票金額：已於上期認列收入，但於本期收款時開立發票，故爲調節減項。

3. 視爲銷貨開立發票金額：因並非實際銷售，故爲調節減項。

4. 本期溢開發票金額：爲調節減項，惟需取具當地稅務機關之證明，始准予減除。

5. 佣金收入：屬於非營業收入，故爲調節減項。

6. 租金收入：屬於非營業收入，故爲調節減項。

7. 出售下腳廢料：屬於非營業收入或營業成本之減項，故爲調節減項。

8. 出售資產：營利事業已開立發票，但出售資產非屬於營業收入，故爲調節減項。

9. 代收款：非爲本身收入，故爲調節減項。

10.因信託行爲開立發票金額。

11.其他。

例題 8

某公司於辦理 112 年度營利事業所得稅結算申報時，其申報之營業收入總額為 4,360,000 元，營業稅銷售額為 5,000,000 元，造成兩者間之差異經查如下：

1. 期初預收貨款 100,000 元；期末預收貨款 150,000 元。

2. 該公司將其產製供銷售之冷氣機一臺轉供自用，時價 50,000 元，並已依規定開立發票。

3. 佣金收入 100,000 元。

4. 出售下腳廢料收入 60,000 元。

5. 出售舊機器設備，售價 300,000 元，出售時帳面未折減餘額 270,000 元，處分機器利益 30,000 元。

6. 代收款 80,000 元

開立統一發票金額	5,000,000 元
加：上期結轉本期預收款	100,000 元
本期應收未開立發票金額	—
其他	—
減：本期預收款	150,000 元
上期應收本期開立發票金額	—
視為銷貨開立發票金額	50,000 元
本期溢開發票金額	—
佣金收入	100,000 元
租金收入	—
出售下腳廢料	60,000 元
出售資產	300,000 元
代收款	80,000 元
因信託行為開立發票金額	—
其他	—
結算申報營業收入總額	4,360,000 元

例題 9

喜洋洋公司係一生產家電用品的公司，112 年度總分支機構申報營業稅銷售額為 30,000,000 元，112 年度相關交易、收入或成本費用資料如下：

1. 期初預收貨款 1,000,000 元；期末預收貨款 1,500,000 元。
2. 本期應收未開立發票金額 2,000,000 元；上期應收本期開立發票金額 3,800,000 元。
3. 該公司將其產製供銷售之冷氣機三台轉供自用，時價 105,000 元，並已依規定開立發票。
4. 本期溢開發票金額 200,000 元。
5. 佣金收入 300,000 元。
6. 出售下腳廢料收入 80,000 元（公司將其列為收入）。
7. 出售舊機器設備，售價 500,000 元，出售時帳面未折減餘額 470,000 元，處分機器利益 30,000 元。
8. 代收款開立發票金額 70,000 元。
9. 因信託行為開立發票金額 150,000 元。
10. 出售土地一筆（未開立發票），售價 20,000,000 元，出售土地的利得 5,000,000 元。
11. 持有發票日為 112 年 7 月 1 日短期票券之利息收入 270,000 元；持有公債本年度之利息收入 120,000 元。
12. 喜洋洋公司 112 年度的營業成本為 18,500,000 元；營業費用為 2,800,000 元。

試問：

（一）該公司當年度營利事業所得稅結算申報之營業收入總額為多少？

（二）營利事業所得稅之課稅所得額與應納稅額各為多少？（104 年記帳士試題改編）

解答：(1)

開立統一發票金額	30,000,000 元
加：上期結轉本期預收款	1,000,000 元
本期應收未開立發票金額	2,000,000 元
其他	—
減：本期預收款	1,500,000 元
上期應收本期開立發票金額	3,800,000 元
視爲銷貨開立發票金額	105,000 元
本期溢開發票金額	200,000 元

佣金收入	300,000 元
出售下腳廢料	80,000 元
出售資產	500,000 元
代收款	70,000 元
因信託行爲開立發票金額	150,000 元
結算申報營業收入總額	26,295,000 元

(2) 營業收入 26,295,000 元－營業成本 18,500,000 元－營業費用為 2,800,000 元＋利息收入 270,000 元＋公債利息收入 120,000 元＋處分機器利益 30,000 元＋下腳收入 80,000 元＋佣金收入 300,000 元＝5,795,000 元

(3) 5,795,000 元×20%＝1,159,000 元

5-7 一般所得額之計算

一、營利事業所得之計算，以其本年度收入總額減除各項成本費用、損失及稅捐後之純益額爲所得額。所得額之計算，涉有應稅所得及免稅所得者，其相關之成本、費用或損失，除可直接合理明確歸屬者，得個別歸屬認列外，應作合理之分攤；其分攤辦法，由財政部定之（所 24）。

二、營利事業帳載應付未付之帳款、費用、損失及其他各項債務，逾請求權時效尚未給付者，應於時效消滅年度轉列其他收入，俟實際給付時，再以營業外支出列帳（所 24）。

三、營利事業有第 14 條第 1 項第四類利息所得中之短期票券利息所得，除依第 88 條規定扣繳稅款外，不計入營利事業所得額。但營利事業持有之短期票券發票日在中華民國 99 年 1 月 1 日以後者，其利息所得應計入營利事業所得額課稅（所 24）。

四、自中華民國 99 年 1 月 1 日起，營利事業持有依金融資產證券化條例或不動產證券化條例規定發行之受益證券或資產基礎證券，所獲配之利息所得應計入營利事業所得額課稅，不適用金融資產證券化條例第 41 條第 2 項及不動產證券化條例第 50 條第 3 項分離課稅之規定（所 24）。

五、總機構在中華民國境外之營利事業，因投資於國內其他營利事業，所獲配之股利或盈餘，除依第 88 條規定扣繳稅款外，不計入營利事業所得額（所 24）。

六、營利事業持有公債、公司債及金融債券，應按債券持有期間，依債券之面值及利率計算利息收入。

前項利息收入依規定之扣繳率計算之稅額，得自營利事業所得稅結算申報應納稅額中減除（所 24-1）。

七、營利事業於二付息日間購入第 6 項債券並於付息日前出售者，應以售價減除購進價格及依同項規定計算之利息收入後之餘額爲證券交易所得或損失。

八、自中華民國 99 年 1 月 1 日起，營利事業以第 6 項、第 2 項、第 3 項規定之有價證券或短期票券從事附條件交易，到期賣回金額超過原買入金額部分之利息所得，應依所得稅法第 88 條規定扣繳稅款，並計入營利事業所得額課稅；該扣繳稅款得自營利事業所得稅結算申報應納稅額中減除（所 24-1）。

九、公司組織之股東、董事、監察人代收公司款項不於相當期間照繳，或挪用公司款項，應按該等期間所屬年度 1 月 1 日臺灣銀行之基準利率計算公司利息收入課稅。但公司如係遭侵占、背信或詐欺，已依法提起訴訟或經檢察官提起公訴者，不予計算。

十、公司之資金貸與股東或任何他人未收取利息，或約定之利息偏低者，除屬預支職工薪資者外，應按資金貸與期間所屬年度 1 月 1 日臺灣銀行之基準利率計算公司利息收入課稅（所 24-3）。

十一、茲將買賣業、製造業及其他供給勞務或信用各業所得額之計算公式列舉如下（所細 31）：

（一）買賣業

(1) 銷貨總額 －（銷貨退回 ＋ 銷貨折讓）＝ 銷貨淨額

(2) 期初存貨 ＋〔進貨 －（進貨退出 ＋ 進貨折讓）〕＋ 進貨費用 － 期末存貨 ＝ 銷貨成本

(3) 銷貨淨額 － 銷貨成本 ＝ 銷貨毛利

(4) 銷貨毛利 －（銷售費用 ＋ 管理費用）＝ 營業淨利

(5) 營業淨利 ＋ 非營業收益 － 非營業損失 ＝ 純益額（即所得額）

（二）製造業

(1)（期初存料 ＋ 進料 － 期末存料）＋ 直接人工 ＋ 製造費用 ＝ 製造成本

(2) 期初在製品存貨 ＋ 製造成本 － 期末在製品存貨 ＝ 製成品成本

(3) 期初製成品存貨 ＋ 製成品成本 － 期末製成品存貨 ＝ 銷貨成本

(4) 銷貨總額 －（銷貨退回 ＋ 銷貨折讓）＝ 銷貨淨額

(5) 銷貨淨額 － 銷貨成本 ＝ 銷貨毛利

(6) 銷貨毛利 –（銷售費用 + 管理費用）= 營業淨利

(7) 營業淨利 + 非營業收益 – 非營業損失 = 純益額（即所得額）

（三）其他供給勞務或信用各業

(1) 營業收入 – 營業成本 = 營業毛利

(2) 營業毛利 – 管理或事務費用 = 營業淨利

(3) 營業淨利 + 非營業收益 – 非營業損失 = 純益額（即所得額）

十二、經營海運業務所得額之計算

爲提升我國海運國際競爭力，並順應國際間實施噸位稅之趨勢，爰增訂所得稅法第 24 條之 4，主要內容如下：

自 100 年度起，總機構在中華民國境內經營海運業務之營利事業，符合一定要件，經中央目的事業主管機關核定者，其海運業務收入得選擇依第 2 項規定按船舶淨噸位計算營利事業所得額；海運業務收入以外之收入，其所得額之計算依本法相關規定辦理。

前項營利事業每年度海運業務收入之營利事業所得額，得依下列標準按每年 365 日累計計算：

1. 各船舶之淨噸位在一千噸以下者，每一百淨噸位之每日所得額爲 67 元。

2. 超過一千噸至一萬噸者，超過部分每一百淨噸位之每日所得額爲 49 元。

3. 超過一萬噸至二萬五千噸者，超過部分每一百淨噸位之每日所得額爲 32 元。

4. 超過二萬五千噸者，超過部分每一百淨噸位之每日所得額爲 14 元。

營利事業經營海運業務收入經依第 1 項規定選擇依前項規定計算營利事業所得額者，一經選定，應連續適用 10 年，不得變更；適用期間如有不符合第 1 項所定一定要件，經中央目的事業主管機關廢止核定者，自不符合一定要件之年度起連續五年，不得再選擇依前項規定辦理。

營利事業海運業務收入選擇依第 2 項規定計算營利事業所得額者，其當年度營利事業所得稅結算申報，不適用下列規定：

1. 第 39 條第 1 項但書關於虧損扣除規定。

2. 其他法律關於租稅減免規定。

第 1 項之一定要件、業務收入範圍、申請之期限、程序及其他應遵行事項之辦法，由財政部會商中央目的事業主管機關定之。

十三、營利事業銷售貨物或勞務，如有隨銷售附贈禮券、獎勵積點或保固服務等，該附贈部分相對應之收入應於銷售時認列，不得遞延。

5-8 特殊所得額之計算

一、國際運輸、承包營建工程、提供技術服務或出租機器設備等

依據所得稅法第 25 條第 1 項之規定，總機構在中華民國境外之營利事業，在中華民國境內經營國際運輸、承包營建工程、提供技術服務或出租機器設備等業務，其成本費用分攤計算困難者，不論其在中華民國境內是否設有分支機構或代理人，得向財政部申請核准，或由財政部核定，國際運輸業務按其在中華民國境內之營業收入之 10%，其餘業務按其在中華民國境內之營業收入之 15% 爲中華民國境內之營利事業所得額。但不適用第 39 條關於虧損扣除之規定。

所稱在中華民國境內之營業收入，其屬於經營國際運輸業務者，依下列之規定：

（一）海運事業：指自中華民國境內承運出口客貨所取得之全部票價或運費。

（二）空運事業：

1. 客運：指自中華民國境內起站至中華民國境外第一站間之票價。

2. 貨運：指承運貨物之全程運費。但載貨出口之國際空運事業，如因航線限制等原因，在航程中途將承運之貨物改由其他國際空運事業之航空器轉載者，按該國際空運事業實際載運之航程運費計算（所 25）。

例題 10

某日商公司以我國境內乙營造公司為營業代理人，承包境內營建工程。設該日商公司於 112 年度在我國境內營業收入為 6 億元，因成本費用計算困難，向財政部申准依所得稅法第 25 條規定納稅，則該日商公司 112 年度之所得額為 9,000 萬元。

60,000 萬元 × 15% = 9,000 萬元（高考試題改編）

解答：依據所得稅法第 25 條第 1 項之規定，總機構在中華民國境外之營利事業，在中華民國境內承包營建工程，其成本費用分攤計算困難者，按其在中華民國境內之營業收入之 15% 為中華民國境內之營利事業所得額。

二、國外影片事業

依據所得稅法第 26 條之規定，國外影片事業在中華民國境內無分支機構，經由營業代理人出租影片之收入，應以其二分之一爲在中華民國境內之營利事業所得額，其在中華民國境內設有分支機構者，出租影片之成本，得按片租收入 45% 計

列（所 26）。

三、分期付款銷貨

隨著消費習慣之改變，現代消費者愈來愈習慣運用分期付款來暫時減輕負擔，營利事業面臨分期付款之交易情況也愈趨頻繁，爲處理銷貨所得分散於不同年度之問題，我國於營利事業所得稅查核準則第 16 條明文規定，營利事業分期付款之銷貨，其當期損益得依下列方法擇一計算：

（一）全部毛利法：依出售年度內全部銷貨金額，減除銷貨成本（包括分期付款貨品之全部成本）後，計算之。

（二）毛利百分比法：依出售年度約載分期付款之銷貨價格及成本，計算分期付款銷貨毛利率，以後各期收取之分期價款，並按此項比率計算其利益及應攤計之成本。其分期付款銷貨利益並得按下列公式計算：

$$\text{分期付款銷貨本年度收款總額} \times \frac{\text{分期付款銷貨未實現毛利年初餘額} + \text{本年度分期付款銷貨毛利}}{\text{分期付款銷貨應收帳款年初餘款} + \text{本年度分期付款銷貨總額}}$$

毛利百分比法之採用，以分期付款期限在十三個月以上者爲限。

（三）普通銷貨法：除依現銷價格及成本，核計其當年度損益外，其約載分期付款售價高於現銷價格部分，爲未實現之利息收入，嗣後分期按利息法認列利息收入。

上述各種計算損益方法既經採用，在本期內不得變更。相同種類產品同期分期付款銷貨損益均應採用同一計算方式。不同種類產品，得依規定分別採用不同之計算方法，但全期均應就其擇定之同一方法計算其分期付款銷貨之損益，不得中途變更。分期付款銷貨在本期收回之帳款利益，應按前期銷貨時原採公式計算，不得變更其計算方法（查 16）。

四、長期工程

營利事業承包工程之工期在一年以上，有關工程損益之計算，應採完工比例法。但有下列情形之一，致工程損益確無法估計者，得採成本回收法，在已發生工程成本之可回收範圍內認列收入，計算工程損益：

（一）各期應收工程價款無法估計。

（二）履行合約所須投入成本與期末完工程度均無法估計。

（三）歸屬於合約之成本無法辨認。

營利事業首次採用國際財務報導準則或企業會計準則公報以前已進行尚未完工之工程，計算工程損益仍應依原方法處理。

營利事業承包工程採成本回收法計算工程損益，其承包工程之工期有跨年度者，其管理費用應於費用發生之年度列報，不得遞延。

第 1 項及第 2 項所稱完工，指實際完工而言，實際完工日期之認定，應以承造工程實際完成交由委建人受領之日期爲準，如上揭日期無法查考時，其屬承造建築物工程，應以主管機關核發使用執照日期爲準，其屬承造非建築物之工程者，應以委建人驗收日期爲準。

第 1 項所稱完工比例，可採下列方法計算之：

1. 工程成本比例法，即按投入成本占估計總成本之比例計算。

2. 工時進度比例法，即按投入工時或人工成本占估計總工時或總人工成本之比例計算。

3. 產出單位比例法，即按工程之產出單位占合約總單位之比例計算。

在同一年度承包二個以上工程者，其工程成本應分別計算，如混淆不清，無法查帳核定其所得額時，得依所得稅法施行細則第 81 條之規定辦理（查 24）。

5-9 營業期間不滿一年所得額之計算

營業期間不滿一年者，應將其所得額按實際營業期間相當全年之比例換算全年所得額，依規定稅率計算全年度稅額，再就原比例換算其應納稅額。營業期間不滿一月者以一月計算（所 40）。其公式如下：

$$\text{實際所得額} \times \frac{12}{\text{實際營業月數}} = \text{換算之全年所得額}$$

$$\text{換算之全年所得額} \times \text{稅率} = \text{換算之全年應納稅額}$$

$$\text{換算之全年應納稅額} \times \frac{\text{實際營業月數}}{12} = \text{實際應納稅額}$$

例題 11

A 公司於 112 年 8 月 1 日設立並開始營業，採曆年制，年底結算課稅所得額為 300,000 元，則 A 公司應納所得稅為 60,000 元。

$$300{,}000 \times \frac{12}{5} = 720{,}000 \text{ 元}$$

$$720{,}000 \times 20\% = 144{,}000 \text{ 元}$$

$$144{,}000 \times \frac{5}{12} = 60{,}000 \text{ 元}$$

說明：

1. 營利事業全年課稅所得額在 12 萬元以下者，免徵營利事業所得稅。
2. 營利事業全年課稅所得額超過 12 萬元者，就其全部課稅所得額課徵 20%。但其應納稅額不得超過營利事業課稅所得額超過 12 萬元部分之半數。
3. 營利事業全年課稅所得額超過 12 萬元未逾 50 萬元者，就其全部課稅所得額按下列規定稅率課徵，但其應納稅額不得超過營利事業課稅所得額超過 12 萬元部分之半數：
   (1) 107 年度稅率為 18%。
   (2) 108 年度稅率為 19%。

考題解析

甲公司採曆年制會計年度，民國 109 年 10 月 21 日開始營業，當年度 2 個月又 10 天的營利事業所得額爲 4.5 萬元，依現行法規，其 109 年度全年課稅所得額爲何？實際應納營利事業所得稅額爲何？（110 年高考）

擬答：

(1)4.5 萬 ÷3×12 = 18 萬

(2)（18 萬－ 12 萬）×1/2 = 3 萬

3 萬 ×3/12 = 0.75 萬元

5-10 避免藉由關係企業規避稅負及不當規避逃漏稅之處理

一、不合營業常規之調整

有些營利事業彼此間具有密切關係，如母子公司或姊妹公司等，他們可能透過不合營業常規之交易（non-arm's-length transaction）以規避稅負。例如母公司爲獲利公司，子公司爲虧損公司，爲減輕母子公司之總稅負，而由子公司提高售價銷貨給母公司，藉此提高母公司之進貨成本，而將母公司之部分盈餘移轉給子公司。爲防止此種情況之發生，特於所得稅法第 43 條之 1 規定：營利事業與國內外其他營利事業具有從屬關係，或直接間接爲另一事業所有或控制者，其相互間有關收益、成本、費用與損益之攤計，如有以不合營業常規之安排，以規避或減少納稅義務者，稽徵機關爲正確計算該事業之所得額，得報經財政部核准按營業常規予以調整（所 43-1）。惟不合營業常規之交易，不論查稽或舉證均甚爲困難，使該項規定的嚇阻作用大於實際之執行績效，因此乃於 93 年 12 月 28 日發布「營利事業所得稅不合常規移轉訂價查核準則」（詳見第八章），以解決不合營業常規交易之查核問題。

二、不當規避逃漏稅之處理

營利事業或教育、文化、公益、慈善機關或團體與國內外其他營利事業、教育、文化、公益、慈善機關或團體相互間，如有藉資金、股權之移轉或其他虛僞之安排，不當爲他人或自己規避或減少納稅義務者，稽徵機關爲正確計算相關納稅義務人之所得額及應納稅額，得報經財政部核准，依查得資料，按實際交易事實依法予以調整（所 14-3）。

公司、合作社或其他法人如有以虛僞安排或不正當方式增加股東、社員或出資者所獲配之股利或盈餘，致虛增第 15 條第 4 項之可抵減稅額者，稽徵機關得依查得資料，按實際應分配或應獲配之股利或盈餘予以調整（所 14-3）。

三、投資境外關係企業投資收益之認列

營利事業及其關係人直接或間接持有在中華民國境外低稅負國家或地區之關係企業股份或資本額合計達 50% 以上或對該關係企業具有重大影響力者，除符合下列各款規定之一者外，營利事業應將該關係企業當年度之盈餘，按其持有該關係企業股份或資本額之比率及持有期間計算，認列投資收益，計入當年度所得額課稅：

（一）關係企業於所在國家或地區有實質營運活動。

（二）關係企業當年度盈餘在一定基準以下。但各關係企業當年度盈餘合計數逾一定基準者，仍應計入當年度所得額課稅。（說明：CFC 當年度盈餘在新臺幣 700 萬元以下。但屬我國境內同一營利事業控制之全部 CFC 當年度盈餘或虧損合計爲正數且逾 700 萬元者，其持有各該個別 CFC 當年度盈餘，仍應依 CFC 規定課稅。）

前項所稱低稅負國家或地區，指關係企業所在國家或地區，其營利事業所得稅或實質類似租稅之稅率未逾第 5 條第 5 項第 2 款所定稅率的 70% 或僅對其境內來源所得課稅者。

關係企業自符合第 1 項規定之當年度起，其各期虧損經所在國家或地區或中華民國合格會計師查核簽證，並由營利事業依規定格式填報及經所在地稽徵機關核定者，得於虧損發生年度之次年度起十年內自該關係企業盈餘中扣除，依第 1 項規定計算該營利事業投資收益。

營利事業於實際獲配該關係企業股利或盈餘時，在已依第 1 規定認列投資收益範圍內，不計入所得額課稅；超過已認列投資收益部分，應於獲配年度計入所得額課稅。其獲配股利或盈餘已依所得來源地稅法規定繳納之所得稅，於認列投資收益年度申報期間屆滿之翌日起五年內，得由納稅義務人提出所得來源地稅務機關發給之納稅憑證，並取得所在地中華民國駐外機構或其他經中華民國政府認許機構之驗證後，自各該認列投資收益年度結算應納稅額中扣抵；扣抵之數，不得超過因加計該投資收益，而依國內適用稅率計算增加之結算應納稅額。

前四項之關係人及關係企業、具有重大影響力、認列投資收益、實質營運活動、當年度盈餘之一定基準、虧損扣抵、國外稅額扣抵之範圍與相關計算方法、應提示文據及其他相關事項之辦法，由財政部定之。

第 1 項之關係企業當年度適用第 43 條之 4 規定者，不適用前五項規定（所 43-3）。

為因應經濟合作暨發展組織（OECD）推動實施全球企業最低稅負制，行政院核定營利事業 CFC 制度及個人 CFC 制度分別自 112 年度及 112 年 1 月 1 日施行，以接軌國際反避稅趨勢及維護租稅公平[4]。

立法理由

因營利事業可藉於低稅負國家或地區成立受控外國公司（Controlled Foreign Company，以下簡稱 CFC）保留原應歸屬我國營利事業之利潤，以規避我國納稅義務，爰參考經濟合作暨發展組織（OECD）於 2015 年 10 月發布稅基侵蝕及利潤移轉（BEPS）行動計畫三「強化受控外國公司法則（DesigningEffective Controlled Foreign Company Rules）」之建議及國際間其他國家規定，建立 CFC 制度，增訂本條規定。

第 2 款規定關係企業當年度盈餘低於一定基準者，排除適用 CFC 制度，但為避免營利事業藉成立多家關係企業分散盈餘，以規避適用門檻，爰於該款但書定明各關係企業當年度盈餘合計數逾一定基準者，仍應計入當年度所得額課稅。

第 2 項規範低稅負國家或地區定義，指關係企業所在國家或地區之營利事業所得稅

4　資料來源：財政部網站。

或實質類似租稅之稅率未逾我國稅率（20%）之 70%（即稅率未逾 14%）（20%×70%＝14%）或採屬地主義課稅者。[5]

5-11 清算所得

一、決算或清算之申報

依據所得稅法第 75 條，營利事業應依下列規定辦理決算或清算申報（所 75）：

（一）決算申報：營利事業遇有解散、廢止、合併或轉讓情事時，應於截至解散、廢止、合併或轉讓之日止，辦理當期決算，於四十五日內，依規定格式，向該管稽徵機關申報其營利事業所得額及應納稅額，並於提出申報前自行繳納之。

（二）清算申報：營利事業在清算期間之清算所得（liquidation income），應於清算結束之日起三十日內，依規定格式書表向該管稽徵機關申報，並於申報前依照當年度所適用之營利事業所得稅稅率自行計算繳納。但依其他法律得免除清算程序者，不適用之。

（三）前項所稱清算期間，其屬公司組織者，依公司法規定之期限；屬有限合夥組織者，依有限合夥法規定之期限；非屬公司或有限合夥組織者，爲自解散、廢止、合併或轉讓之日起三個月。

（四）獨資、合夥組織之營利事業應依第 1 項及第 2 項規定辦理當期決算或清算申報，無須計算及繳納其應納稅額；其營利事業所得額，應由獨資資本主或合夥組織合夥人依第 14 條第 1 項第一類規定列爲營利所得，依本法規定課徵綜合所得稅。但其爲小規模營利事業者，無須辦理當期決算或清算申報，由稽徵機關核定其營利事業所得額，直接歸併獨資資本主或合夥組織合夥人之營利所得，依本法規定課徵綜合所得稅。

獨資、合夥組織之營利事業依本法第 71 條第 2 項或第 75 條第 4 項規定辦理結算、決算或清算申報，如有當期各類所得之扣繳稅額，得由獨資資本主或

---

5 摘自立法院立法理由。
6 參見立法院立法理由。

合夥組織合夥人按出資比例或合夥契約約定盈餘分配比例計算，於辦理同年度綜合所得稅結算申報時，自應納稅額中減除（所細 65-1）。

（五）營利事業未依第 1 項及第 2 項規定期限申報其當期決算所得額或清算所得者，稽徵機關應即依查得資料核定其所得額及應納稅額；其屬獨資、合夥組織之營利事業者，稽徵機關應核定其所得額後，將其營利事業所得額直接歸併獨資資本主或合夥組織合夥人之營利所得，依本法規定課徵綜合所得稅。

（六）營利事業宣告破產者，應於法院公告債權申報期間截止十日前，向該管稽徵機關提出當期營利事業所得稅決算申報；其未依限申報者，稽徵機關應即依查得之資料，核定其所得額及應納稅額。

（七）法院應將前項宣告破產之營利事業，於公告債權申報之同時通知當地稽徵機關（所 75）。

考題解析

依現行所得稅法規定，公司組織之營利事業在 107 年度遇有解散、廢止、合併或轉讓情事時，應如何辦理決算、清算申報？獨資、合夥組織之營利事業是否亦需辦理決算、清算申報？若某公司採曆年制，於 107 年 5 月 31 日經主管機關核准解散，該公司未依規定期限辦理決算申報，經通報該公司 107 年 1 月 1 日至 107 年 5 月 31 日之營業收入爲 2,000,000 元，利息收入爲 50,000 元，適用之同業利潤標準淨利率爲 10%，則稽徵機關對其核定之應納稅額爲多少？（107 年高考三級）

擬答：

1. 決算申報：營利事業遇有解散、廢止、合併或轉讓情事時，應於截至解散、廢止、合併或轉讓之日止，辦理當期決算，於四十五日內，依規定格式，向該管稽徵機關申報其營利事業所得額及應納稅額，並於提出申報前自行繳納之。
2. 清算申報：營利事業在清算期間之清算所得，應於清算結束之日起三十日內，依規定格式書表向該管稽徵機關申報，並於申報前依照當年度所適用之營利事業所得稅稅率自行計算繳納。
3. 獨資、合夥組織之營利事業應依第 1 項及第 2 項規定辦理當期決算或清算申報，無須計算及繳納其應納稅額；其營利事業所得額，應由獨資資本主或合夥組織合夥人依第 14 條第 1 項第一類規定列爲營利所得，依本法規定課徵綜合所得稅。

4. 2,000,000 元 ×10% + 50,000 元 = 250,000 元

250,000 元 ×12/5 = 600,000 元

600,000 元 ×20% = 120,000 元

120,000 元 ×5/12 = 50,000 元 -------- 決算應納稅額

考題解析

丙公司採曆年制，110 年 8 月 20 日向主管機關申請解散登記，主管機關核准解散文書發文日期為 110 年 8 月 23 日，110 年 1 月 1 日至 8 月 23 日之決算所得為 160,000 元，嗣丙公司於同年 11 月 22 日清算完結，清算所得為 150,000 元，請回答下列問題（未詳列算式不予計分）：

1. 丙公司應如何辦理決算申報？

2. 丙公司於決算申報期限內申報，其決算應納稅額為多少元？

3. 若丙公司未於決算申報期限內申報，經通報該段期間營業收入 2,100,000 元、利息收入 60,000 元，同業利潤標準之淨利率標準為 9%，擴大書面審核純益率 6%，則稽徵機關對其核定之應納稅額為多少元？

4. 丙公司清算申報應納稅額為多少元？（110 年記帳士試題）

擬答：（所得稅法第 75 條；所得稅法施行細則第 65 條）

1. 營利事業遇有解散、廢止、合併或轉讓情事時，應於截至解散、廢止、合併或轉讓之日止，辦理當期決算，於四十五日內，依規定格式，向該管稽徵機關申報其營利事業所得額及應納稅額，並於提出申報前自行繳納之。

2. 160,000 元 ×12/8 = 240,000 元

240,000 元 ×20% = 48,000 元

48,000 元 ×8/12 = 32,000 元 -------- 決算應納稅額

3. 2,100,000 元 ×9% + 60,000 元 = 249,000 元

249,000 元 ×12/8 = 373,500 元

373,500 元 ×20% = 74,700 元

74,700 元 ×8/12 = 49,800 元 -------- 決算應納稅額

4. （150,000 元－ 120,000 元）×1/2 = 15,000 元 --- 清算應納稅額

二、清算所得之計算公式如下（所細 64）

（一）存貨變現收入 − 存貨變現成本 = 存貨變現損益

（二）非存貨資產變現收益 + 償還負債收益 + 清算結束剩餘資產估價收益 + 其他收益 = 清算收益

（三）非存貨資產變現損失 + 收取債權損失 + 清算結束剩餘資產估價損失 + 清算費用 + 其他損失 = 清算損失

（四）存貨變現損益 + 清算收益 − 清算損失 = 清算所得或虧損

（五）清算所得 − 依法准予扣除之以往年度核定虧損額 − 各項依法免計入所得之收益 − 各項依法免稅之所得 = 清算課稅所得

5-12 營利事業收入、成本、費用、損失之核定

營利事業的所得額係由收入、成本、費用與損失所構成，惟所得稅法對此並無完整之規定，故財政部另公布「營利事業所得稅查核準則」，對各項收入、成本、費用與損失做更詳細規定，因此，有關收入、成本、費用與損失之規定，均參照所得稅法、營利事業所得稅查核準則及其他相關法令之規定。

根據營利事業所得稅查核準則第 67 條規定：費用及損失，未經取得原始憑證，或經取得而記載事項不符者，不予認定。但因交易相對人應給與而未給與統一發票，致無法取得合法憑證，其已誠實入帳，能提示交易相關文件及支付款項資料，證明爲業務所需，經稽徵機關查明屬實者，准依其支出性質核實認定爲費用或損失，並依稅捐稽徵法第 44 條規定處罰；其於稽徵機關發現前由會計師簽證揭露或自行於申報書揭露者，免予處罰。交易相對人涉嫌違章部分，則應依法辦理。

又前項之費用或損失，如經查明確無支付之事實，而係虛列費用或損失逃稅者，應依所得稅法第 110 條之規定處罰。

茲將進貨銷貨價格之認定、製造業耗用原料之標準及各項費用或損失之核定標準說明如下：

一、進貨銷貨價格之認定

（一）無進貨銷貨憑證者

營利事業之進貨未取得進貨憑證或未將進貨憑證保存，或按址查對不確者，稽徵機關得按當年度當地該項貨品之最低價格核定其進貨成本；營利事業之銷貨未給

與他人銷貨憑證或未將銷售憑證存根保存者，稽徵機關得按當年度當地該項貨品之最高價格核定其銷貨價格（所 27）。

銷貨未給予他人銷貨憑證或未將銷貨憑證存根保存者，稽徵機關得按當年度當地同時期同業帳載或新聞紙刊載或其他可資參證之該項貨品之最高價格，核定其銷貨價格。其未給予他人銷貨憑證者，應依稅捐稽徵法第 44 條規定處罰；其經查明確屬匿報收入者，應依所得稅法第 110 條規定辦理。但營利事業自動補報並補繳所漏稅款，符合稅捐稽徵法第 48 條之 1 規定條件者，免予處罰（查 23）。

進貨、進料未取得憑證或未將取得憑證保存，或按址查對不確，未能提出正當理由或未能提供證明文件者，稽徵機關應按當年度當地該項貨品之最低價格，核定其進貨成本。其屬未取得進貨憑證或未將進貨憑證保存者，應依稅捐稽徵法第 44 條規定處罰。但依第 45 條第 2 款第 3 目規定處理者免罰（查 38）。

營利事業如因交易相對人應給與而未給與統一發票，致無法取得合法憑證，其已誠實入帳，能提示送貨單及支付貨款證明，經稽徵機關查明屬實者，准按實際進貨價格核定成本，並依稅捐稽徵法第 44 條規定處罰。但其於稽徵機關發現前由會計師簽證揭露或自行於申報書揭露者，免予處罰。交易相對人涉嫌違章部分，則應依法辦理（查 38）。

（二）銷貨價格顯較時價為低者

銷貨價格顯較時價爲低者，依下列規定辦理：

1. 銷貨與關係企業以外之非小規模營利事業，經查明其銷貨價格與進貨廠商列報成本或費用之金額相符者，應予認定。

2. 銷貨與小規模營利事業或非營利事業者，經提出正當理由及取得證明文據，並查對相符時，應予認定。

前項第 1 款及第 2 款，其無正當理由或未能提示證明文據或經查對不符者，應按時價核定其銷售價格（查 22）。

（三）進貨價格顯較時價為高者

進貨價格顯較時價爲高者，依下列規定辦理：

1. 向關係企業以外之非小規模營利事業進貨，經查明其進貨價格與銷貨廠商列報銷貨之金額相符者，應予認定。

2. 向小規模營利事業或非營利事業者進貨，經提出正當理由及取得證明文據，並查對相符時，應予認定。

前項第 1 款及第 2 款，其無正當理由或未能提示證明文據或經查對不符者，應按時價核定其進貨成本（查 38-1）。

二、製造業耗用原料之標準

（一）製造業已依稅捐稽徵機關管理營利事業會計帳簿憑證辦法設置帳簿，平時對進料、領料、退料、產品、人工、製造費用等均作成紀錄，有內部憑證可稽，並編有生產日報表或生產通知單及成本計算表，經內部製造及會計部門負責人員簽章者，其製品原料耗用數量，應根據有關帳證紀錄予以核實認定。

（二）超耗：製造業不合上述規定者，其耗用之原料如超過各該業通常水準；超過部分，除能提出正當理由，經查明屬實者外，應不予減除。

（三）通常水準之訂定：各該耗用原料之通常水準，由主管稽徵機關會同實地調查，並洽詢各該業同業公會及有關機關擬訂，報請財政部核定；其未經核定該業通常水準者，得比照機器、設備、製造程序、原料品質等相當之該同業原料耗用情形核定之；其無同業原料耗用情形可資比照者，按該事業上年度核定情形核定之。但上年度適用擴大書面審核者除外，若無上年度核定情形，則按最近年度核定情形核定之；其為新興事業或新產品，無同業原料耗用情形及該事業上年度核定情形可資比照者，由稽徵機關調查核定之。所稱同業，指各主管稽徵機關所轄或鄰近縣（市）之該同業；所稱上年度核定情形，指上年度據以計算耗料之依據（所 28、查 58）。

三、薪資支出

（一）營利事業職工之薪資、合於下列規定者，得以費用或損失列支：

1. 公司、合作社職工之薪資，經預先決定或約定執行業務之股東、董事、監察人之薪資，經組織章程規定或股東大會或社員大會預先議決，不論營業盈虧必須支付者。

2. 合夥及獨資組織之職工薪資、執行業務之合夥人及資本主之薪資，不論營業盈虧必須支付，且不超過同業通常水準者（所 32）。

（二）所稱薪資總額包括：薪金、俸給、工資、津貼、獎金、營業盈餘之分配、按公司權益商品價格基礎之給付、退休金、退職金、養老金、資遣費、按期定額給付之交通費及膳宿費、各種補助費及其他給與。

（三）公司為獎勵及酬勞員工，以員工酬勞入股、發行員工認股權憑證、現金增資保留部分股份供員工認購、買回庫藏股轉讓予員工等獎酬公司員工者，自中華民國 97 年 1 月 1 日起，可核實認定為薪資費用（查 71）。

四、職工退休金

營利事業職工退休金費用認列規定如下：

（一）適用勞動基準法之營利事業，依勞動基準法提撥之勞工退休準備金，或依勞工退休金條例提繳之勞工退休金或年金保險費，每年度得在不超過當年度已付薪資總額 15% 限度內，以費用列支。

（二）非適用勞動基準法之營利事業定有職工退休辦法者，每年度得在不超過當年度已付薪資總額 4% 限度內，提列職工退休金準備，並以費用列支。但營利事業設置職工退休基金，與該營利事業完全分離，其保管、運用及分配等符合財政部之規定者，每年度得在不超過當年度已付薪資總額 8% 限度內，提撥職工退休基金，並以費用列支。

已依前二項規定提撥勞工退休準備金、提列職工退休金準備或提撥職工退休基金者，以後職工退休或資遣，依規定發給退休金或資遣費時，應先由勞工退休準備金、職工退休金準備或職工退休基金項下支付或沖轉；不足支付或沖轉時，始得以當年度費用列支。

營利事業因解散、廢止、合併或轉讓，依規定計算清算所得時，勞工退休準備金或職工退休金準備或職工退休基金之累積餘額，應轉作當年度收益處理（所 33、查 71）。

五、修繕費

（一）修繕費支出凡足以增加原有資產之價值者，應作爲資本支出。

（二）修繕費支出其效能非 2 年內所能耗竭者，應作爲資本支出，加入原資產實際成本餘額內計算，但其效能所及年限可確知者，得以其有效期間平均分攤（查 77）。

（三）營利事業修繕或購置固定資產，其耐用年限不及 2 年，或其耐用年限超過 2 年，而支出金額不超過新臺幣 8 萬元者，得以其成本列爲當年度費用。但整批購置大量器具，每件金額雖未超過新臺幣 8 萬元，其耐用年限超過 2 年者，仍應列作資本支出（查 77-1）。

六、捐贈

營利事業之捐贈，得依下列規定，列爲當年度費用或損失（所 36、查 79）：

（一）爲協助國防建設、慰勞軍隊、對各級政府、合於運動產業發展條例第 26 條、災害防救法第 44 條第 2 項、中小企業發展基金之捐贈及經財政部專案核准之捐贈，不受金額限制。

（二）依政治獻金法第 19 條第 2 項規定，對政黨、政治團體及擬參選人之捐贈，以不超過所得額 10% 爲限，其總額並不得超過新臺幣 50 萬元。上述所定不超過所得額 10% 之計算公式如下：

$$\frac{\text{經認定之收益總額（營業毛利、分離課稅收益及非營業收益）} - \text{各項損費（包括本款第 1 目之捐贈、第 6 目未指定對特定學校法人或私立學校之捐款、第 2 款之捐贈減除金額及其他法律規定費用加成或加倍減除金額，但不包括本款第 2 目、第 4 目、第 5 目之捐贈、第 6 目指定對特定學校法人或私立學校之捐款及第 7 目之捐贈）}}{1+10\%} \times 10\%$$

（三）有政治獻金法第 19 條第 3 項規定情形之一者，不適用前目規定。

1. 未取得第 11 條第 1 項前段規定之受贈收據。

2. 違反第 7 條第 1 項、第 9 條第 1 項、第 12 條、第 14 條、第 17 條或第 18 條規定之捐贈。

3. 捐贈之政治獻金經政黨、政治團體或擬參選人依第 15 條規定返還或繳交受理申報機關辦理繳庫。

4. 對未依法登記爲候選人或登記後其候選人資格經撤銷者之捐贈。但擬參選人收受政治獻金後死亡者，不在此限。

5. 對政黨之捐贈，政黨於該年度全國不分區及僑居國外國民立法委員選舉、區域及原住民立法委員選舉推薦候選人之得票率，均未達 1%。該年度未辦理選舉者，以上次選舉之得票率爲準；新成立之政黨，以下次選舉之得票率爲準（政獻 19）。

（四）對大陸地區之捐贈，應經行政院大陸委員會（自 107.7.2 起改由「大陸委員會」管轄）許可，並應透過合於所得稅法第 11 條第 4 項規定之機關或團體爲之，且應取得該等機關團體開立之收據；其未經許可，或直接對大陸地區捐贈者，不得列爲費用或損失。

（五）對合於前目之捐贈、合於所得稅法第 11 條第 4 項規定（即教育、文化、公益、慈善機關或團體）之機關或團體之捐贈及成立、捐贈或加入符合同法第 4 條之 3 各款規定之公益信託之財產，合計以不超過所得額 10% 爲限。上述所定不超過所得額 10% 爲限，準用本款第（二）目規定之計算公式計算之。

（六）依私立學校法第 62 條規定，透過財團法人私立學校興學基金會，未指定對特定學校法人或私立學校之捐款，得全數列為費用；其指定對特定學校法人或私立學校之捐款，以不超過所得額 25% 為限。上述所定不超過所得額 25% 為限，準用本款第（二）目規定之計算公式計算之。

（七）依文化創意產業發展法第 26 條規定所為捐贈，以不超過新臺幣 1,000 萬元或所得額 10% 為限。上述所定不超過所得額 10% 為限，準用本款第（二）目規定之計算公式計算之。亦即 1,000 萬元以下核實認定；超過 1,000 萬元，限額計算公式依第（二）目認定。

（八）依政治獻金法第 7 條第 1 項第 3 款規定，有累積虧損尚未依規定彌補之營利事業不得捐贈政治獻金。

（九）依運動產業發展條例第 26 條之 2 第 2 項本文規定所為捐贈金額在新臺幣 1,000 萬元限額內，及依同條第 3 項規定所為捐贈，得按捐贈金額之 150%，自所得額中減除；依同條第 2 項但書規定所為捐贈金額在新臺幣 1,000 萬元限額內，得按捐贈金額 100%，自所得額中減除（查 79）。

運動產業發展條例第 26 條之 2 規定如下：

1. 中央主管機關為促進職業或業餘運動業及重點運動賽事之發展，得設置專戶，辦理營利事業捐贈有關事宜。
2. 營利事業透過前項專戶對中央主管機關認可之職業或業餘運動業之捐贈，於申報所得稅時，得在捐贈金額新臺幣一千萬元額度內，按該金額之百分之一百五十，自其當年度營利事業所得額中減除。但營利事業與受贈之職業或業餘運動業間具有關係人身分者，在前開限額內，僅得按其捐贈金額百分之一百，自其當年度營利事業所得額中減除。
3. 營利事業透過第一項專戶對經中央主管機關專案核准之重點職業或業餘運動業，及經中央主管機關公告之重點運動賽事主辦單位之捐贈，於申報所得稅時，得全數按捐贈金額之百分之一百五十，自其當年度營利事業所得額中減除，不受前項新臺幣一千萬元額度及但書之限制。
4. 中央主管機關依第一項規定設置專戶接受營利事業依前二項規定之捐贈，每年累積金額以新臺幣三十億元為限，並得於該總額限度內，針對不同運動種類及受贈對象訂定得收受捐贈金額之上限。
5. 第一項專戶之設置、資金之收支、保管、運用、分配、查核及監督、第二項職業或業餘運動業之認可、受贈資金之用途、關係人範圍、減除方法、應附之證明文件、第三項重點職業或業餘運動業專案核准之要件及範圍、前項得收受捐贈之種類、受贈對象及金額上限之規定及其他相關事項之辦法，由中央主管機關會同財政部定之。

6. 第二項及第三項得減除營利事業所得額之施行期間，對職業運動業之捐贈自中華民國一百十年十二月七日修正之本條文施行日起十年，對業餘運動業及重點運動賽事主辦單位之捐贈，自中華民國一百十年十二月七日修正之本條文施行日起五年。

捐贈之原始憑證及捐贈金額之認定如下：

（一）購入供作贈送之物品應取得統一發票，其屬向核准免用統一發票之小規模營利事業購入者，應取得普通收據，並以購入成本認定捐贈金額；其係以本事業之產品、商品或其他資產贈送者，應於帳簿中載明贈送物品之名稱、數量及成本金額，並以產品、商品或其他資產之帳載成本，認定捐贈金額。

（二）捐贈應取得受領機關團體之收據或證明；其為對政黨、政治團體及擬參選人之捐贈，應取得依監察院所定格式開立之受贈收據。

（三）依運動產業發展條例第 26 條與第 26 條之 2 及文化創意產業發展法第 26 條規定所為捐贈，應依規定取得相關證明文件（查 79）。

例題 12

得利公司申報 112 年度營利事業所得稅時，其帳列營業毛利 15,000,000 元、包括捐贈支出之各項費用總額為 9,500,000 元、其中勞軍捐贈 600,000 元，其他慈善團體捐贈 300,000 元。則得利公司 112 年度可認定之捐贈金額為 900,000 元。

$$\frac{15,000,000-(9,500,000-300,000)}{1+10\%}\times 10\% = 527,273 \text{ 元}$$

300,000 元 < 527,273 元

可認定之捐贈金額：600,000 元＋300,000 元＝900,000 元

考題解析

請依我國現行所得稅法及其相關法規規定，計算並回答下列問題：（未詳列計算式不予計分）

（一）甲公司 112 年度帳列營業毛利新臺幣（下同）6,750 萬元，各項費用總額

（含捐贈支出）爲 5,700 萬元，其中捐贈支出包括：（1）依私立學校法第 62 條規定，透過財團法人私立學校興學基金會，指定對特定學校法人捐款 750 萬元；（2）對合於運動產業發展條例第 26 條規定之捐贈 160 萬元；（3）對某國立大學捐贈 40 萬元，試問甲公司當年度可認列之捐贈總金額爲多少？核定所得額爲多少？（112 年記帳士）

擬答：查 79

【〈6,750 萬元－（5,700 萬元－ 750 萬元）〉/（1 ＋ 25%）】×25%＝ 360 萬元

750 萬元＞ 360 萬元 -- 應調減 390 萬元（750 萬元－ 360 萬元）

1. 可認列之捐贈金額：360 萬元＋ 160 萬元＋ 40 萬元＝ 560 萬元

2. 核定所得額：6,750 萬元－（5,700 萬元－ 390 萬元）＝ 1,440 萬元

七、交際費

營利事業列支之交際費，經依規定取有憑證，並經查明與業務有關者，應予認定，但其全年支付總額，以不超過下列最高標準爲限（所 37、查 80）：

單位：新臺幣千萬元

項目	計算基礎	級距	普通申報	藍色申報（簽證申報）
以進貨爲目的	進貨淨額	3 以下	1.5‰	2‰
		超過 3 ～ 15	1‰	1.5‰
		超過 15 ～ 60	0.5‰	1‰
		超過 60	0.25‰	0.5‰
以銷貨爲目的	銷貨淨額	3 以下	4.5‰	6‰
		超過 3 ～ 15	3‰	4‰
		超過 15 ～ 60	2‰	3‰
		超過 60	1‰	1.5‰
以運輸貨物爲目的	運費收入	3 以下	6‰	7‰
		超過 3 ～ 15	5‰	6‰
		超過 15	4‰	5‰
以供給勞務或信用爲業者	營業收益額	0.9 以下	10‰	12‰
		超過 0.9 ～ 4.5	6‰	8‰
		超過 4.5	4‰	6‰
公營事業：由主管機關分別核定，列入預算				

營利事業經營外銷業務，取得外匯收入者，除依上述規定列支之交際應酬費外，並得在不超過當年度外銷結匯收入總額 2% 範圍內，列支特別交際應酬費。其屬預收外匯款者，應於該項預收外匯沖轉營業收入年度列報（所 37、查 80）。

例題 13

甲公司 112 年度營利事業所得稅結算申報，經委託會計師辦理查核簽證。其申報全年銷貨收入淨額 100,000,000 元（含外銷收入淨額 20,000,000 元），全年進貨淨額 80,000,000 元，交際應酬費 1,100,000 元，甲公司 112 年度交際費可列支限額為 995,000 元，應帳外調減之金額為 105,000 元。

進貨：30,000,000×0.2% ＋ (80,000,000－30,000,000)×0.15% ＝ 135,000

銷貨：30,000,000×0.6% ＋ (100,000,000－30,000,000)×0.4% ＝ 460,000

外銷：20,000,000×2% ＝ 400,000

交際費最高限額：135,000 ＋ 460,000 ＋ 400,000 ＝ 995,000 元

應帳外調減之金額：1,100,000－995,000 ＝ 105,000 元

八、職工福利（查 81）

（一）職工福利金之提撥，以已依職工福利金條例之規定，成立職工福利委員會者爲限。

（二）合於前款規定者，其福利金提撥標準及費用認列規定如下：

1. 按實收資本總額計提：創立時實收資本總額之 5% 限度內一次提撥。每年得在不超過提撥金額 20% 限度內，以費用列支。
2. 按增資資本額計提：增資資本額之 5% 限度內一次提撥。每年得在不超過提撥金額 20% 限度內，以費用列支。
3. 按營業收入計提：每月營業收入總額內提撥 0.05% 至 0.15%。
4. 按下腳收入計提：下腳變價時提撥 20% 至 40%。
5. 以上福利金之提撥，以實際提撥數爲準。但按每月營業收入總額之比例提撥部分，其最後一個月應提撥金額，得以應付費用列帳。

（三）下腳撥充職工福利者，仍應先以雜項收入列帳。

（四）副產品及不堪使用之固定資產並非下腳，不得比照下腳提撥福利金。

（五）已依職工福利金條例提撥福利金及經中央政府核准列支福利費用者，不得再以福利費科目列支任何費用。但員工醫藥費應准核實認定。

（六）營利事業已依法成立職工福利委員會，並依規定提撥職工福利金者，其舉辦員工文康、旅遊活動及聚餐等費用，應先在福利金項下列支，不足時，再以其他費用列支。

（七）未成立職工福利委員會者，不得提撥福利金。實際支付之福利費用，除員工醫藥費應核實認定外，在不超過第（二）款第 3 目、第 4 目規定之限度內，應予認定。

（八）未成立職工福利委員會者，其舉辦員工文康、旅遊活動及聚餐等費用，應先以職工福利科目列支，超過前款規定限度部分，再以其他費用列支。

九、保險費

（一）保險之標的，非屬於本事業所有，所支付之保險費，不予認定。但經契約訂定應由本事業負擔者，應核實認定。

（二）保險費如有折扣，應以實付之數額認定。

（三）跨越年度之保險費部分，應轉列預付費用科目。

（四）勞工保險及全民健康保險，其由營利事業負擔之保險費，應予核實認定，並不視爲被保險員工之薪資。

（五）營利事業爲員工投保之團體人壽保險、團體健康保險、團體傷害保險及團體年金保險，其由營利事業負擔之保險費，以營利事業或被保險員工及其家屬爲受益人者，准予認定。每人每月保險費合計在新臺幣 2,000 元以內部分，免視爲被保險員工之薪資所得；超過部分，視爲對員工之補助費，應轉列各該被保險員工之薪資所得，並應依所得稅法第 89 條規定，列單申報該管稽徵機關（查 83）。

十、伙食費（查 88）

（一）營利事業不論實際供給膳食或按月定額發給員工伙食代金，應提供員工簽名或蓋章之名單。但國際航運業供給膳食，得免提供員工簽名或蓋章之就食名單。

（二）營利事業實際供給膳食或按月定額發給員工伙食代金，在下列標準範圍內，免視爲員工之薪資所得。其超過部分，如屬按月定額發給員工伙食代金者，應轉列員工之薪資所得；如屬實際供給膳食者，除已自行轉列員工薪資所得者外，不予認定：

1. 一般營利事業列支標準：職工每人每月伙食費，包括加班誤餐費，自民國 112 年

1 月 1 日起最高以新臺幣 3,000 元爲限。

2. 航運業及漁撈業自民國 112 年 1 月 1 日起之列支標準：

(1) 國際遠洋航線：每人每日最高以新臺幣 320 元爲限。

(2) 國際近洋航線（含臺灣、香港、琉球航線）：每人每日最高以新臺幣 270 元爲限。

(3) 國內航線：每人每日最高以新臺幣 230 元爲限（查 88）。

（三）伙食費之原始憑證如下：

1. 主食及燃料爲統一發票，其爲核准免用統一發票之小規模營利事業者，應取得普通收據。

2. 蔬菜、魚類、肉類，應由經手人出具證明。

3. 委請營利事業包伙或在其他營利事業搭伙者，爲統一發票或普通收據。

4. 營利事業員工伙食費係委由已依職工福利金條例成立之職工福利委員會辦理者，爲職工福利委員會出具之收據（查 88）。

十一、稅捐（查 90）

（一）個人綜合所得稅及依加值型及非加值型營業稅法第 51 條、第 52 條規定追繳或繳納之營業稅，不得列爲本事業之費用或損失。

（二）營利事業所得稅係屬盈餘分配，不得列爲費用或損失。

（三）扣繳他人之所得稅款，不得列爲本事業之損費。

（四）對不動產課徵之稅捐（如房屋稅及地價稅），除本事業所有或取得典權者外，不予認定。

（五）依加值型及非加值型營業稅法第 33 條規定得以扣抵銷項稅額之進項稅額及依同法第 39 條規定得以退還或留抵之溢付稅額；如自動放棄扣抵，得就其支出性質，列爲成本或損費。

（六）各種稅法所規定之滯納金、滯報金、怠報金等及各種法規所科處之罰鍰，及未依法扣繳而補繳之稅款不予認定。

（七）營利事業出售土地所繳納之土地增值稅，應列爲該項出售土地收入之損費。但出售屬所得稅法第 4 條之 4 第 1 項規定之房屋、土地，依土地稅法規定繳納之土地增值稅，除屬當次交易未自該房屋、土地交易所得額減除之土地漲價總數額部分之稅額外，不得列爲成本或損費。

（八）租用或借用不動產或交通工具等之稅捐，經契約約定由承租人或借用人負擔者，應視同租金支出。

（九）應納貨物稅及菸酒稅廠商，繳納原物料之貨物稅及菸酒稅，應准併當年度進貨成本或製造成本核實認定。

（十）進口貨物之關稅，應列為貨物之成本。

（十一）購買土地、房屋所繳之契稅、印花稅等，應併入土地或房屋之成本。

（十二）稅捐之原始憑證為稅單收據，其貼用之印花稅票，應以經售印花稅票之收據或證明為憑。

（十三）依加值型及非加值型營業稅法第 19 條第 1 項及第 2 項規定不得扣抵之進項稅款，得就其支出之性質按原支出科目列支。

（十四）依兼營營業人營業稅額計算辦法規定計算不得扣抵之進項稅額，得分別歸屬原支出科目或以其他費用列支。

（十五）依加值型及非加值型營業稅法第四章第二節計算繳納之營業稅，應以稅捐科目列支。

（十六）營利事業於加值型及非加值型營業稅法第 16 條及第 20 條中華民國 100 年 1 月 26 日修正公布，100 年 9 月 1 日施行後，繳納之原物料菸品健康福利捐，應准併當年度進貨成本或製造成本核實認定。

（十七）營利事業繳納之特種貨物及勞務稅，依下列規定辦理：

1. 屬產製特種貨物者：應列為出廠當年度之稅捐費用。

2. 屬進口特種貨物者：應列為該特種貨物之進貨成本或製造成本。

3. 屬向法院及其他機關（構）買受其拍賣或變賣尚未完稅之特種貨物者：應列為該特種貨物之進貨成本或製造成本。

4. 屬銷售特種勞務者：應於該項出售特種勞務之收入項下減除。

十二、利息支出（查 97）

（一）資本利息為盈餘之分配，不得列為費用或損失。

（二）非營業所必需之借款利息，不予認定。

（三）獨資之資本主及合夥組織之合夥人，所借貸之款項，均應以資本主往來論，不得列支利息。

（四）因購置房屋、土地以外固定資產而借款之利息，自付款至取得資產期間應付之利息費用，應列入該項資產之成本。所定取得，指辦妥所有權登記之日或實際受領之日；其屬拍賣取得者，指領得法院或行政執行機關所發給權利移轉證書之日。

（五）因興建固定資產及供營業使用之房屋而借款，在建造期間應付之利息費用，應作爲該項資產之成本，以資本支出列帳；建築完成後，應行支付之利息，可作費用列支。但屬存貨及非供營業使用之房屋，其借款利息應以遞延費用列帳，於房屋出售時，再以費用列支。所定建築完成，指取得使用執照之日或實際完工受領之日。

（六）購買供營業使用之房屋、土地之借款利息，應列爲資本支出；經辦妥過戶手續或交付使用後之借款利息，可作費用列支。但屬存貨及非供營業使用之房屋、土地，其借款利息應以遞延費用列帳，於房屋、土地出售時，再以費用列支。

（七）利息支出未扣繳所得稅款者，應依所得稅法第 114 條規定辦理，且該項利息應予認定。

（八）因房屋、土地以外進貨借款所支付之利息，應以財務費用列支，不得併入進貨成本計算。

（九）向金融業以外之借款利息，超過利率標準部分，不予認定。利率之最高標準，由財政部各地區國稅局參酌該區市場利率擬訂，報請財政部核定。

（十）分期付款購置設備之利息支出，或分期付款價格與現購價格之差額，應併入該項資產之實際成本。但因購置設備向金融業借款，於取得該項資產後所支付之利息，得以費用列支。

（十一）依所得稅法第 68 條規定補繳暫繳稅款所加計之利息，及依同法第 100 條之 2 規定，因結算申報所列報之各項成本、費用或損失超限經核定補繳稅款所加計之利息；依稅捐稽徵法第 26 條之 1 規定申請分期繳納稅款所加計之利息、同法第 38 條規定行政救濟程序確定應補繳稅款所加計之利息，及依同法第 48 條之 1 規定，自動補報並補繳漏稅款所加計之利息；各種稅法規定加計之滯納利息，得以費用列支。

（十二）對關係人之利息支出（反自有資本稀釋制度）。

1. 自 100 年度起，營利事業對關係人之負債占業主權益超過一定比率者，超過部分之利息支出不得列爲費用或損失。

2. 前項營利事業辦理結算申報時，應將對關係人之負債占業主權益比率及相關資訊，於結算申報書揭露。

3. 第 1 項所定關係人、負債、業主權益之範圍、負債占業主權益一定比率及其他應遵行事項之辦法，由財政部定之。

財政部參酌國際間普遍採行之避風港法則比率（safe harbors），訂定營利事業對關係人之負債占業主權益比率標準爲 3：1，並明定超過該比率標準部分之利息支出不得列爲費用或損失之計算公式。營利事業於 101 年辦理 100 年度營利事業所得稅結算申報時，即應依規定格式揭露關係人之負債占業主權益比率及相關資訊，其關係人負債占業主權益比率超過 3：1 者，不得列爲費用或損失之利息支出。

4. 銀行、信用合作社、金融控股公司、票券金融公司、保險公司及證券商，不適用前三項規定（所 43-2）。

例題 14

得意公司 112 年度之關係人利息支出合計數新臺幣 5,000 萬元，且其關係人之負債占業主權益比率為 4：1，超過查核辦法規定之 3：1 比率標準，則其當年度不得列為費用或損失之利息支出金額為 1,250 萬元，茲計算如下：

不得列為費用或損失之利息支出＝當年度關係人之利息支出合計數

$$\times\left(1-\frac{\text{關係人之負債占業主權益之比率標準}}{\text{關係人之負債占業主權益之比率}}\right)$$

$$=5{,}000\text{ 萬元}\times\left(1-\frac{\frac{3}{1}}{\frac{4}{1}}\right)=5{,}000\text{ 萬元}\times\left(1-\frac{3}{4}\right)=1{,}250\text{ 萬元}$$

十三、私人支出、懲罰性支出

經營本業及附屬業務以外之損失，或家庭之費用，及各種稅法所規定之滯報金、怠報金、滯納金等及依各種法規所科處之罰鍰，不得列爲費用或損失（所 38、所細 42-1）。

十四、災害損失

（一）凡遭受不可抗力之災害損失受有保險賠償部分，不得列爲費用或損失（所 35）。所稱不可抗力之災害，指震災、風災、水災、旱災、寒害、火災、土石流、海嘯、瘟疫、蟲災、戰爭、核災、氣爆，或其他不可預見、不可避免之災害或事件，且非屬人力所能抗拒者爲限（所細 10-1）。

（二）災害損失，除船舶海難、空難事件，事實發生在海外，勘查困難，應憑主管官署或海事報告書及保險公司出具之證明處理外，應於事實發生後之次日起三十日內，檢具清單及證明文件報請該管稽徵機關派員勘查（查 102）。

（三）未依前項規定報經該管稽徵機關派員勘查，而能提出確實證據證明其損失屬實者，該管稽徵機關仍應核實認定（所 35、所細 10-1、查 102）。

十五、取得普通收據之限額

營利事業依規定列支之製造費用及營業費用，如係取得小規模營利事業出具之普通收據，其全年累計金額以不超過當年度稽徵機關核定之製造費用及營業費用之總額30‰為限，超過部分，不予認定（查67）。營利事業進貨如係取得普通收據，不受上述30‰之限制。

十六、外銷損失

營利事業經營外銷業務，因解除或變更買賣契約致發生損失或減少收入，或因違約而給付之賠償，或因不可抗力而遭受之意外損失，或因運輸途中發生損失，經查明屬實者，應予認定。其不應由該營利事業本身負擔，或受有保險賠償部分，不得列為損失。外銷損失金額每筆在新臺幣90萬元以下者，得免附國外公證或檢驗機構出具之證明文件（查94-1）。

十七、旅費

（一）旅費支出，應提示詳載逐日前往地點、訪洽對象及內容等之出差報告單及相關文件，足資證明與營業有關者，憑以認定；其未能提出者，應不予認定。

（二）旅費支出，尚未經按實報銷者，應以暫付款科目列帳。

（三）旅費支出之認定標準及合法憑證如下：

1. 膳宿雜費：除國內宿費部分，應取得旅館業書有抬頭之統一發票、普通收據或旅行業開立代收轉付收據及消費明細，予以核實認定外，國內出差膳雜費及國外出差膳宿雜費日支金額，不超過下列最高標準者，無須提供外來憑證，准予認定，超過標準部分，屬員工之薪資所得，應依所得稅法第89條第3項規定，列單申報該管稽徵機關：

(1)國內出差膳雜費：

①營利事業之董事長、總經理、經理、廠長每人每日新臺幣700元。

②其他職員，每人每日新臺幣600元。

(2)國外出差膳宿雜費：比照國外出差旅費報支要點所定，依中央政府各機關派赴國外各地區出差人員生活費日支數額表之日支數額認定之。但自行訂有宿費檢據核實報銷辦法者，宿費部分准予核實認定外，其膳雜費按上述標準之五成列支。

(3)營利事業派員赴大陸地區出差，其出差之膳宿雜費比照國外出差旅費報支要點所定，依中央政府各機關派赴大陸地區出差人員生活費日支數額表之日支數額認定之。

(4)出差期間跨越新、舊標準規定者，依出差日期分別按新、舊標準計算之。

2. 交通費：應憑下列憑證核實認定：

(1)乘坐飛機之旅費：

①乘坐國內航線飛機之旅費，應以飛機票票根（或電子機票）及登機證為原始憑證。

②乘坐國際航線飛機之旅費，應檢附證明行程之文件，如機票票根、電子機票或其他證明文件；證明出國事實之文件，如登機證（含電子登機證）、護照影本或其他證明文件；證明支付票款之文件，如機票購票證明單、旅行業代收轉付收據或其他證明文件，作為原始憑證。前述證明行程及出國事實之文件得以航空公司出具載有旅客姓名、搭乘日期、起訖地點之搭機證明替代。

(2)乘坐輪船旅費，應以船票或輪船公司出具之證明為原始憑證。

(3)火車、汽車及大眾捷運系統之車資，准以經手人（即出差人）之證明為憑。乘坐高速鐵路應以車票票根或購票證明為原始憑證，其為當日往返者，准以經手人（即出差人）之證明為憑。

(4)乘坐計程車車資，准以經手人（即出差人）之證明為憑。但包租計程車應取具車行證明及經手人或出差人證明。

(5)租賃之包車費應取得車公司（行）之統一發票或收據為憑。

(6)駕駛自用汽車行經高速公路電子收費車道所支付之通行費，准以經手人（即出差人）之證明為憑（查74）。

考題解析

請依我國現行所得稅法及其相關法規規定，計算並回答下列問題：（請詳列計算式，否則不予計分）（108年記帳士試題）

（一）

吉利公司107年度營利事業所得稅結算申報，經委託會計師辦理查核簽證，其申報全年銷貨收入淨額新臺幣（下同）150,000,000元（含外銷且取得外匯收入30,000,000元），全年銷貨成本119,300,000元，期初存貨1,800,000元，期末存貨2,500,000元，全年銷貨毛利30,700,000元，交際應酬費1,650,000元，經依規定取有憑證，並經查明與業務有關，試問吉利公司107年度交際費可列支最高限額爲多少？應帳外調減之金額爲多少？

單位：新臺幣千萬元

項目	計算基礎	級距	普通申報	藍色申報
以進貨爲目的	進貨淨額	3 以下	1.5‰	2‰
		3 ～ 15	1‰	1.5‰
		15 ～ 60	0.5‰	1‰
		60 以上	0.25‰	0.5‰
以銷貨爲目的	銷貨淨額	3 以下	4.5‰	6‰
		3 ～ 15	3‰	4‰
		15 ～ 60	2‰	3‰
		60 以上	1‰	1.5‰

擬答：

180 萬元＋進貨－250 萬元＝119,300,000 元

進貨：119,300,000 元＋250 萬元－180 萬元＝120,000,000 元

進貨交際費：30,000,000 × 0.2%＋（120,000,000－30,000,000）× 0.15%＝195,000

銷貨交際費：30,000,000 × 0.6%＋（150,000,000－30,000,000）× 0.4%＝660,000

外銷交際費：30,000,000 × 2%＝600,000

交際費最高限額：195,000＋660,000＋600,000＝1,455,000 元

應帳外調減之金額：1,650,000－1,455,000＝195,000 元

（二）

得意公司申報 107 年度營利事業所得稅時，其帳列營業毛利新臺幣（下同）20,000,000 元，各項費用總額（含捐贈支出）爲 12,500,000 元，其中捐贈支出包括：(1) 對臺中市政府捐贈 400,000 元；(2) 對合於所得稅法第 11 條第 4 項規定之慈善團體捐贈 900,000 元；(3) 對中小企業發展基金捐贈 600,000 元；(4) 依私立學校法第 62 條規定，透過財團法人私立學校興學基金會，未指定對特定學校法人之捐款 1,000,000 元，試問得意公司 107 年度可認定之捐贈總金額爲多少元？

擬答：

【〈20,000,000 元－（12,500,000 元－900,000 元）〉/（1＋10%）】×10%

=763,636 元

900,000 元 > 763,636 元

可認定之捐贈金額：400,000 元 + 763,636 元 + 600,000 元 + 1,000,000 元 = 2,763,636 元

（三）好萊塢影片公司係一國外影片公司，在中華民國境內無分支機構，107 年度在臺灣經由營業代理人出租影片之收入爲新臺幣 9,000 萬元，試問好萊塢影片公司當年度在臺灣之應納營利事業所得稅額爲多少？

擬答：

9,000 萬元 ×50%×20%（扣繳率）= 900 萬元（所得稅法第 26 條及扣繳辦法第 10 條）

5-13 減免範圍

下列各種所得，免納所得稅（所 4）：

一、教育、文化、公益、慈善機關或團體，符合行政院規定標準者，其本身之所得及其附屬作業組織之所得。其免稅理由，係基於該等機關或團體性質特殊，非以營利爲目的。

二、依法經營不對外營業消費合作社之盈餘。

三、營利事業出售土地，或依政府規定爲儲備戰備物資而處理之財產，其交易之所得。由於營利事業出售土地已繳納土地增值稅，爲避免重複課稅，故不再課徵營利事業所得稅。但自中華民國 105 年 1 月 1 日起房屋、土地之交易所得按新制課徵所得稅。換言之，營利事業自中華民國 105 年 1 月 1 日起交易房屋、房屋及其坐落基地或依法得核發建造執照之土地，符合下列情形之一者，其交易所得應依規定課徵所得稅，不適用所得稅法第 4 條第 1 項第 16 款出售土地免納所得稅之規定：

（一）營利事業交易中華民國 105 年 1 月 1 日以後取得之房屋、土地，其交易所得應依第 24 條之 5 規定課徵所得稅。

（二）視同房屋、土地交易：營利事業於中華民國 105 年 1 月 1 日以後取得以設定地上權方式之房屋使用權或預售屋及其坐落基地，其交易視同第（一）項之房屋、土地交易。

（三）營利事業交易其直接或間接持有股份或出資額過半數之國內外營利事業之股份或出資額，該營利事業股權或出資額之價值百分之五十以上係由中華民國境內之房屋、土地所構成者，該交易視同第（一）項房屋、土地交易。但交易之股份屬上市、上櫃及興櫃公司之股票者，不適用之。

（四）排除規定：所定房屋之範圍，不包括依農業發展條例申請興建之農舍（所 4-4）。（有關房地合一稅之詳細內容請參閱第 23 章）

四、證券交易所得

（一）營利事業出售中華民國 62 年 12 月 31 日前所持有股份有限公司股票或公司債，其交易所得額中，屬於中華民國 62 年 12 月 31 日前發生之部分。

（二）自中華民國 79 年 1 月 1 日起，證券交易所得停止課徵所得稅，證券交易損失亦不得自所得額中減除（所 4-1）。

五、期貨交易所得：依期貨交易稅條例課徵期貨交易稅之期貨交易所得暫行停止課徵所得稅；其交易損失，亦不得自所得額中減除（所 4-2）。

六、投資收益：公司、合作社及其他法人之營利事業，因投資於國內其他營利事業，所獲配之股利或盈餘，不計入所得額課稅（所 42、查 30）。所稱其他法人，指依有限合夥法設立之有限合夥及依醫療法經中央主管機關許可設立之醫療社團法人（所細 10-2）。

七、各級政府機關之各種所得（所 4）。

八、各級政府公有事業之所得（所 4）。所稱公有事業，係指各級政府為達成某項事業目的而設置，不作損益計算及盈餘分配之事業組織（所 11）。其與公有營業機關不同，公有營業機關之所得仍應課稅。

九、外國國際運輸事業在中華民國境內之營利事業所得。但以各該國對中華民國之國際運輸事業給予同樣免稅待遇者為限（所 4）。

十、營利事業因引進新生產技術或產品，或因改進產品品質，降低生產成本，而使用外國營利事業所有之專利權、商標權及各種特許權利，經政府主管機關專案核准者，其所給付外國事業的權利金；暨經政府主管機關核定之重要生產事業因建廠而支付外國事業之技術服務報酬（所 4）。

十一、有關外國政府及外國金融機構提供貸款，其利息免稅之相關規定：

（一）外國政府或國際經濟開發金融機構，對中華民國政府或中華民國境內之法人所提供之貸款，及外國金融機構，對其在中華民國境內之分支機構或其他中華民國境內金融事業之融資，其所得之利息免稅。

（二）外國金融機構，對中華民國境內之法人所提供用於重要經濟建設計畫之貸款，經財政部核定者，其所得之利息免稅。

（三）以提供出口融資或保證為專業之外國政府機構及外國金融機構，對中華民國境內之法人所提供或保證之優惠利率出口貸款，其所得之利息免稅（所 4）。

十二、因受贈而取得之財產。但取自營利事業贈與之財產，不在此限（所 4）。

十三、公共設施保留地因依都市計畫法第 49 條第 1 項徵收，取得之加成補償。

十四、公益信託：營利事業提供財產成立、捐贈或加入符合下列規定之公益信託者，受益人享有該信託利益之權利價值免納所得稅（所 4-3）：

（一）受託人為信託業法所稱之信託業。

（二）各該公益信託除為其設立目的舉辦事業而必須支付之費用外，不以任何方式對特定或可得特定之人給予特殊利益。

（三）信託行為明定信託關係解除、終止或消滅時，信託財產移轉於各級政府、有類似目的之公益法人或公益信託。

十五、依據臺灣地區與大陸地區人民關係條例第 29 條之 1 規定，臺灣地區及大陸地區之海運、空運公司，參與兩岸船舶運輸及航空運輸，在對方取得之運輸收入，得依第 4 條之 2 規定訂定之臺灣地區與大陸地區協議事項，於互惠原則下，相互減免應納之營業稅及所得稅。

5-14 納稅程序

一、辦理申報機關

（一）營利事業應向其申報時登記地（所在地）之稽徵機關辦理暫繳申報及結算申報。

（二）營利事業之總機構在中華民國境內，並在中華民國境內設有其他固定營業場所者，應由該營利事業之總機構向其申報時登記地之稽徵機關合併辦理申報。

（三）總機構在中華民國境外，而有固定營業場所在中華民國境內者，應由其固定營業場所分別向其申報時登記地之稽徵機關辦理申報。

（四）國外營利事業在中華民國境內無固定營業場所而有營業代理人者，營業代理人應向其申報時登記地之稽徵機關辦理申報（所細 49）。

二、暫繳申報（provisional income tax return）

（一）申報期限及暫繳稅額：營利事業除符合所得稅法第 69 條（免辦暫繳）規定者外，應於每年 9 月 1 日起至 9 月 30 日止，按其上年度結算申報營利事業所得稅應納稅額之二分之一為暫繳稅額，自行向庫繳納，並依規定格式，填具暫繳稅額申報書，檢附暫繳稅額繳款收據，一併向該管稽徵機關申報。

（二）營利事業未以投資抵減稅額、行政救濟留抵稅額及扣繳稅額抵減前項暫繳稅額者，於自行向庫繳納暫繳稅款後，得免依前項規定辦理申報。

（三）公司組織之營利事業，會計帳冊簿據完備，使用第 77 條所稱藍色申報書或經會計師查核簽證，並如期辦理暫繳申報者，得以當年度前六個月之營業收入總額，依本法有關營利事業所得稅之規定，試算其前半年之營利事業所得額，按當年度稅率，計算其暫繳稅額（所 67）。

（四）逾期自動辦理暫繳申報：營利事業未依規定期間辦理暫繳申報，而於 10 月 31 日以前已依上年度結算申報應納稅額之二分之一計算補報及補繳暫繳稅額者，應自 10 月 1 日起至其繳納暫繳稅額之日止，按其暫繳稅額，依規定之存款利率，按日加計利息，一併徵收。

（五）未辦理暫繳申報：營利事業逾 10 月 31 日仍未依規定辦理暫繳者，稽徵機關應依其上年度結算申報營利事業所得稅應納稅額之二分之一為其暫繳稅額，並依規定存款利率，加計一個月之利息，填發暫繳稅額核定通知書，通知納稅義務人於十五日內向公庫繳納（所 68）。

（六）下列各種情形，免辦暫繳申報：

1. 在中華民國境內無固定營業場所之營利事業，其營利事業所得稅依第 98 條之 1 之規定，應由營業代理人或給付人扣繳者。

2. 獨資、合夥組織之營利事業及經核定之小規模營利事業。

3. 依本法或其他有關法律規定免徵營利事業所得稅者。

4. 其他經財政部核定之營利事業（所 69）。

實務補給站

哪些營利事業或機關團體可以免辦暫繳申報？

下列營利事業或機關團體可以免辦暫繳申報：

1. 營利事業按上年度結算申報營利事業所得稅應納稅額之 1/2 為暫繳稅額且未以投資抵減稅額、行政救濟留抵稅額及扣繳稅額抵減暫繳稅額者，於自行向國庫暫繳稅額後，得免辦理申報。

2. 營利事業按其上年度結算申報營利事業所得稅應納稅額之 1/2 計算之暫繳稅額

在新臺幣2,000元以下者，自98年度起，免辦理暫繳。

3. 在我國境內無固定營業場所的營利事業，其營利事業所得稅係依所得稅法第98條之1規定，由營業代理人扣繳或由給付人於給付時扣繳者。
4. 獨資、合夥組織之營利事業及經核定之小規模營利事業。
5. 合於免稅規定之教育、文化、公益、慈善機關或團體及其附屬作業組織、不對外營業之消費合作社、公有事業。
6. 依所得稅法或其他有關法律規定免徵營利事業所得稅者。
7. 上年度結算申報營利事業所得稅無應納稅額者及本年度新開業者。
8. 營利事業於暫繳申報期間屆滿前遇有解散、廢止、合併或轉讓情事，其依所得稅法第75條規定應辦理當期決算申報者。
9. 其他經財政部核定之營利事業。

（所得稅法第69條）

（所得稅暫繳申報書申報須知）

（財政部72.10.22台財稅第37510號函）

（財政部92.1.16台財稅字第0910457223號令）

資料來源：財政部網站

三、結算申報

（一）應檢附文件

納稅義務人辦理結算申報，應檢附自繳稅款繳款書收據與其他有關證明文件及單據；其爲營利事業所得稅納稅義務人者，並應提出資產負債表、財產目錄及損益表。

公司、合作社及其他法人負責人於申報營利事業所得稅時，應將股東、社員或出資者之姓名、住址、應分配或已分配之股利或盈餘數額；合夥組織之負責人應將合夥人姓名、住址、投資數額及分配損益之比例，列單申報（所76）。

（二）申報期限及辦理結算申報

新制：自107年度起適用（108年申報107年度適用）

納稅義務人應於每年5月1日起至5月31日止，塡具結算申報書，向該管稽徵機關，申報其上一年度內構成營利事業收入總額之項目及數額，以及有關減免、扣除之事實，並應依其全年應納稅額減除暫繳稅額、尚未抵繳之扣繳稅額，計算其應納之結算稅額，於申報前自行繳納。但依法不併計課稅之所得之扣繳稅款，不得減除（所 71）。申報日期，應以申報書送達稽徵機關之日爲準；其郵遞者，應以掛號寄送，並以交郵當日郵戳日期爲申報日期；透過網際網路傳輸者，應以申報資料傳輸至稽徵機關之日爲申報日期（所細 50）。

（三）獲配其所投資國內公司、合作社或其他法人分配之股利或盈餘

自中華民國 107 年 1 月 1 日起，公司股東、合作社社員或其他法人出資者，獲配其所投資國內公司、合作社或其他法人分配之股利或盈餘，依下列規定辦理：

1. 中華民國境內居住之個人獲配之股利或盈餘，屬所投資之公司、合作社或其他法人以其 87 年度或以後年度盈餘所分配者，應依本法第 15 條第 4 項或第 5 項規定課稅；以其 86 年度或以前年度之盈餘所分配者，應計入綜合所得總額，依本法第 15 條第 2 項規定課稅（所細 10-3）。

2. 總機構在中華民國境內之公司、合作社及其他法人之營利事業獲配之股利或盈餘，依本法第 42 條規定不計入所得額課稅。

3. 教育、文化、公益、慈善機關或團體獲配之股利或盈餘，應計入其所得額依本法第 4 條第 1 項第 13 款規定徵免所得稅。

4. 非中華民國境內居住之個人或總機構在中華民國境外之營利事業獲配之股利或盈餘，由扣繳義務人依本法第 88 條規定扣繳稅款（所細 10-3）。

（四）獨資、合夥之結算申報

新制：自 107 年度起適用（108 年申報 107 年度適用）

獨資、合夥組織之營利事業應依規定辦理結算申報，無須計算及繳納其應納之結算稅額；其營利事業所得額，應由獨資資本主或合夥組織合夥人依第 14 條第 1 項第一類規定列爲營利所得，依本法規定課徵綜合所得稅。但其爲小規模營利事業者，無須辦理結算申報，由稽徵機關核定其營利事業所得額，直接歸併獨資資本主或合夥組織合夥人之營利所得，依本法規定課徵綜合所得稅（所 71）。

獨資、合夥組織之營利事業依本法第 71 條第 2 項或第 75 條第 4 項規定辦理結算、決算或清算申報，如有當期各類所得之扣繳稅額，得由獨資資本主或合夥組織合夥人按出資比例或合夥契約約定盈餘分配比例計算，於辦理同年度綜合所得稅結算申報時，自應納稅額中減除（所細 65-1）。

獨資、合夥及小規模營利事業所得稅結算申報新舊制之比較

組織型態	舊制（104 年度～106 年度）	新制（自 107 年度起）
獨資及合夥	3. 以其全年應納稅額之半數，減除尚未抵繳之扣繳稅額，計算其應納之結算稅額，於申報前自行繳納。 4. 其營利事業所得額減除全年應納稅額半數後之餘額，應由獨資資本主或合夥組織合夥人依規定列爲營利所得，課徵綜合所得稅。	3. 應依規定辦理結算申報，無須計算及繳納其應納之結算稅額。 4. 其營利事業所得額，應由獨資資本主或合夥組織合夥人依規定列爲營利所得，課徵綜合所得稅。
小規模營利事業	3. 無須辦理結算申報。 4. 其營利事業所得額，應由獨資資本主或合夥組織合夥人依規定列爲營利所得，課徵綜合所得稅。	3. 無須辦理結算申報。 4. 由稽徵機關核定其營利事業所得額，直接歸併獨資資本主或合夥組織合夥人之營利所得，依規定課徵綜合所得稅。

（五）申報書的種類：營利事業所得稅結算申報書分為下列二種（所 77）：

1. 普通申報書：一般營利事業，除核定適用藍色申報書者外，適用之。

2. 藍色申報書：凡經稽徵機關核准者適用之。藍色申報書指使用藍色紙張，依規定格式印製之結算申報書，專爲獎勵誠實申報之營利事業而設置。藍色申報書實施辦法，由財政部定之。

（六）逾申報期限未申報者

新制：自 107 年度施行

納稅義務人未依規定期限辦理結算申報者，稽徵機關應即填具滯報通知書，送達納稅義務人，限於接到滯報通知書之日起十五日內補辦結算申報；其屆期仍未辦理結算申報者，稽徵機關應依查得之資料或同業利潤標準，核定其所得額及應納稅額，並填具核定稅額通知書，連同繳款書，送達納稅義務人依限繳納；嗣後如經調查另行發現課稅資料，仍應依稅捐稽徵法有關規定辦理。其屬獨資、合夥組織之營利事業者，稽徵機關應於核定其所得額後，將其營利事業所得額直接歸併獨資資本主或合夥組織合夥人之營利所得，依本法規定課徵綜合所得稅。

綜合所得稅納稅義務人不適用前項催報之規定；其屆期未申報者，稽徵機關應即依查得之資料核定其所得額及應納稅額，通知依限繳納；嗣後如經稽徵機關調查另行發現課稅資料，仍應依稅捐稽徵法有關規定辦理（所 79）。

四、調查

（一）稽徵機關接到結算申報書後，應派員調查，核定其所得額及應納稅額。該項調查，稽徵機關得視當地納稅義務人之多寡採分業抽樣調查方法，核定各該業所得額之標準。納稅義務人申報之所得額如在規定標準以上，即以其原申報額爲準。但如經稽徵機關發現申報異常或涉有匿報、短報或漏報所得額之情事，或申報之所得額不及規定標準者，得再個別調查核定之。

（二）各業納稅義務人所得額標準之核定，應徵詢各該業同業公會之意見。稽徵機關對所得稅案件進行書面審核、查帳審核與其他調查方式之辦法，及對影響所得額、應納稅額及稅額扣抵計算項目之查核準則，由財政部定之（所 80）。

（三）稽徵機關進行調查或復查時，納稅義務人應提示有關各種證明所得額之帳簿及文據。並由納稅義務人依稽徵機關規定時間，送交調查；其因特殊情形，經納稅義務人申請，或稽徵機關認爲有必要，得派員就地調查（所 83）。

（四）稽徵機關於調查或復查時，得通知納稅義務人本人或其代理人到達辦公處所備詢（所 84）。

（五）納稅義務人已依規定辦理結算申報，但不依規定提示帳簿文據者，稽徵機關得依查得之資料或同業利潤標準，核定其所得額；嗣後如調查另行發現課稅資料，仍應依法辦理（所 83）。

（六）稽徵機關或財政部指定之調查人員進行調查時，如發現納稅義務人有重大逃漏稅嫌疑，得報經財政部核准，就納稅義務人資產淨值、資金流程及不合營業常規之營業資料進行調查（所 83-1）。

五、扣繳

各類所得之扣繳（withholding），由各該所得之給付人（扣繳義務人）於給付時，按規定之扣繳率扣取稅款，並由扣繳義務人於規定期間內向國庫繳納之（所 88）。（詳見 5-15）

六、繳稅及退稅

（一）納稅義務人每年結算申報所得額經核定後，稽徵機關應就納稅義務人全年應納稅額，減除暫繳稅額、未抵繳之扣繳稅額、依第 15 條第 4 項規定計算之可抵減稅額及申報自行繳納稅額後之餘額，填發繳款書，通知納稅義務人繳納。但依法不併計課稅之所得之扣繳稅款，不得減除（所 100）。

（二）納稅義務人結算申報，經核定有溢繳稅款者，稽徵機關應填發收入退還書或國庫支票，退還溢繳稅款。

（三）其後經復查、或訴願、或行政訴訟決定應退稅或補稅者，稽徵機關應填發繳款書，或收入退還書或國庫支票，送達納稅義務人，分別退補；應補稅之納稅義務人，應於繳款書送達後十日內繳納之。

（四）前二項應退之稅款，稽徵機關於核定後，應儘速填發收入退還書或國庫支票送達納稅義務人，至遲不得超過十日，收入退還書之退稅期間以收入退還書送達之日起三個月內為有效期間，逾期不退。

（五）納稅義務人依第 102 條之 2 規定申報之未分配盈餘，經稽徵機關核定補稅或退稅者，準用第 1 項至第 4 項之規定（所 100）。

（六）加計利息：營利事業所得稅納稅義務人結算申報所列報減除之各項成本、費用或損失、投資抵減稅額，超過本法及附屬法規或其他法律規定之限制，致短繳自繳稅款，經稽徵機關核定補繳者，應自結算申報期限截止之次日起，至繳納補徵稅款之日止，就核定補徵之稅額，依第 123 條規定之存款利率，按日加計利息，一併徵收。但加計之利息，以一年為限。依規定應加計之利息金額不超過 1,500 元者，免予加計徵收（所 100-2）。

5-15 扣繳

一、由扣繳義務人於給付時扣取稅款

（一）納稅義務人有下列各類所得者，應由扣繳義務人於給付時，依規定之扣繳率或扣繳辦法，扣取稅款，並依所得稅法第 92 條規定繳納之（所 88）。所稱給付時，指實際給付、轉帳給付或匯撥給付之時。公司之應付股利，於股東會決議分配盈餘之日起，六個月內尚未給付者，視同給付；應付之現金股利，由董事會依法決議發放者，於董事會決議分配盈餘之日起，六個月內尚未給付者，亦同（所細 82）。

1. 公司分配予非中華民國境內居住之個人及總機構在中華民國境外之營利事業之股利；合作社、其他法人、合夥組織或獨資組織分配予非中華民國境內居住之社員、出資者、合夥人或獨資資本主之盈餘。

2. 機關、團體、學校、事業、破產財團或執行業務者所給付之薪資、利息、租金、佣金、權利金、競技、競賽或機會中獎之獎金或給與、退休金、資遣費、退職金、離職金、終身俸、非屬保險給付之養老金、告發或檢舉獎金、結構型商品交易之所得、執行業務者之報酬，及給付在中華民國境內無固定營業場所或營業代理人之國外營利事業之所得。
3. 所得稅法第 25 條規定之營利事業，依第 98 條之 1 之規定，應由營業代理人或給付人扣繳所得稅款之營利事業所得。
4. 所得稅法第 26 條規定在中華民國境內無分支機構之國外影片事業，其在中華民國境內之營利事業所得額。

（二）獨資、合夥組織之營利事業依所得稅法第 71 條第 2 項或第 75 條第 4 項規定辦理結算申報或決算、清算申報，有應分配予非中華民國境內居住之獨資資本主或合夥組織合夥人之盈餘者，應於該年度結算申報或決算、清算申報法定截止日前，由扣繳義務人依規定之扣繳率扣取稅款，並依第 92 條規定繳納；其後實際分配時，不適用前項第 1 款之規定（所 88）。

（三）前項獨資、合夥組織之營利事業，依法辦理結算、決算或清算申報，或於申報後辦理更正，經稽徵機關核定增加營利事業所得額；或未依法自行辦理申報，經稽徵機關核定營利事業所得額，致增加獨資資本主或合夥組織合夥人之盈餘者，扣繳義務人應於核定通知書送達之次日起算三十日內，就應分配予非中華民國境內居住之獨資資本主或合夥組織合夥人之新增盈餘，依規定之扣繳率扣取稅款，並依第 92 條規定繳納（所 88）。

（四）機關、團體、學校、事業、破產財團或執行業務者每年所給付依規定應扣繳稅款之所得，及第 14 條第 1 項第十類之其他所得，因未達起扣點，或因不屬本法規定之扣繳範圍，而未經扣繳稅款者，應於每年 1 月底前，將受領人姓名、住址、國民身分證統一編號及全年給付金額等，依規定格式，列單申報主管稽徵機關；並應於 2 月 10 日前，將免扣繳憑單填發納稅義務人。每年 1 月遇連續三日以上國定假日者，免扣繳憑單申報期間延長至 2 月 5 日止，免扣繳憑單填發期間延長至 2 月 15 日止（所 89）。

二、繳納及填發扣繳憑單

（一）扣繳義務人應於每月 10 日前將上一月內所扣稅款向國庫繳清，並於每年 1 月底前將上一年內扣繳各納稅義務人之稅款數額，開具扣繳憑單，彙報該管稽徵機關查核；並應於 2 月 10 日前將扣繳憑單填發納稅義務人。每年 1 月遇連續三日以上國定假日者，扣繳憑單彙報期間延長至 2 月 5 日止，扣繳憑單填發期間延長至 2 月 15 日止（所 92）。

（二）依第 89 條第 3 項、第 92 條第 1 項本文及第 92 條之 1 規定應填發免扣繳憑單、扣繳憑單及相關憑單之機關、團體、學校、事業、破產財團、執行業務者、扣繳義務人及信託行爲之受託人，已依規定期限將憑單申報該管稽徵機關，且憑單內容符合下列情形者，得免填發憑單予納稅義務人：

1. 納稅義務人爲在中華民國境內居住之個人、在中華民國境內有固定營業場所之營利事業、機關、團體、執行業務者或信託行爲之受託人。

2. 扣繳或免扣繳資料經稽徵機關納入結算申報期間提供所得資料查詢服務。

3. 其他財政部規定之情形。

依前項規定免填發憑單予納稅義務人者，如納稅義務人要求填發時，仍應填發（所 94-1）。

（三）營利事業有解散、廢止、合併或轉讓，或機關、團體裁撤、變更時，扣繳義務人應隨時就已扣繳稅款數額，填發扣繳憑單，並於十日內向該管稽徵機關辦理申報。

（四）非中華民國境內居住之個人，或在中華民國境內無固定營業場所之營利事業，有第 88 條規定各類所得時，扣繳義務人應於代扣稅款之日起十日內，將所扣稅款向國庫繳清，並開具扣繳憑單，向該管稽徵機關申報核驗後，發給納稅義務人。

（五）總機構在中華民國境外而在中華民國境內有固定營業場所之營利事業，其獲配之股利或盈餘，準用前項規定（所 92）。

（六）扣繳義務人於扣繳稅款時，應隨時通知納稅義務人，並依第 92 條之規定，填具扣繳憑單，發給納稅義務人。如原扣稅額與稽徵機關核定稅額不符時，扣繳義務人於繳納稅款後，應將溢扣之款，退還納稅義務人。不足之數，由扣繳義務人補繳，但扣繳義務人得向納稅義務人追償之（所 94）。

三、扣繳義務人及納稅義務人

（一）公司分配予非中華民國境內居住之個人及總機構在中華民國境外之營利事業之股利；合作社分配予非中華民國境內居住之社員之盈餘；其他法人分配予非中華民國境內居住之出資者之盈餘；獨資、合夥組織之營利事業分配或應分配予非中華民國境內居住之獨資資本主或合夥組織合夥人之盈餘，其扣繳義務人爲公司、合作社、其他法人、獨資組織或合夥組織負責人；納稅義務人爲非中華民國境內居住之個人股東、總機構在中華民國境外之營利事業股東、非中華民國境內居住之社員、出資者、合夥組織合夥人或獨資資本主（所 89）。

（二）薪資、利息、租金、佣金、權利金、執行業務報酬、競技、競賽或機會中獎獎金或給與、退休金、資遣費、退職金、離職金、終身俸、非屬保險給付之養老金、告發或檢舉獎金、結構型商品交易之所得，及給付在中華民國境內無固定營業場所或營業代理人之國外營利事業之所得，其扣繳義務人爲機關、團體、學校之責應扣繳單位主管、事業負責人、破產財團之破產管理人及執行業務者；納稅義務人爲取得所得者。

（三）依所得稅法第 88 條第 1 項第 3 款規定之營利事業所得稅扣繳義務人，爲營業代理人或給付人；納稅義務人爲總機構在中華民國境外之營利事業。

（四）國外影片事業所得稅款扣繳義務人，爲營業代理人或給付人；納稅義務人爲國外影片事業。

扣繳義務人未履行扣繳責任，而有行蹤不明或其他情事，致無從追究者，稽徵機關得逕向納稅義務人徵收之（所 89）。

四、免予扣繳者

下列所得免予扣繳：

（一）金額較小之所得

1. 中華民國境內居住之個人如有第 2 條規定之所得，扣繳義務人每次應扣繳稅額不超過新臺幣 2,000 元者，免予扣繳。但下列依本法規定分離課稅之所得，仍應依規定扣繳：

(1) 短期票券到期兌償金額超過首次發售價格部分之利息。

(2) 依金融資產證券化條例或不動產證券化條例規定發行之受益證券或資產基礎證券分配之利息。

(3) 公債、公司債或金融債券之利息。

(4) 以前三款之有價證券或短期票券從事附條件交易，到期賣回金額超過原買入金額部分之利息。

(5) 政府舉辦之獎券中獎獎金。

(6) 告發或檢舉獎金。

(7) 與證券商或銀行從事結構型商品交易之所得（扣 13）。

2. 在中華民國境內有固定營業場所之營利事業如有第 2 條規定之所得，扣繳義務人每次應扣繳稅額不超過新臺幣 2 千元者，免予扣繳。但依本法規定屬分離課稅之所得，仍應依規定扣繳。

本條例第 25 條第 3 項規定在臺灣地區有固定營業場所或營業代理人之大陸地區法人、團體或其他機構，如有第 2 條規定之所得，依前項規定辦理（扣 13-1）。

3. 政府舉辦之獎券中獎獎金，每聯（組、注）獎額不超過新臺幣 5,000 元者，免予扣繳（扣 2）。

4. 個人稿費、版稅、樂譜、作曲、編劇、漫畫、講演之鐘點費之收入，每次給付額不超過新臺幣 5,000 元者，得免予扣繳（扣 3）。

（二）免稅所得：依所得稅法第 4 條第 1 項所規定免納所得稅之各項所得、免稅之投資收益及郵政存簿儲金之利息等，均免予扣繳。因為既然依法免稅，自無扣繳之必要。

（三）納稅義務人及與其合併申報綜合所得稅之配偶與受其扶養之親屬有金融機構存款之利息及儲蓄性質信託資金之收益者，得依儲蓄免扣證實施辦法之規定領用免扣證，持交扣繳義務人於給付時登記，累計不超過新臺幣 27 萬元部分，免予扣繳。但郵政存簿儲金之利息及依法律規定分離課稅之利息，不包括在內（扣 2）。

（四）軍、公、教退休（伍）金優惠存款之利息免予扣繳，但應由扣繳義務人列單申報該管稽徵機關（扣 2）。

（五）營業收入：若一方之給付係對方之營業收入，則不需扣繳，因其交易次數頻繁，且是否獲利尚不得而知，若予扣繳，徒增徵納雙方困擾。

（六）成本計算不易：例如財產交易所得，購買者並無扣繳義務。

（七）無適當扣繳義務人：個人非扣繳義務人，因個人對扣繳規定大多不太瞭解，如令個人為扣繳義務人，將產生諸多困難與不便，如其侵占稅款，查緝亦較不易，因此，如個人租屋，於給付租金時，無須辦理扣繳。

五、兩稅合一的扣繳規定

為配合兩稅合一的實施，公司分配股利（合作社分配盈餘）給中華民國境內居住之個人，或在中華民國境內有固定營業場所之營利事業，自 87 年 1 月 1 日起，不論分配的股利或盈餘係屬 87 年度以後或 86 年度以前之盈餘，於給付時均不須辦理扣繳。但分配屬 86 年度以前的股利或盈餘，雖不須辦理扣繳，惟仍應依規定列單申報主管稽徵機關。

六、各類所得之扣繳率

依「各類所得扣繳率標準」之規定，其各類所得之扣繳率（withholding rate）如下：

（一）納稅義務人如為中華民國境內居住之個人，或在中華民國境內有固定營業場所之營利事業，按下列規定扣繳（扣 2）：

1. 薪資按下列二種方式擇一扣繳，由納稅義務人自行選定適用之。但兼職所得及非每月給付之薪資，依薪資所得扣繳辦法之規定扣繳，免併入全月給付總額扣繳：

(1) 按全月給付總額依薪資所得扣繳辦法之規定扣繳之。碼頭車站搬運工及營建業等按日計算並按日給付之臨時工，其工資免予扣繳，仍應依規定，由扣繳義務人列單申報該管稽徵機關。

(2) 按全月給付總額扣取 5%。

2. 佣金按給付額扣取 10%。

3. 利息按下列規定扣繳：

(1) 軍、公、教退休（伍）金優惠存款之利息免予扣繳，仍應準用本法第 89 條第 3 項規定，由扣繳義務人列單申報該管稽徵機關。

(2) 短期票券到期兌償金額超過首次發售價格部分之利息，按給付額扣取 10%。

(3) 依金融資產證券化條例或不動產證券化條例規定發行之受益證券或資產基礎證券分配之利息，按分配額扣取 10%。

(4) 公債、公司債或金融債券之利息，按給付額扣取 10%。

(5) 以前三目之有價證券或短期票券從事附條件交易，到期賣回金額超過原買入金額部分之利息，按給付額扣取 10%。

(6) 其餘各種利息，一律按給付額扣取 10%。

4. 納稅義務人及與其合併申報綜合所得稅之配偶與受其扶養之親屬有金融機構存款之利息及儲蓄性質信託資金之收益者，得依儲蓄免扣證實施要點之規定領用免扣證，持交扣繳義務人於給付時登記，累計不超過新臺幣 27 萬元部分，免予扣繳。但郵政存簿儲金之利息及依本法規定分離課稅之利息，不包括在內。

5. 租金按給付額扣取 10%。

6. 權利金按給付額扣取 10%。

7. 競技、競賽、機會中獎獎金或給與按給付全額扣取 10%。但政府舉辦之獎券中獎獎金，每聯（組、注）獎額不超過新臺幣 5,000 元者，免予扣繳。每聯（組、注）獎額超過新臺幣 5,000 元者，應按給付全額扣取 20%。

8. 執行業務者之報酬按給付額扣取 10%。

9. 退職所得按給付額減除定額免稅後之餘額扣取 6%。

10. 告發或檢舉獎金按給付額扣取 20%。

11. 與證券商或銀行從事結構型商品交易之所得，按所得額扣取 10%。

於一課稅年度內在臺灣地區居留、停留合計滿 183 天之大陸地區人民及在臺灣地區有固定營業場所之大陸地區法人、團體或其他機構，取得屬前項各款之臺灣地區來源所得，適用上述規定扣繳（扣 2）。

（二）納稅義務人如為非中華民國境內居住之個人，或在中華民國境內無固定營業場所之營利事業，按下列規定扣繳（扣 3）：

1. 股利、盈餘：非中華民國境內居住之個人，如有公司分配之股利，合作社分配之盈餘，其他法人分配或應分配之盈餘，合夥組織營利事業合夥人每年應分配之盈餘，獨資組織營利事業資本主每年所得之盈餘，按給付額、應分配額或所得數扣取 21%。

2. 薪資：按給付額扣取 18%。但符合下列各目規定之一者，不在此限：

(1) 政府派駐國外工作人員所領政府發給之薪資按全月給付總額超過新臺幣 3 萬元部分，扣取 5%。

(2) 自中華民國 98 年 1 月 1 日起，前目所定人員以外之個人全月薪資給付總額在行政院核定每月基本工資 1.5 倍以下者，按給付額扣取 6%。

3. 佣金：按給付額扣取 20%。

4. 利息：按下列規定扣繳：

(1) 短期票券到期兌償金額超過首次發售價格部分之利息，按給付額扣取 15%。

(2) 依金融資產證券化條例或不動產證券化條例規定發行之受益證券或資產基礎證券分配之利息，按分配額扣取 15%。

(3) 公債、公司債或金融債券之利息，按給付額扣取 15%。

(4) 以前三目之有價證券或短期票券從事附條件交易，到期賣回金額超過原買入金額部分之利息，按給付額扣取 15%。

(5) 其餘各種利息，一律按給付額扣取 20%。

5. 租金：按給付額扣取 20%。

6. 權利金：按給付額扣取 20%。

7. 競技、競賽、機會中獎獎金或給與：按給付全額扣取 20%。但政府舉辦之獎券中獎獎金，每聯（組、注）獎額不超過新臺幣 5,000 元者，得免予扣繳。

8. 執行業務者之報酬：按給付額扣取 20%。但個人稿費、版稅、樂譜、作曲、編劇、漫畫、講演之鐘點費之收入，每次給付額不超過新臺幣 5,000 元者，得免予扣繳。

9. 結構型商品交易所得：與證券商或銀行從事結構型商品交易之所得，按所得額扣取 15%。

10. 其他所得：在中華民國境內無固定營業場所及營業代理人之營利事業，有前九款所列各類所得以外之所得，按給付額扣取 20%。

11. 退職所得：按給付額減除定額免稅後之餘額扣取 18%。

12. 告發或檢舉獎金：按給付額扣取 20%。

本條例第 25 條第 4 項規定於一課稅年度內在臺灣地區居留、停留合計未滿 183 天之大陸地區人民與同條第 3 項及第 4 項規定在臺灣地區無固定營業場所之大陸地區法人、團體或其他機構，取得屬前項第 2 款至第 12 款之臺灣地區來源所得，適用前項各該款規定扣繳（扣 3）。

（三）房屋、土地交易所得及其他財產交易所得；自力耕作、漁、牧、林、礦所得或其他所得之扣繳：

1. 非中華民國境內居住之個人交易本法第 4 條之 4 規定之房屋、土地、房屋使用權、預售屋及其坐落基地、股份或出資額，其依本法第 14 條之 4 第 3 項規定計算之餘額，應依其持有該房屋、土地、房屋使用權、預售屋及其坐落基地、股份或出資額之期間，按下列扣繳率申報納稅：

(1) 持有期間在二年以內者，爲 45%。

(2) 持有期間超過二年者，爲 35%。

2. 本條例第 25 條第 4 項規定於一課稅年度內在臺灣地區居留、停留合計未滿 183 天之大陸地區人民，如有本法第 14 條之 4 第 3 項規定計算之餘額，適用前項規定申報納稅。

3. 在中華民國境內無固定營業場所及營業代理人之營利事業交易本法第 4 條之 4 規定之房屋、土地、房屋使用權、預售屋及其坐落基地、股份或出資額，其依本法第 24 條之 5 第 2 項規定計算之餘額，應依第一項規定之扣繳率申報納稅。

4. 本條例第 25 條第 4 項規定在臺灣地區無固定營業場所及營業代理人之大陸地區法人、團體或其他機構，交易本法第 4 條之 4 規定之房屋、土地、房屋使用權、預售屋及其坐落基地、股份或出資額，其依本法第 24 條之 5 第 2 項規定計算之餘額，適用前項規定申報納稅。

5. 在中華民國境內無固定營業場所及營業代理人之營利事業如有第 3 項以外之財產交易所得，應按所得額 20% 扣繳率申報納稅。非中華民國境內居住之個人如有第 1 項以外之財產交易所得、自力耕作、漁、牧、林、礦所得或其他所得，應按所得額 20% 扣繳率申報納稅。

6. 本條例第 25 條第 4 項規定在臺灣地區無固定營業場所及營業代理人之大陸地區法人、團體或其他機構，如有第 4 項以外之財產交易所得，及本條例同條項規定於一課稅年度內在臺灣地區居留、停留合計未滿 183 天之大陸地區人民，如有第 2 項以外之財產交易所得、自力耕作、漁、牧、林、礦所得或其他所得，適用前項規定申報納稅（扣 11）。

（四）總機構在中華民國境外之營利事業，因投資於國內其他營利事業，所獲配或應獲配之股利或盈餘，由扣繳義務人於給付時，按給付額或應分配額扣取 21%（扣 4）。

（五）大陸地區人民、法人、團體或其他機構在臺投資：

1. 本條例第 25 條第 4 項規定於一課稅年度內在臺灣地區居留、停留合計未滿 183 天之大陸地區人民；大陸地區法人、團體或其他機構，在臺灣地區投資所獲配或應獲配之股利或盈餘，由扣繳義務人於給付時，按給付額或應分配額扣取 21%。

2. 大陸地區人民、法人、團體或其他機構於第三地區投資之公司，在臺灣地區投資所獲配或應獲配之股利或盈餘，由扣繳義務人於給付時，按給付額或應分配額扣取 21%（扣 5）。

（六）國際運輸事業：總機構在中華民國境外之營利事業，在中華民國境內經營國際運輸、承包營建工程、提供技術服務或出租機器設備等業務，其成本費用分攤計算困難者，經財政部核准或核定，其所得額按中華民國境內之營業收入 10% 或 15% 計算，其應納營利事業所得稅應由營業代理人或給付人扣繳者，按其在中華民國境內之營利事業所得額扣取 20%（扣 9）。

例題 15

某日商甲公司由我國境內乙營造公司為營業代理人，承包境內營建工程。設甲公司於 112 年度在我國境內營業收入為 8 億元，因成本費用計算困難，向財政部申准依所得稅法第 25 條規定納稅，並由乙公司代扣稅款。則甲公司 112 年度之營利事業所得稅應納稅額為 2,400 萬元。

解答：80,000 萬元 ×15%×20%（扣繳率）＝ 2,400 萬元

依據所得稅法第 25 條第 1 項之規定，總機構在中華民國境外之營利事業，在中華民國境內承包營建工程，其成本費用分攤計算困難者，按其在中華民國境內之營業收入之 15% 爲中華民國境內之營利事業所得額。

（七）國外影片事業：其在中華民國境內無分支機構，經由營業代理人出租影片之收入，應以其二分之一爲在中華民國境內之營利事業所得額，並按其在中華民國境內之營利事業所得額扣取 20%（扣 10）。

（八）信託財產之扣繳

所得稅法第 3 條之 4 第 3 項規定之受益人不特定或尚未存在者，其依規定計算之所得，按 20% 扣繳率申報納稅。但受託人交易本法第 4 條之 4 規定之房屋、土地、房屋使用權、預售屋及其坐落基地、股份或出資額，其有依本法第 14 條之 4 第 3 項規定計算之餘額，應依其持有該房屋、土地、房屋使用權、預售屋及其坐落基地、股份或出資額之期間，按下列扣繳率申報納稅：

1. 持有期間在二年以內者，爲 45%。

2. 持有期間超過二年，未逾五年者，爲 35%。

3. 持有期間超過五年，未逾十年者，爲 20%。

4. 持有期間超過十年者，爲 15%。

5. 因提供土地與營利事業合作興建房屋，自土地取得之日起算五年內完成並銷售該房屋、土地者，爲 20%。

6. 因提供土地、合法建築物、他項權利或資金，依都市更新條例參與都市更新，或依都市危險及老舊建築物加速重建條例參與重建，於興建房屋完成後取得之房屋及其坐落基地第一次移轉且其持有期間在五年以下者，爲 20%（扣 8）。

（九）授信收入：國際金融業務分行對中華民國境內之個人、法人、政府機關或金融機構授信之收入，應按授信收入總額 15% 扣繳率申報納稅（扣 12）。

茲將各類所得扣繳率列表說明如下：

各類所得扣繳率表

所得種類	扣繳率	
	居住者	非居住者
	1. 中華民國境內居住之個人 2. 有固定營業場所之營利事業 3. 於一課稅年度內在臺灣居留、停留滿 183 天之大陸地區人民及在臺灣有固定營業場所之大陸地區法人、團體或其他機構	1. 非中華民國境內居住之個人 2. 無固定營業場所之營利事業 3. 於一課稅年度內在臺灣居留、停留未滿 183 天之大陸地區人民及在臺灣無固定營業場所之大陸地區法人、團體或其他機構

股利、盈餘	—	21%
執行業務報酬	10%	20%
薪資	1. 按薪資所得扣繳辦法之規定扣繳 2. 5%	1. 18% 2. 5%；6%
利息	1. 短期票券利息：10% 2. 依金融資產證券化條例及不動產證券化條例規定發行之受益證券或資產基礎證券分配之利息：10% 3. 公債、公司債、金融債券之利息：10% 4. 以前三項之有價證券或短期票券從事附條件交易，到期賣回金額超過原買入金額部分之利息：10% 5. 其餘各種利息：10% 6. 軍、公、教退休（伍）金優惠存款之利息免予扣繳	1. 短期票券利息：15% 2. 依金融資產證券化條例及不動產證券化條例規定發行之受益證券或資產基礎證券分配之利息：15% 3. 公債、公司債、金融債券之利息：15% 4. 以前三項之有價證券或短期票券從事附條件交易，到期賣回金額超過原買入金額部分之利息：15% 5. 其餘各種利息：20%
租金	10%	20%
佣金	10%	20%
權利金	10%	20%
競技競賽機會中獎之獎金或給與	1. 10% 2. 政府舉辦之獎券中獎獎金，每聯（組、注）獎額不超過 5,000 元者，免予扣繳，超過 5,000 元者，按全額扣取 20%。	1. 20% 2. 同左
財產交易所得		1. 20% 2. 45%、35%（房地合一稅）
自力耕作漁牧林礦所得		按 20% 申報納稅
退職所得	減除定額免稅後按 6% 扣繳	減除定額免稅後按 18% 扣繳
其他所得	1. — 2. 結構型商品交易所得按 10% 扣繳 3. 告發或檢舉獎金按給付額扣取 20%	1. 20% 2. 結構型商品交易所得按 15% 扣繳 3. 告發或檢舉獎金按給付額扣取 20%
經營國際運輸、承包承建工程、提供技術服務或出租機器設備等業務者依所得稅法第 25 條規定計算所得額者	—	20%（經財政部核准依營業收入 10% 或 15% 計算所得額）
國外影片事業依法按扣繳方式納稅者	—	20%（依片租收入 50% 計算所得額）

七、信託之扣繳

（一）所得稅法第 3 條之 4 信託財產發生之收入，扣繳義務人應於給付時，以信託行爲之受託人爲納稅義務人，依規定辦理。但扣繳義務人給付第 3 條之 4 第 5 項規定之公益信託之收入，除依法不併計課稅之所得外，得免依第 88 條規定扣繳稅款（所 89-1）。

（二）信託行爲之受託人依第 92 條之 1 規定開具扣繳憑單時，應以前項各類所得之扣繳稅款爲受益人之已扣繳稅款；受益人有二人以上者，受託人應依第 3 條之 4 第 2 項規定之比例計算各受益人之已扣繳稅款（所 89-1）。信託行爲之受託人應於每年 1 月底前，塡具上一年度各信託之財產目錄、收支計算表及相關文件，向該管稽徵機關列單申報；並應於 2 月 10 日前將扣繳憑單或免扣繳憑單及相關憑單塡發納稅義務人。每年 1 月遇連續三日以上國定假日者，信託之財產目錄、收支計算表及相關文件申報期間延長至 2 月 5 日止，扣繳憑單或免扣繳憑單及相關憑單塡發期間延長至 2 月 15 日止（所 92-1）。

（三）受益人爲非中華民國境內居住之個人或在中華民國境內無固定營業場所之營利事業者，應以受託人爲扣繳義務人，就其依第 3 條之 4 第 1 項、第 2 項規定計算之該受益人之各類所得額，依第 88 條規定辦理扣繳。但該受益人之前項已扣繳稅款，得自其應扣繳稅款中減除。

（四）受益人爲總機構在中華民國境外而在中華民國境內有固定營業場所之營利事業，其信託收益中屬獲配之股利或盈餘者，準用前項規定。

（五）第 3 條之 4 第 5 項、第 6 項規定之公益信託或信託基金，實際分配信託利益時，應以受託人爲扣繳義務人，依規定辦理（所 89-1）。

（六）本法第 3 條之 2 第 1 項至第 3 項規定之受益人，如爲在中華民國境內無固定營業場所及營業代理人之營利事業，或爲本條例第 25 條第 4 項規定在臺灣地區無固定營業場所及營業代理人之大陸地區法人、團體或其他機構，應於信託成立、變更或追加時，由委託人按該受益人享有信託利益之權利價值或權利價值增加部分扣取 20%。

（七）前項受益人如爲非中華民國境內居住之個人，或爲本條例第 25 條第 4 項規定於一課稅年度內在臺灣地區居留、停留合計未滿 183 天之大陸地區人民，應於信託成立、變更或追加年度，就其享有信託利益之權利價值或權利價值增加部分，按 20% 扣繳率申報納稅（扣 6）。

5-16 盈虧互抵

所得稅法中無論係營利事業所得稅或個人綜合所得稅均有盈虧互抵之規定，茲說明如下：

一、營利事業所得稅

營利事業有所得即須課稅，惟若發生虧損，可否退稅？根據所得稅法第 39 條規定：以往年度營業之虧損，不得列入本年度計算。但公司組織之營利事業，會計帳冊簿據完備，虧損及申報扣除年度均使用第 77 條所稱藍色申報書或經會計師查核簽證，並如期申報者，得將經該管稽徵機關核定之前十年內各期虧損，自本年純益額中扣除後，再行核課（所 39）。因爲本法修正前，只允許前五年內各期虧損，自本年純益額中扣除，亦即此次修法將盈虧互抵的年限由五年延長至十年，因此修正條文規定本法中華民國 98 年 1 月 6 日修正之條文施行前，符合前項但書規定之公司組織營利事業，經稽徵機關核定之以前年度虧損，尚未依法扣除完畢者，於修正施行後，適用修正後之規定。

對於符合規定可享受盈虧互抵之營利事業，其若發生虧損，爲避免退稅將徒增稅務行政成本，故規定不可前抵，但可後延十年，在未來十年的盈餘中扣除。例如甲公司在 103 年之所得額爲 100 萬元，104 年發生虧損 200 萬元，105 年之所得額爲 150 萬元，若甲公司符合盈虧互抵之規定，則甲公司 105 年之課稅所得爲 0，無須繳稅，且尚餘 50 萬元虧損可於以後年度扣除。

例題 16

某公司成立於民國 100 年 1 月，成立後各年度申報所得額如下：

年度	所得額	年度	所得額
100	($200,000)	105	$800,000
101	$400,000	106	$200,000
102	($4,600,000)	107	$300,000
103	$2,200,000	108	$400,000
104	$200,000		

假設該公司各年度均符合適用盈虧互抵之要件，且申報所得額與稽徵機關核定

所得額相同。則該公司截至108年度尚剩餘500,000元虧損額可供未來年度扣除，茲計算如下：

年度	核定所得額	未扣除餘額	課稅所得額
100	($200,000)	$200,000	0
101	$400,000	0	$200,000
102	($4,600,000)	$4,600,000	0
103	$2,200,000	$2,400,000	0
104	$200,000	$2,200,000	0
105	$800,000	$1,400,000	0
106	$200,000	$1,200,000	0
107	$300,000	$900,000	0
108	$400,000	$500,000	0

二、綜合所得稅

如前所述，綜合所得稅亦有盈虧互抵之規定，根據所得稅法第16條規定，計算個人綜合所得總額時，如納稅義務人及其配偶經營兩個以上之營利事業，其中有虧損者，得將核定之虧損就核定之營利所得中減除，以其餘額爲所得額。該項減除，以所營營利事業均係使用「藍色申報書」申報且如期申報綜合所得稅者爲限（所16）。所稱經營二個以上之營利事業，指獨資經營或合夥經營，其盈虧互抵之規定，應以同年期爲限，其投資於公司、合作社、有限合夥及醫療社團法人，不適用本法第16條之規定（所細20）。

5-17 帳簿憑證滅失之處理與所得額之核定

營利事業之帳簿憑證因遭受不可抗力災害或有關機關因公調閱，以致滅失者，其處理方式如下（查11）：

一、營利事業當年度使用之帳簿因故滅失者，得報經該管稽徵機關核准另行設置新帳，依據原始憑證重行記載，依法查帳核定。

二、營利事業當年度關係所得額之全部或一部之原始憑證，因遭受不可抗力災害或有關機關因公調閱，以致滅失者，該滅失憑證所屬期間之所得額，稽徵機關得依該事業前三個年度經稽徵機關核定純益率之平均數核定之。營利事業開業或由小規模營利事業改爲使用統一發票商號未滿三個年度，致無前三個年度經稽徵機關核定純益率之平均數者，其無核定純益率資料之年度（含未滿一年無全年度核定資料之年度），以各該年度查帳核定當地同業之平均純益率計算之。又災害損失部分，如經查明屬實，得依第 102 條之規定予以核實減除。

三、稽徵機關依前項規定使用之前三個年度資料中，如有營利事業申報之純益率尚未經稽徵機關核定之情事，得以申報數爲準；俟稽徵機關核定時，按核定數調整之。

四、營利事業之帳簿憑證，在辦理結算申報後未經稽徵機關調查核定前，因遭受不可抗力災害或有關機關因公調閱，以致滅失者，除其申報純益率已達該事業前三個年度經稽徵機關核定純益率之平均數者，從其申報所得額核定外，申報純益率未達前三個年度核定純益率之平均數者，應按前二項規定辦理。

五、營利事業遭受不可抗力災害以致帳簿憑證滅失者，應依第 102 條第 2 款規定，併同災害損失報請稽徵機關派員勘查屬實或提出確實證據證明屬實。

營利事業之帳簿憑證非因遭受不可抗力災害或有關機關因公調閱，以致滅失者，稽徵機關應依查得資料或同業利潤標準，核定其所得額（查 11、所 83、所細 81）：

一、稽徵機關進行調查或復查時，納稅義務人應提示有關各種證明所得額之帳簿、文據；其未提示者，稽徵機關得依查得之資料或同業利潤標準，核定其所得額。

二、納稅義務人已依規定辦理結算申報，但於稽徵機關進行調查時，通知提示有關各種證明所得額之帳簿、文據而未依限期提示者，稽徵機關得依查得之資料或同業利潤標準核定其所得額；嗣後如經調查另行發現課稅資料，仍應依法辦理（所 83）。

三、帳簿文據，其關係所得額之一部或關係課稅年度中某一期間之所得額，而納稅義務人未能提示者，稽徵機關得就該部分依查得資料或同業利潤標準核定其所得額（所細 81）。

四、營利事業之帳簿文據，其關係所得額之一部未能提示，經稽徵機關就該部分按同業利潤標準核定其所得額者，其核定之所得額，以不超過當年度全部營業收入淨額依同業利潤標準核定之所得額爲限。但營利事業有漏報營業收入情事，經稽徵機關就該漏報部分按同業利潤標準核定其所得額者，不在此限（查 6）。

五、營利事業未提示有關各種證明所得額之帳簿文據，經就營業收入淨額按同業利潤標準核定其所得額者，如有非營業收益或損失，應依法合併計課或核實減除。營利事業如在規定送交調查時間以內申請延期提示帳簿文據者，稽徵機關應予受理。但延長之期限最長不得超過一個月，並以一次爲限（查 6）。

六、帳簿文據，其關係未分配盈餘之一部，而納稅義務人未能提示者，稽徵機關得就該部分依查得資料核定其未分配盈餘（所細 81）。

例題 17

高雄公司辦理 112 年度營利事業所得稅結算申報時，申報營業收入淨額 7,000 萬元、營業成本 5,800 萬元、營業費用 850 萬元、非營業收入 60 萬元、非營業損失及費用 50 萬元；高雄公司所經營行業之同業利潤標準如下：同業毛利率 21%，費用率 12%，淨利率 9%，擴大書面審核純益率 6%。

請計算及回答下列問題：

1. 如高雄公司以帳載資料申報，則所得額為多少？應納稅額為多少？
2. 如稽徵機關查核時，高雄公司已提示全部帳簿、文據供查核，除申報營業成本無法勾稽查核外，其餘均與查核相符，則其核定所得額為多少？應納稅額為多少？
3. 如稽徵機關查核時，高雄公司未能提示營業有關之全部帳簿、文據供查核（只舉證非營業損失及費用之相關文據），則其核定所得額為多少？應納稅額為多少？
4. 如稽徵機關查核時，高雄公司未能提示全部帳簿、文據供查核，亦未舉證非營業損失及費用之相關文據，則其核定所得額為多少？應納稅額為多少？
5. 若臺北公司除同業毛利率為 24%，費用率 14%，淨利率 10%，擴大書面審核純益率 7% 外，其餘資料均與高雄公司同，且稽徵機關查核時，臺北公司已提示全部帳簿、文據供查核，除申報營業成本無法勾稽查核外，其餘均與查核相符，則其核定所得額為多少？應納稅額為多少？

解答：

1. 所得額：7,000 萬元－5,800 萬元－850 萬元＋ 60 萬元－50 萬元＝ 360 萬元

（所得額＝營業收入－營業成本－營業費用＋非營業收入－非營業損失及費用）

應納稅額：360 萬元 ×20% ＝ 72 萬元

2. 部分逕決所得額：7,000 萬元 × 同業毛利率 21%－營業費用 850 萬元＋非營業收入 60 萬元－非營業損失及費用 50 萬元＝ 630 萬元

應納稅額：630 萬元 ×20% ＝ 126 萬元

3. 全部逕決所得額：7,000 萬元 × 同業淨利率 9% ＋非營業收入 60 萬元－非營業

損失及費用 50 萬元＝640 萬元

應納稅額：640 萬元 ×20% ＝ 128 萬元

4. 全部逕決所得額：7,000 萬元 × 同業淨利率 9% ＋非營業收入 60 萬元＝ 690 萬元

應納稅額：690 萬元 ×20% ＝ 138 萬元

5. 所得額：710 萬元；應納稅額：142 萬元

部分逕決所得額：7,000 萬元 × 同業毛利率 24%－營業費用 850 萬元＋非營業收入 60 萬元－非營業損失及費用 50 萬元＝ 840 萬元

全部逕決所得額：7,000 萬元 × 同業淨利率 10% ＋非營業收入 60 萬元－非營業損失及費用 50 萬元＝ 710 萬元

應納稅額：710 萬元 ×20% ＝ 142 萬元

根據營利事業所得稅查核準則第 6 條第 1 項規定，營利事業之帳簿文據，其關係所得額之一部未能提示，經稽徵機關就該部分按同業利潤標準核定其所得額者，其核定之所得額，以不超過當年度全部營業收入淨額依同業利潤標準核定之所得額為限。故稽徵機關本應對臺北公司按部分逕決方式核定所得額，惟其金額超過全部逕決核定之所得額，因此稽徵機關只能對臺北公司核定所得額 710 萬元而非 840 萬元。

5-18 擴大書面審核

凡全年營業收入淨額及非營業收入〔不包括土地及其定著物（如房屋等）之交易增益暨依法不計入所得課稅之所得額〕合計在新臺幣 3 千萬元以下之營利事業，其年度結算申報，書表齊全，自行依法調整之純益率達標準以上，並於申報期限截止前繳清應納稅額者，應就其申報案件予以書面審核。

例題 18

臺中公司 112 年度營利事業所得稅結算申報時，申報營業收入淨額 2,800 萬元、營業成本 2,100 萬元、營業費用 550 萬元、非營業收入 10 萬元、非營業損失及費用 15 萬元；臺中公司所經營行業之同業利潤標準如下：同業毛利率 21%，費用率 12%，淨利率 9%，擴大書面審核純益率 6%。若臺中公司 112 年度採用擴大書面審核純益率標準申報營利事業所得稅，則所得額為多少？應納稅額為多少？

解答：採用擴大書面審核純益率標準申報營所稅之所得額及應納稅額：

(1) 所得額：（2,800 萬＋ 10 萬）×6% ＝ 168.6 萬
(2) 應納稅額：168.6 萬 ×20% ＝ 33.72 萬

5-19 資產估價

由於資產的估價將會影響營利事業的成本費用及課稅所得額，例如存貨的估價將影響銷貨成本，應收帳款的估價將影響呆帳損失，固定資產的估價將影響折舊費用，其重要性不容忽視，故所得稅法特設專節探討之。茲就存貨、應收帳款及固定資產之估價相關規定說明之。

一、存貨之估價

基於商業會計法第 43 條已將商品存貨之續後衡量，修正爲「成本與淨變現價值孰低法」，並刪除後進先出法之成本計算方法。爲縮短財務會計與稅務法令之差異，爰參照商業會計法規定，將存貨估價規定，修正爲成本與淨變現價值孰低法及增訂跌價損失得列銷貨成本，並增訂淨變現價值之定義。更刪除採後進先出法者不適用成本與時價孰低之估價規定，俾存貨評價之稅務處理與財務會計一致。修正後所得稅法第 44 條內容如下（所 44）：

商品、原料、物料、在製品、製成品、副產品等存貨之估價，以實際成本爲準；成本高於淨變現價值時，納稅義務人得以淨變現價值爲準，跌價損失得列銷貨成本；但以成本與淨變現價值孰低爲準估價者，一經採用不得變更（查 50）。成本不明或淨變現價值無法合理預期時，由該管稽徵機關用鑑定或估定方法決定之。所稱淨變現價值，指營利事業預期正常營業出售存貨所能取得之淨額。

營利事業之存貨按成本與淨變現價值孰低估價時，存貨之成本應按個別項目逐項與其淨變現價值比較，同一類別或性質之存貨得按其分類或性質比較；其方法一經選定，各期應一致使用。後續年度重新衡量存貨之淨變現價值，如原導致存貨之淨變現價值低於成本之因素已消失，或有證據顯示經濟情況改變而使淨變現價值增加時，應於原沖減金額之範圍內，迴轉存貨淨變現價值增加數，並認列爲當年度銷貨成本之減少（查 51-2）。

成本得按存貨之種類或性質，採用個別辨認法、先進先出法、加權平均法、移

動平均法或其他經主管機關核定之方法計算之（所 44）。其屬按月結算其成本者，得按月加權平均計算存貨價值。在同一會計年度內，同一種類或性質之存貨不得採用不同估價方法（查 51）。

詳言之，所得稅法第 44 條所定實際成本之估價方法如下（所 44）：

1. 個別辨認法：應以個別存貨之實際成本，作爲存貨之取得價格。

2. 先進先出法：應依存貨之性質分類，其屬於同一類者，分別依其取得之日期順序排列彙計，其距離年度終了最近者，列於最前，以此彙列之價格，作爲存貨之取得價格。

3. 加權平均法：應依存貨之性質分類，其屬於同一類者，以自年度開始之日起，併同當年度中添置存貨之總金額，除以總數量，以求得其每一單位之取得價格。

4. 移動平均法：應依存貨之性質分類，其屬於同一類者，於每次取得時，將其數量及取得價格與上次所存同一類之數量及取得價格合併計算，以求得每一單位之平均價格，下次取得時，依同樣方法求得每一單位之平均價格，以當年度最後一次取得時調整之單位取得價格，作爲存貨之取得價格。

5. 零售價法：應依商品種類事先訂定價格，與進貨成本求得成本率，各種商品所定價格乘以其成本率，作爲存貨之每一單位取得價格。

營利事業之存貨成本估價方法，採先進先出法或移動平均法者，應採用永續盤存制（所細 46）。

二、應收帳款之估價

應收帳款及應收票據債權之估價，應以其扣除預計備抵呆帳後之數額爲標準，而呆帳損失之提列標準如下（所 49、所細 47、查 94）：

（一）提列備抵呆帳，以應收帳款及應收票據爲限，不包括已貼現之票據。但該票據到期不獲兌現經執票人依法行使追索權而由該營利事業付款時，得視實際情形提列備抵呆帳或以呆帳損失列支。

（二）備抵呆帳餘額，最高不得超過應收帳款及應收票據餘額之 1%；其爲金融業者，應就其債權餘額按上述限度估列之。

（三）營利事業依法得列報實際發生呆帳之比率超過前款標準者，得在其以前三個年度依法得列報實際發生呆帳之比率平均數限度內估列之。

（四）營利事業分期付款銷貨採毛利百分比法計算損益者，其應收債權；採普通銷貨法計算損益者，其約載分期付款售價與現銷價格之差額部分之債權，不得提列備抵呆帳。

（五）應收帳款、應收票據及各項欠款債權，有下列情事之一，視為實際發生呆帳損失，並應於發生當年度沖抵備抵呆帳：

1. 債務人倒閉、逃匿、重整、和解或破產之宣告，或其他原因，致債權之一部或全部不能收回者。
2. 債權中有逾期二年，經催收後，未經收取本金或利息者。上述債權逾期二年之計算，係自該項債權原到期應行償還之次日起算；債務人於上述到期日以後償還部分債款者，亦同。

（六）呆帳損失之證明文件如下：

1. 前款第 1 目債務人倒閉、逃匿，致債權之一部或全部不能收回之認定，應取具郵政事業無法送達之存證函，並依下列規定辦理：
   (1) 債務人為營利事業，存證函應書有該營利事業倒閉或他遷不明前之確實營業地址；所定確實營業地址以催收日於主管機關依法登記之營業所在地為準；其與債務人確實營業地址不符者，如經債權人提出債務人另有確實營業地址之證明文件並經查明屬實者，不在此限。債務人為個人，已辦理戶籍異動登記者，由稽徵機關查對戶籍資料，憑以認定；其屬行方不明者，應有戶政機關發給之債務人戶籍謄本或證明。
   (2) 債務人居住國外者，應取得債務人所在地主管機關核發債務人倒閉、逃匿前登記營業地址之證明文件，並經我國駐外使領館、商務代表或外貿機構驗證屬實；登記營業地址與債務人確實營業地址不符者，債權人得提出經濟部駐外商務人員查證債務人倒閉、逃匿前之確實營業地址之復函，或其他足資證明債務人另有確實營業地址之文件並經稽徵機關查明屬實。
   (3) 債務人居住大陸地區者，應取得債務人所在地主管機關核發債務人倒閉、逃匿前登記營業地址之證明文件，並經大陸委員會委託處理臺灣地區與大陸地區人民往來有關事務之機構或團體驗證；登記營業地址與債務人確實營業地址不符者，債權人得提出其他足資證明債務人另有確實營業地址之文件並經稽徵機關查明屬實。
2. 第（五）款第 1 目債務人重整、和解或破產之宣告，或其他原因，致債權之一部或全部不能收回者，應檢具下列憑證憑以認定：
   (1) 屬和解者，如為法院之和解，包括破產前法院之和解或訴訟上之和解，應有法院之和解筆錄，或裁定書；如為商業會、工業會之和解，應有和解筆錄。
   (2) 屬破產之宣告或依法重整者，應有法院之裁定書。

(3) 屬申請法院強制執行，債務人財產不足清償債務或無財產可供強制執行者，應有法院發給之債權憑證。

(4) 屬債務人依國外法令進行清算者，應依國外法令規定證明清算完結之相關文件及我國駐外使領館、商務代表或外貿機關之驗證或證明。

3. 第（五）款第 2 目屬債權有逾期二年，經債權人催收，未能收取本金或利息者，應取具郵政事業已送達之存證函、以拒收或人已亡故為由退回之存證函或向法院訴追之催收證明。

三、固定資產之估價

建築物、裝修附屬設備，及船舶、機械、工具、器具等固定資產之估價，以自其實際成本中，按期扣除折舊之價格為標準（所 50）。因此，除土地外，固定資產之估價係由實際成本與折舊所構成，茲就成本之認定與折舊之計算說明之。

成本之決定：凡資產之出價取得，指取得價格，包括取得之代價，及因取得並為適於營業上使用而支付之一切必需費用，其自行製造或建築者，指製造或建築價格，包括自設計製造、建築以至適於營業上使用而支付之一切必要工料及費用，其係由期初盤存轉入者，指原盤存價格。資產之因擴充、換置、改良、修理而增加其價值或效能者，其所支付之費用，得就其增加原有價值或效能之部分，加入實際成本餘額內計算（所 45）。

折舊之計算與相關規定（所 51、54、查 95）：

（一）折舊方法

營利事業在同一會計年度內，對不同種類之固定資產，得依所得稅法第 51 條規定採用不同方法提列折舊（查 95）。依所得稅法第 51 條規定，固定資產之折舊方法，以採用平均法、定率遞減法、年數合計法、生產數量法、工作時間法或其他經主管機關核定之折舊方法為準；資產種類繁多者，得分類綜合計算之（所 51）。

固定資產提列折舊採用平均法、定率遞減法或年數合計法者，以一年為計算單位；其使用期間未滿一年者，按實際使用之月數相當於全年之比例計算之；不滿一月者，以月計（查 95）。

折舊性固定資產，應設置累計折舊科目，列為各該資產之減項。固定資產之折舊，應逐年提列。固定資產計算折舊時，應預估其殘值，並以減除殘值後之餘額為計算基礎（所 54）。換言之，營利事業固定資產計算折舊時，各該項資產事實上經查明應有殘值可以預計者，應依法先自其成本中減除殘值後，以其餘額為計算基礎（查 95）。

折舊應按每一固定資產分別計算；固定資產之各項重大組成部分，得按不短於固定資產耐用年數表規定之耐用年數單獨提列折舊，並應於財產目錄列明（查 95）。

固定資產之折舊方法如下（所細 48、查 95）：

1. 平均法：以固定資產成本減除殘值後之餘額，按固定資產耐用年數表規定之耐用年數平均分攤，計算每期折舊額。

$$每年折舊額 = \frac{固定資產成本 - 殘值}{耐用年數}$$

例題 19

得意公司民國 112 年 7 月 20 日購置機器一部，購置成本 2,400,000 元，預估殘值 20,000 元，按固定資產耐用年數表規定之耐用年數為 10 年，按平均法提列折舊，則 112 年可提列折舊金額為 119,000 元。

（2,400,000 元－20,000 元）÷10÷2 ＝ 119,000 元

2. 定率遞減法：以固定資產每期減除該期折舊額後之餘額順序作爲各次期計算折舊之基數，而以一定比率計算各期折舊額。

(1) $折舊率 = 1 - \sqrt[耐用年數]{\frac{殘值}{實際成本}}$

(2) 每年折舊額 = 每年期初固定資產帳面價值 × 折舊率

3. 年數合計法：以固定資產成本減除殘值後之餘額，乘以一遞減之分數，其分母爲使用年數之合計數，分子則爲各使用年次之相反順序，計算各期折舊額。但使用年數，不得短於固定資產耐用年數表規定之耐用年數。

4. 生產數量法：以固定資產成本減除殘值後之餘額，除以估計之總生產量爲每一單位產量應負擔之折舊額，再乘以各期實際之生產量，計算各期折舊額。但估計總生產量之期間，不得短於固定資產耐用年數表規定之耐用年數。

5. 工作時間法：以固定資產成本減除殘值後之餘額，除以估計之全部使用時間爲每一單位工作時間應負擔之折舊額，再乘以各期實際使用之工作總時間，爲各該期之折舊額。但估計之全部使用時間，不得短於固定資產耐用年數表規定之耐用年數。

$$每年折舊額 = \frac{固定資產成本 - 殘值}{估計之工作時間總額} \times 該年所使用之工作時間$$

此外，固定資產耐用年數屆滿仍繼續使用者，得就殘值繼續提列折舊（所54）。詳言之，營利事業折舊性固定資產，於耐用年限屆滿仍繼續使用者，其殘值得自行預估可使用年數並重新估計殘值後，按原提列方法計提折舊。以平均法爲例，其續提折舊公式爲（查 95）：

$$\frac{原留殘值 - 重行估列之殘值}{估計尚可使用之年數} = 折舊$$

（二）耐用年數

各種固定資產耐用年數，依固定資產耐用年數表之規定。但爲防止水污染或空氣污染所增置之設備，其耐用年數得縮短爲二年。各種固定資產計算折舊時，其耐用年數，除經政府獎勵特予縮短者外，不得短於該表規定之最短年限（所 51）。固定資產之折舊，應按不短於固定資產耐用年數表規定之耐用年數，逐年依率提列不得間斷，耐用年數之變更無須申請稽徵機關核准；其未提列者，應於應提列之年度予以調整補列；其因未供營業上使用而閒置，除其折舊方法採用工作時間法或生產數量法外，應繼續提列折舊。至按短於規定耐用年數提列者，除符合中小企業發展條例第 35 條第 2 項規定者外[7]，其超提折舊部分，不予認定（查 95）。取得已使用之固定資產，以其未使用年數作爲耐用年數，按照規定折舊者，准予認定（查95）。

（三）資本支出與費用支出

營利事業修繕或購置固定資產，其耐用年限不及二年，或其耐用年限超過二年，而支出金額不超過新臺幣 8 萬元者，得以其成本列爲當年度費用。但整批購置大量器具，每件金額雖未超過新臺幣 8 萬元，其耐用年限超過二年者，仍應列作資本支出（所 58、查 77-1）。

（四）固定資產之報廢

固定資產於使用期滿折舊足額後毀滅或廢棄時，其廢料售價收入不足預留之殘價者，不足之額，得列爲當年度之損失，其超過預留之殘價者，超過之額應列爲當年度之收益（所 57）。

---

7 中小企業發展條例第 35 條第 2 項規定：「供研究發展、實驗或品質檢驗用之儀器設備，其耐用年數在二年以上者，准按所得稅法固定資產耐用年數表所載年數，縮短二分之一計算折舊；縮短後餘數不滿一年者，不予計算。」

固定資產因特定事故未達固定資產耐用年數表規定耐用年數而毀滅或廢棄者，營利事業除可依會計師查核簽證報告或年度所得稅查核簽證報告，並檢附相關資料，或提出經事業主管機關監毀並出具載有監毀固定資產品名、數量及金額之證明文件等核實認定者外，應於事前報請稽徵機關備查，以其未折減餘額列為該年度之損失。但有廢料售價之收入者，應將售價作為收益（所 57、查 95）。

（五）乘人小客車提列折舊之限制

政府為抑制社會奢侈風氣，對於營利事業購置豪華小客車，有一定金額之限制，凡超過此上限者，其超過部分不得提列折舊。

1. 乘人小客車：營利事業新購置乘人小客車，依規定耐用年數計提折舊時，其實際成本以不超過新臺幣 150 萬元為限；自 93 年 1 月 1 日起新購置者，以不超過新臺幣 250 萬元為限；超提之折舊額，不予認定。中華民國 106 年 1 月 3 日財政部台財稅字第 10504039070 號令修正發布營利事業所得稅查核準則第 95 條條文，規定實際成本高於限額者，計算超提之折舊額之計算公式如下：

$$\text{依實際成本提列之折舊額} \times \left(1-\frac{\text{成本限額}}{\text{實際成本}}\right)=\text{超限折舊額}$$

依查核準則第 95 條第 8 款規定續提折舊者，準用上述計算公式計算之（查 95）。

例題 20

得利公司民國 112 年 1 月 1 日購置乘人小客車一輛供董事長使用，購置成本 3,500,000 元，殘值 500,000 元，耐用年數為 5 年，按平均法提列折舊，112 年可提折舊額為 428,571 元。

(3,500,000 − 500,000)÷5 ＝ 600,000 元

600,000 元 ×2,500,000/3,500,000 ＝ 428,571 元

2. 租賃業小客車：經營小客車租賃業務之營利事業，自中華民國 88 年 1 月 1 日起新購置營業用乘人小客車，依規定耐用年數計提折舊時，其實際成本以不超過新臺幣 350 萬元為限；自 93 年 1 月 1 日起新購置者，以不超過新臺幣 500 萬元為限；超提之折舊額，不予認定，上述所定超提之折舊額，準用前款計算公式計算之（查 95）。

3. 前二款小客車如於使用後出售，或毀滅、廢棄時，其收益或損失之計算，仍應以依所得稅法規定正常折舊方法計算之未折減餘額為基礎。

4. 營利事業承租資產，依國際財務報導準則（IFRS）第 16 號或企業會計準則公報第 20 號規定按耐用年數提列折舊者，應按不短於固定資產耐用年數表規定之耐用年數計提折舊費用。前開承租資產屬乘人小客車者，其計提折舊之實際成本限額、超提折舊之計算及出售、毀滅、廢棄時之收益或損失計算，應依前三款規定辦理（查 95）。
5. 營利事業持有之不動產，依國際會計準則第 40 號或企業會計準則公報第 16 號規定認列爲投資性不動產，房屋部分應按不短於固定資產耐用年數表規定之耐用年數計提折舊費用（查 95）。

（六）殘値

所得稅法第 54 條在 98 年 5 月修法前原規定採用平均法預留殘價者，其最後一年度之未折減餘額以等於殘價爲合度，如無殘價者，以最後一年度折足成本原額爲合度（第 2 項）。採用定率遞減法者，其最後一年度之未折減餘額以等於成本十分之一爲合度（第 3 項）。惟爲縮短財務會計與稅務會計之差異，爰參照商業會計法第 46 條規定，將本條固定資產提列折舊及估算殘價之相關規定予以修正，刪除原所得稅法第 54 條第 2 項及第 3 項規定。修正後條文爲固定資產計算折舊時，應預估其殘値，並以減除殘値後之餘額爲計算基礎。亦即由營利事業自行預估殘値，而不再明文規定殘値額度（所 54）。

（七）參與公共建設（BOT）

營利事業依促進民間參與公共建設法規定，投資興建公共建設並爲營運，營運期間屆滿後，移轉該建設之所有權予政府者，應按興建公共建設之營建總成本，依約定營運期間計提折舊費用。但該建設依固定資產耐用年數表規定之耐用年數短於營運期間者，得於營運期間內按不短於固定資產耐用年數表規定之耐用年數計提折舊費用（查 95）。

四、遞耗資產之估價

遞耗資產之估價以自其成本中按期扣除耗竭額後之價額爲標準。耗竭額之計算得就下列方法擇一適用之，但採用後不得變更：

（一）成本法

就遞耗資產之成本，按可採掘之數量，預計單位耗竭額，年終結算時再就當年度實際採掘數量，按上述預計單位耗竭額，計算該年度應減除之耗竭額。

（二）收益比率法

就採掘或出售產品之收入總額，依遞耗資產耗竭率表之規定按年提列之。但每年提列之耗竭額，不得超過該資產當年度未減除耗竭額前之收益額 50%。其累計額並不得超過該資產之成本。生產石油及天然氣者，每年得就當年度出售產量收入總額提列 27.5% 之耗竭額，至該項遞耗資產生產枯竭時止。但每年提列之耗竭額，以不超過該項遞耗資產當年度未減除耗竭額前之收益額之 50% 為限（所 59）。

五、無形資產之估價

無形資產包括營業權、商標權、著作權、專利權及各種特許權等，均以出價取得者為限。無形資產之估價，以自其成本中按期扣除攤折額後之價額為準。

攤折額以其成本照下列攤折年數按年均計算之，但在取得後，如因特定事故不能按照規定年數攤折時，得提出理由申請該管稽徵機關核准更正之：

（一）營業權：以 10 年為計算攤折之標準。
（二）著作權：以 15 年為計算攤折之標準。
（三）商標權、專利權及其他各種特許權等：可依其取得後法定享有之年數為計算攤折之標準（所 60）。
（四）商譽最低為 5 年（查 96）。

六、預付費用、用品盤存及其他遞延費用之估價

（一）預付費用之估價，應以其有效期間未經過部分為準。
（二）用品盤存之估價，應以其未消耗部分之數額為準。
（三）其他遞延費用之估價，應以其未攤銷之數額為準。
（四）營利事業創業期間發生之費用，應作為當期費用。所稱創業期間，指營利事業自開始籌備至所計劃之主要營業活動開始且產生重要收入前所涵蓋之期間。
（五）營利事業於 98 年 5 月 28 日前已發生之開辦費尚有未攤提之餘額者，得依剩餘之攤提年限繼續攤提，或於 98 年度一次轉列為費用（查 96）。
（六）公司債之發行費及折價發行之差額金，有償還期限之規定者，應按其償還期限分期攤提（所 64）。

七、解散、廢止、合併、轉讓資產之估價

營利事業在解散、廢止、合併、分割、收購或轉讓時，其資產之估價，以時價或實際成交價格為準（所 65）。

5-20 資產重估價

由於營利事業的固定資產、遞耗資產及無形資產，均以歷史成本作爲記帳的基礎，遇有物價劇烈上漲時，其所提列之折舊、耗竭及攤折均會偏低，容易造成企業虛盈實虧、多繳所得稅以及低估企業資產的現象。因此所得稅法允許營利事業辦理資產重估價（assets revaluation）。

一、辦理重估價之條件

營利事業之固定資產、遞耗資產及無形資產，於當年度物價指數較該資產取得年度或前次依法令規定辦理資產重估價年度物價指數上漲達 25% 以上時，得向該管稽徵機關申請辦理資產重估價，並以其申請重估日之上一年度終了日爲基準日。

營利事業申請辦理資產重估價所適用之物價指數，由財政部洽請行政院主計處於每年 1 月 25 日前提供，並據以編造物價倍數表發布之（所 61、估 3）。

營利事業經核准辦理資產重估價者，如其部分資產之重估年度物價指數未超過該資產取得年度物價指數達 25% 以上，該資產仍可辦理重估價（估 10）。

二、辦理重估價之程序

（一）申請期限：營利事業辦理資產重估價，應於其會計年度終了後之第二個月一個月內，檢具資產重估價申請書，敘明營利事業設立日期、會計年度起訖日期及曾否辦理資產重估價，向該管稽徵機關申請辦理（估 17）。

（二）該管稽徵機關接到資產重估價申請書時，除有特殊情形者外，應自收到之日起一個月內，核定准否辦理；其未能於一個月內通知者，視爲對於申請之核可（估 18）。

（三）重估申報：申請辦理資產重估價之營利事業，應自接到該管稽徵機關核准辦理重估通知書之日起六十日內，塡具下列書表，向該管稽徵機關辦理重估申報；其逾六十日之期限者，得展期於三十日內申報之（估 19）：

1. 資產重估價申報書。

2. 重估資產總表及其明細表。

3. 重估前後比較資產負債表。

三、會計處理

營利事業應根據審定資產重估價値，自重估年度終了日之次日起調整原資產帳戶，並將重估差價，記入資產增值準備帳戶。資產重估增值，免予計入所得課徵營利事業所得稅。

例題 21

得利公司於民國 110 年 7 月 1 日購入一部機器設備，成本 2,100,000 元，耐用年限 6 年，預估殘值 300,000 元，各年物價指數如下表。

	110 年度	111 年度	112 年度	113 年度
物價指數	100	115	130	145

則該公司可於 113 年 2 月提出資產重估價申請，重估後機器設備之價值為 1,755,000 元，重估殘值為 390,000 元，重估增值為 405,000 元，其 113 年應提列之折舊額為 390,000 元。

(130－100)÷100 ＝ 30%　　　　30%＞25% 可辦理重估

(2,100,000－300,000)÷ 6 ＝ 300,000

2,100,000－（110 年折舊 150,000 ＋ 111、112 年折舊共 600,000）＝ 1,350,000

1,350,000×(1 ＋ 30%) ＝ 1,755,000 元…重估後價值

1,755,000－1,350,000 ＝ 405,000 元…重估增值

113 年應提列之折舊額：

(1,755,000－390,000)÷3.5 ＝ 390,000 元

5-21 出售或交換資產損益之認定

一、出售或交換資產利益

（一）出售資產之售價，大於資產之未折減餘額部分，應列為出售資產收益課稅。但依政府規定儲備戰備物資而處理財產之增益，出售非屬所得稅法第 4 條之 4 第 1 項規定之土地之增益，及符合同法第 4 條之 5 第 1 項第 2 款、第 4 款規定之土地、第 3 款規定之土地及其土地改良物之增益，免納所得稅；如有損失，應自該項增益項下減除。

（二）資產之交換，應以時價入帳，如有交換利益，應予認列。其時價無法可靠衡量時，按換出資產之帳面金額加支付之現金，或減去收到現金，作為換入資產成本入帳。

（三）自中華民國 75 年 1 月 1 日起，營利事業與地主合建分成、合建分售土地及房屋或自行以土地及房屋合併銷售時，其房屋款及土地款未予劃分或房屋款經查明顯較時價爲低者，稽徵機關應依查得時價計算房屋銷售價格；其無查得時價者，房屋銷售價格（含營業稅）應依房屋評定標準價格（含營業稅）占土地公告現值及房屋評定標準價格（含營業稅）總額之比例計算。其計算公式如下：

$$\text{房屋銷售價格（含營業稅）}=$$

$$\text{土地及其房屋之銷售價格（含營業稅）}\times\frac{\text{房屋評定標準價格}\times(1+\text{營業稅徵收率})}{\text{土地公告現值}+\text{房屋評定標準價格}\times(1+\text{營業稅徵收率})}$$

$$\text{房屋銷售收入}=\text{房屋銷售價格（含營業稅）}\div(1+\text{營業稅徵收率})$$

（四）房屋款或土地款之時價，應參酌下列資料認定之：

1. 金融機構貸款評定之價格。

2. 不動產估價師之估價資料。

3. 大型仲介公司買賣資料扣除佣金加成估算之售價。

4. 法院拍賣或國有財產署等出售公有房屋、土地之價格。

5. 報章雜誌所載市場價格。

6. 臨近地區政府機關或大建築商建造房屋之成本價格，加上同業之合理利潤估算之時價。

7. 出售土地帳載金額或房屋帳載未折減餘額估算之售價。

8. 其他具參考性之時價資料。

9. 時價資料同時有數種者，得以其平均數認定。

（五）營利事業以應收債權、他公司股票或固定資產等作價抵充出資股款者，該資產所抵充出資股款之金額超過成本部分，應列爲收益；其自中華民國 93 年 1 月 1 日起，以技術等無形資產作價抵充出資股款者，亦同。

（六）營利事業處分依營利事業認列受控外國企業所得適用辦法規定認列投資收益之受控外國企業股份或資本額，其處分利益之計算，應依該辦法規定辦理（查 32）。

二、出售或交換資產損失

（一）資產之未折減餘額大於出售價格者，其差額得列為出售資產損失。

（二）資產之交換，應以時價入帳，如有交換損失，應予認列。其時價無法可靠衡量時，按換出資產之帳面價值加支付之現金，或減去收到現金，作為換入資產成本入帳。

（三）營利事業處分依營利事業認列受控外國企業所得適用辦法規定認列投資收益之受控外國企業股份或資本額，其處分損失之計算，應依該辦法規定辦理。

（四）營利事業以應收債權、他公司股票或固定資產等作價抵充出資股款者，該資產所抵充出資股款之金額低於成本部分，得列為損失；其自中華民國 93 年 1 月 1 日起，以技術等無形資產作價抵充出資股款者，亦同（查 100）。

5-22 商品盤損與報廢

一、商品盤損

（一）商品盤損之科目，僅係對於存貨採永續盤存制或經核准採零售價法者適用之。

（二）商品盤損，已於事實發生後三十日內檢具清單報請該管稽徵機關調查，或經會計師盤點並提出查核簽證報告或年度所得稅查核簽證報告，經查明屬實者，應予認定（查 101）。

二、商品報廢

商品或原料、物料、在製品等因過期、變質、破損或因呆滯而無法出售、加工製造等因素而報廢者，除可依會計師查核簽證報告或年度所得稅查核簽證報告，並檢附相關資料核實認定其報廢損失者外，應於事實發生後三十日內檢具清單報請該管稽徵機關派員勘查監毀，或事業主管機關監毀並取具證明文件，核實認定（查 101-1）。

5-23 行政救濟

一、納稅義務人對稽徵機關核定之案件，如有不服，得於繳納期間屆滿翌日起算三十日內（有應納稅額或應補稅額者）或於核定通知書送達後三十日內（無應納稅額或應補稅款者），申請復查（稅 35）。

二、納稅義務人對稅捐稽徵機關之復查決定仍有不服時，得依法提起訴願及行政訴訟（稅 38）。

5-24 獎勵與罰則

營利事業所得稅之獎勵與罰則，其重要者如下：

一、**獎勵**：告發或檢舉納稅義務人或扣繳義務人匿報、短報，或以詐欺及其他不正當行爲逃稅情事，經查明屬實者，稽徵機關應以罰鍰 20%，獎給舉發人，並爲舉發人絕對保守秘密（所 103）。

二、**罰則**

（一）未設置、記載帳簿：營利事業依規定應設置帳簿而不設置，或不依規定記載者，處新臺幣 3,000 元以上 7,500 元以下罰鍰，並應通知限於一個月內依規定設置或記載；期滿仍未依照規定設置或記載者，處新臺幣 7,500 元以上 1 萬 5,000 元以下罰鍰，並再通知於一個月內依規定設置或記載；期滿仍未依照規定設置或記載者，應予停業處分，至依規定設置或記載帳簿時，始予復業（稅 45）。

（二）未將帳簿留置營業場所：不依規定保存帳簿或無正當理由而不將帳簿留置於營業場所者，處新臺幣 1 萬 5,000 元以上 6 萬元以下罰鍰（稅 45）。

（三）未依法給予、取得或保存憑證：營利事業依法規定應給與他人憑證而未給與，應自他人取得憑證而未取得，或應保存憑證而未保存者，應就其未給與憑證、未取得憑證或未保存憑證，經查明認定之總額，處 5% 以下罰鍰。處罰金額最高不得超過新臺幣 100 萬元。但營利事業取得非實際交易對象所開立之憑證，如經查明確有進貨事實及該項憑證確由實際銷貨之營利事業所交付，且實際銷貨之營利事業已依法處罰者，免予處罰（稅 44）。跳開發票者（甲公司銷貨給乙公司，乙公司將其轉售給丙公司，由甲公司直接開發票給丙公司），分別按未給予或未取得合法憑證論處。

（四）短、漏報或未辦理結算申報

1. 納稅義務人已依本法規定辦理結算、決算或清算申報，而對依本法規定應申報課稅之所得額有漏報或短報情事者，處以所漏稅額二倍以下之罰鍰。

2. 納稅義務人未依本法規定自行辦理結算、決算或清算申報，而經稽徵機關調查，發現有依本法規定課稅之所得額者，除依法核定補徵應納稅額外，應照補徵稅額，處三倍以下之罰鍰。

3. 營利事業因受獎勵免稅或營業虧損，致加計短漏之所得額後仍無應納稅額者，應就短漏之所得額依當年度適用之營利事業所得稅稅率計算之金額，分別依前二項之規定倍數處罰。但最高不得超過 9 萬元，最低不得少於 4,500 元。

4. 第 1 項及第 2 項規定之納稅義務人為獨資、合夥組織之營利事業者，應就稽徵機關核定短漏之所得額依當年度適用之營利事業所得稅稅率計算之金額，分別依第 1 項及第 2 項之規定倍數處罰。

（五）滯報：納稅義務人違反第 71 條規定，未依限辦理結算申報，而已依第 79 條第 1 項規定補辦結算申報，經稽徵機關據以調查核定其所得額及應納稅額者，應按核定應納稅額另徵 10% 滯報金；其屬獨資、合夥組織之營利事業應按稽徵機關調查核定之所得額按當年度適用之營利事業所得稅稅率計算之金額另徵 10% 滯報金。但最高不得超過 3 萬元，最低不得少於 1,500 元（所 108）。

（六）怠報：納稅義務人逾第 79 條第 1 項規定之補報期限，仍未辦理結算申報，經稽徵機關依查得資料或同業利潤標準核定其所得額及應納稅額者，應按核定應納稅額另徵 20% 怠報金；其屬獨資、合夥組織之營利事業應按稽徵機關調查核定之所得額按當年度適用之營利事業所得稅稅率計算之金額另徵 20% 怠報金。但最高不得超過 9 萬元，最低不得少於 4,500 元（所 108）。

綜合所得稅納稅義務人及依第 71 條規定免辦結算申報者，不適用前二項之規定（所 108）。

（七）未分配盈餘之滯報、怠報：營利事業未依限辦理未分配盈餘申報，而已依規定補辦申報，經稽徵機關據以調查核定其未分配盈餘及應加徵之稅額者，應按核定應加徵之稅額另徵 10% 滯報金。但最高不得超過 3 萬元，最低不得少於 1,500 元。又營利事業逾規定之補報期限，仍未辦理申報，經稽徵機關依查得資料核定其未分配盈餘及應加徵之稅額者，應按核定應加徵之稅額另徵 20% 怠報金。但最高不得超過 9 萬元，最低不得少於 4,500 元（所 108-1）。

（八）滯納金

納稅義務人逾限繳納稅款者，每逾二日按滯納之金額加徵 1% 滯納金；逾三十日仍未繳納者，除由稽徵機關移送強制執行外，其為營利事業者，並得停止其營業至納稅義務人繳納之日止。但因不可抗力或不可歸責於納稅義務人之事由，致不能於法定期間內繳清稅捐，得於其原因消滅後十日內，提出具體證明，向稽徵機關申請延期或分期繳納經核准者，免予加徵滯納金。

前項應納稅款，應自滯納期限屆滿之次日起，至納稅義務人繳納之日止，依第123條規定之存款利率，按日加計利息，一併徵收。

本法所規定之停止營業處分，由稽徵機關執行，並由警察機關協助之（所112）。

（九）以虛偽安排或不正當方式虛增股東股利

公司、合作社或其他法人以虛僞安排或不正當方式虛增股東、社員或出資者所獲配之股利或盈餘者，應按虛增股利或盈餘金額處30%以下之罰鍰。但最高不得超過30萬元，最低不得少於15,000元（所114-4）。

（十）受託人違反規定之處罰

1. 信託行爲之受託人短漏報信託財產發生之收入或虛報相關之成本、必要費用、損耗，致短計第3條之4第1項、第2項、第5項、第6項規定受益人之所得額，或未正確按所得類別歸類致減少受益人之納稅義務者，應按其短計之所得額或未正確歸類之金額，處受託人5%之罰鍰。但最高不得超過30萬元，最低不得少於1萬5,000元。

2. 信託行爲之受託人未依第3條之4第2項規定之比例計算各受益人之各類所得額者，應按其計算之所得額與依規定比例計算之所得額之差額，處受託人5%之罰鍰。但最高不得超過30萬元，最低不得少於1萬5,000元。

3. 信託行爲之受託人未依限或未據實申報或未依限塡發第92條之1規定之相關文件或扣繳憑單或免扣繳憑單及相關憑單者，應處該受託人7,500元之罰鍰，並通知限期補報或塡發；屆期不補報或塡發者，應按該信託當年度之所得額，處受託人5%之罰鍰。但最高不得超過30萬元，最低不得少於1萬5,000元（所111-1）。

（十一）扣繳義務人違反規定之處罰

扣繳義務人如有下列情事之一者，分別依各該款規定處罰：

1. 扣繳義務人未依第88條規定扣繳稅款者，除限期責令補繳應扣未扣或短扣之稅款及補報扣繳憑單外，並按應扣未扣或短扣之稅額處一倍以下之罰鍰；其未於限期內補繳應扣未扣或短扣之稅款，或不按實補報扣繳憑單者，應按應扣未扣或短扣之稅額處三倍以下之罰鍰。

2. 扣繳義務人已依本法扣繳稅款，而未依第92條規定之期限按實塡報或塡發扣繳憑單者，除限期責令補報或填發外，應按扣繳稅額處 20% 之罰鍰。但最高不得超過 2 萬元，最低不得少於 1,500 元；逾期自動申報或填發者，減半處罰。經稽徵機關限期責令補報或填發扣繳憑單，扣繳義務人未依限按實補報或填發者，應按扣繳稅額處三倍以下之罰鍰。但最高不得超過 4 萬 5,000 元，最低不得少於 3,000 元。

3. 扣繳義務人逾第 92 條規定期限繳納所扣稅款者，每逾二日加徵 1% 滯納金（所 114）。
4. 政府機關、團體、學校、事業之責應扣繳單位主管，未依限或未據實申報或未依限填發免扣繳憑單者，應通知其主管機關議處。私人團體或事業，未依限填報或未據實申報或未依限填發免扣繳憑單者，處該團體或事業 1,500 元之罰鍰，並通知限期補報或填發；逾期不補報或填發者，應按所給付之金額處該團體或事業 5% 之罰鍰。但最低不得少於 3,000 元（所 111）。
5. 扣繳義務人教唆或幫助納稅義務人逃稅者，處三年以下有期徒刑，併科新臺幣 100 萬元以下罰金（稅 43）。

（十二）其他

有下列各款事項者，除由該管稽徵機關限期責令補報或補記外，處以 1,500 元以下罰鍰：

1. 公司組織之營利事業負責人、合作社之負責人及其他法人之負責人，違反第 76 條規定，屆期不申報應分配或已分配與股東、社員或出資者之股利或盈餘。
2. 合夥組織之營利事業負責人，違反第 76 條規定，不將合夥人之姓名、住址、投資數額及分配損益之比例，列單申報。
3. 營利事業負責人，違反第 90 條規定，不將規定事項詳細記帳。
4. 倉庫負責人，違反第 91 條第 1 項規定，不將規定事項報告（所 106）。

5-25 課稅所得與會計所得之差異

「會計所得」係依據一般公認會計原則（或國際會計準則，IFRSs）所決定，而「課稅所得」則以會計所得為基礎，根據稅法、營利事業所得稅查核準則等規定作帳外調整。由於兩種依據不同，導致會計所得與課稅所得產生差異，其差異可分為永久性差異與時間性差異。永久性差異一旦產生，以後年度無法自動抵銷或迴轉。例如：稅法對交際費有列支限額之規定，凡超過部分不得認列。而時間性差異係指會計上與稅法規定對於收益及費用之歸屬年度認定不同所致，該差異可在以後年度迴轉，因此時間性差異只是暫時性差異。例如營利事業所得稅查核準則第 77 條之 1 規定營利事業修繕或購置固定資產，其耐用年限不及二年，或其耐用年限超過二年，而支出金額不超過新臺幣 8 萬元者，得以其成本列為當年度費用。換言之，耐用年限超過二年，且支出金額超過新臺幣 8 萬元者，稅法規定應列作資本支出。但在不違反重要性原則下，在會計上可逕以費用處理，以致發生時間性差異。

歷屆試題

申論題

1. 總機構在中華民國境內之甲公司未依規定辦理 111 年度營利事業所得稅申報，經稽徵機關催報後仍未申報，該公司 111 年全年度營業收入 4,000 萬元，其經營行業之同業利潤標準毛利率 28%、淨利率 20%，稽徵機關依所得稅法核定之稅額爲何？又怠報金爲何？（112 年會計師）
2. 請依我國現行所得稅法及其相關法規規定，計算並回答下列問題：
   （1）甲公司 112 年度帳列營業毛利新臺幣（下同）6,750 萬元，各項費用總額（含捐贈支出）爲 5,700 萬元，其中捐贈支出包括：1. 依私立學校法第 62 條規定，透過財團法人私立學校興學基金會，指定對特定學校法人捐款 750 萬元；（2）對合於運動產業發展條例第 26 條規定之捐贈 160 萬元；3. 對某國立大學捐贈 40 萬元，試問甲公司當年度可認列之捐贈總金額爲多少？核定所得額爲多少？（112 年記帳士）
3. 依我國所得稅法第 43 條之 3 及相關法令規定：
   （1）營利事業符合那些條件時應將境外關係企業的盈餘認列投資收益，計入當年度所得額課稅？
   （2）上述之豁免條件爲何？（112 年記帳士）
4. 甲公司民國 111 年 1 月 1 日開始營業，並採用分期付款方式銷售商品，本年度之分期付款銷售額爲 5,000 萬元（若採現金銷售則銷售額爲 4,500 萬元）、銷貨成本爲 3,000 萬元。本年度之收款總額爲 1,000 萬元且未實際發生呆帳，期末應收分期帳款爲 4,000 萬元。申報 111 年度之營利事業所得稅時，請問依稅法規定：
   （1）若選擇採用全部毛利法，則應認列之銷貨毛利爲多少元？可認列之呆帳費用上限爲多少元？
   （2）若選擇採用毛利百分比法，則應認列之銷貨毛利爲多少元？可認列之呆帳費用上限爲多少元？
   （3）若選擇採用普通銷貨法，則應認列之銷貨毛利爲多少元？（112 年地方四等特考）
5. 請說明我國稅法中有哪些稅目在計算稅額時，須將國外稅基合併計算課稅？這些稅目之課稅範圍爲何？將國外稅基併入課稅會造成什麼問題？又該如何解決？（112 年普考）
6. 何謂盈虧互抵？請依我國所得稅法之相關法令規定，說明適用盈虧互抵的條件與限制。（111 年高考）
7. 星巴公司符合適用所得基本條例之公司組織，111 年度之相關資料如下：
   （1）出售持有滿一年但未滿兩年的甲公司股票一次，獲利 455 萬元。
   （2）出售持有滿兩年但未滿三年的乙公司股票二次，共獲利 320 萬元。
   （3）出售持有滿三年的丙公司股票兩次，一次獲利 500 萬元，另一次損失 200 萬元。
   （4）於 107 年度出售乙公司股票獲利 280 萬元、出售丁公司股票損失 400 萬元。

（5）111 年度依所得稅法計算之課稅所得額為 2,800 萬元，投資抵減稅額 120 萬元，以及計算課稅所得額時減除依企業併購法第 37 條規定免徵營利事業所得稅之所得額為 170 萬元。

試列出算式計算下列問題：

（1）星巴公司 111 年度應計入基本所得額之證券交易所得為多少？

（2）星巴公司 111 年度之一般所得稅額為多少？

（3）星巴公司 111 年度之基本所得額為多少？

（4）星巴公司 111 年度之基本稅額為多少？

（5）星巴公司 111 年度應繳納基本稅額與一般所得稅額之差額為何？（111 年記帳士）

8. 莎莎公司於 110 年度所得稅結算申報資料如下：

營業收入	4,800,000 元
營業成本	3,200,000 元
營業費用	1,000,000 元
非營業收入	300,000 元
非營業費用	180,000 元

由於莎莎公司未能提示完整帳簿、文據，只舉證非營業費用之相關文據。

假設莎莎公司之行業的同業毛利率標準為 35%、同業淨利率標準為 15%。

試回答並計算下列問題：

（1）莎莎公司之核定全年所得額為何？

（2）莎莎公司應補繳稅額為多少？

（3）若莎莎公司能完整提示全部帳簿、文據，但營業成本無法查核勾稽，則（1）與（2）的答案又分別為何？（111 年記帳士）

9. 甲公司總機構設在中華民國境內，110 年度經稽徵機關核定全年虧損 3,000 萬元，依所得稅法第 39 條規定，則此虧損該如何作調整，再行核課營利事業所得稅？又符合虧損扣除之條件為何？（111 年記帳士）

10. 乙公司總機構設在中華民國境內，111 年度所得及相關資料如下：

（1）全年營業收入 5,000 萬元、營業成本 3,000 萬元、營業費用 500 萬元。

（2）出售臺北市房產，核計有 200 萬元之房地課稅所得，持有期間 1.5 年。

（3）在日本分支機構課稅所得額 500 萬元，已繳納 120 萬元稅額（依規定取得納稅憑證）。

（4）110 年度經核定全年虧損 400 萬元，其中包括：

A. 已計入所得額之投資美國 A 公司股票，獲配股利 100 萬元，已在美國繳納股利所得稅 20 萬元（依規定取得納稅憑證）。

B. 不計入所得額之投資國內 B 公司股票，獲配股利 50 萬元。

若乙公司符合所得稅法第 39 條盈虧互抵條件，則 110 年度可以扣除之虧損為若干？111 年度營利

事業所得稅結算申報之課稅所得額、應納稅額（稅率 20%）、自行補繳之營利事業所得稅額各為若干？（111 年記帳士）

11. 我國 A 公司於 111 年度依商業會計法計算之淨利為 700 萬元，該公司各項損益項目如下：
（1）證券交易所得 120 萬元，證券交易損失 60 萬元。
（2）出售民國 101 年購入之固定資產，固定資產利益為 260 萬元（其中土地所得 100 萬元，房屋交易所得 160 萬元）。
（3）發票日在 110 年 11 月之短期票券利息所得 50 萬元（扣繳稅款 5 萬元）。
（4）不計入所得之投資收益 80 萬元（可扣抵稅額 20 萬元）。
（5）依所得稅法第 39 條規定可扣除之虧損為 90 萬元。
（6）該公司 111 年度有符合產業創新條例之研發投資抵減 30 萬元。
請依上述 A 公司之結算申報書內容，以最有利納稅人方式計算下列各項金額：
（1）營利事業課稅所得額及一般所得稅額。
（2）所得基本稅額條例規定下之基本所得額、基本稅額及是否有所得基本稅額條例規定下之應補繳差額？（111 年地方三等特考）

12. 請分別說明我國個人及公司受控外國企業（Controlled Foreign Company, CFC）規定之相關法源依據及規範內容，並說明相關之豁免情形。（111 年地方三等特考）

13. 丙公司採曆年制，110 年 8 月 20 日向主管機關申請解散登記，主管機關核准解散文書發文日期為 110 年 8 月 23 日，110 年 1 月 1 日至 8 月 23 日之決算所得為 160,000 元，嗣丙公司於同年 11 月 22 日清算完結，清算所得為 150,000 元，請回答下列問題：
（1）丙公司應如何辦理決算申報？
（2）丙公司於決算申報期限內申報，其決算應納稅額為多少元？
（3）若丙公司未於決算申報期限內申報，經通報該段期間營業收入 2,100,000 元、利息收入 60,000 元，同業利潤標準之淨利率標準為 9%，擴大書面審核純益率為 6%，則稽徵機關對其核定之應納稅額為多少元？
（4）丙公司清算申報應納稅額為多少元？（110 年記帳士）

14. 境內甲公司採歷年制，請依營利事業所得稅法及相關規定回答下列問題：
（1）110 年甲公司之國內稅前所得額為 800 萬元。其於境外 A 國設立 B 公司，由甲公司 100% 持股。B 公司本年度之稅前淨利 900 萬元，所得稅 225 萬元。B 公司配發給甲公司現金股利 500 萬元，繳交 A 國扣繳稅款 50 萬元後，匯回現金 450 萬元。請問甲公司之境外已納稅額可扣抵稅額為多少元？
（2）甲公司於 99 年 1 月購入廠房，購入成本 2,500 萬元，按平均法折舊，耐用年數為 24 年，估計殘值 100 萬元。99 年與 109 年之躉售物價指數分別為 100 與 130，公司辦理資產重估價且獲稽徵機關核准，重估後廠房之估計殘值為 10 萬元。請問 110 年該廠房之折舊費用為多少

元？（計算至元爲止，角以下無條件捨去）

（3）甲公司 110 年帳列營業毛利 6,000 萬元，營業費用爲 5,000 萬元（內含捐贈支出）。捐贈支出如下：

捐贈項目	金額（單位：萬元）
於偏遠地區舉辦文化創意活動	1,100
透過興學基金會指定對特定學校捐款	3,000
捐贈經政府登記有案之體育團體	20
對政治團體之捐贈	500

請問其可認列之捐贈金額爲多少元？（計算至元爲止，角以下無條件捨去）（110 年地方三等特考）

選擇題（本書各章所附考題之答案均係依據考試當年度考選部所公布之答案）

（C）1. 依所得稅法及相關法規規定，營利事業應保持足以正確計算其營利事業所得額之帳簿憑證，下列何者正確？（A）營利事業設置之帳簿，除未結會計事項外，應至少保存 5 年（B）稽徵機關進行調查時，營利事業未提示各種證明所得額之帳簿、文據，稽徵機關僅得依同業利潤標準核定其所得額（C）營利事業遭受不可抗力災害以致帳簿憑證滅失者，應依規定併同災害損失報請稽徵機關派員勘查屬實或提出確實證據證明屬實（D）營利事業之帳簿憑證因遭受不可抗力而滅失者，稽徵機關應依同業利潤標準核定其所得額（112 年會計師）

（C）2. 依所得稅法第 110 條規定，乙公司 110 年營利事業所得稅結算申報爲營業虧損 200 萬元，稽徵機關查獲短漏報所得 60 萬元，加計短漏所得額後核定其營利事業所得額仍爲虧損，不考量減免處罰情形下，其應處罰鍰金額？（A）24 萬元（B）12 萬元（C）9 萬元（D）6 萬元（112 年會計師）

（C）3. 非屬小規模營利事業之獨資合夥組織，依所得稅法相關規定之申報營利事業所得稅方式，下列敘述何者錯誤？（A）應辦理結算申報（B）免辦理暫繳申報（C）應辦理未分配盈餘申報（D）應辦理清算申報（112 年會計師）

（C）4. 依所得稅法及相關法規規定，有關營利事業所得稅申報之罰則，下列敘述何者錯誤？（A）納稅義務人已依本法規定辦理結算、決算或清算申報，而對依本法規定應申報課稅之所得額有漏報或短報情事者，處以所漏稅額二倍以下之罰鍰（B）納稅義務人未依本法規定自行辦理結算、決算或清算申報，而經稽徵機關調查，發現有依本法規定課稅之所得額者，除依法核定補徵應納稅額外，應照補徵稅額，處三倍以下之罰鍰（C）納稅義務人爲獨資、合夥組織之營利事業者，應就稽徵機關核定短漏之課稅所得額，按所漏稅額之半數計算罰鍰（D）營利事業已依所得稅法第 102 條之 2 規定辦理申報，但有漏報或短報未分配盈餘者，處以所漏稅額一倍以下之罰鍰（112 年會計師）

（B）5. A 公司於 108 年 7 月 1 日開業，會計年度爲曆年制，108 至 110 年度營利事業所得稅結算申報之核定純益率分別為 5%、11% 及 8%，108 至 110 年度查帳核定當地同業之平均純益率分別為 8%、10% 及 10%，該公司 111 年 6 月因遭受水災致 111 年全部憑證均已滅失，稽徵機關依營利事業所得稅查核準則第 11 條第 2 項規定核定 A 公司該期間之所得額，適用之純益率為何？（A）8%（B）9%（C）9.3%（D）10%。（112 年記帳士）

解析：(8% + 11% + 8%)/3 = 9%

（B）6. 依營利事業所得稅查核準則規定，應歸屬於營業成本之費用或損失，如誤列報於營業費用，並經稽徵機關審定轉正者，應將調整部分分攤在下列那一個會計項目？（A）期初存貨（B）期末存貨（C）銷貨成本（D）前期損益調整。（112 年記帳士）

（D）7. 依營利事業所得稅查核準則規定，營利事業對政黨、政治團體及擬參選人捐贈者，其可減除金額不得超過所得額多少比率，且總額不得超過新臺幣多少元？（A）1%；5 萬元（B）1%；10 萬元（C）5%；10 萬元（D）10%；50 萬元。（112 年記帳士）

（D）8. 甲公司 112 年購置 A 固定資產 20 萬元（耐用年限 1 年）、修繕 B 廠房地板花費 7 萬元（耐用年限 5 年），依營利事業所得稅查核準則規定，當年度得認列之最高費用金額為何？（A）0 元（B）7 萬元（C）20 萬元（D）27 萬元。（112 年記帳士）

（C）9. A 公司會計年度採曆年制，其出售甲房地之交易過程如下：① 108 年 12 月 1 日簽訂不動產買賣契約② 109 年 10 月 20 日收取尾款③ 110 年 12 月 21 日交付該房地④ 111 年 1 月 2 日辦竣所有權移轉登記。依營利事業所得稅查核準則規定，其所得應歸屬年度為何？（A）108 年度（B）109 年度（C）110 年度（D）111 年度。（112 年記帳士）

（B）10. A 公司 111 年 1 月向我國居住者個人甲承租房屋供倉庫之用，每月給付租金 20 萬元，押金 40 萬元，租期 2 年，嗣甲經稽徵機關依所得稅法規定核定該屋 111 年度當地一般標準租金 300 萬元，下列敘述何者錯誤？（A）A 公司每月給付甲之租金淨額為租金減除扣繳稅款後之餘額 18 萬元（B）A 公司 111 年度得列報租金支出 300 萬元（C）甲收取之押金應按郵政儲金一年期定期儲金固定利率計算租賃收入（D）甲經稽徵機關調整之標準租金部分，得減除必要損耗及費用。（112 年記帳士）

（D）11. A 公司適用勞動基準法並依勞工退休金條例提繳勞工退休金，該公司 111 年給付員工薪資總額 180 萬元，提繳退休金 10.8 萬元，2 名員工自願從各自薪資 60 萬元中提繳退休金 2 萬元，下列敘述何者錯誤？（A）A 公司 111 年度可認列退休金費用為 10.8 萬元（B）2 名員工自願提繳 2 萬元退休金，不計入薪資收入課稅（C）A 公司申報該 2 名自願提繳員工 111 年度薪資所得扣繳憑單時，不包括其自願提繳退休金 2 萬元（D）2 名員工退休時領取原自願提繳之退休金，免併入計算退職所得。（112 年記帳士）

（C）12. 下列有關執行業務者課稅規定，何者錯誤？（A）營利事業給付會計師辦理所得稅申報簽證所給付之公費收入，應辦理扣繳申報（B）律師代理訴訟案件取得之勞務報酬，非屬營業稅課稅範圍（C）藥師親自主持之藥局經營藥品調劑及兼營銷售藥品業務之收入，應計算執行

業務所得課徵綜合所得稅（D）中醫診所僅提供醫療勞務者，免辦理營業稅稅籍登記。（112 年記帳士）

（B）13. A 公司給付員工薪資所得，扣繳義務人已依規定扣繳稅款，惟未依規定期限按實填報扣繳憑單，依所得稅法及稅捐稽徵法規定，何者錯誤？（A）經稽徵機關查獲者，應依所得稅法規定裁處罰鍰（B）扣繳義務人已自動按實填報扣繳憑單，且屬未經檢舉、未經稅捐稽徵機關或財政部指定之調查人員進行調查之案件，得依稅捐稽徵法規定，免除行爲罰（C）扣繳義務人逾規定期限繳納所扣稅款者，應依稅捐稽徵法規定加徵滯納金（D）經稽徵機關查獲扣繳義務人侵占已扣繳稅款者，應依稅捐稽徵法規定，處以刑罰。（112 年記帳士）

（A）14. 我國營利事業持有中華民國境外 A 公司、B 公司及 C 公司（均爲 100% 持有股份），該 3 家公司所在國家之營利事業所得稅率分別爲 12%、15%、18%，依所得稅法第 43 條之 3 規定，何者位於低稅負國家？（A）A（B）A 及 B（C）A、B、C 均是（D）A、B、C 均非。（112 年記帳士）

（C）15. 下列有關國外影片事業在中華民國境內出租影片之所得課稅規定，何者正確？（A）國外影片事業在中華民國境內無分支機構，經由營業代理人出租影片之收入，得向財政部申請核准以收入之 1/2 爲在中華民國境內之營利事業所得額（B）國外影片事業出租影片之所得，無論該事業在中華民國境內有無分支機構，均屬應扣繳之所得（C）國外影片事業在中華民國境內設有分支機構者，得按片租收入 45% 計算出租影片之成本（D）在中華民國境內無分支機構之國外影片事業，其出租影片之所得扣繳申報，由營業代理人之負責人爲之。（112 年記帳士）

（B）16. 下列有關信託課稅規定，何者錯誤？（A）委託人爲營利事業之他益信託契約，受益人享有信託利益之權利價值應於信託成立年度依規定課徵所得稅（B）信託契約之受益人不特定或尚未存在者，信託財產發生之收入，委託人應於所得發生年度計算所得申報納稅（C）因遺囑成立之信託，於遺囑人死亡時，其信託財產應依法課徵遺產稅（D）受託人因公益信託而標售或義賣之貨物與舉辦之義演收入，全部供作該公益事業之用者，免徵營業稅。（112 年記帳士）

（B）17. 美國 A 公司在我國境內無固定營業場所及營業代理人，其與我國 B 公司簽訂技術合約，A 公司指派居住於美國之員工甲於 112 年 3 月 1 日出差至我國爲 B 公司提供技術服務，甲於出差期間取得 A 公司給付之薪資 200 萬元，B 公司並給付 A 公司技術服務報酬 300 萬元，甲於同年 4 月 30 日返回美國，下列敘述何者正確？（A）甲應在離境前就取得 A 公司之薪資向國稅局辦理申報納稅（B）B 公司應就給付 A 公司之技術服務報酬 300 萬元辦理扣繳申報（C）A 公司應就取得之技術服務報酬 300 萬元，委託我國境內營利事業向國稅局辦理申報納稅（D）B 公司應就甲取得之薪資 200 萬元辦理扣繳申報。（112 年記帳士）

（D）18. A 公司 111 年交易情形如下：①以 1 萬元向農民購入 10 公斤玉米②給付會計師 110 年度所得

稅結算申報之簽證費10萬元③將自產轎車1輛（成本80萬元）提供員工尾牙抽獎④給付B公司權利金120萬元並取得統一發票。依所得稅法相關法規，何者屬應扣繳之所得？（A）①②③④（B）①②③（C）①④（D）②③。（112年記帳士）

（全）19.A公司為貿易業，111年聘僱甲員工，每月薪資6萬元（內含甲自願提繳勞工退休金3,600元），共12個月，每月另給付伙食費5,000元，年底給付1個月年終獎金，並以甲為受益人為其投保團體人壽保險，每年負擔保險費3,000元，甲當年應公司要求出差2次，共支領差旅費4萬元，A公司應申報甲員工111年度薪資所得扣繳憑單之給付總額為何？（A）769,000元（B）771,000元（C）796,800元（D）811,000元。（112年記帳士）（註：本題一律給分）

（D）20.依所得稅法及相關法規規定，下列有關扣繳義務人之敘述，何者正確？（A）依我國公司法成立之公司分配股利予非中華民國境內居住之個人股東，扣繳義務人為公司（B）我國居住者個人承租房屋居住所給付房東之租金，扣繳義務人為承租之個人（C）律師事務所每月給付員工之薪資，扣繳義務人為該事務所（D）有限合夥事業分配盈餘予總機構在我國境外之營利事業股東，扣繳義務人為有限合夥事業負責人。（112年記帳士）

（B）21.總機構在我國境外之營利事業，在我國境內經營下列何種業務，其成本費用分攤計算困難者，可向財政部申請按其營業收入15%作為其在我國境內之營利事業所得額？①承包營建工程②經營國際運輸③出租機器設備④提供技術服務⑤出租影片（A）①②③④（B）①③④（C）②③④（D）③④⑤。（112年記帳士）

（C）22.我國居住者個人甲及乙於110年合夥成立A商號，由甲負責經營，因每月銷售額未達使用統一發票標準而經核定為小規模營業人並採查定課徵營業稅，111年均達營業稅起徵點，下列有關A商號及合夥人相關課稅情形，何者正確？（A）甲應於112年5月辦理A商號111年度營利事業所得稅結算申報，惟無須計算及繳納稅額（B）乙於112年2月取得A商號111年度之盈餘，應併入其112年度綜合所得總額課稅（C）A商號於111年購買營業上使用之貨物或勞務，取得載有營業稅額之憑證，並依規定申報者，稽徵機關應按其進項稅額10%，在查定稅額內扣減（D）A商號111年出售適用房地合一稅制之房屋、土地，其交易所得應計入該商號之所得額。（112年記帳士）

（A）23.下列所得稅法中關於帳簿的敘述，何者錯誤？（A）執行業務者至少應設置日記帳一種，且帳簿最少應保存3年（B）營利事業之總機構在中華民國境外，其在中華民國境內之固定營業場所或營業代理人，應單獨設立帳簿，並計算其營利事業所得額課稅（C）稽徵機關進行調查或復查時，納稅義務人應提示有關各種證明所得額之帳簿、文據；其未提示者，稽徵機關得依查得之資料或同業利潤標準，核定其所得額（D）納稅義務人違反稽徵機關進行調查之規定，不按規定時間提送各種帳簿、文據者，稽徵機關應處以1千5百元以下之罰鍰。（112年地方五等特考）

（D）24. 營利事業繳納之下列各項費用，何者於申報營利事業所得稅時，得作費用減除？（A）因逾期繳納稅款所加徵之滯納金（B）違反環保法規所處罰鍰（C）逾期申報營業稅所罰之滯報金（D）逾期繳納暫繳稅款所加計之利息。（112 年地方四等特考）

（B）25. 甲公司於民國 111 年 5 月 20 日於臺北市設立營業，並採用曆年制。假設其至 111 年底的結算課稅所得額爲 100,000 元，試問甲公司 111 年度應納的營利事業所得稅爲多少？（A）0 元（B）10,000 元（C）15,000 元（D）20,000 元。（112 年地方四等特考）

（C）26. 依所得稅法規定，我國居住者個人及營利事業持有發票日在民國 99 年之後的短期票券，其利息所得應如何課稅？（A）個人按 10% 稅率分離課稅；營利事業按 15% 稅率分離課稅（B）個人按 10% 稅率分離課稅；營利事業按 20% 稅率分離課稅（C）個人按 10% 稅率分離課稅；營利事業計入營利事業所得額課稅（D）個人按 15% 稅率分離課稅；營利事業計入營利事業所得額課稅。（112 年地方四等特考）

（B）27. 營利事業遇有解散、廢止、合併或轉讓情事時，應於截至解散、廢止、合併或轉讓之日起多久內，向該管稽徵機關辦理當期營利事業所得稅之決算申報？（A）30 日（B）45 日（C）60 日（D）90 日。（112 年地方三等特考）

（C）28. 依所得稅法規定，下列有關營利事業交際應酬費之規定，何者錯誤？（A）營利事業委託會計師查核簽證申報者可列支之交際費較採普通申報者高（B）取得外匯收入之外銷業務，除依規定列支交際費，並得在不超過當年度外銷結匯收入總額 2% 內列支特別交際費（C）民營事業各項交際應酬費用支付之限度，由各行業別自行訂定，並報財政部核定（D）公營事業各項交際應酬費用支付之限度，由主管機關分別核定，列入預算。（112 年地方三等特考）

（D）29. 依所得稅法有關暫繳之規定，下列敘述何者正確？（A）採曆年制之營利事業，應於 8 月 1 日至 8 月 31 日作暫繳申報（B）採七月制之營利事業，應於 4 月 1 日至 4 月 30 日作暫繳申報（C）會計帳簿完備之營利事業，逾期辦理暫繳申報者，得採試算暫繳計算稅額（D）營利事業未依規定辦理暫繳申報，稽徵機關應加計利息但免處罰。（112 年地方三等特考）

（B）30. 假定某境內公司採日曆會計年度，民國 111 年 5 月 15 日開始營業，當年度實際營業期間的所得額爲 10 萬元。依現行法規，該公司 111 年度之實際應納稅額爲：（A）0 元（B）1 萬元（C）1.5 萬元（D）2 萬元。（112 年地方三等特考）

（D）31. 下列有關營利事業盈虧互抵之敘述，何者正確？①我國採後延 10 年②公司、獨資及合夥組織皆適用③需會計帳冊簿據完備④虧損及申報扣除年度均使用藍色申報書或經會計師查核簽證並如期申報⑤營利事業之證券交易損失得後延 10 年（A）①②③④⑤（B）①②③④（C）①③④⑤（D）①③④。（112 年高考）

（C）32. 國內甲公司持有 A 國 A 公司 100% 股份，在下列何種情況下，甲公司可能需按持有股份之比率及持有期間，認列 A 公司投資收益，計入當年度所得額課稅？（A）A 公司在 A 國有實質營運活動（B）A 國公司所得稅稅率爲 15%（C）A 國公司所得稅採屬地主義（D）A 公司盈

餘爲 600 萬元。（112 年高考）

（C）33. A 公司非金融業者，t － 1 期期初，備抵呆帳餘額爲 300,000 元；t － 1 期期末，應收帳款與應收票據餘額分別爲 15,000,000 元與 25,000,000 元。t 期內，實際發生呆帳 800,000 元；t 期期末，應收帳款與應收票據餘額分別爲 10,000,000 元與 20,000,000 元。t 期期末應提列呆帳金額爲何？（A）300,000 元（B）400,000 元（C）700,000 元（D）800,000 元。（112 年高考）

（B）34. 下列有關營利事業所得額計算之敘述，何者錯誤？（A）所得額之計算，涉有應稅所得及免稅所得者，其相關之成本、費用或損失，除可直接合理明確歸屬者，得個別歸屬認列外，應作合理之分攤（B）營利事業持有之短期票券發票日在中華民國 99 年 1 月 1 日以後者，其利息所得除依規定扣繳稅款外，不計入營利事業所得額（C）營利事業帳載應付未付之帳款、費用、損失及其他各項債務，逾請求權時效尚未給付者，應於時效消滅年度轉列其他收入，俟實際給付時，再以營業外支出列帳（D）營利事業所得之計算，以其年度收入總額減除各項成本費用、損失及稅捐後之純益額爲所得額。（112 年高考）

（C）35. 依現行所得稅法，總機構在境內的公司：（A）其境外所得全部免納所得稅（B）其境外所得分離課稅（C）其境外所得應併同境內所得課徵營利事業所得稅（D）其境外所得在新臺幣 100 萬元以下免納所得稅。（112 年普考）

（A）36. 依現行法規，營利事業透過財團法人私立學校興學基金會，未指定對特定學校法人或私立學校之捐款：（A）得全數列爲費用（B）得以不超過所得額 10% 爲限，列入當年度的費用或損失（C）得以不超過所得額 20% 爲限，列入當年度的費用或損失（D）得以不超過所得額 50% 爲限，列入當年度的費用或損失。（112 年普考）

（A）37. 依現行法規，下列何者屬於低稅負國家或地區？（A）僅對其境內來源所得課稅之地區或國家（B）營利事業所得稅或實質類似租稅稅率爲 20% 之地區或國家（C）營利事業所得稅或實質類似租稅稅率爲 17% 之地區或國家（D）營利事業所得稅或實質類似租稅稅率爲 15% 之地區或國家。（112 年普考）

（C）38. 所得稅法中的固定資產、遞耗資產以及無形資產遇到物價上漲至少達多少時，得實施資產重估價？（A）10%（B）20%（C）25%（D）50%。（112 年普考）

（A）39. 營利事業所得稅之敘述，下列何者錯誤？（A）營業期間不滿一年者，應將其所得額按實際營業期間，相當全年之比例，換算全年所得額，依規定稅率計算全年度稅額，再就原比例換算其應納稅額；營業期間不滿一月者，不予計算（B）會計基礎，凡屬公司組織者，應採用權責發生制（C）納稅義務人未依規定期限辦理結算申報者，稽徵機關應即填具滯報通知書，送達納稅義務人，限於接到滯報通知書之日起十五日內補辦結算申報（D）納稅義務人應於每年五月一日起至五月三十一日止，填具結算申報書，向該管稽徵機關辦理結算申報。（112 年普考）

（C）40. 中華民國境內之合作社因投資於國內其他營利事業，所獲配之股利或盈餘，應否課徵營利事業所得稅？中華民國境內居住之個人獲配前述合作社之股利或盈餘應否課徵綜合所得稅？（A）合作社應稅；個人應稅（B）合作社應稅；個人免稅（C）合作社免稅（不計入所得額）；個人應稅（D）合作社免稅（不計入所得額）；個人免稅。（111 年高考）

（A）41. 甲公司製造商品時產生某些下腳與廢料，試問甲公司於國內銷售該等下腳與廢料所取得之代價，應否開立發票？營業稅稅率爲何？（A）應開發票，稅率爲 5%（B）應開發票，稅率爲 0.1%（C）免開發票，稅率爲 1%（D）免開發票，免稅。（111 年高考）

（D）42. 所得稅納稅義務人結算申報所列報減除之各項成本、費用等因超限剔除，致短繳自繳稅款，經稽徵機關核定補繳稅額並按日加計利息，但加計之利息，以多久爲限？（A）1 個月（B）3 個月（C）6 個月（D）1 年。（111 年普考）

（D）43. 在計算營利事業課稅所得時，下列何者可列爲費用或損失？（A）罰鍰（B）滯納金（C）家庭費用（D）災害損失。（111 年普考）

（C）44. 依據我國所得稅法之規定，下列有關營利事業辦理暫繳之敘述何者錯誤？（A）營利事業辦理暫繳期間爲每年 9 月 1 日起至 9 月 30 日止（B）須按其上年度結算申報營利事業所得稅應納稅額之二分之一爲暫繳稅額，自行向庫繳納（C）營利事業未於規定期間辦理暫繳，除按日加計利息外，並立即加徵滯納金（D）營利事業未以投資抵減稅額、行政救濟留抵稅額及扣繳稅額抵減暫繳稅額者，於自行向庫繳納暫繳稅款後，得免填具暫繳申報書辦理申報。（111 年普考）

（D）45. 依據我國所得稅法之規定，取自營利事業贈與之財產應如何課稅？（A）個人取自營利事業贈與之財產，應由個人申報贈與稅（B）營利事業取自營利事業贈與之財產，應由贈與之營利事業申報贈與稅（C）個人取自營利事業贈與之財產免納所得稅（D）營利事業取自營利事業贈與之財產，應由受贈之營利事業申報所得稅。（111 年普考）

（A）46. 甲爲非居住者，111 年 5-6 月之統一發票中獎獎金爲新臺幣 4,000 元，應該如何課稅？（A）免予扣繳（B）依 20% 扣繳，次年 5 月再併入綜合所得總額結算申報（C）依 10% 分離課稅（D）依 20% 分離課稅。（111 年普考）

（D）47. 依所得稅法規定，有關扣繳義務人之定義，下列何者正確？（A）有限合夥事業分配盈餘予中華民國境內居住之出資者，扣繳義務人爲事業負責人（B）會計師事務所每月給付員工之薪資，扣繳義務人爲該事務所（C）個人承租房屋自住，每月給付房東之租金，扣繳義務人爲承租之個人（D）公司分配股利予總機構在中華民國境外之營利事業股東，扣繳義務人爲公司負責人。（111 年會計師）

（D）48. 依所得稅法規定，下列情形何者在申報營利事業所得稅時應認列爲損益項目？（A）尚未出售之外幣，因匯率調整而發生之帳面盈益（B）尚未出售之長期投資股票，因市價下跌而產生之帳面損失（C）因員工退休而給付一筆退休金，該筆退休金完全從過去年度所提撥之退休金準備中支付（D）銷貨收入中屬於附贈獎勵積點的部分，客戶尚未兌換該積點。（111 年

會計師）

（A）49. 外國 A 公司在中華民國境內設有分公司，A 公司轉投資國內上市公司而獲配之股利所得，該筆股利所得課稅方式為何？（A）依規定扣繳稅款，不計入營利事業所得額（B）由 A 公司境內分公司計入免稅所得（C）由 A 公司境內分公司計入營利事業所得額申報納稅（D）該股利非屬中華民國來源所得，無須課稅。（111 年會計師）

（B）50. 公司未依規定期限辦理營利事業所得稅結算申報，依所得稅法相關規定，下列敘述何者正確？（A）公司接到稽徵機關填發之滯報通知書之日起 15 日內補辦結算申報，按核定應納稅額另徵 20% 怠報金（B）公司接到稽徵機關填發之滯報通知書之日起 15 日內補辦結算申報，按核定應納稅額另徵 10% 滯報金（C）公司接到稽徵機關填發之滯報通知書後仍未補辦申報，按同業利潤標準核定所得額，補稅並加徵滯納金（D）公司接到稽徵機關填發之滯報通知書後補辦結算申報，按補繳稅額加計利息，免予處罰。（111 年會計師）

（B）51. 下列有關受控外國公司（Controlled Foreign Company）所得計入個人 112 年度之基本所得額之規定何者是正確的？①個人及其關係人直接或間接持有在中華民國境外低稅負國家之關係企業股份合計達 50% 以上②該關係企業於所在國家有實質營運活動③個人或其與配偶及直系親屬合計持有該關係企業股份 10% 以上④併計依規定應計入基本所得額之海外所得（A）①③（B）①④（C）①③④（D）①②③④。（111 年記帳士）

（C）52. 根據營利事業所得稅查核準則，下列有關利息之認列何者是錯誤的？（A）依稅捐稽徵法第 38 條規定行政救濟程序確定應補繳稅款所加計之利息，以費用列支（B）因土地以外進貨借款所支付之利息，以財務費用列支（C）獨資之資本主所借貸之款項，以費用列支（D）因增建固定資產而借款在建造期間應付之利息費用，應作為該項資產之成本，以資本支出列帳。（111 年記帳士）

（A）53. 根據營利事業所得稅查核準則，下列費用併入製造成本的敘述何者是錯誤的？（A）產製特種貨物廠商繳納之特種貨物及勞務稅，應併入製造成本（B）製造工廠之水、電、瓦斯費，應攤入製造成本（C）應納貨物稅廠商繳納原物料之貨物稅，應併入製造成本（D）製造所耗之燃料費應列入製造成本。（111 年記帳士）

（B）54. 根據營利事業所得稅查核準則，下列有關薪資支出之認列何者是正確的？（A）公司董事兼任經理者之薪資屬盈餘分配，不得列為費用或損失（B）公司為發行員工認股權憑證獎酬公司員工者，核實認定為薪資費用（C）合夥組織執行業務之合夥人之薪資屬盈餘分配，不得列為費用或損失（D）按期定額給付之交通費及膳宿費，認列為交通費。（111 年記帳士）

（A）55. 營利事業銷售貨物時，依我國現行營利事業查核準則規定，如有隨銷售附贈禮券，該附贈禮券相對應之收入應於何時認列？（A）銷售時（B）禮券兌換時（C）年底時（D）禮券兌換期限屆滿時。（111 年記帳士）

（A）56. 依現行稅法，下列何者不是分期付款銷貨，當期損益的計算方法？（A）同業平均毛利法（B）

全部毛利法（C）普通銷貨法（D）毛利百分比法。（111 年記帳士）

（A）57. 根據營利事業所得稅查核準則，下列有關職工退休金之認列何者是錯誤的？（A）適用勞動基準法之營利事業，依勞工退休金條例提繳之年金保險費，每年度得在不超過當年度已付薪資總額 20% 限度內列支（B）非適用勞動基準法之營利事業定有職工退休辦法者，每年度得在不超過當年度已付薪資總額 4% 限度內列支（C）營利事業設置職工退休基金，與該營利事業完全分離者，每年度得在不超過當年度已付薪資總額 8% 限度內列支（D）受委任工作者提繳之退休金，每年度得在不超過當年度已付薪資總額 6% 限度內列支。（111 年記帳士）

（C）58. 根據營利事業所得稅查核準則，下列有關捐贈之認列何者是錯誤的？（A）對政黨、政治團體及擬參選人之捐贈，以不超過所得額 10% 為限，其總額並不得超過新臺幣 50 萬元（B）直接對大陸地區捐贈者，不得列為費用或損失（C）透過財團法人私立學校興學基金會指定對特定學校法人或私立學校之捐款，以不超過所得額 20% 為限（D）營利事業透過合於所得稅法第 11 條第 4 項規定之機關、團體對災區受災居民救助及重建之捐贈，不受金額之限制。（111 年記帳士）

（D）59. 根據營利事業所得稅查核準則，下列有關福利金之提撥標準及費用認列何者是錯誤的？（A）創立時實收資本總額之 5% 限度內一次提撥。每年得在不超過提撥金額 20% 限度內，以費用列支（B）增資資本額之 5% 限度內一次提撥。每年得在不超過提撥金額 20% 限度內，以費用列支（C）每月營業收入總額內提撥 0.05% 至 0.15%（D）下腳變價時提撥金額不得超過 20% 限度內。（111 年記帳士）

（B）60. 根據營利事業所得稅查核準則，下列有關稅捐之認列何者是錯誤的？（A）依特種稅額計算繳納之營業稅以稅捐科目列支（B）加值型營業稅中不得扣抵之進項稅額不得列為成本費用或損失（C）營利事業扣繳他人所得稅款不得列為成本或捐費（D）購買房地所繳之契稅、印花稅等應併入房地之成本。（111 年記帳士）

（A）61. 營利事業在稽徵機關規定帳簿文據送交調查時間內，申請延期提示者，延長期限最長不得超過多久？可延長幾次？（A）1 個月；1 次（B）1 個月；2 次（C）2 個月；1 次（D）2 個月；2 次。（111 年記帳士）

（B）62. 依現行所得稅法相關規定，個人與營利事業對於發票日在 99 年 1 月 1 日以後之短期票券利息所得課稅方式，下列敘述何者正確？（A）個人與營利事業皆採分離課稅（B）個人採分離課稅，營利事業計入營利事業所得額課稅（C）個人計入綜合所得額課稅，營利事業採分離課稅（D）個人計入綜合所得額課稅，營利事業計入營利事業所得額課稅。（111 年地方五等特考）

（D）63. 營利事業遭受天然災害或戰禍等不可抗力之災害損失，除勘查困難者外，應於事實發生後之次日起幾日內，報請稽徵機關派員勘查？（A）10 日（B）15 日（C）20 日（D）30 日。（111 年地方五等特考）

（D）64. 有關獨資、合夥組織之營利事業，其所得稅之課徵，下列敘述何者正確？（A）應依規定辦理結算申報，並計算及繳納其應納之營利事業所得稅額（B）應依規定辦理結算申報，並計算及繳納其應納之營利事業所得稅額，得於申報個人綜合所得稅時辦理抵減（C）獨資、合夥組織之營利事業 3 年辦理結算申報一次，所繳稅額不得抵減個人綜合所得稅（D）應依規定辦理結算申報，無須計算及繳納其應納之結算稅額；其營利事業所得額，由獨資資本主或合夥組織合夥人列爲其營利所得，依所得稅法規定課徵綜合所得稅。（111 年地方五等特考）

（C）65. 有關營利事業所得稅暫繳之規定，下列敘述何者錯誤？（A）辦理暫繳期間爲每年 9 月 1 日起至 9 月 30 日止（B）按其上年度結算申報營利事業所得稅應納稅額之二分之一爲暫繳稅額（C）公司組織之營利事業，會計帳冊簿據完備，使用藍色申報書或經會計師查核簽證者，得免辦暫繳（D）獨資、合夥組織之營利事業及經核定之小規模營利事業不須辦理暫繳。（111 年地方五等特考）

（B）66. 所得稅法規定，依外國法律設立，實際管理處所在中華民國境內之營利事業，係指下列哪些情況？①作成重大經營管理、財務管理及人事管理決策者爲境內居住之個人②持有境內房地產③在境內有實際執行主要經營活動④財務報表之製作或儲存處所在境內⑤作成重大經營管理、財務管理及人事管理決策之處所在境內（A）①③⑤（B）①③④⑤（C）②③④⑤（D）①②③⑤。（111 年地方四等特考）

（AD）67. 依所得稅法有關各類所得扣繳的規定，下列敘述何者正確？①綜合所得總額十大類所得均應扣繳②扣繳義務人應於每月 10 日前將上月扣繳稅款向國庫繳清③公司分配予中華民國境內居住之個人之股利免扣繳④公司分配予非中華民國境內居住之個人之股利，按給付額扣取 21%（A）②③④（B）①②③（C）①④（D）③④。（111 年地方四等特考）註：答 A 或 D 者均給分。

（B）68. A 公司 110 年度全年課稅所得額爲 16 萬元，營利事業所得稅應納稅額爲多少元？（A）0 元（B）2 萬元（C）3.2 萬元（D）8,000 元。（111 年地方四等特考）

（C）69. 我國綜合所得稅對於非居住者之各項境內所得採就源扣繳規定，請依各項所得之扣繳率由高至低排序：①告發獎金②退職所得③短期票券利息④股利所得（A）①②③④（B）①④②③（C）④①②③（D）④①③②。（111 年地方三等特考）

（B）70. 紐約影片公司係一國外影片公司，在我國境內無分支機構，其於 110 年度在我國境內經由營業代理人出租影片之收入爲新臺幣 7,000 萬元。試問該影片公司當年度於我國之應納所得稅額爲多少？（A）630 萬元（B）700 萬元（C）770 萬元（D）1,400 萬元。（111 年地方三等特考）

（A）71. 有關營利事業之捐贈，下列何項捐贈之金額在列爲當年度費用或損失上不受限制？①對中小企業發展基金之捐贈②透過財團法人私立學校興學基金會對特定學校之指定捐贈③捐贈培養支援某些運動員④捐贈文化創意事業成立育成中心（A）①③（B）③④（C）①③④（D）①②③。（111 年地方三等特考）

（A）72. A 公司採曆年制，110 年 7 月 1 日新購置一台自用乘人小客車 450 萬元，預計使用 5 年，預估無殘值，採平均法計提折舊，其 110 年度營利事業所得稅申報依所得稅法規定認定之折舊金額爲何？（A）25 萬元（B）45 萬元（C）20 萬元（D）30 萬元。（111 年地方三等特考）

（A）73. 依現行法規，下列何者可認列爲公司之利息費用？（A）公司因增建固定資產而爲之借款，於建築完成後，所發生而應支付之利息（B）公司發放給股東的股利（C）公司購買土地之借款利息，該土地非屬公司之固定資產（D）公司分期付款購置設備，取得該項資產前之利息支出（110 年高考）

（B）74. 甲公司採曆年制會計年度，民國 109 年 10 月 21 日開始營業，當年度 2 個月又 10 天的營利事業所得額爲 4.5 萬元，依現行法規，其 109 年度全年課稅所得額爲何？實際應納營利事業所得稅額爲何？（A）18 萬；1.2 萬（B）18 萬；0.75 萬（C）4.5 萬；0 元（D）4.5 萬；0.9 萬（110 年高考）

解析：4.5÷3×12 ＝ 18 萬；（18 － 12）×1/2 ＝ 3 萬，3 萬 ×3/12 ＝ 0.75 萬

（A）75. 依現行所得稅法，有關資產重估的規定，下列何者錯誤？（A）重估價基準日爲營利事業申請資產重估日之年度終了日（B）適用資產重估的資產物價上升達 25% 以上可辦理資產重估價（C）適用資產重估的資產包含固定資產、無形資產及遞耗資產（D）營利事業辦理資產重估所發生之重估增值，於資產未處分前應列爲未實現重估增值（110 年高考）

（A）76. 依所得稅法相關規定，營利事業對下列何者之捐贈，無金額限制？①體育事業②中小企業發展基金③對私立學校興學基金會指明學校之捐贈④文化創意產業（A）①②（B）②④（C）①③（D）①②④（110 年普考）

（C）77. 依現行稅法規定，下列何種稅目之課稅範圍有採屬人主義？①贈與稅②營利事業所得稅③綜合所得稅④所得基本稅額（A）①②③④（B）①②③（C）①②④（D）②③④（110 年普考）

（B）78. 甲公司 109 年於中華民國境內所得新臺幣 500 萬元，美國分公司所得折合新臺幣 1,000 萬元，已在美國繳納美國分公司所得稅折合新臺幣 250 萬元，請問甲公司申報繳納我國 109 年度營利事業所得稅時可使用國外稅額扣抵上限爲多少元？（A）100 萬元（B）200 萬元（C）250 萬元（D）300 萬元（110 年普考）

解析：（500 ＋ 1,000）×20% ＝ 300 萬；500×20% ＝ 100 萬；300 萬 － 100 萬 ＝ 200 萬 ＜ 250 萬，故爲 200 萬。

（C）79. 有關 109 年度所得稅之課稅規定，下列敘述何者正確？（A）個人居住者若選擇將股利所得納入綜合所得中課稅，則每人可享有 8.5 萬元之扣抵稅額上限（B）個人居住者取得境內公司發放之股利所得，可選擇以就源扣繳方式分離課稅（C）外國機構投資人之股利所得扣繳率爲 21%，但若其所屬國家與我國簽有租稅協定者，則扣繳率依協定之規定（D）境內公司因轉投資境外營利事業而取得之股利收入免稅（110 年會計師）

（B）80. 甲公司採曆年制，109 年 4 月 10 日新購置一臺自用乘人小客車 420 萬元，預計使用 5 年，預

估無殘值，採平均法計提折舊，其109年度營利事業所得稅申報依所得稅法規定認定之折舊金額爲何？（A）32萬元（B）37.5萬元（C）50萬元（D）52.5萬元（110年會計師）

（C）81. 甲公司經稽徵機關核准採用4月制爲會計年度，其109年度營利事業所得稅暫繳申報之期間爲何？（A）109年8月1日至8月31日（B）109年9月1日至9月30日（C）109年12月1日至12月31日（D）110年8月1日至8月31日（110年會計師）

（B）82. 營利事業申報所得稅時列報之成本費用，下列敘述何者正確？（A）支付特別股股東之股利支出，得列報費用（B）捐贈經政府登記有案之體育團體，得全數列報費用（C）因違反環保法規所科處之罰鍰，得列爲營業外損失（D）應收帳款、應收票據及各項債權得按1%提列備抵呆帳（110年會計師）

（A）83. 下列何者爲營利事業所得稅申報書營業收入調節欄項下，開立統一發票金額之加項？（A）上期結轉本期預收款（B）上期應收本期開立發票金額（C）本期溢開發票金額（D）代收款（110年記帳士）

（D）84. 營利事業爲員工投保團體健康保險，其由營利事業負擔之保險費，每人每月最多在新臺幣多少元以內，免視爲員工之薪資所得？（A）500元（B）1,000元（C）1,500元（D）2,000元（110年記帳士）

（A）85. 甲公司採用分期付款方式銷貨並以毛利百分比法認列銷貨利益，本年度期初分期付款未實現毛利爲100萬元，期初應收分期付款餘額爲200萬元，本年度銷貨總額爲500萬元，銷貨毛利爲300萬元，分期付款收款總額爲350萬元，則該公司本年度認列之分期付款銷貨利益爲多少元？（A）200萬元（B）250萬元（C）300萬元（D）350萬元（110年記帳士）

（B）86. 依據所得稅法第110條之規定，納稅人未辦理結算申報，而經稽徵機關調查有應課稅之所得額者，除補徵稅款外，應照補徵稅額處幾倍以下之罰鍰？（A）2倍以下（B）3倍以下（C）4倍以下（D）5倍以下（110年記帳士）

（D）87. 營利事業預先提列備抵呆帳者，其呆帳損失之認列，下列敘述何者正確？（A）僅得以應收帳款爲限（B）金融業按其債權餘額2%估列（C）實際發生呆帳損失超過標準者，得按前一年度實際發生呆帳比率估列（D）分期付款銷貨採毛利百分比法計算損益者，不得提列（110年記帳士）

（B）88. 假設甲公司帳載營業毛利900萬元，營業費用700萬元，其中捐贈費用100萬元包括以下三筆：透過興學基金會未指定學校捐贈20萬元，指定某私立大學60萬元，及自行捐贈某私立大學20萬元。甲公司當年度可認列之捐贈費用金額爲多少？（A）80萬元（B）96萬元（C）98萬元（D）100萬元（110年記帳士）

（D）89. 依營利事業查核準則規定，營利事業繳納以下何種稅款，得列爲費用或損失？（A）營利事業所得稅（B）進口關稅（C）買賣契稅（D）非加值型營業稅（110年記帳士）

（C）90. 有關營利事業列報交際費之敘述，下列何者錯誤？（A）使用藍色申報書者，其交際費認列之限額高於使用普通申報書者（B）委託會計師查核簽證申報者，得適用使用藍色申報書之列支限額（C）列報限額採超額累進之方式（D）經營外銷業務取得外匯收入者，得在不超過當年度外銷結匯收入總額 2% 範圍內，列支特別交際費（110 年記帳士）

（A）91. 營利事業採用完工百分比法計算工程損益時，其計算方法不包括下列何者？（A）工程收益比例法（B）工程成本比例法（C）工時進度比例法（D）產出單位比例法（110 年記帳士）

（D）92. 丙公司 110 年期初備抵呆帳餘額為 4 萬元，期末有應收帳款 300 萬元及應收票據 200 萬元，則丙公司申報 110 年營利事業所得稅時，可申報呆帳多少元？（A）4 萬（B）3 萬（C）2 萬（D）1 萬（110 年記帳士）

（C）93. 甲公司總機構在日本，其 110 年在我國境內提供技術服務收入 2 億元，經財政部核定按營業收入百分比計算所得，而甲公司以前年度核定虧損 1,000 萬元，則依所得稅法規定，該公司 110 年度營利事業所得稅額為多少元？（A）3,000 萬元（B）2,000 萬元（C）600 萬元（D）400 萬元（110 年記帳士）

（C）94. 依所得稅法相關規定，營利事業之支出，下列何者不得列為費用或損失？①遭受不可抗力之災害損失未受有保險賠償部分②資本之利息③營利事業所得稅④營業上設備之修理支出 5 萬元，其所增加之價值非二年內耗竭（A）①②③（B）②③④（C）②③（D）①④（110 年記帳士）

（D）95. 營利事業之帳簿憑證因公司會計人員帶回家以致滅失者，稽徵機關如何計算其所得額？（A）依該事業前三個年度經稽徵機關核定純益率之平均數核定（B）若帳簿憑證在辦理結算申報後，未經稽徵機關調查核定前滅失，依申報所得額核定（C）依該事業前三個年度申報之平均數核定（D）依同業利潤標準核定（110 年記帳士）

（A）96. 營利事業分期付款銷貨採下列哪種方法計算損益者，有關銷貨收入之應收債權，不得提列備抵呆帳？（A）毛利百分比法（B）普通銷貨法（C）差價攤計法（D）全部毛利法（110 年記帳士）

（C）97. 依所得稅法相關規定，營利事業認列捐贈之費用，下列敘述何者錯誤？（A）對公益慈善團體之捐贈不得超過所得額 10%（B）直接對大陸地區之捐贈不得列為費用或損失（C）對偏遠地區舉辦之文化創意活動的捐贈支出，不受金額限制（D）對國立大學之捐贈不受金額限制（110 年記帳士）

（A）98. 依所得稅法規定，營利事業會計年度採四月制，其應於何時作扣繳申報？（A）一月份（B）四月份（C）五月份（D）七月份（110 年地方五等特考）

（B）99. 依所得稅法規定，營利事業獲配股利收入課稅規定，下列敘述何者錯誤？（A）總機構在境內之營利事業獲配境內營利事業發放之股利收入，不計入所得課稅（B）總機構在境內之營利事業獲配境外公司發放之股利收入，按 20% 課稅（C）總機構在境外之營利事業獲配境內公司發放之股利收入，按 21% 課稅（D）總機構在境外之營利事業獲配境外公司發放之股利

收入，按 10% 課稅（110 年地方五等特考）

（B）100. 依所得稅法規定，營利事業下列有關扣繳之敘述，何者錯誤？（A）給付予境內營利事業之短期票券利息按 10% 扣繳，應併入營利事業所得額（B）給付予非居住者之公債、公司債或金融債券之利息按 10% 扣繳率扣繳（C）公司分配給境內居住者之股利免扣繳（D）給付予居住者之稿費、版稅等每次給付金額不超過 20,000 元免扣繳（110 年地方五等特考）

（B）101. 依所得稅法營利事業適用盈虧互抵之規定，下列敘述何者錯誤？（A）申報扣除年度及虧損年度均需有會計師簽證（B）申報扣除年度或虧損年度需有會計師簽證（C）申報扣除年度及虧損年度均需如期申報（D）各該期之核定虧損，有免計入所得額之投資收益應先行抵減，再以虧損之餘額，自本年度純益額中扣除（110 年地方五等特考）

（D）102. 依所得稅相關法規規定，下列那一項可以列為營利事業之費用？（A）營利事業繳納之營利事業所得稅（B）營利事業繳納之罰鍰（C）營利事業分配之盈餘（D）營利事業對政府的捐贈（110 年地方五等特考）

（B）103. 營利事業之會計年度採四月制者，其結算申報與暫繳申報的期間分別為何？（A）結算申報期間為 8 月 1 日至 8 月 31 日；暫繳申報期間為 9 月 1 日至 9 月 30 日（B）結算申報期間為 8 月 1 日至 8 月 31 日；暫繳申報期間為 12 月 1 日至 12 月 31 日（C）結算申報期間為 5 月 1 日至 5 月 31 日；暫繳申報期間為 9 月 1 日至 9 月 30 日（D）結算申報期間為 5 月 1 日至 5 月 31 日；暫繳申報期間為 12 月 1 日至 12 月 31 日（110 年地方五等特考）

（A）104. 下列何項所得於給付時，所得給付人須辦理扣繳？（A）百貨公司周年慶抽獎活動，抽中價值 2 萬元之手機（B）7-8 月統一發票中獎獎金 4,000 元（C）甲每個月支付乙之租金 1 萬元（D）中華民國境內居住者，出售房屋給甲公司，有財產交易所得 100 萬元（110 年地方四等特考）

（D）105. 下列有關營利事業所得額之敘述，何者正確？（A）營利事業持有之短期票券發票日在中華民國 99 年 1 月 1 日以後者，其利息所得不計入營利事業所得額課稅（B）總機構在中華民國境外之營利事業，因投資於國內其他營利事業，所獲配之股利或盈餘，應計入營利事業所得額（C）自 100 年度起，總機構在中華民國境外經營海運業務之營利事業，符合一定要件，經中央目的事業主管機關核定者，其海運業務收入得選擇按船舶淨噸位計算營利事業所得額（D）國外影片事業在中華民國境內無分支機構，經由營業代理人出租影片之收入，應以其二分之一為在中華民國境內之營利事業所得額（110 年地方四等特考）

（C）106. 甲公司於民國 107 年 1 月 1 日購入高級汽車一輛供董事長使用，總價 $3,150,000（含稅），經取得統一發票，預估殘值 $500,000，耐用年限 5 年，採平均法提列折舊。該公司於民國 110 年 7 月 1 日將該車出售，得款 $1,050,000（含稅）。試問：① 109 年計算課稅所得時，該汽車可計提多少折舊費用？② 110 年計算課稅所得時，該汽車應認列多少處分損益？（A）① $530,000 ② 處分利得 $245,000（B）① $530,000 ② 處分損失 $245,000（C）

① $420,634 ②處分損失 $295,000（D）① $420,634 ②處分利得 $295,000（110 年地方四等特考）

（D）107. 依我國稅法規定，有關所得之課稅範圍，下列何者正確？（A）綜合所得稅採屬人主義，不論國內、外所得皆屬課稅範圍（B）個人所得基本稅額採屬地主義，國內所得方屬課稅範圍（C）營利事業所得稅採屬地主義，國內所得方屬課稅範圍（D）營利事業所得稅採屬人主義兼屬地主義（110 年地方三等特考）

（C）108. A 公司 109 年度所得稅結算申報營業收入 2,000 萬元、營業成本 1,600 萬元、營業費用 200 萬元、營業外收入 50 萬元，適用之所得額標準為 120 萬元，按同業利潤標準毛利率及淨利率核算之所得額分別為 180 萬元及 160 萬元，A 公司於調查時未提示有關成本之帳簿憑證，則 A 公司 109 年度所得稅結算申報核定營業淨利應為：（A）160 萬元（B）180 萬元（C）200 萬元（D）250 萬元（110 年地方三等特考）

（C）109. 下列何者所得，非屬於我國所得稅法之免納所得？（A）各級政府公有事業之所得（B）依法經營不對外營業消費合作社之盈餘（C）個人存放在銀行定存單而取得之利息（D）人身保險、勞工保險及軍、公教保險之保險給付（110 年地方三等特考）

（A）110. A 公司會計年度採七月制，則 A 公司 108 年度營利事業所得稅結算申報期間及暫繳申報期間分別為何？（A）109 年 11 月 1 日～ 109 年 11 月 30 日、109 年 3 月 1 日～ 109 年 3 月 31 日（B）109 年 9 月 1 日 ～ 109 年 9 月 30 日、109 年 3 月 1 日 ～ 109 年 3 月 31 日（C）109 年 11 月 1 日 ～ 109 年 11 月 30 日、109 年 1 月 1 日 ～ 109 年 1 月 31 日（D）109 年 12 月 1 日～ 109 年 12 月 31 日、109 年 1 月 1 日～ 109 年 1 月 31 日（109 年高考）

（A）111. 我國境內某甲公司投資海外避稅天堂國家英屬維京群島設立百分之百持股之子公司某乙，乙公司只是紙上公司，並無辦公場所，甲公司銷售貨物與美國客戶丙公司，實際上由甲公司直接出貨交付丙公司，但在交易合約安排上，則由甲公司銷售與乙公司，再由乙公司銷售與丙公司，使銷售利潤歸屬乙公司。請問下列敘述何者錯誤？（A）本案屬於合法租稅規劃，租稅法應尊重納稅者私法契約自由原則（B）本案屬於租稅規避行為，應調整補稅（C）本於實質課稅原則，乙公司實質上並未從事銷售之經濟活動，故本案應認為實質上交易關係存在於甲公司與丙公司之間（D）本案乙公司之銷售利潤，應視為甲公司銷售行為之利潤，應直接歸屬於甲公司之所得課稅（109 年高考）

（A）112. A 公司會計年度採八月制，經該管稽徵機關核准 110 年起改採曆年制。若 A 公司 109 年 8 月 1 日至 12 月 31 日之課稅所得為 120,000 元，該期間營利事業所得稅之申報期間與應納稅額為下列何者？（A）應於 110 年 1 月 1 日至 1 月 31 日期間申報；應納稅額為 24,000 元（B）應於 110 年 1 月 1 日至 1 月 31 日期間申報；課稅所得額在 12 萬元以下，應納稅額為 0 元（C）應於 110 年 5 月 1 日至 5 月 31 日期間申報；應納稅額為 24,000 元（D）應於 110 年 5 月 1 日至 5 月 31 日期間申報；課稅所得額在 12 萬元以下，應納稅額為 0 元（109 年普考）

（A）113. 依現行所得稅法規定，納稅義務人逾限繳納稅款者，下列敘述何者正確？（A）每逾 2 日按滯納之金額加徵百分之一滯納金，營利事業逾 30 日仍未繳納者，除由稽徵機關移送強制執行外，並得停止其營業至納稅義務人繳納之日止（B）因不可抗力或不可歸責於納稅義務人之事由，致不能於法定期間內繳清稅捐，得於其原因消滅後 20 日內，提出具體證明，向稽徵機關申請延期或分期繳納經核准者，免予加徵滯納金（C）應納稅款，應自原繳納期限屆滿之次日起，至納稅義務人繳納之日止，依規定之存款利率，按日加計利息，一併徵收（D）停止營業處分，由法院執行，並由警察機關協助之（109 年普考）

（D）114. 依所得稅法及其相關法規規定，營利事業列報各項成本、費用及損失減除之認定標準，下列敘述何者正確？（A）資本之利息為資金使用成本，得列為費用或損失（B）營業設備因改良修理而增加 5 年的工作效能，該修繕支出應立即費用化（C）對符合所得稅法規定之教育、文化、公益、慈善機關或團體捐贈，不受金額之限制（D）依規定提撥職工退休基金者，職工退休時應先由該基金項下支付退休金，不足支付時始得以當年度費用列支（109 年會計師）

（B）115. 營利事業於 109 年 1 月初整批購買大量桌椅各 200 張，若其耐用年限為 8 年，單價分別為 720 元及 500 元，設殘值為 0，以平均法提列折舊，則依所得稅法及其相關規定，109 年度可認列之折舊費用為何？（A）15,250 元（B）30,500 元（C）60,000 元（D）216,000 元（109 年會計師）

（A）116. 總機構在中華民國境外之國際運輸事業，109 年境內營業收入為 100 萬元，經財政部核准依營業收入核定所得額，假設其並無其他收入或費用損失，則依所得稅法第 25 條規定，該年度其課稅所得額為若干？（A）10 萬元（B）15 萬元（C）17 萬元（D）20 萬元（109 年會計師）

（D）117. 依現行各類所得扣繳率標準規定，取得下列所得之扣繳規定，何者正確？（A）政府派駐國外工作人員所領政府發給之薪資按全月給付總額超過新臺幣 5 萬元部分，扣取 5%（B）非居住者持有公債、公司債或金融債券之利息，按給付額扣取 10%（C）告發或檢舉獎金非居住者按給付額扣取 20%，居住者扣取 10%（D）居住者及非居住者取得統一發票中獎獎金，每聯中獎獎金不超過新臺幣 5,000 元時，免予扣繳（109 年記帳士）

（B）118. 依所得稅法規定，金融資產證券化條例發行之受益證券或資產基礎證券發放之利息所得，對於境內居住之個人及營利事業分別如何課稅？（A）個人應併入綜合所得總額，營利事業採分離課稅扣繳率 20%（B）個人採分離課稅扣繳率 10%，營利事業須併入營利事業所得額（C）個人及營利事業均採分離課稅扣繳率 10%（D）個人應併入綜合所得總額，營利事業須併入營利事業所得額（109 年記帳士）

（A）119. 甲公司總機構在美國，經財政部依所得稅法第 25 條規定，核定按營業收入百分比計算所得額，108 年度在境內提供技術服務收入有 2.5 億元，則該公司當年度之營利事業所得額及應納稅額各為新臺幣若干元？（A）3,750 萬元、750 萬元（B）3,750 萬元、712.5 萬元（C）2,500

萬元、500 萬元（D）2,500 萬元、475 萬元（109 年記帳士）

解析：2.5 億 ×15% = 3,750 萬元　3,750×20% = 750 萬元

（C）120. 甲公司總機構設於臺北市，109 年 8 月 15 日發放股利予股東，下列有關不同類型股東，申報繳納所得稅方式，何者錯誤？（A）公司發放予境內居住者股東免予扣繳，仍應申報綜合所得稅（B）公司發放予非居住者股東應扣繳 21%，採就源扣繳不需申報綜合所得稅（C）公司發放予境內法人股東免予扣繳，境內法人應併入營利事業所得額（D）公司發放予境外法人股東應扣繳 21%，採就源扣繳不需申報營利事業所得稅（109 年記帳士）

（D）121. 依所得稅法第 43 條之 4 規定，依外國法律設立之公司，下列何者爲認定實際管理處所在境內之條件？①作成重大經營管理、財務管理及人事管理決策之處所在境內②在境內擁有房地產③在境內有實際執行主要經營活動④財務報表製作或儲存處所在境內⑤作成重大經營管理、財務管理及人事管理決策者爲境內居住之個人（A）①②④（B）①②③④（C）②③④⑤（D）①③④⑤（109 年記帳士）

（C）122. 甲公司 108 年度透過私立學校興學基金會指定對A財團法人私立學校捐贈新臺幣 250 萬元；另直接捐贈予B財團法人私立學校運動器材用品價值 50 萬元。若該公司當年度之營業毛利爲 1,000 萬元，營業費用（含捐贈費用）800 萬元，無營業外收入及損失，請問甲公司申報 108 年度營利事業所得稅可認列之捐贈總額爲新臺幣多少元？（A）909,090 元（B）100 萬元（C）140 萬元（D）150 萬元（109 年記帳士）

（C）123. 假設甲公司逾期繳納補徵之營利事業所得稅，繳納截止日爲 6 月 30 日（星期六），該公司於 7 月 6 日繳納，依稅法規定應如何處理？（A）按應納稅額加徵 10% 滯報金，最低不得少於新臺幣 1,500 元，最高不得超過新臺幣 3 萬元（B）按當年度營利事業所得稅率計算金額加徵 20% 怠報金，最低不得少於新臺幣 4,500 元，最高不得超過新臺幣 9 萬元（C）按滯納數額加徵 1% 滯納金（D）按滯納數額加徵 1% 滯納金，另按郵政儲金 1 年期定存利率按日加計利息（109 年記帳士）

（D）124. 甲公司之會計年度採曆年制，106 年度營利事業所得稅於 107 年 12 月完成申報，申報虧損數額 300 萬元，依現行所得稅法規定，此筆申報虧損數額可從以後年度純益額中扣除的最後年限爲何？（A）111 年度（B）116 年度（C）117 年度（D）不適用盈虧互抵（109 年記帳士）

（D）125. 甲公司於 109 年 10 月 16 日購置自用乘人小汽車 3,000,000 元，另加計進項稅額 150,000 元供董事長使用，按平均法依耐用年數 5 年提列折舊，估計殘值 525,000 元。請問 109 年度折舊金額之帳列數與申報數爲何？（A）帳列數 123,750 元，申報數 98,750 元（B）帳列數 87,500 元，申報數 69,444 元（C）帳列數 87,500 元，申報數 65,833 元（D）帳列數 131,250 元，申報數 104,166 元（109 年記帳士）

（A）126. 依所得稅法規定，營利事業申報下列那些費用、損失，帳簿憑證完整者，稽徵機關可以核實認定？①未超限之交際費②本業以外之家庭支出③支付員工薪資④加徵之滯報金⑤廠房的折

舊費用⑥投資損失但出資額未折減（A）①③⑤（B）②④⑥（C）③⑤⑥（D）①④⑤（109 年記帳士）

（B）127. 甲公司 109 年 8 月 1 日銷售一部成本 2,100,000 元之汽車予宋先生，其現銷價格為 2,400,000 元，分期付款價格為 2,800,000 元，分 36 個月付款，每月初付款 50,000 元，該公司 109 年度以毛利百分比法申報所得稅應認列毛利為若干元？（A）31,250 元（B）62,500 元（C）300,000 元（D）600,000 元（109 年記帳士）

（D）128. 依營利事業所得稅查核準則規定，109 年度營利事業薪資支出（費用）之認列，下列敘述何者錯誤？（A）獨資、合夥事業之資本主、執行業務合夥人及職工之薪資，可核實認列薪資費用（B）公司股東、董事或合夥人兼任經理或職員者，可核實認定其薪資支出（C）公司發行員工認股權憑證獎酬公司員工者，可核實認定為薪資費用（D）營利事業按月定額發給員工伙食代金 2,400 元，可視為員工薪資費用（109 年記帳士）

（A）129. 營利事業費用認列以已實現為原則，依營利事業所得稅查核準則第 63 條，下列何者未實現之費用及損失，稽徵機關得予認定？（A）存貨跌價損失、備抵呆帳（B）產品售後服務保證負債、勞工退休準備金（C）投資損失準備、備抵呆帳（D）職工退休基金、長期投資之有價證券跌價損失（109 年記帳士）

（D）130. 依現行所得稅法規定，營利事業扣抵往年度核定之虧損，可在未來多少年之內扣除？（A）往年度營業虧損均不得扣抵（B）得於未來 3 年內扣抵之（C）得於未來 5 年內扣抵之（D）得於未來 10 年內扣抵之（109 年地方五等特考）

（C）131. 上市公司給付股利給境內無固定營業場所的外國投資公司時，應否及如何辦理扣繳？（A）比照境內投資人不計入所得額課稅，被投資公司無須辦理扣繳（B）外國投資公司應自行向稽徵機關報繳，被投資公司無須辦理扣繳（C）被投資公司應辦理扣繳，並按給付額扣取 21%（D）被投資公司應辦理扣繳，並按給付額扣取 30%（109 年地方五等特考）

（C）132. 台潤公司於 105 年購置乘人小客車一批，計畫提供客戶短租與長租使用，該批小客車之折舊費用應如何提列？（A）9 人座以下乘人小客車不得提列折舊（B）依照一般營業用車輛按耐用年限提列折舊（C）提列折舊成本以不超過新臺幣 500 萬元為限（D）依照租賃期間長短，分別提列折舊（109 年地方五等特考）

（C）133. 穩賺不賠證券公司 109 年度經主管機關核准發行認購（售）權證，因股市後勢看漲，投資人大量購買認購權證，穩賺不賠公司於 109 年 3 月買入大量現股備供認購權證持有人履約，不料突發嚴重特殊傳染性肺炎疫情擴散，股市反轉，穩賺不賠公司於 109 年 10 月調節手上持股，認賠出售，該檔權證於 110 年度到期。穩賺不賠公司前開買賣有價證券，均經主管機關核可符合避險需要，請問下列敘述何者錯誤？（A）穩賺不賠公司買賣有價證券之損失，不適用所得稅法第 4 條之 1 規定（B）穩賺不賠公司買賣有價證券之損失，可以併計發行認購（售）權證之損益課稅（C）穩賺不賠公司發行權證收入 200 萬元，發行成本與費用金額 5

萬元，買賣有價證券損失 210 萬元，得自其他應稅所得中減除金額為 15 萬元（D）穩賺不賠公司發行該檔權證到期計算之損益，應合併計入 110 年度之營利事業所得額課稅（109 年地方五等特考）

（C）134. 小美對中 109 年 5 月至 6 月統一發票四獎，獎金 4,000 元，請問應如何課稅？（A）按 20% 稅率扣繳稅款 800 元，分離課稅（B）按 20% 稅率扣繳稅款 800 元，再併計年度綜合所得總額計徵退綜合所得稅（C）免予扣繳，免列單申報（D）免予扣繳，惟應列單申報（109 年地方五等特考）

（A）135. 甲公司民國 109 年度的全年課稅所得額為 150,000 元，試問其當年度營利事業所得稅應納稅額為多少？（A）15,000 元（B）25,500 元（C）27,000 元（D）30,000 元（109 年地方四等特考）

（C）136. 我國營利事業業務上直接支付的交際應酬費用，經取得確實單據者，得依其業務目的之限度列為交際費用，試問在其他條件相同下，下列各項業務目的及申報書類別，何項的交際費列支限額比率最低？（A）以銷貨為目的之普通申報書（B）以銷貨為目的之藍色申報書（C）以進貨為目的之普通申報書（D）以進貨為目的之藍色申報書（109 年地方四等特考）

（D）137. 依所得稅法第 61 條規定，營利事業之固定資產遇物價上漲達多少時，得實施資產重估價？（A）10%（B）15%（C）20%（D）25%（109 年地方四等特考）

（D）138. A 公司之會計制度係採七月制，則 107 年度之未分配盈餘應於何時辦理申報？（A）108 年 5 月 1 日至 5 月 31 日（B）109 年 5 月 1 日至 5 月 31 日（C）108 年 11 月 1 日至 11 月 30 日（D）109 年 11 月 1 日至 11 月 30 日（109 年地方三等特考）

（D）139. 安平公司總機構在中華民國境內，屬加值型營業人，本期處分公司名下民國 100 年購入之一筆土地，該土地相關之租稅負擔有那些？①營業稅②土地增值稅③房地合一所得稅④營利事業所得稅⑤印花稅（A）①②③⑤（B）①②④⑤（C）②④⑤（D）②⑤（109 年地方三等特考）

第6章 所得稅兩稅合一制度

我願君心光明燭，燭盡逃亡田家屋；
蜂蠆不得生其毒，民雖赬尾無魚肉。

臺灣　洪棄生「賣兒翁」

我國所得稅法將課稅主體區分爲針對個人與針對營利事業，對前者課徵綜合所得稅，對後者課徵營利事業所得稅。在實施兩稅合一之前係採獨立課稅制，將營利事業本身與營利事業的業主、股東等，視爲兩個獨立的實體，亦即對獨資、合夥及公司等營利事業的盈餘課徵營利事業所得稅；稅後盈餘分配給獨資資本主、合夥事業合夥人及公司股東時，再對他們的營利所得課徵綜合所得稅。

爲簡便說明起見，在實施兩稅合一之前，假設某營利事業當年度的盈餘 1,000 萬元，以當時營利事業所得稅的最高稅率計算，應納營利事業所得稅 250 萬元（1,000 萬元 ×25%）[1]。若該營利事業將稅後盈餘 750 萬元全數分配給股東，股東在獲配股利後，須申報綜合所得稅（營利所得），並假設股東適用最高稅率 40%，則股東應納之綜合所得稅爲 300 萬元（750 萬元 ×40%）。就該筆盈餘而言，總稅負高達 550 萬元（250 萬元 + 300 萬元），稅率高達 55%（550÷1,000）。雖然課稅主體不同，但對同一筆所得在兩階段都需課稅，有重複課稅之嫌，且對以募股方式籌措資金的公司產生不利影響。爲降低稅負，以激勵企業投資意願，並建立公平合理稅制，我國乃將所得稅制由獨立課稅制修正爲兩稅合一制（integrated income tax system），並自 87 年 1 月 1 日起實施。所謂兩稅合一制，係指綜合所得稅與營利事業所得稅的合一，亦即對營利事業之所得與股東自營利事業所分配之股利，予以整合，僅課徵一次所得稅。

但隨著國際股利所得課稅制度改革趨勢，原採兩稅合一設算扣抵制度之國家，如德國、法國、義大利、芬蘭、挪威、土耳其、英國及西班牙等，近年改採部分免稅法或分離課稅法，或上開兩法擇一或併同適用之方法課稅。

我國爲建立符合國際趨勢且具競爭力之公平合理所得稅制，參考前開國際稅制改革趨勢，自 107 年 1 月 1 日起廢除兩稅合一設算扣抵制度，營利事業毋須設置股東可扣抵稅額帳戶。公司、合作社或其他法人營利事業之股東、社員或出資者因投資獲配之股利或盈餘，其計算應納稅額方式改採合併計稅減除股利可抵減稅額與單一稅率分開計稅之二擇一制度，營利事業繳納之營利事業所得稅不再併同盈餘分配予其股東、社員或出資者扣抵其綜合所得稅應納稅額[2]。

先前爲配合兩稅合一制度的實施，在當時修法時有兩大重點，其一是保留盈餘課稅的相關規定；其二是增設股東可扣抵稅額帳戶。兩稅合一實施後，營利事業仍依現行規定計算營利事業所得稅，但須對公司保留盈餘（undistributed earnings）加

---

1 按當時稅法規定，精確數字應是 1000 萬 × 25% － 1 萬 = 249 萬。爲簡便計，本處忽略累進差額 1 萬元。

2 參見立法院立法理由。

徵 10% 營利事業所得稅。隨著兩稅合一制度的廢除，我國再次修法如下：自 87 年度起至 106 年度止，營利事業當年度之盈餘未作分配者，應就該未分配盈餘加徵 10% 營利事業所得稅；自 107 年度起，營利事業當年度之盈餘未作分配者，應就該未分配盈餘加徵 5% 營利事業所得稅。

6-1 股東可扣抵稅額帳戶之設置

一、廢除兩稅合一前

凡依規定課徵營利事業所得稅之營利事業，應自 87 年度起，在其會計帳簿外，設置股東可扣抵稅額帳戶，用以記錄可分配予股東或社員之所得稅額，並依規定，保持足以正確計算該帳戶金額之憑證及紀錄，以供稽徵機關查核。新設立之營利事業，應自設立之日起設置並記載（所 66-1）。

下列營利事業或機關、團體，免予設置股東可扣抵稅額帳戶（所 66-1）：

（一）總機構在中華民國境外者。

（二）獨資、合夥組織。

（三）所得稅法第 11 條第 4 項規定之教育、文化、公益、慈善機關或團體。

（四）依其他法令或組織章程規定，不得分配盈餘之團體或組織。

二、廢除兩稅合一後

為配合廢除兩稅合一設算扣抵制度，自 107 年 1 月 1 日起，營利事業毋須設置股東可扣抵稅額帳戶，爰刪除所得稅法第 66 條之 1 規定。

6-2 股東可扣抵稅額帳戶之起訖期間

一、廢除兩稅合一前

營利事業記載股東可扣抵稅額帳戶之起訖期間，應為每年 1 月 1 日起至 12 月 31 日止。但營利事業之會計年度，經依規定核准變更者，得申請稽徵機關核准依其會計年度之起訖日期。

營利事業自 87 年度起設置之當年度股東可扣抵稅額帳戶之期初餘額為零；新設立營利事業於設立時，亦同。其以後年度股東可扣抵稅額帳戶期初餘額，應等於其上年度期末餘額（所 66-2）。

二、廢除兩稅合一後

爲配合廢除兩稅合一設算扣抵制度，自 107 年 1 月 1 日起，營利事業毋須設置股東可扣抵稅額帳戶，爰刪除所得稅法第 66 條之 2 規定。

6-3 計入股東可扣抵稅額帳戶之條件

一、廢除兩稅合一前

計入股東可扣抵稅額帳戶之項目，需符合下列條件，始可認列：

（一）依所得稅法第 66 條之 3 規定，營利事業下列各款金額，應計入當年度股東可扣抵稅額帳戶餘額，用以抵繳綜合所得稅（所 66-3）：

1. 繳納屬 87 年度或以後年度中華民國營利事業所得稅結算申報應納稅額、經稽徵機關調查核定增加之稅額及未分配盈餘加徵之稅額。其計入當年度股東可扣抵稅額帳戶之日期，如以現金繳納者，爲繳納稅款日；以暫繳稅款及扣繳稅款抵繳結算申報應納稅額者爲年度決算日。

2. 因投資於中華民國境內其他營利事業，獲配屬 87 年度或以後年度股利總額或盈餘總額所含之可扣抵稅額。其計入當年度股東可扣抵稅額帳戶之日期爲獲配股利或盈餘日。

3. 87 年度或以後年度持有發票日在中華民國 98 年 12 月 31 日以前之短期票券之利息所得扣繳稅款，按持有期間計算之稅額。其計入當年度股東可扣抵稅額帳戶之日期爲短期票券轉讓日或利息兌領日。

4. 以法定盈餘公積或特別盈餘公積撥充資本者，其已依所得稅法第 66 條之 4 第 1 項第 3 款規定減除之可扣抵稅額。其計入當年度股東可扣抵稅額帳戶之日期爲撥充資本日。

5. 因合併而承受消滅公司之股東可扣抵稅額帳戶餘額。但不得超過消滅公司帳載累積未分配盈餘，按稅額扣抵比率上限計算之稅額。其計入當年度股東可扣抵稅額帳戶之日期爲合併生效日。

6. 其他經財政部核定之項目及金額。其計入當年度股東可扣抵稅額帳戶之日期由財政部以命令定之。

（二）需應納且已繳納

1. 申報屬營利事業所得稅結算申報應納稅額時，除需爲應納且已繳納外，尚須屬於 87 年度以後之中華民國營利事業所得稅。

2. 需於查核案件之資料期間內，已實際繳納或取得者，不得依「權責發生制」規定，於期末預估計入。

（三）比較應納稅額與暫繳、扣繳稅款：比較已繳納之暫繳及扣繳稅款合計數與申報應納稅額之大小，取小認定。如採曆年制者，其計入時點爲結算日（12 月 31 日）；非曆年制者爲會計年度之末日。

例題 1

吉利公司 100 年股東可扣抵帳戶期初餘額為 30 萬元，繳納 100 年度暫繳稅額 400 萬元，100 年 12 月 20 日取得利息收入 180 萬元，扣繳稅額 18 萬元，100 年度決算時，計算當年度應納營利事業所得稅為 750 萬元，於減除暫繳及扣繳稅款後，尚須補繳 332 萬元，吉利公司於 101 年 5 月 31 日辦理結算申報，並以現金繳清 100 年度營利事業所得稅，試問有關股東可扣抵稅額帳戶之記錄如何？

擬答：

（一）100 年 12 月 31 日股東可扣抵帳戶應計入金額為 418 萬元（400 萬＋18 萬）

（二）100 年 12 月 31 日股東可扣抵帳戶餘額為 448 萬元（30 萬＋418 萬）

（三）101 年 5 月 31 日股東可扣抵帳戶應計入金額為 332 萬元

二、廢除兩稅合一後

爲配合廢除兩稅合一設算扣抵制度，自 107 年 1 月 1 日起，營利事業毋須設置股東可扣抵稅額帳戶，爰刪除所得稅法第 66 條之 3 規定。

6-4 不得計入股東可扣抵稅額帳戶之項目

一、廢除兩稅合一前

（一）營利事業之下列各款金額，不得計入當年度股東可扣抵稅額帳戶餘額（所 66-3）：

1. 總機構在中華民國境外之國際運輸事業等依第 98 條之 1 規定扣繳之營利事業所得稅。

2. 以受託人身分經營信託業務所繳納之營利事業所得稅及獲配股利或盈餘之可扣抵稅額。

3. 改變爲應設股東可扣抵稅額帳戶前所繳納之營利事業所得稅。

4. 繳納屬 86 年度或以前年度之營利事業所得稅。

5. 繳納之滯報金、怠報金、滯納金、罰鍰及加計之利息。

（二）未實際繳納或非我國之營利事業所得稅，不得列入股東可扣抵稅額帳戶：

1. 投資抵減稅額：依促進產業升級條例相關法律規定之投資抵減稅額。

2. 國外已扣抵稅額：已扣抵的國外或大陸地區已納稅額。

3. 行政救濟留抵稅額。

二、廢除兩稅合一後

爲配合廢除兩稅合一設算扣抵制度，自 107 年 1 月 1 日起，營利事業毋須設置股東可扣抵稅額帳戶，爰刪除所得稅法第 66 條之 3 規定。

6-5 自股東可扣抵稅額帳戶減除之項目及減除時點

一、廢除兩稅合一前

（一）營利事業下列各款金額，應自當年度股東可扣抵稅額帳戶餘額中減除（所 66-4）：

1. 自 104 年 1 月 1 日起分配屬 87 年度或以後年度股利淨額或盈餘淨額，依第 66 條之 6 規定之稅額扣抵比率計算之金額。（103 年 12 月 31 日以前適用之規定爲：分配屬 87 年度或以後年度股利總額或盈餘總額所含之可扣抵稅額。）其自當年度股東可扣抵稅額帳戶減除之日期爲分配日。

2. 87 年度或以後年度結算申報應納中華民國營利事業所得稅，經稽徵機關調查核定減少之稅額。其減除之日期爲核定退稅通知書送達日。

3. 依公司法或其他法令規定，提列之法定盈餘公積、公積金、公益金或特別盈餘公積所含之當年度已納營利事業所得稅額。其減除之日期爲提列日。

4. 依公司章程規定，分派董監事職工之紅利所含之當年度已納營利事業所得稅額。其減除之日期爲分派日。

5. 其他經財政部核定之項目及金額。其自當年度股東可扣抵稅額帳戶減除之日期由財政部以命令定之。

補充說明

(1) 自 97 年 1 月 1 日起實施員工分紅費用化，員工紅利及董監酬勞係屬「薪資費用」而不是「盈餘分配」，因此並無可扣抵稅額，也不能列爲未分配盈餘的減除項目。

(2) 自 97 年 1 月 1 日起員工分紅及董監事酬勞之金額，於申報當年度營利事業所得稅時，以費用列支者，無所得稅法第 66 條之 4 第 1 項第 4 款規定之適用；公司以累積未分配盈餘爲計算員工紅利及董監事酬勞之基礎者，亦同。換言之，自 97 年 1 月 1 日起公司分派員工紅利及董監事酬勞之金額，於申報當年度營利事業所得稅時，以費用列支者，無須自營利事業當年度股東可扣抵稅額帳戶餘額中減除（財政部 99.3.18 臺財稅字第 09900080650 號）。

（二）於查核案件之資料期間內，已取得或決議分配即應減除，不論其係應付或實際給付。

二、廢除兩稅合一後

爲配合廢除兩稅合一設算扣抵制度，自 107 年 1 月 1 日起，營利事業毋須設置股東可扣抵稅額帳戶，爰刪除所得稅法第 66 條之 4 規定。

6-6 「稅額扣抵比率」之計算與可扣抵稅額之分配

一、廢除兩稅合一前

（一）分配限制：營利事業分配屬 87 年度或以後年度之盈餘時，得分配予股東或社員之可扣抵稅額，以股利或盈餘之分配日，其股東可扣抵稅額帳戶之餘額爲限（所 66-5）。

（二）稅額扣抵比率之計算（所 66-6）：

營利事業分配屬 87 年度或以後年度之盈餘時，應以股利或盈餘之分配日，其股東可扣抵稅額帳戶餘額，占其帳載累積未分配盈餘帳戶餘額之比率，作爲稅額扣抵比率，按各股東或社員獲配股利淨額或盈餘淨額計算其可扣抵之稅額，併同股利或盈餘分配。其計算公式如下：

$$稅額扣抵比率=\frac{股東可扣抵稅額帳戶餘額}{累積未分配盈餘帳戶餘額}$$

股東（或社員）可扣抵稅額＝股利（或盈餘）淨額 × 稅額扣抵比率

※ 自 104 年 1 月 1 日起中華民國境內居住之個人股東（或社員）之可扣抵稅額
＝股利（或盈餘）淨額 × 稅額扣抵比率 ×50%

營利事業依前項規定計算之稅額扣抵比率，超過稅額扣抵比率上限者，以稅額扣抵比率上限為準，計算股東或社員可扣抵之稅額。稅額扣抵比率上限如下：

1. 累積未分配盈餘未加徵 10% 營利事業所得稅者：營利事業分配屬 98 年度以前之盈餘，為 33.33%；分配屬 99 年度以後之盈餘，為 20.48%。
2. 累積未分配盈餘已加徵 10% 營利事業所得稅者：營利事業分配屬 98 年度以前之盈餘，為 48.15%；分配屬 99 年度以後之盈餘，為 33.87%。
3. 累積未分配盈餘部分屬 98 年度以前盈餘、部分屬 99 年度以後盈餘、部分加徵、部分未加徵 10% 營利事業所得稅者，為各依其占累積未分配盈餘之比例，按前二款規定上限計算之合計數。

第 1 項所稱營利事業帳載累積未分配盈餘，指營利事業依商業會計法規定處理之 87 年度或以後年度之累積未分配盈餘。

第 1 項規定之稅額扣抵比率，以四捨五入計算至小數點以下第四位為止；股東或社員可扣抵稅額尾數不滿 1 元者，按四捨五入計算。

例題 2

甲公司於 97 年 3 月 1 日併入乙公司，設甲公司於被併入時，帳上累計未分配盈餘為 500 萬元（其中 300 萬元已加徵 10% 營利事業所得稅），扣抵帳户餘額為 190 萬元，則存續乙公司可扣抵稅額比率為 38%。（高考試題改編）

（解析：$48.15\% \times \frac{300}{500} + 33.33\% \times \frac{200}{500} = 42.222\%$…上限；$\frac{190}{500} = 38\% < 42.222\%$）

例題 3

大同公司於 98 年 7 月 1 日分配股利 100 萬元，分配日帳載累積未分配盈餘 460 萬元，其中有 380 萬元未加徵 10% 營利事業所得稅，80 萬元已加徵 10% 營利事業所得稅，若股東可扣抵帳户餘額為 175 萬元，則大同公司股東稅額扣抵比率上限為 35.91%，股東可扣抵稅額 35.91 萬元，計算如下：

$$\text{稅額扣抵比率} = \frac{\text{股東可扣抵稅額帳户餘額}}{\text{累積未分配盈餘帳户餘額}} = 175\text{ 萬元} \div 460\text{ 萬元} = 38.04\%$$

$$\frac{380}{460} \times 33.33\% + \frac{80}{460} \times 48.15\% = \underline{\underline{35.91\%}} \cdots \text{上限} < 38.04\%$$

股東可扣抵稅額＝股利 × 稅額扣抵比率＝ 100 萬元 ×35.91% ＝ 35.91 萬元

※ 自 104 年 1 月 1 日起中華民國境內居住之個人股東（或社員）之可扣抵稅額＝股利（或盈餘）淨額 × 稅額扣抵比率 ×50%

（三）可扣抵稅額之註銷：營利事業解散時，應於清算完結分派剩餘財產後，註銷其股東可扣抵稅額帳戶餘額。營利事業合併時，因合併而消滅之公司，應於合併生效日註銷其股東可扣抵稅額帳戶餘額（所 66-5）。

（四）不得分配者：依規定免予設置股東可扣抵稅額帳戶者，不得分配可扣抵稅額予其股東或社員扣抵其應納所得稅額。但獨資、合夥組織之營利事業，另依有關規定辦理（所 66-7）。

（五）依查得資料調整者：個人或營利事業與國內外其他個人或營利事業、教育、文化、公益、慈善機關或團體相互間，如有藉股權之移轉或其他虛僞之安排，不當為他人或自己規避或減少納稅義務者，稽徵機關為正確計算相關納稅義務人之應納稅額，得報經財政部核准，依查得資料，按實際應分配或應獲配之股利、盈餘或可扣抵稅額予以調整（所 66-8）。

二、廢除兩稅合一後

為配合廢除兩稅合一設算扣抵制度，自 107 年 1 月 1 日起，營利事業毋須設置股東可扣抵稅額帳戶，爰刪除所得稅法第 66 條之 5 ～ 66 條之 8 規定。

6-7 未分配盈餘之課稅規定

自 87 年度起至 106 年度止，營利事業當年度之盈餘未作分配者，應就該未分配盈餘加徵 10% 營利事業所得稅；自 107 年度起，營利事業當年度之盈餘未作分配者，應就該未分配盈餘加徵 5% 營利事業所得稅。

前項所稱未分配盈餘，指營利事業當年度依商業會計法、證券交易法或其他法律有關編製財務報告規定處理之本期稅後淨利，加計本期稅後淨利以外純益項目計入當年度未分配盈餘之數額，減除下列各款後之餘額：

一、彌補以往年度之虧損及經會計師查核簽證之次一年度虧損。

二、已由當年度盈餘分配之股利或盈餘。

三、已依公司法或其他法律規定由當年度盈餘提列之法定盈餘公積，或已依合作社法規定提列之公積金及公益金。

四、依本國與外國所訂之條約，或依本國與外國或國際機構就經濟援助或貸款協議所訂之契約中，規定應提列之償債基金準備，或對於分配盈餘有限制者，其已由當年度盈餘提列或限制部分。

五、依其他法律規定，由主管機關命令自當年度盈餘已提列特別盈餘公積或限制分配部分。

六、依其他法律規定，應由稅後純益轉為資本公積者。

七、本期稅後淨利以外純損項目計入當年度未分配盈餘之數額。

八、其他經財政部核准之項目。

前項第 2 款至第 6 款，應以截至各該所得年度之次一會計年度結束前，已實際發生者為限。

營利事業當年度之財務報表經會計師查核簽證者，第 2 項所稱本期稅後淨利、本期稅後淨利以外之純益項目及純損項目計入當年度未分配盈餘之數額，應以會計師查定數為準。其後如經主管機關查核通知調整者，應以調整更正後之數額為準。

營利事業依第 2 項第 4 款及第 5 款規定限制之盈餘，於限制原因消滅年度之次一會計年度結束前，未作分配部分，應併同限制原因消滅年度之未分配盈餘計算，依第一項規定稅率加徵營利事業所得稅（所 66-9）。

立法理由

調降未分配盈餘加徵營利事業所得稅稅率為 5%

考量自 107 年 1 月 1 日起，綜合所得稅最高稅率調降為 40%、營利事業所得稅稅率提高至 20%，兩稅稅率差距縮小，且股利所得課稅改採二擇一制度，有效減少公司藉保留盈餘為高所得股東規避稅負之誘因，為適度降低稅制對股利決策之影響，使中小型企業能依自身營運需求選擇保留盈餘，累積資本以因應未來投資及擴廠需要，**爰配合修正第 1 項規定，增列**自 107 年度起，適度調降未分配盈餘加徵營利事業所得稅稅率為 5%[3]。

[3] 參見立法院立法理由。

6-8 盈餘申報及調查

一、**填具股利憑單**：營利事業應於每年 1 月底前，將上一年內分配予股東、社員或出資者之 87 年度或以後年度之股利或盈餘，依規定格式填具股利憑單及全年股利分配彙總資料，一併彙報該管稽徵機關查核；並應於 2 月 10 日前將股利憑單填發納稅義務人。每年 1 月遇連續三日以上國定假日者，股利憑單及全年股利分配彙總資料彙報期間延長至 2 月 5 日止，股利憑單填發期間延長至 2 月 15 日止。但營利事業有解散或合併時，應隨時就已分配之股利或盈餘填具股利憑單，並於十日內向該管稽徵機關辦理申報。

二、**填列股東可扣抵稅額帳戶變動明細資料**：前項規定之營利事業應於辦理 106 年度或以前年度結算申報時，依規定格式填列各該年度股東可扣抵稅額帳戶變動明細資料，併同結算申報書申報該管稽徵機關查核。但營利事業遇有解散者，應於清算完結日辦理申報；其為合併者，應於合併生效日辦理申報。

前項所稱股東可扣抵稅額帳戶變動明細資料，指股東可扣抵稅額帳戶之期初餘額、當年度增加金額明細、減少金額明細及其餘額。

三、**得免填發憑單予納稅義務人**：依第 1 項本文規定應填發股利憑單之營利事業，已依規定期限將憑單彙報該管稽徵機關，且憑單內容符合下列情形者，得免填發憑單予納稅義務人：

1. 納稅義務人為在中華民國境內居住之個人、在中華民國境內有固定營業場所之營利事業、機關、團體、執行業務者或信託行為之受託人。
2. 股利或盈餘資料經稽徵機關納入結算申報期間提供所得資料查詢服務。
3. 其他財政部規定之情形。

依前項規定免填發憑單予納稅義務人者，如納稅義務人要求填發時，仍應填發（所 102-1）。

四、**盈餘申報期限**：營利事業應於其各該所得年度辦理結算申報之次年 5 月 1 日起至 5 月 31 日，就依規定計算之未分配盈餘填具申報書，向該管稽徵機關申報，並計算應加徵之稅額，於申報前自行繳納。其經計算之未分配盈餘為零或負數者，仍應辦理申報。

五、**解散、合併之盈餘申報期限**：營利事業於依上述規定辦理申報前經解散或合併者，應於解散或合併日起四十五日內，填具申報書，就截至解散日或合併日止尚未加徵 10% 營利事業所得稅之未分配盈餘，向該管稽徵機關申報，並計算應加徵之稅額，於申報前自行繳納。營利事業未依規定期限申報者，稽徵機關應即依查得資料核定其未分配盈餘及應加徵之稅額，通知營利事業繳納。

六、**變更會計年度**：營利事業於報經該管稽徵機關核准，變更其會計年度者，應就變更前尚未申報加徵 10% 營利事業所得稅之未分配盈餘，併入變更後會計年度之未分配盈餘內計算，並依第四點之規定辦理（所 102-2）。

七、**協助申報**：稽徵機關應協助營利事業依限辦理未分配盈餘申報，並於申報期限屆滿前十五日塡具催報書，提示延遲申報之責任。催報書得以公告方式爲之。

八、**逾期申報**：營利事業未依規定期限，辦理未分配盈餘申報者，稽徵機關應即塡具滯報通知書，送達營利事業，限於接到滯報通知書之日起十五日內補辦申報；其逾限仍未辦理申報者，稽徵機關應依查得資料，核定其未分配盈餘及應加徵之稅額，並塡具核定稅額通知書，連同繳款書，送達營利事業依限繳納；嗣後如經調查另行發現課稅資料，仍應依稅捐稽徵法有關規定辦理（所 102-3）。

九、**調查**：稽徵機關接到未分配盈餘申報書後，應派員調查，核定其未分配盈餘及應加徵之稅額（所 102-4）。

6-9 非居住者及無固定營業場所者獲配股利或盈餘之規定

一、廢除兩稅合一前

非中華民國境內居住之個人及總機構在中華民國境外之營利事業，其獲配股利總額或盈餘總額所含之稅額，不適用第 3 條之 1 規定。但獲配股利總額或盈餘總額所含稅額，其屬依所得稅法第 66 條之 9 規定，加徵 10% 營利事業所得稅部分實際繳納之稅額，得以該稅額之半數抵繳該股利淨額或盈餘淨額之應扣繳稅額（所 73-2）。

二、廢除兩稅合一後

（一）刪除所得稅法第 73 條之 2，並自 108 年 1 月 1 日施行。

（二）其立法理由如下：

1. 配合廢除兩稅合一設算扣抵制度，並考量我國自 99 年度調降營利事業所得稅稅率，未分配盈餘加徵 10% 營利事業所得稅後，非中華民國境內居住之個人及總機構在中華民國境外之營利事業，其獲配股利或盈餘加計就源扣繳稅款之總稅負無較本國居住者稅負爲高之情形，無須再提供其獲配股利或盈餘所含加徵 10%

稅額部分得半數抵繳其應扣繳稅額之規定，爰予刪除。

2. 又考量未分配盈餘加徵 10% 之稅額係落後二年申報，105 年度之未分配盈餘加徵 10% 稅額係於 107 年 5 月繳納，若 107 年獲配股利或盈餘之扣繳稅款即不得抵繳，將影響渠等權益，爰定明本條刪除規定自 108 年 1 月 1 日施行，俾內外資股東依股利課稅新制繳納稅款之時點趨於一致[4]。

6-10 罰則

一、**滯報**：營利事業未依限辦理未分配盈餘申報，但已依規定補辦申報，經稽徵機關據以調查核定其未分配盈餘及應加徵之稅額者，應按核定應加徵之稅額另徵 10% 滯報金。但最高不得超過 3 萬元，最低不得少於 1,500 元。

二、**怠報**：營利事業逾規定之補報期限，仍未辦理未分配盈餘申報，經稽徵機關依查得資料核定其未分配盈餘及應加徵之稅額者，應按核定應加徵之稅額另徵 20% 怠報金。但最高不得超過 9 萬元，最低不得少於 4,500 元（所 108-1）。

三、**短、漏報及未依規定自行申報**：營利事業已依規定辦理未分配盈餘申報，但有漏報或短報未分配盈餘者，處以所漏稅額一倍以下之罰鍰。營利事業未依規定自行辦理申報，而經稽徵機關調查，發現有應依規定申報之未分配盈餘者，除依法補徵應加徵之稅額外，應照補徵稅額，處一倍以下之罰鍰（所 110-2）。

四、**「股東可扣抵稅額帳戶」未依規定設置或記載**：中華民國 106 年 12 月 31 日以前，營利事業依行為時第 66 條之 1 至第 66 條之 4 規定應設置股東可扣抵稅額帳戶而不設置，或不依規定記載者，處 3,000 元以上 7,500 元以下罰鍰，並應通知限於一個月內依規定設置或記載；期滿仍未依照規定設置或記載者，處 7,500 元以上 15,000 元以下罰鍰，並再通知於一個月內依規定設置或記載；期滿仍未依照規定設置或記載者，得按次處罰，至依規定設置或記載時為止（所 114-1）。

五、**中華民國 106 年 12 月 31 日以前，營利事業有下列各款規定情形之一者，應就其超額分配之可扣抵稅額，責令營利事業限期補繳，並按超額分配之金額，處一倍以下之罰鍰：**

（一）違反行為時第 66 條之 2 第 2 項、第 66 條之 3 或第 66 條之 4 規定，虛增股

4　參見立法院立法理由。

東可扣抵稅額帳戶金額，或短計行為時第66條之6規定之帳載累積未分配盈餘帳戶金額，致分配予股東或社員之可扣抵稅額，超過其應分配之可扣抵稅額。

（二）違反行為時第66條之5第1項規定，分配予股東或社員之可扣抵稅額，超過股利或盈餘之分配日其股東可扣抵稅額帳戶餘額。

（三）違反行為時第66條之6規定，分配股利淨額所適用之稅額扣抵比率，超過規定比率，致所分配之可扣抵稅額，超過依規定計算之金額。

六、中華民國106年12月31日以前，營利事業違反行為時第66條之7規定，分配可扣抵稅額予其股東或社員，扣抵其應納所得稅額者，應就分配之可扣抵稅額，責令營利事業限期補繳，並按分配之金額處一倍以下之罰鍰。

七、前二項規定之營利事業有歇業、倒閉或他遷不明之情形者，稽徵機關應就該營利事業超額分配或不應分配予股東或社員扣抵之可扣抵稅額，向股東或社員追繳（所114-2）。

八、營利事業於中華民國106年12月31日以前分配予股東、社員或出資者之87年度或以後年度之股利或盈餘，未依第102條之1第1項規定之期限，依規定格式按實填報或填發股利憑單者，除限期責令補報或填發外，應按股利憑單所載可扣抵稅額之總額處20%罰鍰，但最高不得超過3萬元，最低不得少於1,500元；逾期自動申報或填發者，減半處罰。經稽徵機關限期責令補報或填發股利憑單，營利事業未依限按實補報或填發者，應按可扣抵稅額之總額處三倍以下之罰鍰，但最高不得超過6萬元，最低不得少於3,000元。

九、營利事業於中華民國107年1月1日以後分配予股東、社員或出資者之87年度或以後年度之股利或盈餘，未依第102條之1第1項規定之期限，依規定格式按實填報或填發股利憑單者，除限期責令補報或填發外，應按股利憑單所載股利或盈餘金額處2%罰鍰，但最高不得超過3萬元，最低不得少於1,500元；逾期自動申報或填發者，減半處罰。經稽徵機關限期責令補報或填發股利憑單，營利事業未依限按實補報或填發者，應按股利或盈餘金額處20%以下之罰鍰，但最高不得超過6萬元，最低不得少於3,000元。

十、營利事業違反第102條之1第2項規定，未依限申報或未據實申報股東可扣抵稅額帳戶變動明細資料者，處7,500元罰鍰，並通知限期補報；屆期不補報者，得按次處罰至依規定補報為止（所114-3）。

十一、以虛偽安排或不正當方式虛增股東股利：公司、合作社或其他法人以虛僞安排或不正當方式虛增股東、社員或出資者所獲配之股利或盈餘者，應按虛增股利或盈餘金額處 30% 以下之罰鍰。但最高不得超過 30 萬元，最低不得少於 15,000 元（所 114-4）。

歷屆試題

申論題

1. （1）丙公司之總機構設於臺北市，會計年度採曆年制，108 年度相關資料如下：

   A. 全年營業收入 3,000 萬元、銷貨退回 100 萬元、營業成本 1,400 萬元、營業費用 500 萬元。

   B. 營業費用中除捐贈超過限額 20 萬元外，其餘費用皆未超過限額，且皆與業務相關並取得合法憑證。

   C. 出售 105 年度購得之土地，交易所得計有 500 萬元、土地漲價總數額 420 萬元、土地增值稅 30 萬元。

   D. 彌補 107 年度之虧損 200 萬元。

   E. 109 年 5 月 10 日股東會決議 108 年度分配現金股利 500 萬元。

   F. 109 年 5 月 10 日股東會決議 108 年度之盈餘分配，按稅後淨利轉列 10% 為資本公積。

   請計算丙公司 108 年度未分配盈餘及未分配盈餘應加徵營利事業所得稅稅額各為若干？依所得稅法規定，應如何申報未分配盈餘？

   （2）依所得稅法規定，在計算未分配盈餘應減除之項目，除上述 (一) 所列之外，請再說明其中兩款之規定為何？又依所得稅法規定，營利事業有短漏報未分配盈餘之處罰為何？（109 年記帳士）

2. 我國綜合所得稅最高稅率與營利事業所得稅稅率相差甚鉅，為調節兩稅稅率差距，稅法對於營利事業當年度之盈餘未作分配者，有另行加徵營利事業所得稅之規定—即一般所稱之「保留盈餘稅」。請根據所得稅法現行規定，回答下列計算未分配盈餘加徵稅額問題。

   （1）稅法所稱「未分配盈餘」之基準為何？

   （2）根據（1）之基準，須加計項目為何者？

   （3）所得稅法第 66 條之 9 第 2 項列有 8 款可自（1）之基準減除項目，列舉其中 4 項回答。

   （4）採曆年制之營利事業，無解散、合併或會計年度變更等情事者，未分配盈餘申報之時間規定為何？（108 稅務人員四等特考）

選擇題（本書各章所附考題之答案均係依據考試當年度考選部所公布之答案）

（D）1. 依所得稅法及相關法規規定，甲公司 108 年度新設立，108 年度依商業會計法處理之本期稅後淨利為 800 萬元，109 年 4 月召開股東會決議分派股利 300 萬元，另 109 年 12 月購買生產用機器 200 萬元，其申報 108 年度未分配盈餘加徵之營利事業所得稅金額，下列何者正確？（A）40 萬元（B）25 萬元（C）15 萬元（D）11 萬元（112 年會計師）

（C）2. 依所得稅法及相關法規規定，有關營利事業所得稅申報之罰則，下列敘述何者錯誤？（A）納稅義務人已依本法規定辦理結算、決算或清算申報，而對依本法規定應申報課稅之所得額有漏報或短報情事者，處以所漏稅額二倍以下之罰鍰（B）納稅義務人未依本法規定自行辦理結算、決算或清算申報，而經稽徵機關調查，發現有依本法規定課稅之所得額者，除依法核定補徵應納稅額外，應照補徵稅額，處三倍以下之罰鍰（C）納稅義務人為獨資、合夥組織之營利事業者，應就稽徵機關核定短漏之課稅所得額，按所漏稅額之半數計算罰鍰（D）營利事業已依所得稅法第 102 條之 2 規定辦理申報，但有漏報或短報未分配盈餘者，處以所漏稅額一倍以下之罰鍰（112 年會計師）

（C）3. 目前所得稅法規定營利事業當年度之盈餘未作分配者，應就該未分配盈餘加徵百分之多少營利事業所得稅？（A）二（B）三（C）五（D）十。（112 年地方五等特考）

（D）4. 甲公司 109 年度（會計年度為曆年制）本期稅後淨利扣除依法提列項目及分派股利後之未分配盈餘為 300 萬元。於 110 年 3 月購置符合「公司或有限合夥事業實質投資適用未分配盈餘減除及申請退稅辦法」規定之 A 機器設備 120 萬元，下列敘述何者正確？（A）於 110 年 5 月申報 109 年度未分配盈餘，以 180 萬元加徵 5% 營利事業所得稅（B）於 110 年 5 月申報 109 年度未分配盈餘，以 300 萬元加徵 5% 營利事業所得稅（C）於 111 年 5 月申報 109 年度未分配盈餘，以 300 萬元加徵 5% 營利事業所得稅（D）於 111 年 5 月申報 109 年度未分配盈餘，以 180 萬元加徵 5% 營利事業所得稅。（111 年高考）

（A）5. 根據所得稅法規定，現行營利事業當年度之盈餘未作分配者，應就該未分配盈餘加徵多少之營利事業所得稅？（A）5%（B）10%（C）15%（D）20%。（111 年地方五等特考）

（D）6. 所得稅法有關計算未分配盈餘加徵營利事業所得稅之規定，下列何者得自當年度未分配盈餘中減除？（A）公司自當年度盈餘提列之訴訟損失準備（B）次一年度營利事業所得稅申報之虧損（C）公司經股東會決議分派當年度及以前年度盈餘合計數（D）依其他法律規定，由主管機關命令自當年度盈餘提列之特別盈餘公積（110 年會計師）

（B）7. 所得稅法規定，營利事業當年度之盈餘未作分配者，應就該未分配盈餘加徵營利事業所得稅，下列敘述何者錯誤？（A）加徵 5% 所得稅（B）可減除依股東會決議，應由稅後純益轉為資本公積者（C）可減除依其他法律規定，由主管機關命令自當年度盈餘已提列特別盈餘公積或限制分配部分（D）可減除依本國與外國所訂之契約，應提列之償債基金準備（110 年地方三等特考）

（A）8. 依現行所得稅法規定，計算應加徵 5% 營利事業所得稅之未分配盈餘時，可減除之項目不包括下列何者？（A）因投資於國內其他營利事業，所獲配之股利或盈餘（B）已由當年度盈餘分配之股利或盈餘（C）已依公司法規定由當年度盈餘提列之法定盈餘公積（D）彌補以往年度之虧損及經會計師查核簽證之次一年度虧損（109 年普考）

（D）9. A 公司之會計制度係採七月制，則 107 年度之未分配盈餘應於何時辦理申報？（A）108 年 5 月 1 日至 5 月 31 日（B）109 年 5 月 1 日至 5 月 31 日（C）108 年 11 月 1 日至 11 月 30 日（D）

109 年 11 月 1 日至 11 月 30 日（109 年地方三等特考）

（A）10. 下列何者在正常營業情況下，應依所得稅法第 66 條之 9 及第 102 條之 2 規定辦理營利事業未分配盈餘申報？又其 107 年度未分配盈餘應加徵營利事業所得稅稅率爲何？（A）總機構在中華民國境內之公司；5%（B）合夥型態之會計師事務所；5%（C）100% 由政府機關投資成立之營利事業；10%（D）總機構在中華民國境外之公司；10%（108 年地方四等特考）

（C）11. 採曆年制的營利事業，其 108 年度的未分配盈餘應於何時向該管稽徵機關申報？（A）109 年 5 月（B）109 年 12 月（C）110 年 5 月（D）110 年 12 月（108 年地方三等特考）

（D）12. 107 年公司在計算未分配盈餘稅時，有關未分配盈餘數額之計算，下列何者正確？（A）經股東會決議提列之特別盈餘公積，應自未分配盈餘中減除（B）以前年度之虧損，需經會計師查核簽證，才得自未分配盈餘中減除（C）本期稅後淨利以外純益項目計入當年度未分配盈餘之數額，應自未分配盈餘中減除（D）法令規定應由稅後純益轉爲資本公積者，應自未分配盈餘中減除（108 年地方三等特考）

（A）13. 自 107 年度起，營利事業當年度之盈餘未作分配者，應就該未分配盈餘加徵多少的營利事業所得稅？（A）百分之五（B）百分之八（C）百分之十（D）無須加徵（107 年普考）

（C）14. 依所得稅法規定，會計年度採曆年制之營利事業，其 106 年度未分配盈餘應於何時申報？（A）107 年 5 月 1 日至 5 月 31 日（B）107 年 7 月 1 日至 7 月 31 日（C）108 年 5 月 1 日至 5 月 31 日（D）108 年 7 月 1 日至 7 月 31 日（107 年會計師）

（A）15. 依現行所得稅法規定，公司計算未分配盈餘應加徵營利事業所得稅時，下列何者不屬於可自未分配盈餘中減除之項目？（A）彌補次一年度虧損（B）已由當年度盈餘分配之股利或盈餘（C）依其他法律規定，由當年度盈餘提列之特別盈餘公積（D）依其他法律規定，應由稅後純益轉爲資本公積者（107 年記帳士）

（D）16. 依所得稅法第 66 條之 9 規定，自 107 年度起，營利事業當年度之盈餘未作分配者，應就該未分配盈餘加徵多少百分比之營利事業所得稅？（A）20%（B）15%（C）10%（D）5%（107 年地方五等特考）

（B）17. 依現行所得稅法規定，營利事業未分配盈餘計算及申報之相關規定，下列敘述何者正確？① 87 年度至 106 年度之未分配盈餘應加徵 10% 營利事業所得稅② 107 年度起之未分配盈餘應加徵 5% 營利事業所得稅③經計算之未分配盈餘爲零或負數者，仍應辦理申報④彌補以往年度之虧損及次一年度虧損可作爲計算未分配盈餘之減項⑤已依公司法或其他法律規定由當年度盈餘提列之法定盈餘公積可列爲計算未分配盈餘之減項（A）①②③④（B）①②③⑤（C）①②④⑤（D）①②③④⑤（107 年地方三等特考）

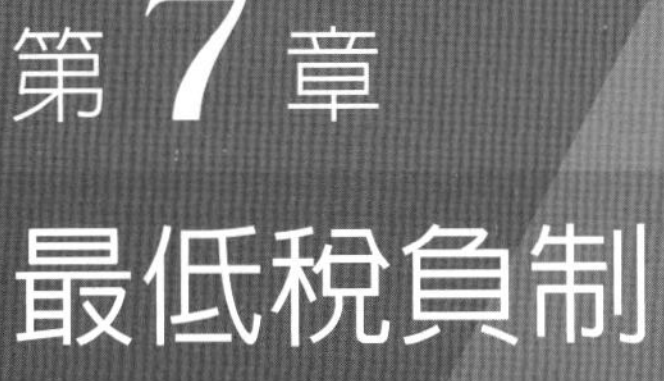

第 7 章 最低稅負制

復有貧婦人，抱子在其旁。右手秉遺穗，左臂懸敝筐。
聽其相顧言，聞者為悲傷。家田輸稅盡，拾此充饑腸。

白居易「觀刈麥」

爲了租稅公平及租稅收入，臺灣於 2006 年起實施最低稅負制（alternative minimum tax）或稱「所得基本稅額」（income basic tax）。這是臺灣近二十年來，符合各界期待，難得的一次加稅措施。本章將分別敘述其立法背景、立法目的，以及法律適用、課稅範圍、如何計算、政策評價等。

7-1 立法背景

我國長期以來，爲達成經濟、社會政策目的，多採租稅減免來獎勵產業發展，例如促進產業升級條例等，實施結果，減免範圍逐漸擴增，減免利益集中在少數產業或個人。以 92 年營利事業適用租稅減免的情形爲例，免稅所得高達 1,693 億元，其中高科技產業有 1,184 億元，占 70%，其他產業 509 億元，占 30%；投資抵減稅額亦高達 671 億元，其中高科技產業有 368 億元，占 55%，其他產業 303 億元，占 45%。在個人方面亦有類似情形，例如 92 年度綜合所得稅申報，前 40 名最高所得大戶中，有 15 人所納稅額不到所得的百分之一（即有效稅率在 1% 以下），其中更有 8 人不用繳一毛錢的稅，嚴重違反公平原則。此不但造成稅基侵蝕，國庫收入減少，更使得貧富差距擴大，租稅公平受到質疑，影響一般民眾之納稅意願，並對政府施政產生負面觀感。

目前所得稅相關減免規定，散見於多種法規，欲全面取消不合時宜之減免規定，有其困難與障礙，乃參採美國、加拿大、韓國等國解決減免利益過度集中之做法（稅率詳見表 7-1），建立最低稅負制（alternative minimum tax；AMT），使適用租稅減免規定而繳納較低所得稅之營利事業或個人，至少負擔一定比例之所得稅，可適度彰顯租稅公平。經獲得各界共識後，於中華民國 94 年 12 月 9 日立法院第 6 屆第 2 會期第 54 次會議三讀通過「所得基本稅額條例」，並於民國 94 年 12 月 28 日公布，除本法第 15 條規定自中華民國 96 年 1 月 1 日施行及施行日期另有規定外，其餘均自中華民國 95 年 1 月 1 日施行。

表 7-1 各國（地區）一般稅率與最低稅負稅率比較表

稅率國家	公司		個人	
	一般稅率	最低稅負稅率	一般稅率	最低稅負稅率
美國	15%～39% 六級	20%	10%～35% 六級	26%、28% 二級
南韓	13%、25% 二級	15%、13% 二級 10%（中小企業）	8%、17%、 26%、35% 四級	12.25%
加拿大	21%	無	16%、22%、 26%、29% 四級	16%

資料來源：財政部（2005）。

7-2 「所得基本稅額條例」之內容及施行日期——採另立專法方式

由於所得稅法及其他法律有關租稅減免之規定，造成國家稅收的大量流失且產生不公平的現象，最低稅負制乃因應而生，針對營利事業所得與個人所得的不公平現象進行改革。本來可直接修改所得稅法及其相關法規，使營利事業或個人所得超過某一門檻即需繳稅，惟目前所得稅相關減免規定，散見於多種法規，欲全面取消不合時宜之減免規定，有其困難與障礙，故採另立專法方式，法律名稱爲：「所得基本稅額條例」，全文共分五章十八條。

內容包括：

第一章　總則（第 1~5 條）
第二章　營利事業基本稅額之計算（第 6~10 條）
第三章　個人基本稅額之計算（第 11~14 條）
第四章　罰則（第 15 條）
第五章　附則（第 16~18 條）

施行日期：

一、一般：自 95 年 1 月 1 日起實施。

二、**罰則**：自 96 年 1 月 1 日起施行。由於「所得基本稅額條例」係屬新訂定的租稅法令，為顧及有些營利事業或個人仍不諳法令，在實施之初應加強宣導與輔導，處罰不宜太苛，故有關罰則的部分延自 96 年 1 月 1 日起施行。

三、**非中華民國來源所得及香港、澳門來源所得納入個人基本所得額者**：行政院視經濟發展情況延至 99 年 1 月 1 日施行。

隨著經濟發展與科技進步，縮短了各國之間的距離，國人擁有非中華民國來源所得日益增加，由於個人境內、境外所得課稅不對稱，國人利用境內、外課稅的差異，以規避稅負並導致資金外流相當嚴重，如要確實掌握稅源，充裕國庫收入，似宜將綜合所得稅由現行的「屬地主義」（僅就中華民國來源所得課稅）改為「屬人兼屬地主義」（海外所得亦需納入課稅）。因此，最低稅負制特將非中華民國來源所得及依香港澳門關係條例規定免納所得稅之所得納入，俾符合所得稅的量能課稅原則。惟此舉影響層面甚大，須有完善的配套措施，故「所得基本稅額條例」明定該規定自中華民國 98 年 1 月 1 日施行。但行政院得視經濟發展情況，於必要時，自中華民國 99 年 1 月 1 日施行。

7-3 立法目的

根據所得基本稅額條例第 1 條：「為維護租稅公平，確保國家稅收，建立營利事業及個人所得稅負擔對國家財政之基本貢獻，特制定本條例」。因此實施所得基本稅額的目的有三：

一、**維護租稅公平**：我國為達成某些社會政策或經濟目的，訂定諸多租稅獎勵或減免稅措施，惟減免利益集中在少數產業或個人，造成許多高所得者不需繳稅或僅繳納少額租稅，殊為不公，為減輕租稅負擔不公平的現象，逐立法訂定「所得基本稅額條例」，以維護租稅公平。

二、**確保國家稅收**：由於我國對租稅減免的範圍逐漸擴增，造成國家稅收鉅額損失，為確保國家稅收，並維護租稅公平，乃參採美國、加拿大及韓國等國，實施最低稅負制。

三、**建立營利事業及個人所得稅負擔對國家財政之基本貢獻**：由於我國各項租稅的減免，利益集中在少數產業或個人，為貫徹有所得即需繳稅的觀念，故最低稅負制的適用對象包括營利事業及個人，以建立營利事業及個人所得稅負擔對國家財政之基本貢獻。

焦點話題

全球最低稅負制

全球最低稅負（GloBE）就是跨國企業即使逃到天涯海角，都要繳交最起碼的稅負。正式名稱是「全球反稅基侵蝕」（Global Anti-Base Erosion），此為 2019 年 OECD 推出 BEPS 2.0 的第二支柱（Pillar 2）。

由於各國競相減稅（race to the bottom）以吸引外資，稅基受到侵蝕。韓國宣布 2024 年，新加坡、香港 2025 年將實施全球最低稅負制之後，也給臺灣一些壓力。

臺灣的營所稅稅率 20%，且已實施「企業最低稅負制」，該稅率 12%，臺灣由於租稅優惠多，致有效稅率不及 15%，未來仍須努力調整。若不調整，只是將課徵補充稅的權利，平白讓給他國。

1. 適用：跨國企業合併報表盈餘 7.5 億歐元以上之子公司個體。不適用：政府、國際組織、非營利組織、退休基金、確保中立性之投資工具。

2. 分子：涵蓋稅額。調整原始稅額，不含間接稅、薪工稅（pay-roll tax）、財產稅、已繳交之補充稅。

3. 分母：GloBE 所得。由財務會計之所得－股利收入＋所得稅，調整而得。

4. 有效稅率 ERT ＝涵蓋稅額／ GloBE 所得

5. 補充稅率＝最低要求 15% －有效稅率 ERT

超額所得＝ GloBE 所得－實質性排除所得（薪資、有形資產的 5%）

補充稅（Top-up Tax）＝超額所得 × 補充稅率

6. 誰有課補充稅權？

(1) 符合 GloBE 的母公司之國家：所得涵蓋原則（IIR）。

(2) 子公司之國家：課徵不足支付原則（UTPR）。

參考資料：劉旭峰（2023），「我國受控外國企業（CFC）制度與國際反避稅制度」，《大學教師賦稅法令研習會講義》，中華財政學會。

7-4 法律位階——優先適用

根據所得基本稅額條例第 2 條規定：「所得基本稅額之計算、申報、繳納及核定，依本條例之規定，本條例未規定者，依所得稅法及其他法律有關租稅減免之規定。」

由於所得基本稅額條例是要改進現行所得稅法、廢止前促進產業升級條例、獎勵民間參與交通建設條例等不公平的租稅減免規定，故本條例屬於特別法，相對於該等法規爲普通法。換言之，依據中央法規標準法第 16 條特別法優於普通法之規定[1]，「所得基本稅額條例」之法律適用優先於所得稅法及廢止前促進產業升級條例、獎勵民間參與交通建設條例等其他法律有關租稅減免之規定（所基 2）。

7-5 實施對象及排除對象

根據所得基本稅額條例第 3 條規定，營利事業或個人除符合下列各款規定之一者外，應依本條例規定繳納所得稅：

一、獨資或合夥組織之營利事業。

二、所得稅法第 4 條第 1 項第 13 款規定之教育、文化、公益、慈善機關或團體。

三、所得稅法第 4 條第 1 項第 14 款規定之消費合作社。

四、所得稅法第 4 條第 1 項第 19 款規定之各級政府公有事業。

五、所得稅法第 73 條第 1 項規定之非中華民國境內居住之個人或在中華民國境內無固定營業場所及營業代理人之營利事業。

六、依所得稅法第 75 條第 2 項規定辦理清算申報或同條第 5 項所定經宣告破產之營利事業。

七、所得稅結算或決算申報未適用法律規定之投資抵減獎勵，且無第 7 條第 1 項各款規定所得額之營利事業。

八、所得稅結算申報未適用法律規定之投資抵減獎勵，且無第 12 條第 1 項各款規定金額之個人。

九、依第 7 條第 1 項規定計算之基本所得額在新臺幣 60 萬元（原爲 50 萬元，因採物價指數連動法，自 112 年度起調高爲 60 萬元）以下之營利事業。

十、依第 12 條第 1 項及第 12 條之 1 第 1 項規定計算之基本所得額在新臺幣 750 萬元以下之個人（原爲 600 萬元，因採物價指數連動法，自 113 年度起調高爲新臺幣 750 萬元，納稅義務人於 114 年辦理 113 年度所得基本稅額申報時適用）。

---

1 中央法規標準法第 16 條：「法規對其他法規所規定之同一事項而爲特別之規定者，應優先適用之。其他法規修正後，仍應優先適用。」

上述第 9 款及第 10 款規定之金額，每遇消費者物價指數較上次調整年度之指數上漲累計達 10% 以上時，按上漲程度調整之。調整金額以新臺幣 10 萬元爲單位，未達新臺幣 10 萬元者按萬元數四捨五入；其調整之公告方式及所稱消費者物價指數，準用所得稅法第 5 條第 4 項規定（所基 3）。

綜合上述規定，可將所得基本稅額條例的適用對象、排除對象及得按消費者物價指數調整者說明如下：

一、**實施對象**：所得基本稅額條例的實施對象包括營利事業及個人。

二、**排除對象**：依據最低稅負制之基本精神及稅務行政之考量，所得基本稅額條例將排除下列對象之適用，亦即下列對象不適用所得基本稅額條例。

1. 獨資或合夥組織之營利事業：由於獨資及合夥組織之營利事業規模較小且不適用租稅減免規定，故不受所得基本稅額條例之規範。

2. 有特殊政策意義或性質特殊不以營利爲目的者：下列依所得稅法第 4 條規定免徵所得稅，故不納入本條例之適用對象。

(1) 教育、文化、公益、慈善機關或團體。

(2) 消費合作社。

(3) 各級政府公有事業。（如高雄、楠梓及臺中加工出口區管理處之儲運服務中心屬之）

3. 無須辦理所得稅結算申報者或依所得稅法規定辦理清算申報或經宣告破產之營利事業：

(1) 綜合所得稅：非境內居住之個人無須辦理綜合所得稅結算申報，故不適用所得基本稅額條例。

(2) 營利事業所得稅：境內無固定營業場所及營業代理人之營利事業無須辦理營利事業所得稅結算申報，故不適用所得基本稅額條例。

(3) 依規定辦理清算申報或經宣告破產之營利事業：由於清算所得係營利事業於清算期間處分資產、償還負債產生之所得，並非其正常營業年度之所得，故應無須依本條例規定繳納所得稅。又破產宣告之營利事業多屬經營不善之營利事業，其破產宣告年度如應依本條例規定繳納所得稅，該項稅額僅能參與破產債權之分配，徵起之機率微乎其微，徒增徵納雙方困擾，有違稅務行政原則，故不納入本條例之適用對象[2]。

4. 未適用投資抵減獎勵及本條例（第 7 條及第 12 條）規定之各項租稅減免之營利

---

[2] 參閱立法院之立法理由。

事業或個人：鑑於所得基本稅額條例之目的係爲改善營利事業或個人因適用租稅減免規定而繳納較低稅負或完全免稅之不公平現象，故營利事業或個人如未適用各項租稅減免規定，尚無須再依本條例規定繳納所得稅，以符合最低稅負制的精神[3]。

(1) 營利事業：所得稅結算或決算申報未適用投資抵減獎勵，且無本條例第 7 條第 1 項規定所得額之營利事業。

(2) 個人：所得稅結算申報未適用投資抵減獎勵，且無本條例第 12 條第 1 項規定金額之個人。

5. 基本所得額在一定金額以下之營利事業及個人：基於稅務行政考量，以及爲使影響層面縮小，減少納稅義務人的反彈，俾使最低稅負制能順利付諸實施，故所得基本稅額條例將所得額在一定金額以下者排除適用。

(1) 營利事業：在所得基本稅額條例修法前，基本所得額（依所得稅法規定計算之課稅所得額，加計免稅所得後之合計數）在新臺幣 200 萬元以下之營利事業不適用所得基本稅額條例。而 200 萬元的門檻是參考適用擴大書面審核的營利事業（營業規模較小者，基於稅務行政的考量，如其帳簿憑證健全，可不調閱帳簿憑證，只依據其申報書做書面審核），其營業額須在新臺幣 3,000 萬元以下，並按一般純益率標準 6% 或 7% 計算，推得該等營利事業之所得額爲新臺幣 200 萬元，故將營利事業的門檻訂在 200 萬元[4]，惟自 99 年度起，營利事業所得稅稅率調降爲 17%（我國現行營利事業所得稅稅率爲 20%），我國已建立全面低稅負之所得稅環境，又爲貫徹最低稅負制精神，讓目前仍享有諸多租稅減免優惠（例如證券及期貨交易所得依所得稅法第 4 條之 1 及第 4 條之 2 規定免徵所得稅）以致未繳稅或繳稅過少之營利事業對國家財政多貢獻一些心力，爰修正第 1 項第 9 款有關營利事業免適用最低稅負制之門檻金額，由新臺幣 200 萬元調降爲新臺幣 50 萬元（因採物價指數連動法，自 112 年度起調高爲新臺幣 60 萬元），俾使全體營利事業之所得稅負漸趨一致，期符合量能課稅及公平正義原則[5]。

(2) 個人：實施最低稅負制的目的是要消除那些所得很高的個人或營利事業因適用租稅減免規定而繳納較低稅負或完全免稅之不公平現象，故其適用對象爲

3 參閱立法院之立法理由。
4 參閱立法院之立法理由。
5 參閱立法院之立法理由。

高所得者，為使影響層面縮小，避免大多數個人受其影響，故明定個人適用門檻為新臺幣 600 萬元，在該門檻以下之個人排除適用。而該門檻之訂定係參酌當時綜合所得稅適用 40% 的最高邊際稅率者，其綜合所得淨額為超過 409 萬元；且最低稅負制係將綜合所得稅之部分免稅所得加計進來，稅基較廣，因此門檻訂為新臺幣 600 萬元（因採物價指數連動法，自 113 年度起調高為新臺幣 750 萬元）。基本所得額（依所得稅法規定計算之綜合所得淨額，加計免稅所得後之合計數）在 600 萬元（自 113 年度起調高為新臺幣 750 萬元）以下之個人不適用所得基本稅額條例。

三、得按消費者物價指數調整

上述營利事業之 50 萬元及個人之 600 萬元扣除額（分別自 112 年度及 113 年度起調高為新臺幣 60 萬元及 750 萬元）每遇消費者物價指數較上次調整年度之指數上漲累計達 10% 以上時，按上漲程度調整之。**調整金額以新臺幣 10 萬元為單位，未達新臺幣 10 萬元者，按萬元數四捨五入，以避免因物價上漲，造成免稅門檻降低，導致納稅義務人權益受損。**

7-6 比較一般所得稅額與基本稅額之大小

一、一般所得稅額高於或等於基本稅額者

營利事業或個人當年度應繳納之所得稅，應按所得稅法及其他相關法律規定計算認定之。因為此種情況營利事業或個人已達所得稅之基本貢獻度，可按一般所得稅法及其他相關法律規定計算即可。

二、一般所得稅額低於基本稅額者

其應繳納之所得稅，除按所得稅法及其他相關法律計算認定外，應另就基本稅額與一般所得稅額之差額認定之，且前項差額，不得以其他法律規定之投資抵減稅額減除之。此乃該等營利事業或個人並未達到所得稅之基本貢獻度，故需就基本稅額與一般所得稅額之差額另行課稅，且為避免因適用租稅減免而導致繳納稅負過度偏低之情形，故規定前項差額，不得以其他法律規定之投資抵減稅額減除之，以符合最低稅負制的精神（所基 4）。

三、基本所得額超過 600 萬元者（自 113 年度起調高為新臺幣 750 萬元）

中華民國境內居住之個人全年綜合所得總額不超過當年度規定之免稅額及標準扣除額之合計數者，得免辦結算申報，惟如其基本所得額超過新臺幣 600 萬元（自 113 年度起調高爲新臺幣 750 萬元），仍應依本條例規定計算、申報及繳納所得稅（所基 5）。

四、結論

綜合以上所述可知，應就一般所得稅額與基本稅額兩者擇其高者計算應納稅額，亦即一般所得稅額大於或等於基本稅額者，按一般所得稅額納稅；一般所得稅額小於基本稅額者，除按一般所得稅額納稅外，應另就基本稅額與一般所得稅額之差額繳納之，且差額部分，不得以其他法律規定之投資抵減稅額減除之。而全年綜合所得總額不超過當年度規定之免稅額及標準扣除額之合計數，得免辦結算申報者，如其基本所得額超過新臺幣 600 萬元（自 113 年度起調高爲新臺幣 750 萬元），仍應申報及繳納所得稅。

7-7 營利事業基本稅額之計算

營利事業基本稅額爲營利事業之課稅所得額加計免稅所得再減去扣除額（原爲 200 萬元，自 102 年起改爲 50 萬元，因採物價指數連動法，自 112 年度起調高爲新臺幣 60 萬元），所得之數再乘以徵收率（原爲 10%，自 102 年起改爲 12%）即可得之。其公式如下：

營利事業基本稅額＝（依所得稅法規定計算之課稅所得額＋免稅所得（依所得基本稅額條例第 7 條加計之免稅所得）－ 扣除額）× 徵收率

營利事業之一般所得稅額 ≧ 營利事業之基本稅額 ⇒ 按一般所得稅額納稅

營利事業之一般所得稅額 < 營利事業之基本稅額

⇒ 按一般所得稅額＋（基本稅額與一般所得稅額之差額）納稅

一、營利事業之一般所得稅額

營利事業當年度依所得稅法規定計算之應納稅額，減除依其他法律規定之投資抵減稅額後之餘額，爲營利事業之一般所得稅額（所基 6）。

二、營利事業之基本所得額

營利事業之基本所得額，爲依所得稅法規定計算之課稅所得額（所稱依所得稅法規定計算之課稅所得額，指依所得稅法第 24 條或第 41 條規定計算之所得額，加計依所得稅法第 24 條之 5 第 1 項至第 3 項及第 5 項規定分開計算應納稅額之所得額，減除依所得稅法及其他法律規定停徵、免徵或免納營利事業所得稅之所得額、加成或加倍減除之成本或費用及所得稅法第 39 條規定以往年度營業虧損後之金額（基細 5）），加計下列各款所得額後之合計數（所基 7）：

（一）證券交易所得及期貨交易所得：依所得稅法第 4 條之 1 及第 4 條之 2 規定停止課徵證券交易所得稅及期貨交易所得稅之所得額。但於本條例施行後發生並經稽徵機關核定之損失，得自發生年度之次年度起五年內，從當年度各該款所得中減除。本條例所定之期貨交易所得，其交易成本應採先進先出法計算之。但到期前指定平倉者，得採個別辨認法（基細 8）。

營利事業於 102 年度以後出售其持有滿三年以上屬所得稅法第四條之一規定之股票者，於計算其當年度證券交易所得時，減除其當年度出售該持有滿三年以上股票之交易損失，餘額爲正者，以餘額半數計入當年度證券交易所得；餘額爲負者，依前項規定辦理。

例題 1

乙公司會計年度為曆年制，自 103 年度起將部分閒置資金用於國內股票投資，自 103 年至 107 年間相關交易資料如下表：

股票代號	交易時間	買入		出售	
		每股價格	總股數	每股價格	總股數
A	103 年 1 月 7 日	30 元	10 萬股		
	105 年 8 月 5 日	35 元	15 萬股		
	107 年 7 月 6 日			60 元	20 萬股
B	104 年 4 月 1 日	70 元	20 萬股		
	107 年 9 月 3 日			50 元	10 萬股
C	107 年 3 月 1 日	40 元	30 萬股		

假設乙公司按先進先出法計算股票成本，不考慮其他稅費支出。請依所得稅法及相關法規列式計算乙公司 107 年度之證券交易損益及應計入基本所得額的證券交易所得各為多少元？（107 年記帳士）

擬答：

1. 出售 A 股票：

(1) 滿 3 年以上：（60 元－ 30 元）×10 萬＝ 300 萬元

(2) 未滿 3 年：（60 元－ 35 元）×10 萬＝ 250 萬元

2. 出售 B 股票（滿 3 年以上）：（50 元－ 70 元）×10 萬＝－ 200 萬元

3. 證券交易損益：300 萬元＋ 250 萬元－ 200 萬元＝ 350 萬元

4. 應計入基本所得額的證券交易所得：

（300 萬元－ 200 萬元）×1/2 ＋ 250 萬元＝ 300 萬元

（二）依廢止前促進產業升級條例免徵營利事業所得稅之所得額。

1. 符合新興重要策略性產業享受五年免徵營利事業所得稅之免稅所得（促 9）。

2. 為健全經濟發展並鼓勵製造業及其相關技術服務業之投資，該等公司新投資創立或增資擴展，依規定免徵營利事業所得稅之所得額（促 9-2）。

3. 免稅之轉讓：受免稅獎勵能獨立運作之全套生產或服務設備或應用軟體，轉讓與其他事業，繼續生產該受獎勵產品或提供受獎勵勞務，且受讓之公司於受讓後符合新興重要策略性產業適用範圍者，其原免稅期間未屆滿部分之獎勵，由受讓之公司繼續享受者（促 10）。

4. 公司為促進合理經營，經經濟部專案核准合併者之租稅優惠（促 15）。

5. 營運總部：為鼓勵公司運用全球資源，進行國際營運布局，在中華民國境內設立達一定規模且具重大經濟效益之營運總部，免徵營利事業所得稅之免稅所得（促 70-1）。

6. 依已廢止之促進產業升級條例於中華民國 88 年 12 月 31 日修正施行前第 8 條之 1 規定免徵營利事業所得稅之所得額。

（三）依獎勵民間參與交通建設條例第 28 條規定免納營利事業所得稅之所得額。

（四）依促進民間參與公共建設法第 36 條規定免納營利事業所得稅之所得額。

（五）依科學園區設置管理條例規定免徵營利事業所得稅之所得額。

1. 依科學園區設置管理條例第 21 條規定免徵營利事業所得稅之所得額。

2. 依中華民國 90 年 1 月 20 日修正施行前科學工業園區設置管理條例第 15 條規定免徵營利事業所得稅之所得額。

（六）企業併購：依企業併購法第 37 條規定免徵營利事業所得稅之所得額。

（七）國際金融業務分行之免稅所得：依國際金融業務條例第 13 條規定，國際金融業務分行之所得免徵營利事業所得稅之所得額。但不包括依所得稅法第 73 條之 1 規定就其授信收入總額按規定之扣繳率申報納稅之所得額。此外，於本條例施行後發生並經稽徵機關核定之損失，得自發生年度之次年度起五年內，從當年度各該款所得中扣除。

（八）其他新增之減免營利事業所得稅之所得額：

1. 本條例施行後法律新增之減免營利事業所得稅之所得額及不計入所得課稅之所得額，經財政部公告者。

2. 依規定加計之減免所得額及不計入所得之所得額，其發生之損失，經財政部公告者，準用前項規定。

三、扣除額

營利事業之扣除額為 60 萬元，亦即基本所得額在新臺幣 60 萬元以下者，不適用所得基本稅額條例（所基 8）。

四、稅率

我國除考量經濟發展、租稅之公平性與可行性外，尚參酌其他實施最低稅負制的國家，在通盤考量後，將稅率訂在最低不得低於 10%，最高不得超過 12% 之範圍；其徵收率由行政院視經濟環境定之，當時暫訂 10%。與當時鄰近國家的最低稅負的稅率相比，例如南韓的 15%、13% 二級，10%（中小企業），可知我國的稅率並不比其他鄰近國家為重[6]。101 年 8 月 8 日我國修訂所得基本稅額條例，修訂後的稅率最低不得低於 12%，最高不得超過 15%；其徵收率訂為 12%，自 102 年度施行，於 103 年度申報 102 年度所得稅時適用之（所基 8）。

五、基本稅額

營利事業之基本稅額，為依規定計算之基本所得額扣除新臺幣 60 萬元後，按行政院訂定之稅率計算之金額（所基 8）。

6 一般的公司稅率：新加坡 20%（新加坡公司所得稅目前稅率為 18%，從 2010 年起降為 17%）、香港 17.5 %，臺灣的 25%（目前為 17%）則屬較重。

例題 2

假設甲公司 112 年度課稅所得額為 1,200 萬元，沒有享受五年免稅，亦沒有其他免稅所得，則甲公司須繳納營利事業所得稅 240 萬元，不需計算申報基本稅額。

一般所得稅額：1,200 萬元 ×20% ＝ 240 萬元

例題 3

假設甲公司 112 年度課稅所得額為 1,200 萬元，另有國內證券交易所得 500 萬元，則甲公司僅需繳納營利事業所得稅 240 萬元，不需額外再補繳最低稅負。

基本稅額：（1,200 萬元＋ 500 萬元－扣除額 60 萬元）× 徵收率（12%）＝ 196.8 萬元

一般所得稅額：1,200 萬元 ×20% ＝ 240 萬元

由於營利事業之一般所得稅額 240 萬元＞營利事業之基本稅額 196.8 萬元，故按一般所得稅額納稅，關於最低稅負部分，僅需申報，不需額外補繳稅負。

例題 4

假設甲公司 112 年度課稅所得額為 1,200 萬元，另有國內證券交易所得 900 萬元，投資抵減稅額 145 萬元，則甲公司全部需繳稅 244.8 萬元。茲計算如下：

基本稅額：（1,200 萬元＋ 900 萬元－扣除額 60 萬元）× 徵收率（12%）＝ 244.8 萬元

一般所得稅應納稅額：1,200 萬元 ×20%＝240 萬元

一般所得稅實際繳納稅額：240 萬元－145 萬元（投資抵減稅額）＝ 95 萬元

營利事業之一般所得稅額 95 萬元＜營利事業之基本稅額 244.8 萬元

因此甲公司除按一般所得稅額納稅 95 萬元外，尚須繳納基本稅額（244.8 萬元）與一般所得稅額（95 萬元）之差額（149.8 萬元），換言之，甲公司之納稅額為 244.8 萬元。

7-8 基本稅額與兩稅合一的結合

股東可扣抵稅額帳戶

營利事業依規定自行繳納基本稅額與一般所得稅額之差額，及經稽徵機關調查核定增加之繳納稅額，均得依所得稅法規定，計入當年度股東可扣抵稅額帳戶餘額；其計入日期爲繳納稅款日。

營利事業經稽徵機關調查核定減少之稅額，應自當年度股東可扣抵稅額帳戶中減除，其減除日期爲核定退稅通知書送達日（所基 9）。

7-9 個人基本稅額之計算

如上所述，個人之一般所得稅額高於或等於個人之基本稅額時，按一般所得稅額納稅；個人之一般所得稅額低於個人之基本稅額，除按一般所得稅額外，應另就基本稅額與一般所得稅額之差額納稅。其公式如下：

個人之一般所得稅額 ≥ 個人之基本稅額 ⇒ 按一般所得稅額納稅

個人之一般所得稅額 < 個人之基本稅額
⇒ 按一般所得稅額＋（基本稅額與一般所得稅額之差額）納稅

一、個人之一般所得稅額

個人之一般所得稅額，爲個人當年度依所得稅法規定計算之應納稅額，減除依其他法律規定之投資抵減稅額後之餘額（所基 11），所定個人之一般所得稅額，應加計個人依所得稅法第 15 條第 5 項規定選擇就股利及盈餘合計金額分開計算之應納稅額（基細 14）。

二、個人之基本稅額

個人基本稅額爲依所得稅法規定計算之綜合所得淨額加計免稅所得再減去扣除額 600 萬元（自 113 年度起調高爲新臺幣 750 萬元），所得之數再乘以稅率（20%）即可得之。其公式如下：

個人基本稅額＝【依所得稅法規定計算之綜合所得淨額＋免稅所得（依所得基本稅

額條例第十二條加計之免稅所得）－扣除額 750 萬元[7]】× 稅率（20%）

三、個人之基本所得額

個人之基本所得額，為依所得稅法規定計算之綜合所得淨額，加計下列各款金額後之合計數（所基 12）：

（一）依所得稅法第 15 條第 5 項規定選擇分開計算應納稅額之股利及盈餘合計金額（基細 14）

（二）非中華民國來源所得：未計入綜合所得總額之非中華民國來源所得、依香港澳門關係條例第 28 條第 1 項規定免納所得稅之所得。但一申報戶全年之本款所得合計數未達新臺幣 100 萬元者，免予計入。在 100 萬元以上者，應全數計入。例如投資海外基金當年度獲配股利所得 80 萬元，不需計入基本所得額，因為未達 100 萬元。海外財產交易有損失者，得自同年度海外之財產交易所得扣除，扣除數額以不超過該財產交易所得為限，且損失及所得均係以實際成交價格及原始取得成本計算損益，並經稽徵機關核實認定者為限，海外財產交易損失不得與境內財產交易所得互抵。

（三）保險給付：本條例施行後所訂立受益人與要保人非屬同一人之人壽保險及年金保險，受益人受領之保險給付。但死亡給付每一申報戶全年合計數在新臺幣 3,000 萬元以下部分，免予計入。惟因採物價指數連動法，自 113 年度起調高為新臺幣 3,740 萬元，亦即納稅義務人於 114 年辦理 113 年度所得基本稅額申報時，死亡給付每一申報戶全年合計數在新臺幣 3,740 萬元以下部分，免予計入。

（四）下列有價證券之交易所得

1. 未在證券交易所上市或未在證券商營業處所買賣之公司所發行或私募之股票、新股權利證書、股款繳納憑證及表明其權利之證書。但其發行或私募公司，屬中央目的事業主管機關核定之國內高風險新創事業公司，且交易時該公司設立未滿五年者，免予計入。

2. 私募證券投資信託基金之受益憑證。

詳言之，自 110 年 1 月 1 日起，個人未上市櫃股票之交易所得，應於次年度辦理綜合所得稅結算申報，計入交易年度之基本所得額課稅。

有價證券交易所得之計算，準用所得稅法第 14 條第 1 項第 7 類第 1 款及第 2

[7] 自 113 年度起調高為新臺幣 750 萬元。

款規定。其交易有損失者，得自當年度交易所得中扣除；當年度無交易所得可資扣除，或扣除不足者，得於發生年度之次年度起三年內，自其交易所得中扣除。但以損失及申報扣除年度均以實際成交價格及原始取得成本計算損益，並經稽徵機關核實認定者為限。

有價證券交易所得之查核，有關其成交價格、成本及費用認定方式、未申報或未能提出實際成交價格或原始取得成本者之核定等事項之辦法，由財政部定之。

國內高風險新創事業公司之適用範圍與資格條件、申請核定期限、程序、應檢附文件、核定機關及其他相關事項之辦法，由財政部會同經濟部定之（所基12）。

（五）非現金捐贈：依所得稅法或其他法律規定於申報綜合所得稅時減除之非現金捐贈金額。

（六）其他新增之免稅額或扣除額：本條例施行後法律新增之減免綜合所得稅之所得額或扣除額，經財政部公告者。

補充說明

（一）94 年 12 月 28 日制定公布所得基本稅額條例（以下簡稱本條例）時，考量未上市、未上櫃且未登錄興櫃股票（含新股權利證書、股款繳納憑證及表明其權利之證書等，以下統稱未上市櫃股票）無公開交易市場，當時證券交易所得停徵所得稅，該等股票易成為納稅義務人移轉財產進行租稅規劃之工具，將個人應稅之營利所得及財產交易所得轉換為免稅之證券交易所得，爰於當時第 3 款第 1 目明定個人該等股票之交易所得納入個人基本所得額。

（二）嗣所得稅法自 102 年 1 月 1 日起實施個人證券交易所得課稅制度，未上市櫃股票交易所得回歸所得稅法規定課徵所得稅，本條例配合於 101 年 8 月 8 日修正刪除第 3 款第 1 目未上市櫃股票交易所得應計入個人基本所得額課徵基本稅額之規定；104 年 12 月 2 日修正公布所得稅法第 4 條之 1、第 126 條條文，刪除第 14 條之 2 條文，自 105 年 1 月 1 日起個人證券交易所得恢復停止課徵所得稅。基於是類股票易成為租稅規劃工具之情形仍然存在，應依本條例制定目的，將其交易所得恢復納入基本所得額，以維護租稅公平，爰增訂第 3 款第 1 目，將個人未上市櫃股票交易所得恢復納入個人基本所得額課稅。

（三）又配合我國培植新創事業以帶動產業轉型之政策，將經中央目的事業主管機關核定之國內高風險新創事業公司排除適用，並給予投資人五年之出場時機，爰於但書明定，個人於符合規定之新創事業公司設立未滿五年期間，買賣該等公司股票之交易所得，免予計入基本所得額課稅[8]。

8 參見立法院立法理由。

個人及其關係人直接或間接持有在中華民國境外低稅負國家或地區之關係企業股份或資本額合計達 50% 以上或對該關係企業具有重大影響力，且該關係企業無所得稅法第 43 條之 3 第 1 項各款規定者，於個人或其與配偶及二親等以內親屬合計持有該關係企業股份或資本額 10% 以上之情形，該個人應將該關係企業當年度之盈餘，按其持有該關係企業股份或資本額之比率計算營利所得，與前條第 1 項第 1 款規定之所得合計，計入當年度個人之基本所得額。但一申報戶全年之合計數未達新臺幣 100 萬元者，免予計入。

前項所稱低稅負國家或地區，依所得稅法第 43 條之 3 第 2 項規定認定。

關係企業自符合第一項規定之當年度起，其各期虧損符合所得稅法第 43 條之 3 第 3 項規定之查核簽證，並由個人依規定格式填報及經所在地稽徵機關核定者，得於虧損發生年度之次年度起十年內自該關係企業盈餘中扣除，依第 1 項規定計算個人之營利所得。

個人於實際獲配該關係企業股利或盈餘時，於減除依第 1 項規定計算之營利所得後之餘額，依前條第 1 項第 1 款規定計入獲配年度之所得。但依第 1 項規定計算之營利所得，未計入當年度個人之基本所得額者，不得減除。

第 1 項規定之營利所得於實際獲配年度已依所得來源地稅法規定繳納之所得稅，於計入個人之基本所得額年度申報期間屆滿之翌日起五年內，得由納稅義務人提出所得來源地稅務機關發給之納稅憑證，並取得所在地中華民國駐外機構或其他經中華民國政府認許機構之驗證後，自各該計入個人之基本所得額年度依第 13 條第 1 項前段規定計算之基本稅額中扣抵。扣抵之數，不得超過因加計該營利所得，而依規定計算增加之基本稅額。

前五項之關係人及關係企業、具有重大影響力、營利所得之計算、虧損扣抵、國外稅額扣抵之範圍與相關計算方法、應提示文據及其他相關事項之辦法，由財政部定之。

第 1 項之關係企業當年度適用所得稅法第 43 條之 4 規定者，不適用前六項規定（所基 12-1）。

四、以家庭為申報單位（消費單位制）

由於綜合所得稅係以家庭爲申報單位，因此個人與其依所得稅法規定應合併申報綜合所得稅之配偶及受扶養親屬，有免稅所得（第 12 條第 1 項各款金額）者，應一併計入基本所得額（所基 14）。

五、扣除額

個人之基本所得額在新臺幣 750[9] 萬元以下者，不適用所得基本稅額條例，亦即其扣除額爲 750 萬元（所基 13）。

六、稅率及基本稅額

（一）稅率：20%。我國「所得基本稅額條例」規定個人的稅率爲 20%，我國綜合所得稅的最高稅率爲 40%，而最低稅負制的稅率爲綜合所得稅最高稅率之一半，此乃參酌其他國家並考量我國情況而定（所基 13）。

（二）基本稅額：個人之基本稅額，爲依規定計算之基本所得額扣除新臺幣 750 萬元後，按 20% 計算之金額（所基 13）。

七、重複課稅之避免

我國爲避免將非中華民國來源所得（未計入綜合所得總額之非中華民國來源所得及依香港澳門關係條例規定免納所得稅之所得）併入個人基本所得課稅會造成國與國之間的重複課稅，特規定境外所得已依所得來源地法律規定繳納之所得稅，得扣抵之。但扣抵之數不得超過因加計該項所得，而依規定計算增加之基本稅額。例如我國因對某甲加計境外所得，而使基本稅額增加 10 萬元，若某甲在所得來源地已繳納所得稅 5 萬元，則可扣抵 5 萬元；若繳納所得稅 10 萬元，則可扣抵 10 萬元；若在所得來源地繳納所得稅 20 萬元，在我國仍然僅可扣抵 10 萬元。

前項扣抵，應提出所得來源地稅務機關發給之同一年度納稅憑證，並取得所在地中華民國使領館或其他經中華民國政府認許機構之簽證（所基 13）。

考題解析

107 年甲君之綜合所得總額爲 50 萬元、淨額爲 30 萬元。因長輩過世，領取保險給付 7,330 萬元，該項給付符合計入基本所得額之要件；領取位於美國之公司配發之股利所得，扣除已納美國扣繳稅 200 萬元後，淨額爲 800 萬元。請問其計算基本稅額時之海外可扣抵稅額上限爲多少元？（108 年地方特考三等）

擬答：

說明：

[9] 自 113 年度起調高爲新臺幣 750 萬元。

一、海外已繳納所得稅可扣抵稅額以「海外已繳納所得稅可扣抵限額」與「所得來源地稅務機關發給之同一年度納稅證明之已納稅額」二者採金額較低者申報。

二、「海外已繳納所得稅可扣抵限額」，其計算如下：

（基本稅額－綜合所得稅應納稅額－股利及盈餘分開計稅應納稅額）×【海外所得 ÷（基本所得額－綜合所得淨額－分開計稅之股利及盈餘合計金額）】

1. 基本所得額：綜合所得淨額 30 萬＋保險給付（7,330 萬－ 3,330 萬）＋海外所得 1,000 萬＝ 5,030 萬元
2. 基本稅額：（5,030 萬－ 670 萬）×20% ＝ 872 萬元（自 113 年度起扣除額由 670 萬元調高為 750 萬元）
3. 綜合所得稅應納稅額：30 萬 ×5% ＝ 1.5 萬元
4. 海外已繳納所得稅可扣抵限額：（872 萬－ 1.5 萬）×【海外所得 1,000 萬 ÷（基本所得額 5,030 萬元－綜合所得淨額 30 萬）】
   ＝ 870.5 萬 ×（1,000 萬 ÷5,000 萬）
   ＝ 1,741,000 元
5. 海外可扣抵稅額：1,741,000 元與已納美國扣繳稅 200 萬元比較，擇低申報，故海外可扣抵稅額為 1,741,000 元

考題解析

某甲 107 年度綜合所得淨額 4,600,000 元，投資國內上市公司獲配股利 2,000,000 元，選擇依照 28% 稅率分開計算稅額。另有海外所得 900,000 元，已繳納海外所得稅 100,000 元，申報綜合所得稅時，以公共設施保留地捐給政府取得 10,000,000 元列舉扣除。請問某甲 107 年度須申報繳納所得基本稅額和綜合所得稅額之差額為何？（108 年身障特考四等）

擬答：

(1)2,000,000 元 ×28% ＝ 560,000 元

(2)4,600,000 元 ×40% － 829,600（累進差額）＝ 1,010,400 元

(3)560,000 元＋ 1,010,400 元＝ 1,570,400 元—綜合所得稅

(4)【(4,600,000 ＋ 2,000,000 ＋ 10,000,000) － 6,700,000】×20% ＝ 1,980,000

(5)1,980,000 － 1,570,400 元＝ 409,600 元

（自 113 年度起扣除額由 670 萬元調高為 750 萬元）

例題 5

某甲 112 年度綜合所得淨額為新臺幣 500 萬元，沒有海外所得、沒有任何保險給付、沒有非現金捐贈列舉扣除額等，根據所得稅法規定，某甲須繳納一般所得稅 1,136,000 元，不需計算申報基本稅額。茲計算如下：

5,000,000×40%（稅率）－864,000（累進差額）＝1,136,000（元）

例題 6

某甲 112 年度綜合所得淨額為新臺幣 500 萬元，私募證券投資信託基金之受益憑證之交易所得 200 萬元，某甲基本所得 700 萬元，某甲只須繳納一般所得稅 1,136,000 元。茲計算如下：

基本稅額：（500 萬元＋200 萬元－670 萬元（扣除額））×20%＝6 萬元

一般所得稅額 5,000,000×40%（稅率）－864,000（累進差額）＝1,136,000（元）

由於一般所得稅額 1,136,000 元 ＞ 基本稅額 60,000 元，表示某甲已達基本貢獻，故某甲僅需申報，不需額外補繳稅負。

說明：因採物價指數連動法，自 113 年度起扣除額由 670 萬元調高為 750 萬元。

例題 7

某甲 112 年度綜合所得淨額為新臺幣 200 萬元，私募證券投資信託基金之受益憑證之交易所得 700 萬元，某甲除須繳納一般所得稅 260,000 元，尚須補繳 200,000 元之稅負。茲計算如下：

基本稅額：（200 萬元＋700 萬元－670 萬元（扣除額））×20%＝46 萬元

一般所得稅額 2,000,000×20%（稅率）－140,000（累進差額）＝260,000（元）

由於一般所得稅額 260,000 元＜基本稅額 460,000 元，故某甲除須繳納一般所得稅 260,000 元外，尚須額外補繳稅負 200,000 元（基本稅額 460,000 元與一般所得稅額 260,000 元之差額）。

說明：因採物價指數連動法，自 113 年度起扣除額由 670 萬元調高為 750 萬元。

例題 8

郭家豪設籍新竹市，今年 50 歲，已婚，其配偶黃蓉 46 歲，並育有 2 名子女，分別為郭子強 23 歲及郭芙 20 歲，並扶養 78 歲的父親郭正，112 年度郭家的相關所得、收入及費用資料如下：

(1) 郭家豪任職臺灣欣欣公司有薪資收入 2,500,000 元（不含員工分紅配股），黃蓉任職新加坡向榮公司有薪資收入折合新臺幣為 3,500,000 元。
(2) 郭家豪取得任職之臺灣欣欣公司（為上市公司）新發行記名股票（員工分紅配股）10,000 股，每股票面金額 10 元，公司於 112 年 3 月 27 日將股票交付郭家豪，交付股票日該股票之時價為 35 元。
(3) 郭家豪於 112 年 3 月 1 日出租房屋乙幢，租期為 112 年 3 月 1 日至 113 年 2 月 29 日，預收一年租金 2,400,000 元，並收取押金 600,000 元，一年期存款利率為 2%。
(4) 郭家豪於 112 年 7 月 20 日出售位於新竹市的土地一筆，售價 30,000,000 元，土地增值稅 1,200,000 元，該土地係郭家豪於 101 年 8 月 2 日以 20,000,000 元購得。
(5) 112 年度郭家豪有稿費收入 210,000 元；黃蓉有稿費收入 150,000 元。著作人費用標準為 30%。
(6) 郭子強就讀研究所一年級，有薪資收入 80,000 元，全年學費 50,000 元；郭芙就讀大學一年級，全年學費 60,000 元。
(7) 郭家豪有臺灣銀行利息收入 280,800 元。
(8) 郭家豪因購置自用住宅，向金融機構借款所支付之利息為 340,000 元。另郭家當年度共支付醫藥費 10,000 元；郭家豪之健保費 40,000 元、勞保費 20,000 元、其他人身保險 300,000 元，妻子健保費為 20,000 元，小孩健保費每人各 20,000 元，郭正健保費 20,000 元，均有合法憑證。
(9) 郭家豪捐贈價值 600,000 元之土地乙筆給政府。
(10) 郭子強於 112 年 10 月 23 日取得甲保險公司之年金保險（非死亡）給付 100,000 元；該保險契約之保險期間始日為 103 年 10 月 20 日，以郭家豪為要保人，以郭子強為受益人。
(11) 黃蓉於 112 年 9 月 21 日取得乙保險公司之人壽保險死亡給付 35,000,000 元；該保險契約之保險期間始日為 103 年 3 月 8 日，黃蓉的父親為要保人，黃蓉為受益人。

請以最有利於郭家豪夫妻且符合所得稅法與相關法規之規定，計算：

（一）綜合所得總額；（二）綜合所得淨額；（三）特別扣除額；（四）基本所得額；（五）基本稅額。（104 年記帳士試題改編）

提示：112 年度綜合所得稅免稅額、扣除額如下：

1. 免稅額：一般個人每人 92,000 元。
2. 標準扣除額：單身 124,000 元。
3. 薪資所得特別扣除額：每人每年以 207,000 元為限。

4. 身心障礙特別扣除額：每人每年 207,000 元。

擬答：

（一）綜合所得稅申報

1. 綜合所得總額：薪資【2,500,000 元＋350,000 元（員工分紅 35×10,000 股）－207,000 元】＋利息 280,800 元＋薪資（80,000 元－80,000 元）＋租賃 1,373,700＋稿費 21,000＝4,318,500 元

2. 綜合所得淨額：綜合所得總額 4,318,500 元－免稅額 506,000 元（92,000×4＋138,000）－購屋借款利息 70,000 元（340,000－270,000）－醫藥費 10,000 元－保險費 144,000 元（40,000＋24,000＋80,000）－以土地對政府之捐贈 600,000 元－儲蓄投資特別扣除額 270,000 元－教育學費特別扣除額 50,000 元 (25,000×2) －基本生活費差額 0 元＝2,668,500 元

3. 特別扣除額：薪資所得特別扣除額 287,000 元＋儲蓄投資特別扣除額 270,000 元＋教育學費特別扣除額 50,000 元＝607,000 元

補充說明：

1. 自 99 年度起公司辦理員工分紅配股應於交付股票日按該股票之時價計算員工薪資所得，依所得稅法第 88 條規定辦理扣繳。

2. 租賃所得（2,400,000 元＋600,000 元 ×2%×10/12）×（1－43%）＝1,373,700 元

3. 一般扣除額：

(1) 標準扣除額：248,000 元

(2) 列舉扣除額：購屋借款利息 70,000 元＋醫藥費 10,000 元＋保險費 144,000 元＋以土地對政府之捐贈 600,000 元＝824,000 元

4. 基本生活費差額：

(1) 基本生活所需的費用：112 年度每人基本生活所需的費用為 202,000 元。

(2) 基本生活費總額 1,010,000 元（202,000 元 ×5）

(3) 基本生活費比較項目合計數＝全部免稅額 506,000 元＋列舉扣除額 824,000 元＋儲蓄投資特別扣除額 270,000 元＋教育學費特別扣除額 50,000 元＝1,650,000 元

(4) 基本生活費差額＝基本生活費總額 1,010,000 元－基本生活費比較項目合計數 1,650,000 元＝－640,000 元 ---- 基本生活費差額為「0」

說明：基本生活費差額若為負數則填寫「0」。

（二）個人所得基本稅額申報

海外所得 350 萬元＋保險給付（10 萬＋3,500 萬－3,330 萬）＋非現金捐贈 60 萬元＝5,900,000 元

1. 基本所得額：綜合所得淨額 2,668,500 元＋5,900,000 元＝8,568,500 元

2. 基本稅額：（基本所得額 8,568,500 元－ 6,700,000 元）×20% ＝ 373,700 元

說明：

1. 因採物價指數連動法，死亡保險給付自 113 年度起調高為新臺幣 3,740 萬元以下部分，免予計入。
2. 因採物價指數連動法，自 113 年度起扣除額由 670 萬元調高為 750 萬元。

八、申報範例

設張三爲四口之家，有妻子王美美及子女二人，民國 112 年度所得資料如下，長子張吉祥就讀大學二年級，有薪資收入 6 萬元，全年學費 4 萬元；長女張如意就讀五專二年級，學費 3 萬元；張三服務於大大公司，有薪資收入 500 萬元（不含員工分紅配股），扣繳稅額 30 萬元；銀行存款利息 30 萬元，扣繳稅額 3 萬元；職工福利金 2,000 元；張三因購置自用住宅，向金融機構借款所支付之利息爲 35 萬元，另有醫藥費共計 3,000 元，張三之保險費共計 11 萬元（包括健保費 3 萬元；其他人身保險 8 萬元），妻子及兩位小孩健保費各爲 8,000 元，均有合法憑證；又張三捐贈價值 50 萬元之土地乙筆給政府。此外，尚有其他資料如下：

1. 張吉祥於 112 年 10 月 23 日取得甲保險公司之年金保險（非死亡）給付 80 萬元；該保險契約之保險期間始日爲 112 年 2 月 1 日，以張三爲要保人，以張吉祥爲受益人。

2. 王美美於 112 年 9 月 21 日取得乙保險公司之人壽保險死亡給付 1,000 萬元；該保險契約之保險期間始日爲 112 年 3 月 8 日，王美美的父親爲要保人，王美美爲受益人。

3. 張三取得任職之大大公司（爲上市公司）新發行記名股票（員工分紅配股）100,000 股，每股票面金額 10 元，公司於 112 年 3 月 28 日將股票交付張三，交付股票日該股票之時價爲 30 元，扣繳稅額 15 萬元。

（一）綜合所得稅申報

以採列舉扣除額較爲有利：

1. 綜合所得總額：（500 萬元－ 20.7 萬元）＋ 300 萬元 *（員工分紅配股 100,000 股）＋ 30 萬元＋（6 萬元－ 6 萬元）＋ 2 千元＝ 8,095,000 元

2. 基本生活費差額：

(1) 基本生活所需的費用：112 年度每人基本生活所需的費用爲 202,000 元。

(2) 基本生活費總額 808,000 元（202,000 元 ×4）

(3) 基本生活費比較項目合計數＝全部免稅額 368,000 元（92,000 元 ×4）＋列舉扣除額 661,000 元＋儲蓄投資特別扣除額 270,000 元＋教育學費特別扣除額 25,000 元＝ 1,324,000 元

(4) 基本生活費差額＝基本生活費總額 808,000 元－基本生活費比較項目合計數 1,324,000 元＝－ 516,000 元 ---- 基本生活費差額為「0」

說明：基本生活費差額若為負數則填寫「0」。

3. 扣除額：

(1) 一般扣除額：

A. 標準扣除額：248,000 元。

B. 列舉扣除額：購屋借款利息（350,000 － 270,000）＋醫藥費 3,000 元＋保險費 **（30,000 ＋ 24,000 ＋ 8,000 ＋ 8,000×2）＋以土地對政府之捐贈 500,000 元＝ 661,000 元

(2) 特別扣除額：薪資所得特別扣除額（207,000 ＋ 60,000）＋儲蓄投資特別扣除額 270,000 元＋教育學費特別扣除額 25,000 元＝ 562,000 元

4. 綜合所得淨額：綜合所得總額 8,095,000 元－免稅額 368,000 元（92,000×4）－一般扣除額 661,000 元－儲蓄投資特別扣除額 270,000 元－教育學費特別扣除額 25,000 元－基本生活費差額 0 元＝ 6,771,000 元

5. 應納稅額：6,771,000 元 × 40% －累進差額 864,000 元 ＝ 1,844,400 元

6. 應自行繳納稅額或應退還稅額：1,844,400 元－扣繳稅額 480,000 元（300,000 ＋ 150,000 ＋ 30,000）＝ 1,364,400 元…應自行繳納稅額

說明：* 員工分紅配股 100,000 股，每股時價 30 元，共有 30 元 × 100,000 = 3,000,000 元，列為薪資所得。促進產業升級條例施行至 98 年 12 月 31 日屆滿，因此自 99 年 1 月 1 日起員工分紅配股須依時價計入綜合所得稅之薪資所得，無須申報個人基本所得額。

** 保險費每人每年扣除數額以不超過 24,000 元為限。但全民健康保險之保險費不受金額限制。

（二）個人所得基本稅額申報

(1) 保險給付 800,000 元 + 非現金捐贈 500,000 元 = 1,300,000 元

(2) 基本所得額：綜合所得淨額 6,771,000 元 + 1,300,000 元 = 8,071,000 元

(3) 基本稅額：（基本所得額 8,071,000 元 – 扣除額 6,700,000 元）×20% = 274,200 元

(4) 一般所得稅額 1,844,400 元 > 基本稅額 274,200 元 ------- 表示張三已達基本貢獻，故張三僅需申報個人所得基本稅額，不需額外補繳稅負。

說明：

1. 因採物價指數連動法，113 年度起扣除額調高爲 750 萬元；死亡給付每一申報戶全年合計數調高爲在新臺幣 3,740 萬元以下部分，免予計入。

2. 符合下列條件之一的申報戶，不必填寫「個人所得基本稅額申報表」：

(1) 申報綜合所得稅時，未適用投資抵減獎勵，且沒有「特定保險給付」、「有價證券交易所得」及「非現金捐贈扣除額」等應計入基本所得額之項目者。

(2) 雖有上述應計入基本所得額之項目，但申報戶之基本所得額在 670 萬元（113 年度起扣除額調高爲 750 萬元）以下者。

(3) 符合所得稅法規定免辦結算申報之非中華民國境內居住之個人。

不符合上述條件之申報戶，應依規定填寫「個人所得基本稅額申報表」。

7-10 罰則

一、**已依規定計算及申報基本所得額**：參照所得稅法第 110 條第 1 項規定，凡營利事業或個人已依本條例規定計算及申報基本所得額，有漏報或短報致短漏稅額之情事者，處以所漏稅額二倍以下之罰鍰。

二、**未依規定計算及申報基本所得額**：參照所得稅法第 110 條第 2 項規定，營利事業或個人未依本條例規定計算及申報基本所得額，經稽徵機關調查，發現有依本條例規定應課稅之所得額者，除依規定核定補徵應納稅額外，應按補徵稅額，處三倍以下之罰鍰（所基 15）。

三、**延緩一年實施以加強宣導**：我國「所得基本稅額條例」原則上係自 95 年 1 月 1 日實施，惟有關罰則部分，則自 96 年 1 月 1 日起施行，亦即實施第一年有短、漏報情事而補報者不予處罰，俾利政策施行初期加強對廠商或個人之輔導，並可避免法令過於嚴苛，引起民怨。

四、**不當規避逃漏稅之處理**：營利事業或個人與國內外其他個人或營利事業、教育、文化、公益、慈善機關或團體相互間，如有藉資金、股權之移轉或其他虛僞之安排，不當爲他人或自己規避或減少納稅義務者，稽徵機關爲正確計算相關納稅義務人之基本所得額及基本稅額，得報經財政部核准，依查得資料，按實際交易事實依法予以調整（所基 15-1）。

此規定係爲防杜營利事業或個人利用本條例有關免繳納基本稅額之範圍、申報門檻、加計項目計入門鑑、扣除額等規定，以資金或股權移轉等方式不當爲他人或自己規避或減少納稅義務（例如國內營利事業藉在我國境內無固定營業場所及營業代理人之營利事業買賣股票，以免證券交易所得計入基本所得額），爰參酌所得稅法第 66 條之 8，規定稽徵機關得報經財政部核准，按納稅義務人實際交易事實計算基本所得額及基本稅額；其構成短漏報基本所得額或稅額者，並依第 15 條規定處罰，以維租稅公平[10]。

7-11 過渡期間之緩衝規定——不計入基本所得額之免稅所得

我國爲實現租稅的公平正義，避免高所得之營利事業或個人因過度適用租稅獎勵或減免優惠，而無須納稅或僅繳納少額租稅，故制訂「所得基本稅額條例」，使其對國家的財政具有基本貢獻度，但爲顧及租稅的安定性，避免實施初期造成過大的衝擊，並考量國家經濟發展，鼓勵國內廠商儘速完成投資計畫或開工，特規定下列情況仍得繼續適用免稅，於計算營利事業基本所得額時，得免予計入，以兼顧租稅公平及產業發展，此緩衝期間之免稅規定最長可達 12 年。

一、**已核准免稅**：本條例施行前已由財政部核准免稅（依廢止前促進產業升級條例等規定已享有五年免稅之所得）。

二、**已完成投資計畫**：本條例施行前已取得中央目的事業主管機關核發完成證明函或已完成投資計畫，並於本條例施行之日起一年內經財政部核准免稅。

三、**已取得投資計畫核准函並已開工**：本條例施行前已取得中央目的事業主管機關核發之投資計畫核准函，並已開工，且未變更投資計畫之產品或服務項目。

四、**一年內開工並於三年內完成投資計畫**：本條例施行前已取得中央目的事業主管機關核發之投資計畫核准函，尚未開工，而於本條例施行之日起一年內開工，並於核准函核發之次日起三年內完成投資計畫，且未變更投資計畫之產品或服務項目。

五、**已簽訂公共建設投資契約**：本條例施行前民間機構業與主辦機關簽訂公共建設投資契約，並於投資契約約定日期內開工及完工，且未變更投資計畫內容者。但依主辦機關要求變更投資計畫內容者，不在此限（所基 16）。

---

10 摘自立法院立法理由。

7-12 實施最低稅負制之政策評價

正向評價

一、**增加國庫收入**：由於我國的租稅獎勵及減免稅規定過於浮濫，造成稅基侵蝕，實施最低稅負制可使高所得的營利事業或個人對國家的財政具有基本的貢獻度，充裕國家稅收[11]。

二、**實現公平正義原則**：由於我國的租稅優惠過多，造成某些高所得的營利事業或個人無須納稅或僅負擔些微稅負，殊不公平，實施最低稅負制的主要目的是在課徵富人的稅，以改善目前課稅不公平的現象。

三、**影響層面小，有助於政策的推行**：我國「所得基本稅額條例」所訂定的稅率無論係營利事業或個人，與鄰近國家相比較，均屬較輕，對經濟發展影響不大，且一般受薪階級、中低所得者或一般之中小企業均不受影響，僅有少數享受過高租稅減免利益之營利事業或個人，才需適用最低稅負制，因此影響層面不大，且實施初期尚有一些過渡期間之緩衝規定，使受影響之營利事業家數更少，有利政策之推行。

四、**減免額隨物價指數調整，已較為可行**：最低稅負的個人所得稅減免額自 113 年度起調高爲 750 萬元，營所稅減免額自 112 年度起調高爲 60 萬元，會隨物價調整，避免最低稅負的申報者愈來愈多，對 AMT 收入仰賴愈來愈重，「違章建築」揮之不去，重蹈美國覆轍[12]。

五、**長期對經濟發展與產業升級有利**：我國雖然實施最低稅負制，但與鄰近國家比較，稅負仍然偏低，投資環境仍具競爭力。若能落實政策，讓稅制合理化，可使產業公平競爭，並促成產業合併與產業升級，提高廠商獲利力。此外，由於實施最低稅負制可改善政府財政收支情形，增加公共建設對長期的經濟發展有利。

負向評價

一、**短期可能對經濟產生衝擊**：實施最低稅負制，短期內可能對民間消費與投資產生負面影響。

二、**扣除額偏高，使最低稅負制的功能降低**：我國基於最低稅負制的精神及稅務行

---

[11] 民國 95 年個人最低稅負稅收 40 億元；96 年增加爲 50 多億元。詳見《工商時報》2008 年 4 月 2 日。

[12] 最低稅負制評介，請詳見黃明聖（2005）。

政的考量，將營利事業扣除額訂在 60 萬元（自 112 年度起調高為 60 萬元）與個人基本所得額的扣除額訂在 750 萬元（自 113 年度起調高為 750 萬元），由於扣除額偏高，且保險給付之死亡給付每一申報戶全年合計數自 113 年度起在新臺幣 3,740 萬元以下部分，均免予計入基本所得額等，此將使最低稅負制的功能降低。

三、**最低稅負制僅係過渡性的次佳（second best）措施**：由於我國的租稅減免散見在各種法規，欲全面取消不公平之減免規定，需時冗長，權宜之計乃採另立專法的次佳方式。但畢竟「所得基本稅額條例」乃一過渡性的法令，長期而言，仍應考慮修改或廢除某些不公平的稅法，並考慮全面檢討現行所得稅制，取消軍公教免稅，擴大課稅基礎（現行綜合所得稅的納稅義務人主要僅為受薪階級），方符合公平之目標。

四、**不應涵括營所稅**：租稅公平要看最後租稅歸宿（tax incidence），因此只有個人才有租稅公平的問題，公司沒有租稅公平的問題。最低稅負既然強調租稅公平，則似不應將營所稅納入。當然，若是基於政策宣示之意義，那又另當別論了！

綜合以上分析，最低稅負制雖利弊互見，但正向評價似仍多於負向，尚符合民眾之殷殷期望，為近 20 年來臺灣難得的加稅措施，應予肯定。

歷屆試題

申論題

1. 甲小姐（居住者）112 年度課稅資料如下：

（1）甲小姐有兩份工作：受僱於 S 公司從事音樂表演工作，全年薪資收入共 400 萬元；受僱於 T 公司從事稅務規劃工作，全年薪資收入共 600 萬元。今年花費 23 萬元購置專為表演之服裝、47 萬元參加職業訓練課程，均取具合法憑證。

（2）甲小姐持有兩家公司之股票：境內乙公司（持股比例 90%）、境外 A 公司（持股比例 20%）；乙公司亦持有 A 公司之股票（持股比例 80%）。乙公司今年有虧損、A 公司當年度之稅後淨利（換算成新臺幣）為 5,000 萬元，乙公司與 A 公司當年度均未分配盈餘給股東。

請回答下列問題：

（1）甲小姐之全年度薪資所得為多少元？（註：112 年度之薪資所得特別扣除額為 20.7 萬元）

（2）依所得基本稅額條例第 12 條之 1 規定，在何種情況下，A 公司會被視為甲小姐之關係企業，且其盈餘應計入個人基本所得額？

（3）承上題，若 A 公司符合上述規定，則甲小姐在計算基本所得額時，應計入之國外來源所得為多少元？（112 年地方四等特考）

2. 請就下列資料，依所得稅法及所得基本稅額條例相關法令規定，計算邱君 110 年度個人基本所得額、基本稅額、一般所得稅額及基本稅額與一般所得稅額之差額：

（1）邱君申報全戶綜合所得淨額 300 萬元（不含股利），應納稅額 80 萬元；股利 200 萬元，採稅率 28% 分開計算稅額。

（2）邱君 110 年出售一棟位於香港之房屋、土地，獲利 200 萬港幣，換算新臺幣為 760 萬元，已繳納香港利得稅，換算新臺幣為 60 萬元。

（3）邱君配偶蔡君 110 年自境外匯回 2 筆資金，一筆為 105 年源於英國之投資利得 10 萬英磅，換算新臺幣為 400 萬元，已繳納英國所得稅，換算新臺幣為 20 萬元；一筆為 110 年於日本之投資本金 100 萬日幣，換算新臺幣為 27 萬元。

（4）邱君 110 年出售 1 檔證券投資信託基金之受益憑證 1 萬單位，實際成交價格 50 萬元，原始申購價格 30 萬元，手續費 1 萬元。

（5）邱君之父 110 年 10 月過世，其生前（100 年）投保 1 筆人壽保險，要保人及被保險人為邱父、受益人為邱君，保險死亡給付為 4,000 萬元。

（提示：死亡給付每一申報戶免予計入基本所得額之金額為 3,330 萬元；計算基本稅額時，基本所得額得扣除之金額為 670 萬元。）（111 年會計師）

3. 星巴公司符合適用所得基本條例之公司組織，111 年度之相關資料如下：

（1）出售持有滿一年但未滿兩年的甲公司股票一次，獲利 455 萬元。

（2）出售持有滿兩年但未滿三年的乙公司股票二次，共獲利 320 萬元。

（3）出售持有滿三年的丙公司股票兩次，一次獲利 500 萬元，另一次損失 200 萬元。

（4）於 107 年度出售乙公司股票獲利 280 萬元、出售丁公司股票損失 400 萬元。

（5）111 年度依所得稅法計算之課稅所得額為 2,800 萬元，投資抵減稅額 120 萬元，以及計算課稅所得額時減除依企業併購法第 37 條規定免徵營利事業所得稅之所得額為 170 萬元。

試列出算式計算下列問題：

（1）星巴公司 111 年度應計入基本所得額之證券交易所得為多少？

（2）星巴公司 111 年度之一般所得稅額為多少？

（3）星巴公司 111 年度之基本所得額為多少？

（4）星巴公司 111 年度之基本稅額為多少？

（5）星巴公司 111 年度應繳納基本稅額與一般所得稅額之差額為何？（111 年記帳士）

4. 莎莎公司於 110 年度所得稅結算申報資料如下：

營業收入	4,800,000 元
營業成本	3,200,000 元
營業費用	1,000,000 元
非營業收入	300,000 元
非營業費用	180,000 元

由於莎莎公司未能提示完整帳簿、文據，只舉證非營業費用之相關文據。

假設莎莎公司之行業的同業毛利率標準為 35%、同業淨利率標準為 15%。

試回答並計算下列問題：

（1）莎莎公司之核定全年所得額為何？

（2）莎莎公司應補繳稅額為多少？

（3）若莎莎公司能完整提示全部帳簿、文據，但營業成本無法查核勾稽，則（1）與（2）的答案又分別為何？（111 年記帳士）

5. 我國 A 公司於 111 年度依商業會計法計算之淨利為 700 萬元，該公司各項損益項目如下：

（1）證券交易所得 120 萬元，證券交易損失 60 萬元。

（2）出售民國 101 年購入之固定資產，固定資產利益為 260 萬元（其中土地所得 100 萬元，房屋交易所得 160 萬元）。

（3）發票日在 110 年 11 月之短期票券利息所得 50 萬元（扣繳稅款 5 萬元）。

（4）不計入所得之投資收益 80 萬元（可扣抵稅額 20 萬元）。

（5）依所得稅法第 39 條規定可扣除之虧損為 90 萬元。

（6）該公司 111 年度有符合產業創新條例之研發投資抵減 30 萬元。

請依上述 A 公司之結算申報書內容，以最有利納稅人方式計算下列各項金額：

（1）營利事業課稅所得額及一般所得稅額。

（2）所得基本稅額條例規定下之基本所得額、基本稅額及是否有所得基本稅額條例規定下之應補繳差額？（111 年地方三等特考）

6. 請分別說明我國個人及公司受控外國企業（Controlled Foreign Company, CFC）規定之相關法源依據及規範內容，並說明相關之豁免情形。（111 年地方三等特考）

7. 丁公司 109 年度營利事業所得稅委託會計師查核簽證申報，其相關申報資料如下：

（1）全年會計所得額新臺幣（下同）2,000 萬元。

（2）前 10 年核定虧損本（109）年度扣除額 200 萬元，免徵所得稅之土地交易所得 200 萬元。

（3）109 年買進並出售之停徵所得稅之證券交易所得 300 萬元。

（4）依促進民間參與公共建設法規定免稅之所得 400 萬元。

（5）適用產業創新條例規定之投資抵減稅額 50 萬元。

依所得稅法、所得基本稅額條例及相關規定，回答下列問題：

（1）營利事業符合那些情形，可免申報繳納基本稅額？

（2）丁公司 109 年度之基本稅額為何？

（3）丁公司 109 年度應繳納基本稅額與一般所得稅額之差額為何？（110 年會計師）

8. 甲小姐（居住者）於 110 年依稅法計算之綜合所得總額為 450 萬元、綜合所得淨額為 400 萬元（均不包含股利所得），無任何扣繳稅款，其他資料如下：

（1）獲配境內乙公司之現金股利 80 萬元；獲配境外 A 公司之現金股利 100 萬元。

（2）出售境內上市公司丙公司之股票，獲利 260 萬元；出售境外未上市公司 B 公司之股票，獲利 20 萬元。

（3）出售國內私募投資基金之受益憑證損失 100 萬元。

（4）因交通事故而受傷，獲得境內丁保險公司之保險給付 50 萬元；此外，獲得境內戊保險公司之年金保險給付 4,000 萬元。上述保險之要保人與受益人均非屬同一人，保險開始日均在 100 年。

請問：

（1）若其依法選擇將股利所得合併於綜合所得總額中計稅，則應繳或應退稅額為多少元？

（2）若其依法選擇將股利所得分開計稅，則依所得基本稅額條例計算之一般所得稅額為多少元？

（3）若其依法選擇將股利所得分開計稅，則依所得基本稅額條例計算之基本稅額為多少元？

提示：

110 年度綜合所得稅速算公式（單位：新臺幣元）

級距	應納稅額＝綜合所得淨額 × 稅率 – 累進差額
1	0 ～ 540,000×5% – 0
2	540,001 ～ 1,210,000×12% – 37,800
3	1,210,001 ～ 2,420,000×20% – 134,600
4	2,420,001 ～ 4,530,000×30% – 376,600
5	4,530,001 以上 ×40% – 829,600

（110 年地方三等特考）

選擇題（本書各章所附考題之答案均係依據考試當年度考選部所公布之答案）

（D）1. 個人 111 年度符合下列何種情形，免依所得基本稅額條例規定計算繳納所得稅？（A）經常居住中華民國境內之個人，有香港來源所得新臺幣 200 萬元（B）經常居住中華民國境內之個人，有基本所得額新臺幣 800 萬元（C）111 年度綜合所得稅結算申報有投資抵減稅額新臺幣 1 萬元（D）外國人 111 年 8 月至 12 月受外國公司派遣來我國工作，取得國外薪資新臺幣 800 萬元（112 年會計師）

（C）2. 營利事業計算基本所得額時，以所得稅法規定計算之課稅所得額為基礎，加計之各項所得，下列何者非屬加計項目？（A）依所得稅法規定停徵所得稅之證券交易所得（B）依產業創新條例規定智慧財產權研究發展支出加倍減除金額（C）依所得稅法規定不計入所得額課稅之股利或盈餘收入（D）依國際金融業務條例規定免徵營利事業所得稅之所得額（112 年會計師）

（B）3. 我國居住者個人甲 112 年所得資料如下：①申報 112 年度綜合所得淨額 450 萬元，一般所得稅額 95.8 萬元②直接持有符合受控外國企業制度之中華民國境外關係企業股份 10%，該關係企業當年度盈餘換算新臺幣為 800 萬元③交易在證券交易所上市之股票，利得 50 萬元④對政府捐贈 800 萬元（實物及現金各 400 萬元）全數申報列舉扣除額⑤取得美國有價證券利息 10 萬元。依所得基本稅額條例相關規定，112 年度基本所得額及基本稅額金額各為何？（A）490 萬元、0 萬元（B）850 萬元、36 萬元（C）940 萬元、54 萬元（D）990 萬元、64 萬元。（112 年記帳士）

（D）4. 依所得基本稅額條例規定，在計算營利事業基本所得額時，下列何者須計入？①依國際金融業務條例規定之免稅所得②免稅之土地交易所得③依所得稅法規定不計入所得額課稅之股利收入④依企業併購法規定之免稅所得⑤依所得稅法規定停徵所得稅之證券交易所得（A）①②③④⑤（B）①③④⑤（C）②③④⑤（D）①④⑤。（112 年記帳士）

（C）5. 下列何者不應列入個人基本所得額之計算？（A）海外所得逾新臺幣 100 萬元之部分（B）私募證券投資信託基金之受益憑證之交易所得（C）上市櫃公司之證券交易所得額（D）受益人

與要保人非屬同一人之人壽保險及年金保險，受益人受領之保險給付逾新臺幣 3,300 萬元者。（112 年地方五等特考）

（B）6. 下列何者不適用最低稅負制？①基本所得額合計為新臺幣 5 百萬元之個人②教育、文化、公益、慈善機關或團體③依法經營不對外營業之消費合作社④在中華民國境內無固定營業場所及營業代理人之營利事業⑤基本所得額在新臺幣 1 百萬元之營利事業（A）①②③④⑤（B）①②③④（C）②③（D）②③④。（112 年地方五等特考）

（A）7. 依所得基本稅額條例規定，個人基本所得額之計算係由綜合所得淨額加計之項目，不包括下列何者？（A）受益人與要保人不同人之死亡人壽保險給付新臺幣 1,000 萬元（B）符合所得基本稅額條例第 12 條之 1 規定之營利所得新臺幣 500 萬元（C）非現金之捐贈扣除額新臺幣 500 萬元（D）私募證券投資信託基金受益憑證之交易所得新臺幣 500 萬元。（112 年地方三等特考）

（C）8. 何者合乎所得基本稅額條例？①課徵對象為營利事業②為最低稅負制③課徵對象為個人④申報期間為每年六月⑤非中華民國境內居住之個人不適用⑥獨資或合夥組織之營利事業不適用（A）①②③④⑤⑥（B）①②③④（C）①②③⑤⑥（D）①②③。（112 年普考）

（C）9. 按所得基本稅額條例規定，下列何者為個人計算基本所得額時應包含之項目：①受益人與要保人同一人之人壽保險給付超過 3,330 萬元以上②海外所得 90 萬元③出售未上市櫃股票之所得額④非現金部分之捐贈扣除額⑤選擇分開計算之股利及盈餘合計數（A）①④⑤（B）①③④（C）③④⑤（D）②③⑤。（111 年高考）

（D）10. 甲 110 年度有下列所得，其於辦理該年度綜合所得稅結算申報時，依所得基本稅額條例規定，何者免計入基本所得額？（A）取得以父親為要保人於 96 年投保人壽保險之保險給付（非死亡給付）新臺幣 100 萬元（B）出售我國證券投資信託事業私募證券投資信託基金的受益憑證，獲利新臺幣 100 萬元（C）申報綜合所得稅時減除之非現金捐贈新臺幣 100 萬元（D）出售美國公司發行股票，獲利新臺幣 80 萬元。（111 年會計師）

（B）11. 乙公司 110 年度全年度所得額為 500 萬元，其中包括停徵所得稅之有價證券交易所得額 250 萬元，及出售土地免稅所得 50 萬元，其依所得基本稅額條例計算之基本稅額為何？（A）54 萬元（B）48 萬元（C）30 萬元（D）24 萬元。（111 年會計師）

（D）12. 根據所得基本稅額條例，下列何者所得應計入個人 112 年度之基本所得額？①大陸地區來源所得 200 萬元②受控外國公司（Controlled Foreign Company）所得 300 萬元③死亡人壽保險給付 2,000 萬元④未上市櫃非新創事業公司股票交易所得 100 萬元⑤非現金捐贈 50 萬元（A）①②③（B）①④⑤（C）②③⑤（D）②④⑤。（111 年記帳士）

（B）13. 下列有關受控外國公司（Controlled Foreign Company）所得計入個人 112 年度之基本所得額之規定何者是正確的？①個人及其關係人直接或間接持有在中華民國境外低稅負國家之關係企業股份合計達 50% 以上②該關係企業於所在國家有實質營運活動③個人或其與配偶及直

系親屬合計持有該關係企業股份 10% 以上④併計依規定應計入基本所得額之海外所得（A）①③（B）①④（C）①③④（D）①②③④。（111 年記帳士）

（D）14. 110 年營利事業基本稅額計徵，下列敘述何者正確？①基本所得額扣除新臺幣 100 萬元②法定稅率最高不得超過百分之十五③法定稅率最低不得低於百分之十④徵收率是百分之十二（A）①②（B）③④（C）②③（D）②④。（111 年記帳士）

（C）15. 根據所得基本稅額條例規定，個人之基本所得額，爲依所得稅法規定計算之綜合所得淨額，加計特定項目之金額後的合計數，其中有關特定保險給付：受益人與要保人非屬同一人之人壽保險及年金保險給付之規定，下列何者正確？（A）依現行最新調整後金額，死亡給付每一個人全年合計數在 2,000 萬元以下部分免予計入，超過 2,000 萬元者，扣除 2,000 萬元後之餘額應全數計入（B）依現行最新調整後金額，死亡給付每一申報戶全年合計數在 2,000 萬元以下部分免予計入，超過 2,000 萬元者，扣除 2,000 萬元後之餘額應全數計入（C）依現行最新調整後金額，死亡給付每一申報戶全年合計數在 3,330 萬元以下部分免予計入，超過 3,330 萬元者，扣除 3,330 萬元後之餘額應全數計入（D）依現行最新調整後金額，死亡給付每一個人全年合計數在 3,300 萬元以下部分免予計入，超過 3,300 萬元者，扣除 3,300 萬元後之餘額應全數計入。（111 年地方五等特考）

（C）16. 依現行稅法規定，下列何種稅目之課稅範圍有採屬人主義？①贈與稅②營利事業所得稅③綜合所得稅④所得基本稅額（A）①②③④（B）①②③（C）①②④（D）②③④（110 年普考）

（C）17. 依所得稅法及其有關法律規定，境內居住者取得下列何種所得非歸屬於海外所得？（A）投資國內基金配發其投資於境外公司之股息（B）受僱於香港公司獲得之薪資所得（C）取得大陸地區稿費收入（D）參加歐洲地區競技比賽獲得之獎金（110 年地方五等特考）

（B）18. 依所得基本稅額條例規定，申報 110 年度綜合所得稅時，計算個人基本所得額，係以綜合所得淨額爲基準，下列何者非加計項目？（A）申報綜合所得稅時，已列舉之非現金捐贈（B）出售上市櫃公司股票之證券交易所得（C）採 28% 分開計稅之股利及盈餘（D）出售私募基金受益憑證之所得（110 年地方五等特考）

（B）19. 民國 110 年度，依所得基本稅額條例規定營利事業基本所得額之扣除額及稅率，分別爲多少？（A）新臺幣 50 萬元，10%（B）新臺幣 50 萬元，12%（C）新臺幣 200 萬元，10%（D）新臺幣 200 萬元，20%（110 年地方五等特考）

（D）20. 依我國稅法規定，有關所得之課稅範圍，下列何者正確？（A）綜合所得稅採屬人主義，不論國內、外所得皆屬課稅範圍（B）個人所得基本稅額採屬地主義，國內所得方屬課稅範圍（C）營利事業所得稅採屬地主義，國內所得方屬課稅範圍（D）營利事業所得稅採屬人主義兼屬地主義（110 年地方三等特考）

（C）21. 甲君 110 年度有下列所得及支出（均爲新臺幣），應計入個人基本所得額的項目爲何？①香港賽馬投注所得 50 萬元②捐贈土地予政府 200 萬元③依所得稅法規定計算之綜合所得淨額

1,000 萬元④交易設立 1 年、未上市櫃，且經核定為高風險新創事業公司之股票交易所得 300 萬元⑤綜合所得稅結算申報時，選擇分開計稅之股利 200 萬元（A）①②④（B）②③④（C）②③⑤（D）②④⑤（110 年地方三等特考）

（C）22. 依所得基本稅額條例規定，營利事業或個人未依規定計算及申報基本所得額，經稽徵機關調查發現有依該條例規定應課稅之所得額者，除補徵應納稅額外，應按補徵稅額處多少倍以下罰鍰？（A）1 倍（B）2 倍（C）3 倍（D）5 倍（109 年會計師）

（C）23. 依現行所得稅法及所得基本稅額條例之規定，下列敘述何者正確？（A）個人取得受控外國公司（CFC）所得超過 100 萬元以上者，應就超過部分計入基本所得額（B）個人獲配股利所得選擇按 28% 分開計稅者，股利所得不用計入基本所得額（C）營利事業出售證券交易所得免徵營利事業所得稅，但需計入基本所得額（D）個人出售證券交易損失得自綜合所得總額中扣除，亦可自基本所得額中扣除（109 年記帳士）

（C）24. 依所得基本稅額條例，居住者申報 108 年度海外所得之課稅規定，下列敘述何者正確？（A）海外財產交易損失可以在以後 3 年度之財產交易所得扣除（B）海外利息所得為 100 萬元不須申報（C）海外財產交易損失及所得均以實際成交價格及原始取得成本計算損益，並經稽徵機關核實認定者為限（D）大陸地區來源所得屬於海外所得的課徵範圍（109 年記帳士）

（B）25. 甲君線上辦理 107 年度綜合所得稅與所得基本稅額條例結算申報，漏未申報境外期貨交易所得 200 萬元，稽徵機關事後查獲，應如何依法裁處？（A）境外期貨交易所得免稅，毋須補稅或裁處違章（B）依照所漏稅額處以 2 倍以下之罰鍰（C）依照所漏稅額處以 3 倍以下之罰鍰（D）依照所漏稅額處以 1 倍以上 3 倍以下之罰鍰（109 年地方五等特考）

（D）26. 依現行所得稅法與所得基本稅額條例規定，下列何者全部金額皆屬於免稅的個人所得？（A）銀行定存利息 30 萬元（B）稿費、版稅合計 30 萬元（C）境外來源所得 200 萬元（D）未上市股票轉讓所得 200 萬元（109 年地方五等特考）

（B）27. 在計算營利事業基本所得額時，下列何者不須計入？（A）證券交易所得（B）土地交易所得（C）國際金融業務分行之免稅所得（D）合於廢止前促進產業升級條例規定之 5 年免稅所得（109 年地方三等特考）

第 8 章

營利事業所得稅不合常規移轉訂價之查核

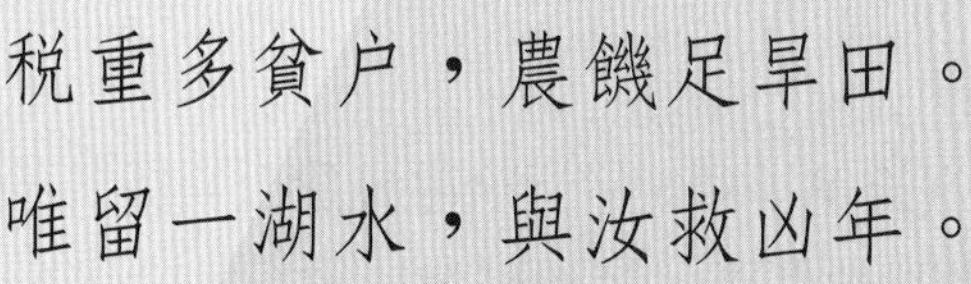

稅重多貧戶，農饑足旱田。

唯留一湖水，與汝救凶年。

白居易「別州民」

誠如第五章所述，臺灣對於非常規交易（non-arm's length transactions）的規範，除了在所得稅法作最原則性的規定以外，其他地方亦有相關之規定。本章將逐一說明之。

8-1 法源依據

一、所得稅法

某些營利事業利用其與國內外其他具有從屬關係或具有控制力的營利事業，例如母子公司或姊妹公司，從事不合營業常規之交易，以達到少納稅之目的，故我國所得稅法第 43 條之 1 規定：營利事業與國內外其他營利事業具有從屬關係，或直接間接為另一事業所有或控制，其相互間有關收益、成本、費用與損益之攤計，如有以不合營業常規之安排，規避或減少納稅義務者，稽徵機關為正確計算該事業之所得額，得報經財政部核准按營業常規予以調整，但成效不彰。我國乃於民國 93 年 12 月 28 日發布「營利事業所得稅不合常規移轉訂價查核準則」，以防杜不合營業常規之交易，並於「營利事業所得稅查核準則」第 114 條之 1 規定：關係人交易不合常規移轉訂價（transfer pricing）之調查、審核，應依營利事業所得稅不合常規移轉訂價查核準則之規定辦理。

二、金融控股公司法

金融控股公司法第 50 條第 1 項規定：金融控股公司與其子公司相互間、金融控股公司或其子公司與國內、外其他個人、營利事業或教育、文化、公益、慈善機關或團體相互間，有關收入、成本、費用及損益之攤計，有以不合交易常規之安排，規避或減少納稅義務者；或有藉由股權之收購、財產之轉移或其他虛偽之安排，不當為他人或自己規避或減少納稅義務者；稽徵機關為正確計算相關納稅義務人之所得額及應納稅額，得報經主管機關核准，按交易常規或依查得資料予以調整。但金融控股公司與其持有達已發行股份總數 90% 之本國子公司間之交易，不適用之。

三、企業併購法

該法第 42 條規定，公司與其子公司相互間、公司或其子公司與國內、外其他個人、營利事業或教育、文化、公益、慈善機關或團體相互間，有關收入、成本、費用及損益之攤計，有以不合交易常規之安排，規避或減少納稅義務者；或有藉由股權之收購、財產之轉移或其他虛偽之安排，不當為他人或自己規避或減少納稅義務者；稽徵機關為正確計算相關納稅義務人之所得額及應納稅額，得報經主管機關核准，按交易常規或依查得資料予以調整。但公司與其持有達已發行股份總數百分之百在中華民國境內設立之子公司間之交易，不在此限。公司或其子公司經稽徵機關依前項規定調整其所得額及應納稅額者，當年度不得適用前條合併申報營利事業所得稅之規定。

8-2 適用對象

一、關係企業之交易不合營業常規

營利事業與國內外其他營利事業具有從屬關係，或直接間接為另一事業所有或控制，其相互間有關收益、成本、費用或損益攤計之交易，應符合營業常規，以正確計算相關營利事業在中華民國境內之納稅義務。

前項營利事業從事交易時，有以不合營業常規之安排，規避或減少其在中華民國境內之納稅義務者，稽徵機關為正確計算相關營利事業之所得額及應納稅額，得依法進行調查，並依所得稅法第 43 條之 1 規定，報經財政部核准按營業常規予以調整（移轉 2）。

金融控股公司法或企業併購法規定之公司與其子公司相互間，及該等公司或其子公司與國內、外其他個人、營利事業或教育、文化、公益、慈善機關或團體相互間，有關收入、成本、費用及損益攤計之交易，應符合交易常規。

前項公司從事交易時，有以不合交易常規之安排，規避或減少其在中華民國境內之納稅義務者，稽徵機關為正確計算相關納稅義務人之所得額及應納稅額，得依法進行調查，並依金融控股公司法第 50 條第 1 項或企業併購法第 47 條第 1 項第 1 款規定，報經各該規定之主管機關核准，按交易常規予以調整（移轉 2）。

二、關係企業之界定

根據所得稅法第 43 條之 1 所稱營利事業與國內外其他營利事業具有從屬關係，或直接間接為另一事業所有或控制，指營利事業相互間有下列情形之一者（移轉 3）：

（一）營利事業直接或間接持有另一營利事業有表決權之股份或資本額，達該另一營利事業已發行有表決權之股份總數或資本總額 20% 以上。

（二）營利事業與另一營利事業直接或間接由相同之人持有或控制之已發行有表決權之股份總數或資本總額各達 20% 以上。

（三）營利事業持有另一營利事業有表決權之股份總數或資本總額百分比為最高且達 10% 以上。

（四）營利事業與另一營利事業之執行業務股東或董事有半數以上相同。

（五）營利事業及其直接或間接持有之股份總數或資本總額超過 50% 之營利事業，派任於另一營利事業之董事，合計達該另一營利事業董事總席次半數以上。

（六）營利事業之董事長、總經理或與其相當或更高層級職位之人與另一營利事業之董事長、總經理或與其相當或更高層級職位之人為同一人，或具有配偶或二親等以內親屬關係。

（七）總機構在中華民國境外之營利事業，其在中華民國境內之分支機構，與該總機構或該營利事業在中華民國境外之其他分支機構；總機構在中華民國境內之營利事業，其總機構或其在中華民國境內之分支機構，與該營利事業在中華民國境外之分支機構。

（八）營利事業直接或間接控制另一營利事業之人事、財務或業務經營，包括：

1. 營利事業指派人員擔任另一營利事業之總經理或與其相當或更高層級之職位。
2. 非金融機構之營利事業，對另一營利事業之資金融通金額或背書保證金額達該另一營利事業總資產之三分之一以上。
3. 營利事業之生產經營活動須由另一營利事業提供專利權、商標權、著作權、秘密方法、專門技術或各種特許權利，始能進行，且該生產經營活動之產值達該營利事業同年度生產經營活動總產值 50% 以上。
4. 營利事業購進之原物料、商品，其價格及交易條件由另一營利事業控制，且該購進之原物料、商品之金額達該營利事業同年度購進之原物料、商品之總金額 50% 以上。
5. 營利事業商品之銷售，由另一營利事業控制，且該商品之銷售收入達該營利事業同年度銷售收入總額 50% 以上。

（九）營利事業與其他營利事業簽訂合資或聯合經營契約。

（十）其他足資證明營利事業對另一營利事業具有控制能力或在人事、財務、業務經營或管理政策上具有重大影響力之情形（移轉 3）。

8-3 相關名詞定義

一、關係企業：指營利事業相互間有前條所定從屬或控制關係者。

二、關係人：指前款關係企業或有下列情形之人：

（一）營利事業與受其捐贈金額達平衡表基金總額三分之一之財團法人。

（二）營利事業與其董事、監察人、總經理或與其相當或更高層級職位之人及該等人之配偶擔任董事總席次半數以上之財團法人。

（三）營利事業與其董事、監察人、總經理或與其相當或更高層級職位之人、副總經理、協理及直屬總經理之部門主管。

（四）營利事業與其董事、監察人、總經理或與其相當或更高層級職位之人之配偶。

（五）營利事業與其董事長、總經理或與其相當或更高層級職位之人之二親等以內親屬。

（六）營利事業與其他足資證明對該營利事業具有控制能力或在人事、財務、業務經營或管理政策上具有重大影響力之人。

三、非關係人：指前款以外之人。

四、受控交易：指關係人相互間所從事之交易，且屬第 2 條第 1 項或第 3 項規定之範圍者。

五、未受控交易：指非關係人相互間所從事之交易。

六、交易結果：指交易價格或利潤。

七、不合營業常規或不合交易常規：指交易人相互間，於其商業或財務上所訂定之條件，異於雙方為非關係人所為，致原應歸屬於其中一交易人之所得，因該等條件而未歸屬於該交易人者。

八、有形資產：指商品、原料、物料、在製品、製成品、副產品、短期投資、有價證券、應收帳款、應收票據、應收債權及其他應收款、固定資產、遞耗資產、長期投資及其他有形資產。

九、無形資產：指前款資產外，可被擁有或控制使用於商業活動，且如於非關係人間運用或移轉該項資產將獲得相對報酬之營業權、著作權、專利權、商標權、事業名稱、品牌名稱、設計或模型、計畫、秘密方法、營業秘密，或有關工業、商業或科學經驗之資訊或專門知識、各種特許權利、行銷網路、客戶資料及其他具有財產價值之權利。

十、移轉訂價：指營利事業從事受控交易所訂定之價格或利潤。

十一、常規交易方法：指評估受控交易之結果是否符合營業常規或交易常規之方法，或決定受控交易常規交易結果之方法。

十二、企業重組：指關係企業間進行功能、資產、風險之重新配置及契約條款或安排之終止或重新議定、移轉之組織架構調整活動。其重組交易類型包括：

（一）全功能配銷商與有限風險配銷商或代理商間功能之轉換。

（二）全功能製造商與代工（進料或合約）製造商或來料加工製造商間功能之轉換。

（三）將無形資產權利移轉至集團內特定企業集中管理或分散至集團內其他企業。

（四）組織精簡或結束營運。

（五）經財政部公告之其他安排。

十三、跨國企業集團：指因從屬或控制關係，依編製財務報導目的依循之一般會計原則規定，或其中任一營利事業股權如於公開證券交易市場交易，依該公開證券交易市場交易應遵循之財務報告編製規定，應納入編製合併財務報表範圍之營利事業集合體，且其成員包括二個以上不同居住地國或地區之營利事業，或包括營利事業與其於另一居住地國或地區設立、從事商業活動且負納稅義務之常設機構。

十四、最終母公司：指跨國企業集團符合下列各目規定之成員：

（一）直接或間接持有該集團其他成員之一定股權，致依其居住地國或地區編製財務報導目的依循之一般會計原則規定，或其股權如於居住地國或地區公開證券交易市場交易，依該公開證券交易市場交易應遵循之財務報告編製規定，應編製合併財務報表者。

（二）未被該集團其他成員直接或間接持有符合前目規定之股權者。

十五、金融控股公司法或企業併購法規定之公司或其子公司與非關係人相互間，有關收入、成本、費用及損益之攤計，不符合交易常規者，於稽徵機關進行調查時，視爲關係人，其相互間所從事之交易，視爲受控交易（移轉 4）。

8-4 常規交易原則

營利事業於辦理營利事業所得稅結算申報時，應依規定評估受控交易之結果是否符合常規，或決定受控交易之常規交易結果；稽徵機關進行不合常規移轉訂價之調查及核定時，亦同（移轉 6）。

營利事業與稽徵機關依規定評估受控交易之結果是否符合常規，或決定受控交易之常規交易結果時，依下列原則辦理（移轉 7）：

一、可比較原則：以非關係人於可比較情況下從事可比較未受控交易之結果爲常規交易結果，以評定受控交易之結果是否符合常規。

二、採用最適常規交易方法：按交易類型，依規定採用最適之常規交易方法，以決定其常規交易結果。

營利事業與稽徵機關決定最適常規交易方法時，應依受控交易之交易類型，依下列規定決定之：

（一）可比較程度：以營利事業及其所從事之受控交易與可比較對象間之可比較程度決定之。相似程度愈高者，其適用性愈高。

（二）資料與假設之品質：品質愈佳者，其適用性愈高（移轉 9）。

三、按個別交易評價：除適用之常規交易方法另有規定外，以個別交易爲基礎，各自適用常規交易方法。但個別交易間有關聯性或連續性者，應合併相關交易適用常規交易方法，以決定其常規交易結果。

四、使用交易當年度資料

（一）原則：決定常規交易結果時，以營利事業從事受控交易當年度之資料及同一年度非關係人從事可比較未受控交易之資料爲基礎。

（二）例外：

1. 有下列情形之一者，得以涵蓋當年度及以前年度之連續多年度交易資料爲基礎：

(1) 營利事業所屬產業受商業循環影響。

(2) 交易之有形資產、無形資產及服務受生命週期影響。

(3) 營利事業採用市場占有率策略。

(4) 採用以利潤爲基礎之方法決定常規交易結果。

(5) 其他經財政部核定之情形。

2. 未能及時取得當年度資料：上述交易當年度之資料，如屬第 20 條規定之可比較未受控交易財務報表資料，且爲營利事業於辦理交易當年度營利事業所得稅結算申報時未能取得之資料者，營利事業得以可比較未受控交易之連續前三年度平均數代替之；營利事業有前述但書規定情形之一者，得以不涵蓋當年度資料之連續多年度可比較未受控交易資料爲基礎。

（三）營利事業依前目規定辦理者，稽徵機關於進行不合常規移轉訂價之調查及核定時，應與營利事業採用相同之原則決定所使用之資料。

五、採用常規交易範圍

（一）四分位法：所稱常規交易範圍，指二個或二個以上之可比較未受控交易，適用相同之常規交易方法所產生常規交易結果之範圍。可比較未受控交易之資料如未臻完整，致無法確認其與受控交易間之差異，或無法進行調整以消除該等差異對交易結果所產生之影響者，以可比較未受控交易結果之第 25 百分位數至第 75 百分位數之區間爲常規交易範圍。

（二）平均數：依規定使用多年度資料者，以可比較未受控交易結果之多年度平均數，依前目規定產生常規交易範圍。

（三）中位數：受控交易以前款交易資料爲基礎之交易結果在常規交易範圍之內者，視爲符合常規，無需進行調整；其在常規交易範圍之外者，按所有可比較未受控交易結果之中位數或所有多年度平均數之中位數調整受控交易之當年度交易結果。

（四）可比較未受控交易，符合下列情形之一，致與受控交易具有高度可比較程度，且可據以決定受控交易之單一最可信賴常規交易結果時，得以該結果決定受控交易之常規交易結果，不適用前三目規定：

1. 受控交易與可比較未受控交易間，及從事受控交易之關係人與從事可比較未受控交易之非關係人間未存在對公開市場價格有顯著影響之差異。
2. 如存在本目之 1 顯著差異，得經由合理之調整，以消除該等差異所造成之顯著影響。

（五）不予調整：依前二目調整之結果，將使其在中華民國境內之納稅義務較未調整前爲低者，不予調整。

六、分析虧損發生原因：營利事業申報虧損，而其集團全球總利潤爲正數者，應分析其虧損發生之原因及其與關係企業相互間之交易結果是否符合常規。

七、收支分別評價：受控交易之交易人一方對他方應收取之價款，與他方對一方應收取之價款，應按交易任一方分別列計收入與支出之交易價格評價。

八、其他：其他經財政部核定之常規交易原則。

8-5 可比較對象之選定

一、考量影響價格或利潤之因素

可比較情況或可比較交易，指相同或類似之情況或交易。決定營利事業與非關係人之情況，或其所從事之受控交易與未受控交易是否相同或類似及其可比較程度時，應以交易之實質經濟事實關係及其所生實質經濟利益之歸屬與享有爲依據，並考量下列影響價格或利潤之因素（移轉 8）：

（一）交易標的資產或服務之特性

1. 交易標的爲有形資產者，爲資產之實體特徵、品質、數量及是否包括無形資產。
2. 交易標的爲無形資產者，爲交易型態、資產類型、移轉條件、發展階段、是否擁有更新、修改及修正之權利、獨特性及其維持獨特性之期間、賸餘經濟效益年限及使用該無形資產之預期利益。所定交易型態，如授權或轉讓。
3. 交易標的爲服務時，爲服務之性質及是否包括無形資產。

（二）執行之功能，包括：

1. 研究與發展。
2. 產品設計。
3. 採購及原物料管理。

4. 製造、加工、裝配。
5. 行銷、配銷、存貨管理、保證、廣告、產品服務。
6. 運送及倉儲。
7. 經營管理、會計、財務、法律、信用、收款、訓練及人員管理服務。
（三）契約條款，包括：
1. 報酬收付方式。
2. 交易數量。
3. 售後保證範圍及條件。
4. 更新或修正契約內容之權利。
5. 授權或契約之有效期間、終止及重新協商之權利。
6. 交易雙方間提供附屬或輔助服務之協議。
7. 交貨條件，如起運點交貨或目的地交貨。
8. 授信及付款條件。
（四）承擔之風險，包括：
1. 市場風險，如成本、需求、價格之變動、存貨水準風險。
2. 研究與發展活動之成敗風險。
3. 財務風險，如外匯匯率、利率變動風險。
4. 信用風險，如授信、收款風險。
5. 產品責任風險。
（五）經濟及市場情況，包括：
1. 區域市場之相似性。
2. 市場規模及發展潛力。
3. 市場層級，如批發或零售市場。
4. 市場占有率。
5. 市場競爭程度、消費者購買力、交易雙方之其他選擇性。
6. 政府對市場之管理。
7. 產業概況，如新興或夕陽產業。
8. 運輸成本。
（六）商業策略，包括：
1. 創新及產品開發策略。
2. 避險策略。
3. 市場占有率策略。

（七）其他影響可比較程度之因素。

二、經調整可消除差異之影響者得選為可比較對象

營利事業與非關係人之情況，或其所從事之受控交易與未受控交易間，如存在上述各款因素之顯著差異，應就該等差異對可比較未受控交易之價格或利潤所造成之影響進行合理之調整；其經由合理之調整可消除該等差異之影響者，得選定該非關係人及未受控交易爲可比較對象。

決定營利事業與非關係人間所從事之未受控交易，與該營利事業與關係人間所從事受控交易之可比較程度及是否選定其爲可比較對象時，比照上述規定辦理。

三、進行可比較程度分析之步驟

營利事業與稽徵機關依前條第 1 項第（四）款規定因素進行可比較程度分析時，依下列步驟辦理（移轉 8-1）：

（一）明確辨認經濟上顯著風險。

（二）確認契約約定經濟上顯著風險之配置。

（三）透過功能分析，確認受控交易參與人之實際經濟行爲，及是否具備風險承擔與風險管理之功能。

（四）就前三款評估結果，分析受控交易參與人是否遵循契約條款，及主張風險承擔方於受控交易是否實際控制風險與具備承擔風險之財務能力，以確認契約約定之風險承擔情形與交易雙方之行爲是否一致。

（五）如經確認主張風險承擔方未實際控制風險或不具備承擔風險之財務能力，應將該風險重新配置予實際控制風險且具備承擔風險財務能力之一方；如有多方均實際控制風險且具備承擔風險財務能力，應將該風險配置予控制風險最多者，並對其他風險控制者依風險控制程度給予合理報酬。

（六）依前五款規定確認之風險配置結果重新訂價，給予承擔風險者合理補償，並給予減輕風險者適當報酬。

依前項第（三）款規定，評估受控交易參與人是否具備風險承擔及風險管理之功能，應按下列方式判斷：

（一）判斷是否具備風險承擔功能，應考量下列因素：

1. 承受風險所帶來有利或不利結果。

2. 具備承擔風險之財務能力，指具備承擔或解除風險、支付減輕風險或承受風險實現結果之資金融通能力。

（二）判斷是否具備風險管理功能，應考量下列因素：

1. 實際控制風險之能力，指：

(1) 具備承擔、解除或規避風險之決策能力及實際執行該決策之功能。

(2) 具備是否回應與如何回應風險之決策能力及實際執行該決策之功能。

2. 減輕風險之能力，指有能力採行預期會影響風險結果之措施，包含降低不確定性或減少風險事件所生不利影響之措施，及實際執行該措施。

營利事業與稽徵機關依前二項規定分析並依風險配置結果重新訂價時，應依下列方式辦理：

（一）受控交易參與人提供資金但未實際控制其財務風險及其他相關風險，僅能獲得無風險報酬。

（二）受控交易參與人提供資金並實際控制其財務風險，但未承擔及控制其他相關風險，僅能獲得經風險調整之合理報酬（即控制財務風險之合理報酬）。

四、是否符合常規之評估

營利事業與稽徵機關評估無形資產交易之利潤分配是否符合常規，應就無形資產之開發、提升、維護、保護、利用等經濟活動，依第 8 條及第 8 條之 1 規定進行可比較程度分析，尤應考量於前開經濟活動中執行之功能、使用之資產、承擔之風險之貢獻程度，並依可比較程度分析決定常規交易結果。

評估無形資產交易時，應特別考量下列風險：

（一）發展風險。

（二）產品過時風險。

（三）侵權風險。

（四）產品責任風險。

（五）使用風險（移轉 9-2）。

8-6 常規交易方法

一、可比較未受控價格法

係以非關係人於可比較情況下，從事有形資產之移轉或使用、服務之提供或資金之使用之可比較未受控交易所收取之價格，爲受控交易之常規交易價格（移轉 14）。

二、可比較未受控交易法

係以非關係人於可比較情況下，從事無形資產之移轉或使用之可比較未受控交易所收取之價格，為受控交易之常規交易價格（移轉 15）。

三、再售價格法

係按從事受控交易之營利事業再銷售予非關係人之價格，減除依可比較未受控交易毛利率計算之毛利後之金額，為受控交易之常規交易價格。其計算公式如下：

常規交易價格＝再銷售予非關係人之價格 ×（1－可比較未受控交易毛利率）
毛利率＝毛利／銷貨淨額

所稱再銷售予非關係人之價格，指受控交易標的之有形資產再銷售予非關係人之價格；凡無此價格者，以相同之有形資產再銷售時或再銷售前、後，銷售予非關係人之價格為準。

所稱可比較未受控交易毛利率，指該營利事業自非關係人購進同種類有形資產再銷售予非關係人之毛利率；凡無此毛利率者，得以執行功能、承擔風險及契約條款類似之其他營利事業自非關係人購進同種類有形資產再銷售予非關係人之毛利率為準（移轉 16）。

四、成本加價法

係以自非關係人購進之成本或自行製造之成本，加計依可比較未受控交易成本加價率計算之毛利後之金額，為受控交易之常規交易價格。計算公式如下：

常規交易價格＝自未受控交易人購進之成本或自行製造之成本 ×（1＋可比較未受控交易成本加價率）
成本加價率＝毛利／購進之成本或自行製造之成本

所稱可比較未受控交易成本加價率，指從事受控交易之營利事業自非關係人購進或自行製造之同種類有形資產，銷售予非關係人之成本加價率；其無此成本加價率者，得以執行功能、承擔風險及契約條款類似之其他營利事業自非關係人購進或自行製造之同種類有形資產，銷售予非關係人之成本加價率為準（移轉 17）。

五、可比較利潤法

係以可比較未受控交易於特定年限內之平均利潤率指標為基礎，計算可比較營業利潤，並據以決定受控交易之常規交易結果。

可比較利潤法所使用之利潤率指標，包括：

（一）營業資產報酬率：以營業淨利爲分子、營業資產爲分母所計算之比率。

（二）營業淨利率：以營業淨利爲分子、銷貨淨額爲分母所計算之比率。

（三）貝里比率：以營業毛利爲分子、營業費用爲分母所計算之比率。

（四）其他經財政部核定之利潤率指標。

所稱營業淨利，指營業毛利減除營業費用後之金額，不包括非屬受測活動之所得及與受測個體繼續經營無關之非常損益。所稱營業資產，指受測個體於相關營業活動所使用之資產，包括固定資產及流動資產，但不包括超額現金、短期投資、長期投資、閒置資產及與該營業活動無關之資產。所稱營業費用，不包括非屬經營本業之利息費用、所得稅及與受測活動無關之費用（移轉 18）。

六、利潤分割法

係於受控交易之各參與人所從事之活動高度整合致無法單獨衡量其交易結果時，依各參與人對所有參與人合併營業利潤之貢獻，計算各參與人應分配之營業利潤（移轉 19）。

8-7 有形資產之常規交易方法

適用於有形資產移轉及使用之常規交易方法如下：

一、可比較未受控價格法

二、再售價格法

三、成本加價法

四、可比較利潤法

五、利潤分割法

六、其他經財政部核定之常規交易方法（移轉 10）

8-8 無形資產之常規交易方法

一、適用於無形資產之常規交易方法

適用於無形資產移轉及使用之常規交易方法如下：

（一）可比較未受控交易法。
（二）可比較利潤法。
（三）利潤分割法。
（四）收益法。
（五）其他經財政部核定之常規交易方法（移轉 11）。

二、收益法

本準則所定收益法，指營利事業於從事無形資產移轉及使用之受控交易時，依財團法人中華民國會計研究發展基金會公開之評價準則公報第七號「無形資產之評價」所定之基本準則、收益法相關之評價方法、解釋與應用、評價報告與揭露之規定，評估無形資產之價值，決定該受控交易之常規交易價格。

評估收益法之適用性時，應考量第 8 條第 1 項規定之因素，尤應特別評估下列假設條件：
（一）財務預測之正確性及可靠性。
（二）成長率。
（三）折現率。
（四）賸餘經濟效益年限。
（五）稅捐效果之假設。
（六）其他影響評估無形資產價值之假設條件（移轉 19-1）。

8-9 服務提供之常規交易方法

一、可比較未受控價格法
二、成本加價法
三、可比較利潤法
四、利潤分割法
五、其他經財政部核定之常規交易方法（移轉 12）

8-10 資金使用之常規交易方法

適用於資金使用之常規交易方法如下：

一、可比較未受控價格法

二、成本加價法

三、其他經財政部核定之常規交易方法（移轉 13）

8-11 調查應提示文據

一、揭露

營利事業於辦理所得稅結算或決算申報時，應依規定格式揭露關係企業或關係人之資料、從屬或控制關係及持股比例結構圖，及其與該等關係企業或關係人相互間交易之資料；其爲跨國企業集團之成員者，應於辦理所得稅結算申報時，併同揭露第 21 條之 1 第 1 項規定該集團指定送交集團主檔報告之境內成員及第 22 條之 1 第 1 項、第 2 項或第 3 項規定之最終母公司、該集團指定送交國別報告之境內成員或代理最終母公司送交國別報告之成員及相關資料（移轉 21）。

二、應備妥下列文據

從事受控交易之營利事業，於辦理交易年度之所得稅結算或決算申報時，應備妥移轉訂價報告，至少包括該營利事業之下列內容：

（一）**企業綜覽**：包括營運歷史、商業活動及所採行商業策略之詳細說明、產業及經濟情況分析、主要競爭對手、影響移轉訂價之經濟、法律及其他因素之分析，並說明當年度或上年度是否參與企業重組或無形資產移轉交易及所受影響。

（二）**企業集團組織及管理結構**：包括管理架構及組織結構圖、管理報告呈交之個人及其主要辦公處所所在地國或地區、董事、監察人及經理人名冊及查核年度前後一年異動資料等。

（三）**受控交易之彙整資料**：

1. 主要交易類型之說明及背景介紹，包括交易流程、日期、標的、數量、價格、契約條款及交易標的資產或服務之用途。所稱用途，內容包括供銷售或使用及其效益敘述。

2. 各類型受控交易之參與人及相互間關係。

3. 按各類型受控交易之他方交易人所屬國家或地區，分別列示交易金額。

4. 所簽訂之集團內部重要協議影本或主要節本。

（四）受控交易分析：

1. 受控交易各參與人之功能及風險分析，包括當年度與上年度異動分析。

2. 依第 7 條規定原則辦理之情形。

3. 依第 8 條規定進行可比較程度分析、選定之可比較對象與可比較未受控交易及相關資料。

4. 依第 8 條之 1 規定進行風險分析。

5. 依第 9 條規定決定最適常規交易方法之分析。

6. 涉及企業重組者，依第 9 條之 1 規定評估利潤分配符合常規之分析。

7. 涉及無形資產交易者，依第 9 條之 2 規定評估利潤分配符合常規之分析。

8. 選定之受測個體及選定之理由、選定之最適常規交易方法及選定之理由、列入考量之其他常規交易方法及不予採用之理由。

9. 受控交易之其他參與人採用之訂價方法及相關資料。

10. 依最適常規交易方法評估是否符合常規或決定常規交易結果之情形，包括所使用之可比較對象與可比較未受控交易相關資料（含利潤率指標）及其來源、爲消除第 9 條第 1 款規定因素及假設條件之差異所作之調整、使用之假設、常規交易範圍、是否符合常規之結論及按常規交易結果調整之情形、適用常規交易方法使用之財務資料彙整等。依第 7 條第 4 款第 1 目但書規定使用多年度交易資料時，應說明使用之理由。

11. 與其他國家或地區就前述受控交易簽署之單邊預先訂價協議及其他涉跨國所得分配之預先核釋影本。

（五）公司法第 369 條之 12 規定之關係報告書、關係企業合併營業報告書等資料。

（六）其他與關係人或受控交易有關並影響其訂價之文件。

營利事業與另一營利事業相互間，如因特殊市場或經濟因素所致而有第 3 條第 8 款第 3 目至第 5 目規定之情形，但確無實質控制或從屬關係者，得於辦理該年度所得稅結算申報前提示足資證明之文件送交該管稽徵機關確認；其經確認者，不適用前項備妥移轉訂價報告之規定。

從事受控交易之營利事業全年收入總額及受控交易金額在財政部規定標準以下者，得以其他足資證明其訂價結果符合常規交易結果之替代文據取代第 1 項規定之移轉訂價報告。所稱受控交易金額，不包括已與稽徵機關簽署預先訂價協議之交易金額（移轉 22）。

三、提示文據

稽徵機關依規定進行調查時，營利事業應於稽徵機關書面調查函送達之日起一個月內提示移轉訂價報告或其他替代文據；其因特殊情形，不能於規定期間內提示者，應於期間屆滿前申請延期，延長之期間最長不得超過一個月，並以一次爲限。稽徵機關經審閱營利事業所提示之移轉訂價報告或其他替代文據，認爲有再提供支持該等報告或其他替代文據之必要文件及資料者，營利事業應於一個月內提供。

營利事業依前項規定提供之移轉訂價報告或其他替代文據，應附目錄及索引；提供之資料爲外文者，應附中文譯本，但經稽徵機關核准提示英文版本者，不在此限（移轉22）。

8-12 預先訂價協議

一、申請條件

營利事業與其關係人進行交易，符合下列各款條件者，得由該營利事業依本章規定向該管稽徵機關申請預先訂價協議，議定其常規交易結果（移轉 23）：

（一）申請預先訂價協議之交易，其交易總額達新臺幣 5 億元以上或年度交易金額達新臺幣 2 億元以上。

（二）前三年度無重大逃漏稅情事。

（三）已備妥第 24 條第 1 項第 1 款至第 3 款及第 5 款至第 9 款規定之文件。

（四）已完成第 24 條第 1 項第 4 款規定之移轉訂價報告。

（五）其他經財政部核定之條件。

二、申請期限

申請預先訂價協議之營利事業（以下簡稱申請人）應於前項第 1 款交易所涵蓋之第一個會計年度終了前，依規定格式向該管稽徵機關申請；申請人有數人時，應推派一人申請之。該管稽徵機關收到申請書後，應於一個月內書面通知申請人是否受理，其經同意受理者，應於書面通知送達之日起三個月內提供前項第 3 款及第 4 款規定之文件及報告。

稽徵機關應於營利事業申請預備會議之日起三個月內完成前項預備會議，並以書面通知申請人是否同意正式申請，營利事業應於書面通知送達之日起三個月內依第 2 項規定格式，並檢附第 1 項第 3 款及第 4 款規定之文件及報告，向該管稽徵機關申請預先訂價協議。

申請人未依規定期間內提供相關文件及報告者，該管稽徵機關得否准或不予受理其預先訂價協議之申請。

營利事業如申請跨境雙邊或多邊預先訂價協議，應另依所適用之所得稅協定及相關法令向我國主管機關申請與他方締約國主管機關進行相互協議程序（移轉 23）。

三、終止協議程序

預先訂價協議尚未達成協議前，如發生影響預期交易結果之重大因素，申請人或其代理人應於一個月內書面告知該管稽徵機關，並於規定期間內修正前條第 1 項之文件、報告，送交該管稽徵機關辦理；其未依規定告知或送交修正後之文件、報告者，該管稽徵機關得終止協議程序之進行（移轉 25）。

8-13 簽署預先訂價協議

一、審核評估

稽徵機關應於收到申請人或其代理人所提供之文件及報告之日起一年內，進行審核評估，並作成結論。審核評估時，如有必要，得向申請人或其代理人提出諮詢，或要求其提供補充資料、文件（移轉 26）。

二、簽署預先訂價協議

稽徵機關應於作成審核評估結論之日起六個月內，與申請人或其代理人就可比較對象及其交易結果、假設條件、訂價原則、計算方法、適用期間及其他主要問題相互討論，並於雙方達成協議後，由申請人或其代理人與該管稽徵機關法定代表人或授權簽署人共同簽署預先訂價協議。預先訂價協議一經簽署，雙方互負履行及遵守之義務。預先訂價協議之適用期間，以申請年度起三年至五年爲限。但申請交易之存續期間較短者，以該期間爲準（移轉 27）。

三、申請延長適用期間

申請人已確實遵守預先訂價協議之各項條款者，得於適用期間屆滿前，得檢附足資證明影響預先訂價協議內容之相關事實與環境未發生實質變化之資料，向該管稽徵機關申請延長適用期間，經該管稽徵機關審核同意者，得再簽署預先訂價協議。但延長之期間，不得超過五年（移轉 32）。

四、遵守或違反協議規定

（一）符合協議規定：申請人於預先訂價協議適用期間實際進行之交易，符合協議規定並遵守協議條款者，稽徵機關應按協議之常規交易方法及計算結果核定其所得額。

（二）不符合協議規定：稽徵機關得不依協議條款辦理，並得依規定進行調查。申請人如有隱瞞重大事項提供錯誤資訊、涉及詐術或不正當行爲，該協議自始即無效（移轉 30）。

8-14 調查核定及調整

稽徵機關進行營利事業移轉訂價調查時，依下列規定辦理：

一、營利事業已依規定提示移轉訂價報告或其他替代文據者，稽徵機關應依本準則規定核定受控交易之常規交易結果，並據以核定相關納稅義務人之所得額。

二、營利事業未依規定提示移轉訂價報告或其他替代文據或未能提示者，稽徵機關得依查得之資料，依前款規定核定之。其無查得之資料且營利事業未提示之移轉訂價報告或其他替代文據係關係其所得額計算之收入、成本或費用者，稽徵機關得依本法第 83 條及其施行細則第 81 條規定，就該部分相關之營業收入淨額、營業成本、營業費用，依同業利潤標準核定其所得額。

三、營利事業未依本準則規定送交或提示之文據爲關係其所得額之資料、文件者，稽徵機關得依稅捐稽徵法第 46 條規定辦理（移轉 33）。

8-15 罰則

從事受控交易之營利事業，應依本法及本準則規定決定其常規交易結果，並據以申報所得額。未依規定辦理致減少納稅義務，經稽徵機關依本法及本準則規定進行移轉訂價調整並核定相關納稅義務人之所得額，如有下列具體短漏報情事之一者，應依本法第 110 條規定辦理：

一、受控交易申報之價格，爲稽徵機關核定之常規交易價格二倍以上，或爲核定之常規交易價格 50% 以下。

二、受控交易經稽徵機關調整並核定增加之所得額，達營利事業核定全年所得額 10%，且達其核定全年營業收入淨額 3%。

三、營利事業未提示第 22 條第 1 項規定之移轉訂價報告，且無法提示其他文據證明其訂價結果符合常規交易結果。

四、營利事業未於第 21 條至第 22 條之 1 規定之申報書表及移轉訂價文據揭露之受控交易，經稽徵機關調整並核定增加之所得額，達營利事業核定全年所得額 5%，且達其核定全年營業收入淨額 15‰（移轉 34）。

歷屆試題

申論題

1. 所得稅法第 43 條之 1 授權財政部訂定之「營利事業所得稅不合常規移轉訂價查核準則」中，適用於有形資產移轉及使用之常規交易方法有那幾種？（請至少回答 5 種）（100 年地方特考四等）

選擇題（本書各章所附考題之答案均係依據考試當年度考選部所公布之答案）

（A）1. 107 年稽徵機關進行不合常規移轉訂價之調查及核定時，蒐集到某類型之未受控交易資料 5 筆，毛利率分別為 8%、9%、10%、15%、18%，並以此決定常規交易範圍。若 A 公司與 B 公司均從事該類型之受控交易，申報之毛利率分別為 8% 與 18%。請問經稽徵機關核定後，A 公司與 B 公司之毛利率分別為多少？（A）A 公司為 10%、B 公司為 18%（B）A 公司為 12%、B 公司為 18%（C）A 公司與 B 公司均應調整為 10%（D）A 公司與 B 公司均應調整為 12%（108 年地方三等特考）

（C）2. 依現行規定，稽徵機關按從事受控交易之營利事業再銷售予非關係人之價格，減除依可比較未受控交易毛利率計算之毛利後之金額為受控交易之常規交易價格之方法，稱為下列何者？（A）成本加價法（B）可比較未受控價格法（C）再售價格法（D）可比較未受控交易法（106 年記帳士）

（C）3. 所得稅法第 43 條之 1 所稱營利事業與國內外其他營利事業具有從屬關係，或直接間接為另一事業所有或控制，下列敘述何者錯誤？（A）營利事業直接或間接持有另一營利事業有表決權之股份或資本額，超過該另一營利事業已發行有表決權之股份總數或資本總額 20% 以上（B）營利事業與另一營利事業直接或間接由相同之人持有或控制之已發行有表決權之股份總數或資本總額各達 20% 以上（C）營利事業持有另一營利事業有表決權之股份總數或資本總額百分比為最高且達 20% 以上（D）營利事業與另一營利事業之執行業務股東或董事有半數以上相同（106 年初考）

（C）4. 營利事業與國內外其他營利事業具有從屬關係，其相互間有關收益、成本、費用與損益之攤計，有不合營業常規之安排，在所得稅法上可以下列何種方式課稅？（A）自有資本稀釋規定（B）實際管理處所認定之規定（C）移轉訂價查核規定（D）受控外國公司認定之規定（106 年初考）

（A）5. 下列何者非屬營利事業不合常規交易具體短漏報之情況？（A）受控交易申報之價格，為稽徵機關核定之常規交易價格一倍以上（B）受控交易申報之價格，為稽徵機關核定之常規交易價格 50% 以下（C）受控交易經稽徵機關調整並核定增加之所得額，達營利事業核定全年所得額 10% 以上，且達其核定全年營業收入淨額 3% 以上（D）營利事業未提示規定之移轉訂價報告，且無法提示其他文據證明其訂價結果符合常規交易結果（95 年會計師）

第 3 篇

消費稅

第9章 貨物稅

台邑最褊小，徵糧視鳳諸。土狹賦獨重，民困曷以紓。臺灣田一甲，內地十畝餘。甲租八九石，畝銀一錢輸。將銀來比粟，相去竟何如。

臺灣　藍鼎元「台邑賦」　《台詩三百首》

貨物稅（commodity tax）係對特定貨物所課徵之賦稅，該等貨物均規定在貨物稅條例中，不論其在國內產製或自國外進口，均於出廠或進口時課徵之，所以是一種單一階段的銷售稅（貨 1、2）。由於產製廠商或進口商納稅後，通常將所納稅款計入貨價內轉嫁給消費者負擔，故屬於間接稅，且係一種消費稅。

我國對課徵貨物稅之貨物，採列舉主義，凡貨物稅條例所列舉之特定貨物才課徵貨物稅，未列舉者，不課徵貨物稅，目前應稅貨物有七大類，包括：橡膠輪胎、水泥、飲料品、平板玻璃、油氣類、電器類、車輛類。若不在此七大類，則不需課徵貨物稅，例如智慧型手機即不在貨物稅課稅之列，所以又成爲特種消費稅（selected consumption tax）。現行貨物稅之課徵方式兼採從量課徵與從價課徵兩種方式，且以從價稅爲主；除水泥及油氣類採從量課稅外，其餘皆採從價課稅。並依貨品種類，分別訂定高、低稅率或稅額，對非必需品，尤其是奢侈品採重課，對民生必需品則不課或輕課，可發揮「寓禁於徵」的效果，具社會政策意義。該稅亦可透過對課稅品的選擇及稅率的運用，以配合經濟政策，達到調節經濟的效果，是其優點。此外，貨物稅尚具有徵收簡便，無痛苦感，稅收豐富等優點。

貨物稅的缺點是稅負具累退性，不論消費能力如何，均適用同一比例稅率課徵，不符量能課稅原則。再者由於它是針對特定貨物課稅，會干擾資源配置，並形成出口退稅困難等。我國目前應稅貨物中，仍有一些項目如電冰箱、彩色電視機等，已隨著時代的轉變成爲生活必需品，依據前述民生必需品輕課或免課之說明，是否應予降低稅率，甚或取消其貨物稅，值得在日後修訂貨物稅法時審慎思考[1]。

9-1 課徵對象與範圍

凡貨物稅條例列舉之貨物，不論其在國內產製或自國外進口，除法律另有規定外，均須課徵貨物稅（貨 1）（詳 9-3 應稅貨物）。

---

1 我國貨物稅收一年約 1,500 億元，其重要性不及營業稅。貨物稅稅收中卻以油氣類、水泥爲大宗。近年來，有些財政學者建議：合併油品貨物稅、汽車燃料使用費，改課「能源稅」。取消大部分不合時宜的貨物稅，但是水泥、車輛類則續徵貨物稅。2006 年提出「能源稅」草案時，工業團體反對。

9-2 納稅義務人及課徵時點

貨物稅之納稅義務人及課徵時點如下（貨 2）：

一、產製貨物者，為產製廠商，於出廠時課徵。

二、委託代製貨物者，為受託之產製廠商，於出廠時課徵。

三、進口貨物者，為收貨人、提貨單或貨物持有人，於進口時課徵。

四、法院及其他機關（構）拍賣或變賣尚未完稅之應稅貨物者，為拍定人、買受人或承受人，於拍賣或變賣時課徵。

五、免稅貨物因轉讓或移作他用而不符免稅規定者，為轉讓或移作他用之人，於轉讓或移作他用時課徵。但轉讓或移作他用之人不明者，納稅義務人為貨物持有人。（說明：免稅貨物變更用途而不符免稅規定者，其使用情形既不符合免稅規定要件，應於轉讓或移作他用時課徵貨物稅，以遏阻免稅貨物流用之僥倖行為，並維護租稅公平。）

前項第 2 款委託代製之貨物，委託廠商為產製應稅貨物之廠商者，得向主管稽徵機關申請以委託廠商為納稅義務人。

應稅貨物有下列情形之一者，視為出廠：

一、在廠內供消費。

二、在廠內加工為非應稅產品。

三、在廠內因法院及其他機關（構）拍賣或變賣以外之事由而移轉他人持有。

四、產製廠商申請註銷登記時之庫存貨物。

五、在廠內及未稅貨物於出廠移運至加工、包裝場所或存儲未稅倉庫中，有遇火焚毀、落水沉沒或其他人力不可抵抗災害以外之情事，致滅失或短少。

9-3 應稅貨物之種類、稅率及稅額

一、貨物稅稅率（額）表（貨 6 ～ 12）

表 9-1 貨物稅稅率（額）表

應稅貨物	稅率（%）或稅額（元）	應稅貨物	稅率（%）或稅額（元）
橡膠輪胎		電器類	
大客車及大貨車使用者	10%	電冰箱	13%
其他各種橡膠輪胎	15%	彩色電視機	13%
內胎、實心橡膠輪胎、人力與獸力車輛及農耕機用之橡膠輪胎	免稅	冷暖氣機（一般） 冷暖氣機（中央系統型）	20% 15%
水泥		除濕機	15%
白水泥或有色水泥	每公噸 600 元	工廠使用之濕度調節器	免稅
卜特蘭一型水泥	每公噸 320 元	錄影機	13%
卜特蘭高爐水泥	每公噸 280 元（89.1.1 調降爲 196 元）	電唱機 手提 32 公分以下電唱機	10% 免稅
代水泥及其他水泥	每公噸 440 元	錄音機	10%
飲料品		音響組合	10%
稀釋天然果蔬汁	8%	電烤箱	15%
其他飲料品	15%	車輛類	
飲料品合於國家標準之純天然果汁、果漿、濃糖果漿、濃縮果汁及純天然蔬菜汁	免稅	小客車：汽缸排氣量 2000CC 以下者	25%
玻璃		小客車：汽缸排氣量 2001CC 以上者	30%
平版玻璃	10%		

應稅貨物	稅率（%）或稅額（元）	應稅貨物	稅率（%）或稅額（元）
導電玻璃及供生產模具用之強化玻璃	免稅	供研究發展用之進口車輛、附有特殊裝置專供公共安全及公共衛生目的使用之特種車輛、郵政供郵件運送之車輛、裝有農業工具之牽引車、符合政府規定規格之農地搬運車及不行駛公共道路之各種工程車	免徵貨物稅
油氣類			
汽油	每公秉 6,830 元		
柴油	每公秉 3,990 元		
煤油	每公秉 4,250 元		
航空燃油	每公秉 610 元	貨車、大客車及其他車輛	15%
燃料油	每公秉 110 元	機車（凡機器腳踏車、機動腳踏兩用車及腳踏車裝有輔助原動機者均屬之）	17%
溶劑油	每公秉 720 元	電動車輛及油電混合動力車輛	按上述各種車輛減半徵收
液化石油氣	每公噸 690 元		

註：1. 行政院得視實際情況在水泥類、油氣類規定之應徵稅額 50% 以內，予以增減。

2. 油電混合動力車輛以符合財政部公告之標準者為限。

二、貨物稅稅率（額）之減徵優惠

（一）購買小客車、小貨車、小客貨兩用車之減稅優惠

我國因受國際金融風暴影響，國內景氣低迷，政府爲提振經濟，刺激消費，於 98 年 1 月 17 日以總統華總一義字第 09800014451 號令增訂公布第 12 條之 1 條條文，明訂汽缸排氣量在 2,000 立方公分以下之小客車、小貨車、小客貨兩用車於本條文生效日起至中華民國 98 年 12 月 31 日期間購買並完成登記者，應徵之貨物稅每輛定額減徵新臺幣 3 萬元。汽缸排氣量在 150 立方公分以下之機車於本條文生效日起至中華民國 98 年 12 月 31 日期間購買並完成登記者，應徵之貨物稅每輛定額減徵新臺幣 4,000 元（貨 12-1）。

（二）購買低底盤公共汽車、天然氣公共汽車等之免稅優惠

臺灣已逐漸邁向高齡化社會，爲照顧老弱婦孺及行動不便者行之需求，鼓勵公路及市區汽車客運業者多採用便利乘客上、下車之低底盤公共汽車，以建構無障礙

及更友善之乘車環境[2]，自中華民國 103 年 6 月 5 日起至 113 年 12 月 31 日止購買低底盤公共汽車、天然氣公共汽車、油電混合動力公共汽車、電動公共汽車、身心障礙者復康巴士並完成新領牌照登記者，免徵貨物稅（貨 12）。

另自中華民國 104 年 2 月 6 日起至 113 年 12 月 31 日止購買符合載運輪椅使用者車輛規定安全檢測基準之車輛，且完成新領牌照登記者，免徵貨物稅。

前項免徵貨物稅之車輛，於完成新領牌照登記五年內，汽車所有人變更拆除載運輪椅使用者設備時，應補繳原免徵之貨物稅（貨 12）。

（三）購買電動車輛之免稅優惠

爲實現政府綠能科技創新產業願景，鼓勵消費者購買綠能電動車輛，參酌國際發展趨勢，我國於中華民國 106 年 1 月 18 日以總統華總一義字第 10600005921 號令修正公布第 12 條之 3 條條文，明訂第 12 條第 1 項第 1 款第 1 目之 1 所定汽缸排氣量在 2,000 立方公分以下之小客車，包括馬達最大馬力在 208.7 英制馬力以下或 211.8 公制馬力以下完全以電能爲動力之電動小客車；同目之 2 所定汽缸排氣量在 2,001 立方公分以上之小客車，包括馬達最大馬力在 208.8 英制馬力以上或 211.9 公制馬力以上完全以電能爲動力之電動小客車。

自中華民國 106 年 1 月 28 日起至 110 年 12 月 31 日止，購買完全以電能爲動力之電動車輛並完成登記者，免徵該等車輛應徵之貨物稅。但電動小客車免徵金額以完稅價格新臺幣 140 萬元計算之稅額爲限，超過部分，不予免徵。

前項減免年限屆期前半年，行政院得視實際推展情況決定是否延長減免年限（貨 12-3）。

（四）購買油氣雙燃料車減徵優惠

我國於中華民國 100 年 12 月 28 日以總統華總一義字第 10000294971 號令增訂公布第 12 條之 4 條文，明訂於本條文生效日起五年內購買油氣雙燃料車並完成登記者，該汽車應徵之貨物稅每輛定額減徵新臺幣 25,000 元（貨 12-4）。

（五）小客車、小貨車、小客貨兩用車或機車之減徵貨物稅

自中華民國 105 年 1 月 8 日起至 110 年 1 月 7 日止報廢或出口登記滿一年且出廠六年以上或自 110 年 1 月 8 日起至 115 年 1 月 7 日止報廢或出口登記滿一年且出廠十年以上之小客車、小貨車、小客貨兩用車，於報廢或出口前、後六個月內購買上開車輛新車且完成新領牌照登記者，該等新車應徵之貨物稅每輛定額減徵新臺

2 參見立法院立法理由。

幣5萬元。於110年1月8日以後報廢或出口登記滿一年且出廠六年以上之上開車輛，如已於110年1月7日以前且係於報廢或出口前六個月內購買上開車輛新車及完成新領牌照登記者，該等新車應徵之貨物稅，亦同。

自中華民國105年1月8日起配偶或二親等以內親屬購買新小客車、小貨車、小客貨兩用車且完成新領牌照登記者，適用前項規定。

自中華民國110年1月8日起至115年1月7日止報廢或出口出廠四年以上汽缸排氣量一百五十立方公分以下機車（以下簡稱中古機車），於報廢或出口前、後六個月內購買新機車且完成新領牌照登記者，該新機車應徵之貨物稅每輛定額減徵新臺幣4,000元。

依前項規定報廢或出口中古機車之車籍登記與購買新機車之新領牌照登記，不以同一人爲限；於中華民國110年1月7日以前報廢或出口中古機車，並於110年1月8日以後且係於報廢或出口後六個月內購買新機車及完成新領牌照登記者，亦同。

本條減徵貨物稅案件之申請期限、申請程序、應檢附證明文件及其他相關事項之辦法，由財政部會同經濟部定之（貨12-5）。

立法理由

1. 爲賡續鼓勵報廢或出口中古汽車並換購新車，以促進相關產業發展及節能減碳，修正第一項，將報廢或出口符合規定之中古汽車並換購新車，減徵退還新車貨物稅之適用期間延長五年至115年1月7日止，並爲加速報廢或出口十年以上中古汽車，避免老舊車輛影響行車安全及空氣品質，及兼顧中古車市場交易，自110年1月8日起將中古汽車出廠年限由六年以上調整爲十年以上。又於110年1月8日以後報廢或出口登記滿一年且出廠六年以上之中古汽車，如已於110年1月7日以前換購新汽車，並符合於報廢或出口前六個月內購買新車及完成新領牌照登記者，考量其係期待依原報廢或出口出廠「六年以上」中古汽車之規定而享有租稅優惠，基於信賴保護原則，爰於後段增訂是類案件亦得適用減徵退還新汽車貨物稅規定，以資明確。
2. 原第3項移列第2項，並配合第4項已就機車訂有規範，爰刪除「或機車」之文字，並酌作文字修正。
3. 原第2項移列第3項。爲賡續鼓勵報廢或出口中古機車並換購新機車，以促進相關產業發展及節能減碳，減徵退還新機車貨物稅之適用期間延長五年至115年1月7日止，又鑑於機車屬一般民眾主要代步工具，其汰舊換新租稅規劃誘因不大，爲加強鼓勵機車汰舊換新，爰刪除原報廢或出口中古機車應「登記滿一年」之限制，並明定自110

年 1 月 8 日起適用。

4. 鑑於機車多係個人使用，與汽車多爲家庭使用尚有不同，爰增訂第 4 項前段規定，將原第 3 項關於報廢或出口中古機車與新購機車須爲同一人，或本人之配偶、二親等以內親屬購買者爲限之規定予以鬆綁，明定自 110 年 1 月 8 日起報廢或出口中古機車之車籍登記與購買新機車之新領牌照登記，不以同一人爲限。另於 110 年 1 月 7 日以前報廢或出口中古機車，並於 110 年 1 月 8 日以後且係於報廢或出口後六個月內換購新機車者，亦併予鬆綁，爰爲後段規定。

5. 原第 4 項移列第 5 項，並酌作文字修正[3]。

（六）產製專供太陽光電模組用之玻璃免徵貨物稅五年

我國爲強化國內太陽光電產業供應鏈，發展太陽光電能源，以達節能減碳目標[4]，民國 106 年 11 月 22 日總統令增訂公布貨物稅條例第 9 條之 1 條條文，於本條文生效日（公布後第 3 天，即 106 年 11 月 24 日）起五年內，由國外進口或國內產製專供太陽光電模組用之玻璃，檢具承諾不轉售或移作他用之聲明書及工業主管機關之用途證明文件者，免徵貨物稅。

前項免徵年限屆期前半年，行政院得視實際推展情況決定是否延長免徵年限（貨 9-1）。

（七）大型柴油車汰舊換新減徵貨物稅及期限

爲防制老舊大型柴油車污染，改善空氣品質，自中華民國 106 年 8 月 18 日起至 111 年 12 月 31 日止，報廢符合下列規定之大客車、大貨車、大客貨兩用車、代用大客車、大型特種車，並購買上開車輛新車且完成新領牌照登記者，該等新車應徵之貨物稅每輛減徵新臺幣 40 萬元。但應徵稅額未達新臺幣 40 萬元者，減徵稅額以應徵稅額爲限：

1. 於中華民國 95 年 9 月 30 日以前出廠。

2. 於中華民國 95 年 10 月 1 日至同年 12 月 31 日出廠，且於 95 年 9 月 30 日以前取得行政院環境保護署依 88 年 7 月 1 日施行之交通工具空氣污染物排放標準核發之汽車車型排氣審驗合格證明。

前項減徵貨物稅案件之申請期限、程序、應檢附證明文件及其他相關事項之辦法，由財政部會同行政院環境保護署定之（貨 12-6）。

---

3 參見立法院立法理由。

4 參見立法院立法理由。

（八）電冰箱冷暖氣機除濕機之減徵貨物稅

為賡續鼓勵民眾購買節能電器產品，以達節能減碳綠色消費政策目標，並帶動電器產業轉型發展，爰修法延長購買節能電器退還減徵貨物稅措施至 114 年 6 月 14 日止。亦即自中華民國 112 年 6 月 15 日起至 114 年 6 月 14 日止，購買經經濟部核定能源效率分級為第一級或第二級之新電冰箱、新冷暖氣機或新除濕機非供銷售且未退貨或換貨者，該等貨物應徵之貨物稅每臺減徵稅額以新臺幣 2,000 元為限，並按電冰箱冷暖氣機除濕機減徵貨物稅稅額表規定減徵之。

前項減徵貨物稅稅額應由買受人申請退還。

前二項電冰箱冷暖氣機除濕機減徵貨物稅稅額表、減徵貨物稅案件之申請期限、程序、應檢附證明文件、已退稅額之追繳及其他相關事項之辦法，由財政部會同經濟部定之（貨 11-1）。

9-4 應納稅額之計算

一、水泥及油氣類是採從量課徵方式，應納貨物稅額之計算，是按每單位應徵稅額乘以其應稅數量。

二、其餘應稅貨物是採從價課徵方式，其應納貨物稅額之計算是按每單位「完稅價格」（taxable value）乘以該項貨物適用之稅率及應稅數量。

9-5 完稅價格之計算

一、國內產製之飲料品，應減除容器成本計算其出廠價格（貨 8）。

二、其餘應稅貨物之完稅價格均應包括該貨物之包裝從物價格（貨 13）。

三、國產貨物完稅價格之計算：

國產貨物之完稅價格以產製廠商之銷售價格減除內含貨物稅額計算之。

完稅價格之計算方法如下（貨 13、14）：

完稅價格＝銷售價格／（1＋稅率）

在前項公式中，所稱銷售價格，指產製廠商出廠當月份銷售貨物予批發商之銷售價格；其無中間批發商者，得扣除批發商之毛利；其價格有高低不同者，應以銷售數量加權平均計算之。但有下列情形之一者，不得列入加權平均計算：
（一）以顯著偏低之價格銷售而無正當理由者。
（二）自用或出廠時，無銷售價格者。

貨物稅產製廠商，若無中間批發商者，其銷售價格得扣除批發商之毛利，各業批發商毛利之比率，財政部核定爲：橡膠輪胎業、飲料品業、平板玻璃業、電器業 8%；車輛業 9%。

完稅價格之計算方法如下：

完稅價格＝銷售價格（1—批發商毛利率）／（1＋稅率）

產製廠商接受其他廠商提供原料，代製應稅貨物者，以委託廠商之銷售價格爲出廠價格，依規定計算其完稅價格（貨 15）。

產製廠商出廠之貨物，當月份無銷售價格，致無法依規定計算完稅價格者，以該應稅貨物上月或最近月份之完稅價格爲準；如無上月或最近月份之完稅價格者，以類似貨物之完稅價格計算之；若爲新製貨物，無類似貨物者，得暫以該貨物之製造成本加計利潤作爲完稅價格，俟行銷後再按其銷售價格計算完稅價格，調整徵收（貨 16）。

產製廠商申報應稅貨物之銷售價格及完稅價格，主管稽徵機關發現有不合第 13 條至第 16 條之疑慮時，始得進行調查，並應依查得資料或財政部會商有關機關訂定之標準調整其完稅價格。

前項標準，由財政部會商有關機關參照貨物出廠時之實際市場情形定之（貨 17）。

此次修法係基於行政機關行使裁量權，不得逾越法定之裁量範圍，並使納稅人的損害減至最低，稅捐稽徵機關不宜先行主動行使調查權，應待納稅人申報後或逾期仍未申請報，始得進行調查，爰修正原條文（貨 17）。

例題 1

假設某冷氣機之銷售價格為 24,000 元，貨物稅稅率為從價徵收 20%，則該冷氣機之完稅價格為 20,000 元，茲計算如下：

24,000 / (1 ＋ 20%) ＝ 20,000 元

例題 2

假設某音響組合之產製廠商銷售價格為 110,000 元，並假設其無中間批發商，電器業之批發商毛利率為 8%，貨物稅稅率為從價徵收 10%，則該音響組合之完稅價格為 92,000 元，計算如下：

110,000(1－8%) / (1 ＋ 10%) ＝ 92,000 元

四、進口貨物完稅價格之計算

國外進口應稅貨物之完稅價格，係由海關按關稅完稅價格加計進口稅捐之總額計算之，其公式如下（貨 18）：

完稅價格＝關稅完稅價格＋進口稅捐

例題 3

假設某進口貨物之關稅完稅價格為 300,000 元，關稅稅率為 20%，則該貨物稅之完稅價格為 360,000 元，茲計算如下：

300,000 ＋（300,000×20%）＝ 360,000 元

9-6 免稅範圍

一、免稅貨物：應稅貨物，有下列情形之一者，免徵貨物稅（貨 3）：

（一）用作製造另一應稅貨物之原料者。

（二）運銷國外者。

（三）參加展覽，並不出售者。

（四）捐贈勞軍者。

（五）經國防部核定直接供軍用之貨物。

（六）供研究發展用之進口車輛、附有特殊裝置專供公共安全及公共衛生目的使用之特種車輛、郵政供郵件運送之車輛、裝有農業工具之牽引車、符合政府規定規格之農地搬運車及不行駛公共道路之各種工程車免徵貨物稅（貨 12）。

1. 所稱供研究發展用之進口車輛，指供新車種之開發設計、功能系統分析、測試或

爲安全性能、節約能源、防治污染等之改進及零組件開發設計等之進口汽車。

2. 所稱附有特殊裝置專供公共安全及公共衛生目的使用之特種車輛如下：

(1) 專供公共安全使用之警備車、偵查勘驗用車、追捕提解人犯車、消防車及工程救險車等。

(2) 專供公共衛生使用之救護車、診療車、到宅沐浴車[5]、灑水車、水肥車、垃圾車、消毒車、掃街車、溝泥車、沖溝車、捕犬車及空氣污染測定車等（貨12）。

二、退稅或沖銷記帳貨物稅之貨物：已納或保稅記帳貨物稅之貨物，有下列情形之一者，退還原納或沖銷記帳貨物稅（貨4）：

（一）運銷國外。

（二）用作製造外銷物品之原料。

（三）滯銷退廠整理，或加工精製同品類之應稅貨物。

（四）因故變損，不能出售者。但數量不及計稅單位或原完稅照已遺失者，不得申請退稅。

（五）在出廠運送或存儲中，遇火焚毀、落水沉沒或其他人力不可抵抗之災害，以致物體消滅。

前項沖退稅款辦法，由財政部定之。

免稅貨物於進口或出廠後，有第1項第5款規定以外之情事，致滅失或短少者，仍應依本條例規定報繳貨物稅。

9-7 納稅程序

一、廠商登記及產品登記

貨物稅之稅籍登記包括廠商登記及產品登記二種。產製廠商應於開始產製貨物前，向工廠所在地主管稽徵機關申請辦理貨物稅廠商登記及產品登記（貨19）。產製廠商依規定申請登記，應檢附下列文件：（一）公司登記或商業登記證明文件影本。（二）工廠登記證明文件影本。但依規定免辦工廠登記者，免附（貨稽11）。

5 爲提高身心障礙者及長期照顧需要者福祉，降低到宅沐浴車購置成本，俾鼓勵設置或捐贈到宅沐浴車，優化長照服務，修正第二款規定，專供公共衛生目的使用之特種車輛增列到宅沐浴車。

二、變更、註銷登記

產製廠商申請登記事項有變更，或產製廠商有合併、轉讓、解散或廢止者，均應於事實發生之日起 15 日內，向主管稽徵機關申請變更或註銷登記，並繳清應納稅款（貨 20）。

（一）廠商變更、註銷登記：廠商登記表所載事項有變更者，或產製廠商歇業者，應於事實發生之日起十五日內，向主管稽徵機關申請變更或註銷登記（貨稽 12、13）。產製廠商停止產製已滿一年或他遷不明者，主管稽徵機關得逕行註銷其廠商登記。但經查有未稅存貨或欠繳貨物稅或違章未結之案件，應俟清理結案後再行註銷（貨稽 14）。

（二）產品變更、註銷登記：已核准登記之產品，其登記事項有變更時，除產品名稱、規格、容量、重量、原料成分或含量變更，應重新辦理產品登記外，應於產製前向主管稽徵機關申請變更登記。其僅爲包裝上之圖樣變更者，得送主管稽徵機關備查，免申請變更登記。已核准登記之產品，停止產製時，應申請註銷登記（貨稽 19）。產品經核准登記後已滿一年，迄未製銷或停止製銷已滿兩年者，主管稽徵機關得逕行註銷其產品登記（貨稽 20）。

三、領用貨物稅照證：完稅或免稅貨物，均應向主管稽徵機關或海關領用貨物稅照證。但經財政部核准以其他憑證替代者，不在此限（貨 21）。

貨物稅應用之照證，分由主管稽徵機關及海關製發；其種類如下（貨稽 21）：

（一）完稅照：爲依本條例完稅貨物之憑證。

（二）免稅照：爲核准免稅貨物之憑證。

（三）臨時運單：爲未稅、記帳或免稅貨物之臨時移運之憑單。

四、設置並保存帳簿憑證：產製廠商應設置並保存足以正確計算貨物稅之帳簿、憑證及會計紀錄（貨 22）。

五、報繳：貨物稅之報繳方式因國產貨物或進口貨物而有不同，前者採自動報繳，後者採委託代徵（貨 23）。

（一）自動報繳：產製廠商當月份出廠貨物之應納稅款，應於次月 15 日以前自行向公庫繳納，並依照財政部規定之格式塡具計算稅額申報書，檢同繳款書收據向主管稽徵機關申報；無應納稅額者，仍應向主管稽徵機關申報。

（二）委託代徵：委託代徵主要係指由國外進口應稅貨物時，納稅義務人應向海關申報，並由海關於徵收關稅時代徵貨物稅。

（三）尚未完稅之應稅貨物經法院及其他機關（構）拍賣或變賣者，納稅義務人應於提領前向主管稽徵機關申報納稅。

（四）免稅貨物因轉讓或移作他用而不符免稅規定者，納稅義務人應於免稅貨物轉讓或移作他用之次日起三十日內，向主管稽徵機關申報納稅。

因轉讓或移作他用而不符免稅規定之車輛，除本條例第 12 條第 5 項所定車輛外，應依本條例第 2 條第 1 項第 5 款規定補徵貨物稅，其補徵稅款應以該車輛出廠或進口之貨物稅完稅價格，依所得稅法第 51 條規定之平均法計算未折減餘額，按規定稅率計算之。

已稅車輛改變用途或改裝，不符原適用稅率，依法應補徵貨物稅差額者，其未折減餘額之計算方式，準用前項規定。

前二項採用平均法計提折舊，應以一年為計算單位；其使用期間未滿一年者，按實際使用之月數占全年之比例計算之；未滿一個月者，以一個月計。計提折舊時，其殘值之計算方式如下：

殘值＝車輛出廠或進口時之貨物稅完稅價格／（固定資產耐用年數表規定之耐用年數＋1）

車輛於固定資產耐用年數表規定之耐用年數屆滿仍繼續使用者，得自行估計尚可使用年數續提折舊。計提折舊時，其重估殘值之計算方式如下：

重估殘值＝前項殘值／（估計尚可使用年數＋1）

中華民國 112 年 2 月 23 日修正之本條文施行時，尚未核課或尚未核課確定之案件，適用前四項規定（貨稽 44-1）。

（五）產製廠商逾規定期限未申報者，主管稽徵機關應即通知於三日內繳稅補辦申報；逾期仍未辦理者，主管稽徵機關應即進行調查，核定應納稅額補徵；逾期未繳納者，得停止其貨物出廠，至稅款繳清為止（貨 25）。

（六）搜查：稽徵機關對逃漏貨物稅涉有犯罪嫌疑之案件，得敘明事由，聲請司法機關簽發搜索票後，會同當地警察或自治人員，進入藏置帳簿、文件或證物之處所，實施搜查；搜查時，非上述機關人員不得參與。經搜索獲得有關帳簿、文件或證物，統由參加搜查人員會同攜回該管稽徵機關，依法處理。

司法機關接到稽徵機關前項聲請時，認為有理由，應儘速簽發搜索票；稽徵機關應於搜索票簽發後十日內執行完畢，並將搜索票繳回司法機關（貨 27）。

9-8 罰則

一、逃漏稅之處罰：納稅義務人有下列情形之一者，除補徵稅款外，按補徵稅額處三倍以下罰鍰（貨 32）：

（一）未依第 19 條規定辦理登記，擅自產製應稅貨物出廠。

（二）應稅貨物查無貨物稅照證或核准之替代憑證。

（三）以高價貨物冒充低價貨物。

（四）免稅貨物未經補稅，擅自銷售或移作他用。

（五）將貨物稅照證及貨物稅繳款書，私自竄改或重用。

（六）廠存原料或成品數量，查與帳表不符，確係漏稅。

（七）短報或漏報出廠數量。

（八）短報或漏報銷售價格或完稅價格。

（九）於第 25 條規定停止出廠期間，擅自產製應稅貨物出廠。

（十）國外進口之應稅貨物，未依規定申報。

（十一）其他違法逃漏、冒領或冒沖退稅。

立法理由

鑑於部分產製廠商並非故意漏報貨物稅額，惟依據原規定均須裁處一倍至三倍罰鍰，與我國現行稅法大部分之規定不一致，導致漏稅情節輕微，卻遭受過當的處罰，爲使企業能有合理的經營環境，並落實保障納稅者權利，爰參考土地稅法第 54 條、加值型及非加值型營業稅法第 51 條、第 52 條、房屋稅條例第 16 條、使用牌照稅法第 28 條、所得稅法第 43 條之 3、第 43 條之 4、第 108 條之 2、第 110 條、第 110 條之 2、第 114 條、第 114 條之 2、第 114 條之 3、特種貨物及勞務稅條例第 22 條、第 23 條、期貨交易稅條例第 5 條、遺產及贈與稅法第 44 條、第 45 條之體例，將本條裁罰倍數修正爲三倍以下。

二、滯報金（related reporting surcharge）及怠報金（related non-reporting surcharge）：產製廠商未依規定期限申報計算稅額申報書，而已依規定之補報期限申報納稅者，應按其應納稅額加徵 10% 滯報金，金額不得少於新臺幣 3 千元，最高不得超過新臺幣 3 萬元。產製廠商逾規定補報期限，仍未辦理申報納稅者，應按主管稽徵機關調查核定之應納稅額加徵 20% 怠報金，金額不得少於新臺幣 9 千元，最高不得超過新臺幣 9 萬元。產製廠商無應納稅額者，滯報金爲新臺幣

3 千元，怠報金爲新臺幣 9 千元（貨 29）。

三、稅款記帳之外銷品原料，自記帳日之翌日起一年六月內未能加工外銷沖帳或改爲內銷者，除補徵稅款外，並自稅款記帳之翌日起至稅款繳清之日止，照應補徵稅額按日加徵滯納金萬分之五。但其不能外銷之責任非屬本國廠商，經向財政部申請核准者，不在此限（貨 30）。

四、**滯納金**：納稅義務人逾期繳納稅款者，應加徵滯納金。

前項應納稅款，應自滯納期限屆滿之次日起，至納稅義務人自動繳納或強制執行徵收繳納之日止，依各年度 1 月 1 日郵政儲金一年期定期儲金固定利率，按日計算利息，一併徵收（貨 31）。

9-9 行政救濟

違反貨物稅條例經稽徵機關核定補稅者，受處分之納稅義務人，不服稽徵機關之處分時，得依稅捐稽徵法有關行政救濟程序申請復查、訴願及行政訴訟。

歷屆試題

選擇題（本書各章所附考題之答案均係依據考試當年度考選部所公布之答案）

（B）1. 下列何種狀況不符合免徵貨物稅之情形？（A）運銷國外之貨物（B）參加展覽之貨物（C）捐贈勞軍之貨物（D）經國防部核定直接供軍用之貨物。（112 年地方五等特考）

（B）2. 對於除濕機所課之貨物稅屬於：（A）從量稅（B）從價稅（C）累進稅（D）定額稅。（112 年地方五等特考）

（A）3. 產製廠商應於開始產製貨物前，向那個所在地之主管稽徵機關申請辦理貨物稅廠商登記及產品登記？（A）工廠所在地（B）總公司所在地（C）銷售部門所在地（D）倉庫所在地。（112 年地方四等特考）

（C）4. 依貨物稅條例規定，有下列那些情形得退還原納貨物稅？①運銷國外者②經國防部核定直接供軍用之貨品③因故變損不能出售，但原完稅照已遺失④用作製造外銷品之原料者（A）①②④（B）②③④（C）①④（D）①③。（112 年地方三等特考）

（B）5. 下列何者爲貨物稅應稅貨物？①橡膠輪胎②平板玻璃③液晶顯示器④機車⑤煤炭（A）①②③④⑤（B）①②④（C）①②③④（D）①②④⑤。（112 年地方三等特考）

（D）6. 彩色電視機進口關稅稅率爲 10%（第一欄稅率，適用於世界貿易組織會員，或與我國有互惠國家或地區），貨物稅稅率爲 13%；A 家電公司進口液晶電視，關稅完稅價格爲 50,000 元，應納貨物稅爲多少元？（A）4,545 元（B）5,752 元（C）6,500 元（D）7,150 元。（112 年高考）

（A）7. 有關貨物稅的規定，下列何者錯誤？（A）應稅貨物之完稅價格係指產製廠商當月份銷售貨物予批發商之銷售價格（B）應稅貨物如爲參加展覽，但不出售者，免徵貨物稅（C）橡膠輪胎之貨物稅，採從價課徵（D）油氣類商品之貨物稅，採從量課徵。（112 年普考）

（B）8. 下列何項貨物免課徵貨物稅？（A）彩色電視機（B）電腦螢幕（C）電冰箱（D）電烤箱（以電熱或微波烤炙食物之器具）。（111 年高考）

（D）9. 貨物稅條例所規定的應稅貨物，不包括下列何者？（A）車輛類（B）橡膠輪胎（C）油氣類（D）服飾類。（111 年高考）

（B）10. 下列有關貨物稅之納稅義務人、課徵時點之敘述何者錯誤？（A）產製貨物者，納稅義務人爲產製廠商，於出廠時課徵（B）應稅貨物在廠內供消費者，不視爲出廠（C）委託代製貨物者，納稅義務人爲受託之產製廠商，於出廠時課徵（D）產製廠商申請註銷登記時之庫存貨物視爲出廠。（111 年普考）

（C）11. 根據貨物稅條例規定，納稅義務人若短報或漏報銷售價格或完稅價格，除補徵稅款外，另按補徵稅額處幾倍以下罰鍰？（A）1 倍（B）2 倍（C）3 倍（D）5 倍。（111 年地方五等特考）

（C）12. 依貨物稅條例規定，某丙於今年購買一台經經濟部核定能源效率分級為第一級之新電冰箱自用，且未退換貨，最多可減徵貨物稅稅額若干元？（A）0 元（B）1 千元（C）2 千元（D）5 千元。（111 年地方四等特考）

（B）13. 下列何者不屬貨物稅之應稅貨物？（A）水泥（B）郵政運送郵件之車輛（C）航空燃油（D）電動車輛。（111 年地方四等特考）

（C）14. 下列何者為貨物稅的應稅貨物？①橡膠輪胎②電腦螢幕③平板玻璃④汽油⑤飲料品⑥手搖飲料⑦彩色電視機⑧銷售價格達 50 萬元以上之家具（A）①②③④⑤⑦（B）①②③④⑤⑥⑧（C）①③④⑤⑦（D）①②④⑦。（111 年地方三等特考）

（D）15.下列各項貨物，何者採從量課徵？（A）橡膠輪胎（B）平板玻璃（C）汽車（D）汽油。（111 年地方三等特考）

（C）16. 依現行貨物稅條例，下列何者採從價課徵？①輪胎②飲料品③水泥④油氣⑤電器⑥車輛（A）①②③④⑤⑥（B）②③④（C）①②⑤⑥（D）②④⑤⑥（110 年高考）

（D）17. 下列哪項並非貨物稅課徵標的？（A）水泥（B）電冰箱（C）汽油（D）遊艇（110 年普考）

（B）18. 依貨物稅條例規定，下列何種應徵貨物稅之貨物非採按完稅價格計稅？（A）機動腳踏兩用車（B）液化石油氣（C）電烤箱（D）稀釋天然果汁（110 年地方五等特考）

（A）19. 依貨物稅條例規定，應稅貨物在下列何種情形將不視為出廠？（A）用作製造另一應稅貨物之原料者（B）在廠內供消費（C）在廠內因法院及其他機關（構）拍賣或變賣以外之事由而移轉他人持有（D）在廠內加工為非應稅產品（110 年地方五等特考）

（A）20. 依貨物稅條例規定，下列何項貨物須課徵貨物稅？（A）大客車使用之橡膠輪胎（B）內胎（C）手機（D）供研究發展用之進口車輛（110 年地方五等特考）

（B）21. 依現行貨物稅條例規定，下列敘述何者正確？（A）須課稅之貨物包括橡膠輪胎、車輛及化妝品類（B）水泥類及油氣類採從量方式課徵（C）用作製造另一應稅貨物之原料者亦應課徵貨物稅（D）委託代製貨物者，貨物稅之納稅義務人為委託廠商，於委託時課徵（110 年地方四等特考）

（C）22. 依現行貨物稅條例規定，下列何者應採從價課徵貨物稅？①電冰箱②汽油③智慧型手機④水泥⑤汽車（A）僅②④（B）僅④⑤（C）僅①⑤（D）僅①③⑤（109 年普考）

（D）23. 美億公司委託衛全飲料廠代工生產蘆筍汁罐裝飲料，貨物稅如何課徵？（A）美億公司在委託時，即應按照委託數量與金額申報繳納（B）罐裝飲料出廠時，由衛全飲料廠申報繳納（C）罐裝飲料運至批發商或零售商時，由美億公司申報繳納（D）批發商或零售商銷售完畢後，由美億公司申報繳納（109 年地方五等特考）

（B）24. 坊間手搖飲料品店何以毋須報繳清涼飲料之貨物稅？（A）手搖飲品店生產規模狹小（B）手搖飲品店未使用機具製造飲品（C）手搖飲品使用砂糖量低於國家標準（D）手搖飲品店月營收額未達 20 萬元免徵（109 年地方五等特考）

（D）25. 依據貨物稅條例第 11 條之 1 規定，購買節能電器可退還減徵貨物稅，下列有關該項措施之敘述，何者錯誤？（A）適用期間自 108 年 6 月 15 日起至 110 年 6 月 14 日止（B）適用品項爲經濟部核定能源效率分級爲第 1 級或第 2 級之新電冰箱、新冷暖氣機或新除濕機（C）該等節能電器每臺減徵稅額以 2,000 元爲限（D）減徵貨物稅稅額應由節能電器之產製廠商或進口人申請退還（109 年地方五等特考）

（D）26. 依貨物稅條例規定，爲防制老舊大型柴油車污染，改善空氣品質，現行報廢符合規定之大客車、大貨車等，並購買上開車輛新車且完成新領牌照登記者，該等新車應徵之貨物稅每輛減徵新臺幣多少元？（A）20 萬元（B）25 萬元（C）30 萬元（D）40 萬元（109 年地方四等特考）

（D）27. 依貨物稅條例規定，下列敘述何者錯誤？（A）油氣類是以從量方式課徵貨物稅（B）稀釋天然果汁是以從價方式課徵貨物稅（C）用作製造另一應稅貨物之原料者免徵貨物稅（D）委託代製貨物者，貨物稅納稅義務人爲委託之產製廠商，於委託時課徵（109 年地方三等特考）

（C）28. 下列何者非屬貨物稅條例規定之應稅貨物？（A）平板玻璃（B）輪胎（C）電腦（D）電器（109 年地方三等特考）

第 10 章
加值型及非加值型營業稅

一甲徵租近一車，賦浮那得復言加？
多田翁比無田苦，怕見當門虎老爹。

臺灣　劉家謀「多田苦」《台詩三百首》

營業稅（business tax）是一種消費稅。根據我國加值型及非加值型營業稅法（以下簡稱營業稅法）第 1 條規定，凡在中華民國境內銷售貨物或勞務及進口貨物，均應依法課徵加值型（value-added）或非加值型（non value-added）之營業稅[1]。由於營業稅是對交易過程中各階段的銷售行爲，包括製造、批發及零售等課稅，因此它是一種多階段的銷售稅。而且營業稅可透過轉嫁行爲將稅負轉嫁出去，亦即營業稅的租稅繳納者與實際負擔者並非同一人，故營業稅亦是一種間接稅。在精省前，營業稅爲省稅；自民國 88 年 7 月 1 日起，臺灣的精省政策，營業稅亦隨之改爲國稅。又營業稅與營利事業所得稅兩者性質不同，前者爲間接稅，後者爲直接稅；且前者是有營業行爲即需課稅，不論是否賺錢，而後者是有所得才需課稅。

我國實施營業稅之初，係按營業總額（營業毛額）採多階段課稅方式。由於該種方式有許多缺點，例如貨物每轉手一次，即會增加一次的營業稅，造成對同一稅基的重複課稅（double taxation）情形；且前手的營業稅負含在售價中轉嫁出去，使得後手的稅基中含有前手已納之營業稅，造成稅上加稅的情形，此外，按營業總額計算稅額的課稅方式會干擾資源配置，不符合租稅中性（tax neutrality）原則，因爲該制對一貫作業者有利，而對分工作業者，尤其分工愈細者愈不利。爲改進上述重複課稅、稅上加稅以及不符租稅中性原則等缺點，並改善我國外銷產品退稅問題，以增進外銷廠商在國際的競爭能力，乃自民國 75 年 4 月 1 日起將原實施之總額型營業稅制改爲加值型營業稅制；只對貨物或勞務在各產銷階段所附加之價值課稅，亦即只以「銷售價格」超過「進貨價格」的「加值部分」課徵營業稅。例如某貨物以 200 元買進，300 元賣出，則只以加值的 100 元作爲稅基，課徵營業稅，而不似總額型營業稅係以 300 元作爲稅基計稅。此外，爲求公平，對於自國外進口貨物，亦必須課徵營業稅。

惟該次的營業稅重大改革，雖以加值型營業稅爲主，但尚有部分營業稅仍按營業總額計算，包括金融保險業、特種飲食業以及小規模營業人等，故我國目前的營業稅制係兼採加值型營業稅及總額型營業稅兩種。爲使稅法名稱更能反應實際情況，不致令外界混淆，又在 90 年 7 月 9 日將該稅法名稱由「營業稅法」修正爲「加值型及非加值型營業稅法」，並自 91 年 1 月 1 日起施行。

---

1 美國至今尚未實施加值稅（value-added tax, VAT）。日本、臺灣加值稅稅率 5%，新加坡的 goods and services tax（GST）7%，歐盟的加值稅稅率則普遍不低。例如：英國 1991 年起，VAT 稅率調高爲 17.5%。2008 年爲挽救經濟景氣，VAT 稅率暫時降爲 15%。臺灣國人到歐盟旅遊購物時要索取證明，出境時，請記得在海關申請退稅，對荷包亦不無小補。

2014 年 4 月，日本加值稅稅率調高爲 8%。目前英國 VAT 稅率 20%。

10-1 課稅範圍

屬地主義：我國營業稅係採屬地主義。凡在中華民國境內銷售貨物或勞務，及進口貨物，均應依營業稅法規定課徵營業稅（營1）。營業人如在國外有分支機構，該分支機構在國外銷售貨物或勞務，則不在我國課徵營業稅的範圍之列。惟根據離島建設條例第10條之規定：澎湖、金門、馬祖、綠島、蘭嶼及琉球地區之營業人，於當地銷售並交付使用之貨物或於當地提供之勞務，免徵營業稅。

銷售貨物、銷售勞務：所謂銷售貨物（sale of goods），係指將貨物之所有權移轉與他人，以取得代價者。所謂銷售勞務則指提供勞務予他人，或提供貨物與他人使用、收益，以取得代價者。

實務加油站

「坐月子中心」係向產婦或嬰兒家長收取膳食費或服務報酬，屬營業稅法規定之銷售貨物或勞務，應依法辦理營業登記，課徵營業稅[2]。

但下列情況不在營業稅課徵範圍之列：

1. 執行業務者提供其專業性勞務：所稱執行業務者，指律師、會計師、建築師、技師、醫師、藥師、助產師（士）、醫事檢驗師（生）、程式設計師、精算師、不動產估價師、物理治療師、職能治療師、營養師、心理師、地政士、記帳士、著作人、經紀人、代書人、表演人、引水人、節目製作人、商標代理人、專利代理人、仲裁人、記帳及報稅代理業務人、書畫家、版畫家、命理卜卦、工匠、公共安全檢查人員、民間公證人及其他以技藝自力營生者（營細6）。
2. 個人受僱提供勞務，亦不需課徵營業稅（營3）。

實務加油站

1. 妓女戶非營業性質，而公娼戶之經營性質，亦與一般銷售貨物或勞務不同，故均不需辦理營業登記課稅[3]。
2. 家庭手工藝副業免辦營業登記並免徵營業稅：凡利用自己原有住宅，以提供勞

[2] 財政部75/12/12臺財稅第7578794號函。

[3] 財政部49臺財稅發第3897號函及財政部88/04/02臺財稅第881902291號函。

務爲主，（包括人力或應用簡單機器）不僱用家庭成員以外人員，接受廠商或合作社之委託加工，而不直接對外銷售其產品，並不具備營利事業型態者，爲家庭手工藝副業，非屬營利事業，均免辦營業登記，並免徵營業稅[4]。

3. 民宿免辦營業登記並免徵營業稅：有關民宿稅捐之核課，前經行政院觀光發展推動小組第34次會議決議：「鄉村住宅供民宿使用，在符合客房數五間以下，客房總面積不超過150平方公尺以下，及未僱用員工，自行經營情形下，將民宿視爲家庭副業，得免辦營業登記，免徵營業稅[5]。

茲將營業稅的課稅範圍說明如下：

一、在中華民國境內銷售貨物，係指下列情形之一者（營4）：

（一）銷售貨物之交付須移運者，其起運地在中華民國境內。

（二）銷售貨物之交付無須移運者，其所在地在中華民國境內。

二、視同銷售

（一）視同銷售貨物：有下列情形之一者，視爲銷售貨物，依法課徵營業稅（營3）：

1. 營業人以其產製、進口、購買供銷售之貨物，轉供營業人自用；或以其產製、進口、購買之貨物，無償移轉他人所有者。
2. 營業人解散或廢止營業時所餘存之貨物，或將貨物抵償債務、分配與股東或出資人者。
3. 營業人以自己名義代爲購買貨物交付與委託人者。
4. 營業人委託他人代銷貨物者。
5. 營業人銷售代銷貨物者。

非以營利爲目的之事業、機關、團體、組織及專營免稅貨物或勞務之營業人，有上述第1款或第2款規定情形，經查明其進項稅額並未申報扣抵銷項稅額者，不適用有關視爲銷售之規定（營3-2）。

4 財政部63/04/20臺財稅第32628號函。

5 財政部90/12/27臺財稅字第0900071529號函。

立法理由

由於視爲銷售之規定其立法意旨係基於租稅公平原則及稅務勾稽處理之考量，故擬制爲視爲銷售。然依第19條第2項規定，營業人專營第8條第1項免稅貨物或勞務者，其進項稅額不得申請退還；另非以營利爲目的之事業、機關、團體、組織，如未銷售貨物或勞務，尚無徵免營業稅之問題；該等事業、機關、團體、組織購買貨物或勞務時，其進項稅額亦不得申請退還。惟上開二種主體如將資產無償贈與他人或辦理解散清算將其資產抵償債務、分配與股東或出資人者，應視爲銷售，課徵營業稅，將產生重複課稅之情形，爲避免重複課稅，爰增訂本條[6]，不適用有關視爲銷售之規定。

又營業人購入貨物係爲了贈送客戶，並以交際費入帳，且依規定進項稅額未申報扣抵銷項稅額者，免視爲銷售貨物並免開立統一發票。詳言之，營業人以其產製、進口、購買供銷售之貨物，轉供營業人自用；或以其產製、進口、購買之貨物，無償移轉他人所有者，應視爲銷售貨物，並依營業稅法施行細則第19條規定，應將視爲銷售貨物之銷售額，以時價爲準開立統一發票。如該貨物於購入時已決定供酬勞員工、交際應酬或捐贈使用，並以各該有關項目列帳，且依營業稅法第19條第1項規定未申報扣抵銷項稅額者，依財政部76年7月22日台財稅第761112325號函釋規定，可免視爲銷售貨物並免開統一發票，以資簡化。

（二）視同銷售勞務：視爲銷售貨物之規定，於銷售勞務時準用之。

（三）信託財產不適用視為銷售者：信託財產於下列各款信託關係人間移轉或爲其他處分者，不適用有關視爲銷售之規定：

1. 因信託行爲成立，委託人與受託人間。

2. 信託關係存續中受託人變更時，原受託人與新受託人間。

3. 因信託行爲不成立、無效、解除、撤銷或信託關係消滅時，委託人與受託人間。

三、在中華民國境內銷售勞務，係指下列情形之一者（營4）：

（一）銷售之勞務係在中華民國境內提供或使用者。

（二）國際運輸事業自中華民國境內載運客、貨出境者。

（三）外國保險業自中華民國境內保險業承保再保險者。

由上可知外銷貨物或勞務屬於營業稅的課徵範圍，惟我國爲鼓勵廠商外銷，對

6 參見立法院立法理由。

於外銷貨物或勞務採零稅率（zero-rating），外銷廠商本身不需繳納營業稅，且各前手已納之營業稅均可退還，故實質上並無營業稅的負擔。

四、進口貨物：貨物有下列情形之一，為進口：

（一）貨物自國外進入中華民國境內者。但進入保稅區之保稅貨物，不包括在內。

（二）保稅貨物自保稅區進入中華民國境內之其他地區者（營 5）。

所稱保稅區，指政府核定之加工出口區、科學工業園區、農業科技園區、自由貿易港區及海關管理之保稅工廠、保稅倉庫、物流中心或其他經目的事業主管機關核准設立且由海關監管之專區。

所稱保稅區營業人，指政府核定之加工出口區內之區內事業、科學工業園區內之園區事業、農業科技園區內之園區事業、自由貿易港區內之自由港區事業及海關管理之保稅工廠、保稅倉庫、物流中心或其他經目的事業主管機關核准設立且由海關監管之專區事業。

所稱課稅區營業人，指保稅區營業人以外之營業人（營 6-1）。

所稱保稅貨物，指經保稅區營業人登列於經海關驗印之有關帳冊或以電腦處理之帳冊，以備監管海關查核之貨物（營細 7-1）。

補充說明

有關營業稅法第 6 條之 1 第 2 項及第 7 條第 9 款用詞，定義如下：

一、加工出口區內之區內事業，指依加工出口區設置管理條例規定設立之區內事業。

二、科學工業園區內之園區事業，指依科學工業園區設置管理條例規定設立之園區事業。

三、農業科技園區內之園區事業，指依農業科技園區設置管理條例規定經核准進駐之園區事業。

四、自由港區事業，指依自由貿易港區設置管理條例規定設立之自由港區事業。

五、保稅工廠[7]（bonded factory），指依海關管理保稅工廠辦法規定，經海關核准登記之保稅工廠。

六、保稅倉庫（bonded warehouse），指依保稅倉庫設立及管理辦法規定，經海關核准登記之保稅倉庫。

七、物流中心（logistics center），指依物流中心貨物通關辦法規定，經海關核准登記之物流中心（營細 7）。

7 有關保稅工廠、保稅倉庫、物流中心更詳細說明，亦可參閱本書第 13 章，關稅。

實務加油站

1. 盲人從事按摩：盲人投資經營按摩院（中心），如具有按摩院之設備並僱用按摩人者，自應依法辦理營業登記，課徵營業稅。但如以個人按摩或集數個按摩者，以本身勞力應顧客召喚外出或在住宅附設按摩室從事按摩，並無僱用按摩人者，則屬以技藝自力營生之人，依照營業稅法第 3 條第 2 項但書及同法施行細則第 6 條規定，免辦理營業登記，並免徵營業稅[8]。
2. 寺廟宗祀提供納骨塔：寺廟、宗祀提供納骨塔供人安置骨灰、神位，若由存放人隨喜布施（自由給付）者，得免申辦營業登記並免課徵營業稅，但如訂有一定收費標準，則屬銷售勞務，應依法辦理營業登記課徵營業稅[9]。
3. 大廈管理委員會出租外牆屋頂陽臺：以大樓（廈）管理委員會之名義與人訂立租賃契約，將大樓（廈）之外牆、屋頂、陽臺出租，其收取之租金收入歸入管理委員會基金部分，係屬大樓（廈）管理委員會銷售勞務之收入，大樓（廈）管理委員會應依法辦理營業登記並課徵營業稅。其收入平均每月未達 20 萬元者，得製發普通收據，免用統一發票；但亦可申請使用統一發票[10]。

10-2 納稅義務人

營業稅之納稅義務人如下（營 2）：

一、營業人：銷售貨物或勞務之營業人。

有下列情形之一者，爲營業人（營 6）：

（一）以營利爲目的之公營、私營或公私合營之事業。

（二）非以營利爲目的之事業、機關、團體、組織，有銷售貨物或勞務。

（三）外國之事業、機關、團體、組織，在中華民國境內之固定營業場所。

（四）外國之事業、機關、團體、組織，在中華民國境內無固定營業場所，經由網際網路或其他數位方式銷售電子勞務予境內自然人。

二、收貨人或持有人：進口貨物之收貨人或持有人。

三、買受人、代理人：外國之事業、機關、團體、組織，在中華民國境內無固定營

8 財政部賦稅署 77/03/07 臺稅二發第 770044235 號函。

9 財政部 78/05/08 臺財稅第 780630493 號函。

10 財政部 93/06/29 臺財稅字第 0930452887 號函。

業場所者，其所銷售勞務之買受人。**但外國國際運輸事業，在中華民國境內無固定營業場所而有代理人者，爲其代理人。**惟外國之事業、機關、團體、組織在中華民國境內無固定營業場所，經由網際網路或其他數位方式銷售電子勞務予境內自然人者，爲營業稅之納稅義務人（亦即以營業人爲營業稅之納稅義務人）（營 2-1）。

四、營業稅法第 8 條第 1 項第 27 款、第 28 款規定之農業用油、漁業用油有轉讓或移作他用而不符免稅規定者，爲轉讓或移作他用之人。但轉讓或移作他用之人不明者，爲貨物持有人。

補充說明

1. 第 2 款所稱進口貨物之收貨人，指提貨單或進口艙單記載之收貨人。所稱進口貨物之持有人，指持有進口應稅未稅貨物之人（營細 3）。
2. 所稱固定營業場所，指經營銷售貨物或勞務事業之固定場所，包括總機構、管理處、分公司、有限合夥分支機構、事務所、工廠、保養廠、工作場、機房、倉棧、礦場、建築工程場所、展售場所、連絡處、辦事處、服務站、營業所、分店、門市部、拍賣場及其他類似之場所（營細 4）。
3. 本法所稱電子勞務，指符合下列情形之一者：
   (1) 經由網際網路傳輸下載儲存至電腦設備或行動裝置使用之勞務。
   (2) 不須下載儲存於任何裝置而於網際網路使用之勞務。
   (3) 其他經由網際網路或電子方式提供使用之勞務（營細 4-1）。

10-3 減免範圍

營業稅的減免範圍包括：

一、**零稅率**：凡外銷之貨物或勞務均適用零稅率。所謂零稅率，係指營業人銷售貨物或勞務仍須課稅，惟其稅率爲零，故銷項稅額爲零（銷貨金額 × 稅率），且爲供其銷售而購買之貨物或勞務所繳納之稅額，亦即進項稅額（進貨金額 × 稅率）可以扣抵，因此可以退稅。

（一）零稅率之適用對象：下列貨物或勞務之營業稅稅率爲零（營 7）：

1. 外銷貨物。

2. 與外銷有關之勞務，或在國內提供而在國外使用之勞務。

3. 依法設立之免稅商店銷售與過境或出境旅客之貨物。

4. 銷售與保稅區營業人供營運之貨物或勞務。
5. 國際間之運輸。但外國運輸事業在中華民國境內經營國際運輸業務者，應以各該國對中華民國國際運輸事業予以相等待遇或免徵類似稅捐者為限。
6. 國際運輸用之船舶、航空器及遠洋漁船。
7. 銷售與國際運輸用之船舶、航空器及遠洋漁船所使用之貨物或修繕勞務。
8. 保稅區營業人銷售與課稅區營業人未輸往課稅區而直接出口之貨物。
9. 保稅區營業人銷售與課稅區營業人存入自由港區事業或海關管理之保稅倉庫、物流中心以供外銷之貨物。

上述第 4 款所稱供營運之貨物或勞務，指供經核准在保稅區內從事保稅貨物之貿易、倉儲、物流、貨櫃（物）之集散、轉口、轉運、承攬運送、報關服務、組裝、重整、包裝、修理、裝配、加工、製造、檢驗、測試、展覽、技術服務及其他經核准經營業務所使用，或供外銷使用之貨物或勞務。第 8 款所稱課稅區，指中華民國境內保稅區以外之其他地區（營細 7-1）。

此外，外國國際運輸事業在中華民國境內載運客貨出境，經查明或證實各該國並無徵收營業稅或類似稅捐，或各該國對中華民國國際運輸事業在其境內之營業予以零稅率或免徵營業稅及類似稅捐者，適用上述第 5 款規定。

前項外國國際運輸事業在中華民國境內無固定營業場所而有代理人者，其在中華民國境內由代理人支付之進項稅額，如進項憑證載明買受人（抬頭）為該代理人並符合本法第 33 條規定，得由該代理人申報扣抵（營細 13-1）。

（二）應具備文件：營業人適用零稅率者，應具備下列之文件（營細 11）：

1. 外銷貨物除報經海關出口，免檢附證明文件外，委由郵政機構或依快遞貨物通關辦法規定經海關核准登記之快遞業者出口者，其離岸價格在新臺幣 5 萬元以下，為郵政機構或快遞業者掣發之執據影本；其離岸價格超過新臺幣 5 萬元，仍應報經海關出口，免檢附證明文件。
2. 與外銷有關之勞務，或在國內提供而在國外使用之勞務，取得外匯結售或存入政府指定之銀行者，為政府指定外匯銀行掣發之外匯證明文件；取得外匯未經結售或存入政府指定之銀行者，為原始外匯收入款憑證影本。
3. 依法設立之免稅商店銷售貨物與過境或出境旅客者，為經監管海關核准以電子媒體儲存載有過境或出境旅客護照或旅行證件號碼之售貨單。但設在國際機場、港口管制區內之免稅商店，其售貨單得免填列過境或出境旅客護照或旅行證件號碼。

4. 銷售貨物或勞務與保稅區營業人供營運使用者，除報經海關視同出口之貨物，免檢附證明文件外，爲各該保稅區營業人簽署之統一發票扣抵聯。
5. 經營國際間之運輸者，爲載運國外客貨收入清單。
6. 銷售國際運輸用之船舶、航空器及遠洋漁船者，爲銷售契約影本。
7. 銷售貨物或提供修繕勞務與國際運輸用之船舶、航空器及遠洋漁船者，除報經海關出口之貨物，免檢附證明文件外，爲海關核發已交付使用之證明文件或修繕契約影本。
8. 保稅區營業人銷售貨物與課稅區營業人未輸往課稅區而直接出口者，爲銷售契約影本、海關核發之課稅區營業人報關出口證明文件。
9. 保稅區營業人銷售貨物與課稅區營業人存入自由港區事業或海關管理之保稅倉庫、物流中心以供外銷者，爲銷售契約影本、海關核發之視同出口或進口證明文件。
10. 其他經財政部核定之證明文件。

例題 1

假設臺中公司係一外銷廠商，某期銷售額為 200 萬元，全部適用零稅率，當期之進貨為 160 萬元，可扣抵進項稅額 8 萬元，則該外銷廠商可退還稅款為 8 萬元。茲計算如下：

銷項稅額：200 萬元（銷貨）×0%（稅率）＝ 0

進項稅額：160 萬元（進貨）×5%（稅率）＝ 8 萬元

−8 萬元

故可退還稅額為 8 萬元。

二、外國事業、機關、團體、組織在中華民國境內參展或臨時商務活動之退稅：

（一）外國之事業、機關、團體、組織，在中華民國境內無固定營業場所者，其於一年內在中華民國境內從事參加展覽或臨時商務活動而購買貨物或勞務支付加值型營業稅達一定金額，得申請退稅。但未取得並保存憑證及第 19 條第 1 項第 2 款至第 5 款規定之進項稅額，不適用之。

（二）得依前項規定申請退稅者，以各該國對中華民國之事業、機關、團體、組織予以相等待遇或免徵類似稅捐者爲限。

（三）第（一）項所定一年期間之計算、展覽與臨時商務活動之範圍、一定金額、憑證之取得、申請退稅應檢附之文件、期限及其他相關事項之辦法，由財政部定之（營 7-1）。

三、免稅：免稅係指營業人銷售某特定貨物或勞務，免徵營業稅，惟其進項稅額亦不得扣抵或退還，故免稅與零稅率不同。

（一）免稅之適用對象：我國為照顧農漁業、落實社會政策、提升教育文化、促進國防工業或避免重複課稅或基於稅務行政之考量等而對某些特定貨物或勞務之銷售給予免稅，茲說明如下。

下列貨物或勞務免徵營業稅（營 8）：

1. 出售之土地。

2. 供應之農田灌溉用水。

3. 醫院、診所、療養院提供之醫療勞務、藥品、病房之住宿及膳食。

4. 依法經主管機關許可設立之社會福利團體、機構及勞工團體，提供之社會福利勞務及政府委託代辦之社會福利勞務。

5. 學校、幼稚園與其他教育文化機構提供之教育勞務及政府委託代辦之文化勞務。

6. 出版業發行經主管教育行政機關審定之各級學校所用教科書及經政府依法獎勵之重要學術專門著作。

7. （刪除）

8. 職業學校不對外營業之實習商店銷售之貨物或勞務。

9. 依法登記之報社、雜誌社、通訊社、電視臺與廣播電臺銷售其本事業之報紙、出版品、通訊稿、廣告、節目播映及節目播出。但報社銷售之廣告及電視臺之廣告播映不包括在內。

10. 合作社依法經營銷售與社員之貨物或勞務及政府委託其代辦之業務。

11. 農會、漁會、工會、商業會、工業會依法經營銷售與會員之貨物或勞務及政府委託其代辦之業務，或依農產品市場交易法設立且農會、漁會、合作社、政府之投資比例合計占 70% 以上之農產品批發市場，依同法第 27 條規定收取之管理費。

12. 依法組織之慈善救濟事業標售或義賣之貨物與舉辦之義演，其收入除支付標售、義賣及義演之必要費用外，全部供作該事業本身之用者。但宗教寺廟既不屬慈善救濟事業範圍，其所經營金紙買賣之營業收益，自不得免徵營業稅[11]。

---

[11] 財政部 57 臺財稅發第 3134 號令。

13. 政府機構、公營事業及社會團體，依有關法令組設經營不對外營業之員工福利機構，銷售之貨物或勞務。
14. 監獄工廠及其作業成品售賣所銷售之貨物或勞務。
15. 郵政、電信機關依法經營之業務及政府核定之代辦業務。
16. 政府專賣事業銷售之專賣品及經許可銷售專賣品之營業人，依照規定價格銷售之專賣品。
17. 代銷印花稅票或郵票之勞務。
18. 肩挑負販沿街叫賣者銷售之貨物或勞務。至於固定性之攤販，其營業性質業已逾越肩挑背負之範圍，自非上開規定免稅之對象，依法仍應課徵營業稅[12]。
19. 飼料及未經加工之生鮮農、林、漁、牧產物、副產物；農、漁民銷售其收穫、捕獲之農、林、漁、牧產物、副產物。以該農、漁民自產自銷者爲限，自他人收購者，不包括在內（營細16-3）。但下列則不在免稅範圍：
    (1) 檳榔及檳榔販所陳列之加工添加物，均不屬農產品市場交易法所稱之農產品，不屬免稅範圍[13]。
    (2) 營業人銷售經曬乾或風乾處理之魷魚干或經加鹽及日曬或烘乾處理之烏魚子，均非屬營業稅法所稱「未經加工之生鮮漁產物、副產物」之範圍，應依法課徵營業稅[14]。
    (3) 營業人銷售帶殼或不帶殼之龍眼乾，核非屬營業稅法所稱「未經加工之生鮮農產物、副產物」之範圍，應依法課徵營業稅[15]。
20. 漁民銷售其捕獲之魚介。以該農、漁民自產自銷者爲限，自他人收購者，不包括在內（營細16-3）。
21. 稻米、麵粉之銷售及碾米加工。至麵乾、麵條之銷售，非屬上開免稅範圍，不能免徵營業稅[16]。
22. 依第四章第二節規定計算稅額之營業人，銷售其非經常買進、賣出而持有之固定資產。
23. 保險業承辦政府推行之軍公教人員與其眷屬保險、勞工保險、學生保險、農、漁民保險、輸出保險及強制汽車第三人責任保險，以及其自保費收入中扣除之

12 財政部61/07/04臺財稅第35507號令。
13 財政部81/04/22臺財稅第810128501號函。
14 財政部85/01/17臺財稅第851892621號函及財政部86/10/30臺財稅第861922634號函。
15 財政部91/02/19臺財稅字第0910451110號令。
16 財政部75/05/16臺財稅第7548555號函。

再保分出保費、人壽保險提存之責任準備金、年金保險提存之責任準備金及健康保險提存之責任準備金。但人壽保險、年金保險、健康保險退保收益及退保收回之責任準備金，不包括在內。

24. 各級政府發行之債券及依法應課徵證券交易稅之證券。

25. 各級政府機關標售賸餘或廢棄之物資。

26. 銷售與國防單位使用之武器、艦艇、飛機、戰車及與作戰有關之偵訊、通訊器材。

27. 肥料、農業、畜牧用藥、農耕用之機器設備、農地搬運車及其所用油、電。

28. 供沿岸、近海漁業使用之漁船、供漁船使用之機器設備、漁網及其用油。

29. 銀行業總、分行往來之利息、信託投資業運用委託人指定用途而盈虧歸委託人負擔之信託資金收入及典當業銷售不超過應收本息之流當品。

30. 金條、金塊、金片、金幣及純金之金飾或飾金。但加工費不在此限。

31. 經主管機關核准設立之學術、科技研究機構提供之研究勞務。

32. 經營衍生性金融商品、公司債、金融債券、新臺幣拆款及外幣拆款之銷售額。但佣金及手續費不包括在內。

補充說明

1. 上述第 4 款所稱社會福利勞務，指依兒童及少年福利與權益保障法、老人福利法、身心障礙者權益保障法、社會救助法、家庭暴力防治法、性侵害犯罪防治法、性騷擾防治法及其他社會福利相關法規規定，辦理社會福利服務、職業重建服務及社會救助等業務所需之勞務（營細 16-4）。

2. 上述第 19 款所稱飼料，指飼料管理法第三條所定，供給家畜、家禽、水產類營養或促進健康成長之食料，其類別包括植物性飼料、動物性飼料、補助飼料及配合飼料。所稱未經加工之生鮮農、林、漁、牧產物、副產物，指下列情形之一者：

(1) 未經加工之農、林、漁、牧原始產物及副產物。

(2) 僅經屠宰、切割、清洗、去殼或冷凍等簡單處理，不變更原始性質，且非以機具裝瓶（罐、桶）固封之農、林、漁、牧產物及副產物。但與其他貨物或勞務併同銷售者，不包括在內。

(3) 其他經財政部會同行政院農業委員會認定者（營細 16-3）。

3. 第 19 款後段所定農、漁民銷售其收穫、捕獲之農、林、漁、牧產物、副產物及第 20 款所定漁民銷售其捕獲之魚介，以該農、漁民自產自銷者爲限，自他人收購者，不包括在內（營細 16-3）。

4. 適用上述第 27 款免徵營業稅之農耕用機器設備，以整地、插植、施肥、灌溉、排水、收穫、乾燥及其他供農耕用之機器設備爲限；農地搬運車，以合於事業主管機關規定之規格範圍者爲限（營細 15）。

5. 上述第 27 款農耕用之機器設備及農地搬運車使用免徵營業稅燃料用油，應憑農業主管機關核定之用油基準及核發之購油證明辦理。第 28 款供漁船使用免徵營業稅燃料用油，應依主管機關核定之用油基準及核發之購油證明辦理（營細 16-1）。

焦點話題

烏魚旗、烏魚子與課稅

2014 年春節送禮，烏魚子變得很貴了，因為號稱「烏金」的烏魚漁獲量大減。

烏魚卵經過加工後變成烏魚子，是具有保存性和提供高蛋白質的食品，含有豐富不飽和脂肪酸種類 DHA、POA、LA 等。所以，烏魚子是年節高貴禮品。

范咸的《重修臺灣府誌》指出：冬至前捕獲的烏魚，稱為「正頭烏」，肥而味美。冬至後捕獲的烏魚，稱為「回頭烏」，瘦而味劣，因為產完卵，洄游北方。請詳見本書第 13 章之章首詩。

從上述可知，一條烏魚全身都是寶。烏魚可以分成：1. 烏魚體；2. 烏魚子（母魚）；3. 烏魚膘（公魚的精囊）；及 4. 烏魚腱（烏魚的胃）等四部分出售。

400 年前，臺灣即開始對烏魚課稅、管理了：

1. 荷治時期（西元 1624~1662）：《熱蘭遮城日記》中有記載，當時大員（安平）官員有向中國漢人（越界來臺捕魚的漢人非荷人所統治）抽取「什一稅」，捕完魚後，回中國前，課徵烏魚漁獲量的十分之一的稅制。

   1657 年烏魚、烏魚子出口（離開臺灣），課 20% 的「出口稅」。
2. 鄭氏時期（西元 1662~1683）：捕烏魚的漁船，要先經特許，並領取烏魚旗。《鳳山縣誌》史料記載：「烏魚旗九十四支，旗用白布一幅，刊刷烏魚旗字樣，填寫漁戶姓名，縣印鈐記，插於船頭，帶網採捕。」政府一年發給烏魚旗 94 支，每支須繳納銀錢 1 兩 5 分，一年稅收 141 兩。
3. 清領時期：延續舊制，一年發 94 支烏魚旗。烏魚捕捉在某些地區更成為特殊的「餉稅」。但是在 1877 年，福建巡撫丁日昌，取消烏魚旗，從此之後，捕抓烏魚不必課稅了。

   就生態保育、資源維護和市場價格支持的觀點，烏魚旗、烏魚的課稅制度，相同於現今「避免公有地之悲劇」（the tragedy of commons）、「永續經營」的概念。
4. 日治時期：烏魚捕捉的方法已大幅改變。漁民捕捉烏魚後，在市場交易，由日本地方政府依照交易之金額課稅。

焦點話題

員工消費合作社，繳稅嗎？

政大教職員工生合作社，並不對非社員營業，須繳稅嗎？

1. 開發票，但不繳營業稅。

為了經營管理，政大合作社之銷貨，都有開發票。但依法組設之員工消費合作社、職工福利社及福利站銷售貨物或勞務與所屬會員或社員者，免徵營業稅（營業稅法第 8 條第 1 項）。

另財政部 80 年 12 月 30 日台財稅第 801261930 號函釋規定，合作社及員工福利機構，如兼營對非社員或對外銷售貨物、勞務者，應通知切實執行查驗購買人之證件（例如社員證、識別證），或對社員（對內）及非社員（對外）之販售區域予以區隔分開，或做其他易於辨識之處置；其屬對社員（對內）之銷售額部分，予以免稅，其屬對非社員（對外）之銷售額部分，應依法課徵營業稅。

2. 免營業稅，不是零稅率。注意是「免稅」，僅限當階段免稅而已，以前階段所繳的營業稅並無法退稅。而零稅率，以前階段所繳的營業稅才可以退稅，如出口退稅。

3. 發票中獎可領獎金。雖然免稅，即最後階段沒有繳營業稅，但以前階段仍有繳營業稅，並沒有退回，對政府稅收仍有貢獻，所以幸運中獎的發票，仍可領取中獎獎金。

4. 不繳營所稅，但合作社盈餘分配須繳綜所稅。由於該合作社並非營利事業，故不須繳營所稅。但是合作社之盈餘分配，社員仍須繳個人綜合所得稅。

（二）免稅權之拋棄：由於免稅僅對當階段之加值免稅，且進項稅額不得扣抵。因此，只有在最後消費階段免稅，才對消費者有利，如果免稅是發生在製造或批發階段，則因營業人進項稅額不可扣抵，會將稅額反映在價格上轉嫁出去，對營業人及消費者反而不利。而當營業人認爲免稅對其不利時，得申請財政部核准放棄適用免稅規定，但爲避免營業人在進項稅額多時選擇放棄免稅，進項稅額少時選擇適用免稅。故我國營業稅法第 8 條規定，凡經財政部核准後三年內不得變更。因此，免稅不一定有利，故有拋棄適用之規定；而零稅率則一定有利，並無拋棄適用的規定。

例題 2

假設臺中公司某期銷售額為200萬元，適用免稅規定，當期之進貨為160萬元，則該公司不需繳稅，亦不能退稅。茲計算如下：

銷項稅額：200萬元（銷貨）	= 0	
進項稅額：160萬元（進貨）×5%（稅率）	= 0	（不能扣抵）
應納稅額	0	

（三）免稅用油轉讓或移作他用之補稅規定

依營業稅法第8條第1項第27款、第28款規定免徵營業稅之農業用油、漁業用油，有轉讓或移作他用而不符免稅規定者，應補繳營業稅。此乃基於農業用油、漁業用油依營業稅法第8條第1項第27款、第28款規定免徵營業稅，故其售價與一般用油存有價差，偶有非法流用藉以謀取不法利益之情事發生，已扭曲政府對農業用油、漁業用油給予租稅優惠之政策美意，故增訂營業稅法第8條之3，明定上開情形應補繳營業稅。

四、進口免稅：進口貨物應課徵營業稅，並由海關代徵。但進口下列貨物免徵營業稅（營9）：

（一）進口國際運輸用之船舶、航空器、遠洋漁船；肥料；金條、金塊、金片、金幣及純金之金飾或飾金等。

（二）關稅法第49條規定進口免徵關稅之貨物。但因轉讓或變更用途依照同法第55條規定補繳關稅者，應補繳營業稅。

（三）本國之古物：所稱古物，指各時代、各族群經人為加工具有文化意義之藝術作品、生活及儀禮器物、圖書文獻等（營細17）。

五、公益信託：受託人因公益信託而標售或義賣之貨物與舉辦之義演，其收入除支付標售、義賣及義演之必要費用外，全部供作該公益事業之用者，免徵營業稅。

前項標售、義賣及義演之收入，不計入受託人之銷售額（營8-1）。

六、其他

臺灣地區及大陸地區之海運、空運公司，參與兩岸船舶運輸及航空運輸，在對方取得之運輸收入，得依第4條之2規定訂定之臺灣地區與大陸地區協議事項，於互惠原則下，相互減免應納之營業稅及所得稅。

前項減免稅捐之範圍、方法、適用程序及其他相關事項之辦法，由財政部擬訂，報請行政院核定（岸 29-1）。

10-4 零稅率與免稅之比較

零稅率與免稅皆爲營業稅的減免優惠措施，但兩者迥然不同，茲說明如下：

一、**適用對象不同**：零稅率適用於外銷或與外銷有關之貨物或勞務；免稅則適用於國內某些特定貨物或勞務之銷售。

二、**課稅與否不同**：適用零稅率之貨物或勞務仍須課稅，只是稅率爲零；而免稅則不予課稅。

三、**進項稅額可否扣抵不同**：零稅率的進項稅額可以扣抵，銷項稅額爲零，因此可以退稅；免稅的進項稅額不得扣抵，因此不能退稅，也不需繳稅。

四、**政策意義不同**：零稅率係在獎勵外銷，以增進國內廠商的國際競爭力；免稅則在增進社會福利、提升教育文化或避免重複課稅等。

五、**權力之拋棄與否不同**：適用零稅率對營業人有利無弊，營業人無須拋棄適用，因此法律無拋棄適用之明文規定；而免稅對營業人未必有利，因此營業稅法第 8 條明文規定，營業人得申請放棄適用免稅規定，但核准後三年內不得變更。

六、**效果不同**：適用零稅率者，其進項稅額可以扣抵，故各前手所繳納的營業稅可以完全退盡，就獎勵廠商的立場而言，效果較佳。反觀免稅，因其只對單一銷售階段免稅，且進項稅額不得扣抵，效果當然不如零稅率。

10-5 稅率

我國營業人適用營業稅可以分爲按「加值額」計算稅額的加值型營業稅，與按「營業總額」計算稅額的非加值型營業稅兩種。前者又稱爲按「一般稅額計算」或第四章第一節計算稅額之營業人；後者又稱爲按「特種稅額計算」或第四章第二節計算稅額之營業人。

一、課徵加值型營業稅者（一般稅額計算營業人）

（一）一般：依營業稅法第 10 條規定，營業稅稅率最低不得少於 5%，最高不得超過 10%；其徵收率由行政院定之。現行稅率係採最低標準，亦即行政院核定徵收率爲 5%。

（二）外銷：零稅率（0%）
（三）免稅

二、課徵非加值型營業稅者（特種稅額計算營業人）

（一）金融保險業：銀行業、保險業、信託投資業、證券業、期貨業、票券業及典當業之營業稅稅率如下：

1. 經營非專屬本業之銷售額稅率爲 5%。
2. 銀行業、保險業經營銀行、保險本業銷售額之稅率爲 5%；其中保險業之本業銷售額應扣除財產保險自留賠款。但保險業之再保費收入之稅率爲 1%。
3. 前二款以外之銷售額稅率爲 2%。

前項非專屬本業及銀行、保險本業之範圍，由財政部擬訂相關辦法，報行政院核定。

本法中華民國 103 年 5 月 16 日修正之條文施行之日起，至 113 年 12 月 31 日止，第 1 項第 1 款、第 3 款及第 2 款稅率 2% 以內之稅款，撥入金融業特別準備金；其運用、管理及其他應遵行事項之辦法，由金融監督管理委員會定之。

營業稅稅款依前項規定撥入金融業特別準備金期間，行政院應確實依財政收支劃分法規定，補足地方各級政府因統籌分配款所減少之收入。嗣後財政收支劃分法修正後，從其規定（營 11）。

立法理由

1. 銀行業總體逾期放款比率已由 90 年底之 8.16% 降至 102 年底之 0.36%，達歷史新低，且近年銀行業及保險業之獲利提升，體質業獲改善，已達成 88 年營業稅稅率由 5% 調降爲 2%，以扶植該等業別之政策目的。又考量該二業別存在金融系統風險之危機，且自 91 年起政府運用金融業營業稅稅款挹注處理之問題金融機構，均爲銀行業與保險業，爰參考國際間提高銀行業稅負回饋政府付出之作法，並回應國內各界提高金融業稅負之呼聲，修正原條文第 1 項恢復銀行業及保險業經營銀行、保險本業銷售額適用之稅率爲 5%，至該二業其餘銷售額及信託投資業、證券業、期貨業、票券業及典當業之銷售額，仍維持原規定，並分款規範。
2. 又爲兼顧穩定金融，累積充足準備金，以防範系統性風險，並避免政府長期以稅收支應金融業特別準備金造成金融機構道德風險問題，參照稅捐稽徵法第 11 條之 4 規定，定明營業稅稅款專款撥入金融業特別準備金之期限至 113 年 12 月 31 日止，屆期後金融業繳納第 1 項各款之稅款由國庫統收統支。另本次調增稅率部分所增加之稅款，由國庫統收統支。

3. 財政收支劃分法第38條之1規定，有減少收入者，應同時籌妥替代財源，營業稅稅款撥入金融業特別準備金後，行政院應補足地方各級政府因統籌分配款減少之收入[17]。

（二）特種飲食業：我國對特種飲食業係採高稅率政策，有寓禁於徵的政策意義，尤其是酒家、酒吧等，其適用稅率高達25%。

1. 夜總會、有娛樂節目之餐飲店，稅率爲15%；所稱娛樂節目，係指在營業時間有下列情形之一者而言：
   (1) 樂器表演人數達二人以上者。
   (2) 有職業性演唱或表演者（營細8）。
2. 酒家及有陪侍服務之茶室、咖啡廳、酒吧等，稅率爲25%（營12）。

立法理由

依照我國社會現況，有陪侍服務之特種行業不僅女性陪侍，亦有男性陪侍，然綜觀我國稅制規定，在規範上不僅有違性別平等原則，亦使同爲特種飲食業，卻因男或女陪侍而有不同稅制。爰修正原條文第1項第2款，使得有女陪侍或有男陪侍的特種業稅制不再一國兩制[18]。

（三）小規模營業人、視障者經營之按摩業及農產品承銷人

1. 小規模營業人、依法取得從事按摩資格之視覺功能障礙者經營，且全部由視覺功能障礙者提供按摩勞務之按摩業，及其他經財政部規定免予申報銷售額之營業人，其營業稅稅率爲1%。
2. 農產品批發市場之承銷人及銷售農產品之小規模營業人，其營業稅稅率爲0.1%（營13）。

三、機動調整徵收率

我國爲因應經濟特殊情況，調節物資供應，爰參照關稅法第71條之立法例，

17 參見立法院立法理由。
18 摘自立法院立法理由。

明定行政院得機動調整進口小麥、大麥、玉米或黃豆應徵之營業稅，亦即對進口小麥、大麥、玉米或黃豆應徵之營業稅，得由行政院機動調整，不受第 10 條最低不得少於 5%，最高不得超過 10% 之規定限制。行政院爲紓緩上開大宗物資漲價壓力，已於 97 年 3 月 10 日公告，明定自 97 年 3 月 10 日起至 98 年 3 月 9 日止，調減進口小麥、大麥、玉米及黃豆應徵之營業稅，調幅爲 100%，亦即從 5% 調降爲 0%。

爲保留適當彈性，以因應經濟特殊狀況之變化，前項機動調整之貨物種類、調整幅度、實施期間與實際開始及停止日期，由財政部會同有關機關擬訂，報請行政院核定公告之（營 9-1）。

焦點話題

日本的 VAT 稅率提高

1989 年 4 月日本引進 VAT，稅率 3%。竹下內閣提出「徹底稅制改革大綱」，開徵消費稅，調降個人所得稅，獲得民眾支持。

1997 年 4 月稅率提高為 5%。橋本龍太郎的財政重建計畫，提高稅率，加上適逢亞洲金融風暴，日本陷入經濟衰退，雖採擴張性財政措施，卻是債臺高築。

2014 年 4 月稅率提高為 8%。在前任首相野田佳彥推動立法，及安倍晉三首相的決策下，2014 年 VAT 稅率提高為 8%，2015 年進一步調高為 10%（但延至 2017 年）。

因為：

1. 財政赤字嚴重，債務餘額太高。日本因為擴張性財政政策、2011 年 311「東部大地震」之重建，債務餘額已達到 GDP 的 243%，龐大財政壓力下不得不思考加稅。

2. 人口老化，社福支出劇增，必須有穩定的財源挹注。日本 VAT 加稅即是專款專用於基礎年金、老人醫療、看護、防止少子化等「社會保障四經費」。

3. VAT 稅率太低，有調增的空間。歐盟國家 VAT 稅率都在 15~20%。丹麥、瑞典 VAT 稅率甚至更達 25%。

4. 調高間接稅比重是世界租稅改革的趨勢。間接稅對生產的誘因，扭曲較小。而且稅源豐沛，VAT 稅率每提高一個百分點，即可增加稅收 2.7 兆元。

結果：

1. 每年稅收增加 8.1 兆日元，即 2.7 兆 x 3 = 8.1 兆元。但是 2015 年的「社會保障四經費」將增加至 34.8 兆元，即使 VAT 稅率依計畫調高至 10%，稅收將增加 13.5 兆元，仍有不小的資金缺口。

2. 短期可能降低財政赤字，長期仍無法大幅降低債務餘額。林明進（2014）估計，加入此項稅收，2013 年度的公債收入占歲入之比率，將由原先的 49% 降低至 34.5%，換言之，財政赤字減少了 14.5%。林明進（2014）實證結果，日本調高 VAT 稅率對消費稅收具有正向的顯著性。
3. 2014 年第一季由於「提前消費效果」，經濟成長率高達 5.6%。但是可以預期，第二季可能較為慘淡[19]。

10-6 起徵點

依營業稅法第 23 條規定按查定計算營業稅額之農產品批發市場之承銷人、銷售農產品之小規模營業人、小規模營業人及其他經財政部規定免予申報銷售額之營業人，其營業稅起徵點如下：

小規模營業人營業稅起徵點

	業別	起徵點（每月銷售額）
第一欄	買賣業、製造業、手工業、新聞業、出版業、農林業、畜牧業、水產業、礦冶業、包作業、印刷業、公用事業、娛樂業、運輸業、照相業、一般飲食業	新臺幣 8 萬元
第二欄	裝潢業、廣告業、修理業、加工業、旅宿業、理髮業、沐浴業、勞務承攬業、倉庫業、租賃業、代辦業、行紀業、技術及設計業、公證業	新臺幣 4 萬元

營業人如兼營一、二兩欄之營業，其各欄銷售額占各該欄起徵點之百分比合計數超過百分之一百者，應予課徵，其計算公式如下：

$$\frac{\text{第一欄銷售額}}{\text{第一欄起徵點}}+\frac{\text{第二欄銷售點}}{\text{第二欄起徵點}}\geq\frac{100}{100}$$

19 參閱黃明聖（2013），「日本提高加值型營業稅率之探討」，《當代財政》，第 36 期，頁 39-46。及林明進（2014），《日本提高消費稅率對其財政與經濟之影響》，政大行政管理碩士學程碩士論文。

10-7 稅額計算

根據加值型及非加值型營業稅法第 1 條規定，凡在中華民國境內銷售貨物或勞務，及進口貨物，均應依營業稅法規定課徵營業稅。而營業人銷售貨物或勞務應依規定開立發票，惟亦有可能開立收據（小規模營業人，每個月營業額未達 20 萬元），不論營業人使用發票或收據，營業稅均與營業額息息相關，使用發票的營業人其營業額的大小取決於當期所開立發票金額的多寡，而使用收據的小店戶，其營業額係由國稅局核定。因此，使用統一發票之營業人爲規避營業稅而漏開發票之情事時有耳聞。

實務案例

近來有國內某知名連鎖飲料店利用愛心發票的方式以逃漏營業稅，該飲料店在門口設置愛心發票捐贈箱，將民眾捐贈的愛心發票以作廢的方式減少其營業額，企圖逃漏營業稅，法網恢恢，幸被國稅局查獲。

要讀者注意者：開立了發票未必就表示需繳營業稅。員工合作社對社員購買開立的發票金額，不需繳營業稅[20]；但是對非社員所開立的發票金額，則需繳交營業稅。

一、課徵加值型營業稅者（按一般稅額計算或第四章第一節計算稅額之營業人）

（一）應納稅額或溢付稅額

按加值額計算稅額之營業人，其營業稅額之計算係以每期之銷項稅額減進項稅額，其餘額若爲正數，即爲「應納稅額」；反之，若爲負數，即爲溢付稅額。所謂「銷項稅額」係指營業人銷售貨物或勞務時，依規定應收取之營業稅額（營 14）；所謂進項稅額，指營業人購買貨物或勞務時，依規定支付之營業稅額（營 15）。

銷項稅額－進項稅額＝應納稅額（正數時）或
溢付稅額（負數時）

[20] 不需繳納營業稅的發票，仍可對獎，領取統一發票獎金，作法上，似乎不盡公平。

此種加值型營業稅額的計算方法，稱爲稅額相減法，我國採用之。除此之外，尙有「稅基相減法」，該法之計算公式如下：

（銷貨－進貨）× 稅率＝稅額

雖然兩種方法的計算所得結果相同，惟稅額相減法操作上較爲便利，故稅額相減法略勝一籌。

（二）銷項稅額的計算

1. 銷售對象爲營業人：銷項稅額之計算係以銷售額乘以稅率而得之。

銷項稅額＝銷售額 × 稅率

2. 銷售對象爲非營業人：適用加值稅體系之營業人銷售應稅貨物或勞務給非營業人（消費者）時，所開立之二聯式統一發票，係將銷項稅額與銷售額合計，亦即統一發票所載之金額已包括營業稅稅額在內，故應依下列公式還原計算其銷售額，再乘以徵收率，計算出銷項稅額（營細 32-1）：

$$銷項稅額＝\frac{當期開立統一發票總額}{1＋徵收率} \times 徵收率$$

銷售額＝當期開立統一發票總額－銷項稅額

3. 銷售電子勞務：本法第 6 條第 4 款規定之營業人（即外國之事業、機關、團體、組織，在中華民國境內無固定營業場所，銷售電子勞務予境內自然人），銷售電子勞務之銷售額以外幣計價者，其依本法第 35 條規定申報銷售額、應納或溢付營業稅額時，應依臺灣銀行下列日期牌告外幣收盤之即期買入匯率折算爲新臺幣金額：

(1) 申報所屬期間之末日。

(2) 有合併、轉讓、解散或廢止營業者，以事實發生日前一申報所屬期間之末日。

本法第 6 條第 4 款規定之營業人，以匯款方式繳納營業稅者，應自行負擔匯費及相關處理手續費用，並以按前項規定計算之本期應納稅額匯入指定公庫。

第 1 項臺灣銀行牌告之幣別無即期買入匯率者，採現金買入之匯率計算。

第 1 項各款期間之末日爲星期日、國定假日或其他休息日者，以該日之次日爲期間之末日；同項各款期間之末日爲星期六者，以其次星期一爲期間末日（營細 32-2）。

例題 3

假設有一適用加值型營業稅體系之零售商以 8,000 元的價格，向批發商購買貨物一批，並以 10,500 元售予消費者，則該零售商之應納稅額為 100 元。

10,500÷(1 ＋ 5%) ＝ 10,000……銷售額

銷項稅額：10,000 元 ×5% ＝ 500 元

進項稅額：8,000 ×5% ＝ 400

應納稅額 100 元

（三）進項稅額：進項稅額係指營業人購買貨物、勞務、固定資產及支付費用時，依規定稅率所支付的營業稅額。其進項稅額之計算如下：

進項稅額＝進項 × 稅率

1. 進項稅額之扣抵期間

營業稅法第四章第一節規定計算稅額之營業人，其進項稅額憑證，未於當期申報者，得延至次期申報扣抵。次期仍未申報者，應於申報扣抵當期敘明理由。但進項稅額憑證之申報扣抵期間，以十年為限（營細 29）。

2. 進項稅額之扣抵憑證

營業人以進項稅額扣抵銷項稅額者，應具有載明其名稱、地址及統一編號之下列憑證（營 33）：

(1) 購買貨物或勞務時，所取得載有營業稅額之統一發票。

(2) 視同銷售者，其自行開立載有營業稅額之統一發票。

(3) 其他經財政部核定載有營業稅額之憑證。

3. 退抵稅款應檢附之文件

營業稅法第四章第一節規定計算稅額之營業人，依本法第 35 條規定，應檢附之退抵稅款及其他有關文件如下：

(1) 載有營業稅額之統一發票扣抵聯。

(2) 載有營業稅額之海關代徵營業稅繳納證扣抵聯。

(3) 載有營業人統一編號之二聯式收銀機統一發票收執聯影本。

(4) 銷貨退回、進貨退出或折讓證明單及海關退還溢繳營業稅申報單。

(5) 依營業稅法施行細則第 11 條規定適用零稅率應具備之文件。

(6) 營業稅法施行細則第 14 條規定之證明。

(7) 營業人購買舊乘人小汽車及機車進項憑證明細表。

(8) 載有買受人名稱、地址及統一編號之水、電、瓦斯等公用事業開立抬頭為中華民國 104 年 12 月以前之收據扣抵聯。

(9) 營業人須與他人共同分攤之水、電、瓦斯等費用所支付之進項稅額，為前款收據扣抵聯之影本及分攤費用稅額證明單。繳費通知單或已繳費憑證抬頭為中華民國 105 年 1 月以後者，為統一發票之影本及分攤費用稅額證明單；其為雲端發票者，為載有發票字軌號碼或載具流水號之分攤費用稅額證明單。

(10) 員工出差取得運輸事業開立之火（汽）車、高鐵、船舶、飛機等收據或票根之影本。

(11) 海關拍賣或變賣貨物填發之貨物清單扣抵聯。

(12) 載有營業人統一編號及營業稅額之電子發票證明聯。

(13) 其他經財政部核定載有營業稅額之憑證或影本（營細 38）。

營業人經向稽徵機關申請核准者，得以載有進銷項資料之磁帶、磁片、光碟片媒體或以網際網路傳輸資料代替前項第 (1) 款至第 (4) 款、第 (7) 款至第 (13) 款之證明文件（營細 38）。

營業人取得公用事業開立之雲端發票及該銷售額發生之銷貨退回、進貨退出或折讓出具之證明單，應以憑證編列之明細表，代替原憑證申報（營細 38）。

4. 二聯式收銀機統一發票及車票、機票等進項稅額之計算

營業人以載有其統一編號之二聯式收銀機統一發票及員工出差取得運輸事業開立之火（汽）車、高鐵、船舶、飛機等收據或票根之影本，作為退抵稅款證明文件者，應按期彙總計算進項稅額，其計算公式如下（營細 38）：

$$\text{進項稅額}=\text{憑證總計金額}\times\frac{\text{徵收率}}{1+\text{徵收率}}$$

二、非加值稅體系（按特種稅額計算或第四章第二節計算稅額之營業人）

（一）稅額之計算：按營業總額課徵營業稅之營業人，以其每月之銷售額乘以規定之稅率，即為應納之營業稅額。計算公式如下：

$$\text{銷售額}\times\text{稅率}=\text{應納稅額}$$

例題 4

大華保險公司係適用特種稅額計算之營業人，其民國 103 年 7 至 8 月份經營專屬本業銷售額扣除財產保險自留賠款後為 6,000,000 元、非專屬本業收入 3,000,000 元、再保費收入 2,000,000 元，為經營非專屬本業收入所購進貨物或勞務之進項稅額為 100,000 元，則其應納營業稅額為 470,000 元。

6,000,000×5% = 300,000
3,000,000×5% = 150,000
2,000,000×1% = 20,000
應納營業稅額 470,000 元

（二）銷售額因行業別及營業規模之大小，而有採實際銷售額或查定之銷售額。茲說明如下：

1. 金融保險業：銀行業、保險業、信託投資業、證券業、期貨業、票券業及典當業，就其銷售額按規定稅率計算營業稅額，但典當業得依查定之銷售額計算之（營 21）。

2. 特種飲食業：就其銷售額按規定稅率計算營業稅額，但主管稽徵機關得依查定之銷售額計算之（營 22）。

3. 小規模營業人、視障者經營之按摩業及農產品承銷人：農產品批發市場之承銷人、銷售農產品之小規模營業人、小規模營業人、依法取得從事按摩資格之視覺功能障礙者經營，且全部由視覺功能障礙者提供按摩勞務之按摩業，及其他經財政部規定免予申報銷售額之營業人，除申請適用加值型體系外，應就主管稽徵機關查定之銷售額按規定稅率計算營業稅額（營 23）。因此小規模營業人的銷售額原則上是由主管稽徵機關查定。

（三）特種稅額計算之例外

1. 銀行業、保險業、信託投資業，經營本法營業人開立銷售憑證時限表特別規定欄所列非專屬本業之銷售額部分，得申請依照本章第一節規定計算營業稅額，並依第 35 條規定申報繳納。

2. 依前項及第 23 條規定（小規模營業人等稅額之計算），申請依照本章第一節規定計算營業稅額者，經核准後三年內不得申請變更。

3. 財政部得視小規模營業人之營業性質與能力，核定其依本章第一節規定計算營業稅額，並依第 35 條規定，申報繳納。

（四）小規模營業人進項稅額之扣抵

所謂小規模營業人，係指規模狹小，交易零星，每月銷售額未達使用統一發票標準之營業人（營細9）。換言之，小規模營業人係指每個月營業額未達20萬元者。在特種稅額計算中，依查定計算營業稅額之小規模營業人，其進項稅額本來是不可以扣抵的，但爲了鼓勵小規模營業人進貨時取得統一發票，因此稅法特別規定，小規模營業人購買營業上使用之貨物或勞務，取得載有營業稅額之憑證，並依規定於1月、4月、7月、10月之5日前，向主管稽徵機關申報者，主管稽徵機關應按其進項稅額10%，在查定稅額內扣減。但查定稅額未達起徵點者，不適用之。進項稅額10%超過查定稅額者，次期得繼續扣減（營25、營細44）。

例題5

A企業是依查定計算營業稅額之小規模營業人，假設A企業某期每月平均銷售額為100,000元，每月平均進貨80,000元，並取得載有營業稅額之憑證，當期進項稅額共12,000元，則A企業當期之營業稅額為1,800元。茲計算如下：

100,000元 ×3×1%	＝	3,000元
12,000元 ×10%	＝	1,200
應納之營業稅		1,800元

說明：每期有3個月。

考題解析

甲按摩店係一依法取得從事按摩資格之視覺功能障礙者經營，且全部由視覺功能障礙者提供按摩勞務之按摩業，經主管稽徵機關查定之本期每月平均銷售額爲15萬元，其本期應繳納之營業稅爲多少？（109年普考）

擬答：

15萬元 ×3 ×1% ＝ 4,500元

三、進口貨物稅額之計算

（一）進口貨物按關稅完稅價格加計進口稅後之數額，依規定之稅率5%計算營業稅額。

（二）前項貨物如係應徵貨物稅、菸酒稅或菸品健康福利捐之貨物，按前項數額加

計貨物稅額、菸酒稅額或菸品健康福利捐金額後計算營業稅額（營 20）。

（三）徵收機關：於進口時，由海關代徵之（營 41）。

例題 6

假設某機關自國外進口商品一批，海關完稅價格為 1,200,000 元，進口稅捐 200,000 元，貨物稅稅率為 20%，則該項進口貨物之營業稅為 84,000 元。計算如下：

貨物稅：（1,200,000 ＋ 200,000）×20% ＝ 280,000 元

營業稅：（1,200,000 完稅價格＋ 200,000 進口稅捐＋ 280,000 貨物稅）×5%
＝ 84,000 元

四、清算期間稅額之計算

本法第四章第一節規定計算稅額之營業人解散或廢止營業時，於清算期間需處理餘存貨物或勞務者，仍應向主管稽徵機關申請領用統一發票，並依本法第 35 條規定申報其應納或溢付之營業稅額。

營業人清算期間屆滿當期之銷售額及應納或溢付營業稅額，應於清算期間屆滿之日起十五日內向主管稽徵機關申報繳納或退還。

前二項清算期間，公司組織者，依公司法規定之期限；有限合夥組織者，依有限合夥法規定之期限；非屬公司或有限合夥組織者，自解散或廢止之日起三個月。

營業人未依第 1 項及第 2 項規定申報應納稅額者，主管稽徵機關應依本法第 43 條規定核定其銷售額及應納稅額並補徵之（營細 34）。

五、其他

營業人銷售其向非依一般稅額計算之營業人購買之舊乘人小汽車及機車，亦即係向依特種稅額計算（非加值型）之營業人購買舊乘人小汽車及機車，而非向依一般稅額計算（加值型）之營業人購買者，得以該購入成本，按規定之徵收率（5%）計算進項稅額；其計算公式如下：

$$\text{進項稅額}=\frac{\text{購入成本}}{1+\text{徵收率}}\times\text{徵收率}$$

前項進項稅額，營業人應於申報該輛舊乘人小汽車及機車銷售額之當期，申報扣抵該輛舊乘人小汽車及機車之銷項稅額。但進項稅額超過銷項稅額部分不得扣抵。

營業人於申報第 1 項進項稅額時，應提示購入該輛舊乘人小汽車及機車之進項憑證。

本條修正公布生效日尚未核課或尚未核課確定者，適用本規定辦理（營 15-1）。

考題解析

車商以 65 萬元向個人購入舊乘人小汽車一輛後，整修時因施工不慎，造成內裝瑕疵，乃以 60 萬元（不含銷項稅額）降價售出。營業人於申報該輛舊乘人小汽車銷售額之當期，得扣抵之進項稅額上限爲何？（112 年高考）

擬答：

進項稅額 650,000÷(1 + 5%)×5% = 30,952 元；

銷項稅額 600,000×5% = 30,000 元

30,952 元 > 30,000 元，取小的，故爲 30,000 元

六、網路銷售

焦點話題

實體小店 vs. 網路小店

資策會產業情報研究所（2013），2013 年網友網購平均金額 4,629 元。72.6% 的網友每天花 0.4 小時裝置瀏覽購物網站。財政部統計，2016 年電視購物、網路購物金額達 630 億元，網際網路拍賣 139 億元，無店面零售代理 90 億元。

免用統一發票的「網路小店」和「實體小店」的營業稅有何不同？

	實體小店	網路小店
相同	1. 免用統一發票，都是小規模營業人 2. 需繳營業稅。營業稅率都是 1% 3. 帳務成本很低	
稅籍登記	營業前須稅籍登記	同左。 近 6 個月之平均銷售額未達起徵點（8 萬元），得暫免辦稅籍登記

	實體小店	網路小店
課徵方式	1. 查定每月銷售額，每季發繳款書通知繳納。（推計課稅） 2. 調整查定每月銷售額	函請營業人提示當季各月份交易資料（自行申報金額），作爲課稅依據
罰則（未辦稅籍登記）	以稅率 1%，按營業稅法處罰	以稅率 1%，按營業稅法處罰
罰則（滯怠報）	無（無申報之義務）	無（未如期提示當季各月份交易資料，或不提示）
罰則（漏稅）	無（發單繳納，無逃漏。最多只有額外補繳）	無

由此可知，近 6 個月平均，每月銷售額 8 萬元以上的「網路小店」要稅籍登記。20 萬元以上就要開發票了。

依李忠安（2018），105 年台北市文山區，實體小店 945 家，平均資本額 63,450 元，平均每家查定課徵年度銷售額 1,011,643 元。網路小店 85 家，平均資本額 79,176 元，平均每家查定課徵年度銷售額 110,695 元。實體小店之銷售額為網路小店的 9.1 倍。因此營業稅也是 9.1 倍。網路小店的營業稅負，確實較低。

資料來源：李忠安（2018），《實體銷售及網路銷售小規模營業人營業稅制探討》，政大社科院行政管理碩士學程碩士論文。

七、產後護理機構（月子中心）

設備完善且收費高昂的月子中心日益盛行，此類產後護理機構提供之服務大致分爲醫療勞務和非醫療勞務。產後護理機構提供屬醫療勞務部分，依加值型及非加值型營業稅法第 8 條第 1 項第 3 款規定免徵營業稅，如護理評估、護理指導及處置、醫療診療及醫療諮詢等；至收取之日常生活服務費用，包含住房費、嬰兒奶粉及尿布、清潔衛生用品及一般飲食等，非屬醫療勞務範疇，應依法課徵營業稅。

依財政部 106 年 10 月 6 日台財稅字第 10600624960 號令規定，應辦理稅籍登記及報繳營業稅之產後護理機構，自 106 年度起，應依所得稅法相關規定課徵營利事業所得稅。因此，已辦理稅籍登記之產後護理機構，應辦理營利事業所得稅結算申報，上述兩類收入（醫療勞務收入及非醫療勞務收入）均應申報爲營業收入，減除相關成本費用後，計算所得額及應納之結算稅額繳納營利事業所得稅[21]。

---

[21] 參閱財政部 106.10.06. 台財稅字第 10600624960 號令及臺北國稅局 107.2.26 新聞稿。

產後護理機構之課稅

稅目	收入	說明
營業稅	醫療勞務不課	如護理評估、護理指導及處置、醫療診療及醫療諮詢等。
	非醫療勞務要課	日常生活服務費用，包含住房費、嬰兒奶粉及尿布、清潔衛生用品及一般飲食等。
營利事業所得稅	上述兩類收入均應申報爲營業收入，減除相關成本費用後，計算所得額及應納之結算稅額繳納營利事業所得稅。	

10-8 銷售額之計算

銷售額之多寡將影響銷項稅額之高低，進而影響營業稅負，因此有必要對銷售額之認定予以規範，茲將稅法對銷售額之相關規定說明如下：

一、一般銷售額之認定

（一）銷售額：銷售額爲營業人銷售貨物或勞務所收取之全部代價，包括營業人在貨物或勞務之價額外收取之一切費用。但本次銷售之營業稅額不在其內。上述貨物如係應徵貨物稅、菸酒稅或菸品健康福利捐之貨物，其銷售額應加計貨物稅額、菸酒稅額或菸品健康福利捐金額在內（營 16）。

綜上，營業人銷售貨物或勞務之銷售額，爲營業人銷售貨物或勞務所收取之全部代價，包括營業人在貨物或勞務之價額外收取之一切費用。亦即營業人取得之違約金或賠償款收入，如係因銷售貨物或勞務取得者，則應依規定開立統一發票，並報繳營業稅。例如汽車租賃公司出租汽車，承租人因遲延返還而加收之違約金，係屬租賃公司之銷售額範圍，應依規定開立統一發票課徵營業稅。

1. 娛樂票券：娛樂票券之票價內含代徵之娛樂稅及營業稅，須先予減除，以計算不含稅銷售額。

例題 7

某娛樂場所其票價每張為 180 元，娛樂稅稅率為 10%，營業稅徵收率為 5%，共出售票券一萬張，收入總額為 180 萬元，該期銷售額為：

1,800,000 元 ÷（1 ＋ 10% ＋ 5%）＝ 1,565,217 元

2. 營業人在貨物或勞務之價額外所加收之一切費用，除上述營業稅及娛樂稅外，其他各種加收費用，均應列爲銷售額。

例題 8

某旅館住宿業房間定價 2,100 元，服務費加收一成，其銷售額為：

（2,100 元＋ 210 元）÷1.05 ＝ 2,200 元

例題 9

某飲食業收取餐旅費 4,200 元，小費加收一成，該筆交易之銷售額為：

（4,200 元＋ 420 元）÷1.05 ＝ 4,400 元

例題 10

某營業人銷售貨物送貨到家，假設銷售貨物一件 32,550 元，送貨加收送貨費用 1,050 元，其銷售額為：

（32,550 元＋ 1,050 元）÷1.05 ＝ 32,000 元

3. 貨物稅廠商銷售應徵貨物稅之貨物，其銷售額應加計貨物稅額。

例題 11

某項貨物定價 36,750 元，其中內含貨物稅 3,000 元，其銷售額為：

36,750 元 ÷1.05 ＝ 35,000 元

（二）銷貨退回或折讓：營業人因銷貨退回或折讓而退還買受人之營業稅額，應於發生銷貨退回或折讓之當期銷項稅額中扣減之。營業人因進貨退出或折讓而收回之營業稅額，應於發生進貨退出或折讓之當期進項稅額中扣減之（營15）。

例題 12

營業人甲某月份應稅銷售額為 1,000,000 元，當期發生銷貨退回或折讓之應稅銷售額為 200,000 元，其當期申報之應稅銷售額為：

原銷售額－銷貨退回或折讓銷售額＝應稅銷售額

1,000,000 元－200,000 元＝ 800,000 元

二、顯較時價偏低者：營業人以較時價顯著偏低之價格銷售貨物或勞務而無正當理由者，主管稽徵機關得依時價認定其銷售額（營 17）。

三、國際運輸事業：國際運輸事業自中華民國境內載運客貨出境者，其銷售額依下列規定計算（營 18）：

（一）海運事業：指自中華民國境內承載旅客出境或承運貨物出口之全部票價或運費。

（二）空運事業

1. 客運：指自中華民國境內承載旅客至中華民國境外第一站間之票價。

2. 貨運：指自中華民國境內承運貨物出口之全程運費。但承運貨物出口之國際空運事業，如因航線限制等原因，在航程中途將承運之貨物改由其他國際空運事業之航空器轉載者，按承運貨物出口國際空運事業實際承運之航程運費計算。

四、交換：營業人以貨物或勞務與他人交換貨物或勞務者，其銷售額應以換出或換入貨物或勞務之時價，從高認定（營細 18）。所稱時價，係指當地同時期銷售該項貨物或勞務之市場價格（營細 25）。

例題 13

甲電子工廠以電子零件一批，與乙電器公司交換冷氣 10 臺，其帳面價格分別為 320,000 元及 300,000 元，惟依時價計算，電子零件為 357,000 元，冷氣機為 367,500 元，則雙方均應以 367,500 元開立統一發票，其銷售額為：

367,500÷1.05 ＝ 350,000 元 ----- 銷售額

五、視同銷售

（一）營業人以其產製、進口、購買供銷售之貨物，轉供營業人自用；或以其產製、進口、購買之貨物，無償移轉他人所有者；以及營業人解散或廢止營業

時所餘存之貨物，或將貨物抵償債務、分配與股東或出資人者，視爲銷售貨物，其銷售額以時價爲準。

（二）營業人以自己名義代爲購買貨物交付與委託人者、營業人委託他人代銷貨物者，以及營業人銷售代銷貨物者，其銷售額之認定，如爲受託代購者，以代購貨物之實際價格爲準；委託及受託代銷者，以約定代銷之價格爲準（營細19）。

例題 14

某飲料公司以其購入供銷售之飲料五打，轉供員工飲用，每打定價 1,200 元，其銷售額計算如下：

（1,200 元 ×5）÷1.05 ＝ 5,714 元

例題 15

某電器公司將其產製之冷氣機乙臺，無償移轉總經理住家使用，該冷氣機定價 21,000 元，其銷售額計算如下：

21,000 元 ÷1.05 ＝ 20,000 元

例題 16

某公司於歇業註銷登記時，餘存之貨物及固定資產之帳面價值分別為 400,000 元及 1,000,000 元，該公司未辦理清算手續，餘存之貨物及固定資產含稅之市價分別為 525,000 元及 1,260,000 元，應依規定開立統一發票與股東，其銷售額為：

（525,000 元 ＋ 1,260,000 元）÷ 1.05 ＝ 1,700,000 元

例題 17

某漁業公司將其捕獲之生鮮魚貨（免稅貨物）200 箱委託甲魚市場拍賣，每箱售價 5,000 元，共售得 1,000,000 元，該漁業公司應以拍賣之價額 1,000,000 元為銷售額，開立發票給甲魚市場，甲魚市場再按各批拍賣價格逐一開立統一發票交與拍賣之買受人。

5,000 元 ×200 ＝ 1,000,000 元 ----- 銷售額

六、分期付款：營業人以分期付款方式銷售貨物者，除約定收取第一期價款時以全部應收取之價款爲銷售額外，以各期約定應收取之價款爲銷售額（營細20）。

例題 18

營業人甲銷售機車一輛，現銷定價63,000元，因採分期付款方式銷售，分十期收款，每期6,300元，加計利息及收款費用420元，故每期為6,720元，其銷售額為64,000元，茲計算如下：

（6,720×10）÷1.05 ＝ 64,000元 ----- 銷售額

七、合併銷售房地：營業人以土地及其定著物合併銷售時，除銷售價格按土地與定著物分別載明者外，依房屋評定標準價格（含營業稅）占土地公告現值及房屋評定標準價格（含營業稅）總額之比例，計算定著物部分之銷售額。其計算公式如下（營細21）：

定著物部分之銷售價格＝

$$\text{土地及其定著物之銷售價格} \times \frac{\text{房屋評定標準價格} \times (1+\text{徵收率})}{\text{土地公告現值} + \text{房屋評定標準價格} \times (1+\text{徵收率})}$$

定著物部分之銷售額＝定著物部分之銷售價格 ÷（1＋徵收率）

例題 19

大華公司出售一幢舊廠房，總價款2,055,000元，銷售合約並未載明房屋及其座落土地之個別售價，而銷售當時該房屋之評定標準價格為1,100,000元，土地公告現值為900,000元，則房屋之銷售額為1,100,000元，茲計算如下：

$$2{,}055{,}000 \times \frac{1{,}100{,}000(1+0.05)}{900{,}000+1{,}100{,}000\times(1+0.05)} = 1{,}155{,}000$$

1,155,000÷（1＋5%）＝1,100,000元 --- 房屋銷售額

1,100,000×5%＝55,000元 ---- 營業稅

說明：出售土地免徵營業稅。

八、預收貨款：營業人銷售貨物或勞務，於貨物交付前或勞務提供前經開立統一發票者，應以開立統一發票之金額爲銷售額（營細 22）。

九、獎勵金：營業人依經銷契約取得或支付之獎勵金，應按進貨或銷貨折讓處理（營細 23）。

十、押金

（一）適用加值稅體系（第四章第一節）計算稅額之營業人，出租財產所收取之押金，應按月計算銷售額，不滿一月者，不計。其計算公式如下：

$$銷售額＝押金 \times \frac{該年1月1日郵政定期儲金一年期固定利率 \div 12}{1＋徵收率}$$

（二）適用特種稅額（第四章第二節）計算之營業人出租財產所收取之押金，應按月計算銷售額，不滿一月者，不計。其計算公式如下：

$$銷售額＝押金 \times 該年1月1日郵政定期儲金一年期固定利率 \div 12$$

例題 20

假設大甲公司係一適用加值稅體系之營業人，該公司將房屋出租，每月租金 300,000 元，並收取押金 1,800,000 元，該年 1 月 1 日郵政定期儲金一年期固定利率為 2%，則押金應另計算銷售額及營業稅額如下：

收取租金之銷售額：$300,000 \div (1+5\%) = 285,714$ 元

押金之銷售額：$\frac{1,800,000 \times 2\% \div 12}{1+5\%} = 2,857$ 元

押金之營業稅額：$2,857 \times 5\% = 143$ 元

考題解析

請計算下列各交易事項之營業稅額，並請列出計算式。（107 年高考三級）

（一）甲建設公司合併銷售土地及房屋一筆給大安商行，總價款 76,125,000 元，銷售合約並未載明房屋及其座落土地之個別售價，而銷售當時該房屋之評定標準價格爲 4,500,000 元，土地公告現值爲 10,500,000 元。

擬答：房屋應開立發票，土地不開。

$$76{,}125{,}000\times\left(\frac{4{,}500{,}000(1+0.05)}{10{,}500{,}000+4{,}500{,}000\times(1+0.05)}\right)=23{,}625{,}000$$

23,625,000÷(1 ＋ 5%) ＝ 22,500,000---- 房屋銷售額

22,500,000×5% ＝ 1,125,000---- 營業稅額

說明：出售土地免徵營業稅。

（二）乙公司係一適用加值稅體系之營業人，該公司將房屋出租，每月租金420,000 元，並收取押金 2,520,000 元，該年 1 月 1 日郵政定期儲金一年期固定利率爲 2%。

擬答：乙公司應開立發票。

收取租金之銷售額：420,000÷(1 ＋ 5%) ＝ 400,000 元

400,000 元 ×5% ＝ 20,000 元

押金之銷售額：$\frac{2{,}520{,}000\times 2\%\div 12}{1+5\%}$ ＝ 4,000 元

押金之營業稅額：4,000×5% ＝ 200 元

20,000 元＋ 200 元＝ 20,200 元

（三）丙電子工廠以電子零件一批，與丁電器公司交換冷氣 20 台，其帳面價格分別爲 640,000 元及 600,000 元，惟依時價計算，電子零件爲 714,000元，冷氣機爲 735,000 元。

擬答：丙與丁均應開立發票

735,000÷1.05 ＝ 700,000 元 ---- 銷售額

700,000 元 ×5% ＝ 35,000 元 ---- 營業稅額

（四）戊娛樂公司之票價每張爲 230 元，娛樂稅稅率爲 10%，營業稅徵收率爲5%，該期戊娛樂公司共出售票券 8,000 張。

擬答：

1,840,000 元 ÷(1 ＋ 10% ＋ 5%) ＝ 1,600,000 元 ---- 銷售額

1,600,000 元 ×5% ＝ 80,000 元 ---- 營業稅額

（五）千里馬汽車公司自國外進口汽車一部，海關完稅價格爲 3,000,000 元，進口稅捐 900,000 元、貨物稅稅率 30%、特種貨物及勞務稅稅率 10%。

擬答：貨物稅：(3,000,000 ＋ 900,000)×30% ＝ 1,170,000 元

營業稅：（3,000,000 完稅價格＋ 900,000 進口稅捐＋ 1,170,000 貨物稅）×5% ＝ 253,500 元

考題解析

請計算下列各交易事項之營業稅額或可扣抵之進項稅額，並請列出計算式。

1. 營業人甲銷售機車一輛，現銷定價新臺幣（下同）94,500 元，採分期付款方式銷售，分十期收款，每期 9,450 元，加計利息及收款費用 630 元，每期爲 10,080 元。約定收取第一期價款時一次全額開立統一發票，其應繳納之營業稅額爲多少？
2. 乙公司出售一幢舊廠房，總價款 25,375,000 元，銷售合約並未載明房屋及其座落土地之個別售價，而銷售當時該房屋之評定標準價格爲 1,500,000 元，土地公告現值爲 3,500,000 元，其應繳納之營業稅額爲多少？
3. 某貿易商自美國進口香菸一批，關稅完稅價格 600 萬元，進口關稅 120 萬元，菸酒稅 40 萬元，菸品健康福利捐 60 萬元，應繳納營業稅額爲多少？
4. 依一般稅額計算之營業人丙中古車行於 111 年 12 月以 189,000 元（含稅）向自然人丁君購買舊乘人小汽車，並於 112 年 2 月以 157,500 元（含稅）出售，營業人丙於申報 112 年 1-2 月營業稅時，該舊乘人小汽車可扣抵之進項稅額爲多少？（112 年高考財稅法務）

擬答：

1. (10,080×10)÷1.05 ＝ 96,000 元 ---- 銷售額
   96,000 元 ×5% ＝ 4,800 元
2. 25,375,000×[1,500,000(1 ＋ 0.05)/3,500,000 ＋ 1,500,000(1 ＋ 0.05)] ＝ 7,875,000
   7,875,000÷(1 ＋ 5%) ＝ 7,500,000 ---- 房屋銷售額（營細 21）
   7,500,000×5% ＝ 375,000 元 ---- 營業稅
   說明：出售土地免徵營業稅。
3. （600 萬＋ 120 萬＋ 40 萬＋ 60 萬）×5% ＝ 410,000 元 ---- 營業稅
4. (189,000 元 /(1 ＋ 5%))×5% ＝ 9,000 元 ---- 進項稅額
   (157,500 元 /(1 ＋ 5%))×5% ＝ 7,500 元 ---- 銷項稅額
   故可扣抵之進項稅額爲 7,500 元。
   說明：營業人銷售其向非依本節規定計算稅額者購買之舊乘人小汽車及機車，得以該購入成本，按第十條規定之徵收率計算進項稅額；其計算公式如下：

$$進項稅額＝\frac{購入成本}{1＋徵收率}×徵收率$$

前項進項稅額，營業人應於申報該輛舊乘人小汽車及機車銷售額之當期，申報扣抵該輛舊乘人小汽車及機車之銷項稅額。但進項稅額超過銷項稅額部分不得扣抵（營 15-1）。

10-9 不得扣抵之進項稅額

適用加值稅體系之營業人，原則上所支付之「進項稅額」可以扣抵「銷項稅額」，但下列進項稅額，不得扣抵銷項稅額（營 19）：

A. 購進之貨物或勞務，未依規定取得並保存稅法規定之憑證者。

B. 非供本業及附屬業務使用之貨物或勞務。但爲協助國防建設、慰勞軍隊及對政府捐獻者，不在此限。

C. 交際應酬用之貨物或勞務[22]。

D. 酬勞員工個人之貨物或勞務。

E. 自用乘人小汽車。所稱自用乘人小汽車，係指非供銷售或提供勞務使用之九座以下乘人小客車（營細 26）。

不能扣抵之進項稅額，應列爲原屬之進項科目內。例如營業人支付交際費 100,000 元，進項稅額爲 5,000 元，由於交際費的進項稅額不得扣抵，故交際費科目應列 105,000 元。

實務案例

會計分錄

1. 甲公司將其自行生產之產品一批捐贈勞軍，成本 720,000 元，售價 960,000 元，其會計分錄如下：

借：捐贈　　720,000
　　進項稅額　　48,000

22 依加值型及非加值型營業稅法施行細則第 26 條規定，所稱交際應酬用之貨物或勞務，包括宴客及與推廣業務無關之餽贈。例如召開股東會時，贈送股東之紀念品。

貸：存貨　　　　720,000
　　銷項稅額　　　48,000

2. 乙公司將其自行生產之產品一批用以酬勞員工，成本400,000元，售價480,000元，其會計分錄如下：

借：職工福利　　424,000
　　貸：存貨　　　　400,000
　　　　銷項稅額　　　24,000

除了上述五項進項稅額不得扣抵銷項稅額外，「免稅」及「違章補開之發票」其進項稅額亦不得扣抵銷項稅額，茲說明如下：

F. 免稅：營業人專營營業稅法第 8 條規定之免稅貨物或勞務者，其進項稅額不得申請退還。兼營免稅貨物或勞務者，進項稅額部分可以扣抵，部分不得扣抵，得扣抵及不得扣抵比例與計算辦法，由財政部定之。

G. 違章補開之發票：營業人漏開、短開統一發票經查獲者，應補開統一發票，並於備註欄載明「違章補開」字樣（統用 19）。統一發票扣抵聯經載明「違章補開」者，不得作爲扣抵銷項稅額或扣減查定稅額之憑證。但該統一發票係因買受人檢舉而補開者，不在此限。

有下列情形之一者，經海關補徵之營業稅額，不得列入扣抵銷項稅額：

1. 營業人進口貨物，經查獲短報進口貨物完稅價格，並有本法第 51 條第 1 項各款情形之一。

2. 保稅區營業人或海關管理之免稅商店、離島免稅購物商店辦理保稅貨物盤存，實際盤存數量少於帳面結存數量（營細 30）。

實務案例

進項稅額可否扣抵銷項稅額實例[23]

一、下列進項稅額不得扣抵銷項稅額：

1. 營業人租賃房屋供員工住宿，其有關租金、水電及瓦斯費所支付之進項稅額。（財政部 75/08/04 台財稅第 7559760 號函）

23 參閱財政部法令宣導資料。

2. 因辦理員工伙食而購買主、副食、水電、瓦斯、炊事用具及設備等。(財政部 75/10/02 台財稅第 7526396 號函)
3. 營業人為員工舉辦惜別茶會之費用或支付員工康樂活動費用、員工旅行費用、員工生日禮品、員員工因公受傷之慰勞品、員工婚喪喜慶之禮品等員工福利支出。(財政部賦稅署 75/07/03 台稅二發第 7524878 號函、財政部 75/07/03 台財稅第 7557458 號函、財政部 77/09/17 台財稅第 770661420 號函)
4. 對國外政府捐贈而購買之物品。(財政部 84/07/24 台財稅第 841638263 號函)
5. 對教育、文化、公益、慈善機關團體捐贈而購買之貨物。
6. 營業人為招待客户所支付之旅費、住宿費或餽贈之禮品、交際應酬餽贈他人禮物。(財政部賦稅署 75/11/06 台稅二發第 7576667 號函)
7. 租車載運員工上下班，如採融資租賃方式租用乘人小汽車，如同分期付款方式購買之性質，其所所支付租金之進項稅額不得扣抵銷項稅額。
8. 營業人購買小客車供高級員工使用；飯店、旅行社等購買九人座以下小客車免費接送客户，其進進項稅額均不得扣抵。
9. 為獎勵員工辛勞，購買小汽車供年終晚會摸彩用之進項稅額。
10. 股東會贈送送股東之紀念品。(財政部 87/12/03 台財稅第 871976465 號函)
11. 支付會計師赴外埠查帳之住宿費用不得扣抵銷項稅額：營業人因委任會計師查核簽證財務報表，所支付之會計師事務所人員赴外埠查帳之住宿費用，核屬給付該會計師事務所之查帳酬金之一部分，其相關之進項稅額依營業稅法第 19 條第 1 項第 2 款規定，不得由該營業人申報扣抵銷項稅額。(財政部 86/09/25 台財稅第 861917037 號函)

二、下列進項稅額准予扣抵銷項稅額：

1. 進貨(購買材料或商品索取具發票部分)。
2. 文具用品(取具發票部分)。
3. 郵電費(公司電話費、網路費等有支付營業稅之單據)。
4. 水、電、瓦斯費(收據抬頭為公司，有營業稅部分)。
5. 營業人舉行業務檢討會之餐費。(財政部賦稅署 75/05/08 台稅二發第 7523449 號函)
6. 營業人購買員工在工作場所穿著之工作服、工作鞋，或購買放置於營業場所供全體員工使用之衛生紙、香皂、消毒用品用具、茶葉等物品(財政部 75/10/03 台財稅第 7567454 號函)。

7. 營業人組球隊對外參加活動，其有關球隊之支出。（財政部 79/05/12 台財稅第 780713674 號函）
8. 營業人因業務需要，採營業租賃方式租用乘人小汽車，其所支付租金之進項稅額。
9. 租賃業購買乘人小汽車，以融資租賃或非融資租賃方式租予他人使用。
10. 員工出差旅費，車、船、飛機客票與住宿。
11. 營業人以促銷爲目的，隨貨附贈之物品，或舉辦抽獎活動而購買供贈品使用之小客車，經稽徵機機關核定以廣告費認列者。
12. 營業人購買九人座以下乘人小汽車，如爲客貨兩用者，所支付之進項稅額。
13. 汽車經銷商購買九人座以下乘人小汽車，供試車活動使用，所支付之進項稅額。（財政部 99/10/26 台財稅字第 09900404670 號令）
14. 什項購置（如：辦公室必備電器 - 電扇、冷氣機、電腦、電話、手機……等）
15. 訓練費（如員工在職訓練，需取具發票、與公司業務有關之課程內容及時數表）
16. 勞務費（需取具發票，例如翻譯費、顧問公司費用等）

10-10 統一發票的購買及免用免開範圍

營業稅屬消費稅性質，營業人銷售貨物或勞務，均應計算銷項稅額，連同銷售額向買受人一併收取；惟營業人常以牌告價或報價未含營業稅爲由，要求買受人除標價外再支付營業稅，以阻卻買受人索取統一發票之意願，規避開立統一發票，破壞加值型營業稅制度，而達逃漏營業稅之目的。爲遏阻前開情事，爰增訂應稅貨物或勞務之定價應內含營業稅，亦即定價應等於銷售額加計銷項稅額，以杜取巧[24]。修訂後營業稅法第 32 條規定：營業人銷售貨物或勞務，應依營業人開立銷售憑證時限表規定之時限，開立統一發票交付買受人。但營業性質特殊之營業人及小規模營業人，得掣發普通收據，免用統一發票。營業人對於應稅貨物或勞務之定價，應內含營業稅。

營業人依規定計算之銷項稅額，買受人爲營業人者，應與銷售額於統一發票上

24 參閱立法院立法理由。

分別載明之；買受人為非營業人者，應以定價開立統一發票（營32）。

統一發票，由政府印製發售，或核定營業人自行印製，或由營業人以網際網路或其他電子方式開立、傳輸或接收；其格式、記載事項與使用辦法，由財政部定之（營32）。

一、**免用及免開範圍**：營業人除下列情形得免用或免開統一發票外，主管稽徵機關應核定其使用統一發票（統用3）。其免用及免開範圍，主要包括小規模營業人、符合免稅規定者、銀行保險業、按查定課徵之特種飲食業以及營業人直接外銷貨物或勞務予國外買受人等。

合於下列規定之一者，得免用或免開統一發票：

（一）小規模營業人。

（二）依法取得從事按摩資格之視覺功能障礙者經營，且全部由視覺功能障礙者提供按摩勞務之按摩業。

（三）計程車業及其他交通運輸事業客票收入部分。

（四）依法設立之免稅商店及離島免稅購物商店。

（五）供應之農田灌溉用水。

（六）醫院、診所、療養院提供之醫療勞務、藥品、病房之住宿及膳食。

（七）依法經主管機關許可設立之社會福利團體、機構及勞工團體，提供之社會福利勞務及政府委託代辦之社會福利勞務。

（八）學校、幼稚園及其他教育文化機構提供之教育勞務，及政府委託代辦之文化勞務。

（九）職業學校不對外營業之實習商店。

（十）政府機關、公營事業及社會團體依有關法令組設經營，不對外營業之員工福利機構。

（十一）監獄工廠及其作業成品售賣所。

（十二）郵政、電信機關依法經營之業務及政府核定代辦之業務，政府專賣事業銷售之專賣品。但經營本業以外之部分，不包括在內。

（十三）經核准登記之攤販。

（十四）（刪除）

（十五）理髮業及沐浴業。

（十六）按查定課徵之特種飲食業。

（十七）依法登記之報社、雜誌社、通訊社、電視臺及廣播電臺銷售其本事業之報紙、出版品、通訊稿、廣告、節目播映、節目播出。但報社銷售之廣告及電視臺之廣告播映，不包括在內。

（十八）代銷印花稅票或郵票之勞務。

（十九）合作社、農會、漁會、工會、商業會、工業會依法經營銷售與社員、會員之貨物或勞務及政府委託其代辦之業務。

（二十）各級政府發行之債券及依法應課徵證券交易稅之證券。

（二十一）各級政府機關標售賸餘或廢棄之物資。

（二十二）法院、海關及其他機關拍賣沒入或查封之財產、貨物或抵押品。

（二十三）銀行業。

（二十四）保險業。

（二十五）信託投資業、證券業、期貨業及票券業。

（二十六）典當業之利息收入及典物孳生之租金。

（二十七）娛樂業之門票收入、說書場、遊藝場、撞球場、桌球場、釣魚場及兒童樂園等收入。

（二十八）外國國際運輸事業在中華民國境內無固定營業場所，而由代理人收取自國外載運客貨進入中華民國境內之運費收入。

（二十九）營業人取得之賠償收入。

（三十）依法組織之慈善救濟事業標售或義賣之貨物與舉辦之義演，其收入除支付標售、義賣及義演之必要費用外，全部供作該事業本身之用者。

（三十一）經主管機關核准設立之學術、科技研究機構提供之研究勞務。

（三十二）農產品批發市場之承銷人。

（三十三）營業人外銷貨物、與外銷有關之勞務或在國內提供而在國外使用之勞務。

（三十四）保稅區營業人銷售與課稅區營業人未輸往課稅區而直接出口之貨物。

（三十五）其他經財政部核定免用或免開統一發票者（統用 4）。

二、統一發票之購買

營業人首次領用統一發票時，應向主管稽徵機關申請核發統一發票購票證，加蓋統一發票專用章，以憑購用統一發票。

前項專用章應刊明營業人名稱、統一編號、地址及「統一發票專用章」字樣；其中統一編號，並應使用標準五號黑體字之阿拉伯數字（統用 5）。

營業人有下列情形之一者，主管稽徵機關應停止其購買統一發票：

一、開立不實統一發票。
二、擅自歇業他遷不明。
三、暫停營業或註銷營業登記。
四、遷移營業地址至其他地區國稅局轄區。
五、受停止營業處分。
六、登記之營業地址，無對外銷售貨物或勞務。
七、已變更統一編號，以原統一編號購買統一發票。
八、變更課稅方式爲依本法第四十條規定查定課徵。

營業人有下列情形之一者，主管稽徵機關得管制其購買統一發票：

一、涉嫌開立不實統一發票。
二、無進貨事實虛報進項稅額。
三、新設立或遷移營業地址，營業情形不明。
四、遷移營業地址未辦理變更登記。
五、逾期未申報銷售額、應納或溢付營業稅額。
六、滯欠營業稅未繳清。
七、註銷營業登記後銷售餘存之貨物或勞務。
八、函查未補正、其他有違反法令規定或顯著異常情事者。

前二項停止或管制購買統一發票事由消滅時，得視原列管情形，由營業人申請或主管稽徵機關查明後解除其管制（統用 5-1）。

10-11　統一發票的種類及用途

一、適用加值稅體系（一般稅額計算）之營業人所使用之統一發票有四種：

（一）三聯式統一發票：專供營業人銷售貨物或勞務與營業人，並依營業稅法第四章第一節規定計算稅額時使用。第一聯爲存根聯，由開立人保存，第二聯爲扣抵聯，交付買受人作爲依本法規定申報扣抵或扣減稅額之用，第三聯爲收執聯，交付買受人作爲記帳憑證。

（二）二聯式統一發票：專供營業人銷售貨物或勞務與非營業人，並依營業稅法第四章第一節規定計算稅額時使用。第一聯爲存根聯，由開立人保存，第二聯爲收執聯，交付買受人收執。

（三）收銀機統一發票：專供依營業稅法第四章第一節規定計算稅額之營業人，銷售貨物或勞務，以收銀機開立統一發票時使用。其使用與申報，依「營業人使用收銀機辦法」之規定辦理。

（四）電子發票：指營業人銷售貨物或勞務與買受人時，以網際網路或其他電子方式開立、傳輸或接收之統一發票；其應有存根檔、收執檔及存證檔，用途如下：

1. 存根檔：由開立人自行保存。
2. 收執檔：交付買受人收執，買受人爲營業人者，作爲記帳憑證及依本法規定申報扣抵或扣減稅額之用。
3. 存證檔：由開立人傳輸至財政部電子發票整合服務平台（以下簡稱平台）存證（統用 7）。

開立電子發票之營業人，買受人爲非營業人者，應於開立後 48 小時內將統一發票資訊及買受人以財政部核准載具索取電子發票之載具識別資訊傳輸至平台存證，並應使買受人得於該平台查詢、接收上開資訊。如有發票作廢、銷貨退回或折讓、捐贈或列印電子發票證明聯等變更發票資訊時，亦同。

開立電子發票之營業人，買受人爲營業人者，應於開立後 7 日內將統一發票資訊傳輸至平台存證，並由平台通知買受人接收，買受人未於平台設定接收方式者，應由開立人通知。如有發票作廢、銷貨退回或折讓時，開立人應依上開時限完成交易相對人接收及將資訊傳輸至平台存證。

開立人符合前二項規定者，視爲已將統一發票交付買受人，買受人視爲已取得統一發票。但有其他不可歸責於營業人之事由，致無法依前二項規定辦理者，應於事由消滅之翌日起算三日內完成傳輸並向所在地主管稽徵機關申請，經該管稽徵機關核准者，視同已依規定交付（統用 7）。

二、非加值稅體系（特種稅額計算）之營業人使用之統一發票有二種：

（一）特種統一發票：專供營業人銷售貨物或勞務，並依營業稅法第四章第二節規定計算稅額時使用。第一聯爲存根聯，由開立人保存，第二聯爲收執聯，交付買受人收執。

（二）電子發票：指營業人銷售貨物或勞務與買受人時，以網際網路或其他電子方式開立、傳輸或接收之統一發票；其應有存根檔、收執檔及存證檔，用途如下：

1. 存根檔：由開立人自行保存。
2. 收執檔：交付買受人收執，買受人爲營業人者，作爲記帳憑證及依本法規定申報扣抵或扣減稅額之用。

3. 存證檔：由開立人傳輸至財政部電子發票整合服務平台存證（統用 7）。

10-12　開立發票之相關規定

一、銷售額與稅額之分開與合併（營 32）：

（一）買受人為營業人：應開立三聯式統一發票，其銷項稅額應與銷售額於統一發票上分別載明之。

（二）買受人為非營業人：應開立二聯式統一發票，並應以定價開立統一發票。營業人對於應稅貨物或勞務之定價，應內含營業稅，亦即銷項稅額應與銷售額合併開立。

二、開立時間：營業人應依業別，按「營業人開立銷售憑證時限表」及統一發票使用辦法規定之時限開立統一發票。一般而言，大都在收款時開立。茲將情況較爲特殊者說明如下：

（一）交換貨物或勞務：營業人以貨物或勞務與他人交換貨物或勞務者，應於換出時，開立統一發票（統用 12）。

（二）發行禮券

1. 商品禮券：禮券上已載明憑券兌付一定數量之貨物者，應於出售禮券時開立統一發票。

2. 現金禮券：禮券上僅載明金額，由持有人按禮券上所載金額，憑以兌購貨物者，應於兌付貨物時開立統一發票。

現金禮券訂明與其他特定之營業人約定憑券兌換貨物者，由承兌之營業人於兌付貨物時開立統一發票（統用 14）。

（三）分期付款銷貨：營業人以分期付款方式銷售貨物，除於約定收取第一期價款時一次全額開立外，應於約定收取各期價款時開立統一發票（統用 18）。

（四）自動販賣機售貨者：營業人以自動販賣機銷售貨物或勞務，應於收款時按實際收款金額彙總開立統一發票。但以自動販賣機銷售食品、飲料及收取停車費或自動販賣機已具備自行列印統一發票功能者，應逐筆開立統一發票交付買受人（統用 18）。

（五）彙總於當月月底開立統一發票

營業人具備下列條件者，得向所在地主管稽徵機關申請核准後，就其對其他營業人銷售之貨物或勞務，按月彙總於當月月底開立統一發票：

1. 無積欠已確定之營業稅及罰鍰、營利事業所得稅及罰鍰者。

2. 最近二年度之營利事業所得稅係委託會計師查核簽證或經核准使用藍色申報書者。

營業人依前項規定申請按月彙總開立統一發票與其他營業人時，應檢附列有各該買受營業人之名稱、地址及統一編號之名冊，報送所在地主管稽徵機關。

營業人每筆銷售額與銷項稅額合計未滿新臺幣 50 元之交易，除買受人要求者外，得免逐筆開立統一發票。但應於每日營業終了時，按其總金額彙開一張統一發票，註明「彙開」字樣，並應在當期統一發票明細表備考欄註明「按日彙開」字樣，以供查核。

營業人以網際網路或其他電子方式開立電子發票、使用收銀機開立統一發票、使用收銀機收據代替逐筆開立統一發票，或以自動販賣機銷售貨物或勞務經核定使用統一發票者，不適用前項規定（統用 15）。

營業人經核准按月彙總開立統一發票後，如有違反條件者，主管稽徵機關得停止其按月彙總開立統一發票，改按逐筆交易開立統一發票（統用 15-1）。

三、**直接外銷免開發票者**：營業人外銷貨物、與外銷有關之勞務或在國內提供而在國外使用之勞務，得免開立統一發票（統用 4）。惟營業人應於報關當日按海關公布報關適用之匯率換算銷售額，其未經報關而以郵局之郵政快捷郵件或陸空聯運包裹或委託依法核准設立從事國際間快遞業務之營業人寄送貨物外銷者，應以郵局或快遞業務核發執據之日期及金額為準，其金額屬外幣者，則以當日往來銀行買進匯率換算銷售額。至於營業人銷售與外銷有關之勞務，或在國內提供而在國外使用之勞務，應以收款日為準，並以當日往來銀行買進外匯匯率換算銷售額。

四、**按時序開立**：營業人使用統一發票，應按時序開立，並於扣抵聯及收執聯加蓋規定之統一發票專用章。但以網際網路或其他電子方式開立、傳輸之電子發票者，得以條列方式列印其名稱、地址及統一編號於「營業人蓋用統一發票專用章」欄內，免加蓋統一發票專用章。

依本法第四章第一節規定計算稅額之營業人，於使用統一發票時，應區分應稅、零稅率或免稅分別開立，並於統一發票明細表課稅別欄註記。

營業人受託代收轉付款項，於收取轉付之間無差額，其轉付款項取得之憑證買受人載明為委託人者，得以該憑證交付委託人，免另開立統一發票，並免列入銷售額。

飲食、旅宿業及旅行社等，代他人支付之雜項費用（例如車費、郵政、電信等費），得於統一發票「備註」欄註明其代收代付項目與金額，免予列入統一發票之銷售額及總計金額（統用 8）。

五、**應載明事項**：營業人開立統一發票，除應分別依規定格式據實載明字軌號碼、交易日期、品名、數量、單價、金額、銷售額、課稅別、稅額及總計外，應依下列規定辦理。但其買受人爲非營業人者，應以定價開立。

（一）營業人使用三聯式統一發票者，應載明買受人名稱及統一編號。

（二）製造業或經營進口貿易之營業人，銷售貨物或勞務與非營業人開立之統一發票，應載明買受人名稱及地址，或身分證統一編號。

（三）營業人對買受人爲非營業人所開立之統一發票，除前款規定外，得免塡買受人名稱及地址。但經買受人要求者，不在此限。

（四）本法第 6 條第 4 款所定營業人開立雲端發票應記載事項，得以外文爲之；交易日期得以西元日期表示；單價、金額及總計得以外幣列示，但應加註計價幣別。營業人開立統一發票以分類號碼代替品名者，應先將代替品名之分類號碼對照表，報請主管稽徵機關備查，異動亦同（統用 9）。

六、**銷貨退回或折讓**：營業人銷售貨物或勞務，於開立統一發票後，發生銷貨退回、掉換貨物或折讓等情事，應於事實發生時，分別依下列各款規定辦理；其爲掉換貨物者，應按掉換貨物之金額，另行開立統一發票交付買受人。

（一）買受人為營業人者：

1. 開立統一發票之銷售額尚未申報者，應收回原開立統一發票收執聯及扣抵聯，黏貼於原統一發票存根聯上，並註明「作廢」字樣。但原統一發票載有買受人之名稱及統一編號者，得以買受人出具之銷貨退回、進貨退出或折讓證明單代之。
2. 開立統一發票之銷售額已申報者，應取得買受人出具之銷貨退回、進貨退出或折讓證明單。但以原統一發票載有買受人之名稱、統一編號者爲限。

（二）買受人為非營業人者：

1. 開立統一發票之銷售額尚未申報者，應收回原開立統一發票收執聯，黏貼於原統一發票存根聯上，並註明「作廢」字樣。
2. 開立統一發票之銷售額已申報者，除應取得買受人出具之銷貨退回、進貨退出或折讓證明單外，並應收回原開立統一發票收執聯。如收執聯無法收回，得以收執聯影本替代。但雙方訂有買賣合約，且原開立統一發票載有買受人名稱及地址者，可免收回原開立統一發票收執聯。

前項銷貨退回、進貨退出或折讓證明單一式四聯，第一聯及第二聯由銷售貨物或勞務之營業人，作爲申報扣減銷項稅額及記帳之憑證，第三聯及第四聯由買受人留存，作爲申報扣減進項稅額及記帳之憑證（統用 20）。

（三）使用電子發票之營業人：

使用電子發票之營業人，經買賣雙方合意銷貨退回、進貨退出或折讓，得以網際網路或其他電子方式開立、傳輸或接收銷貨退回、進貨退出或折讓證明單，其應有存根檔、收執檔及存證檔，用途如下：

1. 存根檔：由開立人自行保存，作爲記帳憑證及依本法規定申報扣減銷項或進項稅額之用。

2. 收執檔：交付交易相對人收執，其爲營業人者，作爲記帳憑證及依本法規定申報扣減銷項或進項稅額之用。

3. 存證檔：由開立人傳輸至平台存證。

本法第 6 條第 4 款所定營業人開立及傳輸銷貨退回、進貨退出或折讓證明單，應以網際網路或其他電子方式辦理（統用 20-1）。

七、非當期發票之限制：非當期之統一發票，不得開立使用。但經主管稽徵機關核准者，不在此限。營業人購買之統一發票或稽徵機關配賦之統一發票字軌號碼，不得轉供他人使用（統用 21）。

八、空白發票：營業人對當期購買之統一發票賸餘空白未使用部分，應予截角作廢保存，以供稽徵機關抽查，並於填報統一發票明細表載明其字軌及起訖號碼（統用 22）。

九、遺失發票

（一）遺失空白未使用發票：營業人應即日敘明原因及遺失之統一發票種類、字軌號碼，向主管稽徵機關申報核銷。

（二）遺失已開立發票存根聯：營業人如取得買受人蓋章證明之原收執聯影本者，得以收執聯影本代替存根聯。

（三）遺失發票扣抵聯或收執聯：營業人如取得原銷售營業人蓋章證明之存根聯影本，或以未遺失聯之影本自行蓋章證明者，得以影本替代扣抵聯或收執聯作爲進項稅額扣抵憑證或記帳憑證（統用 23）。

十、書寫錯誤：營業人開立統一發票有第 9 條第 1 項規定應記載事項記載錯誤情事者，應另行開立。該誤寫之統一發票收執聯及扣抵聯註明「作廢」字樣，黏貼於存根聯上，如爲電子發票，已列印之電子發票證明聯應收回註明「作廢」字樣，並均應於當期之統一發票明細表註明（統用 24）。

10-13 統一發票給獎辦法

一、**經費來源**：爲防止逃漏、控制稅源及促進統一發票之推行，財政部得訂定統一發票給獎辦法；其經費由全年營業稅收入總額中提出 3%，以資支應（營 58）。

二、**開獎日期與獎金**：統一發票於每單月之 25 日，就前期之統一發票，開出特獎一至三組及其他各獎三至十組之中獎號碼，並視財政狀況增開特別獎一組，特別獎獎金新臺幣 1 千萬元；特獎獎金新臺幣 200 萬元；其他各獎由頭獎獎金新臺幣 20 萬元至六獎新臺幣 200 元不等（統獎 3）。

雲端發票於每單月之 25 日，就前期之雲端發票，開出雲端發票專屬獎，其獎別、組數及獎金如下：

（一）百萬元獎：開出一至一千組，雲端發票字軌及八位數號碼與中獎字軌號碼完全相同者，獎金新臺幣 100 萬元。

（二）千元獎：開出一千至十萬組，雲端發票字軌及八位數號碼與中獎字軌號碼完全相同者，獎金新臺幣 2,000 元。

（三）百元獎，各開出十萬至五百萬組：

1. 八百元獎：雲端發票字軌及八位數號碼與中獎字軌號碼完全相同者，獎金新臺幣八百元。

2. 五百元獎：雲端發票字軌及八位數號碼與中獎字軌號碼完全相同者，獎金新臺幣五百元。

前項開出中獎字軌號碼之組數，由專責單位於首期開獎前公布之。遇有變動時亦同。

每期雲端發票之中獎字軌號碼及領獎期限，應於開獎之次日，刊登財政部及所屬各地區國稅局網站公告週知。

雲端發票，指營業人銷售貨物或勞務與使用財政部核准載具之買受人或經買受人指定以捐贈碼捐贈予機關或團體，依統一發票使用辦法第 7 條開立、傳輸或接收且未列印電子發票證明聯之電子發票。

中獎雲端發票列印電子發票證明聯，不適用前項有關未列印電子發票證明聯之規定（統獎 3-1）。

三、**領獎期限**

（一）中獎人應於開獎日之次月 6 日起三個月內，向代發獎金單位領獎，並依代發獎金單位公告之兌獎方式及營業時間內爲之。

（二）中獎人得於代發獎金單位之營業時間內，臨櫃辦理領獎。

（三）雲端發票中獎人爲本國人民、持居留證之外國、大陸地區人民及香港、澳門居民，符合下列情形之一者，得由代發獎金單位將中獎獎金扣除應繳納之稅款後直接匯入指定帳戶。但匯款帳戶資料錯誤者，中獎人應於代發獎金單位通知更正期限內更正之：

1. 開獎前已依財政部公告之方式提供個人身分資料及獎金匯款之金融機構帳戶、郵政機構帳戶、信用卡卡片號碼、轉帳卡卡片號碼或電子支付帳戶。

2. 領獎期限屆滿前使用行動裝置下載財政部提供行動應用程式兌獎。

（四）雲端發票中獎人無法或未以前項規定方式領獎者，應持電子發票證明聯依第（二）項規定辦理。但中獎發票爲公用事業開立者，得持公用事業製發載有載具識別資訊之兌獎聯領獎（統獎 8）。

四、不能領取中獎獎金者：統一發票有下列各款情形之一，不適用本辦法給獎之規定：

（一）無金額，或金額載明爲零或負數者。

（二）未依規定載明金額或金額不符或未加蓋開立發票之營利事業統一發票專用印章者。

（三）破損不全或塡載模糊不清、無法辨認者。但經開立發票之營利事業證明其收執聯與存根聯所記載事項確屬相符經查明無訛者，不在此限。

（四）載明之買受人經塗改者。

（五）已註明作廢者。

（六）依各法律規定營業稅稅率爲零者。

（七）依規定按日彙開者。

（八）漏開短開統一發票經查獲後補開者。

（九）買受人爲政府機關、公營事業、公立學校、部隊及營業人者。

（十）逾規定領獎期限未經領取獎金者。

（十一）適用外籍旅客購買特定貨物申請退還營業稅實施辦法規定申請退稅者。

公用事業製發載有載具識別資訊之兌獎聯有破損不全或塡載模糊不清，致無法辨認載具識別資訊情形者，不適用本辦法給獎規定（統獎 11）。

五、冒領獎金及溢付獎金之法律責任：

（一）冒領獎金：以不正當方法套取或冒領獎金者，所轄主管稽徵機關應具函追回其獎金，並於取得相關不法事證後，移送司法機關究辦。

自中華民國111年1月1日起，以不合常規之交易或付款方式，無正當理由取得當期大量小額統一發票，且該期中獎發票達一定張數者，不予給獎；已領取獎金者，所轄主管稽徵機關應具函追回其獎金[25]。

前項取得大量統一發票數量、小額統一發票金額及中獎發票張數之認定基準，不予公開[26]（統獎15）。

（二）溢付獎金

營業人開立統一發票有下列情形之一，致代發獎金單位溢付獎金者，其所在地主管稽徵機關應具函責令該營業人賠付溢付獎金：

1. 使用非主管稽徵機關配給之各種類統一發票字軌號碼。

2. 重複開立或列印主管稽徵機關配給之統一發票字軌號碼。

3. 作廢發票未收回統一發票收執聯或電子發票證明聯。

4. 銷售特定貨物與外籍旅客，未依外籍旅客購買特定貨物申請退還營業稅實施辦法第8條第2項第2款規定記載。

5. 未依加值型及非加值型營業稅法第32條之1第1項規定將統一發票資訊傳輸至財政部電子發票整合服務平台存證，經主管稽徵機關通知限期傳輸，屆期未傳輸。

6. 其他經財政部公告情形。

經核准代中獎人將中獎獎金匯入或記錄於指定帳戶或金融支付工具之機構，不符合相關作業規定致國庫溢付獎金，該機構所在地主管稽徵機關應具函責令其賠付溢付獎金（統獎15-1）。

10-14 稅籍登記

一、**營業登記**：營業人之總機構及其他固定營業場所，應於開始營業前，分別向主管稽徵機關申請稅籍登記（營28）。亦即營業人有下列情形之一者，應於開始營業前，向主管稽徵機關申請營業登記：

1. 新設立。

---

25 鑑於有心人士以迂迴取巧手法，分散消費或付款取得大量小額統一發票以領取中獎獎金，與統一發票給獎係鼓勵消費者主動索取統一發票，以防杜逃漏稅捐之目的有違，爲保障一般消費者中獎權益，並維護社會公益，爰增訂第2項。本項規定追回中獎獎金之要件除不合常規之交易或付款方式，尚應符合1.無正當理由；2.取得大量統一發票；3.統一發票金額微小；4.當期中獎發票達一定張數等要件。

26 爲避免有心人士刻意規避，妨害第2項規定實施目的，爰其量化基準，依政府資訊公開法第18條第1項第1款規定，不予公開。

2. 因合併而另設立。

3. 因受讓而設立。

4. 因變更組織而設立。

5. 設立分支機構（稅登 3）。

公司、獨資、合夥及有限合夥組織之稅籍登記，由主管稽徵機關依據公司、商業或有限合夥登記主管機關提供登記基本資料辦理，視爲已依本法第 28 條規定申請稅籍登記；其屬專營或兼營以網路平臺、行動裝置應用程式或其他電子方式銷售貨物或勞務者，對於第 4 條第 1 項第 9 款規定之應登記事項，應自主管稽徵機關核准之日起十五日內，向該機關申請補辦（稅登 3）。

以自動販賣機銷售貨物或勞務之營業人，應向營業人所在地之稽徵機關申請稅籍登記，並申報販賣機設備編號、放置處所及營業台數，免就販賣機放置處所逐一申請稅籍登記。但販賣機放置處所設有專責管理處所或以販賣機收取停車費者，不適用之[27]（稅登 3）。

以自動販賣機銷售貨物或勞務且適用上述規定者，應加附自動販賣機設備編號、放置處所及營業台數明細資料（稅登 6）。

本法第 6 條第 4 款所定營業人（外國之事業、機關、團體、組織，在中華民國境內無固定營業場所，銷售電子勞務予境內自然人）之年銷售額逾一定基準者，應自行或委託中華民國境內居住之個人或有固定營業場所之事業、機關、團體、組織爲其報稅之代理人，向主管稽徵機關申請稅籍登記。

依前項規定委託代理人者，應報經代理人所在地主管稽徵機關核准；變更代理人時，亦同。

第一項年銷售額之一定基準，由財政部定之（營 28-1）。

焦點話題

境外電商銷售電子勞務予境內自然人

外國之事業、機關、團體、組織在中華民國境內無固定營業場所，銷售電子勞務予境內自然人，年銷售額逾新臺幣 48 萬元者，應依加值型及非加值型營業稅法第 28 條之 1 第 1 項規定向主管稽徵機關申請稅籍登記（台財稅字第 10604539420 號令）。

---

27 鑑於經營停車場業務之營業人以自動販賣機收取停車費，應以各該停車場爲固定營業場所，分別向所在地主管稽徵機關辦理稅籍登記，爰修正但書，是類情形尚無僅須向營業人所在地主管稽徵機關申請稅籍登記規定之適用。

營業人經由依本法第 28 條之 1 規定應申請稅籍登記之營業人銷售電子勞務予境外自然人，依本法第 7 條第 2 款規定適用零稅率者，除前條第 2 款文件外，並應檢附已依本法第 28 條之 1 規定辦理稅籍登記之營業人所提供在國外使用之證明文件（營細 11-1）。

二、**變更或註銷登記**：營業人依第 28 條及第 28 條之 1 申請稅籍登記之事項有變更，或營業人合併、轉讓、解散或廢止時，均應於事實發生之日起十五日內塡具申請書，向主管稽徵機關申請變更或註銷稅籍登記（營 30）。

1. 遷移地址者，應向遷入地稽徵機關申請變更登記（稅登 8）。

2. 以自動販賣機銷售貨物或勞務者，其自動販賣機營業台數增減、放置處所變更時，應於事實發生之日起十五日內，向營業人所在地稽徵機關報備（稅登 8）。

營業人於中華民國 111 年 12 月 31 日以前已辦妥稅籍登記，且至 112 年 1 月 1 日有專營或兼營以網路平臺、行動裝置應用程式或其他電子方式銷售 貨物或勞務者，應於 112 年 1 月 15 日以前，依第 4 條第 1 項第 9 款規定之應登記事項，向主管稽徵機關申請變更登記（稅登 8）。

三、**稅捐保全**：爲保全稅捐，營業人申請變更登記或註銷登記，應於繳清稅款或提供擔保後爲之。

但因合併、增加資本、營業地址或營業種類變更而申請變更登記者，不在此限（營 30）。

四、稅籍登記事項、申請稅籍登記、變更或註銷登記之程序、應檢附之書件與撤銷或廢止登記之事由及其他應遵行事項之規則，由財政部定之（營 30-1）。

五、**停營**：營業人暫停營業，應於停業前，向主管稽徵機關申報核備；復業時，亦同（營 31）。

六、**免辦稅籍登記**：專營第 8 條第 1 項第 2 款至第 5 款、第 8 款、第 12 款至第 15 款、第 17 款至第 20 款、第 31 款之免稅貨物或勞務者及各級政府機關，得免辦稅籍登記（營 29）。

10-15 申報與繳納

一、**一般**：營業人有使用發票者，營業稅報繳期限爲兩個月報繳一次，不論有無銷售額，營業人每逢單月（即每年之 1、3、5、7、9、11 月）的 15 日以前，應塡具規定格式之申報書，檢附退抵稅款及其他有關文件，向主管稽徵機關申報銷售額、應納或溢付營業稅額。其有應納營業稅額者，應先向公庫繳納後，檢同繳納收據一併申報（營 35、營細 38-1）。

二、**適用零稅率者**：營業人銷售貨物或勞務適用零稅率者，得向稽徵機關申請以每月爲一期，於次月 15 日前申報其上一個月的銷售額與應納或溢付稅額。但同一年度內不得變更（營 35）。

三、依規定申報銷售額、應納或溢付營業稅額之營業人，申請改以每月或每兩月爲一期申報者，應自核准後之首一單月起適用（營細 38-1）。

四、銷售免稅之貨物或勞務，並申請核准放棄適用免稅規定之營業人，擬變更適用免稅規定者，應向財政部申請核准始得適用；依營業稅法第四章第一節計算稅額，並依規定核准由總機構合併申報銷售額、應納或溢付營業稅額之營業人，擬變更爲由其總機構及其他固定營業場所分別申報者，應向財政部申請核准（營細 38-2）。

五、依規定申請經營非專屬本業之銷售額部分，依營業稅法第四章第一節計算稅額之銀行業、保險業及信託投資業，擬變更依第四章第二節規定計算稅額者，應向主管稽徵機關申請核准始得適用；銷售零稅率之貨物或勞務，並依規定申請核准以每月爲一期申報銷售額、應納或溢付營業稅額之營業人，擬變更以每兩月爲一期申報者，應向主管稽徵機關申請核准始得適用（營細 38-2）。

六、本法第 28 條之 1 規定應申請稅籍登記之營業人，依第 38 條規定應檢附之退抵稅款及其他有關文件，以其專供銷售電子勞務予境內自然人使用者爲限（營細 38-3）。

七、查定課徵

（一）典當業及小規模營業人：依查定計算營業稅額之典當業以及小規模營業人（農產品批發市場之承銷人、銷售農產品之小規模營業人、小規模營業人、依法取得從事按摩資格之視覺功能障礙者經營，且全部由視覺功能障礙者提供按摩勞務之按摩業，及其他經財政部規定免予申報銷售額之營業人），其應納稅額由主管稽徵機關每三個月（於 1 月、4 月、7 月及 10 月底前）分別按查定稅額計算填發繳款書通知繳納（營細 45）。

（二）特種飲食業：依查定計算營業稅額之特種飲食業，由主管稽徵機關查定其銷售額及稅額，每月填發繳款書通知繳納一次（營 40）。此乃基於特種飲食業稅率較高，營業稅額較大，如每 3 個月課徵 1 次，稅額較鉅，恐無法依限繳納，易造成欠稅，故規定按月查定課徵 1 次[28]。

---

28 參閱法令彙編。

八、使用統一發票者，每期（月）申報銷售額時，應檢附統一發票明細表（營35）。

九、第四章第一節規定計算稅額之營業人，其進項稅額憑證，未於當期申報者，得延至次期申報扣抵。次期仍未申報者，應於申報扣抵當期敘明理由。但進項稅額憑證之申報扣抵期間，以十年爲限（營細29）。

十、外國事業機關團體營業稅之課徵

外國之事業、機關、團體、組織在中華民國境內無固定營業場所而有銷售勞務者，應由勞務買受人於給付報酬之次期開始15日內，就給付額依第10條所定稅率，計算營業稅額繳納之；其銷售之勞務屬第11條第1項各業之勞務者，勞務買受人應按該項各款稅率計算營業稅額繳納之。但買受人爲依第四章第一節規定計算稅額之營業人，其購進之勞務，專供經營應稅貨物或勞務之用者，免予繳納；其爲兼營第8條第1項免稅貨物或勞務者，繳納之比例，由財政部定之（營36）。

第6條第4款所定之營業人，依第28條之1規定須申請稅籍登記者，應就銷售額按第10條規定稅率，計算營業稅額，自行或委託中華民國境內報稅之代理人依前條規定申報繳納（營36）。

十一、購買國外教育、研究或實驗勞務免稅

外國之事業、機關、團體、組織在中華民國境內，無固定營業場所而有銷售供教育、研究或實驗使用之勞務予公私立各級學校、教育或研究機關者，勞務買受人免依上述規定辦理（營36-1）。

立法理由

基於國內外一致原則，外國金融機構在中華民國境內無固定營業場所而有銷售第11條第1項各款勞務者，允應比照我國金融機構適用相同營業稅稅率，爰配合修正第1項所定稅率[29]。

十二、外國國際運輸事業在中華民國境內無固定營業場所而有代理人在中華民國境內銷售勞務，其代理人應於載運客、貨出境之次期開始15日內，就銷售額按第10條規定稅率，計算營業稅額，並依第35條規定，申報繳納（營36）。

---

[29] 參見立法院立法理由。

十三、外國技藝表演業，在中華民國境內演出之營業稅，應依規定，向演出地主管稽徵機關報繳。但在同地演出期間不超過 30 日者，應於演出結束後 15 日內報繳，例如某外國技藝表演團來臺表演，並在臺北國家音樂廳演出 25 日，其營業稅依規定應於演出結束後 15 日內申報。外國技藝表演業須在前項報繳營業稅之期限屆滿前離境者，其營業稅，應於離境前報繳（營 37）。

十四、營業人之總機構及其他固定營業場所，設於中華民國境內各地區者，應分別向主管稽徵機關申報銷售額、應納或溢付營業稅額。依一般稅額計算之營業人，得向財政部申請核准，就總機構及所有其他固定之營業場所銷售之貨物或勞務，由總機構合併向所在地主管稽徵機關申報銷售額、應納或溢付營業稅額（營 38）。

十五、營業人有下列情形之一者，主管稽徵機關得依照查得之資料，核定其銷售額及應納稅額並補徵之：

（一）逾規定申報限期三十日，尚未申報銷售額。

（二）未設立帳簿、帳簿逾規定期限未記載且經通知補記載仍未記載、遺失帳簿憑證、拒絕稽徵機關調閱帳簿憑證或於帳簿為虛偽不實之記載。

（三）未辦妥稅籍登記，即行開始營業，或已申請歇業仍繼續營業，而未依規定申報銷售額。

（四）短報、漏報銷售額。

（五）漏開統一發票或於統一發票上短開銷售額。

（六）經核定應使用統一發票而不使用。

營業人申報之銷售額，顯不正常者，主管稽徵機關，得參照同業情形與有關資料，核定其銷售額或應納稅額並補徵之（營 43）。

焦點話題

跨境電商課徵營業稅問題

由於近年來網路快速發展，電子商務日益興盛，電子商務交易模式多元化，衍生跨境銷售勞務課徵營業稅問題。財政部在 2016 年參考了國際稅制發展趨勢，推動營業稅改革。為廣徵各界意見，財政部賦稅署還自 2016 年 7 月起陸續於 5 區國稅局舉辦 5 場座談會，邀請各界人士共同參與表達建言，共創優質的賦稅環境。

嗣後，財政部修營業稅法，於 2016 年 12 月通過並經總統公布：外國業者銷售電子勞務（例如：音樂串流、貼圖、線上課程、電子書）予自然人者，應在我國辦理稅籍登記及報繳營業稅。

自2017年5月1日起，符合資格的跨境電商業者應登記稅籍，並報繳營業稅。

跨境電商課稅新制5月上路，趕在7月中首期申報前夕，累計已有32家境外電商前來登記（稅籍登記39筆），繼Amazon、Agoda、Google Play、App Store等大咖後，阿里巴巴、Dropbox、LinkedIn、Uber等大型電商也紛紛入列。財政部官員表示，登記家數超乎預期的好。[30]

目前看來，大型跨境電商都相當重視「企業品牌」，也都願意遵守臺灣的法律規範，卻發現了執行上的困難，例如：

1. 「售價要內含營業稅」。國外通常是：「未稅價格」、「加值稅額」分別列示。而臺灣的售價要內含營業稅。
2. 「建置能夠判別是銷售給臺灣自然人的系統」。因為境外電商銷售勞務給臺灣企業，不適用課稅範圍。銷售給台灣的自然人，要課稅。系統須能清楚地判別。

以上問題導致跨境電商須花上許多成本修改系統，也擔心系統修改讓消費者覺得厭煩，要「平順接軌」似乎不是理所當然。

	電子勞務課稅	低價免稅門檻
臺灣	每一年銷售額超過新台幣48萬元	3,000元
日本	課稅期間銷售額 1,000萬日元 （約320萬台幣）	10,000日元 （約3,200台幣）

在國際稅制趨勢下，臺灣完成了境外電商課稅三部曲：1. 申請稅籍登記；2. 申辦帳號密碼；3. 申報繳納營業稅。

10-16 溢付稅額之處理

課徵加值稅體系之營業人，在正常情形下，發生銷項稅額小於進項稅額，而有溢付稅額的情況，較爲少見。即使發生，亦可於未來期間因銷貨大於進貨而得以抵銷，因此爲簡化手續並防杜逃漏，原則上溢付稅額只准留抵次期之稅額。但營業人

[30] 吳佳蓉（2017），「跨境電商課稅新制32大咖入籍」，《自由時報》，7月6日。

若因合併、轉讓、解散或廢止而申請註銷登記不再營業，自無繼續留抵之必要，故稅法規定可以退稅。此外營業人因外銷適用零稅率及購進固定資產時，進項稅額可能遠大於銷項稅額，若要求只准留抵，則營業人將有資金利息負擔，且營業人如爲完全外銷者，由於其適用零稅率，銷項稅額必定爲零，事實上亦無次月或次期稅額可供留抵，造成溢付稅額將永久留在帳上，此與我國鼓勵外銷及投資資本財的政策有所不符，故對於上述情形，稅法亦規定不必留抵，准予立即退稅。茲將我國對溢付稅額之處理規定說明如下：

一、**退稅**：營業人申報下列之溢付稅額，應由主管稽徵機關查明後退還之（營39）：

（一）因外銷適用零稅率而溢付之營業稅。

（二）因取得固定資產而溢付之營業稅。

（三）因合併、轉讓、解散或廢止申請註銷登記者，其溢付之營業稅。

此外，累積留抵的溢付稅額過大，情形特殊者，也可申請財政部核准退還之。

二、**留抵**：除以上得爲退稅的情形外，其餘的溢付稅額，均採留抵次期（月）的應納稅額，如果次期（月）留抵後仍有餘額，可以在以後的各期（月）中繼續留抵，稅法並不限制留抵的期限，以保障納稅人的權益。

例題 21

設大甲公司某期銷售額 6,000,000 元，內外銷各占一半；當期進貨及費用 5,800,000 元，其中包括 (1) 交際費 500,000 元；(2) 向小規模營業人進貨取得進貨憑證 100,000 元；(3) 因辦理員工伙食購買食材 200,000 元。另購置固定資產 2,000,000 元，均有取得合法憑證，則當期可退還稅額為 200,000 元；留抵稅額為 0。

銷項稅額：3,000,000 元（內銷）×5% ＝ 150,000 元
3,000,000（外銷）×0% ＝ 0
150,000 元

進項稅額：5,000,000（進貨及費用）×5% ＝ 250,000
2,000,000（購置固定資產）×5% ＝ 100,000
350,000

溢付稅額 200,000 元

3,000,000（外銷）×5% ＋ 100,000（購置固定資產進項稅額）＝ 250,000 元

由於溢付稅額 200,000 元，小於因外銷及購置固定資產可退稅額 250,000 元，因此溢付稅額 200,000 元全數退還，留抵稅額為 0。

例題 22

另設大甲公司某期銷售額3,000,000元，其中內銷2,000,000元、外銷1,000,000元，當期進貨及費用5,000,000元，購置固定資產2,000,000元，均有取得合法憑證，則當期可退還稅額為150,000元；留抵稅額為100,000元。

銷項稅額：2,000,000元（內銷）×5%＝100,000元
　　　　　1,000,000（外銷）×0%＝0
　　　　　　　　　　　　　　　　　　　　100,000元

進項稅額：5,000,000（進貨及費用）×5%＝250,000
　　　　　2,000,000（購置固定資產）×5%＝100,000
　　　　　　　　　　　　　　　　　　　　350,000

溢付稅額　　　　　　　　　　　　　　　　250,000元

1,000,000（外銷）×5%＋100,000（購置固定資產進項稅額）＝150,000元

由於溢付稅額250,000元，大於因外銷及購置固定資產可退稅額150,000元，因此可獲退稅150,000元，另100,000元留抵次期。

考題解析

甲公司3～4月外銷電腦產品銷售額5,000,000元，銷售課稅區廠商電腦耗材定價4,200,000元，另將自行生產之電腦（定價315,000元，成本200,000元）贈與伊甸基金會。相關成本及費用如下：進貨成本5,500,000元（不含稅），發放員工薪資600,000元，辦理員工伙食之主副食品300,000元，稅額15,000元，倘上開進項均取得合法憑證，則當期甲公司向主管稽徵機關申請應退還之稅額爲何？（108年身障特考4等）

擬答：

1. 銷項稅額：5,000,000元×0%＋4,200,000元÷1.05×5%＋315,000元÷1.05×5%＝215,000元
2. 得扣抵進項稅額：5,500,000元×5%＝275,000元
3. 溢付稅額：215,000元－275,000元＝60,000元
4. 5,000,000元×5%＝250,000元>60,000元；應退還之稅額60,000元。

考題解析

請依加值型及非加值型營業稅法（以下簡稱營業稅法）之相關規定，回答下列問題：

（一）甲公司110年1月及2月有銷項稅額90萬元，進項稅額70萬元，上期留底稅額10萬元，依營業稅法規定該期營業稅的申報截止日當天並非國定例假日，財政部亦未公告展延申報期限，試問下列情況，其處罰規定各為何？

1. 營業人漏開統一發票，於法定申報期限前經查獲者。
2. 若甲公司遲至110年3月19日才申報營業稅。
3. 若甲公司遲至110年4月19日才申報營業稅。
4. 若甲公司上期留底稅額為30萬元，其他情況不變，甲公司遲至110年4月19日才申報營業稅。

擬答：

(1)應就短漏開銷售額按規定稅率計算稅額繳納稅款，並按該稅額處五倍以下罰鍰。但處罰金額不得超過新臺幣100萬元。

營業人有前項情形，一年內經查獲達三次者，並停止其營業。（營業稅法第52條）

(2)90－(70＋10)＝100,000元

100,000元×1%＝1,000元，不得少於1,200元，

加徵滯報金1,200元

(3)100,000元×30%＝30,000元

加徵怠報金30,000元

(4)90－(70＋30)＝－100,000元

無應納稅額，加徵怠報金3,000元（營業稅法第49條）

（二）下列交易事項，各營業人應繳（應退、留底）營業稅額為若干？

1. 甲建設公司合併銷售土地及房屋乙筆給永安商行，總價額177,625,000元，銷售合約未分別載明價款，銷售當時該土地公告現值為14,000,000元，房屋評定標準價格為6,000,000元。

擬答：房屋應開立發票，土地不開。

$$177{,}625{,}000\text{元} \times \left(\frac{6{,}000{,}000(1+0.05)}{14{,}000{,}000+6{,}000{,}000\times(1+0.05)}\right)=55{,}125{,}000$$

55,125,000÷(1 ＋ 5%) ＝ 52,500,000---- 房屋銷售額

52,500,000×5% ＝ 2,625,000---- 營業稅

說明：出售土地免徵營業稅。

2. 乙公司 110 年 9、10 月份與營業稅有關資料如下：

(1)開立三聯式統一發票，合計應稅銷售額 3,000,000 元（不含稅），稅額 150,000 元，其中固定資產 600,000 元（不含稅），稅額 30,000 元；開立二聯式統一發票，應稅銷售額 9,450,000 元（含稅）；零稅率銷售額 1,800,000 元。

(2)本期進貨及費用支出合計 10,200,000 元（不含稅），稅額 510,000 元，取得三聯式統一發票扣抵聯，其中包括：1 交際費 450,000 元（不含稅），稅額 22,500 元；2 購買員工在工作場所穿著之工作服 200,000 元（不含稅），稅額 10,000 元；3 爲獎勵員工辛勞，購買供年終晚會摸彩用之小汽車 1,000,000 元（不含稅），稅額 50,000 元。

(3)本期購買固定資產（機器設備）4,200,000 元（不含稅），稅額 210,000 元，取得三聯式統一發票扣抵聯。

(4)進口貨物（非固定資產）經海關核定之完稅價格爲 4,000,000 元，進口稅捐 800,000 元，貨物稅 720,000 元。

(5)上期累積留抵稅額 800 元。（110 年記帳士試題）

擬答：

(1)9,450,000 元 ÷1.05 ＝ 9,000,000 元；9,000,000 元 ×5% ＝ 450,000 元

銷項稅額＝ 150,000 ＋ 450,000 ＝ 600,000 元

(2)進口貨物營業稅＝ (4,000,000 ＋ 800,000 ＋ 720,000)×5% ＝ 276,000

(3)（510,000 元－ 22,500 元－ 50,000 元）＝ 437,500 元

得扣抵進項稅額：（437,500 元＋ 276,000 ＋ 210,000）＝ 923,500 元

(4)銷項稅額 600,000 － (923,500 ＋ 800) ＝－ 324,300

應退稅額＝外銷 1,800,000×5% ＋固定資產 210,000 ＝ 300,000 元

本期累積留抵稅額＝ 324,300 － 300,000 ＝ 24,300 元

10-17 兼營營業人

一、定義：凡有下列情形之一者，即爲兼營營業人（兼營 2）。

（一）加值稅體系之營業人，兼營應稅及免稅貨物或勞務。

（二）加值稅體系之營業人，兼營特種稅額計算之業務者。

二、稅額之計算：凡是兼營營業人，其每期進項稅額，應依進項稅額不得扣抵銷項稅額之比例（以下簡稱不得扣抵比例），計算不得扣抵之進項稅額。依財政部公布之「兼營營業人營業稅額計算辦法」規定，兼營營業人營業稅額之計算方法有直接扣抵法與間接扣抵法。茲說明如下：

（一）間接扣抵法

兼營營業人當期應納或溢付營業稅額之計算公式如下（兼營 4）：

應納或溢付稅額＝銷項稅額—（進項稅額—依本法第 19 條第 1 項規定不得扣抵之進項稅額）×（1—當期不得扣抵比例）

當期（年度）不得扣抵比例＝

$$\frac{\text{當期（年度）免稅銷售淨額（包括特種計稅銷售淨額）}}{\text{當期（年度）全部銷售淨額}}$$

上述公式之銷售淨額，並不包括土地及各級政府發行之債券及依法應課徵證券交易稅之證券之銷售額（兼營 3）。

考題解析

日月公司爲兼營營業人，106 年 9、10 月進口貨物 200 萬元，在國內出售應稅貨物銷售額 400 萬元，出售免稅貨物銷售額 700 萬元（含土地銷售額 400 萬元），外銷貨物銷售額 100 萬元。日月公司 9～10 月不得扣抵比例爲何？（107 年高考）

擬答：

（700 萬元－ 400 萬元）/（400 萬元＋（700 萬元－ 400 萬元）＋ 100 萬元）

＝ 0.375--- 取自小數點第 2 位，以下無條件捨去，所以爲 37%

考題解析

假定欣欣公司係一兼營營業人，民國 101 年 7、8 月份與營業稅有關資料如下：

1. 開立三聯式統一發票 100 份，合計應稅銷售額 2,000,000 元，稅額 100,000 元，其中固定資產 400,000 元，稅額 20,000 元。
2. 開立二聯式統一發票 180 份，應稅銷售額 6,300,000 元；零稅率銷售額 1,200,000 元；免稅銷售額 1,000,000 元（不含土地）。
3. 上期應稅銷售額 200,000 元，稅額 10,000 元，於本期退回。
4. 本期進貨及費用支出合計 6,800,000 元，稅額 340,000 元，取得三聯式統一發票扣抵聯，其中交際費 300,000 元，稅額 15,000 元。
5. 本期購買固定資產（機器設備）8,400,000 元，稅額 420,000 元，取得三聯式統一發票扣抵聯。
6. 進口貨物（非固定資產）經海關核定之完稅價格為 6,000,000 元，進口稅捐 1,200,000 元，商港服務費 240,000 元，貨物稅 1,000,000 元。
7. 上期進貨 20,000 元，於本期退出，收回稅額 1,000 元。
8. 上期累積留抵稅額 600 元。

根據上述資料，試問欣欣公司當期得扣抵進項稅額為多少？應繳或應退稅額為多少？本期累積留抵稅額為多少？（101 年記帳士考試）

擬答：

1. 不得扣抵比例 $=\dfrac{\text{免稅銷售淨額}}{\text{全部銷售淨額}}=\dfrac{100\text{ 萬}}{200\text{ 萬}+600\text{ 萬}+120\text{ 萬}+100\text{ 萬}-20\text{ 萬}}$

   $=0.1$
2. 630 萬 ÷1.05 ＝ 600 萬；600 萬 ×5% ＝ 30 萬

   銷項稅額＝ 10 萬＋ 30 萬－ 1 萬＝ 39 萬
3. 進口貨物營業稅＝（600 萬＋ 120 萬＋ 100 萬）×5% ＝ 41 萬

   （6,800,000 元－ 300,000 元）×5% ＝ 325,000 元

   得扣抵進項稅額：（325,000+410,000 － 1,000 ＋ 420,000）×(1 － 0.1) ＝ 1,038,600 元
4. 銷項稅額 390,000 －（1,038,600 ＋ 600）＝－ 649,200

   應退稅額＝外銷 1,200,000×5% ＋固定資產 420,000 ＝ 480,000 元

   本期累積留抵稅額＝ 649,200 － 480,000 ＝ 169,200 元

   ※ 商港服務費為規費。

考題解析

請依我國現行加值型及非加值型營業稅法之相關規定，回答下列問題：

（一）甲公司係一專營應稅營業人，民國 108 年 7、8 月份與營業稅有關資料如下：

1. 開立三聯式統一發票 300 份：應稅銷售額新臺幣（下同）4,500,000 元（不含稅），稅額 225,000 元，其中包括固定資產 500,000 元（不含稅），稅額 25,000 元。
2. 開立二聯式統一發票 250 份：應稅銷售額 2,625,000 元（含稅）。
3. 零稅率銷售額 1,200,000 元。
4. 上期應稅銷售額 200,000 元（不含稅），稅額 10,000 元，於本期退回。
5. 本期進貨及費用支出合計 12,500,000 元（不含稅），稅額 625,000 元，取得三聯式統一發票扣抵聯，其中包括：(1) 對公益、慈善團體捐贈而購買之貨物 360,000 元（不含稅），稅額 18,000 元；(2) 文具用品 30,000 元（不含稅），稅額 1,500 元；(3) 爲招待客戶所支付之住宿費及餽贈之禮品共計 200,000 元（不含稅），稅額 10,000 元。
6. 本期購買固定資產（機器設備）6,000,000 元（不含稅），稅額 300,000 元，取得三聯式統一發票扣抵聯。
7. 進口貨物（非固定資產）經海關核定之完稅價格爲 5,000,000 元，進口稅捐 1,000,000 元，商港服務費 200,000 元，貨物稅 900,000 元。
8. 購置自用乘人小汽車 3,000,000 元（不含稅），稅額 150,000 元。
9. 上期進貨 20,000 元，於本期退出，收回稅額 1,000 元。
10. 上期累積留抵稅額 0 元。

請根據上述資料，計算甲公司之本期銷項稅額、本期得扣抵進項稅額、本期應繳（應退、留抵）稅額。

（二）舒活公司係一生鮮水果經銷商，爲兼營營業人，民國 108 年 7、8 月份與營業稅有關資料如下：

1. 在國內銷售生鮮水果新臺幣（下同）300 萬元；外銷生鮮水果 200 萬元。
2. 從國外進口生鮮水果完稅價格 400 萬元，關稅 40 萬元。

請根據上述資料，計算舒活公司之本期得扣抵進項稅額及本期應繳（應退）稅額。（108 年記帳士試題）

擬答：

（一）

1. 2,625,000 元 ÷1.05 ＝ 250 萬；250 萬 ×5% ＝ 125,000 元
   銷項稅額＝ 225,000 元＋ 125,000 元－ 10,000 元＝ 340,000 元
2. 進口貨物營業稅＝（500 萬＋ 100 萬＋ 90 萬）×5% ＝ 34.5 萬
3. 進貨及費用：（12,500,000 元－ 360,000 元－ 200,000 元）×5% ＝ 597,000 元
   得扣抵進項稅額：（597,000 元＋ 345,000 － 1,000 ＋ 300,000）＝ 1,241,000 元
4. 溢付稅額：銷項稅額 340,000 元－得扣抵進項稅額 1,241,000 元＝－ 901,000
   應退稅額＝外銷 1,200,000 元 ×5% ＋固定資產 300,000 元＝ 360,000 元
   本期留抵稅額＝901,000 － 360,000 元＝ 541,000 元

※ 商港服務費爲規費。

（二）

1. 不得扣抵比例＝ $\frac{\text{免稅銷售淨額}}{\text{全部銷售淨額}}$ ＝ 300 萬元／ 300 萬元＋ 200 萬元＝ 0.6
2. 銷項稅額 0 元
3. 進口生鮮水果營業稅＝（400 萬＋ 40 萬）×5% ＝ 22 萬
   得扣抵進項稅額：22 萬 ×（1 － 0.6）＝ 88,000 元
4. 溢付稅額：銷項稅額 0 － 88,000 元＝－ 88,000 元
   退稅上限＝外銷 200 萬元 ×5% ＝ 100,000 元
   應退稅額：88,000 元

又兼營營業人於報繳當年度最後一期營業稅時，應按當年度不得扣抵比例調整稅額後，併同最後一期營業稅額辦理申報繳納，其計算公式如下（兼營 7）：

調整稅額＝當年度已扣抵之進項稅額－（當年度進項稅額－當年度依本法第 19 條第 1 項規定不得扣抵之進項稅額）×（1－當年度不得扣抵比例）

另兼營營業人購買本法第 36 條第 1 項之勞務，應依下列公式計算其應納營業稅額，併同當期營業稅額申報繳納（兼營 6）。

應納稅額＝給付額 × 徵收率 × 當期不得扣抵比例

（二）直接扣抵法

兼營營業人帳簿記載完備，能明確區分所購買貨物、勞務或進口貨物之實際用途者，得採用直接扣抵法，按貨物或勞務之實際用途計算進項稅額可扣抵銷項稅額之金額及購買本法第 36 條第 1 項勞務之應納稅額。但經採用後三年內不得變更（兼營 8-1）。

經核准採用直接扣抵法之兼營營業人，應依下列規定計算營業稅額。

1. 兼營營業人應將購買貨物、勞務或進口貨物、購買國外之勞務之用途，區分為下列三種，並於帳簿上明確記載（兼營 8-2）：

(1) 專供經營本法第四章第一節規定應稅（含零稅率）營業用（以下簡稱專供應稅營業用）者。

(2) 專供經營免稅及依本法第四章第二節規定計算稅額營業用（以下簡稱專供免稅營業用）者。

(3) 供前兩目共同使用（以下簡稱共同使用）者。

2. 兼營營業人當期應納或溢付營業稅額之計算公式如下（兼營 8-2）：

應納或溢付稅額＝銷項稅額－（進項稅額－依本法第 19 條第 1 項規定不得扣抵之進項稅額－專供經營免稅營業用貨物或勞務之進項稅額－共同使用貨物或勞務之進項稅額 × 當期不得扣抵比例）

3. 兼營營業人購買國外之勞務，應依下列公式計算應納營業稅額，併同當期營業稅額申報繳納。

應納稅額＝專供免稅營業用勞務之給付額 × 徵收率＋共同使用勞務之給付額 × 徵收率 × 當期不得扣抵比例

4. 兼營營業人於報繳當年度最後一期營業稅時，應按當年度不得扣抵比例調整稅額後，併同最後一期營業稅額辦理申報繳納，其計算公式如下（兼營 8-2）：

(1) 調整稅額＝當年度已扣抵之進項稅額－（當年度進項稅額－當年度依本法第 19 條第 1 項規定不得扣抵之進項稅額－當年度專供免稅營業用之貨物或勞務之進項稅額－當年度共同使用之貨物或勞務之進項稅額 × 當年度不得扣抵比例）

(2) 兼營營業人如有購買國外之勞務者，並應依下列公式調整：

調整稅額＝（當年度購買專供免稅營業用勞務給付額＋當年度購買供共同使用勞務給付額 × 當年度不得扣抵比例）× 徵收率－當年度購買勞務已納營業稅額

5. 兼營營業人於調整報繳當年度最後一期之營業稅，具有下列情形之一者，應經會計師或稅務代理人查核簽證。
(1)經營製造業者。
(2)當年度銷售金額合計逾新臺幣10億元者。

10-18 罰則

一、**逾期繳納**：納稅義務人逾期繳納稅款者，應自繳納期限屆滿之次日起，每逾二日按滯納之金額加徵1%滯納金；逾三十日仍未繳納者，除移送強制執行外，並得停止其營業。但因不可抗力或不可歸責於納稅義務人之事由，致不能於法定期間內繳清稅捐，得於其原因消滅後十日內，提出具體證明，向稽徵機關申請延期或分期繳納經核准者，免予加徵滯納金。

前項應納稅款，應自滯納期限屆滿之次日起，至納稅義務人自動繳納或強制執行徵收繳納之日止，依郵政儲金一年期定期儲金固定利率，按日計算利息，一併徵收（營50）。

說明：

1. 依司法院釋字第356號及第616號解釋意旨，滯報金及怠報金係對納稅義務人違反作爲義務之制裁，乃罰鍰之一種，具行爲罰性質，考量現行各稅法對於「罰鍰」並無加徵滯納金及利息之規定，對滯報金及怠報金再加徵滯納金及利息，欠缺合理性，有違比例原則，爰刪除原第1項及第2項滯報金及怠報金加徵滯納金及利息之規定。又爲配合公法上金錢給付義務逾期不履行者，係移送法務部行政執行署所屬行政執行分署執行，爰將原第1項「移送法院強制執行」修正爲「移送強制執行」。第1項末句增列「但因不可抗力或不可歸責於納稅義務人之事由，致不能於法定期間內繳清稅捐，得於其原因消滅後十日內，提出具體證明，向稽徵機關申請延期或分期繳納經核准者，免予加徵滯納金。」
2. 依司法院釋字第746號解釋，滯納金兼具遲延利息之性質，如再加徵利息，不符憲法比例原則，與憲法保障人民財產權之意旨有違，爰刪除原第2項滯納金加徵利息規定，並酌作文字修正。另配合實務上加計利息係按郵政儲金一年期定期儲金固定利率計算，爰併予修正。

二、納稅義務人，有下列情形之一者，除追繳稅款外，按所漏稅額處五倍以下罰鍰，並得停止其營業（營51）：

（一）未依規定申請稅籍登記而營業。

（二）逾規定期限三十日未申報銷售額或統一發票明細表，亦未按應納稅額繳納營業稅。

（三）短報或漏報銷售額。

（四）申請註銷登記後，或經主管稽徵機關依本法規定停止其營業後，仍繼續營業。

（五）虛報進項稅額。

（六）逾規定期限三十日未依第 36 條第 1 項規定繳納營業稅。

（七）其他有漏稅事實。

納稅義務人有上述第（五）款情形，如其取得非實際交易對象所開立之憑證，經查明確有進貨事實及該項憑證確由實際銷貨之營利事業所交付，且實際銷貨之營利事業已依法補稅處罰者，免依前項規定處罰。

立法理由

納稅義務人，有上列情形之一者，本按所漏稅額處一倍至十倍罰鍰，惟基於以下理由，改處五倍以下罰鍰。

1. 近年來我國企業其整體經營環境惡化，部分廠商僅爲無意漏報，卻要接受鉅額罰鍰，使得廠商一旦被查獲違章時，乾脆逕行歇業，反導致大量稅收流失。
2. 根據財政部統計 95 至 97 年間，罰金爲 24.8 億餘元，當中超過 100 萬元個案占約 90%。
3. 爰參考立法院於民國 98 年 12 月 15 日已修正三讀通過之「稅捐稽徵法」第 44 條之規定，對於營利事業未依法取得或保存、開立憑證等，其處分罰款最高不超過新臺幣 100 萬元參考。將現行一倍至十倍之罰鍰規定，修訂爲五倍以下，避免企業因違章行爲遭受政府部門施以過當的處罰，促使企業能有合理的經營環境[31]。

三、營業人漏開統一發票或於統一發票上短開銷售額，於法定申報期限前經查獲者，應就短漏開銷售額按規定稅率計算稅額繳納稅款，並按該稅額處五倍以下罰鍰。但處罰金額不得超過新臺幣 100 萬元。

營業人有前項情形，一年內經查獲達三次者，並停止其營業（營 52）。主管

---

31 參見立法院立法理由。

稽徵機關為停止營業處分時，應訂定期限，最長不得超過六個月。但停業期限屆滿後，該受處分之營業人，對於應履行之義務仍不履行者，得繼續處分至履行義務時為止。前項停止營業之處分，由警察機關協助執行，並於執行前通知營業人之主管機關（營 53）。

四、營業人未依規定申請稅籍登記者，除通知限期補辦外，並得處新臺幣 3 千元以上 3 萬元以下罰鍰；屆期仍未補辦者，得按次處罰（營 45）。

五、營業人有下列情形之一者，除通知限期改正或補辦外，並得處新臺幣 1 千 5 百元以上 1 萬 5 千元以下罰鍰；屆期仍未改正或補辦者，得按次處罰：

（一）未依規定申請變更、註銷登記或申報暫停營業、復業。

（二）申請營業、變更或註銷登記之事項不實（營 46）。

六、不用或轉用發票：納稅義務人，有下列情形之一者，除通知限期改正或補辦外，並得處新臺幣 3 千元以上 3 萬元以下罰鍰；屆期仍未改正或補辦者，得按次處罰，並得停止其營業：

（一）核定應使用統一發票而不使用。

（二）將統一發票轉供他人使用。

（三）拒絕接受營業稅繳款書（營 47）。

七、應記載事項未記載：營業人開立統一發票，應行記載事項未依規定記載或所載不實者，除通知限期改正或補辦外，並按統一發票所載銷售額，處 1% 罰鍰，其金額不得少於新臺幣 1 千 5 百元，不得超過新臺幣 1 萬 5 千元。屆期仍未改正或補辦，或改正或補辦後仍不實者，按次處罰。

前項未依規定記載或所載不實事項為買受人名稱、地址或統一編號者，其第二次以後處罰罰鍰為統一發票所載銷售額之 2%，其金額不得少於新臺幣 3 千元，不得超過新臺幣 3 萬元（營 48）。

八、營業人對於應稅貨物或勞務之定價，未依第 32 條第 2 項規定內含營業稅，經通知限期改正，屆期未改正者，處新臺幣 1,500 元以上 1 萬 5 千元以下罰鍰（營 48-1）。

九、滯報、怠報：營業人未依本法規定期限申報銷售額或統一發票明細表，其未逾三十日者，每逾二日按應納稅額加徵 1% 滯報金，金額不得少於新臺幣 1 千 2 百元，不得超過新臺幣 1 萬 2 千元；其逾三十日者，按核定應納稅額加徵 30% 怠報金，金額不得少於新臺幣 3 千元，不得超過新臺幣 3 萬元。其無應納稅額者，滯報金為新臺幣 1 千 2 百元，怠報金為新臺幣 3 千元（營 49）。

十、第 28 條之 1 第 1 項規定之代理人，未依規定期間代理申報繳納營業稅者，處新臺幣 3 千元以上 3 萬元以下罰鍰（營 49-1）。

10-19 一般稅額計算營業人銷售額與稅額申報書範例

假定光復股份有限公司爲一專營應稅貨物之營業人，其 98 年 1-2 月份與營業稅有關資料如下：

一、開立三聯式統一發票 100 份，其內容包括：

（一）應稅銷售額 2,100,000 元，稅額 105,000 元，其中固定資產 300,000 元，稅額 15,000 元。

（二）零稅率銷售額 1,000,000 元。

二、開立二聯式統一發票 80 份，其內容包括：

（一）應稅銷售額 1,470,000 元。

（二）零稅率銷售額 2,500,000 元。

三、上期應稅銷售額 100,000 元，稅額 5,000 元，於本期退回。

四、本期進貨及費用支出 6,900,000 元，稅額 345,000 元，取得三聯式統一發票扣抵聯，其中交際費及酬勞員工貨物 100,000 元，稅額 5,000 元。

五、本期購買固定資產 800,000 元，稅額 40,000 元，取得三聯式統一發票扣抵聯。

六、本期取得載有稅額之其他憑證之費用 20,000 元，稅額 1,000 元（假定可扣抵）。

七、上期進貨 40,000 元，於本期退出，收回稅額 2,000 元。

八、無進口貨物及購買國外勞務。

九、上期累積留抵稅額 45,000 元。

則該營業人銷售額與稅額申報書之範例如下：

第一聯：申報聯　營業人持向稽徵機關申報。
第二聯：收執聯　營業人於申報時併同申報聯交由稽徵機關核章後作為申報憑證。

（機關全銜）縣市營業人銷售額與稅額申報書（401）

（一般稅額計算－專營應稅營業人使用）

統一編號	1 2 3 4 5 6 7 8
營業人名稱	光復股份有限公司
稅籍編號	5 6 7 8 9 1 2 3 4

所屬年月分：98 年 1-2 月　　金額單位：新台幣元

註記欄	核准按月申報	
	核准合併總繳單位：總機構彙總申報	
	核准合併總繳單位：各單位分別申報	

負責人姓名	林光復	營業地址	台中市北區三民路街 5 段 巷 弄 100 號 樓 室	使用發票分數	180 分

銷項

項目 \ 區分	應稅 銷售額	應稅 稅額	零稅率銷售額
三聯式發票、電子計算機發票	1　2,100,000	2　105,000	3（非經海關出口應附證明文件者）
收銀機發票（三聯式）	5	6	7　1,000,000
二聯式發票、收銀機發票（二聯式）	9　1,400,000	10　70,000	11（經海關出口免附證明文件者）
免用發票	13	14	15　2,500,000
減：退回及折讓	17　100,000	18　5,000	19
合計	21①　3,400,000	22②　170,000	23③　3,500,000
銷售額總計 ①＋③	25⑦　6,900,000 元（內含銷售固定資產 27　300,000 元）		

稅額計算

代號	項目			稅額
1.	本期(月)銷項稅額合計	②	101	170,000
7.	得扣抵進項稅額合計	⑨＋⑩	107	379,000
8.	上期(月)累積留抵稅額		108	45,000
10.	小計（7＋8）		110	424,000
11.	本期(月)應繳稅額(1－10)		111	
12.	本期(月)申報留抵稅額(10-1)		112	254,000
13.	得退稅限額合計	③ ×5％＋⑩	113	215,000
14.	本期(月)應退稅額（12＞13則為13；13＞12則為12）		114	215,000
15.	本期(月)累積留抵稅額(12-14)		115	39,000

本期（月）應退稅額處理方式：☐ 利用存款帳戶劃撥　☐ 領取退稅支票

進項

項目	區分	得扣抵進項稅額 金額	得扣抵進項稅額 稅額
統一發票扣抵聯（包括電子計算機發票）	進貨及費用	28　6,800,000	29　340,000
	固定資產	30　800,000	31　40,000
三聯式收銀機發票扣抵聯	進貨及費用	32	33
	固定資產	34	35
載有稅額其他憑證（包括二聯式收銀機發票）	進貨及費用	36　20,000	37　1,000
	固定資產	38	39
海關代徵營業稅繳納證扣抵聯	進貨及費用	78	79
	固定資產	80	81
減：退出、折讓及海關退還溢繳稅額	進貨及費用	40　40,000	41　2,000
	固定資產	42	43
合計	進貨及費用	44　6,780,000	45⑨　339,000
	固定資產	46　800,000	47⑩　40,000
進項總金額（包括不得扣抵憑證及普通收據）	進貨及費用	48　6,885,000 元	
	固定資產	49　800,000 元	
進口免稅貨物		73　元	
購買國外勞務		74　元	

免稅出口區內外銷事業、科學工業園區內之園區事業及海關管理之保稅工廠、保稅倉庫或物流中心按進口報關程序銷售貨物至我國境內其他地區之免開立統一發票銷售額　82　元

申報單位蓋章處（統一發票專用章）

附
1. 統一發票明細表　份
2. 進項憑證　冊　份
3. 海關代徵營業稅繳納證　份
4. 退回(出)及折讓證明單、海關退還溢繳營業稅申報單　份
5. 營業稅繳款書申報聯　份
6. 零稅率銷售額清單　份

申報日期：　年　月　日

核收機關人員蓋章處

核收日期：　年　月　日

說明
一、本申報書適用專營應稅及零稅率之營業人填報。
二、如營業人申報當期（月）之銷售額包括有免稅、特種稅額計算銷售額者，請改用（403）申報書申報。

紙張尺度(250 ×350)公厘

歷屆試題

申論題

1. 甲公司是我國境內採比例扣抵法計算繳納營業稅的兼營營業人，且均無申請放棄免稅。依加值型及非加值型營業稅法相關規定，回答下列問題：
   （1）111 年 2 月份甲公司出售辦公室 1 間，銷售價格為新臺幣 1 億元，其中建物為 4,200 萬元，土地為 5,800 萬元。假設甲公司當期僅有一筆進貨 2,100 萬元（含稅），無其他進、銷項，甲公司當期營業稅應繳納多少元？
   （2）111 年 9 月份甲公司自國外進口營業稅完稅價格 3,000 萬元的農藥，假設無其他進口稅費，甲公司此次進口農藥需繳納營業稅多少元？
   （3）該批農藥 111 年 9 月份即銷售與乙公司，售價為 4,000 萬元，如甲公司當期僅有前開銷售貨物行為，甲公司該期營業稅應繳納多少元？
   （4）如甲公司 111 年度僅有上開進、銷項，甲公司當年度最後一期之調整稅額若干？（112 年會計師）
2. 丙公司為兼營營業人，其民國 112 年 7、8 月與營業稅有關的資料如下：
   （1）開立內銷三聯式統一發票合計應稅銷售額 1,800,000 元，稅額 90,000 元，其中包含固定資產 350,000 元，稅額 17,500 元。
   （2）開立內銷二聯式統一發票合計應稅銷售額 3,150,000 元（含稅）；外銷銷售額 1,500,000 元及免稅銷售額 1,200,000 元（不包含土地）。
   （3）本期內銷三聯式銷貨退回 90,000 元，銷貨折讓 30,000 元。
   （4）國內應稅進貨 900,000 元，取得三聯式發票，上期進貨於本期退回，收回稅額 1,500 元。
   （5）進口應稅貨物海關核定的完稅價格為 1,000,000 元，進口稅捐 200,000 元，商港服務費 120,000 元，貨物稅 180,000 元。
   （6）進項費用包括：取得三聯式發票共 3,200,000 元，其中包括欲送禮的禮品費 100,000 元及購置機器設備 300,000 元，進項稅額另計；取得二聯式收銀機發票，包括交際費 300,000 元、文具用品 1,050,000 元及購置自用乘人小客車 1,050,000 元。
   （7）上期留抵稅額 3,500 元。

   試計算下列各項金額：
   （1）丙公司當期不得扣抵比例（請算至小數點後第三位）及當期得扣抵的進項稅額為多少？
   （2）當期銷項稅額及進口貨物應納的營業稅額各為何？
   （3）本期為應繳或是溢付營業稅額？若為溢付，則本期應退及留抵稅額各為何？（112 年記帳士）

3. 請依我國加值型及非加值型營業稅法規定，回答下列問題：

（1）何謂「進口貨物」？有哪些貨物在中華民國境內銷售時應課稅，但進口時免稅？有哪些貨物在中華民國境內銷售及進口時皆免稅？

（2）除虛報進項稅額、其他有漏稅事實外，營業人在哪些情形下，會按所漏稅額處5倍以下罰鍰，並得停止其營業？

（3）營業人有虛報進項稅額，會按所漏稅額處5倍以下罰鍰，並得停止其營業，但在何種情形下得免除處罰？（112年普考）

4. 我國加值型及非加值型營業稅法第6條所規定之營業人，所指爲何？又我國營業稅之納稅義務人爲何？請依稅法相關規定說明之。（111年普考）

5. 依加值型及非加值型營業稅法規定，回答下列問題：

（1）何謂溢付稅額？

（2）溢付稅額可以申請退還之情況爲何？

（3）甲公司110年9、10月份申報營業稅銷項稅額爲20萬元、進項稅額50萬元，110年7、8月份無留抵稅額，同期有申報營業稅零稅率銷售額300萬元，甲公司當期營業稅之留抵稅額、應退稅額及應納稅額爲何？（111年會計師）

6. 請依照我國加值型及非加值型營業稅法（以下簡稱營業稅法）之規定，回答下列問題：

（1）福氣商行是一家小規模營業人，上期經主管稽徵機關查定其每個月銷售額爲15萬元，在該期間中福氣商行曾向一般稅額營業人進貨15萬元，進項稅額爲7,500元。試問福氣商行在當期應納稅額爲何？

（2）好運公司是依一般稅額計算之營業人，111年7、8月內銷銷售額1,800萬元、銷貨退回及折讓50萬元；外銷銷售額3,500萬元，無任何銷貨退回及折讓，當期進貨及費用（未含稅）950萬元、進貨退出250萬元。另好運公司支付交際應酬費用80萬元、購買一部5人座之自用乘人小汽車價款200萬元。試問好運公司當期應納（或溢付）稅額爲何？

（3）美好公司銷售土地及房屋給如滿公司，但雙方簽訂買賣契約時僅約定土地及房屋銷售總價爲2億5,000萬元（含稅），未分別載明土地及房屋之銷售價格分別爲何。已知土地公告現值爲790萬元，房屋評定標準價格爲200萬元，試問美好公司免稅及應稅銷售額各爲多少？

（4）若甲爲境內營業人、乙爲境內自然人、A爲一外國業者，且在中華民國境內無固定營業場所、B爲一境外電商。試根據下列情況說明在我國之營業稅納稅主體爲何者？

a. A運用B所架設之網站及建置之電子系統銷售勞務給乙，且由A收取價款。

b. A運用B所架設之網站及建置之電子系統銷售勞務給乙，且由B收取價款。

c. 甲運用B所架設之網站及建置之電子系統銷售勞務給乙，且由甲收取價款。

d. 甲運用B所架設之網站及建置之電子系統銷售勞務給乙，且由B收取價款。

（5）依營業稅法規定，請說明同時適用營業稅法第8條免稅、及營業稅法第9條進口免稅之貨物

爲何？（111 年記帳士）

7. 依據我國加值及非加值型營業稅之規定，何謂視爲銷售？試說明之。（110 年高考）
8. 請說明視爲銷售的立法意旨及視爲銷售的收入應如何申報營利事業所得？（110 年高考）
9. 假設下列交易的付費購買者皆爲我國境內個人或營利事業，試寫出各有關交易的營業稅納稅義務人爲何？
   （1）小明在蝦皮拍賣向我國甲商家購買家用品一批。
   （2）老王透過網路向美國 amazon 訂購一台咖啡機直送臺灣。
   （3）小張利用蘋果的 iphone 手機下載 app store 的付費軟體。
   （4）我國甲公司爲營業稅免稅廠商，向境內無固定營業場所之美國 A 公司購買一筆勞務。
   （5）大雄向大陸淘寶網購入傢具一批直送臺灣。（110 年普考）
10. 依據我國加值型及非加值型營業稅法規定，有哪些進項稅額不得扣抵銷項稅額？（110 年普考）
11. 高雄的王先生透過網路向國外 A 網站（在我國境內無固定營業場所之外國公司）訂購一枚純金金幣，購買價格是新臺幣 2 萬元，A 網站從國外將此項貨物寄送至高雄給王先生。依加值型及非加值型營業稅法規定，回答下列問題：
   （1）本交易的納稅義務人爲何？法令依據爲何？
   （2）進口貨物營業稅稅基應如何計算？
   （3）在不考量其他進口稅捐前提下，本案應繳納多少的營業稅？（110 年會計師）
12. 請依現行加值型及非加值型營業稅法（以下簡稱營業稅法）之相關規定，回答下列問題：
   甲公司 110 年 1、2 月有銷項稅額 90 萬元，進項稅額 70 萬元，上期留抵稅額 10 萬元，依營業稅法規定該期營業稅的申報截止日當天並非國定例假日，財政部亦未公告展延申報期限，試問下列情況，其處罰規定各爲何？
   （1）營業人漏開統一發票或於統一發票上短開銷售額，於法定申報期限前經查獲者。
   （2）若甲公司遲至 110 年 3 月 19 日才申報營業稅。
   （3）若甲公司遲至 110 年 4 月 19 日才申報營業稅。
   （4）若甲公司上期留抵稅額爲 30 萬元，其他情況不變，甲公司遲至 110 年 4 月 19 日才申報營業稅。（110 年記帳士）
13. 下列交易事項，各營業人應繳（應退、留抵）營業稅額爲若干？
   （1）吉利建設公司合併銷售乙筆房地給信義商行，總價額 177,625,000 元，銷售合約未分別載明價款，銷售當時該土地公告現值爲 14,000,000 元，房屋評定標準價格爲 6,000,000 元。
   （2）乙公司 110 年 9、10 月與營業稅有關資料如下：
      A. 開立三聯式統一發票，合計應稅銷售額 3,000,000 元（不含稅），稅額 150,000 元，其中固定資產 600,000 元（不含稅），稅額 30,000 元；開立二聯式統一發票，應稅銷售額 9,450,000 元（含稅）；零稅率銷售額 1,800,000 元。

B. 本期進貨及費用支出合計 10,200,000 元（不含稅），稅額 510,000 元，取得三聯式統一發票扣抵聯，其中包括：①交際費 450,000 元（不含稅），稅額 22,500 元；②購買員工在工作場所穿著之工作服 200,000 元（不含稅），稅額 10,000 元；③爲獎勵員工辛勞，購買供年終晚會摸彩用之小汽車 1,000,000 元（不含稅），稅額 50,000 元。

C. 本期購買固定資產（機器設備）4,200,000 元（不含稅），稅額 210,000 元，取得三聯式統一發票扣抵聯。

D. 進口貨物（非固定資產）經海關核定之完稅價格爲 4,000,000 元，進口稅捐 800,000 元，貨物稅 720,000 元。

E. 上期累積留抵稅額 800 元。（110 年記帳士）

選擇題（本書各章所附考題之答案均係依據考試當年度考選部所公佈之答案）

（D）1. 依加值型及非加值型營業稅法規定，保險業下列何種收入適用稅率百分之一？（A）出租房屋收入（B）出售固定資產收入（C）保險費收入（D）再保費收入（112 年會計師）

（C）2. 依加值型及非加值型營業稅法及相關法規規定，對有二人鋼琴演奏及演唱的鋼琴酒吧（PUB）課徵營業稅時，適用下列那一種稅率？（A）5%（B）10%（C）15%（D）25%（112 年會計師）

（B）3. 依加值型及非加值型營業稅法及相關規定，營業人如有固定營業場所，應於何時向主管稽徵機關申請稅籍登記？（A）試銷期滿後（B）開始營業前（C）開始營業後 10 日內（D）無時間限制（112 年會計師）

（C）4. 依加值型及非加值型營業稅法及相關規定，經銷家電產品的公司依經銷契約自家電製造商取得的獎勵金，經銷商應如何書立憑證？（A）應開立統一發票（B）應開立銷貨退回或折讓證明單（C）應開立進貨退出或折讓證明單（D）應開立銀錢收據（112 年會計師）

（A）5. 依加值型及非加值型營業稅法及相關規定，外國之事業、機關、團體、組織在我國境內無固定營業場所，銷售電子勞務予境內自然人，年銷售額超過新臺幣多少元，即應依法向主管稽徵機關申請稅籍登記？（A）48 萬元（B）36 萬元（C）24 萬元（D）12 萬元（112 年會計師）

（B）6. 依加值型及非加值型營業稅法及相關法規規定，銷售下列農產品，何者不得免徵營業稅？（A）水果（B）香腸（C）糙米（D）原木（112 年會計師）

（C）7. 下列有關執行業務者課稅規定，何者錯誤？（A）營利事業給付會計師辦理所得稅申報簽證所給付之公費收入，應辦理扣繳申報（B）律師代理訴訟案件取得之勞務報酬，非屬營業稅課稅範圍（C）藥師親自主持之藥局經營藥品調劑及兼營銷售藥品業務之收入，應計算執行業務所得課徵綜合所得稅（D）中醫診所僅提供醫療勞務者，免辦理營業稅稅籍登記。（112 年記帳士）

（B）8. 下列有關信託課稅規定，何者錯誤？（A）委託人爲營利事業之他益信託契約，受益人享有信託利益之權利價值應於信託成立年度依規定課徵所得稅（B）信託契約之受益人不特定或尚未存在者，信託財產發生之收入，委託人應於所得發生年度計算所得申報納稅（C）因遺囑成立之信託，於遺囑人死亡時，其信託財產應依法課徵遺產稅（D）受託人因公益信託而標售或義賣之貨物與舉辦之義演收入，全部供作該公益事業之用者，免徵營業稅。（112 年記帳士）

（C）9. 我國居住者個人甲及乙於 110 年合夥成立 A 商號，由甲負責經營，因每月銷售額未達使用統一發票標準而經核定爲小規模營業人並採查定課徵營業稅，111 年均達營業稅起徵點，下列有關 A 商號及合夥人相關課稅情形，何者正確？（A）甲應於 112 年 5 月辦理 A 商號 111 年度營利事業所得稅結算申報，惟無須計算及繳納稅額（B）乙於 112 年 2 月取得 A 商號 111 年度之盈餘，應併入其 112 年度綜合所得總額課稅（C）A 商號於 111 年購買營業上使用之貨物或勞務，取得載有營業稅額之憑證，並依規定申報者，稽徵機關應按其進項稅額 10%，在查定稅額內扣減（D）A 商號 111 年出售適用房地合一稅制之房屋、土地，其交易所得應計入該商號之所得額。（112 年記帳士）

（D）10. 荷蘭公司與我國甲公司簽有顧問合約，不定期選派工程師到我國協助離岸風電相關業務，有關我國營業稅之徵免規定爲何？（A）屬於境外銷售勞務，不課營業稅（B）屬於在我國境內銷售勞務，要課營業稅，由該工程師負責繳納（C）屬於在我國境內銷售勞務，但因工程師不是營業人，故不課營業稅（D）屬於在我國境內銷售勞務，要課營業稅，由甲公司負責繳納。（112 年記帳士）

（C）11. 中華民國境內無固定營業場所之外國營利事業之營業稅稽徵規定，下列敘述何者錯誤？（A）外國營利事業銷售勞務予我國境內營業人者，以買受人爲營業稅納稅義務人（B）外國營利事業銷售電子勞務予我國境內自然人者，該外國營利事業應自行報繳營業稅（C）外國營利事業在中華民國境內銷售電子勞務予我國境內自然人者，應開立紙本發票（D）外國國際運輸事業在中華民國境內有代理人者，其在我國境內載貨出境，應由代理人開立統一發票。（112 年記帳士）

（D）12. 經營農、林、漁、牧業之公司下列銷售貨物情形，何者應課徵營業稅？（A）向漁民購入漁產，切割、清洗後即行出售（B）將自行生產玉米乾燥後即行出售（C）將種植之牧草收割後即行出售（D）將生產馬鈴薯製作薯條，冷凍後出售。（112 年記帳士）

（D）13. 我國 A 海運公司 112 年相關交易情形如下：①銷售國際運輸用之船舶②進口國際運輸用之船舶③進口經營國際貿易之我國船舶專用之燃料④銷售供漁船使用之機器設備之用油。以上何種銷售情形免徵營業稅？（A）①②（B）僅②③（C）①②③（D）②③④。（112 年記帳士）

（C）14. 依加值型及非加值型營業稅法規定，保險業經營專屬本業、非專屬本業及再保費等收入之營業稅稅率，分別爲何？（A）5%；5%；2%（B）2%；5%；1%（C）5%；5%；1%（D）5%；2%；1%。（112 年記帳士）

（D）15. 某有陪侍之酒吧本期銷售額 800 萬元，添購新音響設備 200 萬元，進項稅額 10 萬元，請問本期應繳營業稅多少元？（A）120 萬元（B）150 萬元（C）190 萬元（D）200 萬元。（112 年記帳士）

（B）16. 依加值型及非加值型營業稅法相關規定，有關銷售額之敘述，下列何者正確？①互易貨物應以換入或換出時價從高認定②銷售額應包括銷售時收取之營業稅③銷售額應包括應稅貨物之貨物稅④受託代購貨物者，其銷售額應以時價爲準（A）①②（B）①③（C）②④（D）③④。（112 年記帳士）

（C）17. 依加值型及非加值型營業稅法規定，下列進項稅額何者不得扣抵銷項稅額？①勞軍用之電視機②公司送貨用之小貨車③交際應酬用之貨物④員工年終摸彩之貨物⑤公司召開股東會贈送紀念品支出⑥辦公處室水電費用（A）①②⑥（B）②③④（C）③④⑤（D）③④⑥。（112 年記帳士）

（C）18. 採查定課徵之某小規模營業人，查定每季營業額 42 萬元，當季進貨取得統一發票金額 25 萬元，進項稅額 12,500 元，並依規定申報其進項稅額。則其當季經查定之應納營業稅額爲多少？（A）1,700 元（B）2,000 元（C）2,950 元（D）4,200 元。（112 年記帳士）

（C）19. 依加值型及非加值型營業稅法規定，營業人漏開統一發票經查獲者，一年內經查獲幾次，應停止其營業？爲停止營業處分時，其期限最長不得超過幾個月？（A）2 次；2 個月（B）3 次；3 個月（C）3 次；6 個月（D）4 次；6 個月。（112 年記帳士）

（A）20. 忠孝公司本年 8 月向仁愛百貨公司購買商品禮券一批，總計新臺幣 120 萬元，取得百貨公司開立之電子統一發票。該禮券於 9 月中秋節前分發以犒賞員工。請問本筆發票進項稅額能否扣抵該公司之銷項稅額？如可扣抵，應自所申報之那一期銷項稅額扣抵？（A）不得扣抵（B）得扣抵，自申報 7、8 月當期之銷項稅額扣抵（C）得扣抵，自申報 9、10 月當期之銷項稅額扣抵（D）得扣抵，自員工持券兌付貨物當期銷項稅額扣抵。（112 年記帳士）

（C）21. 依現行加值型及非加值型營業稅法之規定，下列何種銷售額不適用零稅率？（A）外銷貨物（B）銷售與保稅區營業人供營運之貨物或勞務（C）職業學校不對外營業之實習商店銷售之貨物或勞務（D）國際運輸用之船舶。（112 年地方五等特考）

（C）22. 依加值型及非加值型營業稅法規定，下列有關營業稅納稅義務人之敘述，何者錯誤？（A）外國之事業、機關、團體、組織，在中華民國境內無固定營業場所者，爲其所銷售勞務之買受人（B）外國國際運輸事業，在中華民國境內無固定營業場所而有代理人者，爲其代理人（C）進口貨物者，爲其出售貨物人（D）農漁業用油轉讓或移作他用而不符免徵營業稅規定者，爲轉讓或移作他用之人。（112 年地方五等特考）

（D）23. 來來酒家今年 3 至 4 月銷售額爲 60 萬元，試問其應納營業稅額爲多少？（A）30,000 元（B）60,000 元（C）90,000 元（D）150,000 元。（112 年地方五等特考）

（C）24. 下列何者非屬免徵營業稅之項目？（A）出售土地（B）供應農田之灌溉用水（C）外銷貨物（D）醫院提供之醫療勞務、藥品、病房之住宿及膳食。（112 年地方五等特考）

（A）25. 依加值型及非加值型營業稅法規定，下列何者之進項稅額得扣抵銷項稅額？（A）外銷貨物（B）非供本業及附屬業務使用之貨物或勞務（C）交際應酬用之貨物或勞務（D）酬勞員工

個人之貨物或勞務。（112 年地方五等特考）

（C）26. 關於營業稅之敘述，下列何者錯誤？（A）分為加值型與非加值型（B）在中華民國境內銷售貨物或勞務及進口貨物均應課徵（C）小規模營業人屬於加值型營業人（D）非加值型又稱為毛額型。（112 年地方五等特考）

（A）27. 下列何者之營業稅稅率最低？（A）銷售農產品之小規模營業人（B）銀行業（C）有娛樂節目之餐飲店（D）咖啡廳。（112 年地方五等特考）

（C）28. 加值型及非加值型營業稅法對於團購業者漏開統一發票的規定為何？（A）先由稅捐稽徵機關進行勸導（B）在補繳稅款前暫停此團購業者之營業（C）就短漏開銷售額按規定稅率計算稅額繳納稅款，並按該稅額處 5 倍以下罰鍰（D）就短漏開銷售額追繳稅款。（112 年地方五等特考）

（B）29. 下列進項稅額何者不得扣抵銷項稅額？①飯店購置接送客人九人座以下之小客車②捐贈防疫物資給公立醫院③辦公室之租金費用④員工生日禮物（A）①②④（B）①④（C）②④（D）③④。（112 年地方四等特考）

（A）30. 進口下列那些貨物免徵營業稅？①本國之古物②國際運輸用之船舶③肥料④稻米、麵粉⑤雞蛋（A）①②③（B）①③④（C）②③④（D）③④⑤。（112 年地方四等特考）

（C）31. 下列我國境內銷售的情形，何項營業稅的納稅義務人非為銷售的賣方？（A）於我國境內有固定營業場所之營業人，於境內銷售貨物（B）於我國境內有固定營業場所之營業人，於境內銷售勞務（C）於我國境內無固定營業場所之營業人，銷售勞務予境內營業人（D）於我國境內無固定營業場所之營業人，銷售電子勞務予境內自然人。（112 年地方四等特考）

（D）32. 依加值型及非加值型營業稅法規定，下列何者視為銷售貨物？①營業人以其產製供銷售之貨物，轉供營業人自用②營業人解散或廢止營業時所餘存之貨物③營業人以自己名義代為購買貨物交付與委託人者④因信託行為成立，委託人將信託財產交付與受託人（A）①②③④（B）①③④（C）①③（D）①②③。（112 年地方三等特考）

（D）33. 依現行加值型及非加值型營業稅法規定，一般銷售額的認定，不包含下列何者？（A）營業人銷售貨物或勞務之價金（B）營業人銷售貨物或勞務時，另行收取之服務費（C）營業人銷售之產品如係應徵貨物稅，該產品之貨物稅額（D）營業人銷售貨物或勞務之營業稅額。（112 年地方三等特考）

（B）34. 車商以 65 萬元向個人購入舊乘人小汽車一輛後，整修時因施工不慎，造成內裝瑕疵，乃以 60 萬元（不含銷項稅額）降價售出。營業人於申報該輛舊乘人小汽車銷售額之當期，得扣抵之進項稅額上限為何？（A）28,571 元（B）30,000 元（C）30,952 元（D）32,500 元。（112 年高考）

（B）35. 有關營業稅的報繳，下列何者錯誤？（A）除另有規定外，營業人不論有無銷售額，均應填具規定格式之申報書，檢附退抵稅款及其他有關文件，向主管稽徵機關申報銷售額、應納或溢付營業稅額（B）除另有規定外，營業人應以每月為一期，於次月15日前申報繳納營業稅（C）依營業稅法第23條規定，查定計算營業稅額之營業人，由主管稽徵機關查定其銷售額及稅額，每三個月填發繳款書通知繳納一次（D）外國之事業、機關、團體、組織在中華民國境內無固定營業場所而有銷售勞務者，應由勞務買受人於給付報酬之次期開始15日內，就給付額依規定稅率，計算營業稅額繳納之。（112年普考）

（D）36. 甲為以營利為目的之網路賣家，每月銷售額15萬元，下列敘述何者錯誤？（A）應依法課徵營業稅（B）需向國稅局辦理稅籍登記（C）按銷售額依稅率1%，由國稅局按季開徵（D）需依照國稅局核定使用統一發票。（112年普考）

（A）37. 營業人漏開統一發票之罰則為何？（A）按規定稅率計算稅額繳納稅款，並按該稅額處五倍以下罰鍰；但處罰金額不得超過新臺幣一百萬元（B）處新臺幣三千元以上三萬元以下罰鍰（C）停止營業（D）處新臺幣一千五百元以上一萬五千元以下罰鍰。（112年普考）

（A）38. 甲公司製造商品時產生某些下腳與廢料，試問甲公司於國內銷售該等下腳與廢料所取得之代價，應否開立發票？營業稅稅率為何？（A）應開發票，稅率為5%（B）應開發票，稅率為0.1%（C）免開發票，稅率為1%（D）免開發票，免稅。（111年高考）

（C）39. 依加值型及非加值型營業稅法規定，小規模營業人得以當期購買營業上使用之貨物或勞務所取得進項稅額之一定比例，扣減當期查定稅額，試問其得扣減金額為進項稅額之比例為何？若該項得扣減金額超過查定稅額者，次期可否繼續扣減？（A）進項稅額之5%；次期可繼續扣減（B）進項稅額之5%；次期不可繼續扣減（C）進項稅額之10%；次期可繼續扣減（D）進項稅額之10%；次期不可繼續扣減。（111年高考）

（A）40. 各行業關於營業稅額計算方式及稅率規定，依加值型及非加值型營業稅法，下列敘述何者錯誤？（A）有陪侍服務之酒吧，按特種稅額計算，其稅率為15%（B）銀行業按特種稅額計算，經營專屬本業之銷售額，其稅率為5%（C）農產品批發市場之承銷人及銷售農產品之小規模營業人，其營業稅稅率為0.1%（D）百貨業按一般稅額計算，其稅率為5%。（111年高考）

（A）41. 甲公司出租房屋予乙公司使用，並收取押金$6,000,000，假設甲公司為加值型營業人，該年1月1日郵政儲金匯業局之1年期定期存款利率為1%，臺灣銀行之基準利率為2%；則甲公司每月應設算之租金收入為：（A）$4,762（B）$5,000（C）$9,524（D）$10,000。（111年高考）

（C）42. 國際海運事業自中華民國境內載運「貨物」出境者，其銷售額應如何計算？（A）依據實際里程計算（B）視各航空公司規定計算（C）自中華民國境內承運貨物出口之全部運費（D）自中華民國境內承運貨物至中華民國境外第1站間之運費。（111年普考）

（D）43. 加值型及非加值型營業稅法，有關小規模營業人之課稅規定，下列敘述何者正確？（A）依加值型方式計算稅額，但進項稅額不得扣抵（B）依加值型方式計算稅額，但進項稅額僅能扣抵10%（C）符合相關條件並依規定申報者，主管稽徵機關應按其進項稅額20%，在查定稅額內扣減（D）符合相關條件並依規定申報者，主管稽徵機關應按其進項稅額10%，在查

定稅額內扣減。（111 年普考）

（A）44. 依據我國加值型及非加值型營業稅法第 3 條之規定，下列敘述何者錯誤？（A）營業人以其產製、進口、購買供銷售之貨物，轉供營業人自用，無須視為銷售開立發票（B）營業人解散或廢止營業時所餘存之貨物，或將貨物抵償債務、分配與股東或出資人者，須視為銷售開立發票（C）營業人以其產製、進口、購買之貨物，無償移轉他人所有者，須視為銷售開立發票（D）營業人銷售代銷貨物者須視為銷售開立發票。（111 年普考）

（D）45. 依據我國加值型及非加值型營業稅法之規定，下列進口貨物何者不符合免徵營業稅之規定？（A）進口本國之古物（B）進口肥料（C）進口金條、金塊、金片、金幣（D）進口未經加工之生鮮農、林、漁、牧產物。（111 年普考）

（A）46. 依加值型及非加值型營業稅法規定，有關營業稅之課徵，下列敘述何者錯誤？（A）營業人因進貨退出或折讓而收回之營業稅額，得於發生進貨退出或折讓之次期進項稅額中扣減之（B）加值型及非加值型營業稅法第 14 條所定之銷售額，為營業人銷售貨物或勞務所收取之全部代價，包括營業人在貨物或勞務之價額外收取之一切費用。但本次銷售之營業稅額不在其內（C）營業人自用乘人小汽車之進項稅額，不得扣抵銷項稅額（D）典當業得依查定之銷售額計算之。（111 年會計師）

（A）47. 依加值型及非加值型營業稅法規定，營業人銷售下列何種貨物或勞務，不適用免徵營業稅？（A）報社銷售之廣告及電視臺之廣告播映（B）土地（C）碾米加工（D）依第四章第二節規定計算稅額之營業人，銷售其非經常買進、賣出而持有之固定資產。（111 年會計師）

（B）48. 依加值型及非加值型營業稅法及相關規定，營業人是某觀光飯店，下列哪一項進項稅額，不得扣抵銷項稅額？（A）購買載運貨物用小貨車（B）購置總經理專用五人座座車（C）購買載運員工上、下班用大型客車（D）購置至機場接送旅客之客貨兩用車。（111 年會計師）

（C）49. 依加值型及非加值型營業稅法及相關規定，有關統一發票之敘述，下列何者正確？（A）全部營業人皆可使用收銀機統一發票（B）使用收銀機開立統一發票之營業人，亦適用「每日彙開發票」之規定（C）使用發票之營業人，於開立發票時，應依時序開立（D）營業人支付各項費用而取具載有買受人營利事業統一編號之進項發票，亦可參加統一發票兌獎。（111 年會計師）

（B）50. 依加值型及非加值型營業稅法規定，甲公司是一間銷售應稅貨物的零售商，假設本期甲公司總共僅開立 3 張二聯式統一發票，金額分別為 1,200 元、5,000 元及 3,600 元，甲公司本期依法應申報之銷售額為多少？（A）490 元（B）9,333 元（C）9,800 元（D）10,290 元。（111 年會計師）

（D）51. 依加值型及非加值型營業稅法及相關法規規定，為因應經濟特殊情況，調節物資供應，行政院得對進口下列何種貨物機動調整應徵之營業稅？（A）蕎麥（B）飼料（C）麵粉（D）玉米。（111 年會計師）

（C）52. 下列何者進項稅額不得扣抵銷項稅額？①交際應酬用之貨物②機器設備③自用乘人小汽車④勞軍用之貨物⑤捐贈慈善單位之貨物（A）①②③（B）①②④（C）①③⑤（D）③④⑤。（111年記帳士）

（D）53. 依現行稅法，有陪侍服務酒吧的特種飲食業，營業稅稅率是多少？（A）百分之五（B）百分之十（C）百分之十五（D）百分之二十五。（111年記帳士）

（B）54. 依現行稅法，小規模營業人的定義為下列何者？①無固定營業場所②規模狹小③交易零星④每月銷售額免用統一發票（A）①②③（B）②③④（C）①②④（D）①③④。（111年記帳士）

（B）55. 營業人發行「憑券兌付一定數量之貨物」的商品禮券，應於何時開立統一發票？（A）兌付貨物時（B）出售禮券時（C）月底（D）年底。（111年記帳士）

（B）56. 跨境電商銷售電子勞務予境內自然人，有關課徵營業稅之相關規定何者是錯誤的？（A）營業稅之納稅義務人為營業人（B）在境內無營業場所者，不須辦理稅籍登記（C）在境內無營業場所者，年銷售額超過48萬元，應自行辦理稅籍登記並報繳營業稅（D）在境內無營業場所者，年銷售額超過48萬元，應委託境內代理人辦理稅籍登記並報繳營業稅。（111年記帳士）

（B）57. 依現行稅法，統一發票給獎經費，由全年營業稅收入總額中提出多少支應？（A）1%（B）3%（C）5%（D）10%。（111年記帳士）

（C）58. 依加值型及非加值型營業稅法，下列何者不適用「視為銷售」之規定？（A）營業人銷售代銷貨物（B）營業人委託他人代銷貨物（C）因信託成立，委託人將貨物移轉給受託人（D）營業人以自己名義代購貨物交付給委託人。（111年記帳士）

（D）59. 外國技藝表演業，將在我國境內演出7日，並於演出後於境內觀光旅遊1個月後出境，其表演收入應於何時報繳營業稅？（A）入境時（B）出境時（C）演出前15日內（D）演出結束後15日內。（111年記帳士）

（A）60. 依查定計算營業稅額之特種飲食業，由主管稽徵機關隔多久填發繳款書通知繳納一次？（A）每月（B）每兩個月（C）每三個月（D）每六個月。（111年記帳士）

（D）61. 依現行稅法，營業稅納稅義務人虛報進項稅額，除追繳稅款外，處多少罰鍰？（A）新臺幣一千五百元以上一萬五千元以下（B）新臺幣三千元以上三萬元以下（C）新臺幣五千元以上五萬元以下（D）所漏稅額五倍以下。（111年記帳士）

（D）62. 受託人因公益信託義賣貨物之收入，除支付必要費用外全部做該公益使用，有關此銷售貨物收入，下列何者正確？（A）收入計入受託人之銷售額；課徵營業稅（B）收入計入受託人之銷售額；免徵營業稅（C）收入不計入受託人之銷售額；課徵營業稅（D）收入不計入受託人之銷售額；免徵營業稅。（111年記帳士）

（D）63. 以自動販賣機從事下列何者行為應逐筆開立統一發票交付買受人？①銷售遊戲點數卡②銷售食品③銷售飲料④銷售書籍⑤收取停車費（A）①②③（B）①③④（C）①④⑤（D）

②③⑤。（111 年記帳士）

（B）64. 在下列何者情形，主管稽徵機關應停止營業人購買統一發票？①受停止營業處分②無進貨事實虛報進項稅額③遷移營業地址未辦理變更登記④開立不實統一發票⑤滯欠營業稅未繳清（A）①②（B）①④（C）②③④（D）②③⑤。（111 年記帳士）

（D）65. 依據加值型及非加值型營業稅法規定，下列何者不視為銷售貨物？（A）營業人以其產製、進口、購買供銷售之貨物，轉供營業人自用（B）營業人解散或廢止營業時將所餘存之貨物分配與股東（C）營業人以自己名義代為購買貨物交付與委託人者（D）因信託行為成立，委託人與受託人間移轉信託財產。（111 年地方五等特考）

（C）66. 甲公司 110 年 3、4 月份進項稅額 85,000 元（其中包括購買固定資產之營業稅 32,000 元），銷項稅額 30,000 元，另有外銷銷售額 200,000 元，試問甲公司當期營業稅可退稅金額？（A）0 元（B）32,000 元（C）42,000 元（D）55,000 元。（111 年地方五等特考）

（C）67. 依據加值型及非加值型營業稅法規定，下列貨物或勞務免徵營業稅有幾項？①未經加工之生鮮農產品②出售之土地③報社銷售之廣告④農耕用機器設備之用油⑤金飾之加工費⑥麵粉之銷售及碾米加工（A）2 項（B）3 項（C）4 項（D）5 項。（111 年地方五等特考）

（A）68. 有關非加值型營業稅之稅率規定，下列何者正確？①銀行業經營專屬本業之銷售額為 5% ②銀行業經營非專屬本業之銷售額為 2% ③保險業之再保費收入為 1% ④酒家及有陪侍服務之茶室為 25% ⑤銷售農產品之小規模營業人為 1%（A）①③④（B）①②③④（C）①③④⑤（D）①②③⑤。（111 年地方五等特考）

（B）69. 甲商店係小規模營業人，110 年 4、5、6 月份經主管稽徵機關查定每個月銷售額為新臺幣 150,000 元，經按其申報符合規定之可扣抵進項稅額合計為 20,000 元，試問甲商店該期應納營業稅稅額為多少？（A）1,500 元（B）2,500 元（C）3,500 元（D）4,500 元。（111 年地方五等特考）

（B）70. 符合規定之小規模營業人通常依查定銷售額按規定稅率計算營業稅，但小規模營業人亦可申請按加值型營業稅納稅，但經核准後幾年內不得申請變更？（A）1 年（B）3 年（C）5 年（D）10 年。（111 年地方五等特考）

（D）71. 下列有關營業稅期間之敘述何者錯誤？（A）一般加值型應稅營業人，原則上以每 2 個月為一期申報營業稅（B）銷售貨物或勞務適用零稅率之營業人，得申請以 1 個月為一期申報營業稅（C）依查定銷售額計算營業稅之小規模營業人，主管稽徵機關每 3 個月查定一次（D）依查定銷售額計算營業稅之特種飲食業，主管稽徵機關每 2 個月查定一次。（111 年地方五等特考）

（B）72. 營業人稅籍登記事項如有變更，或營業人合併、轉讓、解散或廢止時，應於事實發生之日起幾日內，向主管稽徵機關申請變更或註銷登記？（A）10 日（B）15 日（C）20 日（D）30 日。（111 年地方五等特考）

（C）73. 下列何者為銷售貨物或勞務，應課徵營業稅？①外銷貨物至美國②會計師提供簽證之服務③公司將原供銷售之商品作為贈送客戶之年節贈禮④銷售與保稅區營業人供營運之貨物⑤個人受僱於公司所提供之勞務（A）①②③④⑤（B）②③（C）①③④（D）②④⑤。（111 年地方五等特考）

（A）74. 下列何項貨物或勞務之銷售，其加值型營業稅之稅率為零？（A）依法設立之免稅商店銷售與過境或出境旅客之貨物（B）出售之土地（C）醫院、診所、療養院提供之醫療勞務、藥品、病房之住宿及膳食（D）金條、金塊、金片、金幣及純金之金飾或飾金。（111 年地方五等特考）

（A）75. A 公司為加值型營業人，111 年 7、8 月內銷金額為 560 萬元，外銷金額為 200 萬元，進項金額總共 320 萬元，取得可扣抵之進項憑證的稅額共計 15 萬元，試問 A 公司該期之應納營業稅額為若干？（A）13 萬元（B）23 萬元（C）22 萬元（D）0 元。（111 年地方五等特考）

（A）76. B 公司為兼營營業人，111 年 7、8 月內銷金額為 500 萬元，其中應稅貨物為 200 萬元，免稅貨物為 300 萬元；進項金額總共 320 萬元，取得可扣抵之進項憑證的稅額共計 15 萬元，試問 B 公司該期之營業稅額為若干？（A）應納稅額 4 萬元（B）應退稅額 5 萬元（C）應納稅額 10 萬元（D）應退稅額 15 萬元。（111 年地方五等特考）

（C）77. 銀行業、保險業適用非加值型營業稅，其經營銀行、保險本業之營業稅稅率為多少？（A）25%（B）3%（C）5%（D）10%。（111 年地方五等特考）

（C）78. 加值型營業人甲公司某期應稅銷售額 3 千萬元（其中含外銷收入 1 千萬元），進項稅額 90 萬元（其中含固定資產進項稅額 40 萬元及交際費進項稅額 5 萬元），上期累積留抵稅額 50 萬元，依加值型及非加值型營業稅法規定，當期應納（退）營業稅額為何？（A）應納 15 萬元（B）應納 30 萬元（C）應退 35 萬元（D）應退 85 萬元。（111 年地方四等特考）

（D）79. 依加值型及非加值型營業稅法規定，營業人漏開統一發票，於法定申報期限前經查獲者，除就短漏開銷售額按規定稅率計算稅額繳納稅款，並應如何處罰？（A）因尚未屆申報期限，自動補開後加息免罰（B）按短漏開銷售額處 5% 罰鍰，但處罰金額不得超過新臺幣 1 百萬元（C）按該漏稅額處 3 倍以下之罰鍰，但處罰金額不得超過新臺幣 1 百萬元（D）按該漏稅額處 5 倍以下之罰鍰，但處罰金額不得超過新臺幣 1 百萬元。（111 年地方四等特考）

（B）80. A 公司為小規模營業人，111 年 1 月份至 3 月份經主管稽徵機關查定之銷售額為 30 萬元，當期購買供營業使用之貨物支付進項稅額 2,000 元（包括宴客 500 元），依加值型及非加值型營業稅法規定，當季之應納稅額為何？（A）3,000 元（B）2,850 元（C）2,000 元（D）1,500 元。（111 年地方四等特考）

（C）81. 下列營業稅零稅率之適用何者錯誤？（A）外銷貨物（B）銷售與保稅區營業人供營運之貨物或勞務（C）保稅區營業人銷售與課稅區營業人輸往課稅區之貨物（D）國際運輸用之船舶。（111 年地方四等特考）

（C）82. 營業人原則上不論有無銷售額，應以幾個月為一期，並於次期開始幾日內，填具規定格式之申報書，向主管稽徵機關申報銷售額、應納或溢付營業稅額？（A）1 個月與 15 日（B）2 個月與 30 日（C）2 個月與 15 日（D）1 個月與 30 日。（111 年地方四等特考）

（C）83. 丙商店為小規模營業人，其今年度 7 月至 9 月份經查定的每月銷售額為 12 萬元，另外該期間申報符合規定的可扣抵進項稅額合計有 1 萬元，試問此小規模營業人該期應納的營業稅額為多少？（A）0 元（B）200 元（C）2,600 元（D）3,000 元。（111 年地方三等特考）

（C）84. A 汽車公司本期自國外進口汽車一部，海關完稅價格為 300 萬元，進口稅捐為 52 萬元，假設該車貨物稅稅率為 30%，試問目前在特種貨物及勞務稅率 10% 之下，該進口交易應納的營業稅額為多少？（A）150,000 元（B）176,000 元（C）228,800 元（D）251,680 元。（111 年地方三等特考）

（D）85. 根據加值型及非加值型營業稅法規定，下列有關小規模營業人之敘述何者正確？（A）以非加值型方式計算稅額，且進項稅額不得扣抵（B）以加值型方式計算稅額，但進項稅額最多可扣抵 10%（C）其營業稅率為 0.1%（D）以查定銷售額作為計稅基準。（111 年地方三等特考）

（B）86. 依現行營業稅法規定，下列何者免徵營業稅？①量販店出售之水果罐頭②中華郵政代銷郵票之勞務③學校對外開放之餐廳所銷售之商品及勞務④農會出售在地之生鮮農產品⑤商家出售之銀幣或純銀飾品（A）①②③（B）②④（C）②④⑤（D）③⑤（110 年高考）

（C）87. 依現行營業稅法規定，下列何者適用非加值型營業稅？①連鎖量販店②典當業③保險業④夜總會⑤百貨公司（A）①②③④⑤（B）①②③④（C）②③④（D）①③④（110 年高考）

（A）88. 依營業稅法規定，營業人開立統一發票，應行記載事項未依規定記載或所載不實者，除通知限期改正或補辦外，並按統一發票所載銷售額，原則上處百分之多少罰鍰？（A）百分之一（B）百分之二（C）百分之三（D）百分之五（110 年高考）

（C）89. 依加值型及非加值型營業稅法規定，下列何者之進項稅額得扣抵銷項稅額？（A）捐贈公益慈善團體之支出（B）購入小汽車供經理用（C）購入小貨車供載貨用（D）公司員工聚餐之費用（110 年普考）

（C）90. 依加值型及非加值型營業稅法規定，下列營業稅之納稅義務人何者錯誤？（A）銷售貨物之營業人（B）進口貨物之收貨人（C）外國之事業、機關、團體、組織，在中華民國境內無固定營業場所，銷售電子勞務予境內自然人者，其所銷售勞務之買受人（D）符合免稅規定之農業用油、漁業用油有轉讓或移作他用而不符免稅規定者，為轉讓或移作他用之人（110 年普考）

（A）91. 依加值型及非加值型營業稅法規定，下列何者不視為銷售貨物？（A）非以營利為目的之事業、機關、團體、組織，以其產製、進口、購買之貨物，無償移轉他人所有，而其進項稅額並未申報扣抵銷項稅額者（B）營業人以自己名義代為購買貨物交付與委託人者（C）營業人

解散或廢止營業時將貨物抵償債務人（D）營業人委託他人代銷貨物（110年普考）

（D）92. 假設甲君在連鎖便利商店購買一項售價新臺幣210元之玩具，該便利商店進貨成本為160元，有關營業稅之敘述，下列何者錯誤？（A）統一發票所載售價210元內含營業稅10元（B）便利商店進貨時產生進項稅額8元（C）營業稅原則為兩個月一期，由便利商店自動報繳（D）當期銷項稅額減除進項稅額後如為負數原則可直接退稅（110年普考）

（D）93. 有關進口貨物課徵營業稅，下列敘述何者正確？（A）納稅義務人為國外生產該貨物之事業、機關、團體、組織（B）原則上兩個月為一期，計算該期間進口金額並自行繳納（C）進入保稅區之保稅貨物應立即課徵營業稅（D）稅基為關稅完稅價格＋進口稅＋貨物稅或菸酒稅或菸品健康福利捐（110年普考）

（D）94. 依加值型及非加值型營業稅法及相關規定，勞務承攬業，其銷售憑證開立時限為何？（A）簽約時（B）結算時（C）依合約所載每期應收價款時（D）收款時（110年會計師）

（B）95. 依加值型及非加值型營業稅法及相關法規規定，甲公司將自行產製的小汽車贈與績優經銷商，應如何處理？（A）應視為銷售並按該公司該小汽車之銷貨成本開立統一發票（B）應視為銷售並按當時該小汽車之時價開立統一發票（C）應視為銷售，但免開立統一發票（D）免視為銷售並免開立統一發票，但應將該小汽車由銷貨成本科目轉為業務推廣費用科目入帳（110年會計師）

（A）96. 依加值型及非加值型營業稅法及相關規定，下列何項進項稅額不得扣抵銷項稅額？（A）辦理員工伙食之進項稅額（B）業務檢討會餐費之進項稅額（C）員工於辦公處所使用衛生紙之進項稅額（D）為工程施工需要供施工人員住宿租金之進項稅額（110年會計師）

（B）97. 依加值型及非加值型營業稅法及相關法規規定，下列何者免由海關代徵營業稅？（A）買家上網訂購衣物並自國外進口完稅價格新臺幣2,500元（B）自網路下載電子書刷卡付款新臺幣2,000元（C）我國甲公司上網向外國A公司購買軟體新臺幣15,000元並以磁碟寄送（D）自國外進口農耕用之機器設備新臺幣200萬元（110年會計師）

（B）98. 依加值型及非加值型營業稅法規定，進口下列何種貨物免徵營業稅？（A）飼料（B）金條、金塊、金片（C）未經加工生鮮農產品（D）已課菸酒稅之菸酒（110年會計師）

（D）99. 英國A大學將該大學之一套圖書資料庫透過網際網路提供給我國乙大學使用，每年該大學須支付新臺幣（下同）525萬元給A大學，本項交易行為應如何繳納營業稅？（A）英國A大學於收取款項當期，向國稅局自動報繳25萬元營業稅（B）我國乙大學於給付報酬之次期開始15日內，向國稅局報繳26.25萬元（C）我國乙大學於給付報酬之次期開始15日內，向國稅局報繳25萬元（D）本案免繳納營業稅（110年會計師）

（C）100. 依加值型及非加值型營業稅法規定，甲公司有下列進項憑證，何者不得提出申報扣抵銷項稅額？（A）依營業稅法第3條第3項第1款規定視為銷售貨物，自行開立載有營業稅額的統一發票（B）電信公司開立載有甲公司抬頭及營業稅額的電信費統一發票（C）甲公司購買供一般員工使用的自用乘人小汽車，所取得載有營業稅額的統一發票（D）乙公司收到甲公司預付訂金，所開立載有營業稅額的統一發票（110 年會計師）

（D）101. 依加值型及非加值型營業稅法規定，甲公司為我國境內一家開立電子發票之營業人，有關開立電子發票之方式，下列敘述何者正確？（A）甲公司銷售貨物給非營業人時，應於開立電子發票後 7 日內，將統一發票資訊傳輸至平台存證（B）甲公司銷售貨物給營業人時，應於開立電子發票後 10 日內，將統一發票資訊傳輸至平台存證（C）甲公司銷售貨物給非營業人，每筆銷售額與銷項稅額合計未滿新臺幣 50 元時，除買受人要求者外，甲公司得免逐筆開立統一發票，但應於每日營業終了時，按總金額彙開一張統一發票（D）甲公司開立電子發票，應有存根檔、收執檔及存證檔（110 年會計師）

（C）102. 依據統一發票使用辦法第 22 條之規定，營業人對當期購買之統一發票賸餘空白未使用部分，應如何處理？（A）得報請稽徵機關核准，留供下期繼續使用（B）應繳回稽徵機關（C）應予截角作廢保存（D）應予以銷毀（110 年記帳士）

（A）103. 依據統一發票使用辦法第 12 條之規定，營業人以貨物與他人交換貨物者，應於何時開立統一發票？（A）換出貨物時（B）取得換入貨物時（C）以取得換入貨物時或換出貨物時之較先者（D）以取得換入貨物時或換出貨物時之較後者（110 年記帳士）

（C）104. 營業人之交易，下列何者免徵營業稅？①國內出售黃金條塊②進口黃金條塊③國內銷售生鮮農產品④進口生鮮農產品（A）①④（B）②④（C）①②③（D）②③④（110 年記帳士）

（B）105. 甲公司為加值型營業稅之營業人，當期國內應稅銷售額為 600 萬元，外銷銷售額 100 萬元，因進貨及費用而取得之進項稅額為 25 萬元，上期累積留抵稅額 10 萬元，則該公司本期營業稅：①應納稅額 5 萬元②應退稅額 5 萬元③留抵稅額 5 萬元④退稅限額 5 萬元（A）①④（B）②④（C）①③④（D）②③④（110 年記帳士）

（C）106. 有關小規模營業人之敘述，下列何者錯誤？（A）銷售額由主管稽徵機關查定（B）由主管稽徵機關每三個月填發繳款書通知繳納一次（C）進項稅額皆不得扣減應納稅額（D）免申報營利事業所得稅（110 年記帳士）

（D）107. 營業人專營免稅營業項目者，下列敘述何者正確？①免辦理營業登記②免開立統一發票③免辦理營業稅申報④進項稅額不得申請退還（A）①②③④（B）②③④（C）③④（D）④（110 年記帳士）

（A）108. 甲公司為兼營營業人，假設其當期加值型營業稅應稅銷售額 30 萬元，免稅銷售額 30 萬元，零稅率銷售額 30 萬元，則進項稅額不得扣抵比例為何？（A）33%（B）33.33%（C）66.66%（D）67%（110 年記帳士）

（A）109. 下列何者得免用統一發票？①營業人取得之賠償收入②娛樂業之門票收入③獨資事業④電視臺之廣告播映（A）①②（B）③④（C）②③（D）①②③（110 年記帳士）

（A）110. 納稅義務人，有下列何種情形，除追繳稅款外，按所漏稅額處五倍以下罰鍰，並得停止其營業？①虛報進項稅額②經核定應使用統一發票而不使用③未依規定申請稅籍登記而營業④於帳簿爲虛僞不實之記載（A）①③（B）②④（C）③④（D）①②（110 年記帳士）

（C）111. 下列何者非我國加值型及非加值型營業稅之課稅範圍？（A）國際運輸事業自中華民國境內載運貨物出境者（B）外國保險業自中華民國境內保險業承保再保險（C）貨物自國外進入海關管理之物流中心（D）銷售貨物之交付須移運者，其起運地在中華民國境內（110 年記帳士）

（C）112. 下列何者之營業稅稅率爲百分之一？①理髮業②農產品批發市場之承銷人③計程車業④有陪侍服務之茶室（A）①②（B）③④（C）①③（D）②④（110 年記帳士）

（C）113. 依加值型及非加值型營業稅法規定，進口菸品於計算其營業稅應納稅額時，其稅基爲何？（A）不包括菸品之菸稅額及菸品健康福利捐（B）包括菸品之菸稅額，但不包括菸品健康福利捐（C）同時包括菸品之菸稅額及菸品健康福利捐（D）包括菸品健康福利捐，但不包括菸品之菸稅額（110 年記帳士）

（B）114. 下列何種情況溢付之營業稅得申請退還？①因銷售免稅貨物或勞務②因購置自用乘人小汽車③因進口機器設備④因合併註銷登記（A）①②（B）③④（C）①③（D）②④（110 年記帳士）

（D）115. 下列情形何者非視爲銷售貨物？（A）營業人以其產製供銷售之貨物，轉供營業人自用（B）營業人將貨物抵償債務（C）營業人委託他人代銷貨物者（D）因信託行爲成立，委託人與受託人間移轉信託財產（110 年記帳士）

（B）116. 依加值型及非加值型營業稅法之規定，營業人報繳營業稅之方式，下列敘述何者錯誤？（A）因取得固定資產而溢付之營業稅可以申請退稅（B）非加值型營業人，銷售其非經常買進、賣出而持有之固定資產，應開立發票（C）因銷售適用零稅率貨物或勞務而溢付之營業稅可以申請退稅（D）加值型營業人委託他人代銷貨物者視爲銷售，應開立發票（110 年地方五等特考）

（C）117. 爲鼓勵小規模營業人取具進項發票，營業稅法規定其取得可扣抵進項稅額，可按一定比率抵繳其查定之營業稅，此一比率爲：（A）3%（B）5%（C）10%（D）20%（110 年地方五等特考）

（D）118. 依加值型及非加值型營業稅法規定，營業人以貨物與他人交換貨物者，其銷售額應如何認定？（A）換入貨物之時價（B）換出貨物之時價（C）換出或換入貨物之時價從低認定（D）換出或換入貨物之時價從高認定（110 年地方五等特考）

（B）119. 依加值型及非加值型營業稅法規定，國際客運事業自我國境內承載旅客出境，其銷售額之計算標準爲何？（A）自境內承載旅客出境的全部票價（B）自境內承載旅客至境外第一站的票價（C）自境內承載旅客出境的全部票價之 50%（D）自境內承載旅客出境的全部票價之 45%（110 年地方五等特考）

（C）120. 情況 1：在我國境內無固定營業場所之外國事業 A，銷售勞務予我國營業人 B；情況 2：在我國境內無固定營業場所之外國事業 A，銷售電子勞務予我國自然人甲，請問營業稅的納稅義務人分別是：（A）情況 1 納稅義務人是 A；情況 2 納稅義務人是甲（B）情況 1 納稅義務人是 A；情況 2 納稅義務人是 A（C）情況 1 納稅義務人是 B；情況 2 納稅義務人是 A（D）情況 1 納稅義務人是 B；情況 2 納稅義務人是甲（110 年地方五等特考）

（A）121. 有關特種營業稅之稅率規定，下列敘述何者正確？①小規模營業人爲 0.5% ②視障按摩業爲 1% ③保險業之再保費收入爲 1% ④一般咖啡廳爲 15%（A）②③（B）①③④（C）②③④（D）①②（110 年地方五等特考）

（A）122. 保稅區內之外銷事業，銷售貨物至國內非保稅區之營業人，依法應如何課徵營業稅？（A）由海關代徵營業稅（B）適用零稅率（C）免徵營業稅（D）不屬於營業稅課稅範圍（110 年地方五等特考）

（B）123. A 公司以其產製、進口、購買供銷售之貨物，無償移轉他人所有者，應如何課稅？（A）以零稅率課徵營業稅（B）視爲銷售，應依時價開立發票課徵營業稅（C）非屬銷售行爲，免課營業稅（D）課徵贈與稅（110 年地方五等特考）

（A）124. 下列何種國稅非由國稅局辦理稽徵程序？（A）進口時繳納之關稅、貨物稅及營業稅（B）營利事業 105 年以後購入之土地，110 年 11 月出售時應分開計稅合併報繳之所得稅（C）出口適用零稅率辦理營業稅退稅（D）外國人死亡時辦理遺產稅之申報（110 年地方五等特考）

（B）125. 依加值型及非加值型營業稅法之規定，下列敘述何者正確？（A）新竹科學工業園區及其他經事業主管機關核准設立且由交通部民用航空局監管之專區，皆屬保稅區之認定範圍（B）依法登記之雜誌社，銷售其本事業之出版品免納營業稅（C）進口貨物之納稅義務人爲該次交易之付款人（D）因應經濟特殊情況，調節物資供應，對進口玉米或黃豆應徵之營業稅，得由國稅局機動調整之（110 年地方四等特考）

（A）126. 依加值型及非加值型營業稅法之規定，下列各航空公司飛行路線有關營業稅之規定，何者正確？（A）本國籍航空公司搭載客、貨自臺灣本島至美國某機場，該航程之票價及運費收入適用零稅率（B）本國籍航空公司搭載客、貨自臺灣離島至臺灣本島，該航程之票價及運費收入應課徵營業稅（C）外國籍航空公司搭載客、貨自新加坡某機場至臺灣本島，該航程之票價及運費收入應課徵營業稅（D）外國籍航空公司搭載客、貨自臺灣本島至臺灣離島，該航程之票價及運費收入適用零稅率（110 年地方四等特考）

（B）127. 下列何者須課徵營業稅？（A）銷售稻米（B）公司債交易所收取之手續費（C）供應之農田灌溉用水（D）雜誌社銷售其本事業之出版品（110 年地方四等特考）

（A）128. 下列有關營業稅稅率之規定，何者正確？（A）酒家爲 25%（B）有陪侍服務之 KTV 爲 15%（C）無陪侍服務之 KTV 爲 10%（D）銷售農產品之小規模營業人爲 1%（110 年地方四等特考）

（A）129. 甲商號爲適用查定課徵營業稅之小規模營業人，110 年 1 至 3 月份的銷售額經主管稽徵機關查定爲每月新臺幣180,000元，另經其申報符合規定之可扣抵進項稅額110年1至3月合計爲15,000元，則該商號當期的營業稅應納稅額爲多少？（A）3,900元（B）4,200元（C）6,800元（D）7,500元（110年地方三等特考）

（A）130. 有關營業稅之申報繳納，下列何者正確？①一般加值型營業人應以每2個月爲一期，於次期開始15日內申報②營業人銷售適用加值型及非加值型營業稅法規定之免稅貨物者，得申請以每月爲一期申報繳納③按查定計算營業稅額之小規模營業人，由主管稽徵機關查定其銷售額及稅額，每3個月塡發繳款書通知繳納一次④按查定計算營業稅額之特種飲食業營業人，由主管稽徵機關查定其銷售額及稅額，每2個月塡發繳款書通知繳納一次⑤應辦理申報繳納營業稅之營業人，當期無銷售額者，仍應辦理營業稅申報（A）①③⑤（B）①③④（C）①②⑤（D）①②④（110年地方三等特考）

（B）131. 下列何者非適用營業稅零稅率之貨物或勞務？（A）免稅商店銷售與過境或出境旅客之貨物（B）甲公司介紹國內乙公司向國外A廠商進口原料，取得之外匯佣金收入（C）丙公司接受國外B客戶訂購貨物後，轉向第三國C供應商訂貨並由C供應商直接交貨給B客戶，按佣金收入列帳之信用狀差額（D）公司銷售與個人經營之遠洋漁船所使用之貨物（110年地方三等特考）

（A）132. 下列有關營業稅課稅範圍之敘述，何者正確？（A）營業人進口貨物，除符合加值型及非加值型營業稅法第9條免徵營業稅規定外，應於進口時由海關代徵營業稅（B）個人與在中華民國境內無固定營業場所之外國公司簽約購買大廈設計藍圖，非屬營業稅課稅範圍（C）自國外進入我國政府核定之自由貿易港區及保稅工廠、保稅倉庫、物流中心等區，應於進入該等專區時由海關代徵營業稅（D）醫院出租財產取得租金收入，免課徵營業稅，應由承租人依所得稅法第88條規定按給付之租金扣繳所得稅款（110年地方三等特考）

（D）133. 我國現行營業稅之課稅，下列敘述何者錯誤？（A）營業稅爲境內消費稅，對於在我國境內銷售貨物或勞務以及進口貨物或勞務課稅（B）一般營業稅屬於多階段加值型營業稅，對於每個銷售流程課稅，只就每一個銷售階段的加值部分課稅，以避免重複課稅（C）在買賣業，於發貨時應開立發票納稅，對於應收帳款課稅，嗣後該應收帳款變成呆帳，可能無法轉嫁給買受人負擔（D）營業稅屬於間接稅，轉嫁給最終消費者負擔，而銷售出口貨物則給予銷售免稅（109年高考）

（D）134. 外國之事業、機關、團體、組織，在中華民國境內無固定營業場所，銷售電子勞務予境內自然人，在何種條件下應向主管稽徵機關申請稅籍登記及報繳營業稅？（A）月銷售額達新臺幣48萬元（B）月銷售額逾新臺幣48萬元（C）年銷售額達新臺幣48萬元（D）年銷售額逾新臺幣48萬元（109年高考）

（B）135. 依加值型及非加值型營業稅法規定，下列何者並非零稅率之適用範圍？（A）出口原物料到美國（B）非保稅區營業人向保稅區營業人購買機器設備（C）位於新竹科學工業園區內之

A 公司向同樣位於園區內之 B 公司提供技術服務（D）位於楠梓加工出口區內之 C 公司銷售機器給新竹科學工業園區內之 D 公司（109 年高考）

（A）136. 量販店所銷售之下列商品，何者須課徵營業稅？（A）鳳梨罐頭（B）新鮮水果（C）雞蛋（D）鮮乳（109 年高考）

（B）137. 有關進口貨物或勞務之現行營業稅課稅方式，下列敘述何者正確？（A）爲鼓勵國人愛用國貨之經濟政策目的，對於進口貨物或勞務納入課徵營業稅（B）基於統治權行使範圍考量，爲便於稽徵機關調查課稅，進口貨物，不論進口人爲營業人或自然人，均以進口人爲納稅義務人，並由海關代徵（C）爲公平課稅，價格金額低於新臺幣 2 千元之進口貨物，於進口時，由快遞業者作爲代繳營業稅捐之義務人（D）爲提升稽徵效率，跨境電商銷售勞務與國內營業人時，以境外電商爲營業稅納稅義務人（109 年高考）

（B）138. 甲按摩店係一依法取得從事按摩資格之視覺功能障礙者經營，且全部由視覺功能障礙者提供按摩勞務之按摩業，經主管稽徵機關查定之本期每月平均銷售額爲 15 萬元，其本期應繳納之營業稅爲多少？（A）15,000 元（B）4,500 元（C）3,000 元（D）450 元（109 年普考）

（D）139. 根據加值型及非加值型營業稅法，對於銀行業、保險業、信託投資業、證券業、期貨業、票券業及典當業之營業稅稅率敘述，下列何者錯誤？（A）各業經營非專屬本業之銷售額皆適用由行政院所定之徵收率；最低不得少於 5%、最高不得超過 10%（B）銀行業經營銀行本業銷售額之稅率爲 5%（C）信託投資業、證券業、期貨業、票券業及典當業經營本業之銷售額稅率爲 2%（D）保險業之再保費收入之稅率爲 2%（109 年普考）

（D）140. A 公司當期（07 ～ 08 月）之營業稅資料如下：

進項	金額（不含稅）	稅額
一般進項	960,000 元	48,000 元
購買固定資產	600,000 元	30,000 元
銷項		
應稅	500,000 元	25,000 元
零稅率	300,000 元	0 元

A 公司當期溢付稅額應留抵應納營業稅與退還之金額分別爲：（A）53,000 元與 0 元（B）0 元與 53,000 元（C）45,000 元與 8,000 元（D）8,000 元與 45,000 元（109 年普考）

（A）141. 依加值型及非加值型營業稅法規定，下列何者免徵營業稅？①出售之土地②碾米加工③人壽保險、年金保險、健康保險退保收益及退保收回之責任準備金④進口金條⑤進口農耕用之機器設備（A）僅①②④（B）僅①②④⑤（C）僅①②③（D）僅③④⑤（109 年普考）

（D）142. 依加值型及非加值型營業稅法及其相關規定，甲公司委託乙公司代銷貨物，下列敘述何者正確？（A）甲公司將貨物送至乙公司時，因貨物未移轉所有權，故免開立統一發票予乙公司

（B）乙公司銷售貨物時，應使用甲公司之發票按照約定價格開立（C）乙公司得與買受人議定價格，按照議定後新價格開立統一發票予買受人（D）甲、乙兩公司應在二個月內結算代銷佣金（109 年會計師）

（C）143. 依加值型及非加值型營業稅法規定，下列何者不計入營業稅之銷售額？（A）菸酒稅（B）菸品健康福利捐（C）娛樂稅（D）貨物稅（109 年會計師）

（C）144. 下列何者非屬加值型及非加值型營業稅法規定之納稅義務人？（A）進口貨物之持有人（B）轉讓漁業用油移作他用而不符免稅規定之人（C）銷售電子勞務予境內營業人使用之在中華民國境內無固定營業場所之國外網路業者（D）在中華民國境內無固定營業場所之外國國際運輸事業之我國境內代理人（109 年會計師）

（C）145. 按一般稅額計算之營業人購買下列貨物或勞務，依加值型及非加值型營業稅法及相關法規規定，下列何者不得申報進項稅額扣抵銷項稅額？（A）供捐贈政府機關做爲急難救助之用品（B）員工業務出差住宿飯店之費用（C）招待經銷商用餐之費用（D）購買貨車（109 年會計師）

（D）146. 依加值型及非加值型營業稅法及相關法規規定，下列何者適用稅率 25% ？（A）有娛樂節目之餐飲店（B）夜總會（C）有樂團駐唱之餐廳（D）有陪侍服務之咖啡廳（109 年會計師）

（A）147. 下列敘述何者不符合加值型及非加值型營業稅法之規定？（A）因信託行爲成立，委託人依信託契約，將信託財產移轉與受託人，應按該信託財產之時價，作爲視爲銷售貨物之銷售額並申報繳納營業稅（B）委託代銷之委託人運送貨物交付受託人時，應依代銷契約所約定代銷貨物價格，作爲視爲銷售貨物之銷售額（C）受託代購時，受託人應依代購貨物實際購買價格，作爲視爲銷售貨物之銷售額（D）委託代銷之受託人銷售貨物與買受人時，應依代銷契約所約定代銷貨物價格，作爲視爲銷售貨物之銷售額（109 年會計師）

（D）148. 依加值型及非加值型營業稅法規定，下列何者免徵營業稅？（A）白金項鍊（B）公車儲值卡（C）電話卡（D）代銷郵票之勞務（109 年會計師）

（B）149. 甲公司於 109 年 5 月 1 日向乙公司承租辦公室一間，每月租金 70,000 元（含營業稅），另付押金 210,000 元，假設當年 1 月 1 日郵政定期儲金一年期固定利率爲 2%，甲公司此項租賃依加值型及非加值型營業稅法規定，109 年 5 月之進項稅額爲若干？（甲公司及乙公司均爲一般稅額計算之營業人）（A）3,333 元（B）3,350 元（C）3,469 元（D）3,533 元（109 年會計師）

（C）150. 個人進口郵包之關稅完稅價格，如逾郵包物品進出口通關辦法規定之免稅限額者，依加值型及非加值型營業稅法及相關法規規定，有關營業稅報繳規定之敘述，下列何者正確？（A）應於進口後按關稅完稅價格全額依規定計算稅額，向戶籍所在地國稅局報繳（B）應於進口後就超過免稅限額部分依規定計算稅額，向戶籍所在地國稅局報繳（C）應於進口時按關稅完稅價格全額依規定計算稅額，向海關報繳（D）應於進口時就超過免稅限額部分依規定計

算稅額，向海關報繳（109 年會計師）

（B）151. 依加值型及非加值型營業稅法規定，有關營業稅免稅規定之敘述，下列何者正確？（A）適用免稅貨物或勞務之營業人，得向財政部申請放棄適用免稅，5 年內不得變更（B）金條、金塊、金片、金幣於進口及境內銷售均免徵營業稅（C）營業人出售之土地及房屋均免徵營業稅（D）肥料及飼料進口及境內銷售均免徵營業稅（109 年記帳士）

（C）152. 依加值型及非加值型營業稅法規定，下列敘述何者正確？（A）在我國有固定營業場所之外國營利事業，銷售貨物予境內營業人，營業稅免徵（B）在我國有固定營業場所之外國營利事業，銷售電子勞務予境內自然人，營業稅納稅義務人為買受人（C）在我國無固定營業場所之外國營利事業，銷售勞務予我國某私立學校研究使用，營業稅免徵（D）個人將免稅農業用油轉賣予非農業使用之營業人，營業稅免徵（109 年記帳士）

（A）153. 依加值型及非加值型營業稅法規定，營業人下列何種溢付稅款不得申請退還，應留抵應納營業稅？①因合併或解散申請註銷登記者，其溢付之營業稅②因銷售適用免稅貨物而溢付之營業稅③因取得固定資產而溢付之營業稅④銷售與保稅區營業人供營運之貨物或勞務而溢付之營業稅⑤因境內銷售房屋而溢付之營業稅（A）②⑤（B）①②（C）③④（D）①⑤（109 年記帳士）

（B）154. 甲公司 109 年 7、8 月的進銷交易如下：內銷銷貨定價 8,400,000 元，外銷銷貨 5,000,000 元，進貨 12,600,000（含稅），購置筆電捐贈財團法人設立之孤兒院 31,500 元（含稅），租用大型汽車載運員工上下班支付之租金 210,000 元（含稅），支付汽車油單 40,000 元（未含稅），進口應稅貨物 50,000 元（未含稅）。試計算甲公司當期營業稅額為何？（A）留抵稅額 213,500 元（B）申請退稅 214,500 元（C）留抵稅額 212,500 元（D）申請退稅 216,000 元（109 年記帳士）

（B）155. 境外電商營業人銷售電子勞務予境內自然人之年銷售額逾新臺幣多少元，應自行或委託報稅之代理人向稽徵機關辦理稅籍登記？（A）24 萬元（B）48 萬元（C）96 萬元（D）120 萬元（109 年記帳士）

（B）156. 採直接扣抵法之兼營營業人進口水果 100 萬元，在國內銷售水果 80 萬元，依加值型及非加值型營業稅法有關營業稅之計算及徵收，下列何者正確？（A）進口需繳納 5% 營業稅，由海關代徵；在國內銷售應繳 5%，其進口之進項稅額可以扣抵，由國稅局徵收（B）進口需繳納 5% 營業稅，由海關代徵；在國內銷售免徵營業稅，其進口之進項稅額不可以扣抵（C）進口及在國內銷售均免徵營業稅，仍須向國稅局申報營業稅（D）進口需繳納 5% 營業稅，在國內銷售免徵營業稅；其進口之進項稅額可以扣抵，均由國稅局徵收（109 年記帳士）

（C）157. 各行業關於營業稅額計算方式及稅率規定，依加值型及非加值型營業稅法，下列敘述何者錯誤？（A）銀行業按特種稅額計算，經營專屬本業之銷售額，其稅率為 5%（B）百貨業按一般稅額計算，其稅率為 5%（C）有陪侍服務之咖啡廳，按特種稅額計算，其稅率為 15%（D）

便利超商，按一般稅額計算，其稅率為 5%（109 年記帳士）

（A）158. 依統一發票使用辦法規定，下列敘述何者正確？①營業人開立不實統一發票，主管稽徵機關應停止其購買統一發票②營業人以貨物與他人交換貨物者，應於換出時，開立統一發票③營業人滯欠營業稅未繳清，主管稽徵機關應停止其購買統一發票④營業人發行商品禮券，禮券上已載明憑券兌付一定數量之貨物者，應於兌換貨物時開立統一發票⑤保稅區營業人銷售予課稅區營業人未輸往課稅區而直接出口之貨物，免開立統一發票（A）①②⑤（B）②③④（C）①②③④（D）①③⑤（109 年記帳士）

（A）159. 下列何者屬於國稅且採累進稅率之稅目？①綜合所得稅②遺產稅及贈與稅③土地增值稅④非加值型營業稅（A）①②（B）①③④（C）①②③（D）①③（109 年記帳士）

（A）160. 依現行加值型及非加值型營業稅法規定，下列那些項目的進項稅額得扣抵銷項稅額？①購進貨物捐贈政府②購買主、副食品供應員工伙食③交際應酬費用④進貨取得合法統一發票⑤購進貨物用以酬勞員工⑥支付銀行利息費用（A）①④（B）②③⑤⑥（C）④⑤⑥（D）②④⑥（109 年記帳士）

（C）161. 外國營利事業在我國境內無固定營業場所，銷售電子勞務予境內自然人者，下列何項為其辦理我國營業稅籍登記之門檻？（A）月銷售額逾 8 萬元（B）月銷售額逾 20 萬元（C）年銷售額逾 48 萬元（D）年銷售額逾 250 萬元（109 年地方五等特考）

（B）162. 外國之營利事業在我國境內無固定營業場所，銷售電子勞務予境內自然人者，自何時起應負營業稅之納稅義務？（A）106 年 1 月 1 日起（B）106 年 5 月 1 日起（C）107 年 1 月 1 日起（D）107 年 7 月 1 日起（109 年地方五等特考）

（A）163. 依照加值型及非加值型營業稅法規定，小規模營業人主要適用的營業稅制為何？（A）由稽徵機關查定銷售額發單課徵（B）由稽徵機關依照發票開立淨額核定課徵（C）按進銷項稅額差額申報繳納（D）按銷售毛額申報繳納非加值型營業稅（109 年地方五等特考）

（C）164. 美商 APP 商店公司在我國境內無固定營業場所，透過網路銷售軟體及手機應用程式給國內個人消費者，請問營業稅應如何課徵？（A）我國沒有課稅權（B）國內個人消費者於付款之次期開始 15 日內，依規定報繳營業稅（C）美商 APP 商店公司自行或委託報稅代理人，向主管機關申請稅籍登記，依規定報繳營業稅（D）美商 APP 商店公司應至我國設立固定營業場所，申請稅籍登記，依規定報繳營業稅（109 年地方五等特考）

（C）165. 某營業人銷售貨物或勞務，銷售額 400,000 元，得扣抵之進項稅額 10,000 元，試問應納營業稅稅額為何？（A）20,000 元（B）15,000 元（C）10,000 元（D）5,000 元（109 年地方五等特考）

（B）166. 某小規模營業人，109 年 1 至 3 月份經主管稽徵機關查定每月銷售額為 120,000 元，經按其申報符合規定之進項稅額 3,000 元，試問 109 年 1 至 3 月應納營業稅額為何？（A）600 元（B）3,300 元（C）3,600 元（D）18,000 元（109 年地方五等特考）

（A）167. 依我國加值型及非加值型營業稅法規定，下列貨物何項於進口時及我國境內銷售時均免徵營業稅？（A）肥料（B）本國古物（C）玉米及黃豆（D）水果（109 年地方四等特考）

（C）168. 依我國加值型及非加值型營業稅法規定，金融業下列何項不適用 5% 稅率課徵營業稅？（A）銀行業本業的銷售額（B）銀行業非專屬本業的銷售額（C）證券業本業的銷售額（D）票券業非專屬本業的銷售額（109 年地方四等特考）

（B）169. 依營業稅法規定，下列敘述何者錯誤？（A）營業人以其產製之貨物轉供自用，視爲銷售貨物（B）在臺無固定營業場所之境外電商，銷售電子勞務予境內營利事業，應向主管稽徵機關申請稅籍登記（C）營業人委託他人代銷貨物，視爲銷售貨物（D）捐贈給政府之貨物，其進項稅額得用以扣抵銷項稅額（109 年地方四等特考）

（C）170. 甲公司本期自國外進口新鮮水果，關稅完稅價格爲新臺幣 250,000 元，關稅稅率 20%，隨即以 472,500 元之價格賣給國內中盤商，則進口及出售時應繳納之營業稅額分別爲多少？（A）進口及出售時之營業稅額皆爲 0（B）0 元、22,500 元（C）15,000 元、0 元（D）15,000 元、22,500 元（109 年地方三等特考）

（C）171. 加值型及非加值型營業稅之納稅義務人，未依規定申請稅籍登記而營業，除追繳稅款外，且按所漏稅額處多少罰鍰，並得停止其營業？（A）2 倍以下（B）3 倍以下（C）5 倍以下（D）10 倍以下（109 年地方三等特考）

（A）172. 下列何種情形下，採用直接扣抵法之兼營營業人於調整報繳當年度最後一期之營業稅，應經會計師或稅務代理人查核簽證？（A）當年度申報扣抵之進項稅額合計逾新臺幣 2,000 萬元（B）當年度銷售金額合計逾新臺幣 1 億元（C）經營買賣業者（D）採間接扣抵法（109 年地方三等特考）

（D）173. 下列何項需計入加值型營業稅之銷售額？①關稅②菸酒稅③菸品健康福利捐④娛樂稅⑤貨物稅⑥奢侈稅（A）①②③④⑤⑥（B）①②③④⑤（C）①②③⑤⑥（D）①②③⑤（109 年地方三等特考）

第 11 章
菸酒稅

焚膏繼晷誤真才，虛牝黃金劇可悲。
半榻橫陳燈似豆，三更獨對滓成堆。
顏容枯稿鳩同色，世界沉淪鴆作媒。
大好光陰燃一炬，南柯何日夢驚回。

臺灣　陳元亨「阿片煙」

我國早期設置菸酒專賣制度，由政府收取專賣利益（monopoly revenues）以裕財政，故在當時停徵所有與菸酒相關的稅負，包括關稅、營業稅及菸酒稅（tobacco and alcohol tax）等。其後隨著加入世界貿易組織（WTO），推行經濟自由化，菸酒需開放民營，乃廢止專賣制度，並於民國 89 年 4 月 19 日公布「菸酒稅法」，91 年 1 月 1 日正式施行，菸酒於焉回歸租稅制度課稅。

菸酒爲具有奢侈屬性之嗜好品，擔稅能力大，且許多醫學研究報告均指出菸酒會危害人體健康，此外，菸酒產品的消費會產生負的外部性（例如二手菸對人體的傷害）及龐大的社會成本（例如酒駕肇事等），故外國多課以較高之稅率，而我國目前菸酒稅負偏低，尚有增稅的空間（林翠芳，2008）。菸酒稅屬於特種消費稅，也是一種間接稅。其課徵目的除了具有財政收入外，誠如上述尚具有「寓禁於徵」的社會政策功能，一般國家對菸酒均採從量課徵。

11-1 課稅範圍

依現行菸酒稅法第 1 條規定，凡本法規定之菸酒，不論在國內產製或自國外進口，均應依本法規定徵收菸酒稅。故其課徵範圍包括國產菸酒及進口菸酒。茲將煙酒的定義說明如下（菸 2）：

一、菸：指全部或一部以菸草或其代用品作爲原料，製成可供吸用、嚼用、含用或聞用之製成品。依上開定義規定可知：菸稅只對菸製品課徵，而菸草及薰菸葉等原料並不在菸稅課徵之列。菸的分類如下：

（一）紙菸：指將菸草切絲調理後，以捲菸紙捲製，加接或不接濾嘴之菸品。

（二）菸絲：指將菸草切絲，經調製後可供吸用之菸品。

（三）雪茄：指以雪茄種菸草，經調理後以塡充葉爲蕊，中包葉包裹、再以外包葉捲包成長條狀之菸品，或以雪茄種菸葉爲主要原料製成，菸氣中具有明顯雪茄菸香氣之非葉捲雪茄菸。

（四）其他菸品：指紙菸、菸絲、雪茄以外之菸品。

二、酒：指含酒精成分以容量計算超過 0.5% 之飲料、其他可供製造或調製上項飲料之未變性酒精及其他製品，但不包括菸酒管理法第 4 條得不以酒類管理之酒類製劑。由上開定義可知，「酒類產品」、「未變性酒精」均應課徵酒稅，但已變性之酒精則不屬於菸酒稅之課稅範圍。又含酒精成分以容量計算超過 0.5% 之飲料課徵菸酒稅，在 0.5% 以下者則課徵飲料品貨物稅。酒的分類如下：

（一）釀造酒類：指以糧穀類、水果類及其他含澱粉或糖分之植物爲原料，經糖化或不經糖化釀製之下列含酒精飲料：

1. 啤酒：指以麥芽、啤酒花爲主要原料，添加或不添加其他穀類或澱粉爲副原料，經糖化發酵製成之含碳酸氣酒精飲料，可添加或不添加植物性輔料。

2. 其他釀造酒：指啤酒以外之釀造酒類，包括各種水果釀造酒、穀類釀造酒及其他經釀造方法製成之酒類，例如：紹興酒、黃酒、葡萄酒、日本清酒等。

（二）蒸餾酒類：指以糧穀類、水果類及其他含澱粉或糖分之植物爲原料，經糖化或不經糖化，發酵後，再經蒸餾而得之含酒精飲料，例如：白蘭地、威士忌、伏特加酒、高粱酒、茅台酒、米酒頭等。

（三）再製酒類：指以酒精、蒸餾酒或釀造酒爲基酒，加入動植物性輔料、藥材或礦物或其他食品添加物，調製而成之酒類，其抽出物含量不低於 2% 者，例如：參茸酒、烏梅酒、梅酒等。

（四）料理酒：指下列專供烹調用之酒：

1. 一般料理酒：以穀類或其他含澱粉之植物性原料，經糖化後加入酒精製得產品爲基酒，或直接以釀造酒、蒸餾酒、酒精爲基酒，加入 0.5% 以上之鹽，添加或不添加其他調味料，調製而成供烹調用之酒；所稱加入 0.5% 以上之鹽，指每 100 毫升料理酒含 0.5 公克以上之鹽。

2. 料理米酒：指以米類爲原料，經糖化、發酵、蒸餾、調和或不調和食用酒精而製成之酒，其成品酒之酒精成分以容量計算不得超過 20%，且包裝標示專供烹調用酒之字樣者。

（五）其他酒類：指前四目以外之酒類，包括粉末酒、膠狀酒、含酒香精及其他未列名之酒類。

（六）酒精：凡含酒精成分以容量計算超過 90% 之未變性酒精。酒精成分指攝氏檢溫器二十度時，原容量中含有乙醇之容量百分比。

補充說明

米酒向來是國人在日常料理中不可或缺之調味品，長期以來主要爲一般家庭烹調使用，原屬平價民生必需品。根據問卷調查大部分民眾將米酒作爲烹調使用，此與現行加鹽料理酒用途近乎相同，故修法時增訂料理米酒之定義，依規定原米酒按蒸餾酒類課稅未來則改按料理酒課徵[1]。

---

1 參見立法院立法理由。

11-2 課徵時點

菸酒稅與貨物稅一樣，只選擇一個時點課徵，亦即菸酒稅是在菸酒出廠或進口時徵收之。換言之，國產菸酒係於產製出廠時課徵，進口菸酒則於進口時徵收。

惟菸酒有下列情形之一者，視爲出廠：

一、在廠內供消費者。

二、在廠內加工爲非應稅產品者。

三、在廠內因依法強制執行或其他原因而移轉他人持有者。

四、產製廠商申請註銷登記時之庫存菸酒。

五、未稅移運至加工、包裝場所或存儲未稅倉庫及廠內，有遇火焚毀或落水沉沒及其他人力不可抵抗災害以外之情事，致短少者（菸 3）。

11-3 納稅義務人

菸酒稅之納稅義務人爲：

一、國內產製之菸酒，爲產製廠商。

二、委託代製之菸酒，爲受託之產製廠商。

三、國外進口之菸酒，爲收貨人、提貨單或貨物持有人。

四、法院及其他機關拍賣尚未完稅之菸酒，爲拍定人。免稅菸酒因轉讓或移作他用而不符免稅規定者，爲轉讓或移作他用之人或貨物持有人（菸 4）。

11-4 減免規定

一、免稅範圍：菸酒有下列情形之一者，免徵菸酒稅（菸 5）：

（一）用作產製另一應稅菸酒者。

（二）運銷國外者。

（三）參加展覽，於展覽完畢原件復運回廠或出口者。

（四）旅客自國外隨身攜帶之自用菸酒或調岸船員攜帶自用菸酒，未超過政府規定之限量者。

二、准予退稅者：已納菸酒稅之菸酒，有下列情形之一者，退還原納菸酒稅（菸

6）：

（一）運銷國外者。

（二）用作製造外銷物品之原料者。

（三）滯銷退廠整理或加工為應稅菸酒者。

（四）因故變損或品質不合政府規定標準經銷毀者。

（五）產製或進口廠商於運送或存儲菸酒之過程中，遇火焚毀或落水沈沒及其他人力不可抵抗之災害，以致物體消滅者。

11-5 課稅項目及稅額

特種消費稅的課稅方式有三種，即從量課稅、從價課稅以及從價與從量的混合制，我國菸酒稅的課稅方式係依國際課稅趨勢採從量課徵，其中菸共分為紙菸、菸絲、雪茄及其他菸品等四類；酒則依其使用原料及製造過程之不同而分為啤酒、其他釀造酒、蒸餾酒、再製酒、米酒、料理酒、其他酒類及酒精等類。茲將課稅項目及稅額說明如下：

一、菸之課稅項目及應徵稅額為（菸 7）

（一）紙菸：每千支徵收新臺幣 1,590 元。

（二）菸絲：每公斤徵收新臺幣 1,590 元。

（三）雪茄：每公斤徵收新臺幣 1,590 元。

（四）其他菸品：每公斤徵收新臺幣 1,590 元或每千支徵收新臺幣 1,590 元，取其高者[2]。詳言之，其他菸品無支數者以公斤為計稅單位，有支數者以公斤或千支為計稅單位，但每千支重量如逾一公斤應以公斤計算，如未達一公斤應以千支計算，即取稅額較高者之計稅單位（菸稽 11）。

說明：基於菸品對人體之危害，各國對於菸品普遍課徵特種消費稅性質之稅捐，期藉由價格之提高，影響消費行為，抑制其對菸品之消費，且為加強其課稅效果，亦有調漲菸品稅捐之趨勢。依行政院衛生署國民健康局統計，我國目前菸品稅捐占菸價比重為 54%，與世界銀行建議菸品稅捐應占菸價 67% 至

2 配合「菸害防制法」修正第 4 條第 1 項第 4 款規定，其他菸品按計量單位「重量」或「支數」計算菸品健康福利捐，從高課徵；復考量其他菸品態樣不一，為避免按「支數」計算應徵稅額大於按「重量」計算之稅額，卻以較低之重量計算稅額課徵菸酒稅而形成低價菸，爰修正第 4 款，定明其他菸品應徵稅額按每公斤或每千支徵收新臺幣 1,590 元，取其高者（參見立法院立法理由）。

80% 之比重相較，我國菸品稅捐負擔尙有調高之空間，且參考國民健康署 96 年委託研究結果，調漲菸捐 25 元得減少 74 萬人吸菸：

1. 現行菸捐與菸酒稅均爲抑制菸品消費之政策工具，基於以價制量，維護國民健康考量，並兼顧政府一般財政收入運用。自 91 年開徵以來，已分別於 95 年及 98 年調整菸捐應徵金額，由每千支新臺幣 250 元調高至每千支新臺幣 1,000 元，而菸品菸酒稅自 91 年開徵以來，迄今未曾調整。歷次菸捐之調漲，因對菸品消費量產生抑制效果，已造成菸品菸酒稅稅收之減損，從 95 年至 101 年止，菸品健康福利捐增加 240 億元，菸稅則減損 43 億元，損及政府一般財政收入。
2. 經參酌世界銀行對菸品稅捐應占菸價比重之建議標準，爰修正第 1 項文字，酌予調高各類菸品由每千支（每公斤）新臺幣 590 元調爲每千支（每公斤）1,590 元[3]。

二、酒之課稅項目及應徵稅額如下（菸 8）

（一）釀造酒類

1. 啤酒：每公升徵收新臺幣 26 元。

2. 其他釀造酒：每公升按酒精成分每度徵收新臺幣 7 元。

（二）蒸餾酒類：每公升按酒精成分每度徵收新臺幣 2.5 元。原每公升徵收新臺幣 185 元[4]，98 年 5 月 13 日修正公布第 8 條條文，將應徵稅額調降爲每公升按酒精成分每度徵收新臺幣 2.5 元，並自 98 年 6 月 1 日施行。使米酒租稅負擔合理化，惟相對的進口酒也一樣適用，將導致菸酒稅短收。

（三）再製酒類：酒精成分以容量計算超過 20% 者，每公升徵收新臺幣 185 元；酒精成分以容量計算在 20% 以下者，每公升按酒精成分每度徵收新臺幣 7 元。

（四）料理酒：每公升徵收新臺幣 9 元。

（五）其他酒類：每公升按酒精成分每度徵收新臺幣 7 元。

（六）酒精：每公升徵收新臺幣 15 元。

我國於 97 年 5 月 7 日修訂公布菸酒稅法，調降料理酒的菸酒稅，由每公升應

---

3 參見立法院立法理由。

4 立法院院會 98 年 4 月 28 日三讀通過「菸酒稅法修正案」，蒸餾酒類每公升按酒精成分每度徵收 2.5 元。院會並通過附帶決議，米酒價格將從現行每瓶 180 元降至不得超過 50 元，預計很快即可實施米酒新價。另外，菸酒稅法實施前，米酒每瓶爲 20 元，當時每年銷售量高達兩億一千萬瓶；菸酒稅法實施後，合法業者生產米酒的銷售量大幅下滑爲每年僅 750 萬瓶。（自由時報，98/04/29）

徵稅額新臺幣 22 元調降為 9 元，以嘉惠消費者，由於料理酒係在酒中加入 0.5% 以上之鹽，其風味與米酒酷似，非常適合食物料理烹調，因此政府鼓勵大家多使用料理酒。藉由此次調降料理酒的稅負，冀能減輕人民的租稅負擔。

11-6 健康福利捐之加徵

抽煙除影響個人健康外，二手煙所造成的空氣污染，亦有害社會大眾，因此對於菸品除課徵上述之稅額外，尚應加徵菸品健康福利捐（health and welfare surcharge on tobacco）。根據菸酒稅法第 22 條，菸品依菸害防制法規定應徵之健康福利捐，由菸酒稅稽徵機關於徵收菸酒稅時代徵之（菸 22）。

菸品健康福利捐係專款專用之捐費，性質上不屬賦稅範疇，菸害防制法第 4 條第 1 項至第 4 項業就其徵收法源、金額、每二年評估一次、用途分配等事項訂有規範，故此次修法將菸酒稅法原第 22 條第 1 項各款有關菸品健康福利捐之金額、第 2 項實施二年重新檢討、第 3 項及第 4 項用途分配之規定刪除。又依菸害防制法第 4 條第 6 項規定，菸品健康福利捐係由菸酒稅稽徵機關於徵收菸酒稅時代徵之[5]。

11-7 納稅程序

一、登記

（一）廠商登記與產品登記：菸酒產製廠商除應依菸酒管理法有關規定，取得許可執照外，與貨物稅相同，均應於開始產製前，向工廠所在地主管稽徵機關辦理菸酒稅廠商登記及產品登記（菸 9）。產製廠商應領用統一發票，並於開立統一發票時載明菸酒之品名及規格。產製廠商兼營銷售其他貨物者，應與菸酒分別開立統一發票。但使用電子發票者，不在此限（菸稽 17）。

（二）變更登記、註銷登記：產製廠商申請登記之事項有變更，或產製廠商解散或結束菸酒業務時，應於事實發生之日起十五日內，向主管稽徵機關申請變更或註銷登記，並繳清應納稅款。

（三）自行停產或他遷不明：產製廠商自行停止產製已滿一年、他遷不明或經中央

---

5 摘自立法院立法理由。

主管機關公告註銷或撤銷、廢止許可者，主管稽徵機關得逕行註銷其登記。但經查獲有未稅存貨、欠繳菸酒稅或違章未結之案件，應俟清理結案後再行註銷（菸 10）。

（四）已核准登記之菸酒，除產品名稱、規格、容量、淨重或酒精成分含量變更應重新辦理產品登記外，其他因原登記事項有變更者，應於產製前向主管稽徵機關申請變更登記。已核准登記之菸酒僅爲包裝上之使用圖樣變更者，應送主管稽徵機關備查。已核准登記之菸酒，停止產製時，應向主管稽徵機關申請註銷產品登記（菸稽 8-1）。

惟菸酒稅在照證管理方面則與貨物稅有所不同，亦即所有完稅菸酒均無開立照證或黏貼繳稅憑證之規定。

二、繳稅（菸 12）

（一）國產應稅菸酒：國產貨物之產製廠商當月份出廠菸酒之應納稅款，應於次月 15 日以前自行向公庫繳納，並依照財政部規定之格式塡具計算稅額申報書，檢同繳款書收據向主管稽徵機關（各地區國稅局）申報。無應納稅額者，仍應向主管稽徵機關申報。

（二）進口應稅菸酒：進口菸酒之納稅義務人，應於菸酒進口時，向海關申報繳納菸酒稅及菸品健康福利捐（菸稽 18），並由海關於徵收關稅時代徵之。

（三）拍賣菸酒：法院及其他機關拍賣尚未完稅之菸酒，拍定人應於提領前向所在地主管稽徵機關申報納稅。

三、不可抗力災害之處理

產製廠商或進口廠商於菸酒出廠或進口放行後，在運送或存儲之過程中，遇火焚毀或落水沉沒及其他人力不可抵抗之災害，以致物體消滅者，得於災害發生後三十日內，檢具損失清單及相關證明文件，向主管稽徵機關報備，俾據以向主管稽徵機關或海關辦理退還菸酒稅及菸品健康福利捐或銷案（菸稽 39）。

11-8 罰則

一、納稅義務人有下列逃漏菸酒稅及菸品健康福利捐情形之一者，除補徵菸酒稅及菸品健康福利捐外，按補徵金額處一倍至三倍之罰鍰（菸 19）：

（一）未依規定於開始產製前，辦理廠商登記及產品登記，擅自產製應稅菸酒出廠者。

（二）於第 14 條規定停止出廠期間，擅自產製應稅菸酒出廠者。

（三）國外進口之菸酒，未申報繳納菸酒稅及菸品健康福利捐者。

（四）免稅菸酒未經補徵菸酒稅及菸品健康福利捐，擅自銷售或移作他用者。

（五）廠存原料或成品數量，查與帳表不符者。

（六）短報或漏報應稅數量者。

（七）菸酒課稅類別申報不實者。

（八）其他違法逃漏菸酒稅或菸品健康福利捐者。

二、**滯報金**：產製廠商未依規定期限申報計算稅額申報書，而已依規定之補報期限申報繳納菸酒稅及菸品健康福利捐者，按應納菸酒稅稅額及菸品健康福利捐金額加徵 1% 滯報金，其金額不得超過新臺幣 10 萬元，最低不得少於新臺幣 1 萬元。產製廠商無應納稅捐者，滯報金為新臺幣 5 千元（菸 17）。

三、**怠報金**：產製廠商逾規定補報期限，仍未辦理申報繳納菸酒稅及菸品健康福利捐者，按主管稽徵機關調查核定之應納菸酒稅稅額及菸品健康福利捐金額加徵 2% 怠報金，其金額不得超過新臺幣 20 萬元，最低不得少於新臺幣 2 萬元。產製廠商無應納稅捐者，怠報金為新臺幣 1 萬元（菸 17）。

四、**滯納金**：納稅義務人逾期繳納菸酒稅及菸品健康福利捐者，應自繳納期限屆滿之次日起，每逾二日按滯納金額加徵 1% 滯納金；逾三十日仍未繳納者，移送強制執行。但因不可抗力或不可歸責於納稅義務人之事由，致不能於法定期間內繳清稅捐，得於其原因消滅後十日內，提出具體證明，向稽徵機關申請延期或分期繳納經核准者，免予加徵滯納金。

前項應納之菸酒稅及菸品健康福利捐，應自滯納期限屆滿之次日起，至納稅義務人自動繳納或強制執行徵收繳納之日止，就其應納菸酒稅及菸品健康福利捐之金額，依郵政儲金一年期定期儲金固定利率，按日計算利息，一併徵收（菸 18）。

說明：

一、依司法院釋字第 356 號及第 616 號解釋意旨，滯報金及怠報金係對納稅義務人違反作為義務之制裁，乃罰鍰之一種，具行為罰性質，考量現行各稅法對於「罰鍰」並無加徵滯納金及利息之規定，對滯報金及怠報金再加徵滯納金及利息，欠缺合理性，有違比例原則，爰刪除原對滯報金及怠報金加徵滯納金及利息之規定，並酌作文字修正。第 1 項末句增列「但因不可抗力或不可歸責於納稅義務人之事由，致不能於法定期間內繳清稅捐，得於其原因消滅後十日內，提出具體證明，向稽徵機關申請延期或分期繳納經核准者，免予加徵滯納金。」

二、依司法院釋字第746號解釋意旨，滯納金兼具遲延利息之性質，如再加徵利息，不符憲法比例原則，與憲法保障人民財產權之意旨有違，爰配合刪除原第2項滯納金加計利息規定。另配合郵政儲金匯業局92年1月1日改制爲中華郵政股份有限公司，爰將「郵政儲金匯業局之一年期定期儲金利率」，修正爲「郵政儲金一年期定期儲金固定利率」[6]。

11-9 其他

一、我國在實施菸酒稅法之前，對於菸酒係採專賣制度，菸酒稅法原規定就超過原專賣價格出售專賣米酒者，應處每瓶新臺幣2千元罰鍰之處罰方式。由於個案處罰顯然過苛，不符憲法比例原則，故於97年11月26日修正公布第21條條文；爰就查獲超過原專賣價格出售專賣時期產製之米酒者，按超過原專賣價格之金額，處一倍至三倍罰鍰，以符合比例原則，並達到懲罰不法業者投機取巧目的。

二、本法有關登記、稽徵、免稅及退稅事項之規則，由財政部定之（菸20）。

三、**稅收用途**：本法中華民國106年4月21日修正之條文施行後，依第7條規定應徵稅額課徵之菸酒稅，屬應徵稅額超過每千支（每公斤）新臺幣590元至1,590元之稅課收入，撥入依長期照顧服務法設置之特種基金，用於長期照顧服務支出，不適用財政收支劃分法之規定（菸20-1）。

說明：

一、爲配合籌措長期照顧服務財源，爰定明本次菸酒稅菸品應徵稅額每千支（每公斤）徵收新臺幣590元調整至每千支（每公斤）徵收1,590元所增加之稅課收入，撥入依長期照顧服務法設置之特種基金，用於長期照顧服務支出，不適用財政收支劃分法之規定。

二、中華民國106年4月21日修正之條文施行時，如長期照顧服務法之特種基金尚未設置，前開所增加之稅課收入，應撥入衛生福利部設置之特種基金，作爲長期照顧服務支出使用[7]。

---

[6] 摘自立法院立法理由。

[7] 摘自立法院立法理由。

歷屆試題

申論題

1. 依現行稅法相關規定，國產菸品須負擔那些稅捐（包括其稅率或稅額各爲多少）？而各該稅捐是於菸品產銷過程的那一時點徵收？又菸品稅與健康福利捐在收入與支出面有何不同？試詳細說明之。（104 年地方特考三等）
2. 依菸酒稅法第 6 條之規定，那些已納菸酒稅之菸酒，可以退還原納菸酒稅？（98 年稅務三等特考）

選擇題（本書各章所附考題之答案均係依據考試當年度考選部所公布之答案）

（A）1. 下列哪些稅目之稅課收入，須撥入依長期照顧服務法設置之特種基金，用於長期照顧服務支出？①營業稅②遺產稅及贈與稅③菸酒稅④房屋稅⑤房地合一交易所得稅⑥地價稅（A）②③⑤（B）①②③（C）①④⑤⑥（D）①②③④⑤⑥。（111 年地方三等特考）

（C）2. 以下哪些稅目其法規中有明文規定自民國 106 年起因稅率（額）調整增收之稅課收入，須撥入依長期照顧服務法設置之特種基金，用於長期照顧服務支出，不適用財政收支劃分法之規定？①貨物稅②遺產稅及贈與稅③菸酒稅④土地稅（A）①③（B）①②③（C）②③（D）②③④（111 年初考）

（B）3. 關於我國現行菸酒稅之課徵，下列敘述何者錯誤？（A）全部採從量稅課徵（B）全部稅收採專款專用（C）具社會政策目的（D）於單一階段課徵（111 年初考）

（C）4. 依菸酒稅法規定，有關菸酒稅之納稅義務人，下列何者錯誤？（A）國內產製之菸酒，爲產製廠商（B）委託代製之菸酒，爲受託之產製廠商（C）法院及其他機關拍賣尚未完稅之菸酒，爲產製廠商（D）國外進口之菸酒，爲收貨人、提貨單或貨物持有人（110 年初考）

（B）5. 我國現行菸酒稅法對菸品係採何項課稅基準？（A）按出廠、進口完稅價，從價課徵（B）按數量與重量，從量課徵（C）按尼古丁與焦油檢測含量，從量課徵（D）由菸品批發商、零售商按銷售量，自動申報繳納（109 年地方五等特考）

（C）6. 近年爲因應長期照顧服務經費之所需，特定明下列那些稅捐增課之稅課收入應用於長期照顧服務支出，不適用財政收支劃分法之規定？①房地合一所得稅②遺產及贈與稅③菸酒稅④菸品健康福利捐（A）①②③（B）②③④（C）②③（D）③④（109 年初考）

（D）7. 關於菸酒稅法規定的敘述，下列何者錯誤？（A）菸酒稅於菸酒出廠或進口時徵收之（B）運銷國外之菸酒，免徵菸酒稅（C）國內產製之菸酒，納稅義務人爲產製廠商（D）菸稅採從價課徵（109 年身心障礙五等特考）

（D）8. 依菸酒稅法及貨物稅條例規定，下列敘述何者正確？（A）紙菸採從價稅（B）水泥採從價從量從高課稅（C）料理酒採從價稅（D）進口車之關稅及貨物稅均採從價稅（108 年地方五等特考）

（D）9. 有關菸酒稅之納稅義務人，下列敘述何者錯誤？（A）法院拍賣尚未完稅之菸酒，為拍定人（B）免稅菸酒因轉讓而不符免稅規定者，為轉讓人（C）委託代製之菸酒，為受託之產製廠商（D）國外進口之菸酒，為產製廠商（107 年初考）

（D）10. 甲公司進口菸品一批，關稅完稅價格 200 萬元，請問該商品進口時需繳納下列那些租稅？①關稅②貨物稅③菸酒稅④菸品健康福利捐⑤營業稅⑥特種貨物及勞務稅（A）①②③⑤⑥（B）①②④⑤（C）②③④（D）①③④⑤（106 年地方五等特考）

（A）11. 依現行菸酒稅、娛樂稅的課徵規定，下列何者錯誤？（A）課徵菸酒稅之酒類飲料，其酒精成分需超過 10%（B）課徵菸酒稅之紙菸，每支稅額 1.59 元（C）娛樂稅的實際徵收率由各地方政府決定（D）音樂演奏會之娛樂稅稅率，最高 5%（106 年地方四等特考）

（D）12. 菸酒稅法規定，進口之應稅菸酒，納稅義務人應如何申報納稅？（A）向國稅局申報繳納（B）向稅捐稽徵處申報繳納（C）向菸酒公賣局申報繳納（D）向海關申報，由海關代徵（106 年初考）

第12章 娛樂稅

采菱辛苦廢犁鋤，血指流丹鬼質枯。
無力買田聊種水，近來湖面亦收租。

范成大「四時田園雜興」

娛樂稅（amusement tax）係對各種娛樂場所、娛樂設施或娛樂活動所收票價或收費額徵收的間接稅，該稅屬於直轄市及縣（市）稅。當初設置該稅的目的，除可增加地方政府的財政收入外，尚有抑制社會浪費的用意。雖然社會環境多有變遷，娛樂逐漸變成國人生活所必需，但由於該稅的徵收，消費者並無痛苦感，故徵收容易。

12-1 課稅範圍

娛樂稅，就下列娛樂場所、娛樂設施或娛樂活動所收票價或收費額徵收之：

一、電影。

二、職業性歌唱、說書、舞蹈、馬戲、魔術、技藝表演及夜總會之各種表演。

三、戲劇、音樂演奏及非職業性歌唱、舞蹈等表演。

四、各種競技比賽。

五、舞廳或舞場。

六、高爾夫球場及其他提供娛樂設施供人娛樂者。

上述各種娛樂場所、娛樂設施或娛樂活動不售票券，另以其他飲料品或娛樂設施供應娛樂人者，按其收費額課徵娛樂稅（娛 2）。

原「娛樂稅法」將撞球場及保齡球館均列爲娛樂稅之課稅範圍，此乃因爲我國早期將撞球場視爲不良娛樂場所，認爲那是問題青少年聚集滋事之場所。甚至很多學校明文禁止學生出入該等場所，故我國早期對撞球場課徵娛樂稅，含有「寓禁於徵」之政策意義。而保齡球館在臺灣興起，係屬民國 60 年代以後的事，在當時並不普及，但如今經濟社會環境改變，撞球場過去被認爲不良場所的色彩已經褪去，而打保齡球亦成爲一般性的休閒活動，實不宜再以過去刻板印象，緊抱「寓禁於徵」之課稅觀念，忽視現實環境變遷之事實，而獨獨對之課稅。茲爲配合時代潮流，取消不合時宜之項目，以維護稅制之合理公平，立法院在 2007 年修法中將撞球場、保齡球館與「娛樂」性質不相同之球類運動項目自娛樂稅課徵範圍中刪除，俾符合娛樂稅法之立法意旨[1]。

---

1 摘自立法院法律系統網站。

12-2 納稅義務人及代徵人

一、納稅義務人：娛樂稅之納稅義務人爲出價娛樂之人。

二、代徵人：娛樂稅之代徵人爲娛樂場所、娛樂設施或娛樂活動之提供人或舉辦人（娛3）。

12-3 稅率

娛樂稅法對於娛樂稅之稅率，僅有最高規定，由直轄市及縣（市）政府得視地方實際情形，在法定最高稅率範圍內制定其徵收率，分別規定娛樂稅徵收率，該項徵收率須提經同級民意機關通過並報請財政部核備後實施，並以此徵收率作爲實際徵稅之依據（娛5、6）。茲將娛樂稅法所規定之最高稅率列表如下：

課稅種類	法定最高稅率
1. 電影	
外語片	60%
國語片	30%
2. 職業性歌唱、說書、舞蹈、馬戲、魔術、技藝表演及夜總會之各種表演	30%
3. 戲劇、音樂演奏及非職業性歌唱、舞蹈等表演	5%
4. 各種競技比賽	10%
5. 舞廳或舞場	100%
6. 撞球場	50%
7. 保齡球館	30%
8. 高爾夫球場	20%
9. 其他提供娛樂設施供人娛樂者	50%

焦點話題

情人塔應否課徵娛樂稅？

新北市飯店業者斥資 3 億，打造的淡水情人塔，號稱可以 360 度旋轉升空，俯瞰八里左岸，吸引不少遊客，最近卻因為欠稅被盯上，新北市稅捐處認定，情人塔是形式類似摩天輪，必須依法課徵 10% 娛樂稅，但飯店業者認為，情人塔是只是升降設備，並不是娛樂設施，拒絕申報，提出訴願，不過最高行政法院判決業者敗訴。

新北市稅捐處表示：「它（情人塔）的性質就類似雲霄飛車啦、摩天輪，所以就符合娛樂稅法第 2 條規定，它是一種提供娛樂的設施，供人來賞景的一個課稅要件，所以應依法課徵娛樂稅。」（摘自 2012.10.12 TVBS 新聞報導）

12-4 免稅範圍

凡合於下列規定之一者，免徵娛樂稅（娛 4）：

一、教育、文化、公益、慈善機關、團體，合於民法總則公益社團或財團之組織，或依其他關係法令經向主管機關登記或立案者，所舉辦之各種娛樂，其全部收入作為本事業之用者。

二、以全部收入，減除必要開支外，作為救災或勞軍用之各種娛樂。但准予減除之必要開支，最高不得超過全部收入 20%。

三、機關、團體、公私事業或學校及其他組織，對內舉辦之臨時性文康活動，不以任何方式收取費用者。

12-5 納稅程序

一、登記及相關手續

（一）經常營業者：凡經常提供依規定應徵收娛樂稅之營業者，於開業、遷移、改業、變更、改組、合併、轉讓及歇業時，均應於事前向主管稽徵機關辦理登記及代徵報繳娛樂稅之手續（娛 7）。

（二）臨時舉辦者：凡臨時舉辦娛樂活動，對外售票、收取費用者，應於舉辦前向主管稽徵機關辦理登記及娛樂稅徵免手續。臨時舉辦之娛樂活動不以任何方式收取費用者，應於舉辦前向主管稽徵機關報備（娛 8）。

二、代徵稅款之繳納（娛 9）

（一）自動報繳：娛樂稅代徵人每月代徵之稅款，應於次月十日前填用自動報繳書繳納。

（二）查定課徵：經營方式特殊或營業規模狹小經主管稽徵機關查定課徵者，由稽徵機關填發繳款書，限於送達後十日內繳納。

（三）臨時舉辦者：臨時舉辦之有價娛樂活動，主管稽徵機關應每五天核算代徵稅款一次，並填發繳款書，限於送達後十日內繳納。

三、娛樂票：娛樂稅代徵人應於代徵時發給娛樂票作爲憑證，並於娛樂人持用入場時撕斷，否則以不爲代徵論處。但經營方式特殊或營業規模狹小經主管稽徵機關查定課徵者，得免用娛樂票（娛 10）。

12-6 獎勵

娛樂稅代徵人依法代徵並如期繳納稅款者，主管稽徵機關應按其代徵稅款額給予 1% 之獎勵金。該獎勵金，由代徵人於每次繳納稅款時依規定手續扣領（娛 11）。

12-7 罰則

一、未於開業、遷移、改業、變更、改組、合併、轉讓及歇業前，向主管稽徵機關辦理登記及代徵報繳娛樂稅手續處新臺幣 1 萬 5 千元以上，15 萬元以下罰鍰（娛 12）。

二、舉辦臨時娛樂活動不依規定辦理手續者，處新臺幣 1 千 5 百元以上，1 萬 5 千元以下罰鍰；其係機關、團體、公營機關或學校，通知其主管機關依法懲處其負責人（娛 13）。

三、娛樂稅代徵人不爲代徵或短徵、短報、匿報娛樂稅者，除追繳外，按應納稅額處五倍至十倍罰鍰，並得停止其營業。其爲停止營業處分時，應訂定期限，最長不得超過一個月。但停業期限屆滿後，該代徵人對於應履行之義務仍不履行者，得繼續處分至履行義務時爲止（娛 14）。

四、代徵人逾期繳納代徵稅款者應加徵滯納金（娛 14）。

歷屆試題

申論題

1. 試分別從營業稅、使用牌照稅、地價稅、房屋稅及娛樂稅，各舉出一項符合社會福利概念之免稅規定。（110 年身心障礙四等特考）

選擇題（本書各章所附考題之答案均係依據考試當年度考選部所公佈之答案）

（B）1. 下列關於娛樂稅之敘述，何者錯誤？（A）為從價稅（B）納稅義務人為娛樂活動之舉辦人（C）高爾夫球場為娛樂稅的課稅範圍（D）為地方稅。（112 年地方五等特考）

（D）2. 下列有關娛樂稅課徵之敘述何者錯誤？（A）娛樂稅之納稅義務人，為出價娛樂之人（B）娛樂稅之代徵人，為娛樂場所、娛樂設施或娛樂活動之提供人或舉辦人（C）電影、戲劇、音樂演奏等表演應課徵娛樂稅（D）娛樂稅代徵人應以 2 個月為一期，並於次期開始 15 日內填用自動報繳書繳納。（111 年普考）

（D）3. 某甲去電影院買票看電影，試問此電影票所含的娛樂稅，納稅義務人為下列何者？（A）電影院場所之不動產所有人（B）電影院（C）該部電影的代理商或製片商（D）某甲。（111 年地方三等特考）

（A）4. 依娛樂稅法規定，以全部收入減除必要開支外，作為救災或勞軍用之各種娛樂，免徵娛樂稅。前項准予減除之必要開支，最高不得超過全部收入的多少百分比為限？（A）20%（B）30%（C）40%（D）50%（111 年初考）

（B）5. 以全部收入減除必要開支外，作為救災或勞軍用之各種娛樂可免徵娛樂稅。但准予減除之必要開支最高不得超過全部收入之多少始予以免徵？（A）百分之十（B）百分之二十（C）百分之二十五（D）百分之三十（110 年高考）

（A）6. 依娛樂稅法規定，娛樂稅代徵人依法代徵並如期繳納稅款者，主管稽徵機關應按其代徵稅款額給予多少百分比之獎勵金？（A）1%（B）2%（C）3%（D）5%（109 年地方四等特考）

（A）7. 小芳到電影院買票看電影，電影票內含的娛樂稅，其納稅義務人是何人？（A）消費者小芳（B）放映電影收取代價的電影院（C）提供電影的代理商或製片商（D）提供放映場地的不動產所有權人（109 年地方五等特考）

（AB）8. 有關娛樂稅之課稅，下列敘述何者錯誤？（A）娛樂稅為直接消費稅（B）由提供娛樂場所負擔納稅義務（C）財團法人提供娛樂設施供消費者消費使用，為維持競爭中立性，就消費者有償的娛樂行為，原則上亦應課徵娛樂稅（D）提供娛樂之人為代徵義務人（107 年高考）

（A）9. 依我國娛樂稅法規定，娛樂稅代徵人依法代徵並如期繳納稅款者，主管稽徵機關應按其代徵稅款額給予多少比例之獎勵金？（A）百分之一（B）百分之二（C）百分之三（D）百分之

五（107 年普考）

（D）10. 依娛樂稅法第 3 條之規定，娛樂稅之納稅義務人爲：（A）提供娛樂場所之人（B）提供娛樂設施之人（C）舉辦娛樂活動之人（D）出價娛樂之人（107 年地方五等特考）

（B）11. 下列娛樂場所、設施或活動（未兼營其他應稅娛樂項目者），何者不須就所收票價或收費額課徵娛樂稅？（A）電影院（B）釣蝦場（C）夜總會之表演（D）高爾夫球場（107 年初考）

（A）12. 依現行菸酒稅、娛樂稅的課徵規定，下列何者錯誤？（A）課徵菸酒稅之酒類飲料，其酒精成分需超過 10%（B）課徵菸酒稅之紙菸，每支稅額 1.59 元（C）娛樂稅的實際徵收率由各地方政府決定（D）音樂演奏會之娛樂稅稅率，最高 5%（106 年地方四等特考）

（D）13. 下列何者爲娛樂稅之納稅義務人？（A）保齡球館經理（B）電影院負責人（C）舉辦路跑活動的機關團體負責人（D）音樂會購票入場的聽眾（106 年地方三等特考）

（A）14. 依娛樂稅法規定，消費者若到電影院看電影，娛樂稅的納稅義務人是誰？（A）消費者（B）電影院的負責人（C）電影院的會計（D）電影製作公司（105 年地方五等特考）

（C）15. 下列敘述何者錯誤？（A）買賣動產所立之契據需貼印花稅票（B）印花稅兼採從價與從量課徵（C）使用牌照稅於每年 3 月 1 日起徵收（D）娛樂稅係採從價課徵（104 年初考）

（A）16. 娛樂稅代徵人依法代徵並如期繳納稅款者，主管稽徵機關應按其代徵稅款額給予多少比例之獎勵金？（A）1%（B）2%（C）3%（D）5%（104 年初考）

（D）17. 娛樂稅之最高稅率爲：（A）30%（B）40%（C）50%（D）60%（103 年高考）（註：本題一律給分）

（D）18. 依娛樂稅法之規定，娛樂稅照所收票價或收費額徵收，其徵收稅率，下列何者正確？（A）電影，最高不得超過百分之三十（B）夜總會之各種表演，最高不得超過百分之六十（C）保齡球館，最高不得超過百分之五十（D）各種競技比賽，最高不得超過百分之十（103 年地方特考五等）

第13章 關　稅

網魚競捕正頭烏，興味頻嫌至後殊。
海堀引回憐瘦劇，船頭懸罟急徵輸。

臺灣　范咸「烏魚有引」

在1970年代，臺灣關稅收入占賦稅收入的20%以上。1980年代降爲10%以上。1990年起，爲準備加入GATT、WTO，此比率更降爲10%以下（2007年僅爲4.7%）。關稅的重要性因此大減[1]。

本章內文稍長，架構安排如下。前11節介紹關稅的性質、稅率、稅基（完稅價格）。第13-12及13-13節探討特別關稅、關稅配額。第13-14節以後爲通關程序及行政救濟。

13-1 關稅的意義與性質

關稅（customs duties, tariffs）係指一個國家對通過其國境之貨物所課徵之租稅。關稅包括對進口貨物所課徵的進口關稅、對出口貨物所課徵的出口關稅以及對過境貨物所課徵的轉口關稅。由於世界上大部分的國家均獎勵產品出口，以賺取外匯，故鮮少有國家課徵出口關稅；而各國亦選擇放棄課徵轉口關稅，因爲它會影響轉口貿易，阻礙該國之經濟發展；因此，目前世界各國的關稅均以進口關稅爲主。我國一向以出口爲導向，爲鼓勵產品外銷，並增進國內廠商的競爭能力，故對於出口貨物亦未課徵出口稅。至於轉口貨物，亦未課徵關稅，主要原因是我國希望發展成爲亞洲轉運儲運中心，以發展經濟及貿易。因此，我國亦只對進口貨物課徵關稅，課徵的原因有二：一是保護國內產業；二是獲得財政收入。此外，有時亦因特殊原因而實施特別關稅，特別關稅有平衡稅、反傾銷稅、報復關稅等三種。

我國關稅具有以下幾個性質：

一、**國境稅**：關稅是對通過國境貨物所課徵之稅，所以是一種國境稅，而非內地稅。

二、**國稅**：由於它的課稅權屬於中央，故爲國稅；而非地方稅。

三、**間接稅**：由於關稅的稅負可以轉嫁，故爲間接稅。

四、**比例稅**：關稅爲間接稅，故其稅率採比例稅率。

1 請參閱財政部統計處（2008），《財政統計年報》。

13-2 課稅範圍

依關稅法第 2 條規定「本法所稱關稅，指對國外進口貨物所課徵之進口稅」，因此，我國關稅僅對「進口」之「貨物」課徵。除免稅貨物外，凡從國外進口之貨物，皆應課徵關稅。

13-3 納稅義務人

依關稅法第 6 條規定，關稅納稅義務人應爲收貨人、提貨單或貨物持有人。

一、**收貨人**：指提貨單或進口艙單記載之收貨人。

二、**提貨單持有人**：指因向收貨人受讓提貨單所載貨物而持有貨物提貨單，或因接受收貨人或受讓人委託而以自己名義向海關申報進口之人。

三、**貨物持有人**：指持有應稅未稅貨物之人（關細 4）。

13-4 課稅方式

從價稅、從量稅與混合稅：關稅依海關進口稅則由海關從價或從量徵收之（關 3、4）。故就課稅標準言，我國關稅可分爲從價稅及從量稅兩種。所謂從價稅係指按進口貨品之完稅價格乘以稅率計稅，亦即以進口貨品之完稅價格作爲課徵關稅之依據，再按規定之稅率計徵稅額。例如小麥粉第一欄稅率爲 30%，亦即每進口 100 元之小麥粉須課徵 30 元的關稅；所謂從量稅係指按進口貨品數量乘以規定之每單位稅額課徵關稅，例如 8 公厘黑白電影片第一欄稅率爲新臺幣 1.3 元 / 公尺，亦即進口 8 公厘黑白電影片，每公尺須課徵關稅 1.3 元。

從價稅與從量稅各有優劣。從價稅之優點爲：政府稅收能隨貨品完稅價格之調漲而增加，可對抗通貨膨脹造成政府實質稅收的減少；其缺點爲：公平而合理的貨品完稅價格不易訂定，碰到納稅義務人低報貨品價格時，政府很難查稽；若遇國外貨品傾銷我國，更無法發揮保護關稅之功效。

而從量稅之優點恰與從價稅相反，由於從量稅係按進口數量計算，簡單易行，無完稅價格之估價問題，符合便民利課之原則，且在國外貨品傾銷時，能有效發揮保護關稅之功能。其缺點爲通貨膨脹時，將使政府實質稅收減少，且因租稅的負擔與貨品價格高低無關，不因貨品價格之不同而有差異，使同種貨品中之廉價品相對稅負較重，對較低所得者，形成不公平的現象。

爲取二者之優點，我國政府於民國 71 年 7 月修正海關進口稅則時，除原來的從價稅及從量稅外，另增加從價稅與從量稅並列從高徵稅之混合稅。例如麵筋係採從量稅每公斤 13 元，從價稅 40%，從高課徵之混合稅。因此如麵筋每公斤完稅價格 30 元，則從量稅爲 13 元，而從價稅爲 12 元，應納關稅 13 元；如麵筋每公斤完稅價格增爲 35 元，則從量稅仍爲 13 元，但從價稅增爲 14 元，應納關稅則爲 14 元。

13-5 進口稅則與課稅稅率

根據我國海關進口稅則總則第 1 條規定，海關進口稅則各號別品目之劃分，除依據海關進口稅則類、章及其註，各號別之貨名及解釋準則之規定外，並得參據關稅合作理事會編纂之「國際商品統一分類制度（HS）註解」及其他有關文件辦理（關則 1）。

所謂「進口稅則」係指對進口貨物所訂定之稅則，相當於內地稅之稅率，其中包括進口貨物之分類及其稅率。全文共 98 章，1 至 97 章爲各類進口貨物，第 98 章爲關稅配額之貨品，依海關進口稅則總則第 4 條規定，凡實施關稅配額之貨品，其數量及配額內稅率，依海關進口稅則各章之有關增註或第 98 章規定辦理；配額外稅率適用各該貨品所屬第 1 章至第 97 章稅則號別之稅率。適用配額內稅率之對象，由財政部會商有關機關後報請行政院核定，並由行政院函請立法院查照（關則 4）。又根據海關進口稅則總則第 5 條規定，旅客攜帶自用行李以外之應稅零星物品，郵包之零星物品，除實施關稅配額之物品外，按 5% 稅率徵稅（關則 5）。

根據我國海關進口稅則總則第 2 條規定，關稅依海關進口稅則由海關從價或從量徵收。我國海關進口稅則稅率分爲 3 欄。第 1 欄之稅率適用於世界貿易組織會員，或與中華民國有互惠待遇之國家或地區之進口貨物。第 2 欄之稅率適用於特定低度開發、開發中國家或地區之特定進口貨物，或與我簽署自由貿易協定或經濟合作協議之國家或地區之特定進口貨物。不得適用第 1 欄及第 2 欄稅率之進口貨物，應適用第 3 欄稅率。

進口貨物如同時得適用第 1 欄及第 2 欄稅率時，適用較低之稅率。

適用第 1 欄或第 2 欄稅率之國家或地區，除與中華民國簽署條約、自由貿易協定、經濟合作協議應送請立法院審議外，由財政部會商有關機關報行政院核定後，送請立法院查照。第2項有關低度開發國家名單依聯合國低度開發國家準則辦理（關則2）。

根據海關進口稅則總則第6及7條規定，進口稅則稅率之適用與經我國政府依法完成批准及公布程序之條約、協定或經濟合作協議所訂適用情形及稅率不同者，採最低者爲準（關則6）。且應繳稅額，以新臺幣計算（關則7）。

13-6 完稅價格

我國關稅係以從價稅爲主，從量稅及混合稅爲輔。而從價稅係以完稅價格乘以稅率，因此完稅價格（taxable value）之高低將影響稅負。目前我國有關完稅價格之制訂，係採交易價格爲主，其他估價方法爲輔的方式。我國關稅法規定之估價方法共有六種，按下列順序依序採用之：

一、以進口貨物之交易價格為完稅價格（關29）

（一）交易價格：完稅價格係以該進口貨物之交易價格作爲計算根據，而交易價格係指進口貨物由輸出國銷售至中華民國實付或應付之價格。

（二）進口貨物之實付或應付價格，如未計入下列費用者，應將其計入完稅價格：

1. 由買方負擔之佣金、手續費、容器及包裝費用。但買方支付其代理商在國外採購該進口貨物之報酬不包括在內（關細12）。

2. 由買方無償或減價提供賣方用於生產或銷售該貨之下列物品及勞務，經合理攤計之金額或減價金額：

(1) 組成該進口貨物之原材料、零組件及其類似品。

(2) 生產該進口貨物所需之工具、鑄模、模型及其類似品。

(3) 生產該進口貨物所消耗之材料。

(4) 生產該進口貨物在國外之工程、開發、工藝、設計及其類似勞務。

3. 依交易條件由買方支付之權利金及報酬。所稱權利金及報酬，指爲取得專利權、商標權、著作權及其他以立法保護之智慧財產權所支付與進口貨物有關之價款。但不包括爲取得於國內複製進口貨物之權利所支付之費用（關細12）。

4. 買方使用或處分進口貨物，實付或應付賣方之金額。

5. 運至輸入口岸之運費、裝卸費及搬運費。

6. 保險費。

（三）海關對納稅義務人提出之交易文件或其內容之眞實性或正確性存疑，納稅義務人未提出說明或提出說明後，海關仍有合理懷疑者，視爲無法按本條規定核估其完稅價格。

（四）進口貨物之交易價格，有下列情事之一者，不得作為計算完稅價格之依據（關 30）：

1. 買方對該進口貨物之使用或處分受有限制者。但因中華民國法令之限制，或對該進口貨物轉售地區之限制，或其限制對價格無重大影響者，不在此限。
2. 進口貨物之交易附有條件，致其價格無法核定者。
3. 依交易條件買方使用或處分之部分收益應歸賣方，而其金額不明確者。
4. 買、賣雙方具有特殊關係，致影響交易價格者。所稱特殊關係，指有下列各款情形之一者：
   (1) 買、賣雙方之一方爲他方之經理人、董事或監察人者。
   (2) 買、賣雙方爲同一事業之合夥人者。
   (3) 買、賣雙方具有僱傭關係者。
   (4) 買、賣之一方直接或間接持有或控制他方百分之五以上之表決權股份者。
   (5) 買、賣之一方直接或間接控制他方者。
   (6) 買、賣雙方由第三人直接或間接控制者。
   (7) 買、賣雙方共同直接或間接控制第三人者。
   (8) 買、賣雙方具有配偶或三親等以內之親屬關係者。

二、以同樣貨物之交易價格作為完稅價格（關 31）

（一）進口貨物之完稅價格，無法按其交易價格核定者，海關得按該貨物出口時或出口前、後銷售至中華民國之同樣貨物之交易價格核定之。核定時應就交易型態、數量及運費等影響價格之因素作合理調整。

（二）所稱同樣貨物，指其生產國別、物理特性、品質及商譽等均與該進口貨物相同者。

三、以類似貨物之交易價格作為完稅價格（關 32）

（一）進口貨物之完稅價格無法按其交易價格或同樣貨物之交易價格作爲完稅價格者，海關得按該貨物出口時或出口前、後銷售至中華民國之類似貨物之交易價格核定之。核定時應就交易型態、數量及運費等影響價格之因素作合理調整。

（二）所稱類似貨物，指與該進口貨物雖非完全相同，但其生產國別及功能相同，特性及組成之原材料相似，且在交易上可互爲替代者。

四、以國內銷售價格扣減費用作為完稅價格（關 33）

（一）進口貨物之完稅價格，無法按其交易價格或同樣或類似之交易價格核定時，海關得按國內銷售價格核定之。

（二）所稱國內銷售價格，指該進口貨物、同樣或類似貨物，於該進口貨物進口時或進口前、後，在國內按其輸入原狀於第一手交易階段，售予無特殊關係者最大銷售數量之單位價格核計後，扣減下列費用：

1. 該進口貨物、同級或同類別進口貨物在國內銷售之一般利潤、費用或通常支付之佣金。

2. 貨物進口繳納之關稅及其他稅捐。

3. 貨物進口後所發生之運費、保險費及其相關費用。

（三）按國內銷售價格核估之進口貨物，在其進口時或進口前、後，無該進口貨物、同樣或類似貨物在國內銷售者，應以該進口貨物之翌日起九十日內，按該進口貨物、同樣或類似貨物輸入原狀首批售予無特殊關係者相當數量之單位價格核計後，扣減第（二）項所列各項費用計算之。

（四）進口貨物非按輸入原狀銷售者，海關依納稅義務人之申請，按該進口貨物經加工後售予無特殊關係者最大銷售數量之單位價格，核定其完稅價格，該單位價格，應扣除加工後之增值及第（二）項所列之扣減費用。

五、以計算價格作為完稅價格（關 34）

（一）進口貨物之完稅價格，無法按其交易價格或同樣、類似貨物交易價格或國內銷售價格核定時，海關得按計算價格核定之。

（二）所稱計算價格，指下列各項費用之總和：

1. 生產該進口貨物之成本及費用。

2. 由輸出國生產銷售至中華民國該進口貨物、同級或同類別貨物之正常利潤與一般費用。

3. 運至輸入口岸之運費、裝卸費、搬運費及保險費。

六、以其他合理價格作為完稅價格（關 35）

（一）進口貨物之完稅價格無法按上述五種方式核定者，海關得依據查得之資料，以合理方法核定之。

（二）經納稅義務人請求，海關應以書面告知其核估方法。

13-7 外修加工貨物之完稅價格

運往國外修理、裝配之機械、器具或加工貨物，復運進口者，依下列規定，核估完稅價格（關 37）：

一、修理、裝配之機械、器具，以其修理、裝配所需費用，作為計算依據。但運往國外免費修理之貨物，如其原訂購該貨之合約或發票載明保證免費修理，或雙方來往函電足資證明免費修理者，復運進口免稅（關細 20）。其不能提供修理、裝配費或免費修理之有關證件者，海關得按貨物本身完稅價格十分之一，作為修理、裝配費之完稅價格計課。

二、加工貨物，以該貨復運進口時之完稅價格與原貨出口時同類貨物進口之完稅價格之差額，作為計算依據。

13-8 租賃貨物之完稅價格

進口貨物係租賃或負擔使用費而所有權未經轉讓者，其完稅價格，根據租賃費或使用費加計運費及保險費估定之。如納稅義務人對租賃費或使用費申報偏低，海關得根據調查所得資料核實估定之。但每年租賃費或使用費不得低於貨物本身完稅價格之十分之一（關 38）。

13-9 減免關稅貨物轉讓補稅之完稅價格

減免關稅之進口貨物，因轉讓或變更用途，致與減免關稅之條件或用途不符者，原進口時之納稅義務人或現貨物持有人應自轉讓或變更用途之翌日起三十日內，向原進口地海關按轉讓或變更用途時之價格與稅率補繳關稅。但逾財政部規定年限者，免予補稅，其年限之計算為自進口放行之日起算，已逾「固定資產耐用年數表」規定之年限，或非屬「固定資產耐用年數表」所列之貨物，已逾 10 年者。分期繳稅或稅款記帳之進口貨物，於關稅未繳清前，除強制執行或經海關專案核准者外，不得轉讓（關 55）。

13-10 課稅稅率

單一稅率與複式稅率：所謂單一稅率，係指一項貨品無論由任何國家或地區進口，均適用同一稅率課徵關稅。單一稅率之優點爲計算簡單，課徵容易，無須區分該貨品是由何地區或國家進口，惟其缺點係無法在關稅上予我國優惠待遇的國家給予回報。因此，我國現行關稅稅率係採複式關稅，亦即由不同國家輸入相同種類之貨物，所課徵的稅率並不相同，對與我國有關稅優惠國家，其進口貨物，給予較低之稅率優惠，其餘國家則適用較高之稅率。其適用對象，由財政部會商有關機關後報請行政院核定，並由行政院函請立法院查照。至於貨品所屬國家或地區之認定，一般可有生產地、出口地及結匯地等不同標準。我國係以生產地爲準，亦即以財經兩部參考世界貿易組織（World Trade Organization, 簡稱 WTO）原產地規則協定，會同訂定發布之「進口貨物原產地認定標準」爲準，由海關就申報貨物及其有關文件查明認定，對有認定困難者，則由納稅義務人提供貨品之產地證明書以確定其產地。

13-11 稅率之機動調整

課徵關稅具有「財政收入」、「經濟保護」兩大功能[2]。經濟保護功能係指保護國內產業以及保護國民生計。保護國內產業大體顯現在增加進口產品關稅負擔上，例如貿易救濟相關法規藉由提高關稅來達成反傾銷之目的。保護國民生計則體現在藉由增減關稅來調節物資之供應。這些功用有時具有急迫性，政府需迅速爲之，因此在關稅法中特規定在某一額度內，得授權行政院機動調整之。

根據關稅法第 71 條規定：爲應付國內或國際經濟之特殊情況，並調節物資供應及產業合理經營，對進口貨物應徵之關稅或適用之關稅配額，得在海關進口稅則規定之稅率或數量 50% 以內予以增減。但大宗物資價格大幅波動時，得在 100% 以內予以增減。增減稅率或數量之期間，以一年爲限。至於增減稅率或數量之貨物種類，實際增減之幅度，及開始與停止日期，由財政部會同有關機關擬訂，報請行政院核定（關 71）。

例如，近年來民生必需品價格隨國際油價走高而不斷上揚，嚴重影響國民生計

2　參閱關吉玉，《租稅法規概論》，自版，1975 年 9 月，5 版，頁 384。

及國內物價穩定。政府爲穩定國內物價，財政部先後於 96 年 8 月 6 日及 97 年 2 月 6 日二次機動調降硬粒小麥等民生大宗物資之進口關稅稅率，有效降低業者進口成本，發揮穩定國內物價之效果。行政院並於 98 年核定機動調降小麥及小麥粉等 8 項大宗物資及芝麻、奶油、番茄糊等 3 項貨品之關稅稅率，實施期間分別自 98 年 2 月 6 日起至 98 年 8 月 5 日止及自 98 年 2 月 19 日起，至 98 年 8 月 18 日止，均爲期半年。

此項措施係鑑於小麥、小麥粉、玉米粉及黃豆粉等 8 項大宗物資及芝麻、奶油、番茄糊等 3 項貨品係國內重要民生物資貨品，國際價格雖已較 97 年同期回跌，惟仍尚未回到 95 年底之正常水準，考量金融風暴導致全世界經濟不景氣，爲紓緩業者之進口成本壓力以穩定經營，並兼顧國內畜牧業者及烘培業者合理經營環境，爰依關稅法第 71 條規定，機動調降該等貨品之關稅[3]。又例如我國曾於 94 年 9 月 1 日因泰利颱風導致國內蔬菜供應嚴重短缺，財政部乃於 94 年 9 月 2 日報請行政院核定機動對青蔥等 10 項蔬菜之進口關稅減半徵收，期間自 94 年 9 月 2 日至 94 年 9 月 22 日，俾調節蔬菜供應以利民生。

13-12 平衡稅、反傾銷稅、與報復關稅等特別關稅

爲達到課徵關稅之政策性目的，除可透過修訂進口稅則、採用複式關稅、或機動調整稅率外，尚可加徵特別關稅，例如：平衡稅、反傾銷稅、報復關稅等，以避免我國受到歧視待遇，並保護國內產業免受重大危害，更加發揮關稅的政策目的。

一、**平衡稅**（countervailing duties）：爲防止輸出國家對進口貨物之獎勵或補貼，使我國貨品處於不利之競爭地位，故對進口貨品加徵抵銷性之進口關稅，稱爲平衡稅。根據我國關稅法第 67 條規定：進口貨物在輸出或產製國家之製造、生產、銷售、運輸過程，直接或間接領受財務補助或其他形式之補貼，致損害中華民國產業者，除依海關進口稅則徵收關稅外，得另徵適當之平衡稅（關 67）。惟平衡稅之課徵不得超過進口貨物之領受獎金及補貼金額。其課徵範圍、對象、稅額、開徵或停徵日期，由財政部會商有關機關後公告實施（關 69）。

二、**反傾銷稅**（anti-dumping duties）：爲防止國外貨物低價傾銷，可加徵反傾銷

3 參閱財政部關政司發布之新聞稿。

稅。我國關稅法第 68 條規定：進口貨物以低於同類貨物之正常價格輸入，致危害中華民國產業者，除依海關進口稅則徵收關稅外，得另徵適當之反傾銷稅。所稱正常價格，指在通常貿易過程中，在輸出國或產製國國內可資比較之銷售價格，無此項可資比較之國內銷售價格，得以其輸往適當之第三國可資比較之銷售價格或以其在原產製國之生產成本加合理之管理、銷售與其他費用及正常利潤之推定價格，作爲比較之基準（關 68）。

反傾銷稅之課徵不得超過進口貨物之傾銷差額。其課徵範圍、對象、稅額、開徵或停徵日期，由財政部會商有關機關後公告實施（關 69）。

在上述課徵平衡稅或反傾銷稅中所稱危害中華民國產業者，係指對中華民國產業造成重大損害或有重大損害之虞，或重大延緩國內該項產業之建立。

三、**報復關稅**：爲對抗外國之關稅歧視待遇，對從該國進口之貨物或運輸工具裝載之貨物，亦可加徵額外之關稅，吾人稱爲報復關稅。根據我國關稅法第 70 條規定：輸入國家對中華民國輸出之貨物或運輸工具所裝載之貨物，給予差別待遇，使中華民國貨物或運輸工具所裝載之貨物較其他國家在該國市場處於不利情況者，該國輸出之貨物或運輸工具所裝載之貨物，運入中華民國時，除依海關進口稅則徵收關稅外，財政部得決定另徵適當之報復關稅（關 70）。

依貿易法或國際協定之規定而採取進口救濟或特別防衛措施，得對特定進口貨物提高關稅、設定關稅配額或徵收額外關稅，其課徵之範圍與期間，由財政部會同有關機關擬定，報請行政院核定。

13-13 關稅配額

降低關稅稅率固然可以嘉惠國內消費者，但對國內產業會有不利影響，爲解決此問題，世界上大部分的國家均採關稅配額以爲因應，我國亦然。根據我國關稅法第 5 條規定：海關進口稅則得針對特定進口貨物，就不同數量訂定其應適用之關稅稅率，實施關稅配額（tariff quotas）[4]。亦即就特定進口貨物在一定數量內適用海關進口稅則所訂定之較低關稅稅率，超過此數量部分，則適用一般關稅稅率。例如我國自加入 WTO 後，對小汽車及二十餘項農產品實施關稅配額，其中包括：豬

4 關稅（tariff）是採價格的保護；配額（quotas）是採數量的保護。關稅配額則是價格、數量兼具的保護措施。

肉、雞肉、鯖魚、花生、紅豆、香蕉、鳳梨、芒果及稻米等。至於關稅配額之分配方式、參與分配資格、應收取之權利金、保證金、費用及其處理方式之實施辦法，由財政部會同有關機關擬定，報請行政院核定之。

13-14 進口貨物通關程序

進口貨物不論海、空運，其通關程序一般可分為五大步驟，包括：報關收單、查驗、稅則分類與估價、繳納稅費與放行提領。上述步驟因進口貨物的運輸方式、輸入口岸設施及各海關電腦使用程度不同而略有差異。一般進口貨物通關流程如下：

收單建檔→抽驗派驗→查驗貨物→分類估價→複核分類估價→核銷艙單→核發稅單→稅款登錄→簽放報單→放行等十大步驟；至於報關人應辦之手續可分為：投單報關→申請查驗→憑稅單納稅→持提單提貨。

一、報關收單

（一）進口貨物之申報，由納稅義務人自裝載貨物之運輸工具進口日之翌日起十五日內，向海關辦理（關 16）。

（二）進口報關時，應填送貨物進口報單，並檢附發票、裝箱單及其他進口必須具備之有關文件（關 17）。所謂其他進口必須具備之有關文件，依關稅法施行細則第 7 條規定，係指：

1. 按其他法令規定必須繳驗之輸入許可證、產地證明書。

2. 查驗估價所需之型錄、說明書、仿單或圖樣；如按租賃費或使用費課稅者，其申請書。

3. 海關受其他機關委託查驗放行時所憑之有關證件。

4. 其他經海關指定檢送之證件（關細 7）。

二、查驗：海關對於進口、出口及轉口貨物，得依職權或申請，施以查驗或免驗；必要時並得提取貨樣，其提取以在鑑定技術上所需之數量為限。貨物查驗時，其搬移、拆包或開箱、恢復原狀等事項及所需費用，進出口貨物統由納稅義務人或貨物輸出人負擔；轉口貨物則由負責申報之運輸業者或承攬業者負擔（關 23）。

三、稅則分類與估價：海關對進口貨物應依進口稅則之規定，核定其應行歸屬之稅則號別及應課稅率，並由驗估單位根據查驗結果及其申報之有關資料，核定其完稅價格及應納稅額。

四、繳納稅費：關稅之繳納，自稅款繳納證送達之翌日起十四日內為之（關 43）。逾期不繳納者，依法加徵滯納金，滯納金加徵滿六十日仍不納稅者，由海關將其貨物變賣以抵沖應納之關稅。

五、放行提領

（一）先核後放：一般進口貨物皆按上述所言的通關程序五大步驟進行之，亦即需先經查驗、核價、繳稅後由海關簽收，才能放行，故一般稱此種通關程序為「先核後放」。

（二）先放後核與先放後稅：除「先核後放」之一般通關程序外，另有「先放後核」與「先放後稅」兩種方式。根據關稅法第 18 條規定：為加速進口貨物通關，海關得按納稅義務人應申報之事項，先行徵稅驗放，事後再加審查，此即所謂的「先放後核」。該進口貨物除其納稅義務人或關係人業經海關通知依第 13 條規定實施事後稽核者外，如有應退、應補稅款者，應於貨物放行之翌日起六個月內，通知納稅義務人，逾期視為業經核定；至於「先放後稅」則指進口貨物未經海關依前項規定先行徵稅驗放，且海關無法即時核定其應納關稅者，海關得依納稅義務人之申請，准其檢具審查所需文件資料，並繳納相當金額之保證金，先行驗放，事後由海關審查，並於貨物放行之翌日起六個月內核定其應納稅額，屆期視為依納稅義務人之申報核定應納稅額。

13-15 出口貨物通關程序

一、出口貨物因不涉及稅課，故與進口貨物通關程序相比較，其通關手續自報關人向海關遞送報單至海關簽放報單為止，只有四大步驟，包括 1. 報關收單；2. 查驗；3. 分類估價；4. 放行。由於空運出口貨物無商港建設費的徵收，其通關手續較海運稍為簡便。

一般出口貨物通關流程如下：

收單建檔→抽驗派驗→貨物查驗→分類估價→簽放打印→核發商港建設費單→艙單建檔核銷→報單審核更正→核發副報單等九大步驟；至於報關人應辦之手續可分為：投單報關→申請查驗→裝船→繳納商港建設費。

二、出口貨物之申報，由貨物輸出人於載運貨物之運輸工具結關或開駛前之規定期限內，向海關辦理，而貨物出口前得預先申報（關 16）。

三、出口報關時，應填送貨物出口報單，並檢附裝貨單或託運單、裝箱單及依規定必須繳驗之輸出許可證及其他相關文件（關 17）。

13-16 旅客通關程序

一、**入境旅客**：入境旅客之通關程序可分為 (1) 檢疫；(2) 查驗證照；(3) 提領托運行李；及 (4) 檢查行李等四大步驟。

二、**出境旅客**：出境旅客通關程序亦有四大步驟，分別為：(1) 報到；(2) 檢查托運行李；(3) 查驗證照；(4) 安全檢查：手提行李及搜身檢查。

上述程序中，由海關負責的業務，包括入境行李檢查及出境托運行李檢查兩項。海關對於出境旅客托運行李採 X 光行李檢查儀檢查，經 X 光透視無可疑情況者，即可通關，不另開箱檢查，手續十分簡便。

入境旅客托運行李先經海關以 X 光透視檢查後，再由輸送帶送至轉盤，旅客完成檢疫及查驗證照手續後，至行李轉盤提取托運行李併同手提行李，持憑入境旅客申報單接受海關檢查放行。

13-17 國際郵包之通關程序

一、**進口郵包通關程序**：進口郵包之通關程序，因普通郵包及大宗郵包而有不同：

（一）普通郵包：由海關與郵局共同派員會同勘驗，如屬免稅之郵包，由郵局按址投遞或通知招領；如屬應稅之郵包，由海關核定稅額後，由郵局憑海關填發之郵包進口稅款繳納證，派郵務士按址代收進口稅捐後投遞；亦可通知招領，由收件人憑通知單到有關郵局繳納稅款後提領。如因特殊原因須由收件人繳驗證件或補辦手續者，郵局將通知收貨人親自到海關辦理。

（二）大宗郵包：應依一般進口貨物之通關方式，檢附進口報單、輸入許可證、發票等文件，向海關報關，報關期限為自郵局寄發國際包裹招領驗關通知之日起 15 日內向海關辦理。

二、**出口郵包通關程序**：此亦可分為普通郵包及大宗郵包兩類，茲分述如下：

（一）普通郵包：如屬授權銀行簽證之准許出口類貨品，其離岸價格未超過輸出貨品免辦簽證限額者，由寄件人填妥發遞單及報關單，連同郵包交各地郵局辦理交寄手續，由郵局彙送海關抽驗放行。

（二）大宗郵包：凡需繳驗簽證文件、保稅工廠或申請退稅之出口郵包物品，應遞送出口報單，並檢附必備文件，向各地駐郵局海關申報出口。

13-18 貨物樣品通關程序

依關稅法第 49 條第 9 款規定：進口廣告品及貨樣，無商業價值或其價值在限額以下者，免稅。所稱廣告品，指印有或刻有廣告主體牌號或廣告之宣傳品；所稱貨樣，指印有或刻有樣品或非賣品字樣，或於報關時所附文件上載明係樣品或非賣品，供交易或製造上參考之物品；所稱無商業價值，指不具交易價值及已經塗損、破壞，不能再供正常使用者而言。具有價值之廣告品及貨樣，其免稅限額依財政部所定「廣告品及貨物進口通關辦法」之規定（關細 31）。

13-19 保稅倉庫、保稅工廠及物流中心

現行之保稅方式可分爲保稅倉庫、保稅工廠及物流中心三種，茲說明如下：

一、**保稅倉庫**：所謂保稅倉庫（bonded warehouse）係指經海關核准登記供儲存保稅貨物之倉庫。根據關稅法第 58 條規定：運達中華民國口岸之貨物，於提領前，得申請海關存入保稅倉庫。在規定存倉期間內，原貨出口或重整後出口者，免稅。而存倉之貨物在規定存倉期間內，貨物所有人或倉單持有人得申請海關核准於倉庫範圍內整理、分類、分割、裝配或重裝。保稅倉庫業者應向所在地海關申請登記及繳納保證金。

二、**保稅工廠**：根據關稅法第 59 條規定：外銷品製造廠商，得經海關核准登記爲海關管理保稅工廠（bonded factory），其進口原料存入保稅工廠製造或加工產品外銷者，得免徵關稅。而保稅工廠所製造或加工之產品及依規定免徵關稅之原料，非經海關核准並按貨品出廠型態報關繳稅，不得出廠。

保稅工廠進口自用機器、設備，免徵關稅。但自用機器、設備於輸入後五年內輸往課稅區者，應依進口貨品之規定，補繳關稅。

保稅工廠業者應向所在地海關申請登記。

三、**物流中心**：根據關稅法第 60 條規定，所謂物流中心（logistics center）係指經

海關核准登記，經營保稅貨物倉儲、轉運及配送業務之保稅場所。運至「物流中心」之貨物，因業務需要，得進行重整及簡單加工；進口貨物存入物流中心，原貨出口或重整及加工後出口者，免稅。國內貨物進儲物流中心，除已公告取消退稅之項目外，得於出口後依規定辦理沖退稅。

保稅倉庫主要係供過境貨物保稅之用，保稅工廠則爲廠商自行購買原料，經製造或加工，其產品供外銷之用。而物流中心之設置，係爲鼓勵誇國企業來臺設立國際物流中心，使臺灣成爲全球運籌之發貨地。

13-20 關稅之減免規定

一、下列各款進口貨物，免稅（關 49）

（一）總統、副總統應用物品。

（二）駐在中華民國之各國使領館外交官、領事官與其他享有外交待遇之機關及人員，進口之公用或自用物品。但以各該國對中華民國給予同樣待遇者爲限。

（三）外交機關進口之外交郵袋、政府派駐國外機構人員任滿調回攜帶自用物品。

（四）軍事機關、部隊進口之軍用武器、裝備、車輛、艦艇、航空器與其附屬品，及專供軍用之物資。

（五）辦理救濟事業之政府機構、公益、慈善團體進口或受贈之救濟物資。

（六）公私立各級學校、教育或研究機關，依其設立性質，進口用於教育、研究或實驗之必需品與參加國際比賽之體育團體訓練及比賽用之必需體育器材。但以成品爲限。

（七）外國政府或機關、團體贈送之勳章、徽章及其類似之獎品。

（八）公私文件及其類似物品。

（九）廣告品及貨樣，無商業價値或其價値在限額以下者。

（十）中華民國漁船在海外捕獲之水產品；或經政府核准由中華民國人民前往國外投資國外公司，以其所屬原爲中華民國漁船在海外捕獲之水產品運回數量合於財政部規定者。

（十一）經撈獲之沈沒船舶、航空器及其器材。

（十二）經營貿易屆滿二年之中華民國船舶，因適齡或其他原因，核准解體者。但不屬船身固定設備之各種船用物品、工具、備用之外貨、存煤、存油等，不包括在內。

（十三）經營國際貿易之船舶、航空器或其他運輸工具專用之燃料、物料。但外國籍者，以各該國對中華民國給予同樣待遇者為限。

（十四）旅客攜帶之自用行李、物品。

（十五）進口之郵包物品數量零星在限額以下者。

（十六）政府機關自行進口或受贈防疫用之藥品或醫療器材（例如政府進口與 SARS 有關之藥品或醫療器材）。

（十七）政府機關為緊急救難自行進口或受贈之器材與物品及外國救難隊人員為緊急救難攜帶進口之裝備、器材、救難動物與用品。

（十八）中華民國籍船員在國內設有戶籍者，自國外回航或調岸攜帶之自用行李物品。

（十九）政府機關為舉辦國際體育比賽自行進口或受贈之比賽用必需體育器材或用品。國際體育比賽用之必需體育器材或用品，以經教育部證明係供比賽所需為限（關細 36-1）。

上述貨物以外之進口貨物，其同批完稅價格合併計算在財政部公告之限額以下者，免稅。但進口次數頻繁或經財政部公告之特定貨物，不適用之。

此外，依離島建設條例第 10 條之規定：澎湖、金門及馬祖、綠島、蘭嶼及琉球地區之營業人進口並於當地銷售之貨品，免徵關稅。

二、進口貨物有下列情形之一者，免徵關稅（關 50）

（一）在國外運輸途中或起卸時，因損失、變質、損壞致無價值，於進口時，向海關聲明者。

（二）起卸以後，驗放以前，因水火或不可抗力之禍變，而遭受損失或損壞致無價值者。

（三）在海關查驗時業已破漏、損壞或腐爛致無價值，非因倉庫管理人員或貨物關係人保管不慎所致者。

（四）於海關放行前，納稅義務人申請退運出口經海關核准者。

（五）於海關驗放前，因貨物之性質自然短少，其短少部分經海關查明屬實者。

此外有下列情況者亦可免稅：

三、毀損貨物之免稅

課徵關稅之進口貨物，發現損壞或規格、品質與原訂合約規定不符，由國外廠商賠償或掉換者，該項賠償或掉換進口之貨物，免徵關稅。但以在原貨物進口之翌日起一個月內申請核辦，並提供有關證件，經查明屬實者爲限。

前項貨物如係機器設備，得於安裝就緒試車之翌日起三個月內申請核辦。

又其賠償或掉換進口之貨物，應自海關通知核准之翌日起六個月內報運進口：如因事實需要，於期限屆滿前，得申請海關延長之，其延長，以六個月爲限（關51）。

四、定期復運進（出）口貨物之免稅

（一）原貨復運出口之免稅：應徵關稅之貨樣、科學研究用品、試驗用品、展覽物品、遊藝團體服裝、道具、攝製電影電視之攝影製片器材、安裝修理機器必需之儀器、工具、盛裝貨物用之容器，進口整修、保養之成品及其他經財政部核定之物品，在進口之翌日起六個月內或於財政部核定之日期前，原貨復運出口者，免徵關稅。

前項貨物，因事實需要，須延長復運出口期限者，應於出口期限屆滿前，以書面敘明理由，檢附有關證件，向原進口地海關申請核辦；其復運出口期限如原係經財政部核定者，應向財政部申請核辦（關52）。

（二）本法第52條第1項規定免稅進口之貨物，除經財政部核准供政府機關、行政法人主辦展覽會之消耗性展覽物品外，以非消耗性物品爲限。進口時，應將品名、牌名、規格及數量詳列進口報單，並附申請書及證件，聲明進口之翌日起六個月內或於財政部核定之日期前復運出口，繳納稅款保證金或由授信機構擔保驗放。其依限出口者，退還保證金或解除授信機構保證責任；逾限時，將保證金抵繳或由授信機構代爲繳納進口關稅。

前項貨物如係基於政府機關、行政法人或財政部核定之單位邀請來臺之人員所攜帶，或由政府機關、行政法人主辦或協辦進口或經財政部專案核准進口者，得由政府有關機關、行政法人或公營事業單位提供書面保證。

第1項之消耗性展覽物品，經主辦政府機關、行政法人審認屬展覽用途範圍內耗損，並檢具已無商業價值之實際消耗量清表向海關申報經准予核銷者，視爲已依關稅法第52條第1項規定原貨復運出口（關細43）。

（三）原貨復運進口之免稅：貨樣、科學研究用品、工程機械、攝製電影、電視人員攜帶之攝影製片器材、安裝修理機器必需之儀器、工具、展覽物品、藝術品、盛裝貨物用之容器、遊藝團體服裝、道具，政府機關寄往國外之電影片與錄影帶及其他經財政部核定之類似物品，在出口之翌日起一年內或於財政部核定之日期前原貨復運進口者，免徵關稅。

前項貨物，如因事實需要，須延長復運進口期限者，應於復運進口期限屆滿前，以書面敘明理由，檢附有關證件，向原出口地海關申請核辦；其復運進口期限如原係經財政部核定者，應向財政部申請核辦（關 53）。

（四）進口供加工外銷之原料，於該原料進口放行之翌日起一年內，經財政部核准復運出口者，免稅。復運出口之原料，其免稅手續，應在出口日之翌日起六個月內申請辦理（關 56）。

（五）外銷品在出口放行之翌日起三年內，因故退貨申請復運進口者，免徵成品關稅。但出口時已退還之原料關稅，應仍按原稅額補徵。

前項復運進口之外銷品，經提供擔保，於進口之翌日起六個月內整修或保養完畢並復運出口者，免予補徵已退還之原料關稅（關 57）。

13-21 因轉讓或改變用途之關稅徵補

減免關稅之進口貨物，因轉讓或變更用途，致與減免關稅之條件或用途不符者，原進口時之納稅義務人或現貨物持有人應自轉讓或變更用途之翌日起三十日內，向原進口地海關按轉讓或變更用途時之價格與稅率補繳關稅。但逾財政部規定年限者，免予補稅。

分期繳稅或稅款記帳之進口貨物，於關稅未繳清前，除強制執行或經海關專案核准者外，不得轉讓。

依前項規定經強制執行或專案核准者，准由受讓人繼續分期繳稅或記帳（關 55）。

13-22 稅捐之保全及優先受償

一、納稅義務人或受處分人欠繳應繳關稅、滯納金或罰鍰者，海關得就納稅義務人或受處分人相當於應繳金額之財產，通知有關機關不得爲移轉或設定他項權利；其爲營利事業者，並得通知主管機關限制其減資之登記。

二、納稅義務人或受處分人未經扣押貨物或提供適當擔保者，海關爲防止其隱匿或移轉財產以逃避執行，得於稅款繳納證或處分書送達後，就納稅義務人或受處分人相當於應繳金額部分，聲請法院就其財產實施假扣押或其他保全措施，並免提供擔保。但納稅義務人或受處分人已提供相當擔保者，不在此限。

三、納稅義務人或受處分人已確定之應納關稅、依本法與海關緝私條例所處罰鍰及由海關代徵之應納稅捐，屆法定繳納期限而未繳納者，其所欠金額單計或合計，個人在新臺幣 100 萬元以上，法人、合夥組織、獨資商號或非法人團體在新臺幣 200 萬元以上者；在行政救濟程序確定前，個人在新臺幣 150 萬元以上，法人、合夥組織、獨資商號或非法人團體在新臺幣 300 萬元以上，得由財政部函請內政部移民署限制該納稅義務人或受處分人或其負責人、代表人、管理人出國。限制出國之期間，自內政部移民署限制出國之日起，不得逾五年（關 48）。

四、納稅義務人爲法人、合夥或非法人團體者，解散清算時，清算人於分配剩餘財產前，應依法分別按關稅、滯納金及罰鍰應受清償之順序繳清（關 8）。

五、依關稅法應繳或應補繳之關稅，應較普通債權優先清繳（關 95）。

13-23 關稅記帳與外銷沖退稅

外銷沖退稅的主要目的，係在獎勵外銷，藉由降低國內廠商的生產成本，以增強其對外競爭力，進而帶動我國經濟之發展。而關稅記帳的目的是在便利外銷廠商，避免外銷廠商需先繳稅，再辦理退稅之困擾，故我國關稅法第 63 條規定：外銷品進口原料關稅，得於成品出口後退還之；以及外銷品進口原料關稅，得由廠商提供保證，予以記帳，俟成品出口後沖銷之。

外銷品應沖退之原料進口關稅，廠商應於該項原料進口放行之翌日起一年六個月內，檢附有關出口證件申請沖退，逾期不予辦理。惟遇有特殊情形經財政部核准者，得展延之，其展延以一年爲限（關 63）。

所定特殊情形，以因天災、事變或其他不可抗力之事由，致無法於期限內申請沖退稅者爲限。

依前項所定事由申請延期案件，應於期限屆滿前，檢附相關具體證明文件，向財政部申請展延（關細 52）。

13-24 短、溢徵稅款之補稅

一、短徵、溢徵或短退、溢退稅款者，海關應於發覺後通知納稅義務人補繳或具領，或由納稅義務人自動補繳或申請發還。

二、前項補繳或發還期限，以一年爲限；短徵、溢徵者，自稅款完納之翌日起算；短退、溢退者，自海關填發退稅通知書之翌日起算。

三、第一項補繳或發還之稅款，應自該項稅款完納或應繳納期限截止或海關填發退稅通知書之翌日起，至補繳或發還之日止，就補繳或發還之稅額，依應繳或實繳之日郵政儲金一年期定期儲金固定利率，按日加計利息，一併徵收或發還。

四、短徵或溢退之稅款及依前項規定加計之利息，納稅義務人應自海關補繳通知送達之翌日起十四日內繳納；屆期未繳納者，自期限屆滿之翌日起，至補繳之日止，照欠繳稅額按日加徵滯納金萬分之五（關 65）。

五、所稱短徵之稅款，指海關或納稅義務人於稅款完納後，因發現稅則號別、稅率適用、稅款計算、稅單填寫、幣別、計價單位、匯率、運費或保險費顯然錯誤致短徵者。所稱溢退稅款，指海關或退稅申請人於退稅款核定通知後，因退稅款計算或退稅通知書填寫等顯然錯誤致溢退者。

六、前項所定稅則號別顯然錯誤，應依下列原則認定：

（一）海關進口稅則之節、目、款之分類品目名稱已明確規範而適用錯誤者。

（二）違反海關進口稅則有關之類註、章註、目註之明確規定者。

（三）同樣或類似貨物經海關稅則預先審核或行政救濟程序確定分類，同一進口人再次申報錯誤者。

七、所稱溢徵之稅款，指海關或納稅義務人於稅款完納後，因發現稅則號別、稅率適用、稅款計算、稅單填寫、幣別、計價單位、匯率、運費或保險費錯誤致溢徵者。所稱短退稅款，指海關或退稅申請人於退稅款核定通知後，因退稅款計算或退稅通知書填寫等錯誤致短退者（關細 54）。

13-25 進口後禁用之退稅

繳納關稅進口之貨物，進口一年內經政府禁止而不能使用，於禁止之翌日起六個月內原貨復運出口，或在海關監視下銷燬者，退還其原繳關稅（關 64）。

13-26 違禁品之管制

下列違禁品，除法令另有規定外，不得進口（關 15）：

一、僞造之貨幣、證券、銀行鈔券及印製僞幣印模。
二、侵害專利權、商標權及著作權之物品。
三、法律規定不得進口或禁止輸入之物品。

13-27 納稅期限與追徵時效

一、納稅期限：關稅之繳納，自稅款繳納證送達之翌日起十四日內爲之（關43）。

由於關稅法無核課期間之規定，因此除因海關發覺有短徵、溢徵或短退、溢退稅款者，得自稅款完納或海關填發退稅通知單之翌日起一年內補徵、退（關65）；或先放後核案件得於貨物放行之翌日起六個月內通知納稅義務人補稅外（關18），關稅案件一經核定，即不得再行補稅。此外，因違反海關緝私條例規定者，應追徵其所漏或沖退之稅款，但自其情事發生已滿五年者，不得再爲追徵或處罰（緝44）。

二、追徵時效：依關稅法規定應徵之關稅、滯納金或罰鍰，自確定之翌日起，五年內未經徵起者，不再徵收。但於五年期間屆滿前，已移送法院強制執行尚未結案者，不在此限（關9）。所稱確定，指下列各種情形（關細5）：

（一）經海關核定或處分之案件，納稅義務人或受處分人未依法申請復查者。
（二）經復查決定之案件，納稅義務人或受處分人未依法提起訴願者。
（三）經訴願決定之案件，納稅義務人或受處分人未依法提起行政訴訟者。
（四）經行政訴訟判決確定者。

13-28 行政救濟

一、復查

納稅義務人如不服海關對其進口貨物核定之稅則號別、完稅價格或應補繳稅款或特別關稅者，得於收到稅款繳納證之翌日起三十日內，依規定格式，以書面向海關申請復查，並得於繳納全部稅款或提供相當擔保後，提領貨物（關45）。

海關對復查之申請，應於收到申請書之翌日起二個月內爲復查決定，並作成決定書，通知納稅義務人；必要時，得予延長，並通知納稅義務人。延長以一次爲限，最長不得逾二個月。復查決定書之正本，應於決定之翌日起十五日內送達納稅義務人（關 46）。

二、訴願及行政訴訟

納稅義務人不服復查決定者，得依法提起訴願及行政訴訟（關 47）。

三、緝私案件之行政救濟

緝私案件之受處分人不服海關依海關緝私條例之處分者，得於收到處分書之日起三十日內，依規定格式，以書面向原處分海關申請復查。海關應於收到復查申請書後二個月內爲復查決定，並作成復查決定書，必要時，得予延長，並通知受處分人。延長以一次爲限，最長不得逾二個月（緝 47）。受處分人對海關之復查決定如有不服，得依法提起訴願及行政訴訟（緝 48）。茲將關稅之行政救濟受理機關與辦理期限列表說明如表 13-1：

表 13-1　關稅行政救濟受理機關與期限

項目	復查	訴願	行政訴訟：一審	行政訴訟：上訴審
稅則分類估價案件	原進口地海關	財政部	高等行政法院	最高行政法院
關稅法處罰案件	原處分海關	財政部	高等行政法院	最高行政法院
緝私案件	原處分海關	財政部	高等行政法院	最高行政法院
一般案件：申請期限	收到關稅局填發稅款繳納證 30 日內	收到復查或評定決定書後 30 日內	收到訴願決定書後 2 個月內	收到高等行政法院判決書後 20 日內
一般案件：決定期限	收到申請書 2 個月內重核，必要時得延長 2 個月	3 個月，必要時得延長 2 個月	3 個月，必要時得延長 2 個月	3 個月，必要時得延長 3 個月
緝私案件：申請期限	收到處分書後 30 日內	收到復查決定書後 30 日內	收到訴願決定書後 2 個月內	收到高等行政法院判決書後 20 日內
緝私案件：決定期限	2 個月，必要時得延長 2 個月	3 個月，必要時得延長 2 個月	3 個月，必要時得延長 2 個月	3 個月，必要時得延長 3 個月

13-29 行政救濟後稅款之退補

經依復查、訴願或行政訴訟確定應退還稅款者，海關應於復查決定或接到訴願決定書或行政法院判決書正本之翌日起十日內退回，並自納稅義務人繳納該項稅款之翌日起，至填發收入退還書或國庫支票之日止，按退稅額，依繳納稅款之日郵政儲金匯業局之一年期定期儲金固定利率，按日加計利息，一併退還（關 47）。

經依復查、訴願或行政訴訟確定應補繳稅款者，海關應於復查決定或接到訴願決定書或行政法院判決書正本之翌日起十日內，填發補繳稅款繳納通知書，通知納稅義務人繳納，並自該項補繳稅款原應繳納期間屆滿之翌日起，至填發補繳稅款繳納通知書之日止，按補繳稅額，依原應繳納稅款之日郵政儲金匯業局之一年期定期儲金固定利率，按日加計利息，一併徵收（關 47）。

13-30 罰則

一、租稅行政罰：茲將重要之關稅罰則，列舉如下：

（一）滯報費：進口貨物不依規定期限報關者，自報關期限屆滿之翌日起，按日加徵滯報費新臺幣 200 元。滯報費徵滿二十日仍不報關者，由海關將其貨物變賣，所得價款，扣除應納關稅及必要之費用外，如有餘款，由海關暫代保管，納稅義務人得於 5 年內申請發還，逾期繳歸國庫（關 73）。

（二）滯納金：納稅義務人不依規定期限納稅者，自繳稅期限屆滿之翌日起，照欠繳稅額按日加徵滯納金萬分之五。滯納金加徵滿三十日仍不繳納者，由海關將其貨物變賣，所得價款，扣除應納關稅及必要之費用外，如有餘款，由海關暫代保管；納稅義務人得於 5 年內申請發還，逾期繳歸國庫（關 74）。

（三）報運貨物進口、出口之處罰：

1. 報運貨物進口而有下列情事之一者，得視情節輕重，處所漏進口稅額 5 倍以下之罰鍰，或沒入或併沒入其貨物（緝 37）：

(1) 虛報所運貨物之名稱、數量或重量。

(2) 虛報所運貨物之品質、價值或規格。

(3) 繳驗僞造、變造或不實之發票或憑證。

(4) 其他違法行爲。

2. 報運貨物出口，有前項各款情事之一者，處新臺幣 300 萬元以下罰鍰，並得沒入其貨物。

3. 有前二項情事之一而涉及逃避管制者，依規定處罰。

4. 沖退進口原料稅捐之加工外銷貨物，報運出口而有第 1 項所列各款情事之一者，處以溢沖退稅額 5 倍以下之罰鍰，並得沒入其貨物（緝 37）。

（四）私運貨物：

1. 私運貨物進口、出口或經營私運貨物者，處貨價 3 倍以下之罰鍰。

2. 起卸、裝運、收受、藏匿、收買或代銷私運貨物者，處新臺幣九萬元以下罰鍰；其招僱或引誘他人爲之者，亦同。

3. 前二項私運貨物沒入之。

4. 不知爲私運貨物而有起卸、裝運、收受、貯藏、購買或代銷之行爲，經海關查明屬實者，免罰（緝 36）。

（五）海關依規定進行調查時，被調查人規避、妨礙或拒絕提供資料、到場備詢或配合調查者，處新臺幣 3 千元以上 3 萬元以下罰鍰，並通知限期配合辦理；屆期未配合辦理者，得按次處罰（關 75）。

（六）郵遞之信函或包裹內，有應課關稅之貨物或管制物品，其封皮上未正確載明該項貨物或物品之品質、數額、重量、價值，亦未附有該項記載者，經查明有走私或逃避管制情事時，得沒入其貨物或物品，並通知進口收件人或出口寄件人（緝 38）。

（七）旅客出入國境，攜帶應稅貨物或管制物品匿不申報或規避檢查者，沒入其貨物，並得依海關緝私條例第 36 條第 1 項論處（緝 39）。

（八）報運之進出口貨物，有非屬眞品平行輸入之侵害專利權、商標權或著作權者，處貨價 3 倍以下之罰鍰，並沒入其貨物。但其他法律有特別規定者，從其規定（緝 39-1）。

（九）依法辦理免徵、記帳及分期繳納關稅之進口機器、設備、器材、車輛及其所需之零組件，應繳或追繳之關稅延不繳納者，除依法移送強制執行外，自繳稅期限屆滿日或關稅記帳之翌日起至稅款繳清日止，照欠繳或記帳稅額按日加徵滯納金萬分之五。但不得超過原欠繳或記帳稅額 15%。

中華民國 111 年 4 月 26 日修正之本條文施行時，欠繳應追繳稅款且尚未計徵滯納金者，適用修正後之規定（關 77）。

（十）外銷品原料之記帳稅款，不能於規定期限內申請沖銷者，應即補繳稅款，並自記帳之翌日起至稅款繳清日止，照應補稅額，按日加徵滯納金萬分之五。但不得超過原記帳稅額 15%。

前項記帳之稅款，有下列情形之一者，免徵滯納金：

1. 因政府管制出口或配合政府政策，經核准超額儲存原料。
2. 工廠遭受天災、事變或不可抗力之事由，經當地消防或稅捐稽徵機關證明屬實。
3. 因國際經濟重大變化致不能於規定期限內沖銷，經財政部及經濟部會商同意免徵滯納金。
4. 因進口地國家發生政變、戰亂、罷工、天災等直接影響訂貨之外銷，經查證屬實。
5. 在規定沖退稅期限屆滿前已經出口，或在規定申請沖退稅期限屆滿後六個月內出口者。

中華民國 111 年 4 月 26 日修正之本條文施行時，欠繳應追繳稅款且尚未計徵滯納金者，適用修正後之規定（關 79）。

（十一）報關業者違反第 22 條第 3 項所定辦法中有關變更登記、證照之申請、換發或辦理報關業務之規定者，由海關予以警告或處新臺幣 6 千元以上 3 萬元以下罰鍰，並得命其限期改正；屆期未改正者，按次處罰；處罰三次仍未完成改正或違規情節重大者，得停止六個月以下之報關業務或廢止報關業務證照。

報關業者因報單申報錯誤而有前項情事者，於海關發現不符、接獲走私密報、通知實施事後稽核前，主動依第 17 條第 5 項規定及第 6 項所定辦法代理納稅義務人或貨物輸出人申請更正報單，並經海關准予更正，免依前項規定處罰。

專責報關人員違反第 22 條第 3 項所定辦法中有關專責報關人員職責之規定者，海關得予以警告並限期改正或處新臺幣 2,000 元以上 5,000 元以下罰鍰；並得按次處罰；處罰三次仍未完成改正者，得停止六個月以下之報關審核簽證業務或廢止其登記（關 84）。

二、租稅刑事罰

茲根據懲治走私條例之規定，將其重要之罰則列舉如下：

（一）私運管制物品進口、出口逾公告數額者，處七年以下有期徒刑，得併科新臺幣 300 萬元以下罰金，且未遂犯罰之。所稱管制物品及其數額，由行政院公告之（懲 2）。

（二）運送、銷售或藏匿走私物品者，處五年以下有期徒刑、拘役或科或併科新臺幣 150 萬元以下罰金。未遂犯罰之（懲 3）。

（三）犯走私罪而持械拒捕或持械拒受檢查，傷害人致死或重傷者，處死刑、無期徒刑或十年以上有期徒刑，得併科新臺幣 500 萬元以下罰金（懲 4）。

（四）犯走私罪而有下列行爲之一者，處無期徒刑或七年以上有期徒刑，得併科新臺幣 500 萬元以下之罰金：

1. 公然爲首，聚眾持械拒捕或持械拒受檢查者。

2. 公然爲首，聚眾威脅稽徵關員或其他依法令負責檢查人員者（懲 5）。

（五）犯走私罪而有下列行爲之一者，處三年以上十年以下有期徒刑，得併科新臺幣 5 百萬元以下罰金（懲 6）：

1. 持械拒捕或持械拒受檢查，傷害人未致重傷者。

2. 公然聚眾，持械拒捕或持械拒受檢查時，在場助勢者。

3. 公然聚眾威脅稽徵關員或其他依法令負責檢查人員時，在場助勢者。

（六）服務於鐵路、公路、航空、水運或其他供公眾運輸之交通工具人員，明知有走私情事而不通知稽徵關員或其他依法令負責檢查人員者，處三年以下有期徒刑、拘役或科新臺幣 150 萬元以下罰金（懲 7）。

（七）稽徵關員或其他依法令負責檢查人員，明知走私物品而放行或爲之銷售或藏匿者，處七年以上有期徒刑。未遂犯罰之（懲 9）。

（八）公務員、軍人包庇走私者，處無期徒刑或七年以上有期徒刑。未遂犯罰之（懲 10）。

（九）自大陸地區私運物品進入臺灣地區，或自臺灣地區私運物品前往大陸地區者，以私運物品進口、出口論，適用懲治走私條例之規定處斷（懲 12）。

13-31 執行

一、強制執行

依關稅法應繳或應補繳之下列款項，除本法另有規定外，經限期繳納，屆期未繳納者，依法移送強制執行：

（一）關稅、滯納金、滯報費、利息。

（二）依本法所處之罰鍰。

（三）處理變賣或銷毀貨物所需費用，而無變賣價款可供扣除或扣除不足者。但以在處理前通知納稅義務人者爲限。

（四）依本法追繳之貨價。

納稅義務人對前項第（一）款至第（三）款之繳納有異議時，準用第 45 條至

第 47 條規定。

第 1 項第（一）款及第（三）款應繳或應補繳之款項，納稅義務人已依第 45 條規定申請復查者，得提供相當擔保，申請暫緩移送強制執行。但已依第 45 條規定提供相當擔保，申請將貨物放行者，免再提供擔保。

第 1 項第（一）款應繳或應補繳之關稅，應較普通債權優先受償。

本法中華民國 111 年 4 月 26 日修正之條文施行前，納稅義務人對第 1 項第（四）款之處分申請復查者，仍依復查程序辦理（關 95）。

二、不限期退運之處理

不得進口之貨物，海關應責令納稅義務人限期辦理退運；如納稅義務人以書面聲明放棄或未依限辦理退運，海關得將其貨物變賣，所得價款，於扣除應納關稅及必要費用後，如有餘款，應繳歸國庫。

依前項及第 73 條第 2 項、第 74 條第 2 項規定處理之貨物，無法變賣而需銷毀時，應通知納稅義務人限期在海關監視下自行銷毀；屆期未銷毀者，由海關逕予銷毀，其有關費用，由納稅義務人負擔，並限期繳付海關。

已繳納保證金或徵稅放行之貨物，經海關查明屬第 1 項應責令限期辦理退運，而納稅義務人未依限辦理者，海關得沒入其保證金或追繳其貨價。

第 1 項海關責令限期辦理退運及前項沒入保證金或追繳貨價之處分，應自貨物放行之翌日起算一年內爲之（關 96）。

歷屆試題

選擇題（本書各章所附考題之答案均係依據考試當年度考選部所公布之答案）

（C）1. 關於我國進口貨物關稅之敘述，下列何者錯誤？（A）依貨物出口國條件分別適用海關進口稅則三欄稅率課徵（B）採從價課徵之貨物，其完稅價格以該進口貨物之交易價格爲計算根據（C）納稅義務人爲進口貨物之報關行（D）應自稅款繳納證送達之翌日起14日內繳納稅款（111年身心障礙三等特考租稅各論）

（D）2. 甲公司進口菸品一批，關稅完稅價格200萬元，請問該商品進口時需繳納下列那些租稅？①關稅②貨物稅③菸酒稅④菸品健康福利捐⑤營業稅⑥特種貨物及勞務稅（A）①②③⑤⑥（B）①②④⑤（C）②③④（D）①③④⑤（106年地方五等特考）

（C）3. 有關進口貨物之營業稅，其行政救濟程序，應如何處理？（A）準用稅捐稽徵法（B）準用加值型及非加值型營業稅法（C）準用關稅法及海關緝私條例（D）準用關稅法及海關進口稅則（101年高考）

（C）4. 國外輸入之汽車，由海關代徵之貨物稅，其行政救濟程序，準用何種法規之規定辦理？（A）加值型及非加值型營業稅法（B）稅捐稽徵法（C）關稅法及海關緝私條例（D）關稅法及海關進口稅則（101年地方特考四等）

（C）5. 關稅的租稅救濟，與下列何者無關？（A）海關緝私條例（B）訴願法（C）稅捐稽徵法（D）行政訴訟法（100年初考）

（D）6. 由海關代徵之國外輸入貨物的稅捐，其行政救濟程序準用下列何者之規定？（A）稅捐稽徵法（B）貨物稅條例（C）加值型及非加值型營業稅法（D）關稅法（100年地方特考五等）

（D）7. 依照現行關稅法規定，下列何者不是特別關稅？（A）平衡稅（B）反傾銷稅（C）季節關稅（D）印花稅（99年地方特考四等）

（C）8. 依照現行關稅法第29條第1項規定，從價課徵關稅之進口貨物，其完稅價格以進口貨物之何種價格作爲計算根據？（A）離岸價格（B）起岸價格（C）交易價格（D）廣告價格（99年地方特考四等）

（A）9. 我國關稅法規定，爲防止進口貨物在輸出或產製國家之製造、生產、外銷運輸過程，直接或間接領受獎金或其他補貼，致危害中華民國產業者，對該貨物得另行加徵：（A）平衡稅（B）反傾銷稅（C）報復關稅（D）加值稅（97年初考）

第 4 篇

財產稅

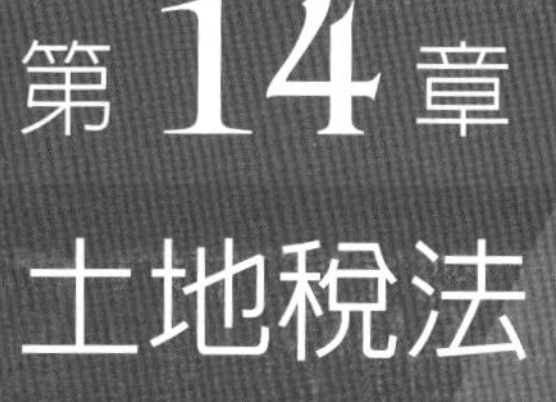

第14章 土地稅法

夫因兵死守蓬茅，麻紵衣衫鬢髮焦。
桑柘廢來猶納稅，田園荒後尚徵苗。
時挑野菜和根煮，旋斫生柴帶葉燒。
任是深山更深處，也應無計避徵徭。

杜荀鶴「時世行」

政府爲提供各種服務，需使用民間部門的資源，一方面固可對資源的流量課徵所得稅或消費稅，另一方面尚可對資源的存量課徵財產稅。財產稅的稅基本應包括所有財產，惟卻存在「財產稅循環」（property tax cycle）的現象。析言之，財產稅最初僅課及土地；嗣因經濟發展，財富多樣化，而且人民的所得與財產並未息息相關，在此一階段就會對所有財產（包括不動產與動產）課稅；俟經濟發展成熟，財富更趨多樣化，全面性財產稅卻難以有效管理，最後又回歸到以課徵不動產爲主。

開徵財產稅不僅可充裕地方財源，且可使賦稅結構更趨公平。例如：可能有的家庭，其所得雖低，卻擁有昂貴的不動產；若僅課徵所得稅，因爲計算「設算租金」困難重重而免予課徵，以致該等家庭所負擔的稅負不甚合理。

與外國的情況相似，臺灣地區亦無法推行全面性的財產稅，只能開徵選擇性的財產稅，主要以不動產爲主，而且不動產又按土地與房屋分別課稅。此外，財產稅尚可按「持有」與「流通」兩種方式課徵。前者係對擁有財產者進行定期的課稅，而後者係在財產流通時才進行課稅。因此不動產稅可分爲土地的流通稅（土地增值稅）、土地的持有稅（地價稅與田賦）、房屋的流通稅（契稅），以及房屋的持有稅（房屋稅）等四種。其他相關的財產流通稅尚有：證券交易稅、遺產稅、贈與稅等，而相關的財產持有稅則有牌照稅。

根據我國土地稅法第 1 條規定，土地稅分爲地價稅（land value tax）、田賦（agriculture land tax）及土地增值稅（land value increment tax）。凡已規定地價之土地，在平時課徵地價稅，移轉時課徵土地增值稅。未規定地價之土地，在平時則課徵田賦，移轉時課徵契稅（deed tax）。惟爲調整農業生產狀況或因應農業發展需要，財政部已於民國 76 年報奉行政院核定，自民國 76 年第二期（即下半年）起停徵田賦。本章將依序討論土地稅法所列之地價稅、田賦及土地增值稅。

地價稅

14-1 課稅對象

已規定地價之土地，除依法須課徵田賦者外，應課徵地價稅（土 14）。臺灣地區目前尚有一些土地（例如中央山脈）仍未規定地價，即使在規定地價的地區，如屬農地，亦僅課徵田賦，故此均不屬於課徵地價稅的範圍。雖然如此，地價稅的稅收仍甚豐沛。

地價的規定，係由直轄市或縣（市）主管機關依下列程序辦理（平 15）：

一、分區調查最近一年之土地買賣價格或收益價格。

二、依據調查結果，劃分地價區段並估計區段地價後，提交地價評議委員會評議。

三、計算宗地單位地價。

四、公告及申報地價，其期限爲三十日。

五、編造地價冊及總歸戶冊。

規定地價後，每二年應重新規定地價一次。但必要時得延長之（平 14）。

14-2 納稅義務人

一、地價稅之納稅義務人如下（土 3）：

（一）土地所有權人。

（二）設有典權土地，爲典權人。

（三）承領土地，爲承領人。

（四）承墾土地，爲耕作權人。

二、公有或公同共有：土地所有權若屬於公有或公同共有者，以管理機關或管理人爲納稅義務人；其爲分別共有者，以共有人各按其應有部分爲納稅義務人（土 3）。

三、信託土地：土地爲信託財產者，於信託關係存續中，以受託人爲納稅義務人。

前項土地應與委託人在同一直轄市或縣（市）轄區內所有之土地合併計算地價總額，依規定稅率課徵地價稅，分別就各該土地地價占地價總額之比例，計算其應納之地價稅，但信託利益之受益人爲非委託人且符合下列各款規定者，前項土地應與受益人在同一直轄市或縣（市）轄區內所有之土地合併計算地價總額：

（一）受益人已確定並享有全部信託利益者。

（二）委託人未保留變更受益人之權利者（土 3-1）。

四、使用人代繳：土地有下列情形之一者，主管稽徵機關得指定土地使用人負責代繳其使用部分之地價稅：

（一）納稅義務人行蹤不明者。

（二）權屬不明者。

（三）無人管理者。

（四）土地所有權人申請由占有人代繳者。

土地所有權人在同一直轄市、縣（市）內有兩筆以上之土地，爲不同之使用人所使用時，如土地所有權之地價稅係按累進稅率計算，各土地使用人應就所使用土地之地價比例負代繳地價稅之義務。

代繳義務人代繳之地價稅，得抵付使用期間應付之地租或向納稅義務人求償（土 4）。

14-3 稅基

地價稅按各土地所有權人在各直轄市或縣（市）轄區內之地價總額計徵之。而地價總額係指每一土地所有權人依法定程序辦理規定地價或重新規定地價（亦爲公告地價），經核列歸戶冊之地價總額（土 15）。

14-4 一般稅率

地價稅的基本稅率爲 10‰。土地所有權人之地價總額未超過土地所在地直轄市或縣（市）累進起點地價者，其地價稅按基本稅率徵收；超過累進起點地價者，依下列規定累進課徵：

一、超過累進起點地價未達五倍者，就其超過部分課徵 15‰。
二、超過累進起點地價五倍至十倍者，就其超過部分課徵 25‰。
三、超過累進起點地價十倍至十五倍者，就其超過部分課徵 35‰。
四、超過累進起點地價十五倍至二十倍者，就其超過部分課徵 45‰。
五、超過累進起點地價二十倍以上者，就其超過部分課徵 55‰。

上述所稱累進起點地價，係以各該直轄市及縣（市）土地七公畝之平均地價爲準。但不包括工廠用地、礦業用地、農業用地及免稅土地在內（土 16）。

茲將地價稅累進起點地價之計算公式（平均地權條例施行細則第 27 條附件）列示如下：

$$\text{地價稅累進起點地價}=\frac{\text{直轄市或縣（市）規定地價總額}-\text{（工業用地地價}+\text{礦業用地地價}+\text{農業用地地價}+\text{免稅地地價）}}{\text{直轄市或縣（市）規定地價總面積（公畝）}-\text{（工業用地面積}+\text{礦業用地面積}+\text{農業用地面積}+\text{免稅地面積）（公畝）}}\times 7$$

並將地價稅之一般稅率表及速算公式表（平均地權條例施行細則第 28 條附件）列示如表 14-1、表 14-2 所示。

表 14-1 地價稅之一般稅率表

稅級	級距	稅率
第一級	未超過累進起點地價	10‰
第二級	超過累進起點地價未達 5 倍	就超過部分課徵 15‰
第三級	超過累進起點地價 5 倍至 10 倍	就超過部分課徵 25‰
第四級	超過累進起點地價 10 倍至 15 倍	就超過部分課徵 35‰
第五級	超過累進起點地價 15 倍至 20 倍	就超過部分課徵 45‰
第六級	超過累進起點地價 20 倍以上	就超過部分課徵 55‰

表 14-2 地價稅之速算公式表

稅級別	計算公式
第一級	應徵稅額＝課稅地價（未超過累進起點地價者）× 稅率（10‰）
第二級	應徵稅額＝課稅地價（超過累進起點地價未達五倍者）× 稅率（15‰）－累進差額（累進起點地價 ×0.005）
第三級	應徵稅額＝課稅地價（超過累進起點地價五倍至十倍者）× 稅率（25‰）－累進差額（累進起點地價 ×0.065）
第四級	應徵稅額＝課稅地價（超過累進起點地價十倍至十五倍者）× 稅率（35‰）－累進差額（累進起點地價 ×0.175）
第五級	應徵稅額＝課稅地價（超過累進起點地價十五倍至二十倍者）× 稅率（45‰）－累進差額（累進起點地價 ×0.335）
第六級	應徵稅額＝課稅地價（超過累進起點地價二十倍以上者）× 稅率（55‰）－累進差額（累進起點地價 ×0.545）

政府因課徵地價稅對土地評價的結果稱爲「公告地價」，但公告地價距市價甚遠，故地價稅的有效稅率不高。雖然全國所適用的稅率相同，但各縣市所評定的公告地價水準參差不齊，所以各縣市納稅人的負擔有所差異。凡全國平均估價水準對納稅人負擔所產生的效果，稱爲利潤稅效果（profit tax effect），而高於全國估價水準對納稅人的負擔，則產生特種消費稅效果（excise tax effect）。

法學觀念補給站

司法院大法官96年釋字第625號認爲：同一土地如經地政機關於實施重測時發現與鄰地有界址重疊之情形而經重測後面積減少者，即表示依重測前之土地登記標示之面積爲計算基礎而核列歸戶冊之地價總額並不正確，其致土地所有權人因而負擔更多稅負者，應解爲係屬稅捐稽徵法第28條所規定之「因計算錯誤溢繳之稅款」，方與實質課稅之公平原則無違，故應退還其溢繳之稅款。依現行稅捐稽徵法規定，稅捐稽徵機關應自知有錯誤原因之日起二年內查明退還，其退還之稅款不以五年內溢繳者爲限。

14-5 特別稅率（優惠與懲罰）

我國對於自用住宅用地、工業用地、公共設施保留地以及公有土地所適用的稅率，均有特殊優惠，但對空地則加徵空地稅，以示懲罰。茲分述如下：

優惠

一、自用住宅用地

合於下列規定之自用住宅用地，其地價稅按2‰計徵：

（一）都市土地面積未超過三公畝部分；非都市土地面積未超過七公畝部分。（說明：1公畝爲30.25坪）（平20）

（二）土地所有權人與其配偶及未成年之受扶養親屬，適用自用住宅用地稅率繳納地價稅者，以一處爲限（土17、平20）。

（三）所謂自用住宅用地，指土地所有權人或其配偶、直系親屬於該地辦竣戶籍登記，且無出租或供營業用之住宅用地（土9）。又自用住宅用地，以其土地上之建築改良物屬土地所有權人或其配偶、直系親屬所有者爲限（土細4）。

說明一：土地所有權人申請超過一處之自用住宅用地時，依土地稅法第17條第3項認定一處適用自用住宅用地稅率，以土地所有權人擇定之戶籍所在地爲準；土地所有權人未擇定者，以申請當年之自用住宅用地地價稅額最高者爲準；其稅額相同者，依土地所有權人、配偶、未成年受扶養親屬戶籍所在地之順序適用[1]。

---

1 爲維護土地所有權人權益，爰修正爲土地所有權人未擇定者，以其申請當年適用自用住宅用地稅率之地

土地所有權人與其配偶或未成年之受扶養親屬分別以所有土地申請自用住宅用地者，應以共同擇定之戶籍所在地為準；未擇定者，以土地所有權人與其配偶、未成年之受扶養親屬申請當年之自用住宅用地地價稅額最高者為準。

第1項後段未成年受扶養親屬戶籍所在地之適用順序，依長幼次序定之（土細8）。

說明二：土地所有權人申請之自用住宅用地面積超過土地稅法第17條第1項規定時，應依土地所有權人擇定之適用順序計算至該規定之面積限制為止；土地所有權人未擇定者，以申請當年之自用住宅用地地價稅額由高至低之適用順序計算之；其稅額相同者，適用順序如下：

1. 土地所有權人與其配偶及未成年之受扶養親屬之戶籍所在地。
2. 直系血親尊親屬之戶籍所在地。
3. 直系血親卑親屬之戶籍所在地。
4. 直系姻親之戶籍所在地。

前項第2款至第4款之適用順序，依長幼次序定之（土細9）。

另國民住宅及企業或公營事業興建之勞工宿舍，自動工興建或取得土地所有權之日起，其用地之地價稅，適用前項優惠稅率計徵（土17）。

實務案例

節稅小撇步

自有的透天房屋1樓做營業使用，2樓以上仍做住家使用，其地價稅仍可申請按自用住宅用地優惠稅率課徵。

說明：

如土地所有權人或其配偶、直系親屬辦竣戶籍登記，且無出租或供營業使用之情事，符合自用住宅用地要件者，仍可申請依房屋實際使用情形之面積比

價稅額最高者為準，其稅額相同時，則依序以土地所有權人、配偶及未成年受扶養親屬之戶籍所在地為準。舉例說明，土地所有權人甲有A、B、C三筆土地，適用自用住宅用地稅率之地價稅額分別為新臺幣（下同）1萬元、1萬1千元、9千元，A、B、C三筆土地分別由甲、甲之配偶乙、甲之未成年受扶養親屬丙辦竣戶籍登記。倘甲未擇定自用住宅用地，依上述修正規定，以地價稅額最高之地（B地）為準；倘該三筆土地之地價稅額均為1萬元，則以土地所有權人甲戶籍所在地之A地為準。

例，分別按自用住宅用地及一般用地稅率課徵地價稅。

例如林小姐所有4層樓的透天厝，其坐落土地面積100平方公尺，如果符合自用住宅用地要件者，則土地面積100平方公尺全部可按自用住宅用地稅率課徵地價稅；如果房屋1樓做營業使用，第2、3、4樓做住家使用，則土地面積75平方公尺，即100平方公尺的四分之三可按自用住宅用地稅率課徵地價稅[2]。

二、工礦用地、遊憩用地、宗教用地以及加油站、停車場等

供下列事業直接使用之土地，按10‰計徵地價稅。但未按目的事業主管機關核定規劃使用者，不適用之：

（一）工業用地、礦業用地。

（二）私立公園、動物園、體育場所用地。

（三）寺廟、教堂用地、政府指定之名勝古蹟用地。

（四）經主管機關核准設置之加油站及依都市計畫法規定設置之供公眾使用之停車場用地。

（五）其他經行政院核定之土地。

在依法劃定之工業區或工業用地公告前，已在非工業區或工業用地設立之工廠，經政府核准有案者，其直接供工廠使用之土地，準用前項規定（土18）。

所稱工業用地係指爲依區域計畫法或都市計畫法劃定之工業區或依其他法律規定之工業用地，及工業主管機關核准工業或工廠使用範圍內之土地（土細13）。

三、公共設施保留地

都市計畫公共設施保留地，在保留期間仍爲建築使用者，除自用住宅用地依規定外，統按6‰計徵地價稅；其未作任何使用並與使用中之土地隔離者，免徵地價稅（土19）。

四、公有土地

公有土地按基本稅率徵收地價稅。但公有土地供公共使用者，免徵地價稅（土20）。

---

2 資料來源：桃園市政府地方稅務局。

例題 1

若張先生設籍並居住於A縣（市），他在該縣（市）擁有之土地地價總額為新臺幣5,000,000元，假定該縣（市）之地價稅累進起點地價為新臺幣2,000,000元，則張先生當年應納之地價稅為65,000元。若張先生之土地符合自用住宅用地，則其應納之地價稅為10,000元。茲說明其理由如下：

2,000,000×10‰＋3,000,000×15 ‰＝65,000元 --------- 一般稅額

如以速算公式計算（適用第二級稅率15‰）：

5,000,000×15‰－累進差額（2,000,000×0.005）＝65,000元

5,000,000×2‰＝10,000元 --------- 自用住宅稅額

懲罰

加徵空地稅：爲提高土地利用，地價稅尚制訂處罰辦法，亦即凡經直轄市或縣（市）政府核定應徵空地稅之土地，按該宗土地應納地價稅基本稅額加徵二至五倍之空地稅（土21）。

所稱空地，指已完成道路、排水及電力設施，於有自來水地區並已完成自來水系統，而仍未依法建築使用；或雖建築使用，而其建築改良物價值不及所占基地申報地價10%，且經直轄市或縣（市）政府認定應予增建、改建或重建之私有及公有非公用建築用地（土11）。

表14-3　地價稅優惠與懲罰稅率表

優惠與懲罰	使用情形	稅率
優惠	自用住宅	2‰
	工業用地等	10‰
	公共設施保留地	6‰；未作任何使用並與使用中之土地隔離者免稅
懲罰	空地	加徵2～5倍之空地稅

考題解析

林先生在台中市擁有房地1處，土地面積3公畝，土地地價總額爲新臺幣10,000,000元，假定台中市之地價稅累進起點地價爲新臺幣1,000,000元，試請計算下列各種情形之地價稅，並請列出計算式。（107年普考）

1. 林先生將整棟房地出租給學生使用。
2. 林先生將整棟房地供自用住宅使用，並符合自用住宅用地之條件，經向稽徵機關申請獲准。
3. 林先生之土地被政府劃為公共設施保留地，惟尚未徵收，林先生繼續將該房地作營業使用。
4. 若該土地為工業用地，整塊土地的八分之一興建為勞工宿舍，其餘八分之七直接供工廠使用。
5. 若該土地原作營業使用，因土地重劃，被劃為重劃地區內土地，於辦理期間不能為原來之使用而無收益，經辦理完成後仍作原來用途，其重劃完成後第一年之地價稅為多少？

擬答：

1. 1,000,000×10‰ ＋ 5,000,000×15‰ ＋ 4,000,000×25‰ ＝ 185,000 元 --- 一般稅額
2. 10,000,000 × 2‰ ＝ 20,000 元 --------- 自用住宅稅額
3. 10,000,000 × 6‰ ＝ 60,000 元 --------- 公共設施保留地稅額
4. 10,000,000×1/8×2‰ ＋ 10,000,000×7/8×10‰ ＝ 90,000 元 ---- 工業用地
5. 185,000 元 ×1/2 ＝ 92,500 元 ------ 重劃土地

14-6 減免規定

為發展經濟，促進土地利用，增進社會福利，對於國防、政府機關、公共設施、騎樓走廊、研究機構、教育、交通、水利、給水、鹽業、宗教、醫療、衛生、公私墓、慈善或公益事業及合理之自用住宅等所使用之土地，及重劃、墾荒、改良土地者，得予適當之減免（土 6）。

一、公有土地之免稅

下列公有土地地價稅全免（土減 7）：

（一）供公共使用之土地。

（二）各級政府與所屬機關及地方自治機關用地及其員工宿舍用地。但不包括供事業使用者在內。

（三）國防用地及軍事機關、部隊、學校使用之土地。

（四）公立之醫院、診所、學術研究機構、社教機構、救濟設施及公、私立學校直接用地及其員工宿舍用地，以及學校學生實習所用之直接生產用地。但外國僑民學校應爲該國政府設立或認可，並依私立高級中等以下外國僑民學校及附設幼稚園設立及管理辦法設立，且以該國與我國有相同互惠待遇或經行政院專案核定免徵者爲限；本國私立學校，以依私立學校法立案者爲限。

（五）農、林、漁、牧、工、礦機關直接辦理試驗之用地。

（六）糧食管理機關倉庫用地。

（七）鐵路、公路、航空站、飛機場、自來水廠及垃圾、水肥、污水處理廠（池、場）等直接用地及其員工宿舍用地。但不包括其附屬營業單位獨立使用之土地在內。

（八）引水、蓄水、洩水等水利設施及各項建造物用地。

（九）政府無償配供貧民居住之房屋用地。

（十）名勝古蹟及紀念先賢先烈之館堂祠廟與公墓用地。

（十一）觀光主管機關爲開發建設觀光事業，依法徵收或協議購買之土地，在未出賣與興辦觀光事業者前，確無收益者。

（十二）依停車場法規定設置供公眾使用之停車場用地。

前項公有土地係徵收、收購或受撥用而取得者，於其尚未辦妥產權登記前，如經該使用機關提出證明文件，其用途合於免徵標準者，徵收土地自徵收確定之日起、收購土地自訂約之日起、受撥用土地自撥用之日起，準用前項規定。

原合於規定供公、私立學校使用之公有土地，經變更登記爲非公有土地後，仍供原學校使用者，準用第 1 項規定。

公立學校之學生宿舍，由民間機構與主辦機關簽訂投資契約，投資興建並租與該校學生作宿舍使用，且約定於營運期間屆滿後，移轉該宿舍之所有權予政府者，於興建及營運期間，其基地之地價稅得由當地主管稽徵機關專案報請直轄市、縣（市）主管機關核准免徵。

二、私有土地之減免

下列各款之私有土地減免地價稅（土減 8）：

（一）財團法人或財團法人所興辦業經立案之私立學校用地、爲學生實習農、林、漁、牧、工、礦等所用之生產用地及員生宿舍用地，經登記爲財團法人所有者，全免。但私立補習班或函授學校用地，均不予減免。

（二）經主管教育行政機關核准合於私立社會教育機構設立及獎勵辦法規定設立之私立圖書館、博物館、科學館、藝術館及合於學術研究機構設立辦法規定設立之學術研究機構，其直接用地，全免。但以已辦妥財團法人登記，或係辦妥登記之財團法人所興辦，且其用地爲該財團法人所有者爲限。

（三）經事業主管機關核准設立，對外絕對公開，並不以營利爲目的之私立公園及體育館場，其用地減徵 50%；其爲財團法人組織者減徵 70%。

（四）經事業主管機關核准設立之私立農、林、漁、牧、工、礦試驗場，辦理五年以上，具有試驗事實，其土地未作其他使用，並經該主管機關證明者，其用地減徵 50%。

（五）經事業主管機關核准設立之私立醫院、捐血機構、社會救濟慈善及其他爲促進公眾利益，不以營利爲目的，且不以同業、同鄉、同學、宗親成員或其他特定之人等爲主要受益對象之事業，其本身事業用地，全免。但爲促進公眾利益之事業，經由當地主管稽徵機關報經直轄市、縣（市）主管機關核准免徵者外，其餘應以辦妥財團法人登記，或係辦妥登記之財團法人所興辦，且其用地爲該財團法人所有者爲限。

（六）經事業主管機關核准設立之私立公墓，其爲財團法人組織，且不以營利爲目的者，其用地，全免。但以都市計畫規劃爲公墓用地或非都市土地經編定爲墳墓用地者爲限。

（七）經事業主管機關核准興建之民營鐵、公路或專用鐵、公路，經常開放並附帶客貨運輸者，其基地，全免。

（八）經事業主管機關核准興辦之農田水利事業，所有引水、蓄水、洩水各項建造物用地，全免；辦公處所及其工作站房用地減徵 50%。

（九）有益於社會風俗教化之宗教團體，經辦妥財團法人或寺廟登記，其專供公開傳教佈道之教堂、經內政部核准設立之宗教教義研究機構、寺廟用地及紀念先賢先烈之館堂祠廟用地，全免。但用以收益之祀田或放租之基地，或其土地係以私人名義所有權登記者不適用之。

（十）無償供給政府機關、公立學校及軍事機關、部隊、學校使用之土地，在使用期間以內，全免。

（十一）各級農會、漁會之辦公廳及其集貨場、依法辦竣農倉登記之倉庫或漁會附屬之冷凍魚貨倉庫用地，減徵 50%。

（十二）經主管機關依法指定之私有古蹟用地，全免。

上述第（一）款之私立學校，第（二）款之私立學術研究機構及第（五）款之私立社會救濟慈善各事業，其有收益之土地，而將全部收益直接用於各該事業者，其地價稅得專案報請減免。第（三）款、第（四）款、第（六）款、第（七）款、第（八）款及第（十一）款之各事業用地，應以各該事業所有者爲限。但第（三）款之事業租用公地爲用地者，該公地仍適用該款之規定。

三、**無償使用之土地**：無償供公眾通行之道路土地，經查明屬實者，在使用期間內，地價稅全免。但其屬建造房屋應保留之法定空地部分，不予免徵（土減9）。

四、**騎樓走廊地**：供公共通行之騎樓走廊地，無建築改良物者，應免徵地價稅，有建築改良物者，依下列規定減徵地價稅。

（一）地上有建築改良物一層者，減徵二分之一。

（二）地上有建築改良物二層者，減徵三分之一。

（三）地上有建築改良物三層者，減徵四分之一。

（四）地上有建築改良物四層以上者，減徵五分之一。

所稱建築改良物係指附著於土地之建築物或工事（土減10）。

五、**管制區土地**：由國防部會同內政部指定海岸、山地或重要軍事設施區，經依法劃爲管制區而實施限建或禁建之土地，減免地價稅之標準如下：

（一）限建之土地，得在30%範圍內，由直轄市、縣（市）主管機關酌予減徵。

（二）禁建之土地，減徵50%。但因禁建致不能建築使用且無收益者，全免（土減11-1）。

六、**水源保護區**：水源水質水量保護區依都市計畫程序劃定爲水源特定者，減免地價稅之標準如下：

（一）農業區及保護區，減徵50%。

（二）住宅區，減徵30%。

（三）商業區，減徵20%（土減11-2）。

七、**古蹟保存區**：依法劃定爲古蹟保存區或編定爲古蹟保存用地之土地，減免地價稅之標準如下：

（一）土地或建築物之使用及建造受限制者，減徵30%。

（二）禁建之土地，減徵50%；但因禁建致不能建築使用而無收益者，全免（土減11-3）。

八、**飛航管制區**：飛航管制區依航空站飛行場助航設備四周禁止限制建築物及其他障礙物高度管理辦法規定禁止建築之土地，其地價稅減徵50%。但因禁止建築致不能建築使用且無收益者，全免。依規定限制建築地區之土地，因實際使用確受限制者，其地價稅得在 30% 範圍內，由直轄市、縣（市）主管機關酌予減徵（土減 11-4）。

九、因山崩、地陷、流失、沙壓等環境限制及技術上無法使用之土地，或在墾荒過程中之土地，地價稅全免（土減 12）。

十、依耕地三七五減租條例規定，出租人無償供承租人使用之農舍土地，地價稅全免（土減 16）。

十一、區段徵收或重劃地區內土地，於辦理期間致無法耕作或不能爲原來之使用而無收益者，其地價稅全免。辦理完成後，自完成之日起其地價稅減半徵收二年（土減 17）。

十二、尚未發布細部計畫之都市計畫地區：已發布主要計畫尚未發布細部計畫之都市計畫地區，其主要計畫變更案於本規則中華民國 96 年 12 月 19 日修正施行前，業經內政部都市計畫委員會審議，因受限於防洪計畫致尚未能核定者，於該地區細部計畫發布實施前，其地價稅或田賦得在 30% 範圍內，由當地主管稽徵機關報請直轄市、縣（市）主管機關酌予減徵（土減 11-5）。

焦點話題

學生宿舍 BOT 案，是否需繳地價稅

某國立大學學生宿舍原由校方興建，並向該校住宿學生收費及開立宿舍費收據。該宿舍用地依「土地稅減免規則」第 7 條第 1 項第 5 款規定，得免徵地價稅。

嗣後，學生宿舍改依促參法以 BOT 模式辦理。甄審結果，XX 建設公司成為最優申請人，由該公司負責興建及營運學生宿舍，營運對象仍只限該校學生，但是整體住宿服務品質、住宿費用與之前校方自辦有很大的不同。

促參案得否減免地價稅，仍應依「土地稅減免規則」第 7 條規定辦理，並依個案具體情形認定。另促參案件符合「重大公共建設範圍」者，可依促參法第 39 條減免地價稅。

由於本案促參之後，在影響因子部分，因 XX 建設公司介入使用之影響，致不符合「土地稅減免規則」第 7 條第 1 項各款免稅之情形，爰應繳納地價稅。此時，需再檢視本案是否符合促參法「重大公共建設範圍」，倘符重大公共建設範圍可申請減免地價稅。倘不符者，依法應課徵地價稅。至於由何者繳納，應於投資契約中約定。

公立學校學生宿舍原係為「土地稅減免規則」第 7 條第 1 項第 5 款所列減免之公

有土地（直接用地），免徵地價稅。在促參之後，若公立學生宿舍 BOT 案符合「土地稅減免規則」第 7 條第 4 項規定，經專案報請直轄市、縣（市）主管機關核准者，則該基地仍可免徵地價稅。

資料來源：黃明聖，黃淑惠，施燕，丁翰杰（2017），《研訂「政府廳舍設施重大公共建設範圍」及「主辦機關辦理促參案稅負事宜注意事項」勞務採購案》，財政部委託研究計畫。

14-7 稽徵程序

一、**申報地價**：舉辦規定地價或重新規定地價時，土地所有權人應於公告申報地價期間內，自行申報地價。土地所有權人未於公告期間申報地價者，以公告地價 80% 爲其申報地價。土地所有權人於公告期間申報地價者，其申報之地價超過公告地價 120% 時，以公告地價 120% 爲其申報地價；申報之地價未滿公告地價 80% 時，得照價收買或以公告地價 80% 爲其申報地價（平 16）。

二、**編造地價底冊**：地政機關於辦理上述規定地價完竣後，應編造地價稅總歸戶冊，送當地稅捐稽徵機關依申報地價徵收地價稅。

三、**開徵**：地價稅以每年 8 月 31 日爲納稅義務基準日（亦即如果在 8 月 31 日前完成土地所有權移轉登記，新所有權人持有土地雖未滿 1 年，仍應繳納全年地價稅；反之，如 9 月 1 日以後再至地政機關辦理移轉登記，新購土地地價稅就由原所有權人繳納）。由直轄市或縣（市）主管稽徵機關按照地政機關編送之地價歸戶冊及地籍異動通知資料核定，於 11 月 1 日起一個月內一次徵收當年地價稅（土 40）。課徵所屬期間爲當年 1 月 1 日至 12 月 31 日。

四、**優惠稅率之申請期限**：凡符合自用住宅用地（依土地稅法第 17 條）及工業用地等（依土地稅法第 18 條）規定，擬申請適用特別稅率者（2‰ 及 10‰），土地所有權人應於每年地價稅開徵四十日前提出申請（亦即至遲要在 9 月 22 日前提出申請），當期即可適用優惠稅率，逾期申請者，自申請之次年開始適用。前已核定而用途未變更者，以後免再申請。例如某甲於 100 年申請地價稅自用住宅優惠稅率獲准，嗣後未變更用途，一直作住家使用，則甲以後無須再申請，即可按優惠稅率課徵。但適用特別稅率之原因、事實消滅時，例如：將住家用改爲營業用，應即向主管稽徵機關申報（土 41）。主管稽徵機關應於每年地價稅開徵六十日前，將第 17 條及第 18 條適用特別稅率課徵地價稅之有關規定及其申請手續公告週知（土 42）。

14-8 重要罰則

一、**滯納金**：納稅義務人或代繳義務人未於稅單所載限繳日期內繳清應納稅款者，應加徵滯納金。經核准以票據繳納稅款者，以票據兌現日爲繳納日（土 53）。

二、納稅義務人藉變更、隱匿地目等則或於適用特別稅率、減免地價稅或田賦之原因、事實消滅時，未向主管稽徵機關申報者，依下列規定辦理：

（一）逃稅或減輕稅賦者，除追補應納部分外，處短匿稅額三倍以下之罰鍰。

修法前原規定處短匿稅額三倍之罰鍰，惟考量個案違章情事輕重不一，若採取同一處罰方式，既違背租稅公平亦不符合處分之比例原則，爰將處罰倍數修正爲三倍以下。

（二）土地買賣未辦竣權利移轉登記，再行出售者，處再行出售移轉現值百分之二之罰鍰。

（三）第（一）項應追補之稅額及罰鍰，納稅義務人應於通知繳納之日起一個月內繳納之；屆期不繳納者，移送強制執行（土 54）。

田賦

田賦已於民國 76 年第二期起停徵，惟稅法規定仍在，故本章亦將田賦相關規定說明如下，俾供參考。

14-9 課徵對象

農業用地在作農業使用期間及與農業經營不可分離之土地，均課徵田賦。亦即非都市土地依法編定之農業用地或未規定地價土地，以及都市土地合於下列規定者均徵收田賦：

一、依都市計畫編爲農業區及保護區，限作農業用地使用者。

二、公共設施尚未完竣前，仍作農業用地使用者。

三、依法限制建築，仍作農業用地使用者。

四、依法不能建築，仍作農業用地使用者。

五、依都市計畫編爲公共設施保留地，仍作農業用地使用者。

上述第二款及第三款，以自耕農地及依耕地三七五減租條例出租之耕地爲限。

六、農民團體與合作農場所有直接供農業使用之倉庫、冷凍（藏）庫、農機中心、蠶種製造（繁殖）場、集貨場、檢驗場、水稻育苗用地、儲水池、農用溫室、農產品批發市場等用地，仍徵收田賦（土 22）。

14-10 納稅義務人

一、土地所有權人。

二、設有典權土地之典權人。

三、承領土地之承領人。

四、承墾土地之耕作權人。

五、公有或公同共有土地之管理機關或管理人。

六、分別共有土地爲共有人所推舉之代表人，未推舉代表人者，以共有人各按其應有部分爲納稅義務人（土 3）。

七、土地使用人得爲代繳人（土 4）。

14-11 名詞定義

一、地目：指各直轄市、縣（市）地籍冊所載之土地使用類別。

二、等則：指按各種地目土地單位面積全年收益或地價高低所區分之賦率等級。

三、賦元：指按各種地目等則土地單位面積全年收益或地價釐定全年賦額之單位。

四、賦額：指依每種地目等則之土地面積，乘各該地目等則單位面積釐定之賦元所得每筆土地全年賦元之積。

五、實物：指各地區徵收之稻穀、小麥或就其折徵之他種農作產物。

六、代金：指按應徵實物折徵之現金。

七、夾雜物：指實物中含帶之沙、泥、土、石、稗子等雜物（土 13）。

14-12 徵收標準

一、**徵收稻穀區域**：每賦元徵收實物稻穀 27 公斤。

二、**徵收小麥區域**：每賦元徵收小麥 25 公斤。

前兩項標準，得由行政院視各地土地稅捐負擔情形酌予減低（土 24）。

三、**田賦徵收實物**：就各地方生產稻穀或小麥徵收之。不產稻穀或小麥之土地及有特殊情形地方，得按應徵實物折徵當地生產雜糧或折徵代金（土 23）。又納稅義務人所有課徵田賦實物之土地，按段歸戶後實際造單時，賦額未超過五賦元者，亦准予折徵代金（土細 28）。

14-13 加徵荒地稅

農業用地閒置不用，經直轄市或縣（市）政府報經內政部核准通知限期使用或命其委託經營，逾期仍未使用或委託經營者，按應納田賦加徵一倍至三倍之荒地稅；經加徵荒地稅滿三年，仍不使用者，得照價收買。但有下列情形之一者不在此限：

一、因農業生產或政策之必要而休閒者。

二、因地區性生產不經濟而休耕者。

三、因公害污染不能耕作者。

四、因灌溉、排水設施損壞不能耕作者。

五、因不可抗力不能耕作者（土 22-1）。

14-14 減免規定

（有關公、私有土地田賦之減免規定與地價稅相同）

14-15 納稅程序

一、由直轄市及縣（市）主管稽徵機關依每一土地所有權人所有土地按段歸戶後之賦額核定，每年以分上下二期徵收為原則，於農作物收穫後一個月內開徵，每期應徵成數，得按每期實物收穫量之比例，就賦額劃分計徵之（土45）。

二、納稅義務人於收到繳納通知單後三十日內繳納（土47）。

三、田賦開徵前十日，主管稽徵機關應將開徵日期、繳納處所及繳納須知等事項公告週知，並填發繳納通知單，分送納稅義務人或代繳義務人持憑繳納（土46）。

14-16 罰則

一、納稅義務人或代繳義務人未於稅單所載限繳日期內繳清應納稅款者，應加徵滯納金。經核准以票據繳納稅款者，以票據兌現日為繳納日（土53）。

欠繳之田賦代金及應發或應追收欠繳之隨賦徵購實物價款，均應按照繳付或徵購當時政府核定之標準計算（土53）。

二、藉變更、隱匿地目等則或於減免田賦之原因、事實消滅時，未向主管稽徵機關申報者，依下列規定辦理：

（一）逃稅或減輕稅賦者，除追補應納部分外，處短匿稅額或賦額三倍之罰鍰。

（二）規避繳納實物者，除追補應納部分外，處應繳田賦實物額一倍之罰鍰。

土地增值稅

14-17 土地增值稅的性質

土地增值稅係對土地的增值課稅，其性質為資本增益（capital gain）稅，原應屬所得稅，此其一。但為奉行國父 孫中山先生平均地權的理念，對不勞而獲的部分實施漲價歸公，將其收歸國有，故單獨對其課徵土地增值稅，且稅率從高。此外，為避免重複課稅，無論個人或營利事業，出售土地如有利得，除課徵土地增值稅外，均不再課徵所得稅[3]，故可視為所得稅的分離課稅。由於土地是財產之一，對因持有土地所產生的利得課稅，自然可歸為財產稅，此其二。

---

[3] 惟自中華民國105年1月1日起房屋、土地之交易所得按新制課徵所得稅，有關房地合一稅之詳細內容請參閱第23章第二節。

由於土地增值稅係對土地的增益課稅，在高度累進的稅率結構下，往往會產生閉鎖效果（lock-in effect）及遽集效果（bunching effect）。前者影響納稅義務人的出售意願，造成土地所有權人不願出售，降低資產的流動性。後者將因爲稅負集中在出售年度一次課徵，而適用高的累進稅率結果，導致納稅義務人的稅負急遽增加。我國爲促進經濟發展，加強土地的流通使用，自中華民國 91 年 2 月 1 日起三年內，減徵土地增值稅 50%（土 33）。更自 94 年 2 月 1 日起永久性的調降土地增值稅率，從原來的 40%、50%、60%，降爲 20%、30% 及 40%。

此外，土地增值稅係以土地漲價總數額超過原規定地價或前次移轉時核計土地增值稅之現值數額適用稅率，亦即以漲價倍數來適用稅率。例如由 20 萬增值至 60 萬、由 200 萬增值至 600 萬、由 2,000 萬增值至 6,000 萬，三者獲利不同，但因漲價倍數相同，故所適用的稅率亦相同，甚爲不公。且長期無移轉的土地，其漲價倍數愈大，適用稅率愈高，而經常移轉的土地，反而適用最低稅率，有助於土地投機。因此除修正通過土地稅法第 33 條條文，將土地增值稅稅率由原先的 40%、50%、60% 調降爲 20%、30%、40% 外，另增訂對長期持有土地年限超過 20 年以上者，就其土地增值稅超過最低稅率部分減徵 20%；超過 30 年以上者減徵 30%；超過 40 年以上者減徵 40% 之規定。上述條文業於 94 年 1 月 30 日奉 總統令公布，並自 94 年 2 月 1 日生效。

長期以來，我國的公告土地現值一直低於正常交易價格，其效率性與公平性受到質疑，屢遭人詬病。而根據土地徵收條例第 30 條規定：「被徵收之土地，應按照徵收當期之公告土地現值，補償其地價，---」亦引發爭議（陳立夫，2008）。2005 年修法一方面將土地增值稅的稅率降低，一方面擬將稅基（公告土地現值）逐步調整至一般正常交易價格。因此規定公告土地現值應調整至一般正常交易價格。且全國平均之公告土地現值調整達一般正常交易價格 90% 以上時，第 1 項現行稅率應檢討修正。因修正前項稅率（稅率減半）造成直轄市政府及縣（市）政府稅收之實質損失，於財政收支劃分法修正擴大中央統籌分配稅款規模之規定施行前，由中央政府補足之，並不受預算法第 23 條有關公債收入不得充經常支出之用之限制。前項實質損失之計算，由中央主管機關與直轄市政府及縣（市）政府協商之。

14-18 課稅對象

已規定地價之土地，於土地所有權移轉時，應按其土地漲價總數額徵收土地增值稅。但因繼承而移轉之土地，各級政府出售或依法贈與之公有土地，及受贈之私有土地，免徵土地增值稅（土 28）。已規定地價之土地，設定典權時，出典人應預繳土地增值稅，但出典人回贖時，原土地增值稅應無息退還（土 29）。

14-19 納稅義務人

土地增值稅之納稅義務人如下：

一、土地為有償移轉者，為原所有權人。

二、土地為無償移轉者，為取得所有權之人。

三、土地設定典權者，為出典人。

所稱有償移轉，指買賣、交換、政府照價收買或徵收等方式之移轉。所稱無償移轉，指遺贈及贈與等方式之移轉（土 5）。

四、代繳：土地所有權移轉，其應納之土地增值稅，納稅義務人未於規定期限內繳納者，得由取得所有權之人代為繳納。依規定由權利人單獨申報土地移轉現值者，其應納之土地增值稅，應由權利人代為繳納（土 5-1）。

五、信託：受託人就受託土地，於信託關係存續中，有償移轉所有權、設定典權或依規定轉為其自有土地時，以受託人為納稅義務人，課徵土地增值稅。

以土地為信託財產，受託人依信託本旨移轉信託土地與委託人以外之歸屬權利人時，以該歸屬權利人為納稅義務人，課徵土地增值稅（土 5-2）。

信託法第 35 條第 1 項規定：受託人除有左列各款情形之一外，不得將信託財產轉為自有財產，或於該信託財產上設定或取得權利：

（一）經受益人書面同意，並依市價取得者。

（二）由集中市場競價取得者。

（三）有不得已事由經法院許可者。

14-20 稅基

一、土地漲價總數額

土地增值稅的稅基為各筆土地的土地漲價總數額，而土地漲價總數額之計算，應自該土地所有權移轉或設定典權時，經核定之申報移轉現值中減除下列各款後之餘額，為漲價總數額：

（一）規定地價後，未經過移轉之土地，其原規定地價。規定地價後，曾經移轉之土地，其前次移轉現值。

（二）土地所有權人為改良土地已支付之全部費用，包括已繳納之工程受益費、土地重劃費用及因土地使用變更而無償捐贈一定比率土地作為公共設施用地者，其捐贈時捐贈土地之公告現值總額。

前項第 1 款所稱之原規定地價，依平均地權條例之規定；所稱前次移轉時核計土地增值稅之現值，於因繼承取得之土地再行移轉者，係指繼承開始時該土地之公告現值。但繼承前依土地稅法第 30 條之 1 第 3 款規定領回區段徵收抵價地之地價，高於繼承開始時該土地之公告現值者，應從高認定（土 31）。

上述從高認定之主要考量係基於區段徵收之土地，以抵價地補償其地價者，免徵土地增值稅（土 39-1）。且以區段徵收時實際領回抵價地之地價為準（土 30-1），由於該土地之增值係屬改良增值，非自然增值，故不課徵增值稅。又因繼承取得之土地再行移轉者，其計算土地增值稅係以繼承時公告現值為準，此因該土地已因繼承繳納遺產稅，為免重複課稅，故免繳納土地增值稅，惟其繼承人再移轉該土地時，計算土地增值稅之公告現值以繼承時之土地公告現值為準（土 31）。由於繼承前領回之區段徵收抵價地，其發回價格係政府所定，且價格通常高於公告現值，然而繼承後再行移轉時，財政部相關函釋均認為已非重劃後之第一次移轉，除不適用土地稅法第 39 條減徵土地增值稅之規定外，其土地增值稅計算仍以繼承時公告現值為準，造成民眾雙重不利益，不符原立法精神。因此於 98 年 12 月 30 日以總統華總一義字第 09800323211 號令修正公布第 31 條文第 2 項，增列但書規定，繼承前依規定領回區段徵收抵價地之地價高於繼承開始時該土地公告現值者，其計算基準應從高認定[4]。

原規定地價及前次移轉時核計土地增值稅之現值，遇一般物價有變動時，應按

---

[4] 摘自立法院立法理由。

政府發布之物價指數調整後，再計算其土地漲價總數額（土 32）。土地漲價總數額之計算公式如下：

土地漲價總數額＝
申報土地移轉現值－原規定地價或前次移轉時所申報之土地移轉現值 ×（臺灣地區消費者物價總指數 ÷100）－（改良土地費用＋工程受益費＋土地重劃負擔總費用＋因土地使用變更而無償捐贈作爲公共設施用地其捐贈土地之公告現值總額）

移轉現值即以該期的「公告土地現值」爲準（土 30）。

二、信託土地原地價之認定

依第 28 條之 3 規定不課徵土地增值稅之土地，於所有權移轉、設定典權或依信託法第 35 條第 1 項規定轉爲受託人自有土地時，以該土地第一次不課徵土地增值稅前之原規定地價或最近一次課徵土地增值稅時核定之申報移轉現值爲原地價，計算漲價總數額，課徵土地增值稅。但屬第 39 條第 2 項但書或第 3 項但書規定情形者，其原地價之認定，依其規定。

因遺囑成立之信託，於成立時以土地爲信託財產者，該土地有前項應課徵土地增值稅之情形時，其原地價指遺囑人死亡日當期之公告土地現值。

以自有土地交付信託，且信託契約明定受益人爲委託人並享有全部信託利益，受益人於信託關係存續中死亡者，該土地有第 1 項應課徵土地增值稅之情形時，其原地價指受益人死亡日當期之公告土地現值。但委託人藉信託契約，不當爲他人或自己規避或減少納稅義務者，不適用之。

第 1 項土地，於計課土地增值稅時，委託人或受託人於信託前或信託關係存續中，有支付第 31 條第 1 項第 2 款改良土地之改良費用或同條第 3 項增繳之地價稅者，準用該條之減除或抵繳規定；第 2 項及第 3 項土地，遺囑人或受益人死亡後，受託人有支付前開費用及地價稅者，亦準用之。

本法中華民國 104 年 7 月 1 日修正施行時，尚未核課或尚未核課確定案件，適用前二項規定（土 31-1）。

14-21 稅率

一、一般稅率

土地增值稅之稅率，依下列規定（土 33）：

（一）土地漲價總數額超過原規定地價或前次移轉時核計土地增值稅之現值數額未達 100% 者，就其漲價總數額徵收增值稅 20%。

（二）土地漲價總數額超過原規定地價或前次移轉時核計土地增值稅之現值數額在 100% 以上未達 200% 者，除按前款規定辦理外，其超過部分徵收增值稅 30%。

（三）土地漲價總數額超過原規定地價或前次移轉時核計土地增值稅之現值數額在 200% 以上者，除按前二款規定分別辦理外，其超過部分徵收增值稅 40%。

二、長期持有之減徵規定

（一）持有土地年限超過二十年以上者，就其土地增值稅超過第一項最低稅率部分減徵 20%。

（二）持有土地年限超過三十年以上者，就其土地增值稅超過第一項最低稅率部分減徵 30%。

（三）持有土地年限超過四十年以上者，就其土地增值稅超過第一項最低稅率部分減徵 40%。

三、自用住宅用地適用優惠稅率

土地所有權人出售其自用住宅用地者，都市土地面積未超過三公畝（約 90 坪）部分或非都市土地面積未超過七公畝（約 210 坪）部分，其土地增值稅統就該部分之土地漲價總數額按 10% 徵收之；超過三公畝或七公畝者，其超過部分之土地漲價總數額，依一般稅率徵收之。

土地所有權人申報出售自用住宅用地，面積超過土地稅法第 34 條第 1 項或第 5 項第 1 款規定時，應依土地所有權人擇定之適用順序計算至該規定之面積限制爲止；土地所有權人未擇定者，應以各筆土地依土地稅法第 33 條規定計算之土地增值稅額，由高至低之適用順序計算之。

土地稅法施行細則中華民國 103 年 1 月 13 日修正施行時適用土地稅法第 34 條第 1 項或 110 年 9 月 23 日修正施行時適用同條第 5 項規定之出售自用住宅用地尚未核課確定案件，適用前項規定（土細 44）。

土地於出售前一年內，曾供營業使用或出租者，以及自用住宅之評定現值不及所占基地公告土地現值 10% 者，均不適用自用住宅用地優惠稅率之規定。但自用住宅建築工程完成滿一年以上者不在此限。此外，土地所有權人享受自用住宅用地優惠稅率，以一次爲限。

惟土地所有權人享受自用住宅用地優惠稅率後，再出售其自用住宅用地，符合下列各款規定者，不受前項一次之限制：

1. 出售都市土地面積未超過 1.5 公畝部分或非都市土地面積未超過 3.5 公畝部分。
2. 出售時土地所有權人與其配偶及未成年子女，無該自用住宅以外之房屋。
3. 出售前持有該土地六年以上。
4. 土地所有權人或其配偶、未成年子女於土地出售前，在該地設有戶籍且持有該自用住宅連續滿六年。
5. 出售前五年內，無供營業使用或出租（平 41、土 34）。

爲衡量財政平衡，因增訂前項規定造成直轄市政府及縣（市）政府稅收之實質損失，於財政收支劃分法修正擴大中央統籌分配稅款規模之規定施行前，由中央政府補足之，並不受預算法第 23 條有關公債收入不得充經常支出之用之限制。實質損失之計算，由中央主管機關與直轄市政府及縣（市）政府協商之（土 34）。

此次修法的主要考量，係基於原土地稅法第 34 條規定無法完全照顧多次換屋者。該條原規定土地所有權人出售自用住宅用地，符合條件者，可適用 10% 優惠稅率課徵土地增值稅，但規定一生僅限一次。又二年內重購自用住宅用地，符合條件者，雖然亦可依土地稅法第 35 條規定辦理退稅。惟上述優惠規定，尚難完全照顧有多次換屋者之需求。例如土地所有權人已適用過 10% 優惠稅率規定，嗣後再換屋時，倘不符合重購退稅之要件者，其出售自用住宅用地，仍應負擔按累進稅率計徵土地增值稅。爲落實一生一屋之受惠原則，經參考國外有關自用住宅出售課稅優惠規定，乃修法適度放寬原適用優惠稅率之次數限制。對於土地所有權人於適用 10% 優惠稅率後，再次出售其自用住宅用地，符合一定條件者，可再依 10% 之優惠稅率繳納土地增值稅，不受一生一次之限制。

惟爲防杜規避稅負並考量地方財政因素，爰規定必須同時符合下列各款要件：

1. 面積限制：現行適用自用住宅用地稅率課徵土地增值稅之面積限制上限，分別爲都市土地 3 公畝（約 90 坪）或非都市土地 7 公畝（約 210 坪），此與 95 年臺灣地區平均每戶自用住宅面積爲 57.48 平方公尺比較，過於寬鬆，允宜適度限制，爰規定再次出售時，其適用優惠稅率之面積爲都市土地面積未超過 1.5 公畝或非都市土地面積未超過 3.5 公畝。
2. 屋數限制：自用住宅一般係供家庭核心成員夫妻及其未成年子女居住使用，放寬再次出售自用住宅用地適用優惠稅率之規定，以土地所有權人與其配偶、未成年子女所居住之住所爲適用範圍，始符合一生一屋之理念，故擁有多處房地者，尚非本次修法增訂規定之適用範圍，故規定出售時，土地所有權人與其配偶及未成年子女，須無該自用住宅以外之房屋。

3. 持有年限之限制：爲防杜規避稅負，經參考行政院經濟建設委員會之臺灣住宅需求動向季報資料，爰規定再次出售時，應持有該土地六年以上。

4. 設籍之限制：土地所有權人或其配偶、未成年子女需在該處設有戶籍，且持有該自用住宅連續滿六年。

5. 無營業或出租之限制：爲避免再出售之自用住宅，於持有期間有供營業使用或出租之情形，爰規定出售前五年內，無供營業使用或出租，始可適用[5]。

公寓樓房不論是否分層編訂門牌或分層登記，其使用之土地出售時，可按各層實際使用情形及所占土地面積比率，分別適用自用住宅用地及一般用地稅率計課土地增值稅。

四、「一生一次」與「一生一屋」之比較

誠如前述，土地增值稅的稅基爲各筆土地的「土地漲價總數額」，而土地漲價總數額係根據公告現值計算而得，因此無論是「一生一次」或「一生一屋」，其土地增值稅均係依買進及賣出之「公告現值」計算，不是依買進及賣出之「實際交易價格」計算，又「一生一次」與「一生一屋」之適用條件有別，「一生一屋」之適用條件較「一生一次」嚴格，但可重複使用；在使用順序上，「一生一次」須優先使用，俟「一生一次」用完以後再使用「一生一屋」。茲將兩者做一比較如下：

（一）面積限制

1. 一生一次：都市土地不超過 3 公畝（約 90 坪），非都市土地不超過 7 公畝（約 210 坪）。

2. 一生一屋：都市土地面積未超過 1.5 公畝（約 45 坪）或非都市土地面積未超過 3.5 公畝（約 105 坪）部分。

（二）屋數限制

1. 一生一次：所有權人、配偶或未成年子女出售時，所擁有的房屋數量並無限制。

2. 一生一屋：所有權人、配偶或未成年子女出售時，限制只能擁有該出售房屋一棟。如果擁有二棟以上就不行。

（三）持有年限限制

1. 一生一次：無持有該土地時間之限制。

2. 一生一屋：出售前，持有該土地 6 年以上。

（四）設籍限制

1. 一生一次：土地所有權人或其配偶、直系親屬於該地辦竣戶籍登記。

---

[5] 摘自立法院立法理由。

2. 一生一屋：土地所有權人或其配偶、未成年子女需在該處設有戶籍，且持有該自用住宅連續滿六年。

（五）營業出租限制

1. 一生一次：出售前 1 年內，無供營業使用或出租。

2. 一生一屋：出售前 5 年內，無供營業使用或出租。

（六）使用先後

1. 一生一次：必須先使用。

2. 一生一屋：使用過一生一次後，才能適用一生一屋。

五、調降稅率之相關配套措施

為促進經濟發展，我國對於依一般稅率及自用住宅用地稅率計徵之土地增值稅，自民國 91 年 1 月 17 日修正施行之日起三年內，減徵 50%，使土地增值稅的一般稅率為 20%、25% 以及 30%；自用住宅用地的優惠稅率為 5%。並於民國 94 年 1 月 30 日以華總一義字第 09400016321 號令修正公布第 33 條條文，永久性的調降土地增值稅稅率。對於因修正前項稅率造成直轄市政府及縣（市）政府稅收之實質損失，於財政收支劃分法修正擴大中央統籌分配稅款規模之規定施行前，由中央政府補足之，並不受預算法第 23 條有關公債收入不得充經常支出之用之限制。

前項實質損失之計算，由中央主管機關與直轄市政府及縣（市）政府協商之。

此外，公告土地現值應調整至一般正常交易價格。若全國平均之公告土地現值調整達一般正常交易價格 90% 以上時，上述 20%、30% 及 40% 之稅率應檢討修正（土 33），重新訂定。

表 14-4　土地增值稅稅率

稅級別	計算公式
第一級	應徵稅額＝土地漲價總數額【超過原規定地價或前次移轉時申報現值（按臺灣地區消費者物價總指數調整後）未達百分之一百者】× 稅率（20%）
第二級	應徵稅額＝土地漲價總數額【超過原規定地價或前次移轉時申報現值（按臺灣地區消費者物價總指數調整後）在百分之一百以上未達百分之二百者】×【稅率（30%）－〔（30%－20%）× 減徵率〕】－累進差額（按臺灣地區消費者物價總指數調整後之原規定地價或前次移轉現值 ×A） 註：持有土地年限未超過 20 年者，無減徵，A 為 0.10 持有土地年限超過 20 年以上者，減徵率為 20%，A 為 0.08 持有土地年限超過 30 年以上者，減徵率為 30%，A 為 0.07 持有土地年限超過 40 年以上者，減徵率為 40%，A 為 0.06

稅級別	計算公式
第三級	應徵稅額＝土地漲價總數額【超過原規定地價或前次移轉時申報現值（按臺灣地區消費者物價總指數調整後）在百分之二百以上者】×【稅率（40%）－〔（40%－20%）× 減徵率〕】－累進差額（按臺灣地區消費者物價總指數調整後之原規定地價或前次移轉現值 ×B） 註：持有土地年限未超過 20 年者，無減徵，B 爲 0.30 持有土地年限超過 20 年以上者，減徵率爲 20%，B 爲 0.24 持有土地年限超過 30 年以上者，減徵率爲 30%，B 爲 0.21 持有土地年限超過 40 年以上者，減徵率爲 40%，B 爲 0.18
10%	出售自用住宅用地，都市土地面積未超過三公畝或非都市土地面積未超過七公畝者

※ 修正後一般土地稅率速算表

持有年限 / 稅級別	20 年以下	20 年以上	30 年以上	40 年以上
第 1 級	a×20%	a×20%	a×20%	a×20%
第 2 級	a×30%－b×10%	a×28%－b×8%	a×27%－b×7%	a×26%－b×6%
第 3 級	a×40%－b×30%	a×36%－b×24%	a×34%－b×21%	a×32%－b×18%

備註：a：土地漲價總數額

b：原規定地價或前次移轉申報現值（按物價總指數調整後之總額）

◎說明

減徵後稅率＝原稅率－【（原稅率－最低稅率）× 減徵比率】

1. 持有土地年限超過 20 年以上者，減徵比率為 20%

第 2 級稅率：28% ＝ 30%－【（30%－20%）×20%】，

原累進差額 10% 同比率減少為 8%

第 3 級稅率：36% ＝ 40%－【（40%－20%）×20%】，

原累進差額 30% 同比率減少為 24%

2. 持有土地年限超過 30 年以上者，減徵比率為 30%

第 2 級稅率：27% ＝ 30%－【（30%－20%）×30%】，

原累進差額 10% 同比率減少為 7%

第 3 級稅率：34% ＝ 40%－【（40%－20%）×30%】，

原累進差額 30% 同比率減少為 21%

3. 持有土地年限超過 40 年以上者，減徵比率為 40%

第 2 級稅率：26% ＝ 30%－【（30%－20%）×40%】，

原累進差額 10% 同比率減少為 6%

第 3 級稅率：32% ＝ 40% －【（40% － 20%）×40%】，
原累進差額 30% 同比率減少為 18%

例題 2

李四在 96 年向張三購買土地一塊，實際交易價格為 2,600,000 元，當時之土地公告現值為 1,000,000 元，張三選擇按公告現值申報土地增值稅。99 年初，李四將該筆土地以 4,000,000 元之價格賣給王五，土地公告現值為 3,000,000 元，李四亦以公告現值申報土地增值稅，李四購得土地後支付工程受益費 100,000 元，改良土地費用 200,000 元。假定李四申報土地增值稅時最近一個月以其購買時前一個月為基期換算之一般躉售物價指數為 110，則李四應納之土地增值稅為 370,000 元，若該土地符合自用住宅用地的條件，且李四申請適用自用住宅用地之優惠稅率，則其應納之土地增值稅為 160,000 元。茲計算如下：

1. 一般用地

3,000,000 － 1,000,000×110% － 100,000 － 200,000 ＝ 1,600,000 元

1,100,000×20% ＋ 500,000×30% ＝ 370,000 元

若採速算公式計算即為：

1,600,000×30% －累進差額（1,100,000×0.1）＝ 370,000 元

2. 自用住宅用地

1,600,000×10% ＝ 160,000 元

例題 3

王強於 102 年 5 月將座落於高雄市供自住使用之房地一處贈與其子王思明，該房地產的土地面積 200 平方公尺（1 公畝＝ 100 平方公尺），申報移轉時每平方公尺公告土地現值為 160,000 元，房屋評定標準價格 1,000,000 元，含土地及房屋的總市價為 45,000,000 元，該房地產係王強於 10 年前取得，當時每平方公尺公告土地現值為 60,000 元，房屋評定標準價格 1,100,000 元，當時房屋及土地的總市價為 25,000,000 元，王強購得土地後支付工程受益費 200,000 元，改良土地費用 300,000 元，臺灣地區消費者物價總指數為 120，試問對此贈與行為王家需繳納多少土地增值稅？納稅義務人為何？（102 年高考試題）

擬答：

$160,000×200 － $60,000×200×120% － $200,000 － $300,000 ＝ $17,100,000

$60,000×200×120% ＝ $14,400,000

$14,400,000×20% ＋ 2,700,000×30% ＝ $3,690,000 －土地增值稅 --- 王思明

例題 4

甲本年出售一筆土地（地上無建築物），售價 1,000 萬元，移轉時公告現值為 800 萬元，該筆土地係於 25 年前向乙以 500 萬元購得。取得時，雙方約定以公告現值 200 萬元申報土地移轉現值，甲出售土地時，政府發布之消費者物價指數較取得時上漲 50%，取得後，未發生其他相關費用（不考慮增繳之地價稅），依土地稅法規定回答下列問題：

（一）出售之土地如何申報土地移轉現值，對甲最有利？

（二）以對甲最有利的方式，計算應納之土地增值稅額？（109 年會計師試題）

擬答：

1. 土地漲價總數額：800 萬元－200 萬元 ×1.5＝500 萬元
2. 土地增值稅：300 萬元 ×20%＋200 萬元 ×28%＝116 萬元
   或 300 萬元 ×20%＋200 萬元 ×30%－（200 萬元 ×（30%－20%））×20%＝116 萬元

一般土地之土地增值稅稅率速算表

持有年限 / 稅級別	未超過 20 年	超過 20 年以上	超過 30 年以上	超過 40 年以上
第 1 級	20%	20%	20%	20%
第 2 級	30%	28% (30% － 2%)	27% (30% － 3%)	26% (30% － 4%)
第 3 級	40%	36% (40% － 4%)	34% (40% － 6%)	32% (40% － 8%)

14-22 二年內重購土地之退稅

土地所有權人於出售土地後，自完成移轉登記之日起，二年內重購土地合於下列規定之一，其新購土地地價超過原出售土地地價，扣除繳納土地增值稅後之餘額者，得向主管稽徵機關申請就其已納土地增值稅額內，退還其不足支付新購土地地價之數額：

一、自用住宅用地出售後，另行購買都市土地未超過三公畝部分或非都市土地未超過七公畝部分仍作自用住宅用地者。

二、自營工廠用地出售後，另於其他都市計畫工業區或政府編定之工業用地內購地設廠者。

三、自耕之農業用地出售後，另行購買仍供自耕之農業用地者。

前項規定土地所有權人於先購買土地後，自完成移轉登記之日起二年內，始行出售土地者，準用之。

第1項第1款及第2項規定，於土地出售前一年內，曾供營業使用或出租者，不適用之（土35）。

惟爲避免當事者投機，於退稅後即將新購之土地出售或改變用途，故規定土地所有權人因重購土地退還土地增值稅者，其重購之土地，自完成移轉登記之日起，五年內再行移轉時，除就該次移轉之漲價總數額課徵土地增值稅外，並應追繳原退還稅款；重購之土地，改作其他用途者亦同（土37）。

例題5

例如某甲於95年12月出售自用住宅，土地的部分售價為500萬元，土地增值稅為30萬元，甲於96年3月旋即購買自用住宅一處，土地的部分其購價為800萬元，由於甲是在二年內重購自用住宅用地，且新購土地地價超過原出售土地地價，扣除繳納土地增值稅後之餘額（800萬元 > 470萬元），故得向主管稽徵機關申請退還已納土地增值稅額30萬元；若甲新購自用住宅，其土地之價款為400萬元，小於470萬元（500萬元減30萬元），則甲不可申請退稅；若甲新購自用住宅，其土地之價款為480萬元，超過470萬元，則甲可申請退稅10萬元。

範例解析

林君於109年10月1日辦妥出售自用住宅用地移轉登記，申報移轉現值總價120萬元，課徵土地增值稅25萬元，復於111年9月25日訂約，同年10月15日申報移轉重購自用住宅用地乙筆，申報移轉現值110萬元，請問林君是否符合土地增值稅重購退稅要件？可申請退稅若干？

答：按土地稅法第35條規定，土地增值稅重購退稅必須符合「2年內買、賣」之適用，如爲先出售自用住宅用地再另行購買自用住宅用地，這「賣」的時間，是以「完成移轉登記之日」爲準，而「買」的時間，就是以新購土地之「立約日」、或是超過訂約日30日始申報土地移轉之「申報日」爲準，予以計算。本案新購土地係於訂立契約後30日內申報土地增值稅，因此應以立約日110年9月25日爲計算基準，符合辦理重購退稅的條件，至其退稅額說明如下：

新購土地申報移轉現值減（出售土地申報移轉現值減土地增值稅）等於不足支付價款數

【1,100,000 元－（1,200,000 元－ 250,000 元）＝ 150,000 元】。

1. 本案例可申請退還的土地增值稅是 15 萬元。
2. 假設新購土地申報移轉現值爲 125 萬元，則不足額爲 30 萬元，已繳納之土地增值稅 25 萬元就可以全部申請退還。

   【1,250,000 元－（1,200,000 元－ 250,000 元）＝ 300,000 元】。
3. 假設新購土地申報移轉現值爲 80 萬元，則不足額爲負數，表示原出售土地即使繳了土地增值稅還是足夠購買新的土地，已繳納之土地增值稅，不得申請退還。

   【800,000 元－（1,200,000 元－ 250,000 元）＝－ 150,000 元】。

此外，須特別提醒注意的事項就是，林君於申辦重購退稅後，新購買的房子必須繼續作自用住宅 5 年，也就是重購後 5 年內不可以再行移轉或供出租、營業、户籍遷出等非自用住宅的情形，即使是配偶之間贈與都是不可以的，否則將被追繳原退還之稅款[6]。

考題解析

章小姐民國 109 年 1 月 3 日出售自用住宅土地一筆，售價 800 萬元，按當期公告現值 660 萬元申報並繳納土地增值稅 60 萬元。民國 110 年 5 月 1 日以夫名義，以成交價 1,000 萬元，公告現值 720 萬元購買另一筆自用住宅土地，請問章小姐重購自用住宅之土地可退還土地增值稅額爲多少元？

擬答：

無法退還稅額，必須買與賣爲同一土地所有權人才符合規定，此題章小姐出售自用住宅土地，再以夫名義購買另一筆自用住宅土地，不符合規定，無法申請退還稅額。

---

6 資料來源：財政部網站。

14-23 「一生一次」、「一生一屋」優惠稅率及重購退稅之比較

茲將有關土地增值稅之租稅優惠，包括「一生一次」、「一生一屋」及重購退稅列表比較如下：

表 14-5 一生一次、一生一屋、重購退稅之比較

比較項目	一生一次	一生一屋	重購退稅
稅率	10%	10%	已繳土地增值稅退稅：就已納稅額內退還其不足支付新購土地地價之數額。
面積限制	都市：3 公畝 非都市：7 公畝	都市：1.5 公畝 非都市：3.5 公畝	都市：3 公畝 非都市：7 公畝
營業出租限制	出售前 1 年內無出租或營業	出售前 5 年內無出租或營業	出售前 1 年內無出租或營業
持有年限及設籍限制	土地所有權人或其配偶，直系親屬於該地辦竣户籍登記	土地所有權人或其配偶、未成年子女於土地出售前，在該地設有户籍且持有該自用住宅連續滿 6 年	土地所有權人或其配偶，直系親屬於該地辦竣户籍登記
屋數限制	不限	1 屋：土地所有權人與其配偶及未成年子女，須無該自用住宅以外之房屋	不限
次數限制	土地所有權人以 1 次為限	不限	不限
其他限制	無	適用一生一次後，再出售才可適用；	2 年內重購；5 年內不能移轉或改作其他用途。

14-24 地價稅抵繳土地增值稅

土地所有權人辦理土地移轉繳納土地增值稅時，在其持有土地期間內，因重新規定地價增繳之地價稅，就其移轉土地部分，准予抵繳其應納之土地增值稅。但准予抵繳之總額，以不超過土地移轉時應繳增值稅總額 5% 為限（土 31）。

此外，依增繳地價稅抵繳土地增值稅辦法第 5 條規定，土地所有權人在持有土地期間，經重新規定地價者，其增繳之地價稅，自重新規定地價起（按新地價核計之稅額），每繳納一年地價稅抵繳該筆土地應繳土地增值稅總額 1%（繳納半年者，抵繳 0.5%）。如納稅義務人申請按實際增繳稅額抵繳其應納土地增值稅者，應檢附地價稅繳納收據，送該管稽徵機關按實抵繳，其計算公式如下：

一、原按特別稅率、公共設施保留地稅率及基本稅率課徵地價稅者

增徵之地價稅＝〔（最近一次重新規定地價之申報地價－取得土地時之原規定地價或重新規定地價之申報地價）× 原課徵地價稅稅率〕× 同稅率已徵收地價稅年數。

二、原按累進稅率課徵地價稅者

增繳之地價稅＝〔各該户累進課徵地價稅土地每年地價稅額 ÷ 各該户累進課徵地價稅土地課徵地價總額 ×（最近一次重新規定地價之申報地價－取得土地時之原規定地價或重新規定地價之申報地價）〕× 同稅率已徵收地價稅年數。

依上述計算公式計算增繳之地價稅，因重新規定地價、地價有變動或使用情形變更，致適用課徵地價稅之稅率不同者，應分別計算之。

14-25 土地增值稅計算範例

修正調降稅率後土地增值稅計算公式實例

修正調降稅率後土地增值稅計算公式實例 每平方公尺申報現值或公告現值 × 該宗土地面積 × 移轉持分＝申報現值總額 20,000 元 × 100 平方公尺 × 1/2 ＝ 1,000,000 元 (1)
每平方公尺原地價或前次移轉申報現值 × 該宗土地面積 × 移轉持分 × 物價指數＝按物價指數調整後原規定地價或前次移轉現值總額 5,000 元 × 100 平方公尺 × 1/2 × 150% ＝ 375,000 元 (2)
申報現值總額－按物價指數調整後原規定地價或前次移轉現值總額－已繳工程受益費、土地重劃費用、土地改良費用、捐贈土地公告現值 ＝漲價總額 1,000,000 元－ 375,000 元－（20,000 元＋ 30,000 元）＝ 575,000 元 (3) 漲價倍數＝(3) 漲價總額 575,000 元 / (2) 原地價總額 375,000 元 ＝ 1.53 自住用地稅率一律 10%

<table>
<tr><td colspan="2">設本例土地於72年10月1日取得，於94年2月3日出售，漲價倍數1.53，持有期間達21年多，依上述稅率速算表，其應徵稅額計算公式如下：土地漲價總數額 × 稅率（28%）－按物價指數調整後原規定地價或前次移轉現值 ×8% ＝查定稅額
（甲）一般用地：
算法一：575,000元 ×28% － 375,000元 ×8% ＝ 131,000元
算法二：375,000元 ×20% ＋ 200,000元 ×30% －【200,000元 ×（30%-20%）×20%】（減徵）＝ 131,000元
（乙）自住用地：575,000元 ×10% ＝ 57,500元</td></tr>
<tr><td>加減徵規定查定稅額</td><td>(1) 經重劃後第一次移轉減徵40%
減徵稅額　一般用地　131,000元 ×40% ＝ 52,400元
自住用地　57,500元 ×40% ＝ 23,000元
(2) 政府徵收公共設施保留地一律免徵。</td></tr>
<tr><td>增繳地價稅之計算（抵繳稅額不超過查定稅額5%）</td><td>(1) 土地所有權人在持有土地期間，經重新規定地價者，其增繳之地價稅自重新規定地價起（按新地價核計之稅額），每繳納1年地價稅抵繳該筆土地應繳土地增值稅稅額1%（繳納半年者，抵繳0.5%），但以不超過應繳增值稅總額5%爲限。
(2) 本例係於72年10月1日購入土地，自76年7月1日重新規定地價起，於94年2月3日出售，可抵繳土地增值稅總額5%。
（甲）一般用地：131,000元 ×5% ＝ 6,550元
（乙）自住用地：57,500元 ×5% ＝ 2,875元</td></tr>
<tr><td colspan="2">查定稅額－重劃減徵稅額－增繳地價稅＝應納稅額
（甲）一般用地：131,000元－52,400元－6,550元＝ 72,050元
（乙）自住用地：57,500元－23,000元－2,875元＝ 31,625元</td></tr>
</table>

資料來源：臺北市稅捐稽徵處網頁 http://www.tpctax.gov.tw/e_book_001Content.aspx?NewsID=6

考題解析

王先生有土地一筆，85年初買進時之土地公告現值爲200萬元，市價650萬元，108年初出售時之土地公告現值600萬元，市價1200萬元（物價指數調整爲120%），曾繳納工程受益費8萬元。買賣雙方均按土地公告現值申報土地移轉現值，請問王先生須繳納的土地增值稅爲多少？（108年身障特考四等）

擬答：

(1)600萬元－200萬元 × 120% － 8萬元＝ 352萬元 --- 漲價總額

(2)352萬元 /240萬元＝ 1.47-- 漲價倍數

(3)240萬元 ×20% ＋ 112萬元 ×30% －【112萬元 ×（30% － 20%）×20%】（減徵）＝ 79.36萬元

14-26 減免規定

一、**繼承**：因繼承而移轉之土地免徵。

二、各級政府出售或依法贈與之公有土地及受贈之私有土地免徵（土減 20）。

三、私人捐贈供興辦社會福利事業或依法設立私立學校使用之土地，免徵土地增值稅。但以符合下列各款規定者為限（土 28-1）：

1. 受贈人為財團法人。

2. 法人章程載明法人解散時，其賸餘財產歸屬當地地方政府所有。

3. 捐贈人未以任何方式取得所捐贈土地之利益。

四、**夫妻互贈**：配偶相互贈與之土地，得申請不課徵土地增值稅。但於再移轉依法應課徵土地增值稅時，以該土地第一次不課徵土地增值稅前之原規定地價或最近一次課徵土地增值稅時核定之申報移轉現值為原地價，計算漲價總數額，課徵土地增值稅（土 28-2）。例如：甲於 88 年 2 月向張三購買土地一塊，於 91 年 3 月將此土地贈與其妻乙，由於係配偶相互贈與之土地，得申請不課徵土地增值稅。但妻乙於 110 年 5 月又將此土地賣給第三人丙，則應以 88 年 2 月之申報移轉現值為原地價，計算漲價總數額，課徵土地增值稅。

前項受贈土地，於再移轉計課土地增值稅時，贈與人或受贈人於其具有土地所有權之期間內，有支付第 31 條第 1 項第 2 款改良土地之改良費用或同條第 3 項增繳之地價稅者，準用該條之減除或抵繳規定；其為經重劃之土地，準用第 39 條之 1 第 1 項之減徵規定。該項再移轉土地，於申請適用第 34 條規定稅率課徵土地增值稅時，其出售前一年內未曾供營業使用或出租之期間，應合併計算（土 28-2）。

五、信託土地，於下列各款信託關係人間移轉所有權，不課徵土地增值稅（土 28-3）：

（一）因信託行為成立，委託人與受託人間。

（二）信託關係存續中受託人變更時，原受託人與新受託人間。

（三）信託契約明定信託財產之受益人為委託人者，信託關係消滅時，受託人與受益人間。

（四）因遺囑成立之信託，於信託關係消滅時，受託人與受益人間。

（五）因信託行為不成立、無效、解除或撤銷，委託人與受託人間。

六、被徵收之土地，免徵其土地增值稅；依法得徵收之私有土地，土地所有權人自願售與需用土地人者，準用之。

七、依都市計畫法指定之公共設施保留地尚未被徵收前之移轉，免徵土地增值稅。但經變更爲非公共設施保留地後再移轉時，以該土地第一次免徵土地增值稅前之原規定地價或最近一次課徵土地增值稅時核定之申報移轉現值爲原地價，計算漲價總數額，課徵土地增值稅（土 39）。

八、非都市土地經需用土地人開闢完成或依計畫核定供公共設施使用，並依法完成使用地編定，其尚未被徵收前之移轉，經需用土地人證明者，免徵土地增值稅。但經變更爲非公共設施使用後再移轉時，以該土地第一次免徵土地增值稅前之原規定地價或最近一次課徵土地增值稅時核定之申報移轉現值爲原地價，計算漲價總數額，課徵土地增值稅（土 39）。

九、經重劃之土地，於重劃後第一次移轉時，其土地增值稅減徵 40%（土 39-1）。

十、區段徵收之土地，以現金補償其地價者，免徵其土地增值稅。但依平均地權條例第 54 條第 3 項規定因領回抵價地不足最小建築單位面積而領取現金補償者亦免徵土地增值稅（土 39-1）。

十一、區段徵收之土地依平均地權條例第 54 條第 1 項、第 2 項規定以抵價地補償其地價者，免徵土地增值稅。但領回抵價地後第一次移轉時，應以原土地所有權人實際領回抵價地之地價爲原地價，計算漲價總數額，課徵土地增值稅，其土地增值稅減徵 40%（土 39-1）。

十二、作農業使用之農業用地，移轉與自然人時，得申請不課徵土地增值稅（土 39-2）。

十三、土地分割與合併

（一）分割：分別共有土地分割後，各人所取得之土地價值與其分割前應有部分價值相等者，免徵土地增值稅；其價值減少者，就其減少部分課徵土地增值稅。公同共有土地分割，其土地增值稅之課徵，準用上述規定。

（二）合併：土地合併後，各共有人應有部分價值與其合併前之土地價值相等者，免徵土地增值稅。其價值減少者，就其減少部分課徵土地增值稅。

而土地價值之計算，係以共有土地分割或土地合併時之公告土地現值爲準（土細 42）。

十四、水源特定區

依自來水法第 12 條之 1 訂定之「水源特定區土地減免土地增值稅贈與稅及遺產稅標準」第 2 條規定，水質水量保護區依都市計畫程序劃定爲水源特定區之土地，其土地增值稅之減免，除依土地稅法之規定外，並依下列規定辦理：

（一）農業區、保護區、河川區、行水區、公共設施用地及其他使用分區管制內容與保護區相同者，減徵 50%。但有下列情形之一者，全免：

1. 水源特定區計畫發布實施前已持有該土地，且在發布實施後第一次移轉或因繼承取得後第一次移轉者。

2. 於自來水法第 12 條之 1 施行前已持有該土地，且在施行後第一次移轉或因繼承取得後第一次移轉者。

（二）風景區、甲種風景區及乙種風景區，減徵 40%。但管制內容與保護區相同者，適用前款規定。

（三）住宅區，減徵 30%。

（四）商業區及社區中心，減徵 20%。

14-27 納稅程序

一、申報移轉現值

（一）土地所有權移轉或設定典權時，權利人及義務人應於訂定契約之日起三十日內，檢同契約及有關文件，共同申請土地所有權移轉或設定典權登記，並共同申報其土地移轉現值。但依規定得由權利人單獨申請登記者，權利人得單獨申報其移轉現值（平 47）。

（二）土地所有權移轉或設定典權，其申報移轉現值之審核標準，依下列規定：

1. 申報人於訂定契約之日起三十日內申報者，以訂約日當期之公告土地現值爲準。

2. 申報人逾訂定契約之日起三十日始申報者，以受理申報機關收件日當期之公告土地現值爲準。

3. 遺贈之土地，以遺贈人死亡日當期之公告土地現值爲準。

4. 依法院判決移轉登記者，以申報人向法院起訴日當期之公告土地現值爲準。

5. 經法院或法務部行政執行署所屬行政執行分署（以下簡稱行政執行分署）拍賣之土地，以拍定日當期之公告土地現值爲準。但拍定價額低於公告土地現值者，以拍定價額爲準；拍定價額如已先將設定抵押金額及其他債務予以扣除者，應以併同計算之金額爲準。

6. 經政府核定照價收買或協議購買之土地，以政府收買日或購買日當期之公告土地現值爲準。但政府給付之地價低於收買日或購買日當期之公告土地現值者，以政府給付之地價爲準。

前項第1款至第4款申報人申報之移轉現值，經審核低於公告土地現值者，得由主管機關照其自行申報之移轉現值收買或照公告土地現值徵收土地增值稅。前項第1款至第3款之申報移轉現值，經審核超過公告土地現值者，應以其自行申報之移轉現值爲準，徵收土地增值稅。

於中華民國86年1月17日起至86年10月30日期間經法院判決移轉、法院拍賣、政府核定照價收買或協議購買之案件，於期間屆至尚未核課或尚未核課確定者，其申報移轉現值之審核標準適用第1項第4款至第6款及前項規定（土30）。

二、申報登錄資訊

（一）權利人及義務人應於買賣案件申請所有權移轉登記時，檢附申報書共同向直轄市、縣（市）主管機關申報登錄土地及建物成交案件實際資訊（以下簡稱申報登錄資訊）。

前項申報登錄資訊，除涉及個人資料外，得提供查詢（平47）。

（二）直轄市、縣（市）主管機關爲查核申報登錄資訊，得向權利人、義務人、地政士或不動產經紀業要求查詢、取閱有關文件或提出說明；中央主管機關爲查核疑有不實之申報登錄價格資訊，得向相關機關或金融機構查詢、取閱價格資訊有關文件。受查核者不得規避、妨礙或拒絕。

前項查核，不得逾確保申報登錄資訊正確性目的之必要範圍（平47）。

（三）銷售預售屋者，應於簽訂或解除買賣契約書之日起三十日內，向直轄市、縣（市）主管機關申報登錄資訊。但委託不動產經紀業代銷者，由不動產經紀業辦理簽訂買賣契約書之申報登錄資訊（平47-3）。

銷售預售屋、領得使用執照且未辦竣建物所有權第一次登記之成屋（以下簡稱新建成屋）者，向買受人收受定金或類似名目之金額，應以書面契據確立買賣標的物及價金等事項，並不得約定保留出售、保留簽訂買賣契約之權利或其他不利於買受人之事項。委託不動產經紀業代銷者，亦同。

前項書面契據，買受人不得轉售與第三人。銷售預售屋或新建成屋者，不得同意或協助買受人將該書面契據轉售與第三人（平47-3）。

直轄市、縣（市）主管機關得向前二項之買受人、銷售預售屋或新建成屋者或相關第三人要求查詢、取閱有關文件或提出說明。受查核者不得規避、妨礙或拒絕（平47-3）。

（四）違反平均地權條例第 47 條第 2 項規定，未共同申報登錄資訊者，直轄市、縣（市）主管機關應令其限期申報登錄資訊；屆期未申報登錄資訊，買賣案件已辦竣所有權移轉登記者，處新臺幣 3 萬元以上 15 萬元以下罰鍰，並令其限期改正；屆期未改正者，按次處罰。經處罰二次仍未改正者，按次處新臺幣 30 萬元以上 100 萬元以下罰鍰。其含建物者，按戶（棟）處罰（平 81-2）。

（五）有下列情形之一者，由直轄市、縣（市）主管機關處新臺幣 3 萬元以上 15 萬元以下罰鍰，並令其限期改正；屆期未改正者，按次處罰。經處罰二次仍未改正者，按次處新臺幣 30 萬元以上 100 萬元以下罰鍰。其含建物者，按戶（棟）處罰：

1. 違反第 47 條第 2 項規定，申報登錄價格資訊不實。

2. 違反第 47 條之 3 第 2 項規定，未依限申報登錄資訊、申報登錄價格、交易面積或解除買賣契約資訊不實。

（六）有下列情形之一者，由主管機關處新臺幣 3 萬元以上 15 萬元以下罰鍰，並令其限期改正；屆期未改正者，按次處罰：

1. 金融機構、權利人、義務人、地政士或不動產經紀業違反第 47 條第 6 項或第 47 條之 3 第 3 項及第 4 項準用第 47 條第 6 項規定，規避、妨礙或拒絕查核。

2. 違反第 47 條之 3 第 1 項規定，未於銷售前以書面將預售屋坐落基地、建案名稱、銷售地點、期間、戶（棟）數及預售屋買賣定型化契約報備查。

（七）有下列情形之一者，直轄市、縣（市）主管機關應令其限期改正；屆期未改正者，處新臺幣 6,000 元以上 3 萬元以下罰鍰，並令其限期改正；屆期未改正者，按次處罰：

1. 違反第 47 條第 2 項規定，申報登錄價格以外資訊不實。

2. 違反第 47 條之 3 第 2 項規定，申報登錄價格、交易面積或解除買賣契約以外資訊不實。

（八）銷售預售屋者，使用之契約不符合中央主管機關公告之預售屋買賣定型化契約應記載及不得記載事項，由直轄市、縣（市）主管機關按戶（棟）處新臺幣 6 萬元以上 30 萬元以下罰鍰。

（九）有下列情形之一者，由直轄市、縣（市）主管機關按戶（棟）處新臺幣 15 萬元以上 100 萬元以下罰鍰：

1. 銷售預售屋或新建成屋者，自行銷售或委託代銷，違反第 47 條之 3 第 5 項規定。

2. 預售屋或新建成屋買受人，違反第 47 條之 3 第 6 項規定。

3. 銷售預售屋或新建成屋者，違反第 47 條之 3 第 6 項規定，同意或協助買受人將書面契據轉售與第三人（平 81-2）。

三、主管稽徵機關應於申報土地移轉現值收件之日起七日內，核定應納土地增值稅額，並填發稅單，送達納稅義務人。但申請按自用住宅用地稅率課徵土地增值稅之案件，其期間得延長爲二十日（土 49）。

四、土地增值稅納稅義務人於收到土地增值稅繳納通知書後，應於三十日內向公庫繳納（土 50）。

五、土地所有權人申請按自用住宅用地稅率課徵土地增值稅，應於土地現值申報書註明自用住宅字樣，並檢附建築改良物證明文件；其未註明者，得於繳納期間屆滿前，向當地稽徵機關補行申請，逾期不得申請依自用住宅用地稅率課徵土地增值稅（土 34-1）。

六、土地所有權移轉，依規定由權利人單獨申報土地移轉現值或無須申報土地移轉現值之案件，稽徵機關應主動通知土地所有權人，其合於自用住宅用地要件者，應於收到通知之次日起三十日內提出申請，逾期申請者，不得適用自用住宅用地稅率課徵土地增值稅（土 34-1）。

實務案例

併購的租稅措施

依企業併購法第 39 條規定：

（一）公司所有之土地，經申報審核確定其土地移轉現值後，即予辦理土地所有權移轉登記。其依法由原土地所有權人負擔之土地增值稅，准予記存於併購後取得土地之公司名下；該項土地再移轉時，其記存之土地增值稅，就該土地處分所得價款中，優先於一切債權及抵押權受償。

（二）記存土地增值稅後，被收購公司或被分割公司於該土地完成移轉登記日起三年內，轉讓該對價取得之股份致持有股份低於原取得對價之 65% 時，被收購公司或被分割公司應補繳記存之土地增值稅；該補繳稅款未繳清者，應由收購公司、分割後既存或新設公司負責代繳。

14-28 欠稅未繳之處理

欠繳土地稅之土地，在欠稅未繳清前，不得辦理移轉登記或設定典權。

經法院或行政執行分署拍賣之土地，依第30條第1項第5款但書規定審定之移轉現值核定其土地增值稅者，如拍定價額不足扣繳土地增值稅時，法院或行政執行分署應俟拍定人代為繳清差額後，再行發給權利移轉證書。

第1項所欠稅款，土地承受人得申請代繳或在買價、典價內照數扣留完納；其屬代繳者，得向納稅義務人求償（土51）。

14-29 罰則

一、納稅義務人或代繳義務人未於稅單所載限繳日期內繳清應納稅款者，應加徵滯納金。經核准以票據繳納稅款者，以票據兌現日為繳納日（土53）。

二、土地買賣未辦竣權利移轉登記再行出售者，處再行出售移轉現值2%之罰鍰。

三、依第28條之1受贈土地之財團法人，有下列情形之一者，除追補應納之土地增值稅外，並處應納土地增值稅額二倍以下之罰鍰：

（一）未按捐贈目的使用土地者。

（二）違反各該事業設立宗旨者。

（三）土地收益未全部用於各該事業者。

（四）經稽徵機關查獲或經人舉發查明捐贈人有以任何方式取得所捐贈土地之利益者（土55-1）。

14-30 公告地價與公告現值之比較

我國課徵土地稅並非以土地的市價作為稅基，而是按公告現值、公告地價來計徵地價稅與土地增值稅，茲將公告地價與公告現值的區別列表說明如下：

表 14-6 公告地價、公告現值之比較

	公告地價	公告現值
稅別	課徵地價稅之標準	課徵土地增值稅之標準
調查依據	收益價格	交易價格
公告時間	每二年重新規定地價一次（必要時得延長）	每年公告土地現值一次
申報	申報地價	申報土地移轉現值
申報範圍	「申報地價」應在公告地價 80% 至 120% 之間申報。未申報者，以公告地價之 80% 作爲申報地價	「申報土地移轉現值」不得低於公告現值

補充說明

已規定地價之土地，應按申報地價，依法徵收地價稅。

應納地價稅額因公告地價調整致納稅義務人繳納困難者，得於規定繳納期間內，向稅捐稽徵機關申請延期或分期繳納，延期繳納期間不得逾六個月，分期繳納期間不得逾一年。

前項延期或分期繳納辦法，直轄市及縣（市）政府得依社會經濟情況及實際需要定之（平 17）。

14-31 漲價歸公之收入用途

依平均地權條例施行漲價歸公之收入，以供育幼、養老、救災、濟貧、衛生、扶助身心障礙等公共福利事業、興辦社會住宅、徵收公共設施保留地、興辦公共設施、促進農業發展、農村建設、推展國民教育及實施平均地權之用（平 51）。

歷屆試題

申論題

1. 甲小姐持有4筆位於臺北市之房地產，分別由自己及家人設籍，資料如下：

	設籍者	面積（公畝）	每公畝公告地價（萬元）
A地	甲小姐	1	250
B地	配偶	1.5	400
C地	兒子（未成年）	1	150
D地	女兒（已成年）	2	200

假設臺北市每公畝之平均地價為100萬元，請問：

（1）假設甲小姐之房地產均未出租或供營業用，則上述A、B、C、D4筆土地中，何者可申請適用自用住宅之稅率課徵地價稅？

（2）承上題，若甲小姐申請自用住宅之土地均已核定適用，但未於規定期間自行申報地價，則其應納地價稅為多少元？

（3）若甲小姐已於規定期間內自行申報地價，請說明稽徵機關應如何核定其課稅地價。（112年地方四等特考）

2. 依土地稅法第34條規定，適用自用住宅用地稅率課徵土地增值稅，可分為「一生一次」及「一生一屋」2項規定，請依下列格式回答其適用條件為何？（111年會計師）

	一生一次	一生一屋
地上房屋所有權、持有時間及使用情形		
戶籍登記情形		
面積限制		
持有期間		
持有房屋數量限制		

3. 我國土地稅法規定之重購退回土地增值稅與所得稅法規定之重購退回房地合一所得稅之規定有何不同？試分別說明之。（111年地方四等特考）

4. 請分別依所得稅及土地增值稅說明目前我國關於出售自用住宅房地相關的租稅優惠措施。（109年高考）

5. 甲本年出售一筆土地（地上無建築物），售價1,000萬元，移轉時公告現值為800萬元，該筆土地係於25年前向乙以500萬元購得。取得時，雙方約定以公告現值200萬元申報土地移轉現值，甲出售土地時，政府發布之消費者物價指數較取得時上漲50%，取得後，未發生其他相關費用（不考慮增繳之地價稅），依土地稅法規定回答下列問題：

（1）出售之土地如何申報土地移轉現值，對甲最有利？

（2）以對甲最有利的方式，計算應納之土地增值稅額？（109 年會計師）

選擇題（本書各章所附考題之答案均係依據考試當年度考選部所公布之答案）

（B）1. 依土地稅法規定，每年 11 月開徵之地價稅，係以當年何日土地登記簿上所記載之土地所有權人為納稅義務人？（A）1 月 1 日（B）8 月 31 日（C）9 月 22 日（D）12 月 31 日（112 年會計師）

（A）2. 依土地稅法規定，有關一般土地適用的地價稅稅率之敘述，下列何者錯誤？（A）未超過累進起點地價 5 倍者，課徵 10‰（B）超過累進起點地價 5 倍至 10 倍者，就其超過部分課徵 25‰（C）超過累進起點地價 15 倍至 20 倍者，就其超過部分課徵 45‰（D）超過累進起點地價 20 倍以上者，就其超過部分課徵 55‰（112 年會計師）

（C）3. 依土地稅法規定，移轉下列何項土地時，可以申請不課徵土地增值稅？（A）因繼承而移轉之土地（B）因被徵收而移轉之土地（C）移轉與自然人之作農業使用的農業用地（D）移轉與營利事業之作工廠使用的工業用地（112 年會計師）

（B）4. 依土地稅法規定，A 公司持有一筆都市計畫公共設施保留地，供其員工做停車使用，該土地課稅總地價為 1,000 萬元，當年應繳納地價稅額為若干？（A）10 萬元（B）6 萬元（C）2 萬元（D）0 元（112 年會計師）

（B）5. 下列何種土地之移轉，土地增值稅之納稅義務人為取得所有權之人？（A）繼承（B）贈與（C）買賣（D）政府照價收買。（112 年地方五等特考）

（A）6. 供公共通行之騎樓走廊地，無建築改良物者，其地價稅之規定為何？（A）免徵地價稅（B）減徵二分之一（C）減徵三分之一（D）減徵四分之一。（112 年地方五等特考）

（C）7. 林先生有一處自用住宅位於臺中市，土地面積 5 公畝，民國 90 年購入，106 年 5 月 1 日出售，實際價格買進時為 1,000 萬元，賣出時為 3,000 萬元，公告現值買進時為 600 萬元，賣出時為 2,000 萬元，按公告現值申報移轉，假設出售時物價指數為買進時的 130%，若該屋符合自用住宅條件，且林先生以前未曾適用自用住宅用地優惠稅率，此次林先生申請按自用住宅用地優惠稅率課稅，請問應繳土地增值稅為多少？（A）88 萬元（B）90 萬元（C）188.4 萬元（D）170.8 萬元。（112 年地方五等特考）

（D）8. 土地所有權移轉或設定典權時，應於訂定契約之日起幾日內申報土地移轉現值？（A）5 日（B）15 日（C）20 日（D）30 日。（112 年地方五等特考）

（B）9. 假設某甲於民國 108 年 5 月 6 日出售自用住宅用地申報移轉地價 100 萬元，繳納土地增值稅 5 萬元，109 年 7 月 6 日另購自用住宅用地，如申報移轉地價為 98 萬元，請問可申請退回土地增值稅多少元？（A）0 元（B）3 萬元（C）4 萬元（D）5 萬元。（112 年地方五等特考）

（D）10. 凡符合自用住宅用地規定，擬申請適用特別稅率者，土地所有權人應於每年地價稅開徵幾日前提出申請，當年即可適用優惠稅率？（A）10 日（B）20 日（C）30 日（D）40 日。（112

年地方五等特考）

（C）11. 土地增值稅的一般稅率，最高為____%，出售自用住宅用地的土地增值稅稅率為____%：（A）50；2（B）40；2（C）40；10（D）30；10。（112 年地方五等特考）

（D）12. 下列何者不符合免徵土地增值稅？（A）因繼承而移轉之土地（B）各級政府出售之公有土地（C）各級政府受贈之私有土地（D）因贈與而移轉之土地。（112 年地方五等特考）

（B）13. 甲尚未辦竣權利移轉登記即把土地再行出售，試問被處的罰鍰為再行出售移轉現值百分之多少？（A）一（B）二（C）三（D）四。（112 年地方五等特考）

（C）14. 地價稅之最高稅率為____‰；工業用地地價稅稅率為____‰：（A）45；10（B）55；2（C）55；10（D）45；2。（112 年地方五等特考）

（D）15. 陳小姐共有 4 處房地，每處各占地 1 畝，設籍情形如下：①第 1 處位於臺 市和平東 ，由配偶設籍②第 2 處位於臺中市中港 ，由本人設籍③第 3 處位於新 市文化 ，由母親設籍④第 4 處位於高雄市七賢 ，由成 子 設籍。若各地地價稅相同且陳小姐未擇定，請問依土地稅相關法規規定，那幾處符合地價稅自用住 用地優惠稅 ？（A）①②④（B）①②③（C）①③④（D）②③④。（112 年地方四等特考）

（B）16. 下列信託關係中，何項移轉須課徵土地增值稅？（A）因信託關係成立，受託人與委託人之間（B）他益信託關係消滅時，受託人與受益人間（C）遺囑信託關係消滅時，受託人與受益人間（D）信託關係存續中受託人變更時，原受託人與新受託人間。（112 年地方四等特考）

（C）17. 土地所有權移轉，其申報移轉現值之審核標準，下列規定何者正確？①買賣或贈與之土地，以契約訂約日當期之公告土地現值為準②遺贈之土地，以遺贈人死亡日當期之公告土地現值為準③依法院判決移轉登記者，以法院判決日當期之公告土地現值為準④經法院拍賣之土地，若拍定價額低於公告土地現值者，以拍定價額為準（A）①②③④（B）①②④（C）②④（D）②③。（112 年地方四等特考）

（D）18. 下列關於土地稅的規定，何項敘述錯誤？（A）依法得徵收之私有土地，土地所有權人自願售與需用土地人者，免徵其土地增值稅（B）依都市計畫法指定之公共設施保留地尚未被徵收前之移轉，免徵土地增值稅（C）區段徵收之土地，以現金補償其地價者，免徵其土地增值稅（D）經重劃之土地，於重劃後第一次移轉時，其土地增值稅減半課徵。（112 年地方四等特考）

（A）19. 依土地稅法規定，下列何項地價稅之稅率最低？（A）公共設施保留地（B）工業用地（C）寺廟用地（D）未供公共使用之公有土地。（112 年地方三等特考）

（A）20. 下列何種情形下，土地移轉得申請不課徵土地增值稅？①作農業使用之農業用地，移轉與自然人②因繼承而移轉之土地③配偶贈與之土地④因公司合併而移轉土地（A）①③（B）①②③（C）①③④（D）①②③④。（112 年高考）

（B）21. 下列關於重新規定地價與申報地價之敘述，何者正確？（A）規定地價後，每 3 年重新規定地價一次（B）土地所有權人於公告期間申報地價者，其申報之地價超過公告地價120%時，以公告地價120%為其申報地價（C）公告及申報地價，其期限為40日（D）土地所有權人未於公告期間申報地價者，以公告地價為其申報地價。（112年高考）

（A）22. 關於自用住宅用地地價稅之敘述，下列何者錯誤？（A）繼承土地之土地所有權人欲享有自用住宅之優惠稅率，應於繼承後四十日前提出申請（B）自用住宅用地，其地價稅按千分之二計徵（C）自用住宅用地，指土地所有權人或其配偶、直系親屬於該地辦竣戶籍登記，且無出租或供營業用之住宅用地（D）企業或公營事業興建之勞工宿舍，自動工興建或取得土地所有權之日起，其用地之地價稅按千分之二計徵。（112年普考）

（D）23. 納稅義務人對依遺產及贈與稅法規定應申報之遺產或贈與財產，已依規定申報而有漏報或短報情事者，罰則為何？（A）按核定應納稅額加處二倍以下之罰鍰（B）處以所漏稅額一倍至三倍之罰鍰（C）按所漏稅額加處二倍以下之罰鍰（D）按所漏稅額處以二倍以下之罰鍰。（112年普考）

（D）24. 下列各款何者符合可從遺產總額扣除之規定？①被繼承人遺有父母者②被繼承人遺有配偶者③被繼承人遺有兄弟姊妹、祖父母者④執行遺囑及管理遺產之直接必要費用⑤被繼承人死亡前，未償之債務，具有確實之證明者（A）①②③④⑤（B）①②③④（C）①②④（D）①②④⑤。（112年普考）

（B）25. 下列何者不是「私人捐贈供興辦社會福利事業或依法設立私立學校使用之土地，免徵土地增值稅」之要件？（A）受贈人為財團法人（B）受贈人為人民團體（C）捐贈人未以任何方式取得所捐贈土地之利益（D）法人章程載明法人解散時，其賸餘財產歸屬當地地方政府所有。（111年高考）

（B）26. 張先生於民國110年出售土地一塊，售價為4,500萬元，公告現值為3,000萬元，該筆土地是張先生於民國85年以1,400萬元購得，當時的公告現值是600萬元，以購買時為基期換算申報土地移轉現值收件當時已公告之最近臺灣地區消費者物價總指數為150，張先生在購買土地當年曾支付改良土地費用800萬元，則其應納土地增值稅為何？（不計入因重新規定地價而增繳地價稅之可抵繳額）（A）180萬元（B）292萬元（C）300萬元（D）320萬元。（111年高考）

（C）27. 土地為信託財產者，於信託關係存續中，地價稅之納稅義務人為何人？如果受益人已確定，但委託人保留變更受益人之權利者，該地價稅適用之稅率應以何人在同一直轄市或縣（市）轄區內所有之土地合併計算地價總額之法定稅率為基礎？（A）委託人；委託人（B）受益人；受益人（C）受託人；委託人（D）受託人；受益人。（111年高考）

（C）28. 土地所有權人因重購土地退還土地增值稅，其重購之土地自完成移轉登記之日起5年內再行移轉時，應如何處理？（A）就該次移轉之漲價總數額課徵土地增值稅外，並處1倍罰鍰（B）就該次移轉之漲價總數額課徵2倍之土地增值稅，但不追繳原退還稅款（C）就該次移轉之漲價總數額課徵土地增值稅外，並應追繳原退還稅款（D）就該次移轉之漲價總數額課徵土地增值稅外，並應追繳原退還稅額之 2 倍稅款。（111 年普考）

（D）29. 土地增值稅若符合長期持有減徵之規定，則至少須持有超過幾年？（A）3 年（B）5 年（C）10 年（D）20 年。（111 年普考）

（B）30. 依據我國土地稅法之規定，土地為信託財產者，於信託關係存續中，以下列何者為地價稅或田賦之納稅義務人？（A）委託人（B）受託人（C）受益人（D）共有人。（111 年普考）

（B）31. 依據我國土地稅法之規定，欲適用一生一次自用住宅用地土地增值稅優惠稅率之規定，下列敘述何者錯誤？（A）本法所稱自用住宅用地，指土地所有權人或其配偶、直系親屬於該地辦竣戶籍登記，且無出租或供營業用之住宅用地（B）必須於出售時土地所有權人與其配偶及未成年子女，無該自用住宅以外之房屋，方可適用（C）必須於出售前一年內，未曾供營業使用或出租者（D）其土地增值稅就土地漲價總數額按百分之十稅率徵收之。（111 年普考）

（B）32. A 公司於 110 年 7 月 1 日出售 1 筆自營工廠用地，申報移轉現值總價為 6,000 萬元，繳納土地增值稅 800 萬元，於 110 年 12 月 1 日重購另一筆自營工廠用地，申報移轉現值總價為 5,600 萬元，依土地稅法第 35 條規定，A 公司可以申請退還若干土地增值稅？（A）0 元（B）400 萬元（C）600 萬元（D）800 萬元。（111 年會計師）

（D）33. 下列有關土地增值稅之敘述何者正確？①因繼承而移轉的土地，免徵土地增值稅②作農業使用之農業用地，移轉與自然人時，得申請不課徵土地增值稅③直系親屬間相互贈與之土地，得申請不課徵土地增值稅④各級政府出售或依法贈與之公有土地，免徵土地增值稅⑤被徵收之土地，免徵其土地增值稅（A）①③④⑤（B）①②④（C）①③④（D）①②④⑤。（111 年地方五等特考）

（C）34. 各年地價稅以納稅義務基準日土地登記簿所載之所有權人為納稅義務人，若地價稅採每年徵收一次者，其納稅義務基準日為何？（A）2 月 28 日（B）5 月 31 日（C）8 月 31 日（D）9 月 22 日。（111 年地方五等特考）

（D）35. 當土地買賣所有權移轉，依申報土地移轉現值計算漲價總數額課徵土地增值稅。其申報移轉現值之審核標準，申報人於訂定契約之日起幾日內申報者，以訂約日當期之公告土地現值為準；超過該期限者，以受理申報機關收件日當期之公告土地現值為準？（A）10 日（B）15 日（C）20 日（D）30 日。（111 年地方五等特考）

（D）36. 我國現行土地公告地價、土地公告現值、房屋標準價格重新評定期間為何？（A）3 年、1 年、3 年（B）2 年、1 年、2 年（C）3 年、1 年、2 年（D）2 年、1 年、3 年。（111 年地方五等特考）

（C）37. 下列何種情形應課徵土地增值稅？（A）政府出售公有土地（B）父親過世，兒子繼承父親的土地（C）母親贈與土地給兒子（D）私人土地贈與給政府。（111 年地方五等特考）

（B）38. 有關土地稅納稅義務人之敘述，下列何者正確？（A）設定典權之土地，其土地增值稅之納稅義務人為典權人（B）甲出售土地給乙，其土地增值稅之納稅義務人為甲（C）丙贈與土地

給丁，其土地增值稅之納稅義務人爲丙（D）設定典權之土地，其地價稅之納稅義務人爲出典人。（111 年地方五等特考）

（C）39. 陳君出售營業用地一筆，出售當期之公告現值爲 800 萬元，該地 22 年前以 200 萬元取得，當時之申報移轉現值爲 100 萬元，物價指數爲 300%，依土地稅法規定計算之應納土地增值稅爲何？（A）40 萬元（B）50 萬元（C）116 萬元（D）120 萬元。（111 年地方四等特考）

（B）40. 下列關於地價稅稅率之敘述，何者正確？（A）地價稅最高稅率爲千分之五十（B）自用住宅用地之地價稅稅率爲千分之二（C）工業用地之地價稅稅率爲千分之二（D）地價稅爲累進稅率且分爲五個級距。（111 年地方四等特考）

（A）41. 某乙於 109 年 4 月 1 日出售自用住宅土地，售價 700 萬元，申報土地移轉現值爲 500 萬元，繳納土地增值稅 50 萬元，111 年 5 月 9 日重購自用住宅土地，申報移轉現值爲 490 萬元，依土地稅法規定，可申請退回土地增值稅若干元？（A）0 元（B）40 萬元（C）50 萬元（D）160 萬元。（111 年地方四等特考）

（C）42. 關於土地增值稅之敘述何者錯誤？（A）配偶相互贈與之土地，得申請不課徵土地增值稅（B）土地爲有償移轉者，土地增值稅之納稅義務人爲原所有權人（C）已規定地價之土地，設定典權時，典權人應依法預繳土地增值稅（D）土地增值稅納稅義務人於收到土地增值稅繳納通知書後，應於 30 日內向公庫繳納。（111 年地方四等特考）

（D）43. 土地以下列土地所有權人之哪一身分設籍，不符合土地稅法自用住宅用地之條件？（A）祖父母（B）配偶（C）未成年子女（D）兄弟姐妹。（111 年地方三等特考）

（D）44. 假設甲售予乙土地一塊，買進時之現值爲 200 萬元，市價 500 萬元，賣出時之現值爲 350 萬元，市價 700 萬元（物價指數調整爲 120%），累進起點地價爲 100 萬元，且均按公告現值申報土地移轉現值，試問土地增值稅應納稅額爲多少？（A）23 萬元（B）11 萬元（C）20 萬元（D）22 萬元。（111 年地方三等特考）

（A）45. 依現行土地稅法，有關自用住宅用地地價稅之相關規定，下列何者正確？（A）自用住宅用地是指土地所有權人或其配偶、直系親屬在該地辦竣戶籍登記，且無出租或供營業用之住宅用地（B）自用住宅用地都市土地面積不得超過 3 公畝，非都市土地面積不得超過 6 公畝（C）自用住宅用地優惠稅率全戶以一處爲限（D）自用住宅用地優惠稅率爲 1‰（110 年高考）

（B）46. 依現行土地稅法，有關自用住宅用地土地增值稅之相關規定，下列何者正確？（A）自用住宅用地優惠稅率爲 2‰（B）一生一次自用住宅用地土地增值稅優惠稅率之適用，無設籍持續時間之限制（C）一生一屋自用住宅用地土地增值稅優惠稅率之適用，出售前需持有該土地 2 年以上（D）一生一屋自用住宅用地土地增值稅優惠稅率，一人一生僅能使用一次（110 年高考）

（B）47. 下列何土地適用的地價稅稅率最低？（A）工業用地（B）企業興建之勞工宿舍（C）依都市計畫法規定設置之供公眾使用之停車場用地（D）非自用住宅但仍作建築使用之公共設施保

留地（110 年高考）

（D）48. 章小姐民國 109 年 1 月 3 日出售自用住宅土地一筆，售價 800 萬元，按當期公告現值 660 萬元申報並繳納土地增值稅 60 萬元。民國 110 年 5 月 1 日以夫名義，以成交價 1,000 萬元，公告現值 720 萬元購買另一筆自用住宅土地，請問章小姐重購自用住宅之土地可退還土地增值稅額為多少元？（A）200 萬（B）120 萬（C）60 萬（D）無法退還稅額（110 年普考）解析：買與賣必須同一土地所有權人才符合規定。

（B）49. 李先生有一處符合自用住宅用地地價稅優惠稅率用途之房地，於 109 年 7 月 1 日起出租給他人供營業用，則該筆土地自哪一期開始應恢復一般稅率課稅？（A）109 年（B）110 年（C）109 年下半年（D）111 年（110 年普考）

（B）50. 有關土地稅之納稅義務人，下列敘述何者錯誤？（A）土地為有償移轉者，土地增值稅之納稅義務人為原所有權人（B）設有典權之土地，土地增值稅之納稅義務人為典權人（C）土地為信託財產者，於信託關係存續中，地價稅之納稅義務人為受託人（D）納稅義務人行蹤不明，稽徵機關得指定土地使用人代繳其使用部分之地價稅（110 年普考）

（A）51. 甲君在臺北市有一筆土地面積 3 公畝，107 年購入時價格 2,000 萬元，登記土地所有權人為甲君，地上有建築物並遷入甲君配偶之戶籍。109 年之申報地價 1,500 萬元，公告現值 1,600 萬元，臺北市土地 7 公畝之平均地價為 3,200 萬元。有關 109 年地價稅，下列敘述何者正確？（A）適用稅率為千分之 2（B）應納地價稅額為 32,000 元（C）納稅義務人為甲君之配偶（D）繳納期間為 5 月 1 日至 5 月 31 日（110 年普考）

（C）52. 依現行稅法之規定，下列稅目何者採累進稅率？①地價稅②綜合所得稅③契稅④遺產贈與稅⑤加值型與非加值型營業稅（A）①②③（B）②③④（C）①②④（D）②④⑤（110 年地方五等特考）

（B）53. 依土地稅法規定，下列何種情況免徵土地增值稅？（A）土地所有權人將土地贈與其子（B）因遺囑成立之信託，於信託關係消滅時，受託人與受益人間（C）出典人將土地設定典權（D）土地為信託財產之他益信託，信託期滿，受託人將所有權移轉與歸屬權利人（110 年地方五等特考）

（D）54. 因信託行為成立，委託人將土地移轉給受託人時，應由何者繳納土地增值稅？（A）自益信託為委託人（B）自益信託及他益信託均為受託人（C）他益信託為受益人（D）免徵土地增值稅（110 年地方五等特考）

（C）55. 依相關法規，110 年 8 月 1 日甲將房子出租給租金補貼戶（簡稱公益出租人），可享有租稅優惠，下列敘述何者錯誤？（A）房屋稅稅率可按 1.2%（B）地價稅稅率可按千分之二（C）申報綜合所得稅租金收入每年免稅額度為 1 萬元，超過部分可減除 43% 費用（D）申報綜合所得稅租金收入每年免稅額度為 1.5 萬元，超過部分可減除 43% 費用（110 年地方五等特考）

（D）56. 依現行土地稅法之規定，土地為無償移轉者，土地增值稅之納稅義務人為何者？（A）原所

有權人（B）出典人（C）出租人（D）取得所有權人（110年地方五等特考）

（A）57. 公共設施保留地在保留期間未作任何使用，並與使用中土地隔離者，其地價稅稅率爲：（A）免徵地價稅（B）千分之十（C）千分之六（D）千分之二（110年地方五等特考）

（B）58. 依土地稅法，下列何種土地移轉時之增值，無免徵土地增值稅之規定？（A）因繼承而移轉之土地（B）私人捐贈興建寺廟之土地（C）配偶間相互贈與之土地（D）贈與地方政府之私有土地（110年地方五等特考）

（C）59. 甲出售自用住宅用地，申報移轉現值爲110萬元，繳納土地增值稅10萬元，2年內又重購自用住宅用地，取得時，申報移轉現值爲105萬元，其可申請退還之土地增值稅額爲多少元？（A）20萬元（B）10萬元（C）5萬元（D）0（110年地方五等特考）

（C）60. 依土地稅法規定，土地所有權人在其持有土地期間內，因重新規定地價增繳之地價稅，就其移轉土地部分，准予抵繳其應納之土地增值稅，但以不超過應繳土地增值稅總額的多少百分比爲限？（A）1%（B）2%（C）5%（D）10%（110年地方五等特考）

（D）61. 依據土地稅法之規定，下列有關地價稅優惠稅率之適用，何者錯誤？（A）自用住宅用地：2‰（B）公共設施保留地：6‰（C）動物園：10‰（D）公有土地供公共使用者：10‰（110年地方四等特考）

（D）62. 現行有關土地增值稅納稅義務人之規定，下列敘述何者正確？（A）甲將土地賣給乙，乙爲土地增值稅之納稅義務人（B）甲將土地贈送給乙，甲爲土地增值稅之納稅義務人（C）甲將土地和乙的房屋交換，乙爲土地增值稅之納稅義務人（D）甲將土地設典給乙，甲爲土地增值稅之納稅義務人（110年地方四等特考）

（D）63. 甲於110年9月25日向稅捐稽徵機關申報地價稅自用住宅優惠稅率，其110年之地價稅稅率爲下列何者？（A）千分之1（B）千分之2（C）千分之6（D）一般稅率（110年地方四等特考）

（C）64. 下列何項土地出售後再重購時，不適用土地增值稅重購退稅之規定？（A）自用住宅用地（B）自營工廠用地（C）自營店面用地（D）自耕之農業用地（110年地方四等特考）

（C）65. 土地所有權人因重購土地退還土地增值稅者，其重購之土地，自完成移轉登記之日起，於幾年內再行移轉或改作其他用途時，除就該次移轉之漲價總數課徵土地增值稅外，並應追繳原退還稅款？（A）1年（B）2年（C）5年（D）7年（110年地方三等特考）

（D）66. 下列有關土地增值稅徵免之敘述，何者錯誤？（A）甲贈與土地給兒子，納稅義務人不能主張適用自用住宅用地稅率核課土地增值稅（B）乙贈與土地給配偶，得申請不課徵土地增值稅（C）丙有一塊作農業使用之農地，打算賣給公務員退休的好友，得申請不課徵土地增值稅（D）丁出售一筆非都市計畫法劃定之「道路用地」，享有免徵土地增值稅優惠（110年地方三等特考）

（C）67. 某甲於108年9月1日出售自用住宅，申報土地移轉現值1,750,000元，課徵土地增值稅400,000元，嗣於110年8月15日訂約購置自用住宅，同年9月5日申報移轉重購自用住宅，土地移轉現值 1,800,000 元，請問某甲申請重購退稅金額為何？（A）不符合重購退稅規定（B）50,000 元（C）400,000 元（D）450,000 元（110 年地方三等特考）

（B）68. 有關土地增值稅之課徵，下列敘述何者錯誤？（A）土地增值稅在土地所有權移轉時課徵，如買賣契約因故解除，並未辦理產權移轉，則應准予雙方當事人申請撤銷現值申報，並退還已納稅款（B）在法院拍賣土地，拍定價格低於公告現值者，其移轉現值，仍應以公告現值為準（C）有關買賣土地移轉，本次移轉現值，得以公告現值為準，不以實際買賣交易價格申報（D）在繼承土地再行移轉，原則上應以繼承時公告現值作為前次移轉現值（109 年高考）

（A）69. 依現行土地稅法規定，下列何者須課徵土地增值稅？（A）重劃後第一次移轉之重劃土地（B）因繼承而移轉之土地（C）各級政府出售之公有土地（D）各級政府受贈之私有土地（109 年高考）

（C）70. 土地稅法有關自用住宅用地土地增值稅之課徵，下列敘述何者錯誤？（A）欲申請一生一次自用住宅用地優惠稅率課徵土地增值稅，出售前 1 年內不得有出租或供營業使用之情形（B）一生一次自用住宅用地優惠稅率課徵土地增值稅，都市土地面積以 3 公畝為限、非都市土地面積以 7 公畝為限（C）欲申請一生一屋自用住宅用地優惠稅率課徵土地增值稅，出售前 6 年內不得有出租或供營業使用之情形（D）一生一屋自用住宅用地優惠稅率課徵土地增值稅，都市土地面積以 1.5 公畝為限、非都市土地面積 3.5 公畝為限（109 年高考）

（C）71. 依現行土地稅法規定，下列敘述何者正確？（A）一般用地地價稅之基本稅率為 10%（B）超過累進起點地價，隨著超過累進起點地價倍數課徵累進稅率，最高稅率為 6%（C）土地所有權人得於公告地價期間自行申報地價，申報地價之核定標準介於公告地價之 80% 至 120% 間（D）土地所有權人得於公告地價期間自行申報地價，未申報地價者，以公告地價 70% 為其申報地價（109 年高考）

（B）72. 依土地稅法規定，有關地價稅課徵之敘述，下列何者錯誤？（A）公共設施保留地，在保留期間仍為建築並供營業使用，按千分之六計徵（B）公有土地免徵地價稅（C）按目的事業主管機關核定規劃使用之工業用地，按千分之十計徵（D）企業興建之勞工宿舍，其用地之地價稅，按千分之二計徵（109 年普考）

（B）73. 有關信託土地地價稅與土地增值稅之敘述，下列何者錯誤？（A）土地為信託財產者，於信託關係存續中，以受託人為地價稅之納稅義務人（B）信託之土地應與委託人在全國所有之土地合併計算地價總額，依土地稅法規定稅率課徵地價稅，分別再就各該土地地價占地價總額之比例，計算其應納之地價稅（C）受託人就受託土地，於信託關係存續中，有償移轉所有權時，以受託人為納稅義務人，課徵土地增值稅（D）以土地為信託財產，受託人依信託本旨移轉信託土地與委託人以外之歸屬權利人時，以該歸屬權利人為納稅義務人，課徵土地增值稅（109 年普考）

（A）74. 土地所有權人辦理土地移轉繳納土地增值稅時，在其持有土地期間內，因重新規定地價增繳之地價稅，就其移轉土地部分，准予抵繳其應納之土地增值稅之總額，不得超過土地移轉時應繳增值稅總額之比例為：（A）5%（B）30%（C）40%（D）50%（109年普考）

（D）75. 依土地稅法規定，都市計畫公共設施保留地，未做任何使用並與使用中之土地隔離者，其地價稅之稅率為何？（A）10‰（B）6‰（C）2‰（D）免徵（109年會計師）

（D）76. 甲出售自用住宅用地一筆，申報移轉現值為400萬元，繳納40萬元之土地增值稅，若甲2年內又重購土地申報移轉現值為300萬元之自用住宅用地，依土地稅法規定，甲可申請退還之土地增值稅若干？（A）40萬元（B）30萬元（C）10萬元（D）0元（109年會計師）

（B）77. 甲君有一塊符合優惠資格的自用住宅用地，同時也被劃定為都市計畫公共設施保留地，對甲君來說，此地應適用之地價稅稅率為多少？（A）免徵地價稅（B）千分之二（C）千分之六（D）千分之十（109年地方五等特考）

（B）78. 地價稅每年徵收1次者，納稅義務基準日為何？（A）每年1月1日（B）每年8月31日（C）每年9月22日（D）每年11月1日（109年地方五等特考）

（B）79. 某乙在臺北市擁有6筆土地，各占地1公畝，分別由某乙、乙妻、乙子（未成年）、乙女（已成年）、乙父、乙妻父設籍，109年度課稅地價分別為250萬、220萬、300萬、200萬、270萬、210萬。某乙未擇定適用地價稅自用住宅用地優惠稅率之順序，試問那些土地109年度可適用地價稅自用住宅用地優惠稅率？（A）某乙、乙女（已成年）、乙父（B）乙子（未成年）、乙女（已成年）、乙父（C）某乙、乙妻、乙子（未成年）（D）某乙、乙子（未成年）、乙父（109年地方五等特考）

（D）80. 李爺爺於民國105年贈與土地1筆給李奶奶，該筆土地買進時之現值100萬元，市價250萬元；贈與當年度之土地現值250萬元，市價400萬元，贈與當年度未課徵土地增值稅。假設李奶奶於108年出售該筆土地，出售時之現值450萬元，市價600萬元，不考慮物價調整因素及優惠稅率，試問出售該筆土地應納土地增值稅為多少？（A）20萬元（B）35萬元（C）55萬元（D）110萬元（109年地方五等特考）

（C）81. 王大明贈與土地1筆給其子王小明，請問贈與稅及土地增值稅之納稅義務人為何？（A）王大明；王大明（B）王小明；王小明（C）王大明；王小明（D）王小明；王大明（109年地方五等特考）

（C）82. 某甲持有新北市土地1筆，今年度公告地價100萬元，某甲自行申報地價150萬元，請問該筆土地計徵地價稅之地價為何？（A）80萬元（B）100萬元（C）120萬元（D）150萬元（109年地方五等特考）

（A）83. 我國土地稅法規定，下列何項非地價稅之納稅義務人？（A）設有典權土地之出典人（B）承領土地之承領人（C）承墾土地之耕作權人（D）土地信託關係存續中之受託人（109年地方四等特考）

（D）84. 下列各項土地之移轉情形，何項應課徵土地增值稅？（A）因繼承而移轉之土地（B）私人捐贈供設立私立學校使用之土地（C）信託行爲成立，委託人與受託人間土地所有權之移轉（D）土地設定典權時（109年地方四等特考）

（D）85. 土地稅法所稱之自用住宅用地，以土地上建築改良物與土地所有權人爲同一人，或建築改良物之所有權人與土地所有權人具備一定「親屬關係」者爲限。此「親屬關係」不包含下列何者？（A）土地所有權人之父母（B）土地所有權人之岳父母（C）土地所有權人之已成年子女（D）土地所有權人之同胞兄弟姐妹（109年地方四等特考）

（B）86. 依土地稅法有關地價稅之課徵規定，下列何者錯誤？（A）地價稅係按每一土地所有權人在每一直轄市或縣（市）轄區內之地價總額計徵之（B）地價稅之基本稅率爲千分之十，超過累進起點地價者累進課徵，最高稅率爲千分之六十（C）公有土地非供公共使用按基本稅率徵收地價稅（D）地價稅自用住宅用地優惠稅率於每年開徵40日前提出申請（109年地方四等特考）

（C）87. 依現行規定，下列何者須課徵土地增值稅？（A）母親過世，兒子繼承土地（B）各級政府出售公有土地（C）設定典權之土地（D）信託行爲成立，委託人與受託人間移轉土地所有權（109年地方三等特考）

（D）88. 土地所有權人出售其自用住宅用地者，申請適用「一生一屋」優惠稅率，出售前須持有該土地多少年以上？（A）3年（B）4年（C）5年（D）6年（109年地方三等特考）

（D）89. 欲適用地價稅特別稅率之用地，應於每年地價稅開徵幾日前申請？又地價稅採每年徵收一次者，納稅義務基準日爲何？（A）30日；6月30日（B）40日；9月22日（C）30日；8月31日（D）40日；8月31日（109年地方三等特考）

（D）90. 地價稅累進起點地價之計算，不包括下列那些土地在內：①工業用地②免稅土地③公有土地④礦業用地⑤自用住宅土地⑥農業用地（A）①②③④⑤⑥（B）①②③④⑥（C）①②④⑤⑥（D）①②④⑥（109年地方三等特考）

第15章 房屋稅

國家定兩稅，本意在愛人。厥初防其淫，明敇內外臣：稅外加一物，皆以枉法論。奈何歲月久，貪吏得因循。

白居易「重賦」

房屋稅（house tax）是一種財產稅，也是一種持有稅，因持有房屋而定期課徵的稅。我國房屋稅因房屋使用情形不同，而可分爲住家用以及非住家用房屋，並分別對其採差別比例稅率課徵。

15-1 課稅對象

房屋稅係以附著於土地之各種房屋，及有關增加該房屋使用價值之建築物，爲課徵對象（房 3）。所稱房屋係指固定於土地上之建築物，供營業、工作或住宅用者。所稱增加該房屋使用價值之建築物，則指附屬於應徵房屋稅房屋之其他建築物，因而增加該房屋之使用價值者（房 2）。

15-2 納稅義務人

一、**房屋所有人**：房屋稅向房屋所有人徵收之。

二、**使用權人**：以土地設定地上權之使用權房屋，向該使用權人徵收之。

三、**典權人**：設有典權者，向典權人徵收之。

所有人、使用權人或典權人住址不明，或非居住房屋所在地者，應由管理人或現住人繳納之。如屬出租，應由承租人負責代繳，抵扣房租。

四、**共有人**：共有房屋向共有人徵收之，由共有人推定一人繳納，其不爲推定者，由現住人或使用人代繳。代繳之房屋稅，在其應負擔部分以外之稅款，對於其他共有人有求償權。

五、**起造人、現住人或管理人**：未辦建物所有權第一次登記且所有人不明之房屋，其房屋稅向使用執照所載起造人徵收之；無使用執照者，向建造執照所載起造人徵收之；無建造執照者，向現住人或管理人徵收之。

六、**受託人**：房屋爲信託財產者，於信託關係存續中，以受託人爲房屋稅之納稅義務人。受託人爲二人以上者，準用有關共有房屋之規定（房 4）。

15-3 稅基

房屋稅依房屋現值課徵之（房 5），主管稽徵機關應依據不動產評價委員會評定之標準，核計房屋現值（房 10）。房屋標準價格，由不動產評價委員會依據下列事項分別評定，並由直轄市、縣（市）政府公告之：

一、按各種建造材料所建房屋，區分種類及等級。

二、各類房屋之耐用年數及折舊標準。

三、按房屋所處街道村里之商業交通情形及房屋之供求概況，並比較各該不同地段實價登錄之不動產交易價格減除土地價格部分，訂定標準。

前項房屋標準價格，每三年重行評定一次，並應依其耐用年數予以折舊，按年遞減其價格（房 11）。

15-4 稅率

房屋稅依房屋現值，按下列稅率課徵之：

一、住家用房屋

（一）供自住、公益出租人出租使用或以土地設定地上權之使用權房屋並供該使用權人自住使用者，爲其房屋現值 1.2%。但本人、配偶及未成年子女於全國僅持有一戶房屋，供自住且房屋現值在一定金額以下者，爲其房屋現值 1%。

（二）前目以外，出租申報租賃所得達所得稅法第 14 條第 1 項第五類規定之當地一般租金標準者或繼承取得之共有房屋，最低不得少於其房屋現值 1.5%，最高不得超過 2.4%。

說明：我國爲鼓勵多屋族將住家用房屋釋出，提供出租使用，自 113 年 7 月 1 日起實施之房屋稅差別稅率 2.0 方案，特別提供房屋所有人出租住家用房屋適用 1.5% 至 2.4% 之較低稅率優惠，與修法前最高稅率 3.6% 相較，稅負不增反減，亦較其他住家用房屋適用稅率 2.0% 至 4.8% 爲低。

（三）起造人持有使用執照所載用途爲住家用之待銷售房屋，於起課房屋稅 2 年內，最低不得少於其房屋現值 2%，最高不得超過 3.6%。

說明：提供建商新建住家用房屋在合理銷售期間（2 年）內適用較低稅率，超過 2 年之餘屋，則適用較高稅率，並按持有年限訂定差別稅率，鼓勵建商快逾 2 年時視市場情況及衡酌將負擔之房屋稅稅負，調整售價加速出售，透過房屋市場價穩量增，希望讓購屋者能買到好屋。

（四）其他住家用房屋，最低不得少於其房屋現值 2%，最高不得超過 4.8%[1]。

二、非住家用房屋：供營業、私人醫院、診所或自由職業事務所使用者，最低不得少於其房屋現值 3%，最高不得超過 5%；供人民團體等非營業使用者，最低不得少於其房屋現值 1.5%，最高不得超過 2.5%。

三、房屋同時作住家及非住家用者，應以實際使用面積，分別按住家用或非住家用稅率，課徵房屋稅。但非住家用者，課稅面積最低不得少於全部面積六分之一。

直轄市及縣（市）政府應依前項第 1 款第 2 目至第 4 目規定，按各該目納稅義務人全國總持有應稅房屋戶數或其他合理需要，分別訂定差別稅率；納稅義務人持有坐落於直轄市及縣（市）之各該目應稅房屋，應分別按其全國總持有戶數，依房屋所在地直轄市、縣（市）政府訂定之相應稅率課徵房屋稅。

依前二項規定計算房屋戶數時，房屋爲信託財產者，於信託關係存續中，應改歸戶委託人，與其持有第 1 項第 1 款規定之房屋，分別合併計算戶數。但信託利益之受益人爲非委託人，且符合下列各款規定者，應改歸戶受益人：

一、受益人已確定並享有全部信託利益。

二、委託人未保留變更受益人之權利。

第 1 項第 1 款第 1 目供自住使用之住家用房屋，房屋所有人或使用權人之本人、配偶或直系親屬應於該屋辦竣戶籍登記，且無出租或供營業情形；其他供自住及公益出租人出租使用之要件及認定之標準，與前三項房屋戶數之計算、第 2 項合理需要之認定及其他相關事項之辦法，由財政部定之。

第 1 項第 1 款第 1 目但書規定房屋現值一定金額之自治法規，由直轄市及縣（市）政府訂定，報財政部備查。

第 1 項第 1 款第 1 目但書規定房屋現值一定金額、第二項差別稅率之級距、級距數及各級距稅率之基準，由財政部公告之；直轄市及縣（市）政府得參考該基準訂定之（房 5）。

財政部於 113 年 4 月 25 日發布修訂「住家用房屋供自住及公益出租人出租使用認定標準」，並自 113 年 7 月 1 日施行，修訂後主要內容如下：

---

[1] 爲鼓勵住家用房屋（含使用權房屋）自住，以及促使閒置房屋釋出租賃市場增加出租房屋供給，並兼顧繼承非自願取得共有房屋情形，達到房屋稅稅負合理化及促使房屋有效利用之目標，爰於第 1 項第 1 款第 1 目至第 4 目，分目定明不同住家用房屋適用之房屋稅稅率，並刪除原第 1 款後段授權地方政府訂定差別稅率之規定。

所有人或以土地設定地上權之房屋使用權人為個人之住家用房屋符合下列情形者，屬供自住使用：

一、房屋無出租或供營業情形。

二、供本人、配偶或直系親屬實際居住使用，且應於該屋辦竣戶籍登記[2]。

三、本人、配偶及未成年子女全國合計三戶以內。

本人、配偶及未成年子女於全國僅持有一戶房屋，符合前項第一款及第二款規定，且房屋現值在一定金額以下者，適用房屋稅條例第五條第一項第一款第一目但書規定之稅率（1%）。

房屋供公益出租人出租使用，指經直轄市、縣（市）主管機關依住宅法及其相關規定核（認）定之公益出租人，於核（認）定之有效期間內，出租房屋供住家使用。

財政部說明，有關上開自住房屋訂為全國合計 3 戶以內，係衡平考量個人所有住家用房屋供直系尊（卑）親屬居住使用屬社會常態，或夫妻因工作或子女就學等因素有分住二處之需要等情，是類房屋應認屬自住使用房屋，又為避免有心人士規避稅負及影響地方財政，爰明定本人、配偶及未成年子女所有屬自住之房屋，全國以 3 戶為限，以符合量能課稅並落實居住正義。

房屋稅稅率

房屋使用情形		稅率
住家用	1. 供自住、公益出租人出租使用或以土地設定地上權之使用權房屋並供該使用權人自住使用者	1.2%
	2. 全國單一自住房屋（排除房屋現值超過一定金額之房屋）	1%
	3. 出租申報所得達租金標準、繼承取得共有房屋	1.5% ～ 2.4%
	4. 建商待銷售房屋持有年限 2 年以內	2% ～ 3.6%
	5. 其他住家用房屋	2% ～ 4.8%
非住家用	1. 供營業、私人醫院、診所或自由職業事務所使用者	3% ～ 5%
	2. 供人民團體等非營業使用者	1.5% ～ 2.5%

2 此次修法除原規定「供本人、配偶或直系親屬實際居住使用」外，尚增加「應於該屋辦竣戶籍登記」。

15-5 稅率擬定程序及稅收實質淨損失之補足

一、直轄市及縣（市）政府在第5條規定稅率範圍內訂定之房屋稅徵收率，應提經當地民意機關通過，報財政部備查。

二、113年7月1日以後，直轄市及縣（市）政府各期開徵房屋稅已依第5條第1項第1款、第2項及第5項規定辦理，且符合第5條第6項所定基準者，如仍有稅收實質淨損失，於財政收支劃分法修正擴大中央統籌分配稅款規模之規定施行前，該期損失由中央政府補足之，不受預算法第23條有關公債收入不得充經常支出之用之限制。

前項稅收實質淨損失之計算，由財政部與直轄市及縣（市）政府協商定之。

113年7月1日以後，直轄市及縣（市）政府各期開徵房屋稅未依第5條第2項規定訂定差別稅率者，應依第5條第6項所定基準計課該期之房屋稅（房6）。

15-6 房屋稅之基準日及開徵

一、房屋稅以每年2月之末日爲納稅義務基準日，由當地主管稽徵機關按房屋稅籍資料核定，於每年5月1日起至5月31日止一次徵收，其課稅所屬期間爲上一年7月1日起至當年6月30日止。

二、新建、增建或改建房屋，於當期建造完成者，按月比例計課，未滿一個月者不計；當期拆除者，亦同。

三、每年3月1日起至6月30日止新建、增建或改建完成之房屋，該期間之房屋稅併入次期課徵；上一年7月1日起至當年2月末日止拆除之房屋，其尚未拆除期間之當期房屋稅仍應課徵（房6-1）。

15-7 減免規定

我國對符合規定的公、私有房屋均訂有免徵或減徵房屋稅之規定，例如公有公用之房舍（包括政府機關、軍事機關、監獄、學校辦公房屋及其員工宿舍等）、民間供公益使用之房舍（包括學校、學術研究機構、慈善救濟事業機構使用之房舍；房屋現值在一定金額以下者；以及遭受重大災害毀損之房屋等）均可免稅，而政府平價配售之平民住宅則可減半徵收。茲說明如下：

一、公有房屋供下列各項使用者免徵房屋稅（房 14）

（一）各級政府機關及地方自治機關之辦公房屋及其員工宿舍。

（二）軍事機關部隊之辦公房屋及其官兵宿舍。

（三）監獄、看守所及其辦公房屋暨員工宿舍。

（四）公立學校、醫院、社會教育學術研究機構及救濟機構之校舍、院舍、辦公房屋及其員工宿舍。

（五）工礦、農林、水利、漁牧事業機關之研究或試驗所所用之房屋。

（六）糧政機關之糧倉、鹽務機關之鹽倉、公賣事業及政府經營之自來水廠（場）所使用之廠房及辦公房屋。

（七）郵政、電信、鐵路、公路、航空、氣象、港務事業，供本身業務所使用之房屋及其員工宿舍。

（八）名勝古蹟及紀念先賢先烈之祠廟。

（九）政府配供貧民居住之房屋。

（十）政府機關爲輔導退除役官兵就業所舉辦事業使用之房屋。

二、私有房屋有下列各項情形之一者，免徵房屋稅（房 15）

（一）業經立案之私立學校及學術研究機構，完成財團法人登記者，其供校舍或辦公使用之自有房屋。

（二）業經立案之私立慈善救濟事業，不以營利爲目的，完成財團法人登記者，其直接供辦理事業所使用之自有房屋。

（三）專供祭祀用之宗祠、宗教團體供傳教佈道之教堂及寺廟。但以完成財團法人或寺廟登記，且房屋爲其所有者爲限。

（四）無償供政府機關公用或供軍用之房屋。

（五）不以營利爲目的，並經政府核准之公益社團自有供辦公使用之房屋。但以同業、同鄉、同學或宗親社團爲受益對象者，除依工會法組成之工會經由當地主管稽徵機關報經直轄市、縣（市）政府核准免徵外，不予免徵。

（六）專供飼養禽畜之房舍、培植農產品之溫室、稻米育苗中心作業室、人工繁殖場、抽水機房舍；專供農民自用之燻菸房、稻穀及茶葉烘乾機房、存放農機具倉庫及堆肥舍等房屋。

（七）受重大災害，毀損面積占整棟面積五成以上，必須修復始能使用之房屋。

（八）司法保護事業所有之房屋。

（九）住家用房屋現值在新臺幣 10 萬元以下屬自然人持有者，全國合計以 3 戶爲限。但房屋標準價格如依第 11 條第 2 項規定重行評定時，按該重行評定時之標準價格增減程度調整之。調整金額以千元爲單位，未達千元者，按千元計算。

（十）農會所有之倉庫，專供糧政機關儲存公糧，經主管機關證明。

（十一）經目的事業主管機關許可設立之公益信託，其受託人因該信託關係而取得之房屋，直接供辦理公益活動使用。

三、私有房屋有下列情形之一者，其房屋稅減半徵收（房 15）

（一）政府平價配售之平民住宅。

（二）合法登記之工廠供直接生產使用之自有房屋。

（三）農會所有之自用倉庫及檢驗場，經主管機關證明。

（四）受重大災害，毀損面積占整棟面積三成以上不及五成之房屋。

依第 2 項第 1 款至第 8 款、第 10 款、第 11 款及第 3 項規定減免房屋稅者，應由納稅義務人於每期房屋稅開徵 40 日以前向當地主管稽徵機關申報；逾期申報者，自申報之次期開始適用。經核定後減免原因未變更者，以後免再申報。

自然人持有現值在新臺幣 10 萬元以下之住家用房屋於全國合計超過 3 戶時，應於每期房屋稅開徵 40 日以前，向當地主管稽徵機關申報擇定適用第 9 款規定之房屋；逾期申報者，自申報之次期開始免徵。經核定後持有戶數未變更者，以後免再申報。

中華民國 113 年 7 月 1 日前，自然人已持有現值在新臺幣 10 萬元以下之住家用房屋於全國合計超過 3 戶者，應於 114 年 3 月 22 日以前向當地主管稽徵機關申報擇定適用第 9 款規定之房屋；屆期未申報者，由當地主管稽徵機關爲其從優擇定。

第 9 款私有房屋持有戶數之認定、前二項申報程序、前項從優擇定之方式及其他相關事項之辦法，由財政部定之（房 15）。

焦點話題

合宜住宅與社會住宅

合宜住宅（affordable housing）原名「平價住宅」。2009 年行政院指示研考會辦理「十大民怨」網路調查，結果發現：都會區房價過高乃為民怨之首。因此，內政部營建署推出了「市價七折出售」的合宜住宅方案，並選定了板橋浮洲與林口 A7 做為合宜住宅示範基地，盼藉由中央政府的政策供給平價住宅，減輕民眾購屋負擔，期盼地方政府亦能跟進。嗣後，桃園八德即是地方政府之作。

合宜住宅是這樣運作的：1. 內政部徵收土地，提供土地給民間廠商；2. 民間廠商提供資金、技術興建；3. 內政部訂定售價上限、住宅規格、住宅品質及出售對象，以協助全國一定所得以下、無自有住宅的家庭取得住宅；4. 為了避免炒房，內政部訂出十年、五年之內不得轉售的閉鎖期；5. 其中的房屋 5% 至 10% 出租不售，售多租少。

實施結果，問題層出不窮：

1. 政府以低價（一坪 4 萬元）徵收民地，土地再以高價（一坪 26 萬元）賣給民間廠商去蓋房子。對被「滅村」的原地主，顯然有失公平。政府究竟是何角色？

2. 造成逆轉性補貼（up-side-down subsidy）。低所得者、抽中合宅者將房屋轉售之利益太大，翻轉了原先社會上所得、財富的排列次序。

3. 合宜住宅供給數量有限，杯水車薪，無法發揮撼動鄰近房價之功效。

4. 規劃大坪數，售價高。抽中合宅者，繳不出頭期款 150 萬元，因而被迫放棄。

5. 閉鎖期後轉售，即失去原先政策之意義。故對於轉售，宜規定只能由政府買回。

6. 政府任意提高容積率，建商是否因而暴利，無從得知。

社會住宅（social housing），「只租不售」，才能發揮居住正義。可惜臺灣社會住宅只占 0.08%，遠低於荷蘭的 34%。社會住宅其租金收取，在此估算如下：

1. 政府提供土地，土地成本為 0。利用國有土地、閒置校園、廢棄營區土地，不收或減收土地租金。「依第一項或第二項規定計收之租金，於經主辦機關評估財務計畫，確有造成公共建設自償能力不足情事者，得酌予減收之。」

2. 建造成本每坪 7 萬元，30 坪，每戶 210 萬元。可用 60 年，每年折舊攤提 3.5 萬元。亦即借款本金 210 萬元，每年攤還 3.5 萬元。

3. 利息。平均借款餘額為（210 萬＋ 0）/ 2 ＝ 105 萬元。法定利率設為 5%。平均每年利息支出約為 5 萬元。

4. 維修管理費每年 3 萬元。

5. 利潤每年 0.5 萬元。

6. 房屋稅、地價稅為 0。房屋所有權人仍是政府；地價稅已反應在前述的土地租金了。

每年租金合計 12 萬元，這才是幫忙弱勢，解決住的問題的社會住宅政策。政府負擔的是本應收取的土地租金而已，建商的暴利不見了，抽中的樂透不見了。

實務案例

「空屋稅」來了？

根據內政部最新調查報告，全臺灣共有空屋86萬多户，空屋率達10.12%。臺北市則爲4.23%。眼看臺北市東區房租節節高漲，空置店面增多，讓臺北市政府興起了課徵「空屋稅」的念頭。臺北市政府宣示的房屋政策是「自住輕稅，空屋差別待遇」。

第一，自住輕稅。臺北市政府希望單一自住之房屋稅，稅基折減上限250萬元，實際稅率從1.0%降爲0.5%。這雖然是爲民眾安身立命而謀，但批評者認爲臺北市房屋問題是房價太高，不是因爲房屋稅之稅負太重，降低自住房屋稅率仍宜審慎考慮。（自住法定稅率爲1.2%，柯市長2017年要求財政部改爲1.0%，財政部不肯修法，於是柯市長自行調整稅基，將稅基 x 5/6，實際稅率即爲1.0%）

第二，空屋加稅。爲了空屋加稅，1. 定義「空屋」。可就內政部定義的低度用電，且持續某段期間之住宅，課徵空屋稅。亦可參考小規模營業人查定課徵營業稅方式，輔以現場勘查而認定。

1. 法源依據。要求中央配合修正房屋稅法的稅率不可得，地方可依「地方稅法通則」第4條規定，在原稅率上限加徵30%。而該通則第3條規定的特別稅和臨時稅，則有期限之限制，且其稅率無法隨中央修正稅法而自動調整，較不妥適。

2. 執行方法。溫哥華市自2017年實施，稅率爲「評估財產價值」的1%，採「主動申報」方式，似與一般熟悉的財產稅「底冊稅」的課徵方式不符。

溫哥華市的空屋稅（Empty Homes Tax）與卑詩省的投機空置稅（Speculation and Vacancy Tax）是兩個不同的稅，溫哥華的某些屋主有可能面臨兩個稅都需要繳納的情形。

溫哥華市空屋稅申報（property status declaration）和預繳地稅（advance tax notice）的截止日期爲2019年2月4日。換言之，溫哥華所有的屋主都必須在2018年底至2019年2月4日之間自行申報房屋狀況，說明是否空置，並附上正式文件（如房客姓名、法庭命令編號、許可證編號等），以證實房屋的入住情況，從而確定自己是否需要繳交空屋稅。[3]

[3] 原文網址：https://kknews.cc/zh-tw/house/6q28xgm.html

臺灣社會上亦有不少人反對課徵「空屋稅」，其理由如下。

1. 空屋是正常的。台北市4.23%的空屋正如「磨擦性失業」一樣，不必急於去除，也無法全部去除。

2. 空屋稅政策目標不是在財政收入。在花下很高的稽徵成本，課徵空屋稅（原稅率上限加徵30%）之後，被課徵者若還是「無感」，亦無法改爲出租，而使店面租金大幅降低；即使租金下降，是否就能吸引人潮，市場回春，亦不無疑問。

3. 臺北市空店之出現，是在網購盛行，實體店面萎縮之下，整個經濟、產業、區域軸線翻轉、觀光政策之變遷、調整的結果。

4. 課以空屋稅，是否能逼出空屋轉爲社會住宅；是否能逼出空屋，增加市場供給，形成市場賣壓而降低房價，在臺北市民仍繼續「期望不動產漲價增值」，且持有成本依然偏低的情況下，預期效果有待考驗。

在這些正反爭議之下，截至2019年6月，臺北市還正在研擬推動「空屋稅」。

15-8 納稅程序

房屋稅原來係每年分上、下兩期課徵，嗣後基於便民以及簡化稅務行政之考量，改爲每年課徵一次，其徵收期間爲5月（每年5月1日至5月31日），課徵所屬期間爲自前一年7月1日至當年6月30日。有關新建、增建房屋之申報以及房屋稅之徵納規定如下：

一、組織不動產評價委員會

（一）房屋稅條例所定不動產評價委員會，由直轄市或縣（市）政府組織之；其組織及運作辦法，由財政部定之（房9）。

（二）前項委員會委員，由相關行政機關代表、具有不動產估價、土木或結構工程、建築、都市計畫專長之專家學者或屬該等領域之民間團體代表組成，其中專家學者及民間團體代表，不得少於委員總數二分之一；任一性別委員，不得少於委員總數三分之一（房9）。由不動產評價委員會評定房屋標準價格（房11）。

二、核計房屋現值：主管稽徵機關應依據不動產評價委員會評定之標準，核計房屋現值，而依規定核計之房屋現值，經通知納稅義務人如有異議者，納稅義務人得於接到通知書之日起三十日內，檢附證件申請重行核計（房 10）。

三、**新建、增建或改建房屋之申報**：納稅義務人應於房屋建造完成之日起算 30 日內檢附有關文件，向當地主管稽徵機關申報房屋稅籍有關事項及使用情形；其有增建、改建或移轉、承典時，亦同（房 7）。

四、**房屋使用情形變更**：房屋使用情形變更，除致稅額增加，納稅義務人應於變更之次期房屋稅開徵 40 日以前向當地主管稽徵機關申報外，應於每期開徵 40 日以前申報；經核定後使用情形未再變更者，以後免再申報。房屋使用情形變更致稅額減少，逾期申報者，自申報之次期開始適用；致稅額增加者，自變更之次期開始適用，逾期申報或未申報者，亦同（房 7）。

五、**不堪居住**：房屋有焚燬、坍塌、拆除至不堪居住程度者，應由納稅義務人申報當地主管稽徵機關查實後，在未重建完成期內，停止課稅（房 8）。

六、**空屋**：房屋空置不爲使用者，應按使用執照所載用途別分別以非自住之住家用或非住家非營業用稅率課徵房屋稅，如無使用執照者，按都市計畫分區使用範圍，分別以非自住之住家用或非住家非營業用稅率課徵。（如各縣市之徵收細則或自治條例另有規定者，從其規定。）臺北市依臺北市房屋稅徵收自治條例第 4 條之規定，房屋空置不爲使用者，應按其現值依據使用執照所載用途或都市計畫分區使用範圍認定，分別以非自住之其他住家用房屋或非住家用房屋稅率課徵。

七、**稅捐保全**：欠繳房屋稅之房屋，在欠稅未繳清前，不得辦理移轉登記或設定典權登記。惟所欠稅款，房屋承受人得申請代繳，其代繳稅額得向納稅義務人求償，或在買價、典價內照數扣除（房 22）。

15-9 罰則

有關房屋稅的罰則如下：

一、**逾期繳納**：納稅義務人未於稅單所載限繳日期以內繳清應納稅款者，應加徵滯納金（房 18）。

二、**逾期申報**：納稅義務人未依第七條規定之期限申報，因而發生漏稅者，除責令補繳應納稅額外，並按所漏稅額處以二倍以下罰鍰（房 16）。

15-10 徵收細則之擬定

房屋稅徵收細則，由各直轄市及縣（市）政府依房屋稅條例分別訂定，報財政部備查（房 24）。

15-11 房屋稅條例 2.0 修法重點[4]——多屋重稅；自住減稅

一、對於房屋所有人之非自住住家用房屋進行「全國歸戶」，除特定房屋適用較低稅率外，針對持有多戶且未作有效使用者調高其法定稅率為 2% 至 4.8%，所有地方政府均須按全國持有戶數「全數累進」課徵。

	修法前	修法後 （自 113 年 7 月 1 日起施行）
歸戶方式	縣市	全國
法定稅率	1.5% ～ 3.6%	除特定房屋外 2% ～ 4.8%
地方政府訂定差別稅率	可訂定（12 個縣市採差別稅率；10 個縣市僅課徵 1.5%）	必須訂定（按全國總户數全數累進課徵）

二、特定房屋適用較低稅率：酌降房屋現值一定金額以下之全國單一自住房屋稅率為 1%、出租申報租賃所得達租金標準或繼承取得共有之住家用房屋法定稅率為 1.5% 至 2.4%（原為 3.6%）及建商新建住家用房屋在合理銷售期間（2 年）內者，法定稅率調整為 2% 至 3.6%。

		修法前	修法後（自 113 年 7 月 1 日起施行）
自住	全國單一自住房屋（排除房屋現值超過一定金額之房屋）	1.2%	1%
非自住	出租申報所得達租金標準	1.5% ～ 3.6%	1.5% ～ 2.4%
	繼承取得共有房屋	1.5% ～ 3.6%	1.5% ～ 2.4%
	建商待銷售房屋持有年限 2 年以內	1.5% ～ 3.6%	2% ～ 3.6%

4 資料來源：財政部。

三、考量城鄉差距及各地方政府評定之房屋標準價格不同，爰授權地方政府因地制宜，按納稅義務人持有房屋全國總戶數訂定差別稅率及其適用全國單一自住房屋優惠稅率之房屋現值金額。另為使地方政府前述之訂定有其準據，且為使發展類似之地方政府訂定之稅率不致差異過大，明定地方政府得參考財政部公告之基準訂定。

四、明定地方政府已訂定差別稅率及全國單一自住房屋之房屋現值一定金額，且均符合財政部公告之基準，如仍造成稅收實質淨損失，由中央政府補足；未訂定差別稅率者，應依上述基準計課113年7月1日起之房屋稅。

五、參考現行地價稅課徵方式，增訂自住房屋設籍要件，房屋稅由按月計徵改按年計徵，期房地持有稅課徵一致，簡化作業；另增訂信託房屋，與委託人或受益人持有之房屋併計戶數適用差別稅率，防止分散持有，規避較高稅率。

六、配合房屋稅改按年計徵，以每年2月末日為納稅義務基準日，及每年5月1日起至5月31日止徵收，課稅所屬期間為上一年7月1日起至當年6月30日止。房屋使用情形倘有變更，納稅義務人應於每期房屋稅開徵40日（即3月22日）以前向當地主管稽徵機關申報；使用情形變更致稅額減少，如逾期申報，自次期開始適用；致稅額增加，自變更次期開始適用。

七、參照平均地權條例規定，刪除當地民意機關推派代表參加不動產評價委員會之規定，並定明專家學者、民間團體（例如不動產估價師公會、土木技師公會及建築師公會）代表擔任上述委員會委員所需具備不動產估價、土木或結構工程、建築、都市計畫等專業領域條件及其人數不得少於委員總數二分之一，與定明任一性別委員不得少於委員總數三分之一。

八、明定住家用房屋現值在新臺幣10萬元以下免徵房屋稅之適用對象，以自然人持有全國3戶為限，並排除非屬自然人（例如：法人）持有者之適用，防杜將房屋分割為小坪數，取巧適用免稅。

九、自住房屋適用1.2%稅率增訂戶籍要件：參據土地稅法第9條規定，自住房屋除原規定「供本人、配偶或直系親屬實際居住使用」外，尚增加「應於該屋辦竣戶籍登記」。

十、防杜信託移轉規避差別稅率：參據土地稅法第3條之1信託房屋計算戶數規定，房屋為信託財產者，於信託關係存續中，以委託人持有戶數計算。但信託利益之受益人為非委託人，以受益人持有戶數計算。

歷屆試題

申論題

1. 請依相關稅法規定，說明納稅義務人對於自住之房地，如欲適用地價稅與房屋稅之優惠稅率，其應具備之條件爲何？若交易之自住房地係於105年1月1日以後出價取得，在何種情形下，可享受免納所得稅之優惠？請詳述之。（107年普考）
2. 請依下列格式說明綜合所得稅、地價稅、土地增值稅、房地合一稅及房屋稅對自用住宅之優惠規定及其設籍要求。（107年地方三等特考）

稅目	優惠規定	設籍規定
綜合所得稅		
地價稅		
土地增值稅		
房地合一稅		
房屋稅		

選擇題（本書各章所附考題之答案均係依據考試當年度考選部所公布之答案）

（D）1. 下列何者非屬房屋稅減半徵收之情況？（A）政府平價配售之平民住宅（B）合法登記之工廠供直接生產使用之自有房屋（C）農會所有之自用倉庫及檢驗場，經主管機關證明者（D）受重大災害，毀損面積占整棟面積兩成之房屋。（112年地方五等特考）

（B）2. 公益出租人的房東將住宅出租予符合租金補貼申請資格並經直轄市、縣（市）主管機關認定者，其房屋稅稅率爲何？（A）1%（B）1.2%（C）1.5%（D）3.6%。（112年地方五等特考）

（A）3. 有關房屋稅之課徵規定，下列敘述何者正確？（A）房屋標準價格由不動產評價委員會每3年重行評定1次（B）房屋現值在新臺幣10萬元以下者，不論用途一律免徵房屋稅（C）若符合所有權人、配偶或直系親屬在該建物設籍之條件，則適用自用住宅房屋稅稅率1.2%（D）房屋同時作住家及非住家用者，按實際使用面積分別課徵，但非住家用者，課稅面積不得低於全部面積之1/5。（112年地方三等特考）

（C）4. 甲以新建完成供住家用自住之房屋，同時供作其記帳及報稅代理事務所使用。房屋面積爲180平方公尺，實際執行業務所使用面積爲15平方公尺。假設該房屋每平方公尺核定單價爲3,000元，其他供住家用房屋稅率爲1.5%，非住家用房屋供營業、私人醫院、診所或自由職業事務所使用者稅率爲3%，非住家房屋非營業使用者稅率爲2%；全年應納房屋稅額爲：（A）7,200元（B）7,290元（C）8,100元（D）9,450元。（112年高考）

（B）5. 下列對於房屋空置不爲使用者房屋稅課徵之敘述，何者錯誤？（A）按使用執照所載用途課稅

（B）根據房屋稅條例規定加徵空屋稅（C）按都市計畫使用分區規範，以非自住之住家用稅率課稅（D）按都市計畫使用分區規範，以非住家非營業用稅率課稅。（112 年高考）

（C）6. 有關房屋稅的相關規定，下列何者錯誤？（A）房屋稅屬於地方稅（B）房屋稅每年徵收一次（C）政府平價配售之平民住宅免徵房屋稅（D）違章建築之房屋應依法課徵房屋稅。（112 年普考）

（D）7. 我國現行土地公告地價、土地公告現值、房屋標準價格重新評定期間爲何？（A）3 年、1 年、3 年（B）2 年、1 年、2 年（C）3 年、1 年、2 年（D）2 年、1 年、3 年。（111 年地方五等特考）

（D）8. 有關房屋稅之核課，下列敘述何者錯誤？（A）供自住或公益出租人出租使用之住家用房屋，適用 1.2% 房屋稅優惠稅率（B）同時作住家及非住家之房屋，按實際使用面積計算房屋稅，但非住家用者，課稅面積最低不得少於全面積 1/6（C）各級政府機關及地方自治機關之辦公房屋及其員工宿舍，免徵房屋稅（D）私有房屋受重大災害，毀損面積占整棟面積三成以上，必須修復始能使用之房屋，免徵房屋稅。（111 年地方五等特考）

（D）9. 依房屋稅條例規定，下列何者爲評定房屋標準價格時應考慮的因素？①耐用年數②折舊標準③建造材料④室內裝潢⑤房屋所處街道村里之商業交通情形（A）①②③④⑤（B）①②③④（C）②③④⑤（D）①②③⑤。（111 年地方四等特考）

（C）10. 依照房屋稅條例，個人所有之住家用房屋符合下列何條件屬供自住使用？①無出租使用②供本人實際居住使用③供直系親屬實際居住使用④本人、配偶全國合計兩戶以內⑤本人、配偶及未成年子女全國合計三戶以內（A）①②⑤（B）①②③④（C）①②③⑤（D）①②③④⑤。（111 年地方四等特考）

（C）11. 丁先生取得會計師執照後欲在家開設會計師事務所，其目前住家實際共有 30 坪，目前規劃其中一間房間（實際爲 3 坪）做爲開業場所。試問丁先生開業後其住家會有多少比例由原本的住家用稅率改爲課徵非住家用房屋稅率？（A）全數仍課徵住家用稅率（B）十分之一變更爲非住家用稅率（C）六分之一變更爲非住家用稅率（D）全數課徵非住家用稅率。（111 年地方三等特考）

（C）12. 依相關法規，110 年 8 月 1 日甲將房子出租給租金補貼戶（簡稱公益出租人），可享有租稅優惠，下列敘述何者錯誤？（A）房屋稅稅率可按 1.2%（B）地價稅稅率可按千分之二（C）申報綜合所得稅租金收入每年免稅額度爲 1 萬元，超過部分可減除 43% 費用（D）申報綜合所得稅租金收入每年免稅額度爲 1.5 萬元，超過部分可減除 43% 費用（110 年地方五等特考）

（D）13.依房屋稅條例之規定，下列何者免徵房屋稅？（A）郵政非供本身業務所使用之員工宿舍（B）農會所有之自用倉庫及檢驗場，經主管機關證明者（C）受重大災害，毀損面積占整棟面積三成以上不及五成之房屋（D）專供飼養禽畜之房舍（110 年地方四等特考）

（B）14.房屋標準價格之評定因素包括下列那些項目？①建造材料②裝潢等級③房屋耐用年數④地段⑤折舊標準（A）②③④⑤（B）①③④⑤（C）②④⑤（D）①②③（110 年地方四等特考）

（C）15.下列有關房屋稅課徵之說明，何者錯誤？（A）房屋頂樓增建廣告塔，除加重其房屋負荷外，未增加房屋使用價值，不課徵房屋稅（B）電梯為附著於房屋之設備，且增加房屋之使用價值，應併計房屋現值課徵房屋稅（C）空置房屋應按非自住之住家用稅率課徵房屋稅（D）違章建築房屋應依實際使用情形，依法課徵房屋稅（110 年地方三等特考）

（C）16.下列有關房屋標準價格之評定與公告，何者敘述錯誤？（A）房屋標準價格，由不動產評價委員會評定，按各種建造材料所建房屋，區分種類及等級（B）房屋標準價格，每 3 年重新評定一次，並應依其耐用年數予以折舊，按年遞減其價格（C）房屋標準價格，由不動產評價委員會評定，並由財政部公告之（D）房屋標準價格，由不動產評價委員會評定，按各類房屋之耐用年數及折舊標準評定（110 年地方三等特考）

（B）17.下列有關房屋稅之敘述，何者正確？（A）房屋違建部分免課房屋稅（B）信託關係存續中，房屋稅之納稅義務人為受託人（C）設有典權之房屋，房屋稅之納稅義務人為出典人（D）不動產評價委員會應由當地民意機關及有關人民團體推派代表參加，人數不得少於總額 1/2（109 年高考）

（C）18.依房屋稅條例規定，下列敘述何者錯誤？（A）私有房屋受重大災害，毀損面積占整棟面積五成以上，必須修復始能使用者，免徵房屋稅（B）政府平價配售之平民住宅，房屋稅減半徵收（C）房屋標準價格，每二年重行評定一次，並應依其耐用年數予以折舊，按年遞減其價格（D）房屋同時作住家及非住家用者，應以實際使用面積，分別按住家用或非住家用稅率，課徵房屋稅。但非住家用者，課稅面積最低不得少於全部面積六分之一（109 年普考）

（C）19.甲君房屋受風災及土石流襲擊，毀損面積達四成，甲君可申請減免多少的房屋稅？（A）1/4（B）40%（C）50%（D）全免（109 年地方五等特考）

（C）20.下列有關房屋稅稅率之敘述，何者錯誤？（A）住家用房屋供自住使用者，適用住家用房屋稅稅率（B）住家用房屋供公益出租人出租使用者，適用住家用房屋稅稅率（C）住家用房屋出租供他人自住使用者，適用非住家用房屋稅稅率（D）住家用房屋供人民團體等非營業使用者，適用非住家用房屋稅稅率（109 年地方五等特考）

（A）21.依現行房屋稅條例規定，下列何者須課徵房屋稅？（A）政府平價配售之平民住宅（B）紀念先賢先烈之祠廟（C）司法保護事業所有之房屋（D）受重大災害，毀損面積佔整棟面積 5 成以上，必須修復始能使用之房屋（109 年地方三等特考）

（D）22.下列有關房屋稅自住房屋之說明，何者錯誤？（A）自住房屋稅稅率為 1.2%（B）房屋無出租使用（C）房屋供本人、配偶或直系親屬實際居住使用（D）本人、配偶及直系親屬全國合計三戶以內（109 年地方三等特考）

第16章
契　稅

碩鼠碩鼠，無食我黍。三歲貫女，莫我肯顧。
逝將去女，適彼樂土。樂土樂土，爰得我所。

國風「碩鼠」《詩經》

契稅（deed tax）是一種財產稅，也是地方稅，由於它是在不動產產權移轉時課徵，故屬於流通稅。我國目前契稅係依不動產所有權移轉方式之不同，而採差別比例稅率課徵之。

16-1 課稅對象

凡不動產之買賣、承典、交換、贈與、分割或因占有而取得所有權者，均應申報繳納契稅。但在開徵土地增值稅區域之土地，免徵契稅（契 2）。故契稅可依不動產所有權之移轉方式而分爲買賣、典權、交換、贈與、分割及占有等六種。

一、**買賣契稅**：應由買受人申報納稅（契 4）。依法領買或標購公產及向法院標購拍賣之不動產者，仍應申報繳納契稅（契 11）。此外，以遷移、補償等變相方式支付產價，取得不動產所有權者，應照買賣契稅申報納稅（契 12）。

二、**典權契稅**：應由典權人申報納稅（契 5）。所稱典權，依民法第 911 條規定，係指支付典價，占有他人之不動產，而爲使用及收益之權。先典後賣者，得以原納典權契稅額，抵繳買賣契稅，但以典權人與買主同屬一人者爲限（契 10）。此外，以抵押、借貸等變相方式代替設典，取得使用權者，應照典權契稅申報納稅（契 12）。

三、**交換契稅**：交換契稅，應由交換人估價立契，各就承受部分申報納稅。但交換有給付差額價款者，其差額價款應依買賣契稅稅率課徵（契 6）。

四、**贈與契稅**：應由受贈人估價立契，申報納稅（契 7）。以不動產爲信託財產，受託人依信託本旨移轉信託財產與委託人以外之歸屬權利人時，應由歸屬權利人估價立契，依規定期限申報繳納贈與契稅（契 7-1）。

五、**分割契稅**：由分割人估價立契，申報納稅（契 8）。

六、**占有契稅**：由占有不動產依法取得所有權之人估價立契，申報納稅（契 9）。

16-2 納稅義務人

一、**買受人**：買賣契稅爲買受人（契 4）。

二、**典權人**：典權契稅爲典權人（契 5）。

三、**交換人**：交換契稅爲交換人，各就承受部分申報納稅（契 6）。

四、受贈人：贈與契稅爲受贈人（契 7）。

五、分割人：分割契稅爲分割人（契 8）。

六、占有人：占有契稅爲占有不動產依法取得所有權之人（契 9）。

建築物於建造完成前，因買賣、交換、贈與，以承受人爲建造執照原始起造人或中途變更起造人名義，並取得使用執照者，應由使用執照所載起造人申報納稅（契 12）。

16-3 稅基

契稅均按契約所載價額（簡稱爲契價）申報。所稱契價，以當地不動產評價委員會評定之標準價格爲準。但依法領買或標購公產及向法院標購取得不動產之移轉價格低於評定標準價格者，從其移轉價格。不動產評價委員會組織，由財政部定之（契 13）。

16-4 稅率

契稅稅率如下（契 3）：

一、買賣契稅爲其契價 6%。

二、典權契稅爲其契價 4%。

三、交換契稅爲其契價 2%。

四、贈與契稅爲其契價 6%。

五、分割契稅爲其契價 2%。

六、占有契稅爲其契價 6%。

茲將契稅的稅率彙總編表如右：

種類	稅率
買賣契稅	6%
贈與契稅	6%
占有契稅	6%
典權契稅	4%
交換契稅	2%
分割契稅	2%

16-5 減免規定

有下列情形之一者，免徵契稅（契 14、14-1）：

一、各級政府機關、地方自治團體、公立學校因公使用而取得之不動產。但供營業用者，不適用之。

二、政府經營之郵政事業，因業務使用而取得之不動產。

三、政府因公務需要，以公有不動產交換，或因土地重劃而交換不動產取得所有權者。

四、建築物於建造完成前，變更起造人名義者。但因買賣、交換、贈與，以承受人為原始起造人，或中途變更起造人，並取得使用執照者，應由使用執照所載起造人申報納稅。

五、建築物於建造完成前，其興建中之建築工程讓與他人繼續建造未完工部分，因而變更起造人名義為受讓人，並以該受讓人為起造人名義取得使用執照者。

六、不動產為信託財產者，於下列各款信託關係人間移轉所有權，不課徵契稅：

（一）因信託行為成立，委託人與受託人間。

（二）信託關係存續中受託人變更時，原受託人與新受託人間。

（三）信託契約明定信託財產之受益人為委託人者，信託關係消滅時，受託人與受益人間。

（四）因遺囑成立之信託，於信託關係消滅時，受託人與受益人間。

（五）因信託行為不成立、無效、解除或撤銷，委託人與受託人間。

16-6 納稅程序

一、申報契稅：納稅義務人應於不動產買賣、承典、交換、贈與及分割契約成立之日起，或因占有而依法申請為所有人之日起三十日內，填具契稅申報書表，檢附公定格式契約書及有關文件，向當地主管稽徵機關申報契稅。但未辦建物所有權第一次登記之房屋買賣、交換、贈與、分割，應由雙方當事人共同申報（契 16）。

二、查定稅額：主管稽徵機關收到納稅義務人申報契稅案件後，應於十五日內審查完竣，查定應納稅額，發單通知納稅義務人依限繳納。主管稽徵機關對納稅義務人所檢送表件，如認為有欠完備或有疑問時，應於收件後七日內通知納稅義務人補正或說明（契 18）。

三、契價：以當地不動產評價委員會評定之標準價格為準。但依法領買或標購公產及向法院標購取得不動產之移轉價格低於評定標準價格者，從其移轉價格（契 13）。

四、繳稅：納稅義務人應於稽徵機關核定繳款書送達後三十日內繳納（契 19）。

五、稅捐保全：凡因不動產之買賣、承典、交換、贈與、分割及占有而辦理所有權登記者，地政機關應憑繳納契稅收據、免稅證明書或同意移轉證明書，辦理權利變更登記（契 23）。

16-7 獎勵

告發、檢舉獎金：告發或檢舉納稅義務人逃漏、匿報、短報或以其他不正當之行爲逃稅者，稽徵機關得以罰鍰 20% 獎給舉發人，並爲舉發人絕對保守秘密。

上述告發或檢舉獎金，稽徵機關應於收到罰鍰後三日內，通知原檢舉人，限期領取。惟公務員爲舉發人時，不適用該獎勵（契 32）。

16-8 罰則

一、納稅義務人不依規定期限申報者，每逾三日，加徵應納稅額 1% 之怠報金，最高以應納稅額爲限。但不得超過新臺幣 1 萬 5 千元（契 24）。

依司法院釋字第 616 號解釋，行爲罰依應納稅額固定之比例計算，應有合理最高額限制。由於加徵怠報金係屬違反稅法規定作爲義務所處之行爲罰，故規定加徵怠報金之最高金額不得超過新臺幣 1 萬 5 千元，以符比例原則[1]。

二、納稅義務人不依規定期限繳納稅款者，每逾二日按滯納數額加徵 1% 滯納金，逾三十日仍未繳納者，移送法院強制執行（契 25）。

三、納稅義務人有匿報或短報應納契稅，經主管稽徵機關查得，或經人舉發查明屬實者，除應補繳稅額外，並加處以應納稅額一倍以上三倍以下之罰鍰（契 26）。

四、納稅義務人以詐術或其他不正當方法逃漏稅捐者，處五年以下有期徒刑、拘役或科或併科新臺幣 6 萬元以下之罰金（稅 41）。

---

1 摘自立法院立法理由。

歷屆試題

申論題

1. 王爸爸擁有多棟房屋，其子王大宏最近新婚娶媳李小蕾，王爸爸欲過戶一屋給其子，該屋是王爸爸28年前購置，當時的土地公告現值為新臺幣（以下同）50萬元，房屋評定現值為150萬元。
   目前該土地之公告現值為500萬元，房屋之評定現值為100萬元，王家欲做房屋之移轉，預計進行下列之過戶程序：
   第一階段：於102年11月1日先由王爸爸將房屋以公告價贈與給王媽媽。
   第二階段：於102年12月1日再由王媽媽以買賣形式（非眞實交易）將房屋土地1,000萬元（契約價）過戶給王大宏。
   請列示第一階段及第二階段除房屋稅及地價稅外各應納那一種稅，以及稅額多少，納稅義務人為何？（假設物價指數調整為200%；以及某特定標準率依地區有差異者，致金額無法確定者，請列示公式）並請分階段依下列表格形式作答。（102年地方特考四等）

第一階段	稅種	稅額	納稅義務人
	XX稅		
	XX稅		
	……		
第二階段	稅種	稅額	納稅義務人
	XX稅		
	XX稅		
	……		

選擇題（本書各章所附考題之答案均係依據考試當年度考選部所公布之答案）

（D）1. 下列有關契稅納稅義務人之敘述，何者錯誤？（A）買賣契稅為買受人（B）贈與契稅為受贈人（C）分割契稅為分割人（D）典權契稅為出典人。（112年地方五等特考）

（B）2. 下列何者不需課徵契稅？（A）不動產之買賣而取得所有權者（B）在開徵土地增值稅區域之土地（C）不動產之贈與而取得所有權者（D）依法領買或標購公產及向法院標購拍賣之不動產者。（112年地方五等特考）

（D）3. 甲於民國112年10月買入100平方公尺之都市土地1筆，該土地每平方公尺公告現值為10,000元，甲應繳多少契稅？（A）60,000元（B）40,000元（C）20,000元（D）0元。（112年地方四等特考）

（C）4. 甲於111年買房地一筆，其中土地公告現值為120萬元，房屋現值80萬元，請問甲應繳多少

契稅？（A）免徵（B）32,000元（C）48,000元（D）120,000元。（112年高考）

（C）5. 不動產因下列哪些方式取得者，其契稅稅率為6%？（A）交換、典權、分割（B）交換、占有、分割（C）買賣、贈與、占有（D）買賣、贈與、繼承。（111年普考）

（B）6. 甲將價值200萬元（契價）之房屋一棟出售給乙，試問：該房屋之契稅納稅義務人及應納稅額各為何？（A）甲、12萬元（B）乙、12萬元（C）甲、8萬元（D）乙、8萬元。（111年地方五等特考）

（B）7. 下列不動產交易類別中，何類型之契稅稅率為契價的6%？（A）買賣、典權、贈與（B）買賣、贈與、占有（C）買賣、交換、占有（D）買賣、典權、分割（110年高考）

（D）8. 有關契稅之課徵，下列敘述何者錯誤？（A）契稅為「不動產取得稅」，亦屬於房屋不動產之「特別銷售稅」之性質（B）契稅之納稅義務人原則上為取得不動產之人，包括自然人及法人等在內（C）契稅課稅對象為不動產之買賣債權行為，如果尚未辦妥產權移轉登記之前，嗣後解除買賣契約「回復原狀」時，因並未取得不動產產權，實務上行政函釋認為應准予註銷應繳契稅（D）房屋買賣不動產移轉契稅之稅基，應以實際買賣交易價格計算（109年高考）

（A）9. 依契稅條例規定，下列敘述何者錯誤？（A）典權契稅，應由出典人申報納稅（B）交換契稅，應由交換人估價立契，各就承受部分申報納稅（C）占有契稅稅率為契價百分之六（D）在開徵土地增值稅區域之土地，免徵契稅（109年普考）

（B）10. 王老先生將名下房屋所有權贈與給孫子王小華，應由何人申報繳納契稅？（A）王老先生（B）王小華（C）雙方共同申報繳納（D）由稽徵機關會同地政機關核定契價後再發單課徵（109年地方五等特考）

（D）11. 依契稅條例規定，下列何項不動產之移轉情形免徵契稅？（A）不動產之承典（B）不動產之贈與（C）不動產之交換（D）不動產之繼承（109年地方四等特考）

（B）12. 納稅義務人及其他關係人提供帳簿、文據時，該管稽徵機關或財政部賦稅署應掣給收據，除涉嫌違章漏稅者外，應於帳簿、文據提送完全之日起，幾日內發還之？（A）3日（B）7日（C）10日（D）30日（109年地方三等特考）

（C）13. 依契稅條例規定，下列敘述何者錯誤？（A）買賣及占有之稅率皆為6%（B）分割與交換之稅率皆為2%（C）贈與契稅，應由贈與人估價立契，申報納稅（D）買賣契稅，應由買受人申報納稅（108年高考）

（A）14. 依契稅條例及相關法令規定，以股票交換房屋土地應按下列那一項契稅稅率核課？（A）換入房屋按買賣契稅（B）換入房屋按交換契稅（C）換入股票按買賣契稅、換入房屋按交換契稅（D）換入房屋按買賣契稅、換入股票按交換契稅（108年地方五等特考）

（C）15. 關於契稅之敘述，下列何者錯誤？（A）在開徵土地增值稅區域之土地，免徵契稅（B）典權契稅的稅率與其他種類的契稅稅率皆不同（C）贈與契稅，應由贈與人估價立契，申報納稅（D）交換契稅若有給付差額價款者，其差額價款，應依買賣契稅稅率課徵（108年地方五等特考）

第 17 章 遺產及贈與稅

二百年前歸化早，皇威震疊臨臺島。
雞羽傳書麻達少，鹿皮納稅必丹老。
獵罷山中並業農，長官無役不相從。

臺灣　丘逢甲「老番行」

臺灣過去遺產稅之缺失，計有一、不符合效率：50% 稅率太高，其服從成本大、資金外逃、重覆課稅。二、不符合公平：豪賈巨室透過租稅規劃，課到遺產稅額有限，年約 200 億。三、不符合世界租稅改革潮流：澳洲、香港等至少 10 多國已廢除遺產稅[1]。遺贈稅（estate and gift tax）改革更成爲總統大選政見，臺灣於是修法，並在 2009 年初公布遺產贈與稅之修正條文。

惟遺產稅之課徵對社會公平具正面意義，由於國際間實施遺產稅制之國家，大多數採行累進稅率。鑑於國際間對於財富分配議題日益重視，遺產稅稅率爲單一稅率 10%，外界時有稅率偏低可能造成世代不公之議論，爲符合公平正義及社會期待，同時避免中小額財產者產生稅負遽增情形，並配合長期照顧服務財源之籌措，再次於中華民國 106 年 5 月 10 日總統華總一義字第 10600056411 號令修正公布遺產及贈與稅法第 13 條，將原遺產稅單一稅率結構調整爲三級累進稅率，各課稅級距稅率分別爲 10%、15% 及 20%[2]。

17-1 遺、贈稅之緣由

課徵租稅的目的有很多，有的係爲獲取財政收入，有的係爲實現社會政策（寓禁於徵），有的係爲達成公平的目標。而我國用來達成公平的二大主要稅目爲所得稅與遺產稅。所得稅係利用累進稅率對個人生前之所得予以平均化；惟有些人到死亡時仍遺有大批財富，爲平均社會財富，再一次對遺產課徵遺產稅。因此，遺產稅是在個人因死亡而發生財產所有權移轉時，就其遺產所課徵的租稅，屬於財產稅。納稅義務人在依法繳稅之後完全無法轉嫁，故爲一種直接稅。此外，爲避免人們利用生前贈與以規避死後遺產，於是開徵贈與稅，俾補遺產稅之不足。因此，贈與稅之性質及其課徵方式，均與遺產稅關連密切，故此二種稅將一併在本章探討。

遺產稅原採用累進稅率，且其最高邊際稅率爲 50%，以期符合公平正義與量能課稅之原則。惟邊際稅率太高易產生規避誘因，不利資本累積，故我國於 98 年 1 月 21 日以總統華總一義字第 09800015721 號令修正公布遺產贈與稅法，將遺產稅的最高邊際稅率調降爲 10%，並簡化爲單一稅率。而贈與稅的最高邊際稅率亦同時由 50% 的累進稅率調降修改爲 10% 的單一稅率。但誠如前述，因遺產稅之課

---

1 詳見黃明聖（2004），「不公不義遺產稅」。

2 參見立法院立法理由。

徵對社會公平具正面意義，國際間實施遺產稅制之國家，大多數採行累進稅率。且外界時有稅率偏低可能造成世代不公之議論，爲符合公平正義及社會期待，再次於中華民國 106 年 5 月 10 日總統華總一義字第 10600056411 號令修正公布遺產及贈與稅法第 13 條，將原遺產稅單一稅率結構調整爲三級累進稅率，各課稅級距稅率分別爲 10%、15% 及 20%。

17-2 總遺產稅制

遺產稅因課徵制度的不同，可分爲總遺產稅制、分遺產稅制以及混合稅制三種。總遺產稅制係對死亡人之遺產總額所課徵之遺產稅，故稱爲「死亡稅」（death tax）。分遺產稅制係指對各繼承人所繼承或受遺贈人所獲得之遺產，依繼承人與被繼承人或受遺贈人間關係之親疏遠近，分別課以差別稅率之遺產稅制，故通稱爲「繼承稅」（inheritance tax）。所謂混合遺產稅制則爲先就被繼承人（死亡人）之遺產總額課徵遺產稅後，再就每一個繼承人所繼承的遺產課徵繼承稅。三種稅制各有利弊，總遺產稅制的優點是稽徵簡便，無須區分繼承人與被繼承人或受遺贈人間關係之遠近，我國採總遺產稅制。

17-3 總贈與稅制

如上所述，贈與稅是遺產稅的輔助稅課，亦即課徵贈與稅之目的在防止納稅義務人利用生前贈與以規避死後遺產，故贈與稅的課徵方式需與遺產稅制一致，始能充分發揮其效果，因此我國係隨總遺產稅制而採總贈與稅制。總贈與稅制原則上是以贈與人爲納稅義務人，就其全部贈與總額課稅；事實上，贈與稅制亦可分爲三種，除總贈與稅制外，尚有分贈與稅制與混合贈與稅制，所謂分贈與稅制，係以受贈人爲納稅義務人，並就各受贈人受贈之財產分別課徵；而混合贈與稅制，係兼採對贈與人與受贈人並課之稅制。

17-4 遺產稅的課稅對象與範圍

一、經常居住之國民：凡經常居住中華民國境內之中華民國國民死亡時，應就其中華民國境內外全部遺產，課徵遺產稅；又死亡事實前兩年內，自願喪失中華民國國籍者，仍應就其中華民國境內外全部遺產，課徵遺產稅。至於如何定義「經常居住中華民國境內」以及「境內外財產」如何認定，將分別於 17-5 與 17-6 說明之。

二、經常居住中華民國境外之中華民國國民，及非中華民國國民，死亡時在中華民國境內遺有財產者，就其在中華民國境內之遺產，課徵遺產稅（遺 1、3-1）。

三、所謂遺產，包括動產、不動產及其他一切有財產價值之權利（遺 4）。

四、視同遺產：被繼承人死亡前二年內贈與下列個人之財產，應於被繼承人死亡時，視為被繼承人之遺產，併入其遺產總額，依規定課徵遺產稅（遺 15）：

（一）被繼承人之配偶。

（二）被繼承人依民法第 1138* 條及 1140** 條規定之各順序之繼承人。

（三）前款各順序繼承人之配偶。

* 民法第 1138 條對法定繼承人及其順序規定如下：

遺產繼承人，除配偶外，依下列順序定之：

（一）直系血親卑親屬。

（二）父母。

（三）兄弟姊妹。

（四）祖父母。

** 民法第 1140 條：第 1138 條所定第一順序之繼承人，有於繼承開始前死亡或喪失繼承權者，由其直系血親卑親屬代位繼承其應繼分。

前項視同遺產之規定，係為防止納稅義務人利用生前多次贈與，以規避或降低死後之遺產稅，故規定死亡前二年內之贈與仍應列入遺產課稅，且被繼承人死亡前二年內贈與之財產，應包括二年內依本法第 22 條規定免稅贈與之財產，亦即包括每年 220 萬元（因採物價指數連動法，自 111 年起調為 244 萬元）之基本免稅贈與在內（遺細 6）。但已納之贈與稅與土地增值稅連同按郵政儲金匯業局一年期定期存款利率計算之利息，得自應納遺產稅額內扣抵。但扣抵額不得超過贈與財產併計遺產總額後增加之應納稅額（遺 11）。

17-5 經常居住中華民國境內

遺產及贈與稅法所稱「經常居住中華民國境內」，係指被繼承人或贈與人有下列情形之一（遺 4）：

（一）死亡事實或贈與行爲發生前二年內，在中華民國境內有住所者。

（二）在中華民國境內無住所而有居所，且在死亡事實或贈與行爲發生前二年內，在中華民國境內居留時間合計逾三百六十五天者。但受中華民國政府聘請從事工作，在中華民國境內有特定居留期限者，不在此限。

而經常居住中華民國境外，係指不合前項經常居住中華民國境內規定者。

17-6 中華民國境內外財產之認定

遺產及贈與稅法所稱中華民國境內或境外之財產，係按被繼承人死亡時或贈與人贈與時之財產所在地認定之，茲說明如下（遺 9）：

一、動產、不動產及附著於不動產之權利，以動產或不動產之所在地爲準。但船舶、車輛及航空器，以其船籍、車輛或航空器登記機關之所在地爲準。

二、礦業權，以其礦區或礦場之所在地爲準。

三、漁業權，以其行政管轄權之所在地爲準。

四、專利權、商標權、著作權及出版權，以其登記機關之所在地爲準。

五、其他營業上之權利，以其營業所在地爲準。

六、金融機關收受之存款及寄託物，以金融機關之事務所或營業所所在地爲準。

七、債權，以債務人經常居住之所在地或事務所或營業所所在地爲準。

八、公債、公司債、股權或出資，以其發行機關或被投資事業之主事務所所在地爲準。

九、有關信託之權益，以其承受信託事業之事務所或營業所所在地爲準。

十、上列各款以外之財產，其所在地之認定有疑義時，由財政部核定之。

實務案例

某甲死亡，遺產中包含股票，繼承人乙繼承之後，遺產稅尚未繳清前，該股票配發股利（該股利之除權息基準日是在甲死亡之後），試問該股利究竟應納入遺產課徵遺產稅，或納入繼承人該年度之所得課徵綜所稅？司法院大法官 95 年釋字第 608 號解釋認爲：繼承之效力自被繼承人死亡之時發生，因此，該股利自當認爲是乙之所得，該股利僅能列入乙之個人年度綜所稅申報範圍內。

實務案例

杜聰明醫師和其遺產

出生淡水茶農之家的杜聰明（1893-1986）醫師，一生充滿傳奇。他經歷了清國、日治及民國三朝，並獲得日本京都帝國大學醫學博士學位，同時也是開臺以來第一位醫學博士。杜聰明除了擔任過臺大醫學院院長外，也是高雄醫學院的創校校長。

年輕時，他託人向霧峰林家的岳父提親。他的岳父開出了四個條件：

第一，要有功名。由於蔣渭水向「國際聯盟」檢舉，日本人仍在臺販賣鴉片，日本政府乃設立戒毒中心，以杜聰明醫師爲主任。他採用「漸禁療法」、「尿液檢驗法」獲致成功！

第二，要有博士學位。杜聰明以蛇毒血清研究成果，獲得日本京都帝國大學醫學博士學位，同時也是臺灣有史以來第一位醫學博士。

第三，聘金五千圓。達成應無問題。

第四，要會作漢詩。此項條件當時雖無法通過，岳父仍將女兒林雙隨嫁給了他。

1949年之後，國防醫學院遷臺，欲併入臺大醫學院，但是杜聰明院長堅決反對，與傅斯年校長衝突。二人心結乃起。傅斯年有意將其外放，請杜聰明「休假研究」，赴國外充電。

傅斯年主持校務會議，腦溢血而死。杜聰明人在國外，有意接任校長，但失之交臂。嗣後，錢思亮逼退之下，他離開了臺大。最後在友人邀請，到了南臺灣，擔任高雄醫學院創校校長。治校之暇，他學會了漢詩。岳父當年要求的四個條件，都達成了。但他與董事長陳家，最終仍有路線之爭。

杜聰明過世後，爆發了遺產爭奪戰。爲了20多億元遺產，杜的5名子女對簿公堂，纏訟18年後，於2016年6月定讞。最高法院判決長子杜祖智分得最多，臺北市、新北市的部分房地產，依遺囑，可分得一份半。不在遺囑含括範圍內，其餘的房地產和彰銀股票等遺產，則由杜聰明的5名子女均分。次子杜祖誠已於2008年去世，由孫女繼承，全案定讞。

判決指出，杜聰明先後在北市及新北、彰化等地購入大筆土地，名下還有不少彰化銀行股票，財經界估計市價至少20億元以上。

杜聰明1967年3月立下遺書。杜聰明表明遺產土地分割方法，應按長子一份半（15/55），長女、次子、三子、四子等4人各一份（10/55）之比例分配之。

遺囑也立下了但書，夫人杜林雙隨在世期間，財產不得分割處分，且財產孳息除了繳納稅捐以外，皆由杜林雙隨單獨取得，作爲生活費。

這起爭產風波，緣於杜聰明生前將部分財產登記於長子、次子及長女名下。但杜夫人1968年4月過世，直到杜聰明在1986年去世前，並未變更自書遺書之內容，子女因而爆發爭產風波。

遺產爭議部分，本文直接引用項程鎮（2016），《自由時報》，6月4日報導。其餘請參閱楊玉齡（2002），《一代醫人杜聰明》，臺北：天下文化。

17-7 重複課稅之避免

如上所述，凡經常居住中華民國境內之中華民國國民死亡時，應就其中華民國境內外全部遺產，課徵遺產稅，惟我國爲避免重複課稅，凡國外財產依所在地國法律已納之遺產稅或贈與稅，得由納稅義務人提出所在地國稅務機關發給之納稅憑證，併應取得所在地中華民國使領館之簽證；其無使領館者，應取得當地公定會計師或公證人之簽證，自其應納遺產稅或贈與稅額中扣抵。但扣抵額不得超過因加計其國外遺產而依國內適用稅率計算增加之應納稅額（遺11）。

例題 1

張三為經常居住中華民國境內之中華民國國民，於113年2月死亡時，在中華民國境內的遺產總額為2,400萬元，在國外的遺產總額為1,000萬元，假設免稅額及扣除額為2,000萬元。

情況一：張三在國外的財產已被該國課徵遺產稅50萬元，則應納遺產稅額為：

2,400萬＋1,000萬－2,000萬＝1,400萬

1,400萬×10%＝140萬（元）--- 含境內外遺產應納稅額

2,400萬－2,000萬＝400萬

400萬×10%＝40萬（元）--- 境內遺產應納稅額

140萬－40萬＝100萬（元）--- 因加計國外遺產增加之稅額

140萬－50萬（100萬 > 50萬）＝90萬（元）--- 應納稅額

情況二：張三在國外的財產已被該國課徵遺產稅120萬元，則應納遺產稅額為：

140萬－100萬（120萬 > 100萬）＝40萬（元）--- 應納稅額

【說明】本例題情況一的扣抵額為 50 萬元，因其未超過加計其國外遺產而依國內適用稅率計算增加之應納稅額 100 萬元，故 50 萬元可全數扣除。情況二張三在國外之遺產已被該國課徵 120 萬元遺產稅，但在我國最多只能扣抵 100 萬元，尚須繳納 40 萬元。

17-8 稅捐之保全

遺產稅未繳清前，不得分割遺產、交付遺贈或辦理移轉登記。贈與稅未繳清前，不得辦理贈與移轉登記。但依第 41 條規定，於事前申請該管稽徵機關核准發給同意移轉證明書，或經稽徵機關核發免稅證明書、不計入遺產總額證明書或不計入贈與總額證明書者，不在此限（遺 8）。

17-9 遺產及贈與財產價值之計算

一、估價原則（遺 10）

要計算遺產稅或贈與稅，需先對所遺留或贈與之財產進行估價，有關遺產及贈與財產價值之計算，一般以被繼承人死亡時或贈與人贈與時之時價爲準；被繼承人如係受死亡宣告者，以法院死亡宣告判決內所確定死亡日之時價爲準。

本法民國 84 年 1 月 15 日修正生效前發生死亡事實或贈與行爲而尚未核課或尚未核課確定之案件，其估價適用修正後之前項規定辦理。

所稱時價，土地以公告土地現值或評定標準價格爲準；房屋以評定標準價格爲準；其他財產時價之估定，遺產及贈與法未規定者，由財政部定之。有關其他財產時價之估定請詳見本小節以下各項之說明。

二、國外財產之估價

被繼承人在國外之遺產或贈與人在國外之贈與財產，依規定應徵稅者，得由財政部委託遺產或贈與財產所在地之中華民國使領館調查估定其價額，其無使領館者，得委託當地公定會計師或公證人調查估定之（遺細 23）。

三、林木之估價：林木依其種類、數量及林地時價爲標準估定之（遺細 24）。

四、珍寶等之估價：動產中珍寶、古物、美術品、圖書及其他不易確定其市價之物品，得由專家估定之（遺細 25）。

五、運輸設備之估價：車輛、船舶、航空器之價值，以其原始成本減除合理折舊之餘額爲準，若不能提出原始成本之證明或提出原始成本之證明而與事實顯不相符者，得按其年式及使用情形估定（遺細 26）。

六、債權資產之估價：債權之估價，以其債權額爲其價額。其有約定利息者，應加計至被繼承人死亡日或贈與行爲發生日止已經過期間之利息額（遺細 27）。

七、有價證券之估價

（一）上市、上櫃或興櫃：凡已在證券交易所上市（以下簡稱上市）或證券商營業處所買賣（以下簡稱上櫃或興櫃）之有價證券，依繼承開始日或贈與日該項上市或上櫃有價證券之收盤價或興櫃股票之當日加權平均成交價估定之。但當日無買賣價格者，依繼承開始日或贈與日前最後一日該項上市或上櫃有價證券之收盤價或興櫃股票之加權平均成交價估定之，其價格有劇烈變動者，則依其繼承開始日或贈與日前一個月內該項上市或上櫃有價證券各日收盤價或興櫃股票各日加權平均成交價之平均價格估定之（遺細 28）。

（二）有價證券初次上市或上櫃者，於其契約經證券主管機關核准後至掛牌買賣前，或登錄爲興櫃股票者，於其契約經證券櫃檯買賣中心同意後至開始櫃檯買賣前，應依該項證券之承銷價格或主辦輔導推薦證券商認購之價格估定之（遺細 28）。

（三）私募之有價證券：公司依證券交易法規定私募之有價證券，繼承開始日或贈與日，於上市、上櫃或興櫃有同種類之有價證券買賣者，依下列方式估定之：

1. 繼承開始日或贈與日該公司上市或上櫃有價證券當日收盤價與當日前一個月內各日收盤價之平均價格，從低估定之；當日無買賣價格者，以繼承開始日或贈與日前最後一日該有價證券之收盤價，與該日前一個月內各日收盤價之平均價格，從低估定之。但無前一個月內各日收盤價之平均價格者，以繼承開始日或贈與日之收盤價估定之；繼承開始日或贈與日無買賣價格者，以繼承開始日或贈與日前最後一日之收盤價估定之。

2. 興櫃公司之私募股票，依繼承開始日或贈與日該公司興櫃股票當日加權平均成交價與當日前一個月內各日加權平均成交價之平均價格，從低估定其價值；當日無買賣價格者，以繼承開始日或贈與日前最後一日該興櫃股票加權平均成交價，與該日前一個月內各日加權平均成交價之平均價格，從低估定之。但無前一個月內各日加權平均成交價之平均價格者，以繼承開始日或贈與日之加權平均成交價估定之；繼承開始日或贈與日無買賣價格者，以繼承開始日或贈與日前最後一日之加權平均成交價估定之。

未上市、未上櫃且非興櫃之股份有限公司私募普通股股票，以繼承開始日或贈與日該公司資產淨值估價，並依第 29 條第 1 項及第 2 項規定調整估價（遺細 28-1）。

（四）**未上市、未上櫃且非興櫃**：未上市、未上櫃且非興櫃之股份有限公司股票，除第 28 條第 2 項規定情形外，應以繼承開始日或贈與日該公司之資產淨值估定，並按下列情形調整估價：

1. 公司資產中之土地或房屋，其帳面價值低於公告土地現值或房屋評定標準價格者，依公告土地現值或房屋評定標準價格估價。
2. 公司持有之上市、上櫃有價證券或興櫃股票，依第 28 條規定估價。

前項所定公司，已擅自停業、歇業、他遷不明或有其他具體事證，足資認定其股票價值已減少或已無價值者，應核實認定之。

非股份有限公司組織之事業，其出資價值之估價，準用前二項規定（遺細 29）。

八、預付租金之估價：預付租金，應就該預付租金額按租期比例計算其賸餘期間之租金額，為其承租權之價額，但付押金者，應按押金額計算之（遺細 30）。

九、地上權之估價：地上權之設定有期限及年租者，其賸餘期間依下列標準估定其價額（遺細 31）：

（一）賸餘期間在五年以下者，以一年地租額為其價額。

（二）賸餘期間超過五年至十年以下者，以一年地租額之二倍為其價額。

（三）賸餘期間超過十年至三十年以下者，以一年地租額之三倍為其價額。

（四）賸餘期間超過三十年至五十年以下者，以一年地租額之五倍為其價額。

（五）賸餘期間超過五十年至一百年以下者，以一年地租額之七倍為其價額。

（六）賸餘期間超過一百年者，以一年地租額之十倍為其價額。

地上權之設定，未定有年限者，均以一年地租額之七倍為其價額。但當地另有習慣者，得依其習慣決定其賸餘年限。

地上權之設定，未定有年租者，其年租按申報地價年息百分之四估定之。

地上權之設定一次付租、按年加租或以一定之利益代租金者，應按其設定之期間規定其平均年租後，依第一項規定估定其價額。

十、其他財產之估價

（一）永佃權、典權之估價：永佃權價值之計算，均依一年應納佃租額之五倍為標準（遺細32）；典權以典價爲其價額（遺細33）。

（二）附有條件之權利及不定期之權利，就其權利之性質，斟酌當時實際情形估定其價額（遺細39）。

（三）共有財產或共營財產之價額估定，應先估計其財產總淨值，再核算被繼承人遺產部分或贈與人贈與部分之價值（遺細40）。

例題 2

張先生係我國國民，住所設於臺北市，於今年逝世，下列為張先生死亡時遺產相關資料：

(1) 投資上市公司大眾銀行之股票，依死亡日收盤價格計算之價值為1,500萬元，而其成本為1,200萬元。

(2) 位於臺北市房地產一處，房屋評定標準價格為250萬元，土地公告現值為450萬元，土地公告地價為150萬元；整戶房地產市價為1,100萬元。

(3) 在美國紐約的花旗銀行有美金存款，折合新臺幣200萬元。

(4) 張先生曾於去年贈與其私人秘書500萬元，當時已報繳贈與稅。

試問：**1.** 張先生死亡而遺有中華民國境內、境外財產時，應否列入遺產總額之判定準則為何？

2. 計算其遺產總額，並列出計算式。（會計師試題改編）

【解答】

1. 凡經常居住中華民國境內之中華民國國民死亡時，應就其中華民國境內、外全部遺產，課徵遺產稅；經常居住中華民國境外之中華民國國民，及非中華民國國民，死亡時在中華民國境內遺有財產者，就其在中華民國境內之遺產，課徵遺產稅。因此張先生如經常居住中華民國境內，應就其中華民國境內、外全部遺產課稅；反之，若經常居住中華民國境外，則僅就其在中華民國境內之遺產，課徵遺產稅。

2. 張先生之遺產總額為：

1,500萬（大眾銀行之股票）＋250萬（房屋）＋450萬（土地）＋200萬（花旗銀行）＝2,400萬（元）……張先生為經常居住者

1,500萬（大眾銀行之股票）＋250萬（房屋）＋450萬（土地）＝2,200萬（元）……張先生為非經常居住者

【說明】

1. 凡已在證券交易所上市之有價證券，依繼承開始日或贈與日該項證券之收盤價估定之。

2. 房屋以評定標準價格為準。

3. 土地以公告土地現值為準。

4. 被繼承人雖於死亡前二年內贈與其私人秘書500萬元，但並非贈與被繼承人之配偶、第1138條及第1140條規定之各順序之繼承人及其配偶，故無須於死亡後併入遺產總額。

17-10 遺產稅之納稅義務人

遺產稅納稅義務人之先後順序爲（遺6）：

一、遺囑執行人。

二、繼承人及受遺贈人。

三、依法選定之遺產管理人。

17-11 遺產稅之減免及扣除規定

一、下列各款不計入遺產總額，包括捐贈予政府、公益相關機關之財產，以及被繼承人之創作、生活必需品、保險給付及五年內已繳納過遺產稅等（遺16）：

（一）遺贈人、受遺贈人或繼承人捐贈各級政府及公立教育、文化、公益、慈善機關之財產。

（二）遺贈人、受遺贈人或繼承人捐贈公有事業機構或全部公股之公營事業之財產。

（三）遺贈人、受遺贈人或繼承人捐贈於被繼承人死亡時，已依法登記設立爲財團法人組織且符合行政院規定標準之教育、文化、公益、慈善、宗教團體及祭祀公業之財產。

（四）遺產中有關文化、歷史、美術之圖書、物品，經繼承人向主管稽徵機關聲明登記者。但繼承人將此項圖書、物品轉讓時，仍須自動申報補稅。

（五）被繼承人自己創作之著作權、發明專利權及藝術品。

（六）被繼承人日常生活必需之器具及用品，其總價值在100萬元以下部分。

（七）被繼承人職業上之工具，其總價值在56萬元以下部分。

（八）依法禁止或限制採伐之森林。但解禁後仍須自動申報補稅。

（九）約定於被繼承人死亡時，給付其所指定受益人之人壽保險金額、軍、公教人員、勞工或農民保險金額及互助金。

（十）被繼承人死亡前五年內，繼承之財產已納遺產稅者。

（十一）被繼承人配偶及子女之原有財產或特有財產，經辦理登記或確有證明者。

（十二）被繼承人遺產中經政府闢為公眾通行道路之土地或其他無償供公眾通行之道路土地，經主管機關證明者。但其屬建造房屋應保留之法定空地部分，仍應計入遺產總額。

（十三）被繼承人之債權及其他請求權不能收取或行使確有證明者。

上述第（一）款至第（三）款規定不計入遺產總額之遺產，納稅義務人於申報遺產稅時，應檢具受遺贈人或受贈人同意受遺贈或受贈之證明列報主管稽徵機關核發不計入遺產總額證明書。

前項捐贈之財產，其為不動產者，納稅義務人未於主管稽徵機關核發不計入遺產總額證明書之日起一年內辦妥產權移轉登記；其為動產者，未於三個月內交付與受遺贈人或受贈人者，除有特殊原因，報經主管稽徵機關核准延期者外，應依法補徵遺產稅。

前項補徵稅款，應自原核定應納稅額繳納期間屆滿之次日起，至塡發本次遺產稅補繳稅款繳納通知書之日止，依各年度 1 月 1 日郵政儲金一年期定期儲金固定利率，按日加計利息；原核定為免稅者，自核發不計入遺產總額證明書之次日起算加計利息（遺細 7）。

所稱債權及其他請求權不能收取或行使確有證明者，指下列各款情形：

1. 債務人經依破產法和解、破產、依消費者債務清理條例更生、清算或依公司法聲請重整，致債權全部或一部不能取償，經取具和解契約或法院裁定書。

2. 被繼承人或繼承人與債務人於法院成立訴訟上和解或調解，致債權全部或一部不能收取，經取具法院和解或調解筆錄，且無在請求權時效內無償免除或承擔債務之情事，經稽徵機關查明屬實。

3. 其他原因致債權或其他請求權之一部或全部不能收取或行使，經取具證明文件，並經稽徵機關查明屬實（遺細 9-1）。

實務補給站

保了險，就不需要繳遺產稅？

業務員推銷說：「保了險，未來給付時，就不需要繳遺產稅了！」老阿嬤被騙，應該不足爲奇。但是博士學位的大學教授若被騙，是不是普遍的現象呢？

一、被保險人死亡

保險法第112條明白規定，「保險金額約定於被保險人死亡時給付於其所指定之受益人者，其金額不得作爲被保險人之遺產」，這裡所指的是以「被保險人壽命」爲保險標的，被保險人需要在人壽保險契約約定的年限內死亡，並且已指定其受益人，保險給付金額才不會被計入遺產課稅。傳統壽險特色：20年所繳保費總額低於保險額。

1. 「投資型保險」給付須計入遺產。「投資型保險」不是以人壽作爲保險標的，且投資帳户的盈虧風險由要保人自行承擔，此不符保險風險分攤的意旨，也不符人壽保險「定額給付」的性質。所以，即使投資型保險契約已約定，若被保險人在契約有效期間內死亡，且有指定其受益人，則保險人將依約定方式計算、給付受益人保險金，但是該給付金額仍然需列入被保險人的遺產（參照最高行政法院100年度判字第1589號、第1003號判決意旨）。
2. 「儲蓄型保險」給付須計入遺產。「儲蓄型保險」基本上是要保人繳納保險費，相當於被保險人將錢存放在保險公司，經過一定時間期滿後，連本帶利取回。這種保險雖然被保險人死亡時一樣也可以請領保險金，但由於並非以「被保險人的壽命」爲保險標的，與人壽保險的本質不符，而較近似於銀行儲蓄的概念，因此會被課徵遺產稅（參照最高行政法院102年判字第227號行政判決意旨）。
3. 非定額給付須計入遺產。雖然投保了人壽保險，保險金額爲300萬，但保險契約中另有約定會逐年按照某一比例給付利息。全部加總起來，最後可以領得800多萬的保險給付。法院因而認定，額外的500多萬元保險金不具人壽保險的性質，而是屬於「儲蓄型保險商品」，應與銀行存款爲相同之對待，因此500多萬元仍然需要課徵遺產稅。（臺中高等行政法院101年訴字第205號行政判決）

二、被保險人未死亡

有位65歲張先生以本人爲要保人，兒子爲被保險人，買了一張保單2,000

萬元，躉繳之後3年，張先生過世了，因爲當時保險契約尚未成就（兒子還在！），兒子沒把保單列入遺產申報，結果被國稅局查獲，上千萬元的保單價值不僅要被課遺產稅，還被罰2倍以下罰鍰。（2019年案例）

繼承人對此主張，其父死亡時該筆保單並未理賠，應該無須申報遺產稅。

但是臺北市國稅局則認爲，這份保單，兒子繼承後，1. 可要求保險公司退還該筆保險的保單價值，或2. 繼續履約、事後於出險時再理賠求償，或3. 到期求償給付。因此，這張保單屬於張先生遺產。

此外，南區國稅局（2019），在其網站公布2013年財政部函送「實務上，死亡人壽保險金依實質課稅原則核課遺產稅案例，及其參考特徵」，共計19個案例，依「實質課稅原則」，對保險給付課稅。特徵例如：1. 躉繳投保；2. 高齡投保；3. 短期投保；4. 巨額投保；5. 保險費大於保險金額。

由此看來，「保險節稅」一語宜謹慎地宣傳，業務員不要刻意誤導社會大眾。

二、免稅額

被繼承人本人的免稅額爲1,333萬元。亦即被繼承人如爲經常居住中華民國境內之中華民國國民，自遺產總額中減除免稅額1,333萬元；其爲軍警公教人員因執行職務死亡者，加倍計算。被繼承人如爲經常居住中華民國境外之中華民國國民，或非中華民國國民，其減除免稅額比照上述規定辦理（遺18）。

我國遺產稅免稅額自84年調整爲700萬元，其間雖曾於95年起按物價指數漲幅11.32%調整爲779萬元，惟因經濟成長、國民所得提高，各方迭有反映。認爲免稅額度779萬元過低，使多數因薪資所得累積財富之中產階級亦須負擔遺產稅。爲落實遺產稅平均社會財富之目的，並使一般中小額財富者免於遺產稅負擔，故修法將遺產稅免稅額提高爲1,200萬元[3]，因採物價指數連動法，自111年起免稅額由1,200萬元調高爲1,333萬元，自111年起發生之遺產課稅適用。

三、扣除額：下列各款應自遺產總額中扣除，免徵遺產稅（遺17）：

（一）被繼承人遺有配偶者，得自遺產總額中扣除新臺幣553萬元。

（二）繼承人爲直系血親卑親屬者，每人得自遺產總額中扣除56萬元；其有未成年者，並得按其年齡距屆滿成年之年數，每年加扣56萬元。所稱距屆滿成年之年數，不滿一年或餘數不滿一年者，以一年計算（遺細10-1）。但親等近者拋棄繼承由次親等卑親屬繼承者，扣除之數額以拋棄繼承前原得扣除之

3 參閱立法院立法理由。

數額爲限。

（三）被繼承人遺有父母者，每人得自遺產總額中扣除 138 萬元。

（四）前（三）款所定之人如爲身心障礙者權益保障法規定之重度以上身心障礙者，或精神衛生法規定之嚴重病人，每人得再加扣 693 萬元。亦即被繼承人之配偶、直系血親卑親屬及父母，如爲身心障礙者權益保障法第 5 條規定之「重度」以上身心障礙者，或精神衛生法第 3 條第 4 款規定之嚴重病人，每人得自被繼承人遺產總額中再加扣重度以上身心障礙特別扣除額 693 萬元，但如爲被繼承人本人，則不得扣除。

（五）被繼承人遺有受其扶養之兄弟姊妹、祖父母者，每人得自遺產總額中扣除 56 萬元；其兄弟姊妹中有未成年者，並得按其年齡距屆滿成年之年數，每年加扣 56 萬元。所稱距屆滿成年之年數，不滿一年或餘數不滿一年者，以一年計算（遺細 10-1）。所稱受扶養之兄弟姊妹、祖父母係指：1. 被繼承人之兄弟姊妹未成年，或已成年而因在校就學，或因身心障礙，或因無謀生能力，受被繼承人扶養者。2. 被繼承人之祖父母年滿六十歲，或未滿六十歲而無謀生能力，受被繼承人扶養者（遺細 10-3）。

（六）遺產中作農業使用之農業用地及其地上農作物，由繼承人或受遺贈人承受者，扣除其土地及地上農作物價值之全數。承受人自承受之日起五年內，未將該土地繼續作農業使用且未在有關機關所令期限內恢復作農業使用，或雖在有關機關所令期限內已恢復作農業使用而再有未作農業使用情事者，應追繳應納稅賦。但如因該承受人死亡、該承受土地被徵收或依法變更爲非農業用地者，不在此限。

（七）被繼承人死亡前六年至九年內，繼承之財產已納遺產稅者，按年遞減扣除 80%、60%、40% 及 20%。

（八）被繼承人死亡前，依法應納之各項稅捐、罰鍰及罰金。

（九）被繼承人死亡前，未償之債務，具有確實之證明者。

（十）被繼承人之喪葬費用，以 138 萬元計算。

（十一）執行遺囑及管理遺產之直接必要費用。

被繼承人如爲經常居住中華民國境外之中華民國國民，或非中華民國國民者，不適用前項第（一）款至第（七）款之規定；上開第（八）款至第（十一）款規定之扣除，以在中華民國境內發生者爲限；繼承人中拋棄繼承權者，不適用上開第（一）款至第（五）款規定之扣除。

（十二）依都市計劃法第 50 條之 1 第 2 項規定，公共設施保留地因繼承或因配偶、直系血親間之贈與而移轉者，免徵遺產稅或贈與稅（都計 50-1）。

考題解析

王大中於民國 113 年死亡，遺有一子（已成年）及未成年孫子女二人，分別爲 15 歲及 17 歲。若獨子拋棄繼承，由孫子女二人繼承，則可自遺產總額中扣除之親屬扣除額爲多少？（110 年普考改編）

擬答：56 萬元（因採物價指數連動法，自 113.1.1 起扣除額由 50 萬元調高爲 56 萬元）

說明：親等近者拋棄繼承由次親等卑親屬繼承者，扣除之數額以拋棄繼承前原得扣除之數額爲限。

考題解析

王先生早年喪偶，3 名子女甲、乙、丙事業有成，無奈甲英年早逝，遺有 A、B、C、D、E 5 名子女，乙爲未婚無子女，丙有 2 名子女，王先生 113 年 3 月 2 日過世，其孫子女均已成年，乙、丙均拋棄繼承，本件遺產稅案的繼承人扣除額爲何？（110 年會計師改編）

擬答：繼承人中乙、丙均拋棄繼承，不適用 56 萬元之扣除額。（因採物價指數連動法，自 113.1.1 起扣除額由 50 萬元調高爲 56 萬元）

56 萬 ×5（A、B、C、D、E）＝ 280 萬

遺產稅免稅額及扣除額彙總表

項目	111.1.1 以後	113.1.1 以後
免稅額	1,333 萬元	1,333 萬元
不計入遺產總額：		
被繼承人日常生活必需之器具及用具	89 萬元	100 萬元
被繼承人職業上之工具	50 萬元	56 萬元
扣除額：		
配偶扣除額	493 萬元	553 萬元
直系血親卑親屬扣除額	50 萬元	56 萬元
父母扣除額	123 萬元	138 萬元
重度以上身心障礙特別扣除額	618 萬元	693 萬元
受被繼承人扶養之兄弟姊妹、祖父母扣除額	50 萬元	56 萬元
喪葬費扣除額	123 萬元	138 萬元

資料來源：財政部

四、剩餘財產差額分配請求權金額之扣除

被繼承人之配偶依民法第 1030 條之 1 規定主張配偶剩餘財產差額分配請求權者，納稅義務人得向稽徵機關申報自遺產總額中扣除。

納稅義務人未於稽徵機關核發稅款繳清證明書或免稅證明書之日起一年內，給付該請求權金額之財產予被繼承人之配偶者，稽徵機關應於前述期間屆滿之翌日起五年內，就未給付部分追繳應納稅賦（遺 17-1）。

納稅義務人未於所定期間內給付該請求權金額之財產予被繼承人之配偶者，除有特殊原因，報經主管稽徵機關核准延期者外，應依法補徵遺產稅。

前項補徵稅款，應自原核定應納稅額繳納期間屆滿之次日起，至填發本次遺產稅補繳稅款繳納通知書之日止，依各年度 1 月 1 日郵政儲金一年期定期儲金固定利率，按日加計利息；原核定為免稅者，自核發免稅證明書之次日起算加計利息（遺細 11-1）。

民法第 1030 條之 1：法定財產制關係消滅時，夫或妻現存之婚後財產，扣除婚姻關係存續所負債務後，如有剩餘，其雙方剩餘財產之差額，應平均分配。但下列財產不在此限：

1. 因繼承或其他無償取得之財產。

2. 慰撫金。

夫妻之一方對於婚姻生活無貢獻或協力，或有其他情事，致平均分配有失公平者，法院得調整或免除其分配額。

法院為前項裁判時，應綜合衡酌夫妻婚姻存續期間之家事勞動、子女照顧養育、對家庭付出之整體協力狀況、共同生活及分居時間之久暫、婚後財產取得時間、雙方之經濟能力等因素。

第 1 項請求權，不得讓與或繼承。但已依契約承諾，或已起訴者，不在此限。

第 1 項剩餘財產差額之分配請求權，自請求權人知有剩餘財產之差額時起，二年間不行使而消滅。自法定財產制關係消滅時起，逾五年者，亦同。

綜上，剩餘財產分配請求權是遺產稅合法的節稅利器，生存配偶可善用之。最高行政法院認為，剩餘財產分配請求權是為了貫徹夫妻平等原則，因此規定剩餘財產較少一方的配偶，可以對雙方剩餘財產請求半數。剩餘財產分配請求權由生存配偶提出，如果有上述時效爭議，要由其他繼承人提出抗辯，稅捐機關無權行使，因此稅捐機關不得以超過五年時效，而駁回生存配偶所提出重新更正核算遺產稅之申請。

考題解析

甲君過世，死亡時其於婚姻關係存續中取得而現存的原有財產金額爲新臺幣 2,000 萬元，甲君配偶的原有財產則爲新臺幣 400 萬元，請問甲君遺產稅的剩餘財產差額分配請求權上限爲？（110 年普考）

擬答：（2,000 萬＋ 400 萬）÷2 ＝ 1,200 萬元

1,200 萬－ 400 萬＝ 800 萬元

例題 3

王先生在 113 年 3 月 12 日死亡時留有遺產 3,000 萬元，其妻子健在，另有三個受扶養子女，老大 24 歲、老二 22 歲、老三距屆滿成年之年數尚有 1 年 6 個月；另王先生生前曾有二筆贈與，第一筆是在 110 年 2 月贈與其老大 100 萬元；第二筆是在 113 年 1 月贈與其老二 100 萬元，其課稅遺產最多為：

遺產總額：3,000 ＋ 100 ＝ 3,100 萬元

3,100 萬元（遺產總額）— 1,333 萬元（免稅額）— 553 萬元（配偶扣除額）— 138 萬元（喪葬費）— 56 萬元 ×2（已成年子女）— 56 萬元 ×3（未成年子女）＝ 796 萬元

說明：(1) 就第一筆贈與而言，雖然受贈人係被繼承人依民法第 1138 條所定之繼承人，惟因贈與日距離死亡日已超過二年，故該筆贈與不再視為王先生之遺產；至於第二筆贈與，因受贈人係被繼承人依民法第 1138 條所定之繼承人，且贈與日距離死亡日未超過二年，故該筆贈與應併入王先生之遺產總額依法納稅。

(2) 老三距屆滿成年之年數尚有 1 年 6 個月，因不滿一年均以一年計算，故以 2 年計算，再加上其原可扣除之 56 萬，共計 168 萬元。

考題解析

甲爲經常居住中華民國境內之中華民國國民，設籍於花蓮縣，民國 113 年 6 月 2 日（星期日）病逝於臺北市，甲與配偶共育有 3 個兒子，大兒子 30 歲已婚，並育有一對龍鳳胎子女 4 歲；二兒子 25 歲未婚、小兒子 15 歲未婚，甲死亡時留有遺產包括：銀行存款 1,500 萬元；高雄市房屋一間市價 1 億 5,000 萬元（房

屋評定標準價格 3,000 萬元，土地公告現值 5,000 萬元，土地公告地價 3,500 萬元）；上市股票一批，購入成本 1,200 萬元，113 年 5 月 31 日（星期五）收盤價爲 2,500 萬元，113 年 6 月 3 日（星期一）收盤價爲 2,625 萬元。此外，無任何負債與保險。甲曾於 112 年 5 月 2 日贈與配偶現金 500 萬。若甲的大兒子拋棄繼承，由甲的孫子女繼承，另甲的配偶並未主張剩餘財產分配請求權並拋棄繼承。請回答下列問題：

（一）遺產總額、遺產淨額及應繳納遺產稅各爲多少？

（二）納稅義務人應向那一個機關辦理遺產稅申報？其申報與繳納期限各爲何？

提示：配偶扣除額 553 萬元、直系血親卑親屬扣除額 56 萬元、喪葬費扣除額 138 萬元。（112 年地方三等特考改編）

（一）

遺產總額：存款 1,500 萬＋房屋（3,000 萬＋ 5,000 萬）＋股票 2,500 萬元＋ 2 年內贈與 500 萬＝ 12,500 萬

遺產淨額：12,500 萬－免稅額 1,333 萬－扣除額（大兒子與二兒子 56 萬 ×2 ＋小兒子 56 萬 ×（3 ＋ 1）＋喪葬費 138 萬）＝ 10,693 萬元

遺產稅：10,693 萬 ×20% － 750 萬＝ 1,388.6 萬元

（二）1. 北區國稅局；2. 納稅義務人應於被繼承人死亡之日起六個月內，向户籍所在地之主管稽徵機關申報遺產稅。3. 納稅義務人應於稽徵機關送達核定納稅通知書之日起二個月內，繳清應納稅款。

17-12 大陸地區人民依法繼承者

被繼承人在臺灣地區之遺產，由大陸地區人民依法繼承者，其所得財產總額，每人不得逾新臺幣 2 百萬元。超過部分，歸屬臺灣地區同爲繼承之人；臺灣地區無同爲繼承之人者，歸屬臺灣地區後順序之繼承人；臺灣地區無繼承人者，歸屬國庫。

前項遺產，在本條例施行前已依法歸屬國庫者，不適用本條例之規定。其依法令以保管款專戶暫爲存儲者，仍依本條例之規定辦理。遺囑人以其在臺灣地區之財產遺贈大陸地區人民、法人、團體或其他機構者，其總額不得逾新臺幣 2 百萬元。

在遺產中，有以不動產爲標的者，應將大陸地區繼承人之繼承權利折算爲價

額。但其爲臺灣地區繼承人賴以居住之不動產者，大陸地區繼承人不得繼承之（岸67）。

大陸地區人民依臺灣地區與大陸地區人民關係條例第 66 條規定繼承臺灣地區人民之遺產，辦理遺產稅申報時，其扣除額適用遺產及贈與稅法第 17 條規定。

納稅義務人申請補列大陸地區繼承人扣除額並退還溢繳之稅款者，應依稅捐稽徵法第 28 條規定辦理（岸細 61）。

17-13 物價指數連動法

與綜合所得稅相同，遺產及贈與稅法中亦訂有免稅額及減免、扣除額，爲避免日後物價變動，須經常修法之困擾，故於遺產及贈與稅法規定採用物價指數連動法，凡下列各項金額，每遇消費者物價指數較上次調整之指數累計上漲達 10% 以上時，自次年起按上漲程度調整之。調整金額以萬元爲單位，未達萬元者按千元數四捨五入：

一、免稅額。

二、課稅級距金額。

三、被繼承人日常生活必需之器具及用具、職業上之工具，不計入遺產總額之金額。

四、被繼承人之配偶、直系血親卑親屬、父母、兄弟姊妹、祖父母扣除額、喪葬費扣除額及身心障礙特別扣除額。

財政部於每年 12 月底前，應依據前項規定，計算次年發生之繼承或贈與案件所應適用之各項金額後公告之。所稱消費者物價指數，係指行政院主計總處公布，自前一年 11 月起至該年 10 月底爲止十二個月平均消費者物價指數（遺 12-1）。

17-14 遺產稅之稅率與計算

遺產稅按被繼承人死亡時，依本法規定計算之遺產總額，減除第 17 條、第 17 條之 1 規定之各項扣除額及第 18 條規定之免稅額後之課稅遺產淨額，依下列稅率課徵之：

一、5 千萬元以下者，課徵 10%。

二、超過5千萬元至1億元者，課徵5百萬元，加超過5千萬元部分之15%。
三、超過1億元者，課徵1,250萬元，加超過1億元部分之20%。

如以公式表示，則其計算公式為：

遺產總額－扣除額－免稅額＝課稅遺產淨額
課稅遺產淨額 × 稅率＝應納遺產稅額

我國遺產稅最高邊際稅率在98年修法前原為50%，且採累進稅率，由於易產生規避誘因，不利資本累積，鑑於租稅之課徵，應同時兼顧經濟發展、社會公義、國際競爭力及永續環境，為配合我國整體稅制改革輕稅簡政之目標，爰將最高邊際稅率調降為10%，並簡化為單一稅率，期能降低租稅規避誘因，提升納稅依從度及資本運用效率[4]。

惟106年再次修法，其主要理由係遺產稅之課徵對社會公平具正面意義，國際間實施遺產稅制之國家，大多數採行累進稅率。鑑於國際間對於財富分配議題日益重視，遺產稅稅率為單一稅率10%，外界時有稅率偏低可能造成世代不公之議論，為符合公平正義及社會期待，同時避免中小額財產者產生稅負遽增情形，並配合長期照顧服務財源之籌措，爰將原遺產稅單一稅率結構調整為三級累進稅率，各課稅級距稅率分別為10%、15%及20%。

各課稅級距金額部分，參考98年1月21日修正公布前本條規定，原適用最高邊際稅率50%之遺產稅案件，均為高額財產者，其所適用之課稅級距金額為遺產淨額超過1億1,132萬元，具有象徵性意義，爰本次修正以遺產淨額超過1億元部分，作為適用遺產稅最高邊際稅率20%之課稅級距金額，並按該課稅級距金額之半數，以遺產淨額超過5千萬元部分，作為適用遺產稅第二級累進稅率15%之課稅級距金額[5]。

17-15 遺產稅之納稅程序

一、遺產稅之申報期限與地點

凡被繼承人死亡遺有財產者，納稅義務人應於被繼承人死亡之日起六個月內，向戶籍所在地之主管稽徵機關申報遺產稅；惟被繼承人為經常居住中華民國境外之

4 參閱立法院立法理由。
5 參閱立法院立法理由。

中華民國國民或非中華民國國民死亡時，在中華民國境內遺有財產者，應向中華民國中央政府所在地之主管稽徵機關辦理遺產稅申報（遺 23）。被繼承人死亡後始經法院判決確定為其所有之財產，遺產稅之納稅義務人應自判決確定之日起六個月內補申報遺產稅（遺細 21-1）。納稅義務人如有正當理由不能如期申報者，應以書面申請延長，申請延長期限為三個月。但因不可抗力或其他特殊事由者，得由稽徵機關視實際情形核定之（遺 26）。

大陸地區人民依臺灣地區與大陸地區人民關係條例第 66 條規定繼承臺灣地區人民之遺產者，應依遺產及贈與稅法規定辦理遺產稅申報；其有正當理由不能於遺產及贈與稅法第 23 條規定之 6 個月期間內申報者，應於向被繼承人住所地之法院為繼承表示之日起 2 個月內，準用遺產及贈與稅法第 26 條規定申請延長申報期限。但該繼承案件有大陸地區以外之納稅義務人者，仍應由大陸地區以外之納稅義務人依遺產及贈與稅法規定辦理申報。上述應申報遺產稅之財產，業由大陸地區以外之納稅義務人申報或經稽徵機關逕行核定者，免再辦理申報（岸細 60）。

二、遺產稅及贈與稅之繳納

1. 無論是遺產稅或贈與稅，納稅義務人應於稽徵機關送達核定納稅通知書之日起二個月內，繳清應納稅款；必要時，得於限期內申請稽徵機關核准延期二個月。

2. 遺產稅或贈與稅應納稅額在 30 萬元以上，納稅義務人確有困難，不能一次繳納現金時，得於納稅期限內，向該管稽徵機關申請，分十八期以內繳納，每期間隔以不超過二個月為限。

3. 經申請分期繳納者，應自繳納期限屆滿之次日起，至納稅義務人繳納之日止，依郵政儲金一年期定期儲金固定利率，分別加計利息；利率有變動時，依變動後利率計算。

4. 實物抵繳：遺產稅或贈與稅應納稅額在 30 萬元以上，納稅義務人確有困難，不能一次繳納現金時，得於納稅期限內，就現金不足繳納部分申請以在中華民國境內之課徵標的物或納稅義務人所有易於變價及保管之實物一次抵繳。中華民國境內之課徵標的物屬不易變價或保管，或申請抵繳日之時價較死亡或贈與日之時價為低者，其得抵繳之稅額，以該項財產價值占全部課徵標的物價值比例計算之應納稅額為限。

5. 本法民國 98 年 1 月 12 日修正之條文施行前所發生未結之案件，適用修正後之前 3 項規定。但依修正前之規定有利於納稅義務人者，適用修正前之規定。第 4 項抵繳財產價值之估定，由財政部定之（遺 30）。

第 4 項抵繳之財產為繼承人公同共有之遺產且該遺產為被繼承人單獨所有或持分

共有者，得由繼承人過半數及其應繼分合計過半數之同意，或繼承人之應繼分合計逾三分之二之同意提出申請，不受民法第 828 條第 3 項限制。

6. 以公共設施保留地抵繳稅款

(1) 被繼承人遺產中依都市計畫法第 50 條之 1 免徵遺產稅之公共設施保留地，納稅義務人得以該項財產申請抵繳遺產稅款。

(2) 依本法第 7 條第 1 項之規定，以受贈人爲納稅義務人時，納稅義務人得以受贈財產中依都市計畫法第 50 條之 1 免徵贈與稅之公共設施保留地申請抵繳贈與稅款。

(3) 前二項之公共設施保留地，除於劃設前已爲被繼承人或贈與人所有，或於劃設後因繼承移轉予被繼承人或贈與人所有，且於劃設後至該次移轉前未曾以繼承以外原因移轉者外，得抵繳之遺產稅或贈與稅款，以依下列公式計算之金額爲限（遺細 44）：

公共設施保留地得抵繳遺產稅或贈與稅之限額＝依本法計算之應納遺產稅額或贈與稅額 ×（申請抵繳之公共設施保留地財產價值 ÷ 全部遺產總額或受贈財產總額）

7. 以實物抵繳稅款

(1) 以實物抵繳應納稅款者，用以抵繳之實物其價額如低於應納稅額，納稅義務人應於辦理抵繳時以現金補足。其價額超過應納稅額者，應俟實物處理變價後，就賣得價款淨額，按抵繳時超過稅額部分占抵繳實物全部價額之比例，計算其應退還之價額，於處理變價完竣之日起一個月內通知納稅義務人具領。

(2) 所稱賣得價款淨額，指抵繳實物處分之價款，扣除各項稅捐、規費、管理及處分費用後之餘額。

(3) 依第 (1) 項及第 45 條第 3 項規定，應以現金補繳者，納稅義務人得依規定申請分期繳納（遺細 48）。

例題 4

設某甲之父親往生，其應納之遺產稅額為 200 萬元，今甲以價值 100 萬元之土地辦理抵繳，則納稅義務人甲尚須繳納現金 100 萬元。若甲以價值 300 萬元之土地辦理抵繳，並假設該土地處理變賣之實得價款為 330 萬元，則依規定應退還納稅義務人甲 110 萬元，計算如下：

$$330 \times \frac{100}{300} = 110 \text{ 萬元}$$

又經主管稽徵機關核准抵繳遺產稅、贈與稅及第47條規定欠稅之實物，應移轉登記爲國有，管理機關爲財政部國有財產署，並依財政收支劃分法及本法第58條之2規定註明直轄市、市、鄉（鎭、市）及長期照顧服務法設置之特種基金應分給之成數。但抵繳之實物爲公共設施保留地且坐落於收入歸屬之直轄市、市、鄉（鎭、市）轄區內者，按其分給之成數分別移轉登記爲國、直轄市、市、鄉（鎭、市）有。

抵繳之實物應儘速處理，在管理期間之收益及處理後之價款，均應依規定成數分解各該級政府之公庫及長期照顧服務法設置之特種基金，其應繳納各項稅捐、規費、管理及處分費用，應由管理機關墊繳，就各該財產之收益及變賣或放領後之價款抵償（遺細51）。

17-16 遺產稅及贈與稅之行政救濟

納稅義務人不服稽徵機關核定之應納稅額時，應於繳款書送達後，於繳納期間屆滿翌日起算三十日內申請復查（稅35）。

17-17 遺產稅及贈與稅之罰則

一、**未依限申報之處罰**：納稅義務人違反規定，未依限辦理遺產稅或贈與稅申報者，按核定應納稅額加處二倍以下之罰鍰（遺44）。

二、**短、漏報之處罰**：納稅義務人對依規定應申報之遺產或贈與財產，已依規定申報而有漏報或短報情事者，應按所漏稅額處以二倍以下之罰鍰（遺45）。納稅義務人有故意以詐欺或其他不正當方法，逃漏遺產稅或贈與稅者，除依繼承或贈與發生年度稅率重行核計補徵外，並應處以所漏稅額1倍至3倍之罰鍰（遺46）。

三、納稅義務人在未繳清稅款前，分割遺產、交付遺贈或辦理移轉登記，或贈與稅未繳清前辦理贈與移轉登記者，處一年以下有期徒刑（遺50）。

四、納稅義務人對於核定之遺產稅或贈與稅應納稅額，逾第30條規定期限繳納者，每逾二日加徵應納稅額1%滯納金；逾三十日仍未繳納者，主管稽徵機關應移送強制執行。但因不可抗力或不可歸責於納稅義務人之事由，致不能於法定期間內繳清稅捐，得於其原因消滅後十日內，提出具體證明，向稽徵機關申請延期或分期繳納經核准者，免予加徵滯納金。

前項應納稅款，應自滯納期限屆滿之次日起，至納稅義務人繳納之日止，依郵政儲金一年期定期儲金固定利率，按日加計利息，一併徵收（遺 51）。

說明：依司法院釋字第 746 號解釋，滯納金兼具遲延利息之性質，如再加徵利息，不符憲法比例原則，與憲法保障人民財產權之意旨有違，爰刪除原第 2 項滯納金加徵利息規定。

17-18 贈與稅之定義與性質

贈與稅係對無償給與他人財產之行爲所課徵之稅。所稱財產包括動產、不動產及其他一切有財產價值之權利（遺 4），它是直接稅，也是一種財產稅，係爲防杜遺產稅逃漏而設立的稅課，故爲遺產稅之輔助稅，其許多規定均與遺產稅相同。

17-19 贈與稅之課稅對象與範圍

一、經常居住中華民國境內之中華民國國民，就其在中華民國境內或境外之財產爲贈與者，依法課徵贈與稅（遺 3）。

二、經常居住中華民國境外之中華民國國民，及非中華民國國民，就其在中華民國境內之財產爲贈與者，依法課徵贈與稅（遺 3）。

三、所謂贈與，係指財產所有人以自己之財產無償給與他人，經他人允受而生效力之行爲（遺 4）。

四、視同贈與：爲避免納稅義務人藉由形式上係非贈與，而實質上卻爲贈與之行爲，以規避贈與稅負，故有「視同贈與」之規定，凡有下列各款情形之一者，以贈與論，依法課徵贈與稅（遺 5）：

（一）在請求權時效內無償免除或承擔債務者，其免除或承擔之債務。但債務人經依破產法和解、破產、依消費者債務清理條例更生、清算或依公司法聲請重整，以致債權人之債權無法十足取償者，其免除之差額部分，非爲本法之贈與（遺細 2）。

（二）以顯著不相當之代價，讓與財產、免除或承擔債務者，其差額部分。

（三）以自己之資金，無償爲他人購置財產者，其資金。但該財產爲不動產者，其不動產。

（四）因顯著不相當之代價，出資爲他人購置財產者，其出資與代價之差額部分。

（五）限制行爲能力人或無行爲能力人所購置之財產，視爲法定代理人或監護人之贈與。但能證明支付之款項屬於購買人所有者，不在此限。依民法第12條規定：滿十八歲爲成年[6]；民法第13條規定：未滿七歲之未成年人，無行爲能力。滿七歲以上之未成年人，有限制行爲能力。民法第12及13條並自112年1月1日施行。民法第14條第1項：對於因精神障礙或其他心智缺陷，致不能爲意思表示或受意思表示，或不能辨識其意思表示之效果者，法院得因本人、配偶、四親等內之親屬、最近一年有同居事實之其他親屬、檢察官、主管機關、社會福利機構、輔助人、意定監護受任人或其他利害關係人之聲請，爲監護之宣告。民法第15條：受監護宣告之人，無行爲能力。

（六）二親等以內親屬間財產之買賣，不能提出支付價款之確實證明者。但能提出已支付價款之確實證明，且該已支付之價款非由出賣人貸與或提供擔保向他人借得者，不在此限。親等之計算，根據民法第968條規定：「血親親等之計算，直系血親，從己身上下數，以一世爲一親等；旁系血親，從己身數至同源之直系血親，再由同源之直系血親，數至與之計算親等之血親，以其總世數爲親等之數。」例如張三與父母爲一親等，與祖父母爲二親等，與兄弟姊妹爲二親等，與叔叔爲三親等。

實務補給站

購買保單變更要保人視同贈與

民眾以要保人身分投保的保單，如變更要保人，視同移轉保險法上的財產權益給他人，屬贈與行爲，必須課徵贈與稅，父母透過保單規劃將資產移轉給子女，若當年度超過贈與免稅額244萬元，應辦理贈與稅申報。父母將以自己名義

---

6 修正前民法第12條規定：滿20歲爲成年，鑑於現今社會網路科技發達、大眾傳播媒體普及、資訊大量流通，青年之身心發展及建構自我意識之能力已不同以往；又世界多數國家就成年多定爲十八歲，與我國鄰近之日本亦於2018年將成年年齡自二十歲下修爲十八歲；另現行法制上，有關應負刑事責任及行政罰責任之完全責任年齡，亦均規定爲十八歲（刑法第十八條、行政罰法第九條），與民法成年年齡有異，使外界產生權責不相符之感，是爲符合當今社會青年身心發展現況，保障其權益，並與國際接軌，爰將成年年齡修正爲18歲，並自112年1月1日施行（摘自立法院立法理由）。

爲要保人的保單，變更名義爲子女時，即視同贈與，應以要保人變更之日起計算保單價值，課徵贈與稅。被繼承人在死亡前兩年內贈與的保單價值，也要計入遺產總額課徵遺產稅。由於依據保險法規定，要保人在保險契約生效後，享有隨時終止契約並取得解約金的權利，同時還可以保險契約向保險公司借款，並得指定或變更受益人等依保險契約享有財產上的權利[7]，因此，若父母以自身爲要保人購買保險，嗣後以變更要保人的方式，將保單利益轉換爲子女所有，係屬贈與行爲，應依規定減除免稅額（244 萬元）後，申報贈與稅。

17-20 贈與稅之納稅義務人

贈與稅之納稅義務人爲贈與人。但贈與人有下列情形之一者，以受贈人爲納稅義務人：

一、行蹤不明。

二、逾規定繳納期限尚未繳納，且在中華民國境內無財產可供執行。

三、死亡時贈與稅尚未核課。

依前項規定受贈人有二人以上者，應按受贈財產之價值比例，依遺產及贈與稅法規定計算之應納稅額，負納稅義務（遺 7）。

法學觀念補給站

某甲生前贈與某乙財產，該贈與尚未課徵贈與稅之前甲即死亡，舊法對此如何課徵贈與稅並無明文，形成法律漏洞。爲填補此一漏洞，立法院因此乃明確立法，將此種贈與稅由受贈人負擔之，以防賭此一漏洞。

17-21 贈與稅之減免及扣除

一、下列各款不計入贈與總額（遺 20）

（一）捐贈各級政府及公立教育、文化、公益、慈善機關之財產。

---

7 資料來源：財政部北區國稅局宣導資料。

（二）捐贈公有事業機構或全部公股之公營事業之財產。

（三）捐贈依法登記爲財團法人組織且符合行政院規定標準之教育、文化、公益、慈善、宗教團體及祭祀公業之財產。

（四）扶養義務人爲受扶養人支付之生活費、教育費及醫藥費。

所稱受扶養人，指符合下列各款情形之一之受扶養人：

1. 贈與人及其配偶之直系尊親屬年滿六十歲或未滿六十歲而無謀生能力，受贈與人扶養。

2. 贈與人之直系血親卑親屬未成年者，或已成年而因在校就學，或因身心障礙，或因無謀生能力，受贈與人扶養。

3. 贈與人之同胞兄弟姊妹未成年者，或已成年而因在校就學，或因身心障礙，或因無謀生能力，受贈與人扶養。

4. 贈與人之其他親屬或家屬，合於民法第 1114 條第 4 款及第 1123 條第 3 項規定，未成年，或已成年而因在校就學、身心障礙或無謀生能力，確係受贈與人扶養（遺細 17）。

（五）作農業使用之農業用地及其地上農作物，贈與民法第 1138 條所定繼承人者，不計入其土地及地上農作物價值之全數。受贈人自受贈之日起五年內，未將該土地繼續作農業使用且未在有關機關所令期限內恢復作農業使用，或雖在有關機關所令期限內已恢復作農業使用而再有未作農業使用情事者，應追繳應納稅賦。但如因該受贈人死亡、該受贈土地被徵收或依法變更爲非農業用地者，不在此限。

（六）配偶相互贈與之財產。

（七）父母於子女婚嫁時所贈與之財物，總金額不超過 100 萬元。

其中第（六）、（七）二項是 84 年 1 月 14 日修訂遺產及贈與稅法時增訂的，故 84 年 1 月 14 日以前配偶相互贈與之財產，及婚嫁時受贈於父母之財物在 100 萬元以內者，於本項修正公布生效日尚未核課或尚未核課確定者，適用上述第（六）款及第（七）款之規定。

（八）依都市計劃法第 50 條之 1 第 2 項規定，公共設施保留地因繼承或因配偶、直系血親間之贈與而移轉者，免徵遺產稅或贈與稅（都計 50-1）。

贈與稅免稅額及扣除額彙總表

項目	103.1.1 以後	111.1.1 以後
免稅額	220 萬	244 萬
不計入贈與總額—父母於子女婚嫁贈與之財物[8]	100 萬	100 萬

資料來源：財政部

二、附有負擔之贈與

贈與附有負擔者，由受贈人負擔部分應自贈與額中扣除（遺 21）。在贈與額中扣除之負擔，以具有財產價值，業經履行或能確保其履行者爲限。負擔內容係向贈與人以外之人爲給付得認係間接之贈與者，不得主張扣除。負擔之扣除，以不超過該負擔贈與財產之價值爲限（遺細 18）。不動產贈與移轉所繳納之契稅或土地增值稅得自贈與總額中扣除（遺細 19）。例如張三購買一幢房屋贈送給兒子，價值 800 萬，由張三繳納現金 300 萬元，餘款 500 萬元由其兒子採分期付款的方式繳納，則實際的贈與爲 300 萬元，因爲由其兒子負擔的 500 萬元可自贈與額中扣除。

例題 5

某父親於民國 113 年 2 月 1 日贈與兒子不動產，該不動產包括土地及房屋，土地的公告現值 1,000 萬元，房屋的評定標準價格 700 萬元，而該不動產的市價為 2,200 萬元。假設不動產移轉之土地增值稅及契稅共計 120 萬元，則其相關稅負的納稅義務人為何？贈與淨額為若干？

【解析】

一、納稅義務人：

1. 土地增值稅的納稅義務人為兒子，因為土地無償移轉時，以取得所有權之人為納稅義務人。
2. 贈與稅的納稅義務人為父親，因為贈與稅的納稅義務人為贈與人。
3. 契稅的納稅義務人為兒子，因為贈與契稅的納稅義務人為受贈人。

二、贈與淨額

如上所述，房地產贈與，除須負擔贈與稅外，尚須負擔土地增值稅及契稅，而土地增值稅及契稅的法定納稅義務人為受贈人，惟實務上，土地增值稅及契稅也可能由贈與人支付，則其贈與淨額將會有所不同，茲分別說明如下：

[8] 贈與稅免稅額物價指數累計上漲達 10%，自 111 年 1 月 1 日起免稅額由 220 萬元調升爲 244 萬元，另父母於子女婚嫁贈與之財物不計入贈與總額之上限則不適用物價指數連動法。

情況一：土地增值稅及契稅由父親支付，其贈與淨額為：
1000萬＋700萬＋120萬－120萬－244萬（贈與稅免稅額）
＝1,456萬（元）

情況二：土地增值稅及契稅由兒子支付，其贈與淨額為：
1000萬＋700萬－120萬－244萬（贈與稅免稅額）＝1,336萬（元）

【說明】由於不動產贈與移轉所繳納之契稅或土地增值稅得自贈與總額中扣除，所以無論情況一或二均可扣除120萬元的土地增值稅及契稅，惟在情況一，土地增值稅及契稅係由父親支付，而法定納稅義務人為兒子，故父親支付的120萬元視為父親對兒子的贈與，故應予以併入計算。

考題解析

甲君於110年2月17日贈與兒子土地及房屋，土地公告現值及房屋評定標準價格合計新臺幣2,220萬元，110年贈與稅免稅額220萬元，約定由兒子負擔繳納土地增值稅及契稅合計300萬元，請問贈與稅應納稅額爲多少？（110年普考）

擬答：2,220萬－220萬－300萬＝1,700萬元（自111年1月1日起免稅額由220萬元調高爲244萬元）
1,700萬元×10%＝170萬元

考題解析

甲於112年5月間代理其子乙與出賣人丙簽訂土地買賣契約；土地公告現值爲1,655萬7,600元，買賣總價款爲5,698萬元。因乙資金不夠，甲自銀行帳户提領900萬元轉存乙同銀行帳户，嗣乙開立支票給付土地價款，該土地並登記爲乙所有。經查乙給付土地價款之資金來源其中900萬元確實來自甲，又甲無法提供相關文件證實其與乙之間有借貸關係存在，根據遺產及贈與稅法規定，應核定贈與總額爲何？（財政部公告112年發生之贈與案件適用之免稅額爲244萬元。）（112年高考）

擬答：

1,655萬7,600元×(900萬/5,698萬)＝261萬5,276元

三、贈與稅之基本免稅額

為減輕小額財產贈與案件之稅負，增加財產運用效率，降低贈與稅課徵對財富移轉時點之干擾，爰將贈與稅免稅額從 100 萬元調高為 220 萬元[9]，又因採物價指數連動法，自 111 年 1 月 1 日起免稅額調高為 244 萬元（遺 22）。由於贈與稅的納稅義務人是贈與人，故此項基本免稅額 244 萬元是對贈與人而言，例如張三每年對其兒子贈與 244 萬元，張妻亦每年對其兒子贈與 244 萬元，雖然張三的兒子每年接受 488 萬元的贈與，但仍無須繳納贈與稅，因為張三及其妻子的每年贈與均未超過基本免稅額。

17-22 贈與稅之稅率與計算

贈與稅為遺產稅之補充稅，民國 98 年配合遺產稅稅率結構之修正，將最高邊際稅率由 50% 之累進稅率調降為 10%，並簡化為單一稅率[10]。於民國 106 年再次配合遺產稅的修訂，將贈與稅的稅率改為 10%、15% 及 20% 三級的累進稅率。

贈與稅按贈與人每年贈與總額，減除規定之扣除額及免稅額後之課稅贈與淨額，依下列稅率課徵之：

一、2,500 萬元以下者，課徵 10%。

二、超過 2,500 萬元至 5 千萬元者，課徵 250 萬元，加超過 2,500 萬元部分之 15%。

三、超過 5 千萬元者，課徵 625 萬元，加超過 5 千萬元部分之 20%。

一年內有二次以上贈與者，應合併計算其贈與額，依前項規定計算稅額，減除其已繳之贈與稅額後，為當次之贈與稅額（遺 19）。同一贈與人在同一年內有兩次以上依本法規定應申報納稅之贈與行為者，應於辦理後一次贈與稅申報時，將同一年內以前各次之贈與事實及納稅情形合併申報（遺 25）。所稱一年內，係按曆年制計算（遺細 21-2）。

如以公式表示，則其計算公式為：

全年贈與總額－扣除額－免稅額＝全年課稅贈與淨額
全年課稅贈與淨額 × 稅率＝全年應納贈與稅額
全年應納贈與稅額－已納贈與稅額＝本次應納贈與稅額

9 參閱立法院立法理由。
10 參閱立法院立法理由。

此次修法的理由係贈與稅爲遺產稅之輔助稅，爲符課徵目的，並配合長期照顧服務財源之籌措，爰配合遺產稅稅率結構之修正，將原贈與稅單一稅率結構調整爲三級累進稅率，分別爲 10%、15% 及 20%。

各課稅級距金額部分，考量贈與稅係就生前無償移轉財產課徵，每年均可享有贈與免稅額，爲使生前贈與財產與繼承遺產稅負差異趨於衡平，比照第 13 條遺產稅課稅級距金額訂定原則，參考 98 年 1 月 21 日修正公布前本條規定，贈與稅案件原適用最高邊際稅率 50% 之課稅級距金額爲贈與淨額超過 5,009 萬元，爰本次修正以贈與淨額超過 5,000 萬元部分，作爲適用贈與稅最高邊際稅率 20% 之課稅級距金額，並按該課稅級距金額之半數，以贈與淨額超過 2,500 萬元部分，作爲適用贈與稅第二級累進稅率 15% 之課稅級距金額。

例題 6

王強於 113 年 7 月將座落於高雄市供自住使用之房地一處贈與其子王思明，該房地產的土地面積 200 平方公尺（1 公畝＝100 平方公尺），申報移轉時每平方公尺公告土地現值為 160,000 元，房屋評定標準價格 1,000,000 元，含土地及房屋的總市價為 45,000,000 元，該房地產係王強於 10 年前取得，當時每平方公尺公告土地現值為 60,000 元，房屋評定標準價格 1,100,000 元，當時房屋及土地的總市價為 25,000,000 元，王強購得土地後支付工程受益費 200,000 元，改良土地費用 300,000 元，臺灣地區消費者物價總指數為 120，假設所有租稅均由納稅義務人繳納，試問對此贈與行為應繳納多少贈與稅？納稅義務人為何？　　（102 年高考試題改編）

擬答：

1. $160,000×200 － $60,000×200×120% － $200,000 － $300,000 ＝ $17,100,000
$60,000×200×120% = $14,400,000
$14,400,000×20% ＋ 2,700,000×30% ＝ $3,690,000 －土地增值稅 --- 王思明

2. $1,000,000×6% ＝ $60,000 --- 契稅 --- 王思明

3. $160,000×200 ＋ $1,000,000 － ($3,690,000 ＋ $60,000) － $2,440,000 ＝ $26,810,000
$25,000,000×10% ＋ 1,810,000×15% ＝ $2,771,500 － 贈與稅 -- 王強

說明：中華民國 106 年 5 月 10 日總統華總一義字第 10600056411 號令修正公布遺產及贈與稅法第 19 條條文，將贈與稅稅率修訂為 10%、15% 及 20% 的三級累進稅率。

例題 7

張三於 113 年有三次贈與行為，第一次是在 1 月贈與甲 180 萬元，第二次是在 4 月贈與乙 100 萬元，第三次是在 7 月贈與丙 100 萬元，則張三應納之贈與稅如下：

第一次贈與：無須繳納贈與稅，因為低於基本免稅額 244 萬元。

第二次贈與：（180＋100）－244（免稅額）＝36 萬元
36 萬元 ×10%＝3.6 萬元（應納贈與稅額）

第三次贈與：（180＋100＋100）－244（免稅額）＝136 萬元
136 萬元 ×10%＝13.6 萬元（應納贈與稅額）
13.6 萬元－3.6 萬元＝10 萬元（本次應納贈與稅額）

17-23 贈與稅之納稅程序

一、申報

（一）一般申報：除不計入贈與總額之贈與外，贈與人於一年內贈與他人之財產總值超過贈與稅免稅額時，應於超過免稅額之贈與行爲發生後三十日內，向主管稽徵機關申報贈與稅（遺 24）。所稱一年內，係按曆年制計算（遺細 21-2）。

（二）延期申報：納稅義務人如有正當理由不能如期申報者，應以書面申請延長，申請延長期限爲三個月。但因不可抗力或其他特殊事由者，得由稽徵機關視實際情形核定之（遺 26）。

二、繳納：（與遺產稅同，詳見 17-15 第 2 項）

17-24 贈與稅之行政救濟及罰則

（與遺產稅同，詳見 17-16、17-17）

17-25 信託與遺產稅

以立遺囑的方式設定死後之信託，稱爲遺囑信託。遺囑信託具有遺贈性質，因爲遺囑人死亡時，其信託財產仍爲遺囑人所有，故於遺囑人死亡時，其信託財產應依遺產及贈與稅法規定，課徵遺產稅。又信託關係存續中受益人死亡時，應就其享有信託利益之權利未領受部分，課徵遺產稅（遺3-2）。

對於上述應課徵遺產稅之權利，其價值之計算，依下列規定估定之（遺10-1）：

一、享有全部信託利益之權利者，該信託利益為金錢時，以信託金額為準，信託利益為金錢以外之財產時，以受益人死亡時信託財產之時價為準。

二、享有孳息以外信託利益之權利者，該信託利益為金錢時，以信託金額按受益人死亡時起至受益時止之期間，依受益人死亡時郵政儲金匯業局一年期定期儲金固定利率複利折算現值計算之；信託利益為金錢以外之財產時，以受益人死亡時信託財產之時價，按受益人死亡時起至受益時止之期間，依受益人死亡時郵政儲金匯業局一年期定期儲金固定利率複利折算現值計算之。

三、享有孳息部分信託利益之權利者，以信託金額或受益人死亡時信託財產之時價，減除依前款規定所計算之價值後之餘額為準。但該孳息係給付公債、公司債、金融債券或其他約載之固定利息者，其價值之計算，以每年享有之利息，依受益人死亡時郵政儲金匯業局一年期定期儲金固定利率，按年複利折算現值之總和計算之。

四、享有信託利益之權利為按期定額給付者，其價值之計算，以每年享有信託利益之數額，依受益人死亡時郵政儲金匯業局一年期定期儲金固定利率，按年複利折算現值之總和計算之；享有信託利益之權利為全部信託利益扣除按期定額給付後之餘額者，其價值之計算，以受益人死亡時信託財產之時價減除依前段規定計算之價值後之餘額計算之。

五、享有前四款所規定信託利益之一部者，按受益比率計算之。

17-26 信託與贈與稅

信託契約明定信託利益之全部或一部之受益人為非委託人者，視為委託人將享有信託利益之權利贈與該受益人，應依規定課徵贈與稅。

信託契約明定信託利益之全部或一部之受益人為委託人，於信託關係存續中，變更為非委託人者，於變更時，課徵贈與稅。

信託關係存續中，委託人追加信託財產，致增加非委託人享有信託利益之權利者，於追加時，就增加部分，課徵贈與稅。

上述之納稅義務人爲委託人。但委託人有 (1) 行蹤不明；(2) 逾規定繳納期限尚未繳納，且在中華民國境內無財產可供執行；(3) 死亡時贈與稅尚未核課。則以受託人爲納稅義務人（遺 5-1）。

上述應課徵贈與稅之權利，其價值之計算，依下列規定估定之（遺 10-2）：

一、享有全部信託利益之權利者，該信託利益爲金錢時，以信託金額爲準；信託利益爲金錢以外之財產時，以贈與時信託財產之時價爲準。

二、享有孳息以外信託利益之權利者，該信託利益爲金錢時，以信託金額按贈與時起至受益時止之期間，依贈與時郵政儲金匯業局一年期定期儲金固定利率複利折算現值計算之；信託利益爲金錢以外之財產時，以贈與時信託財產之時價，按贈與時起至受益時止之期間，依贈與時郵政儲金匯業局一年期定期儲金固定利率複利折算現值計算之。

三、享有孳息部分信託利益之權利者，以信託金額或贈與時信託財產之時價，減除依前款規定所計算之價值後之餘額爲準。但該孳息係給付公債、公司債、金融債券或其他約載之固定利息者，其價值之計算，以每年享有之利息，依贈與時郵政儲金匯業局一年期定期儲金固定利率，按年複利折算現值之總和計算之。

四、享有信託利益之權利爲按期定額給付者，其價值之計算，以每年享有信託利益之數額，依贈與時郵政儲金匯業局一年期定期儲金固定利率，按年複利折算現值之總和計算之；享有信託利益之權利爲全部信託利益扣除按期定額給付後之餘額者，其價值之計算，以贈與時信託財產之時價減除依前段規定計算之價值後之餘額計算之。

五、享有前四款所規定信託利益之一部者，按受益比率計算之。

此外，信託財產於下列各款信託關係人間移轉或爲其他處分者，不課徵贈與稅（遺 5-2）：

一、因信託行爲成立，委託人與受託人間。

二、信託關係存續中受託人變更時，原受託人與新受託人間。

三、信託關係存續中，受託人依信託本旨交付信託財產，受託人與受益人間。

四、因信託關係消滅，委託人與受託人間或受託人與受益人間。

五、因信託行爲不成立、無效、解除或撤銷，委託人與受託人間。

17-27 修訂遺贈稅稅率之配套措施及稅收之用途

一、遺產贈與稅於民國 98 年 1 月 12 日修正之條文施行後，造成依財政收支劃分法規定應受分配之地方政府每年度之稅收實質損失，於修正現行財政收支劃分法擴大中央統籌分配稅款規模之規定施行前，由中央政府補足之，並不受預算法第 23 條有關公債收入不得充經常支出之用之限制。

前項稅收實質損失，以各地方政府於本法民國 98 年 1 月 12 日修正之條文施行前三年度遺產稅及贈與稅稅收之平均數，減除修正施行當年度或以後年度遺產稅及贈與稅稅收數之差額計算之，並計算至萬元止（遺 58-1）。

二、本法中華民國 106 年 4 月 25 日修正之條文施行後，依第 13 條及第 19 條第 1 項規定稅率課徵之遺產稅及贈與稅，屬稅率超過 10% 至 20% 以內之稅課收入，撥入依長期照顧服務法設置之特種基金，用於長期照顧服務支出，不適用財政收支劃分法之規定（遺 58-2）。

說明：

1. 稅收專款專用：爲配合籌措長期照顧服務財源，爰明定本次遺產稅及贈與稅稅率由 10% 調增至 20% 以內所增加之稅課收入，撥入依長期照顧服務法設置之特種基金，用於長期照顧服務支出，不適用財政收支劃分法之規定。

2. 長期照顧服務：中華民國 106 年 4 月 25 日修正之條文施行時，如長期照顧服務法之特種基金尚未設置，前開所增加之稅課收入，應撥入衛生福利部設置之特種基金，作爲長期照顧服務支出使用[11]。

---

[11] 參見立法院立法理由。

歷屆試題

申論題

1. 依遺產及贈與稅法規定，回答下列問題：
   （1）第 5 條所稱之「以贈與論」，包括那些情形？
   （2）甲於 112 年 3 月以 3,500 萬元向乙購買 3 筆土地，公告土地現值 1,800 萬元，並登記為甲之孫所有，假設甲當年度並無其他贈與行為，計算本案贈與總額及應納贈與稅額各為若干元。（112 年會計師）
2. 甲為經常居住中華民國境內之中華民國國民，設籍於花蓮縣，民國 112 年 6 月 4 日（星期日）病逝於臺北市，甲與配偶共育有 3 個兒子，大兒子 30 歲已婚，並育有一對龍鳳胎子女 4 歲；二兒子 25 歲未婚、小兒子 15 歲未婚，甲死亡時留有遺產包括：銀行存款 1,500 萬元；高雄市房屋一間市價 1 億 5,000 萬元（房屋評定標準價格 3,000 萬元，土地公告現值 5,000 萬元，土地公告地價 3,500 萬元）；上市股票一批，購入成本 1,200 萬元，112 年 6 月 2 日（星期五）收盤價為 2,500 萬元，112 年 6 月 5 日（星期一）收盤價為 2,625 萬元。此外，無任何負債與保險。甲曾於 111 年 5 月 2 日贈與配偶現金 500 萬元。若甲的大兒子拋棄繼承，由甲的孫子女繼承，另甲的配偶未主張剩餘財產分配請求權並拋棄繼承。請回答下列問題：
   （1）遺產總額、遺產淨額及應繳納遺產稅各為多少？
   （2）納稅義務人應向那一個機關辦理遺產稅申報？其申報與繳納期限各為何？
   提示：配偶扣除額 493 萬元、直系血親卑親屬扣除額 50 萬元、喪葬費扣除額 123 萬元。（112 年地方三等特考）
3. 請說明我國稅法中有哪些稅目在計算稅額時，須將國外稅基合併計算課稅？這些稅目之課稅範圍為何？將國外稅基併入課稅會造成什麼問題？又該如何解決？（112 年普考）
4. 甲於 111 年 6 月 15 日死亡，遺有配偶及 3 名成年子女，配偶拋棄繼承，甲及配偶的財產均為婚後取得，繼承日負債狀況及課稅財產價值如下：
   （1）甲現有遺產 8,000 萬元（其中 1,000 萬元為 15 年前繼承自甲父），銀行借款餘額 400 萬元。
   （2）配偶現有財產 3,000 萬元（其中 1,200 萬元為甲 109 年 12 月 15 日贈與），銀行借款餘額 200 萬元。
   依遺產及贈與稅法及相關法令規定，回答下列問題：
   （1）本案生存配偶依民法第 1030 條之 1 規定主張剩餘財產差額分配請求權，可自遺產總額中扣除金額為何？
   （2）本案應課徵甲遺產稅之遺產淨額為何？（111 年會計師）

5. 甲於民國 109 年 6 月 13 日死亡，由配偶乙及 4 名子女 A、B、C、D 共同繼承，經國稅局同年 12 月 5 日核定遺產總額新臺幣（下同）9,000 萬元，其中包括甲於民國 70 年買進的公共設施保留地 2,500 萬元、銀行存款為 200 萬元、未上市股票資產淨值 6,300 萬元，經核算應納遺產稅 300 萬元。嗣繼承人於民國 110 年 2 月 6 日申請以遺產中公共設施保留地抵繳遺產稅，申請日土地公告現值 3,000 萬元，請問：（元以下四捨五入）
   （1）實物抵繳的適用要件為何？
   （2）本案准予實物抵繳的稅額為何？
   （3）本案以遺產中公共設施保留地抵繳遺產稅，其抵繳價值及抵繳限額各為若干元？（110 年會計師）
6. 根據現行遺產及贈與稅法規定，遺產與贈與稅何時申報？適用實物抵繳之條件為何？又繼承人是否可以公同共有之遺產申請抵繳遺產稅？若可，則抵繳之條件為何？（110 年地方四等特考）
7. 請分別說明遺產中之「無償供公眾通行之道路」、「公共設施保留地」與「法定空地」，在計算遺產淨額時，有何規定？（110 年地方三等特考）
8. 請問在符合那些條件下，被繼承人死亡前之贈與，應視為被繼承人之遺產，併入遺產總額中課稅？其立法意旨為何？（110 年地方三等特考）
9. 請說明我國遺產稅之納稅義務人、課徵對象及其課稅範圍。（109 年高考）
10. 甲是小有名氣的地方小農，一家五口和樂融融。甲自 100 年起任職於某財團法人，該財團法人以促進農業技術之國際合作為創設目的。甲長期派駐國外擔任農業技術團技師，109 年 3 月中旬，於國外示範耕耘機操作方式時，不幸被耕耘機壓傷致死。依遺產及贈與稅法及相關法規規定，回答下列問題：
   （1）遺產稅的配偶扣除額及各順序繼承人扣除額是否可自遺產總額中扣除，其判斷要件為何？
   （2）繼承人主張甲因執行職務死亡，主張遺產稅免稅額應加倍扣除，是否可採？請說明理由。（109 年會計師）
11. 請依遺產及贈與稅法回答下列問題：
   （1）依第 6 條規定遺產稅之納稅義務人依序為何？
   （2）依第 15 條有關擬制遺產之規定，被繼承人死亡前二年內贈與何者之財產，應於被繼承人死亡時，視為被繼承人之遺產，併入其遺產總額。其納稅義務人依序為何？
   （3）經常居住我國境內之國民張君於民國 109 年 6 月 6 日（星期六）病逝於臺北市，死亡前任教於某私立學校，遺有配偶、父母及受其扶養重度身心障礙弟（已成年），妹妹 1 人（已成年未受其扶養），死亡時遺族領取一次撫卹金 400 萬元，另死亡時遺有下列國內財產：
      （a）銀行新臺幣存款 600 萬元。
      （b）A 上市公司股票 5 萬股，每股購入成本 50 元，死亡日公司淨值 60 元，109 年 6 月 5 日（星期五）收盤價 200 元，109 年 6 月 8 日（星期一）收盤價 210 元；B 未上市公司股票 1 萬股，每股購入成本 10 元，死亡日公司淨值 30 元。

（c）臺北市不動產一棟市價 2,500 萬元，土地公告現值 900 萬元，公告地價 600 萬元，房屋評定標準價格 250 萬元。

（d）自己創作之著作權 100 萬元。

（e）職業上工具 20 萬元。

死亡前於民國 107 年 8 月 19 日將其名下另一筆市價 1,500 萬元的不動產贈與其妹，贈與時土地公告現值 700 萬元，公告地價 500 萬元，房屋評定標準價格 200 萬元。其妹已依規定繳交土地增值稅 100 萬元，契稅 12 萬元。張君已向主管稽徵機關申報贈與稅 118 萬元。

請計算遺產總額及親屬扣除額分別爲若干元？（109 年地方四等特考）

選擇題（本書各章所附考題之答案均係依據考試當年度考選部所公布之答案）

（B）1. 下列有關信託課稅規定，何者錯誤？（A）委託人爲營利事業之他益信託契約，受益人享有信託利益之權利價值應於信託成立年度依規定課徵所得稅（B）信託契約之受益人不特定或尙未存在者，信託財產發生之收入，委託人應於所得發生年度計算所得申報納稅（C）因遺囑成立之信託，於遺囑人死亡時，其信託財產應依法課徵遺產稅（D）受託人因公益信託而標售或義賣之貨物與舉辦之義演收入，全部供作該公益事業之用者，免徵營業稅。（112 年記帳士）

（B）2. 依遺產及贈與稅法規定，有關課稅範圍之敘述，下列何者錯誤？（A）甲贈與時爲中華民國國民並經常居住中華民國境內，其贈與中華民國境外財產，應課徵贈與稅（B）乙贈與時爲中華民國國民並經常居住中華民國境外，其贈與中華民國境外財產，應課徵贈與稅（C）丙贈與時爲非中華民國國民並經常居住中華民國境內，其贈與中華民國境內財產，應課徵贈與稅（D）丁贈與時爲非中華民國國民（前 2 年內自願喪失中華民國國籍）並經常居住中華民國境內，其贈與中華民國境外財產，應課徵贈與稅。（112 年記帳士）

（D）3. 甲於 112 年 6 月 2 日將所有土地贈與成年子女乙，下列何種情形不符合遺產及贈與稅法第 7 條以受贈人爲納稅義務人之規定？（A）甲贈與後即行蹤不明（B）甲逾限未繳納贈與稅，且在中華民國境內無財產可供執行（C）甲於稅捐稽徵機關核定贈與稅前死亡（D）甲贈與後申請喪失中華民國國籍，遷居至國外。（112 年記帳士）

（A）4. 丙於 112 年 6 月 2 日死亡，其所遺財產如下：①自行創作之版畫②向他人購入之專利權③無償供公眾通行之道路土地經主管機關證明，且非屬建造房屋應保留之法定空地④尙未收取之債權。以上何者不計入遺產總額課徵遺產稅？（A）①③（B）②④（C）①②③（D）①②③④。（112 年記帳士）

（C）5. 依遺產及贈與稅法相關規定，下列有關繼承財產爲已在證券交易所上市之有價證券（以下簡稱上市股票）價值估定方式，何者錯誤？（A）繼承開始日該上市股票有買賣價格者，依該日該上市股票之收盤價估定（B）繼承開始日該上市股票無買賣價格者，依該日前最後一日該上市股票之收盤價估定（C）繼承開始日爲該上市股票除權除息日者，依該日後一個月內該上市股票各日收盤價之平均價格估定（D）繼承開始日該上市股票價格有劇烈變動者，依繼承開始日前一個月內該上市股票各日收盤價之平均價格估定。（112 年記帳士）

（B）6. 關於遺產稅及贈與稅之申報規定，下列敘述何者正確？（A）遺產稅應由納稅義務人於被繼承人死亡之日起 6 個月內，向死亡地主管稽徵機關申報（B）贈與人在一年內贈與他人之財產總值超過贈與稅免稅額時，應於超過免稅額之贈與行為發生後 30 日內，向主管稽徵機關辦理申報（C）同一贈與人在同一年內有兩次以上應申報納稅之贈與行為者，應分別申報計徵贈與稅（D）稽徵機關於查悉死亡事實後，應於 10 日內通知依限申報。（112 年記帳士）

（B）7. 郭君結婚時，其祖父、父親、母親及大哥各自分別贈與現金 100 萬元。依遺產及贈與稅法第 20 條規定，前述贈與得「不計入贈與總額」之金額為多少？（A）100 萬元（B）200 萬元（C）244 萬元（D）400 萬元。（112 年記帳士）

（B）8. 王先生於民國 112 年 5 月死亡，其有兩個兒子，長子於前年意外過世，留有一個 16 歲的孫女；次子則有兩個小孩，分別為 15 歲及 12 歲。假設次子拋棄繼承，欲由兩孫子來繼承，則試問王先生的遺產總額中可扣除之直系血親卑親屬扣除額為多少？（A）150 萬元（B）200 萬元（C）300 萬元（D）450 萬元。（112 年地方五等特考）

（D）9. 納稅義務人有故意以詐欺或其他不正當方法逃漏遺產稅或贈與稅者，除補稅外，應處以所漏稅額幾倍之罰鍰？（A）1 倍（B）2 倍（C）1 倍至 2 倍（D）1 倍至 3 倍。（112 年地方五等特考）

（C）10. 甲為美國籍、非中華民國國民，將自身於美國的財產與中華民國境內的財產贈與給乙，下列敘述何者正確？（A）皆課徵贈與稅（B）皆不課徵贈與稅（C）對中華民國境內的財產課徵贈與稅（D）需視乙是否為中華民國國民而定。（112 年地方五等特考）

（B）11. 陳大富為經常居住中華民國境內之中華民國國民，於民國 112 年 3 月 15 日死亡，其於 110 年 8 月 1 日自願喪失中華民國國籍。死亡時遺有臺中市市價 1,000 萬元之房地 1 筆，其中土地公告現值為 700 萬元，房屋現值為 100 萬元；另遺有美國股票折合新臺幣 300 萬元。請問陳大富之遺產總額為何？（A）1,300 萬元（B）1,100 萬元（C）1,000 萬元（D）800 萬元。（112 年地方四等特考）

（B）12. 作農業使用之農業用地及地上農作物贈與那些人，不計入贈與總額？①兄弟②父母③大嫂④女婿（A）①②④（B）①②（C）①③（D）僅②。（112 年地方四等特考）

（D）13. 林先生於 111 年度 2 月贈與配偶土地 1 筆，市價 800 萬元，公告現值 300 萬元，且林先生代為繳納此筆土地移轉的土地增值稅 20 萬元。7 月贈與其長女某上市公司股票 10,000 股，贈與日收盤價每股 100 元、每股淨值 70 元。9 月份於長子結婚時贈與新人 1 間套房，市價 700 萬元，土地公告現值 200 萬元，房屋評定現值 150 萬元。試問林先生該年度應納贈與稅額為多少？（A）426,000 元（B）206,000 元（C）130,000 元（D）106,000 元。（112 年地方四等特考）

（C）14. 下列何者不符合遺產及贈與稅法所稱被繼承人或贈與人「經常居住中華民國境內」？（A）

死亡事實發生前2年內，在中華民國境內有住所者（B）贈與行爲發生前2年內，在中華民國境內有住所者（C）受中華民國政府聘請從事工作，在死亡事實前2年內，在中華民國境內特定居留合計逾365天者（D）在中華民國境內無住所而有居所，在死亡事實或贈與行爲發生前2年內，在境內居留時間合計逾365天者。（112年地方三等特考）

（D）15. 有關遺產及贈與稅法之規定，下列何者正確？（A）凡中華民國國民死亡時遺有財產者，應就其在中華民國境內境外全部遺產，依法課徵遺產稅（B）非中華民國國民但經常居住中華民國境內，死亡時遺有財產者，應就其在中華民國境內境外全部遺產，依法課徵遺產稅（C）死亡事實發生前3年內，被繼承人自願喪失中華民國國籍者，仍應依遺產及贈與稅法關於中華民國國民之規定，課徵遺產稅（D）經常居住中華民國境外之中華民國國民，死亡時在中華民國境內遺有財產者，應就其在中華民國境內之遺產，依法課徵遺產稅。（112年地方三等特考）

（D）16. 某丁爲設籍高雄市之中華民國國民。102年5月，因病於美國馬里蘭州巴爾的摩郡住所去世；死亡前2年內，在境內居留時間僅有30天。下列有關其遺產稅課稅之敘述，何者正確？（A）死亡地不在境內，不須繳納遺產稅（B）就死亡時在境內之遺產，課徵遺產稅（C）就死亡時在境外之遺產，課徵遺產稅（D）就死亡時在境內外之全部遺產，課徵遺產稅。（112年高考）

（B）17. 甲於112年5月間代理其子乙與出賣人丙簽訂土地買賣契約；土地公告現值爲1,655萬7,600元，買賣總價款爲5,698萬元。因乙資金不夠，甲自銀行帳戶提領900萬元轉存乙同銀行帳戶，嗣乙開立支票給付土地價款，該土地並登記爲乙所有。經查乙給付土地價款之資金來源其中900萬元確實來自甲，又甲無法提供相關文件證實其與乙之間有借貸關係存在，根據遺產及贈與稅法規定，應核定贈與總額爲何？（財政部公告112年發生之贈與案件適用之免稅額爲244萬元。）（A）17萬5,276元（B）261萬5,276元（C）656萬元（D）900萬元。（112年高考）

（D）18. 依現行法規，下列何者應計入遺產總額？（A）被繼承人自己創作之著作權、發明專利權及藝術品（B）被繼承人死亡前五年內，繼承之財產已納遺產稅者（C）被繼承人之債權及其他請求權不能收取或行使確有證明者（D）被繼承人遺產中屬建造房屋應保留之法定空地部分。（112年普考）

（AB）19. 林先生111年5月18日將其持有之臺南市土地1筆及房屋1棟贈與其子，贈與當時該土地之公告土地現值爲$4,000,000、房屋評定標準價格爲$1,000,000，而土地與房屋之市價分別爲$8,000,000與$1,500,000，其子已成年，有正當職業並已小有積蓄，若該移轉之土地增值稅$300,000與契稅$60,000由其子支付，則此項贈與總額爲何？（A）$4,640,000（B）$5,000,000（C）$9,140,000（D）$9,500,000。（111年高考）註：答A或B者均給分。

（B）20. 下列何者應計入遺產總額？（A）遺贈人、受遺贈人或繼承人捐贈公有事業機構或全部公股之公營事業之財產（B）被繼承人自拍賣市場取得之著作權、發明專利權及藝術品（C）被繼承人職業上之工具，其總價值在40萬元以下部分（D）被繼承人死亡前5年內，繼承之財產已納遺產稅者。（111年高考）

（D）21. 父親將名下100張興櫃股票贈與給女兒，應以下列何項標準計算其贈與之財產價值？（A）該股票淨值（B）該股票之承銷價格（C）該股票當日收盤價格（D）該股票當日加權平均成交價格。（111年普考）

（D）22. 美國籍的王牧師係屬於經常居住中華民國境內傳道之非中華民國國民，後因年事已高，於民國111年5月病逝於中華民國境內，下列有關王牧師遺產稅課徵之敘述何者正確？（A）王牧師死亡前二年經常居住在中華民國境內，因此應就其在中華民國境內、境外全部遺產課徵遺產稅（B）王牧師在臺灣期間所投資的美國蘋果公司股票係屬於其境內財產（C）王牧師遺有配偶，故可以自其遺產總額中扣除493萬元（D）王牧師的繼承人得自其遺產總額中減除本人免稅額1,333萬元。（111年普考）

（B）23. A早年喪偶，育有3名子女甲、乙、丙，甲有未滿18足歲的獨生女，乙已婚無子女，丙未婚，嗣A再娶18歲妻，A於111年4月1日過世，甲、乙、丙均拋棄繼承，本件依遺產及贈與稅法規定，配偶扣除額及繼承人扣除額共多少？（A）543萬元（B）643萬元（C）693萬元（D）793萬元。（111年會計師）

（A）24. 甲自幼隨父母至葡萄牙定居，入籍葡萄牙，放棄中華民國國籍，嗣甲大學畢業，隻身返臺成家立業，111年1月1日挑戰元旦全馬路跑，不幸心肌炎發作致死，甲遺有宜蘭的豪宅1幢，死亡時公告現值5,600萬元，由妻子及3歲5個月的稚子共同繼承，本件依遺產及贈與稅法規定，應納遺產稅額爲何？（A）414.4萬元（B）275.1萬元（C）427.7萬元（D）288.4萬元。（111年會計師）

（D）25. 下列何者屬贈與行爲，應依遺產及贈與稅法規定課徵贈與稅？（A）某上市公司的小股東放棄現金增資新股認購權（B）獨資商號資本主出資彌補該商號虧損（C）父母於子女婚嫁時贈與50萬元現金（D）未成年子女購置之不動產，但未能舉證資金來源。（111年會計師）

（D）26. 依現行稅法規定，下列應納遺產稅額，何者得申請分期繳納？（A）15萬元（B）20萬元（C）25萬元（D）50萬元。（111年記帳士）

（B）27. 被繼承人爲受死亡之宣告者，應自何日起算遺產稅的申報期間？（A）死亡次一日（B）判決宣告日（C）除籍日（D）收到判決書日。（111年記帳士）

（A）28. 111年發生之繼承或贈與案件適用下列何者金額時，已依規定按物價指數進行調整？①喪葬費扣除額②遺產稅之免稅額③配偶扣除額④被繼承人職業上之工具⑤贈與稅之免稅額（A）②⑤（B）③④（C）①②⑤（D）①②③④⑤。（111年記帳士）

（B）29. 下列何項財產不計入遺產總額？①公共設施保留地②農業用地③公眾通行道路之土地④勞工之保險金額⑤出價取得之專利權（A）②⑤（B）③④（C）①②③（D）①③④。（111年記

帳士）

（A）30. 下列何項贈與額屬於不計入贈與總額之項目？①老師支付學生之醫藥費②夫妻相互贈與之財產③無償供公眾通行之道路土地④子女婚嫁時祖父母贈與不超過 100 萬元之財物⑤農業用地（A）②⑤（B）③④（C）①②④（D）②④⑤。（111 年記帳士）

（C）31. 依現行稅法，下列關於贈與稅之計算，何者有誤？（A）一年內有三次贈與者，應合併計算其贈與額（B）配偶相互贈與之財產，不計入贈與總額（C）課稅贈與淨額，按單一稅率 10% 課徵（D）附有負擔者，由受贈人負擔部分應自贈與額中扣除。（111 年記帳士）

（C）32. 被繼承人死亡後始經法院判決確定為其所有之財產，遺產稅納稅義務人應自判決確定之日起，多久時間內補申報遺產稅？（A）1 個月（B）3 個月（C）6 個月（D）1 年內。（111 年記帳士）

（A）33. 遺產稅納稅義務人對於核定之遺產稅應納稅額，因不可抗力事由，致不能於法定期間內繳清稅款者，得於原因消滅後幾日內，提出具體證明，向稽徵機關申請延期或分期經核准者，免予加徵滯納金？（A）10 日（B）15 日（C）20 日（D）30 日。（111 年地方五等特考）

（D）34. 甲贈與房地一筆予其子乙，於民國 111 年 8 月 22 日辦理移轉登記，該房屋現值為 200 萬元，市價 600 萬元，土地公告現值為 500 萬元，市價 2,000 萬元。下列敘述何者正確？（A）甲應於辦理該房地之移轉登記後 6 個月內申報贈與稅（B）甲之贈與總額為 2,600 萬元（C）因是一親等之贈與，故不須申報贈與稅（D）應納贈與稅額為 45 萬 6 千元。（111 年地方五等特考）

（D）35. 張君為經常居住中華民國境內之非中華民國國民，111 年 4 月 1 日死亡，在臺灣遺有重度身心障礙之妻子、22 歲之兒子、16 歲之女兒及父親，依遺產及贈與稅法規定，可自遺產總額中減除之免稅額與親屬扣除額各為多少元？（A）1,200 萬元與 916 萬元（B）1,200 萬元與 1,534 萬元（C）1,333 萬元與 916 萬元（D）1,333 萬元與 0 元。（111 年地方四等特考）

（B）36. 某甲 111 年之贈與情形如下：2 月 1 日贈與長子銀行存款 230 萬元；3 月 1 日贈與配偶現金 300 萬元；4 月 1 日將作農業使用之農業用地贈與次子，公告現值 300 萬元，市價 400 萬元；5 月 1 日贈與次子現金 100 萬元；6 月 1 日贈與長女上市公司之股票 1 萬股，當日股票每股淨值 20 元，收盤價每股 40 元。依遺產及贈與稅法規定，111 年第一次應申報贈與稅之贈與淨額與應納稅額各為若干元？（A）10 萬元；1 萬元（B）86 萬元；8 萬 6 千元（C）110 萬元；1 萬 1 千元（D）286 萬元；28 萬 6 千元。（111 年地方四等特考）

（A）37. 某甲於今年 8 月份逝世，死亡時其名下有銀行存款 1,500 萬元，一棟土地公告現值與房屋評定價格共 1,000 萬元房子（市價為 1,600 萬元），A 上市公司股票 10,000 股，死亡日的收盤價為每股 80 元，遺產稅申報日的收盤價為 60 元，此外並無其他日常生活器具或職業上的工具可減除。假設其死亡時留有配偶及一名剛滿 18 歲的女兒。假設其配偶並未主張配偶剩餘財產差額分配請求權，試問某甲應納的遺產稅額為多少？（A）481,000 元（B）604,000 元（C）

614,000 元（D）737,000 元。（111 年地方三等特考）

（B）38. 某乙於民國 111 年 2 月贈與其妻 500 萬元，5 月於女兒結婚時贈與嫁妝 300 萬元，並於 8 月贈與兒子現金 200 萬元。試問當年度某乙應納的贈與稅額爲多少？（A）0 元（B）15.6 萬元（C）18 萬元（D）65.6 萬元。（111 年地方三等特考）

（A）39. 下列哪些稅目之稅課收入，須撥入依長期照顧服務法設置之特種基金，用於長期照顧服務支出？①營業稅②遺產稅及贈與稅③菸酒稅④房屋稅⑤房地合一交易所得稅⑥地價稅（A）②③⑤（B）①②③（C）①④⑤⑥（D）①②③④⑤⑥。（111 年地方三等特考）

（D）40. 被繼承人之下列財產，何者無需列入遺產總額？①捐贈給政府之遺產②遺產中作農業使用之農業用地③被繼承人死亡前 7 年時所繼承之財產且已納遺產稅④被繼承人遺產中經政府闢爲公眾通行道路之土地⑤依法禁止採伐之森林（A）①②③④⑤（B）①②④⑤（C）①②③（D）①④⑤。（111 年地方三等特考）

（B）41. 若被繼承人爲經常居住境外之中華民國國民，109 年 2 月 1 日於日本死亡，依現行遺產及贈與稅法規定，下列何者正確？（A）被繼承人遺有配偶者，得自遺產總額中扣除新臺幣 493 萬元（B）被繼承人本人免稅額爲新臺幣 1,200 萬（C）被繼承人遺有父母者，得自遺產總額中扣除新臺幣 123 萬元（D）被繼承人死亡前 6 年內繼承之財產已納遺產稅者，按年遞減扣除 80%（110 年高考）

（C）42. 依現行遺產及贈與稅法規定，下列何者正確？（A）贈與附有負擔者，且負擔內容係向贈與人以外之人爲給付，由受贈人負擔部分得自贈與額中扣除（B）以自己之資金，無償爲他人購置不動產者，其資金視同贈與（C）遺產稅納稅義務人爲二人以上時，若納稅義務人中有一人出面申報，視同全體已申報（D）被繼承人死亡前兩年內贈與他人之財產，應於被繼承人死亡時，視爲被繼承人之遺產（110 年高考）

（D）43. 信託關係存續中受益人死亡時，應就下列何項課徵遺產稅？（A）整個信託財產（B）全部享有信託利益之權利（C）已領受之信託利益之權利（D）未領受之信託利益之權利（110 年高考）

（B）44. 李先生爲我國國民，其於 110 年 5 月過世，遺留遺產淨額 6,000 萬元，試計算其應繳之遺產稅爲多少？（A）600 萬元（B）650 萬元（C）700 萬元（D）900 萬元（110 年高考）

解析：5,000 萬 ×10% + 1,000 萬 ×15% = 650 萬元

（D）45. 王大中於民國 109 年死亡，遺有一子（已成年）及未成年孫子女二人，分別爲 15 歲及 17 歲。若獨子拋棄繼承，由孫子女二人繼承，則可自遺產總額中扣除之親屬扣除額爲：（A）500 萬（B）400 萬（C）100 萬（D）50 萬（110 年普考）

（A）46. 下列何者需課徵贈與稅？（A）保證人因履行保證責任，而代主債務人清償債務並無償免除其債務者（B）向姑姑購買其房屋（C）未成年子女名下之房屋，但能提出支付價款之確實證明（D）債務人經依破產法和解，以致債權人之債權無法十足取償者，其免除之差額（110 年

普考）

（C）47. 依現行稅法規定，下列何種稅目之課稅範圍有採屬人主義？①贈與稅②營利事業所得稅③綜合所得稅④所得基本稅額（A）①②③④（B）①②③（C）①②④（D）②③④（110 年普考）

（D）48. 甲君過世，死亡時其於婚姻關係存續中取得而現存的原有財產金額爲新臺幣 2,000 萬元，甲君配偶的原有財產則爲新臺幣 400 萬元，請問甲君遺產稅的剩餘財產差額分配請求權上限爲？（A）2,000 萬元（B）1,200 萬元（C）1,000 萬元（D）800 萬元（110 年普考）

解析：（2,000 ＋ 400）÷2 ＝ 1,200 萬；1200 萬－ 400 萬＝ 800 萬

（B）49. 甲君於 110 年 2 月 17 日贈與兒子土地及房屋，土地公告現值及房屋評定標準價格合計新臺幣 2,220 萬元，110 年贈與稅免稅額 220 萬元，約定由兒子負擔繳納土地增值稅及契稅合計 300 萬元，請問贈與稅應納稅額爲多少？（A）應納稅額低於贈與之負擔及免稅額，故免稅（B）170 萬元（C）200 萬元（D）220 萬元（110 年普考）

解析：2,220 － 220 － 300 ＝ 1700 萬；1700 萬 ×10% ＝ 170 萬

（C）50. 下列何者屬遺產及贈與稅法第 15 條規定擬制遺產的課稅範圍？（A）甲死亡前 2 年內贈與前妻的土地，但前妻已於甲死亡前出售該土地（B）乙死亡前 2 年內贈與岳母的上市股票，但該股票於乙死亡前已終止上市（C）丙死亡前 1 年內贈與配偶的不動產，但配偶已於丙死亡前出售該不動產（D）丁死亡前於重病無法處理事務期間轉存長子銀行帳戶的存款（110 年會計師）

（B）51. 蔡先生爲馬來西亞國民，不具中華民國國籍，110 年 5 月 1 日以其馬來西亞銀行存款無償爲其子償還馬來西亞當地民間借款 500 萬元；同年 6 月 1 日，自馬來西亞銀行匯款 300 萬元無償爲其子購買中華民國境內未上市公司股票，經核算該股票淨值爲 250 萬元。假設蔡先生當年度無其他贈與行爲，本件應納贈與稅爲何？（本題貨幣單位爲新臺幣）（A）3 萬元（B）8 萬元（C）53 萬元（D）58 萬元（110 年會計師）

解析：（300 萬－ 220 萬）×10% ＝ 8 萬元

（C）52. 王先生早年喪偶，3 名子女甲、乙、丙事業有成，無奈甲英年早逝，遺有 A、B、C、D、E5 名子女，乙爲未婚無子女，丙有 2 名子女，王先生 110 年 3 月 2 日過世，其孫子女均已成年，乙、丙均拋棄繼承，本件遺產稅案的繼承人扣除額爲何？（A）350 萬（B）300 萬（C）250 萬（D）100 萬（110 年會計師）

解析：50 萬 ×5（A,B,C,D,E）＝ 250 萬

（D）53. 甲去世後，兒子想把父親留下的上市 A 公司股票，捐贈給財團法人 B 文教基金會，於國稅局核發不計入遺產總額證明書多久之內，需將股票交付給基金會，才不會被補徵遺產稅？（A）2 年內（B）1 年內（C）半年內（D）3 個月內（110 年會計師）

（A）54. 我國遺產稅的課徵採用超額累進的稅率結構，其稅率爲下列何者？（A）10%，15%，20%（B）10%，20%，30%（C）20%，30%，40%（D）30%，40%，50%（110 年記帳士）

（B）55. 有關遺產稅免稅額之規定，下列何者錯誤？（A）被繼承人爲中華民國國民者，免稅額爲 1,200 萬元（B）被繼承人非中華民國國民者，免稅額減半計算（C）被繼承人爲軍警公教人員因執行職務死亡者，免稅額加倍計算（D）物價指數上漲率累積達一定的程度時，會進行指數化調整（110 年記帳士）

（A）56. 贈與稅的應納稅額最少在多少元以上，納稅義務人確有困難無法一次繳納現金者，可以申請分期繳納？（A）30 萬元（B）50 萬元（C）80 萬元（D）100 萬元（110 年記帳士）

（D）57. 依據遺產及贈與稅法第 24 條之規定，贈與稅的申報期限爲下列何者？（A）年度結束後 1 個月內（B）每次贈與行爲發生日次日起 10 日內（C）同年度贈與總額超過免稅額之贈與行爲發生日次日起 20 日內（D）同年度贈與總額超過免稅額之贈與行爲發生日次日起 30 日內（110 年記帳士）

（C）58. 下列何種情形，免課贈與稅？（A）以顯著不相當之代價，讓與不動產予他人（B）兄弟之間買賣不動產且無法提出已支付價款之確實證明（C）債務人依消費者債務清理條例更生、清算，以致債權無法十足取償（D）他益信託契約（110 年記帳士）

（D）59. 被繼承人之下列財產，何者無需列入遺產總額？①捐贈給臺北市政府之遺產②遺產中作農業使用之農業用地③以部分遺產成立基金會④被繼承人遺產中經政府闢爲公眾通行道路之土地（A）①②③④（B）①②③（C）①②④（D）①④（110 年記帳士）

（C）60. 依現行稅法之規定，下列稅目何者採累進稅率？①地價稅②綜合所得稅③契稅④遺產贈與稅⑤加值型與非加值型營業稅（A）①②③（B）②③④（C）①②④（D）②④⑤（110 年地方五等特考）

（D）61. 依遺產及贈與稅法規定，關於遺產及贈與稅款申請分期繳納之規定，下列敘述何者錯誤？（A）應納稅額在 30 萬元以上且不能一次繳納現金（B）最高可分 18 期繳納，每期間隔以不超過 2 個月爲限（C）申請分期繳納者，應自繳納期限屆滿之次日起，至納稅義務人繳納之日止，依郵政儲金一年期定期儲金固定利率，分別加計利息（D）經申請分期繳納者，逾期繳納，應加收滯納金，滯納金需加計利息繳納（110 年地方五等特考）

（C）62. 甲 110 年 1 月於國外死亡，死亡前 1 年放棄中華民國國民國籍，但死亡前 2 年內在中華民國境內有住所，死亡時留有境內、境外財產，依遺產及贈與稅法規定應如何課徵遺產稅？（A）僅對境內財產課稅（B）在境內死亡者才課稅（C）對境內、境外財產均課稅，境外財產已納稅額可以扣抵（D）對境內、境外財產均課稅，境外財產已納稅額不可以扣抵（110 年地方五等特考）

（C）63. 依遺產及贈與稅法規定，110 年度申報遺產稅時，應自遺產總額中扣除之項目，下列敘述何者錯誤？（A）配偶得減除新臺幣 493 萬元（B）被繼承人之喪葬費用，得減除新臺幣 123 萬元（C）親等近者拋棄繼承由次親等卑親屬繼承者不得列報扣除額（D）被繼承人遺有受其扶養之已成年兄弟姊妹者，每人得自遺產總額中扣除 50 萬元（110 年地方五等特考）

（B）64. 下列何者不屬於遺產及贈與稅法第16條「不計入遺產總額」之項目？（A）繼承人捐贈各級政府之財產（B）被繼承人經創作人讓與而取得之著作權（C）被繼承人死亡前5年內，繼承之財產已納遺產稅者（D）約定於被繼承人死亡時，給付其所指定受益人之人壽保險金（110年地方五等特考）

（B）65. 遺產稅之納稅義務人於遺產稅，已依本法申報而有漏報或短報情事者，應如何處罰？（A）處1年以下有期徒刑（B）按所漏稅額處2倍以下之罰鍰（C）按所漏稅額處1倍至2倍之罰鍰（D）按所漏稅額處1倍至3倍之罰鍰（110年地方五等特考）

（D）66. 被繼承人贈與繼承人之財產，在死亡前多久以內應視爲遺產，併入其遺產總額課徵遺產稅？（A）5年內（B）4年內（C）3年內（D）2年內（110年地方五等特考）

（C）67. 甲和下列對象間財產之買賣，如未能提出支付價款之確實證明，則應以贈與論，並課徵贈與稅？（A）表姐（B）姑姑（C）媳婦（D）姪子（110年地方四等特考）

（A）68. 下列贈與模式①～④中之納稅義務人及其應納之稅捐，何者正確？①自然人甲贈與自然人乙：納稅義務人爲自然人甲，需繳納贈與稅②自然人甲贈與法人丙：納稅義務人爲法人丙，需繳納營利事業所得稅③法人丁贈與自然人乙：納稅義務人爲自然人乙，需繳納綜合所得稅④法人丁贈與法人丙：納稅義務人爲法人丁，需繳納營利事業所得稅（A）①③（B）②④（C）②③（D）①④（110年地方四等特考）

（C）69. 下列有關遺產稅之課徵範圍，何者錯誤？（A）死亡事實或贈與行爲發生前2年內，被繼承人自願喪失中華民國國籍者，仍應依遺產及贈與稅法課徵遺產稅（B）經常居住中華民國境外之國民，應就其在中華民國境內之財產，課徵遺產稅（C）信託關係存續中受益人死亡時，應就其享有信託利益之權利已領受部分，課徵遺產稅（D）因遺囑成立之信託，於遺囑人死亡時，其信託財產應依遺產及贈與稅法規定，課徵遺產稅（110年地方三等特考）

（A）70. 下列何者情況不計入贈與總額課稅？（A）贈與人爲子女所支付之生活費、教育費及醫藥費（B）贈與人與其弟弟間財產之買賣且弟弟無法提出所支付價款之確實證明（C）贈與人以自己的資金，無償爲妹妹購置不動產（D）贈與人以顯著不相當代價，讓與股票給其姐姐（110年地方三等特考）

（A）71. 下列那些屬於遺產及贈與稅法規定，每遇消費者物價指數較上次調整之指數累計上漲達10%以上時應按上漲程度調整之項目？①免稅額②課稅級距金額③被繼承人日常生活必需之器具及用具、職業上之工具，不計入遺產總額之金額④父母於子女婚嫁時所贈與之財物不計入贈與總額之金額⑤被繼承人之喪葬費用（A）①②③⑤（B）①②④⑤（C）①③④⑤（D）①②③④⑤（110年地方三等特考）

（B）72. 依現行遺產及贈與稅法規定，下列有關視同贈與之敘述，何者正確？（A）以自己資金無償爲他人購置不動產，以購買不動產之資金，計入贈與總額（B）以顯著不相當之代價出資爲他人購置財產者，其出資與代價之差額部分，計入贈與總額（C）三親等以內親屬間財產之買賣，未能提出支付證明（D）無行爲能力人以自有資金所購置之財產，並提出自有資金證明，仍應視爲法定代理人之贈與（109 年高考）

（B）73. 有關我國遺產稅及贈與稅現行稅率結構之敘述，下列何者正確？（A）兩者皆爲單一稅率 10% 之設計（B）兩者皆採超額累進三級稅率之設計（C）前者採單一稅率 10%、後者採超額累進三級稅率（D）前者採超額累進三級稅率、後者採單一稅率 10%（109 年普考）

（C）74. 對於我國遺產稅及贈與稅課徵規定之敘述，下列何者錯誤？（A）經常居住中華民國境外之中華民國國民，死亡時在中華民國境內遺有財產者，應就其在中華民國境內之遺產，依規定課徵遺產稅（B）非中華民國國民，就其在中華民國境內之財產爲贈與者，應依規定課徵贈與稅（C）所稱經常居住中華民國境內，係指被繼承人或贈與人，於一課稅年度內在中華民國境內居留合計滿 183 天者（D）死亡事實或贈與行爲發生前二年內，被繼承人或贈與人自願喪失中華民國國籍者，仍應按關於中華民國國民之規定，課徵遺產稅或贈與稅（109 年普考）

（A）75. 被繼承人之配偶依民法規定主張配偶剩餘財產差額分配請求權者，納稅義務人未於稽徵機關核發稅款繳清證明書或免稅證明書之日起多久內？給付該請求權金額之財產予被繼承人之配偶者，稽徵機關應於前述期間屆滿之翌日起多久內，就未給付部分追繳應納稅賦？（A）1 年；5 年（B）1 年；2 年（C）6 個月；5 年（D）6 個月；2 年（109 年普考）

（C）76. 依遺產及贈與稅法規定，下列有關遺產稅稅率之敘述，何者正確？（A）最高邊際稅率爲 40%（B）課稅遺產淨額超過 5,000 萬元部分，適用最高稅率（C）累進稅率分爲三個級距 10%、15%、20%（D）課稅遺產淨額爲 1 億元，應適用 20% 稅率課徵遺產稅（109 年會計師）

（B）77. 依遺產及贈與稅法規定，下列何者視爲被繼承人之遺產？（A）甲死亡前三年內贈與配偶之不動產（B）乙死亡前二年內贈與孫女之上櫃股票（C）丙死亡前二年內贈與已離婚配偶之不動產（D）丁死亡前二年內贈與已離婚配偶之上櫃股票（109 年會計師）

（C）78. 甲是一位學成歸國的經濟學人，爲作育英才，甲於 109 年 1 月間以現金 3,000 萬元成立信託，受託人爲乙銀行，契約中明定受益人爲素有聲譽的某財團法人管弦樂團基金會，依遺產及贈與稅法與相關法規規定，下列敘述何者正確？（A）不計入委託人甲的贈與總額課稅（B）不計入委託人甲的遺產總額課稅（C）對甲課徵贈與稅（D）對受託銀行課徵贈與稅（109 年會計師）

（A）79. 下列何者屬於國稅且採累進稅率之稅目？①綜合所得稅②遺產稅及贈與稅③土地增值稅④非加值型營業稅（A）①②（B）①③④（C）①②③（D）①③（109 年記帳士）

（B）80. 依遺產及贈與稅法第 46 條規定，納稅義務人有故意以詐欺或其他不正當方法，逃漏遺產稅或贈與稅者，除依繼承或贈與發生年度稅率重行核計補徵外，並應處何種處罰？（A）所漏稅額 2 倍以下之罰鍰（B）所漏稅額 1 倍至 3 倍之罰鍰（C）所漏稅額 1 倍至 3 倍之罰鍰，並處 1 年以上、5 年以下之有期徒刑（D）所漏稅額 2 倍以下之罰鍰，並處 5 年以下之有期徒刑

（109 年記帳士）

（C）81. 下列有關遺產及贈與稅報繳之敘述，依遺產及贈與稅法規定，何者錯誤？（A）遺產稅之申報期限為死亡之日起 6 個月內（B）贈與稅之申報期限為超過免稅額之贈與行為發生後 30 日內（C）被繼承人死亡前 3 年贈與其配偶之財產，須併入遺產總額（D）贈與稅之應納稅額在 30 萬元以上，確有困難，無法一次繳納現金者，得申請分 18 期以內繳納（109 年記帳士）

（B）82. 依遺產及贈與稅法規定，下列何項目不計入遺產總額？（A）遺囑執行人對政黨團體的政治獻金捐贈（B）向主管機關聲明登記之歷史文物（C）被繼承人死亡前 6 年繼承尚未繳清稅負之遺產（D）執行遺囑之直接必要費用（109 年記帳士）

（B）83. 下列何種情況不是遺產及贈與稅法規定之視同贈與？（A）在請求權時效內無償免除債務，其免除之債務（B）以相當之代價，讓與之財產（C）以自己之資金無償為他人購置財產者，其資金（D）二等親以內親屬間財產之買賣，無法提出已支付價款之證明（109 年記帳士）

（A）84. 王君於 108 年 9 月 1 日死亡，遺有配偶與已成年子女 2 人，其名下財產如下：房屋一棟市價 5,000 萬元（土地公告現值 1,800 萬元，房屋評定標準價格 1,200 萬元），國內上市甲公司股票 10 萬股，當日股票收盤價每股 100 元。試問遺產稅應納稅額為多少？（A）2,084,000 元（B）2,623,800 元（C）4,168,000 元（D）5,247,600 元（109 年記帳士）

（B）85. 新加坡籍的陳女士在我國境內無設定戶籍，但擁有多筆上市櫃有價證券投資，其死後應如何申報遺產稅？（A）不具備我國國籍，免申報遺產稅（B）由繼承人向臺北國稅局辦理遺產稅申報（C）由繼承人申請臺北地方法院指定遺產管理人辦理遺產稅申報（D）由財政部依照臺新租稅協定之雙邊協議程序核定遺產稅（109 年地方五等特考）

（B）86. 王老先生想立遺囑將遺產一部分作公益用途，死後捐贈給下列那一機關、單位無法享受不計入遺產總額之優惠？（A）各級縣市政府（B）政府持股超過 5 成的上市公司（C）私立財團法人醫院（D）公益信託基金（109 年地方五等特考）

（C）87. 某甲於 109 年 1 月間死亡，僅留 1 繼承人為其獨子，尚餘 6 個月屆滿 20 歲。某甲死亡時留有下列財產：土地 20,000,000 元、房屋 10,500,000 元、未上市櫃股票 5,000,000 元（為 107 年 7 月間因配偶死亡，主張剩餘財產差額分配請求權取得）、日常使用之生活器具 600,000 元、存款 3,000,000 元（為死亡前七年繼承直系尊親屬已納遺產稅之遺產）、繼續作農業使用之農業用地 2,000,000 元，此外，某甲曾於 108 年間贈與獨子財產 6,000,000 元，試問某甲之遺產總額為何？（A）36,500,000 元（B）41,500,000 元（C）46,500,000 元（D）47,100,000 元（109 年地方五等特考）

（C）88. 王大明贈與土地 1 筆給其子王小明，請問贈與稅及土地增值稅之納稅義務人為何？（A）王大明；王大明（B）王小明；王小明（C）王大明；王小明（D）王小明；王大明（109 年地方五等特考）

（C）89. 依現行遺產及贈與稅法規定，贈與人每年贈與淨額在多少金額以下者，依 10% 課徵贈與稅？

（A）220萬元（B）1,200萬元（C）2,500萬元（D）5,000萬元（109年地方四等特考）

（D）90. 依現行遺產及贈與稅法之規定，遺產稅及贈與稅之稅率各爲多少？（A）單一稅率10%（B）單一稅率20%（C）累進稅率10%、15%（D）累進稅率10%、15%、20%（109年地方四等特考）

（C）91. 下列何項遺產及贈與稅的金額，不會隨消費者物價指數上漲而調整？（A）課稅級距（B）免稅額（C）父母於子女婚嫁時所贈與之財物不計入贈與總額之金額（D）喪葬費扣除額（109年地方四等特考）

（C）92. 李四於民國108年2月1日逝世，其遺產中包含一筆於民國100年11月繼承父親遺留之土地，該筆土地當時已繳納遺產稅，試問此筆土地金額有多少比例可自李四的遺產總額中扣除？（A）80%（B）60%（C）40%（D）20%（109年地方三等特考）

（C）93. 有關遺產稅之繳納，下列敘述何者正確？（A）應納稅額在30萬元以上，納稅義務人確有困難，不能一次繳納現金時，得於納稅期限內，向該管稽徵機關申請分12期以內繳納，每期間隔以不超過2個月爲限（B）應納稅額在30萬元以上，納稅義務人確有困難，不能一次繳納現金時，得於納稅期限內，向該管稽徵機關申請分18期以內繳納，每期間隔以不超過3個月爲限（C）遺產稅納稅義務人，應於稽徵機關送達核定納稅通知書之日起2個月內，繳清應納稅款；必要時，得於限期內申請稽徵機關核准延期2個月（D）經申請分期繳納者，應自繳納期限屆滿之日起，至納稅義務人繳納之日止，依郵政儲金一年期定期儲金固定利率，分別加計利息（109年地方三等特考）

（A）94. 下列何項非屬遺產及贈與稅法所規定之「視同贈與」？（A）保證人因主債務人宣告破產，保證人之代償行爲（B）以自己之資金，無償爲他人購置財產者（C）限制行爲能力人或無行爲能力人所購置之財產（D）二親等以內親屬間財產之買賣（109年地方三等特考）

第18章 證券交易稅與期貨交易稅

秋盡官催認餉忙，一絲一粟盡輸將。

最憐番俗須重譯，溪壑終疑飽社商。

臺灣　夏之芳「臺灣雜詠」

我國目前對有價證券的買賣課徵證券交易稅（securities transactions tax）；對從事股價指數期貨、股價指數期貨選擇權或股價選擇權之交易，徵收期貨交易稅（futures transactions tax）。由於此兩者的性質相近，故於本章一併探討。

證券交易稅

證券交易稅係對買賣有價證券所課徵的稅，它係按買賣成交價額課徵一定比例的流通稅[1]。證券交易稅與證券交易所得稅在性質或稅基的認定上均截然不同。前者係對買賣有價證券，不論其有無所得（不論盈虧），皆須課稅；而後者係對出售有價證券的利得課徵所得稅，無利得即不課徵[2]。

18-1 課稅範圍

凡買賣有價證券者，均應課徵證券交易稅，惟買賣各級政府發行之債券，免徵證券交易稅（證 1）。又我國為活絡債券市場，協助企業籌資及促進資本市場之發展，自民國 99 年 1 月 1 日起至 115 年 12 月 31 日止暫停徵公司債及金融債券之證券交易稅。

為促進國內上市及上櫃債券指數股票型基金之發展，自民國 106 年 1 月 1 日起至 115 年 12 月 31 日止暫停徵證券投資信託事業募集發行以債券為主要投資標的之上市及上櫃指數股票型基金受益憑證之證券交易稅。但槓桿型及反向型之債券指數股票型基金受益憑證，不適用之。

前項債券指數股票型基金之投資標的，限於國內外政府公債、普通公司債、金融債券、債券附條件交易、銀行存款及債券期貨交易之契約（證 2-1）[3]。

---

1 證券交易稅、期貨交易稅兩者，在臺灣《財政統計年報》中被歸類為「直接稅」，詳見頁 12。

2 臺灣的證券交易稅受到股市榮枯影響甚大。89 年證交稅收為 1,602 億元，占賦稅收入的 8.3%。而 90 年降為僅有 638 億元，占賦稅收入的 5.1%。

3 為避免「促進產業升級條例」在 2009 年底落日後，又需恢復課徵公司債及金融債券證交稅，行政院院會在 2009 年 5 月 21 日通過「證交稅條例」第 2 條之 1 修正草案，送立法院審議；並於 98 年 12 月 30 日以總統華總一義字第 09800323251 號令增訂公布第 2 條之 1 條文，自 99 年 1 月 1 日起 7 年內暫停徵公司債及金融債券之證券交易稅。惟於 105 年 12 月 30 日總統華總一義字第 10500165221 號令再次修正公布第 2 條之 1 條文，規定自中華民國 99 年 1 月 1 日起至 115 年 12 月 31 日止暫停徵公司債及金融債券之證券交易稅。

此外，自中華民國 106 年 4 月 28 日起至 113 年 12 月 31 日止同一證券商受託買賣或自 107 年 4 月 28 日起至 113 年 12 月 31 日止證券商自行買賣，同一帳戶於同一營業日現款買進與現券賣出同種類同數量之上市或上櫃股票，於出賣時，按每次交易成交價格依 1.5‰ 稅率課徵證券交易稅，不適用第 2 條第 1 款規定。

適用前項規定稅率之股票交易，應依金融主管機關、證券交易所、證券櫃檯買賣中心訂定之有價證券當日沖銷交易作業相關規定辦理（證 2-2）。

立法理由

一、衡酌現股當日沖銷交易證券交易稅稅率 1.5‰ 措施已達成提升市場交易量能及流動性目的，爲促進證券市場長遠發展需要，爰修正延長施行期限至 113 年 12 月 31 日止，同一證券商受託買賣或證券商自行買賣現股當日沖銷交易，證券交易稅稅率爲 1.5‰。

二、增訂第 2 項，明定出賣股票適用第 1 項規定稅率者，應依金融主管機關、證券交易所、證券櫃檯買賣中心訂定之有價證券當日沖銷交易作業相關規定辦理，使臻明確[4]。

有價證券包括：

一、各級政府發行之債券。

二、公司發行之股票。

三、公司發行之公司債。

四、經政府核准得公開募銷之其他有價證券。

18-2 納稅義務人及代徵人

一、納稅義務人：證券交易稅的納稅義務人爲出賣有價證券人。

二、代徵人

（一）證券交易稅由代徵人於每次買賣交割之當日，按規定稅率代徵，並於代徵之次日，填具繳款書向國庫繳納之。

[4] 參見立法院立法理由。

（二）代徵人代徵稅款後，應製給規定之收據，交與證券出賣人。但證券經紀商爲代徵人者，得按月以交易對帳單爲之。

（三）證券自營商自行出賣其所持有之有價證券，其證券交易稅由該證券自營商於每次買賣交割之次日，塡具繳款書向國庫繳納之，不適用第（一）項代徵人之規定。

（四）代徵人及前項之證券自營商應將每日成交證券之出賣人姓名、地址、有價證券名稱、數量、單價、總價、稅額及第 2 條之 3 第 1 項規定權證避險專戶之交易明細列具清單，於次月五日前報告於該管稽徵機關（證 3）。

（五）代徵人為：

1. 證券承銷人（securities underwriter）：有價證券如係經由證券承銷商出賣其所承銷之有價證券者，其代徵人爲證券承銷商。

2. 證券經紀人（securities broker）：有價證券如係經由證券經紀商受客戶委託出賣者，其代徵人爲證券經紀商。

3. 證券受讓人（securities transferee）：有價證券如係由持有人直接出讓與受讓人者，其代徵人爲受讓證券人；經法院拍賣者，以拍定人爲受讓證券人。受讓證券人依法代徵並繳納稅款後，不得申請變更代徵人（證 4）。

18-3 稅率

證券交易稅向出賣有價證券人按每次交易成交價格依下列稅率課徵（證 2）：

一、公司發行之股票及表明股票權利之證書或憑證課徵 3‰（證 2）。但自中華民國 106 年 4 月 28 日起至 113 年 12 月 31 日止同一證券商受託買賣或自 107 年 4 月 28 日起至 113 年 12 月 31 日止證券商自行買賣，同一帳戶於同一營業日現款買進與現券賣出同種類同數量之上市或上櫃股票，於出賣時，按每次交易成交價格依 1.5‰ 稅率課徵證券交易稅，不適用第 2 條第 1 款規定。

適用前項規定稅率之股票交易，應依金融主管機關、證券交易所、證券櫃檯買賣中心訂定之有價證券當日沖銷交易作業相關規定辦理（證 2-2）。

經目的事業主管機關核准發行認購（售）權證，於該權證上市或上櫃日至到期日期間，基於履行報價責任規定及風險管理目的，自本條文生效日起五年內，出賣認購（售）權證避險專戶內經目的事業主管機關核可之標的股票者，其每日交易成交總金額在避險必要範圍內之部分，按每次交易成交價格依 1‰ 稅率課徵證券交易稅，不適用第 2 條第 1 款及第 2 條之 2 規定。但按約定行使價格出賣標的股票與權證持有人者，仍應依第 2 條第 1 款或第 2 條之 2 規定稅率課徵。

前項基於履行報價責任規定及風險管理目的之條件、範圍、避險必要範圍之認定基準與內部控管及其他相關事項之辦法，由財政部會商金融監督管理委員會定之（證 2-3）。

二、公司債及其他經政府核准之有價證券課徵 1‰。

行政院爲因應景氣振興經濟及活絡股市，曾於 97 年 9 月 10 日發布新聞稿，提出「證券交易稅條例」修正案，送請立法院審議，擬將證券交易稅的稅率減半徵收，由現行的 3‰ 降爲 1.5‰，實施期間爲半年，惟至今尚未通過稅率減半的提案。由於是否進場買賣股票，主要決定於是否有資本利得（capital gain），而非繫於稅率的高低；降低稅率徒然招致鉅額證交稅稅收損失，且降稅之後，易放難收，因此該提案飽受各界之批評，可能無疾而終（因爲半年早已經過了）。

18-4 減免稅規定

下列各款免徵證券交易稅：

一、買賣各級政府發行之債券（證 1）。

二、買賣公司債及金融債券。我國爲活絡債券市場，協助企業籌資及促進資本市場之發展，自民國 99 年 1 月 1 日起至 115 年 12 月 31 日止暫停徵公司債及金融債券之證券交易稅。

爲促進國內上市及上櫃債券指數股票型基金之發展，自中華民國 106 年 1 月 1 日起至 115 年 12 月 31 日止暫停徵證券投資信託事業募集發行以債券爲主要投資標的之上市及上櫃指數股票型基金受益憑證之證券交易稅。但槓桿型及反向型之債券指數股票型基金受益憑證，不適用之。

前項債券指數股票型基金之投資標的，限於國內外政府公債、普通公司債、金融債券、債券附條件交易、銀行存款及債券期貨交易之契約（證 2-1）。

立法理由[5]

1. 考量國內債券市場仍處於低利狀態，爲避免原條文所定期限屆滿後，公司債及金融債券恢復課徵證券交易稅，將影響企業籌資及經濟發展，爰參考經濟景氣循環週期，將原條文列爲第1項，明定公司債及金融債券暫停徵證券交易稅至115年12月31日止。
2. 爲發展國內債券指數股票型基金，活絡我國債券市場，並參酌公司債及金融債券暫停徵證券交易稅之期間，爰增訂第2項，明定上市及上櫃債券指數股票型基金受益憑證暫停徵證券交易稅之期間爲106年1月1日起至115年12月31日止。另考量主要運用債券衍生性商品來追蹤、模擬或複製債券標的指數之正向倍數或反向倍數表現（包含直接追蹤具有正向倍數或反向倍數表現之債券標的指數）之槓桿型及反向型債券指數股票型基金，其投資標的既係以債券衍生性商品爲主，爰於但書定明上開類型之債券指數股票型基金受益憑證不適用暫停徵證券交易稅。
3. 依據證券投資信託基金管理辦法第37條第1項及第2項規定，債券指數股票型基金指以追蹤、模擬或複製標的債券指數表現，並在證券交易市場交易之基金。鑒於暫停徵債券指數股票型基金之證券交易稅之目的係爲增加債券次級市場流動性及提高小額投資人參與債券市場機會，爰增訂第3項，明定前開債券指數股票型基金之投資標的限於國內外政府公債、普通公司債、金融債券、債券附條件交易、銀行存款及債券期貨交易之契約。另爲避免債券指數股票型基金投資於轉（交）換公司債及附認股權公司債等具有股權性質之債券，爰明定其投資公司債之範圍僅限於普通公司債。

三、自中華民國106年4月28日起至113年12月31日止同一證券商受託買賣或自107年4月28日起至113年12月31日止證券商自行買賣，同一帳戶於同一營業日現款買進與現券賣出同種類同數量之上市或上櫃股票，於出賣時，按每次交易成交價格依1.5‰稅率課徵證券交易稅，不適用第2條第1款規定。適用前項規定稅率之股票交易，應依金融主管機關、證券交易所、證券櫃檯買賣中心訂定之有價證券當日沖銷交易作業相關規定辦理（證2-2）。

四、因繼承或贈與而取得之有價證券。因其非屬交易行爲，故免徵證券交易稅（證注3）。

五、公司因創立或增資發行新股票，或經主管官署核准募集之公司債。因其非屬交易行爲，故免徵證券交易稅，惟公司股東或債權人，將認股之股票或應募之公司債予以轉讓時，仍應依法課稅（證注2）。

---

5 參見立法院立法理由。

六、法院沒入有價證券時免徵。但出售時仍應依法課徵（證注 4）。

七、有價證券持有人，以證券向銀行抵押借款辦理設定質權時，免徵證券交易稅。惟借款人事後如以該項證券抵償原欠債務，應按抵償當時之市價作價。由放款銀行依法代徵證券交易稅（證注 5）。

八、綜合所得稅納稅義務人利用他人名義分散股利所得，經補稅送罰確定後，申請將該項分散他人名義之股票，收回爲自己名義所有時，該項移轉免徵證券交易稅。

九、公司發行可轉讓公司債，該公司債持有人將所持公司債轉換爲該公司股票，尚非買賣有價證券之行爲，不屬證券交易稅課稅範圍。

十、未發行股票之股份有限公司，其股東於轉讓股份時，持憑辦理過戶之各種「股份轉讓憑證」及其他代表「股份」之憑證，非屬證券交易稅條例規定之有價證券，應免課徵證券交易稅。

十一、個人或營利事業以其持有之股份有限公司股票充抵股款，投資於另一營利事業，而將股票過戶登記給被投資之營利事業，非屬有價證券之買賣，免課徵證券交易稅。

18-5 納稅程序

一、在證券交易所內買賣有價證券之程序（證 3）

（一）買賣交割當日：由代徵人按規定稅率代徵稅款。

（二）買賣交割次日：由代徵人填具繳款書將代徵稅款向國庫（銀行或代收稅款處）繳納。

二、在證券交易所以外私人間直接買賣有價證券之程序

（一）由代徵人（即受讓證券人）先向稽徵機關領取空白「代徵稅款自動報繳書」（每一出賣人填一份）。

（二）代徵人於買賣當日按規定稅率代徵稅款，並於次日填「代徵稅款自動報繳書」，自行持向國庫（銀行或代收稅款處）繳納，並將繳款書第二聯交與證券出賣人作爲完稅憑證，第三聯檢送證券發行公司，以憑查驗辦理過戶登記。

18-6 調查或檢查

各地該管稽徵機關得隨時向代徵人、證券自營商調查或檢查其帳冊與其交易數量及價格，必要時並得向任何有關公私組織或個人進行調查，或要求提示有關文件備查，均不得規避、妨礙或拒絕（證 5）。

18-7 獎勵

一、**代徵**：代徵人依照法定程序及期限完成其代徵義務者，該管稽徵機關按其代徵稅額給予 1‰ 獎金。但每一代徵人每年以新臺幣 2,400 萬元為限（證 8）。

二、**告發或檢舉**：告發或檢舉證券交易稅代徵人有不為代徵、短徵、漏徵、或證券買賣人以詐欺及其他不正當行為逃稅情事，經查明屬實者，稽徵機關以罰鍰 20%，發獎金給檢舉人，並為舉發人絕對保守秘密。公務人員為舉發人及參與逃漏稅行為之舉發人，均不適用本條獎金之規定（證 7）。

18-8 罰則

一、代徵人及證券自營商不依第 3 條第 4 項規定，向該管稽徵機關填報證券成交清單或所填報事項有虛偽不實之情事者，處以新臺幣 1,500 元以上 3,000 元以下之怠報金（證 9）。

二、代徵人違反第 3 條第 1 項規定，不履行代徵義務或代徵稅額有短徵、漏徵情形者，除責令其賠繳並由該管稽徵機關先行發單補徵外，另處以應代徵未代徵之應納稅額一倍至十倍之罰鍰（證 9-1）。

三、證券自營商違反第 3 條第 3 項規定，未繳納應納稅額或有短繳、漏繳應納稅額情形者，除補徵稅款外，按所漏稅額處 1 倍至 10 倍罰鍰（證 9-2）。

四、代徵人或證券自營商未依照第 3 條第 1 項、第 3 項規定期限繳納稅款者，應加徵滯納金（證 11）。

五、證券發行公司於證券持有人辦理分配盈餘登記，或申請為轉讓登記時，應檢視上手證券交易稅完稅憑證，如發現未繳納證券交易稅者，應向該管稽徵機關報告，其不為報告者，應負賠繳稅款之責（證 6）。

六、有價證券買賣人故意以詐術或其他不正當行爲逃避稅負者，適用稅捐稽徵法第 41 條規定處五年以下有期徒刑、拘役、或科或併科 6 萬元以下罰金之規定（證 10、稅 41）。

期貨交易稅

期貨交易稅係對在中華民國境內從事期貨之交易所課徵之稅，屬於流通稅性質，且爲國稅，其性質與證券交易稅相近，但與期貨交易所得稅迥然不同。期貨交易稅是對從事期貨之交易課稅；而期貨交易所得稅是對從事期貨交易的利得課稅，且目前所得稅法對期貨交易所得，暫行停止課徵所得稅（所 4-2）。我國目前應課期貨交易稅之期貨有股價類期貨契約（stock index futures contracts）、利率類期貨契約（interest rate futures contracts）、選擇權契約或期貨選擇權契約（option contracts or option contracts on futures）以及其他期貨交易契約（other futures contracts）。

18-9 課稅範圍

凡在中華民國境內期貨交易所從事期貨交易，應依法徵收期貨交易稅（期 1）。

18-10 納稅義務人及代徵人

一、**納稅義務人**：期貨交易稅之納稅義務人爲買賣雙方交易人（期 2）。

二、**代徵人**：期貨交易稅之代徵人爲期貨商（期 3）。

18-11 稅率

一、法定稅率

我國現行期貨交易稅的稅率可分爲：

（一）股價類期貨契約：按每次交易之契約金額課徵，稅率最低不得少於百萬分之

0.125，最高不得超過千分之 0.6。

（二）利率類期貨契約：按每次交易之契約金額課徵，稅率最低不得少於百萬分之 0.125，最高不得超過百萬分之 2.5。

（三）選擇權契約或期貨選擇權契約：按每次交易之權利金金額課徵，稅率最低不得少於千分之 1，最高不得超過千分之 6。

（四）其他期貨交易契約：按每次交易之契約金額課徵，稅率最低不得少於百萬分之 0.125，最高不得超過千分之 0.6。

二、現行徵收率

前項各款期貨交易稅之徵收率，由財政部按不同契約分別擬訂，報請行政院核定之。目前各款期貨交易稅之徵收率如下：

（一）股價類期貨契約：股價類期貨契約之期貨交易稅徵收率業經行政院核定爲「十萬分之二」，實施期間自 105 年 1 月 1 日起至 107 年 12 月 31 日止。爲確保我國期貨市場穩定發展及維持競爭力，並兼顧財政需要，報經行政院核定自 108 年 1 月 1 日起，股價類期貨契約之期貨交易稅徵收率爲十萬分之二，且未訂定落日日期。

（二）利率類期貨契約：

1. 30 天期商業本票利率期貨契約，按每次交易之契約金額課徵百萬分之 0.125。

2. 中華民國十年期政府債券期貨契約：按每次交易之契約金額課徵百萬分之 1.25。

（三）選擇權契約或期貨選擇權契約：按每次交易之權利金金額課徵千分之 1。

（四）其他期貨交易契約：如黃金期貨交易契約按每次交易之契約金額課徵百萬分之 2.5。

三、以現金結算差價

買賣雙方交易人於到期前或到期時以現金結算差價者，各按結算之市場價格，依下列規定課徵期貨交易稅：

（一）第一項第（三）款選擇權契約或期貨選擇權契約：依其類別適用第一項第（一）款、第（二）款或第（四）款之徵收率課徵之。

（二）第一項第（一）款、第（二）款或第（四）款期貨交易契約：依各該款之徵收率課徵之（期 2）。

18-12 納稅程序

期貨交易稅係由期貨商於交易當日，按期貨交易稅稅率代徵，並於代徵之次日，填具繳款書向國庫繳納。代徵人並應將每日期貨交易之交易人姓名、地址、期貨交易名稱、數量、金額及代徵之稅額等，列其清單或錄製媒體資料，於次月五日前報告於該管稽徵機關（期 3）。

18-13 獎勵

代徵人依照法定程序及期限完成其代徵義務者，該管稽徵機關應按其代徵稅額給予 1‰ 獎金。但每一代徵人每年代徵獎金以新臺幣 2,400 萬元爲限（期 4）。

18-14 罰則

一、代徵人不履行代徵業務，或其應行代徵之稅額有短漏徵情形者，除責令其賠繳，並由該管稽徵機關先行發單補徵外，另處所漏稅額 10 倍以上 30 倍以下之罰鍰（期 5）。

二、代徵人不依規定向該管稽徵機關填報期貨交易清單或媒體資料，或所填報事項有虛僞不實之情事者，處新臺幣 15,000 元以上 3 萬元以下之怠報金（期 5）。

三、代徵人逾規定期限繳納代徵稅款者，應予加徵滯納金（期 6）。

歷屆試題

選擇題（本書各章所附考題之答案均係依據考試當年度考選部所公布之答案）

（B）1. 有關證券交易稅之敘述，下列何者錯誤？（A）我國自中華民國 99 年 1 月 1 日起至 115 年 12 月 31 日止暫停徵公司債及金融債券之證券交易稅（B）證券交易稅之納稅義務人爲買進有價證券之人（C）有價證券如係經由證券經紀商受客戶委託出賣者，其證券交易稅之代徵人爲證券經紀商（D）出售公司發行之股票及表明股票權利之證書或憑證徵千分之三之證券交易稅。（111 年地方五等特考）

（B）2. 依證券交易稅條例規定，公司債及其他經政府核准之有價證券應課徵多少的證券交易稅？（A）無須課徵（B）0.1%（C）0.2%（D）0.3%（111 年初考）

（A）3. 依證券交易稅條例規定，代徵人依照法定程序及期限完成其代徵義務者，該管稽徵機關應按其代徵稅額給與多少比例獎金？但每一代徵人每年以新臺幣多少元爲限？（A）1‰；2,400 萬元（B）3‰；2,400 萬元（C）1‰；1,200 萬元（D）3‰；1,200 萬元（110 年初考）

（B）4. 依稅捐稽徵法規定，營利事業之憑證至少應保存若干年？（A）3 年（B）5 年（C）7 年（D）10 年（109 年會計師）

（C）5. 關於證券交易稅條例規定的敘述，下列何者錯誤？（A）向出賣有價證券的人課徵（B）買賣各級政府發行之債券不在課稅範圍（C）買賣公司債之稅率爲千分之三（D）屬於從價稅（109 年身心障礙五等特考）

（B）6. 依證券交易稅條例之規定，代徵人依照法定程序及期限完成其代徵義務者，該管稽徵機關應按其代徵稅額給與多少百分比之獎金？（A）千分之零點五（B）千分之一（C）千分之一點五（D）千分之二（109 年身心障礙五等特考）

（D）7. 現行我國公司債及金融債券之證券交易稅如何計徵？（A）按每次交易成交價格向出售人課徵千分之一（B）按每次交易成交價格向買受人課徵千分之一（C）按每次交易成交價格向出售人課徵千分之三（D）暫停徵收（108 年地方五等特考）

（B）8. 依證券交易稅條例第 2 條之 2 的規定，賣出符合當日沖銷交易之股票，按每次交易成交價格，課以多少稅率之證券交易稅？（A）0.1%（B）0.15%（C）0.2%（D）0.3%（108 年初考）

（A）9. 依據現行證券交易稅條例之規定，爲活絡市場，協助企業籌資及促進資本市場之發展，自民國 99 年 1 月 1 日起至 115 年 12 月 31 日止暫停徵收下列那一項有價證券之證券交易稅？（A）公司債及金融債券（B）槓桿型及反向型之債券指數股票型基金受益憑證（C）上市股票（D）上櫃股票（106 年地方五等特考）

（A）10. 依相關稅法的敘述，下列何者錯誤？（A）承攬契據之印花稅由立約人按每件 12 元貼用印花

（B）期貨交易稅的納稅義務人爲買賣雙方交易人（C）進口應徵貨物稅之飲料，其貨物稅之完稅價格包括關稅稅額（D）進口應徵特種貨物及勞務稅之小客車，其稅額由海關代徵（106年地方四等特考）

（C）11. 張三於民國 102 年 4 月 1 日出售甲股份有限公司（非公開發行公司）之股票，以每股面額 10 元出售 100,000 股予李四，甲股份有限公司當時每股淨值爲 30 元，試問對張三與李四交易行爲之課稅，下列敘述何者錯誤？（A）張三與李四買賣之股票，應以成交價額 100 萬元課徵證券交易稅（B）應計算之贈與金額爲 200 萬元（C）張三與李四並非二親等以內之親屬，其股權淨值與面額差額部分，不受以贈與論之推定（D）應計算之贈與稅率爲 10%（102 年高考）

（B）12. 自民國 99 年 1 月 1 日起幾年內暫停徵公司債及金融債券之證券交易稅？（A）5 年（B）7 年（C）10 年（D）15 年（102 年地方特考五等）

（C）13. 期貨交易之租稅待遇爲何？（A）只課期貨交易稅，並無其他相關租稅或稅負（B）期貨交易稅只對賣方課稅（C）期貨交易稅對買、賣雙方課稅（D）期貨交易稅之稅率高於證券交易稅（102 年地方特考四等）

（C）14. 依證券交易稅條例規定，出售國內公司發行之股票及表明股票權利之證書，應按每次交易的成交價格，依下列何項稅率課徵證券交易稅？（A）千分之一（B）千分之二（C）千分之三（D）千分之五（101 年地方特考五等）

（C）15. 關於證券交易稅之敘述，下列何者錯誤？（A）各級政府發行之債券免徵證券交易稅（B）公司債在 101 年度停徵證券交易稅（C）公司債之法定稅率爲千分之三（D）金融債券在 101 年度停徵證券交易稅（101 年地方特考四等）

第 19 章
印花稅

我是朱陳舊使君，勸農曾入杏花村。
而今風物那堪畫，縣吏催租夜打門。

蘇軾「朱陳村嫁娶圖」

印花稅（stamp tax）是一種憑證稅，屬於直轄市及縣（市）稅。凡在中華民國境內書立之各種憑證，包括銀錢收據、買賣動產契據、承攬契據、典賣讓受與分割不動產契據，皆應課徵印花稅。換言之，若不在中華民國境內訂定契約書立憑證，即無須繳納印花稅。因此，國內曾有公司利用在國外訂定契約書立憑證之方式以規避我國的印花稅。印花稅係採輕稅重罰的課徵方式，稅率雖輕，但罰則甚重。

19-1 課徵範圍

印花稅的課徵範圍包括下列憑證（印 5）：

一、**銀錢收據**：指收到銀錢所立之單據、簿、摺。凡收受或代收銀錢收據、收款回執、解款條、取租簿、取租摺及付款簿等屬之。但兼具營業發票性質之銀錢收據及兼具銀錢收據性質之營業發票不包括在內。

二、**買賣動產契據**：指買賣動產所立之契據。

三、**承攬契據**：指一方爲他方完成一定工作之契據，如承包各種工程契約、承印印刷品契約及代理加工契據等屬之。

四、**典賣、讓受及分割不動產契據**：指設定典權及買賣、交換、贈與、分割不動產所立向主管機關申請物權登記之契據。

19-2 納稅義務人

印花稅的納稅義務人如下（印 7）：

一、**銀錢收據**：立據人。

二、**買賣動產契據**：立約或立據人。

三、**承攬契據**：立約或立據人。

四、**典賣、讓受及分割不動產契據**：立約或立據人。

19-3 稅率或稅額（印 7）

一、**銀錢收據**：按金額 4‰ 計貼。收受押標金收據按金額 1‰ 計貼。

二、**買賣動產契據**：每件稅額新臺幣 12 元。

三、**承攬契據**：按金額 1‰ 計貼。

四、**典賣讓受及分割不動產契據**：按金額 1‰ 計貼。

19-4 免稅範圍

下列各種憑證免納印花稅（印 6）：

一、各級政府機關及鄉（鎮、市、區）公所所立或使用在一般應負納稅義務之各種憑證。

二、公私立學校處理公款所發之憑證。

三、公私營事業組織內部，所用不生對外權利義務關係之單據，包括總組織與分組織間互用而不生對外作用之單據。

四、催索欠款或核對數目所用之帳單。

五、各種憑證之正本已貼用印花稅票者，其副本或抄本。

六、車票、船票、航空機票及其他往來客票、行李票。

七、農民（農、林、漁、牧）出售本身生產之農產品所出具之收據；農產品第一次批發交易由批發市場代農民（農、林、漁、牧）或農民團體出具之銷貨憑證；農民（農、林、漁、牧） 或農民團體辦理共同供銷、運銷，直接供應工廠或出口外銷出具之銷貨憑證。

八、薪給、工資收據。

九、領受賑金、恤金、養老金收據。

十、義務代收稅捐或其他捐獻政府款項者，於代收時所具之收據。

十一、義務代發政府款項者，於向政府領款時所具之收據。

十二、領受退還稅款之收據。

十三、銷售印花稅票收款收據。

十四、財團或社團法人組織之教育、文化、公益或慈善團體領受捐贈之收據。

十五、農田水利會收取會員水利費收據。

十六、建造或檢修航行於國際航線船舶所訂之契約。

19-5 納稅方法

一、**繳納方式**（印 8）

（一）貼用印花稅票：應納印花稅之憑證，於書立後交付或使用時，應貼足印花稅票。

（二）填寫繳款書：其稅額鉅大、不便貼用印花稅票者，得申請主管稽徵機關開給繳款書繳納。

（三）彙總繳納：公私營事業組織所用各種憑證應納之印花稅，得申請主管稽徵機關核准後辦理彙總繳納。

二、**貼用註銷**：貼用印花稅票，應由納稅人於每枚稅票與原件紙面騎縫處，加蓋圖章註銷；個人得以簽名或劃押代替圖章（印 10）。印花稅票經貼用註銷者，不得揭下重用（印 11）。

三、**印花稅計算至元為止**：印花稅以計至通用貨幣元爲止，每件稅額尾數不足通用貨幣 1 元之部分，均免予貼用。彙總繳納之印花稅，如彙總稅額不足通用貨幣 1 元及應納稅額尾數不足通用貨幣 1 元之部分，均免予繳納（印 9）。

四、**正本副本及抄本**：同一憑證須具備二份以上，由雙方或各方關係人各執一份者，應於每份各別貼用印花稅票。同一憑證之副本或抄本視同正本使用者，仍應貼用印花稅票（印 12）。

五、**同一憑證多種性質**：同一憑證而具有兩種以上性質，稅率相同者，僅按一種貼用印花稅票，稅率不同者，應按較高稅率計算稅額（印 13）。

六、**代用憑證**：應使用高稅額之憑證而以低稅額之憑證代替者，須按高稅額之憑證貼用印花稅票。凡以非納稅憑證代替應納稅憑證使用者，仍應按其性質所屬類目貼用印花稅票（印 13）。

七、**未載金額**：應貼印花稅憑證如未載明金額，應按憑證所載品名及數量，依使用時當地時價計貼（印 18）。

八、**同一行為多種憑證**：同一行爲產生兩種以上憑證者，除本法另有規定外，應各按其性質所屬類目，分別貼用印花稅票（印 14）。

九、**續用憑證**：經關係人約定將已失時效之憑證繼續使用者，應另貼印花稅票（印 15）。

十、**修改憑證**：已貼印花稅票之憑證，因事實變更而修改原憑證繼續使用，其變更部分，如須加貼印花稅票時，仍應補足之（印 16）。

十一、臨時收據（印 20）

（一）一宗交易先開立臨時收據再開立正式收據，或分次收款先開立分次收款收據再開立總收據者，臨時收據或分次收款收據應先行分別貼足印花稅票，俟開立正式收據或總收據時，將臨時收據或分次收款收據收回貼附背面；其金額相等者，正式收據或總收據免再貼印花稅票；其不相等者，應於正式收據或總收據上補足差額。

（二）開立正式收據或總收據時，未依規定將臨時收據或分次收款收據收回貼附背面者，應照所載全部金額貼用印花稅票。

19-6 罰則

由於印花稅查稽不易，且稅額較小，故我國係採重罰之方式，以收嚇阻逃漏稅之效，茲將其罰則說明如下：

一、應稅憑證不貼印花稅票或貼用不足稅額者，除補貼印花稅票外，按漏貼稅額處五倍至十五倍罰鍰（印 23）。

二、以總繳方式完納印花稅，逾期繳納者，應依稅捐稽徵法第 20 條規定，每逾二日按滯納數額加徵 1% 滯納金，逾三十日仍未繳納，除移送法院強制執行外，並依情節輕重按滯納之稅額處一倍至五倍罰鍰（印 23）。

三、不依規定註銷印花稅票，處五倍至十倍罰鍰（印 24）。但下列情況得減輕或免予處罰（違免 17）：

（一）其未經註銷之印花稅票數額符合下列規定之一者，減輕或免予處罰：

1. 每件憑證未經註銷之印花稅票數額在新臺幣 1,000 元以下，免予處罰。

2. 每件憑證未經註銷之印花稅票數額逾新臺幣 1,000 元至新臺幣 2,000 元，按未經註銷之印花稅票數額處二倍之罰鍰。

（二）納稅義務人註銷印花稅票不合規定，而有下列情事之一者，減輕或免予處罰：

1. 每件憑證註銷不合規定之印花稅票數額在新臺幣 3,000 元以下，免予處罰。

2. 每件憑證註銷不合規定之印花稅票數額逾新臺幣 3,000 元至新臺幣 2 萬元，按註銷不合規定之印花稅票數額處一倍之罰鍰。

四、印花稅票使用後揭下重用，處二十倍至三十倍罰鍰（印 24）。

綜合以上所述，可知印花稅的罰則甚重，茲將印花稅之罰則，擇其要者列表如下：

印花稅罰則

違法種類	罰則
不貼印花稅票或貼用不足稅額	處五倍至十五倍罰鍰
不依規定註銷印花稅票	處五倍至十倍罰鍰
印花稅票使用後揭下重用	處二十倍至三十倍罰鍰

歷屆試題

選擇題（本書各章所附考題之答案均係依據考試當年度考選部所公布之答案）

（D）1. 下列憑證，何者為印花稅的課徵範圍？①銀錢收據②買賣動產契據③承攬契據④分割不動產契據（A）僅①②（B）僅①②④（C）僅②③④（D）①②③④（111年初考）

（B）2. 下列有關印花稅法之敘述何者錯誤？（A）買賣動產契據：每件稅額4元，由立約或立據人貼印花稅票（B）典賣、讓售及分割不動產契據：每件按金額3‰，由立約或立據人貼印花稅票（C）承攬契據：每件按金額1‰，由立約或立據人貼印花稅票（D）銀錢收據：每件按金額4‰，由立據人貼印花稅票（110年初考）

（D）3. 依照印花稅法規定，下列何項收據毋須貼用印花稅票？（A）補習班、幼兒園學費收據（B）租約附頁紀載的收訖租金紀錄（C）專門職業人員開具委託費收據（D）往來廠商開立的統一發票（109年地方五等特考）

（D）4. 下列印花稅之稅率何者錯誤？（A）銀錢收據：千分之四（B）承攬契據：千分之一（C）讓售不動產契據：千分之一（D）買賣動產契據：每件稅額新臺幣4元（108稅務人員三等特考）

（D）5. 依娛樂稅法第3條之規定，娛樂稅之納稅義務人為：（A）提供娛樂場所之人（B）提供娛樂設施之人（C）舉辦娛樂活動之人（D）出價娛樂之人（107年地方五等特考）

（D）6. 依印花稅法第24條之規定，重用已註銷之稅票者，應按重用之印花稅票數額處幾倍之罰鍰？（A）1至5倍（B）5至10倍（C）10倍至20倍（D）20倍至30倍（107年地方五等特考）

（A）7. 依相關稅法的敘述，下列何者錯誤？（A）承攬契據之印花稅由立約人按每件12元貼用印花（B）期貨交易稅的納稅義務人為買賣雙方交易人（C）進口應徵貨物稅之飲料，其貨物稅之完稅價格包括關稅稅額（D）進口應徵特種貨物及勞務稅之小客車，其稅額由海關代徵（106年地方四等特考）

（A）8. 下列關於印花稅之敘述，何者錯誤？（A）應納印花稅之憑證，於權利義務消滅後應保存一年以上（B）車票、船票免納印花稅（C）銀錢收據每件按金額千分之四貼印花稅票（D）同一憑證須備具二份以上，由雙方或各方關係人各執一份者，應於每份各別貼用印花稅票（106年初考）

（B）9. 依印花稅法規定，同一憑證違法情事在兩種以上者，應如何處罰？（A）分別裁定擇一從重處罰（B）分別裁定合併處罰（C）分別裁定擇一處罰（D）擇一裁定處罰（105年初考）

（B）10. 下列何種憑證非印花稅之課徵範圍？（A）買賣動產契據（B）營業發票（C）分割不動產契據（D）承攬契據（104年地方特考五等）

（B）11. 依據印花稅法之規定，違反第8條第1項或第12條至第20條之規定，不貼印花稅票或貼用不足稅額者，除補貼印花稅票外，按漏貼稅額處幾倍罰鍰？（A）1 倍至 5 倍（B）5 倍至 15 倍（C）5 倍至 20 倍（D）5 倍至 25 倍（104 年初考）

（C）12. 下列敘述何者錯誤？（A）買賣動產所立之契據需貼印花稅票（B）印花稅兼採從價與從量課徵（C）使用牌照稅於每年 3 月 1 日起徵收（D）娛樂稅係採從價課徵（104 年初考）

（B）13. 依印花稅法之規定，屬課徵印花稅範圍之憑證，下列何者正確？（A）兼具銀錢收據性質之營業發票（B）承攬契據（C）典賣、讓售及分割動產契據（D）兼具營業發票性質之銀錢收據（103 年地方特考五等）

（C）14. 依印花稅法規定，下列那一項憑證屬於印花稅課徵範圍？（A）兼具營業發票性質之銀錢收據（B）兼具銀錢收據性質之營業發票（C）典賣、讓售及分割不動產契據（D）建造或檢修航行於國際航線船舶所訂之契約（102 年初等）

（D）15. 依印花稅法之規定，買賣動產契據，其印花稅額為：（A）按金額課徵千分之五（B）按金額課徵千分之四（C）按金額課徵千分之一（D）每件新臺幣 12 元（101 年地方特考五等）

（A）16. 就各稅稅法之罰則而言，下列何者所處罰鍰的倍數最高？（A）印花稅（B）所得稅（C）地價稅（D）貨物稅（101 年地方特考四等）

（D）17. 關於印花稅之敘述，下列何者錯誤？（A）有價證券不必貼用印花稅票（B）以非納稅憑證代替應納稅憑證使用者，仍應按其性質所屬類目貼用印花稅票（C）應納印花稅之憑證，書立交付使用後如因故作廢，不得申請退稅（D）印花稅都是從價稅（101 年地方特考四等）

第20章 使用牌照稅

賦稅有恆何遽多，中田今升十倍科。
正稅之外有附稅，稅外加派更繁苛。
農家租戶何須苦，催科刻日嚴如虎。
無田亦有人口徵，百物錐端皆榷估。

臺灣　洪繻「米賤感賦」

財產可分爲不動產與動產。不動產因標的固定，易於課稅。動產則不然，例如金銀珠寶等，因其易於隱匿，不易課稅；唯交通工具例外，故成爲課稅的優良標的。而使用牌照稅（vehicle license tax）就是對使用於公共水陸道路之交通工具的所有人或使用人所課徵的稅。它具有財產稅的性質，屬於地方稅。我國現行的使用牌照稅係採定額累進稅，按車輛種類及汽缸排氣量大小，以決定其稅額的高低。

20-1 課徵範圍

凡使用於公共水陸道路供作公用、私用或軍用之交通工具，包括機動車輛及船舶（牌 2），除依照其他有關法律，領用證照，並繳納規費外，其交通工具所有人或使用人應向所在地主管稽徵機關請領使用牌照，繳納使用牌照稅（牌 3），直轄市及縣（市）政府得視實際狀況，對船舶核定免徵使用牌照稅，並報財政部備查（牌 4），目前船舶暫停課徵使用牌照稅。

20-2 納稅義務人

交通工具的所有人或使用人（牌 3）。

20-3 稅額

一、我國使用牌照稅，係採定額累進方式，按交通工具種類分別課徵，除機動車輛應就其種類按汽缸總排氣量或其他動力劃分等級、船舶應按其噸位，分別依第 6 條規定計徵外，其他交通工具之徵收率，由直轄市及縣（市）政府擬訂，提經同級民意機關通過，並報財政部備查。

直轄市及縣（市）政府於下列期間，得對完全以電能爲動力之機動車輛免徵使用牌照稅，並報財政部備查：

（一）電動汽車：自中華民國 101 年 1 月 6 日起至 114 年 12 月 31 日止。

（二）電動機車：自中華民國 107 年 1 月 1 日起至 114 年 12 月 31 日止（牌 5）。

立法理由

爲實現政府綠能科技創新產業願景，鼓勵民眾使用低污染車輛，賡續扶植國內完全以電能爲動力之機動車輛（以下簡稱電動車輛）相關產業及建構永續發展環境，**修正第 2 項各款**，將直轄市及縣（市）政府得對電動車輛免徵使用牌照稅期限，延長四年至 114 年 12 月 31 日止[1]。

二、各種交通工具使用牌照稅額，依下列規定課徵（牌 6）：

（一）機動車輛：分小客車、大客車、貨車、機車四類車輛，依使用牌照稅法機動車輛使用牌照稅分類稅額表之規定課徵之（如表 20-1 至 20-6）。

（二）船舶：總噸位在五噸以上者，營業用每艘全年新臺幣 16,380 元，非營業用每艘全年新臺幣 40,320 元；未滿五噸者，營業用每艘全年新臺幣 9,900 元，非營業用每艘全年新臺幣 17,550 元。

表 20-1 小客車使用牌照稅稅額表

車輛種類及稅額（新臺幣／元） 汽缸總排氣量（立方公分）	小客車（每車乘人座位九人以下者）	
	自用	營業
500 以下	1,620	900
501 ～ 600	2,160	1,260
601 ～ 1200	4,320	2,160
1201 ～ 1800	7,120	3,060
1801 ～ 2400	11,230	6,480
2401 ～ 3000	15,210	9,900
3001 ～ 4200	28,220	16,380
4201 ～ 5400	46,170	24,300
5401 ～ 6600	69,690	33,660
6601 ～ 7800	117,000	44,460
7801 以上	151,200	56,700

附註：小客貨兩用車之稅額按自用小客車之稅額課徵。

[1] 摘自立法院立法理由。

表 20-2　大客車及貨車使用牌照稅稅額表

車輛種類及稅額（新臺幣／元） 汽缸總排氣量（立方公分）	大客車（每車乘人座位在十人以上者）	貨車
500 以下	—	900
501 ～ 600	1,080	1,080
601 ～ 1200	1,800	1,800
1201 ～ 1800	2,700	2,700
1801 ～ 2400	3,600	3,600
2401 ～ 3000	4,500	4,500
3001 ～ 3600	5,400	5,400
3601 ～ 4200	6,300	6,300
4201 ～ 4800	7,200	7,200
4801 ～ 5400	8,100	8,100
5401 ～ 6000	9,000	9,000
6001 ～ 6600	9,900	9,900
6601 ～ 7200	10,800	10,800
7201 ～ 7800	11,700	11,700
7801 ～ 8400	12,600	12,600
8401 ～ 9000	13,500	13,500
9001 ～ 9600	14,400	14,400
9601 ～ 10200	15,300	15,300
10201 以上	16,200	16,200

附註：曳引車之稅額按貨車稅額加徵 30%。

表 20-3　機車使用牌照稅稅額表

車輛種類及稅額（新臺幣／元） 汽缸總排氣量（立方公分）	機車
150（含 150 以下）	0
151 ～ 250	800
251 ～ 500	1,620
501 ～ 600	2,160
601 ～ 1200	4,320
1201 ～ 1800	7,120
1801 以上	11,230

表 20-4 完全以電能為動力之電動小客車使用牌照稅稅額表

馬達最大馬力 ＼ 車輛種類及稅額（新臺幣／元）		完全以電能為動力之電動小客車（每車乘人座位九人以下者）	
英制馬力（HP）	公制馬力（PS）	自用	營業
38 以下	38.6 以下	1,620	900
38.1-56	38.7-56.8	2,160	1,260
56.1-83	56.9-84.2	4,320	2,160
83.1-182	84.3-184.7	7,120	3,060
182.1-262	184.8-265.9	11,230	6,480
262.1-322	266.0-326.8	15,210	9,900
322.1-414	326.9-420.2	28,220	16,380
414.1-469	420.3-476.0	46,170	24,300
469.1-509	476.1-516.6	69,690	33,660
509.1 以上	516.7 以上	117,000	44,460

表 20-5 完全以電能為動力之電動機車使用牌照稅稅額表

馬達最大馬力 ＼ 車輛種類及稅額（新臺幣／元）		完全以電能為動力之電動機車
英制馬力（HP）	公制馬力（PS）	—
20.19 以下	21.54 以下	0
20.20-40.03	21.55-42.71	800
40.04-50.07	42.72-53.43	1,620
50.08-58.79	53.44-62.73	2,160
58.80-114.11	62.74-121.76	4,320
114.12 以上	121.77 以上	7,120

表 20-6　完全以電能為動力之電動大客車及貨車使用牌照稅稅額表

車輛種類及稅額（新臺幣／元） 馬達最大馬力		完全以電能為動力之電動大客車（每車乘人座位在十人以上者）	完全以電能為動力之電動貨車
英制馬力（HP）	公制馬力（PS）	—	—
138 以下	140.1 以下	4,500	4,500
138.1-200	140.2-203.0	6,300	6,300
200.1-247	203.1-250.7	8,100	8,100
247.1-286	250.8-290.3	9,900	9,900
286.1-336	290.4-341.0	11,700	11,700
336.1-361	341.1-366.4	13,500	13,500
361.1 以上	366.5 以上	15,300	15,300

20-4 免稅範圍

下列交通工具，免徵使用牌照稅（牌 7）：

一、屬於軍隊裝備編制內之交通工具。

二、在設有海關地方行駛，已經海關徵收助航服務費之船舶。

三、專供公共安全使用，而有固定特殊設備及特殊標幟之交通工具：如警備車、偵查勘驗用車、追捕提解人犯車、消防車、工程救險車及海難救險船等。

四、衛生機關及公共團體設立之醫院，專供衛生使用而有固定特殊設備及特殊標幟之交通工具：如救護車、診療車、灑水車、水肥車、垃圾車等。

五、凡享有外交待遇機構及人員之交通工具，經外交部核定並由交通管理機關發給專用牌照者。

六、專供運送電信郵件使用，有固定特殊設備或特殊標幟之交通工具。

七、專供教育文化之宣傳巡迴使用之交通工具，而有固定特殊設備及特殊標幟者。

八、供持有身心障礙手冊或證明，並領有駕駛執照者使用，且爲該身心障礙者所有之車輛，每人以一輛爲限；因身心障礙情況，致無駕駛執照者，其本人、配偶或同一戶籍二親等以內親屬所有，供該身心障礙者使用之車輛，每一身心障礙者以一輛爲限。但汽缸總排氣量超過 2400 立方公分、完全以電能爲動力之馬達最大馬力超過 262 英制馬力（HP）或 265.9 公制馬力（PS）者，其免徵金額以 2400 立方公分、262 英制馬力（HP）或 265.9 公制馬力（PS）車輛之稅額為限，超過部分，不予免徵。因此，持有身心障礙手冊或證明者，每輛車每年最多可節省 11,230 元的使用牌照稅。

九、專供已立案之社會福利團體和機構使用，並經各地社政機關證明者，每一團體和機構以三輛為限。但專供載送身心障礙、長期照顧服務需求而有合法固定輔助設備及特殊標幟者之社會福利團體與機構，經各直轄市及縣（市）政府同意者，得不受三輛之限制。

十、經交通管理機關核准之公路汽車客運業及市區汽車客運業，專供大眾運輸使用之公共汽車。計程車依發展大眾運輸條例第 2 條第 3 項規定，計程車客運業比照大眾運輸事業，免徵汽車燃料使用費及使用牌照稅。

十一、離島建設條例適用地區之交通工具在該地區領照使用者。但小客車汽缸總排氣量超過 2400 立方公分、完全以電能為動力之馬達最大馬力超過 262 英制馬力（HP）或 265.9 公制馬力（PS）者，不在此限。

上述各款免徵使用牌照稅之交通工具，應於使用前辦理免徵使用牌照稅手續，非經交通管理機關核准，不得轉讓、改裝、改設或變更使用性質。

20-5 納稅規定

一、徵收方式：

使用牌照稅之徵收方式如下：

（一）汽車每年徵收一次。但營業用車輛得分二期徵收。

（二）機車及其他交通工具每年徵收一次（牌 9）。

二、徵稅時間與次數：使用牌照稅於每年 4 月 1 日起一個月內一次徵收。但營業用車輛按應納稅額於每年 4 月 1 日及 10 月 1 日起一個月內分二次平均徵收（牌 10）。

三、繳款書之送達：主管稽徵機關於開徵使用牌照稅前，應填發使用牌照稅繳款書送達交通工具所有人或使用人，並將各類交通工具應納之稅額及徵稅起訖日期分別公告之（牌 10）。

四、臨時及試車牌照：交通工具所有人或使用人領用臨時牌照或試車牌照者，其應納稅額，按日計算。

前項領用臨時牌照車輛之應納稅額，依第六條附表規定各類車輛稅額之中位數計算；領用試車牌照者之應納稅額，按表列汽車、機車之最高稅額計算之（牌11）。

五、新置及過戶登記

（一）新產製、新進口或新裝配開始使用之交通工具，應納使用牌照稅，按全年稅額減除已過期間日數之稅額，計算徵收（牌16）。

（二）凡新購、新進口或新裝配之交通工具，應向交通管理機關申請登記檢驗。經檢驗合格後，由申請人檢具登記檢驗之合格證件，連同上項證件，送主管稽徵機關查對其種類及使用性質確實相符，並經辦理繳納當期使用牌照稅後，再憑納稅收據及所有證件，向交通管理機關領取號牌（牌12）。

（三）交通工具未繳清使用牌照稅及罰鍰前，不得辦理過戶登記（牌12）。

（四）交通工具申請過戶或業已報停之交通工具申請恢復使用時，交通管理機關應查驗已納當期使用牌照稅後，方予受理，並將相關之異動資料通知該管稽徵機關（牌12）。

六、停用之申報

（一）交通工具所有人或使用人對已領使用牌照之交通工具，不擬使用者，應向交通管理機關申報停止使用，其已使用期間應納稅額，按其實際使用期間之日數計算之；恢復使用時其應納稅額，按全年稅額減除已過期間日數之稅額計算之。

（二）交通工具未經所有人或使用人申報停止使用者，視爲繼續使用，仍應依法課徵使用牌照稅（牌13）。

實務案例

開進口車，繳了多少稅？

開一部500萬的進口名車，繳了多少稅、費？這是政大財研所的題目，也是高考的考古題。這不是標準答案，在此試回答如下：

1. 關稅：爲了維持國產汽車產業的競爭力，依「關稅法」，對進口車在海關課徵關稅。

2. 營業稅（車）：依據VAT的「目的地原則」（destination principle），該名車在生產國的稅負可在出口時退稅，而進口國則依其國內營業稅率5%課徵營業稅，以與國產車公平競爭。

3. 貨物稅（車）：臺灣早期認定有車階級，爲有錢身分之表徵，基於納稅能力、財政目的，故對此特定貨物，課徵貨物稅。

4. 特銷稅（車）：特種貨物及勞務稅，又稱「奢侈稅」，對於進口完稅價格超過 300 萬元以上的小客車，課 10% 的奢侈稅。

5. 貨物稅（油）：為了「節約能源」，故師法國外之作法，對汽油、柴油等課徵貨物稅。

6. 營業稅（油）：加油站加油時，開出發票，即含 5% 的營業稅。

7. 空污費：空污法規定：依其污染的種類及數量，課徵空污費，專供空氣汙染防制之用。目前環保署便宜行事，附加在用油上（加油）課徵。

8. 牌照稅：使用道路、修補道路損壞的「基本費」，擁有轎車，不管有沒有使用，都須負擔的道路損壞之修建費。

9. 汽燃費：按照使用道路，損壞道路之多寡，「隨油徵收」。目前是隨車徵收。

10. 其他稅費：如輪胎、玻璃的貨物稅；駕照等規費。

房子和車子性質不一樣。有人把房子、車子的稅負一起比較，不太合適吧！

七、改裝

（一）已領使用牌照之交通工具發生改換機件或改設座架等，應由交通工具所有人或使用人向交通管理機關辦理變更手續。

（二）變更前後應納稅額相同者，免再納稅；原屬免稅或原納較低稅額之交通工具，變更為應稅或應納較高稅額者，應按日計算徵收差額部分之稅額；原屬應稅或原納較高稅額變更為免稅或應納較低稅額者，應按日計算退還差額部分之稅額。

（三）交通工具之所有人或使用人，不向交通管理機關辦理變更手續，且未依規定補繳稅款者，視為移用使用牌照（牌 14）。

八、轉讓

（一）已領使用牌照之交通工具所有權轉讓時，應依照規定向交通管理機關辦理過戶登記（牌 15）。

（二）交通工具過戶後之使用性質，原屬免稅或原納較低稅額變更為應稅或應納較高稅額者，應按日計算差額部分之稅額，由新所有人或使用人繳納之；原屬應稅或原納較高稅額變更為免稅或應納較低稅額者，應按日計算退還差額部分之稅額，由稽徵機關退還之。不依規定辦理過戶登記且未依規定補繳稅款者，視爲移用使用牌照（牌 15）。

（三）已納使用牌照稅之交通工具，所有權轉讓時，如原所有人已納全期使用牌照稅者，新所有人免納當期之稅（牌 16）。

20-6 查緝程序

爲確保使用牌照稅之課徵，應遵循下列查緝程序：

一、**牌照之管理**：使用牌照不得轉賣、移用，或逾期使用（牌 20）。

二、**突擊檢查**：使用牌照稅徵收期滿後，應由主管稽徵機關會同警察機關派員組織檢查隊，舉行車輛總檢查，並得由主管稽徵機關或警憲隨時突擊檢查（牌 21）。

三、**提供擔保**：查獲違反本法之交通工具，應責令該所有人或使用人，預繳稅款及罰鍰之同額保證金，或提供相當財產擔保。未預繳保證金，或無法提供相當財產擔保時，稽徵機關得代爲保管該項交通工具號牌或行車執照，掣給保管收據，俟繳清稅款及罰鍰後，再憑發還（牌 23）。

四、**公開拍賣**：違反規定之交通工具所有人或使用人，於查獲時，棄置而去，經揭示招領後，逾三個月仍無人認領者，稽徵機關得將該項交通工具公開拍賣，所得價款，除扣繳本稅外，解繳國庫（牌 24）。

20-7 罰則

一、交通工具所有人或使用人未於繳款書所載繳納期間內繳清應納稅款者，應加徵滯納金（牌 25）。

二、逾期未完稅之交通工具，在滯納期滿後使用公共水陸道路經查獲者，除責令補稅外，處以應納稅額一倍以下之罰鍰，免再依第 25 條規定加徵滯納金，以符合一事不二罰之原則（牌 28）。

三、報停、繳銷或註銷牌照之交通工具使用公共水陸道路經查獲者，除責令補稅外，處以應納稅額二倍以下之罰鍰（牌 28）。

四、新購未領牌照之交通工具，使用公共水陸道路經查獲者，除責令補稅外，並處以應納稅額一倍之罰鍰（牌 30）。

五、交通工具使用牌照有轉賣、移用者，處以應納稅額二倍之罰鍰。但最高不得超過新臺幣 15 萬元（牌 31）。此係行爲罰依應納稅額固定之比例計算，應有合理最高額限制。至其金額之決定，則係考量車輛具流動性，且轉賣、移用牌照行爲增加違章案件查緝之困難度，罰鍰最高限額不宜過低，爰參據實務上裁罰情形增訂罰鍰最高限額爲新臺幣 15 萬元，以符比例原則[2]。

焦點話題

是否重複課稅之爭議——同一車輛同時課徵使用牌照稅與汽車燃料費是否構成重複課稅？

實務上曾有納稅義務人對使用牌照稅與汽車燃料使用費係屬於對同一車輛雙重課稅，歷經行政救濟程序迭遭駁回，最後聲請司法院大法官解釋。

司法院大法官於 94 年做成釋字第 593 號解釋指出，使用牌照稅係為支應國家一般性財政需求，而對領有使用牌照之使用公共水陸道路交通工具所有人或使用人課徵之租稅，汽車燃料使用費則為公路養護、修建及安全管理所徵收之費用，二者之性質及徵收目的迥然不同，不生雙重課稅問題。

2 參閱立法院之立法理由。

歷屆試題

申論題

1. 試分別從營業稅、使用牌照稅、地價稅、房屋稅及娛樂稅，各舉出一項符合社會福利概念之免稅規定。（110 年身心障礙四等特考）
2. 請說明徵收下列稅費與做法之主要理由或目的：
（一）對進口車課營業稅；（二）對汽油課貨物稅；（三）加油時，油價加收空氣污染防制費；（四）個人綜合所得稅，設有免稅額；（五）美國通過「海外帳戶租稅遵循法」（FATCA）。（106 年高考經建行政）

選擇題（本書各章所附考題之答案均係依據考試當年度考選部所公布之答案）

（A）1. 目前下列何者免徵使用牌照稅？①灑水車②消防車③公共汽車④電動機車⑤垃圾車⑥救護車（A）①②③④⑤⑥（B）①②③⑤⑥（C）②③④⑥（D）②③⑥（112 年地方五等特考）

（A）2. 關於使用牌照稅法相關的規定，下列敘述何者正確？（A）各直轄市及縣（市）徵收使用牌照稅，悉依本法之規定（B）船舶皆按其噸位課稅，不論是否營業使用（C）機動車輛應就其完稅價格課稅（D）機動車輛分為小客車、大客車及貨車等三類（111 年初考）

（D）3. 離島建設條例適用地區之交通工具在該地區領照使用者，免徵使用牌照稅，但小客車汽缸總排氣量超過多少立方公分者，不予免徵？（A）1,500 立方公分（B）1,800 立方公分（C）2,000 立方公分（D）2,400 立方公分（110 年初考）

（A）4. 依加值型及非加值型營業稅法規定，納稅義務人虛報進項稅額，除追繳稅款外，按所漏稅額處以幾倍的罰鍰？（A）5 倍以下（B）1 至 5 倍（C）5 至 10 倍（D）3 倍以下（109 年會計師）

（D）5. 關於我國現行各稅目繳納期間的規定，下列何者錯誤？（A）綜合所得稅為每年 5 月（B）房屋稅為每年 5 月（C）地價稅為每年 11 月（D）使用牌照稅為每年 7 月（108 年初考）

第 5 篇

相關稅法

第21章 財政收支劃分法與地方稅法通則

有一田舍翁，偶來買花處。
低頭獨長歎，此歎無人諭。
一叢深色花，十戶中人賦。

白居易「買花」

財政爲庶政之母，各級政府需有足夠財源以支應公共支出，而各級政府間財源的籌措，以及富裕地區與貧瘠地區間、上級政府與下級政府間的協調與平衡，均須有法源依據，故訂定財政收支劃分法以爲規範。該法第2條規定：中華民國各級政府財政收支的劃分，調劑及分類，依本法之規定。

本章可由財政的收入面與財政的支出面分別探討，我國目前的財政收支系統可劃分爲四級：1. 中央；2. 直轄市；3. 縣、市「以下簡稱縣（市）」；4. 鄉、鎮及縣轄市「以下簡稱鄉（鎮、市）」（財3）。而財政的收入面主要爲稅課收入，地方政府並得視自治財政需要，依地方稅法通則，開徵特別稅課、臨時稅課或附加稅課。茲說明如下：

21-1 稅課收入：國稅、直轄市及縣（市）稅

我國財政收入的主要來源爲稅課收入，而稅課收入又可分爲國稅、直轄市及縣（市）稅二級（財6），前者又稱中央稅；後者又稱地方稅。茲將國稅與直轄市及縣（市）稅列表說明如下（財8、12）：

表21-1　我國國稅與地方稅稅目之劃分

國稅	直轄市及縣（市）稅
1. 所得稅	1. 土地稅，包括：
2. 遺產及贈與稅	(1) 地價稅
3. 關稅	(2) 田賦
4. 營業稅	(3) 土地增值稅
5. 貨物稅	2. 房屋稅
6. 菸酒稅	3. 使用牌照稅
7. 證券交易稅	4. 契稅
8. 期貨交易稅	5. 印花稅
9. 礦區稅	6. 娛樂稅
10. 特種貨物及勞務稅（奢侈稅）[1]	7. 特別稅課

註：1. 田賦自民國76年第二期起停徵
2. 特別稅課指直轄市政府、縣（市）政府、鄉（鎮市）公所依地方稅法通則規定，得視自治財政需要，開徵特別稅課，但不得以已徵貨物稅或菸酒稅之貨物為課徵對象。

---

1 誠如本書第二章所述，特種貨物及勞務稅俗稱奢侈稅，係屬國稅，由財政部各地區國稅局稽徵之，其稅課收入優先撥供國民年金保險中央應補助之保險費及應負擔款項之用，必要時撥供支應其他經行政院核定之社會福利支出，我國財政收支劃分法第8條至今尚未修法將其列入國稅。

一般而言，國稅係由中央稽徵機關徵收，亦即由國稅局徵收；直轄市及縣（市）稅則由地方稽徵機關徵收，亦即由稅捐稽徵處辦理，例如所得稅相關事宜應洽國稅局辦理，土地稅相關事宜應洽稅捐處辦理。

21-2 各級政府間稅課收入的分配

一般而言，國稅的稅收歸中央政府，地方稅的稅收歸地方政府。但由於國稅的稅基較廣且具彈性，故稅收較爲充裕；而地方稅的稅收本來就較少，再加上有些地方地處偏遠，人口又少，即使將該地方政府的全部稅收，均作爲該地的財源，亦會出現入不敷出的窘境。因此，爲兼顧地方政府財政上之困難與需要，特於財政收支劃分法中規定將某些國稅的稅收酌量劃分給直轄市及縣市政府。

依現行法令規定，所得稅總收入 10%、營業稅總收入減除依法提撥之統一發票給獎獎金後之 40% 及貨物稅總收入 10%，應由中央統籌分配給直轄市、縣（市）及鄉（鎮、市）。遺產及贈與稅應以在直轄市徵起之收入的 50% 給該直轄市；在市徵起之收入的 80% 給該市；在鄉（鎮、市）徵起之收入的 80% 給該鄉（鎮、市）。菸酒稅應以其總收入 18% 按人口比例分配給直轄市及臺灣省各縣（市）；2% 按人口比例分配給福建省金門及連江二縣（財 8）。

此外，爲平衡各鄉鎮（市）的財政收支，亦有類似規定，例如：1. 地價稅，縣應以在該鄉（鎮、市）徵起收入的 30% 給與該鄉（鎮、市），20% 由縣統籌分配所屬鄉（鎮、市）；2. 田賦，縣應以在鄉（鎮、市）徵起之收入全部給該鄉（鎮、市）（唯田賦目前停徵）；3. 土地增値稅在縣（市）徵起之收入 20%，應繳由中央統籌分配各縣（市）；4. 房屋稅，縣應以在鄉（鎮、市）徵起之收入 40% 給該鄉（鎮、市），20% 由縣統籌分配所屬鄉（鎮、市）；5. 契稅，縣應以在鄉（鎮、市）徵起之收入 80% 給該鄉（鎮、市），20% 由縣統籌分配所屬鄉（鎮、市）；6. 娛樂稅，縣應以在鄉（鎮、市）徵起之收入全部給該鄉（鎮、市）（財 12）。

21-3 統籌分配稅款

不論是國稅或地方稅，均有部分的稅收是採統籌分配的方式，稅課統籌分配，應本透明化及公式化原則分配之。統籌分配的目的在於調劑地方所得，避免收入集

中導致富者越富貧者越貧，使各地方均衡發展。受分配地方政府就分得部分，應列爲當年度稅課收入。（財 16-1）

一、所得稅、營業稅及貨物稅由中央統籌分配給直轄市、縣（市）及鄉（鎮、市）之款項，應以總額 6% 列爲特別統籌分配稅款，以作爲支應受分配地方政府緊急及其他重大事項所需經費；其餘 94% 列爲普通統籌分配稅款，且應各以一定比例分配給直轄市、縣（市）及鄉（鎮、市），經算定可供分配給直轄市之款項後，應參酌受分配直轄市以前年度營利事業營業額、財政能力與其轄區內人口及土地面積等因素，研訂公式分配各直轄市。

二、土地增值稅由中央統籌分配縣（市）之款項，應全部列爲普通統籌分配稅款，分配給縣（市）。

三、普通統籌分配稅款經算定可供分配給縣（市）之款項，依下列方式分配各縣（市）：

（一）可供分配款項 85%，應依近三年度受分配縣（市）之基準財政需要額減基準財政收入額之差額平均值，算定各縣（市）間應分配之比率分配之；算定之分配比率，每三年應檢討調整一次。

（二）可供分配款項 15%，應依各縣（市）轄區內營利事業營業額，算定各縣（市）間應分配之比率分配之。

四、普通統籌分配稅款經算定可供分配鄉（鎮、市）之款項，應參酌鄉（鎮、市）正式編制人員人事費及基本建設需求情形，研訂公式分配各鄉（鎮、市）。

五、由縣統籌分配鄉（鎮、市）之款項，應本調劑財政盈虛原則，由縣政府訂定分配辦法；其中依公式分配之款項，不得低於可供分配總額之 90%。

21-4 徵稅之限制

根據租稅法律主義，人民有依法律納稅的義務，但卻無繳納稅法所未規定之稅的義務。因此，除非「稅法」或「地方稅法通則」明文規定，否則各級政府不得隨意開徵稅捐。茲將徵稅之限制說明如下：

一、各級政府對他級或同級政府之稅課，不得重徵或附加。但直轄市政府、縣（市）政府爲辦理自治事項，籌措所需財源，依地方稅法通則規定附加徵收者，不在此限。又各級地方政府不得對入境貨物課入境稅或通過稅（財 18）。

二、各級政府爲適應特別需要，得經各該級民意機關之立法，舉辦臨時性質之稅課（財 19）。

21-5 特別稅課、臨時稅課及附加稅課之開徵

我國於民國 91 年 12 月 11 日發布「地方稅法通則」，直轄市政府、縣（市）政府、鄉（鎮、市）公所得視自治財政需要，依規定開徵特別稅課、臨時稅課或附加稅課。但對下列事項不得開徵：

一、轄區外之交易。

二、流通至轄區外之天然資源或礦產品等。

三、經營範圍跨越轄區之公用事業。

四、損及國家整體利益或其他地方公共利益之事項。

直轄市政府、縣（市）政府、鄉（鎮、市）公所開徵地方稅，應擬具地方稅自治條例，經直轄市議會、縣（市） 議會、鄉（鎮、市）民代表會完成三讀立法程序後公布實施。地方稅自治條例公布前，應報請各該自治監督機關、財政部及行政院主計處備查（地則 3、6）。

21-6 開徵年限、對象與稅率（額）之限制

一、年限：特別稅課及附加稅課之課徵年限至多四年，臨時稅課至多二年，年限屆滿仍需繼續課徵者，應依本通則之規定重行辦理（地則 3）。

二、對象及用途：特別稅課不得以已課徵貨物稅或菸酒稅之貨物爲課徵對象；臨時稅課應指明課徵該稅課之目的，並應對所開徵之臨時稅課指定用途，並開立專款帳戶（地則 3）。

三、附加稅課稅率（額）之限制：

（一）直轄市政府、縣（市）政府爲辦理自治事項，充裕財源，除印花稅、土地增值稅外，得就其地方稅原規定稅率（額）上限，於 30% 範圍內，予以調高，訂定徵收率（額）。但原規定稅率爲累進稅率者，各級距稅率應同時調高，級距數目不得變更。稅率（額）調整實施後，除因中央原規定稅率（額）上限調整而隨之調整外，二年內不得調高（地則 4）。

（二）直轄市政府、縣（市）政府為辦理自治事項，充裕財源，除關稅、貨物稅及加值型營業稅外，得就現有國稅中附加徵收。但其徵收率不得超過原規定稅率 30%。附加徵收之國稅，如其稅基已同時為特別稅課或臨時稅課之稅基者，不得另行徵收。附加徵收稅率除因配合中央政府增減稅率而調整外，公布實施後二年內不得調高（地則 5）。

21-7 各稅之受償順序

各稅之受償順序為：地方稅優先於國稅；鄉（鎮、市）稅優先於縣（市）稅。

21-8 財政收入

政府的財政收入，主要為稅收；其他尚包括獨佔及專賣收入、工程受益費收入、罰款及賠償收入、規費收入、信託管理收入、財產收入、營業盈餘捐獻贈與及其他收入、補助及協助收入、公債及借款等。茲簡要分述如下：

一、稅課收入。

二、獨占及專賣收入：各級政府經法律許可，得經營獨占公用事業，並得依法徵收特許費，准許私人經營。中央政府為增加國庫收入或節制生產消費，得依法律之規定專賣貨物，並得製造之（財 20、21）。

三、工程受益費收入：各級政府於該管區內對於因道路、堤防、溝渠、碼頭、港口或其他土地改良之水陸工程而直接享受利益之不動產或受益之船舶，得徵收工程受益費。工程受益費之徵收，以各該工程直接與間接實際所費之數額為限，若其工程之經費出於賒借時，其工程受益費之徵收，以賒借之資金及其利息之償付清楚為限；但該項工程須繼續維持保養者，得依其需要繼續徵收（財 22）。

四、罰款及賠償收入：依法收入之罰金、罰鍰或沒收、沒入之財物及賠償之收入，除法律另有規定外，應分別歸入各級政府之公庫（財 23）。

五、規費收入：司法機關、考試機關及各級政府之行政機關徵收規費，應依法律之所定，未經法律規定者，非分別先經立法機關或民意機關之決議，不得徵收之（財 24）。規費與租稅不同，規費不具強制性，且有個別報償；而租稅具有強制性，且不具個別報償，只有共同報償。

六、**信託管理收入**：各級政府及其所屬機關，依法爲信託管理或受委託代辦時，得收信託管理費（財 26）。

七、**財產收入**：各級政府所有財產之孳息、財產之售價及資本之收回，除法律另有規定外，應分別歸入各級政府之公庫（財 27）。

八、**營業盈餘捐獻贈與及其他收入**：各級政府所有營業之盈餘，所受之捐獻或贈與及其他合法之收入，除法律另有規定外，應分別歸入各級政府之公庫（財 29）。

九、**補助及協助收入**：下級政府來自上級政府的補助，稱爲補助收入；上級政府取自下級政府之協助金，稱爲協助收入（財 30、31、33）。

（一）中央爲謀全國之經濟平衡發展，得酌予補助地方政府。但以下列事項爲限：

1. 計畫效益涵蓋面廣，且具整體性之計畫項目。

2. 跨越直轄市、縣（市）或二以上縣（市）之建設計畫。

3. 具有示範性作用之重大建設計畫。

4. 因應中央重大政策或建設，需由地方政府配合辦理之事項。

（二）縣爲謀鄉（鎭、市）間之經濟平衡發展，對於鄉（鎭、市）得酌予補助；其補助辦法，由縣政府另定之。

（三）各上級政府爲適應特別需要，對財力較優之下級政府得取得協助金。協助金應列入各該下級政府之預算內。

十、**公債及借款**：各級政府非依法律之規定或議會之議決，不得發行公債或爲一年以上之國內、外借款。公債及借款未償餘額之限額，依公共債務法之規定辦理。各級地方政府在國外發行公債或借款，應先經中央政府之核准（財 34）。

臺灣中央的補助款（grant）和統籌分配稅款皆屬廣義之補助制度，但兩者仍有不同，故比較臚列如表 21-2：

表 21-2　補助款與統籌分配稅款之比較

	補助款	統籌分配稅款
主要作用	彌平地方基本財政收支差短	促進地區均衡發展
性質	改善垂直不公平	以前：改善水平不公平 現在：改善垂直不公平
分類	**1.** 一般補助款 （彌平地方收支差短） **2.** 計畫補助款 （計畫效益廣、跨縣市） **3.** 特別預算補助款 （921 特別預算）	**1.** 一般統籌：94% （直轄 43%，縣市 39%，鄉鎮 12%） **2.** 特別統籌：6%
是否爲自主財源	不是地方自主財源	列爲稅課收入，屬自主財源
主管機關	主計處	財政部

21-9 財政支出

茲將有關政府財政支出重要者說明如下：

一、**籌編預算**：各級政府之一切支出，非經預算程序不得爲之；各級政府年度總預算、追加預算與特別預算收支之籌劃、編製及共同性費用標準，除其他法律另有規定外，應依行政院訂定之中央暨地方政府預算籌編原則辦理（財 35、35-1）。

二、**酌量增減補助款**：地方政府未依預算籌編原則辦理或有依法得徵收之財源而不徵收時，其上級政府應視實際情形酌予減列或減撥補助款；對於努力開闢財源具有績效者，其上級政府得酌增補助款（財 35-1）。由於各縣市政府的財政績效不一（章定寧、劉小蘭和尚瑞國，2002；張臺生等，2008），將來上級政府在對地方政府進行補助時，宜將各地方政府的賦稅努力納入考量。

歷屆試題

申論題

1. 依據財政收支劃分法等相關法令規定，我國中央政府對地方政府的補助款制度主要有那些？請說明之。（108年地方三等特考）
2. 請根據財政收支劃分法與地方稅法通則之規定，說明我國地方政府可課徵的租稅分別有那些？其立法與執行的規定有何差異？（108年地方三等特考）

選擇題（本書各章所附考題之答案均係依據考試當年度考選部所公布之答案）

（D）1. 下列何者非爲直轄市及縣（市）稅？（A）土地稅（B）印花稅（C）娛樂稅（D）菸酒稅。（112年地方五等特考）

（A）2. 依據財政收支劃分法規定，全國財政收支系統的敘述，下列何者錯誤？（A）分爲三個層級（B）第一級爲中央（C）第二級爲直轄市（D）第三級爲縣、市。（112年地方五等特考）

（C）3. 下列何者爲國稅？①關稅②所得稅③貨物稅④菸酒稅⑤房屋稅（A）①②③⑤（B）①②③④⑤（C）①②③④（D）①②③。（112年地方五等特考）

（D）4. 關於各級政府支出之規定，下列何者錯誤？（A）各級政府行政區域內人民行使政權之費用，由各該政府負擔之（B）各級政府之一切支出，非經預算程序不得爲之（C）各級政府事務委託他級或同級政府辦理者，其經費由委託機關負擔（D）地方政府經上級政府核定有案之人事費及相關費用，優先由所獲分配之統籌分配稅款挹注之。（112年地方五等特考）

（D）5. 下列關於中央補助地方政府之敘述，何者錯誤？（A）中央補助目的爲求全國之經濟平衡發展（B）須爲計畫效益涵蓋面廣，且具整體性之計畫項目（C）須爲因應中央重大政策或建設，需由地方政府配合辦理之事項（D）地方政府須編列預算計畫書向中央申請。（112年地方五等特考）

（B）6. 有關地方稅法通則之規定，下列何者錯誤？（A）直轄市政府、縣（市）政府、鄉（鎮、市）公所得視自治財政需要，依規定開徵特別稅課、臨時稅課或附加稅課（B）直轄市政府、縣（市）政府爲辦理自治事項，充裕財源，得就現有之各類國稅中附加徵收（C）各稅之受償地方稅優先於國稅，鄉（鎮、市）稅優先於縣（市）稅（D）特別稅課及附加稅課之課徵年限至多4年，臨時稅課至多2年，年限屆滿仍需繼續課徵者，應依規定重行辦理。（112年地方三等特考）

（A）7. 根據我國財政收支劃分法規定，稅課劃分爲國稅、直轄市及縣（市）稅，下列何者屬於國稅？①契稅②營業稅③娛樂稅④遺產及贈與稅⑤菸酒稅（A）②④⑤（B）①②⑤（C）①③④（D）②③⑤。（111年高考）

（D）8. 依財政收支劃分法規定，下列何者為直轄市及縣（市）稅？①地價稅②使用牌照稅③貨物稅④土地增值稅⑤遺產及贈與稅⑥娛樂稅（A）①②③⑥（B）①②④⑤（C）①②③④（D）①②④⑥。（111 年地方五等特考）

（A）9. 根據財政收支劃分法規定，所得稅為國稅，但其總稅收的多少比例應由中央統籌分配直轄市、縣（市）及鄉（鎮、市）？（A）10%（B）20%（C）30%（D）40%。（111 年地方五等特考）

（B）10. 有關財政收支劃分法之規定，下列何者正確？（A）國稅由中央政府徵收，稅收全歸中央政府；直轄市及縣（市）稅由直轄市及縣（市）徵收，稅收全歸直轄市及縣（市）政府（B）各級地方政府不得對入境貨物課入境稅或通過稅（C）各級政府及其所屬機關，依法為信託管理或受委託代辦時，不得收信託管理費（D）菸酒稅、地價稅及土地增值稅均為地方稅（110 年高考）

（A）11. 遺產稅在鄉（鎮、市）徵起之收入 80% 給該鄉（鎮、市），此種性質之租稅稱為：（A）共分稅（B）指定用途稅（C）地方稅（D）統籌分配稅（110 年地方五等特考）

（D）12. 有關現行財政收支劃分法之規定，下列敘述何者正確？（A）菸酒稅：屬於直轄市及縣（市）稅（B）土地增值稅：屬於國稅（C）房屋稅：縣應以在鄉（鎮、市）徵起之收入全部給該鄉（鎮、市）（D）娛樂稅：縣應以在鄉（鎮、市）徵起之收入全部給該鄉（鎮、市）（110 年地方四等特考）

（A）13. 所得稅收總收入中央應提撥多少比率統籌分配至直轄市、縣（市）及鄉（鎮、市）？（A）10%（B）30%（C）50%（D）80%（109 年地方五等特考）

（D）14. 依照現行財政收支劃分法規定，下列何項稅收徵起後，全數歸屬於中央政府？（A）貨物稅（B）菸酒稅（C）使用牌照稅（D）關稅（109 年地方五等特考）

（B）15. 依財政收支劃分法規定，下列何種稅課之收入總額，應全部分配給鄉鎮市？（A）契稅（B）娛樂稅（C）印花稅（D）使用牌照稅（108 年地方五等特考）

（A）16. 依財政收支劃分法之規定，下列敘述何者錯誤？（A）中央政府應將營業稅總收入之百分之四十由中央統籌分配直轄市、縣（市）及鄉（鎮、市）（B）各級地方政府不得對入境貨物課入境稅或通過稅（C）各級政府為適應特別需要，得經各該級民意機關之立法，舉辦臨時性質之稅課（D）貨物稅、證券交易稅屬於國稅，由各地區國稅局徵收（108 年地方五等特考）

第22章
租稅優惠

稅局五月鬧諠諠，納怨徵憂傳惡言。
無盡開支救景氣，卡多卻欠繳官錢。

黃明聖「五月稅」

爲配合時代發展與政策考量，於各種稅目中，訂有租稅減免規定，此即爲稅式支出（tax expenditure）。例如：爲促進產業升級、提升交通與公共服務水準，俾能加速社會經濟發展，臺灣特別制定「促進產業升級條例」、「產業創新條例」、「促進民間參與公共建設法」，以及「獎勵民間參與交通建設條例」等諸多租稅獎勵優惠（tax preferences）措施。納稅義務人若能熟悉法令規定，並善加利用，即能達到節稅的效果。

由於「促進產業升級條例」於 98 年 12 月底屆滿到期，不再延長。自 99 年 1 月 1 日起，由「產業創新條例」取而代之。故本章的第 22-1 節介紹「促進產業升級條例」的相關租稅優惠措施；自第 22-2 節開始則介紹「產業創新條例」、「促進民間參與公共建設法」、「獎勵民間參與交通建設條例」以及其他相關租稅獎勵優惠措施。

法學觀念補給站

租稅優惠固然基於政策考量，有助於行政目的之達成，但是在法律上最應注意的是平等原則的維持。換言之；租稅優惠可能對於某些人有利，相對的就會造成其他人租稅負擔的增加，形成差別待遇。我國稅制上租稅優惠甚多，惟受惠者大多是企業或資本家，對於受薪階級優惠太少，未來修法宜審愼爲之。

22-1 「促進產業升級條例」之相關租稅優惠

一、綜合所得稅之優惠

（一）爲鼓勵對經濟發展具重大效益、風險性高且亟需扶植之新興重要策略性產業之創立或擴充，個人原始認股或應募屬該新興重要策略性產業之公司發行之記名股票，持有時間達三年以上者，得依下列規定自當年度起五年內抵減各年度應納之綜合所得稅額：

1. 個人以其取得該股票之價款 10% 限度內，抵減應納之綜合所得稅額；其每一年度之抵減金額，以不超過該個人當年度應納綜合所得稅額 50% 爲限。但最後年度抵減金額，不在此限。

2. 前項抵減率，自 89 年 1 月 1 日起每隔二年降低一個百分點（促 8）。

（二）中華民國國民以自己之創作或發明，依法取得之專利權，提供或出售予中華民國境內公司使用，經目的事業主管機關核准者，其提供該公司使用所得之權利金，或售予該公司使用所得之收入，50% 免予計入綜合所得額課稅（促 11）。

二、營利事業所得稅之優惠

我國「促進產業升級條例」對營利事業的租稅優惠與獎勵措施甚多，包括加速折舊（accelerate depreciation）、投資抵減（investment tax credit）、五年免稅（tax exemption）等。本節以下各小節，將依序分述營所稅之租稅優惠。

（一）加速折舊

公司購置專供研究與發展、實驗或品質檢驗用之儀器設備及節約能源或利用新及淨潔能源之機器設備，得按二年加速折舊。但在縮短後之耐用年數內，如未折舊足額，得於所得稅法規定之耐用年數內一年或分年繼續折舊，至折足爲止。

前項加速折舊之核定機關、申請期限、申請程序及其他相關事項，由行政院定之（促 5）。

（二）投資抵減

營利事業投資於某些事業，符合政府獎勵規定者，得按投資金額之一定比率抵減營利事業所得稅。

1. 爲促進產業升級需要，公司得在下列用途項下支出金額 5% 至 20% 限度內，自當年度起五年內抵減各年度應納營利事業所得稅額：

(1) 投資於自動化設備或技術。

(2) 投資於資源回收、防治污染設備或技術。

(3) 投資於利用新及淨潔能源、節約能源及工業用水再利用之設備或技術。

(4) 投資於溫室氣體排放量減量或提高能源使用效率之設備或技術。

(5) 投資於網際網路及電視功能、企業資源規劃、通訊及電信產品、電子、電視視訊設備及數位內容產製等提升企業數位資訊效能之硬體、軟體及技術。

2. 公司得在投資於研究與發展及人才培訓支出金額 35% 限度內，自當年度起五年內抵減各年度應納營利事業所得稅額；公司當年度研究發展支出超過前二年度研發經費平均數，或當年度人才培訓支出超過前二年度人才培訓經費平均數者，超過部分得按 50% 抵減之。

3. 前二項之投資抵減，其每一年度得抵減總額，以不超過該公司當年度應納營利事業所得稅額 50% 爲限。但最後年度抵減金額，不在此限。投資抵減適用範圍，應考慮各產業實際能力水準（促 6）。

4. 為促進產業區域均衡發展，公司投資於資源貧瘠或發展遲緩鄉鎮地區之一定產業，達一定投資額或增僱一定人數員工者，得按其投資金額20%範圍內，自當年度起五年內抵減各年度應納營利事業所得稅額（促7）。

5. 為鼓勵對經濟發展具重大效益、風險性高且亟需扶植之新興重要策略性產業之創立或擴充，營利事業原始認股或應募屬該新興重要策略性產業之公司發行之記名股票，持有時間達三年以上者，營利事業得以其取得該股票之價款20%限度內，自當年度起五年內抵減各年度應納營利事業所得稅額（促8）。

（三）五年免稅

1. 公司符合新興重要策略性產業適用範圍者，於其股東開始繳納股票價款之當日起二年內得經其股東會同意選擇適用免徵營利事業所得稅並放棄適用股東投資抵減之規定，擇定後不得變更。經選擇適用免徵營利事業所得稅者，依下列規定辦理：

(1) 屬新投資創立者，自其產品開始銷售之日或開始提供勞務之日起，連續五年內免徵營利事業所得稅。

(2) 屬增資擴展者，自新增設備開始作業或開始提供勞務之日起，連續五年內就其新增所得，免徵營利事業所得稅。但以增資擴建獨立生產或服務單位或擴充主要生產或服務設備為限。

(3) 上述免徵營利事業所得稅，得由該公司在其產品開始銷售之日或勞務開始提供之日起，二年內自行選定延遲開始免稅之期間；其延遲期間自產品開始銷售之日或勞務開始提供之日起最長不得超過四年，延遲後免稅期間之始日，應為一會計年度之首日（促9）。

2. 為健全經濟發展，並鼓勵製造業及其相關技術服務業之投資，公司自91年1月1日起至92年12月31日止，或自97年7月1日起至98年12月31日止，新投資創立或增資擴展者，得依下列規定免徵營利事業所得稅：

(1) 屬新投資創立者，自其產品開始銷售或開始提供勞務之日起，連續五年內免徵營利事業所得稅。

(2) 屬增資擴展者，自新增設備開始作業或開始提供勞務之日起，連續五年內就其新增所得，免徵營利事業所得稅。但以擴充獨立生產或服務單位或擴充主要生產或服務設備為限。

前項免徵營利事業所得稅，得由該公司在其產品開始銷售或勞務開始提供之日起，二年內自行選定延遲開始免稅之期間；其延遲期間，自產品開始銷售或勞務開始提供之日起，最長不得超過四年。延遲後免稅期間之始日，應爲一會計年度之首日。

第 1 項免稅所得或新增免稅所得減免稅額，於 97 年 7 月 1 日至 98 年 12 月 31 日期間內所爲之投資，以其投資總金額爲限。

第 1 項公司免稅之要件、適用範圍、核定機關、申請期限、申請程序及其他相關事項之辦法，由行政院定之。

公司已適用第 8 條或第 9 條規定之獎勵者，不得重複申請第 1 項之獎勵；於 97 年 7 月 1 日至 98 年 12 月 31 日期間內所爲之新投資創立或增資擴展者，其申請免徵營利事業所得稅，以一次爲限（促 9-2）。

（四）公司減資之課稅處理

公司股東取得符合本條例於中華民國 88 年 12 月 31 日修正前第 16 條及第 17 條規定之新發行記名股票，於公司辦理減資彌補虧損收回股票時，上市、上櫃公司應依減資日之收盤價格，未上市、未上櫃公司應依減資日公司股票之每股資產淨值，計入減資年度該股東之所得額課稅。但減資日之收盤價格或資產淨值高於股票面額者，依面額計算。

前項規定，於獎勵投資條例施行期間取得之緩課股票，準用之。

本條例中華民國 97 年 1 月 9 日修正公布施行前已發生尚未核課確定之案件，准予適用（促 19-4）。

三、工廠用地之土地增值稅優惠

我國爲鼓勵公司遷廠，特於促進產業升級條例規定，公司因下列原因之一，遷廠於工業區、都市計畫工業區或於本條例施行前依原獎勵投資條例編定之工業用地，其原有工廠用地出售或移轉時，應繳之土地增值稅，按其最低級距稅率徵收：

1. 工廠用地因都市計畫或區域計畫之實施，而不合其分區使用規定者。

2. 因防治污染、公共安全或維護自然景觀需要，主動申請遷廠，並經主管機關核准者。

3. 經政府主動輔導遷廠者。

惟依上述規定遷建工廠後三年內，將其工廠用地轉讓於他人者，其遷廠前出售或移轉之原有工廠用地所減徵之土地增值稅部分，應依法補徵之（促 17）。

22-2 「產業創新條例」之相關租稅優惠

我國為促進產業創新，改善產業環境，提升產業競爭力，特制定「產業創新條例」。該條例所稱產業，指農業、工業及服務業等各行業（產創 1）。

「產業創新條例」所稱主管機關：在中央為經濟部；在直轄市為直轄市政府；在縣（市）為縣（市）政府（產創 3）。

本節擬針對「產業創新條例」之相關租稅優惠說明如下：

一、投資於研究發展支出，得抵減營利事業所得稅

為促進產業創新，最近三年內無違反環境保護、勞工或食品安全衛生相關法律且情節重大情事之公司或有限合夥事業投資於研究發展之支出，得選擇以下列方式之一抵減應納營利事業所得稅額，一經擇定不得變更，並以不超過其當年度應納營利事業所得稅額 30% 為限：

（一）於支出金額 15% 限度內，抵減當年度應納營利事業所得稅額。

（二）於支出金額 10% 限度內，自當年度起三年內抵減各年度應納營利事業所得稅額。

前項投資抵減之適用範圍、申請期限、申請程序、核定機關、施行期限、抵減率及其他相關事項之辦法，由中央主管機關會同財政部定之（產創 10）。施行期間自 106 年 11 月 24 日起至 118 年 12 月 31 日止（產創 72）。

二、智慧機械或第五代行動通訊系統之投資抵減

為優化產業結構達成智慧升級轉型並鼓勵多元創新應用，最近三年內無違反環境保護、勞工或食品安全衛生相關法律且情節重大情事之公司或有限合夥事業，自中華民國 108 年 1 月 1 日起至 113 年 12 月 31 日止投資於自行使用之全新智慧機械、投資於導入第五代行動通訊系統或自 111 年 1 月 1 日起至 113 年 12 月 31 日止投資於資通安全產品或服務之相關全新硬體、軟體、技術或技術服務，其支出金額在同一課稅年度內合計達新臺幣 100 萬元以上、10 億元以下之範圍，得選擇以下列方式之一抵減應納營利事業所得稅額，一經擇定不得變更。其各年度投資抵減金額以不超過當年度應納營利事業所得稅額 30% 為限：

（一）於支出金額 5% 限度內，抵減當年度應納營利事業所得稅額。

（二）於支出金額 3% 限度內，自當年度起三年內抵減各年度應納營利事業所得稅額。

公司或有限合夥事業於同一年度合併適用前項投資抵減及其他投資抵減時，其當年度合計得抵減總額以不超過當年度應納營利事業所得稅額 50% 爲限。但依其他法律規定當年度爲最後抵減年度且抵減金額不受限制者，不在此限。

第 1 項所稱智慧機械，指運用巨量資料、人工智慧、物聯網、機器人、精實管理、數位化管理、虛實整合、積層製造或感測器之智慧技術元素，並具有生產資訊可視化、故障預測、精度補償、自動參數設定、自動控制、自動排程、應用服務軟體、彈性生產或混線生產之智慧化功能者。

第 1 項所稱第五代行動通訊系統，指運用符合第三代合作夥伴計畫第十五版以上規範之中高頻通訊、大量天線陣列、網路切片、網路虛擬化、軟體定義網路、邊緣運算等第五代行動通訊相關技術元素、設備（含測試所需）或垂直應用系統，以提升生產效能或提供智慧服務者。

第 1 項所稱資通安全產品或服務，指爲防止資通系統或資訊遭受未經授權之存取、使用、控制、洩漏、破壞、竄改、銷毀或其他侵害，確保其機密性、完整性及可用性，運用於終端與行動裝置防護、網路安全維護或資料與雲端安全維護有關之硬體、軟體、技術或技術服務。

公司或有限合夥事業申請適用第 1 項投資抵減，應提出具一定效益之投資計畫，經各中央目的事業主管機關專案核准，且於同一課稅年度以申請一次爲限。

前六項智慧機械或第五代行動通訊系統或資通安全產品或服務投資抵減之適用範圍、具一定效益之投資計畫、申請期限、申請程序、核定機關、抵減率、當年度合計得抵減總額之計算及其他相關事項之辦法，由中央主管機關會同財政部定之（產創 10-1）。

三、進行技術創新且居國際供應鏈關鍵地位公司之租稅抵減

爲強化產業國際競爭優勢，並鞏固我國產業全球供應鏈之地位，於我國境內進行技術創新且居國際供應鏈關鍵地位之公司，符合下列各款條件者，得就當年度投資於前瞻創新研究發展支出金額 25%，抵減當年度應納營利事業所得稅額，並以不超過其當年度應納營利事業所得稅額 30% 爲限：

（一）在同一課稅年度內之研究發展費用及研究發展費用占營業收入淨額比率達一定規模。

（二）當年度有效稅率未低於一定比率。

（三）最近三年內無違反環境保護、勞工或食品安全衛生相關法律且情節重大情事。

符合前項所定要件之公司，其當年度購置自行使用於先進製程之全新機器或設備達一定規模者，得於支出金額 5%，抵減當年度應納營利事業所得稅額，並以不超過其當年度應納營利事業所得稅額 30% 爲限。

申請核准適用第 1 項規定投資抵減之公司，其當年度全部研究發展支出，不得適用第 10 條、第 12 條之 1 第 1 項及其他法律爲鼓勵研究發展目的提供之所得稅優惠；申請核准適用前項規定投資抵減之公司，其當年度全部購置機器及設備支出，不得適用第 10 條之 1 及其他法律規定機器或設備投資之所得稅優惠。

公司於同一年度申請核准適用第 1 項及第 2 項規定之投資抵減，或與本條例或其他法律規定之投資抵減合併適用時，其當年度合計得抵減總額以不超過當年度應納營利事業所得稅額 50% 爲限。但依其他法律規定當年度爲最後抵減年度且抵減金額不受限制者，不在此限。

第 1 項第 2 款所稱有效稅率，指公司當年度依所得稅法第 71 條第 1 項規定計算之應納稅額，減除依境外所得來源國稅法規定繳納之所得稅可扣抵之稅額、大陸地區來源所得在大陸地區及第三地區已繳納之所得稅可扣抵之稅額、依本條例及其他法律規定之投資抵減稅額後之餘額，占其全年所得額之比率；所定一定比率，112 年度爲 12%，自 113 年度起爲 15%，但 113 年度之一定比率，得由中央主管機關會同財政部審酌國際間施行經濟合作暨發展組織全球企業最低稅負制情形調整爲 12%，報請行政院核定後，由中央主管機關會同財政部公告之。

前五項投資抵減之適用範圍、資格條件、一定規模、申請期限、申請程序、核定機關、當年度合計得抵減總額之計算及其他相關事項之辦法，由中央主管機關會同財政部定之（產創 10-2）。

四、為促進無形資產流通及運用之租稅抵減

爲促進創新研發成果之流通及應用，我國個人、公司或有限合夥事業在其讓與或授權自行研發所有之智慧財產權取得之收益範圍內，得就當年度研究發展支出金額 200% 限度內自當年度應課稅所得額中減除。但公司或有限合夥事業得就本項及第 10 條研究發展支出投資抵減擇一適用。

我國個人、公司或有限合夥事業以其自行研發所有之智慧財產權，讓與或授權公司自行使用，所取得之新發行股票，得選擇免予計入取得股票當年度應課稅所得額課稅，一經擇定不得變更。但選擇免予計入取得股票當年度課稅者，於實際轉讓或帳簿劃撥至開設之有價證券保管劃撥帳戶時，應將全部轉讓價格、贈與或作爲遺產分配時之時價或撥轉日之時價作爲該轉讓或撥轉年度之收益，並於扣除取得前開

股票之相關而尚未認列之費用或成本後，申報課徵所得稅。

我國個人依前項規定選擇免予計入取得股票當年度課稅，自取得股票日起，持有股票且提供該股票發行公司前項智慧財產權之應用相關服務累計達二年者，於實際轉讓或帳簿劃撥至開設之有價證券保管劃撥帳戶時，其全部轉讓價格、贈與或作爲遺產分配時之時價或撥轉日之時價，高於取得股票之價格者，以取得股票之價格，作爲該轉讓或撥轉年度之收益，依所得稅法規定計算所得並申報課徵所得稅。但我國個人未申報課徵所得稅，或已申報課徵所得稅未能提出取得股票之價格確實證明文件，且稅捐稽徵機關無法查得者，不適用之。

前二項所稱轉讓，指買賣、贈與、作爲遺產分配、公司減資銷除股份、公司清算或因其他原因致股份所有權變更者。

個人依第 1 項、第 2 項或第 3 項規定計算之所得，未申報或未能提出證明文件者，其成本及必要費用按其收益、轉讓價格、贈與或作爲遺產分配時之時價或撥轉日之時價之百分之三十計算減除之。

股票發行公司於辦理作價入股當年度應依規定格式及文件資料送請各中央目的事業主管機關認定，始得適用第 2 項之獎勵；其認定結果，並副知公司所在地之稅捐稽徵機關。

我國個人擬適用第 3 項規定者，股票發行公司應於依前項規定申請認定時，依規定格式檢附該個人提供智慧財產權應用相關服務之說明資料，併送請各中央目的事業主管機關認定。公司於該個人持有股票且提供智慧財產權應用相關服務屆滿二年之年度，應檢送證明文件送請各中央目的事業主管機關備查，並副知公司所在地之稅捐稽徵機關。

第 1 項研究發展支出自應課稅所得額中減除之適用範圍、申請期限、申請程序、核定機關及其他相關事項之辦法，由中央主管機關會同財政部定之。

第 1 項及第 2 項所定自行研發所有之智慧財產權範圍、第 6 項及第 7 項之規定格式、申請期限與程序及所需文件資料，由中央主管機關定之。

第 2 項及第 3 項智慧財產權作價入股緩課於所得稅申報之程序、應提示文件資料及其他相關事項之辦法，由財政部定之（產創 12-1）。施行期間自 109 年 1 月 1 日起至 118 年 12 月 31 日止（產創 72）。

五、為產業人才資源發展——員工獎酬股票擇低課稅

公司員工取得獎酬員工股份基礎給付，於取得股票當年度或可處分日年度按時價計算全年合計新臺幣 500 萬元總額內之股票，得選擇免予計入當年度應課稅所得

額課稅，一經擇定不得變更。但選擇免予計入取得股票或可處分日當年度課稅者，該股票於實際轉讓或帳簿劃撥至開設之有價證券保管劃撥帳戶時，應將全部轉讓價格、贈與或作爲遺產分配時之時價或撥轉日之時價，作爲該轉讓或撥轉年度之收益，依所得稅法規定計算所得並申報課徵所得稅。

公司員工依前項規定選擇免予計入取得股票或可處分日當年度課稅，自取得股票日起，持有股票且繼續於該公司服務累計達二年者，於實際轉讓或帳簿劃撥至開設之有價證券保管劃撥帳戶時，其全部轉讓價格、贈與或作爲遺產分配時之時價或撥轉日之時價，高於取得股票或可處分日之時價者，以取得股票或可處分日之時價，作爲該轉讓或撥轉年度之收益，依所得稅法規定計算所得並申報課徵所得稅。但公司員工未申報課徵所得稅，或已申報課徵所得稅未能提出取得股票或可處分日時價之確實證明文件，且稅捐稽徵機關無法查得可處分日之時價者，不適用之。

前項所稱員工繼續於該公司服務累計達二年之期間，得將員工繼續於下列公司服務之期間合併計算：

（一）發行獎酬員工股份基礎給付公司持有他公司有表決權之股份或出資額，超過該他公司已發行有表決權之股份總數或資本總額 50% 者，該他公司。

（二）他公司持有發行獎酬員工股份基礎給付公司有表決權之股份或出資額，超過該公司有表決權之股份總數或資本總額 50% 者，該他公司。

前三項所稱公司員工，應符合下列各款之一，但不包括發行獎酬員工股份基礎給付公司之董事及監察人：

（一）發行獎酬員工股份基礎給付公司之員工。

（二）依公司法或證券交易法規定，發行獎酬員工股份基礎給付公司持有他公司有表決權之股份或出資額，超過該他公司已發行有表決權之股份總數或資本總額 50% 者，該他公司之員工。

（三）依公司法或證券交易法規定，他公司持有發行獎酬員工股份基礎給付公司有表決權之股份或出資額，超過該公司有表決權之股份總數或資本總額 50% 者，該他公司之員工。

第 1 項所稱獎酬員工股份基礎給付，指發給員工酬勞之股票、員工現金增資認股、買回庫藏股發放員工、員工認股權憑證及限制員工權利新股。

第 1 項及第 2 項所稱轉讓，指買賣、贈與、作爲遺產分配、公司減資銷除股份、公司清算或因其他原因致股份所有權變更者。

發行獎酬員工股份基礎給付公司應於員工取得股票年度或股票可處分日年度，

依規定格式填具員工擇定緩課情形及其他相關事項，送請各中央目的事業主管機關備查，並副知公司所在地之稅捐稽徵機關，始適用第1項至第3項之獎勵；其申請格式，由中央主管機關定之。

公司員工適用第2項、第3項規定者，其發行獎酬員工股份基礎給付之公司應於員工持有股票且繼續服務屆滿二年之年度，檢送員工持有股票且繼續服務累計達二年之證明文件，送請各中央目的事業主管機關備查，並副知公司所在地之稅捐稽徵機關。

第1項至第3項獎酬員工股份基礎給付緩課於所得稅申報之程序、取得股票及股票可處分日之時點訂定、全年合計新臺幣五百萬元之計算、時價之認定、應提示文件資料及其他相關事項之辦法，由財政部定之（產創19-1）。施行期間自109年1月1日起至118年12月31日止（產創72）。

六、促進產業投資

◎合夥創投「穿透」課稅──有限合夥組織創業投資事業之租稅優惠（產創23-1）

（一）爲協助新創事業公司之發展，自中華民國106年1月1日起至118年12月31日止，依有限合夥法規定新設立且屬第32條規定之下列創業投資事業，得適用第4項課稅規定：

1. 分年出資之創業投資事業，符合下列各目規定，且自該事業設立第二年度起各年度之資金運用於我國境內及投資於實際營運活動在我國境內之外國公司金額合計達當年度實收出資總額50%並符合政府政策，經申請中央主管機關逐年核定者：

(1) 設立當年度及第二年度：各年度終了日有限合夥契約約定出資總額達新臺幣3億元。

(2) 設立第三年度：實收出資總額於年度終了日達新臺幣1億元。

(3) 設立第四年度：實收出資總額於年度終了日達新臺幣2億元，且累計投資於新創事業公司之金額達該事業當年度實收出資總額30%或新臺幣3億元。

(4) 設立第五年度：實收出資總額於年度終了日達新臺幣3億元，且累計投資於新創事業公司之金額達該事業當年度實收出資總額30%或新臺幣3億元。

2. 於設立當年度實收出資總額達新臺幣3億元之創業投資事業，符合下列各目規定，且自該事業設立第二年度起各年度之資金運用於我國境內及投資於實際營運活動在我國境內之外國公司金額合計達決定出資總額50%並符合政府政策，經申請中央主管機關逐年核定者：

(1) 設立第二年度：實收出資總額於年度終了日達新臺幣 3 億元。

(2) 設立第三年度：決定出資總額於年度終了日達新臺幣 1 億元。

(3) 設立第四年度：決定出資總額於年度終了日達新臺幣 2 億元，且累計投資於新創事業公司之金額達該事業當年度決定出資總額 30% 或新臺幣 3 億元。

(4) 設立第五年度：決定出資總額於年度終了日達新臺幣 3 億元，且累計投資於新創事業公司之金額達該事業當年度決定出資總額 30% 或新臺幣 3 億元。

（二）前項第 2 款所稱決定出資總額，指該款創業投資事業於申請中央主管機關逐年核定時所決定之前一年度出資總額；該出資總額不得少於該事業於設立年度起至前一年度終了日止之實際累計投資金額，並應於第 4 項所定適用期間屆滿前達到募資完成之實收出資總額。

（三）適用第 4 項規定之事業，嗣後辦理清算者，於清算期間內得不受第一項規定限制，繼續適用第四項規定。

（四）符合第 1 項規定之事業，自設立之會計年度起十年內，得就各該年度收入總額，依所得稅法第 24 條規定計算營利事業所得額，分別依有限合夥法第 28 條第 2 項規定之盈餘分配比例，計算各合夥人營利所得額，由合夥人依所得稅法規定徵免所得稅，但屬源自所得稅法第 4 條之 1 所定證券交易所得部分，個人或總機構在我國境外之營利事業之合夥人免納所得稅。合夥人於實際獲配適用本項規定事業之盈餘時，不計入所得額課稅。

（五）適用前項規定之事業，如有特殊情形，得於該項所定適用期間屆滿三個月前，專案報經中央主管機關核准延長適用期間，但延長之期間不得超過五年，並以延長一次為限。

（六）適用第 4 項規定之事業，於該項所定適用期間內，應依所得稅法第 71 條第 1 項、第 75 條第 1 項及第 2 項規定期限內按財政部規定格式辦理結算、決算及清算申報，無須計算及繳納其應繳納之稅額，不適用同法第 39 條第 1 項但書虧損扣除、第 42 條第 1 項轉投資收益不計入所得額課稅、本條例及其他法律有關租稅優惠之規定，並免依同法第 66 條之 9 未分配盈餘加徵營利事業所得稅及第 102 條之 2 第 1 項報繳未分配盈餘加徵稅額。

（七）適用第 4 項規定之事業，其當年度所得之扣繳稅款，得依有限合夥法第 28 條第 2 項規定之盈餘分配比例計算各合夥人之已扣繳稅款。該已扣繳稅款得抵繳合夥人之應納所得稅額。適用第 4 項規定之事業應於各適用年度所得稅結算申報或決算、清算申報法定截止日前，將依第4項規定計算之合夥人之所得額與前開已扣繳稅款，按財政部規定格式填發予各合夥人，並以該事業年度決算日、應辦理當期決算申報事由之日或清算完結日作爲合夥人所得歸屬年度。

（八）有第4項所得之合夥人爲非我國境內居住之個人或總機構在我國境外之營利事業者，應以適用該項規定之事業負責人爲所得稅扣繳義務人，於該事業當年度所得稅結算申報或決算、清算申報法定截止日前，依規定之扣繳率扣取稅款，並於該截止日之次日起十日內向國庫繳清，及開具扣繳憑單，向該管稅捐稽徵機關申報核驗後，填發予合夥人。該合夥人有前項已扣繳稅款者，得自其應扣繳稅款中減除。

（九）擬適用第4項課稅規定之事業，應於設立之次年2月底前擇定，並擇定適用第1項第1款或第2款規定，一經擇定，不得變更；適用期間經中央主管機關核定不符合第1項規定者，自不符合規定之年度起，不得再適用第4項規定，並應依所得稅法及所得基本稅額條例規定辦理。

（十）第1項所稱新創事業公司，指依公司法設立之公司，或實際營運活動在我國境內之外國公司，且於適用第4項規定之事業取得該公司新發行股份時，設立未滿五年者。

（十一）第1項及前項所稱實際營運活動在我國境內之外國公司，指依外國法律設立之公司，在我國境內設立子公司或分公司，且經中央主管機關認定符合下列各款規定者：

1. 作成重大經營管理、財務管理及人事管理決策者爲我國境內居住之個人或總機構在我國境內之營利事業，或作成該等決策之處所在我國境內。

2. 財務報表、會計帳簿紀錄、董事會議事錄或股東會議事錄之製作或儲存處所在我國境內。

3. 在我國境內有實際執行主要經營活動。

（十二）第1項實收出資總額與決定出資總額之計算、資金運用於我國境內及投資於實際營運活動在我國境內之外國公司金額及比率之計算、符合政府政策之範圍、投資於新創事業公司累計金額占有限合夥事業實收出資總額、決定出資總額比率之計算與申請及核定程序、第5項之特殊情形及延長適用期間之申請程序、前項實際營運活動在我國境內之外國公司之認定與相關證明文件及其他相關事項之辦法，由中央主管機關會同財政部定之。

（十三）適用第4項規定事業之所得計算與申報程序、第8項扣繳程序及其他相關事項之辦法，由財政部定之；第8項之扣繳率，由財政部擬訂，報請行政院核定（產創23-1）。

◎天使投資額減除——個人投資國內新創事業初創階段之投資支出於限額內得自所得額中減除（產創23-2）

（一）個人以現金投資於成立未滿二年經中央目的事業主管機關核定之國內高風險新創事業公司，且對同一公司當年度投資金額達新臺幣100萬元，並取得該公司之新發行股份，持有期間達二年者，得就投資金額50%限度內，自持有期間屆滿二年之當年度個人綜合所得總額中減除。該個人適用本項規定每年得減除之金額，合計以新臺幣300萬元爲限。

（二）前項個人之資格條件、高風險新創事業公司之適用範圍與資格條件、申請期限、申請程序、持有期間計算、核定機關及其他相關事項之辦法，由中央主管機關會同財政部定之（產創23-2）。施行期間至106年11月24日起至118年12月31日止（產創72）。

營利事業以盈餘興建或購置供自行生產或營業用之建築物、軟硬體設備或技術於計算當年度未分配盈餘時，得列爲減除項目（產創23-3）

（一）爲促進營利事業以盈餘進行實質投資，提升生產技術、產品或勞務品質，自辦理107年度未分配盈餘加徵營利事業所得稅申報起，公司或有限合夥事業因經營本業或附屬業務所需，於當年度盈餘發生年度之次年起三年內，以該盈餘興建或購置供自行生產或營業用之建築物、軟硬體設備或技術達一定金額，該投資金額於依所得稅法第66條之9規定計算當年度未分配盈餘時，得列爲減除項目。

（二）適用前項規定之公司或有限合夥事業於依所得稅法第102條之2規定辦理未分配盈餘申報時，應依規定格式填報，並檢附投資證明文件送所在地之稅捐稽徵機關。

（三）適用第1項規定之公司或有限合夥事業於申報繳納當年度未分配盈餘加徵營利事業所得稅後始完成投資者，應於完成投資之日起一年內，依規定格式並檢附投資證明文件，向所在地之稅捐稽徵機關申請依第一項規定重行計算該年度未分配盈餘，退還溢繳稅款。

（四）第1項規定之一定金額、前二項規定格式、投資證明文件、前項退還溢繳稅款之申請程序、應提示文件資料及其他相關事項之辦法，由財政部定之（產創23-3）。施行期間自公布生效日起至118年12月31日止（產創72）。

22-3 「促進民間參與公共建設法」、「獎勵民間參與交通建設條例」以及其他相關租稅優惠

一、綜合所得稅之優惠

個人原始認股或應募「獎勵民間參與交通建設條例」所獎勵之民間機構因創立或擴充而發行之記名股票，其持有股票時間達二年以上者，得以其取得該股票之價款 20% 限度內，抵減當年度應納綜合所得稅額；當年度不足抵減時，得在以後四年度內抵減之。該項投資抵減，其每一年度得抵減總額，以不超過該個人當年度應納綜合所得稅額 50% 為限。但最後年度抵減金額，不在此限（獎參 33）。

二、營利事業所得稅之優惠

（一）投資抵減

1. 獎勵民間參與交通建設條例所獎勵之民間機構，得在下列支出金額 5% 至 20% 限度內，抵減當年度應納營利事業所得稅額；當年度不足抵減時，得在以後四年度內抵減之：

   (1) 投資於興建、營運設備或技術。

   (2) 購置防治污染設備或技術。

   (3) 投資於研究與發展、人才培訓之支出。

   (4) 其他經行政院核定之投資支出。

   上述投資抵減，其每一年度得抵減總額，以不超過該公司當年度應納營利事業所得稅額 50% 為限。但最後年度抵減金額，不在此限（獎參 29）。

2. 營利事業原始認股或應募「獎勵民間參與交通建設條例」所獎勵之民間機構因創立或擴充而發行之記名股票，其持有股票時間達二年以上者，得以其取得該股票之價款 20% 限度內，抵減當年度應納營利事業所得稅額；當年度不足抵減時，得在以後四年度內抵減之。其每一年度得抵減總額，以不超過該營利事業當年度應納營利事業所得稅額 50% 為限。但最後年度抵減金額，不在此限（獎參 33）。

3. 民間機構得在所參與重大公共建設下列支出金額 5% 至 20% 限度內，抵減當年度應納營利事業所得稅額；當年度不足抵減時，得在以後四年度抵減之：

   (1) 投資於興建、營運設備或技術。

   (2) 購置防治污染設備或技術。

   (3) 投資於研究發展、人才培訓之支出。

前項投資抵減，其每一年度得抵減總額，以不超過該機構當年度應納營利事業所得稅額 50% 爲限。但最後年度抵減金額，不在此限。

第 1 項各款之適用範圍、核定機關、申請期限、程序、施行期限、抵減率、補繳及其他相關事項之辦法，由主管機關會商中央目的事業主管機關定之（促參 37）。

4. 營利事業原始認股或應募參與重大公共建設之民間機構因創立或擴充而發行之記名股票，其持有股票時間達四年以上者，得以其取得該股票之價款 20% 限度內，抵減當年度應納營利事業所得稅額；當年度不足抵減時，得在以後四年度內抵減之。

前項投資抵減，其每一年度得抵減總額，以不超過該營利事業當年度應納營利事業所得稅額 50% 爲限。但最後年度抵減金額，不在此限。

第 1 項投資抵減之核定機關、申請期限、程序、施行期限、抵減率、補繳及其他相關事項之辦法，由主管機關會商中央目的事業主管機關定之（促參 40）。

（二）五年免稅

民間機構得自所參與重大公共建設開始營運後有課稅所得之年度起，最長以五年爲限，免納營利事業所得稅。

前項之民間機構，得自各該重大公共建設開始營運後有課稅所得之年度起，四年內自行選定延遲開始免稅之期間；其延遲期間最長不得超過三年，延遲後免稅期間之始日，應爲一會計年度之首日。

第 1 項免稅之範圍及年限、核定機關、申請期限、程序、施行期限、補繳及其他相關事項之辦法，由主管機關會商中央目的事業主管機關定之（促參 36）。

三、土地稅、房屋稅及契稅之減免

（一）參與重大公共建設之民間機構在興建或營運期間，供其直接使用之不動產應課徵之地價稅、房屋稅及取得時應課徵之契稅，得予適當減免。

前項減免之期限、範圍、標準、程序及補繳，由直轄市及縣（市）政府擬訂，提請各該議會通過後，報主管機關備查（促參 39）。

（二）水質水量保護區依都市計畫程序劃定爲水源特定區之土地，其土地增值稅之減免，除依土地稅法之規定外，並依下列規定辦理：

1. 農業區、保護區、行水區、公共設施用地及其他使用分區管制內容與保護區相同者，減徵 50%。但有下列情形之一者，全免：

(1) 水源特定區計畫發布實施前已持有該土地，且在發布實施後第一次移轉或因繼承取得後第一次移轉者。

(2) 自來水法第 12 條之 1 施行前已持有該土地，且在施行後第一次移轉或因繼承取得後第一次移轉者。

2. 住宅區，減徵 30%。

3. 商業區及社區中心，減徵 20%（水減 2）。

四、遺產及贈與稅之減免

水質水量保護區依都市計畫程序劃定爲水源特定區之土地，於核課遺產稅或贈與稅時，除法律另有規定外，依下列規定辦理：

（一）農業區、保護區、行水區、公共設施用地及其他使用分區管制內容與保護區相同者，扣除該土地價值之半數。但有下列情形之一者，扣除全數：

1. 水源特定區計畫發布實施前已持有該土地，於發布實施後發生之繼承、第一次移轉或繼承取得後第一次移轉者。

2. 自來水法第 12 條之 1 施行前已持有該土地，於施行後發生之繼承、第一次移轉或繼承取得後第一次移轉者。

（二）住宅區，扣除該土地價值之 30%。

（三）商業區及社區中心，扣除該土地價值之 20%（水減 3）。

實務案例

思索「租稅優惠」

1. 爲何獎參條例、促參法給予民間機構租稅優惠（tax preference）？是因爲「外部利益內部化」（internalizing external benefit）。民間機構帶來自己的資金，從事公共建設，但興建之後，其利益無法自己專享。例如：帶動沿線之地價、房價上漲，增加地價稅、房屋稅、土增稅的稅收。提高營業額，所以營業稅、營所稅、綜所稅都增加了。正的外部利益若政府未予以補助，其提供量將低於社會最適水準（optimal output）。
2. 租稅優惠可以增加投資？通常，理論上，依據資金的使用者成本（user cost of capital, uc），包括實質利率 r 及折舊率 δ，即 $uc = r + \delta$。另因資本的邊際生產力 MPK 遞減，故 MPK 爲負斜率。當 $r + \delta = MPK$ 時，決定了最適的資本存量 K*。

   引進比例稅的稅率 t 後，均衡改爲 $(1 - t)\ MPK = r + \delta$。因此 MPK = (r + δ)/ (1-

t)。後者稱爲租稅調整後資金的使用者成本（tax adjusted user cost of capital, tauc）。當稅率 t 降低時，tauc 會下降，與 MPK 相交之點，新的 K* 增加了，所以投資增加了。但是很多實證上，結果並不顯著。詳見黃明聖、施燕（2018），《總體經濟學》。

3. 近年來適用促產升級及產業創新條例的稅捐減免，統計如表 22-1 所示。由於 2010 年（99 年）促產落日之後，減免之金額漸少，該金額占賦稅收入之比率也漸降低。

表 22-1　適用促產及產創條例之稅捐減免

年度	減免金額	占全國賦稅收入比率
104 年	625 億元	2.9 %
105 年	678 億元	3.0 %
106 年	576 億元	2.6 %
107 年	312 億元	1.3 %
108 年	448 億元	1.8%

註：依附表，修正 104 年之金額為 625 億元。

資料來源：財政部（2020），《2019 財政統計年報》。

歷屆試題

選擇題（本書各章所附考題之答案均係依據考試當年度考選部所公布之答案）

（B）1. 甲公司於民國 111 年 8 月投入 1,000 萬元資金於自行使用之全新智慧機械，假設其當年度的營利事業所得稅額為 500 萬元，試問依產業創新條例第 10 條之 1 的規定，甲公司當年度可取得的投資抵減額度為多少？（A）30 萬元（B）50 萬元（C）100 萬元（D）150 萬元。（111 年地方三等特考）

（C）2. 產業創新條例第 12-1 條第 1 項規定，為促進創新研發成果之流通及應用，我國個人、公司或有限合夥事業在其讓與或授權自行研發所有之智慧財產權取得之收益範圍內，得就當年度研究發展支出金額百分之多少的限度內自當年度應課稅所得額中減除？但公司或有限合夥事業得就本項及第 10 條研究發展支出投資抵減擇一適用：（A）百分之五十（B）百分之一百（C）百分之二百（D）百分之三百（110 年高考）

（D）3. 依據產業創新條例規定，公司員工取得獎酬員工股份基礎給付，其依所得稅法規定計算之所得，得選擇全數延緩至取得年度次年起之第五年課徵所得稅，一經擇定不得變更。此一緩課所得稅規定之限制金額為多少？（A）無金額限制（B）按時價計算全年合計新臺幣 1 千 5 百萬元總額內（C）按時價計算全年合計新臺幣 1 千萬元總額內（D）按時價計算全年合計新臺幣 5 百萬元總額內（106 年高考）

（D）4. 現行產業創新條例對於公司員工取得獎酬員工股份基礎給付之課稅規定，下列何者正確？（A）於交付股票日，按標的股票之時價，以半數計入員工薪資所得課稅（B）於可處分日，按標的股票之時價，以半數計入員工薪資所得課稅（C）按面額計入員工薪資所得課稅；時價超過面額的部分，依據所得基本稅額條例之規定計入基本所得額課徵（D）於取得股票年度按時價課稅，於一定額度內，得選擇全數延緩至取得年度次年起之第 5 年課稅（105 地方三等特考）

（B）5. 根據生技新藥產業發展條例，生技新藥公司得在投資於研究與發展及人才培訓支出金額多少限度內，自有應納營利事業所得稅之年度起五年內抵減各年度應納營利事業所得稅額？（A）20%（B）35%（C）50%（D）100%（104 年高考）

（A）6. 依產業創新條例規定，下列那一項支出得抵減應納之營利事業所得稅？（A）公司為促進產業創新而投資於研究發展支出（B）公司為促進產業創新而購買專利權之支出（C）公司為厚植人才所作之人才培訓支出（D）公司為提升國際形象而參與國際會展之支出（103 年高考）

（D）7. 依產業創新條例規定，公司得在投資於研究發展支出金額 15% 限度內，抵減當年度應納營利事業所得稅額，並以不超過該公司當年度應納營利事業所得稅額多少百分比為限？（A）15（B）20（C）25（D）30（102 年初考）

（B）8. 依現行產業創新條例之規定，公司得在投資於研究發展支出金額的多少限度內，抵減當年度應納營利事業所得稅額？（A）10%（B）15%（C）20%（D）30%（100 年初考）

第23章 奢侈稅（特種貨物及勞務稅）與房地合一稅

煮史煎經過一年，問心自可對青天。

硯田無稅勤耕種，留點書香待後賢。

臺灣　王義貞「村館述懷」《瀛海詩集》

本章擬分二節進行探討，第一節為特種貨物及勞務稅，俗稱奢侈稅；第二節為房地合一稅，茲說明如下：

奢侈稅（特種貨物及勞務稅）

奢侈稅（luxury tax）是消費稅或銷售稅的一種，針對奢侈消費行為課徵。這是為了讓稅制符合社會公平原則，以及抑制特種貨物在短期內頻頻轉手交易「以錢滾錢」的行為。據信：於1810年，普魯士王國首創奢侈稅。美國在1991年開徵遊艇奢侈稅，但在1993年8月廢止[1]。

2011年4月15日臺灣立法院通過「特種貨物及勞務稅條例」，民間則通稱為「奢侈稅條例」，以下簡稱「奢」。該條例並自該年6月1日施行。奢侈稅為國稅，由財政部各地區國稅局稽徵之，其稅課收入優先撥供國民年金保險中央應補助之保險費及應負擔款項之用，必要時撥供支應其他經行政院核定之社會福利支出。本章依序介紹該稅之立法背景、課稅及豁免項目、稅率及稅基、稽徵、罰則、及其評價與檢討。

23-1 立法背景

一、**調降遺贈稅時，要求對貧富之間的租稅負擔提出配套措施**：遺贈稅調降被輿論批評獨厚有錢人，因此要求財政部必須提出配套措施，以平衡貧富之間的租稅負擔。政府於是開始研擬如何課徵「奢侈稅」，對有錢人消費特別多的財貨加重或額外課稅，以消弭「租稅不公」之疑慮。

二、**資金回流及寬鬆貨幣政策導致房價飆漲**：遺贈稅調降之後，臺資大幅回流，加上國內利率持續偏低，以致臺灣游資豐沛。豐沛的資金除了竄進股市，致使股價巨幅回升，亦大舉炒作房市。都會區房價飆漲，臺北市一坪高過百萬元者並不罕見，但是市民所得卻未見增加，只能望屋興嘆，房價已成了民怨之首。2012年大選在即，政府故擬出面「打房」，以歇民怨。

三、**國際金融受到美國二次數量寬鬆（Quantitative Easing 2, QE2），資金流向新**

[1] 參見維基（2011），奢侈稅條。遊艇課稅後，消費者轉向國外購買，國內相關業者失業。

興市場：2008 年的國際金融風暴之後，美國貨幣數量寬鬆政策，造成預期美元貶値，新興國家貨幣升値。這些短期資金（熱錢）投機股市、房市、匯市，造成各國政府困擾不已。有些國家因此課徵「熱錢稅」因應。

四、新加坡等國已用租稅手段「打房」：新加坡的印花稅（stamp duty）規定 1 年內房地轉手，課 16%；2 年內轉手，12%；3 年內，8%；4 年內，則為 4%。此外，1 年內移轉，在香港只需 10-15%（新加坡則是 16%）。2 年內移轉，香港是 5%（新加坡 12%）。簡言之，香港只需撐過 2 年就可過關，但新加坡卻得要經 4 年才能倖免。

師法外國，臺灣整部奢侈稅法重點落在「打房」，其他奢侈品反而失去了焦點。「衡酌現行土地及房屋短期交易稅負偏低，甚或無稅負，爰於第 1 款規定持有期間在二年以內之房屋及其坐落基地為課稅項目，並參照平均地權條例施行細則第 40 條第 1 項第 1 款前段規定，將依法得核發建造執照之都市土地納入課稅項目，以健全房屋市場。」（奢立法說明）

23-2 課稅及豁免項目

在中華民國境內銷售、產製及進口特種貨物或銷售特種勞務，均應依本條例規定課徵特種貨物及勞務稅（奢 1）。

接著，該條例第 2 條規範特種貨物、特種勞務之課稅項目。

本條例規定之特種貨物，項目如下：

1. 房屋、土地：持有期間在二年以內之房屋及其坐落基地或依法得核發建造執照之都市土地及非都市土地之工業區土地。惟自 105 年 1 月 1 日起實施房地合一課稅制，因兩稅並存，恐會使房地產稅負有過重之嫌，因此自中華民國 105 年 1 月 1 日起，訂定銷售契約銷售本款規定之特種貨物（房屋、土地），停止課徵特種貨物及勞務稅（奢 6-1）。
2. 小客車：包括駕駛人座位在內，座位在九座以下之載人汽車且每輛銷售價格或完稅價格達新臺幣 300 萬元者。
3. 遊艇：每艘船身全長達 30.48 公尺者。
4. 飛機、直昇機及超輕型載具：每架銷售價格或完稅價格達新臺幣 300 萬元者。
5. 龜殼、玳瑁、珊瑚、象牙、毛皮及其產製品：每件銷售價格或完稅價格達新臺幣

50 萬元者。但非屬野生動物保育法規定之保育類野生動物及其產製品，不包括之。

6. 家具：每件銷售價格或完稅價格達新臺幣 50 萬元者。

本條例所稱特種勞務，指每次銷售價格達新臺幣 50 萬元之入會權利，屬可退還之保證金性質者，不包括之（奢 2）。例如：高爾夫球證、俱樂部會員證。

揆其課徵之目的，土地、房屋是為健全房屋市場；龜殼、玳瑁及其產製品是為了野生動物保育政策；其餘則是「以符社會期待，並兼顧量能課稅原則」[2]。

為了有效打擊短期投機客，奢侈稅採「回溯方式」計算，否則要等條例通過後才開始起算，曠日廢時，政策效果將大打折扣，與本條例立法意旨有違。「第二條第一項第一款所稱持有期間，指自本條例施行前或施行後完成移轉登記之日起計算至本條例施行後訂定銷售契約之日止之期間」（奢 3）。例如，在 100 年 2 月某人買入非自用房屋土地，在當年 5 月賣出，由於該時點奢侈稅尚未施行，故不課此稅。若在當年 12 月賣出該房屋，則因持有未滿一年而需課此稅。

一、納稅義務人

銷售第 2 條第 1 項第 1 款規定之特種貨物（房屋、土地），納稅義務人為原所有權人，於銷售時課徵特種貨物及勞務稅。

第 2 條第 1 項第 2 款至第 6 款規定之特種貨物及特種勞務，其特種貨物及勞務稅之納稅義務人及課徵時點如下：

1. 產製特種貨物者，為產製廠商，於出廠時課徵。

2. 進口特種貨物者，為收貨人、提貨單或貨物持有人，於進口時課徵。

3. 法院及其他機關（構）拍賣或變賣尚未完稅之特種貨物者，為拍定人、買受人或承受人，於拍賣或變賣時課徵。

4. 免稅特種貨物因轉讓或移作他用而不符免稅規定者，為轉讓或移作他用之人或貨物持有人，於轉讓或移作他用時課徵。

5. 銷售特種勞務者，為銷售之營業人，於銷售時課徵（奢 4）。

二、豁免項目

只要是「合理、常態、非自願性」的房地移轉，都可豁免，新的奢侈稅施行不會「傷及無辜」。故該法規定，有下列情形之一，非屬本條例規定之特種貨物：

---

[2] 參見立法說明。本章其他部分的理由亦同一出處，本文將不再贅述。

1. 自用住宅：所有權人與其配偶及未成年直系親屬僅有一戶房屋及其坐落基地，辦竣戶籍登記並有自住事實，且持有期間無供營業使用或出租者。以落實照顧自住換屋者之立法意旨。
2. 換屋：符合前款規定之所有權人或其配偶購買房屋及其坐落基地，致共持有二戶房地，自完成新房地移轉登記之日起算一年內出售原房地，或因調職、非自願離職、或其他非自願性因素出售新房地，且出售後仍符合前款規定者。
3. 買賣給政府：銷售與各級政府或各級政府銷售者。
4. 經核准不課徵土地增值稅者（例如農地）。
5. 依都市計畫法指定之公共設施保留地尚未被徵收前移轉者。
6. 銷售因繼承或受遺贈取得者。
7. 營業人興建房屋完成後第一次移轉者。
8. 依強制執行法、行政執行法或其他法律規定強制拍賣者。
9. 依銀行法第76條（即：銀行處分其承受擔保品）或其他法律規定處分，或依目的事業主管機關命令處分者。
10. 所有權人以其自住房地拆除改建或與營業人合建分屋銷售者。
11. 銷售依都市更新條例以權利變換方式實施都市更新分配取得更新後之房屋及其坐落基地者（奢5）。
12. 確屬非短期投機經財政部核定者。此係鑑於現行實務尚有其他非屬短期投機交易情形，因個案情節不一而難以逐一類型化規範，例如所有權人與其配偶婚前各擁有一戶原符合第一項第一款規定之房地，婚後出售其中一戶房地時，已不符合該款僅持有一戶房地之規定等，爲避免產生不合理課稅情形，傷及無辜，爰增訂此款概括規定，以資周全。

本條例修正施行時，尚未核課或尚未核課確定案件，適用前項第12款規定（奢5）。

唯需特別注意者，買賣虧損者並不在豁免之列。因爲該條例是採「銷售稅」之概念，而不是採「所得稅」之概念。

三、免徵特種貨物及勞務稅

第2條第1項第2款至第6款規定之特種貨物，有下列情形之一，免徵特種貨物及勞務稅：

1. 供作產製另一應稅特種貨物者。
2. 運銷國外者。

3. 參加展覽，於展覽完畢原物復運回廠或出口者。

4. 公私立各級學校、教育或研究機關，依其設立性質專供教育、研究或實驗之用，或專供參加國際比賽及訓練之用者。

第 2 條第 1 項第 2 款規定之特種貨物（小客車），專供研究發展、公共安全、緊急醫療救護、或災難救助之用者，免徵特種貨物及勞務稅。

第 2 條第 1 項第 4 款規定之特種貨物（飛機、直昇機及超輕型載具），非供自用者，免徵特種貨物及勞務稅（奢 6）。

23-3 稅率及稅基

臺灣參考美國、香港及新加坡之立法例，訂定該稅之稅率如下：

特種貨物及勞務稅之稅率為 10%。但第 2 條第 1 項第 1 款規定之特種貨物（房屋、土地），持有期間在一年以內者，稅率為 15%（奢 7）。

納稅義務人銷售或產製特種貨物或特種勞務，其銷售價格指銷售時收取之全部代價，包括在價額外收取之一切費用。但本次銷售之特種貨物及勞務稅額不在其內。

前項特種貨物或特種勞務如係應徵貨物稅或營業稅之貨物或勞務，其銷售價格應加計貨物稅額及營業稅額在內（奢 8）。

進口特種貨物之完稅價格，應按關稅完稅價格加計進口稅後之數額計算之。

前項特種貨物如係應徵貨物稅或營業稅之貨物，應按前項數額加計貨物稅額及營業稅額後計算之（奢 10）。

例題 1

一輛進口轎車 200 萬元，加計進口關稅 17.5%，貨物稅 30%，營業稅 5% 之後，是否需要課徵特種貨物及勞務稅？若加計前述稅額之後已達 300 萬元，則需繳納特種貨物及勞務稅，稅率 10%。（海關代徵）

稅額計算

銷售或產製特種貨物或特種勞務應徵之稅額，依第 8 條規定之銷售價格，按第 7 條規定之稅率計算之（奢 11）。

進口第 2 條第 1 項第 2 款至第 6 款規定之特種貨物應徵之稅額，依第 10 條規定之完稅價格，按第 7 條規定之稅率計算之（奢 12）。

23-4 稽徵

1. 廠商登記，建立稅籍：特種貨物（房、地以外）產製廠商應於開始產製前，向工廠所在地主管稽徵機關辦理特種貨物及勞務稅廠商登記，以建立稅籍。

　產製廠商申請登記之事項有變更或其解散、結束營業時，應於規定期限內（15 日）辦理變更或註銷登記，除但書規定之特殊原因外，並應先繳清應納稅款，以維持登記事項之正確。

　產製廠商自行停止產製已滿一年或他遷不明，基於稅籍管理之需要，主管稽徵機關得逕行註銷其登記（奢 13）。

2. 發票備註，帳簿保存：使用統一發票之納稅義務人，其應繳納之稅額，應於開立之統一發票備註欄載明之（奢 14）。

　使用統一發票之納稅義務人應設置並保存帳簿、憑證及會計紀錄之義務（奢 15）。

3. 限期繳納：納稅義務人應於規定期間內繳納稅額，並檢附相關文件履行申報義務。第 1 款規定之特種貨物（土地、房屋），應於訂定銷售契約之次日起三十日內計算應納稅額；第 2 款至第 6 款規定之特種貨物（房、地以外），應於次月十五日以前計算應納稅額。

　進口應稅特種貨物，於進口時，由海關代徵，以資簡化稽徵作業（奢 16）。

4. 過期低報，依價補徵：納稅義務人未依規定期限申報、申報銷售價格偏低等情形，主管稽徵機關得依照時價或查得資料核定其應納稅額並補徵之。

　營業人未設立帳簿、未辦妥營業登記即開始營業等情形，主管稽徵機關得依查得資料核定補徵（奢 18）。

5. 稽徵機關填發繳款書：核定補徵之稅款，應由主管稽徵機關填發繳款書，通知納稅義務人繳納及其繳納期限 15 日（奢 19）。

23-5 罰則

1. 行爲罰：產製廠商未依規定辦理廠商登記、未依規定設置或保存帳簿、憑證或會計紀錄，應處新臺幣 1 萬元以上 3 萬元以下罰鍰（奢 20）。
2. 滯納金及滯納利息：定明納稅義務人逾期繳納稅款，應加徵滯納金及滯納利息，並移送強制執行。

納稅義務人逾期繳納稅款，應自繳納期限屆滿之次日起，每逾二日按滯納之金額加徵 1% 滯納金；逾三十日仍未繳納者，移送強制執行。

前項應納稅款應自滯納期限屆滿之次日起，至納稅義務人自動繳納或移送執行徵收繳納之日止，就其應納稅款之金額，依各年度 1 月 1 日郵政定期儲金一年期固定利率按日計算利息，一併徵收（奢 21）。

3. 房屋、土地之漏稅罰：納稅義務人銷售第 2 條第 1 項第 1 款之特種貨物或特種勞務，短報、漏報或未依規定申報除補徵稅款外，按所漏稅額處 3 倍以下罰鍰。但其所漏稅額在新臺幣 5 千元以下者，免予處罰（違免 11-1）。此乃根據稅捐稽徵法第 48 條之 2，漏稅在一定金額以下者，得減輕或免予處罰。

利用他人名義銷售第 2 條第 1 項第 1 款規定之特種貨物按所漏稅額處 3 倍以下罰鍰（奢 22）。

4. 產製或進口特種貨物之漏稅罰：產製或進口第 2 條第 1 項第 2 款至第 6 款規定之特種貨物，其納稅義務人有下列逃漏特種貨物及勞務稅情形之一者，除補徵稅款外，按所漏稅額處 3 倍以下罰鍰，但所漏稅額在新臺幣 5,000 元以下者，免予處罰。

1. 未依第 13 條第 1 項規定辦理登記，擅自產製應稅特種貨物出廠。
2. 免稅特種貨物未經補稅，擅自銷售或移作他用。
3. 短報或漏報銷售價格、完稅價格或數量。
4. 進口之特種貨物未依規定申報。
5. 其他逃漏稅事實（奢 23）。

上述第 3 款及第 4 款依規定應處罰鍰案件，如申報進口時依規定檢附之相關文件並無錯誤，且報關人主動向海關申報以文件審核或貨物查驗通關方式進口應稅特種貨物者，免予處罰（違免 11-2）。

例題 2

某甲在臺北市「利用人頭」以 2,000 萬元出售持有不到 1 年的非自用房地，卻未報繳奢侈稅；被國稅局查到之後，他除了得補繳 300 萬元奢侈稅（稅率 15%）外，還要補繳罰鍰 750 萬元[3]。該罰鍰額度比奢侈稅本稅還要重，連補帶罰一共得繳交 1,050 萬元給國庫。

23-6 附則

特種貨物及勞務稅爲國稅，由財政部主管稽徵機關稽徵之。

前項稅課收入，循預算程序用於社會福利支出；其分配及運用辦法，由中央主管機關及社會福利主管機關定之（奢 24）。

23-7 評價與檢討

一、**中央政府為求租稅公平目標，用心應予肯定**：理論上，所得重分配本是中央政府的主要職能。此次中央政府，爲求租稅公平目標，並專款專用於社會福利，訂定本條例，用心應予肯定。立法之初，本案「加稅」也普遍獲得民眾的支持。

二、**修正貨物稅條例，或新訂此一條例**：由於本條例所規範之項目即爲「特種銷售稅」，精神上、作法上亦是近似「貨物稅」的概念，沿用原有之貨物稅條例即可處理。現在爲求突顯追求租稅公平之決心，訂定新的條例，兩者有所重疊，是否打亂了整套租稅制度設計之架構。該稅收「專款專用」，相當罕見，亦有別於一般稅收「統收統支」的做法。

---

[3] 財政部賦稅署在 100 年 7 月 14 日公告，日後利用人頭短期進出房市以規避奢侈稅的投資客，若被查緝到相關證據，不僅要補繳 15% 或 10% 的奢侈稅，還將被額外處以 2.5 倍罰鍰，稅額加罰鍰總計稅負可能高達 52.5%。

另依據財政部賦稅署指出，14 日已發布「稅務違章案件裁罰金額或倍數參考表」，表內明定民眾若涉嫌逃漏奢侈稅，一年內第一次被查到將被罰一倍稅款，被查到兩次則通案罰兩倍罰款。在相關罰則相繼出籠之後，對於短期投機交易的炒房客應會有阻嚇效果。畢竟若被查到一次漏繳奢侈稅，所有獲利都將血本無歸。

三、**「打房」成了焦點，奢侈品問題較少重視**：「衡酌現行土地及房屋短期交易稅負偏低，甚或無稅負，爰於第一款規定持有期間在二年以內之房屋及其坐落基地為課稅項目，並參照平均地權條例施行細則第40條第1項第1款前段規定，將依法得核發建造執照之都市土地納入課稅項目，以健全房屋市場。」（奢立法說明）。

四、**實價課稅，技術可行**：由於奢侈稅是特種銷售稅，因此要按實價課稅。房屋買賣一定要登記，也有資金流程，所以實價能查得出來，人頭戶也可追查。第16條規定：「納稅義務人銷售第二條第一項第一款規定之特種貨物，應於訂定銷售契約之次日起三十日內計算應納稅額，自行填具繳款書向公庫繳納，並填具申報書，檢附繳納收據、契約書及其他有關文件，向主管稽徵機關申報銷售價格及應納稅額。」

五、**短期來看，來自房屋土地稅收不多，房價未降**：政府從100年6月1日起，開徵特種貨物及勞務稅打房，第一個月房屋土地進帳135萬元。

不過其中一筆最大金額，不是在臺北市，而是在彰化員林小鎮，一間非常不起眼的小平房，它占地不到十坪，申報稅額高達97萬5,000元，高居全國第一。而房價最高的臺北市、新北市開徵第一個月卻沒有稅收進帳。

特種貨物及勞務稅上路後，整體房價並未回檔，即使政府配合推出優惠購屋政策，但民眾買房意願仍未較上期明顯改變[4]。

特種貨物及勞務稅實施至今已屆滿二年，自100年6月1日至102年6月30日止特種貨物及勞務稅總稅收為新臺幣86億5,753萬餘元，不動產移轉課徵特種貨物及勞務稅案件共有7,712件，茲將該稅的稅收概況及我國主要都市課徵件數列表如下[5]（請參見表23-1及23-2）：

表23-1 特種貨物及勞務稅收入統計表金額單位：輛、艘、件／新臺幣元

類別	進口貨物		國內產製／不動產	
	數量	稅額（實徵淨額）	數量	稅額（實徵淨額）
小客車	6,645（輛）	2,871,263,949	-	-
遊艇	3（艘）	2,539,093	2（艘）	3,090,538

4 國泰金表示，本次調查為100年7月1日至7月7日間進行，針對國泰人壽官方網站會員及國泰世華銀行客戶發出電子郵件問卷，成功回收共1萬4671份有效填答問卷。

5 資料摘自中華財政學會「2013年大學院校教師賦稅法令研習會」講義。

類別	進口貨物		國內產製／不動產	
	數量	稅額（實徵淨額）	數量	稅額（實徵淨額）
航空器	-	-	-	-
保育類	11（件）	1,400,042	-	-
家具	92（件）	7,080,911	-	-
不動產	-	-	10,482（件）	5,753,700,966
小計	-	2,882,283,995	-	5,756,791,504
特種勞務				18,456,591
總計				8,657,532,090

表 23-2　不動產移轉課徵特種貨物及勞務稅案件明細表

出售標的坐落地	已申報繳納特種貨物及勞務稅件數			
	持有期間1年內件數	持有期間1-2年件數	持有2年內移轉件數	持有2年內移轉件數占全國總件數比率
臺北市	397	434	831	10.78%
高雄市	431	493	924	11.98%
新北市	471	588	1,059	13.73%
桃園縣	473	575	1,048	13.59%
臺中市	578	607	1,185	15.37%
臺南市	338	304	642	8.32%
全國	3,796	3,916	7,712	100.00%

註：表 23-1 與表 23-2 的統計期間為 100 年 6 月 1 日至 102 年 6 月 30 日。
資料來源：財政部賦稅署。

最後，面對房價飆漲，政府在「打房」政策上，陸續推出了奢侈稅、豪宅稅，以爲因應。「奢」與「豪」二者究竟有何不同？謹就奢侈稅、豪宅稅二者之比較，列如表 23-3 所示。

表 23-3 奢侈稅與豪宅稅之比較

	奢侈稅	豪宅稅
租稅性質分類	消費稅（銷售稅）	財產稅
租稅性質分類	國稅	地方稅
主管機關	財政部	地方財政局
執行機關	國稅局	地方稅捐處
法令依據	特種貨物及勞務稅條例 （100 年 6 月起開徵）	房屋稅條例。臺北市不動產評價委員會審議通過「高級住宅合理加價課徵房屋稅」（101 年 7 月起開徵）
課徵目的	抑制不動產投機炒作，維護租稅公平。（彌補高消費卻享有低稅負之缺失）	縮短貧富差距，實現公平正義。
預期稅收	一年 150 億元	一年可為臺北市增加 3 億元房屋稅收。
實際稅收	實施 11 個月奢侈稅只收到 33.9 億，其中不動產部分不到 22 億。因為房地產市場交易量大減，同一期間土增稅大減 38 億。	剛實施，尚未有實收統計數據。
施行範圍	全國	個別縣市（臺北市）

房地合一稅

為抑制大量資源及資金投入房地產市場造成房價高漲的炒房風氣，自 105 年 1 月 1 日起房屋、土地之交易所得按新制課徵所得稅。故 105 年後購屋者才是課稅對象，對於之前已持有房屋者不受此新制影響。此稅制對短期炒房採從重課稅，稅率最高為 45%，另為避免外資湧入炒樓，對非中華民國境內居住之個人與總機構在中華民國境外之營利事業均採高稅率，俾導正大量外資湧入臺灣投資的資金誤置。

由於特銷稅的立法精神旨在遏止短期炒作房價，本身只是手段而非目的，2016 年房地合一課稅上路之後，若兩稅並存，恐會使房地產稅負有過重之嫌，甚至波及誤觸稅務地雷民眾，故特銷稅有關房屋、土地部分，將隨著房地合一稅的上路而退場。

因實施房地合一稅，依第 14 條之 4 至第 14 條之 8 及第 24 條之 5 規定計算課徵之所得稅稅課收入，扣除由中央統籌分配予地方之餘額，循預算程序用於住宅政策及長期照顧服務支出；其分配及運用辦法，由財政部會同內政部及衛生福利部定之（所 125-2）。茲將房地合一稅制依個人與營利事業二部分介紹如下：

壹、個人部分

23-8 課稅範圍

一、個人交易中華民國 105 年 1 月 1 日以後取得之房屋、土地，其交易所得應依第 14 條之 4 至第 14 條之 8 規定課徵所得稅。

二、視同房屋、土地交易：個人於中華民國 105 年 1 月 1 日以後取得以設定地上權方式之房屋使用權或預售屋及其坐落基地，其交易視同前項之房屋、土地交易。

三、個人交易其直接或間接持有股份或出資額過半數之國內外營利事業之股份或出資額，該營利事業股權或出資額之價值百分之五十以上係由中華民國境內之房屋、土地所構成者，該交易視同第 1 項房屋、土地交易。但交易之股份屬上市、上櫃及興櫃公司之股票者，不適用之。

四、排除規定：所定房屋之範圍，不包括依農業發展條例申請興建之農舍（所 4-4）。

立法理由

為防杜個人及營利事業藉由交易其具控制力之國內外營利事業股份或出資額，實質移轉該被投資營利事業之中華民國境內房屋、土地，以免稅證券交易所得規避或減少房屋、土地交易所得之納稅義務，爰增訂第 3 項，明定符合一定條件之股份或出資額交易，應視為房屋、土地交易，該交易所得應依本法有關房屋、土地交易所得相關規定課稅；另考量上市、上櫃及興櫃公司之股權較為分散，且該等股票係於證券交易所或櫃檯買賣中心交易，相對較不易藉由股份交易實質移轉房屋、土地，爰於但書排除屬上市、上櫃及興櫃公司之股票交易[6]。

---

6 參見立法院立法理由。

23-9 稅基

凡屬課徵房地合一稅課稅範圍之個人房屋、土地交易所得或損失之計算，其為出價取得者，以交易時之成交價額減除原始取得成本，與因取得、改良及移轉而支付之費用後之餘額為所得額；其為繼承或受贈取得者，以交易時之成交價額減除繼承或受贈時之房屋評定現值及公告土地現值按政府發布之消費者物價指數調整後之價值，與因取得、改良及移轉而支付之費用後之餘額為所得額。但依土地稅法規定繳納之土地增值稅，除屬當次交易未自該房屋、土地交易所得額減除之土地漲價總數額部分之稅額外，不得列為成本費用（所 14-4）。又個人交易 105 年 1 月 1 日以後受贈取得之房屋、土地，依所得稅法第 14 條之 4 第 1 項規定計算房屋、土地交易所得時，其受贈該房屋、土地時所繳納之契稅、土地增值稅，屬其因取得該房屋、土地而支付之費用，得自房屋、土地交易所得中減除[7]。

個人依規定計算之房屋、土地交易所得，減除當次交易依土地稅法第 30 條第 1 項規定公告土地現值計算之土地漲價總數額後之餘額，不併計綜合所得總額，按規定稅率計算應納稅額（所 14-4）

詳言之，我國為防杜個人交易短期持有房屋、土地，利用土地增值稅稅率與房地合一所得稅稅率間差異，以自行申報高於公告土地現值之土地移轉現值方式規避所得稅負，爰明定自房屋、土地交易所得項下減除之土地漲價總數額，以依土地稅法第 30 條第 1 項規定公告土地現值計算之土地漲價總數額為限。亦即對土地漲價總數額增設減除上限之規定，減除上限為交易當年度公告土地現值減前次移轉現值，超過上限部分不可減除，但超過部分計算繳納的土地增值稅可列為費用。

補充說明：

一、個人房屋、土地交易所得或損失之計算方式如下：

（一）成本及費用之認列

1. 原則係按實際取得成本認定，包括取得房屋、土地之價金。至於繼承或受贈取得者，其取得時之價值以房屋評定現值及公告土地現值按政府發布之消費者物價指數調整後之價值為準。
2. 取得房屋、土地達可供使用狀態前支付之必要費用，如契稅、印花稅、代書費、規費、公證費、仲介費、取得房地所有權後使用期間支付能增加房屋價值或效能非二年內所能耗竭之增置、改良或修繕費等。

---

7 財政部 110.07.27 台財稅字第 11004529190 號令。

3. 出售房屋、土地支付之必要費用：如仲介費、廣告費、清潔費、搬運費等。
4. 交易標的包含土地者，改良土地已支付之全部費用，包括已繳納之工程受益費、土地重劃費用及因土地使用變更而無償捐贈一定比率土地作爲公共設施用地者，其捐贈時捐贈土地之公告現值總額。

（二）不得列爲成本或費用減除者：例如使用期間繳納之房屋稅、地價稅、管理費、清潔費、金融機構借款利息等，屬使用期間之相對代價[8]。

二、所稱消費者物價指數爲交易日所屬年月已公告的最近臺灣地區消費者物價。例如繼承或受贈時的房屋評定現值及公告土地現值爲300萬元，當時政府發布的消費者物價指數爲100，出售時政府發布的物價指數爲106，則調整後的價值＝300萬元×106／100＝318萬元

其計算公式如下：

出價取得者：

所得額＝交易時之成交價額（房地收入）－原始取得成本－因取得、改良及移轉而支付之費用

應納稅額＝（所得額－依土地稅法第30條第1項規定公告土地現值計算之土地漲價總數額）×稅率

繼承或受贈取得者：

所得額＝交易時之成交價額－繼承或受贈時之房屋評定現值及公告土地現值按政府發布之消費者物價指數調整後之價值－因取得、改良及移轉而支付之費用

應納稅額＝（所得額－依土地稅法第30條第1項規定公告土地現值計算之土地漲價總數額）×稅率

※ 超過土地漲價總數額減除上限，未自該房屋、土地交易所得額減除之土地漲價總數額部分計算繳納之土地增值稅，可列爲費用。

23-10 稅率

房地合一稅的課稅稅率因居住者與非居住者而有不同，所稱居住者係指：1. 在

8 參見立法院立法理由。

中華民國境內有住所，並經常居住中華民國境內者。2. 在中華民國境內無住所，而於一課稅年度內在中華民國境內居留合計滿 183 天者。所稱非中華民國境內居住之個人，係指前述規定以外之個人（所 7）。個人依規定計算之房屋、土地交易所得，減除當次交易依土地稅法第 30 條第 1 項規定公告土地現值計算之土地漲價總數額後之餘額，不併計綜合所得總額，按下列規定稅率計算應納稅額（所 14-4）：

一、中華民國境內居住之個人（居住者）：

（一）一般稅率

1. 持有房屋、土地之期間在 2 年以內者，稅率為 45%。

2. 持有房屋、土地之期間超過 2 年，未逾 5 年者，稅率為 35%。

3. 持有房屋、土地之期間超過 5 年，未逾 10 年者，稅率為 20%。

4. 持有房屋、土地之期間超過 10 年者，稅率為 15%。

（二）減徵規定

1. 非自願性因素：因財政部公告之調職、非自願離職或其他非自願性因素，交易持有期間在五年以下之房屋、土地者，稅率為 20%。

2. 合建分售：個人以自有土地與營利事業合作興建房屋，自土地取得之日起算五年內完成並銷售該房屋、土地者，稅率為 20%。

3. 都更重建：個人提供土地、合法建築物、他項權利或資金，依都市更新條例參與都市更新，或依都市危險及老舊建築物加速重建條例參與重建，於興建房屋完成後取得之房屋及其坐落基地第一次移轉且其持有期間在五年以下者，稅率為 20%。

4. 自住房屋、土地：符合第 4 條之 5 第 1 項第 1 款規定之自住房屋、土地，按本項規定計算之餘額超過 400 萬元部分，稅率為 10%。

二、非中華民國境內居住之個人（非居住者）：

（一）持有房屋、土地之期間在 2 年以內者，稅率為 45%。

（二）持有房屋、土地之期間超過 2 年者，稅率為 35%。

有關持有期間之計算，於繼承或受遺贈取得者，得將被繼承人或遺贈人持有期間合併計算（所 14-4）。

立法理由

爲防杜個人交易短期持有房屋、土地，利用土地增值稅稅率與房地合一所得稅稅率間差異，以自行申報高於公告土地現值之土地移轉現值方式規避所得稅負，爰明定自房屋、土地交易所得項下減除之土地漲價總數額，以依土地稅法第 30 條第 1 項規定公告土地現值計算之土地漲價總數額爲限。

又爲抑制短期不當炒作不動產，修正第 3 項第 1 款第 1 目、第 2 目及第 2 款，延長有關適用百分之四十五及百分之三十五稅率之持有期間規定；並配合修正第 1 款第 3 目、第 5 目及第 6 目之持有期間。

另考量配合鼓勵都更及危老重建政策，且該等參與之個人交易取得房地可增加房屋供給，並非基於短期炒作房地產，爰增訂第 7 目就個人提供土地、合法建築物、他項權利或資金，依都市更新條例參與都市更新，或依都市危險及老舊建築物加速重建條例參與重建，於興建房屋完成後取得之房屋及其坐落基地第一次移轉且其持有期間在五年以下者，比照第 6 目規定稅率爲 20%[9]。

例題 3

105 年 1 月張先生買進 1 户房地，110 年 8 月以 2000 萬出售，成本及費用 1400 萬，依土地稅法第 30 條第 1 項規定公告土地現值計算之土地漲價總數額為 100 萬（出售時房屋評定現值 80 萬，土地公告現值 220 萬）。

A. 自住房地

所得 = 2000 -1400 - 100 = 500 萬

稅額 =（500 – 400）×10% = 10 萬

B. 非自住房地

所得 = 2000 – 1400 – 100 = 500 萬

稅額 = 500 × 20% = 100 萬（非自住持有超過 5 年，未逾 10 年稅率 20%）

C. 非居住者（非中華民國境內居住之個人）

所得 = 2000 – 1400 – 100 = 500 萬

稅額 = 500 × 35% = 175 萬（非居住者持有超過 2 年稅率 35%）

9　參見立法院立法理由。

例題 4

李君的父親於 105 年 3 月 1 日用 400 萬元購買房地，並同時將該房地贈與予李君。贈與當時的房屋評定現值是 50 萬元、土地公告現值 150 萬元，合計贈與額 200 萬元（後來 110 年賣掉時，按物價指數調整後之土地、房屋現值為 205 萬元）。李君裝潢花費了 80 萬元。在 110 年 8 月 1 日李君以總價 500 萬元賣掉該房地。依土地稅法第 30 條第 1 項規定公告土地現值計算之土地漲價總數額 70 萬元，繳了土地增值稅 14 萬元。請問：

(1) 臺灣的「房地合一稅」是否為財產稅？房地合一稅的計算公式是否為：（房地收入－成本－費用）× 適用稅率－依土地稅法計算之土地增值稅額？

(2) 房地合一稅率，持有 2 年以內者，稅率為 45%；持有超過 2 年，未逾 5 年者，稅率為 35%，持有超過 5 年，未逾 10 年者，稅率為 20%。請問本案之房地合一稅額為何？

擬答

(1) 是所得稅。房地合一稅的計算的公式：（房地收入－成本－費用－依土地稅法第 30 條第 1 項規定公告土地現值計算之土地漲價總數額）× 適用稅率。

(2) (500 – 205 – 80 – 70) 萬 ×20% ＝ 29 萬元。

考題解析

1. 甲君 110 年 7 月 2 日出售其 110 年 1 月 3 日取得的房地，出售價格爲 1,000 萬元，取得成本爲 600 萬元，出售時之公告土地現值爲 400 萬元，申報土地現值爲 800 萬元，前次移轉現值爲 400 萬元；假設無其他費用，該出售土地符合土地增值稅之自用住宅用地，稅率 10%，不符合自住房屋土地減免所得稅規定，試問該房地交易所得稅額爲若干？（110 年地方三等特考）
2. 若甲君出售時之公告土地現值爲 500 萬元，申報土地現值爲 800 萬元，其餘情況均與上題同，試問該房地交易所得稅額爲若干？

擬答：

1. 【（1,000 萬－ 600 萬）－（400 萬－ 400 萬）－（800 萬－ 400 萬）×10%】＝ 360 萬；360 萬 ×45% ＝ 162 萬元
2. 【（1,000 萬－ 600 萬）－（500 萬－ 400 萬）－（800 萬－ 500 萬）×10%】＝ 270 萬；270 萬 ×45% ＝ 121.5 萬元

23-11 減免規定

合於課徵房地合一稅之交易房屋、土地有下列情形之一者，免納所得稅。但符合第 1 款規定者，其免稅所得額，以按第 14 條之 4 第 3 項規定計算之餘額不超過 400 萬元爲限：

一、個人與其配偶及未成年子女符合下列各目規定之自住房屋、土地：

（一）個人或其配偶、未成年子女辦竣戶籍登記、持有並居住於該房屋連續滿六年。

（二）交易前六年內，無出租、供營業或執行業務使用。

（三）個人與其配偶及未成年子女於交易前六年內未曾適用本款規定。

二、符合農業發展條例第 37 條及第 38 條之 1 規定得申請不課徵土地增值稅之土地。

三、被徵收或被徵收前先行協議價購之土地及其土地改良物。

四、尚未被徵收前移轉依都市計畫法指定之公共設施保留地。

前項第 2 款至第 4 款規定之土地、土地改良物，不適用第 14 條之 5 規定；其有交易損失者，不適用第 14 條之 4 第 2 項損失減除之規定（所 4-5）。

例題 5

林先生 105 年 8 月 11 日購入甲自住房地，成本 1,600 萬元，於 2024 年 9 月 1 日出售，售價 2,500 萬元，取得、改良及移轉的費用 150 萬元，依土地稅法第 30 條第 1 項規定公告土地現值計算之土地漲價總數額 160 萬元，繳了土地增值稅 16 萬元，如符合自住房地租稅優惠適用條件，其應納之房地合一稅額為多少？

擬答：

課稅所得＝成交價額 2,500 萬元－成本 1,600 萬元－費用 150 萬元－土地漲價總數額 160 萬元＝ 590 萬元

應納稅額＝（課稅所得額 590 萬元－免稅額 400 萬元）×10% 稅率＝ 19 萬元

補充說明：房地合一稅制（新制）之自住房地租稅優惠須為個人或其配偶、未成年子女辦竣戶籍登記、持有並居住於該房屋連續滿六年。如僅有其「成年子女」設籍於該房屋，因不符合前開條件，將無法適用自住房地租稅優惠。

23-12 重購退稅（換大屋：全額退稅；換小屋：比例退稅）

個人出售自住房屋、土地依規定繳納之稅額，自完成移轉登記之日或房屋使用權交易之日起算二年內，重購自住房屋、土地者，得於重購自住房屋、土地完成移轉登記或房屋使用權交易之次日起算五年內，申請按重購價額占出售價額之比率，自前開繳納稅額計算退還。

個人於先購買自住房屋、土地後，自完成移轉登記之日或房屋使用權交易之日起算二年內，出售其他自住房屋、土地者，於依規定申報時，得按前項規定之比率計算扣抵稅額，在不超過應納稅額之限額內減除之。

前二項重購之自住房屋、土地，於重購後五年內改作其他用途或再行移轉時，應追繳原扣抵或退還稅額（所 14-8）。

考題解析

王大明於民國 106 年 1 月以 1,600 萬元購入 A 房地供自用住宅使用，並設籍居住，107 年 6 月出售 A 房地，售價 2,200 萬元，假設依規定稅率計算之應納出售房地所得稅爲 220 萬元。另外，王大明的配偶於 108 年 5 月以 2,100 萬元購買 B 房地供自住且完成設籍。請問王大明可否申請重購退稅，可申請重購扣抵稅額爲何？（108 年身障特考四等）

擬答：

可以申請重購退稅，換大屋：全額退稅；換小屋：比例退稅

退還稅額：220 萬元 ×（2,100/2,200）＝ 210 萬元

23-13 課稅方式及申報

我國房地合一稅係採分離課稅，個人有合於應課徵房地合一稅之交易所得或損失，不論有無應納稅額，應於下列各款規定日期起算三十日內自行塡具申報書，檢附契約書影本及其他有關文件，向該管稽徵機關辦理申報；其有應納稅額者，應一併檢附繳納收據：

一、第 4 條之 4 第 1 項所定房屋、土地完成所有權移轉登記日之次日。

二、第 4 條之 4 第 2 項所定房屋使用權交易日之次日、預售屋及其坐落基地交易日之次日。

三、第 4 條之 4 第 3 項所定股份或出資額交易日之次日（所 14-5）。

23-14 盈虧互抵

虧損得後抵 3 年。詳言之，個人房屋、土地交易損失，得自交易日以後 3 年內之房屋、土地交易所得減除之（所 14-4）。

23-15 核定

個人未依規定申報或申報之成交價額較時價偏低而無正當理由者，稽徵機關得依時價或查得資料，核定其成交價額；個人未提示原始取得成本之證明文件者，稽徵機關得依查得資料核定其成本，無查得資料，得依原始取得時房屋評定現值及公告土地現值按政府發布之消費者物價指數調整後，核定其成本；個人未提示因取得、改良及移轉而支付之費用者，稽徵機關得按成交價額百分之三計算其費用，並以 30 萬元爲限（所 14-6）。

考題解析

張君購入房地產一筆，於民國 108 年 2 月 1 日完成移轉登記，購買價格爲 4,000 萬元，後將該房地產出售，於 110 年 8 月 4 日，完成移轉登記，售價爲 5,000 萬元，出售時依公告土地現值課徵土地增值稅之土地漲價總數額爲 500 萬元，繳納土地增值稅 50 萬元，無法舉證因取得、改良及移轉而支付之費用，請計算該筆房地產之課稅所得額。（106 年地方四等特考改編）

擬答：

5,000 萬元－4,000 萬元－30 萬元（5,000 萬元 ×3% 與 30 萬元取小的）－500 萬元＝470 萬元

23-16 調查

個人未依規定期限辦理申報者，稽徵機關得依規定核定所得額及應納稅額，通知其依限繳納。

稽徵機關接到個人依規定申報之申報書後，應派員調查，核定其所得額及應納稅額。

前項調查結果之核定通知書送達及查對更正，準用第 81 條規定。

第 2 項調查核定個人有應退稅款者，準用第 100 條第 2 項及第 4 項規定。

個人依第 14 條之 4 及前條規定列報減除之各項成本、費用或損失等超過規定之限制，致短繳自繳稅款，準用第 100 條之 2 規定（所 14-7）。

23-17 罰則

一、**未依限申報**：個人違反規定，未依限辦理申報，處 3,000 元以上 3 萬元以下罰鍰。

二、**已申報但有短、漏報情事**：個人已依本法規定辦理房屋、土地交易所得申報，而有漏報或短報情事，處以所漏稅額 2 倍以下之罰鍰。

三、**未辦理申報**：個人未依本法規定自行辦理房屋、土地交易所得申報，除依法核定補徵應納稅額外，應按補徵稅額處 3 倍以下之罰鍰（所 108-2）。

貳、營利事業部分

23-18 課稅範圍

一、營利事業交易中華民國 105 年 1 月 1 日以後取得之房屋、土地，其交易所得應依第 24 條之 5 規定課徵所得稅。

二、視同房屋、土地交易：營利事業於中華民國 105 年 1 月 1 日以後取得以設定地上權方式之房屋使用權或預售屋及其坐落基地，其交易視同前項之房屋、土地交易。

三、營利事業交易其直接或間接持有股份或出資額過半數之國內外營利事業之股份或出資額，該營利事業股權或出資額之價值百分之五十以上係由中華民國境內之房屋、土地所構成者，該交易視同第 1 項房屋、土地交易。但交易之股份屬上市、上櫃及興櫃公司之股票者，不適用之。

四、排除規定：所定房屋之範圍，不包括依農業發展條例申請興建之農舍（所 4-4）。

23-19 稅基

營利事業當年度房屋、土地交易所得或損失之計算，以其收入減除相關成本、費用或損失後之餘額為所得額。但依土地稅法規定繳納之土地增值稅，除屬未自該房屋、土地交易所得額減除之土地漲價總數額部分之稅額外，不得列為成本費用（所 24-5）。

營利事業依前項規定計算之房屋、土地交易所得，減除依土地稅法第 30 條第 1 項規定公告土地現值計算之土地漲價總數額後之餘額，不併計營利事業所得額，按規定稅率分開計算應納稅額，合併報繳；其在中華民國境內無固定營業場所者，由營業代理人或其委託之代理人代為申報納稅（所 24-5）：

交易所得額＝交易時之成交價額（房地收入）－相關成本、費用或損失

稅基＝所得額－依土地稅法第 30 條第 1 項規定公告土地現值計算之土地漲價總數額

23-20 課稅方式及稅率

營利事業依規定計算之房屋、土地交易所得，減除依土地稅法第 30 條第 1 項規定公告土地現值計算之土地漲價總數額後之餘額，不併計營利事業所得額，按下列規定稅率分開計算應納稅額，合併報繳[10]；其在中華民國境內無固定營業場所者，由營業代理人或其委託之代理人代為申報納稅（所 24-5）：

---

10 為衡平營利事業與個人之短期持有房屋、土地交易所得稅稅率，防杜個人藉由設立營利事業買賣短期持有之不動產規避較高之房地交易所得稅負，參照修正條文第 14 條之 4 第 3 項規定，增訂第 2 項明定營利事業之房屋、土地交易所得額，減除按公告土地現值計算之土地漲價總數額後之餘額，應按持有期間課徵差別稅率。

一、總機構在中華民國境內之營利事業

（一）持有房屋、土地之期間在二年以內者，稅率為 45%。

（二）持有房屋、土地之期間超過二年，未逾五年者，稅率為 35%。

（三）持有房屋、土地之期間超過五年者，稅率為 20%。

（四）因財政部公告之非自願性因素，交易持有期間在五年以下之房屋、土地者，稅率為 20%。

（五）營利事業以自有土地與營利事業合作興建房屋，自土地取得之日起算五年內完成並銷售該房屋、土地者，稅率為 20%。

（六）營利事業提供土地、合法建築物、他項權利或資金，依都市更新條例參與都市更新，或依都市危險及老舊建築物加速重建條例參與重建，於興建房屋完成後取得之房屋及其坐落基地第一次移轉且其持有期間在五年以下者，稅率為 20%。

二、總機構在中華民國境外之營利事業

（一）持有房屋、土地之期間在二年以內者，稅率為 45%。

（二）持有房屋、土地之期間超過二年者，稅率為 35%。

三、營利事業交易其興建房屋完成後第一次移轉之房地

營利事業交易其興建房屋完成後第一次移轉之房屋及其坐落基地[11]，不適用第 24 條之 5 第 2 項及第 3 項規定，其依第 1 項規定計算之房屋、土地交易所得額，減除依土地稅法第 30 條第 1 項規定公告土地現值計算之土地漲價總數額後之餘額，計入營利事業所得額課稅，餘額為負數者，以零計算；其交易所得額為負者，得自營利事業所得額中減除，但不得減除土地漲價總數額（所 24-5）。

四、獨資、合夥

獨資、合夥組織營利事業交易房屋、土地，應由獨資資本主或合夥組織合夥人就該房屋、土地交易所得額，依第 14 條之 4 至第 14 條之 7 規定課徵所得稅，不計入獨資、合夥組織營利事業之所得額，不適用第 24 條之 5 前五項規定（所 24-5）。

---

11 因營利事業興建房屋完成後第一次移轉之房屋及其坐落基地之交易，屬供給不動產市場之生產性營業活動，其所得應併計營利事業所得額，依現行第五條第五項規定之稅率及本法相關規定課稅。

考題解析

甲建設公司總機構在中華民國境內，112 年共出售 A、B、C 3 筆土地，公司的明細如下：

1. A 地出售日期 112 年 7 月 1 日售價 2,500 萬元，106 年 12 月 1 日取得，成本 1,600 萬元，費用 120 萬元，依公告現值計算之土地漲價總數額爲 50 萬元。
2. B 地出售日期 112 年 10 月 1 日售價 2,300 萬元，111 年 7 月 1 日取得，成本 1,300 萬元，費用 120 萬元，依公告現值計算之土地漲價總數額爲 100 萬元。
3. C 地出售日期 112 年 11 月 1 日售價 1,300 萬元，111 年 6 月 1 日取得，成本 1,500 萬元，費用 140 萬元，依公告現值計算之土地漲價總數額爲 16 萬元。
4. 假設甲建設公司尚有其他損失 500 萬元。

試問甲建設公司出售 3 筆土地應納 112 年度營利事業所得稅共爲多少？（112 年記帳士）

擬答：

A 地：（2,500 萬－ 1,600 萬－ 120 萬）＝ 780 萬（超過 5 年）

B 地：（2,300 萬－ 1,300 萬－ 120 萬）＝ 880 萬（2 年內）

C 地：（1,300 萬－ 1,500 萬－ 140 萬）＝－ 340 萬元（2 年內）

（780 萬－ 50 萬）×20% ＝ 146 萬元

（880 萬－ 340 萬－ 100 萬）×45% ＝ 198 萬

146 萬元＋ 198 萬元＝ 344 萬元

考題解析

請依我國現行所得稅法等相關規定，回答下列問題：甲公司之總機構設在臺北市，會計年度採曆年制。

（一）甲公司於 110 年出售中華民國境內之 4 筆房地產，相關資料如下表，假設均非甲公司自行興建之房屋，且成本、費用均取得合法憑證。請分別計算 4 筆房地產交易有若干課稅所得？又 4 筆房地交易應如何申報繳納交易所得稅？

	取得時間	出售時間	取得房地成本、費用	出售房地收入	公告現值之土地漲價總數額
A 土地	104 年 1 月	110 年 7 月	1,000 萬元	2,000 萬元	500 萬元
B 房地	105 年 1 月	110 年 6 月	1,100 萬元	1,900 萬元	400 萬元
C 房地	106 年 1 月	110 年 9 月	1,200 萬元	1,800 萬元	200 萬元
D 房地	109 年 1 月	110 年 9 月	1,300 萬元	1,500 萬元	150 萬元

（二）承上題，假設甲公司 110 年又出售中華民國境內之 E 房地，資料如下表，若甲公司 110 年度中華民國境內之營利事業課稅所得額（不含房地）為 500 萬元，則 110 年度甲公司應納營利事業所得稅額為若干？（110 年記帳士試題）

	取得時間	出售時間	取得房地成本、費用	出售房地收入	公告現值之土地漲價總數額
E 房地	110 年 1 月	110 年 10 月	1,400 萬元	1,200 萬元	50 萬元

擬答：

（一）

	持有期間	房地課稅所得額	應如何申報納稅
A 土地	6 年 6 個月	0	104 年取得，不適用房地合一稅，出售土地不需課徵所得稅。
B 房地	5 年 5 個月	1900-1100-400 = 400 萬	適用房地合一 1.0；合併計稅，稅率 20%，合併報繳。
C 房地	4 年 8 個月	1800-1200-200 = 400 萬	適用房地合一 2.0；分開計稅，稅率 35%，合併報繳。
D 房地	1 年 8 個月	1500-1300-150 = 50 萬	適用房地合一 2.0；分開計稅，稅率 45%，合併報繳。

（二）因 E 房地有交易損失 200 萬元，得自適用相同稅率之課稅所得中減除，減除不足者，得自適用不同稅率之課稅所得中減除，故 E 房地交易損失 200 萬元應自適用相同稅率 45% 之 D 房地之交易所得 200 萬元減除。

應納營利事業所得稅：所得額 500 萬 ×20% ＋ B 房地 400 萬 ×20% ＋ C 房地 400 萬 ×35% ＝ 320 萬元

23-21 減免規定

合於課徵房地合一稅之交易房屋、土地有下列情形之一者，免納所得稅。

一、符合農業發展條例第 37 條及第 38 條之 1 規定得申請不課徵土地增值稅之土地。

二、被徵收或被徵收前先行協議價購之土地及其土地改良物。

三、尚未被徵收前移轉依都市計畫法指定之公共設施保留地。

前項規定之土地、土地改良物，不適用第 24 條之 5 第 3 項損失減除及同條第 4 項後段自營利事業所得額中減除之規定（所 4-5）。

23-22 盈虧互抵

營利事業依規定計算之當年度房屋、土地交易損失，應先自當年度適用相同稅率之房屋、土地交易所得中減除，減除不足部分，得自當年度適用不同稅率之房屋、土地交易所得中減除，減除後尚有未減除餘額部分，得自交易年度之次年起十年內之房屋、土地交易所得減除（所 24-5）。

23-23 核定

稽徵機關進行調查或復查時，營利事業未提示有關房屋、土地交易所得額之帳簿、文據者，稽徵機關應依查得資料核定；成本或費用無查得資料者，得依原始取得時房屋評定現值及公告土地現值按政府發布之消費者物價指數調整後，核定其成本，其費用按成交價額 3% 計算，並以 30 萬元爲限（所 24-5）。

23-24 稅收用途

課稅收入循預算程序用於住宅政策及長期照顧服務支出。

歷屆試題

申論題

1. 依所得稅法規定，就下列情況分別計算房屋、土地交易所得之應納稅額：
   （1）甲為中華民國境內居住之個人（以下簡稱居住者），其 111 年 1 月 4 日以 1,300 萬元購入 A 房地並於同年 8 月 1 日出售，售價 2,000 萬元，惟未提示因取得、改良及移轉而支付之費用，該次交易依土地稅法第 30 條第 1 項規定計算之土地漲價總數額 100 萬元，土地增值稅 10 萬元。
   （2）乙為非居住者，其於 110 年 1 月 5 日以 1,300 萬元購入 B 房地，於 111 年 10 月 10 日出售，售價 3,000 萬元，支付取得、改良及移轉費用 160 萬元（如契稅、印花稅、代書費、規費、公證費及仲介費等），該次交易依土地稅法第 30 條第 1 項計算之土地漲價總數額 200 萬元，土地增值稅 60 萬元。（112 年會計師）
2. 乙建設公司總機構在中華民國境內，112 年共出售 A、B、C3 筆土地，公司的明細如下：
   （1）A 地出售日期 112 年 7 月 1 日售價 2,500 萬元，106 年 12 月 1 日取得，成本 1,600 萬元，費用 120 萬元，依公告現值計算之土地漲價總數額為 50 萬元。
   （2）B 地出售日期 112 年 10 月 1 日售價 2,300 萬元，111 年 7 月 1 日取得，成本 1,300 萬元，費用 120 萬元，依公告現值計算之土地漲價總數額為 100 萬元。
   （3）C 地出售日期 112 年 11 月 1 日售價 1,300 萬元，111 年 6 月 1 日取得，成本 1,500 萬元，費用 140 萬元，依公告現值計算之土地漲價總數額為 16 萬元。
   （4）假設乙建設公司尚有其他損失 500 萬元。

   試問乙建設公司出售 3 筆土地應納 112 年度營利事業所得稅共為多少？（112 年記帳士）
3. 請依我國所得稅法規定，請說明房地合一自住房地租稅優惠之條件、優惠方式分別為何？（112 年高考）
4. 何謂盈虧互抵？請依我國所得稅法之相關法令規定，說明適用盈虧互抵的條件與限制。（111 年高考）
5. 甲文具店為一家位於臺北市之獨資的小規模營利事業，負責人（資本主）王先生設籍於臺北市且為中華民國境內居住之個人，單身、60 歲，111 年度所得及相關資料如下：
   （1）甲文具店：
      A. 出售新竹市土地（於 106 年 1 月以 1,500 萬元購得，持有期間 5 年 6 個月，所有權人登記為資本主王先生），售價 2,000 萬元，相關費用總計 50 萬元（取得合法憑證），申報土地增值稅之漲價總數額為 100 萬元，繳納土地增值稅為 20 萬元。

B. 不包含上述土地交易所得，核定之營利事業所得額爲 20 萬元。

（2）王先生：

A. 稿費收入 10 萬元（費用率 30%）。

B. 出租座落於信義區房屋（評定現值 210 萬元，耐用年數 20 年），租金收入 30 萬元，此房屋支付銀行貸款利息 7 萬元、支付房屋稅及地價稅合計 2 萬元、火災及地震險 1 萬元；假設必要費用標準 43%。

C. 刮中公益彩券獎金 20 萬元，領獎時繳納 2 萬元稅金。

D. 參加百貨公司抽獎活動，抽中汽車價值 200 萬元，領獎時繳納 20 萬元稅金；

E. 拍賣符合中央主管機關認可文化藝術事業之藝術品，有交易所得 50 萬元。

F. 出售 104 年取得之房屋，核計有財產交易損失 8 萬元。

G. 扶養父親，85 歲，符合中央衛生福利主管機關公告須長期照顧之身心失能者，全年看護費用 30 萬元（取得合法憑證）。父親未領有身心障礙手冊或證明者。

H. 列舉扣除額合計 27 萬元（取得合法憑證）。

請依 111 年度我國所得稅法及相關法規規定，以最有利（稅額最低）方式，計算並回答民國 111 年度綜合所得稅結算申報時之下列問題：

（1）甲文具店此 2 筆所得該如何申報繳納所得稅、營利事業所得稅應納稅額（稅率 20%）爲若干？

（2）王先生綜合所得總額、綜合所得淨額、應納稅額、應補（退）稅額各爲若干？（111 年記帳士）

提示：設 111 年度綜合所得稅之免稅額及扣除額規定及稅額速算公式如下：

一般個人免稅額每人 92,000 元；標準扣除額單身者 12.4 萬元；儲蓄投資特別扣除額每戶上限 27 萬元；長期照顧特別扣除額每人上限 12 萬元；每人基本生活費 19.6 萬元。

民國 111 年度綜合所得稅稅額速算表（單位：新臺幣元）

級別	稅率	課稅級距	累進差額
1	5%	0 ～ 560,000	0
2	12%	560,001 ～ 1,260,000	39,200
3	20%	1,260,001 ～ 2,520,000	140,000
4	30%	2,520,001 ～ 4,720,000	392,000
5	40%	4,720,001 以上部分	864,000

6. 我國土地稅法規定之重購退回土地增值稅與所得稅法規定之重購退回房地合一所得稅之規定有何不同？試分別說明之。（111 年地方四等特考）

7. 試依據我國現行所得稅法第 24 條之 5 有關營利事業「房地合一課徵所得稅」之規定回答下列問題：

（1）總機構在境內之營利事業交易其於民國 105 年 1 月 1 日以後取得之房地應如何課徵所得稅？

（2）總機構在境內之營利事業出售其符合「房地合一課徵所得稅」要件之房地若有損失應如何扣抵？

（3）獨資、合夥組織營利事業出售其符合「房地合一課徵所得稅」要件之房地應如何課稅？（110年普考）

8. 請依我國現行所得稅法等相關規定，回答下列問題：甲公司之總機構設在臺北市，會計年度採曆年制。

（1）甲公司於110年出售中華民國境內之4筆房地產，相關資料如下表，假設均非甲公司自行興建之房屋，且成本、費用均取得合法憑證。請分別計算4筆房地產交易有若干課稅所得？又4筆房地交易應如何申報繳納交易所得稅？

	取得時間	出售時間	取得房地成本、費用	出售房地收入	公告現值之土地漲價總數額
A土地	104年1月	110年7月	1,000萬元	2,000萬元	500萬元
B房地	105年1月	110年6月	1,100萬元	1,900萬元	400萬元
C房地	106年1月	110年9月	1,200萬元	1,800萬元	200萬元
D房地	109年1月	110年9月	1,300萬元	1,500萬元	150萬元

請依下列表格順序，將答案填入空格中。

	持有期間	房地課稅所得額	應如何申報納稅
A土地	6年	6個月	
B房地	5年	5個月	
C房地	4年	8個月	
D房地	1年	8個月	

（2）承上題，假設甲公司110年又出售中華民國境內之E房地，資料如下表，若甲公司110年度中華民國境內之營利事業課稅所得額（不含房地）為500萬元，則110年度甲公司應納營利事業所得稅額為若干？

	取得時間	出售時間	取得房地成本、費用	出售房地收入	公告現值之土地漲價總數額
E房地	110年1月	110年10月	1,400萬元	1,200萬元	50萬元

（110年記帳士）

9. 請說明個人之房地合一所得稅之課稅範圍、稅率及申報方式。（110年地方四等特考）

10. 至善公司為總機構在中華民國境內之公司，於108年4月1日興建房屋一棟，房地成本為3,000萬元，土地公告現值2,200萬元；於110年6月1日完工，於110年8月3日第一次出售，房地售價為3,800萬元，土地公告現值2,350萬元；未提示費用相關資料，其110年之營利事業所得額為1,200萬元，請問其110年應納稅額各為何？（設物價指數不變）（110年地方四等特考）

11. 境外營利事業 M 於 110 年 11 月出售數筆房地產，土地漲價總數額均未超過本次公告現值扣除前次移轉現值之差額，交易相關費用均為 100 萬元（已提供合法憑證）。詳細資料如下表：（表格中金額均為新臺幣萬元）

購入日	取得成本	售價	土地漲價總數額	土地增值稅
109 年 11 月	1,900	2,100	150	30
108 年 12 月	2,700	3,100	200	40
108 年 8 月	3,400	4,100	300	60
107 年 9 月	5,350	5,100	100	20

請問：

（1）前述交易之應納稅額總共為多少元？

（2）M 公司應如何申報繳納前述交易之所得稅？（110 年地方三等特考）

12. 請分別依所得稅及土地增值稅說明目前我國關於出售自用住宅房地相關的租稅優惠措施。（109 年高考）

13. 甲 55 歲單身，為中華民國居住之個人，甲 108 年度之所得及 108 年以前三年內的房地交易資訊如下：

（1）108 年度有薪資收入 500 萬元，並提出職業專用服裝相關費用 30 萬元，因工作需要之進修訓練費用 20 萬元，工作上使用之書籍及工具 5 萬元，皆有合法收據或憑證。

（2）108 年度取得乙公司分配 107 年度盈餘的股利所得 100 萬元，以及丙合作社分配 106 年度的盈餘 30 萬元。

（3）106 年 8 月 1 日出售他於 103 年 2 月 1 日購進的 A 房屋及其坐落基地，都有完整的買賣契約，且房屋與土地價格分開標示。103 年 2 月 1 日土地購入價格為 300 萬元，房屋購入價格為 600 萬元。106 年 8 月 1 日土地售價為 400 萬元，房屋售價為 570 萬元，無相關費用。

108 年 10 月 5 日出售於 100 年 5 月 5 日購入的 B 房屋及其坐落基地，都有完整的買賣契約，且房屋與土地價格分開標示，該屋為甲之自用住宅。100 年 5 月 5 日土地購入價格為 300 萬元，房屋購入價格為 900 萬元。108 年 10 月 5 日土地售價為 500 萬元，房屋售價為 1,200 萬元，仲介費用 50 萬元。甲另於 108 年 12 月 18 日購入 C 房屋及其坐落基地作為自用住宅使用，土地購入價格為 600 萬元，房屋購入價格為 1,400 萬元。

（4）105 年 3 月 4 日以 1,300 萬元購入 D 房屋及其坐落基地，並完成移轉登記，以當時公告土地現值 500 萬元申報移轉地價；108 年 5 月 15 日以 1,100 萬元出售 D 房屋及其坐落基地，並完成移轉登記，以當時公告土地現值 550 萬元申報移轉地價。

108 年度的課稅級距為：

級別	稅率	綜合所得淨額
1	5%	0 ～ $540,000
2	12%	$540,001 ～ $1,210,000
3	20%	$1,210,001 ～ $2,420,000
4	30%	$2,420,001 ～ $4,530,000
5	40%	$4,530,001 以上

甲採用標準扣除額，除薪資所得特別扣除額與財產交易損失外，無其他特別扣除額。試問爲使綜合所得稅負最低，甲 108 年度的綜合所得稅應納稅額爲多少？甲申報之上述各類所得或損失及相關稅額各爲多少？應如何申報納稅，以及何時申報納稅？（109 年記帳士）

選擇題（本書各章所附考題之答案均係依據考試當年度考選部所公布之答案）

（B）1. 總機構在中華民國境外之 A 公司，其在臺分公司於 107 年 6 月買進一筆土地，與境內甲建設公司合建，於 110 年 9 月興建完成並各自出售土地、房屋，A 公司 110 年度營利事業所得稅申報房地合一課徵所得稅適用稅率爲何？（A）45%（B）35%（C）20%（D）15%（112 年會計師）

（C）2. 依所得稅法及相關法規規定，下列何者不符合房地合一課徵所得稅新制有關自住房地租稅優惠之條件？（A）個人與其配偶及未成年子女於該房屋辦竣戶籍登記連續滿 8 年（B）個人或其配偶於該房屋連續居住滿 7 年（C）個人與其配偶及成年子女於交易前 6 年內未曾適用自住房地優惠（D）房屋在交易前 7 年內，未曾出租、供營業或執行業務使用（112 年會計師）

（C）3. 我國國民甲 110 年 1 月 1 日以其境內財產成立以其子女乙爲受益人之信託契約，乙取得美國國籍且長期居住國外，信託財產運用收入包括：① 111 年 6 月 30 日銀行給付存款利息 100 萬元，已扣繳稅款 10 萬元② 112 年 6 月 30 日出售適用房地合一稅制房屋、土地，獲利 200 萬元，受託人於 113 年將信託利益給付予乙，依所得稅法有關信託所得課稅規定，下列敘述何者正確？（A）乙應將享有信託利益之權利價值，併入 110 年度之所得額，自行辦理申報納稅（B）受託人應於給付乙利益時，以信託財產運用之收入計算所得，向稽徵機關列單申報 113 年度所得憑單（C）乙取得信託利益屬房地合一稅制之交易所得，應按稅率 35% 課徵所得稅（D）乙取得之信託利益應以受託人爲納稅義務人辦理申報納稅。（112 年記帳士）

（C）4. 我國居住者個人甲及乙於 110 年合夥成立 A 商號，由甲負責經營，因每月銷售額未達使用統一發票標準而經核定爲小規模營業人並採查定課徵營業稅，111 年均達營業稅起徵點，下列有關 A 商號及合夥人相關課稅情形，何者正確？（A）甲應於 112 年 5 月辦理 A 商號 111 年度營利事業所得稅結算申報，惟無須計算及繳納稅額（B）乙於 112 年 2 月取得 A 商號 111 年度之盈餘，應併入其 112 年度綜合所得總額課稅（C）A 商號於 111 年購買營業上使用之貨物或勞務，取得載有營業稅額之憑證，並依規定申報者，稽徵機關應按其進項稅額 10%，在查定稅額內扣減（D）A 商號 111 年出售適用房地合一稅制之房屋、土地，其交易所得應計入該商號之所得額。（112 年記帳士）

（B）5. 甲公司於民國 113 年 1 月 1 日以 11,200 萬元處分 110 年 1 月 1 日購入之房屋及土地，該房地之購入成本為 8,000 萬元，代銷費用為 300 萬元，按公告現值申報移轉現值，土地漲價總數額為 100 萬元，繳納土地增值稅 20 萬元。試問甲公司出售該房地之課稅所得為何？（A）2,780 萬元（B）2,800 萬元（C）2,880 萬元（D）2,900 萬元。（112 年地方五等特考）

解析：11,200 – 8,000 – 300 – 100 = 2,800 萬元

（C）6. 特種貨物及勞務稅之一般稅率為：（A）5%（B）8%（C）10%（D）15%。（112 年地方五等特考）

（A）7. 下列何者符合特種貨物及勞務稅所規定的小客車？（A）包括駕駛人座位在內，座位在九座以下之載人汽車且每輛銷售價格或完稅價格達新臺幣 3 百萬元（B）包括駕駛人座位在內，座位在九座以下之載人汽車且每輛銷售價格或完稅價格達新臺幣 4 百萬元（C）包括駕駛人座位在內，座位在五座以下之載人汽車且每輛銷售價格或完稅價格達新臺幣 3 百萬元（D）包括駕駛人座位在內，座位在五座以下之載人汽車且每輛銷售價格或完稅價格達新臺幣 4 百萬元。（112 年地方五等特考）

（A）8. 總機構在中華民國境外之營利事業將其所持有 1 年的房屋售出，此房屋交易所得會被課多少的稅率？（A）45%（B）35%（C）25%（D）20%。（112 年地方五等特考）

（B）9. 依所得稅法規定，有關房地合一課徵所得稅制度之規定，下列敘述何者正確？（A）若所計算之房地合一交易所得之應納稅額為零，則不需依規定於期限內辦理房地合一稅之申報（B）個人違反第 14 條之 5 規定，未依限辦理房地交易所得申報，處新臺幣 3 千元以上 3 萬元以下之罰鍰（C）個人已依規定辦理房屋、土地交易所得申報，有漏報或短報情事，處以所漏稅額 20% 以下之罰鍰（D）符合自用住宅課稅要件之房地可免徵土地增值稅。（112 年地方三等特考）

（C）10. 有關個人境內房屋土地交易所得之課稅規定，下列何者正確？（A）個人出售民國 105 年以後取得之土地，該交易所得免徵土地增值稅，但應課徵房地合一稅（B）個人於民國 105 年以後出售之房屋交易所得，均適用房地合一稅（C）個人之房屋土地交易所得，若適用房地合一稅，應採分離課稅，不併入綜合所得計稅（D）個人之房屋土地交易所得，若不適用房地合一稅，應全數併入綜合所得計稅。（112 年地方三等特考）

（B）11. 下列有關我國現行房地合一所得稅制度之敘述，何者錯誤？（A）稅率依持有期間而不同（B）營利事業出售之房地需併入當年度營利事業所得額課稅（C）個人出售房地未提示因取得、改良及移轉而支付之費用者得以成交價 3% 計算其費用，上限為 30 萬元（D）個人之房屋土地之交易所得，應自完成移轉登記日之次日起 30 日內辦理申報。（112 年高考）

（B）12. 下列有關營利事業房屋、土地交易所得課稅之敘述，何者錯誤？（A）總機構在中華民國境

內之營利事業，持有房屋、土地之期間超過 5 年者，稅率為 20%（B）依土地稅法規定繳納之土地增值稅，不得列為成本費用（C）當年度房屋、土地交易損失，應先自當年度適用相同稅率之房屋、土地交易所得中減除（D）獨資、合夥組織營利事業之房屋、土地交易所得額，不計入獨資、合夥組織營利事業之所得額。（112 年高考）

（A）13. 依據我國所得稅法之規定，個人出售符合所得稅法第 4 條之 5 規定之自住房屋、土地，下列敘述何者正確？（A）其免稅所得額，以不超過 4 百萬元為限（B）應課徵 20% 之稅率（C）自住房屋須符合交易前一年內，無出租、供營業或執行業務使用（D）其交易免徵土地增值稅。（111 年普考）

（A）14. 獨資、合夥組織營利事業交易其於民國 105 年 1 月 1 日以後取得之房屋、土地，應如何課稅？（A）應由獨資資本主或合夥組織合夥人就該房屋、土地交易所得額，依所得稅法第 14 條之 4 至第 14 條之 7 有關個人之規定課徵所得稅（B）計入獨資、合夥組織之營利事業之所得額中合併課稅（C）適用稅率為 20%（D）其應納之土地增值稅得全數列為費用減除。（111 年普考）

（B）15. 試問下列何者為房地合一課徵所得稅之課稅範圍？①持有過半數之股權且其價值 50% 以上為境內之房地②農地③預售屋及其坐落基地④設定地上權方式之房屋使用權⑤農舍（A）①②③（B）①③④（C）①③⑤（D）②④⑤。（111 年記帳士）

（C）16. 試問中華民國境內居住之個人交易下列何者房地之適用稅率為 20% ？①房地之持有期間為 10 年②符合所得稅法第 4 條之 5 之自住房地③提供土地依都市更新條例參與都市更新，於興建房屋完成後第一次移轉且其持有期間 5 年內之房地④因財政部公告之非自願性因素，交易持有期間 5 年內之房地（A）①②（B）僅③④（C）①③④（D）②③④。（111 年記帳士）

（C）17. 營利事業交易其以起造人申請建物所有權第一次登記所取得之房屋及其坐落基地者，其所得稅之課稅規定何者是正確的？（A）不併計營利事業所得額，分開計算應納稅額，合併報繳（B）不併計營利事業所得額，分開計算應納稅額，分開報繳（C）併計營利事業所得額結算申報，交易損失得自 10 年內之純益額中扣除（D）併計營利事業所得額結算申報，交易損失得自 10 年內之房地交易所得中減除。（111 年記帳士）

（C）18. 總機構在中華民國境內之營利事業，其房地交易所得不併計營利事業所得額者，依下列何者稅率分開計算應納稅額？① 45% ② 35% ③ 20% ④ 15% ⑤ 10%（A）僅③（B）僅①②（C）①②③（D）①②③④⑤。（111 年記帳士）

（D）19. 甲君於 109 年 12 月 1 日以 1,800 萬元購入房地產一筆並於當日完成所有權移轉登記，111 年 3 月 5 日以 2,300 萬元將其出售，未提供因取得、改良及移轉而支付之費用。依土地稅法第 30 條第 1 項規定公告土地現值計算之土地漲價總數額 300 萬元，試問其應納房地合一稅稅額為多少？（A）38.25 萬元（B）58.95 萬元（C）59.5 萬元（D）76.5 萬元。（111 年地方五等特考）

（B）20. 某國內汽車製造商產製 7 人座小客車，出廠價格 300 萬元，貨物稅 90 萬元，營業稅 19.5 萬元，試問應納特種貨物及勞務稅額為何？（A）30 萬元（B）40.95 萬元（C）45 萬元（D）61.425 萬元。（111 年地方五等特考）

（A）21. 出售民國 105 年後所取得之房地產，應對其交易所得課徵所得稅。但若出售個人與其配偶及未成年子女之自住房屋、土地，符合相關條件且房地交易所得扣除其土地漲價總數額之餘額不超過 400 萬元，則可免課徵所得稅。有關其條件之敘述，下列何者正確？（A）個人或其配偶、未成年子女辦竣戶籍登記、持有並居住於該房屋連續滿 6 年（B）交易前 1 年內，無出租、供營業或執行業務使用（C）個人與其配偶及未成年子女於交易前 3 年內未曾適用本免稅規定（D）每人一生只可適用一次。（111 年地方五等特考）

（B）22. 有關中華民國境內居住之個人，出售民國 105 年後所取得之房地交易所得，其所得稅課徵之相關規定，下列敘述何者正確？（A）應併入當年度所得，採結算申報（B）不併計年度所得總額，採分離課稅（C）其持有房屋、土地之期間在 2 年以內者，其所得稅之稅率為 40%（D）其持有房屋、土地之期間超過 10 年者，其所得稅之稅率為 10%。（111 年地方五等特考）

（D）23. 依所得稅法規定，房地合一所得稅制下之「自住房屋、土地」之規定條件，包括下列何者？①出售都市土地面積未超過 1.5 公畝部分或非都市土地面積未超過 3.5 公畝部分②個人與其配偶及未成年子女於交易前 6 年內未曾適用本款規定③個人或其配偶、未成年子女辦竣戶籍登記、持有並居住於該房屋連續滿 6 年④交易前 6 年內，無出租、供營業或執行業務使用⑤出售時土地所有權人或其配偶、未成年子女，無該自用住宅以外之房屋（A）①②③④⑤（B）②③④⑤（C）②③⑤（D）②③④。（111 年地方四等特考）

（D）24. 我國國民某甲於民國 105 年 2 月購入 A 屋，其於 110 年 8 月逝世，由其子繼承 A 屋。嗣後，其子於 111 年 10 月將 A 屋出售。若該屋不符合自住條件，試問該屋出售時應如何課稅？（A）房屋增值部分為財產交易所得併入綜合所得稅；土地課徵土地增值稅（B）適用房地合一稅新制，適用稅率 45%（C）適用房地合一稅新制，適用稅率 35%（D）適用房地合一稅新制，適用稅率 20%。（111 年地方三等特考）

（D）25. 李先生於民國 109 年 10 月買入預售屋，並於 111 年 7 月轉售尚未完工的預售屋合約，試問該筆合約交易所得應如何課稅？（A）屬財產交易所得，併入綜合所得額申報（B）屬無形資產之權利金所得，併入綜合所得額申報（C）適用房地合一稅分離課稅，適用稅率 35%（D）適用房地合一稅分離課稅，適用稅率 45%。（111 年地方三等特考）

（A）26. 下列哪些稅目之稅課收入，須撥入依長期照顧服務法設置之特種基金，用於長期照顧服務支出？①營業稅②遺產稅及贈與稅③菸酒稅④房屋稅⑤房地合一交易所得稅⑥地價稅（A）②③⑤（B）①②③（C）①④⑤⑥（D）①②③④⑤⑥。（111 年地方三等特考）

（D）27. 張三於民國 110 年 7 月 10 日出售其於民國 109 年 3 月購買之房地，試問在一般情形下其出售時適用的房地交易所得稅率為何？（A）10%（B）20%（C）35%（D）45%（110 年高考）

（B）28. 李小姐於民國106年3月1日以新臺幣950萬元購入（並完成所有權登記）新北市房地一筆，於民國110年10月31日以新臺幣1,200萬元出售（並完成移轉所有權登記），依現行規定，其適用之所得稅稅率爲何？（A）45%（B）35%（C）20%（D）視綜合所得稅稅率而定（110年普考）

（B）29. 有關個人出價取得房地，並適用房地合一稅之敘述，下列何者錯誤？（A）於完成所有權移轉登記日的次日起算30日內完成申報（B）若房屋、土地交易結果爲虧損可免申報（C）應以實際成交價額減除原始取得成本，與因取得、改良及移轉而支付的費用之餘額爲所得額（D）適用稅率依據持有期間長短而有不同（110年普考）

（B）30. 依所得稅法規定，A公司爲總機構在中華民國境外之營利事業，A公司百分之百持有中華民國境外B公司之股權，持有期間未滿1年。若A公司於110年出售B公司股權總價值2億元，獲利1,000萬元，交易時B公司全部股權時價2億元，但B公司投資我國境內不動產，其持有之中華民國境內房地之時價爲1.5億元，下列敘述何者正確？（A）依所得稅法規定，我國無權對國外A公司之境外股權交易課稅（B）A公司出售該股權之所得1,000萬元應繳納我國所得稅，稅率爲45%（C）只有B公司出售國內不動產時，我國才能依法課稅（D）A公司出售境外股權交易之所得應就源扣繳20%（110年會計師）

（B）31. 依所得稅法規定，非中華民國境內居住之個人，於110年10月1日出售105年以後購入之房地，持有期間超過5年者，其適用稅率爲若干？（A）45%（B）35%（C）20%（D）15%（110年地方五等特考）

（A）32. 甲公司總機構在臺北，110年10月出售108年11月取得之土地，假設有土地交易所得，該如何計徵房地合一稅？（A）稅率45%，採分開計稅、合併報繳方式（B）稅率35%，採分開計稅、合併報繳方式（C）稅率20%，採與營利事業所得稅結算申報方式（D）免徵房地合一稅，因已納土地增值稅（110年地方四等特考）

（B）33. 依所得稅法規定，有關納稅義務人申請適用房地合一自用住宅優惠課稅之條件，下列敘述何者錯誤？（A）本人或其配偶、未成年子女須辦竣戶籍登記、持有並居住於該房屋連續滿6年（B）交易前5年內，無出租、供營業或執行業務使用（C）個人與其配偶及未成年子女於交易前6年內未曾適用本優惠規定（D）其免稅所得額，以不超過400萬元爲限（110年地方三等特考）

（C）34. 我國個人自110年7月1日起，交易105年1月1日以後取得的房地，依持有期間按差別稅率45%、35%、20%、15%計算房地交易所得稅額，請問前開差別稅率適用之持有期間爲何？（A）1年以內、超過1年未逾2年、超過2年未逾10年、超過10年（B）1年以內、超過1年未逾5年、超過5年未逾10年、超過10年（C）2年以內、超過2年未逾5年、超過5年未逾10年、超過10年（D）2年以內、超過2年未逾10年、超過10年未逾15年、超過15年（110年地方三等特考）

（B）35. 甲君 110 年 7 月 2 日出售其 110 年 1 月 3 日取得的房地，出售價格為 1,000 萬元，取得成本為 600 萬元，出售時之公告土地現值為 400 萬元，申報土地現值為 800 萬元，前次移轉現值為 400 萬元；假設無其他費用，該出售土地符合土地增值稅之自用住宅用地，稅率 10%，不符合自住房屋土地減免所得稅規定，請計算該房地交易所得稅額。（A）0 元（B）162 萬元（C）180 萬元（D）202 萬元（110 年地方三等特考）

解析：[(1,000 − 600) − (400 − 400) − (800 − 400)×10%] = 360 萬　360 萬 ×45% = 162 萬

（A）36. 按「房地合一」課稅制度計算個人房屋、土地交易之課稅所得時，如未提示因取得、改良及移轉而支付之費用者，稽徵機關應如何計算其費用？（A）按房地成交價額 5% 計算（B）依財政部公告各地區房屋評定現值之一定比例（C）依時價核定（D）不得認列（109 年普考）

（A）37. 甲公司總機構設於我國境內，民國 107 年以 6,500 萬元購入房地產，民國 108 年以 6,800 萬元出售，計算土地增值稅之土地漲價總數額為 180 萬元，應納土地增值稅為 36 萬元，交易仲介費 136 萬元，無其他費用。依所得稅法規定，甲公司該筆交易應如何計入營利事業課稅所得額？（A）以零計入（B）虧損 16 萬元作為營利事業所得額減項（C）計入營利事業所得額 164 萬元（D）虧損 52 萬元作為營利事業所得額減項（109 年記帳士）

參考文獻

Bibliography

一、書籍

中國租稅研究會（2015），《中華民國租稅制度與法規》，台北：中國租稅研究會。

王建煊（2006），《租稅法》，台北：華泰書局。

吳庚（1975），《行政法之理論與實用》，自版。

吳習、吳嘉勳（2007），《稅務會計》，台北：五南圖書出版公司。

李娟菁（2004），《消費稅法規》，台北：華立圖書。

李瑞生、蔡宜宏、丘怡新（2005），《民法》，台北：博明文化出版。

卓敏枝、盧聯生、莊傳成（2003），《稅務會計》，台北：三民書局。

林正良（2004），《所得稅法令彙編》，台北：台灣省稅務研究會。

林華德（1989），《財政學要義》，台北：太中國圖書公司。

徐偉初、歐俊男、謝文盛（2012），《財政學》，台北：華泰書局。

翁岳生編（2000），《行政法》，自版。

財政部（2013），《稅法輯要》，台北：財政部。

財政部統計處（2014），《財政統計年報》，台北：財政部統計處。

財政部稅制委員會（2008），《賦稅法令彙編》，台北：財政部稅制委員會。

高永長（1988），《稅務行政救濟實務》，自版。

莊榮琳（2005），《稅務法規》，台北：新陸書局。

許崇源（2005），《稅務會計》，台北：新陸書局。

陳妙香（2004），《所得稅法規》，台北：華立圖書。

陳志愷（2004），《稅務會計》，台北：智勝文化事業有限公司。

陳敏（2003），《行政法總論》，自版。

陳新民（1992），《行政法學總論》，自版。

黃明聖、黃淑惠（2008），《稅務專題研討》，台北：中華電視公司。

黃明聖、謝淑津（2006），《臺灣中央政府的資產負債表——資產管理及負債控制》，台北：雙葉書廊。

楊東連（1999），《法學緒論》，自版。

葉淑杏（2005），《財產稅法規》，台北：華立圖書。

鄒建中、林文清（2004），《法學緒論》，台北：揚智文化。

關吉玉（1975），《租稅法規概論》，自版。

英文部分

Myles, G. (1995), Public Economics, Cambridge: Cambridge University Press,

Rosen, H. S. (2008), Public Finance, 8th ed., New York: McGraw-Hill/Irwin.

Youngman, J. M., and J. H. Maime (1994), An International Survey of Taxes on Land and Buildings, Boston: Kluwer Law and Taxation Publishers.

二、期刊文獻

李建良（2008），「租稅法律主義／釋字651號解釋」，《台灣法學雜誌》，第117期，頁177-180。

李介民（2003），「稅務行政「事實認知之合意」與行政契約」，《台灣本土法學雜誌》，第51期，頁191-211。

林子傑（2005），「論租稅法律主義之精神——以相關大法官解釋為核心」，《財稅研究》，第37卷第4期，頁164-187。

林恭正、蔡玲玉（2009），「所得分配與租稅政策」，《財稅研究》，第41卷第1期，頁75-100。

林翠芳（2008），「菸酒稅之探討」，《財稅研究》，第40卷第5期，頁107-121。

柯格鐘（2008），「論所得稅法上的所得概念」，《國立臺灣大法學論叢》，第37卷第3期，頁129-188。

洪東煒（2008），「稅改輕公義將付出代價——遺贈稅法修正草案之我見」，《稅務旬刊》，第2057期，頁7-10。

馬嘉應、李淑君（2008），「台商透過境外公司租稅規劃之研究——以香港及新加坡為例」，《財稅研究》，第40卷第5期，頁30-48。

張台生、張宏年、楊永列、林孟源、胡士文（2008），「台灣縣市政府地方財政之績效評估——Cost-Malmquist生產力指數之應用」，《財稅研究》，第40卷第3期，頁13-30。

陳立夫（2008），「析論我國土地徵收法制上之爭議問題」，《台灣土地研究》，第11卷第1期，頁1-35。

陳清秀（2009），「利益均衡在稅法上之運用」，《東吳法律學報》，第20卷第3期，頁51-80。

陳清秀（2008），「外國人在我國的稅法上地位——以所得稅法為中心」，《法令月刊》，第59卷第9期，頁89-109。

陳榮哲（2008），「稅法上遲到之復查決定對於訴願程序之影響」，《軍法專刊》，第54卷第6期，頁83-102。

陳清雲（2004），「稅法解釋函令與違憲審查（下）——司法院大法官釋字第496號解釋評析」，《台灣本土法學雜誌》，第63期，頁79-91。

陳清雲（2004），「稅法解釋函令與違憲審查（上）——司法院大法官釋字第496號解釋評析」，《台灣本土法學雜誌》，第62期，頁55-66。

章定、劉小蘭、尚瑞國（2002），「我國各縣市財政支出與經營績效之研究」，《台灣土地研究》，第5期，頁45-66。

黃士洲（2009），「稅法實例研析：第二講——欠稅限制出境與限制住居的法律要件與救濟（上）」，《月旦法學教室》，第78期，頁73-84。

黃士洲（2009），「稅法實例研析：第二講——欠稅限制出境與限制住居的法律要件與救濟（下）」，《月旦法學教室》，第79期，頁68-72。

黃明聖（2001），「租稅文學與故事」，《財稅研究》，第33卷第6期，頁164-169。

黃明聖（2004），「不公不義遺產稅」，《中國時報》，2月7日。

黃明聖（2005），「最低稅負制評介」，《臺灣經濟論衡》，第3卷第9期，頁49-64。

黃明聖（2013），「日本提高加值型營業稅率之探討」，《當代財政》，第36期，頁39 - 46。

黃茂榮（2008），「兩岸企業所得稅法中關於稅捐主體之規定的比較」，《月旦財經法雜誌》，第14期，頁37-70。

葛克昌（2008），「法律原則與稅法裁判（上）」，《台灣法學雜誌》，第114期，頁1-24。

葛克昌（2008），「法律原則與稅法裁判（下）」，《台灣法學雜誌》，第

115期，頁5-20。

張格明（2007），「修正土地增值稅之法律經濟分析」，《財產法暨經濟法》，第12期，頁147-191。

葉維惇、陳志愷（2003），「全面性租稅協定常見問題之探討」，《實用月刊》，第342期。

熊偉（2008），「走出象牙塔：稅法研究前進之旅」，《月旦財經法雜誌》，第14期，頁195-205。

三、網頁資料

立法院網站 http://www.ly.gov.tw/

司法院法學資料檢索網站 http://nwjirs.judicial.gov.tw/Index.htm

台北市稅捐稽徵處網站 http://www.tpctax.gov.tw/

四、論文文獻

林明進（2014），《日本提高消費稅對其財政與經濟之影響》，政大行政管理碩士學程碩士論文。

國家圖書館出版品預行編目資料

租稅法規：理論與實務／黃明聖，黃淑惠著.
　－－十五版.－－臺北市：五南圖書出版股
　份有限公司，2024.08
　面；　公分
ISBN 978-626-393-565-5（平裝）

1.稅法

567.023　　113010398

1U90

租稅法規—理論與實務

作　　者 — 黃明聖（305.3）　黃淑惠（305.4）
企劃主編 — 劉靜芬
文字校對 — 徐鈺涵
封面設計 — 封怡彤
出 版 者 — 五南圖書出版股份有限公司
發 行 人 — 楊榮川
總 經 理 — 楊士清
總 編 輯 — 楊秀麗
地　　址：106臺北市大安區和平東路二段339號4樓
電　　話：(02)2705-5066
網　　址：https://www.wunan.com.tw
電子郵件：wunan@wunan.com.tw
劃撥帳號：01068953
戶　　名：五南圖書出版股份有限公司

法律顧問　林勝安律師

出版日期　2009年9月初版一刷
　　　　　2024年8月十五版一刷
定　　價　新臺幣750元